Manfred Hardt
Geschichte der italienischen Literatur

Artemis & Winkler

Manfred Hardt

Geschichte
der italienischen Literatur

Von den Anfängen bis zur Gegenwart

Artemis & Winkler

Für Petra, Julia, Moritz und Claudius

Die Deutsche Bibliothek – CIP-Einheitsaufnahme

Hardt, Manfred:
Geschichte der italienischen Literatur : von den Anfängen bis
zur Gegenwart / Manfred Hardt. – Düsseldorf ; Zürich :
Artemis & Winkler, 1996
ISBN 3-538-07040-7

Satz: Jung Satzcentrum GmbH
Druck und Bindung: Wiener Verlag, Himberg/A
Printed in Austria
ISBN 3-538-07040-7

Inhalt

VORWORT

Aus Begeisterung für die von »edlem Formensinn« geprägte Literatur der Italiener als eines »Künstlervolks par excellence« hatte es Karl Voßler am Ende des vorigen Jahrhunderts unternommen, mit seiner »Italienischen Literaturgeschichte« die Literatur Italiens seinen Landsleuten nahezubringen. Das schmale Bändchen, das auf rund 150 Seiten einen gedrängten Überblick über die italienische Literatur gibt und mit einem Ausblick auf die damalige Gegenwart endet, erschien 1900 in der Sammlung Göschen, erlebte 1927 eine vierte Auflage und wurde 1948 noch einmal unverändert nachgedruckt. Nach Voßlers Skizze ist eine systematische, alle Epochen detailliert berücksichtigende Gesamtwürdigung der italienischen Literatur von ihren Anfängen bis zur jüngsten Gegenwart durch einen einzelnen deutschen Autor bis heute unterblieben. Die Grundidee Voßlers, die Literatur des kulturell führenden Nachbarlandes in einer aus einem Guß geschriebenen und in der Blickrichtung einheitlichen Gesamtdarstellung für das deutsche Publikum lebendig werden zu lassen, war für mich eine der großen Herausforderungen meiner wissenschaftlichen Laufbahn. Für die angestrebte Synthese der italienischen Literatur schien mir allerdings die heutzutage beliebte Form des Sammelbandes weniger geeignet, in dem verschiedene Forscher mit unterschiedlichen Interessenrichtungen und Methoden ihre Spezialgebiete unter speziellen Gesichtspunkten behandeln, woraus nur allzu leicht, wie wiederholte Erfahrung zeigt, ein Konglomerat von heterogenen und oft genug perspektivisch konträren Beiträgen hervorgeht. Demgegenüber war es mein Bestreben, ein möglichst homogenes und anschauliches, auf konkreten Forschungen und Textinterpretationen aufbauendes und bei aller Detailfreude dennoch ausgewogenes und gut lesbares Gesamtbild der Literatur Italiens zu entwerfen.

Dieses Ziel verfolgt die vorliegende Literaturgeschichte, die den Versuch unternimmt, die italienische Literatur – vom Mittelalter bis heute eine der tragenden Säulen der abendländischen Kultur – mit ihrem Reichtum an Ideen, Formen und Stimmungen und mit ihrem großen Schatz bekannter und weniger bekannter Schönheiten in einer übersichtlichen und lebendigen Gesamtdarstellung aufleuchten zu lassen. Bei meinem Gang durch die Jahrhunderte habe ich versucht, den Ergebnissen und Perspektiven von Forschung und Kritik soweit wie möglich Rechnung zu tragen. Gleichzeitig war es mein Anliegen, den Ballast des »wissenschaftlichen Apparats« vom Leser fernzuhalten und seine Lektüre nicht durch Anmerkungen oder durch die Wiedergabe wissenschaftlicher Detailfragen oder Polemiken zu beschweren. Die Geschichte der literarischen Phänomene wurde stets in den Rahmen der politischen und gesellschaftlichen Geschichte des Landes eingeordnet. Um den Überblick zu erleichtern, wurde jeder Epoche der Literaturgeschichte, die nach dem bewährten Prinzip der Einteilung in Jahrhunderte gegliedert ist, ein einleitendes zeitgeschichtliches Panorama »Blick auf die Zeit« vorangestellt (das 20. Jahrhundert wird abweichend mit einem Blick auf die gesellschaftlichen Verhältnisse um 1900 eingeleitet; die bekannten späteren zeitgeschichtlichen Ereignisse wurden in den nachfolgenden Kapiteln so weit wie erforderlich mit einbezogen). Darüber hinaus war mir wichtig, nicht einseitig Formen- und Themengeschichte zu betreiben; da literarische Werke von einzelnen Individuen hervorgebracht werden, wurde die Biographie der einzelnen Schriftsteller, wie ich hoffe, angemessen berücksichtigt. Soweit es der begrenzte Umfang dieser Darstellung zuließ, wurden Hinweise auch auf die Rezeptionsgeschichte einzelner Werke oder Autoren gegeben. Die Einflüsse und Zusammenhänge mit anderen europäischen und in der neueren Zeit auch außereuropäischen Literaturen wurden in den Grundzügen mit in die Darstellung aufgenommen. Im Blick auf aktuelle Leserbedürfnisse wurde der Literatur unseres Jahrhunderts ein relativ breiter Raum zugewiesen. Weiterführende bibliographische Hinweise und detaillierte Verzeichnisse der Namen und Sachbegriffe am Ende des Bandes laden zu vertiefendem Studium und zum Nachschlagen ein.

In Deutschland lebende und schreibende Autorinnen und Autoren, darunter auch so originelle wie Lodovica San Guedoro oder Salvatore S. Sanna, konnten in dieser Literaturgeschichte nicht berücksichtigt werden, da sie einen kulturellen Sonderbereich repräsentieren, der eine eigene Darstellung verlangt und verdient. In bezug auf neuere literaturtheoretische und terminologische Vorschläge und Entwicklungen habe ich Zurückhaltung geübt. Kein einziges der in diesem Band behandelten Werke, auch nicht die experimentierenden Versuche unseres Jahrhunderts oder etwa die bewußt auf Literatur- und Texttheorien Bezug nehmenden Werke Italo Calvinos und einiger anderer sind ja – um ein Wort des Mediävisten Walther Bulst aufzugreifen – verfaßt, »um philologisch von Philologen gelesen und interpretiert zu werden« und ebensowenig von Strukturalisten, Literatursoziologen, Semiotikern oder Rezeptionsästhetikern. Daß den Erkenntnissen und Interpretationsverfahren dieser und anderer Richtungen in kritischer Distanz Rechnung zu tragen ist, versteht sich von selbst; doch war mir der von Bulst so schlagend formulierte Gesichtspunkt immer wieder Anlaß, in literaturtheoretischer wie terminologischer Hinsicht mich auf das unumgänglich Notwendige zu beschränken.

Übergeordnetes Ziel meiner Darstellung ist es, beim heutigen Leser,

14

auch und gerade beim literaturwissenschaftlich unkundigen bzw. unbefangenen, Neugier und Interesse für eine große Literatur zu wecken und ihn an eine möglichst selbständige, unbeschwerte und unverstellte Lektüre der besprochenen Texte heranzuführen. Dieses Buch wendet sich nicht nur an Akademiker, Lehrende und Studierende, sondern darüber hinaus an ein breites interessiertes Publikum, das Italien kennt und liebt, seine Sprache mehr oder weniger oder auch gar nicht beherrscht und in seiner Literatur, gleichviel ob im Original oder in einer der zahlreich vorliegenden, meist zuverlässigen Übersetzungen, ein anspruchsvolles und dauerhaftes Lesevergnügen sucht und findet. Italiens Literatur hat gegenüber den anderen großen europäischen Literaturen eine Sonderstellung inne. Bereits durch ihr sprachliches Werkzeug, das Italienische, steht sie dem Lateinischen und damit der klassischen antiken Kultur besonders nahe, die sich ja zu einem guten Teil auf der italienischen Halbinsel entfaltete. Trotz Aufnahme zahlreicher regionaler und dialektaler Elemente bewahrte die italienische Sprache und die in ihr hervorgebrachte Literatur bis heute eine besonders enge Beziehung zur klassischen Tradition, zu klassischen Formen und zum klassischen Maß. Gleichzeitig aber stellte Italiens Literatur immer wieder, und gerade auch in unserer Gegenwart, ihre Vitalität, Vielseitigkeit und ihren pfiffigen Erfindungsreichtum in überraschenden Formen und Inhalten unter Beweis. Dies gilt insbesondere auch für die italienische Prosa der letzten Jahrzehnte, die sich geistreicher und amüsanter darbietet als das meiste andere, was in diesem Zeitraum auf dem Buchmarkt erschien.

Meine Darstellung beruht auf den Forschungsarbeiten zahlreicher Italianisten und Kritiker, vor allem aus Italien und Deutschland, denen an dieser Stelle kollektiv gedankt sei. Mein besonderer Dank gilt darüber hinaus den Kollegen Epifanio Ajello (Salerno), Thomas E. Hart (Syracuse), Francesco Mazzoni (Florenz), Nicolò Mineo (Catania), Salvatore S. Nigro (Catania) und Vittorio Russo (Neapel), die mir durch ihre Forschungen oder durch mündliche Hinweise wichtige Anregungen gaben. In Deutschland waren es vor allem die Kollegen Wolf-Dieter Lange (Bonn), Klaus Stiller (Konstanz), Winfried Wehle (Eichstätt) und Ernst Reinhard Piper (München), die die Entstehung des Werkes begleiteten. Dank schulde ich der deutschen Forschungsgemeinschaft, die das Projekt durch die Finanzierung einer Lehrstuhlvertretung unterstützte. Hilfreich war mir in der Schlußphase auch die verständnisvolle und sachkundige Beratung durch Dr. Annalisa Viviani und Dr. Tullio Aurelio vom Verlag Artemis & Winkler. In besonderem Maße haben sich meine Mitarbeiterinnen am Lehrstuhl für Romanistik/Italianistik, Dr. Elisabeth Burr, Susanne Moerters M.A., Bettina Möllers und Cristiana Müller um das Werk verdient gemacht, die die Entstehung des Manuskripts mit großem Engagement unterstützten.

Duisburg und Hofheim, im März 1996

DAS DREIZEHNTE JAHRHUNDERT (»DUECENTO«)

I. BLICK AUF DIE ZEIT

Italien steht im 13. Jahrhundert im Spannungsfeld erbitterter Auseinandersetzungen zwischen Kaisertum und Papsttum, in deren Verlauf sich zwei große politische Parteien, die mit dem Papst verbündeten republikanischen Guelfen und die Ghibellinen, die Partei der kaisertreuen Adligen, herausbilden. Es war den deutschen Kaisern bis dahin nicht gelungen, die komplizierten und schwer überschaubaren Machtstrukturen auf der Halbinsel zu kontrollieren und sie in die politische Ordnung des Imperiums einzugliedern. Einen letzten großangelegten Versuch in dieser Richtung unternahm der 1194 in Jesi bei Ancona geborene Friedrich II., der mit 18 Jahren zum deutschen König und 1220 von Honorius III. in Rom zum Kaiser des römischen Reichs gekrönt wurde. Er unterwarf das von der Mutter ererbte Königreich Sizilien und Süditalien einer strengen, zentralistischen und feudalistischen Verwaltung und versuchte von seinen Stammländern aus diplomatisch und militärisch, seine Macht über ganz Italien auszudehnen. Mitten in den Auseinandersetzungen, in einer schwierigen, doch keineswegs aussichtslosen Situation, raffte ihn im Dezember 1250 eine kurze Krankheit dahin; damit scheiterte der letzte ernsthafte Versuch, das Kaiserreich in Italien politisch zu verwirklichen. Nach seinem Tod gelang es dem Papsttum mit französischer Hilfe, die Staufer in Italien endgültig zu vernichten: Karl von Anjou, der Bruder des französischen Königs, besiegte 1266 in der Schlacht von Benevent Manfredi, den natürlichen Sohn Friedrichs, der in der Schlacht umkam; 1268 nahm er Konradin, den letzten Staufererben, gefangen, und ließ ihn töten. Unter der nachfolgenden Herrschaft der Anjou wurde Süditalien wie schon unter der zentralistischen Verwaltung Friedrichs ausgebeutet und fiel bereits damals gegenüber dem wirtschaftlich sich weitaus günstiger entwickelnden Norden zurück. Die brutale Ausbeutung des Landes durch die Anjou rief 1282 die Aufstände der »Sizilianischen Vesper« hervor, nach deren Niederschlagung Sizilien unter die nicht minder harte Herrschaft der Könige von Aragón geriet, während Neapel in den Händen der Anjou verblieb.

Die Verhältnisse in Oberitalien waren demgegenüber gekennzeichnet durch eine starke Entwicklung des kommunalen Lebens, durch eine kräftige Expansion des Handels, des Handwerks und des Kapitals bzw. des Geldverkehrs. Wichtigste wirtschaftliche Mittelpunkte waren Florenz, Genua, Venedig und Mailand, die zugleich politische und kulturelle Zentren waren und ihren Machtbereich in ständigen Kämpfen mit den umliegenden Städten zu erweitern suchten; so führte Florenz einen langanhaltenden Kampf mit den Nachbarstädten Arezzo, Siena, Lucca, Pistoia und Pisa. In den Stadtstaaten bildete sich früh eine Differenzierung in einzelne gesellschaftliche Schichten heraus, so etwa in Florenz, wo man zwischen den »Magnati«, den Vertretern der alten Aristokratie, dem »popolo grasso« als der wohlhabenden Bürgerschicht und dem »popolo minuto«, bestehend aus dem niederen Bürgertum, den Handwerkern und den kleinen Unternehmern, unterschied. In Florenz und in einigen weiteren Städten der Toskana bildeten sich auch in der kommunalen Politik innerhalb der republikanischen Guelfen zwei Flügel heraus, die dem Papst ergebenen schwarzen und die kaiserlich orientierten weißen Guelfen, zu denen auch Dante gehörte. Vor allem in Florenz erlangt das Volk in der zweiten Hälfte des Jahrhunderts bereits bedeutenden politischen Einfluß und hat an der Bildung der kommunalen Staats- und Regierungsformen entscheidenden Anteil.

Das Papsttum entwickelte sich im Verlauf des Jahrhunderts zu hohem Ansehen und großer Machtfülle: Von Innozenz III. (1198–1216) am Beginn bis Bonifaz VIII. (1294–1303) am Ende dieser Epoche gelang es der Kurie, sich nicht nur als die geistliche Führung und Kontrollinstanz des Okzidents eine allgemein respektierte Autorität zu verschaffen, sondern darüber hinaus in ständigen Kämpfen mit den verschiedenen Machthabern und Staatsgebilden auch den Kirchenstaat territorial auszudehnen und sich als weltliche Macht zu etablieren. Am Ende des Jahrhunderts war die Kirche ein gewichtiger Machtfaktor, der praktisch auf alle politischen Vorgänge der Halbinsel entscheidend einwirkte.

Zu den drängendsten geistigen und religiösen Problemen des 13. Jahrhunderts zählte einerseits die Frage nach der Vereinbarkeit von Glaube und Wissen, von Evangelium und Aristoteles, zum anderen die Integration bzw. Bekämpfung häretischer Bewegungen. Große Unruhe stiftete auch die auf der Apokalypse des Johannes aufbauende, endzeitlich konzipierte Geschichtsdeutung des Gioacchino da Fiore (um 1130–1202), dessen Lehren sich im 13. Jahrhundert stark ausbreiteten. Die wichtigste Häretikergruppe stellten die Albigenser in Südfrankreich dar, die auch Anhänger in Italien hatten. Nach vergeblichen Versuchen, sie in die Kirche zurückzuholen, wurden sie mit übertriebenem Eifer verfolgt, beraubt und niedergemetzelt, was bereits Innozenz III. erhebliche Gewissensbisse bereitete. Das religiöse Profil der Zeit wurde nicht zuletzt geprägt durch zwei neue Bet-

18

telorden, die Franziskaner und die Dominikaner, die fast gleichzeitig entstanden, jedoch recht unterschiedlich geartet waren. Die trotz zahlreicher interner Konflikte ungebrochene Macht und das große Prestige der Kirche fanden ihren sinnfälligen Ausdruck in der prunkvollen Jubelfeier, die der Dantefeind Bonifaz VIII. im Jahre 1300 veranstaltete und die viele Pilger aus allen Teilen Europas nach Rom führte. Doch scheiterte das weltliche Machtstreben Bonifazs VIII. letztlich am Widerstand Philipp des Schönen, und die Kirche mußte schon kurz nach der Jahrhundertwende durch die Übersiedlung nach Avignon, und später durch das daraus entstehende Schisma, einen erheblichen Verlust an Macht und Ansehen hinnehmen.

Kulturell beschert das 13. Jahrhundert Italien neben einem reichen lateinischen Schrifttum auch die Anfänge einer Literatur in der Volkssprache. Bereits in der ersten Jahrhunderthälfte hatte für die Entwicklung von Kultur, Wissenschaft und Kunst der von der Kirche als Ketzer angeprangerte Friedrich II. Herausragendes geleistet, der Dichter und Gelehrte an seinem Hof versammelte, 1224 die Universität von Neapel gründete (und die von Salerno restrukturierte), der den Dialog mit den Wissenschaftlern des Orients aufnahm, zahlreiche Schriften aus dem Arabischen übersetzen ließ und auf diese Weise eine enorme, von der Kirche mißbilligte Erweiterung und Säkularisierung des Wissens in allen wichtigen Disziplinen, vor allem in den empirischen, herbeiführte. An seinem Hof entstand ab etwa 1220 die sogenannte »Scuola siciliana«, die erste Dichterschule auf italienischem Boden. Ohne ihn wäre die italienische Literaturgeschichte anders verlaufen.

II. DIE RELIGIÖSE LYRIK

Auf der italienischen Halbinsel, dem Stammland des Imperium Romanum und der Latinität, beginnt die Geschichte der Literatur in der Volkssprache später als in anderen vergleichbaren Ländern, da das Lateinische auf der Halbinsel länger verständlich und daher auch länger der alleinige Kulturträger blieb als anderswo. Abgesehen von einigen unbedeutenden juristischen Urkunden des 10. Jahrhunderts und von einigen kurzen Inschriften oder Formeln des 11. Jahrhunderts beginnt die italienische Literatur in der zweiten Hälfte des 12. Jahrhunderts mit ersten archaischen, gereimten Texten, deren metrische Form einen literarischen Ausdruckswillen erkennen läßt. Zu diesen archaischen Texten gehört unter anderem der sogenannte *Ritmo laurenziano* (entstanden zwischen 1151 und 1157, anderen zufolge zwischen 1197 und 1211), das an den Bischof von Pisa gerichtete Bittgedicht eines Spielmanns, das in drei jeweils durch einen Reim bzw. Assonanz (ital. »monorima« oder »monoassonanza«) gebundenen Laissen die Schenkung eines Pferdes erfleht und in phonetischer, lexikalischer und stilistischer Hinsicht deutlich französischen Einfluß verrät. Inhaltlich anspruchsvoller und zugleich metrisch aufwendiger ist der gegen Ende des 12. Jahrhunderts in oder um Montecassino entstandene *Ritmo cassinese*, ein viele Laissen umfassendes Dialoggedicht, in welchem »ein großer, weiser Mann aus dem Orient« Sinnlichkeit und weltliches Wesen verdammt und für eine kontemplative und geistliche Moral wirbt – womit sich dieser Text zugleich in die lebhafte religiöse Polemik seiner Zeit einfügt. Literarisches Vorbild für den Dialog könnten, wie L. Spitzer und A. Del Monte vermuteten, die *Dialogi* des Sulpicius Severus (um 400 n.C.) gewesen sein. Hinsichtlich der Entstehungszeit, des metrisch-formalen Aufbaus und der verwendeten Sprache (einer Koine der Gegend um das kulturelle Zentrum Montecassino) ergeben sich Übereinstimmungen zwischen dem *Ritmo cassinese* und dem *Ritmo su Sant'Alessio*, dem »süßen neuen Lied« eines Benediktiners aus der Abtei Santa Vittoria in Matenano (Marche), ein Laissengedicht, das ähnlich wie das französische Alexiuslied des 11. Jahrhunderts die lateinische Vorlage des 10. Jahrhunderts, nämlich die Vita des Heiligen Alexius, engagiert und einfühlsam als Spielmannslied paraphrasiert. Wahrscheinlich zu Beginn des 13. Jahrhunderts entstand die sogenannte *Elegia giudeo-italiana*, ein Lied, das die Zerstreuung des Volkes Israel beklagt. Die kaum zu lokalisierende Elegie ist nach G. Contini in der jüdischen koine Mittelitaliens verfaßt und weicht in metrischer Hinsicht stark von den italienischen literarischen Texten ab, während sich in Spielmannston und archaischem Stil Berührungspunkte zum *Ritmo su Sant'Alessio* ergeben.

Die erste Dichtung der italienischen Literatur, die wirklich diesen Namen verdient, ist der berühmte Sonnengesang des FRANCESCO D'ASSISI (1181/82–1226), der *Cantico di Frate Sole*, auch *Laudes creaturarum* genannt. Das wohl 1224 in San Damiano entstandene Gedicht ist der einzige überlieferte Volgare-Text des Franziskus und zugleich der wirkungsvollste und schönste Ausdruck der franziskanischen Lehre.

> Altissimu, onnipotente, bon Signore
> tue so' le laude, la gloria e l'onore e onne benedictione.
>
> Ad te solo, Altissimo, se konfano,
> et nullu homo ène dignu te mentovare.
>
> Laudato sie, mi' Signore, cum tucte le tue creature,
> spetialmente messor lo frate sole,

lo qual'è iorno, et allumini noi per lui.
Et ellu è bellu e radiante cum grande splendore:
de te, Altissimo, porta significatione. (...)

Laudato si', mi' Signore, per quelli ke perdonano
per lo tuo amore,
et sostengo infirmitate et tribulatione.

Beati quelli , ke 'l sosterrano in pace,
ka da te, Altissimo, sirano incoronati. (...)

Die assonierenden Strophen dieses Gedichts, die ursprünglich von Musik begleitet waren, entfalten in einfacher Sprache und elementaren Bildern eine ausgewogene Symbiose von biblischer Lehre und franziskanischem Reformdenken. In feierlichem und hymnischem, vielfach an die Psalmen anklingendem Ton besingen die ersten Verse des Lieds die Schönheit der Schöpfung und das Lob auf den Schöpfer, der alles geschaffen hat (Verse 1–22), während sich sodann der Blick auf die Leiden des Menschen, auf die Existenz der Sünde und die Notwendigkeit des körperlichen Todes richtet. In der Tonlage eines Bußpsalms klingt der Text mit der Aufforderung aus, dem Schöpfer in Demut zu dienen.

Wie dies zu geschehen habe, hat Franziskus seinen Zeitgenossen vorgelebt. Als Sohn eines reichen Tuchhändlers mit Namen Pietro di Bernardone und dessen aus Südfrankreich, aus der Provence, stammenden Frau Pica, der zuliebe er Francesco, der »Franzose«, genannt wurde, verbrachte er eine frohe und unbeschwerte Jugend. Sie endete 1206 mit einer schweren seelischen Krise, der Bekehrung und dem Verzicht auf die väterlichen Güter (April 1207). Nach seiner Heirat mit »Frau Armut« hat dann Franziskus nur noch für seine Reformideen gelebt, nämlich für die Wiederherstellung des ursprünglichen christlichen Lebenswandels in Besitzlosigkeit, Nächstenliebe und Meditation. In einem Klima allgemeiner geistiger Unruhe, in dem auf der Halbinsel zahlreiche Sekten entstanden, gründete er 1210 seinen Orden mit mündlicher Zustimmung bzw. Duldung des Papstes Innozenz III., worauf später, nachdem die Ordensregel im Hinblick auf die sprunghaft anwachsende Zahl von Anhängern reformiert worden war, die offizielle Anerkennung durch Honorius III. folgte (1223). Nachdem er jahrelang predigend und evangelisierend unter dem Beifall der Massen durch Italien und den Orient gewandert war, zog er sich in die Einsamkeit des Monte Varna in der Toskana zurück, wo er sich der mystischen Kontemplation hingab. Hier empfing er 1224 die Wundmale Christi. »Auf einem rohen Felsen zwischen Tiber und Arno empfing er von Christus das letzte Siegel« – so umschrieb es später Dante, der das Lebenswerk und die Wirkung des Heiligen im elften Gesang seines *Paradiso* ausführlich würdigte. Krank und geschwächt kehrt Franziskus in seine Heimat Umbrien zurück und schreibt dort bei San Damiano in einer einfachen Schilfhütte seinen *Sonnengesang*. Etwa ein Jahr später, am 3. Oktober 1226, stirbt er in Porziuncola, nackt auf dem Boden liegend.

In das Denken des Franziskus sind viele Strömungen eingegangen, so die Lehren Augustins, die Mystik des Bernhard von Clairvaux oder die mystischen Lehren der »Viktoriner« Hugo und Richard von Sankt Viktor in Paris. Aber Franziskus enthielt sich zeitlebens der begrifflichen Spekulation; vielmehr entspringt sein Denken und Wollen einer höchst persönlichen, meditierenden und intuitiven Innerlichkeit, der Lehrsätze und Polemik fremd sind und die eben darum so breiten Widerhall bei den Zeitgenossen fand. Auch der Sonnengesang zeigt diese einfache und intuitive Sprache, in der Gelehrsamkeit keinen Ausdruck findet, um so mehr aber die mystische, von Augustin, den Viktorinern und Bernhard vorbereitete Überzeugung, daß die Schöpfung ein von Gottes Hand geschriebenes Buch sei, dessen Lektüre zur Erkenntnis der Gottheit und zur Vereinigung mit ihr führe. Die Betrachtung der sichtbaren Welt in ihrer geschaffenen Ordnung, Harmonie und Schönheit führt den Betrachtenden zur Anschauung des Unsichtbaren und damit der Vollkommenheit des Schöpfers, in dem Form und Wesen zusammenfallen. So gesehen enthält der Sonnengesang auch eine Ästhetik, das heißt eine mystisch und moralisch intendierte Lehre von der Schönheit: Die einzelnen sichtbaren Dinge der Schöpfung sind in ihrer Schönheit die Zeichen der Schrift Gottes, die sich zum Buch einer universalen Harmonie zusammenfügen. Diese bei Franziskus intuitiv gewonnene Überzeugung wird später, etwa bei Bonaventura und Dante, zur expliziten Lehre und als solche eine der tragenden mystischen und ästhetischen Grundlagen der *Divina Commedia*.

Nur wenige Jahre nach dem Tode des Franziskus wurde, ebenfalls in der von tiefer Frömmigkeit erfüllten Landschaft Umbriens, der größte mystische Dichter Italiens vor Dante, nämlich IACOPONE DA TODI (1230–1306), geboren. Der Sohn aus der adligen Familie der Benedetti kam in Todi zur Welt und verbrachte eine unbeschwerte und genußfreudige Jugend. Iacopo de' Benedetti, den schon die Zeitgenossen Iacopone nannten, soll nach nicht ganz gesicherten biographischen Angaben zunächst den Beruf eines Notars und öffentlichen Prokurators innegehabt haben. Angeblich war der frühe, kaum ein Jahr nach der Heirat unter tragischen Begleitumständen eingetretene Tod seiner Gattin der Anstoß zu seiner Abkehr von der Welt und zum Beginn eines neuen geistlichen Lebenswandels voll religiöser

Glut und mystischer Glaubenstiefe. Nach 1268, dem Jahr der seelischen Krise und der Reue, gab er sich zehn Jahre der strengsten Buße und der körperlichen Züchtigung hin, um dann als Laienbruder in den Orden der Minoriten in Todi einzutreten (1278). In die heftigen Auseinandersetzungen, die den Franziskanerorden zu jener Zeit entzweiten, griff er sogleich leidenschaftlich zugunsten der sogenannten Spirituali ein, die im Gegensatz zu der viel großzügigeren Auffassung der Conventuali die alte Regel des Ordensgründers in aller Strenge befolgt wissen wollten. Nachdem Bonifaz VIII. die Approbation des Ordens annullierte, die Clemens V. 1294 gewährt hatte, ergriff er leidenschaftlich Partei gegen den Papst und schlug sich auf die Seite der papstfeindlichen Colonna, aus deren Feste Palestrina (bei Rom) er sarkastische Schmähgedichte gegen den Papst richtete. Der Papst antwortete mit dem Bann und ließ die Feste erstürmen, nach deren Fall im September 1298 Iacopone eingekerkert wurde. Erst unter dem Nachfolger seines unerbittlichen Gegners, unter Benedikt XI., kam er 1303 wieder frei. Danach lebte er noch drei Jahre, und starb schließlich Ende Dezember 1306 im Kloster von Collazzone in der Nähe von Todi.

Auch für die Dichtungen Iacopones ist, ähnlich wie für die des heiligen Franziskus, die große Unmittelbarkeit einer verinnerlichten Inspiration kennzeichnend. Aber während Franziskus Bildung und Schrifttum seiner Zeit weitgehend beiseite ließ, um mit den Augen der Seele die Wahrheit des Glaubens und des Lebens zu ergründen, ist Iacopone vergleichsweise ein Intellektueller, ein bildungsorientierter Mystiker, der sein Denken an den großen theologischen, philosophischen und mystischen Autoren ausgebildet hatte. Zu seinen wichtigsten Bildungsquellen gehören der heilige Bernhard (1091–1153), insbesondere dessen Traktat *De diligendo Deo* sowie die Schriften der beiden großen mystischen Denker Hugo und Richard von Sankt Viktor. In markantem Unterschied zu Franziskus war Iacopone ein Polemiker der heftigsten und aggressivsten Art, dessen mystische Meditation sich täglich und stündlich den großen lebenspraktischen und gesellschaftlichen Fragen seiner Zeit öffnete: Von der bedächtigen, abstrakten Spekulation zur erregten Einmischung in die konkreten Belange seiner Zeit war es für ihn stets nur ein kleiner Schritt. Davon legt auch sein lyrisches Hauptwerk, die *Laude* (oft auch als *Laudi* zitiert) ein eindrucksvolles Zeugnis ab. In diesen religiösen, aus der lateinischen Liturgie hervorgegangenen Dichtungen mit unterschiedlichen Vers- und Strophenformen artikuliert Iacopone in archaischem, mit vielen Latinismen angereichertem umbrischem Dialekt immer wieder leidenschaftliche, sarkastische, oft fanatische Einlassungen und Attacken, die auch dem modernen Leser im Gedächtnis haften, wie z.B. die folgende Invektive gegen das ruchlose Treiben des Papstes Bonifaz VIII.:

> O papa Bonifazio   molt' hai iocato al monno:
> penso che ioconno – non te porrai partire! (...)
>
> Ponisti la tua lengua   contro la relione,
> a dicer blasfemia   senza nulla rascione,
> e Deo sì t'ha sommerso   en tanta confusione,
> che onn'om ne fa canzone – tuo nome a maledire.

Neben der Polemik gegen Papst und Kirche und oft damit verbunden durchzieht ein zweites Hauptmotiv die *Laude* Iacopones, nämlich die Anprangerung der Verweltlichung und Korruption seiner Zeitgenossen, deren Lebensweise er in scharfer Sprache geißelt und deren Blicke er immer wieder auf die Grundgegebenheiten der menschlichen Existenz, vor allem auf den Tod, hinzulenken sucht:

> Omo, mittete a pensare
> onne te ven lo gloriare. (...)
> De vil cosa sii formato
> ed 'n pianto fusti nato
> e 'n miseria conversato,
> ed en cénnar dii tornare.

Oder noch knapper und schärfer:

> Quando t'aliegre, omo d' altura,
> va', poni mente a la sepoltura.

Im Mittelpunkt seiner Lyrik steht jedoch als Leitmotiv der Kerngedanke der Mystik, der glühende Wunsch, die sinnliche Welt zu transzendieren und jenseits aller Körperlichkeit Gott, die höchste Wahrheit, zu schauen:

> veder senza figura
> la somma Veretate
> con la nichillitade
> del nostro pover core.

Denn der Mensch darf in all seiner Nichtigkeit der göttlichen Liebe gewiß sein, die als ein alles überstrahlendes Licht auch sein Herz erleuchtet:

Sopr'onne lengua Amore,
bontà senza figura,
lume for de mesura,
resplende nel mio core.

III. MINNELYRIK. DIE SIZILIANISCHE DICHTERSCHULE

1. Die Schule

Am Anfang der italienischen Literaturgeschichte steht nicht nur das Dichten der Mystiker, sondern auch der zunächst ganz weltlich motivierte Minnesang, das kunstvolle Besingen der geliebten Frau. In der ersten Hälfte des 13. Jahrhunderts, kurz nach 1220, also zur gleichen Zeit, zu der Franziskus seinen Sonnengesang schrieb, entstand am Hofe des Suebenkaisers Friedrich II. von Sizilien (1194–1250) die erste Dichterschule Italiens, die sogenannte SCUOLA SICILIANA. Ihr gehörten neben dem Kaiser und dessen natürlichem Sohn Enzo (ca. 1220–1272) eine Schar hochgebildeter und extrem formbewußter Sprachkünstler an, aus der wenigstens Giacomo da Lentini, Guido und Odo delle Colonne, Rinaldo d'Aquino, Giacomo Pugliese, Pier della Vigna und Mazzeo di Ricco genannt seien. Äußere Bedingung für die Entstehung dieser Schule war eine kulturelle Renaissance in Süditalien, im wesentlichen ein Werk des überaus intelligenten und vielseitig interessierten Kaisers, der als unermüdlicher Promotor von Kultur und Wissenschaft die intelligentesten Dichter, Gelehrten und Beamten aus ganz Italien an seinem Hof zusammenzog. Hier liefen alle wichtigen geistigen Strömungen Europas zusammen: Die der lateinischen, griechischen und arabischen Kultur und darüber hinaus die Einflüsse der französischen und provenzalischen Literatur, die damals die am weitesten entwickelten vulgärsprachlichen Literaturen der Romania waren. Der vielsprachige Kaiser, Sohn des deutschen Kaisers Heinrich VI. und der normannisch-sizilianischen Thronerbin Konstanze, der die provenzalische Lyrik ebenso las wie die Lieder der deutschen Minnesänger, hat wahrscheinlich höchstpersönlich darauf hingewirkt, daß in Sizilien nun die italienische Volkssprache als Dichtersprache benutzt wurde. Wahrscheinlich ist auch, daß der Kaiser selbst den Minnesang der Provenzalen als dichterisches Modell vorgeschlagen hat, u.a. weil dieser in sprachlicher Hinsicht relativ leicht in sizilianische bzw. süditalienische Mundart umzusetzen schien. Fest steht jedenfalls, daß nach der Rückkehr des Kaisers aus Deutschland (1220) am suebischen Hof eine eifrige dichterische Aktivität einsetzte, die sich inhaltlich wie formal eng am Vorbild der provenzalischen »trouveres« orientierte. So entsteht eine höfische und aristokratische Dichtung, die bereits im folgenden Jahrzehnt, zwischen 1230 und 1240, einen ersten Höhepunkt erreicht. Insgesamt erstreckt sich die kurze, aber intensive Blütezeit der sizilianischen Schule über gut zwei Jahrzehnte von etwa 1230 bis zur Jahrhundertmitte. Geschrieben wurde in einer kultivierten und elaborierten Mischsprache, einer Koine, deren Basis der sizilianische Dialekt war, welcher indes durch zahlreiche Anleihen an das Provenzalische, Französische, Lateinische sowie an weitere Mundarten Süditaliens zu einer hochstilisierten Kunstsprache umgeformt und damit zur ersten Kunstsprache Italiens erhoben wurde. Allgemeiner Gegenstand dieser aristokratischen Lyrik ist die höfische Liebe, der »fino amore«, beruhend auf der ursprünglich provenzalischen Konzeption der feudalen Liebesbeziehung zwischen der als Herrin besungenen höfischen Dame und dem sie als Liebesvasall umwerbenden Mann, der für seine Dienste den »guiderdone«, den Liebeslohn, erhofft. Diese Grundthematik wird immer wieder mit einem begrenzten Inventar von Situationen, Handlungen, Begriffen, Bildern und Metaphern durchgespielt. Eingeschränkte Thematik, begrenzte Inspiration und die meist schematische Darstellung der Gefühle in einem relativ starren Begriffssystem lassen bei der Lektüre dieser Texte den Eindruck der Monotonie aufkommen, der jedoch zumindest teilweise kompensiert wird durch eine meisterhafte und funktionale Beherrschung der ebenfalls aus dem Provenzalischen übernommenen formalen und metrischen Techniken.

Doch belegt eben diese Rezeption der metrischen Formen der Provenzalen durch die sizilianischen Dichter zugleich die relative Selbständigkeit und das Innovationsbedürfnis der Sizilianer, womit sie sich alles in allem als eine eigenständige und kreative Dichterschule ausweisen. Die Übernahme einzelner metrischer Formen aus dem Provenzalischen beruhte nicht etwa auf pauschaler Imitation oder unkritischem Epigonentum, sondern erweist sich im konkreten Fall als reflektierter Wahlakt eines extrem sensiblen und formbewußten Kunstschaffens. Während z. B. die Tenzone und insbesondere die Kanzone breit rezipiert wurden, erschienen Sirventes und Pastourelle den Sizilianern als Ausdrucksform ihrer Gedanken und Haltungen ungeeignet und wurden daher praktisch vernachlässigt. Andere Formen wie z. B. der in der provenzalischen Dichtung gern verwendete »Discorso« wurden von den Sizilianern nur in wenigen Texten versucht und gerieten, weil sie offenbar als weniger geeignet empfunden wurden, sodann in Vergessenheit. Demgegenüber wurde vor allem die Gedichtform der Kanzone mit großem Interesse aufgegriffen und sofort zu neuen Varianten weiterentwickelt, denen in der Geschichte der italienischen Dichtung große Bedeutung zukommen wird. So verwendete man bei feierlichen Themen gern einen Kanzonentyp mit gemischten zehn- und siebensilbigen Versen, der den Provenzalen unbekannt war, oder man entwickelte etwa für einfachere Themen die Unterform der sogenannten Canzonetta mit meist acht- oder siebensilbigen Versen. Der berühmteste Beleg für das Innovationsbedürfnis der Schule ist jedoch die Erfindung des Sonetts, der wichtigsten Gedichtform der italienischen Literatur, die wahrscheinlich um 1230 aus der Beschäftigung mit der Kanzone heraus entwickelt wurde.

Analog zur Feststellung innovativer Merkmale im formalen Bereich hat die neuere Forschung aufgrund eingehenden Textstudiums auch im thematisch-inhaltlichen Bereich die Beurteilung der Sizilianer und ihrer Originalität erheblich modifiziert bzw. korrigiert. Galten die Texte der Dichter um Friedrich II. lange Zeit als mehr oder weniger blasse, monotone und abstrakte Nachahmungen der Provenzalen, so ergab die nähere Prüfung, daß gerade der hohe Abstraktionsgrad, die konsequent durchgehaltene Lebensferne und der extrem artifizielle, stilisierte Charakter ihrer Dichtungen Ergebnis und Ausdruck reflektierter Wahlentscheidungen sind, mit denen sich die aristokratische Schule von der zeitgenössischen Troubadourlyrik in Frankreich, in Oberitalien oder in Katalonien zu distanzieren suchte. Während die damalige Troubadourlyrik gerne den Bezug zur Zeit, zur Wirklichkeit, zur Politik, zum Tagesgeschehen, zum Persönlichen und Biographischen herstellte, schloß die geistige Elite des Suebenhofes nahezu jeden Bezug zum Leben aus und versuchte, in einem abgegrenzten Bezirk aristokratischer Eleganz und Kunstübung und im Schutz einer hochstilisierten, abstrakten und daher schwer zugänglichen Sprache eine Dichtung zu verwirklichen, die als Gegenwelt und Gegenbild zur äußeren Wirklichkeit konzipiert war. Für dieses aristokratische Konzept eines ausgegrenzten Kunstbereichs war nicht zuletzt der elitäre Lebenskontext verantwortlich, in dem die Juristen, Notare und Verwaltungsbeamten am Hof Friedrichs standen. Sie waren schließlich keine armen Spielleute, die berufsmäßig Texte schrieben und mit musikalischer Begleitung vortrugen, um damit ihren Lebensunterhalt zu verdienen. Für die feinen Beamten und Würdenträger am Hof war Dichten eben kein Broterwerb wie für die große Mehrheit der »Joglares«, sondern eine musische Nebenbeschäftigung, deren Tendenz gerade auf eine möglichst weite Distanz von der Alltagswelt gerichtet war. Aus dieser Grundhaltung erklärt sich der programmatische Eklektizismus der Sizilianer, als Thema ihrer Dichtungen nur die Liebe zu behandeln, ebenso wie ihre Neigung, als dichterisches Vorbild nicht den zeitgenössischen, sondern den (zeitlich früheren) klassischen provenzalischen Minnesang zu wählen, in dem es keinen Bezug zu ihrer Gegenwart gab. Auf die gleiche Tendenz zur Distanz und Abstraktion dürfte auch die Absage der Sizilianer an die musikalische Komponente des Minnesangs zurückzuführen sein, ihr Verzicht auf die musikalische Begleitung der Texte, die für den Minnesang ein konstituierendes Merkmal gewesen war. In dem abstrakten, ein wenig luftleeren Raum aristokratisch-elitärer Kunstübung entstehen so Dichtungen, unter deren rhetorisch gefeiltem und elegantem Faltenwurf sich authentische Gefühle und Haltungen verbergen.

Während sich Thematik, formale Mittel und geistiges Klima der sizilianischen Dichterschule relativ kohärent beschreiben lassen, fällt es schwer, über deren einzelne Mitglieder zuverlässige und detaillierte Aussagen zu machen. Hauptgrund dafür ist der generelle Mangel an Urkunden und biographischen Daten sowie die Tatsache, daß von fast allen Mitgliedern der Gruppe im wesentlichen nur die Dichtungen auf uns gekommen sind, und auch diese meist nur in unvollständiger und unsicherer Überlieferung. Es kommt hinzu, daß die abstrakten Texte der Sizilianer nur wenig Anhaltspunkte zur Bestimmung des Autors bzw. zur Beurteilung individueller Leistungen und Abweichungen bieten, da eine der wichtigsten Regeln ihrer Poetik eben darin bestand, Anspielungen auf die eigene Person und die Zeitgeschichte zu vermeiden. Ausgehend vom Gründer der Schule, Giacomo da Lentini, hat man versucht, wenigstens zwei stilistisch-thematische Hauptrichtungen der Schule zu unterscheiden, und zwar einmal eine ernste und gehobene Stilrichtung, der u.a. Stefano Protonotaro, Guido delle Colonne, Pier della Vigna und Mazzeo di Ricco zuzuordnen wären, und eine zweite, wesentlich lockerere, offenere Stilhaltung, die sich vorzugsweise des volkstümlichen Canzonetta-Tons bedient, und die z.B. bei Rinaldo d'Aquino, Giacomino Pugliese und in einer größeren Anzahl von anonymen Texten zu beobachten ist. Doch bleibt auch dieser bescheidene Gliederungsansatz eher theoretischer Natur und erweist sich in der konkreten Textanalyse als kaum konkretisierbar.

2. Giacomo da Lentini

Einer der wenigen Dichter, der etwas besser überliefert ist und uns wenigstens die Umrisse seiner Persönlichkeit erahnen läßt, ist GIACOMO DA LENTINI, »Jacobus de Lentino domini imperatoris notarius«, wie er in einer messinesischen Urkunde des Jahres 1240 selbst signiert. In seinen Liedern nennt er sich oft einfach »il notaro«, der Notar – so wird ihn später auch Dante nennen. In Lentini, einem kleinen Ort bei Catania geboren, ist er zwischen 1233 und 1245 mehrfach durch Urkunden und Dichtungen nachgewiesen, doch wahrscheinlich schon vor 1250, also vor dem Kaiser, verstorben. Schon Dante hielt ihn für den einflußreichsten Autor der Schule, ein Urteil, das heute vollauf bestätigt ist. Von ihm sind etwa vierzig Dichtungen überliefert – der Autor mit der zweitgrößten Anzahl von Texten ist Rinaldo d'Aquino, von dem wir gerade ein Dutzend Texte kennen. Alle bekannten Daten und insbesondere das Studium seiner relativ zahlreichen Dichtungen belegen das zeitliche wie qualitative Primat des Notars und seine Funktion als Initiator und spiritus rector der Schule. Während Friedrich II. an seinem Hof die äußeren Voraussetzungen schuf, mit seinen eher schwachen Dichtungen aber kein Beispiel setzen konnte, war es Giacomo, der thematisch wie stilistisch die Richtung wies, der die Anregung des Kaisers, Motive der provenzalischen Troubadours in eine höfische sizilianische Kunstsprache zu verpflanzen, konkret realisierte. Viele wichtige Entscheidungen und Kreationen im metrischen Bereich dürften auf ihn zurückgehen, angefangen von der oben erwähnten Bevorzugung der Kanzone bis hin zur raffinierten Kunstform des Sonetts, die nach ihm von Petrarca mit größter Meisterschaft beherrscht wurde und dann jahrhundertelang als Prüfstein dichterischen Könnens galt. Eine Vorgabe Giacomos war schließlich höchstwahrscheinlich auch die inhaltliche Konzentration auf die Liebesthematik, eines der wichtigen unterscheidenden Merkmale der Schule.

Neben lyrischen Einzeldichtungen verdanken wir Giacomo auch zwei aus mehreren Sonetten gebildete Tenzonen, d.h. poetische Streitgespräche: eines in fünf Sonetten mit dem Abate di Tivoli, das zweite in drei Sonetten mit Iacopo Mostacci und Pier della Vigna. Beide Tenzonen handeln von der Natur der Liebe. Viele, wenn nicht die meisten seiner Gedichte sind auch für den modernen Leser ergreifend und beeindruckend, wie z.B. die berühmte fünfstrophige Kanzone »Madonna, dir vo voglio«, deren erste Verse hier zitiert seien:

> Madonna, dir vo voglio
> como l' amor m'ha priso
> inver' lo grande orgoglio
> che voi, bella, mostrate, e no m'aita,
> oi lasso, lo meo core,
> che 'n tante pene è miso
> che vive quando more
> per bene amare, e teneselo a vita.

Das Gedicht hat als literarisches Vorbild einen Text des Provenzalen Folchetto da Marsiglia und zeigt gerade in der Verarbeitung seiner Vorlage die Gewandtheit und Originalität seines Verfassers; schon Dante lobte Giacomos vornehme Sprache und die Eleganz seiner Gedankenführung (*De vulgari eloquentia* I, XII, 8). Kaum weniger ergreifend, weil in Ton und Haltung authentisch, auch die folgende, ebenfalls berühmte Canzonetta, deren Sprache gegenüber der Kanzone ein wenig volkstümlicher ist und in deren abschließender Strophe, »commiato« oder »congedo« (im deutschen Minnesang »Geleit«) genannt, der Dichter sein Lied verabschiedet und sich zugleich als Autor vorstellt:

Meravigliosamente
un amor mi distringe
e mi tene ad ogn'ora.
Com'om che pone mente
in altro exemplo pinge
la simile pintura,
così, bella, facc'eo,
che 'nfra lo core meo
porto la tua figura.
…

Canzonetta novella,
va'canta nova cosa;
lèvati da maitino
davanti a la più bella,
fiore d'ogni amorosa,
bionda più c'auro fino:
»Lo vostro amor, ch'è caro,
donatelo al Notaro
ch'è nato da Lentino.«

IV. DIE DICHTUNG DER TOSKANA

1. Strömungen und Tendenzen im Überblick

Trotz kurzer Blütezeit war der sizilianischen Dichterschule der »Curia Magna« in der zweiten Hälfte des 13. Jahrhunderts eine breite und vielfältige Nachwirkung auf der italienischen Halbinsel beschieden, und zwar insbesondere in der Toskana und, in etwas geringerem Maße, in der Emilia. Die kunstvollen metrischen Formen ebenso wie die elegante, rhetorisch gefeilte Sprache der Sizilianer hatten eine weite Ausstrahlung als Maßstäbe höchster Dichtkunst, so daß nicht wenige Dichter auf dem Festland ihr oberstes Ziel darin sahen, diese Dichtungen nachzuahmen. Es kam zu einer breiten Rezeption sizilianischer Formen, Themen, Bilder und Metaphern in toskanischer Sprache, einer Toskanisierung der sizilianischen Vorlagen, die nun allerdings nicht als systematische Übernahme eines literarischen Programms verlief, sondern als äußerst vielgestaltiger Rezeptionsprozeß unterschiedlichster Dichter mit unterschiedlichen Interessen, Haltungen und Zielsetzungen, die jeweils aus verschiedenen kulturellen, geographischen und lokalen Kontexten heraus schrieben. Wichtig ist, daß es bürgerliche Dichter waren, die in der Provinz oder in den Städten – neben Florenz sind hier vor allem Arezzo, Lucca, Pisa, Siena und Pistoia zu nennen – dichteten. Unter den Händen bürgerlicher Autoren aber öffnete sich die überregionale, idealistische, abstrakte und lebensferne Liebesthematik der höfischen Dichter um Friedrich II. immer stärker den regionalen und örtlichen Interessen und Bedürfnissen des erstarkenden Bürgertums, öffnete sich die abstrakte und konforme Kunstsprache der sizilianischen Meister den Stillagen und Ausdrucksformen der gesprochenen Sprache in Stadt oder Provinz. Die lebensferne höfische Inspiration wird zunehmend durchsetzt und modifiziert durch den Einfluß der Politik, des Tagesgeschehens, der klassenspezifischen Auseinandersetzungen in der Kommune, aber auch durch das Bedürfnis nach moralisierender Besinnung und gesellschaftskritischer Reflexion. Gleichzeitig öffnen sich die bürgerlichen Dichter wieder stärker den verschiedenen kulturellen Einflüssen ihrer Zeit: Die von den Sizilianern verschmähte neuere provenzalische Dichtung wird jetzt ebenso rezipiert wie die über Oberitalien breit einströmende französische Literatur, und die lateinische Klassik ist in der Regel ebenso präsent wie die eigene Tradition in der Volkssprache. Diese in verschiedenen kulturellen Zentren der Halbinsel in der zweiten Hälfte des Duecento entstehende neue Dichtung mit vielfältigen politisch und gesellschaftlich aktuellen Themen und Haltungen, die von vielen unterschiedlichen Stimmen vorgetragen wird, läßt sich nur schwer gliedern. Man hat u. a. versucht, die große Schar der toskanischen Dichter in zwei Gruppen einzuteilen: Die Nachahmer der sizilianischen Muster um Bonagiunta da Lucca einerseits und die stärker an provenzalischen Vorbildern und der Rhetorik orientierten Dichter um Guittone d'Arezzo andererseits. Doch muß auch diese Grobeinteilung unbefriedigend bleiben im Hinblick auf die an vielen kulturellen Zentren aufbrechenden dichterischen Aktivitäten und den lebhaften Austausch zwischen den einzelnen Regionen und Städten. Unter dem Druck aktueller bürgerlicher Bedürfnisse und dem Einfluß der sich rasch entwickelnden städtischen Bildung entsteht so auf einer gemeinsamen sizilianischen Grundlage eine neue Lyrik, in der politische, gesellschaftliche und kommunale Gegebenheiten ebenso thematisiert werden wie persönliche Neigungen und Leidenschaften.

Wenn es auf diese Weise schwerfällt, unter poetologischen und inhaltlichen Gesichtspunkten Einteilungen zu treffen, so läßt sich wenigstens geographisch ein gewisser Überblick vermitteln. In Lucca war es der schon genannte Bonagiunta Orbicciani, der wohl als zeitlich erster die sizilianischen Vorlagen nachdichtete, gefolgt von Inghilfredi, Dotto Reali und anderen lokalen Dichtern. In Arezzo herrschte der große Guittone, der als Literaturpapst das öffentliche Geschmacksurteil in der Toskana ebenso bestimmte wie das literarische Tun und Lassen seiner nicht wenigen Gefolgsleute landauf landab; von den übrigen Dichtern der Stadt seien wenigstens Arrigo Testa, Ubertino di Giovanni del Bianco, Messer Fino sowie die Brüder Balduccio und Iacopo da Lèona genannt. Lebhaftes literarisches Treiben herrschte in Pisa, wo unterschiedliche poetische Traditionen zusammenströmten und intensive Diskussionen geführt wurden, deren Echo in vielen Dichtungen, insbesondere in Streitgedichten, den Tenzonen, wiederzufinden ist. Hier, wo der Einfluß der provenzalischen Literatur besonders stark gewesen sein muß, schrieben und stritten u.a. Galletto (oder Gallo), Lotto di ser Dato, Betto Mettefuoco, Ciolo de la Barba, Nocco di Cenni sowie vor allem Panuccio del Bagno und Pucciandone Martelli, welch letztere durch eine umfangreichere (aber leider nur bruchstückhaft überlieferte) dichterische Produktion hervortraten. Weitere, wenn auch weniger bedeutende literarische Zentren waren Siena mit Folcacchiero dei Folcacchieri, Bartolomeo Mocati, und Caccia; Pistoia, wo Nachfolger Guittones wie Meo Abbracciavacca, Lemmo Orlandi und Paolo Lanfranchi schrieben; und schließlich Bologna, geographisch an der Peripherie der toskanischen Lyrik gelegen, mit dem prästilnovistischen Kreis um Guido Ghislieri, Fabruzzo und Onesto degli Onesti.

Eine Ausnahmestellung nimmt das aufstrebende Florenz ein. In dem Maße, wie die politische und kulturelle Bedeutung der umliegenden Provinz verfiel, erstarkte das derzeit von den Guelfen regierte Florenz und zog praktisch alle wesentlichen literarischen Strömungen und Initiativen an sich. Anhänger Bonagiuntas und Guittones trafen hier auf Epigonen der Sizilianischen Schule und der Provenzalen sowie auf eine Vielfalt einzelner Stimmen und Ansätze aus den umgebenden Regionen und bildeten so einen besonders dichten und dynamischen kulturellen Kontext, aus dem schon wenig später die ersten Anfänge des »Süßen Neuen Stils« hervorgehen konnten. Vorerst allerdings blieb das Gros der Dichter und Reimschmiede direkt oder indirekt dem sizilianischen Vorbild verpflichtet, und auf dieser breit akzeptierten Grundlage schrieben denn in Florenz Carnino Ghiberti, Neri de' Visdomini, Megliore degli Abati, Pietro Morovelli, Incontrino de' Fabrucci, Bondie Dietaiuti, Terino da Castelfiorentino, Pacino di ser Filippo Angiulieri, Maestro Francesco und Dante da Maiano, mit dem der junge Dante Alighieri Sonette tauschte. Vorübergehend große Beachtung fand auch die Stimme einer Frau, der Compiuta Donzella, deren reale Existenz die meisten Kritker heute nicht mehr bezweifeln und die damit als erste Dichterin Italiens gelten kann. Aus ihrem schmalen Werk von eher bescheidener Inspiration sind uns allerdings nur drei Sonette überliefert, die eine starke Anlehnung an die Motive der sizilianischen Lyrik aufweisen. Weitaus bedeutender als die Zuvorgenannten sind indes Monte Andrea und Chiaro Davanzati, deren innovative Texte zusammen mit den Anregungen einiger Bologneser Dichter den poetischen Geschmack in die Richtung der stilnovistischen Ideale lenkten. Alles in allem zeichnen sich zwei Haupttendenzen im Florenz jener Jahre ab: einmal die Entwicklung der Kunstlyrik zum »Süßen Neuen Stil«, der, trotz einiger Beiträge aus Bologna, im wesentlichen eine florentinische Entwicklung ist; zum anderen die realitätsbezogene Umfunktionierung dichterischer Formen und Traditionen durch das Bürgertum, das die Lyrik jetzt auch als Instrument des politisch-wirtschaftlichen Klassenkampfes in der Kommune oder als Ausdrucksmittel bürgerlicher Morallehre verwendet.

2. *Bonagiunta Orbicciani Da Lucca*

Der Familienname BONAGIUNTAS ist abgeleitet von Orbicciani, einem kleinen Ort in der Nähe Luccas. Hier wurde der Dichter um 1220 geboren; er erreichte ein Alter von nahezu achtzig Jahren. Wahrscheinlich hat er den Beruf eines Notars ausgeübt; ansonsten wissen wir kaum etwas von ihm.

Die wenigen Dokumente, die sich auf ihn beziehen, sind zwischen 1242 und 1257 zu datieren; dies genügt, um für ihn das oben erwähnte Primat als erster toskanischer Dichter in sizilianischer Manier zu sichern. Dante läßt ihn im zweiten Teil seines großen Gedichts (Purgatorio XXIV) auftreten, wo Bonagiunta sich selbst in einem Atemzug mit dem »Notar« (Giacomo da Lentini) und Guittone d'Arezzo nennt und sich mit diesen beiden deutlich vom »Süßen Neuen Stil« abgrenzt. Die dort von Bonagiunta (vielleicht nur aus Bescheidenheit) gewählte Reihenfolge »il Notaro e Guittone e me« (den Notar, Guittone und mich) war eines der Hauptargumente für die früher vorherrschende Tendenz, in Bonagiunta im wesentlichen einen Imitator und Nachfolger Guittones zu sehen. Richtiger ist – und dies entspricht im wesentlichen auch der Würdigung Dantes –, Bonagiunta als Übergangsfigur zwischen der alten sizilianischen und der neuen stilnovistischen Lyrik einzuordnen; als einer, der sizilianische Formen und Themen, vor allem die Liebesthematik, in der Toskana heimisch macht, ohne allerdings, wie Dante unterstreicht, die stilistische und ideelle Höhe der Stilnovisten zu erreichen. Überliefert sind von Bonagiunta knapp vierzig Dichtungen, darunter etwa zwanzig Sonette, elf Kanzonen und fünf Balladen. Von den drei bei Dante aufgezählten Dichtern ist Bonagiunta der akademischste, mit einer starken Neigung zum rationalen Argumentieren und zum logisch-schematischen Aufbau. Bei aller Künstlichkeit und moralisierenden Gelehrsamkeit gelingen Bonagiunta lyrische Bilder von großer Unmittelbarkeit und Liebeslieder mit leidenschaftlichem, authentischem Ausdruck der Gefühle, so etwa in der schönen Kanzone »Ben mi credea in tutto esser d'Amore«, einem leidenschaftlichen Bekenntnis auf die unerschöpfliche Wirkungskraft der Liebe, oder etwa in dem nicht minder gefühlsechten Sonett »Tutto lo mondo si mantien per fiore«, das hier wiedergegeben sei:

> Tutto lo mondo si mantien per fiore:
> se fior non fosse, frutto non seria;
> e per lo fiore si mantene amore,
> gioie e alegrezze, ch'è gran signoria.
>
> E de la fior son fatto servidore
> sì di bon core ch più non poria:
> in fiore ho messo tutto 'l meo valore;
> si fiore mi falisse, ben moria.
>
> Eo son fiorito e vado più fiorendo;
> in fiore ho posto tutto il mi' diporto;
> per fiore aggio la vita certamente.

34

> Com' più fiorisco, più in fior m'intendo;
> se fior mir falla, ben seria morto,
> vostra mercé, madonna, fior aulente.

Trotz solcher glücklichen Augenblicke bleibt Bonagiuntas Dichten dem Repertoire der sizilianischen Lyrik verpflichtet und offenbart damit einen durchgehend epigonenhaften Charakter. Gleiches belegt auch etwa sein berühmtes Sonett an Guido Guinizzelli (»Bonagiunta da Lucca a Messer Guido Guinisselli«): zwar erkennt er die neue »mainera« (Stilart) der Stilnovisten, zeigt sich aber unfähig, deren Ideale und Zielsetzungen zu würdigen und prangert statt dessen die neue Dichtung als zu gekünstelt und zu dunkel an:

> Così passate voi di sottigliansa,
> e non si può trovar chi ben ispogna,
> cotant' è iscura vostra parlatura.

Die Einsicht in die faszinierende Grundidee der Stilnovisten, durch ästhetische Wahrnehmung zu einer vertieften und verinnerlichten Erkenntnis der Welt zu gelangen, blieb dem Notar aus Orbicciani verwehrt und es ist daher wenig begründet, im Blick auf sein Werk, wie teilweise geschehen, von »prestilnovismo« zu sprechen. Sein Mangel an dichterischer Sensibilität kommt nicht zuletzt auch in dem ständigen Rückfall in eine lehrhafte und moralisierende Haltung zum Ausdruck, die ihn ständig die Laster und insbesondere die Heuchelei seiner Zeitgenossen anprangern läßt, so wie er etwa in den folgenden Strophen einer »Ballata mezzana« zunächst die Heuchler, dann die Richter verdammt:

> Strugga Dio li noiosi,
> li falsi iscaunoscenti
> che viven odiosi
> di que' che son piacenti:
> dinanzi so' amorosi,
> dirieto son pungenti
> com' aspido serpente.
>
> Sieden su per li banchi,
> facendo lor consiglio:
> dei dritti fanno manchi,
> del nero bianco giglio,

e no 'nde sono stanchi;
und' eo mi meraviglio
como Deo lo consente.

3. Guittone D'Arezzo

GUITTONE D'AREZZO (1230/35–1294) ist der weitaus bedeutendste Vertreter der toskanischen Lyrik und zugleich die erste vollausgeprägte Dichtergestalt der italienischen Literaturgeschichte, die auch biographisch durch wenige, doch aufschlußreiche Dokumente und Nachrichten gut zu erfassen ist. Gegenüber dem schmalen Werk Bonagiuntas stellen seine über 300 Gedichte, davon etwa 50 Kanzonen und 250 Sonette, ein imposantes lyrisches Gesamtwerk dar; hinzu tritt eine Sammlung von Briefen, die wichtige Einblicke in die einzelnen Stationen seines bewegten Lebens gewähren. Guittone wurde wahrscheinlich zwischen 1230 und 1235 als Sohn des Viva di Michele geboren, der seiner Kommune als Kämmerer oder Schatzmeister diente. Während der Lebenszeit Guittones stand Arezzo zunächst bis 1253, dann, nach zehnjährigem Exil der Ghibellinen, erneut seit 1263 unter ghibellinischer und später, nach dem Sieg der Guelfen über die Ghibellinen bei Campaldino (1289), unter guelfischer Herrschaft. Insgesamt war die Stadt einem langsamen, aber sicheren wirtschaftlichen und politischen Niedergang geweiht. Man weiß, daß schon 1249 der junge Guittone dem Vater bei seinen städtischen Geschäften zur Seite stand und schon sehr früh als überzeugter Guelfe an den politischen Vorgängen in der Stadt Anteil nahm. Der Sieg der Ghibellinen von Siena über die florentinischen Guelfen in der Schlacht bei Montaperti am 4. September 1260 beklagte er schmerzlich bewegt in der Kanzone »Ahi lasso! or è stagion di doler tanto«. Man weiß, daß schon um 1256 Guittone freiwillig ins Exil gegangen war. Doch war dies nicht nur eine politische, sondern zugleich eine religiöse Entscheidung: Zusammen mit der Heimatstadt ließ er auch seine Frau und seine drei Kinder zurück, um etwa 1265 in den neuen Laienorden der »Ritter der Heiligen Jungfrau Maria« (»Milites Beatae Virginis Mariae«, auch »Frati gaudenti« genannt) einzutreten, der 1261 gegründet und genehmigt wurde. Diese einschneidende Wende teilt nicht nur die Geschichte seines Lebens, sondern auch die seines dichterischen Schaffens in zwei Teile. Auf die profanen Themen der Liebesdichtung der frühen Periode folgt eine umfangreiche moralisierende Dichtung mit markanten ethischen, religiösen und zeitkritischen Akzenten. Der Sänger erotischer Stimmungen und Sinnesfreuden wandelte sich zum engagierten, ja unerbittlichen Kritiker und Zensor seiner Zeit und ihrer sittlichen Verderbnis, zu einem Richter, der in seiner asketischen Strenge an Dante erinnern kann. Exil und Rückzug aus dem weltlichen Leben stellen sich so als der innere Angelpunkt von Guittones Leben und Schaffen dar. Zu beachten ist jedoch, daß die Zäsur der »religiösen Krise« keine absolute war, sondern von der Einheit der engagierten, dynamischen und widersprüchlichen Persönlichkeit Guittones in einem überaus bewegten Leben überlagert wurde; zum andern, daß Guittone nach der Wende weniger der religiösen Meditation und der Suche der göttlichen Wahrheit, als vielmehr einer lebensnahen, moralischen und ethischen Zensur seiner Zeit zugetan war. Die überwiegende Zeit seiner zweiten Lebenshälfte brachte Guittone in Florenz zu. 1285 findet man ihn im Auftrag seines Ordens in Bologna. 1293 machte er in Arezzo eine Schenkung für die Errichtung eines Camalduenserklosters. Wahrscheinlich war er auch in Pisa. Wenn man einem Geschichtsschreiber seines Ordens aus dem 18. Jahrhundert (Federici) Glauben schenken darf, starb er am 21. August 1294 in Florenz.

Die Hauptmerkmale von Guittones Schaffen sind die engagierte Verbindung von Leben und Lyrik einerseits und eine ständige experimentierende Unruhe im formalen, metrischen und rhetorischen Bereich andererseits. Guittone vereinigt in sich alle wesentlichen Formen und Inhalte der Tradition: Die Techniken der Provenzalen im dunklen und im leichten Stil (»trobar clus« und »trobar leu«) ebenso wie die Themen und Motive der höfischen Ritterromane in französischer Sprache; den höfischen sizilianischen Minnesang ebenso wie die Lyrik der Mystiker oder die volkstümlichen Vagantenlieder seiner Zeit; all dies untermauert durch eine ungewöhnliche Kenntnis der antiken und mittelalterlichen Traktatliteratur. Das gesamte Instrumentarium inhaltlicher und metrisch-formaler Strukturen wendet Guittone auf die Welt des städtischen Bürgertums, seiner konkreten und praktischen Lebensbedürfnisse an. Seine lehrhaften, moralisierenden, zeitkritischen Auslassungen werden auf diese Weise überhöht durch einen unerhörten formalen Eifer, durch eine Besessenheit, sich in »onne mainera«, in jeder Stillage und Ausdrucksweise zu erproben. An dieser Experimentierfreude hat die Kritik aller Zeiten Anstoß genommen, die sich vielfach veranlaßt sah, Guittone dichterische Fähigkeiten abzusprechen (so z. B. De Sanctis: »Er ist kein Dichter, sondern ein subtiler Versschmied«). Das ernste Spiel mit den formalen Möglichkeiten vollzieht sich auf der Grundlage der provenzalischen Metrik und findet seine vielleicht typischste Verwirklichung in der Liebeslyrik Guittones, in der neben seinen sprachartistischen Neigungen auch sein Hang zur moralisierenden und räsonnierenden, fast traktathaften Behandlung von Stoffen hervortritt. Dennoch gelingt Guittone auch hier immer wieder ein authentischer, unverwechselbarer Ausdruck seiner persönlichen Gefühle, eingebettet in einen lyrischen und zugleich realistischen, oft leidenschaftlichen Ton, wie etwa in dem folgenden Liebessonett, das zugleich ein Beispiel für die Stillage des »trobar clus« ist:

De coralmente amar mai non dimagra
la voglia mia, né di servir s'arretra,
lei, ver' cui de bellezza ogn'altr'è magra,
per che ciascun ver' me sementa 'n petra:

ch'Amor di gioia mi corona e sagra,
und'ho di ben più ch'altr'om, più che metra;
dunque ragion di servir lei m'adagra,
poi son d'Amore a maggior don ch'a metra.

Ché manto n'ho, pur chi vol n'aggia invilia,
e me'nde sia ciascun noioso encontra
ch'al mio voler non faccia fest'e vilia,

merzé di lei ch'ogni om su' nemic' ontra,
ver' cui bastarda fu Sarna Subilia,
per che tutto ben meo d'essa m'acontra.

Der gewundene, rhetorisch und metrisch befrachtete, sentenziöse Stil, der sicher nicht jeder Geliebten zusagt, macht deutlich, daß auch in der Liebesthematik Guittone sich nie ganz von seiner Vorliebe für einen theatralischen und elaborierten Stil zu trennen vermochte. Zu seinem stärksten dichterischen Ausdruck findet der »Odysseus der metrischen Formen« (W. Th. Elwert) immer dann, wenn sich zur rhetorisch-formalen Sprachgewalt des Künstlers der politische Eifer des Guelfen und die unerbittliche Strenge des Moralisten und Zeitkritikers gesellt. Dies geschah z. B. in der ersten Kanzone, die Guittone aus dem Exil schrieb, in der er den Lebenswandel seiner früheren Mitbürger aus Arezzo einer scharfen Zensur unterzieht und zugleich das Verlassen der Heimatstadt mit moralischen und politischen Gründen zu rechtfertigen sucht:

Gente noiosa e villana
e malvagia e vil signoria
e giudici pien' di falsia
e guerra perigliosa e strana
fanno me, lasso, la mia terra odiare

l'altrui forte amare:
però me departut'ho
d'essa e qua venuto;
e a la fé che 'l maggio spiacimento
che lo meo cor sostene
è quel, quando sovene
mene d'essa, o de cosa
che vi faccia reposa:
tanto forte mi è contra talento.

Certo che ben è ragione
io ne sia noios' e spiacente,
membrar ch'agiato e manente
li è ciascun vile e fellone,
e mesagiato e povero lo bono;
e sì come ciascono
deletta a despregiare
altrui più ch'altro fare;
e come envilia e odio e mal talento
ciascun ver l'altro ei porta,
e ch'amistà li è morta
e moneta è 'n suo loco;
e com' solazzo e gioco
li è devetato, e preso pesamento. (…)

Politisch wie künstlerisch war Guittone ein unruhiger und unbequemer Geist. Er stand einerseits in ständiger kritischer Auseinandersetzung mit den wichtigen Exponenten der guelfischen Politik, andererseits in Verbindung mit allen bedeutenden Dichtern seiner Zeit, angefangen mit dem Sizilianer Mazzeo di Ricco über Monte Andrea, Compiuta Donzella, Bonagiunta, Meo Abbracciavacca, Bacciarone di Messer Bacone, Onesto Bolognese und viele andere bis hin zu Guido Guinizzelli, der Guittone Verehrung entgegenbrachte und ihn seinen »lieben Vater« nannte (vgl. das Sonett »O caro padre meo, di vostra laude«). Als Künstler gewann Guittone rasch eine hegemoniale Stellung: Weit über die Grenzen der Toskana hinaus wurde es Mode, in seinem Stil zu dichten. Urbane Zentren seiner Wirkung und Nachahmung waren neben Florenz Pisa, Lucca, Pistoia und Bologna, aber auch in der Provinz übten sich viele in seiner Manier, so etwa Panuccio del Bagno oder der schon genannte Meo Abbracciavacca. Als Mode wie als nahezu diktatorisches Dichtungskonzept lag Guittone wie ein Incubus über der lyrischen Landschaft und prägte für mehr als ein halbes Jahrhundert und weit über seine Lebenszeit hinaus die italienische Kultur. Auch die hartnäckige und wiederholte, zuletzt noch in der *Commedia* vorgetragene Kritik Dantes an dem großen Aretiner belegt, daß zu Beginn des 14. Jahrhunderts dessen Ausstrahlung noch lange nicht erloschen war. Und die Schärfe und Polemik, mit der nun zunächst die Stilnovisten seinen Einfluß zurückzudrängen versuchten, ist indirekt eine Hommage auf die Bedeutung des »Bruder Guittone«.

V. DER SÜSSE NEUE STIL

1. Definitionen und Programm

Die gesamte, seit Jahrzehnten anhaltende Diskussion um eine Definition des »dolce stil novo« gravitiert um einige Verse aus dem 24. Gesang des *Purgatorio*. Der hier unter den Schlemmern büßende Bonagiunta da Lucca fragt den Wanderer Dante (V. 49–51):

> Ma dí s'i' veggio qui colui che fore
> trasse le nove rime, cominciando
> 'Donne ch'avete intelletto d'amore'.

Woraufhin Dante sich ihm mit folgenden Worten zu erkennen gibt und zugleich sein neues Dichtungskonzept in nuce charakterisiert (V. 52–54):

> E io a lui: »I' mi son un che, quando
> Amor mi spira, noto, e a quel modo
> ch'e' ditta dentro vo significando«.

Und auch die darauf erfolgende Reaktion des alten Dichters ist dichtungstheoretisch wie literaturgeschichtlich bedeutsam, indem er eine klare Trennlinie zwischen der älteren, von dem Notar Giacomo da Lentini, Guittone d'Arezzo und ihm als Hauptrepräsentanten getragenen Dichtungsart und dem »süßen neuen Stil« Dantes und seiner Freunde zieht (V. 55–62):

> »O frate, issa vegg'io«, diss'elli, »il nodo
> ch 'l Notaro e Guittone e me ritenne

40

di qua dal dolce stil novo ch'i'odo!
Io veggio ben come le vostre penne
di retro al dittator sen vanno strette,
che delle nostre certo non avenne;
e qual piú a gradire oltre si mette,
non vede piú da l'uno a l'altro stilo.«

Als Dichter, so umschreibt Dante in der Kurzdefinition der Verse 52–54 seine neue Dichtungsart, bin ich einer, der alles, was Amor mir im Herzen eingibt, sorgfältig festhält und es dann in jener Weise, in der er es mir im Herzen vorspricht, mit sprachlichen und bildlichen Zeichen zum Ausdruck bringt. Als erste und grundlegende »Neuheit« der stilnovistischen Innovation kann somit eine rigorose, in dem Ziel größtmöglicher Unmittelbarkeit konzessionslose sprachkünstlerische Wiedergabe der seelischen Vorgänge gelten, eine protokollartige und zugleich analytische Schreibweise, die sich über die geforderte grundsätzliche Einheit von Form und Inhalt, von Intuition und Ausdruck hinaus in den einzelnen Texten in eine Anzahl psychologischer, philosophischer oder mystischer Fragestellungen differenziert und verfeinert.

Was aber bedeutet die von Dante eingeführte Bezeichnung »dolce stil novo«, »süßer neuer Stil«? Beide Adjektive dieser Benennung haben eine vielschichtige Bedeutung. »Neu« bedeutet zunächst einmal das chronologisch bzw. literaturgeschichtlich Neue einer Lyrik die, wie Dante in dem soeben zitierten Purgatoriotext klarstellt, von der älteren Dichtungsweise eines Giacomo, eines Guittone oder eines Bonagiunta, also von der gesamten vorangehenden Dichtungstradition, zu unterscheiden ist. Zugleich aber verweist das Beiwort »neu« auf eine konzeptuelle Kontinuität, auf die sich Dante und seine Freunde beziehen. Schon die Provenzalen nannten ihr Dichten (»trobar«) »neu« (»nou« oder »novel«) und meinten damit die Tatsache, daß sie in ihren Liedern die profane sinnliche Liebe sakralisierten und zu einer inneren Tugendkraft idealisierten, zu einer »vollkommenen Liebe«, die imstande wäre, den Menschen seelisch zu läutern und zu erneuern; eine moralisch-ethische Erneuerungstendenz, die vor dem Hintergrund einer religiös stark bewegten Zeit zu sehen ist. Es ist klar, daß sich diese auf Transzendenz verweisende Bedeutungsschicht von »neu« mit der christlichen Bedeutung des Wortes verbinden konnte und mußte, mit der Lehre von dem neuen Menschen, der durch das Gnadenwerk Christi und die Sakramente aus dem alten Adam hervorgeht. Über solche allgemeinen Beziehungen hinaus, die sich zwischen der christlichen Heilslehre und dem stilnovistischen Streben nach vollkommener Liebe und innerem Seelenadel

(»gentilezza«) ergeben, hat man auf Parallelen und Anklänge zwischen den Schriften der Mystiker und den Formulierungen der Stilnovisten verwiesen, wie zum Beispiel auf den Satz aus Richard von Sankt Viktors »Tractatus de gradibus amorum«, der lautet: »Solus proinde de ea [sc.: vis amoris] digne loquitur qui secundum quod cor dictat verba componit«, der indes, bevor er in Dantes soeben zitierten Worten (Purg. 24, V. 53/54) nachklang, schon in den einleitenden Versen einer Kanzone des Bernart von Ventadorn ein signifikantes Echo fand:

> Chantars no pot gaire valer
> si d'ins dal cor no mou lo chans,
> ni chans no pot del cor mover,
> si no i es fin'amors coraus.

Soviel nur um anzudeuten, daß die von Dante beanspruchte »Neuigkeit« sich kaum auf die konzeptuellen Grundlagen seines Dichtens erstrecken konnte, sondern vielmehr auf eine weitere Verfeinerung des Geschmacks, auf die Betonung einer reichen und geschmeidigen Sensibilität sowie auf die Vertiefung der Seelenanalyse abstellte – Zielsetzungen allerdings, die zwangsläufig neue dichterische Ausdrucksformen und eine neue Sprache mit sich bringen mußten. Vielschichtig ist auch der Bedeutungsumfang des zweiten Beiworts der Danteschen Formulierung, »dolce«, »süß«. Schon in der lateinischen Literatur diente die metaphorische Verwendung von »dulcis«, zusammen mit sinnverwandten Wörtern wie »suavis«, »mollis« und ähnlichen, zur Bezeichnung des mittleren Stils, welchem die antike Dichtungslehre die Prädikate des Sanften, Süßen, Blühenden und Anmutigen zuschrieb, die ihn von der grandiosen Erhabenheit des hohen Stils unterschieden. Eine weitere Bedeutungskomponente von »dolce« weist auf den mystischen Bereich: In der lateinischen Mystik, etwa in den Schriften des Bernhard von Clairvaux oder denen des Dante bestens bekannten Bonaventura, dient »dulcedo« bzw. »dulcis« zur Bezeichnung des verzückten Überwältigtseins, das der Mystiker unter der Einwirkung der göttlichen Gnade im Angesicht Gottes erfahren kann, wobei das Einströmen der Gnade auch mit dem Synonym »suavitas« ausgedrückt wird. Hält man sich diese Bedeutungsfelder von »dolce« und »novo« vor Augen, so mag man die neue Dichtungsart mit H. Friedrich vorab definieren als eine »maßvoll schöne, weiche, elegante, wohltönende, in überblickbarer Symmetrie gehaltene, den Frauen und Amor geltende Dichtungsweise« oder als »ein auf mittlerer Stilstufe erklingendes Dichten der Liebe, welche die Seelen gnadenähnlich erneuert«.

Die Hauptvertreter der um solches Dichten bemühten Gruppe waren Guido Guinizzelli (1230/40–1276), Guido Cavalcanti (1260?–1300), der junge Dante, Dino Frescobaldi (1271–1316) und Cino da Pistoia (1270–1336). Will man den innovatorischen Schwung und den idealisierenden Höhenflug ihrer Bestrebungen in angemessener Weise würdigen, muß man sich vor Augen halten, daß sie alle in die gesellschaftlichen und politischen Auseinandersetzungen ihrer Zeit verstrickt waren, daß sie sich im brutalen, hinterhältigen Ränkespiel der kommunalen Parteien und Interessengruppen in Bologna oder Florenz behaupten mußten, daß sie selbst zum Schwert griffen oder die Erfahrung des Exils auf sich nahmen oder beides. Nahezu nichts von alledem erscheint in der stilnovistischen Lyrik; will man darüber etwas erfahren, muß man in der realistischen Lyrik oder der Prosa der Zeit oder in den Chroniken nachlesen. Auch zwischen dem Idealbild der engelsgleichen Frau, das die Liebeslyrik dieser kleinen Elite entwirft, und dem persönlichen Frauenbild einzelner Vertreter der Gruppe (von dem Frauenbild der Epoche ganz zu schweigen) klafft eine auffallende Distanz. Von Cino da Pistoia weiß man zum Beispiel, daß er als Jurist über die Frauen hart urteilte und das verklärende Dichten über die Frau verspottete. Offensichtlich galt es den meisten von ihnen nicht als Widerspruch, wenn man als »normaler« Mensch in der einen Weise über die Frauen dachte und in ganz anderer Weise als Dichter über sie schrieb.

2. Guido Guinizzelli

Der eigentliche Initiator der Schule war GUIDO GUINIZZELLI, von dem uns leider nur wenige gesicherte Daten überliefert sind und der auch in seinen Liedern kaum etwas über sich sagt. Er wurde wohl um 1240, nach anderen um 1230, in Bologna als Sohn des Richters Guinizzello da Magnano und der Guglielmina di Ugolino Ghislieri geboren. Über seine Mutter war er mit dem Versdichter Guido Ghislieri verwandt. Er heiratete eine gewisse Beatrice della Fratta, mit der er einen Sohn, Guiduccio, hatte. Aus Dokumenten, die zwischen 1266 und 1270 zu datieren sind, geht hervor, daß er wie sein Vater den Beruf eines Richters (oder eines Rechtskundigen) ausübte. Er war Parteigänger der mächtigen Lambertazzi und gehörte damit der ghibellinischen Partei Bolognas an. Nach dem Sieg der von den Geremei angeführten Guelfen mußte er 1274 die Stadt mit seiner Frau, dem kleinen Guiduccio und seinem geisteskranken Vater verlassen und ging ins Exil nach Monselice, wo er bald, mit Sicherheit aber vor dem 14. November 1276, starb. Das dichterische Werk Guidos ist schmal und umfaßt nur fünf Kanzonen und etwa fünfzehn Sonette, von welch letzteren einige ihm nicht sicher zuzuschreiben sind; einige weitere Texte sind wahrscheinlich verlorengegangen. Von Guido Guinizzelli stammt jedenfalls das eigentliche »Manifest« der Gruppe, die berühmte programmatische Kanzone »Al cor gentil rempaira sempre amore«, die in sechs Strophen die theoretischen Grundlagen der stilnovistischen Ideologie, ausgehend von den Zentralbegriffen »amore«, »gentil core« bzw. »gentilezza«, und »donna«, entwickelt (wir zitieren lediglich die beiden ersten Strophen):

> Al cor gentil rempaira sempre amore
> come l'ausello in selva a la verdura;
> né fe' amor anti che gentil core,
> né gentil core anti ch'amor, natura:
> ch'adesso con' fu 'l sole,
> sì tosto lo splendore fu lucente,
> né fu davanti 'l sole;
> e prende amore in gentilezza loco
> così propiamente
> come calore in clarità di foco.
>
> Foco d'amore in gentil cor s'aprende
> come vertute in petra preziosa,
> che da la stella valor no i discende
> anti che 'l sol la faccia gentil cosa;
> poi che n'ha tratto fòre
> per sua forza lo sol ciò che li è vile,
> stella li dà valore:
> così lo cor ch'è fatto da natura
> asletto, pur, gentile,
> donna a guisa di stella lo 'nnamora.

Übersetzung:

> Ins edle Herz kehrt Liebe stets zurück
> Wie der Vogel im Walde ins grüne Gezweig;
> Natur hat Liebe nicht vor dem edlen Herzen geschaffen,
> noch das edle Herz früher als die Liebe:
> so wie, kaum daß die Sonne aufgeht,
> auch ihr Glanz aufleuchtet,
> welcher aber nicht vor der Sonne da ist;
> und Liebe hat ihren Ort im Seelenadel

genau auf die gleiche Art
wie die Wärme in der Helligkeit des Feuers.

Das Feuer der Liebe entzündet sich im edlen Herzen
wie die Leuchtkraft im Edelstein,
in den vom Stern die Kraft nicht einströmt,
bevor die Sonne ihn geadelt hat;
nachdem die Sonne mit ihrer Kraft
alles Gemeine darin ausgesaugt hat,
gibt ihm der Stern die edle Glut:
so entflammt auch die Frau wie ein Stern in Liebe das Herz,
das von Natur aus geschaffen wurde
als ein auserwähltes, reines, edles.

Die wechselseitige Zugehörigkeit von Liebe und Seelenadel ist somit einer der Angelpunkte der neuen Konzeption: Beides kann nur gleichzeitig entstehen. Der Seelenadel wird im Gedicht in einprägsamen Naturbildern abgehoben vom verdienstlosen Geburtsadel: Man darf nicht glauben, so heißt es in der vierten Strophe, daß es außerhalb der edlen Gesinnung (»gentilezza«) einen Adel gäbe, allein aufgrund der Geburt. Zentral ist ferner die im ganzen Text durchgehaltene Analogie zwischen dem Wirken des Lichts und dem Wirken der Liebe, die immer wieder in vertikal verlaufenden Anschauungsbildern aufgerufen wird: So wie die Sonne mit ihrem Licht auf die Erde niederstrahlt, so strahlt auch die Liebe Gottes lichtartig durch die himmlischen Intelligenzen, die Engel, hinab in die Lebenswelt der Menschen, wo die vom Schöpfer herrührende Liebeskraft in der gottähnlichen, engelsgleichen Frau einen Ort findet, die das Feuer dann weitergibt an alle edlen Herzen. Der Gedanke von der Gottähnlichkeit der Frau bzw. der Identität von Frau und Engel wird vor allem durch den jungen Dante in einer unerhörten Weise vertieft werden.

3. Guido Cavalcanti

Von völlig anderem Zuschnitt sind Persönlichkeit und Werk des jüngeren GUIDO CAVALCANTI (vor 1260–1300). Mag sein, daß das schon von zeitgenössischen Chronisten wie Dino Compagni und Giovanni Villani gezeichnete und später vielfach kolportierte und ausgemalte Bild Cavalcantes als eines verschlossenen, stolzen und unbeugsamen Einzelgängers auch einem Bedürfnis nach Mystifizierung und Legendenbildung entsprang – Tatsache ist, daß die biographischen Daten unübersehbar auf einen schwierigen und streitbaren Charakter verweisen, dessen elitärer Anspruch allzeit von einem starken Abgrenzungsbedürfnis untermauert wurde. Seine Werke weisen ihn als kenntnisreichen Philosophen und formbewußten, formvollendeten Sprachkünstler aus, hierin sowohl dem anderen Guido wie auch dem jungen Dante überlegen. Guido Cavalcanti stammte aus einer reichen Kaufmannsfamilie, die traditionell den weißen Guelfen angehörte und schon nach dem Sieg der Ghibellinen unter Farinata degli Uberti bei Montaperti (1260) nach Lucca ins Exil gehen mußte. Guido wurde wohl vor 1260 in Florenz als Sohn des Cavalcante Cavalcanti geboren, den Dante später in seiner *Commedia* gemeinsam mit seinem Feind Farinata wegen ihrer epikureischen Gesinnung in die Hölle verbannte (vgl. Inf. 10, 52 ff.). 1280 trat Guido gemeinsam mit Brunetto Latini als Gewährsmann der Guelfen auf, um den vom Kardinal Latino zwischen Guelfen und Ghibellinen gestifteten Frieden zu garantieren, wohl seine erste politische Mission. Er heiratete Bice degli Uberti, die Tochter des erwähnten Farinata, die ihm schon 1267 im Rahmen der von beiden Parteien betriebenen Wiederannäherungsversuche versprochen worden war. Die konkrete Beteiligung an den Regierungsgeschäften begann für Guido 1284, als er zusammen mit Brunetto Latini und Dino Compagni in den »Consiglio generale« der Kommune von Florenz gewählt wurde. Der gleiche Compagni berichtet in seiner Chronik von der erbitterten Feindschaft Guidos zu Corso Donati, welcher angeblich versucht hatte, Guido 1292 auf dessen Pilgerfahrt nach Santiago de Compostela zu töten; die von Guido nach Abbruch der Pilgerfahrt in Florenz versuchte Rache an Corso soll nach Compagni fehlgeschlagen, der Dichter selbst dabei verletzt worden sein. Damit begann die Verstrickung Guidos in eine lange Reihe von politischen und persönlichen Feindseligkeiten, die in den Jahren 1297 und 1298 einen Höhepunkt in den Machenschaften gegen die Donati und deren Anhänger erreichten – bis Guido endlich zusammen mit anderen Streithähnen und Rädelsführern beider Parteien am 24. Juni 1300 von den Prioren der Stadt, unter denen auch Dante war, aus Florenz verbannt wurde. Der Ort seines Exils war Sarzana, am äußersten Rand der Toskana, schon in der Provinz La Spezia gelegen. Dort erkrankte der Dichter an Malaria und starb am 29. August 1300, wenige Tage nach seiner Rückkehr nach Florenz, ermöglicht durch die Aufhebung der Verbannung durch neugewählte Prioren.

Auch Guido Cavalcantis literarisches Werk ist relativ schmal. Es umfaßt insgesamt etwa 52 Gedichte, die meisten davon Sonette mit reflektierender und psychologisierender Tendenz, von denen einige auch aus Sonettkorrespondenzen mit Guittone, Dante, Guido Orlandi und anderen stammen.

46

Daneben schrieb er vor allem Balladen, in Ton und Inhalt meist volkstümlicher und weniger philosophisch als die Sonette. Da man von Guidos innerem Bildungsweg kaum etwas weiß, aber auch wegen des relativ abstrakten Inhalts der meisten seiner Dichtungen ist es ziemlich schwer, diese in
eine plausible entwicklungsgeschichtliche Ordnung zu bringen. Aus dem
Kreis dieser Dichtungen ragt jedenfalls die berühmte philosophische Kanzone »Donna me prega – per ch'eo voglio dire« heraus, eine Dichtung, die,
vielfach überbewertet und überinterpretiert, dennoch zu Recht als das
künstlerische und philosophische Meisterstück Guidos, als sein stilnovisti-
sches Testament und zugleich als gewichtiges Gegenmanifest gegen die
Programmatik Guido Guinizzellis gilt. Hören wir also, wie Guido auf Geheiß seiner Herrin (»Donna me prega«!) das Phänomen der Liebe philoso-
phierend und psychologisierend zu erfassen sucht.

> Donna me prega – per ch'eo voglio dire
> d'un accidente – che sovente – è fero
> ed è sì altero – ch'è chiamato amore:
> sì chi lo nega – possa 'l ver sentire!
> Ed a presente – conoscente – chero,
> perch'io non spero – ch'om di basso core
> a tal ragione porti canoscenza:
> ché senza – natural dimostramento
> non ho talento – di voler provare
> là dove posa, e chi lo fa creare,
> e qual sia sua vertute e sua potenza,
> l'essenza – poi e ciascun suo movimento,
> e 'l piacimento – che 'l fa dire amare,
> e s'omo per veder lo pò mostrare.
>
> In quella parte – dove sta memora
> prende suo stato, – sì formato, – come
> diaffan da lume, – d' una scuritate
> la qual da Marte – vène, e fa demora;
> elli è creato – ed ha sensato – nome,
> d' alma costume – e di cor volontate.
> Vèn da veduta forma che s'intende,
> che prende – nel possibile intelletto,
> come in subietto, – loco e dimoranza.
> In quella parte mai non ha possanza
> perché da qualitate non descende:

47

resplende – in sé perpetual effetto;
non ha diletto – ma consideranza;
sì che non pote largir simiglianza.

Non è vertute, – ma da quella vène
ch'è perfezione – (ché si pone tale),
non razionale, – ma che sente, dico;
for di salute – giudicar mantene,
ché la 'ntenzione – per ragione – vale:
discerne male – in cui è vizio amico.
Di sua potenza segue spesso morte,
se forte – la vertù fosse impedita,
la quale aita – la contraria via:
non perché oppost' a naturale sia;
ma quanto che da buon perfetto tort'è
per sorte, – non pò dire om ch'aggia vita,
ché stabilita – non ha segnoria.
A simil pò valer quand' om l'oblia.

Übersetzung:

Eine Frau bittet mich – und darum will ich handeln
von einem Akzidens, das oft grausam ist
und unerbittlich – Liebe wird es genannt:
wer das leugnet, möge die Wahrheit hören!
Und jetzt verlange ich einen Kenner der Materie,
denn ich kann nicht hoffen, daß ein Mensch von
gemeinem Herzen
meinem Thema Verständnis entgegenbringen kann:
Denn ohne philosophisch-naturwissenschaftliche
Argumentation
sehe ich mich nicht imstande, zu erörtern
wo die Liebe ihren Sitz hat, wodurch sie entsteht,
welches ihre Wirkungskraft und ihre Potenz sei,
welches ihre Essenz sodann und jede ihrer Reaktionen,
und welches der Genuß, der macht, daß man sie Liebe nennt,
und ob man Liebe gestalthaft sehen und zeigen kann.

An jener Stelle, wo das Gedächtnis sitzt,
hat sie ihren Entstehungsort und ihre Bleibe
nachdem sie – wie die Transparenz eines Körpers durch das Licht –

48

aus dem dunklen Einfluß des Marsgestirns hervorgegangen ist;
sie ist eine geschaffene und sinnlich erfahrbare Sache,
als eine Haltung der Seele und als Wille des Herzens.
Sie kommt von einer gesehenen wahrnehmbaren Form her
welche im intellectus possibilis als ihrem Subjekt
ihren Ort und Aufenthalt nimmt.
An jenem Ort hat Liebe keine Macht über das Erkennen,
weil dieses nicht von physischen Eigenschaften ausgeht
sondern eine zeitlose Wahrheit widerspiegelt,
keinen Sinnengenuß kennt und rein kontemplativ ist,
und somit auch keine Abbilder der sinnlichen Welt liefern kann.

Liebe ist keine menschliche Kraft, sondern rührt
von der höchsten Vollkommenheit, der Entelechie her,
nicht von der rationalen, sondern der sensitiven, sage ich;
außerhalb der heilsamen Vernunft hält sie ihr Trachten aufrecht,
weil das Begehren die Vernunft überstimmt:
ihr Blick ist getrübt, darin ist sie dem Laster verwandt.
Ihre Wirkung ist oft ein todähnlicher Zustand,
insofern dabei die Kraft behindert wird,
die zum entgegengesetzten Weg, zum Leben, führt:
nicht etwa, weil sie eine der Natur entgegengesetzte Kraft sei,
sondern insofern, als sie vom bonum perfectum abgewichen ist
durch Zufall, und man nicht sagen kann, daß ein Mensch lebt,
sofern er nicht sein eigenes Wesen fest beherrscht.
Eine ähnliche Wirkung zeitigt auch das Vergessen.

Die große Lehrkanzone, von der lediglich die drei ersten Strophen wiedergegeben wurden, hat zum Ziel, eine philosophische und psychologische
Analyse der Liebe und ihrer Wirkungen zu liefern. Offensichtlich legt
Guido Wert darauf, den schwierigen Gegenstand in exakter philosophischer Terminologie und nach den neuesten wissenschaftlichen Erkenntnissen abzuhandeln, gleichzeitig aber auch ein Maximum an sprachlicher und
metrischer Kunstfertigkeit zu verwirklichen. Der Text verwendet durchgehend die einschlägige philosophische Terminologie der Zeit: substantia, ac-
cidens, potentia, actus, forma, intentio, ratio, qualitas, memoria, intellectus
possibilis, bonum perfectum, demonstratio, usw., wodurch einerseits
Guido in durchaus ostentativer Geste auf seine Qualitäten als Philosoph
verweist, andrerseits jedoch einen solchen Abstraktionsgrad erreicht, daß
diese Kanzone als schwierigster Text der Stilnovisten gelten kann und an

mehreren Stellen kaum verständlich ist. Dementsprechend zahlreich sind die teilweise weit divergierenden Interpretationsvorschläge ebenso wie die Hypothesen darüber, welchen philosophischen Quellen und Systemen der ehrgeizige Dichter denn folge: Waren es die Lehren Platons oder die des Aristoteles oder die des Averroes oder die hochmittelalterlichen eines Albertus Magnus und eines Thomas von Aquin? Zu Recht wurde aber auch darauf hingewiesen, daß man zur Erklärung des Textes mit wenigen aristotelisch-thomistischen Lehrsätzen auskommen kann.

Knapp zusammengefaßt besagen die sechs Strophen der Kanzone einerseits, daß die Liebe eine im Menschen veranlagte Potenz sei, die durch sinnliche Wahrnehmung einer Form (»forma veduta«), das heißt durch Wahrnehmung der Frau aktualisiert wird. Zugleich entsteht im Liebenden als »Wille des Herzens« ein Verlangen (»intenzione«), das jedoch nicht von der Vernunft kontrolliert wird, sondern eine Trübung des Blickes herbeiführt und darin dem Laster verwandt ist. Es tritt ein Zustand ein, in dem der Mensch sich nicht mehr beherrscht, ein Zustand, der dem des Vergessens ähnlich ist. Ja mehr noch (und darin liegt eine der Hauptaussagen des Lehrgedichts): Die Wirkungen der Liebe ziehen oft den Tod nach sich (»Di sua potenza segue spesso morte«). Liebe und Tod in Beziehung zu setzen, war zu Guidos Zeiten nichts Neues, stellte doch eine verbreitete pseudo-etymologische Erklärung eine Verbindung zwischen »amore« und »morte« bzw. zwischen »a-more« und »a morte« (»zu Tode«) her. Dennoch verbirgt sich hinter diesem Satz der spezifische Grundgedanke der Liebestheorie Cavalcantis: Liebe ist, im markanten Unterschied zur Auffassung Guinizzellis und anderer Stilnovisten, keine göttliche, von oben herabstrahlende, läuternde Kraft, sondern im Gegenteil eine Trübung und Schwächung des menschlichen Bewußtseins, die zum Tode führen kann. Im Blick auf die Idealisierung und Exaltierung der Liebe und der Liebesbegegnung bei Guinizzelli und den meisten anderen Stilnovisten – auch bei Dante – unternimmt Cavalcanti den Versuch einer positivistischen, empirisch-experimentellen, fast möchte man sagen »naturalistischen« Analyse der Seele, die das Phänomen der Liebe als zufälligen, schicksalshaften Zwang entblößt, als eine physische determinierende Fatalität, die den Freiheitsraum und das Glücksstreben des Menschen einengt und behindert. Den verbreiteten, meist eher genußvollen philosophisch-spekulativen Erörterungen des Liebesphänomens hält der stolze Einzelgänger eine Art Laborversuch entgegen, detailliert und gleichsam aus größter Nähe durchgeführt, eine Art Vivisektion der Liebe, die vor allem die Mängel und Schwächen der seelisch-geistigen Organisation des Menschen aufdeckt und zugleich die Liebe nicht mehr als Substanz oder Essenz, sondern als Akzidens definiert, als

50

eine zufällig auftretende, bedrängende Leidenschaft, die den Menschen friedlos und ruhelos macht und ihn plötzlichen Veränderungen und der Zerstörung preisgibt. Hinter den ernüchternden Lehrsätzen der Kanzone wird als grundlegendes, realistisches Konzept die unüberbrückbare Dichotomie von irdischer und himmlischer (idealer) Liebe, von Materie und Geist sichtbar, die das lichtartige Herniederstrahlen der göttlichen Liebe in den menschlichen Bereich, von dem die meisten Stilnovisten ausgingen, in Frage stellt.

Die Wirkung des gesungenen Traktats war, in der Akzeptanz und in der Ablehnung, außerordentlich groß. Einer der ersten zeitgenössischen Kommentatoren war der Florentiner Arzt Dino del Garbo, der einen lateinischen Kommentar schrieb, den uns Boccaccio überlieferte. Dino betonte vor allem den pathologischen Charakter der Liebe bei Cavalcanti, zeigt sich aber ansonsten, wie die meisten frühen Kommentare, in vielen Punkten der Deutung des Textes nicht gewachsen. Zu denen, die der Konzeption Cavalcantis nicht zustimmen konnten, gehörte der junge Dante, der zunächst in seiner *Vita Nuova* dem Menschen und Künstler Cavalcanti, seinem »ersten Freund«, ein warmes Denkmal gesetzt hatte, sich später aber mit ihm entzweite. In dem um 1307 geschriebenen sprachwissenschaftlichen und verstheoretischen Traktat *De vulgari eloquentia* wird deutlich, daß in der Wertschätzung Dantes (der eher gegen Cavalcanti ausgerichtete) Cino da Pistoia dessen Platz eingenommen hat. Zwar wird hier auch noch Cavalcantis Lehrkanzone zitiert, aber nicht mehr ihres Inhalts wegen, sondern, so darf man annehmen, als Beispiel für kunstvolle verstechnische Lösungen. Die theoretisch-ideologischen Divergenzen zwischen beiden Dichtern waren unaufhebbar. Doch wird Dante später in seiner *Commedia* dem großen Dichter wieder mehr Gerechtigkeit antun, indem er ihm zusammen mit dem anderen Guido (unter Zurücksetzung Cinos) eine Spitzenposition unter den Stilnovisten einräumt, die nur noch durch einen Dichter, nämlich Dante Alighieri, übertroffen werde (vgl. Purg. XI, 97 bis 99). – Stieß so Cavalcantis Theorie vielfach auf Ablehnung, so mußte andererseits das darin enthaltene platonische Element, hervorgehoben in der Gegenüberstellung von Liebe als sinnlicher Begier und kontemplativer Leidenschaft, für die gesamte neuplatonische Philosophie und Dichtung Italiens von großem Interesse sein. So bezog sich Marsilius Ficinus in seinem Dialog-Traktat *De amore* (1469), einer neuplatonischen Eros-Lehre, u. a. auf Cavalcantis Kanzone, welche darüber hinaus vom 14. bis ins 17. Jahrhundert, mit einem Höhepunkt im 16. Jahrhundert, starke Beachtung erfuhr.

4. Weitere Stilnovisten und die Nachwirkung der Gruppe

Von den stilnovistischen Theorien und Dichtungen Dantes wird später an gegebener Stelle, also vor allem bei der Besprechung der *Vita Nuova*, die Rede sein. In theoretisch-programmatischer wie in dichtungspraktischer Hinsicht war Dante das Haupt der Gruppe. Dennoch ragt er mehr aus ihr heraus, als er ihr angehört, und dies einfach deswegen, weil die Kunstübung des «süßen neuen Stils« für ihn eine wichtige, doch rasch überwundene Stufe auf seinem steilen, von experimentierender Unruhe geprägten künstlerischen Aufstieg war. Um die drei Koryphäen Dante, Cavalcanti und Guinizzelli gruppiert sich eine kleine Schar von weniger bedeutenden Stilnovisten. Zu ihnen gehörte etwa GIANNI ALFANI, dem man sechs Balladen und ein an Cavalcanti gerichtetes scherzhaftes Sonett zuschreibt, von dem man aber sonst so gut wie nichts weiß. Bis heute ist, trotz vieler autobiographischer Anspielungen in seinen Liedern, offen, mit welcher von mehreren gleichnamigen Personen er zu identifizieren wäre. Einige wollen in ihm einen gewissen Gianni di Forese degli Alfani wiedererkennen, der 1311 als Gonfaloniere der Justiz erwähnt ist. In den Liedern Gianni Alfanis, die die bekannten stilnovistischen Formeln enthalten, haben einige den Einfluß Cavalcantis ausmachen wollen.

Mehr wissen wir von LAPO GIANNI, den Dante in einem berühmten Sonett zusammen mit Guido Cavalcanti zu seinen intimsten Freunden zählte:

> Guido, i' vorrei che tu e Lapo ed io
> fossimo presi per incantamento
> e messi in un vasel, ...

Lapo war also ein enger Freund Cavalcantis und Dantes, und vielleicht auch der intelligenteste Schüler des ersteren. Vielleicht um 1270 geboren, übte er in Florenz, aber auch in Cortona, Bologna und Venedig den Notarsberuf aus und war 1328 verstorben. Im öffentlichen Leben und in der Politik spielte er eine weitaus geringere Rolle als Cavalcanti oder Dante. Von ihm sind sechzehn Dichtungen überliefert, die meisten davon Balladen in zartem und liedhaftem Stil, ziemlich weit entfernt von der düsteren Dramatik Cavalcantis oder der künstlerischen Strenge Dantes. Seine elegante, graziöse und musikalische Lyrik enthält einige sehr schöne Lieder, in denen traditionelle Sprache und stilnovistische Motive zu einer eigenen weichen Melodie finden:

Angelica figura novamente
di ciel venuta a spander tua salute,
tutta la sua vertute
ha in te locata l'alto dio d'amore.

Zu den Stilnovisten zählt man gemeinhin auch DINO FRESCOBALDI, Sproß einer alten florentinischen Familie, die in der zweiten Hälfte des Duecento zu besonderer Macht gelangte und zu den reichsten Bankiers Europas zählte. Die Familie war guelfischer Gesinnung, hatte jedoch begreiflicherweise keinerlei Interesse an den Volksregierungen der Stadt, die sie bei jeder Gelegenheit bekämpfte zugunsten der Partei der Magnaten, d. h. der Kapitalisten. Dieser Familie entstammten mehrere Literaten und Dichter, so der Vater Dinos, Lambertuccio (gestorben 1304), der im Stil Guittones dichtete, sein Bruder Giovanni (gestorben 1337) und der Sohn Matteo (gestorben 1348), der als später Epigone der Stilnovisten in die Annalen einging. Dino selbst, der nach 1271 geboren wurde und vor April 1316 starb, war ein nur mittelmäßiges Talent. Von ihm sind etwa zwanzig in Ton und Inhalt oft überspannt und gekünstelt wirkende Dichtungen überliefert, in denen Dino sich bald an Cavalcanti, bald an Cino da Pistoia, bald an Dante (auch an dessen *Vita Nuova* und mit ziemlicher Sicherheit auch an den ersten Gesängen des *Inferno*) inspiriert.

CINO DA PISTOIA (1270–1336/37) ist der dritte bedeutende Toskaner im Bunde der Stilnovisten, den beiden anderen in jeder Hinsicht, vor allem an Inspiration und innovativem Schwung unterlegen. Guittoncino di ser Francesco di Guittoncino dei Sigibuldi (oder Sigisbuldi) wurde 1270 als Sproß einer adligen Familie in Pistoia geboren. Er studierte Grammatik in Florenz und dann, ab 1290, Rechtswissenschaft in Bologna, vor allem bei dem großen Rechtsgelehrten Francesco d'Accursio. Er besuchte 1292/93 auch die bekannte Juristenschule des Pierre de Belleperche in Orléans. Zurückgekehrt nach Lucca, mußte er alsbald (wahrscheinlich 1303 bis 1306) zusammen mit der den schwarzen Guelfen angehörenden Familie ins Exil gehen, zunächst nach Prato, dann nach Florenz. Nach der Niederlage der Weißen konnte er in die Heimatstadt zurückkehren, trat dort öffentliche Ämter an und nahm aktiv am politischen Leben der Stadt teil – während die geliebte Frau, Selvaggia Vergiolesi, als Angehörige einer weißen Familie nunmehr ins Exil mußte und dort schon wenige Jahre später (vor 1310) starb. Wie Dante sorgte er sich über seine kommunalen Interessen hinaus um das politische Geschick Italiens: Mit Freude begrüßte er den Zug Heinrichs VII. über die Alpen und unterstützte dessen Sache; mit tiefem Schmerz beklagt er u. a. in der Kanzone »Per la morte de lo imperatore Henrico da Lucimborgo« den verfrühten Tod des deutschen Fürsten. Ähnlich wie Dante wurde er auch mit politischen Missionen betraut. Cino war zu seiner Zeit ein berühmter Jurist, der u. a. durch seine *Lectura in Codicem* (1314), einen gelehrten Kommentar des codex civilis, in die Geschichte der Jurisprudenz einging. Cino hatte mehrere Lehrstühle inne, so in Siena (1321–1326), in Perugia (1327–1330), in Neapel (1330–1331), und erneut in Perugia (1332–1333). Er starb 1336 oder 1337, bald nach seiner Rückkehr in die Vaterstadt, in deren Kathedrale seine Gebeine ruhen. Cinos langes Leben überdauerte den gesamten Entwicklungsgang des »dolce stil novo«; schon dadurch kann er leicht als ein Epigone der Schule erscheinen. Dante, der mit Cino freundschaftlich verbunden war (u. a. ist ein lateinischer Brief Dantes an Cino erhalten), lobt ihn mehrfach in seinem Traktat *De vulgari eloquentia* und zählt ihn zu denjenigen, »qui dulcius subtiliusque poetati vulgariter sunt«, »die auf eine süße und feine Weise in der Volkssprache dichteten«. Dennoch weist Cinos Lyrik insgesamt einen stark angepaßten Charakter auf: Er verwendet mit Geschmack und künstlerischem Geschick die Motive und Formeln der Stilnovisten, und auch seine Handhabung der Sprache ist kunstvoll und angemessen, »aber mehr nicht« (S. Battaglia). Schon die Zeitgenossen müssen diesen konformen, epigonenhaften Charakter seiner Dichtungen, von denen viele durch einen Grundton schmerzlicher Melancholie gekennzeichnet sind, empfunden haben, und wahrscheinlich war es neben anderen auch Cavalcanti, der ihm mangelnde Kreativität vorwarf. In der Tat scheint der berühmte Jurist und Lehrer als Künstler kein allzugroßes Selbstbewußtsein gehabt zu haben, wie man mehreren, u. a. an Cavalcanti gerichteten Sonetten entnehmen kann, mit denen er sich gegen den Vorwurf des literarischen Plagiats wehrt.

So vermag selbst die epigonenhafte Figur des Cino da Pistoia, dessen Lebenszeit weit über die Dantes hinaus und in die Petrarcas hineinreichte, noch einmal die epochale Bedeutung des »dolce stil novo« und die hegemoniale Stellung dieser Schule in der literarischen Landschaft Italiens in den letzten anderthalb Jahrzehnten des 13. Jahrhunderts zu beleuchten. Kann das literarische Duecento generell als »lyrisches« Jahrhundert gelten, so war der »süße neue Stil« innerhalb der führenden literarischen Gattungen die ideell und sprachkünstlerisch höchste und zugleich elitärste Kunstentfaltung, der eine jahrhundertelange Nachwirkung und eine bis heute anhaltende Ausstrahlung beschieden war. Von der Nachwirkung dieser hochidealisierten und hochstilisierten Lyrik auf die gesamte neuplatonische Strömung in Italien wurde bereits gesprochen. Daneben waren es vor allem Dante und Petrarca, die Ideen und Formen der Stilnovisten für die Nachwelt lebendig überlieferten. Dante, dessen künstlerische Entwicklung zwar rasch über die Schule hinausführte, gab mit seinem Jugendwerk *Vita Nuova* den stilnovistischen Ideen und Haltungen die vielleicht reinste und schönste Ausformung und der Nachwelt zugleich ein strahlendes Vermächtnis seines jugendlichen, stilnovistischen Künstlertums. Mit dem reifen Hauptwerk der *Commedia* verewigte er etwas später in unvergeßlicher Weise die Grundideen des »dolce stil novo«, wie etwa die der lichtförmig herniederstrahlenden göttlichen Liebe oder die der engelsgleichen, als Mittlerin der Liebe und der Gnade auftretenden Frau. Petrarca nahm in die Kunstlyrik seiner *Rime* in reichem Maße Formen, Themen, Ideen und klangliche Muster der Stilnovisten auf, verfeinerte sie im Sinne seiner elitärsubjektivistischen Kunst und verrschaffte ihnen so durch die gewaltige Wirkung seines Hauptwerkes eine bis heute anhaltende Ausstrahlung. Petrarca war einer der Hauptgründe dafür, daß der Höhenkamm der italienischen Kunstlyrik von den Stilnovisten an sich für Jahrhunderte in die Richtung einer wirklichkeitsabgewandten und subjektiven, um formale Eleganz und Vollendung bemühten Innerlichkeit entwickelte.

VI. DIE PROSALITERATUR

1. Entwicklungen

Daß das Duecento kein Jahrhundert der Prosa, sondern der Lyrik war, wurde bereits bemerkt. Die relativ schwache Stellung der Prosa, und zwar vor allem der Prosa als eines künstlerischen Ausdrucksmittels, erklärt sich zunächst durch eine erhebliche zeitliche Phasenverschiebung in der Entwicklung einer volkssprachlichen Lyrik und einer volkssprachlichen Prosa. Das Zurückbleiben der Prosa hatte seinen Hauptgrund in der starken Verbreitung zweier voll funktionsfähiger Prosasprachen auf der italienischen Halbinsel, nämlich des Lateinischen und des Französischen, denen gegenüber das Volgare als Prosaschriftsprache (nicht als Alltagssprache) einen zunächst untergeordneten Rang einnahm und somit eine schwierige Ausgangsbasis hatte. Diese Unterlegenheit der volkssprachlichen Prosa bestand auch gegenüber der Volgare-Lyrik, die sich früh zu einem geschmeidigen, metrisch und technisch vollkommenen Ausdrucksmittel herausbildete und damit jahrzehntelang der bevorzugte Ort literarischen Ehrgeizes war. Noch im ersten Jahrzehnt des folgenden Jahrhunderts hob Dante die Überlegenheit der volkssprachlichen Lyrik gegenüber der Prosa hervor und unterstrich, daß die Lyrik für die Prosa Modellcharakter habe, und nicht etwa umgekehrt (vgl. *De Vulgari Eloquentia* II, i, 1). Allzu schwer und anhaltend lastete auf der mühsamen Entwicklung der Volgare-Prosa der Druck des Lateins, der »grammatica«, die als offizielle Sprache des Imperiums und der Kurie alle wichtigen kulturellen Positionen der Zeit besetzt hielt: Lateinisch waren die Edikte der Kaiser und die Enzykliken der Päpste, aber auch die Gesetze, die Gerichts- und Notarsakten, die theologischen, philosophischen, die wissenschaftlichen, didaktischen, moralisierenden Schriften der Zeit. Während Kaisertum und Papsttum von Krisen geschüttelt wurden, gewann der in Frankreich entstehende erste Nationalstaat Europas ein immer größeres Prestige, das sich in einem verstärkten Kultur- und Literaturexport sowohl des Provenzalischen (»Langue d'oc«) als auch besonders des Französischen (»Langue d'oïl«) auf die Halbinsel auswirkte, welch letztere Sprache eine umfangreiche Roman- und Epenproduktion auf den literarischen Markt brachte. Konnte schon dieser französische nationalsprachliche Prosaimport zu Versuchen in der eigenen volkssprachlichen Prosa ermutigen, so erfuhr diese ihre entscheidende Förderung durch das politische Erstarken der Kommunen in den Städten Italiens, allen voran der Toskana, in denen nach und nach ein wirtschaftlich starkes und unabhängiges Bürgertum die Macht übernahm und auch die kulturellen Instanzen gemäß den neuen bürgerlichen Bedürfnissen besetzte. Im Kampf gegen den Adel mußte sich das Bürgertum mit dem Volk liieren, was zur Folge hatte, daß die politischen Einrichtungen und Verfahren demokratisiert und zugleich der kulturelle Bereich nach unten hin geöffnet werden mußte. Kulturell und literarisch entsteht ein neues Publikum, und mit diesem ein verstärkter Bedarf an volkssprachlicher Prosa zur Befriedigung der neuen Kommunikations- und Informationsbedürfnisse. Das wichtigste Mittel hierfür waren die »Volgarizzamenti«, d.h. Übertragungen französischer oder lateinischer Schriften und Traktate in die eigene Volkssprache. Der erste Schritt war wohl die Vulgarisierung französischer Texte aller Art, insbesondere auch der didaktischen und der erzählerischen, die sich leicht in die toskanischen Dialekte übertragen ließen. In einer zweiten Phase befaßte man sich immer intensiver mit der lateinischen und der mittellateinischen Kultur, deren Schriften man als die neuen Bildungsinhalte durch Übersetzungen, Zusammenfassungen, Überarbeitungen, Paraphrasen oder auch in Form von Glossaren oder Enzyklopädien dem breiteren Publikum nahezubringen suchte.

Für die Herausbildung der frühen italienischen Prosa zur Kunstprosa ist allerdings weniger die Literatur der lateinischen Klassiker von Bedeutung gewesen (deren Texte erst nach und nach entdeckt und aufgearbeitet wurden) als vielmehr die reiche Traktatliteratur des lateinischen Mittelalters. In dieser fanden die ersten Schriftsteller des Italienischen eine umfangreiche und bis ins Detail ausgebildete Lehre des Prosaschreibens vor, die mit ihren vielfältigen und differenzierten Lehrsätzen, Anweisungen und Beispielen die Grundlage für die Entwicklung der italienischen Prosa als eines nach rhetorischen, stilistischen und schließlich auch sprachkünstlerischen Gesichtspunkten geformten Ausdrucksmittels lieferte. Gemeint ist die auf dem Boden der antiken und mittelalterlichen Rhetorik entstandene »ars dictandi«, ein Regelwerk der Kunst des rechten Schreibens, das vielfach diskutiert und kodifiziert wurde und einer der Hauptbildungsinhalte des Mittelalters war. Einer ihrer berühmtesten Theoretiker, der aus England stammende, in Paris und Toulouse lehrende Grammatiker und Dichter Johannes von Garlandia (Giovanni di Garlandia, um 1195 – um 1272), hatte in seiner *Poetria de arte prosaica, metrica et rhythmica* umfangreiche Anweisungen für die Abfassung von Prosawerken, insbesondere von Briefen und Prosadichtungen gegeben. Ausgehend von der alten Dreiteilung des Stils in leichten, mittleren und erhabenen Stil sowie den bekannten Autoren, Theorien und Beispielen entwarf er vier Grundtypen der Kunstprosa, nämlich: »stilus tullianus«, »stilus gregorianus« oder »romanus«, »stilus hilarianus« und »stilus ysidorianus«. Abgesehen von dem hilarianischen Stil (so benannt nach dem wichtigsten Beispieltext, einer dem Hilarius von Poitiers zugeschriebenen Hymne) war diesen Prosamodellen eine breite und intensive Wirkung beschieden. Der tullianische Stil war benannt nach Marcus Tullius Cicero (106–43 v. Chr.) und bezog sich vor allem auf zwei theoretische Grundlagen: Einmal auf die *Rhetorica ad Herennium*, das älteste erhaltene lateinische Lehrbuch der Rhetorik aus dem ersten vorchristlichen Jahrhundert, das seit der Spätantike Cicero zugeschrieben, oft aber auch mit einem gewissen (bei Cicero genannten) Cornificius in Verbindung gebracht wurde. Zum anderen auf das rhetorische Jugendwerk des Cicero mit dem Titel *De inventione*, das dieser mit deutlicher Anlehnung an das zuvor genannte Werk verfaßt hatte. Der tullianische Stil stützte sich vor allem auf die kunstvolle Verwendung der (schon von der antiken Rhetorik katalogisierten) Stilmittel, also der Tropen (Wendungen, wie z. B. Metapher, Metonymie, Hyperbel, usw.) und der sogenannten Stilfiguren wie z. B. Vergleich, Antithese, Apostrophe, rhetorische Frage, Lautmalerei, und viele andere mehr. Je nach Verwendung dieser Stilmittel unterschied man zwischen dem »ornatus facilis« und dem »ornatus difficilis«, zwischen dem leichten und dem schwierigen rhetorischen Schmuck, eine Unterscheidung, die zuvor schon auf die Lyrik angewendet wurde.

Der gregorianische Prosastil, nach Papst Gregor VIII. benannt, hieß auch der »römische«, weil das Zentrum seiner Anwendung im Schriftverkehr der römischen Kurie lag. Er legte das Hauptgewicht auf den rhythmischen Abschluß der Sätze und Perioden, auf den sogenannten »cursus«. Die vier wichtigsten weil am weitesten verbreiteten Rhythmustypen waren der »cursus planus«, der »cursus tardus« oder »ecclesiasticus«, der »cursus velox« und der »cursus trispondaicus«; Typen, auf deren nähere Beschreibung hier nicht einzugehen ist.

Der für die volkssprachliche Prosa vielleicht wichtigste Stiltyp war der nach Isidor von Sevilla (etwa 570–636) benannte isidorianische Stil, der sich als Beispiel u. a. auf dessen *Synonyma* stützte, eine Trostschrift an die ob ihrer Sünde verzweifelnden Seele. Der isidorianische Stil zielte vor allem auf eine musikalische und eurhythmische Durchstrukturierung der Prosa ab, die durch klanglich-euphonische Mittel hergestellt wurde, d. h. durch die Anwendung von Reimen, Assonanzen, von phonischen Entsprechungen und Echowirkungen aller Art. Zugleich suchte man damit eine ausgewogene und symmetrische Anordnung der Perioden und Abschnitte im Gesamttext zu erreichen, wobei die einzelnen Strukturteile meist durch Anaphern oder andere klangliche Entsprechungen gekennzeichnet wurden.

2. *Prosa im Bannkreis der Rhetorik*

Diese und viele andere Lehrsätze und Anweisungen, zunächst für das Verfassen lateinischer Prosa bestimmt, wurden in zahlreichen rhetorischen Schulen in ganz Europa verbreitet und weiterentwickelt. Eines der ältesten Zentren der rhetorischen Lehre in Italien war Montecassino; der Angelpunkt der rhetorischen Theorie und Praxis war jedoch die Universitätsstadt Bologna, wo im Gefolge des dort erteilten berühmten Rechtsunterrichts die Kunst des Prosaschreibens konkret auf die Praxis der Juristen und Notare bezogen wurde, so daß »ars dictandi« und »ars notaria« hier zuerst in einen funktionalen Zusammenhang traten. Überhaupt war der Notar die zentrale, vielleicht wichtigste Figur im gesellschaftlichen, wirtschaftlichen und literarischen Leben der aufstrebenden Städte – was man bereits daran ablesen kann, daß ein großer Teil der bisher erwähnten Persönlichkeiten und Dichter wie Giacomo da Lentini, Pier della Vigna, Guido Guinizzelli, Cino da Pistoia und viele andere von Beruf Juristen und Notare waren. Die Notariatspraxis war der Ort, wo mit Notwendigkeit und Konsequenz die Regeln der lateinischen Kunstprosa auf die Volkssprache angewandt wurden, war es doch ein zunehmendes Bedürfnis, die Schriftstücke des Rechtsverkehrs, Urkunden und Briefe, nicht nur lateinisch, sondern auch in der Sprache des Bürgertums und des Volkes, in Italienisch, abzufassen. Der so wichtige erste Übergang von der lateinischen zur volkssprachlichen Prosakunst vollzog sich also sozusagen im Notariatsbüro. Demzufolge waren es auch immer wieder Juristen wie Pier della Vigna, Boncompagno da Signa (um 1165 – nach 1240) oder Bene da Firenze (gest. 1239), die in mustergültigen Briefsammlungen (Epistolarien) oder in Traktaten ihre Kollegen über die sachgemäße und elegante Handhabung der Prosa belehrten. Von besonderem Interesse in diesem Zusammenhang ist der Notar und »magister artis dictandi« GUIDO FABA, der 1211 als Rhetoriklehrer in Bologna, später auch als Schreiber im Dienste des Bischofs der Stadt tätig war. Er verfaßte eine Anzahl einschlägiger lateinischer Traktate, darunter eine *Summa dictaminis* und die *Dictamina rhetorica* (entstanden 1226/1227). Bedeutsamer sind die etwas später entstandenen lateinischen Werke mit dem Titel *Gemma purpurea* (zwischen 1239 und 1243) und *Parlamenta et epistole* (1242/43), in denen Faba als erster den revolutionären Schritt wagt, die lateinische rhetorische Doktrin auch an vulgärsprachlichen Texten zu exemplifizieren. In der *Gemma purpurea* sind es lediglich fünfzehn kurze Briefanfänge in bolognesisch gefärbtem Italienisch, an denen Faba die Anwendung der rhetorischen Vorschriften demonstriert. Viel stärker ist die Präsenz des Volgare in dem zweiten Werk, in welchem Faba von zahlreichen volkssprachlichen Texten, die meisten davon Briefbeispiele sowie einige Redefragmente, ausgeht, denen er eine dreifache, nach stilistischen Gesichtspunkten differenzierte lateinische Übersetzung zur Seite stellt. Hier wird unübersehbar das Bedürfnis deutlich, die juristische Praxis der Volkssprache und deren üblichen Verwendungen zu öffnen. Diese erste konkrete Anwendung von Vorschriften der lateinischen Rhetorik auf italienische Texte in der Notarsstube des Guido Faba hat man zu Recht als den Geburtsakt der italienischen Kunstprosa bezeichnet. Guido Fabas mutiger Brückenschlag zwischen lateinischer und volkssprachlicher Prosa ist auch insofern bemerkenswert, als es schwieriger war, die Rezepte und Techniken rhetorischer Eleganz auf eine noch unfertige, kaum kodifizierte Sprache anzuwenden als auf das grammatisch klar strukturierte, seit Jahrhunderten rhetorisch geschliffene und domestizierte Latein.

Aus der Masse der rhetorischen Lehrbücher, unter denen selbstverständlich auch die Anweisungen zum Reden, die »artes arengariae«, ihren festen Platz hatten, die dem Podestà oder den anderen Amtsträgern der Kommune die Kunst der öffentlichen Rede nahebrachten, ragen zwei Schriften heraus, die Basistexte der lateinischen Rhetorik kommentierend und paraphrasierend in die Volkssprache übertrugen. Das erste der beiden »Volgarizzamenti«, denen eine weite und langanhaltende Verbreitung beschieden war, und die auch oft gemeinsam in der gleichen Handschrift überliefert wurden, entsprang der Feder des FRA GUIDOTTO, eines Mönchs und Grammatikers aus Bologna von vergleichsweise bescheidenem Bildungshorizont. In seinem *Fiore di rettorica* versuchte er, eine paraphrasierende Übersetzung der schon erwähnten, Cicero zugeschriebenen *Rhetorica ad Herennium* zu geben mit dem Ziel, die Grundlagen der lateinischen Rhetorik in der Volkssprache bekanntzumachen und so zu einer besseren Anwendung der klassischen Regeln auf die italienische Kunstprosa beizutragen. Auch wenn Bruder Guidotto an vielen Stellen die lateinische Vorlage nicht oder nur halb verstand und seine Übertragung daher Lücken und Mängel aufweist, so zählt er doch zu den ersten, die versuchten, einen umfangreichen lateinischen Quellentext durch Übertragung zu erschließen. Die uns überlieferten vier Fassungen des Textes (die erste davon entstand zwischen 1258 und 1266) belegen zugleich, daß Guidotto mit seiner Schrift einem wirklichen Bedürfnis seiner Zeitgenossen entsprach. Dies gilt auch für die zweite Schrift, die berühmte *Rettorica* des florentinischen Gelehrten und Rhetorikers BRUNETTO LATINI (um 1220–1294). Die *Rettorica* stellt eine Übertragung der ersten 17 Kapitel von Ciceros Traktat *De inventione* dar, die Latini während seines Aufenthalts in Frankreich begonnen, später aber abgebrochen hatte. Im Vergleich zu Guidotto ist seine Übersetzung wesentlich getreuer, seine Kommentare wesentlich origineller und anregender und verraten die reiche Bildung eines Mannes, der Dantes wichtigster Lehrer war. Auch Latini wollte durch den Rückgriff auf die höchste Autorität des Cicero der Theorie und Praxis der italienischen Kunstprosa eine authentische Grundlage und zugleich neue Anregungen verschaffen.

Neben diesen beiden Hauptzeugnissen für die Weiterentwicklung der volkssprachlichen Kunstprosa sind als zentrales und wichtigstes Dokument für den praktischen und experimentierenden Umgang mit ihr an dieser Stelle die *Lettere* des Guittone d'Arezzo zu erwähnen, eine Sammlung von fünfzig Briefen, von denen die weitaus meisten nach seiner Bekehrung (1265) geschrieben wurden. In diesen Briefen christlich-erbaulichen, moralisierenden oder tröstlichen Inhalts übte sich Guittone in der Anwendung schwierigster rhetorischer Techniken und Raffinessen auf das spröde Volgare und setzte damit weithin beachtete Maßstäbe für die Verwirklichung des kunstvollen Stils, des »ornatus difficilis«, in der noch jungen italienischen Kunstprosa.

3. Moralisierende, religiöse, wissenschaftliche und historiographische Werke

Was weiter oben von der Bedeutung des Lateins und des Französischen für die Entwicklung der italienischen Prosa gesagt wurde, bestätigt ein Blick auf die reiche und vielfältige Traktatliteratur der Epoche: die meisten dieser Traktate werden zunächst lateinisch, einige auch in französischer Sprache verfaßt und erst dann durch Übersetzungen in die Volkssprache, oft mit Kommentaren oder erläuternden Paraphrasen versehen, dem breiten Publikum zugänglich gemacht. Letzteres war auch insofern möglich und naheliegend, als die Traktate durchweg zwei Komponenten, wenn auch in unterschiedlicher Gewichtung, in sich vereinten, nämlich einen darstellenden, erörternden, demonstrativen Bereich, der sich mehr oder weniger an die vorhandenen Doktrinen, Argumente und Fachtermini anlehnte, und einen erzählerisch-illustrativen Teil, in dem der Autor sich bemühte, in freier Form und meist mit vielen Abschweifungen die gebotenen Informationen durch einleuchtende Beispiele zu veranschaulichen. Während die streng scholastisch bzw. dogmatisch verfahrenden Erörterungen der Philosophie und der Theologie mit ihrer oft spitzfindigen Diskussion komplizierter Probleme (eines der wichtigsten davon war die Versöhnung zwischen aristotelischer Metaphysik und der christlichen Lehre in ihrer patristisch-scholastischen Form) von vornherein einem kleinen, hochspezialisierten Leserkreis vorbehalten waren und daher auch in der Exklusivität ihrer lateinischen Sprachform verblieben, entwickelte sich die volkstümliche, lehrhafte Traktatliteratur zur wichtigsten Informationsquelle für die Befriedigung des Wissensdurstes der Epoche, wobei es die Aufgabe der »volgarizzatori«, der Übersetzer in die Volkssprache, war, das lateinisch überlieferte Wissen in breiteste Volksschichten zu vermitteln und auszudehnen.

Zu den Traktatautoren der Epoche, die das Interesse der Zeitgenossen und der Übersetzer auf sich zogen, zählt als einer der bedeutendsten ALBERTANO DA BRESCIA, ein Jurist und Politiker, der von ca. 1200 bis ca. 1270 lebte. Seine meist moralisierenden Abhandlungen belegen zugleich die Tendenz der neueren Traktatliteratur, starre Bibelgelehrsamkeit und asketische Strenge zu überwinden und sich statt dessen in einer flexiblen, durch erzählerische Beispiele und Abschweifungen aufgelockerten, lebensnahen Form der Bedürfnisse der Zeit anzunehmen. Zu seinen wichtigsten Schriften – Zeugnisse der neuen, lebensoffenen Moralistik – zählen der Traktat *De arte loquendi et tacendi* sowie vor allem der *Liber consolationis et consilii*, der unter Verzicht auf die alten Schemata seinen Lehrstoff

61

durchgehend am erzählerischen Faden der Geschichte des Melibeus und seiner Gattin Prudentia in lockerer Dialogform darbietet. Nicht zuletzt wegen ihrer Lebendigkeit und Aufgeschlossenheit war den Schriften Albertanos eine ungewöhnliche Nachwirkung beschieden: sie gehörten zu den ersten Abhandlungen, die in die Volkssprache übertragen wurden, und schon bald darauf auch ins Französische, Spanische, Deutsche und Holländische. Brunetto Latini übersetzte Teile aus *De arte loquendi et tacendi* ins Französische um sie in seinen *Tresor* aufzunehmen (vgl. S. 60, 82 f.). Die besonders starke Nachwirkung des *Liber*, dessen erste Übertragungen in die Volkssprache 1268, 1272/74 und 1275 erfolgten, reicht bis zu Chaucers *Tales of Melibeus* und den *Detti piacevoli* Polizians.

Eine ähnlich intensive, wiederum über Italien hinausreichende Nachwirkung zeitigte auch die *Summa virtutum et vitiorum* des französischen Dominikanerbruders Guillaume, genannt PERALDUS (im Italienischen meist als GUGLIELMO PERALDO zitiert; ca. 1200 –ca. 1260/70), die in zwei Bänden Laster und Tugenden gegenüberstellte und dabei weniger auf Erkenntnisgewinn, als vielmehr auf eine lebens- und bürgernahe Darstellung bedacht war. Diese stoffreiche Kompilation, die in bequemer Form die Gedanken der heidnischen und christlichen Moralistik (Seneca, Cicero, Macrobius, die biblischen Schriften, Augustin, Gregor der Große, Bernhard von Clairvaux und anderes) zusammenfaßte, wurde immer wieder von volkssprachlichen Schriftstellern und von Predigern ausgebeutet. Zu denen, die sich ihrer Stoffülle bedienten, gehörten so bedeutende Persönlichkeiten wie Guittone d'Arezzo, Brunetto Latini und Dante. Von den in französischer Sprache schreibenden Moralisten sei wenigstens der um 1195 geborene Filippo di Novara erwähnt, der in seiner Abhandlung über die vier Lebensalter des Menschen, *Des quatre tenz d'aage d'ome*, die fälligen Beispiele überwiegend aus der französischen Literatur schöpfte (aus Chrétiens Roman *Lancelot*, dem *Roman de Troie*, usw.) und im Trend der Zeit aus einer laizistischen, lebensnahen und – in seinem Falle auch – mondänen Grundhaltung heraus schrieb.

Einen wichtigen Bereich der Traktatliteratur bildeten die sogenannten Bestiarien oder Tierbeschreibungen, die eine traditionelle Domäne der Moralisten und Pädagogen waren. Zu seiner Zeit sehr geschätzt war der in der Volkssprache verfaßte Traktat *Libro della natura degli animali*, auch *Trattato delle virtù* oder *Fiore di virtù maggiore* genannt. Hauptquellen dieses Traktats, der wohl im letzten Jahrzehnt des Jahrhunderts entstand und der in zwei Fassungen, einer venezianischen und einer toskanischen, überliefert ist, waren Richart de Fornival mit seinem *Li bestiaires d'Amours*, einer der bedeutendsten Texte der Bestiarienliteratur, sowie Äsop und Avianus, ein im Mittelalter stark beachteter lateinischer Fabeldichter des vierten oder fünften Jahrhunderts. Aus diesen und anderen, zum Teil heterogenen Quellen stellte der anonyme Autor geschickt sein Material zusammen und schmückte seine Kompilation mit gefällig eingestreuten erzählerisch-lehrhaften Passagen sowie mit Zitaten aus der zeitgenössischen Lyrik. Inhaltlich ausgereifter, in seiner Struktur komplexer und durchdachter war der wohl zwischen 1310 und 1320 in Bologna von einem Anonymus verfaßte volkssprachliche Traktat *Fiore di virtù*, der in 35 Kapiteln abwechselnd Tugenden und Laster behandelt, deren Darstellung und Definition jeweils moralisierende Beschreibungen aus dem Tierleben, sentenzartige Zusammenfassungen der Moral und beispielhafte Erzählungen folgen. Bemerkenswert an dieser relativ späten Schrift, die praktisch alle einschlägigen mittelalterlichen Quellen verwertet, in den Kerngedanken und Definitionen der Tugendlehre jedoch gerne auf die *Summa theologiae* des Thomas von Aquin rekurriert, ist die starke Beachtung der zeitgenössischen Kultur und der volkssprachlichen Literatur der Gegenwart, die dazu führt, daß u. a. Guido Guinizzellis Manifest-Gedicht *Al cor gentil* und das *Convivio* Dantes zitiert werden. In dieser Öffnung zur neuen Kultur in der Volkssprache und zu den neuen Bedürfnissen und Problemen des Lebens in den Kommunen kommt eine konziliante, gesellschaftlich sensible, kurzum eine »moderne« Grundhaltung der Schrift zum Ausdruck, die nicht nur in Italien weiteste Verbreitung erfuhr, sondern auch in alle wichtigen Sprachen, eingeschlossen das Russische, Serbische und Kroatische, übersetzt wurde. Franco Sacchetti und Leonardo da Vinci griffen in ihren Bestiarien auf diesen Text zurück.

Zur Traktatliteratur im weiteren Sinne kann auch die hagiographische Literatur gerechnet werden. Das von religiöser Unruhe erfüllte Duecento, dessen Reformbestrebungen u. a. von Gioacchino da Fiore ausgelöst wurden, brachte eine große Zahl von lateinisch verfaßten Heiligenlegenden hervor, die zum überwiegenden Teil dem franziskanischen Denken verpflichtet waren (während die Lehren der Dominikaner literarisch erst im folgenden Jahrhundert fruchtbar wurden). Die *Legenda prima* des Antonio da Padua, die *Legenda sancte Clare*, die *Legenda sancte Margherite* und der *Liber* der Heiligen Angela da Foligno etwa waren typische Heiligenlegenden der Zeit, von denen allerdings nicht wenige unter einer Stereotypie immer gleicher Erzählschemata und Motive leiden und daher auch wenig Beachtung fanden. Größte Resonanz und eine immense Verbreitung in Italien und Europa fand dagegen die *Legenda aurea* des Dominikaners IACOPO DA VARAZZE (Iacobus de Voragine), der wahrscheinlich vor 1230 in Varazze bei Genua geboren wurde und 1298 als Erzbischof von Genua starb. In einfachem Latein und in volkstümlichem Ton geschrieben, bot die *Legenda aurea* eine Sammlung von Lebensbeschreibungen der Kalenderheiligen, deren erklärte moralisch-erbauliche Zielsetzung immer wieder der phantasiereichen Fabulierfreude und Erfindungsgabe des Autors weicht und seiner enzyklopädischen Neigung, Geschichten, Episoden, Bilder und Motive verschiedenster Herkunft zusammenzutragen. In glücklicher Weise vereinte dieses Werk christliche Meditation, volkstümliche Phantasie und farbige Vielfalt der Stoffe und Themen und wurde so zu einem der am häufigsten gelesenen und zitierten Werke der Zeit, an dem sich selbst Dante und Boccaccio inspirierten.

Auf dem Feld der Wissenschaften hatte Friedrich II. in der ersten Jahrhunderthälfte entscheidende Anstöße gegeben. Wie bereits erwähnt, hatte er vor allem durch die Förderung von Übersetzungen arabischer Schriften zur Naturwissenschaft, Mathematik, Astronomie und Geographie die Entwicklung der empirischen Wissenschaften vorangetrieben. Sein Hofastrologe, MICHAEL SCOTUS (Michele Scoto, gestorben um 1235), besorgte ebenfalls die Übersetzung zahlreicher wissenschaftlicher Schriften aus dem Arabischen ins Lateinische, darunter die des Averroes sowie arabische Versionen des Aristoteles, teilweise mit Kommentaren des Averroes versehen, und wurde so einer der Begründer des lateinischen Averroismus. Er selbst verfaßte astronomische Traktate wie etwa den *Liber introductorius ad astronomiam* und ein physiognomisches Werk, den *Liber physiognomiae*. LEONHARD VON PISA (Leonardo Fibonacci, um 1170 – nach 1240), ebenfalls dem Kreis um Friedrich II. angehörend, ein hervorragender Kenner arabischer, griechischer und indischer Mathematik, schrieb die Hauptwerke *Liber abbaci* und *Practica geometriae*, die ihn als größten Mathematiker des Abendlandes bekannt machten; Schriften, denen höchstwahrscheinlich auch Dante seine überdurchschnittlichen algebraischen und geometrischen Kenntnisse verdankte. In all diesen fachspezifischen Traktaten, zu denen u. a. auch die medizinischen Abhandlungen des Bolognesers Taddeo d'Alderotto (ca.1206–1295) und des Paduaners Pietro d'Abano (1250–1316) zu zählen wären, wurde weiterhin das Lateinische benutzt, das als etablierte Sprache wissenschaftlicher Kommunikation den Fachgelehrten Europas bequemen Zugang zu den Schriften der Kollegen gewährte. Dennoch gibt es gegen Ende des Jahrhunderts einen wichtigen Traktat, mit dem sich auch auf dem wissenschaftlichen Sektor die Volkssprache durchzusetzen beginnt. Gemeint ist das wahrscheinlich 1282 abgeschlossene volkssprachliche Werk *La composizione del mondo*, von dessen Verfasser, dem Mönch RISTORO D'AREZZO, man – abgesehen von wenigen in seiner Schrift enthaltenen Hinweisen – kaum etwas weiß. Das einzige und einzigartige Werk

64

des Ristoro stellt die älteste wissenschaftliche Prosa in italienischer Sprache dar und steht als umfangreiche und relativ zuverlässige Wissensenzyklopädie auf halbem Weg zwischen Brunetto Latinis *Tresor* und dem *Convivio* Dantes. Leidenschaftlicher Glaube an die Wissenschaft und das glühende Streben, ihre Erkenntnisse und Ergebnisse zu vulgarisieren, sind die Hauptmotive seines Verfassers, der unter Ausbeutung aller vorhandenen Quellen, der älteren lateinischen ebenso wie der neueren arabischen Traktate, mit beachtlichem Überblick den Bau des Kosmos, die Erscheinungen der Natur und die Struktur der Erde einschließlich ihrer Klimazonen behandelt. Dabei verbindet sich die insgesamt rationale und analytische Methodik, mit der Ristoro, bisweilen mit einem Anflug gelehrter Exklusivität, wissenschaftliche (freilich oft genug auch pseudowissenschaftliche) Fakten darlegt, bruchlos mit seinen persönlichen Beobachtungen und mit einem bewegten Staunen über die unvorstellbare Größe der göttlichen Schöpfung, die ihn immer wieder veranlaßt, die »rationale« Beschreibung der einzelnen Phänomene durch allegorische und moralisierende Betrachtungen zu transzendieren und zu deuten.

Einen wichtigen Sektor der wissenschaftlichen Literatur stellen schließlich die historiographischen Werke dar. Auch auf diesem Gebiet vollzog sich der schon mehrfach beobachtete allmähliche Übergang vom Latein zu volkssprachlichen Darstellungen, und zugleich eine Weiterentwicklung von dem althergebrachten starren Annalen-Schema zu einer offeneren, erzählerisch farbigeren und volkstümlichen Darstellungsweise. Die Geschichtsschreibung des Jahrhunderts wird zunächst durch bedeutende lateinische Kompilationen geprägt, deren wichtigste das berühmte *Speculum maius* des Vinzenz von Beauvais (1190–1264) war, das in drei großen Teilen, dem *Speculum naturale*, dem *Speculum doctrinale* und dem *Speculum historiale* die Kenntnisse der Zeit auf wissenschaftlichem, philosophischem und historiographischem Gebiet zusammenfaßte. Weitere für die Halbinsel wichtige historiographische Werke waren etwa die bis 1213 reichende *Chronica universale* des SICARDO DA CREMONA (um 1160–1215), die bis 1312 reichende *Compilatio chronologica* des Riccobaldo da Ferrara (gest. nach 1312) und die uns im Autograph, doch ohne Anfang und Ende überlieferte, recht zuverlässige *Chronica* des SALIMBENE DE ADAM (1221–1288), der gegen Ende seines Lebens die Ereignisse der italienischen Geschichte von 1212 bis 1287 aufzeichnete. Man muß jedoch bis in die zweite Hälfte des Jahrhunderts warten, bevor die Geschichtsschreibung unter Führung der Toskana dazu übergeht, sich der Volkssprache zu bedienen und zugleich flexiblere und »modernere« Darstellungsformen zu entwickeln. Nach dem Tod des Vinzenz von Beauvais wurde dessen *Speculum histo-*

riale unter dem Titel *Fiori e vita di filosafi ed altri savi ed imperadori* ins Toskanische übertragen. Wohl die älteste in der Volkssprache verfaßte Chronik ist die 1279 geschriebene *Cronichetta pisana*, gefolgt von der *Cronichetta lucchese*; beides Werke anonymer Verfasser, die in karger und schematischer Darstellung, jedoch nicht ohne munizipalen Stolz, die Fakten ihrer Stadtgeschichte zusammenstellen. Nicht Werk eines Autors, sondern Hervorbringung einer langen Reihe von Kompilatoren waren die *Gesta florentinorum*, ein (wahrscheinlich aus lateinischen Anfängen hervorgegangenes) Kollektivwerk in toskanischer Sprache, das die Geschichte der Stadt von 1080 bis in die siebziger Jahre des 13. Jahrhunderts hinein verfolgt. Vor allem in den letzten, detailreichen Kapiteln dieses Werkes kommt der neue kommunale Geist der bürgerlichen Epoche und zugleich der politische und hegemoniale Ehrgeiz des guelfischen Florenz zum Ausdruck. Von dem neuen kommunalen Geist geprägt und zugleich erfüllt von der Sorge um das Geschick der Heimatstadt ist die knappe, aber überaus lebendige und gewandte Darstellung, die ein anonymer senesischer Soldat von der erbitterten Schlacht bei Montaperti gab, die 1260 am Arbiafluß zwischen Guelfen und Ghibellinen tobte und »den Arbia rot färbte«. Seine *Sconfitta di Monte Aperto* ist keine Chronik, sondern der engagierte Augenzeugenbericht eines Mitkämpfers, der zugleich intelligent und belesen genug war, eine Reihe literarischer Motive und Reminiszenzen, u. a. aus dem Tristan-Stoff, in sein Werkchen einzuarbeiten und es dadurch auch literarisch ansprechend zu gestalten. Die Entwicklung vom traditionellen schematischen Annalenstil zu einer interessierten, lebendigen und zugleich kritischen Darstellung veranschaulicht auch die leider nur verstümmelt und im wesentlichen in zwei großen Bruchstücken überlieferte *Cronica fiorentina* eines anonymen Kompilators. Das erste Bruchstück behandelt die Geschichte von 1181 bis 1294 und verfährt in trockenster Kompilationsmanier, die Ereignisse schematisch und uninteressiert registrierend. Der zweite Teil dagegen behandelt die Jahre 1285 bis 1303. Mit ihm erreicht der Kompilator seine Gegenwart; die weltgeschichtlichen Fakten treten nun zurück und machen dem Interesse an der zeitgenössischen Geschichte der Toskana Platz: Unversehens wandelt sich sein Stil von spröder Faktenregistrierung zu neugierig-teilnehmender Darstellung, die nicht nur detailliert und oft klatschsüchtig um die genaue Wiedergabe der Ereignisse bemüht ist, sondern auch den Schritt zu einer kritischen Würdigung und Einordnung der Geschehnisse wagt. Die Bedeutung der toskanischen Region für die Geschichtsschreibung wird schließlich auch durch die Tatsache unterstrichen, daß der erste namentlich bekannte Historiograph in der Volkssprache ein Florentiner war. Gemeint ist der wahrscheinlich um 1230 gebo-

66

rene, aus guelfischer Familie stammende RICORDANO MALISPINI, der nach der Schlacht von Montaperti nach Rom floh, nach der Schlacht von Benevent (1266) nach Florenz zurückkehrte und dann mit der Arbeit an seiner *Istoria fiorentina* begann. Das Werk, das unter Verwertung aller wichtigen welt- und stadtgeschichtlichen Chroniken die Ereignisse bis zur »Sizilianischen Vesper« nacherzählt, ist leider nur in zersplitterter und problematischer Überlieferung erhalten, obwohl oder wahrscheinlich weil es bei den Zeitgenossen sehr beliebt war und immer wieder ausgeplündert wurde. Das Überlieferte reicht indes aus, um Malispini als einen urteilsfähigen und selbständigen Geschichtsschreiber auszuweisen, hinter dessen ruhiger, um Unparteilichkeit bemühter Darstellung sich ein leidenschaftliches Interesse an der Geschichte verbirgt. Bedeutende Persönlichkeiten des folgenden Jahrhunderts haben dieses Werk geschätzt: Dante meditierte über seinen Seiten, und der große Chronist Giovanni Villani kopierte ganze Kapitel daraus. Es darf als das Verdienst Malispinis gelten, sich fast ganz aus den Fesseln der alten Annalenhistoriographie befreit und die erste ausgewogene, umfassende und lebendige Darstellung der Florentinischen Geschichte geschrieben zu haben.

4. Literarische Prosa

In Italien genoß das Französische, die »langue d'oil«, auf dem Gebiet der Prosa noch größeres Ansehen als das Provenzalische, die »langue d'oc«, auf dem Gebiet der Lyrik. Wegen seiner allgemeinen Anerkennung als eleganter, klarer und geschmeidiger Kultursprache hatten sich unter anderen Brunetto Latini und Filippo di Novara zur Verwendung des Französischen entschlossen. Fast mit den gleichen Argumenten, mit denen Brunetto Latini die Bevorzugung dieser Sprache begründete, rechtfertigte auch der Venezianer Martino da Canal den Gebrauch des Französischen in seiner Chronik der venezianischen Geschichte: Es sei die Weltsprache, »die am ergötzlichsten zu lesen und zu hören« sei. In seiner von späteren Herausgebern so benannten *Cronique des Veniciens* stellt Martino da Canal, von dem man so gut wie nichts weiß, die Geschichte seiner Stadt von den Anfängen bis zum Jahre 1275 dar (was darauf hinweisen könnte, daß er im letzten Viertel des Jahrhunderts gestorben ist), und verrät dabei neben Bewunderung für die französische Kultur auch die konkrete Kenntnis französischer literarischer Texte wie z. B. der *Histoire de la conquête de Constantinople* des Geoffroy de Villehardouin (gest. um 1212). Der Einfluß der französischen Literatur war vor allem im nordöstlichen Italien spürbar

67

(mit den Zentren Treviso, Belluno, Padua, Verona, Ferrara), wo schon früh die großen Texte der französischen Heldenepik, allen voran die *Chanson de Roland*, zunächst gewissenhaft und texttreu abgeschrieben, dann immer respektloser durch Veränderung bzw. Austausch lexikalischer, morphologischer und phonetischer Elemente der italienischen Sprache bzw. dem venezianischen Dialekt angeglichen wurden. Es entstand so nach und nach eine franco-italienische oder franco-venezianische Mischsprache, die von jedem Autor nach eigenem Geschmack und Bildungsstand gehandhabt wurde und in der bald die Elemente der einen, bald die der anderen Ausgangssprache überwogen. In dieser Mischsprache entstand eine neue Literatur, die sogenannte franco-italienische Epik, die die Stoffe der französischen Epik aufgriff und weitererzählte. Bedeutendes Beispiel hierfür ist etwa die *Entrée d'Espagne*, ein von einem unbekannten Kleriker aus Padua um 1320 verfaßtes Epos, das phantasiereich erzählt, was Roland in Spanien erlebte, bevor es zu den in der *Chanson de Roland* dargestellten Ereignissen kam. In der Betonung der Gefühlswelt und der Liebesthematik gegenüber der kriegerisch-nüchternen Haltung der französischen Vorlage hat man in der *Entrée d'Espagne* bereits ein auf die Tonart der späteren italienischen Renaissance-Epik vorausweisendes Merkmal sehen wollen. Der direkte Strang der franco-italienischen Epik fand jedoch ein früheres Ende: Nach der »Prise de Pampelune« des Nicolò da Verona, der *Guerra d'Attila*, dem Fragment gebliebenen Epos des Bologneser Notars Nicolò da Casola (beide dem Trecento angehörend) und anderen Werken markiert der in den ersten Jahren des Quattrocento beendete Prosaroman *Aquilon de Bavière* des Raffaele da Verona den Niedergang der franco-italienischen Epik. – Außerhalb der durch französiche Vorlagen inspirierten Epik hat die franco-italienische Literatur ein wichtiges Prosawerk hervorgebracht, das bis zum heutigen Tage kaum an Ausstrahlung verloren hat, nämlich den großen Reisebericht des MARCO POLO (1254–1324) mit dem Titel *Le divisament du monde*, oder auch *Livre des merveilles*, bekannter unter der Bezeichnung *Million* oder *Milione* (so der Titel der ältesten toskanischen Fassung). In diesem Werk hatte Marco Polo als venezianischer Gesandter die Erlebnisse und Beobachtungen seiner von 1271 bis 1295 dauernden Orientreise festgehalten, die ihn u. a. nach Indien, ins Reich der Mongolen und nach Japan führte. Als er nach der Rückkehr in genovesische Gefangenschaft geriet, erzählte er 1298 im Gefängnis seine Reiseerinnerungen seinem Mitgefangenen Rustichello da Pisa, der den Bericht Polos niederschrieb. Rustichello, der lange Zeit in Frankreich gelebt und bereits mehrere Prosaromane in der »langue d'oil« verfasst hatte, wählte für seine Niederschrift das Französische, das jedoch stark mit italienischen und venezianischen Elementen durchsetzt war. Bei der Beurteilung der sprachlichen Form des Werkes wird daher ebenso wie in bezug auf die Darstellung des Stoffes und den auffallenden Wechsel von exakter Beschreibung und staunendem Erzählen des Wunderbaren immer offen bleiben, was im einzelnen dem Venezianer Marco Polo und was dem literarisch ehrgeizigen Rustichello zuzuschreiben ist. Dies umso mehr, als die ursprüngliche Fassung der Niederschrift Rustichellos, die den Titel *Le divisament du monde* trug, nicht erhalten ist. Das Werk, das Elemente der Reisechronik, des geographischen Traktats und des Abenteuerromans in sich vereint, wurde in Italien zunächst durch eine in den ersten Jahren des Trecento entstandene, nicht allzu sorgfältige toskanische Übersetzung mit dem Titel *Milione* bekannt und erreichte dann durch zahlreiche Übersetzungen in Dialekte (z. B. ins Venezianische) und in verschiedene Sprachen, darunter auch ins Lateinische, sowie durch eine große Anzahl von Neuausgaben eine unerhörte Verbreitung. Der *Milione* wurde so zum bekanntesten Buch der italienischen Literatur des 13. Jahrhunderts.

Als erste konkrete, wenn auch in Form und Inhalt noch sehr bescheidene Vorstufe der späteren italienischen Novellistik kann das *Libro dei sette savi* verstanden werden, die recht grob und unorganisch verfahrende volkssprachliche Version einer französischen Vorlage, die ihrerseits auf dem Erzählwerk *De rege et septem sapientibus* beruht, das auch unter dem Titel *Dolopathos* bekannt wurde. (Der *Dolopathos* seinerseits war eine Bearbeitung der orientalischen Erzählung von den *Sieben Weisen*, die Johannes von Silva, ein Mönch aus Haute-Seille, um 1184 dem Bischof Bertrand von Metz gewidmet hatte.) Trotz einfachster Erzählweise und unübersehbarer Monotonie der in moralisierender Absicht aneinandergereihten Geschichten war es das *Libro dei sette savi*, das ein wichtiges Schema der späteren italienischen Novellistik in Italien bekannt machte, nämlich die Technik, einzelne Geschichten in einen Erzählrahmen zu integrieren, der zugleich über deren Herkunft und Entstehung Auskunft gibt.

Der erste wichtige Meilenstein in der Entwicklung der italienischen Kunstnovelle war dagegen das *Novellino*, eine zwischen 1281 und 1300 entstandene Sammlung von etwa hundert meist kurzen Erzählungen in überwiegend toskanischer, doch mit venezianischen Elementen durchsetzter Sprache. Weder der Autor noch der genaue Titel noch die ursprüngliche Entstehung, Absicht und Struktur des Werkes sind bekannt. Wahrscheinlich kommt der ältere Titel *Libro di novelle e di bel parlar gentile* dem Original am nächsten, während die heute übliche Bezeichnung *Novellino* zum ersten Mal in einer Mailänder Ausgabe von 1836 gebraucht wird und die Bezeichnung *Le cento novelle antiche* der ersten gedruckten Fassung des

69

16. Jahrhunderts entstammt und dem Titel von Boccaccios großem Novellenwerk nachgebildet ist. Schwankend war auch die Zahl der Novellen der einzelnen Fassungen. Während eine erste Sammlung hundert Novellen enthielt, reproduzierte eine zweite in abweichender Anordnung lediglich fünfundachtzig, die aber nicht alle in der ersten Sammlung enthalten waren, und eine dritte, noch kürzere Sammlung schließlich reproduzierte teils Texte der ersten, teils Texte der zweiten Fassung. Zu den zahlreichen Fragen, die durch das anonyme Werk aufgeworfen wurden, gehört auch die, ob es denn von einem oder von mehreren Autoren hervorgebracht wurde. Stilistische und inhaltliche Unterschiede zwischen den einzelnen Texten der Novellensammlung könnten darauf hinweisen, daß es wenigstens zwei Autoren gewesen sind: einer, der sich im Besitz einer relativ guten literarischen Bildung direkt auf lateinische Quellen der Antike und des Mittelalters beziehen kann, und ein zweiter, weit weniger gebildeter Autor, der nur ungefähres Wissen reproduziert, der Sokrates als römischen Philosophen (Novelle LXI) und Pythagoras als Spanier einordnet (Novelle XXXIII). All diese Fragen und Ungewißheiten werden sich wohl nie endgültig abklären lassen. Der Prolog jedenfalls gibt als Themen des Werkes an: »alquanti fiori di parlare, di belle cortesie e di belli risposi e di belli valentie, di belli donari e di belli amori, secondo che, per lo tempo passato, hanno fatto già molti«. Gegenstand des Werkes sind also »kunstvolle Redeweisen, höfisch-höfliches Verhalten und schlagende Antworten und schöne Mutproben, schöne Geschenke und schöne Liebschaften, so wie sie in der Vergangenheit schon bei vielen zu beobachten waren«. Diesen Beispielen für vorbildliches Verhalten in Wort und Tat sollen zunächst die nacheifern, die über ein »edles Herz« und über eine »sensible Intelligenz« verfügen, in der Weise, daß ihr Verhalten den Ungebildeten als Vorbild dienen kann: »a prode e a piacere di coloro, che non sanno e disiderano di sapere« – »zum Nutzen und zum Vergnügen derjenigen, die unwissend sind und Wissen erwerben möchten«. Das Werk verfolgt somit das Ziel, die wesentlichen kulturellen und bildungsmäßigen Errungenschaften der »vergangenen Zeit«, d. h. der höfisch-feudalen, ritterlichen Gesellschaft für die bürgerliche Gegenwart und die konkreten Bedürfnisse der Bürger in den Kommunen nutzbar zu machen und die neue, gesellschaftlich tonangebende Schicht anhand von Beispielen geschliffenes und schlagfertiges Reden, höfliches Benehmen und kluges Verhalten in Extremsituationen zu lehren. Daß das Werk aber keineswegs nur moralisieren und belehren will, sondern auch dem fabulierenden, scherzhaften Erzählen, dem Vergnügen somit, einen wichtigen Platz einräumt, wird schon im Prolog angedeutet und durch die Lektüre vieler nachfolgender Novellen evident, u. a. durch die

ebenso kurze wie scherzhaft-pointierte Novelle von den »lieben Dämonen«, (die 15. in der Anordnung der Ausgabe von C. Gualteruzzi da Fano von 1525), die von dem vergeblichen Versuch eines Königs erzählt, seinen Sohn vor den Frauen, den »Dämonen«, zu bewahren und den naturhaften Liebestrieb in ihm zu unterdrücken. Der auf frühe orientalische Quellen (u. a. auf die Geschichte von Barlaam und Josafat) zurückgehende Stoff, den später Boccaccio in maliziöser Zuspitzung in der Einleitung des vierten Tags seines Novellenwerks zu seiner Verteidigung erzählt, wird hier in extremer, fast skelettartiger Kürze vorgetragen. Umso pointierter klingt am Ende des Textes die ebenso schlagende wie verschmitzte Schlußmoral der Novelle: Die Natur läßt sich nicht unterdrücken oder irreführen.

Texte wie dieser mit ihrer stilistischen Kargheit und schmucklos-trockenen Diktion machen verständlich, daß sich lange Zeit, vor allem im Blick auf die Prosa Boccaccios und anderer großer Novellenerzähler, die Auffassung halten konnte, die magere Erzählweise des »Novellino« sei eine Konsequenz des künstlerischen, stilistischen und formalen Unvermögens des Verfassers (bzw. der Verfasser). Demgegenüber neigt – trotz ungeklärter Verfasserschaft – die neuere italienische Forschung dazu, die Kürze der Texte, die einfache, parataktische Syntax, die Abwesenheit rhetorisch-stilistischen Schmucks und dekorativer Beschreibungen als wohlüberlegte Kunstgriffe eines Autors zu interpretieren, dem es auf die stringente Prägnanz und Überzeugungskraft ausgewählter Gestalten, Handlungen und Worte (bzw. Dialoge) ankam. Was die verwendeten Stoffe angeht, so schöpft das Werk aus antiken, mittelalterlichen und zeitgenössischen, aus geschichtlichen ebenso wie aus biblischen, mythologischen und sagenhaften Quellen. So erscheinen in bunter Folge Alexander der Große und Friedrich II., Sokrates und Traian, Karl der Große und König Artus, Herkules, Narziss, Lancelot, David, Salomon und nicht zuletzt viele zeitgenössische Persönlichkeiten wie Karl von Anjou, Ezzelino da Romano, Francesco d'Accorso, Taddeo d'Alderotto und andere, die es erlauben, das Werk ziemlich sicher zu datieren. Zu dieser Variationsbreite der Themen und Gestalten tritt eine relativ große geographische Vielfalt der Handlungsorte, die die meisten Länder Europas, dazu Syrien, Ägypten, Indien, aber auch nicht wenige fabelhafte Weltgegenden umfaßt, so daß man das »Novellino« auch als »erzählerische Summe« (C. Goffis) des Mittelalters bezeichnen konnte.

Kann so das *Novellino* als ein erster Höhepunkt der italienischen Erzählkunst gelten, so bleibt ein anderer Zweig der frühen literarischen Prosa Italiens in Erzähltechnik und thematischer Vielfalt dahinter deutlich zurück. Gemeint sind die italienischen Nacherzählungen und Kompilationen der Themen des bretonischen Sagenkreises um König Artus und des damit verbundenen Tristan-Stoffes, die überwiegend in Norditalien, mit Schwerpunkten im venezianischen und im toskanischen Raum, entstanden. Aus den in zahlreichen Handschriften und in unterschiedlichsten Bearbeitungen und Fassungen verbreiteten Geschichten um Artus und Guenièvre, Tristan und Isolde, Gauvain, Lancelot und viele andere Gestalten der Tafelrunde ragt als vielleicht wichtigster Vermittler des Artusstoffes für Italien der *Tristano riccardiano* hervor (so benannt nach dem Manuskript 2543 der Biblioteca Riccardiana), der in den letzten Jahren des Duecento oder den ersten des Trecento in der Toskana entstanden sein dürfte. Als Stoff- und Kulturvermittler bedeutungsvoll, bereitet seine langweilige, durch monotone Syntax und einfachste Ausdrucksmittel gekennzeichnete Erzählweise ein nur mäßiges Lesevergnügen. Dies gilt grosso modo auch für die aus der venezianischen Region stammenden anonymen Bearbeitungen, den *Tristano veneto* und den *Tristano corsiniano* (so benannt nach der Biblioteca Corsiniana in Rom), oder auch für die kaum lebendiger erzählende *Tavola ritonda* eines toskanischen Anonymus, dessen Niederschrift bereits in die ersten Jahrzehnte des Trecento weist und vielleicht schon Spuren einer Kenntnis der *Divina Commedia* enthält.

DAS VIERZEHNTE JAHRHUNDERT (»TRECENTO«)

I. BLICK AUF DIE ZEIT

Der langsame Macht- und Prestigeverfall von Kaisertum und Papsttum, das weitere Erstarken des Bürgertums in den Städten, das Gewicht laizistischer Bewegungen innerhalb und außerhalb der Kirche sowie eine ständig wachsende Neugierde nach der Kultur der Antike sind wichtige charakterisierende Merkmale des Jahrhunderts, in dem Italien seine kulturelle Verspätung aufholt und in Literatur und Kunst Höchstleistungen hervorbringt, die über die Halbinsel hinaus in weiten Teilen Europas neue Maßstäbe setzen. War das Bürgertum im 13. Jahrhundert im wesentlichen mit dem Kampf gegen die Aristokratie und mit der Verdrängung feudaler Machtstrukturen beschäftigt, so ist es jetzt in zahlreiche Auseinandersetzungen mit sich selbst verwickelt, die langsam zu einer Ablösung der kommunalen und demokratischen Struktur der Stadtstaaten durch die mehr oder weniger monarchische Staatsform der »Signoria« führten, was dann gegen Ende des Jahrhunderts vielerorts auf eine Restauration großbürgerlicher bzw. feudaler Regierungen hinauslief. Die Entstehung neuer Regionalstaaten ging Hand in Hand mit dem Machtverlust von Kaiser und Papst, der beiden ideologisch, politisch und militärisch dominierenden Instanzen des vorigen Jahrhunderts, die jetzt zwar noch als politische Faktoren wirksam bleiben, ihre ideologische bzw. theologische Führungsrolle sowie ihre charismatische Ausstrahlung als gottgegebene weltliche bzw. geistliche Macht jedoch zunehmend verlieren. Zu Beginn des Jahrhunderts versuchte noch einmal der energische und skrupellose Bonifaz VIII., der Feind Dantes, die Hegemonie der Kurie in ganz Italien zu errichten, wurde jedoch dabei vor allem durch den auf Ausdehnung seiner Machtsphäre bedachten französischen König Philipp IV. (der Schöne) behindert. Klemens V. ließ sich in Lyon krönen und nahm dann seinen Sitz in Avignon (1309), wo das Papsttum, abgesehen von einer kurzen Rückkehr Urbans V. nach Rom (1367–70), ungefähr siebzig Jahre lang (1309–79) blieb. Es geriet damit weitgehend unter französischen Einfluß und gleichzeitig immer stärker in den Sog weltlichen, mondänen Lebens. Obwohl die Rückkehr des Papstes nach Rom einem weitverbreiteten Wunsch der Christen entsprach, dem u. a. Petrarca und Caterina da Siena Ausdruck verliehen, versammelte sich erst im April 1378 das Konklave in Rom und wählte unter dem Druck des Volkes Urban VI., worauf jedoch schon im September vor allem auf Betreiben französischer Kardinäle ein Gegenpapst, nämlich Klemens VII., gewählt wurde, der seinen Sitz erneut in Avignon nahm (1379). Auf Klemens VII. (1378–94) folgte in Avignon Benedikt XIII. (1394–1423), während in Rom auf Urban VI. (1378–89) Bonifaz IX., (1389–1404), Innozenz VII. (1404–06) und Gregor XII. (1406–15) folgte. So kam es zum großen Schisma der westlichen Kirche (1378–1415), das die Christenheit in zwei Lager spaltete. Beide Päpste exkommunizierten sich und ihre Anhänger gegenseitig, was zur Folge hatte, daß die ganze Christenheit exkommuniziert war. Dies rief eine unglaubliche Verwirrung unter den Gläubigen hervor, den Verfall der geistlichen Zucht und Disziplin im Klerus und einen großen Verlust an Ansehen und Macht der Kirche. Politisch hatte das große Schisma die Folge, ein halbes Jahrhundert lang die Hegemonieansprüche der Kurie zu unterbinden.

Was das Kaisertum anging, so brachten auch die Italienzüge des von Dante herbeigesehnten Heinrich VII. von 1310 bis 1313 und die Ludwigs von Bayern von 1327 bis 1329 keine Stärkung der kaiserlichen Macht, sondern beschleunigten eher deren Verfall, was u. a. darin zum Ausdruck kam, daß die von den Kaisern eingesetzten Reichsvikariate meist nur kurzen Bestand hatten. Gleiches gilt auch von den späteren Romzügen Karls IV. in den Jahren 1354/55 und 1368/69, die ohnehin in erster Linie auf die Beschaffung von Geldmitteln aus dem reichen Italien abzielten. Die von ihm in der Toskana eingesetzten »Signorie« bzw. Stadtherrschaften gingen unter, noch bevor er nach Deutschland zurückgekehrt war. Die von Dante und anderen gehegte Utopie vom Kaisertum als der von Gott eingesetzten umfassenden Friedens- und Ordnungsmacht der Christenheit unterlag der rauhen Realität eines nunmehr triumphierenden italienischen Partikularismus. In Ferrara herrschten die Este, in Mantua die Gonzaga, in Mailand die Visconti, und ein Dutzend weiterer lombardischer Städte war in der Hand der Großmachtpläne hegenden Brüder Mastino und Alberto della Scala. Nachdem letztere durch eine Liga der zuvorgenannten Mächte, der auch Venedig beitrat, besiegt worden waren, beschleunigte sich der Aufstieg der Visconti, die unter Galeazzo und vor allem unter Azzone sich endgültig als die mit Abstand größte Macht Oberitaliens etablierten, die in den folgenden Jahrzehnten immer weitere Territorien, darunter auch Bologna (1350) und Genua (1353) unter ihre Kontrolle brachte. Florenz stand im Zeichen innerer Unruhen und äußeren Machtverlusts, während im Süden das einst unter Robert d'Anjou kulturell blühende und sogar Hegemoniepläne hegende Königreich von Neapel langsam zerfiel. Nachdem die zunächst noch anhaltenden Kämpfe zwischen Guelfen und Ghibellinen langsam abgeflaut waren, traten die politischen Strukturen der Halbinsel in einen tiefgreifenden Wandel ein, der von kommunalen, d.h. mehr oder weniger republikanischen und demokratischen Regierungsformen zur sogenannten Signoria, der monarchisch-diktatorischen Herrschaft eines Einzelnen führte. Diese neue Institution der »Signoria« konnte auf unterschiedliche Weise zustande kommen, etwa dadurch, daß ein gewählter Podestà sein befristetes Amt zu einem lebenslänglichen ausdehnte, daß eine siegreiche Partei ihren Anführer zum Herrn der Stadt erklärte, durch kaiserliche Verfügung oder durch gewaltsamen Staatsstreich. Die »Signori« waren in vielen Fällen Mitbürger, oft aber auch Fremde wie z. B. Gualtieri di Brienne, Herzog von Athen, der im September 1342 als Signore auf Lebenszeit in Florenz eingesetzt wurde (doch schon wenige Monate später sein Amt aufgeben mußte). Wegen des häufig nicht legitimierten Machterwerbs wurden viele Signorien von den Zeitgenossen auch »Tyranneien« genannt. In manchen Fällen blieben nach der Einrichtung der Signorien vorher bestehende kommunale und republikanische Einrichtungen noch erhalten, wurden dann jedoch in ihren Inhalten und Funktionen zunehmend ausgehöhlt und machten früher oder später einer monarchisch-absolutistischen Herrschaftsform Platz. Große Signorien waren die der Visconti, der Scaliger, der Gonzaga; nach der erwähnten Niederlage der Scaliger entstand durch Verrat und Gewalt die der Carrara in Padua. In Bologna herrschten die Pepoli. In Florenz wie in Genua gab es eine Reihe kurzlebiger Signorien; beide Städte hatten das Besondere, daß hier die kommunalen Strukturen und die Rechte des Volkes im wesentlichen erhalten blieben. Signorien von meist begrenzter Dauer gab es in zahlreichen anderen Städten vor allem Mittel- und Oberitaliens; nicht wenige von ihnen gelangten dadurch an ihr Ende, daß sie einer der größeren Mächte einverleibt wurden.

Hand in Hand mit der Entstehung der Signorien vollzog sich der Einzug des Söldnerwesens auf der Halbinsel. Die ursprünglich den Städten zur Verfügung stehenden Bürgerscharen konnten schon bald den wachsenden militärischen Aufgaben nicht mehr gerecht werden, so daß man sich gezwungen sah, Söldner aus allen Teilen Italiens und Europas anzuwerben. Diese verselbständigten sich bald in immer größeren Kompanien, »Compagnie di ventura« genannt, die unter der Führung meist ausländischer Condottieri im Dienst bald dieser, bald jener Stadt kämpften, in der Regel schlecht bezahlt wurden und zunehmend verrohten. Beutegierig, brutal und gewissenlos durchzogen diese Truppen, in denen häufig der Abschaum der Gesellschaft zusammengelaufen war, plündernd, metzelnd und brandschatzend durchs Land und entwickelten sich so zur vielleicht schlimmsten

75

Geißel Italiens. In diesem Land, in dem alle größeren, mittleren und eine Unzahl kleinerer Mächte und Herrscher gegeneinander und miteinander in rasch wechselnden Koalitionen kämpften, waren die Söldnerscharen stets zu berücksichtigende politische Faktoren, gleichsam mobile Machtgebilde, mit denen sich jedes Staatswesen tunlichst zu arrangieren hatte. So sahen sich bereits um die Jahrhundertmitte die größeren Städte der Toskana, darunter auch Florenz, genötigt, zur Erhaltung ihrer relativen Unabhängigkeit erhebliche Abgaben an den Condottiere Montréal zu zahlen, einen aus der Provence stammenden Ex-Templer, der in Italien Fra Moriale genannt wurde. Erst gegen Ende des Jahrhunderts wurden die Ausländer zugunsten italienischer Söldner und Anführer zurückgedrängt, was eine Verbesserung der Disziplin und eine Humanisierung der Kriegsführung bewirkte. Weitere Geißeln, die die Halbinsel verwüsteten, waren die großen Pestepidemien, darunter die von 1348, die durch die Schilderung Boccaccios berühmt wurde, eine andere in den Jahren 1361/62.

Die Stadt Rom war mehr noch als die meisten anderen Städte der Halbinsel von Krisen geschüttelt und drohte zeitweise in Anarchie und Chaos zu versinken. Hier wechselten sich in rascher Folge die unterschiedlichsten Herrschafts- und Regierungsformen ab. In der Stadt standen sich guelfische und ghibellinische, kaiserliche und päpstliche Interessengruppen gegenüber. Der Adel, in ständige Auseinandersetzungen mit dem Volk verstrickt, war durch anhaltende Kämpfe zwischen den Orsini und den Colonna in sich gespalten. Durch die Abwesenheit des päpstlichen Hofes war die Stadt ihrer wichtigsten Einnahmequelle beraubt und verkam langsam zu einem ärmlichen und häßlichen Gemeinwesen mit gerade noch dreißigtausend Einwohnern. Ziegen und Schweine sollen in San Pietro und im Lateran geweidet haben. Mehrfach versuchte das Volk, die beiden in der Regel durch den Papst gewählten Senatoren zu stürzen und an deren Stelle eine demokratische Regierungsform nach florentinischem Vorbild zu errichten, nämlich durch die Einsetzung von dreizehn Zunftoberhäuptern, eines »Gonfaloniere« und eines »Capitano del popolo«: so zuerst ohne Erfolg 1339. Erst 1343 ließ sich nach einer erneuten Revolution des Volkes der neue Papst Clemens VI. nach Bestätigung seiner Oberherrschaft (»Signoria«) herbei, diese neuen Regierungsformen anzuerkennen. In den vierziger Jahren zettelte auch Cola di Rienzo, Sohn eines Wirtes, später Notar und Beamter der päpstlichen Finanzverwaltung, eine Verschwörung an. Am 20. Mai 1347 ließ er in einer Volksversammlung auf dem Campidoglio eine neue demokratische Regierung ausrufen; er selbst nahm den Titel eines Tribuns der römischen Republik an. Seine von Petrarca und anderen, vor allem von großen Teilen des Volkes zunächst stürmisch gefeierten Aktionen waren von der utopischen Vorstellung geleitet, mit einer gottgewollten Volksregierung in Rom eine Erneuerung Italiens und der ganzen Welt herbeiführen zu können und alle Machthaber in einer heiligen Union mit Rom zu verbinden. Sein Versuch, die alte römische Republik wiederherzustellen, fand schon im Oktober 1354 nach dramatischem Auf und Ab ein Ende, als ihn das Volk des Verrats anklagte und zu Tode brachte. Das gleiche Volk erreichte wenige Jahre später, daß dem jetzt vom Papst an die Spitze der Stadt gestellten ausländischen Senator ein Kollegium von sieben »Reformatoren der Republik« zur Seite traten, die kommunale Oberhäupter waren und ähnliche Funktionen hatten wie die Prioren in Florenz. Diese neue demokratische Regierungsform wurde auch von dem päpstlichen Gesandten, dem Kardinal Egidio d'Albornoz, anerkannt. Dieser, ein spanischer Grande und erfahrener Kriegsmann, ist auch deshalb zu erwähnen, weil er in den fünfziger Jahren die Herrschaften der Malatesta, der Ordelaffi, der Montefeltro und anderer Geschlechter Mittelitaliens unterwarf und somit weite Teile des Landes wieder der Kurie unterstellte.

Was die großen kulturellen Leistungen Italiens in diesem Jahrhundert angeht, so hat man diese als Hervorbringungen einer kommunalen Kultur (»civiltà comunale«) und, mit Blick auf die zweite Jahrhunderthälfte, auch als kommunalen Humanismus (»umanesimo comunale«) charakterisiert. Dabei ist jedoch zu beachten, daß die Blütezeit der italienischen Literatur und Kunst in diesem Jahrhundert zu einem Zeitpunkt einsetzt, zu dem politisch gesehen die kommunalen Strukturen vielfach den Höhepunkt ihrer Entfaltung bereits überschritten hatten. Insofern folgte die kulturelle Blütezeit mit einer vielleicht charakteristischen Verspätung der politisch-wirtschaftlichen nach. Andererseits darf nicht übersehen werden, daß die großen künstlerischen Leistungen in der Toskana und in Florenz hervorgebracht wurden, wo die Kommune als Staatsform am zähesten überlebte. Außer durch die literarischen Höchstleistungen Dantes, Boccaccios und Petrarcas ist das kulturelle Erscheinungsbild ihrer Zeit durch die weitere Ausbreitung der französischen gotischen Baukunst geprägt, die bereits in der Mitte des vorigen Jahrhunderts vor allem durch die Zisterzienser und die Bettelorden in Italien eingeführt worden war und hier in charakteristischer Weise abgewandelt wurde. Auf dem Gebiet der Musik gab die florentinische »Ars nova« der Entwicklung der weltlichen Musik entscheidende Anstöße. Die von ihr entwickelte, mehrstimmige weltliche Liedmusik, die vor allem die Hauptformen Ballata, Madrigal und Caccia pflegte, erreichte mit Francesco Landini (1325–97), daneben auch mit Giovanni da Cascia (1329–1351), Marchetto da Padova (um 1300) und Jacopo da Bologna (14. Jh.) eine erste Blütezeit. Große Leistungen brachte

77

die Malerei hervor. Die wichtigsten Malerschulen waren die von Rom (Pietro Cavallini), von Siena (Duccio da Boninsegna) und von Florenz, wo auf Cimabue der geniale Giotto (1267–1337) folgte. Vor allem der plastische und wirklichkeitsnahe Monumentalstil Giottos prägte die Malerei in ganz Italien. In Dante und Giotto hat man die beiden herausragenden künstlerischen Leistungen Italiens in diesem Jahrhundert gesehen.

II. DANTE ALIGHIERI

1. Die ersten Jahre. Gesellschaftliche Stellung der Familie. Grundlagen der Bildung

Dante wird 1265 im Tierkreiszeichen der »Gemelli« (Zwillinge), also Ende Mai/Anfang Juni, in San Martino del Vescovo in Florenz geboren. Voller Stolz hat Dante später die Abstammung seiner Familie aus dem »heiligen Samen« eines alten Römergeschlechts hergeleitet, das in der Gründerzeit Florenz kolonisierte (vgl. Inf. 15,73–78). Ausführlich würdigt er im 15. und 16. Gesang seines *Paradiso* Leben und Taten des Urahns Cacciaguida, der, von Konrad III. zum Ritter geschlagen, als Glaubenskämpfer während des zweiten Kreuzzugs in Heiligen Landen den Tod fand. Die glorreiche Vergangenheit des Urahnen und der von Dante an seinem Beispiel herausgestellte Adel des Blutes und der Gesinnung stehen in einem gewissen Gegensatz zu den eher bescheidenen Verhältnissen, in die Dante hineingeboren wurde. Die Familie gehörte dem kleinen Stadtadel an und stand politisch, wie der größte Teil des niederen Adels und des Bürgertums, auf seiten der Guelfen, der republikanischen Partei, und damit in Opposition zu den kaisertreuen Ghibellinen, der Partei der feudalen Großgrundbesitzer. Dantes Vater, ein gewisser Alighiero di Bellincione d'Alighiero, war ein ausgesprochen durchschnittlicher Mann, der kaum Spuren von sich hinterließ. Er muß zumindest zeitweise wucherische Geldgeschäfte betrieben haben; das war eine der Sünden, die Dante in seiner *Commedia* besonders scharf brandmarkte. Einige Dokumente aus der Mitte des Jahrhunderts weisen ihn als »Richter« und »Notar« aus; im Jahr 1283 war er bereits verstorben. Die gesellschaftliche Stellung wie auch die finanzielle Ausstattung der Familie waren bescheiden. Die Mutter, Bella, von der man wenig weiß, starb vor 1278 und vielleicht bald nach der Geburt Dantes, so daß dieser im frühen Alter Halbwaise wurde. Alighiero heiratete nochmals und zeugte mit Dantes Stiefmutter drei weitere Kinder; auch er starb, als Dante noch fast im Kindesalter war. Alles weist darauf hin, daß diese Familiensituation, in Verbindung mit der bescheidenen gesellschaftlichen Stellung und dem geringen wirtschaftlichen Einkommen der Familie (eine Schwester war mit einem »banditore del comune«, also einem Gemeindeherold, verheiratet, die andere, Tana, mit einem Geldverleiher) im Leben des jungen Dante zu Konflikten und Frustrationen führte, aber auch zu träumerischem, kompensierendem Ehrgeiz und dem Wunsch, möglichst früh Ruhm zu erwerben. Dies war nicht ganz leicht, denn der kleine guelfische Stadtadel, in den Dante hineingeboren wurde, war gerade zu diesem Zeitpunkt unfähig, eine selbständige politische Linie zu finden. Seine zunehmende gesellschaftliche und politische Marginalisierung wurde im wesentlichen verursacht durch das rasch aufstrebende, zu Geld und Ansehen gelangende Bürgertum der Handwerker, Händler und Bankiers (darunter auch viele Hinzugezogene, die »gente nova«), die Liegenschaften, Rechte und Ämter, zum Teil auch Adelstitel erkauften und so den alten kleinen Adel aus seinen Positionen verdrängten. Abgesehen von den ständigen Konflikten und ständig wechselnden Allianzen, die das politische Leben der Stadt zu jener Zeit kennzeichneten, konnten sich alter Stadtadel und aufstrebendes Bürgertum nach außen hin in einem gemeinsamen guelfischen Bündnis solidarisieren, das ihrem Stadtstaat Unabhängigkeit und republikanische Verfassung garantierte. Trotz der genannten wirtschaftlichen Schwierigkeiten vermochte der junge Dante Alighieri das Leben eines städtischen Edelmanns zu führen, der sich dem Studium der Wissenschaften und dem Kriegshandwerk widmete. Schon früh diente er in der Reiterei seiner Stadt; in der Schlacht bei Campaldino (1289) kämpfte er zu Pferd auf seiten der Guelfen gegen das ghibellinische Arezzo. Gleichzeitig pflegte er freundschaftliche Beziehungen zu den jungen Edelleuten der Stadt, u. a. zu dem ernsten und tiefgründigen Guido Cavalcanti, seinem ersten Freund. Auch eine standesgemäße Heirat wurde vorbereitet: Bevor der Vater starb, hatte er vertraglich die Ehe Dantes mit Gemma di Manetto Donati vereinbart, einer Adligen, deren Familie allerdings den Höhepunkt ihrer Geltung hinter sich hatte.

Über die frühe Jugend Dantes bis etwa 1280/82 wissen wir recht wenig, auch von seinen ersten Bildungserlebnissen. Dantes Knabenjahre fallen in eine Blütezeit universitärer und scholastischer Bildung, die durch die geduldige Reformarbeit der Bettelorden vorbereitet worden war. Neben der kirchlich orientierten Zentralisierung und Reformierung des Wissens boten diese Orden gerade den führenden Schichten der Stadtrepubliken wichtige Bildungsmöglichkeiten an, auch im elementaren und mittleren Bildungsbereich. Gleichzeitig wurde in der ganzen Romania ein breiter Strom nationalsprachlicher, laizistischer Literatur wirksam, in dem gerade die realistischen, naturwissenschaftlichen bzw. empirischen Themen und Tendenzen einen rasch zunehmenden Einfluß ausübten. Diese Tendenzen, verbunden mit demonstrativer Anhäufung enzyklopädischen Wissens und mit stark satirischem Einschlag fanden einen exemplarischen Ausdruck in den 18000 Versen des zweiten Teils des *Rosenromans* von Jean de Meung, dessen Entstehung in die Knabenzeit Dantes fiel (zwischen 1275 und 1280). Jean de Meung setzte an die Stelle abstrakter, idealisierender Allegorien praktische bürgerliche Lebensweisheit, forderte den Praxisbezug der Wissenschaften und sorgte für Realismus auch im Themenbereich der Liebe, indem er die Frau als Gegenstand nicht mehr der Verehrung, sondern der Lust darstellte. Sollte Dante wirklich der Verfasser des *Fiore* sein (vgl. S. 95 f.), so wäre er nicht nur Leser, sondern auch Nachdichter des *Rosenromans* gewesen. Der gleichen realistischen Tendenz sind auch die sinnschweren Dichtungen des um etwa zehn Jahre älteren Freundes Guido Cavalcanti (nach 1255–1300) zuzuordnen, der in seinen Liedern die Liebe einer empirischen und sezierenden Analyse unterzog; oder etwa die lebensnahe, zeitkritische Lyrik eines Guittone d'Arezzo (1230/35–1294), der in der Jugendzeit Dantes als Literaturpapst über der Toskana thronte. Während auf der anderen Seite eine Anzahl idealistischer Autoren schrieben, so etwa Guido Guinizzelli (um 1230–1276), ein anderer Freund Dantes, der sich um die Reformierung und Verfeinerung einer höfisch-religiösen Liebeskonzeption bemühte, die dann unter Mitwirkung Dantes zur Programmatik des »dolce stil novo«, des »süßen neuen Stils«, heranreifte; oder etwa der asketische Jacopone da Todi (um 1230–1306), der größte Mystiker der italienischen Literatur, der in leidenschaftlichen und aggressiven Texten die Verderbnis seiner Zeit anprangerte. Der Bereich der Philosophie und Theologie war zur Jugendzeit Dantes gekennzeichnet vom Neo-Augustinismus der franziskanischen Theologen, der Hand in Hand ging mit den Bemühungen um einen christlich angepaßten Aristotelismus, d. h. um eine der christlichen Lehre adäquate Aristoteles-Interpretation, die vor allem von den dominikanischen Theologen in Paris vorangetrieben worden war. Bonaventura (Johannes Fidanza, 1217/18–1274), in Bagnoreggio bei Viterbo geboren, in Paris ausgebildet und dort 1243 in den Franziskanerorden eingetreten, war die führende Gestalt der älteren Franziskanerschule, der versuchte, auf der Grundlage eines augustinisch-platonischen Denkens auch aristotelische Anschauungen in sein scholastisches System einzubauen. Diesen Bestrebungen, die insgesamt die Oberhand behielten und auch auf Dante einen maßgeblichen Einfluß ausübten, stand der »heterodoxe« Aristotelismus gegenüber, basierend auf einer mehr wortgetreuen Interpretation des Stagyriten und begleitet von averroistischen und neoplatonischen Strömungen, die u. a. an der Pariser Artistenfakultät ein Zentrum gefunden hatten. Seit Friedrich II., dem großen »laico«, Ketzer und Promotor der heidnischen Philosophie und der empirischen Wissenschaften, war ein breiter Strom rationalistischen und averroistischen Denkens in Italien und in weite Teile Europas eingeflossen. Führer des extremen, averroistischen Aristotelismus war an der Pariser Universität Siger von Brabant (um 1235–1281/84), der den Gegensatz zum kirchlichen Dogma durch die Lehre von der doppelten Wahrheit abzumildern suchte; während Roger Bacon (um 1215–1294), der gefeierte »Doctor mirabilis«, vor allem das empirische Denken und die Einheit der Wissenschaften verfocht. Weder die Verurteilung Sigers noch die Gefangennahme Bacons (bis 1292) noch eine große Zahl weiterer Verbote und Verurteilungen konnten die Dynamik dieses zukunftsorientierten Denkens außer Kraft setzen, das bruchlos in den Rationalismus, Empirismus und Experimentalismus späterer Epochen einging.

2. Frühe Studien und erste künstlerische Versuche

Über die Ausbildung des jungen Dante bis zu seinem 15. oder 17. Lebensjahr weiß man sehr wenig. Es ist sehr wahrscheinlich, daß er ersten Unterricht von den Franziskanern erhielt, in deren Kloster Santa Croce, das in der Nähe des Hauses der Alighieri bei San Martino del Vescovo lag, Knabenschulen eingerichtet waren. Es läßt sich heute nicht mehr entscheiden, ob Dante eine Zeitlang Novize bei den Franziskanern war wie Francesco Buti, einer der frühen Kommentatoren der *Commedia*, berichtet, oder ob er als Externer dem Elementarunterricht der Franziskaner folgte; ebenso bleibt offen, ob sein erster Lehrer ein Geistlicher oder ein Laie, etwa ein gewisser »Romanus doctor populi sancti Martini«, gewesen ist. Sicher ist er mit der damals üblichen Grundausbildung ausgestattet worden. Dazu gehörte an erster Stelle das Studium der lateinischen Grammatik, aber auch die Lektüre lateinischer literarischer Texte. Zum obligatorischen Bildungskanon der Zeit gehörten u. a. Donat und Priscian, die mit Sicherheit zu den ersten Autoren gehörten, die Dante kennenlernte. Das Grammatiklehrbuch des aus dem vierten Jahrhundert stammenden Rhetors und Grammatikers Aelius Donatus zerfiel in eine in Frage und Antwort verfahrende »Ars minor« für Anfänger und in eine »Ars maior« für Fortgeschrittene und war jahrhundertelang für die Schule grundlegend. Das große Grammatiklehrbuch des Priscianus (6. Jahrhundert), die berühmten *Institutiones grammaticae*, waren das umfangreichste Werk auf diesem Gebiet und für das Mittelalter das maßgebende Lehrbuch der lateinischen Sprache.

Das Lehrbuch des Priscian war für das Bildungsbedürfnis des jungen Dante auch deswegen wichtig, weil es zahlreiche Zitate älterer lateinischer Autoren, darunter auch der lateinischen Klassiker, enthielt und daher zugleich als einführende Anthologie der lateinischen Literatur dienen konnte. Häufiger als jeden anderen lateinischen Schriftsteller zitiert der Grammatiker Vergil, und so ist es sehr wahrscheinlich, daß Dante seinen später heißgeliebten und hochverehrten Publius Vergilius Maro zuerst im Zitatenschatz des Priscian kennenlernte. Zum Lektürekanon der Schulen gehörten weiterhin Texte wie die *Disticha* bzw. *Dicta Catonis*, ein in Versen geschriebenes Handbüchlein der Vulgärethik aus dem 3. Jahrhundert n. Chr., der sogenannte *Aesopus latinus*, eine Sammlung von Prosafabeln aesopischen oder anderen Ursprungs aus dem 4. oder 5. Jahrhundert, die um 400 in lateinische Distichen gefaßten aesopischen Fabeln des Avianus oder etwa die seinerzeit viel gelesene Ekloge des Theodulus (10. Jahrhundert), ein auf Harmonisierung der christlichen und der heidnischen Kultur bedachtes Lehrgedicht, in dem Christentum und Heidentum allegorisch als Alethia und Pseustis auftreten und sich dem Schiedsspruch der Phronesis, der Weisheit, später auch Sophia genannt, unterwerfen. In bezug auf die Auswahl der Schulautoren ist zu beachten, daß das Mittelalter den Begriff des »Klassischen« nicht kannte. Alle auctores, die ursprünglich nach ihrer moralischen Wirkung ausgewählt wurden, galten als gleichwertige und zeitlose Autoritäten, gleichviel, ob sie in der Kaiserzeit, der Spätantike oder im 10. nachchristlichen Jahrhundert schrieben. Es ist jedoch sehr wahrscheinlich, daß zu Dantes Schullektüre neben weiteren christlichen Schriftstellern wie Juvencus, Prudentius und Boethius auch Fragmente und Auszüge der lateinischen »Klassiker« Vergil, Cicero, Horaz, Sallust, Ovid und Lukan gehörten. Wenn man bedenkt, daß der junge Dante seine ersten Kenntnisse in einer Klosterschule erwarb, wird deutlich, daß schon bei diesem ersten Kontakt mit den Bildungsinstituten seiner Zeit die beiden Motivationen im Mittelpunkt standen, die ihn sein ganzes Leben hindurch bestimmen werden: Die christliche Lehre und das Studium der lateinischen Kultur, vorzugsweise ihrer großen Autoren.

Von größter Bedeutung für Dantes Bildungsweg war die relativ frühe Begegnung mit dem Dichter, Notar und Rhetoriker BRUNETTO LATINI (um 1220–1295), einem führenden Vertreter der rasch an Gewicht gewinnenden Laienbildung. Brunetto, der auch als Diplomat reiste und später (1273) Kanzler der Stadtregierung von Florenz wurde, sah sich als überzeugter

Guelfe gezwungen, bis zum Sieg der Guelfen in Florenz (1266) im nordfranzösischen Exil zu bleiben. In pikardischer Mundart schrieb er sein Hauptwerk, die erste alle Wissensgebiete umfassende volkssprachliche Enzyklopädie des Mittelalters mit dem Titel *Li Livres dou Tresor (Das Schatzbuch)*, die er später in einer unvollendet gebliebenen didaktischen Versdichtung mit dem Titel *Il Tesoretto (Das kleine Schatzbuch)* in italienischer Sprache zusammenzufassen versuchte. Von ihm stammt auch die zu jener Zeit berühmte und von Dante zitierte *Rettorica*, ein Rhetoriklehrbuch, das im wesentlichen aus einer Übersetzung von siebzehn Kapiteln aus Ciceros *De inventione* besteht. Nach seiner Rückkehr nach Florenz sah Brunetto Latini seine Aufgabe darin, das überlieferte kulturelle Wissen aufzuarbeiten und den führenden Schichten der Stadt, also den guelfischen Aristokraten und dem gehobenen Bürgertum, zugänglich zu machen und sie insbesondere durch intensive Unterrichtung in der Kunst des Redens und Schreibens auf die Übernahme öffentlicher Ämter und politischer Aufgaben vorzubereiten. Er lehrte die Florentiner, wie auch der Chronist Villani betonte (Cronaca, VIII, 10), die Kunst der politischen strategischen Rede, versuchte aber zugleich, Politik und Rhetorik auf ethische Grundlagen zu stellen. Dante verdankt Brunetto außerordentlich viel; neben den verschiedensten Wissensinhalten, darunter auch solchen aus dem Bereich der französischen Kultur und Literatur, war es vor allem die Kunst des Redens und Schreibens, u. a. auch die »ars dictaminis«, die Kunst des Abfassens lateinischer Briefe im offiziellen Stil, die Dante von ihm erlernte. Dante muß zu seinem Lehrer auch persönliche Kontakte gehabt haben. Neben umfassender Bildung auf allen wichtigen Gebieten hat Brunetto dem jungen Dante wahrscheinlich vor allem den Zugang zu einem vertieften Verständnis der lateinischen klassischen Autoren vermittelt, die für den Lernbegierigen über eine inhaltliche Lektüre hinaus rasch auch als künstlerische Vorbilder bedeutsam wurden. Später hat Dante in seinem *Inferno*, in das er Brunetto wegen der Sünde der Päderastie einordnen mußte, die Erinnerung an die »liebe und gute väterliche Gestalt« wachgerufen und ihn nachdrücklich als denjenigen gewürdigt, der ihm »nach und nach jene Bildung und Fähigkeiten vermittelte, die dem Menschen zeitlosen Ruhm verschaffen« (Inf. 15,82–85).

Von Bedeutung für den jungen Dante war auch die Freundschaft mit dem Dichter und Philosophen Guido Cavalcanti, dem »ersten Freund«, die 1283 begann. Der scheue, aristokratische und ungemein schwierige Cavalcanti war Vertreter einer atheistischen Philosophie mit stark averroistischer Orientierung; als Wissenschaftler vertrat Cavalcanti die Methode eines naturalistischen, von dogmatischen Rücksichtnahmen befreiten Empirismus, der ihn u. a. veranlaßte, in seinen sinndunklen, abstrakten Liedern das psy-

83

chische Phänomen der Liebe mit bohrender, sezierender Gründlichkeit zu untersuchen. Dante hat von ihm nicht nur in dichterischer, sondern auch in philosophisch-wissenschaftlicher Hinsicht gelernt; Cavalcanti vermittelte ihm Erfahrungen und Inhalte, die denen seiner bisherigen kirchlich-franziskanischen und z. T. mystischen Erziehung diametral entgegengesetzt waren. Indes mußte wegen unüberbrückbarer Divergenzen in den Grundfragen des christlichen Glaubens diese tiefe Freundschaft zwangsläufig ein verfrühtes Ende finden. Ein wichtiges Erlebnis, ebenfalls noch in die achtziger Jahre fallend, muß für Dante der Aufenthalt in Bologna gewesen sein, der 1286 oder 1287 stattfand. Über die Gründe und Umstände dieser Reise weiß man kaum etwas. Sollte Dante studienhalber dorthin gegangen sein, so ist es sehr wahrscheinlich, daß er weniger die berühmte juristische Fakultät als vielmehr die dortigen nicht weniger berühmten und hochspezialisierten Rhetorikschulen besucht hat. Es gibt Anzeichen dafür, daß Dante in dieser Zeit ein sehr freizügiges und sinnenfreudiges Leben geführt hat.

Konkreteres weiß man über Dantes Leben in Florenz in den achtziger Jahren, die für Florenz eine relative politische Stabilität brachten. Er führte ein standesgemäßes, unbeschwertes Leben im Kreis junger, meist adliger Intellektueller, in einem Ambiente höfisch verfeinerter Umgangsformen, anspruchsvoller aristokratischer Literatenzirkel und ehrgeiziger, ja elitärer kultureller und dichterischer Interessen und Zielsetzungen. Nach dem Tod des Vaters konnte Dante über seine Einkünfte verfügen – und sie reichten aus, um ihm ein freies Studium seiner Interessengebiete und reichlich Muße für seine Lieblingsbeschäftigung, das Dichten, zu gewähren. Dichten und daneben auch Malen und Musizieren gehörte unter den jungen Adligen der Stadt zum guten Ton. Für die meisten von ihnen war das Dichten eine angenehme oder eitle Nebenbeschäftigung; für Dante wurde es alsbald zum authentischen Ausdruck seiner Gefühle und zu einem unverzichtbaren, experimentierenden Instrument seines Erkenntniswillens. Bedenkenswert ist, daß Dante von vor 1283 bis etwa 1304, dem Beginn der Arbeiten an *De Vulgari Eloquentia* und *Convivio*, in der Lyrik den ihm gemäßen dichterischen Ausdruck suchte und fand.

3. *Das politische Leben in Florenz und das Engagement Dantes*

Der Sieg der Guelfen über die Ghibellinen und der Friedensschluß im Jahr 1280 hatten die Rivalität der großen Parteien nur oberflächlich zugedeckt. Die eingetretene relative Beruhigung, aber auch das Weiterschwelen der Spannungen zwischen Guelfen und Ghibellinen, d. h. zwischen guelfischen

Magnaten und ghibellinischen Adelsgeschlechtern, eröffnete den organisierten bürgerlichen Zünften, und zwar zunächst den oberen Zünften, einen gewissen politischen Spielraum, den diese Schritt für Schritt zu erweitern suchten mit dem Hauptziel, die Macht und die Ansprüche der Magnaten zurückzudrängen. Erste Erfolge in dieser Richtung werden bereits 1281 erreicht, während gleichzeitig auch die niederen Zünfte, die bisher von den Regierungsgeschäften ausgeschlossen waren, immer deutlicher ihren politischen Anspruch artikulieren. Von größter Bedeutung war die Wiedereinrichtung des sogenannten Priorats in Florenz, ein aus den Oberhäuptern und Vertretern der Zünfte zusammengesetztes politisches Gremium, das sich nun rasch zum wichtigsten politischen Organ der Stadt entwickelte. Voraussetzung dafür war ein strategisches, weil aus gemeinsamer Furcht vor den Ghibellinen motiviertes Zusammenrücken der hohen Zünfte und der guelfischen Magnaten. Dies hatte u. a. zur Folge, daß auch Personen aus dem Kreis der Magnaten, wie z. B. Richter und Bankiers, sofern sie nur in eine Zunft eingeschrieben waren, zum Prior gewählt werden konnten, während andererseits der grundbesitzende, von seinen Einkünften lebende Adel vom Priorat ausgeschlossen blieb, und zwar nicht nur der ghibellinische, sondern auch der guelfische. Demgegenüber öffnete sich noch Mitte der achtziger Jahre das Priorat nach unten hin durch Aufnahme der acht größten unter den niederen Zünften, einer aufs Ganze gesehenen mittleren Zunftgruppierung, deren Zulassung wohl wieder aus strategischen Gründen, d. h. aus Furcht vor ihrer möglichen Koalition mit den Ghibellinen, zustande kam. Generell war die politische Entwicklung der Stadt geprägt durch den Gegensatz zwischen Magnaten und ständisch organisiertem Bürgertum, d. h. durch fast zwangsläufige Interessenkonflikte, die sich immer wieder im Bereich der Lebensmittelversorgung, der Mietpreise und der Besteuerung entzündeten. Doch führten diese Spannungen nie zu revolutionären, klassenkampfähnlichen Auseinandersetzungen, sondern wurden im Kampf ständig wechselnder Gruppierungen und Koalitionen ausgetragen; ein eigentliches Klassenbewußtsein gab es noch nicht. Zwangsläufig mußte das etablierte Bürgertum zur Erhaltung seiner politischen, auf der Standesgliederung beruhenden Macht das Priorat weiteren Schichten des kleinen Bürgertums öffnen: So werden nach 1285 weitere neun Zünfte zur politischen Vertretung zugelassen. Etwa von 1288 bis 1292 lag die politische Führung der Stadt überwiegend in den Händen von Magnaten und reichen Großbürgern. In dieser Zeit wurden auch die kriegerischen Auseinandersetzungen mit den ghibellinischen Städten Arezzo und Pisa wieder aufgenommen. Der siegreiche Ausgang der Schlacht bei Campaldino stärkte zunächst die Position der Magnaten. Doch war es wohl in erster Linie eine Reaktion auf eben diese Kriege, d. h. auf die Tatsache, daß die finanziellen Opfer überwiegend auf die wirtschaftlich schwachen Schichten abgewälzt wurden, daß es nun zu einer starken Opposition gegen Magnaten und bürgerliche Plutokraten kommt.

Die Jahre 1290 bis 1292 stehen im Zeichen einer ständigen Zunahme der politischen Macht der zunftmäßig organisierten Bevölkerung, ermöglicht durch ein enges Zusammengehen der oberen und der niederen Zünfte. 1293, in einem Moment relativen politischen Gewichts der niederen Stände, erließ der adlige Prior Giano della Bella die »Ordinamenti di giustizia«, eine Gesetzesreform zugunsten des Volkes, die im folgenden Jahr noch weiter ausgebaut wurde. Kurz bevor es zu weiteren Gesetzesreformen kam, gelang es jedoch den Magnaten, das Bündnis zwischen niederen und oberen Zünften zu sprengen und Giano zu stürzen. Dieser Umschwung konnte sich deshalb so rasch vollziehen, weil es auch außerhalb der Klasse der Magnaten eine Anzahl von Gruppierungen, wie z. B. Richter, Notare und niederen Adel gab, die durch die neuen volksnahen Gesetze eine Beschneidung ihrer Rechte befürchten mußten. Durch diese Kehrtwendung, bei der das gehobene Bürgertum wahrscheinlich mit opportunistischer Leichtfertigkeit von der Seite des Volkes und der niederen Zünfte an die der Magnaten überwechselte, geriet die Republik am 5. Juli 1295 an den Rand des Bürgerkriegs. Dazu kam es nicht, weil schon am nächsten Tag die Räte der Stadt eine Milderung der »Ordinamenti« des Giano beschlossen, nach der nun nur noch die Ritter, d. h. hauptsächlich der ghibellinische Großadel, vom Priorat ausgeschlossen wurden, während der niedere Adel (und mit diesem auch Dante) die Möglichkeit erhielt, sich durch Einschreibung in eine der städtischen Zünfte den Zugang zu den politischen Ämtern zu erwirken, auch dann, wenn er das Zunfthandwerk faktisch nicht ausübte.

Die Auseinandersetzungen der folgenden Jahre waren gekennzeichnet durch den Machtkampf zweier politischer Parteien, nämlich zwischen den papsttreuen Republikanern, den sogenannten schwarzen Guelfen oder »Neri« und den auf Unabhängigkeit vom Papsttum bedachten, im Prinzip kaiserlich orientierten sogenannten weißen Guelfen, den »Bianchi«. Zu den letzteren gehörten einerseits die Familien des alten Stadtadels, andererseits vor allem das mittlere und kleine Bürgertum, das in den weniger reichen und mächtigen Zünften organisiert war. Dazu traten eine Anzahl mächtiger Bankkaufleute sowie nicht zuletzt die Gruppen, die durch die Lockerung der »Ordinamenti« den Zugang zur Politik erhalten hatten. Die in sich heterogene und nach außen hin eher moderat auftretende Partei der Weißen verfolgte zwei Hauptlinien: einmal Aufrechterhaltung der politischen Unabhängigkeit der Stadt, insbesondere gegenüber den weltlichen, territorialen Ansprüchen des Papstes; zum andern die Entwicklung einer vorzugsweise regionalen, stadtnahen Handelspolitik. Die wesentlich homogener gefügte Gruppe der Schwarzen umfaßte zwar auch einige Gruppierungen des einfachen Volkes, bestand jedoch im wesentlichen aus einem starken Block mächtiger Magnaten, Handelsleute, Unternehmer und Bankiers, darunter die Mehrzahl der Neureichen, deren Hauptziel die Eröffnung immer neuer Märkte und damit die ungehemmte wirtschaftliche Expansion war. Zur Erreichung dieser Ziele versicherte man sich des Beistands der wichtigsten politischen Machtfaktoren, nämlich der Kurie und des französischen Königshauses der Anjou, die in Neapel Fuß gefaßt hatten. Überwiegend wirtschaftliche Interessen lagen also einem Streit zugrunde, der auf seinem Höhepunkt sich praktisch wie der Kampf von Bankkonsortien darstellt, nämlich der Cerchi Portinari und der Scali-Mozzi auf der weißen und der Spini auf der schwarzen Seite, welch letztere das Monopol des Bankverkehrs mit der Kirche an sich gezogen hatten. Zur Partei der Weißen gehörten u. a. die Familien der Cavalcanti, Macci, Alfani, der Frescobaldi, der Pulci, der Adimari. Zu den Schwarzen zählten die Pazzi, die Acciaiuoli, die Rodolfi, die Peruzzi, die Medici, die Francesi und andere Verbindungen. Insgesamt ein vor allem aus heutiger Sicht schwer durchschaubarer Interessenklüngel, bei dem sich alles ums Geld drehte – eine Tatsache, die vor allem Dante ins Auge stach und ihn veranlaßte, das zunehmend materialistische Denken seiner Stadt anzuprangern. In der wichtigsten Phase der politischen Betätigung Dantes, d. h. von 1295 bis in die ersten Jahre des neuen Jahrhunderts, wird der Kampf zwischen Schwarzen und Weißen ständig hin und her wogen: 1295–96 Vorherrschen der Weißen, 1296–99 Vorherrschen der Schwarzen, 1299–1301 Vorherrschen der Weißen, 1301–07 Vorherrschen der Schwarzen.

Dantes konkrete politische Tätigkeiten im Dienste seiner Vaterstadt müssen etwa in der Zeit der Schlacht von Campaldino (1289) begonnen haben. Was aber im einzelnen geschah und von welchen konkreten Motivationen er geleitet wurde, darüber wissen wir wenig. Zur Zeit des Krieges gegen Pisa und der sich zuspitzenden sozialen Konflikte in der Stadt schrieb Dante, wie er selbst im 30. Kapitel seiner *Vita Nuova* erwähnt, einen (verlorengegangenen) lateinischen Brief »an die Fürsten dieser Welt«, in dem er auf die »trostlose Stadt« hinwies und ihnen »einiges über ihren Zustand« berichtete. Dies könnte als Ausdruck besonderer politischer Verantwortung und staatsmännischer Weitsicht gewertet werden. In einer Schar florentinischer Edelleute, die die Stadt dem französischen Fürsten zur Verfügung stellte, trat Dante im Februar oder März 1294 Karl Martell

87

gegenüber. Als eine unter seinesgleichen herausragende Persönlichkeit muß Dante in einem solchen Grade die Aufmerksamkeit des jungen Fürsten auf sich gezogen und derartige Zeichen der Sympathie von ihm erhalten haben, daß er sich persönlich wie auch politisch die größten Hoffnungen machte. Wäre Karl nicht bereits 1295 verstorben, so wird Dante viele Jahre danach in einer schönen Würdigung dieser freundschaftlichen Begegnung im achten Gesang seines *Paradiso* andeuten, so hätte mit Sicherheit die Politik des Hauses Anjou nicht ihren späteren, verhängnisvollen Ausgang genommen. Ein wichtiges Datum für das politische Engagement Dantes war das Jahr 1295. Kaum waren durch Ratsbeschluß die »Ordinamenti« liberalisiert, schrieb sich Dante in die Zunft der Ärzte und Apotheker ein und wurde, zunächst für ein Semester (vom 1. 11. 1295 bis 30. 4. 1296) Mitglied in einem Rat der Stadt. Sollte er, was nicht gesichert ist, am 6. Juli 1295 im »Consiglio del podestà« persönlich zugunsten einer Lockerung der »Ordinamenti« interveniert haben, so könnte auch dies über die Vertretung eigener Standesinteressen hinaus als Ausdruck einer auf Ausgleich und Befriedung der Parteien gerichteten Grundhaltung gedeutet werden. Auf eine gleiche Haltung deutet hin, daß Dante als Prior im Juni 1300 die Entscheidung trifft, nach einem bewaffneten Zusammenstoß zwischen Weißen und Schwarzen die Anführer beider Seiten ins Exil zu schicken. Überhaupt war Dantes Zugehörigkeit zu den Weißen möglicherweise in erster Linie eine Entscheidung für die offenere und gemäßigtere Partei und wahrscheinlich nicht Ausdruck einer demokratischen, dem Kampf gegen die Magnaten verpflichteten Gesinnung. Dantes politische Entscheidungen erscheinen immer wieder als Haltung eines Intellektuellen, der übergeordnete (und zum Teil unrealistische) Ideale vor Augen hatte, wie z.B. die Freiheit der Kommune, insbesondere vor den weltlichen Ansprüchen des Papstes, die Errichtung einer geistlichen, allen weltlichen Interessen entsagenden Kirche und die Wiedereinsetzung des Kaisertums als der gottgewollten weltlichen Ordnungsmacht. Allerdings gab es da auch ein paar handfeste Gründe für Dante, sich auf die Seite der Weißen zu schlagen. Eine der wichtigen weißen Familien, die Portinari, waren seine Nachbarn; und die nicht minder mächtigen weißen Cerchi hatten 1280 mit dem Grundbesitz der Grafen Guidi praktisch das gesamte Viertel Porta San Piero erworben, in dem auch das Haus Dantes stand.

Am 14. Dezember 1295 wurde er in einen für die Durchführung der Priorenwahl eingerichteten Weisenrat berufen. Von Ende Mai bis Ende September 1296 war er Mitglied eines weiteren städtischen Rats, des sogenannten Rats der Hundert, der über die Finanzen und die wichtigsten Angelegenheiten beriet. 1297 war er Mitglied im »Rat des Podestà« oder in dem des »Capitano del popolo«. Für die Zeit von Juli 1298 bis Februar 1301 sind uns keine Protokolle der Ratsgremien überliefert – doch ist sehr wahrscheinlich, daß in diesem Zeitraum seine politischen Aktivitäten unvermindert fortgeführt wurden. Fest steht, daß er am 7. Mai 1300 als Botschafter nach San Gimigniano geschickt wurde, um die Bürgermeister dieser Stadt zu einer Ratssitzung aller Kommunen der guelfischen Liga einzuladen, auf der der Führer der Liga gewählt werden sollte. Dieser Gesandtschaft kam große Bedeutung zu, war es doch in diesem Augenblick eine Überlebensfrage für Florenz, die übrigen Kommunen der Liga möglichst eng an sich zu binden, um so die gemeinsame Unabhängigkeit gegenüber den immer weiterreichenden Ansprüchen des Papstes Bonifaz VIII. zu verteidigen, der die ganze Toskana der Kirche unterwerfen wollte. In den folgenden Monaten tat sich Dante durch entschlossenen Widerstand gegen die Kurie hervor. Am 12. Juni 1300 wurde er für ein Bimester, und zwar für die Zeit vom 16. Juni bis 15. August, zum Prior gewählt. Nach dem Streit zwischen Bianchi und Neri beschloß er, wie schon erwähnt, am 24. Juni, die Anführer beider Seiten, darunter bei den Weißen auch Guido Cavalcanti, zu verbannen. Zwei Monate lang war es vor allem Dante, der unerschrocken den Ansprüchen der Kurie trotzte, welche sich u. a. auf die Vakanz des kaiserlichen Thrones und auf das Recht der Vertretung der kaiserlichen Macht durch die Kirche berief und die oberste Verfügungsgewalt über die Stadt einforderte, angeblich mit dem Ziel, diese zu befrieden. Zwei Monate lang widerstand Dante den listigen Winkelzügen des päpstlichen Legaten, des Kardinals Matteo d'Acquasparta. Am 27. Juni wiesen die Prioren dessen Forderung nach Übertragung der obersten Verfügungsgewalt zurück. Erbittert über den zähen Widerstand der »Signoria«, ermunterte der Papst schon am 22. Juli seinen Legaten, mit Exkommunikationen, Amtsenthebungen, Güterkonfiszierungen und Kreditentzug gegen die politischen Repräsentanten vorzugehen. Dante entging nur dadurch der Exkommunikation, daß der Legat, aus welchen Gründen auch immer, mit der Anwendung all dieser Strafinstrumente bis Ende September wartete, bis zu einem Zeitpunkt also, zu dem Dante nicht mehr im Priorat war. Nachdem aber auch das neue Priorat seine Forderungen zurückgewiesen hatte, schleuderte der Kardinal seine Blitze: Er verhängte den Bann über die politische Führung und das Interdikt über die Bürgerschaft und verließ die Stadt.

Es ist nicht gesichert, aber wahrscheinlich, daß Dante im November des gleichen Jahres Mitglied einer Gesandtschaft war, die bei Bonifaz VIII. die Aufhebung des Interdikts erwirken sollte. Interdikt und Bann waren nicht zuletzt wirtschaftliche Strafinstrumente, mit denen der Papst in allen christlichen Ländern eine Zahlungssperre über die Betroffenen verhängen konnte, und dies war wahrscheinlich das Schlimmste, was sich Florentiner Bankkaufleute und Handelsherren ausdenken konnten. Nur geringfügige Erleichterungen in der Handhabung des Interdikts gewährte der Papst, der gerade jetzt zu keinen echten Konzessionen bereit war, nachdem ihm Karl von Valois bereits militärische Hilfe zugesichert hatte. Vom 1. April bis 30. September 1301 war Dante erneut Mitglied des »Rats der Hundert«. Am 14. April wurde er in den Rat der Führer der zwölf größten Zünfte und der Weisen berufen, wo seine Vorschläge zur Durchführung der Prioratswahlen Zustimmung fanden. Etwa gleichzeitig war er auch Mitglied im »Consiglio delle Capitudini«. Am 19. Juni plädierte er in einer Generalversammlung aller Räte der Stadt und sodann im »Rat der Hundert« für die Ablehnung der päpstlichen Forderung nach Weitergewährung einer militärischen Unterstützung; seine entschiedene Ablehnung fand jedoch keine Stimmenmehrheit. Am 13., 20. und 28. September sprach Dante in verschiedenen Räten der Stadt und setzte sich für die Verteidigung der Freiheiten der Kommune ein; er forderte u. a. eine größere Machtfülle für die obersten Entscheidungsgremien der Stadt. Inzwischen wurde die Lage der Weißen in Florenz immer kritischer, denn schon rückte das Heer des Karl von Valois auf die Stadt zu, der von Bonifaz herbeigerufen worden war, nicht nur um Sizilien zu erobern, sondern auch um zunächst die widerspenstigen Weißen in der Toskana zu unterwerfen. In dieser heiklen Situation beschloß die Stadt, drei Botschafter, unter ihnen Dante, zu Bonifaz zu senden, um Möglichkeiten und Bedingungen eines Kompromisses zu erkunden. Dante kam Ende Oktober in Rom an und hatte nun Gelegenheit, den großen Pontifex und seinen Hof aus der Nähe kennenzulernen – und zwar länger, als ihm lieb war. Denn der Papst schickte zwei Botschafter wieder zurück mit der Mahnung, die Stadt möge sich unterwerfen, und behielt ihn, Dante, den er am meisten zu fürchten hatte, bei sich. Auf diese Weise entzog er den Weißen im entscheidenden Augenblick eine ihrer wichtigsten Führergestalten. Am 1. November 1301 zog Karl von Valois als päpstlicher Friedensstifter in die Stadt ein. Doch es gelang ihm nicht, die Stadt zu befrieden, und er unternahm auch keinerlei Anstrengungen dazu. Sofort begannen die Schwarzen ihren Versuch, die Regierung zu stürzen, und wurden dabei unterstützt durch weitere vor der Stadt wartende Schwarze, die am 5. November unter Corso Donati widerrechtlich in die Stadt eindrangen. Eine lange Reihe von Plünderungen, Morden und Brandschatzungen setzte ein. Die Weißen, denen es nicht gelang, einen geschlossenen Widerstand zu organisieren, wurden schon in den ersten Novembertagen gestürzt: Am 7. November und den folgenden Tagen wurden die amtierenden Prioren ihres Amtes enthoben und durch Schwarze ersetzt. Zum Podestà wurde Cante dei Gabrielli da Gubbio gewählt. Wie es scheint, war das Haus Dantes eines der ersten, das der Rachsucht der Schwarzen anheimfiel.

Dante hat wahrscheinlich Florenz danach nicht mehr betreten; er hielt sich in Rom und Siena auf. Zunächst wurde er pauschal des Betrugs, der Erpressung, des Friedensbruchs sowie des Widerstands gegen den Papst und gegen Karl von Valois angeklagt und aufgefordert, sich in Florenz zu verantworten. Als dies nicht geschah, erreichte ihn am 27. Januar 1302 in Siena die erste Verurteilung zur Zahlung einer Geldstrafe, zu zweijähriger Verbannung und lebenslänglichem Ausschluß von allen politischen Ämtern. Nachdem Dante auf diese Verurteilung nicht reagiert hatte, erreichte ihn am 10. März 1302 ein zweiter Richterspruch, der ihn dazu verurteilte, bei lebendigem Leibe verbrannt zu werden.

4. Das Exil und die letzten Jahre

So beginnen für Dante die langen Jahre des Exils, die ihm vielerlei Entbehrungen und Demütigungen auferlegen, die ihn aber dennoch oder wahrscheinlich gerade deswegen zur vollen Entfaltung seiner Persönlichkeit wie seines dichterischen Könnens führen und ihm die Vollendung einer einmalig großen und schönen Dichtung bescheren. Es versteht sich von selbst, daß Dante gemeinsam mit den übrigen exilierten Weißen und Ghibellinen zunächst versuchte, durch militärische Aktionen eine Wende zu seinen Gunsten herbeizuführen. Ein erster erfolgloser Versuch fand unter der Leitung der Ubaldini statt: Im Juni 1302 nimmt Dante in San Godenzo (Mugello) an einer Versammlung führender Weißer und Ghibellinen teil, die den Ubaldini vertraglich eine Garantie für alle Schäden zusichert, die dem Hause aus der Kriegsführung gegen Florenz entstehen könnten. Im gleichen Jahr beteiligt sich Dante an der Verteidigung der Pistoia unterstehenden Festung Serravalle, die dennoch am 12. September an Moroello Malaspina, den Befehlshaber der Schwarzen, übergeben werden muß. In den ersten Monaten des folgenden Jahres findet man ihn in Forlì bei Scarpetta Ordelaffi, wo man eine zweite militärische Aktion vorbereitet. Doch kann Ordelaffi an der Spitze der Weißen nur bis auf wenige Kilometer vor die Stadt heranrücken, dann wird er durch einen Gegenangriff der Florentiner unter Führung ihres neuen Podestà Fulcieri da Calboli in die Flucht geschlagen. Wahrscheinlich noch in der zweiten Hälfte des gleichen Jahres brach Dante mit seinen Exilgefährten, mit der »niederträchtigen und dummen Gesellschaft«, die sich »undankbar, verrückt und gottlos« gegen ihn wandte, wie er später in der *Commedia* (Par. 17,62 ff.) sagen wird. Über die einzelnen Umstände wissen wir nichts; doch müssen dem Bruch schwere Vorwürfe der Gefährten an Dante vorausgegangen sein. Fest steht, daß sowohl sein Charakter als auch seine idealistischen Zielsetzungen es Dante unmöglich machten, auf Dauer mit einer bunt zusammengewürfelten Schar von Parteigängern und Interessenvertretern auszukommen. Dante ging zunächst nach Verona an den Hof des Bartolomeo della Scala; dort erreichte ihn die Nachricht vom Tod seines Erzfeindes Bonifaz VIII. (12. Oktober 1303). Das Jahr 1304 brachte noch einmal eine Hoffnung auf eine politische Lösung, indem Kardinal Niccolò da Prato, vom neuen Papst Benedikt XI. nach Florenz geschickt, die Weißen zu Friedensverhandlungen nach Florenz einlud. In einem Brief, der von Dante geschrieben wurde, nahmen die Exilanten den Vorschlag an und erklärten sich bereit, sich den Entscheidungen des Kardinals zu unterwerfen. Doch wurde die Initiative des Kardinals durch den listigen und skrupellosen Widerstand der Schwarzen zunichte gemacht. Im gleichen Jahr schlug auch der Versuch der Weißen, die Stadt La Lastra zu erobern, fehl (20. Juli); damit waren alle Hoffnungen der Weißen, sich aus eigener Kraft wieder zu etablieren, zerstört.

Schwer lastete der Druck der nunmehr endgültigen Verbannung auf Dante, der Verlust der heiß geliebten Heimat, auch der Verlust seiner Güter und seines Hauses, nicht zuletzt die Trennung von Frau und Kindern, die zunächst in Florenz verblieben. Eine 1303 erlassene Verordnung der Stadt, daß seine Kinder ebenfalls verbannt werden sollten, sobald sie das Alter von 14 Jahren erreicht hätten, mußte ihm ebenfalls Sorgen bereiten. Ruhelos durchwanderte er die Halbinsel, nach seinen eigenen Worten »durch fast alle Gegenden, in denen diese Sprache gesprochen wird, ein Pilger, fast ein Bettler«; wie »ein Schiff ohne Segel und ohne Steuer, das vom trockenen Wind der schmerzlichen Armut an die verschiedensten Häfen, Mündungen und Gestade getragen wird« (*Convivio* I, iii, 4–5). Dante führte im wesentlichen das Leben eines mittellos umherziehenden Hofmanns; immer wieder versuchte er, einen Hof und eine Gesellschaft zu finden, die seinem ernsten Charakter, seinen intellektuellen Ansprüchen und dem Stolz seiner starken Eigenliebe angemessen gewesen wären. Doch gerade dies dürfte er nur selten vorgefunden haben, wie u. a. seine heftige Invektive gegen die Fürsten Italiens in *De Vulgari Eloquentia* (I, xii, 5) bezeugt oder die fiktive Prophezeiung seines Urahns Cacciaguida in Purg. 17,58–60, der ihm für das Exil voraussagt: »Du wirst erfahren, wie stark nach Salz / schmeckt in der Fremde das Brot und welch schwerer Weg es ist, / in fremdem Hause aus und ein zu gehen.« In den Jahren 1304 bis 1306

92

weilt er bei Gherardo da Camino in Treviso, dann in Padua, dann (vielleicht) in Venedig, dann bei Guido da Castello in Reggio. Vielleicht ist er in dieser Zeit auch in Bologna gewesen. Am 6. Oktober 1306 unterzeichnet er in Sarzana in der Lunigiana im Auftrag des Markgrafen Franceschino Malaspina, dessen Gast er seit einiger Zeit ist, einen Friedensvertrag mit dem Bischof von Luni. Anfang 1308 ist er wahrscheinlich in Lucca. Er soll auch in Istrien gewesen sein, und wenn die Hypothese zuträfe, daß Dante in Paris studiert hätte, was aber sehr unwahrscheinlich ist, dann müßte sein Pariser Aufenthalt ebenfalls in diesen Zeitraum gefallen sein.

Im November 1308 war Heinrich VII. in Deutschland zum König gekrönt worden; Klemens V. hatte ihn im folgenden Jahr als römischen Kaiser anerkannt und zugesagt, ihn in San Pietro zu krönen. Kein Wunder, daß Dantes lange gehegten Hoffnungen von einer weltumfassenden Friedensordnung, garantiert durch zwei getrennte, von Gott eingesetzte Mächte, nämlich Kaisertum und Kirche, wieder aufflammten, verbunden mit der Aussicht auf Verbesserung seiner persönlichen Verhältnisse. So schrieb er schon im Oktober 1310 einen begeisterten Brief an »alle Könige und Fürsten und Herren und Städte und Völkerschaften Italiens«, in dem er diese aufforderte, sich der gottgewollten Autorität des Kaisers zu unterwerfen (Epistola V). Und schon im nächsten Jahr, kaum daß Heinrich VII. Italien erreicht hatte, muß, wie wir aus einem anderen Brief wissen (Epistola VII), der »exul inmeritus«, der »schuldlos Verbannte«, dem »dominus Henricus divina providentia Romanorum Rex et semper Augustus« persönlich begegnet sein und ihm gehuldigt haben. Das Gegenteil taten indes die Florentiner; sie lehnten Heinrich nicht nur als Barbaren ab, der die Freiheiten der Kommune bedrohe, sondern wiegelten darüber hinaus weite Teile Italiens gegen ihn auf, so daß eine erneute Auseinandersetzung Dantes mit seiner Heimatstadt unvermeidlich war. Am 31. März 1311 schleuderte er einen zornbebenden Brief an die »verbrecherischen, in der Stadt wohnenden Florentiner«, in dem er diesen schweres Unglück wegen ihrer Feindschaft zum Kaiser prophezeite (Epistola VI). Wenig später – er ist zu dieser Zeit Gast des Grafen Guido di Battifolle auf dessen Burg in Poppi im Casentino – wandte er sich in der schon erwähnten Epistola VII direkt an den Kaiser und legt ihm nahe, zunächst gegen das rebellische Florenz, gegen diese »Schlange im Mutterleib«, zu Felde zu ziehen. Die Florentiner antworteten darauf mit dem Beschluß, Dante von einer im September erlassenen Amnestie zugunsten der im Exil lebenden Weißen, der »riforma di Baldo d'Aguglione«, auszunehmen. Es ist unbekannt, ob Dante in diesem und im folgenden Jahr als Zeuge dem Prozeß beiwohnte, den Heinrich VII. gegen Florenz führte; das Verfahren endete jedenfalls mit der Verhängung der

Reichsacht über die Stadt. Im März/April 1312 war Dante sehr wahrscheinlich in Pisa, wo seit dem 6. März der Kaiser residierte, und hier schrieb er wahrscheinlich seine *Monarchia*, ein politisches Traktat, das mit juristischen und theologischen Argumenten für eine Trennung der weltlichen und der geistlichen Macht plädiert, dabei insbesondere die Legitimation der gottgewollten römischen Monarchie unterstreicht und die Utopie einer universalen, auf den beiden von Gott eingesetzten Gewalten beruhenden Friedensordnung entwirft: Der Staat hat die Aufgabe, wie man später auch im *Paradiso* lesen kann, das irdische Glück der Menschheit zu fördern, indem er das Wohlergehen des Einzelnen im Rahmen der »civitas humana« sicherstellt; die Kirche hat für die ewige Glückseligkeit der Menschheit zu sorgen, indem sie den Menschen die Gnade Gottes vermittelt und so die diesseitige »civitas humana« in die »communio sanctorum« des Jenseits überführt. Dante schrieb die *Monarchia* in erster Linie, um dem in Italien vielfach angefochtenen Friedensfürst argumentative und theoretische Unterstützung zukommen zu lassen. Tatsächlich wurde Heinrich am 26. Juni 1312 in Rom unter dem Schutz seines Heeres von Stellvertretern des Papstes zum Kaiser gekrönt; doch schon im nächsten Monat vollführte der wankelmütige Papst Klemens V. unter dem Druck der französischen Krone und des in Rom weilenden Robert von Anjou eine Kehrtwendung und forderte Heinrich auf, die Stadt zu verlassen und mit Robert Frieden zu schließen. Heinrich wandte sich zunächst gegen Florenz, doch blieb die vierwöchige Belagerung der Stadt, an der Dante nicht teilnahm, ohne nennenswerte Ergebnisse. Als Heinrich sich nunmehr zum Entscheidungskampf gegen Robert von Anjou rüstete, starb er mitten in den Vorbereitungen in Buonconvento bei Siena am 24. August 1313.

Nach dem Zusammenbruch seiner politischen Hoffnungen kehrte Dante nach Verona zu Cangrande della Scala zurück und blieb dort für längere Zeit, bis etwa 1319/20. Nachdem Klemens V. am 20. April 1314 gestorben war, schrieb Dante zwischen April und Juli einen Brief (Epistola XI) an die italienischen Kardinäle des in Carpentras weilenden Konklave, in dem er diese ermahnt, alsbald einen Papst zu wählen, der seinen Sitz wieder in Rom hätte, doch zog sich das Konklave noch bis 7. August 1316 hin. Im Mai 1315 gewährte Florenz den exilierten Weißen eine neue Amnestie, doch unter unwürdigen Bedingungen (Zahlung einer Geldsumme), ein Angebot, das Dante in einem Brief an »einen florentinischen Freund« (Epistola XII) entrüstet zurückwies. Auch auf das wohl im September des gleichen Jahres erfolgende Angebot der Stadt, die Todesstrafe in lebenslängliches Exil umzuwandeln, ging Dante nicht ein. Im November erfolgte eine erneute Verurteilung Dantes zum Tode, die sich diesmal auch auf seine

Söhne bezog. Im Winter 1319/20 finden wir Dante mit seinen Kindern in Ravenna zu Gast bei Guido Novello da Polenta; hier empfing er zwei lateinische Eklogen des Dichters GIOVANNI DEL VIRGILIO, Grammatiklehrer an der Universität von Bologna, der ihn einlud, in diese Stadt zu kommen und seinen dichterischen Ruhm künftig in lateinischen Dichtungen zu verwirklichen. Dante antwortete darauf ebenfalls mit zwei lateinischen Eklogen in daktylischen Hexametern, die uns überliefert sind und die hohe Kunst seines dichterischen Ausdrucks auch in der lateinischen Sprache sowie seine Vertrautheit mit den Motiven und Figuren der bukolischen Dichtung und ihres großen Vorbilds, der *Bucolica* Vergils, belegen. Am 20. Januar 1320 hielt er in Verona auf einem akademischen Kongreß in der Kirche Sant' Elena einen Vortrag über Form und Verteilung von Wasser und Erde auf der Oberfläche der Erdkugel (ein Thema, das auch in der *Commedia* angesprochen wird); aus diesem Anlaß entstand sein letztes lateinisches Traktat, die sogenannte *Quaestio de acqua et terra* (der volle Titel lautet *De forma et situ duorum elementorum aque videlicet et terre*). Allerdings ist die Verfasserschaft Dantes sowohl in bezug auf diese Schrift als auch hinsichtlich der Eklogen angezweifelt worden. Im Sommer 1321 nahm er an einer Gesandtschaft Guido Novellos nach Venedig teil. Auf der Rückreise von Venedig scheint er erkrankt zu sein; er starb am 13./14. September in Ravenna, wo er mit großen Ehren und mit riesigem Trauergefolge in einer Kapelle bei der Kirche San Pier Maggiore beigesetzt wurde.

5. Erste Dichtungen, die Lyrik und die »Vita Nuova«

Dante erlernte rasch die Kunst des Reimens und gelangte früh, noch fast im Knabenalter, in den Ruf, ein ausgezeichneter Dichter (»dicitore«) zu sein. Das älteste der Gedichte, die Dante später in die *Vita Nuova* aufnahm, wurde bereits 1283 geschrieben; mit Sicherheit noch wesentlich älter und damit eines der ältesten Gedichte Dantes überhaupt ist das Sonett »Savete giudicar vostra ragione«, mit dem Dante, noch ganz im Stil Guittones, auf ein Sonett Dante da Maianos antwortete. Wie der Gedankenaustausch mit Dante da Maiano zeigt, war der junge Alighieri sehr bald in der Lage, Korrespondenzen in metrischer Form, überwiegend in Sonettform, mit anderen Dichtern der Stadt zu führen, um, wie unter Adligen und Gebildeten üblich, auf diese Weise poetische, philosophische oder psychologische Fragen zu erörtern. Zu den frühesten dichterischen Arbeiten Dantes gehören möglicherweise auch zwei allegorisch-didaktische Paraphrasen einiger Teile des *Rosenromans*, die auf dem gleichen Manuskript anonym überliefert wurden und zwischen 1285 und 1290 datierbar sind. Die Kritik führt die beiden Texte unter den Titeln *Detto d'Amore* und *Fiore* und ist heute nach langem Hin und Her überwiegend der Meinug, daß beide Texte Dante zuzuschreiben seien, wobei sie sich außer auf sprachliche und stilistische Kriterien auch darauf stützt, daß der Verfasser des *Fiore* sich als »ser Durante« bezeichnet. Das Fragment des *Detto d'Amore* besteht aus 480 paarweise gereimten Siebensilblern, die stilistisch stark an den *Tesoretto* Brunetto Latinis erinnern. Der bedeutsamere und originellere Text ist der in toskanischem Volgare verfaßte *Fiore*, dessen 232 Sonette in allegorischer und lehrhafter Manier, aber auch mit vielen satirischen und freizügigen Akzenten, vom Kampf eines Liebenden um eine schöne »Blume« handeln, welche als Symbol für die geliebte Frau und insbesondere für ihre Jungfräulichkeit steht. Auch wenn sich bedeutende Philologen wie G. Contini für eine Verfasserschaft Dantes ausgesprochen haben, so bleiben diesbezüglich bis heute bei beiden Texten, vor allem beim *Detto d'Amore*, erhebliche Zweifel bestehen.

Sehr früh und spätestens seit seiner Bekanntschaft mit Guido Cavalcanti wurde für Dante das Dichten zu einem experimentierenden Erkenntnisinstrument. Beseelt vom Ernst dieses Anspruchs und von der Überzeugung der notwendigen Übereinstimmung von Inhalt und Form kritisierten Dante und seine Freunde Cavalcanti, Guido Guinizzelli, Lapo Gianni und einige andere den vorherrschenden, von Guittone d'Arezzo geprägten Stil als roh und ungeschliffen. Guido Guinizzelli war es, der mit seinem berühmten, programmatischen Gedicht »Al cor gentil rempaira sempre amore« (»Im edlen Herzen findet Liebe stets den ihr gemäßen Ort«) die Zeichen für eine Wende in Stil und Geschmack setzte. Mit ihm und mit den Freunden entwickelte Dante in kurzer Zeit ein neues Konzept und eine neue Praxis des Dichtens, das seinen programmatischen Ausdruck etwa in der Kanzone »Donne ch'avete intelletto d'amore« (»Frauen, die ihr versteht, was Liebe ist«) fand. Dante hat dieses Lied später im 24. Gesang seines *Purgatorio* als Beginn seiner eigenen lyrischen Neuorientierung und als Beginn des Dichtens im »dolce stil novo« hervorgehoben und die Poetik des »Süßen neuen Stils« knapp und treffend als Einheit von Inhalt und Form, von seelischer Intuition und adäquatem sprachlichem Ausdruck gekennzeichnet (vgl. Purg. 24, 49–54). Fühlen, Erkennen und Dichten gingen in den Texten der Stilnovisten eine neue Verbindung ein, die hohe, ja elitäre Anforderungen an ihre Leser stellte, und darum auch nur eine minoritäre und elitäre Zustimmung finden konnte. Zwangsläufig löste somit die neue Schule einen starken Selektionsprozeß zugunsten eines verfeinerten Bildungsideals und eines neuen Geistesadels aus, der auch dem Bürgertum of-

96

fenstand. Dantes Lyrik entstand in gut zwei Jahrzehnten von 1283 bis in die ersten Jahre des Exils und umfaßt insgesamt 88 Gedichte, die ihm mit Sicherheit zugeteilt werden können. Von diesen hat Dante 31 in die *Vita Nuova* und drei in sein *Convivio* aufgenommen. Die übrigen 54 Gedichte wurden von ihm nie geordnet oder in einer eigenen Ausgabe veröffentlicht, sondern waren lediglich auf einzelnen verstreuten Manuskripten in Umlauf. Boccaccio erstellte eine erste relativ organische Sammlung dieser Dichtungen; 1527 erschien eine erste gedruckte Teilausgabe; 1965 hat G. Contini in einer kritischen Ausgabe das Textkorpus von Dantes Lyrik geordnet. Neben den 88 Gedichten Dantes gibt es rund 30 weitere Dichtungen, die ihm nicht mit Sicherheit zuzuweisen sind. Zu den schönsten unter den frühesten Texten Dantes stammt das schon erwähnte Sonett »Guido, i' vorrei che tu e Lapo ed io«, das eine phantastische Seefahrt der Dichterfreunde und ihrer Frauen auf dem Schiff des Zauberers Merlin imaginiert und dabei Phantasie und Lebensfreude des jungen Dichters und seinen ungemein eleganten, beschwingten Stil kundtut. Andererseits schrieb der junge Dante unter dem Einfluß Guido Cavalcantis ernste, ja teilweise düstere Gedichte, die im Stil des Freundes die schmerzende und zerstörende Wirkung der Liebe und den Zusammenhang zwischen Liebe und Tod thematisieren, in ihrem bohrenden Ernst und der Negativität ihrer Sprache jedoch den Freund zum Teil übertreffen. Die meisten dieser Dichtungen, vor allem die ernsteren unter ihnen, hat Dante nicht in die *Vita Nuova* aufgenommen.

Das weitaus wichtigste Erlebnis der Jugend Dantes, sowohl hinsichtlich seiner seelischen Tiefenwirkung als auch in bezug auf die literarischen Folgen, war die Begegnung mit einer gewissen Bice, Tochter eines Folco Portinari, später verheiratet wahrscheinlich mit einem Simone di Geri dei Bardi. Dante sah Bice zum ersten Mal 1274, »fast zu Beginn ihres neunten Lebensjahres und fast am Ende meines neunten Lebensjahres«, wie er später sagt. Wegen ihrer engelhaften Erscheinung und der Glückseligkeit (beatitudo), die sie ausstrahlte, »wurde sie von vielen Beatrice genannt«, und auch Dante wird sie von der ersten Begegnung an so nennen. 1283, als genau neun Jahre seit der ersten Begegnung verflossen waren, empfing er, in der neunten Stunde des Tages, den ersten Gruß der jungen Frau: »Sie grüßte mich überaus tugendvoll, so daß es mir schien, als sähe ich allen Glanz der Glückseligkeit«. Das Erlebnis dieses Grußes löste in Dante eine große seelische Unruhe aus und setzte zugleich Energien frei. Dante schreibt jetzt das erste der später von ihm in die *Vita Nuova* aufgenommenen Gedichte und beginnt damit den psychisch und künstlerisch schwierigen Weg einer philosophisch-stilnovistischen Verfeinerung und theolo-

97

gisch-mystischen Vertiefung seiner Liebeslyrik, an dessen Ende die Gnadenmittlerin Beatrice, also die Beatrice der *Commedia* stehen wird. Darum finden wir auch bei Dante in der Folgezeit nicht mehr das bei seinen minnesingenden Dichterkollegen vorherrschende Klagen um die abweisende Härte der Geliebten oder das ständige Flehen um Erhörung und Gewährung der Gunst; Beatrice wird als eine göttliche Verkörperung der Tugend und des Seelenadels besungen, als »ein Wunder der Trinität«. So lebte Dante einige Jahre im Bann einer Frau, die immer stringenter als eine Gestalt idealer Vollkommenheit seine Gedanken und Gefühle beherrschte, und schon früh muß ihn die Furcht beschlichen haben, daß ein so gottähnliches Geschöpf wahrscheinlich nicht für ein längeres Erdenleben bestimmt sei. So konnte der Tod des Vaters der Beatrice am 31. Dezember 1289 nur als dunkles Vorzeichen gedeutet werden; und tatsächlich starb Beatrice nur wenige Monate später am 8. Juni 1290, in dem Jahr des 13. Jahrhunderts, »in dem die vollkommene Zahl (die Zehn) neunmal vollendet wurde«. In der ganzen Stadt löste ihr Tod tiefste Trauer aus; Dante indes sah darin bei aller Betroffenheit ein religiöses, ja eschatologisches Geschehen, nämlich die Himmelfahrt der glückseligen Beatrice, ihre Heimkehr ins Reich Gottes in die Nähe der Maria, der sie in ihrem kurzen Erdenleben so ähnlich war. Vielleicht waren es gerade die auffallende Trauer und der Schmerz des jungen Dichters um die Heimgegangene, die das Interesse einer anderen edlen Frau aus dem Kreis um Beatrice auf ihn lenkte; fest steht, daß Dante nach dem Tod der Beatrice für kurze Zeit eine nicht näher zu bestimmende Beziehung zu einer anderen Frau, der »donna gentile« bzw. »donna pietosa« hatte. Schon bald jedoch siegte die Erinnerung an die glorreiche Beatrice über die flüchtige Zuwendung, und zurück blieb der Dichter, erneut von Schmerz betroffen und von einer Trauer, die durch das Bewußtsein seiner Untreue und durch das Gefühl der Reue vertieft wurde. In diesem Zustand des Schmerzes und der Erneuerung der alten Treue zu Beatrice muß Dante den Entschluß gefaßt haben, Leben und Erscheinung der Beatrice in feierlicher Form zu würdigen, und zwar durch eine Auswahl der zu Lebzeiten Beatrices auf deren Lob verfaßten Gedichte, deren Entstehung und tiefere Bedeutung in einem beigefügten Prosakommentar erläutert werden sollten.

So entstand, nach herrschender Meinung 1292/93, in rückschauender und zugleich reuig-mystifizierender Perspektive die *Vita Nuova*, das *Neue Leben*, deren vielsinniger Titel auf einen Neubeginn nicht nur im Leben, sondern auch im literarischen Schaffen des Dichters und darüber hinaus auf einen generellen Abschied von einer frühen, vorbereitenden Stufe und auf den Beginn einer neuen, philosophischen, wissenschaftlichen und bil-

98

dungsmäßigen Orientierung des Dichters verweist. Das »dem ersten Freund«, also Guido Cavalcanti gewidmete Werk ist ein sogenanntes Prosimetrum, d. h. eine Mischung von Vers und Prosa, eine Form, die Dante von Boethius, aber auch von Martianus Capella, Bernardus Silvestris oder Alanus ab Insulis kannte oder kennen konnte. Nur die Prosatexte wurden neu verfaßt; alle Gedichttexte stammen aus dem zurückliegenden Jahrzehnt, wurden aber, mit der einen oder anderen kleinen Korrektur, in eine stilistisch und inhaltlich orientierte Reihenfolge gebracht. Unter den ausgewählten 31 Dichtungen finden wir 25 Sonette, 4 Kanzonen, eine Ballade und eine Stanze. Die eingeschobene Prosa erläutert die Gedichttexte in Entstehung, Intention und Inhalt und hat darin eine ähnliche Funktion wie die »razos« der provenzalischen Minnesänger. Darüber hinaus aber baut Dante mit seiner Prosa ein erzählerisches Kontinuum auf, welches das kleine Büchlein auch strukturell in die Nähe eines Bekenntnisromans rückt. Das Bekenntnishafte der Schrift kommt unübersehbar in der autobiographischen Ich-Erzählform zum Ausdruck. Diese kannte Dante aus den *Confessiones* des Augustin, aus dem *Roman de la Rose* oder auch aus dem *Tesoretto* Brunetto Latinis; auch Boethius hatte sein Werk *De consolatione philosophiae*, eine der wichtigsten Lektüren Dantes, in der ersten Person, wenn auch ohne erzählerisches Kontinuum geschrieben.

Inhaltlich ist die *Vita Nuova* ein persönliches Erinnerungsbuch, eine »Biographie der Innerlichkeit« (H. Friedrich), Autobiographie einer ethischen und religiösen Entwicklung, deren höchst individuelle Erfahrungen im mittelalterlichen Sinne exemplarisch verstanden werden als authentischer Ausdruck des Universalen, d. h. der göttlichen Wahrheit. Der autobiographische Charakter des Werkes, die inhaltliche Mittelstellung eines fühlenden und erleidenden Ichs und der strukturelle Aufbau dieses Ichs zum zentralen Protagonisten der »Handlung«, ist somit nicht, wie immer wieder geschehen, als Individualismus im modernen Sinne mißzuverstehen, als memoirenhafte Selbstdarstellung oder gar als schlichte Egozentrik. Erfahrungen und Haltungen des Protagonisten werden thematisiert, insoweit in ihnen Allgemeingültiges zum Ausdruck kommt: Der Weg des Autors von der Erfahrung sinnlicher Liebe (»amore«) zur Anschauung der göttlichen, körperlosen Liebe, der »carità«, figuriert in typischer Form den christlichen Weg der Vervollkommnung und damit christliche Wahrheit schlechthin. In dieser Perspektive »erzählt« das Ich seinen inneren Weg, der von der ersten Begegnung mit der neunjährigen Beatrice (Kap. II) und dem Empfangen des ersten Grußes (Kap. III) über die Begegnung mit einer anderen edlen Frau und das Verweigern des Grußes durch Beatrice (Kap. X), dessen Wirkung u. a. als »fiamma di carità«, als Flamme christlicher Liebe, gekennzeichnet wird (Kap. XI), in rasch aufeinanderfolgenden Stufen der idealisierenden Meditation zu der Einsicht führt, daß der Anblick der transfigurierten Beatrice auf ihn zerstörerisch, ja tödlich wirken muß (Kap. XIV): An die Stelle der leiblichen Anwesenheit der Herrin muß die geistige treten, und der Dichter kann seine Erfüllung (»beatitudine«) darin finden, die geistige Beatrice in dichterischer Sprache zu besingen (»...è tanta beatitudine in quelle parole che lodano la mia donna«; Kap. XVIII). Damit ist bereits die Notwendigkeit der Abwesenheit der Beatrice, d. h. ihres Todes, innerlich begründet, des Todes, der vielfältig und früh im Text präludiert wird, so etwa im achten Kapitel, wo vom Ableben einer »donna giovane«, einer jungen Frau aus der Umgebung Beatrices, berichtet wird; dann vor allem durch das Hinscheiden des Vaters in Kap. XXII und durch die Vision des kranken Dichters in Kap. XXIII. Der tatsächlich eintretende Tod wird sehr kurz, beinah flüchtig erwähnt (Kap. XXVIII); einmal, weil die innere Notwendigkeit und die Bedeutung des Todes bereits vorwegnehmend interpretiert wurden, zum anderen, weil jedes anekdotische Detail das heilsgeschichtliche, symbolische und figurative Gewicht dieses Geschehens gemindert hätte. So wie hier in bezug auf den Tod hat der Dichter durchgehend in Sorge um die monumentale heilsgeschichtliche Wirkung und Ausstrahlung des Geschehens jedes erzählerische Detail, jede Konkretisierung der Personen, Sachen und Lokalitäten vermieden. Unverrückt steht die Dynamik eines seelischen Werdens im Blickpunkt, nur leicht aufgelockert durch den Wechsel von »erzählenden« Passagen, lyrischen Gedichten und gliedernd-erklärenden Kommentaren.

Es hängt mit diesem hohen Abstraktionsgrad der Darstellung zusammen, daß der Text oft sinndunkel oder vieldeutig wirkt. Einzelne Bilder, Symbole und Szenen bleiben schwer deutbar, nicht wenige Passagen harren bis heute noch einer zuverlässigen Deutung. Ohne Zweifel ist vieles bewußt verschleiert, anderes versteckt angedeutet worden. Religiöser Mystizismus und die Aura persönlicher Geheimnisse durchziehen den Text, der unter diesem Aspekt nur für Eingeweihte bestimmt zu sein scheint, für Initiierte, die die Schule des »dolce stil novo« und die der mystischen Versenkung durchlaufen haben. Vieles von den Bildern, Farben und Tonlagen der Heiligenlegenden und der Wundererzählungen ist in diesen Text eingegangen, insbesondere aus den Hagiographien der Franziskanerinnen, von denen einige, wie Umiliana de Cerchi und Giuliana Falconieri, in der Welt der Beatrice lebten. All dies und das Gewicht, das die (schwer deutbaren) Träume und Visionen im Text haben, darf nicht darüber hinwegtäuschen, daß Dante weniger als Träumer und Visionär, sondern vielmehr als konkret motivierter und exakt komponierender Dichter am Werk ist. Seine konkrete künstlerisch-literarische Absicht lag zunächst einmal darin, das 1292/93 vorliegende Korpus von ca. 60 Dichtungen, die meisten davon auf das Beatrice-Erlebnis bezogen, zu ordnen, Wesentliches von Unwesentlichem zu trennen und sich selbst über seine Beziehung zu Beatrice und über die eigentliche Bedeutung der auf sie bei verschiedenen Gelegenheiten verfaßten Lieder klarzuwerden. Der dezidierte Wunsch, mit sich selbst und mit dem Erlebnis Beatrice, das ihn an den Wurzeln seiner Persönlichkeit getroffen hatte und im Begriff war, ihn von Grund auf zu erneuern, ins klare zu kommen, ging Hand in Hand mit der Absicht, das neue Werk auch in eine klare Form zu gießen und es nach strengen kompositorischen Merkmalen aufzubauen.

Auch in den Jahren nach der Fertigstellung der *Vita Nuova* hat Dante noch Gedichte geschrieben. Wohl bald nach dem Prosimetrum entstand die berühmte Tenzone mit Forese Donati, ein scherzhaftes Streitgespräch bestehend aus drei Sonetten Dantes und ebensovielen Antwortsonetten des Freundes. Die Sonette Dantes, die die besseren sind, verspotten scherzhaft Donati als schlechten Ehemann, Säufer und Dieb in einem überaus derben, anzüglichen Stil, der bereits auf entsprechende Passagen des *Inferno* vorausweist. In den neunziger Jahren des 13. Jahrhunderts entstand auch eine Gruppe von lehrhaften Gedichten, in denen die Philosophie oft in der Gestalt einer liebenden und anziehenden Frau erscheint und in denen Dante seinen Erkenntnisdrang, aber auch die Schwierigkeiten des Wissenserwerbs thematisiert. Zu den Lehrgedichten dieser Art gehören die beiden Kanzonen »Voi che 'ntendendo il terzo ciel movete« und »Amor che ne la mente mi ragiona«, die Dante in sein *Convivio* aufnahm, und weitere, die Erkenntnis reflektierende Texte wie etwa die Ballade »Voi che savete ragionar d'amore«; während ein weiteres, ebenfalls in das *Convivio* eingegangenes Lehrgedicht »Le dolci rime d'Amor ch'i' solía« über den Seelenadel (»gentilezza«) nachsinnt. Ungefähr zeitgleich mit diesen lehrhaften Dichtungen entstehen auch weitere Liebesgedichte. Aber die Frau, die in diesen Gedichten erscheint, ist nicht mehr die milde, idealisierte Gestalt früherer stilnovistischer Dichtungen, sondern erscheint vielmehr in ihrer vollen sinnlichen und körperlichen Schönheit, zugleich aber auch als ein bedrohliches, unerreichbares Wesen, das unüberwindliche Schranken aufbaut. Zu den bekanntesten Texten dieser Gruppe gehören die sogenannten *rime petrose*, die Petrosen, die so heißen, weil sie einer »nova donna«, einer unnahbaren Frau, »eiskalt wie Schnee im Schatten« und »härter als Stein« (»più dura che petra«) gewidmet sind, die immer wieder mit der Metapher »petra« (»Stein«) angesprochen wird. In ihnen rekurriert Dante auf den dunklen Dichtungsstil (»trobar clus«) des Arnaut Daniel und versucht sich in schwierigsten metrischen Konstruktionen: auf diese Weise entstanden zwei Kanzonen, eine Sextine, und, als technische Neuheit, eine doppelte Sextine. Neben einigen Briefsonetten, einige davon an Cino da Pistoia, entstanden im genannten Zeitraum auch eine größere Zahl von allegorisch-moralisierenden Gedichten, in denen Dante Ungerechtigkeiten und Mißstände seiner Zeit anprangert und bisweilen einer utopischen Sehnsucht nach einem allgemeinen Zustand der Gerechtigkeit und des Glücks nachgeht. Dazu zählen die um 1305 entstandene allegorische Kanzone »Tre donne intorno al cor mi son venute«, die für den nicht mehr geschriebenen letzten Traktat des »Convivio« vorgesehen war, das Sonett »Se vedi li occhi miei di pianger vaghi«, eine an Gott gerichtete Bitte um Gerechtigkeit, die zeitkritische Kanzone »Doglia mi reca ne lo core ardire« und neben weiteren Texten auch die von der italienischen Kritik sogenannte »canzone montaniana«, das vielleicht 1307/08 in der Einsamkeit des Casentino entstandene Gedicht »Amor, da che convien pur ch'io mi doglia«, in dem der Dichter seine Einsamkeit und Hilflosigkeit im Exil, die Abwesenheit einfühlsamer Frauen sowie die gegenwärtige Verwahrlosung seiner Heimatstadt (»leer von Liebe und ohne jedes Mitgefühl«) beklagt. Dies dürfte denn auch eines der letzten Gedichte Dantes gewesen sein, der um diese Zeit wahrscheinlich bereits mit den Arbeiten an seiner *Commedia* begonnen hatte.

6. *»De Vulgari Eloquentia« und »Convivio«*

Etwa 1304 hatte Dante mit den Arbeiten an seinem *Convivio* und an *De Vulgari Eloquentia* begonnen. Beide Werke entsprangen dem Wunsch, das durch Flucht und Verbannung verdunkelte Ansehen wieder zu erneuern und sich als bedeutender und gelehrter Autor den Zeitgenossen wieder in Erinnerung zu bringen. Das Hauptanliegen des *Convivio* war ein karitatives und enzyklopädisches zugleich, nämlich, das gesamte verfügbare Wissen der Zeit, übersichtlich und in der Volkssprache dargeboten, breiten Schichten der Bevölkerung zugänglich zu machen, die wegen mangelnder Lateinkenntnisse keinen Zugang zu den Studien hatten, oder wie Dante sagt: »denen die Sonne des Latein nicht leuchtet« (I, xiii, 12). Geplant waren insgesamt 15 Traktate, ein einleitender und 14 weitere prosimetrische Abhandlungen, in denen, jeweils ausgehend von einer Lehrkanzone, spezifische Themen aus allen Wissensbereichen dargestellt und erklärt werden sollten: Ein »Gastmahl« des Wissens also, dargeboten für alle geistig und wissenschaftlich Interessierten. Geschrieben wurden indes nur die ersten vier Traktate. Ein gelehrtes Werk war auch die etwa um die gleiche Zeit begonnene Schrift *De Vulgari Eloquentia Doctrina* (*Lehrbuch über den Gebrauch des Volgare als Kunstsprache*), meist kurz als *De Vulgari Eloquentia* zitiert. Der lateinische Traktat zerfällt in zwei Bücher, deren erstes als früheste sprachwissenschaftliche Untersuchung Italiens und wahrscheinlich auch Europas gelten kann. Dante untersucht hier die Entstehung der Sprache, die Verteilung und Gliederung der einzelnen Sprachen über Europa und schließlich die sprachliche Gliederung der italienischen Halbinsel. Die mit erstaunlicher Detailkenntnis durchgeführte Beschreibung der Dialekte Italiens, deren jeweilige Schwächen und Vorzüge Dante offenlegt, setzt sich zum Ziel, eine vorbildliche, für ganz Italien gültige Literatursprache zu finden, das sogenannte »volgare illustre«. Nachdem Buch I die einzelnen Merkmale der idealen Dichtersprache erörtert hat, handelt Buch II noch von der Verwendung einzelner metrischer Formen in dieser Dichtersprache, bricht jedoch im 14. Kapitel mit der Besprechung der Kanzone ab. Es konnte Dante nicht entgangen sein, daß die beiden in umständlicher scholastischer Manier geschriebenen Traktate bei aller Gelehrsamkeit ihm sehr wahrscheinlich nicht die Autorität verschaffen würden, die er sich wünschte; dies war unter den gegebenen Umständen nur durch eine große weltumfassende und weltbewegende Dichtung zu erreichen, auf die er nun, nach dem Abbruch beider Traktate (um 1307/1308), alle verbleibenden Kräfte konzentrierte: So entstand die *Commedia*.

7. Die Göttliche Komödie

Entstehung und Motivation

Wann hat Dante seine Arbeiten an der *Commedia* begonnen und wann abgeschlossen? Diese Fragen sowie die nach dem zeitlichen Verlauf der Arbeit und dem Zeitpunkt der Veröffentlichung der drei Cantiche können bis heute nicht mit Sicherheit beantwortet werden. Unter den zahlreichen, hier nicht zu diskutierenden Datierungsvorschlägen kommt aus Gründen, die weiter unten noch dargelegt werden, von vornherein denjenigen die größere Wahrscheinlichkeit zu, die den Beginn der Niederschrift Dantes möglichst früh ansetzen. Auf der Grundlage einer Würdigung von zeitgenössischen Dokumenten einerseits und werkinternen Anhaltspunkten andererseits, kann als insgesamt plausibelste Datierung angenommen werden, daß das *Inferno* zwischen 1304 und 1307, das *Purgatorio* von 1308/09 bis 1312/13, und das *Paradiso* zwischen 1316 und 1320 geschrieben wurde. Bei der Auswertung der im Text enthaltenen Hinweise auf zeitliche Datierungen hat die Kritik auch der Möglichkeit einer späteren Überarbeitung von bereits geschriebenen Teilen Rechnung getragen, wodurch die Datierungsfragen nicht erleichtert werden. So hat man z. B. eine Revision der ersten und zweiten Cantica in den Jahren 1313 bis 1315 angesetzt und die Veröffentlichung des *Inferno* in die erste Hälfte des Jahres 1314 und die des *Purgatorio* in die zweite Hälfte von 1315 gelegt. All dies muß vorläufig, wahrscheinlich aber für immer, offen bleiben. Sicher dagegen ist, auf der Grundlage bolognesischer Dokumente, daß die erste Cantica bereits 1317, die zweite 1319 in Umlauf war. Erste Teile seines *Paradiso* hat Dante seinem Brief an Cangrande (Epistola XIII) beigegeben, an dessen Authentizität heute nicht mehr gezweifelt wird; wenn dieser Brief, wie vermutet werden kann, zwischen 1315 und 1317 geschrieben wurde, wäre damit der Beginn der Arbeiten an der dritten Cantica um 1316 bestätigt. Die Veröffentlichung der gesamten Cantica erfolgte postum unter Mitwirkung der Söhne Dantes.

Die innere Entstehungsgeschichte der *Commedia* hat einen ihrer ideellen Ausgangspunkte im Schlußkapitel der *Vita Nuova* (also in der Zeit um 1293). Dort, im 42. Kapitel des Prosimetrums, hatte der junge Dante ein ungewöhnliches Versprechen gegeben:

»Ich hatte eine Vision, in der ich Dinge sah, die mich zu dem Entschluß brachten, so lange nicht mehr über diese Glückselige [sc.: Beatrice] zu schreiben, bis ich imstande wäre, in würdigerer Form von ihr zu handeln. Und um dieses Ziel zu erreichen, werde ich so viel Wissen wie eben möglich erwerben ... So daß, wenn es dem gefällt, auf den hin alles Leben gerichtet ist, daß mein Leben noch einige Jahre andauern wird, ich hoffe, dereinst über sie zu schreiben, was noch nie über eine Frau geschrieben wurde. Und dann möge es dem Herrn der Herrlichkeit gefallen, daß meine Seele dahingehen kann um den Ruhm seiner Frau zu schauen, den Ruhm jener glückseligen Beatrice ...«

Das Versprechen war zu ernst, zu feierlich, auch an zu exponierter Stelle gegeben, als daß Dante es in den folgenden Jahren hätte vergessen können. Wie u. a. die zitierte Textstelle nahelegt, war vielleicht zuerst nur an eine dichterische Darstellung der glorreichen Beatrice im Kreis der Glückseligen des Paradieses gedacht. Der Vorsatz aber, »in würdigerer Weise von ihr zu handeln« (»più degnamente trattare di lei«) und zwar auf der Grundlage eines ungewöhnlichen Wissens, weist jedoch bereits darauf hin, daß das künftige Werk sowohl hinsichtlich der Form und der Handhabung der Kunstmittel als auch inhaltlich in bezug auf Vielfalt und Würde der behandelten Themen einen Höhepunkt darstellen sollte. Es wurde bereits deutlich, in welchem Maße Dantes Leben in den folgenden Jahren in den Gang der europäischen Geschichte verwoben wurde. Spätestens in den Jahren des Exils wird seine florentinische Perspektive zu einer kosmopolitischen; und zu den vielfältigen, politischen und persönlichen Erfahrungen, die seine Persönlichkeit zur Entfaltung bringen, treten umfangreiche Lektüren und eine erhebliche Ausdehnung und Vertiefung des Wissens auf allen zu seiner Zeit bekannten Gebieten, auch etwa auf denen der Mathematik, der Geometrie und Kosmographie. Zu dem ursprünglichen Inspirationskern der Vision einer glorreichen Beatrice treten so, in langen Jahren der Frustration, des Leidens und des Nachdenkens, weitere Motivationen des Werkes, darunter auch die Auseinandersetzung mit eigenem Verschulden, die ohne Zweifel ein wichtiges Movens war. Nicht ohne Grund beginnt die Handlung der *Commedia* mit der Verirrung des Wanderers im Wald, dem Symbol für die Verstrickung in der Sünde. Diese Phase der sündhaften Verirrungen Dantes fällt in seine Lebensmitte, d. h. in die Jahre etwa vom Tod der Beatrice bis zum Beginn des Exils (1301). Vieles mag in diesen Jahren zusammengekommen sein: Liebschaften und Zerstreuungen, politischer Ehrgeiz und entsprechende politische Händel, aus wirtschaftlichen Notlagen (insbesondere zwischen 1297 und 1301) heraus entstehende Handlungszwänge, aber auch ein zu großes Vertrauen in die weltliche Philosophie, in einen vielleicht averroistisch gefärbten Rationalismus. All dies hatte sich zu einem Komplex von Schuld verdichtet, der dann symbolhaft und unter Mitwirkung der glückseligen Beatrice in dem großen Gedicht aufgelöst werden sollte.

Unter dem Druck der Leiden und Erfahrungen des Exils, die Dante den politischen und moralischen Niedergang weiter Teile Italiens, aber auch die Bedrohung der gottgewollten Friedensordnung in Europa vor Augen führten, entstand dann rasch der Wunsch, mahnend auf seine Zeitgenossen, auf Fürsten, Städte und Völkerschaften einzuwirken, sie auf ihren irrigen Wegen anzuhalten und zur Umkehr zu bewegen. In diesem Sinne heißt es in der »Epistola ad Canem Grandem« programmatisch: »Ziel des ganzen Gedichts ... ist es, die Lebenden in diesem Leben aus dem Zustand des Elends hinwegzubewegen und sie hinzuführen in den Zustand der Glückseligkeit.« Und was konnte (in den Augen Dantes) die Zeitgenossen stärker aufrütteln als eine eindringliche und zugleich künstlerisch vollendete Darstellung des Schicksals der Menschen nach dem Tode, eine Vergegenwärtigung des »status animarum post mortem«? In der Perspektive dieser gesellschaftlichen, didaktischen und zugleich eschatologischen Motivationen war es nahezu zwangsläufig, die ursprüngliche Konzeption einer Vision der Beatrice im *Paradies* durch die drei in christlicher Sicht vorstellbaren Jenseitsreiche der Verdammnis, der hoffnungsvollen Läuterung und der ewigen Glückseligkeit zu erweitern. Eng verbunden mit diesen gesellschaftlichen Zielsetzungen war freilich auch das Bedürfnis Dantes, sich durch ein herausragendes Kunstwerk Ruhm und Autorität zu verschaffen. Dantes Ansehen war im Exil verdunkelt; zugleich reifte in ihm die Überzeugung, daß das, was er zu sagen hatte, nur in dichterischer Sprache zu sagen war. Und nur ein Werk über die höchsten und letzten Dinge des Menschenlebens, dargeboten aus einer maximalen Wissensfülle, in künstlerisch vollkommener Form und in einer wirkungsmächtigen dichterischen Sprache, konnte seiner Botschaft bei den Zeitgenossen das Gewicht verschaffen, das er sich wünschte. Das Motiv des Autoritätserwerbs richtete sich also nur teilweise auf die Befriedigung einer sicherlich starken Eigenliebe: es entsprang darüber hinaus strategischen Überlegungen in bezug auf eine maximale Einwirkung auf seine Zeitgenossen. Ein weiteres wichtiges Motiv, das Dante bei der Niederschrift des Werkes leitete und später im Text der *Commedia* an vielen Stellen, meist aus dem Mund der Beatrice, angesprochen wird, war sein Sendungsbewußtsein, das Bewußtsein eines prophetischen, heilsgeschichtlichen Auftrags, verbunden mit dem Bewußtsein seiner persönlichen Ausnahmestellung. Die Abstammung von ruhmreichen römischen Vorfahren, die gesellschaftliche Marginalisierung seines Standes, Frustrationen und Entbehrungen, eine früh erworbene Fähigkeit, zu kompensieren und zu sublimieren, der Umgang mit Papst und Kaiser und mit den Fürsten seiner Zeit, nicht zuletzt der Besitz eines überlegenen Wissens und die Mystifizierung der Beatrice zur geistlichen Instanz einer persönlichen Gnadenmittlerin konnten in ihm die Überzeugung seiner Ausnahmestellung und seines göttlichen Auftrags festigen. Dieser Auftrag wird immer wieder in gleichen und ähnlichen Worten artikuliert. So fordert z. B. im *Purgatorio* Beatrice den Wanderer auf, die Augen zu öffnen und das, was er hier sieht, nach seiner Rückkehr ins Erdenleben niederzuschreiben, »in pro del mondo, che mal vive«, »zum Nutzen der in Sünde verstrickten Welt« (vgl. Purg. 32,103–105); oder der heilige Petrus etwa schließt seine entrüstete Invektive gegen die verderbten Kirchenfürsten mit den Worten: »Und du, mein Sohn, der du wegen deines sterblichen Körpers/ nochmals zur Erde zurückkehren mußt, öffne deinen Mund/ und verschweige nicht das, was ich nicht verschweige« (Par. 27,64–66). Er, Dante, ist der »poeta theologus«, der Dichter und Gottesgelehrte, der von Gott berufene Seher, der das Gesehene zum Heil der Menschheit kündet; der überlegen Wissende zugleich, auf den auch das Volk hört. So hat es auch später der Freund Giovanni del Virgilio in seinem einfühlsamen

Nachruf auf Dante zusammengefaßt: »Dante der Theologe, jeglichen Wissens kundig/ das in berühmtem Schoße die Philosophie umhegt/ Ruhm der Musen, des Volkes beliebtester Dichter«.

Es ist wahrscheinlich, daß die geschilderten Motivationsstränge nicht auf einmal da waren, sondern sich im Lauf eines überschaubaren Zeitraums entwickelten, und ebenso dürfte auch Dantes Konzeption und Aufbauplan der Dichtung in der Phase der Vorbereitung mehrfach geschwankt haben, auch wenn uns hierüber keine Einzelheiten bekannt sind. Dieser Gesichtspunkt hat einige Kritiker veranlaßt, auch für die Zeit nach Beginn der Niederschrift (wahrscheinlich 1304, spätestens 1307), also vor allem für die Zeit der Abfassung des *Inferno*, größere Veränderungen in Dantes Werkkonzeption und umfangreiche Textüberarbeitungen anzunehmen. Doch sind solcherlei Hypothesen kaum begründbar: Zum einen fehlt es an stichhaltigen Belegen, etwa an Textvarianten, zum anderen hat die neuere Forschung nachgewiesen, daß Dantes Textarbeit von einem zu Beginn der Niederschrift detailliert vorliegenden, zahlenmäßig exakten Arbeitsplan des gesamten Werkes ausging, von einem Strukturschema, in welchem eine Vielzahl textlicher Maßnahmen, vom Umfang der einzelnen Aufbauteile bis hin zur Verwendung und Stellung einzelner Wörter, im voraus festgelegt waren.

Grundzüge des Werkes

Die *Commedia* umfaßt insgesamt 14 233 Verse, die sich auf die drei Cantiche *Inferno*, *Purgatorio*, *Paradiso* mit insgesamt 100 Gesängen verteilen. Das *Inferno* umfaßt 34 Gesänge mit insgesamt 4720 Versen, das *Purgatorio* 33 Gesänge mit 4755 und das *Paradiso* ebenfalls 33 Gesänge mit 4758 Versen. Der Umfang der Gesänge, also die Zahl ihrer Verse, schwankt zwischen einem Minimum von 115 Versen (Inf. 6 und 11) und einem Maximum von 160 Versen (Par. 32). Das Versmaß ist der Elfsilber (»endecasillabo«), das Strophenmaß ist die gereimte Terzine, deren mittlerer Reim als erster und dritter Reim der folgenden Strophe wiederkehrt (Reimschema a-b-a, b-c-b, c-d-c, usw.). Der Mittelpunkt des ganzen Gedichts ist der 7117. Vers (Purg. 17,125). Der Mittelpunkt der ersten Cantica liegt im 18. Gesang zwischen Vers 66 und 67, der der zweiten Cantica im 106. Vers des 17. Gesanges, und der der dritten ebenfalls im 17. Gesang zwischen Vers 83 und 84. Ein großer Teil der hier referierten Grundmaße beruht auf exakten, weitläufigen mathematischen Berechnungen und trägt Symbolcharakter.

Allgemeiner Gegenstand der Dichtung ist der Mensch unter dem Gesetz der christlichen Heilsgeschichte, seine Entscheidung zwischen Gut und

Böse, zwischen Heil und Verdammnis, d. h. letztlich die Beziehung zwischen Schöpfer und Geschöpf. Grundlage menschlicher Verantwortung, menschlichen Verschuldens wie menschlichen Verdienstes ist der freie Willensentscheid und der im Menschen tätige zentrale Liebestrieb, der sich auf gute und auf schlechte Ziele richten kann und damit Tugend oder Sünde begründet. Die inhaltlich zentrale Lehre des »liberum arbitrium« und der Liebe als Grundregung der menschlichen Seele wird im Zentrum des Gedichts, d.h. im 16., 17. und 18. Gesang der mittleren Cantica dargelegt. Zentraler Protagonist der Dichtung ist der Wanderer Dante (zu unterscheiden von dem Dichter Dante), der auf der Grundlage und unter dem Schutz eines besonderen, durch Beatrice vermittelten göttlichen Gnadenprivilegs die Möglichkeit und den Auftrag erhält, den Zustand der Seelen nach dem Tode in toto, d. h. durch Erwanderung aller Jenseitsreiche kennenzulernen; darüber hat der Dichter den Lebenden zu berichten. Die *Commedia* ist der dichterische Bericht über die Jenseitsreise des Protagonisten, vorgetragen in der ersten Person, eine Art Ich-Erzählung somit. Dabei ist zu beachten, daß dieser Wanderer nicht nur Beobachter und Berichterstatter ist. Er ist vielmehr eine aktive, dynamische Persönlichkeit, die in ständigem intensivem Sehen, Erkennen, Erschaudern, Bangen und Hoffen eine gewaltige, hochdramatisierte, das Menschenmaß fast sprengende Entwicklung durchläuft, die von der Dunkelheit und Verstrickung des Sündenwaldes in *Inferno* 1 bis zur höchsten Läuterung und mystischen Gottesschau in *Paradiso* 33 führt. Es ist gerade dieser persönliche Läuterungsweg, der dem Gedicht Einheit, Dynamik und Dramatik verleiht. Der Läuterungsweg seinerseits wird parallelisiert durch einen kaum minder dynamischen, weil meist im lebhaftem Frage-und-Antwort-Spiel lebendig dargestellten Bildungsweg des Wanderers, einem schrittweise sich vollziehenden globalen Wissenserwerb, der praktisch das ganze um 1300 verfügbare Wissen aktualisiert. Neben Fragen der Theologie, der Eschatologie und der christlichen Ethik sind vor allem auch das kosmographische, astronomische, naturwissenschaftliche und zeitgeschichtliche Wissen im Werk lebendig aufgearbeitet worden.

Zeitpunkt der fiktiven Wanderung ist das (als Lebensmitte geltende) 35. Lebensjahr des Wanderers, also das Jahr 1300. Aufgrund von werkinternen Indizien hat man erschließen wollen, daß die fiktive Reise insgesamt acht Tage, und zwar vom 7. bis 14. April, dauert. Wichtigstes Leitmotiv und zentraler Begriff des Gedichts ist die Liebe (»amore«) in ihren vielgestaltigen Ausprägungen. Dementsprechend ist es auch die göttliche Beatrice, die den Wanderer durch Vergil aus dem Sündenwald heraus durch die Hölle bis an die Pforten des irdischen Paradieses auf der Spitze des Läute-

108

rungsberges führen läßt (Inf. 1 – Purg. 27), um ihn sodann von dort selbst bis in den zehnten Himmel des *Paradiso* (Purg. 28 – Par. 30) zu geleiten. Neben diesen beiden wichtigsten Führern, von denen der eine, der Heide, als Inbegriff des Wissens, der andere als weibliche Verkörperung der göttlichen Liebe und Gnade erscheint, gibt es noch weitere Gestalten, die als Führer bzw. Wegbereiter tätig werden. So Cato, der am Fuße des Läuterungsberges Vergil und Dante behilflich ist (Purg. 1), Lucia, die den schlafenden Wanderer bis an die Pforte des inneren Purgatorio trägt (Purg. 9), Statius, der in den oberen Rängen des Läuterungsberges sich Vergil und Dante zugesellt (Purg. 21 – Purg. 33), Matelda, die Dante über den Lethe-Fluß ins irdische Paradies geleitet (Purg. 28 und 29), und schließlich Bernhard, der Dante am Ende des Weges zur mystischen Gottesschau vorbereitet (Par. 31–33). Insgesamt sind es somit sieben Wegbereiter, die dem Wanderer bei der Erfüllung seiner göttlichen Sendung zur Seite stehen.

Mit der Gestaltung einer visionären Jenseitsreise stellt sich die *Commedia* in eine reiche Tradition mystischen, prophetischen und apokalyptischen Schrifttums, deren bekannteste und am häufigsten interpretierte Texte die Apokalypse des Johannes und das sechste Buch der *Aeneis* (mit dem Gang des Aeneas in die Unterwelt) waren. Bekannt waren eine große Zahl teils heidnischer, teils christlicher Visionen, so z.B. der von Macrobius um 400 kommentierte *Traum des Scipio (Somnium Scipionis)* des Cicero, eine von dem neutestamentlichen Bericht über die Himmelfahrt des Paulus ausgehende anonyme *Visio Pauli*, oder das (wahrscheinlich weitverbreitete) mohammedanische *Libro della Scala*. Hinzu trat eine umfangreiche Literatur von Jenseitsreisen wie z.B. die in der Mitte des 12. Jahrhunderts entstandene *Visio Tundali*, die vom visionären Gang eines irischen Ritters durch die Hölle zu den Gefilden der Seligen erzählt, oder etwa die vermutlich im 10. Jahrhundert entstandene *Navigatio Sancti Brendani*, die von einem irischen Abt Brendan berichtet, der zu Schiff über die Grenzen der bekannten Welt ins Jenseits vorstößt und dort denkwürdige Dinge sieht. Diese und ähnliche Texte wurden meist in mehrere Nationalsprachen, auch ins Italienische, übertragen und immer wieder überarbeitet und paraphrasiert. Über diese vorhandenen Jenseitsvorstellungen des Mittelalters geht Dantes *Commedia* indes weit hinaus. Der Kosmos seiner Jenseitsreiche ist konkret, total und anschaulich zugleich und schon deswegen mit den fragmentarischen und mehr oder weniger fabelhaften früheren Jenseitsreisen nicht vergleichbar. Bei der detaillierten und anschaulichen Gestaltung seines Jenseitskosmos kamen Dante für seine Zeit weit überdurchschnittliche, recht präzise kosmographische Kenntnisse zustatten, die er sich (auch dies stellt eine bemerkenswerte autodidaktische Leistung dar) durch das Studium einschlägiger Schriften erworben hatte. Abgesehen von der auch von Dante geteilten ptolemäischen Grundannahme, daß die Erde unbeweglich im Mittelpunkt der Welt stehe und Sonne, Mond und Planeten sich um sie herumbewegen, sind die meisten Vorstellungen Dantes ziemlich modern und richtungweisend gewesen. Er hatte zum Beispiel, was zu seiner Zeit keineswegs selbstverständlich war, eine konkrete Vorstellung von der Kugelgestalt der Erde, wie wir u. a. aus mehreren Stellen des *Convivio*, aber auch aus Purg. 22,134 wissen, wo er die Erde einen »globo« nennt. Vor allem aus Alfraganus und Gherardo di Cremona hatte er, wie u. a. aus dem *Convivio* hervorgeht, recht präzise Angaben über Umfang und Durchmesser bzw. Radius der Erdkugel und war auch selbst imstande, diese Maße zu errechnen. Mit der Kugelgestalt der Erde ging einher die Vorstellung von der sphärischen Form des Universums mit einer antipodisch angeordneten Nord- und Südhälfte. All diese Kenntnisse gingen in die Gestaltung des Jenseitskosmos Dantes ein, der jedoch, und dies darf nicht übersehen werden, in erster Linie als eine literarische Fiktion der exemplarischen Veranschaulichung der christlichen Ethik verpflichtet ist, d. h. der Darstellung der aus göttlichem Richterspruch resultierenden komplexen Hierarchie unterschiedlicher eschatologischer Einordnungen der Seelen im Jenseits als einer nicht realen, nicht empirisch erfahrbaren Welt.

Wie sehen diese an realen kosmographischen Gegebenheiten orientierten, doch grundsätzlich der dichterischen Einbildungskraft entsprungenen und den Kategorien der christlichen Ethik unterworfenen Jenseitswelten Dantes aus? Das Zentrum des gesamten Jenseitskosmos fällt zusammen mit dem Zentrum der Erdkugel. Auf deren nördlicher, von Erde bedeckter Hemisphäre öffnet sich unter der Erdoberfläche ein riesiger, zum Erdzentrum hin spitz zulaufender Trichter, die Hölle, auf deren konzentrischen, nach unten enger werdenden Ringen die Verdammten angeordnet sind. Im untersten Loch des Höllentrichters steckt, in ewigem Eis (als dem Ausdruck größter Gottesferne) eingefroren, der Kopf des Luzifer, dessen Körper nach seinem Sturz aus dem Himmel in die südliche Hemisphäre fiel. Aus Furcht vor ihm verlagerte sich die Erde der Südhälfte auf die nördliche Seite der Erdkugel, während die Südhälfte ganz vom Meer zugedeckt wurde. Der Höllentrichter befindet sich somit unter der bekannten und bewohnten Welt, die von den Säulen des Herkules im Westen bis zum Ganges im Osten reicht und in deren Mittelpunkt Jerusalem liegt. An den Antipoden Jerusalems liegt auf der südlichen Hemisphäre der vom Meer umgebene Läuterungsberg, ein steil aufragender, konischer, d. h. nach oben spitz zulaufender Inselberg, auf dessen wiederum konzentrischen, sich nach oben verengenden Ringen alle die Seelen angeordnet sind, die durch

Läuterung das ewige Heil erreichen können. Auf der Spitze des Läuterungsberges liegt der Garten des irdischen Paradieses. Um den Erdball wölben sich sphärisch und konzentrisch sieben Planetenhimmel (deren mittlerer der Sonnenhimmel ist), darüber als achter der Fixsternhimmel, als neunter Himmel das Primum Mobile, das alle unter ihm liegenden Sphären in Bewegung sctzt. Alle neun beweglichen Himmelsstufen, in denen die Seligen entsprechend ihrer Vollkommenheit und Gottesnähe angeordnet sind, werden umwölbt von einer unbeweglichen zehnten Sphäre, dem Empyreum, dem Sitz der Gottheit und seiner wiederum hierarchisch geordneten Engelsscharen. Schon dieser knappe Abriß der Jenseitswelt Dantes macht deutlich, daß seine Jenseitstopographie in erster Linie einem ethisch motivierten Ordnungsgedanken entspringt.

Ebenso wie in bezug auf ihre Form, ihre Thematik und auf die Gestaltung fiktiver Jenseitsreiche erweist sich die *Commedia* auch in gattungstheoretischer und stilistischer Hinsicht als ein schwer einzuordnendes, weil herausragendes, einzigartiges Werk, auf das traditionelle Begriffe und Kategorien kaum anwendbar sind. Ist Dantes Gedicht etwa eine »Komödie«, wie der von Dante selbst gewählte Titel andeuten könnte? Dante hatte indes, wie wir u. a. aus der »Epistola ad Canem Grandem« entnehmen können, diesen Titel deshalb gewählt, weil nach der Definition der aristotelischen Poetik die Komödie ein Werk ist, das unglücklich beginnt und glücklich endet. Eben dies sah Dante in seinem Werk als gegeben an: »Und so ist es ganz klar, daß das vorliegende Werk Komödie (»Commedia«) genannt wird. Denn wenn wir auf seinen Stoff schauen, so ist er am Anfang schrecklich und häßlich, weil er in der Hölle spielt, am Schluß aber glücklich, wünschenswert und angenehm, weil vom Paradiese handelnd ...« Bei dieser Einordnung seines Werkes als Komödie hatte Dante allerdings noch eine weitere aristotelische Bestimmung im Auge, nämlich die, daß die Ausdrucksweise (»modus loquendi«) der Komödie einfach und bescheiden (»remissus et humilis«) sein müsse; auch dieses Kriterium erschien ihm in seinem Werk erfüllt, weil es in der Volkssprache, dem »volgare«, verfaßt war, in dem auch das einfache Volk miteinander spricht. Offensichtlich ist, daß in moderner gattungstheoretischer Terminologie Dantes Werk nicht als Komödie bezeichnet werden kann und ebensowenig als Tragödie oder Epos oder lyrisches Gedicht. Es wurde bereits angedeutet, daß die darstellerische Grundhaltung des Werkes die eines prophetisch-visionären Berichts in der ersten Person ist. Diese erzählende Grundhaltung des Werks wird indes variiert und bereichert durch die unterschiedlichen Ton- und Stillagen nahezu aller bekannter Gattungen. Ruhig voranschreitende epische Passagen wechseln mit solchen höchster dramatischer Spannung oder verhaltener Komik, wehmütige, elegische Stimmungen mit satirischer oder gar sarkastischer Aggressivität, Szenen der menschlichen Begegnung, der Freude und des Wiedererkennens wechseln mit abstrakten gottesgelehrten Dialogen und theoretischen, traktatartigen Passagen im scholastischen Stil oder mit der sensiblen und realistischen Darstellung von Einzelschicksalen. Alle Stilarten werden aktualisiert: vom derbsten Ausdruck der unflätigen Gaunersprache über die Tonlagen weltlicher Liebeslyrik bis zur geistlichen Hymne und zur gesungenen Liturgie des *Paradiso*. Auch in dieser Hinsicht hat die *Commedia* als eine Summe alles in sich aufgenommen, und ragt zugleich einzigartig aus allem heraus.

Dies gilt mutatis mutandis auch für die von der mittelalterlichen Bibelexegetik entwickelte Lehre vom drei- oder vierfachen Schriftsinn, die neben dem wörtlichen Sinn einen allegorischen, einen moralischen und einen anagogischen Sinn unterschied. Im Brief an Cangrande zitiert Dante diese Terminologie und nimmt für sein Werk in Anspruch, daß es durch Polysemie bzw. »mehrere Sinne« gekennzeichnet sei, unterläßt jedoch jede konkrete Erörterung der einzelnen Schriftsinne in bezug auf sein Werk. Es kann ihm nicht entgangen sein, daß Bedeutungsdichte, Beziehungsvielfalt und Konnotationsreichtum seiner Dichtung nicht mit den mageren Schulkategorien der Exegeten zu erfassen waren.

Die drei Jenseitsreiche

Der Jenseitskosmos Dantes ist dreigeteilt und entfaltet sich in drei Dimensionen in einer sphärischen Räumlichkeit. In der Fiktion Dantes sind die Jenseitsreiche ein Teil der Schöpfung und damit durchdrungen von dem Ordnungswillen des Schöpfers, dessen Kraft lichtförmig das gesamte Universum durchwirkt, vom Empyreum bis hinab in die dunkle, fast lichtlose Hölle. Alles Licht, das in Dantes Jenseits scheint, ist nicht physischer, sondern metaphysischer Natur. Da zudem die Seelen aller drei Bereiche dem gleichen ethischen Prinzip unterworfen sind, gibt es auch im Aufbau der Jenseitsreiche eine Anzahl von Analogien und Entsprechungen.

Hölle

Die Dantesche Hölle verfügt über insgesamt neun Ringe, in denen die Verdammten büßen; je tiefer und je enger der Ring, desto schwerer die Sünde und die daraus resultierende Bestrafung. Der eigentlichen Hölle hat Dante die sogenannte Vorhölle vorgeschaltet, in die der Wanderer nach Durchschreiten des Höllentors gelangt. Dieser Vorraum ist den lauen Seelen vorbehalten, die weder gut noch böse waren und daher nicht bestraft werden können. Alle übrigen Seelen indes werden von dem Fährmann Charon über den obersten der Höllenflüsse, den Acheron, geschifft und dann je nach Verschulden in einen der neun Ringe gebracht. Der erste Höllenkreis, der sogenannte »Limbus«, ist der Ort der ungetauften Seelen, z. B. der ungetauften Kinder, aber auch der schuldlosen Nichtchristen. Homer, Horaz, Vergil, Lukan, Ovid und viele andere antike und heidnische Weise und Dichter haben hier ihren Ort. Die Strafsystematik der übrigen Höllenbereiche wird im 11. Gesang in Grundzügen dargelegt. Danach sind die Sünder in zwei aristotelisch-thomistische Grundkategorien eingeteilt, nämlich in solche, die wegen der Sünde der »incontinentia«, der Maßlosigkeit, und solche, die wegen der Sünde der »malitia«, der vorsätzlichen Bosheit, verurteilt sind. Hinzu tritt als dritte Grundkategorie die der »feritas« (italienisch »matta bestialitade«), die einen schweren Fall der »malitia« darstellt und im untersten, neunten Kreis der Hölle gesühnt wird. Die Sünden aus Maßlosigkeit werden in den Kreisen zwei bis fünf bestraft: Wollust, Schlemmerei, Geiz, Verschwendung, Zorn und Trägheit. Unterhalb des fünften Ringes beginnt die innere Hölle, die »città di Dite«, in der die schwereren Sünden der »malitia« gesühnt werden. Im sechsten Ring büßen die Ketzer, die nach mittelalterlicher Anschauung als Leugner Gottes und der Unsterblichkeit der Seele sich gegen die christliche Weltordnung und gegen die menschliche Gesellschaft wandten und somit unter dem Gesichtspunkt der »malitia« zu bestrafen waren. Im siebten Ring büßen in drei Gruppen die Gewalttätigen, die »violenti«, die gegen den Nächsten, gegen sich selbst oder gegen Gott und die Natur Gewalt übten, d. h. Mörder, Räuber und Tyrannen, Selbstmörder und Verschwender, sowie Gotteslästerer, Sodomiten und Wucherer. In den wiederum vielfach untergliederten Ringen acht und neun sind die Betrüger und Verräter untergebracht. Im achten Ring, in der »Malebolge«, büßen die Betrüger, die durch kein besonderes Vertrauensverhältnis ihren Opfern verpflichtet waren wie z. B. Kuppler, Verführer, Schmeichler, Dirnen, Heuchler, Diebe, Fälscher usw. Im untersten neunten Höllenkreis des Kozytus büßen die Betrüger bzw. Verräter, die ein bestehendes Vertrauensverhältnis verletzt haben, in vier Gruppen: Verräter an Verwandten, am Vaterland (politische Verräter), an Tischgenossen und an Wohltätern. Zuallerunterst büßen die drei Erzverräter Judas, Brutus und Cassius, die in den drei Mäulern des Luzifer stecken (Inf. 34).

Alle Strafen der Hölle entspringen dem Grundprinzip der »vendetta«, der göttlichen Rache, die in alle Ewigkeit andauert. Bei den Strafformen folgt Dante im wesentlichen der mittelalterlichen Idee des »contrappasso«, der replikartigen, angemessenen Bestrafung, die im Prinzip Gleiches mit Gleichem vergilt: Dem Dieb wurde die Hand, dem falschen Zeugen die Zunge abgehackt. Dante hat jedoch die Grundidee des »contrappasso« vielfältig erweitert und verfeinert, indem er sich für den Strafmodus vielfältige Analogien oder auch Kontraste in bezug auf die jeweilige Sünde bzw. sündige Handlung ausdachte. So büßen etwa die von ihrer Leidenschaft getriebenen Liebessünder im ewigen Wirbel des Höllensturmes (Inf. 5), die Mörder im kochenden Blutstrom des Phlegeton (Inf. 12), die Kuppler werden in ständigem Lauf umhergepeitscht (Inf. 18), die Schmeichler und Dirnen stecken bis zum Kopf im Kot (Inf. 18), die Simonisten kopfunter in Felslöchern, als würden sie dort nach Gold scharren (Inf. 19), die Wahrsager tragen, weil sie zu weit in die Zukunft schauen wollten, das Haupt nach hinten gekehrt und müssen stets rückwärts gehen (Inf. 20), und so fort. Außer den Verdammten gibt es in Dantes Hölle eine große Zahl von Gestalten aus der antiken oder christlichen Mythologie, die verschiedene Funktionen im wohlgeordneten Strafsystem der Hölle wahrnehmen. Charon fährt die Seelen über den Acheron. Am Eingang zum zweiten Ring sitzt Minos als Höllenrichter, der mit der Anzahl der Windungen seines gekringelten Schwanzes die Zahl des Ringes angibt, in den der ankommende Sünder zu transportieren ist. Im dritten Ring wacht der Höllenhund Cerberus; im vierten Pluto; im fünften Ring fährt der Fährmann Flegiàs (Phlegyas) über den Styx zur Höllenstadt Dite; im siebten Ring wachen Minotaurus und eine Schar von Centauren über den Strafvollzug. Auf dem Rücken des Ungeheuers Gerione (Geryoneus) gleiten Dante und Vergil vom siebten in den achten Ring hinunter; und in der neunten, untersten Stufe finden sie schließlich die Riesen Nembrot (Nimrod), Fialte (Ephialtes), Briareo (Briareus) und Anteo (Antaeus). Hinzu tritt eine große Schar von Teufeln, Hunden, Schlangen und anderen folternden und zwickenden Unwesen, darunter auch die Harpyen in Ring VII. Mit Ausnahme des Limbus, des ersten Ringes, dessen Seelen unter der unerfüllbaren Sehnsucht nach Gott leiden, sind alle Strafen physischer Natur. Der eigentliche Schrecken der Danteschen Hölle besteht jedoch in der Ewigkeit der vollzogenen Rache: Die Leidenschaften der Sünder bestehen in alle Ewigkeit fort, unaufhörlich gefolgt von ständig neuer, unerbittlicher Bestrafung.

Läuterungsberg

Zählt man den untersten Bereich des Vorpurgatoriums und den obersten, das irdische Paradies hinzu, so besteht auch der Läuterungsberg Dantes aus insgesamt neun Stufen. Er erhebt sich als höchster Berg der Erde an den

Antipoden Jerusalems im Meer der südlichen Halbkugel in der symbolbestimmten Weise, daß Jerusalem, das Erdzentrum mit Luzifer und das irdische Paradies auf der Spitze des Berges in einer Schnittlinie liegen. Der Wanderer Dante gelangt aus der Hölle zur Insel, indem er einen schmalen Gang durchsteigt, der von den Füßen Luzifers zum Gestade des Inselbergs führt. Die zu läuternden Seelen indes werden durch einen Engel auf einem Schiff von der Tibermündung über den Ozean herbeigefahren. Am Fuß des Berges liegt das Vorpurgatorium (Purg. 2–8), auf dessen Hängen die Seelen lagern, die erst am Ende ihres Lebens Buße taten und daher eine bestimmte Zeit warten müssen, bevor sie ihren Läuterungsweg im Berg beginnen. Dazu gehören die Seelen der Exkommunizierten, der Säumigen, der eines gewaltsamen Todes Verstorbenen und die der säumigen Fürsten, die in einem gesonderten Tal untergebracht sind. Durch ein von einem Engel bewachtes Tor steigt man in den eigentlichen Läuterungsberg, dessen Einteilung in sieben Stufen in der Mitte der Cantica, im 17. Gesang, erläutert wird. Danach kann der Liebestrieb, »Ursprung jeder Tugend und jeder Handlung, die Strafe verdient«, grundsätzlich entweder im Ziel oder im Maß irren. Aus den Verirrungen im Ziel ergeben sich Hochmut, Neid und Zorn (die Ringe I–III), aus den Verfehlungen im Maß ergeben sich bei einem Zuwenig die Trägheit (Ring IV), bei einem Zuviel Geiz bzw. Verschwendung, Schlemmerei und Wollust (Ringe V–VII). Die Sünden der Ringe III–VII entsprechen somit in umgekehrter Reihenfolge den Sünden der Inferno-Ringe II–V. Grundsätzlich gilt für den Läuterungsberg, daß die Sünden um so leichter werden, je höher der Ort der Sünder liegt. Auf der Spitze des Berges befindet sich das irdische Paradies, der Garten Adams und Evas, mit den Flüssen Lethe und Eunoe; von hier aus steigen die Seelen gereinigt und geläutert ins himmlische Paradies auf.

Der Modus der Bestrafung und der Buße unterliegt auch im *Purgatorio* dem Prinzip des »contrappasso«, d.h. die Buße steht in einer motivierten, psychischen Entsprechung zur Sünde. So büßen etwa die Stolzen unter schwere Steine gebeugt, den Neidischen sind die Augen zugenäht, die Zornigen schreiten in dunklem Rauch, die Trägen hetzen in eiligem Lauf daher. Es gibt also auch im *Purgatorio* eine physische Bestrafung, doch diese wird freiwillig angenommen und erleichtert durch die Gewißheit der Erlösung. Somit gibt es auch keinen Strafzwang, der wie im *Inferno* durch andere den Sündern auferlegt und überwacht werden müßte. Die körperliche Bestrafung geht im *Purgatorio* einher mit einer ebenfalls der Idee des »contrappasso« unterworfenen positiven Form der Buße, der Meditation, die sich entweder in Gebeten und Gesängen, oder in der Betrachtung von Tugendbeispielen vollzieht, die der Sünde des Büßers entgegengesetzt sind. Mit diesem meditativen Charakter des Läuterungsweges hängt es zusammen, daß die zweite Cantica sich sehr viel stärker als das *Inferno* der Form des Lehrgedichts (und damit dem *Paradiso*) annähert. Eine große Zahl von Belehrungen sind an meist symbolhaft ausgewählten Stellen eingefügt, als wichtigste die Lehre vom Liebestrieb und vom freien Willensentscheid (Purg. 15–18) sowie die Lehre von der Zeugung des Menschen und der Entstehung des Schattenleibes der Seelen nach dem Tode (Purg. 25). Hinzu treten etwa die geographisch-kosmologische Belehrung im vierten, die Lehre von der Fürbitte im sechsten, die Erklärung des Erdbebens im 21. Gesang und vieles andere mehr. Auf politische Themen kommt Dante, wie nicht anders zu erwarten, häufiger zu sprechen als im *Inferno*: zahlreiche Stellen handeln von Kirche und Staat und beklagen den Niedergang Italiens, die Verderbnis der Heimatstadt Florenz, das unsittliche Treiben der weltlichen Fürsten oder die Entartung der Kirche. Generell gilt, daß der Wanderer im *Purgatorio* stärker persönlich beteiligt ist und den Seelen näher steht als im *Inferno*. Während er dort, von wenigen Ausnahmen abgesehen, die Sünder aus Distanz, ja mit zunehmender Abneigung und zuletzt Abscheu betrachtet, nimmt Dante hier aktiv, und teilweise sogar körperlich, am Bußgeschehen teil, so z.B. wenn er mit den Neidischen durch den Rauchgürtel oder mit den Wollüstigen durch das Feuer schreitet. Er unterwirft sich mit den Büßenden den Gesetzen des Berges und teilt mit ihnen die symbolische Handlung des Aufsteigens, das auch ihn, den Wanderer, zur Schau des Paradieses führen soll.

Eine unübersehbar eigene, lyrisch-wehmütige Tönung bekommt die zweite Cantica durch zahlreiche, liebevoll gestaltete Begegnungen mit Freunden, meist Dichtern und Künstlern aus seiner glücklichen Florentiner Zeit, durch die der Dichter in oft gefühlsbetonter Weise Erinnerungen an seine Jugend und an seine Heimat wachruft. So begegnet er dem Freund und Musiker Casella im Vorpurgatorium (Purg. 2), dem Miniaturenmaler Oderisi da Gubbio im 11. Gesang, dem Dichterfreund Forese Donati, der mit ihm einst Sonette wechselte (Purg. 23), dem Lyriker Bonagiunta da Lucca, mit dem er über die toskanische Lyrik spricht (Purg. 24), schließlich Guido Guinizzelli, den Dante als Lehrmeister und »Vater« seiner Dichtkunst preist (Purg. 26). Überhaupt spielt die Erörterung von Dichtung und Dichtungstheorie eine große Rolle in der zweiten Cantica, wo in Gestalt von Arnaut Daniel und Sordell auch die provenzalische Lyrik gewürdigt wird (Purg. 26 und 6/7) und in deren oberen Gesängen (21 ff.) zwischen Vergil und Statius mehrfach Fragen des Dichtens und des Dichterruhmes erörtert werden. Zum lyrisch-stimmungsvollen Charakter des *Purgatorio* trägt auch die Kunst Dantes bei, die an sich asketisch-nüchterne Bußlokalitäten des Berges als eindrucksvolle Szenarien lebendig zu machen. Mit sparsamer, aber geschickter Verwendung von Licht, Schatten und Farbe gelingt es ihm, unvergeßliche, halb jenseitige, halb diesseitige Landschaften zu schaffen, so vor allem das im ersten Morgenlicht erschimmernde schilfbewachsene Ufergestade der Insel, die stille, mit unzähligen Blumen bedeckte Mulde des Fürstentals, das sich dem Wanderer im Schein der Abendsonne darbietet, oder der herrliche, von Flüssen durchzogene Garten des irdischen Paradieses auf der Spitze des Berges. Dort begegnet, nachdem sich Vergil verabschiedet hat (Purg. 27), der Wanderer seiner Beatrice wieder (Purg. 30–33), um gemeinsam mit dieser von dort in das himmlische Paradies aufzusteigen.

Paradiso

Wie das *Purgatorio*, so umfaßt auch das *Paradiso* Dantes insgesamt 33 Gesänge und weist darüber hinaus auch in seinem allgemeinen Aufbau eine gewisse Analogie zu dem der zweiten Cantica auf. Wie diese, hat auch das *Paradiso* eine Art Vorstufe, die aus der Mond-, Merkur- und Venussphäre gebildet wird, und entsprechend dem irdischen Paradies des *Purgatorio* auch eine oberste abschließende Zone, nämlich das Empyreum, Sitz der Gottheit und letzter Ort aller Seligen, das eigentliche himmlische Paradies. Die Fiktion des himmlischen Jenseits kennt somit im Unterschied zu den beiden anderen Jenseitsreichen insgesamt zehn Stufen, die wieder zugleich Aufbaustufen seines dichterischen Textes sind. Insgesamt wird Dantes Himmel vorgestellt als eine große, kreisende Gesamtsphäre, deren einzelne Sphären bzw. Himmelsstufen in ständig kreisender, gleichgerichteter und konzentrischer Bewegung stehen, eine bewußte dichterische Vereinfachung der Dante bekannten Abweichungen der Planetenbewegungen. Lediglich die oberste, alle anderen umfassende Sphäre ruht in sich; von hier aus strahlt das Licht Gottes, stufenmäßig geringer werdend, auf den Kosmos herab. Dies hat zur Folge, daß die einzelnen Sphären von unten nach oben, d. h. mit zunehmender Nähe zum Schöpfer, heller und vollkommener werden. Der vom Läuterungsberg in schnellem Flug aufsteigende Wanderer gelangt zunächst in die drei Sphären des Vorhimmels, denen noch eine gewisse irdische Trübung anhaftet, da deren Seelen eine geringere Vollkommenheit aufweisen. So ist in den Seelen des Mondhimmels der Wille zum Guten relativ schwach ausgeprägt (es sind die Seelen derer, die ihre Gelübde nicht erfüllten); umgekehrt ist in den Seelen des Merkurhimmels die Liebe zu irdischen Gütern, insbesondere zu Ruhm und Ehre, noch zu stark; und in ähnlicher Weise sind die Seelen des Venushimmels noch zu stark in dem Gedanken an körperliche Liebe befangen. Die folgenden drei Stufen des Sonnen-, Mars- und Jupiterhimmels sind der Bereich der guten aktiven Seelen, d. h. der erste Bereich des reinen Paradieses. Der Sonnenhimmel ist die Sphäre der Weisheit; hier erscheinen die Seelen der Weisheitslehrer, unter ihnen Albertus Magnus, Thomas von Aquin und Bonaventura. Der Marshimmel ist die Sphäre der Glaubenskämpfer und Märtyrer, wo dem Wanderer u. a. die Seele des Urahns Cacciaguida entgegentritt; der sechste oder Jupiterhimmel ist die Stufe der »gerechten und frommen« Seelen. Der folgende Saturnhimmel ist der Ort der kontemplativen Seelen und als solcher die Überleitung zu den drei obersten Himmelsstufen: Im achten oder Fixsternhimmel gestaltet Dante den Triumph Christi, d. h. dessen Erscheinung in der Schar aller erlösten Seelen, das Auftreten der Apostel und die drei Glaubensprüfungen, denen sich der Wanderer unterziehen muß. Im neunten Himmel, dem Primum Mobile oder Kristallhimmel, beschreibt er die neun Engelshierarchien; im Empyreum schließlich, dem Sitz Gottes und letztem Ort aller Seelen, gestaltet Dante die Vision der Himmelsrose und, als höchstes und abschließendes Erlebnis der Jenseitsreise, die mystische Schau Gottes.

Die Beschreibung der Himmelsrose auf der zehnten Stufe ist ein Beispiel für den extremen Kunstwillen Dantes, auch irrationale, metaphysische Zusammenhänge durch Umsetzung in symbolhafte Formen und Figuren noch bildhaft und anschaulich zu gestalten. Obwohl die Ordnung der Himmelsrose nicht mehr rational nachvollziehbar ist und allein dem unerforschlichen Walten der göttlichen Gnade unterworfen ist, leuchtet das ethisch und eschatologisch Wesentliche in Dantes Darstellung bildhaft und unvergeßlich auf. Wie in einem riesigen Amphitheater, dessen Ränge nach oben hin immer weiter werden, sind die Seligen des Empyreums versammelt. Die meisten Sitze auf diesen Rängen sind bereits besetzt; ein Zeichen, daß die Endzeit nahe ist. Der gesamte Bereich der Rose wird durch zwei Trennungslinien, eine vertikale und eine horizontale, aufgeteilt. Durch die Vertikale werden die Seelen derer, die vor Christus lebten von den Seelen derer getrennt, die nach Christi Geburt lebten. Auf der einen Seite erscheinen Maria (oben sitzend), darunter Eva, Rachel, Sarah, Rebecca, Judith und Ruth; auf der anderen Seite Johannes der Täufer, Franziskus, Benedikt, Augustin und andere. Die Zahl der Seligen auf beiden Seiten ist gleich. Durch die horizontale Linie, die die Stufen der Rose in der Mitte (d. h. in mittlerer Höhe) durchtrennt, wird ein unterer Teil ausgesondert, in dem die Seelen der unschuldigen Kinder versammelt sind. Adam und Petrus werden zur Linken und Rechten Marias sichtbar, neben Petrus der Evangelist Johannes, neben Adam Moses usw. Auf einem großen Sitz schließlich sieht der Wanderer eine Krone: es ist der Platz, den Heinrich VII. einnehmen wird ...

Dem Streben nach Anschaulichkeit und Eindringlichkeit entspringt auch die Neigung Dantes, immer wieder die Scharen der Seligen zu Kollektivwesen, zu Chören, Reigen oder symbolhaften Figuren zusammenzufassen, in denen zugleich die innige Gemeinschaft der Seelen und die Übereinstimmung ihres Willens in Gott sinnfällig wird. So treten im Sonnenhimmel zwei Zwölferreigen der Weisheitslehrer auf, die den Wanderer singend umkreisen; im Marshimmel bilden die Seligen singend ein riesiges Kreuz mit gleichen Armen, an dem Christus sichtbar wird; im Jupiterhimmel formen die Seligen wiederum singend die Inschrift »Diligite iustitiam, qui iudicatis terram« und sodann die Gestalt eines Adlers, der das Kaiserreich bzw. die weltliche Macht symbolisiert; im Saturnhimmel wird die Himmelsleiter sichtbar, die Jakob im Traum erschien, Symbol der »vita contemplativa«, auf der die Seligen auf und niedersteigen; und das schönste und eindringlichste Kollektivsymbol der Seligkeit bilden schließlich die Scharen des Empyreums in der Gestalt einer vielblättrigen Rose. Zur Anschaulichkeit des *Paradiso* trägt bei, daß auch hier noch die Vorstellung der menschlichen Gestalt grundsätzlich gewahrt bleibt. Die Seligen erscheinen in ihrem Schattenleib, in dem, wie Statius bereits im *Purgatorio* erklärt hatte, die sinnlichen und intellektuellen Fähigkeiten der Lebenszeit erhalten bleiben (also auch Gesicht und Gehör); und die Seelen des *Paradiso* sind wie die des *Purgatorio* stets Individualseelen, erfüllt von der Sehnsucht nach dem Leibe, der ihnen nach dem Jüngsten Gericht zuteil werden und ihre Seligkeit steigern wird (Par. 14,13 ff.). Jede einzelne Seele ist somit individuell erkennbar und ansprechbar. Ein geschickter und raumschaffender Kunstgriff Dantes war es auch, die Scharen der Seelen, die eigentlich alle im Empyreum ihren Ort haben, symbolisch in verschiedenen Sphären auftreten zu lassen: Dies geschieht, wie im Text angedeutet wird, um sie in ihrem unterschiedlichen Maß an Glückseligkeit dem menschlichen Geist überhaupt faßbar zu machen (Par. 4,28–39).

Zu den strategischen Maßnahmen, die aller physischen Gegenständlichkeit enthobene Lichtwelt des Paradieses auffaßbar zu machen und sie zugleich dem Gesetz einer dynamisch-hierarchischen Steigerung zu unterwerfen, gehört auch die überaus sorgfältige Auswahl und Anordnung der im *Paradiso* auftretenden Gestalten und der meist mit deren Schicksal sinnreich verbundenen Lehrstücke. Alle Seelen strömen dem von unten aufsteigenden Wanderer gleichsam aus dem Empyreum entgegen. Die warme Zuneigung, die der Schauende allen Seelen gegenüber empfindet, kommt am deutlichsten in den Begegnungen mit einzelnen Gestalten zum Ausdruck, deren Auswahl natürlich auch auf der persönlichen Wertung des Dichters beruht. So tritt ihm im Mondhimmel die seiner florentinischen Welt entstammende Piccarda Donati entgegen, die Schwester des Forese und des Corso Donati, welch letzterer die Schwester gewaltsam an der Erfüllung ihres Gelübdes, der Welt zu entsagen, gehindert hatte; und danach die Kaiserin Konstanze, die nach einer zeitgenössischen (unzutreffenden) Version ebenfalls gewaltsam an der Erfüllung ihres Klostergelübdes gehindert und Heinrich VI., dem Sohn Barbarossas, zur Frau gegeben wurde. Daraus entwickelt sich zwangsläufig ein Lehrgespräch über die Natur der Gelübde und über die Willensfreiheit des Menschen; hinzu tritt noch die Erklärung der Mondflecken, ein Problem, das die Zeit Dantes sehr beschäftigte. Im Merkurhimmel, dem Ort der aktiven, nach Ruhm und Ehre strebenden Seelen, gibt Kaiser Justinian einen Überblick über die römische Geschichte, die im Flug des Adlers symbolisiert wird. Der Rede Justinians wird an dieser Stelle die Lehre vom Erlösungswerk Gottes zur Seite gestellt, das ja durch das Römische Reich vorbereitet worden war. Im Venushimmel entwickelt Dante, exemplifiziert an dem Jugendfreund Karl Martell, an der leidenschaftlichen Liebesheldin Cunizza da Romano (die zugleich eine Gegengestalt zu Francesca da Rimini darstellt) und an dem Troubadour Folquet von Marseille, der vom Sänger weltlicher Liebe zum Glaubenskämpfer wurde, die Lehre von der irdischen und himmlischen Liebe, tiefsinnig ergänzt durch die Lehre von der Erbsünde, der Veranlagung des Menschen und der göttlichen Vorsehung. Im Sonnenhimmel, dem Ort der Weisheit, treten dem Wanderer die beiden großen Weisheitslehrer Thomas von Aquin und Bonaventura entgegen, die über zwei aktive Mönchsorden und deren Gründer, die Heiligen Franziskus und Dominikus, belehren. Daran knüpfen Erörterungen über die Ausstrahlung der göttlichen Weisheit, über die Weisheit Salomons und die Auferstehung des Leibes an. Besonders stark beteiligt sind Wanderer und Dichter im Marshimmel, dem Ort der Glaubenskämpfer. Hier tritt der Urahn Cacciaguida auf, der über das Schicksal von Florenz und das Schicksal des Dichters spricht und den Ruhm Dantes voraussagt. Im Jupiterhimmel, dem Ort der gerechten Seelen, wird, am Beispiel der Gestalten des Trajan und des Ripheus, die Lehre von der göttlichen Gerechtigkeit, d. h. von der Gnadenwahl Gottes, dargelegt. Damit verbunden ist die Lehre von der Ergründlichkeit des göttlichen Ratschlusses, der Prädestination, im siebten oder Saturnhimmel, dem Sitz der kontemplativen Seelen. Im Fixsternhimmel, Ort des Triumphes Christi, prüfen die Apostel Petrus, Jakobus und Johannes den Wanderer über Glauben, Hoffnung und Liebe, die Grundlehren des christlichen Dogmas; darauf folgen Belehrungen Adams über das irdische Paradies und die ersten Menschen. Der neunte oder Kristallhimmel entwickelt die für das Mittelalter ungemein wichtige Lehre von den Hierarchien der Engel, während der oberste und zehnte Himmel die Stufe der irrationalen, mystischen Versenkung darstellt, in der der Anblick der Himmelsrose und das Gebet des Mystikers Bernhard auf die mystische Schau der dreieinigen Gottheit vorbereiten.

So stellt sich Dantes *Paradiso* dar als das große Lehrgedicht, in dem er das Letzte und Tiefste gestaltet hat, was er in wissenschaftlicher, geschichtlicher, politischer, ethischer und eschatologischer Hinsicht zu sagen hatte. Nicht zuletzt ist das *Paradiso* aber auch die große Beatrice-Dichtung, eine Dichtung auf die transzendierte, transfigurierte Gestalt der Florentiner Jugendgeliebten und damit die feierliche Einlösung des am Ende der *Vita Nuova* gegebenen Versprechens. Auge in Auge mit der verwandelten Beatrice steigt der Wanderer in den Himmel auf; sie geleitet ihn von Stufe zu Stufe, beseitigt alle seine Zweifel und führt ihn zu immer größerem Wissen empor. Beatrice ist für ihn der Quell des Wissens und der göttlichen Wahrheit zugleich, aber auch lebendiger Ausdruck der göttlichen Gnade, deren Privileg das Gelingen der Jenseitsreise, den Wahrheitsgehalt der Dichtung und das Heil des Dichters und Propheten garantiert.

Der Ordo-Gedanke des Mittelalters und die Zahlenstruktur des Gedichts

Im zweiten Buch seines *Convivio* vergleicht Dante die Wissenschaften der »Sieben freien Künste« (»septem artes liberales«) mit den sieben Planetenhimmeln und setzt dabei den vierten Himmel in Beziehung zu der vierten der Wissenschaften, nämlich der Arithmetik:

»Und der Himmel der Sonne läßt sich mit der Arithmetik vergleichen aus zwei Gründen: der eine ist, daß mit ihrem Licht alle übrigen Sterne erleuchtet werden; der andere, daß das Auge sie nicht anschauen kann. Diese beiden Eigenschaften hat auch die Arithmetik: denn ihr Licht erleuchtet alle Wissenschaften, weil deren Gegenstände sämtlich unter dem Gesichtspunkt der Zahl betrachtet werden und weil man bei der Untersuchung dieser Gegenstände stets zahlenmäßig verfährt ... Die andere Eigenschaft der Sonne kann man ebenfalls in der Zahl erkennen, auf der ja die Arithmetik aufbaut: denn das Auge des Verstandes kann sie nicht anschauen, weil die Zahl, sofern sie in sich betrachtet wird, unendlich ist, und das Unendliche können wir verstandesmäßig nicht fassen (II, xiii, 15–19).«

Diese hohe Auffassung von der Zahl als einer alle Wissenschaften überstrahlenden und alle Gegenstände und Erkenntnisprozesse durchwirkenden Größe läßt sich nur verstehen vor dem Hintergrund des mittelalterlichen Ordo-Gedankens, einer alles Sein umfassenden, letzten und grundlegenden Gesamtstruktur, die die Erscheinungen der geschaffenen Welt in die Relation zu ihrem Schöpfer einordnete. Die allumfassende, vom Schöpfer herrührende und wieder zu ihm hinführende Strukturgesetzlichkeit aller Dinge sah das Mittelalter geoffenbart in dem Wort der Weisheit Salomons (11,21): »Omnia in mensura, numero et pondere disposuisti« (»Du hast alles nach Maß, Zahl und Neigung angeordnet«). Dieser Satz, der von Augustin bis ins Hochmittelalter und darüber hinaus immer wieder kommentiert und paraphrasiert wurde, war für das Mittelalter eine Denkwirklichkeit. Dabei verstand man »mensura« als das, was jedem Ding vom Ursprung her sein Maß und seine Weise vorsteckt. Unter Zahl bzw. »numerositas« verstand man das, was das Wesen eines seienden Dinges, seine unterscheidbare Form, kennzeichnet, so wie sie dem Betrachter entgegentritt; und unter »pondus« schließlich verstand man die Neigung (»inclinatio«) der Dinge zum »finis universi«, das Sich-Neigen und Streben des Seins zu Gott, dem »finis ultimus«, dem letzten Ziel und Ruhepunkt des Seins. So umschließt der Ordo-Gedanke eine Dreiheit des Seins nach Ursprung, Geformtsein und finalem Bezogensein. Schon Augustin, dessen Schriften auch für die Zahlentheorie des Mittelalters grundlegend wurden, unterschied darüber hinaus weitere grundsätzliche Aspekte der Zahl. Angelpunkt aller seiner Überlegungen war die Überzeugung, daß jedem Geschaffenen Zahlen zukommen bzw. nur kraft der Zahl das Geschaffene sein Sein erhält. »Die Dinge haben eine Gestalt, weil sie zahlenhaft sind; nimm ihnen die Zahlen, und sie zerfallen in nichts« (*De libero arbitrio* II, 42). Dinge haben also nur insoweit Sein, als sie in Zahlen gefaßt sind: Dies ist der ontologische Aspekt der Zahl. Alles, was der Mensch in der Schöpfung anschaut, wird von der Zahlenform gehalten, und nur durch diese ist es möglich, die Dinge zu erfassen. Die Zahl macht die Dinge rational erfaßbar und garantiert damit den Wahrheitsgehalt der Erkenntnis. In diesem Sinn kann Augustin (wie später Dante) von einem »lumen numerorum«, einem »Licht der Zahl« sprechen, und es wird verständlich, warum er, sich auf das Bibelwort aus Eccles. 7,26 stützend, die Begriffe »numerus« und »sapientia« zusammenrückt. Beide, Zahl und Weisheit, sind für ihn »ein und dieselbe Sache« und im Geheimnis des Schöpfers geborgen (*De libero arbitrio*, II,30): Dies ist der erkenntnistheoretische Aspekt der Zahl. Die auf Zahlen beruhende Form der Dinge ist aber auch der Ursprung unseres Gefallens und Ergötzens an den Dingen der Schöpfung. Alles was uns gefällt, ist zahlenhaft; in der »numerositas« der Dinge liegt ihre Schönheit begründet oder, anders formuliert: »Nichts ist zahlenmäßig geordnet, was nicht auch

122

schön wäre« (*De vera religione*, 41,77). Im Zusammenhang mit diesem ästhetischen Aspekt der Zahl spricht Augustin auch des öfteren (und viele werden später diese Überlegungen aufgreifen) von dem Schöpfer-Künstler, von Gott als dem »höchsten Künstler«, dem »summum artifex«, der »alle seine Werke mit dem Ziel der Schönheit angeordnet und zusammengefügt hat« (*De vera religione* 39,72). Der Menschenkünstler aber ist für Augustin auch in dieser Hinsicht ein Ebenbild Gottes, denn auch er richtet sich nach dem ihm eingegebenen »Licht der Zahlen« und rührt »Hände und Werkzeug« so lange, bis die Übereinstimmung zwischen der Form des Kunstwerks und dem ihm eingegebenen Licht der Zahlen hergestellt ist (*De libero arbitrio* II,42). Dies sind Sätze, die mit Sicherheit bei Dante ein langes Nachdenken auslösten, war doch damit klargestellt, daß die zahlenhafte Struktur dem Künstler nicht nur das Sein und den Wahrheitsgehalt, sondern auch die Schönheit des Werkes verbürge. Aus dem bisher Gesagten ergibt sich fast zwangsläufig der anagogische Aspekt der Zahl. Wenn es zutrifft, daß die gesamte Schöpfung auf Zahlen beruht, die letztlich ihren Ursprung im »numerus sempiternus« des Schöpfers haben, dann tragen alle kraft Zahlengesetz geschaffenen und bestehenden Dinge »die offenkundigen Spuren der obersten Zahlen«, d. h. des Schöpfers, in sich. In diesem Sinne ist die Schöpfung ein unaufhörliches Winken der Gottheit, ausgehend von der Schönheit der Dinge das Wesen und die Größe des Schöpfers zu bedenken und so aufzusteigen zur Betrachtung Gottes als »fons et locus numerorum aeternorum« (wie der Titel des sechsten Buches von Augustins *De musica* lautet).

Die Zahl als vorzüglichste Spur des Schöpfers in seiner Schöpfung ist auch der Grundgedanke der Zahlenästhetik des Heiligen BONAVENTURA (Johannes Fidanza; 1217/18–1274), die hier als Höhepunkt mittelalterlicher Zahlenspekulation wenigstens kurz erwähnt sei. Die Ästhetik des »doctor seraphicus«, dessen Lebenszeit in die Dantes hineinragte und den Dante im Reigen der Weisheitslehrer in seinem Paradiso auftreten läßt, gründet auf dem Augustinschen Begriff der »aequalitas numerosa« und der daraus von Augustin und Boethius entwickelten Lehre von den Proportionen. In seiner vielleicht bedeutendsten Schrift, dem *Itinerarium mentis in Deum*, dem *Pilgerbuch der Seele zu Gott*, macht Bonaventura den Kerngedanken Augustins, daß der Mensch aus der Betrachtung der geschaffenen Welt zu Gott aufsteigen kann und soll, zum unverrückbaren Ziel seiner Mystik. Bonaventura teilt seine Schrift in sieben Kapitel ein, von denen die ersten sechs den sechsfach gestuften Aufstieg der Seele zu Gott, das siebte die Entrückung der Seele im Anblick Gottes darstellen (ähnlich wird Dantes Wanderer neun Stufen aufsteigen, um sich dann der mystischen Versenkung hinzugeben). Statt weiterer Einzelheiten sei ein Auszug aus dieser Schrift zitiert, der die wesentlichen Gedanken Bonaventuras zusammenfaßt (vgl. *Itinerarium mentis in Deum*, II, 10; das eingeschobene Zitat stammt aus Boethius' *De arithmetica*):

»Alles ist somit schön und erweckt irgendwie Wohlgefallen. Schönheit und Wohlgefallen sind aber nie ohne Proportion, und diese findet sich zuerst in den Zahlen. Darum muß notwendig alles zahlenhaft sein, und aus diesem Grunde »ist die Zahl das vorzüglichste Urbild im Geist des Schöpfers« und in den Dingen die deutlichste Spur, die zur Weisheit führt. Da die Zahl allen ganz einleuchtend ist und Gott am nächsten kommt, führt sie wie über sieben verschiedene Stufen zu Gott und bewirkt, daß wir ihn in allen körperlichen und sinnlich wahrnehmbaren Dingen erkennen, wenn wir die Zahlenverhältnisse wahrnehmen, uns an den zahlenmäßigen Proportionen erfreuen und durch deren Gesetze unwiderleglich urteilen.«

Nur vor dem Hintergrund der mittelalterlichen Zahlenspekulation, aus der hier nur einige der wichtigsten Gedanken angeführt wurden, kann man ermessen, was Dante überhaupt in seiner *Commedia* gemacht hat. Die Arbeit mit Zahlen, die Durchführung unterschiedlicher, auch komplexer und weitläufiger Berechnungen war bei der Herstellung des Textes im Wortsinn von maßgeblichem Gewicht und hat mit Sicherheit einen großen Teil der Abfassungszeit in Anspruch genommen. In der Dichtungslehre Dantes oder besser in der Dichtungskonzeption der *Commedia* spielt die Zahl eine derart zentrale Rolle, daß Dantes Poetik generell mit dem Begriff Zahlenpoetik gekennzeichnet werden könnte. Daß Dante einzelne Symbolzahlen in seinem Werk verwendet, wie etwa die Drei, Symbol der Trinität, die Sieben als Symbol der Gaben des Heiligen Geistes bzw. der sieben Tugenden oder die Elf als Symbol der Sünde, ist bereits in der oben gegebenen knappen Charakteristik des Werkes sichtbar geworden. Ebenso die Tatsache, daß Dante diese Zahlensymbole auch als Aufbaumaße benutzt, sie also zur Zahlenkomposition verwendet: drei Cantiche enthält das Gedicht, sieben Stufen hat der Läuterungsberg, und die Anzahl der Himmelsstufen seines Paradiso entspricht der Zehn, dem Symbol der Vollkommenheit und darin gleichbedeutend mit der Zahl Hundert, der Anzahl aller Gesänge der *Commedia*. Indes ist Dante weit über solche relativ bekannten, auch von anderen mittelalterlichen Dichtern praktizierte Verfahren hinausgegangen. Auch auf dem speziellen Gebiet der mittelalterlich-christlichen Zahlenpoetik zeigt sich die Eigenart Dantes, einerseits alle bekannten Inhalte und Techniken aufzugreifen, sie andrerseits aber so selbständig weiterzuentwickeln, daß fast eine neue Praxis daraus entsteht. Neuere Forschungen zur *Commedia* haben ergeben, daß der gesamte Text der 14233 Verse des Gedichts in exakter Weise nach Zahlenmaß durchstrukturiert ist, angefangen vom wohlüberlegten Gesamtumfang der Dichtung über den Umfang der drei Cantiche und der einzelnen Aufbaustufen bis hinab zur Verszahl der einzelnen Gesänge und weiterer kleiner und kleinster Textabschnitte. Offensichtlich ist, daß Dante mit allen Rechnungsarten der Arithmetik und der Geometrie vertraut war, die er auf seinem »abacus«, der Rechenmaschine des Mittelalters, relativ leicht durchführen konnte, auch solche mit vier- oder fünfstelligen Zahlen etwa. Schon in dieser elementaren rechnerischen und kompositorischen Hinsicht geht Dante über alles bis dahin in der Dichtung Realisierte hinaus. Er steigert und verfeinert seine zahlenpoetische Praxis u. a. dadurch, daß er weite Teile seines Wortschatzes zahlenmäßig durchstrukturiert, indem er konkret die Verwendung der für ihn wichtigen Wörter, wie z. B. »amore«, »grazia«, »valore, »virtù«, aber auch »fiamma«, »segno« und viele andere (der Wortschatz Dantes ist in dieser Hinsicht noch nicht vollständig untersucht), im Text sowohl hinsichtlich der Gesamtzahl ihrer Belege als auch in bezug auf die jeweiligen Fundstellen ihres Vorkommens zahlenmäßig festlegt.

Der Dichter erweiterte und vertiefte seine zahlenpoetischen Möglichkeiten ganz erheblich dadurch, daß er sich auf das nur wenigen bekannte, kryptographische Verfahren der sogenannten Gematrie besann, das es ihm erlaubte, sakrale Namen und Inhalte, aber auch persönliche Namen in Zahlenwerte umzurechnen und diese dann als Zahlen oder Maße in den Text der *Commedia* einzuführen. Dante benutzte einerseits die Gematrien, die sich auf der Grundlage des griechischen Alphabets ergeben, dessen Buchstaben zugleich Zahlenzeichen sind (das sogenannte »gemeingriechische« oder »milesische« Berechnungssystem). Addiert man z.B. die Zahlenwerte der Buchstaben des Wortes ΘEOC (Gott) so erhält man die Gleichung $9+5+70+200 = 284$, eine sakrosankte Zahl, die Dante in seinem Text verwendet; auf die gleiche Weise erhält man etwa die Gematrie für griechisch MAPIA (Maria), die Zahl 152, oder den gematrischen Wert 300 des griechischen Buchstabens T, Symbol des Kreuzes Christi, usw. Ein weiteres gematrisches Berechnungssystem, das sogenannte »additive« oder »Thesis-System«, mit Sicherheit jünger als das zuvor erwähnte, ging von dem Zahlenwert aus, der den Buchstaben in der Reihenfolge des Alphabets zukam, also $a = 1$, $b = 2$, $c = 3$ usw. Diesem praktisch auf jedes Alphabet anwendbaren Verfahren legte Dante sein italienisch-lateinisches Alphabet zugrunde und erhielt so für dessen Buchstabenreihe (ohne j und w, aber mit k!) die Umsetzung $a-z = 1-24$. Auf der Grundlage dieser Umsetzung errechnete Dante die Zahlenwerte der Namen Beatrice = 61, Bice = 19,

Dante = 42, Dante Alighieri = 118 und viele andere Werte, die er in seinem Text sinnstiftend und beziehungsreich verwendet. Als Summe all dieser zahlenbezogenen Berechnungen, Anordnungen und Strategien ergab sich der komplexe und sinnschwere Gesamtordo des Gedichts, das wie die Schöpfung Gottes auf Zahlenmaß beruht und zugleich viele persönliche Geheimnisse in sich einschloß. Dantes umfangreiche Arbeiten mit der Zahl haben mit Sicherheit die Abfassungszeit des Gedichts erheblich verlängert; sie beruhen zudem, was wichtiger ist, auf einer im voraus planenden Strategie, die es erforderlich machte, umfangreiche Berechnungen, Schemata, Tabellen und Wortlisten fertigzustellen, bevor der erste Vers geschrieben werden konnte.

Nur auf einige wenige Beispiele, die sich auf die Abmessungen der drei Cantiche und des ganzen Gedichts beziehen, sei hier hingewiesen. Untersuchungen haben ergeben, daß die erste Cantica auf dem Grundmaß der 118, die zweite auf den Grundmaßen 39 und 118, die dritte auf den Grundmaßen 39 und 61 aufgebaut ist. Das *Inferno* beruht somit auf der Zahl Dantes, das *Purgatorio* auf der Zahl der Beatrice und der Zahl Dantes, das *Paradiso* schließlich ganz auf den Zahlen Beatrices. Im einzelnen ergibt sich folgendes: Das *Inferno* umfaßt insgesamt 4720 Verse; das ist das Produkt aus 40 x 118. Die Bedeutung der Zahl 118 ist für sich gesehen klar. Der andere Faktor, die 40, ist mit größter Wahrscheinlichkeit zu interpretieren als Symbol des Kreuzes (das Kreuz als »Siegeszeichen« Christi wird auch im vierten Höllengesang V. 54 erwähnt), überhöht durch Multiplikationen mit der vollkommenen Zahl Zehn. Das *Purgatorio* umfaßt insgesamt 4755 Verse, das sind (39 x 118) + 153 Zeilen. Das *Paradiso* schließlich umfaßt 4758 Verse, das ist das Produkt aus 2 x 39 x 61. Diese Zahlen belegen nicht nur die Tatsache, daß Dante sein Werk auf persönlichen Zahlen aufbaut, sondern darüber hinaus auch eine unübersehbare Wertzuordnung. Die »eigene« Zahl 118 als die einer sündigen Kreatur hat Dante offensichtlich dem Inferno zugeordnet. Allerdings verbunden mit dem Zeichen des siegreichen Kreuzes Christi. Die Zahl 118 wird auch noch im Zwischenreich verwendet, das die Läuterung der Sünden mit dem Ziel der Erreichung des ewigen Heils thematisiert. Als zweiter Aufbaufaktor erscheint hier die Zahl der Beatrice, die ja im *Purgatorio* (im irdischen Paradies) als Heilsmittlerin in Erscheinung tritt. Daß diese Maße verbunden werden mit der aus dem Johannesevangelium (21,11) bekannten 153, dem seit Augustin häufig kommentierten Symbol der Erlösten, die in das Himmelreich eingehen, ist gerade hier stark motiviert, da das gesamte Geschehen des Läuterungsberges auf der Zuversicht beruht, durch angemessene Sühne endlich der Schar der Auserwählten anzugehören. Daß im *Paradiso* schließlich neben dem Faktor zwei nur noch die Zahlen der Beatrice erscheinen, ist wiederum konsequent, denn hier im Reich der Seligen und des Allerhöchsten kann das Zeichen des sterblichen Dante nicht mehr maßgebend sein.

Diese Zahlen und Relationen, auf deren Einzelerörterung hier verzichtet wird, führen u. a. auch noch einmal zur *Vita Nuova* zurück, nämlich zu dem dort von Dante gegebenen Versprechen, dereinst über Beatrice so zu dichten, wie noch nie über eine Frau gedichtet worden war. Die Beziehung zu Beatrice war, wie bereits ausgeführt, ein frühes, vielleicht wichtigstes Entstehungsmotiv der gesamten Werkkonzeption, das sich höchstwahrscheinlich von Anfang an, d. h. schon vor Beginn der Niederschrift, in den gewählten und berechneten Abmessungen der Aufbauteile konkretisierte. Von daher ist der Gedanke naheliegend, daß auch der Gesamtumfang der 14233 Verse des Gedichts und dessen Mittelpunkt mit Beatrice und deren Zahlen zu tun haben könnten. Auch hierzu nur einige Hinweise. Der Mittelvers der Dichtung fällt auf den Vers Purg. 17,125 und trägt die Zahl 7117. Die auffallende chiastische Ziffernfolge der Zahl 7117 ist mit hoher Wahrscheinlichkeit ebenso bewußt angestrebt wie die Polysemie ihrer symbolischen Funktion (Polysemie galt der mittelalterlichen Poetik als Vorzug, nicht als Mangel). Ohne Zweifel verweist die Zahl auf die »klassischen« Gehalte der Sieben, Zahl der Gnade und des Heiligen Geistes, und der Eins, Symbol des Schöpfers; zugleich aber auch auf die 17 mit dem Symbolgehalt des Gesetzes und der Gnade (»lex et gratia«), die im Ziffernbild der Zahl 7117 einmal in normaler, einmal in chiastischer Ziffernfolge (71) erscheint. Auch die Zahl des Gesangs, in den die Mitte fällt, ist die 17; von Inf. 1 an durchgezählt ist es übrigens der 51. Gesang, das entspricht dem Produkt aus 3 x 17.

Dante wäre aber nicht Dante, wenn er in die Polysemie dieser Zahl 7117 nicht zugleich die Zahlen der Beatrice hineingeschrieben hätte. 117 nämlich ist das Produkt aus 3 x 39. Die wohl plausibelste Deutung der 7117 ist somit die Zerlegung in 7000 und 117 (3 x 39), also die Deutung als (durch Multiplikation mit 1000 überhöhtes) Symbol der Gnade verbunden mit dem Symbol der Beatrice und der Trinität (3 x 39). Das gleiche Teilungs- und Deutungsschema läßt sich auch auf den nächsten Vers mit der Zahl 7118 anwenden: 7000 + 118. Verbunden mit dem Symbol der Gnade steht somit die Signatur des eigenen Namens in der Mitte des Gedichts; genau ein Vers neben dem Symbol der Beatrice, die das Zentrum der Dichtung einnimmt. Von hierher wird, wie schon in den vorigen Beispielen, nochmals sichtbar, welche Mühe Dante die Berechnung und Abstimmung des Gesamtumfangs und der Einzelteile der *Commedia* gekostet haben muß. Diese so wichtige Zahl 14233, mit Sicherheit Frucht langwieriger Überlegungen, enthält aber in sich auch einen direkten symbolischen Bezug zum Motivationskern des Werkes, zur Beatrice, der 39. Teilt man 14233 durch 39, so erhält man den Wert 364,95, also fast genau 365, das ist die Zahl der Tage des Sonnenjahres. Allerdings stehen in christlicher Literatur die 365 Tage des Sonnenjahrs, wie man schon in der Enzyklopädie Isidors nachlesen kann, oft symbolisch für die Lebenszeit des Menschen insgesamt. Damit wird eine von Dante in die Zahl des Gesamtumfangs seines Werks verschlüsselt eingebrachte Symbolik erkennbar und deutbar: Mit Beatrice vollendet sich das Jahr, und in ihrem Namen vollenden sich Leben und Lebenswerk des Dichters.

Die hier geschilderten zahlenpoetischen und textstrategischen Maßnahmen sind erst vor relativ kurzer Zeit aufgedeckt worden. Große Bereiche dieser ungewöhnlichen poetischen Praxis sind noch zu erforschen, viele Fragen noch zu beantworten, darunter auch die nach Umfang und Gewicht geometrischer Berechnungen in der *Commedia*. Schon jetzt steht indes fest, daß die Beachtung von Dantes Berechnungen und Anordnungen einen tiefen Einblick gestattet in seine Arbeitsweise als Dichter, aber auch in die persönlichsten und intimsten Überzeugungen des Menschen Dante. Unübersehbar weisen bei sorgfältiger Lektüre Zahlen und Proportionen auf die Textpunkte hin, die für Dante von besonderem bzw. »zentralem« Interesse waren. Darüber hinaus ermöglicht, ja erzwingt die Zahlenstruktur des Gedichtes eine synoptische Lektüre, eine Lesehaltung, die auch weit auseinanderliegende Textstücke oder Einzelverse als gleichsam nebeneinanderliegende Elemente in den Blick faßt und interpretiert. Denn mit Hilfe seiner Pläne, Skizzen und Konkordanzen verfuhr auch der Dichter synoptisch und stimmte weit auseinanderliegende Passagen genau aufeinander ab. So können die Zahlen der *Commedia* für den modernen Interpreten Spuren sein, die an wichtige Punkte des Textes heranführen und viele Stellen geradezu aufschlüsseln. Die Zahlen waren für den Dichter neben der Sprache ein zweites großes Zeichensystem, mit dem er vor allem das ausdrückte, was er nicht in nackten Worten sagen wollte. Ohne Zweifel trägt die das ganze Gedicht untermauernde Dimension der Zahl entscheidend zur Bedeutungsdichte und zur Sinntiefe des Werkes bei. Nicht zuletzt die Zahlen und Proportionen waren es, mit denen der Dichter sein Kunstwerk als Teil der großen Schöpfung des »summum artifex« ausweisen und einordnen wollte, und nur die Zahlen garantierten ihm den Wahrheitsgehalt und die formvollendete Beständigkeit des Werkes.

8. Nachwirkungen Dantes

Dantes Wirkung auf die Welt beruhte von seinen Lebzeiten an bis heute in ganz überwiegendem Maße, und in den meisten Epochen fast ausschließlich, auf der Rezeption seines Hauptwerkes. Sein großes Gedicht mit dem sinnschweren Titel *Commedia* erregte schon unter seinen Zeitgenossen großes Aufsehen, die es als ungewöhnlich reiches und engagiertes Lehrbuch über alle wichtigen diesseitigen wie jenseitigen Dinge und als christliche Lebenshilfe verstanden. Noch bevor der dritte Teil, das *Paradiso*, fertiggestellt war, begann man, die beiden ersten Teile, das *Inferno* und das *Purgatorio* zu lesen und abzuschreiben. Nachdem etwa mit dem Tod des Dichters das gesamte Werk vorlag, begann eine intensive Auseinandersetzung mit der *Commedia,* der die Zeitgenossen den Beinamen »Göttliche« (»Divina«) verliehen und die immer wieder vorgetragen, abgeschrieben, gedeutet, kommentiert und zusammengefaßt wurde. Unter den ersten Kommentatoren des Werks waren auch die Dante-Söhne Jacopo und Pietro, deren (noch anspruchslose) Kommentare bzw. Kommentarfragmente die reiche, sich bis in unsere Gegenwart fortsetzende und immer noch vermehrende Spezialliteratur der Kommentare zur *Commedia* eröffnen. Schon in der zweiten Hälfte des 14. Jahrhunderts wurde es üblich, öffentliche Lesungen des Gedichts abzuhalten. 1373 richtete die Republik Florenz, dem Bedürfnis breiter Schichten folgend, einen eigenen Lehrstuhl für die Exegese der *Commedia* ein und beauftragte einen der bedeutendsten Gelehrten der Zeit, Giovanni Boccaccio, Lesungen zu halten und das Werk zu erklären. Immer vollständigere und genauere Kommentare entstanden; immer zahlreichere Abschriften des Werks gelangten in Umlauf. Insgesamt sind heute nahezu 500 vollständige oder fast vollständige Commedia-Handschriften bekannt; hinzu tritt eine große Zahl von Codices, die einzelne Teile des Gedichts reproduzieren. Die *Commedia* wurde schon 1472 in Venedig gedruckt und gehörte damit zu den ersten Büchern, die in Italien durch Druck verbreitet wurden. Insgesamt ist die Wirkungsgeschichte des Werkes gekennzeichnet durch eine unaufhaltsame Verbreitung und einen ständig wachsenden Ruhm seines Dichters in Italien, in Europa und in der ganzen Welt. Zwar gab es einzelne retardierende Momente, wie z. B. den Humanismus des 15. Jahrhunderts, dessen Interesse der Antike und insbesondere der klassischen Latinität galt, oder etwa das 16. Jahrhundert mit seiner stark durch Petrarca und dessen Nachahmer geprägten Ästhetik, derzufolge Dante als dunkel und grob, ja »barbarisch« erschien und nur in wenigen geglückten Episoden seines Gedichts dem angeblich schlechten Geschmack seiner Epoche entronnen war. Auch dem Zeitalter der Aufklärung konnte Dante als rückständig und »mittelalterlich« erscheinen. Doch hat es auch in den dunkelsten Phasen seiner Wirkung und seines Ruhms Dante nie an begeisterten Lesern und glühenden Verehrern gefehlt, an Zuneigung und Bewunderung, die später im Zuge der Romantik in Italien und Deutschland, dann auch in anderen Ländern endgültig, auch in der offiziellen Literaturkritik, die Oberhand gewannen. Schon Johann Jacob Bodmer, Entdecker und Interpret mittelalterlicher Dichtungen, konnte 1749 in Deutschland verkünden: »Dante war für seine Zeit ein außerordentlicher Geist. Zu einem herrlichen Naturell kam die vollkommenste Erkenntnis, welche die Auferziehung und die eigene Erfahrung mitteilen kann.« 1798 formulierte Friedrich Schlegel: »Dantes prophetisches Gedicht ist das einzige System der transzendentalen Poesie, immer noch das höchste seiner Art.« Und sein Bruder August Wilhelm konstatierte wenig später, mit Anspielung auf den mystisch-visionären Charakter der Dichtung Dantes: »Beim Dante hat sich Philosophie und Poesie wahrhaft durchdrungen: es ist als ob die ringförmige Schlange der Ewigkeit sein Werk wirklich einfaßte, während im Innern desselben das heilige Dreieck in unzugänglichem Lichte strahlt.« Auf der Grundlage der romantischen Neuentdeckung und Würdigung Dantes konnte die *Commedia* ihren Siegeszug um die ganze Welt antreten, wobei eine in der Mitte des 19. Jahrhunderts einsetzende ernsthafte philologisch-kritische Auseinandersetzung mit dem Werk dessen Verständnis und Verbreitung wirksam unterstützte. Letzterem Ziel dienten und dienen auch die in vielen Ländern gegründeten Dante-Gesellschaften, allen vorweg die älteste, die schon 1865 gegründete »Deutsche Dante-Gesellschaft«; 1880 konstituierte sich die amerikanische »Dante Society«, 1888 die italienische »Società Dantesca«. Heute ist Dantes Gedicht in einer Unzahl gedruckter, meist kommentierter Ausgaben sowie in Übersetzungen in alle wichtigen Sprachen über die ganze Welt verbreitet. Seit Jahrzehnten sind Dante, seine Werke und insbesondere die *Commedia* Gegenstand einer intensiven Erforschung durch die modernen Geisteswissenschaften, die eine kaum noch zu überschauende wissenschaftliche Literatur zu Dante hervorgebracht und damit längst eine eigene Dante-Wissenschaft begründet haben.

III. FRANCESCO PETRARCA

1. Sein Lebensweg

Das Leben des berühmten FRANCESCO PETRARCA (1304–1374) fällt im wesentlichen in die beiden ersten Drittel des Jahrhunderts und damit in dessen große und dramatische zeitgeschichtliche Entwicklungen, die bereits in dem einleitenden Kapitel »Blick auf die Zeit« kurz skizziert wurden: geistliche und politische Krise des in Avignon residierenden Papsttums, Niedergang der kaiserlichen Macht, Aufkommen der Signorien, Kriege allenthalben, Epidemien und Hungersnöte, Söldnerwesen und allgemeiner Niedergang der Halbinsel. Zugleich lag Petrarcas Leben an einem entscheidenden Wendepunkt der kulturellen Entwicklung des Abendlandes, nämlich an der Wende vom nunmehr zu Ende gehenden Mittelalter mit seiner scholastischen Philosophie, seinen theologisch und transzendent geprägten Wissensinhalten und Lebensformen und seiner überlebten höfischen Kultur zu einem neuen humanistischen Lebensgefühl und zu neuen, an der profanen Kultur der Antike und ihren großen Autoren orientierten Interessen und Fragestellungen, die den Menschen in den Mittelpunkt stellten und sich stärker seinen konkreten gesellschaftlichen und privaten Bedürfnissen zuwandten. Über Petrarcas Lebensweg, insbesondere auch über seine innere Entwicklung, gibt es eine große Zahl von Texten und Dokumenten, ohne daß jedoch dadurch seine Lebensbeschreibung erleichtert würde. Denn fast alle verfügbaren, diesbezüglichen Daten sind autobiographischen Ursprungs und somit den zwangsläufigen Verzerrungen der Selbstdarstellung unterworfen.

Er wurde am 20. Juli 1304 in Arezzo als Sohn des Notars Pietro di ser Parenzo, genannt Petracco, und dessen Frau Eletta Canigiani, geboren. Der Großvater väterlicherseits war Ser Garzo, ein bekannter Laudendichter seiner Zeit. Der Vater, weißer Guelfe und Freund Dantes, war aus diesem Grunde bereits im Oktober 1302 nach Arezzo ins Exil gegangen. Später zog die Familie nach Incisa im Valdarno, nicht weit von Florenz, dann nach Pisa; doch nachdem alle Hoffnung auf eine Rückkehr in die Stadt Dantes geschwunden war, trat der Vater in den Dienst des in Avignon residierenden Papstes Klemens V. Wegen Überfüllung des kleinen Avignon richtete sich die Familie in Carpentras ein. Gemeinsam mit dem 1307 geborenen Bruder Gherardo erhielt Francesco einige Jahre Unterricht in Grammatik und Rhetorik unter der Leitung seines wichtigsten Lehrers, des Convenevole da Prato. Schon 1316 begibt er sich zum Studium der Rechte nach

Montpellier, entdeckt jedoch sehr bald seine Vorliebe für die großen Dichter der Antike. Nach dem Tod der Mutter 1318 oder 1319 schreibt er für diese seine ersten lateinischen Verse (achtundvierzig Hexameter, die Zahl ihrer Lebensjahre). 1320 geht Francesco auf Geheiß des Vaters zusammen mit Gherardo und dem Freund Guido Sette, dem späteren Bischof von Genua, zum weiteren Rechtsstudium nach Bologna, wo er sechs unbeschwerte Studienjahre verbringt, unterbrochen nur durch zwei kurze Aufenthalte in Venedig und Ancona und zwei kurze Besuche in Avignon. Erst nach dem Tod des Vaters 1326 kehrt er mit seinem Bruder nach Avignon zurück. Hier verliebt er sich am 6. April 1327, einem Karfreitag, wahrscheinlich in der Kirche Sainte Claire, in eine junge Frau namens Laura, die vielleicht mit einer Laura oder Laureta de Noves, geehelichte De Sade, identisch war. Diese Dame, oder besser die idealisierte und transfigurierte Gestalt, die der Dichter imaginär daraus formte, wurde zu seiner lebenslänglichen Muse und zum einzigen Gegenstand seiner größten Dichtung, des *Canzoniere*. Das gedankenlose und mondäne Leben in Avignon drohte bald das väterliche Vermögen aufzuzehren, so daß der junge Dichter sich eine kirchliche Pfründe verschaffte, indem er die niederen Weihen annahm, sich zum Zölibat verpflichtete und Kapellan des Kardinals Giovanni Colonna, Bruder seines Freundes Giacomo Colonna, wurde, bei welch letzterem er bis 1337 blieb. In den dreißiger Jahren unternimmt Francesco ausgedehnte Reisen, die ihn u.a. nach Paris, Gand, Lüttich, nach Aachen, Köln und Lyon führen, stets begleitet von seinen humanistischen Interessen, die ihn z.B. in Lüttich zwei Reden Ciceros entdecken lassen. In die gleiche Zeit fällt indes auch die geistige Begegnung mit Augustin, ausgelöst durch eine Ausgabe der *Confessiones,* die ihm der Mönch Dionigi da Borgo San Sepolcro wohl 1333 geschenkt hatte. Diese Begegnung war wahrscheinlich der Beginn einer tiefen und langanhaltenden seelischen Krise, die nicht nur in den autobiographischen Werken des Dichters ihre aufschlußreiche Spur hinterlassen wird. Wie viele Zeitgenossen ersehnte er in diesen Jahren die Rückkehr des Papstes nach Rom; in zwei Briefen von 1335 und 1336 ermahnte er Benedikt XII., dorthin zurückzukehren. Er selbst lernte die heilige Stadt zuerst 1336/37 kennen, als er sich einige Monate bei seinem Freund Giacomo Colonna aufhielt. Nach der Rückkehr verlegte er seinen Wohnsitz von Avignon nach Vaucluse, wo er in ländlicher Idylle ein Haus erworben hatte: Dies war für ihn von nun an der bevorzugte Ort der Ruhe, der meditierenden Einkehr, des schöpferischen Planens und sprachkünstlerischen Gestaltens. Hier beginnt er auch im folgenden Jahr mit den Arbeiten an *De viribus illustribus* und an dem lateinischen Epos *Africa* (dazu später) sowie mit einer Sammlung seiner bisher verstreuten lyrischen Dichtungen.

132

Schon früh kommt Petrarca zu großen Ehren: bereits 1340 bieten ihm die Universität von Paris und der Senat von Rom (die beiden Briefe treffen, wie er in seiner Schrift *Posteritati,* 15, hervorhebt, zu seinem großen Erstaunen am gleichen Tage ein!) die Dichterkrönung an. Er entscheidet sich für Rom und unterwirft sich dort drei Tage lang der Prüfung des gelehrten und aufgeklärten Königs Robert d'Anjou, mit dem er über Fragen der Dichtkunst diskutiert. Auch liest er Teile aus seinem Epos *Africa* vor. Am 8. April 1341 wird er im Campidoglio zum Dichter gekrönt und erhält das privilegium laureae, die Lehrbefugnis, von der er jedoch nie Gebrauch machen wird. Trotz herausragender äußerer Erfolge und frühen Ruhms bleibt Petrarcas Leben durch eine ständige innere Unruhe gekennzeichnet, die auch äußerlich in ständigen Reisen, in Aufbruch, Rückkehr und Wiederaufbruch zum Ausdruck kam. Sowohl in religiöser wie in künstlerischer Hinsicht war er ständig auf der Suche nach einem inneren Gleichgewicht, das leicht durch äußere Ereignisse gestört wurde, wie z. B. durch die plötzliche, wenn auch nicht ganz unerwartete Absage des Bruders Gherardo an das Leben, der sich 1342 in die Kartause von Montrieux zurückzog, oder etwa 1343 durch die illegale Geburt der Tochter Francesca (nachdem bereits 1337 sein natürlicher Sohn Giovanni zur Welt gekommen war). Seine Unruhe kam auch in seiner Arbeitsweise zum Ausdruck, indem er, wie er selbst gesteht, stets eine große Zahl von Entwürfen skizzierte, vieles begann und dann letztlich doch unvollendet liegen ließ. »Meine Intelligenz, so schreibt er in *Posteritati,* ist so beschaffen wie mein Körper: sie hat mehr Beweglichkeit als Kraft; und deswegen war es mir leicht, viele Pläne zu entwerfen, die ich dann doch wegen ihrer schwierigen Durchführung wieder beiseite legte«. So produzierte Petrarca viele Fragmente, ja die Form des Fragments kann überhaupt als eine seiner Veranlagung angemessene Ausdruckweise angesehen werden. 1342 schloß Petrarca Freundschaft mit Cola di Rienzo. Im August des gleichen Jahres beginnt er mit der ersten Fassung seines *Canzoniere,* dessen immer wieder neu durchdachter Gesamtaufbau in den folgenden Jahren noch acht weitere Fassungen durchläuft, bis ihn der Tod von der Arbeit an der neunten Fassung befreit. In den vierziger Jahren weilt Petrarca in Neapel und in Parma, Freundschaften knüpfend, an seinen Werken arbeitend und humanistischen Interessen nachgehend. Von Parma, das gerade von den Gonzaga und den Visconti belagert wurde, mußte er nach Verona fliehen (durch einen Sturz vom Pferd verletzte er sich dabei an Arm und Bein), wo er in der Dombibliothek Briefe Ciceros entdeckte, die er selbst abschrieb. Zwischendurch immer wieder Rückzüge in die Stille von Vaucluse, wo er an *De vita solitaria* und an dem *Bucolicum carmen* schreibt und *De otio religioso* entwirft. 1347 feierte der Dichter bewegt in einer Ekloge und zwei

Episteln die Wahl Cola di Rienzos zum Volkstribun; am Ende des Jahres, als er in päpstlicher Mission unterwegs ist, erfährt er den Sturz Colas und tadelt ihn wegen seines maßlosen Verhaltens (vgl. *Familiares* VII,7). Ebenfalls 1347 arbeitete er auch an der zweiten Fassung des *Canzoniere*. 1348, im Jahr der Pest, erreichte ihn im Mai die Nachricht vom Tode Lauras, welcher nach Aussage des Dichters am 6. April eingetreten war, also exakt einundzwanzig Jahre nach dem Tag der ersten Begegnung. 1350 reist er zur päpstlich verordneten Jubelfeier nach Rom. Nur mit Mühe konnte ihn Boccaccio überreden, seine Reise dorthin in Florenz zu unterbrechen (eine Stadt, die Petrarca zeitlebens widerstrebte) und sich mit einigen Intellektuellen bekannt zu machen, darunter auch mit Francesco Nelli, der ihm eine Kopie der *Institutio oratoria* des Quintilian überreichte.

Im Mai 1353 verließ er Südfrankreich und ließ sich, einem plötzlichen Entschluß folgend, in Mailand nieder, als Gast des Erzbischofs Giovanni Visconti, Signore der Stadt. In den folgenden Jahren stand er praktisch im Dienst der Visconti, der »Tyrannen«, was ihm nicht wenige seiner Freunde zum Vorwurf machten. Im Januar 1355 wohnte er in Mailand der Krönung Karls IV. zum König von Italien bei und begleitete ihn dann noch ein Stück weit auf seinem Weg nach Rom zur Kaiserkrönung. Im Auftrag der Visconti machte er sich im Mai 1356 auf den Weg zum Kaiser, um diesen zu bewegen, zwischen Mailand und dessen Feinden Frieden zu stiften. Dabei weilte er einen Monat lang in Basel und dann ebensolang in Prag. Vom Kaiser empfängt er den Titel eines Pfalzgrafen. Danach Monate in Padua und Venedig. In Padua schließt er Freundschaft mit dem Mönch Leonzio Pilato in der Hoffnung, von diesem das Griechische zu erlernen, um Homer lesen zu können. Im März des folgenden Jahres empfing er in seinem Mailänder Haus den Besuch des Freundes Boccaccio, der sich fast einen Monat bei ihm aufhielt. In erneuter diplomatischer Mission reiste Petrarca Ende 1360/Anfang 1361 zum französischen König nach Paris, wo er seine Rede in lateinischer Sprache vortrug. Im Sommer 1361 floh er vor der in Mailand wütenden Pest nach Padua; dort erreichte ihn die Nachricht vom Tod des Sohnes Giovanni, die ihn schmerzlich traf, obwohl der widerborstige Sohn sein Leben lang dem Vater Kummer bereitet hatte. Vielleicht aus Furcht vor der sich nun auch in vielen Städten des Veneto ausbreitenden Pest begab er sich im Herbst 1362 nach Venedig. Die Stadt stellte ihm den Palazzo Molin an der Riva degli Schiavoni zur Verfügung, und im Gegenzug verpflichtete sich der Dichter, nach seinem Tod seine gesamte Bibliothek der Republik Venedig zu überlassen. Im Frühjahr 1363 besuchte ihn hier Boccaccio und blieb drei Monate lang bei ihm; auch die verheiratete Tochter Francesca zog 1366 mit dem Enkelkind zu ihm und

134

brachte hier ihr zweites Kind, Francesco, zur Welt (das indes bereits 1368 verstarb).

Zweimal wandte er sich in den sechziger Jahren mit bedeutenden Briefen an das Oberhaupt der Kirche und ermahnte im Frühjahr 1366 Urban V., nach Rom zurückzukehren und, nachdem dies geschehen war, zwei Jahre später noch einmal denselben, Rom nicht wieder zu verlassen (was dieser aber im September 1370 dennoch tat). Nach Aufenthalten in Venedig, Padua und Pavia kehrte der Dichter im Juli 1368 nach Padua zurück, wo er mit großen Ehren empfangen wurde. Seine Schrift *De viribus illustribus,* eine Biographie berühmter Männer der Antike, an der er gerade arbeitete, widmete er Francesco da Carrara, dem Tyrannen der Stadt, und beschloß, sich hier fest niederzulassen, umso mehr, als ihm der Signore ein Stück Land in Arquà auf den euganeischen Hügeln geschenkt hatte. In dem Haus, das er sich dort errichten ließ, verbrachte er die letzten Jahre seines Lebens. Noch bevor er dort einzog, hatte er einen heftigen Fieberanfall; 1370 erlitt er auf einer Reise nach Ferrara eine erneute Krise und schwebte mehrere Tage in Lebensgefahr; einen weiteren Fieberanfall des folgenden Jahres überlebte er wie durch ein Wunder. Jetzt zog die Tochter Francesca mit ihrem Mann und dem Enkelkind Eletta zu ihm in sein Haus in Arquà; als jedoch ein Krieg zwischen Padua und Venedig ausbrach, mußte der Dichter noch einmal fliehen und begab sich in sein Haus in Padua. Unter den vielen, die sich in diesen letzten Jahren um ihn sorgten, war auch der treue und ergebene Freund Boccaccio, der ihn ermahnte, sich mehr Ruhe zu gönnen und auf seine Gesundheit zu achten. Worauf Petrarca im April 1373 mit seinem berühmten Brief »Ad Iohannem de Certaldo, de non interrumpendo per etatem studio« (»An Giovanni Boccaccio über die Studien, die aus Altersgründen nicht unterbrochen werden sollten«; vgl. *Seniles* XVII,2) antwortete. Im Mai 1373 konnte man wieder nach Arquà zurückkehren; im September unternahm er zusammen mit Francesco Novello eine letzte diplomatische Reise nach Venedig als Friedensstifter. Von einem erneuten Fieberanfall am 18. Juli 1374 konnte er sich nicht mehr erholen.

2. Der Humanist

Außer dem *Canzoniere* und den *Triumphi* sind sämtliche Schriften Petrarcas in lateinischer Sprache abgefaßt. Etwa neun Zehntel seines umfangreichen Werkes sind der Sprache anvertraut, die die der großen von ihm bewunderten und verehrten Autoren der lateinischen Antike war. Für Petrarca wie für viele andere frühe Humanisten stand fest, daß die Latinität der höchste und reinste Ausdruck der antiken Kultur und damit dem Griechentum überlegen sei. Die griechische Sprache verstand er nur unvollkommen, so daß er, allen Bemühungen zum Trotz, die großen griechischen Autoren nicht lesen konnte und sich Kenntnisse über sie nur auf Umwegen, d.h. meist über die lateinischen Autoren, beschaffen konnte. Unter den römischen Prosaautoren bewunderte er am stärksten Cicero, an den er wie an einen lebenden Freund Briefe richtete, danach Seneca. Unter den Dichtern standen Vergil und Horaz für ihn an erster Stelle; von den christlichen Autoren liebte er vor allem Lactanz und Augustin, dessen *Confessiones* er sogar bei der für ihn dornigen Besteigung des Mont Ventoux mit sich führte. Für Petrarca stehen »die alten Schriftsteller, die so viele Jahrhunderte vor uns gelebt haben, immer noch gleich leuchtenden Fixsternen am Himmel und zeigen uns den Weg aus den ruhelosen Fluten unserer Seelen in den stillen Hafen der Weisheit«, wie er selbst im Vorwort zu *De remediis utriusque fortunae* bekennt. Petrarca erwartete von den auctores nicht nur dichterische Schönheit und sprachlich-rhetorische Eleganz, sondern, wie die Humanisten des 15. Jahrhunderts, auf die aktuelle Gegenwart und das konkrete Leben anwendbare Weisheit und Wahrheit. Die Eleganz ihres sprachlichen Ausdrucks (»eloquentia«) galt ihm als Garant für den Wahrheitsgehalt ihrer Werke, indem er die Überzeugung vertrat, daß sprachkünstlerische Leistungen nur der vollbringen kann, in dessen Inneren sittliche und geistige Ordnung herrschen (*Familiares* I,9). Der gleiche Zusam-menhang ergibt sich für Petrarca auch in umgekehrter Richtung: Die sprachkünstlerische Gestaltung hebt den Künstler auf die Höhe seines Gegenstandes, sie bringt ihn dazu, ein geistiges Phänomen, mittels kunstvoll geordneter Sprache, vollständig zu durchdringen und so zu erkennen; sie bringt also die Wahrheit ans Licht (vgl. u.a. *Familiares* XII,5).

Der bewundernde und verehrende Umgang mit den alten Autoren zieht zwangsläufig den Versuch nach sich, sie zu imitieren, d.h. ihnen nachzueifern oder sie gar zu übertreffen. Über dieses Prinzip der geistigen Nachfolge, die Imitatio, machte sich Petrarca tiefschürfende Gedanken, die die Humanisten seines und der folgenden Jahrhunderte maßgeblich beeinflußten. Die Nachahmung der großen Autoren durch den modernen Dichter, führt Petrarca in einem seiner Briefe aus (*Familiares* XXIII,19), habe auf das versteckte Ähnliche abzuzielen, nicht auf die direkte und offenkundige Kopie, die eine Nachahmung der Affen sei. Die Ähnlichkeit zwischen der Vorlage und dem neuen Text müsse eine schwierige, nur durch eine geistige Leistung, d.h. eine Interpretationsleistung, erkennbare sein. Die Ähnlichkeit müsse auch viele unähnliche Elemente enthalten, etwa so wie die zwischen Vater und Sohn: Obwohl beide genau betrachtet zahlreiche abweichende

136

Züge aufweisen, bestehe doch zwischen beiden ein schwer definierbares Gemeinsames, das bei dem einen sofort an den anderen denken lasse. Die Schriftsteller sollten schließlich, wie in einem anderen Brief der *Familiares* (I,8) zu lesen ist, dem Rat des Seneca folgen (den zuvor schon Horaz erteilt hatte), daß man nämlich so schreiben solle, wie die Bienen ihren Honig machen: die einzelnen Blumen nicht pflücken, sondern nur das Beste daraus absaugen, um dann aus vielen verschiedenen Elementen etwas Neues und Besseres herzustellen. In diesem Sinne wurde die Imitatio das innere Prinzip von Petrarcas Denken und Schreiben. Das poetische Können und philosophisch-moralische Wissen, das er der Antike absaugte, fand seinen Niederschlag in allen seinen volkssprachlichen und lateinischen Schriften. Früher Ausdruck dieses Wetteiferns war das noch in den dreißiger Jahren begonnene, in lateinischen Hexametern geschriebene historische Epos *Africa*. Das in neun Büchern geplante Werk, das sein ganzes Leben lang auf seinem Schreibtisch lag und bei seinem Tode dennoch Fragment blieb, setzte sich zum Hauptziel, am Beispiel einer heroischen Epoche der römischen Geschichte, nämlich des zweiten karthagischen Krieges und der Heldentaten des Scipio Africanus, die Größe Roms in Vergangenheit und Zukunft darzustellen. Dabei lehnte sich Petrarca in stofflicher Hinsicht vor allem an Titus Livius, in dichterischer vor allem an Vergil an.

Petrarcas humanistische Haltung und Lebensphilosophie fand ihren wichtigsten und zugleich persönlichsten Ausdruck in einem riesigen Korpus lateinischer Briefe, das er bei seinem Tode hinterließ (und aus dem bereits zitiert wurde). Dazu gehören die 24 Bücher der *Familiarum rerum* mit etwa 350 Briefen in Privatangelegenheiten, deren letzte dreizehn Briefe in vertraulicher Ehrerbietung an die großen Schriftsteller der Antike gerichtet sind; 17 Bücher *Senilium rerum*, Briefe der späten Jahre bis 1374; 19 Briefe *Sine nomine*, d. h. mit Rücksicht auf die Empfänger nicht adressierte Briefe; die unvollendete Sammlung *Posteritati* mit Briefen an die Nachwelt und schließlich die *Variae*, eine Zusammenstellung der restlichen, in den genannten Sammlungen nicht enthaltenen Briefe. Bei allen Briefen, so persönlich sie auch erscheinen mögen, handelt es sich um Kunstbriefe, d. h. um Texte mit literarischem Anspruch und Kunstcharakter. Auch die Spontaneität und die intimen Tonlagen dieser Briefe sind planendem Kakül entsprungen. Alles in allem kann das Briefkorpus, das sich in thematischer wie in stilistischer Hinsicht, in Stimmungen wie in Reflexionen an der großen Briefkultur der Antike, insbesondere an den Kunstbriefen Ciceros (weniger an denen Senecas) orientiert, als die erste moderne Autobiographie der italienischen Literatur gelten, in denen sich der Dichter in allen seinen Stimmungen und Anwandlungen, Gedanken und Haltungen darstellt, ständig zwischen Ruhmsucht und Bescheidenheit, zwischen Ehrgeiz und Verzicht, zwischen Geltungsdrang und weltentsagender Meditation schwankend. Kunstübungen par excellence des Dichters waren die 64 »metrischen Briefe«, die *Epistolae metricae*, die zwischen 1333 und 1352 in lateinischen Hexametern geschrieben wurden. Petrarca verfasste ferner drei wichtige moralisierende Schriften, nämlich *De vita solitaria*, eine in der Idylle von Vaucluse begonnenen Apologie der Weltflucht und der Meditation; *De otio religioso*, worin die gleichen Themen unter christlichem Gesichtspunkt abgehandelt werden und die Schrift *De remediis utriusque fortunae*, welche Glück und Unglück im Schicksal des Menschen gegeneinander abwägt mit dem Ziel, beides mit unerschütterlicher Gelassenheit ertragen zu können. Daneben entstanden gelehrte bzw. pseudohistoriographische Schriften wie das bereits erwähnte *De viribus illustribus* und die *Rerum memorandarum libri*, eine sich an Valerius Maximus inspirierende Sammlung denkwürdiger Tugendbeispiele, abgefaßt in noch mittelalterlicher moralisierender Manier (beide unvollendet) sowie die kleine Abhandlung *Itinerarium syriacum*, mit vollem Titel *Itinerarium breve de Ianua usque ad Ierusalem et Terram sanctam*, eine kenntnisreiche Beschreibung des Weges ins Heilige Land, die wegen ihres neuen geographischen Interesses von Bedeutung ist. Mit spitzer Feder konnte sich Petrarca dann und wann auch polemisch einlassen, sei es, um sich der Superioritätsansprüche der Medizin und der Mediziner seiner Zeit zu erwehren wie in den (später in vier Büchern gesammelten) *Invectivae in medicum quendam*, sei es, um den Materialismus aristotelisch-averroistischen Denkens zurückzuweisen wie in *De sui ipsius et multorum ignorantia*, wo bereits die Grundkonflikte zwischen Wissenschaft und Glauben, Materie und Geist diskutiert werden. Noch Anfang 1373 stritt er in hohem Alter mit seiner *Invectiva contra eum qui maledixit Italie* gegen den französischen Mönch Jean de Hesdin, der ihn persönlich verunglimpft und gegen Rom und zugunsten von Avignon als Sitz der Päpste plädiert hatte.

Von besonderer Bedeutung für eine vertiefte Kenntnis Petrarcas und ein treuer Spiegel seiner geistigen und seelischen Veranlagungen, zugleich das wichtigste Dokument seiner ständigen grüblerischen Selbstanalyse ist das sogenannte *Secretum*, mit vollem Titel *De secretu conflictu curarum mearum*. In der Fiktion eines leidenschaftlichen, zeitweise dramatischen Dialogs zwischen dem Dichter und dem Heiligen Augustin gestattet uns Petrarca Einblicke in seine intimsten Seelenlagen. Im ersten Buch wird im wesentlichen die Problematik von Wahrheit und Bewußtsein erörtert und dargelegt, daß nur der Gedanke an den unausweichlichen Tod das in eitler Weltgefälligkeit befangene Denken auf das Wesentliche und Beständige,

d. h. auf die Wahrheit zurückführen kann. In dramatischer Steigerung entwickelt sodann der Dialog des zweiten Buchs die pathetische Selbstanklage des Dichters, eine Enthüllung seiner intimsten Schwächen und Eitelkeiten. »Du vertraust auf den Verstand und auf die Lektüre vieler Bücher; du rühmst dich deiner gefälligen Sprache und ergötzest dich an den Formen deines sterblichen Körpers« wirft ihm Augustin u. a. vor. Vor allem die ruhmsüchtige und eitle Tüftelei mit den Wörtern läßt der Dichter sich vorhalten: »Ich weiß wirklich nicht, was es, in dieser ständigen Vergessenheit und Trägheit für alle Angelegenheiten ringsum, Kindischeres und Schädlicheres gäbe als die Zeit mit dem Studium der Wörter zu verschwenden und dabei mit kurzsichtigen Augen nicht mehr das für sich Wesentliche wahrzunehmen, sondern statt dessen eine so starke Wollust aus dem Umgang mit Wörtern zu schöpfen: So wie sich einige Vöglein an der Süßigkeit ihres eigenen Gesanges berauschen, bis sie daran zugrunde gehen.« Im dritten Buch aber verteidigt sich der Dichter mit dem Hinweis auf die beiden Instanzen, die sein Denken und Trachten beherrschten: Die Liebe zu einer schönen, göttlich erscheinenden Frau, die den jungen Dichter »ab omni turpitudine«, von allem Gemeinen wegzog und auf höhere Ziele richtete; und das Streben nach Ruhm, nach vergänglichem Ruhm, der ihm, dem Sterblichen, genug sein muß. Dem Beifall der Welt aber kann er schon deswegen nicht entsagen, weil er nicht einfach seine in Arbeit befindlichen Werke aufgeben kann: »Könnte ich denn ruhigen Gewissens ein so großes und gewichtiges Werk, das mich schon so viel Arbeit gekostet hat, auf halbem Wege liegen lassen?« »Desiderium frenare non valeo« (»meine Wünsche vermag ich nicht zu unterdrücken«) heißt es lakonisch am Schluß des Dialogs, und so hat denn der schreibende Dichter die Oberhand behalten.

Mit zahlreichen lateinischen Schriften, mit der Entdeckung, Erforschung und Wiederherstellung wichtiger Manuskripte und mit einer lebenslangen, intensiven Auseinandersetzung mit der Kultur der Antike ist der Frühhumanist Petrarca einer der ersten große Wegbereiter der humanistischen Kultur in Italien geworden, der damit zugleich für die Gelehrten in ganz Europa Wege zum antiken Kulturerbe eröffnete. Dabei darf allerdings nicht übersehen werden, daß Gewicht und Prestige, die er der lateinischen Sprache verlieh, zugleich eine erhebliche Erschwernis für die ohnehin retardierte Entwicklung der Volkssprache in Italien waren und dazu führten, daß diese auch in der Folgezeit weiterhin mit Vorbehalten und Vorurteilen zu kämpfen hatte.

3. Die Dichtungen in der Volkssprache: Der »Canzoniere« und die »Triumphi«

Für das Hauptwerk Petrarcas haben sich die Bezeichnungen *Il Canzoniere* (»Das Liederbuch«) oder auch *Le Rime* (»Die Gedichte«) eingebürgert – der signifikante vollständige Titel lautet indes *Francisci Petrarche laureati poete Rerum vulgarium fragmenta* (»Des lorbeergekrönten Dichters Francesco Petrarca Bruchstücke in der Volkssprache«). Damit kommt der Stolz des Dichters, ein »laureatus« zu sein, ebenso zum Ausdruck wie eine betont bescheidene Einstufung seiner vulgärsprachlichen Versuche. Darüber hinaus läßt der Titel auch die hohen, ehrgeizigen Anforderungen erahnen, denen der gekrönte Dichter der lateinischen Sprache seine Werke in der Volkssprache unterwirft und zugleich seinen Anspruch, aus so vielen Einzelfragmenten ein einheitliches Werk, ein »liber«, zu schaffen. Dies nämlich, das Herstellen einer Gesamtkomposition aus vielen nach und nach entstehenden Einzelgedichten, hat den Dichter sein ganzes Leben lang beschäftigt. Die Begegnung mit Laura, Muse und Inspirationsquell der Dichtung, fand nach Aussage des Dichters am 6. April 1327 statt; es ist jedoch wahrscheinlich, daß die frühesten Gedichte der Sammlung schon vor diesem Zeitpunkt, d. h. in den Bologneser Studienjahren zwischen 1320 und 1326 entstanden. Der erste Versuch einer auswählenden und ordnenden Gesamtkomposition erfolgte 1342. Im Todesjahr 1374 arbeitete Petrarca an der neunten und für uns letzten Fassung seines Liederbuchs, das uns in dem von seiner Hand geschriebenen Codex latinus 3196 der Vatikanbibliothek und in dem teils von ihm, teils von seinem Schreiber Giovanni Malpaghini unter seiner Anleitung geschriebenen Codex latinus 3195 überliefert ist.

Die 366 Texte des *Canzoniere* sind äußerlich unterteilt in 266 Gedichte auf die lebende und einhundert (Zahl der Vollkommenheit) auf die verstorbene Madonna Laura. Ansonsten bieten sich die *Rime* wegen fehlender Untergliederungen zunächst als eine ziemlich unübersichtliche Masse von 366 Einzelgedichten dar, die nur schwer innere Ordnungsgefüge erkennen läßt. Die weitaus meisten Gedichte sind Sonette, nämlich 317; hinzu treten 29 Kanzonen, neun Sextinen, sieben Balladen und vier Madrigale. Narrative Strukturen, orientierende ereignishafte Zusammenhänge oder Verlaufsformen von Handlungen fehlen fast ganz. Immerzu ist von Gefühlen der Liebe die Rede, von Illusionen, Hoffnungen, Sehnsüchten, Enttäuschungen eines liebenden Ichs und seinen Erinnerungen an Vergangenes; das Ganze schmachtend eingetaucht in eine Patina süßer, sich selbst genießender schmerzlicher Wehmut. Es sind »die Seufzer des Herzens«, die in

einer unerhört intensiven Selbstanalyse in »verstreuten Versen« von
»wechselndem Stil«, d. h. in immer neuen sprachlichen Aussagen verbalisiert und damit ins Bewußtsein gehoben werden, wie das berühmte erste
Sonett der Sammlung bedeutsam eröffnet:

> Voi ch'ascoltate in rime sparse il suono
> Di quei sospiri ond'io nudriva 'l core
> in su 'l mio primo giovenile errore,
> Quand'era in parte altr'uom da quel ch'i' sono;
>
> Del vario stile, in ch'io piango e ragiono
> Fra le vane speranze e 'l van dolore,
> Ove sia chi per prova intenda amore,
> Spero trovar pietà non che perdono.
>
> Ma ben veggio or sí come al popol tutto
> Favola fui gran tempo, onde sovente
> Di me medesmo meco mi vergogno:
>
> E del mio vaneggiar vergogna è 'l frutto,
> E 'l pentersi, e 'l conoscer chiaramente
> Che quanto piace al mondo è breve sogno.

Alles Hoffen und aller Schmerz des liebenden Dichters wird hier als eitel
und nichtig (»vano«) hingestellt; seine Liebe selbst erscheint im zeitlichen
Rückblick, gebrochen im Filter der Erinnerung, als »jugendlicher Irrtum«;
das ganze Hin und Her des Klagens und Meditierens (»piango e ragiono«)
um die große Liebe wird letztlich zusammengefaßt und gedeutet in der
Schlußmetapher des unerhört ausdrucksstarken letzten Verses: Alles, was
auf der Welt Gefallen erregen kann, ist nur ein kurzer Traum. Zugleich
künden die beiden ersten Verse an, daß das Werk vor allem über das Gehör
wahrgenommen sein will: Es gilt, auf die immerfort sich wandelnden feinen Herztöne zu achten, die mit der Musik der wohlklingenden, in kunstvoller stilistischer Variation (»vario stile«) geformten Verse an unser Ohr
klingen. Alles ist flüchtig und innerlich, mit seinen leisen musikalischen
Schwingungen und seinen subtilen Seelenklängen vor allem mit dem inneren Gehör wahrzunehmen. Darum ist es auch so schwierig, die Vielzahl
der Texte einsehbar zu gliedern und dabei vielleicht interne Zuordnungen
des Dichters nachzuzeichnen. Nur ganz wenige äußerlich markierte Ereignisse oder Lokalitäten sind in der großen Anzahl der Lieder zu finden.
Dazu gehört z. B. die erste Begegnung des Dichters mit seiner Laura am

6. April 1327 in der Kirche Sainte-Claire in Avignon, die bereits im dritten Text der Sammlung verinnerlicht wird:

> Era il giorno ch'al sol si scoloraro
> Per la pietà del suo fattore i rai,
> Quando i' fui preso, e non me ne guardai,
> che i bei vostri occhi, donna, mi legaro. (…)

Nahezu alle Texte der Liedersammlung sind dieser Frau gewidmet; eine Ausnahme bildet die liturgische Anrufung Marias in der Schlußkanzone des Werkes »Vergine bella, che di sol vestita« (366), die an »Italia mia« gerichtete Kanzone 128 sowie einige weitere Texte politischen Inhalts. So umkreist die gesamte Dichtung die Liebe zu einer Frau, die allerdings in ihren menschlich-konkreten und gestalthaften Zügen nie in Erscheinung tritt, sondern als spiritualisierter, typisierter und schließlich metaphysischer Fluchtpunkt des sich erforschenden Dichtergeistes fungiert, als Folie und Spiegel seiner unermüdlichen Selbstanalyse. Bedeutsam, daß sie, die Allgegenwärtige, mit ihrem vollen Namen Laura nur einmal, nämlich in der Kanzone 332, V. 50, genannt wird; allerdings wird ihr Name in vielen Texten lautmalerisch und beziehungsreich umspielt. Auch eine »Liebesgeschichte« läßt sich, trotz einiger weniger zeitlicher und örtlicher Markierungen, kaum aus dem melancholischen Wohlklang der Lieder herausfiltern. Die Versuche der Forschung, den Text inhaltsbezogen in Textgruppen und Bauteile aufzugliedern, sind nur teilweise überzeugend. Erkennbar ist jedenfalls eine erste Gruppe von sechzig Gedichten überwiegend einleitenden Charakters (1–60). Darauf folgt eine etwa ebenso starke Gruppe von Texten, die primär den Laura-Mythos thematisieren (61–129). Doch schon eine dritte, lange Reihe von stilistisch, sprachlich und stimmungsmäßig recht heterogenen Gedichten (130–247) widerstrebt, obwohl sie mit zwei prologartigen Texten eingeleitet wird (130 und 131), einer plausiblen Zuordnung. Als stilistisch und gefühlsmäßig relativ homogene Gruppe schälen sich dagegen die Texte 249–254 heraus, in denen der Dichter seiner Ahnung vom bevorstehenden Tod der Laura Ausdruck gibt; wobei offen bleibt, ob diese Texte vor oder nach deren Tod geschrieben wurden. Erkennbar ist auch eine bereits in der zweiten Redaktion (1347–1350) eingerichtete und danach stets aufrechterhaltene Zäsur zwischen den Texten 263 und 264, mit denen der Dichter eine kurze Pause und eine danach einsetzende noch intensivere Phase der Meditation markiert; jedoch entspricht diese Zäsur nur ungefähr der Trennlinie zwischen den Gedichten auf die lebende und denen auf die gestorbene Laura. Dem Tod Lauras gewidmet ist der zweite Teil seines Werkes »In morte di Madonna Laura« mit einhundert Texten (267–366), in denen Petrarca zu seinem konzentriertesten Ausdruck und seiner größten Gefühlstiefe und Musikalität findet. Das hat einen seiner Gründe darin, daß ein großer Teil dieser Texte, etwa von den Nummern 278 bis 349, mehr oder weniger in einem Zug in den Jahren 1351–1353 in Vaucluse geschrieben wurden. Gegenüber diesen gefühlsintensiven und vollendeten Dichtungen fällt eine Schlußgruppe von Gedichten (350–366) deutlich ab, die durch einen nüchternen und farbloseren Stil, durch geringere Klangqualitäten sowie durch eine gewisse Müdigkeit gekennzeichnet sind.

Die Unzulänglichkeit und Unvollständigkeit solcher Gliederungsversuche darf nicht verwundern, hatte doch der Autor selbst, wie schon angedeutet, seine großen Schwierigkeiten, die große Zahl der »Fragmente« zu einem Gesamtwerk zu komponieren. Das Unbefriedigende aller Einteilungen hat aber auch einen inneren Grund: Alle Einzeltexte des Werkes, all die vielen sprachgewordenen Stimmungsbilder und Herzensseufzer des Dichters entwickeln eine starke zentripetale Kraft, die sie auf ein und denselben Punkt, nämlich auf die Seele des Autors zuordnet und sie damit als gleichrangige Einzelsteinchen eines Gesamtmosaiks funktionalisiert, eines sich mit innerer Konsequenz zusammensetzenden Selbstportraits des Dichters oder der Dichterseele. Insofern ist das Werk mehr von Stimmungen und Tonlagen her komponiert als von Themen oder Handlungen. Diese zwangsläufige innere Einheit in der Vielfalt stiftet einerseits eine alle Einteilungen überspielende Kohärenz des Werkes, kann aber andererseits trotz vielfältiger Abschattierungen der Seelenzustände auch teilweise den Eindruck einer gewissen Monotonie hervorrufen. Letzterer schwindet allerdings in dem Maße, in dem man mit dem Dichter den Blick auf die feinen Schwingungen seines immer bewegten Seelenlebens richtet und auf die hohe Kunst, der es gelingt, unzählige Stadien und Verlaufsformen dieser Unruhe in sprachstilistisch perfekten Einzelbildern zu verewigen. In diesem Sinne ist der *Canzoniere* ein in die Form einer Gedichtsammlung gefaßtes Tagebuch einer liebenden Seele und ein Itinerarium ihrer inneren Wanderungen und Irrungen zwischen Illusionen, Hoffnungen, Verzweiflungen und Glückszuständen. Darüber hinaus darf das Werk jedoch auch als authentischer und beispielhafter Ausdruck der menschlichen Seele schlechthin gelten, als Exemplum der unruhvollen, vielfach gebrochenen Innerlichkeit des Menschen, die hier zum erstenmal in einer modern anmutenden Weise in den Mittelpunkt eines Werkes gerückt wird. Seinen Blick grübelnd nach innen zu richten, war die große Leidenschaft dieses Dichters; kein Glanz und Getümmel der äußeren Welt vermochte ihn davon abzuhalten. Umgekehrt bedurfte er kaum äußerer Realitäten, um Träume,

Gefühle und Visionen mit raffinierter Phantasie und extremer Stilkunst zu sprachvermittelter Anschaulichkeit zu erheben.

Nur Flüchtiges dringt in diese Dichtung ein, die nur einen einzigen beständigen Gegenstand hat, der selbst fliehende Unbeständigkeit ist, nämlich die Seele auf ihrer immerwährenden Suche nach dem inneren Gleichgewicht. Auch die Natur, die Petrarca als einer der ersten mit moderner Neugier wahrnimmt, wird nur in einzelnen idealtypischen Bildern, Motiven oder Landschaften sprachkünstlerisch umgesetzt; als ruhevolle Gesamterscheinung oder mit ihren Einzelbildern wie Bergen, Tälern, Wiesen und Quellen ist sie, wie schon die Beschreibung der Besteigung des Mont Ventoux verdeutlicht (vgl. Familiares IV,1; die Bergtour fand am 26. April 1336 statt), dennoch für den Dichter vor allem Anstoß und Gelegenheit, über Vergangenes, Gegenwärtiges und Künftiges, über Ruhm und Vergänglichkeit zu meditieren und sich noch stärker seinem Innenleben zuzuwenden. Ein schönes Zeugnis für die beruhigende und zugleich zu vertieftem Nachsinnen über die geliebte Frau stimulierende Wirkung der Natur ist neben vielen anderen Texten auch die berühmte Kanzone 229, in der der Dichter seine Flucht in die Einsamkeit der Natur thematisiert, um sich dort in Ruhe den Gedanken an seine Liebe zur fernen Laura hingeben zu können:

> Di pensier in pensier, di monte in monte
> Mi guida Amor; ch'ogni segnato calle
> Provo contrario alla tranquilla vita.
> Se 'n solitaria piaggia, rivo o fonte,
> Se 'n fra duo poggi siede ombrosa valle,
> Ivi s'acqueta l'alma sbigottita;
> E, come l'Amor envita,
> Or ride or piange, or teme or s'assecura;
> …
> Per alti monti e per selve aspre trovo
> Qualche riposo: ogni abitato loco
> È nemico mortal de gli occhi miei.
> A ciascun passo nasce un penser novo
> De la mia donna …

Das Liederbuch Petrarcas stellt sich in gesamtheitlicher Sicht als lyrisches Tagebuch einer sublimierten Liebe dar, aber mehr noch als lyrische Selbsterkundung einer Seele, die in kunstvollen, fein nuancierten Abschattierungen unendlich vieler Zustände eine weite Skala subjektiver und zugleich exemplarisch-menschlicher Innerlichkeiten aufreißt. Am Ende des Mittelalters und am Beginn der neuen Ära des Humanismus stehend, ist Petrarca mit vielen auf die Renaissance vorausweisenden Haltungen und Motiven der erste, der den Menschen mit dem vollen Gewicht und der vollen Problematik seiner diesseitigen und persönlichen Gefühle zum Mittelpunkt und Gegenstand einer formvollendeten Dichtung macht, und damit eine dem Denkzwang der christlichen Dogmatik entzogene, weitgehend immanent konzipierte Subjektivität des Menschen zum literarischen Sujet erhebt. So ist das Fließende und Problematische der Menschenseele durch Petrarca zum erstenmal in emanzipierter Weise gestalthaft geworden in einem literarischen Werk, das einen seiner schönsten Kunsteffekte aus der Spannung zwischen der Flüchtigkeit seiner Inhalte und der Strenge seiner meisterhaft verwendeten metrischen Formen gewinnt.

Einige der Lieblingsmotive Petrarcas – die Flüchtigkeit des Lebens, die vergängliche Illusion der Schönheit, das Streben nach Ruhm, der ebenfalls der Zeit nicht standhält – kehren in einem zweiten vulgärsprachlichen Werk wieder, das der reifen Schaffensperiode Petrarcas angehört und das sich in seiner humanistischen Gelehrsamkeit und formalisierten Begrifflichkeit als typisches Alterswerk darbietet. Gemeint ist das große symbolisch-allegorische Gedicht der *Triumphi* (auch für dieses Werk ist in den Handschriften, wie für den *Canzoniere*, ein lateinischer Titel überliefert), das bereits 1351/52, nach anderen sogar schon 1342–44 begonnnen, dann vor allem zwischen 1356 und 1374 komponiert wurde und zum Zeitpunkt des Todes noch nicht abgeschlossen war. In ihrer begrifflich-ideellen Konzeption signalisieren die *Triumphi* eine Rückwendung des Dichters zum moralisierenden und allegorisierenden Habitus des Mittelalters. Die *Triumphi* verwenden die römische Sitte der Triumphzüge als literarisches Schema, wobei Petrarca auch den Triumphzug der Kirche und die Apotheose der Beatrice aus dem 30. Gesang von Dantes *Purgatorio* vor Augen hatte. Als Metrum wählte er die gereimte Terzine Dantes, und es war auch seine Absicht, mit Dante zu wetteifern. In insgesamt sechs sich jeweils überbietenden Triumphzügen behandelt das Gedicht in lehrhafter und steifer Manier die Grundbegriffe Amor, Pudicitia, Mors, Fama, Tempus und Aeternitas. Jedes einzelne dieser Themen wird durch eine Schar exemplarischer Gestalten aus Geschichte, Literatur und Mythos dargestellt, deren lange und gelehrte Aufzählung monoton und langweilig wirkt; obwohl andrerseits die Kunstfertigkeit Petrarcas, mit wenigen Strichen oder in sentenzhafter Kürze das Wesen mythologischer Gestalten zusammenzufassen, durchaus bewundernswert ist. Der insgesamt äußerliche Charakter des Werkes, das Elemente der antiken und mittelalterlichen Kultur zu dekorativen Zwecken verwendet, seine mittelalterliche, moralisierende und allegorisierende Tendenz sowie seine pessimistische, ja verdammende Grundhaltung waren es vor allem, die den *Triumphi* eine fast einhellig negative Beurteilung durch die neuere Kritik bescherten. Von den humanistischen Gelehrten allerdings wurde das spröde Werk wegen seiner profunden Gelehrsamkeit, die es u. a. zu einer Fundgrube literarischer Motive und Allegorien machte, zeitweise stärker beachtet als das Hauptwerk des Dichters.

4. Zur Nachwirkung Petrarcas

Schon zu Lebzeiten des Dichters nahm die Petrarca-Kritik ihren Anfang, und zwar in der zwischen 1347 und 1350 entstandenen Schrift Boccaccios *De vita et moribus domini Francisci Petracchi de Florentia,* die vor allem den Gelehrten und Humanisten ins Bild setzte und sich mit einem kurzen Hinweis auf den Lyriker und den Dichter Lauras begnügte. Die gleiche einseitige Perspektive wurde kurz darauf von Petrarca selbst aufgegriffen in seinem autobiographischen Fragment *Posteritati,* in dem er sich wiederum hauptsächlich als Humanist darstellte, eine Einseitigkeit, die den Verlauf seiner Rezeption in der folgenden humanistischen Ära maßgeblich bestimmte. Die Hauptepochen der Nachwirkung Petrarcas in Italien waren das 15. und 16. Jahrhundert. Im Quattrocento, in der Blütezeit des Humanismus, fand naturgemäß vor allem der Humanist Petrarca Bewunderung und Nachfolge: Im Zeichen Petrarcas entstand in Italien (und später in weiten Teilen Europas) eine neue Kultur, die durch ein reformiertes Wissen vom Menschen und eine souveräne Beherrschung der lateinischen Sprache sowie durch einen neuen, authentischen Synkretismus von antikklassischen und christlichen Motiven gekennzeichnet war. Wegen seiner besonders intensiven Beschäftigung mit Petrarca wird das Cinquecento, die Epoche der italienischen Renaissance, auch das Jahrhundert des Petrarkismus genannt. Allerdings ist auch die Rezeption dieser Epoche kaum weniger einseitig als die der vorhergehenden: Fand im Quattrocento fast ausschließlich der lateinisch schreibende Humanist Petrarca die Aufmerksamkeit der gelehrten Welt, so ist es jetzt der vulgärsprachliche Dichter, der Autor des *Canzoniere,* der bewundert, nachgeahmt und kommentiert wird. Wegbereiter dieser neuen und intensivsten Phase der Nachwirkung Petrarcas war Pietro Bembo, dessen Ausgabe des *Canzoniere* zu Jahrhundertbeginn (1501) fast symbolhaft die neue Zuwendung zum Lyriker Petrarca signalisiert, während der lateinische Schriftsteller weitgehend in Vergessenheit gerät. Von der ausgedehnten Beschäftigung der Renaissance mit Petrarca wird weiter unten noch zu handeln sein. Hier sei lediglich auf die

146

jetzt entstehenden wichtigen Kommentare des *Canzoniere* hingewiesen, der älteste davon der des Vellutello von 1525, der bedeutendste der des Castelvetro von 1582, in denen sich das neue platonisch-idealistische Denken der Epoche widerspiegelt.

Im Vergleich zu den beiden Hauptepochen der Petrarca-Rezeption bieten die beiden folgenden Jahrhunderte, das 17. und das 18., in Italien wenig Bedeutendes. Schon früh war es auch zu antipetrarkistischen Strömungen gekommen, u. a. durch Giordano Bruno (1548–1600), der den platonisierenden Idealismus Petrarcas als heuchlerisch verwarf, und etwas später durch Alessandro Tassoni (1565–1635), der Petrarcas pointierten Antithesenstil kritisierte. Im Gefolge antipetrarkistischer Haltungen enstand auch eine satirische, die Konzeption Petrarcas mehr oder weniger verspottende Liebesdichtung. Marino und der Marinismus des 17. Jahrhunderts brachten Petrarca und seinem Stil wenig Sympathien entgegen, während auf der Wende von diesem zum nächsten Jahrhundert in der »Arcadia« (vgl. S. 408ff.) Petrarca eine neue Aufwertung erfuhr. Später wird vor allem Ugo Foscolo in die Nachfolge Petrarcas treten und ihm einen seiner schönsten Essays widmen: *Saggio sopra la poesia di Petrarca* (1824). Die Mehrzahl der italienischen Romantiker dagegen verschmähte Petrarca, dem man vor allem Charakterschwäche, Gleichgültigkeit gegenüber gesellschaftlichen Belangen und die Trennung von Literatur und Leben vorwarf. Manzonis Haltung war antipetrarkistisch, und auch bei Leopardi gewannen in späten Jahren Distanz und Antipathie gegenüber Petrarca die Oberhand. Nur wenige Romantiker wie z. B. Giovanni Berchet wußten Petrarca zu würdigen – während von der zweiten Hälfte des 19. Jahrhunderts an die entstehende neuere Philologie und Literaturkritik, mit De Sanctis, Bartoli, D'Ancona, Novati, Carducci, Ferrari und vielen andern sich um so intensiver Leben und Werk des »poeta laureatus« zuwandten.

Petrarcas Wirkung erstreckte sich über Italien hinaus auf weite Teile Europas und entfaltete sich vor allem von der Renaissance bis ins 18. Jahrhundert. Mit seiner Lyrik stellte er ein international anerkanntes System von Stilmitteln, sprachlichen Formeln und mythologischen Bildern zur Verfügung, das allenthalben Gegenstand der Nachahmung, dann auch zunehmend der degenerierenden Übertreibungen und Vergröberungen war und das vielerorts in Europa den Barockstil vorbereitete. Treffend hat man Petrarcas Lyrik »das zweite erotische System von internationaler Geltung nach dem Minnesang« genannt (H. Pyritz); allerdings ist sie immer auch mehr als dies gewesen. Die ersten Nachahmer Petrarcas in Frankreich waren Maurice Scève, Mellin de Saint-Gelais, Louise Labé, und die Dichter der »Pléiade«, darunter an erster Stelle Pierre Ronsard, von dem auch der

147

Terminus »Petrarkismus« stammt (der später von Martin Opitz ins Deutsche übernommen wurde); in Spanien waren es u. a. Garcilaso de la Vega, Fernando de Herrera und Jorge de Montemayor; in England Thomas Wyatt, Henry Howard Surrey, Edmund Spenser und Philip Sidney; während in Deutschland der Petrarkismus vor allem von Martin Opitz vermittelt wurde und eine Blüte bei Paul Fleming erlebte. Neben seiner enormen Einwirkung auf die volkssprachlichen Literaturen übte Petrarca auch einen prägenden Einfluß auf die neulateinische Literatur Italiens und Europas aus.

IV. GIOVANNI BOCCACCIO

1. Jugend. Grundlagen der Bildung. Frühe Werke

Das Leben des GIOVANNI BOCCACCIO (1313–1375) war weit weniger reich an aufsehenerregenden und glänzenden Ereignissen als das Dantes oder Petrarcas und von durchgehender Bescheidenheit und Zurückhaltung geprägt. Er entstammte weder dem niederen Adel wie Dante noch der Schicht der Intellektuellen wie Petrarca, sondern dem handeltreibenden, kaufmännischen Bürgertum. Das Bewußtsein seiner illegalen Geburt bedrückte ihn sein Leben lang. Den beiden großen Dichtern seines Jahrhunderts fühlte er sich geistig und künstlerisch unterlegen, während er ihnen gleichzeitig eine fast rückhaltlose Bewunderung entgegenbrachte. Empfing Dante seine entscheidenden Bildungserlebnisse in der Toskana, Petrarca ebendort und in Südfrankreich, so war für Boccaccio als Mensch und als Künstler das lebensfrohe, aufgeschlossene Neapel unter Robert d'Anjou das frühe und entscheidende Bildungserlebnis.

Giovanni wurde im Juni oder Juli des Jahres 1313 in Certaldo, nach anderen in Florenz geboren. Sein Vater war der rührige Geschäftsmann Boccaccino di Chelino aus Certaldo im Val d'Elsa, seine Mutter eine unbekannte Frau, wahrscheinlich der Dienerschaft des Hauses angehörend. Der Vater nahm bald Giovanni als rechtmäßigen Sohn in sein Haus auf (über die Umstände der Trennung von der Mutter wissen wir nichts) und heiratete 1319 die Adlige Margherita de' Mardoli. 1320 wurde der Halbbruder Francesco geboren. Im Haus des Vaters erhielt Giovanni ersten Unterricht durch Giovanni di Domenico Mazzuoli da Strada, den Vater des Humanisten und Dichters Zanobi da Strada. Er wurde u. a. in Arithmetik unterrichtet mit dem Ziel, ihn zum Kaufmann auszubilden. Als Bank- und Handelsagent im Dienste der florentinischen Bankdynastie der Bardi ging der Vater 1327 nach Neapel. Die Bardi waren zu dieser Zeit zusammen mit den Peruzzi, den Frescobaldi und den Acciaiuoli die Hauptgeldgeber für das angovinische Königshaus und hatten das wirtschaftliche Leben des Königreichs praktisch unter ihrer Kontrolle. Infolge der wichtigen und angesehenen Stellung des Vaters, der auch bei König Robert als Ratgeber und Vertrauter Zugang hatte, konnte der junge Giovanni in Neapel ein unbesorgtes und freizügiges Leben führen. Nach weiteren Lehrjahren als Bank- und Handelskaufmann ließ ihn der Vater, der ehrgeizige Pläne mit seinem Sohn verfolgte, Jura studieren. Giovanni tat dies u. a. bei dem berühmten Rechtslehrer und Lyriker Cino da Pistoia, der 1330/31 in Neapel lehrte (vgl. S. 53 f.). Dennoch konnte das Studium der Rechte kein großes Interesse in ihm wecken; statt dessen entdeckte er seine entschiedene Vorliebe für die Literatur, lernte die Texte Dantes und der Stilnovisten kennen und pflegte Umgang mit den literarisch gebildeten oder auch selbst dichtenden Juristen der Stadt, die ihrerseits mit den Dichtern der Toskana und mit Petrarca in Verbindung standen. Da der Vater häufig in Paris weilte, konnte er in Neapel ein ungebundenes Leben führen. Zusammen mit dem gleichaltrigen Bankiersohn Niccola Acciaiuoli, dem später eine bedeutsame politische Karriere beschieden war, nahm er unbeschwert am gesellschaftlichen Leben der Stadt und des Hofes teil.

Bildungsgeschichtlich stand Neapel im Zeichen der ehrgeizigen Pläne Roberts von Anjou, Wissenschaft und Kunst und ein neues, humanistisches Denken zu fördern. Geistig dominierend war der Einfluß der Franziskaner, die ihrerseits die Ausbreitung der laizistischen Philosophie des William Ockham favorisierten. Wichtigstes Bildungsinstrument der Stadt war die reich ausgestattete königliche Bibliothek, in der vor allem zahlreiche Codices mit französischer Lyrik, Epik und Prosaliteratur angehäuft waren. Hier gewann der junge Boccaccio einen ersten tiefen Einblick in die französische Literatur, deren formale Perfektion und mondäne Eleganz ihn nachhaltig beeindruckten. Gleichrangig daneben standen seine Interessen für die klassischen Texte und die humanistischen Studien, so daß sein Bildungseifer zwischen volkssprachlichen und lateinischen Lektüren hin und her schwankte. Auch die eigene literarische Produktion lief gleichzeitig in zwei Sprachen an: 1332 entstanden die ersten, an Ovid inspirierten lateinischen Versuche und die ersten, an Dante und die Stilnovisten sich anlehnenden Verse in der Volkssprache, überwiegend Sonette. Die ersten Dichtungen Petrarcas lernte er 1333/34 kennen. Noch in den dreißiger Jahren (vor 1338/39) enstand die Terzinendichtung *La Caccia di Diana* mit 18 kurzen Gesängen von jeweils 58 (und einmal 61) Versen. Das Gedicht ist ein Tribut des jungen Boccaccio an den mondänen Geschmack der höfischen Gesellschaft, der er zu gefallen suchte. Der Text vereinigt in sich Elemente aus Dante, insbesondere aus dessen *Vita Nuova*, aus den antiken Mythen und aus Ovid und wendet sich in langer namentlicher Aufzählung an die »donne leggiadre« des angovinischen Hofes, die alle an »den großen Hof der göttlichen Diana« berufen werden.

Das erste Werk jedoch, mit dem sich der künftige Dichter und seine großen erzählerischen Fähigkeiten ankündigten, war der *Filocolo*, mit dem Boccaccio zugleich den ersten Prosaroman der italienischen Literatur schuf. Das Werk beschäftigte den jungen Autor mehrere Jahre und entstand wahrscheinlich zwischen 1336 und 1339. Der umfangreiche Roman mit dem symptomatischen Titel *Filocolo* (was in dem mangelhaften Griechisch Boccaccios soviel bedeuten sollte wie »der mit Mühsal beladene Liebende«) gestaltet in fünf stofflich ausufernden Büchern mit erheblichem rhetorisch-stilistischen Aufwand die wechselvolle und an Mühsalen und Verirrungen reiche Geschichte von Florio und Biancifiore, einem Liebespaar, das in jugendlichen Alter voneinander getrennt wird und sich am Ende des Romans nach mühseliger Suche und zahllosen Abenteuern gereift und geläutert wiederfindet. Hauptmotiv des Werkes sind die gefahrvollen Wanderungen, die Florio, Sohn des in Verona residierenden heidnischen Spanierkönigs Felice, auf der Suche nach der geliebten Biancifiore durch weite Teile des Mittelmeerraums führen, wobei er zeitweise den Decknamen Filocolo annimmt. Durch einen Schiffbruch wird Florio u. a. nach Neapel verschlagen, wo er der schönen Fiammetta und deren Geliebten Caleone (dahinter verbirgt sich Boccaccio) begegnet. Unmittelbare Stoffvorlage war der um die Mitte des 12. Jahrhunderts in Frankreich entstandene und in ganz Europa verbreitete Roman von *Floire et Blancheflor*. Strukturelles Muster der ereignisreichen und bewegten Erzählprosa des *Filocolo* ist der hellenistisch-byzantinische Roman vom Typ der *Aithiopika* des Heliodor (3. Jahrh. nach Chr.), eine Grundstruktur, die über den *Filocolo* jahrhundertlang auf die italienische Prosaliteratur einwirken und noch den *Promessi Sposi* Manzonis ihren Stempel aufdrücken wird. Neu und auffallend ist im *Filocolo* die geschickte Kombinatorik und phantasievolle Mischung der unterschiedlichsten Themen, Motive und Gestalten, die aus einer Vielzahl von Quellen geschöpft werden. Diese Erzählfreude führt zwar immer wieder zu einer Überfülle der Motive und Ereignisse und zu Mängeln in der Form, aber sie verleiht dem Prosawerk auch eine bemerkenswerte Farbigkeit und Frische. Ovids *Ars amatoria* ist ebenso präsent wie die *Thebais* des Statius oder die *Pharsalia* des Lukan und andere klassische Texte. Auch Motive und Gestalten aus der neueren und zeitgenössischen Literatur sind in großer Zahl in das Werk eingegangen, so etwa aus der in vielen Fassungen verbreiteten *Historia destructionis Troiae* des Guido Giudice (Guido delle Colonne, gestorben nach 1287), die ihrerseits auf dem *Roman de Troie* beruht, oder etwa Motive aus dem um 1285 entstandenen *Roman du Castelain de Coucy et de la Dame Fayel* des pikardischen Dichters Jakemon Sakesep, auch Jakemes genannt; außer durch Dante, Petrarca und die Stilnovisten ließ sich Boccaccio offensichtlich vor allem durch die französische Erzählliteratur inspirieren. Das Vorbild der Romane des Chrétien de Troyes und insbesondere dessen *Cligès* (der ebenfalls einen griechisch-orientalischen Stoff verarbeitete) waren es auch, die den jungen Autor zu einem anderen wichtigen Motiv inspirierten, nämlich zu dem Versuch, seine Hauptpersonen (trotz unübersehbarer schablonenhafter Züge) psychologisch zu öffnen und ihnen ein Innenleben, ein Bewußtsein zu geben, das sich in grübelnden Selbstgesprächen oder in bewegten Dialogen artikuliert. In dieser Hinsicht war Chrétien, nach ersten psychologisierenden Ansätzen bei Ovid, für den Autodidakten Boccaccio das bis dahin bedeutendste Beispiel einer psychologisch-analytischen Prosa. Wie es scheint, ist Boccaccio der erste gewesen, der die Verfahren Chrétiens bewußt aufgriff, immer auch mit dem Ehrgeiz, durch eine solche Verfeinerung und Vertiefung der Figuren eine Distanz zur banalen Erzählprosa der verbreiteten »Volgarizzamenti« herzustellen. Nicht zuletzt diesem analytischen Bemühen des jungen Autors ist es zu verdanken, daß sein früher Roman auch die Motive der »quète« bzw. des Bildungsromans in sich aufnimmt: Florios lange, entbehrungsreiche Odyssee auf der Suche nach der Geliebten hat auch den Aspekt einer Erziehung durch das Leben zum Leben, so daß er schließlich in der kreisförmig zum Anfang zurückkehrenden glücklichen Schlußszene des Romans (Hochzeit in Rom) als charakterlich und menschlich gereifter und gebildeter Fürst, noch dazu zum Christentum bekehrt, die Nachfolge seines Vaters, des Königs Felice, antreten kann ...

Vielleicht wegen des anfänglichen Mißerfolges des großen Prosawerks entschloß sich Boccaccio, sein nächstes literarisches Vorhaben wieder in Verse zu fassen. So entstand schon 1339/40 in gereimten Oktaven, und stofflich vor allem auf der *Thebais* des Statius aufbauend, das große heroische Epos der *Teseida delle nozze d'Emilia* in zwölf Büchern (nach dem Vorbild der *Aeneis*), das wiederum Fiammetta, der geliebten Frau, gewidmet und mit einem ausführlichen Selbstkommentar des Autors versehen ist. Helden dieser wiederum umfangreichen »alten Geschichte« von Liebe und Krieg, deren Stoffülle allerdings diesmal organischer durchstrukturiert erscheint als im *Filocolo,* sind indes nicht Theseus oder sein Widersacher Kreon, der König von Theben, sondern zwei verwandte thebanische Jünglinge, Enkel des Kadmos, Arcita und Palemone, die von Theseus als Gefangene an den königlichen Hof in Athen gebracht werden. Dort verlieben sich beide Jünglinge, die auch als Dichter vorgestellt werden, in Emilia, die Schwester der Königin, deren Sklaven sie sind. Nach einiger Zeit läßt Theseus auf Betreiben des edlen Barons Peritoo Arcita frei mit der Auflage, Athen nicht mehr zu betreten. Nach mühevollen Irrfahrten durch ganz Griechenland kehrt Arcita, der sich in Sehnsucht nach Emilia verzehrt, schließlich doch an den Königshof zurück. So wie Florio das Pseudonym Filocolo, nimmt er den Decknamen Penteo an. Dennoch wird er erkannt und es entsteht eine erbitterte Rivalität um die schöne Emilia. Während beide Jünglinge sich duellieren, tritt Emilia mit einer Jagdgesellschaft dazwischen und ruft Theseus als Vermittler an. Dieser bestimmt, die beiden Rivalen sollten je hundert Krieger um sich scharen und sodann im Theater zum Turnier antreten: der Sieger solle die Hand Emilias erhalten. Arcita, der Mars um seinen Beistand anfleht, bleibt Sieger; Venus aber, in deren Schutz sich Palemone begab, schickt eine Furie, die das Pferd des Siegers so erschreckt, daß dieser stürzt und tödliche Wunden davonträgt … Sterbend bittet Arcita den herbeigeeilten Theseus, die noch jungfräuliche Geliebte nunmehr dem Palemone zur Frau zu geben und spricht mit großer Gelassenheit der schönen Emilia, die in einer hochpathetischen Szene an sein Lager geeilt ist, Trost zu:

> … Bella amica,
> prendi conforto, e del mio trapassare
> non prender nel tuo animo fatica;
> ma per amor di me di confortare
> ti piaccia, …

Insgesamt orientiert sich die sentimentale und stellenweise weinerliche Handlung des Romans nicht an den antiken bzw. mythologischen Vorgaben, sondern an den persönlichen Gefühlen des Verfassers, der auch mit diesem Werk die Liebe seiner Fiammetta erringen will. Die Antike ist nur als äußeres Kolorit aufgetragen; Stoff- und strukturbildend ist vielmehr das für Boccaccio typische Gemisch aus antik-heidnischen, byzantinisch-orientalischen und christlich-mittelalterlichen Elementen, das in einer ebenfalls typischen, rhetorisch stets aufwendigen Stilmischung aus tragischen, elegischen, pathetischen und komischen Tönen dargeboten wird. In dieser Welt sind nicht mehr das antike Fatum und die Götter, sondern die Liebe und Fortuna die bewegenden Kräfte, und das, was diese Kräfte bewirken, ist nicht mehr das Wunderbare kriegerischer Heldentaten und Abenteuer, sondern das Wunderbare der Gefühle. Frühhumanistisches Denken ist hier am Werk. Dies kommt, abgesehen von den Inhalten und vom reichen rhetorischen Ornat, auch in der Sprache der *Teseida* zum Ausdruck, die voll ist von Latinismen und gelehrten Neologismen, die auch als Reimwörter verwendet werden. Die Wahl der »ottava rima«, der gereimten Oktave (mit der Reimfolge ab, ab, ab, cc) als Versmaß des Romans war sicherlich der auffallendste innovative Schritt des Boccaccio. Ob Boccaccio diese Strophenform selbst »erfunden« hat oder ob er sie aus volkstümlichen Spielmannsliedern übernahm, ist noch nicht abschließend geklärt. Vieles spricht für eine andere Hypothese, nach der er die Strophe in einigen lyrischen Einschüben des schon erwähnten *Roman du Castelain de Coucy et de la Dame Fayel* des Jakemes, den er auch in anderer Hinsicht ausgebeutet hat, kennenlernte. In jedem Fall ist er, zumindest für die italienische Literatur, der erste, der dieses Ausdrucksmittel verwendete und künstlerisch verfeinerte. Auf diese Weise konnte der zweite epische Versuch Boccaccios nicht nur als wichtige Stoff- und Motivquelle, als Sammlung denkwürdiger Situationen, Gestalten und Handlungen, sondern auch als formale Innovation eine erhebliche Wirkung auf spätere Literatur, vor allem auf die der Renaissance, ausüben: Poliziano, der u. a. die Gestalt der Emilia bewunderte, Boiardo und Ariosto gehörten zu den aufmerksamsten Lesern der *Teseida,* und vor allem Ariosto hat sich an so manche Szene, Charakterzug oder Stimmungslage aus diesem tragisch-elegischen Werk bei der Abfassung seines großes Epos erinnert.

Schon wegen der wesentlich flexibleren, rhetorisch weniger befrachteten Sprache und wegen des geschmeidigeren Flusses der Oktaven muß der *Filostrato* in bezug auf die *Teseida* als das spätere Werk erscheinen. Aus diesem Grunde und wegen seiner unübersehbaren künstlerischen und psychologischen Reife erscheint die relativ späte Datierung auf die letzten Monate des Aufenthalts in Neapel, also auf Herbst/Winter 1340 als die plausibelste. Der Name *Filostrato* wird im Proömion erklärt als »Der von der Liebe Besiegte und Niedergeschmetterte« und man erfährt dort, daß dies das Pseudonym des Autors sei, der sein Werk seiner Geliebten widme, die eigentlich Giovanna heiße, von ihm aber mit dem griechischen Namen Filomena benannt werde. Der Autor gibt an, in der Geschichte des Troilus »in leichten Versen und in meiner florentinischen Sprache ... in gleicher Weise dessen und die eigenen Liebesschmerzen besungen zu haben«. Dahinter steht wieder der Gedanke an die in der Ferne weilende Fiammetta, die Geliebte des Dichters, die zu dieser Zeit Neapel verlassen und sich zur

Erholung in die Berge begeben hatte. Schon hier deutet sich stärker als in früheren Werken ein autobiographischer Realitätsbezug an (der allerdings bis heute nicht voll aufgeschlüsselt ist). Der Autor gibt vor, seinen Stoff aus »antiken Geschichten« übernommen zu haben; doch ist deutlich, daß er vor allem von französischen Vorlagen ausging, d. h. von dem in Versen erzählten *Roman de Troie* des Benoit de Sainte-Maure und einer anonymen Prosafassung des gleichen Stoffes, welch letztere Boccaccio u. a. durch die vulgärsprachliche Fassung des Binduccio dello Scelto (1322) kennen konnte. Auch die bereits erwähnte *Historia* des Guido delle Colonne, die den gleichen Stoff behandelte, war durch eine Vulgarisierung des Filippo Ceffi (1324) verbreitet worden. Im Roman des Benoit de Sainte-Maure stellt die Liebe zwischen Troilus und Criseida lediglich eine in das Kriegsgeschehen eingeflochtene Episode dar. Boccaccio befreit diese Liebesgeschichte weitgehend von ihren ritterlich-feudalen Stilisierungen, von Handlungs- und Figurenschablonen und stellt sie in den Mittelpunkt einer Dichtung, die eine erstaunlich moderne bürgerliche Liebeslehre entwickelt, welche elegisch-sentimentale Züge mit konkret-realistischen und zynisch-frivolen vereint. Die junge, aber bereits verwitwete Criseida bleibt im belagerten Troia allein zurück, nachdem ihr Vater, der Priester Calcàs (Kalchas), den sicheren Untergang Troias voraussehend, aus der Stadt geflüchtet ist. Troilo, der jüngste Sohn des Priamos, verliebt sich bei einem Fest in sie, macht sich jedoch zunächst auf die schöne, ehrbar auftretende Witwe keine Hoffnungen. Pandaro indes, Neffe der Criseida und Freund des Troilo, ermutigt diesen, seine Liebe zu erklären, denn: Criseida »ist Witwe und hat Sehnsucht«. Durch seine Vermittlung finden sich die beiden, und es kommt zu einem kurzen, sehr freizügig und stellenweise lasziv-maliziös beschriebenen Liebesglück. Durch einen Gefangenenaustausch ergibt sich alsbald auch für Creseida die Gelegenheit, zu ihrem Vater ins griechische Lager hinüberzuwechseln. Sie wird dem Held Diomedes übergeben, der sie zum Vater geleitet und sich auf der Stelle in sie verliebt. Nicht lange beklagt Criseida zwischen den Zelten der Griechen in elegischen Tönen (die später auf Tasso großen Eindruck machten) die Trennung von Troilo. Aufmerksam und mit feiner Ironie beschreibt der Autor die Strategien des ebenso geduldigen wie geschickten Liebhabers Diomedes, dessen Werbung bei der unter ehrbarer Hülle eher leichtfertigen Witwe rasch zum gewünschten Erfolg führen. Stärker als dies jedoch interessiert den Autor die aufrichtige Liebe des Troilo, dessen Sehnsucht und Leiden in pathetischen, oft ergreifenden Versen beschrieben werden. Als Troilo von der Untreue der Geliebten erfährt, stürzt er sich ins Schlachtgetümmel und wird von der Hand des Achilles getötet.

Unter dem nur dünnen antik-ritterlichen Anstrich dieser Geschichte verbirgt sich, eingebettet in die weiche Sinnlichkeit ihres Autors, die Konzeption einer sehr modernen, bürgerlich-realistischen Liebeslehre, die an die Stelle idealistischer Theorien, romanhafter Gefühle oder auch christlicher Begründungen (in diesem Punkt ist der *Filostrato* ein Gegenstück zur *Vita Nuova*) die nüchterne und materialistische Auffassung der bürgerlichen Gesellschaft setzt, derzufolge die Liebe den Gesetzen der Triebbefriedigung und des persönlichen Nutzens unterworfen ist. Der letztere Gesichtspunkt wird von Boccaccio vor allem in den rasch folgenden Entscheidungen der Criseida veranschaulicht, deren scheinbar naive, schamhafte Rede er mit großem psychologischem Geschick und oft zynischem Realismus gestaltet. Sehr wahrscheinlich liegt die »Moral der Geschichte« wirklich in den Ratschlägen an junge Liebhaber, sich vor der Leichtfertigkeit der Frauen in acht zu nehmen, die der Autor am Ende der Geschichte erteilt, und die zugleich einen vorläufigen Höhepunkt des bei Boccaccio immer vorhandenen misogynen Motivs darstellen:

> Giovane donna, e mobile e vogliosa
> è negli amanti molti, e sua bellezza
> estima più ch'allo specchio, e pomposa
> ha vanagloria di sua giovinezza,
> la qual quanto piacevole e vezzosa
> è più, cotanto più seco l'apprezza;
> virtù non sente né conoscimento,
> volubil sempre come foglia al vento.

Erkennbar wendet sich eine solche Geschichte und eine solche Moral an ein breiteres Publikum und nicht mehr an einen eingeschränkten Kreis von Literaten oder Höflingen. Auch der flüssigere Stil des Werkes zielt ja auf eine bessere Lesbarkeit für ein einfacheres Publikum ab. Nicht zufällig ist der *Filostrato* dasjenige Jugendwerk Boccaccios, von dem die meisten Handschriften überliefert sind; Indiz für eine relative Popularität, die u. a. darin zum Ausdruck kam, daß sich auch die Spielleute und Bänkelsänger der Zeit an diesem Werk inspirierten. Auf die italienische Literatur, insbesondere die der Renaissance, hat das Werk eine erhebliche Ausstrahlung gehabt. Im Ausland diente es u. a. als Vorlage für Chaucers Versepos *Troylus and Criseyde* (1383/85), das stellenweise Boccaccios Text wörtlich übernahm und auf das Shakespeare in seinem gleichnamigen Drama zurückgriff, und für das französische *Livre de Troilus* von Loys de Beauvau (um 1410–1462).

Wahrscheinlich nicht lange nach der Fertigstellung des *Filostrato* ist Boccaccio im Winter 1340/41 nach Florenz zurückgekehrt. Grund dafür waren persönliche Umstände. Der Vater, inzwischen verwitwet, wurde, obwohl er sich von den Bardi getrennt hatte, mit in die wirtschaftliche Krise verstrickt, die durch den Bankrott der Bardi und der Peruzzi ausgelöst wurde und mit der sich ein langanhaltender wirtschaftlicher Abstieg der Kommune anbahnte. Hinzu traten politische Unruhen, da die herrschenden Magnaten durch eine abenteuerliche und kostspielige Expansionspolitik das Vertrauen der Bürger verloren hatten. Den Wechsel von Neapel nach Florenz hat der junge Boccaccio als schmerzlich empfunden. In seiner *Elegia di Madonna Fiammetta* charakterisiert er (Kap. II) Neapel als »fröhliche, friedliche, üppige, prächtige Stadt unter einem einzigen König«, Florenz indes als »waffenstarrend und in innere und äußere Kriege verwickelt, ... und voll von stolzen, geizigen und neidischen Leuten, die in unzählige Machenschaften verwickelt sind«. Daß es dem weichen und sensiblen Dichter schwerfiel, in dieser Stadt zu leben, bedarf keiner Worte; dennoch war es sein Schicksal, hier und in Certaldo, von einem längeren Aufenthalt in Ravenna und Forlì und den zahlreichen Reisen abgesehen, bis an sein Lebensende bleiben zu müssen. Auch persönliche Beziehungen zu einzelnen Intellektuellen wie Giovanni Villani, Francesco da Barberino und Antonio Pucci konnte sein Unbehagen in der Guelfenstadt kaum mindern, deren geistiges Leben von der orthodoxen Strenge der Dominikaner kontrolliert wurde. Obwohl er fortfuhr, sein Augenmerk auf ein breiteres Publikum zu richten, sind doch zumindest einige der jetzt entstehenden Werke wie etwa die *Commedia delle Ninfe Fiorentine* oder die *Amorosa Visione* unübersehbar für eine geistige Elite geschrieben. Wichtig ist, daß die gesamte florentinische Produktion Boccaccios bis hin zu seinem großen Novellenwerk den Ideen des frühen Humanismus verpflichtet ist, d. h. dem um Petrarca sich bildenden Kreis humanistischer Dichter und Gelehrter, dem Zanobi da Strada, Francesco Nelli, Checco di Meletto Rossi, Lapo da Castiglionchio, der Spielmann Sennuccio Del Bene, der mit dem Dichter verwandte Franceschino degli Albizi und viel andere angehörten; Kontakte, die die ohnehin intensive Beschäftigung Boccaccios mit der lateinischen Klassik förderten.

Als erstes Werk nach der Rückkehr entsteht die *Commedia delle ninfe fiorentine*, oft auch *Ninfale d'Ameto* oder kurz *Ameto* genannt, eine idyllisch-allegorische Dichtung in Prosa und Terzinen. Die nach dem Vorbild von Dantes *Vita Nuova* gewählte prosimetrische Form des Werks vereint in sich sieben Erzählungen, die von sieben Nymphen vorgetragen werden und in eine Rahmenhandlung einbettet sind. Hierin und in einigen weiteren Zügen weist diese Rahmenerzählung auf das *Decameron* voraus und wurde aus diesem Grund auch »kleines Dekameron« genannt. Der Autor des Werkes bekennt, »nicht Dichter, sondern vielmehr Liebender« zu sein; dementsprechend möchte er mit der Hilfe der Venus und dem Wohlwollen des Cupido und aus Sehnsucht nach seiner »ehrbaren, schönen, frohen und gnadenreichen« Geliebten von der sinnlichen Schönheit der Frauen singen. Im Mittelpunkt der Handlung steht der Hirt Ameto, der jagend die Hügel Etruriens zwischen Sarno (Arno) und Mugnone durchstreift. Von der Jagd zurückkehrend, trifft er auf eine Schar Nymphen, die sich anschicken, im Fluß zu baden, und entbrennt in heftiger Liebe zu Lia, der Anführerin der Nymphenschar. Ihr Name, ihre Beschreibung und viele weitere Züge verweisen auf das *Purgatorio* Dantes und machen deutlich, daß das Werk einen allegorischen Sinn verfolgt. Offensichtlich soll, in Anlehnung an die im letzten Gesang des *Purgatorio* beschriebene Läuterung Dantes und in Anlehnung an die *Vita Nuova*, die ähnliche Gedanken thematisierte, in Ameto und Lia die Läuterung eines im Naturzustand lebenden, ungeschliffenen Menschen durch eine edle Frau und mit Hilfe der Liebesgöttin dargestellt werden. Wie Dante für seine Beatrice, so gebraucht auch Boccaccio häufig das Wort »grazia« bzw. »graziosa« für Lia; doch bezeichnet es nicht mehr den transzendenten, metaphysischen Eros Dantes, sondern die immanente Schönheit, Anmut und Gunst der geliebten Frau, die die sinnlich erregte Phantasie des Autors stets in ihren körperlichen Attributen vor Augen hat. Am Venusfest treffen die Nymphen mit Ameto und weiteren Hirten zusammen. Im Kreise unter einem Lorbeerbaum sitzend, erzählt – unter der Leitung Ametos – jede Nymphe die Geschichte ihrer Liebe. Erzählerisch und stilistisch besonders engagiert ist dabei die sechste Geschichte, die von der Begegnung der »graziosa donna« Fiammetta mit ihrem »feurigen Liebhaber« Calèon handelt. Ameto, sein Läuterungsbedürfnis vergessend, glüht danach, sich in die Liebhaber jeder Nymphe zu versetzen, deren Erlebnisse imaginativ nachzukosten; und während die Nymphen erzählen, »betrachtet Ameto verstohlen die unverhüllte Schönheit einer jeden von ihnen ... Indem er sie aufmerksam mit glühender Begierde anschaut, schafft er sich in seiner Phantasie die verschiedenen Bilder, die seinen Begierden entsprechen« (*Ameto*, XXVIII). Vor solch triebhafter Lüsternheit und unter dem Druck einer erhitzten Phantasie, die sich immer wieder in Szenen von prickelnder Erotik entlädt, verblaßt denn auch die vom Autor etikettartig bemühte allegorisch-christliche Sinngebung. Was bleibt, ist eine aus großer Kenntnis antiker Texte und Mythen schöpfende idyllisch-mondäne Dichtung, deren Nymphen- und Hirtenportraits auf zahlreiche, bisher nur teilweise entschlüsselte Bezüge zur zeitgenössischen Gesellschaft von Florenz verweisen; zugleich die erste Hirtendichtung in italienischer Sprache, deren sinnliche Bilder, ländliche Idyllen und gefühlsweiche Tonlagen Teile der Renaissance-Dichtung vorwegnehmen. Sannazaro hat für seine *Arcadia* ebenso daraus gelernt wie Lorenzo de' Medici für seine Lyrik oder Ariosto für sein großes Epos; auch die bildende Kunst hat daraus Anregungen gewonnen.

Weniger von literarischem als vielmehr von allgemeinem kulturellen bzw. humanistischem Interesse ist ein weiteres Lehrgedicht in Terzinen, das 1342/43 entstand und später noch einmal in den Jahren 1355–60 von Boccaccio überarbeitet wurde. Die *Amorosa Visione* besteht aus fünfzig Gesängen mit je 88 Versen, ausgenommen der vierundvierzigste Gesang mit 85 Versen. In der Form eines Akrostichons werden die Wörter der drei einleitenden Sonette von den Inizialen der folgenden Sonette wiederholt. Mit diesem Kunstgriff unterstreicht der Autor nicht nur seine Verfasserschaft, sondern auch die Widmung des Werkes an »madama Maria«, seine »cara Fiamma«. Zugleich weisen solche Zahlen und Figuren auf kriptographische Intentionen des Autors hin. Deutlicher noch als in seiner Hirtendichtung unternimmt Boccaccio in dieser Traumvision den Versuch, die christlich-allegorische Thematik von Dantes *Vita Nuova* und *Commedia* nachzuahmen, und noch deutlicher als zuvor zeigt sich, daß seine mondäne Muse einem solchen Anspruch nicht annähernd gewachsen ist. Der Text erzählt in der ersten Person von einem Traum des Dichters: Wie stets von der Sehnsucht nach seiner Fiammetta gequält, findet sich dieser eines Tages nicht in einem finstren Walde, wohl aber in einer Wüste wieder. Dort tritt an Stelle Vergils eine »donna graziosa« auf ihn zu (ob es die Tugend ist oder die himmlische Venus sei dahingestellt) und führt ihn zu einem »edlen Schloß«, wo der Wanderer zwischen einem breiten und einem schmalen Tor wählen kann. Das schmale Tor führt zum »Leben«, das breite dagegen zu »Reichtum, Ansehen und weltlichem Ruhm«. Bezeichnend, daß der Traumwanderer Boccaccio sich nun vom Geführten zum Führer wandelt und seine geduldige Führerin überredet, durch das breite Tor einzutreten: »Kommt jetzt hierher, denn zuerst/ müssen die leichten Dinge gekostet werden/ bevor man sich denen zuwendet, die von größerem Gewicht sind./ Da wir schon fast auf dem Wege sind,/ gehen wir und schauen die trügerischen Güter,/ umso lieber werden wir danach nach den wahrhaftigen streben« (III, 32–39). In einem Schloß sind auf mehreren Wänden prächtige, eines Giotto würdige Fresken zu sehen, auf denen wie in einer großen Exempla-Sammlung einzelne Gestalten als Muster menschlichen Verhaltens gemalt sind. In monotoner Reihung und mit übertriebenem Bildungsstolz breitet Boccaccio hier einmal mehr seine humanistischen Kenntnisse aus und zählt Gestalten aus Mythos, Geschichte und Gegenwart auf; einzig die Portraits der Frauen sind etwas lebendiger gestaltet. Auch die Nymphen aus der *Caccia di Diana* und aus dem *Ameto* begegnen uns wieder. Bei der Beschreibung der Schar der Geizigen unterläßt es Boccaccio nicht, in zynischen Miniaturen auch König Robert und seinen Vater Boccacccino vorzustellen. Bezeichnenderweise erscheint in dieser weltlichen Szenerie Fortuna, der ein eigener Saal im Schloß gewidmet ist, als die oberste Instanz menschlicher Geschicke, während sie bei Dante dem christlichen Gott untergeordnet war. Trotz aller allegorischen und didaktischen Schnörkel kennt der Wanderer nur ein Ziel, und zwar ein sehr weltliches, nämlich den Beischlaf mit Fiammetta. In der besonderen Konstellation eines Traumes im Traume führt die Handlung bis in die Nähe dieses Ziels: Der Protagonist gelangt mit seiner Geliebten an einen lieblichen Ort, wo diese einschläft; die Umarmung wird unterbrochen durch das Ende des Traumes. Der Wanderer verabschiedet sich nun von seiner (zeitweise in den Hintergrund getretenen) Führerin, die ihm verspricht, daß er seine Fiammetta auch einmal ganz haben könne, wenn er nur immer auf tugendhaftem Pfade wandle ... So ist das Werkchen insgesamt gekennzeichnet durch eine »scharfe Disharmonie zwischen dem generellen heidnischen und mondänem Ton und der geistlichen, moralistischen Inspiration« (V. Branca), eine Inkongruenz, die auch durch die späte Überarbeitung nicht wesentlich gemildert wurde. Immerhin hat möglicherweise der Traum Boccaccios eine ähnlich gelehrt und monoton aufzählende Dichtung angeregt, nämlich die *Triumphi* seines Freundes Petrarca.

Die zu Recht berühmte *Elegia di Madonna Fiammetta* schöpft einerseits immer noch aus der Erinnerung persönlicher Erlebnisse des Dichters mit Maria d'Aquino, der Tochter König Roberts, zum anderen ist sie stark dem Vorbild der *Heroiden* des Ovid, und daraus insbesondere dem Brief der Phyllis an Demophoon verpflichtet. Es handelt sich um ein umfangreiches, von Fiammetta in der ersten Person erzähltes elegisches Bekenntnis ihrer Liebesleidenschaft, das in Form eines Briefes vorgetragen wird, der sich zum Kurzroman ausweitet. Mit dieser *Elegie* gestaltete Boccaccio den ersten psychologisch-analytischen Roman und zugleich, sieht man von der kurzen Episode der Francesca da Rimini im fünften Gesang von Dantes *Inferno* ab, das erste Bekenntnis einer Frau in der italienischen Literatur. Als Zeitpunkt der ersten Niederschrift des Werkes wird meistens 1342/43 angegeben; doch hat man darüber spekuliert, ob und zu welcher Zeit spätere Fassungen entstanden sind und ob etwa eine späte Fassung aus dem Beginn der fünfziger Jahre durch die zweite Fassung von Petrarcas *Canzoniere* beeinflußt wurde. Hintergrund dieser Hypothese ist u. a. die psychologische und stilistische Reife dieses Werks, das sich – im humanistischen

Bildungskontext seines Verfassers – als erstaunlich »moderne« analytische Prosa präsentiert. Fiammetta, die Erzählerin, wendet sich an die Frauen und verspricht, ihnen statt antiker Lügen- und Kriegsgeschichten ihre eigenen Erfahrungen, das heißt wirklich geschehene und erlebte Dinge, zu erzählen. Damit emanzipiert sich hier zum erstenmal eine Frau als Frau und als Erzählerin, indem sie sich nicht mehr als Objekt besingen läßt, sondern durch ihren Bericht ihre Leidenschaft sozusagen in eigene Hände nimmt; und als Erzählerin, indem sie an die Stelle der alten Geschichten den, wie sie betont, wahren Bericht ihres eigenen Liebens und Leidens rückt. Von Venus selbst überredet und bestärkt, bricht Fiammetta ihre Ehe und gibt sich dem Geliebten Panfilo hin, was ihr umso leichter fällt, als dieser auch in freundschaftlicher Beziehung zum Ehemann steht. Bald jedoch muß Panfilo seine Geliebte verlassen, um sich zu seinem alten Vater zu begeben. (Eine Umkehrung der tatsächlichen Erfahrungen des Autors, da Fiammetta-Maria den Liebenden Boccaccio-Panfilo verlassen hatte). Ihre Einsamkeit und ihr Warten versucht Fiammetta durch Lesen, Erzählen oder durch fiktive Dialoge mit dem Geliebten zu erleichtern. Doch alsbald fügt ihr die wechselhafte Fortuna weiteres Unglück zu. In Neapel kommt ein Kaufmann und Landsmann Panfilos an, der erzählt, Panfilo habe sich soeben mit einer jungen schönen Frau verheiratet. Während Fiammetta, von Eifersucht gequält, schlaflose Nächte verbringt, trifft eine zweite Nachricht ein: Geheiratet habe der Vater Panfilos, während dieser von der Liebe zu einer jungen Frau in seiner Stadt (Florenz) zurückgehalten werde. In größtem Schmerz versucht Fiammetta, sich zu töten, doch wird der Selbstmord durch glückliche Umstände verhindert. Zwischenzeitlich versucht sie der Ehemann zu trösten, indem er ihr eine Pilgerreise verspricht; und sie schöpft Hoffnung, auf diese Weise in die Stadt des Geliebten zu gelangen. Dann verbreitet sich die Kunde, Panfilo sei zurückgekehrt, doch ist es leider ein fremder Mann gleichen Namens … In andauerndem Sinnen und Sprechen, in Monologen und fiktiven Dialogen vergleicht sich Fiammetta mit den antiken Frauen und mißt die innere Spannweite ihres Schmerzes aus. Sprechen und Besprechen erweisen sich als Instrument einer erstaunlichen analytischen Fähigkeit, die in ihrer Vorurteilslosigkeit und Kompromißlosigkeit modern wirkt. Fiammettas Denken und Verhalten wird durch keine christlichen oder moralischen Gesetze reguliert. Ungehemmt umkreist ihr sinnlich-immanentes Denken den »furioso amore«, das voll entbrannte Liebesfeuer, um das sich im Wortsinne alles dreht und dem keine Bedenken oder gar tragischen Hemmnisse entgegengesetzt werden. Der Konflikt mit der Moral bzw. mit dem christlichen Begriff der Sünde wird ein für allemal aus dem Wege geräumt und ersetzt durch die ewige Treue zur Liebe, also durch eine Art Selbsterlösung. Aus diesem Grunde drohen der Ehebrecherin auch keinerlei Strafen oder andere tragische oder blutige Folgen, wie dies bisher in der antiken und mittelalterlichen Literatur regelmäßig der Fall war. Zeitweilige moralische oder devote Haltungen Fiammettas sind vage und dienen sophistisch dem eigenen Nutzen, d. h. der eigenen Leidenschaft. Ebensowenig gibt es ernste oder tragische Konflikte mit den anderen Personen; ja es zeigt sich, daß diese, ob Ehemann, Liebhaber, oder Amme, lediglich Funktionen, Darstellungsmittel und Steigerungsmöglichkeiten ihrer Leidenschaft sind. Vor diesem Hintergrund wird auch deutlich, warum Boccaccios Fiammetta ihre Geschichte und Gestalten so stark in antike und mythologische Tücher einhüllen mußte. Denn die emanzipierte Entschiedenheit, mit der hier der Ehebruch letztlich verherrlicht wird, wäre ohne Hüllen im konservativen Florenz jener Zeit ein nicht geringer Skandal gewesen. Auch die gehobene, überaus gefeilte Sprache, der komplizierte Periodenstil und die antikisierende und latinisierende Patina (die wohl über die Möglichkeiten auch einer gebildeten Dame des Jahres 1340 hinausgingen) haben u. a. die Funktion, die Wiedergabe dieser aus bürgerlichem Blickwinkel anstößigen Bekenntnisse einer emanzipierten Frau zu dämpfen, denen im ganzen Abendland ein lange anhaltender Erfolg beschieden war.

Vom rhetorischen Schmuck, der stilistischen Eleganz und von der erotischen Raffinesse der *Elegia*, aber auch von den anderen früheren Werken Boccaccios hebt sich das wohl zwischen 1344 und 1346 entstandene *Ninfale fiesolano* auffallend ab, ein im volkstümlichen Ton in 473 Oktaven vorgetragenes Gedicht um den Hirten Africo und die Nymphe Mensola. Die Handlung spielt in alter heidnischer Zeit, als auf den Hügeln des heutigen Fiesole Diana mit strenger Zucht über eine ihr anvertraute Schar von Jungfrauen wachte. An einem Tag im Monat Mai beobachtet der junge Hirt Africo aus einem Versteck die Nymphenschar und ist betroffen von der Schönheit der fünfzehnjährigen Mensola, zu der er nunmehr in erster, heftiger Liebe entbrennt. Venus selbst gibt schließlich dem unerfahrenen Hirten im Traum den entscheidenden Rat, wie er die spröde und immer wieder entwischende Jungfrau täuschen und erobern kann: In dem der Mutter entwendeten Rock als Mädchen verkleidet, mischt er sich unter die Nymphen, die sich gerade anschicken, ein Bad zu nehmen. Africo, durch seine Liebe klug und listenreich geworden, überlegt in der erotischen Schlüsselszene des Gedichts genau seine Strategie, um zum Ziele zu kommen. Er läßt die Nymphen ihre Kleider und Waffen ablegen und entkleidet sich selbst erst dann, als alle im Wasser sind. Wie ein »hungriger Wolf in eine Schar von Lämmern stößt«, so stürzt er sich dann ins Wasser unter die erschreckt auseinanderstiebenden Mädchen und »ergreift allein die, die ihm am meisten gefällt«. So sehr sich Mensola auch sträubt – es kommt, ziemlich genau in der Mitte des Textes, zur Umarmung, die der Autor freizügig und mit sichtlichem Genuß in realistisch-komischer Darstellung und mit euphemistisch-erotischen Metaphern beschreibt. Africo, der danach im Bewußtsein seiner Schuld allein umherirrt und schließlich verzweifelt, beschließt, sich durch Selbstmord zu bestrafen und stürzt sich in den Fluß, der nunmehr seinen Namen trägt. Erst nach seinem Tod entdeckt Mensola, daß sie schwanger ist. Sie verbirgt zunächst ihre Schwangerschaft, wird aber nach der Geburt des Pruneo von Diana überrascht und hat Mühe, ihr Kind vor dem Zorn der Göttin zu retten. Zur Strafe verwandelt Diana »die törichte Sünderin« in einen Fluß mit dem Namen Mensola. Die Hirtendichtung und etymologische Fabel nimmt jedoch einen versöhnlichen Ausgang: Das Waisenkind Pruneo wird liebevoll von den Eltern des Africo aufgezogen und wird später Seneschall bei Attalante, der mit seinen Scharen in die Toskana gezogen ist und auf den Hügeln der Diana Fiesole erbaut. Attalante entbindet die Nymphen von ihrem Gelübde und verheiratet sie mit seinen Mannen. Die so entstehenden Familien bebauen das fruchtbare Land; später gründen die Nachkommen Pruneos am Arno die Stadt Florenz.

Das kleine Werk hat der Kritik einige Rätsel aufgegeben. Wie war es möglich, daß der gleiche Boccaccio, der in allen seinen bisherigen Werken mehr oder weniger um Rhetorik, um aufwendige Stilmischung und allegorische Sinngebung bemüht war und der gern seine reiche humanistische Bildung unter Beweis stellte, daß eben dieser Boccaccio nun ganz einfache Oktaven in naiver, volkstümlicher Sprache und im Spielmannston schrieb, und dabei allen Versuchungen einer humanistischen Verfeinerung widerstand? Und wie kam es, daß er, der so gerne die sich erfüllende, wollüstige Liebe und diese als folgenlosen, zumindest aber straflosen Genuß besang, nun in dem Gedicht um Africo und Mensola dauernd von »Sünde« redet, den Protagonisten ein Sündenbewußtsein verleiht, demzufolge der Verführer sich sogar das Leben nimmt? Diese auffallenden Diskrepanzen und eine Reihe weiterer Unstimmigkeiten veranlassten einige Kritiker, die Urheberschaft Boccaccios für dieses Werk anzuzweifeln; Tatsache ist, daß diese und die Datierung des Werkes bis heute nicht als restlos gesichert gelten können. Eine Möglichkeit wäre, wie C. Muscetta und andere Kritiker vorgeschlagen haben, die Wandlung in Sprache und Haltung des Autors als eine reflektierte, programmatische Neuorientierung Boccaccios zu erklären. Die bis dahin geschriebenen Werke sind, wie bereits angedeutet wurde, vielfach gekennzeichnet durch thematische Unverträglichkeiten, formale Dissonanzen und durch das Scheitern an allzu hohen Zielsetzungen. Im-

mer wieder gerieten die erotischen Themen des Autors in Widerspruch
zu einer versuchten allegorisch-metaphysischen Sinnebene, mißlang mehr
oder weniger der Versuch, dem großen Dante nachzueifern. Hinzu traten
formale Probleme wie etwa die Schwierigkeiten der Verwendung einer differenzierten hypotaktischen Syntax im engen metrischen Rahmen der Oktave u. a. m. Es erscheint plausibel, daß Boccaccio sich zu einem bestimmten Zeitpunkt seiner inhaltlichen und formalen Grenzen bewußt geworden
ist. So gesehen stellt das *Ninfale* mit seinem einfachen, volkstümlichen Er-
zählmodus, dem Verzicht auf rhetorischen Schmuck, klassische Zitate und
humanistischen Bildungsprunk, mit der Verwendung einfachster Erzähltechniken und einer unkomplizierten, oft parataktischen Syntax eine Reaktion auf und ein Abschied von früheren ehrgeizigeren Versuchen dar. In
der gewollt einfachen Erzählweise und in der neuen nüchternen Sprachform treten in der Tat die seelischen Konturen der Personen und ihrer
Charaktere umso deutlicher hervor. Die Reduktion des rhetorischen, stilistischen und allegorischen Apparats unterstützt die Klarheit und Feinheit
der psychologischen Linienführung ebenso wie die anschauliche Aufnahme der Natur in die Handlung, der Natur, die ja vom Mittelalter kaum
gesehen worden war. So übt sich in realistisch gezeichneten Szenen von intimer Erotik die psychologische Kunst des bürgerlichen Autors, dessen
Muse immer deutlicher dem Erzählen von erotischen Stoffen in novellen-
hafter Kürze zuneigt. Mit dem kleinen Hirtengedicht um Africo und Mensola, das als Verwandlungsgeschichte in der Nachfolge Ovids steht, schuf
Boccaccio das Muster für über drei Jahrhunderte italienischer und europäischer Hirtendichtung, die ihr Thema bald idyllisch, bald kontemplativ,
bald elegisch, später aber zunehmend manieristisch abhandelte. Die breite
und kaum überschaubare Nachwirkung des Werkes hatte ihren Höhepunkt in der Renaissance, als mythologische und pastorale Themen hoch
im Kurs standen. Lorenzo de' Medici, Poliziano und viele andere ließen
sich vom *Ninfale* inspirieren, so daß man dieses Gedicht auch als ein Früh-
werk der Renaissance einordnen konnte. Carducci meinte später, daß allein
dieses Werk ausreiche, um Boccaccio unsterblichen Ruhm zu sichern.

2. Das »Decameron«

Auf die oben erwähnten lieblichen Hügel, auf denen vor der Erbauung Fie-
soles Diana ihr strenges Regiment führte, flüchten sich vor der in Florenz
wütenden Pest, so die Fiktion der Rahmenerzählung des *Decameron*, für
eine Dauer von insgesamt vierzehn Tagen die zehn Erzähler dieses Werkes,

um dort an zehn Tagen je zehn Novellen, also insgesamt hundert Erzählungen, vorzutragen. Den Titel der Novellensammlung, *Decameron,* was soviel bedeutet wie Zehntagewerk, prägte Boccaccio nach dem Vorbild des *Hexameron,* eines sechsteiligen Gedichts des Kirchenvaters Ambrosius (um 340–397) über die Erschaffung der Welt in sechs Tagen. Vielleicht hat er damit auch einen Sinnbezug zu seinem eigenen Werk herstellen wollen als einem Zehntagewerk über eine Neuerschaffung der Welt – doch muß dies offen bleiben. In einem überaus gewandten, in Aussprechen und Verschweigen gleich klugen Vorwort, hinter dessen stilistisch gefeilten, eleganten Sätzen sich zahlreiche Anspielungen, Untertöne und ironische Hiebe verbergen (und ähnliches gilt für die meisten nachfolgenden Seiten, sei es der Rahmenerzählung, der Novellen oder der angefügten »Conclusione«), betont der Autor, daß er eigentlich nur aus menschlichem Mitleid mit den Leidenden dazu komme, seine Geschichten zu erzählen. Er selbst sei »von frühester Kindheit an« über alle Maßen »in höchster und edler Liebe« entflammt gewesen, und habe durch die Liebe auch »größtes Ungemach erlitten«; zwar nicht etwa durch die Grausamkeit der geliebten Frau, sondern vielmehr durch das »übermäßige Feuer« und den »kaum gezügelten Trieb« seiner Liebe. Nachdem aber nun mit Hilfe des Allmächtigen seine Liebe wie alles Zeitliche langsam zur Neige gehe und er von der Last Amors befreit werde, möchte er aus Dankbarkeit dafür denen mit Trost und Erleichterungen zu Hilfe eilen, die diese Last noch trügen. »Und wer würde leugnen«, fragt keck der mit vielen Masken hantierende Autor, daß diese Unterstützung »nicht viel eher den schönen Frauen zukommt als den Männern?« Denn die Frauen »halten in zarter Brust in Furcht und Scham ihre Liebesflammen verborgen«, sie sind ständig »durch das Wollen, Wünschen und Befehlen der Väter, Mütter, Brüder und Gatten eingeschränkt« und in ihren Gemächern mit ihren Gedanken und ihrer Langeweile eingeschlossen; während die Männer alle Freiheiten haben und sich durch »Balzen, Jagen, Fischen, Reiten, Spielen oder Handeltreiben« Unterhaltung verschaffen. »Damit diese Unbill Fortunas wenigstens teilweise durch mich ausgeglichen werde, ... beabsichtige ich hundert Novellen oder Fabeln oder Parabeln oder Geschichten, wie man sie auch nennen will, zu erzählen, vorgetragen in zehn Tagen durch eine ehrbare Schar von sieben Frauen und drei Jünglingen ...«.

In diesen Novellen soll von »genüßlichen (»piacevoli«) wie von tragischen Liebesgeschichten sowie von weiteren glücklichen Ereignissen die Rede sein, die in modernen wie in alten Zeiten vorgefallen sind«. Bei der Lektüre dieser Geschichten werden die Frauen »in gleicher Weise Ergötzen (»diletto«) an den genüßlichen Dingen haben, die in ihnen vorgeführt wer-

den, wie sie auch nützlichen Rat (»utile consiglio«) daraus gewinnen können, indem sie nämlich zu erkennen vermögen, was zu meiden und was zu
erstreben ist«. Damit dürfte zugleich nach der Überzeugung des Autors die
Langeweile der Frauen beendet sein, und wenn dies so ist, »und Gott gebe,
daß es so sei, dann mögen sie Amor Dank sagen, der mich von seinen Ban-
den befreite und mir das Können verlieh, für ihr Vergnügen zu sorgen (»il
potere attendere a' lor piaceri«)«. Fürwahr ein ungewöhnliches Proömion,
in das auf engstem Raum und in der für Boccaccio typischen Mischung
Antike und Gegenwart, Christentum und Heidentum, Glück und Unglück, Sinnesgenuß und Frustrationen, männliche wie weibliche Erfahrungen Einlaß gefunden haben. Doch trotz aller Maskierungen, deren sich der
Autor bedient und trotz aller fintenreicher Hinweise auf Ehrbarkeit, gesellschaftliche Etikette und Nützlichkeit – das letzte Wort in dieser polyphonen Einstimmung hat doch »il piacere«, das sinnliche Vergnügen, als
dessen Sachwalter sich der Autor sozusagen hinter vorgehaltener Hand bekennt. Dazu paßt auch, daß sein Werk am Anfang und am Ende mit dem
Beinamen Principe Galeotto versehen wird, womit auf die auch bei Dante
erwähnte Kupplertätigkeit dieser Romangestalt aus dem *Lancelot* Chrétiens verwiesen ist.

Scheinbar das Gegenteil davon strebt die nachfolgende Einleitung des ersten Erzähltags an, die zunächst in die Rahmenhandlung des riesigen Erzählwerks einführt. Jetzt ist nicht vom Vergnügen, sondern von der todbringenden Pest die Rede, die vor kurzem die Stadt Florenz heimgesucht
hatte und die noch in aller Erinnerung ist. Der Autor versichert, daß nach
der Erwähnung der Pest »ganz schnell das süße Vergnügen (»la dolcezza e
il piacere«) folgen soll, das ich euch versprochen habe«. Er versichert
heuchlerisch, daß er die schrecklichen Ereignisse gerne unerwähnt gelassen
hätte, wenn er dies nur auf »ehrbarem« Wege hätte tun können; aber um zu
begründen, warum es zu den im folgenden erzählten Geschichten überhaupt gekommen sei, sei er leider in »notwendiger Weise gezwungen«, zunächst an die Pest zu erinnern. Nun wäre es möglich gewesen, die Pest mit
zwei Sätzen zu erwähnen um darzutun, daß sich vor dem Hintergrund dieses Geschehens die zehn Erzähler des *Decameron* in einer Kirche zusammenfinden. Statt dessen aber erzählt er in erstaunlicher Breite und in
unerhört realistischer bzw. naturalistischer Schilderung das Sterben von
Tausenden und Zehntausenden in Florenz und der umliegenden Provinz,
wobei er die Grausamkeit des Geschehens und die Hilflosigkeit der Menschen wiederholt in eindringlichen Einzelszenen vor Augen stellt. Dabei
berücksichtigt er auch die unterschiedlichen Schichten der Gesellschaft
und malt aus, daß die mittleren und einfachen Schichten der Stadt (»mez-

zana gente«, »minuta gente«) sowie die Bewohner des Umlandes noch schlimmer betroffen waren als die adligen Stadtfamilien oder das gehobene Bürgertum, weil sie weder Dienerschaft noch Ärzte zu Hilfe rufen können. Das abscheuliche Chaos, in das hier menschliches Leben unter Auflösung aller familiären und gesellschaftlichen Bande und Regulierungen stürzt, ist jedoch vom Autor mit absichtsvollem Kalkül als ein innerweltliches Inferno gestaltet worden, vor dessen Hintergrund er nun erzählerisch sein ebenso innerweltliches Paradies errichten will, sein Reich des »dilettevole«, des »piacevole«, der »dolcezza« und des »piacere«, das auf den Prinzipien des Gefälligen und des Sinnengenusses aufgebaut ist.

Nach dieser textstrategisch und psychologisch geschickten Schilderung des Pestgeschehens kommt der Autor auf seine Erzähler zu sprechen, wobei er den Übergang vom historischen Geschehen zur Fiktion des Erzählwerks geschickt verschleiert und den Eindruck erweckt, als sei auch das Zusammentreffen der Erzähler und ihr zehntägiges Erzählen in einem Landsitz vor den Toren der Stadt ein historisches Faktum. Sieben junge Frauen treffen sich in der Kirche Santa Maria Novella; die älteste und erfahrenste, Pampinea, schlägt ihnen vor, die Stadt mit Dienern und der nötigsten Habe zu verlassen, um draußen auf dem Lande in einem ihrer Güter ein möglichst festliches, fröhliches und vergnügliches Leben zu führen, ohne dabei das Maß der Vernunft (»segno della ragione«) zu überschreiten. Die Vernunft, oft auch in einem Zug mit dem »convenevole«, dem gesellschaftlich Angemessenen, genannt, erscheint hier als oberster humanistischer Verhaltenskodex. Während man noch berät, betreten drei Jünglinge die Kirche. Man einigt sich rasch. Dioneo, der älteste der Männer, stellt ein Leben voll »Heiterkeit, Lachen und Singen« in Aussicht, und Pampinea bestätigt sein Vorhaben: »festlich leben wollen wir, keinen anderen Grund haben wir, vor dem Elend zu fliehen«. In einem schönen, auf einem grünen Hügel vor der Stadt gelegenen Hause, in dessen wunderschönem Garten und in einem nahegelegenen lieblichen Tal mit einem kleinen See, also an Örtlichkeiten, die wie ein irdisches Paradies anmuten, findet nun das festliche Leben und das Erzählen statt. Jeder Erzähltag steht unter der Leitung eines Königs bzw. Königin, die das Thema des Tages bestimmen und die einzelnen Erzähler aufrufen. Pampinea wird zur Königin des ersten Tages gekrönt und ordnet an, daß jeder über das reden möge, was ihm am besten gefällt. Als ersten Erzähler ruft sie den zu ihrer Rechten sitzenden Panfilo auf, der auch König des letzten Tages sein wird … Des weiteren werden erzählt: am zweiten Tag unter Filomena Glücksfälle und Geschichten mit fröhlichem Ausgang; am dritten Tag unter Neifile Geschichten über das Erreichen oder Wiedergewinnen von heiß ersehnten Dingen; am vierten

Tag unter Filostrato Liebesgeschichten mit unglücklichem Ende; am fünften Tag unter Fiammetta Liebesgeschichten, die nach widrigen Umständen glücklich ausgehen; am sechsten Tag unter Elissa Geschichten über schnelle und geistesgegenwärtige Antworten und Reaktionen; am siebten Tage unter Dioneo über Streiche, die Ehefrauen ihren Männern gespielt haben; am achten unter Lauretta von den Streichen, die sich Männer und Frauen gegenseitig spielen; am neunten unter Emilia »je nach Geschmack über das was am meisten gefällt« (und das sind wieder erotische und zum Teil zotige Geschichten); am zehnten Tag schließlich unter der Herrschaft Panfilos Geschichten von solchen, die in der Liebe oder in anderen Dingen großzügig oder edelmütig gehandelt haben. Schon dieser Überblick macht deutlich, daß die meisten Geschichten in den verschiedenen Zonen der Erotik angesiedelt sind, mit einem ausgeprägten Gefallen an derb-komischen Szenen. »Ernste« Themen gibt es nur am vierten und zehnten Tag, wo zwar auch von Liebe, aber von tragischen Fällen und von edelmütigem Verhalten die Rede ist.

Was die Erzählerfiguren angeht, ist zu bemerken, daß einige von ihnen zumindest dem Namen nach aus früheren Werken übernommen wurden. Pampinea, die reife und erfahrene Frau, kam bereits im *Ameto* vor (und außerdem in einigen der ab 1349 verfaßten lateinischen Eklogen des *Buccolicum Carmen*). Einer Filomena benannten Frau war der »Filostrato« gewidmet worden; Fiammetta ist der Name der vom Dichter so häufig berufenen und gerühmten Geliebten, Leitstern seiner Jugendwerke; eine Emilia kommt ebenfalls in mehreren Werken der florentinischen Zeit vor. Hinter diesen Namen verstecken sich mit großer Wahrscheinlichkeit Frauen, die der Dichter liebte. Dies gilt wohl auch für drei weitere Gestalten, die zugleich als Hommage an Vergil, Petrarca und Dante gedacht sind: Die herbe Elissa erinnert an Vergils Dido (deren phönikischen Namen sie trägt), die sehnsüchtige Lauretta an die Geliebte Petrarcas, und Neifile schließlich, »die in Liebessachen Neue«, möglicherweise an die »pargoletta«, eine anonyme Fauengestalt der Lyrik Dantes. Unter den Männern ist Panfilo (etwa: »der All-Liebende«) die vielleicht auffallendste Figur: Er, der bereits in der *Elegia di Madonna Fiammetta* als Erzähler auftrat, eröffnet das *Decameron* mit der ersten Novelle; er trägt zu allen seinen Novellen kluge Kommentare vor und leitet schließlich die Erzählfolge des letzten, besonders wichtigen Tages. Intellektuell ist er der Höchststehende und Vielseitigste und damit eine der wichtigsten Masken des Autors. Filostrato ist der eher melancholische »Von-der-Liebe-Besiegte«, schon bekannt aus dem gleichnamigen Jugendwerk, während der kecke Dioneo der glühendste Verehrer der Venus ist, für den Liebe, Festlichkeit und Ergötzen an oberster Stelle stehen und der sich ausgebeten hat, an jedem Tag die letzte Geschichte erzählen zu dürfen. Die hier angedeuteten Charakterbilder sind jedoch keineswegs schematisch den entsprechenden thematischen Bereichen zugeordnet, vielmehr hat der Autor offensichtlich für Überraschungen sorgen wollen: So ist ausgerechnet Dioneo der König des letzten Tages mit seinen edlen Themen, während die keusche Lauretta am achten Tage über die Streiche und Gegenstreiche zwischen Männern und Frauen herrscht.

Aus dem Vortrag dieser zehn Stimmen entsteht in zehn Tagen ein ungeheuer farbiges, vielfältiges und reich abgestuftes Erzähluniversum, in das Antike und Gegenwart, Heiden, Juden und Christen, Adel, Bürgertum und Volk, Klerus und Halbwelt eingegangen sind und als dessen Protagonisten Könige und Knechte, Ritter und Damen, Bürger und Verbrecher, Dirnen und Witwen, Mönche und Jungfrauen, Scholaren und Gesindel in ebenso amüsant wie raffiniert aufgebauten Erzählsequenzen dem Leser lebendig vor Augen geführt werden. Unverrückbar steht das eine große Thema Boccaccios im Mittelpunkt: die Liebe in ihren tausendfältigen Formen und Motiven. Auffallend ist, daß schon vom ersten Erzähltag an das Thema der Kleriker- bzw. Kirchensatire stark hervortritt (es erscheint in der ersten, zweiten, vierten, sechsten Geschichte und sodann in III,1, III,4, III,8, III,10, IV,2 und vielen anderen Novellen). So erzählt etwa Dioneo die freche Geschichte vom Mönche Rustico (III,10), der der jungfräulichen Einsiedlerin Alibech beibringt, daß und wie man den Teufel in die Hölle zu schicken habe, eine Geschichte, die ihre Effekte weitgehend aus der Perversion allgemein akzeptierter Maßstäbe gewinnt. In dreister Weise werden christlicher Glaube, Klerus, Ordenszucht, Bußfertigkeit usw. parodiert, worüber die »oneste donne« in der Erzählerrunde besonders herzlich und anhaltend lachen. Hier wie an vielen anderen Stellen wird das Oberste zu unterst gekehrt, bisher gültige Werte und Ordnungen werden relativiert bzw. entwertet, hinabgezogen auf den einzigen noch tragenden Grund einer naturhaft-ungehemmten Triebhaftigkeit. Es entsteht »eine Welt, die auf den Kopf gestellt ist« (V. Branca), in der der Trieb die eigentlich führende, das Verhalten determinierende Rolle übernimmt. Geschichten wie die von Rustico konnten nicht umhin, Anstoß zu erregen, und nicht zuletzt, in reiferen Jahren, auch bei dem Autor selbst. Als Motiv solchen Erzählens wird von ihm oft die Notwendigkeit vorgeschützt, die Heuchelei und Verlogenheit des geistigen Standes anzuprangern. Doch waren stets die erotischen Szenen das Hauptmovens für den Erzähler. Auch die berühmte Novelle von Frate Alberto (IV,2) möchte angeblich aufzeigen, »quanta e quale sia la ipocresia de' religiosi«: Ein verbrecherischer Schurke aus Imola geht, weil ihm dort der Boden unter den Füßen zu heiß wird, nach Venedig und tritt dort als Frate Alberto in den Minoritenorden der Franziskaner ein. Tiefste Frömmigkeit heuchelnd, überzeugt er die stockdumme Bürgersfrau Madonna Lisetta davon, daß der Erzengel Gabriel in heißer Liebe zu ihr entbrannt sei und verschafft sich als dieser nächtlichen Zugang zu ihrer Kammer. Nach einer Zeit ungestörten Genusses lauern die Verwandten der Lisetta eines Nachts dem Erzengel auf; dieser ist gezwungen, nackt wie er ist, aus dem Fenster in den Kanal zu springen … Auch diese Geschichte ist, wie E. Auerbach hervorhob, lediglich wegen ihrer komisch-erotischen Szenen erzählt, während eine stellungnehmende, bewertende oder »ideologische« Einordnung des Geschehens unterbleibt. Und die Vorgabe des vierten Tages, daß die Geschichte unglücklich ausgehen muß, wird erst post factum bzw. post eroticum erfüllt, indem zum Schluß erzählt wird, wie Frate Albertos Leben in Schimpf und Schande endet.

Daß der Autor sich über eine gewisse Einseitigkeit und Anstößigkeit seiner Novellen im klaren war, belegt sein apologetisches Auftreten in der Einleitung des vierten Tages. Hier, nach dem Erzählen von dreißig Novellen, verwahrt er sich gegen verschiedene (nicht sehr präzise) Vorwürfe realer oder fiktiver Kritiker, die darauf hinauslaufen, daß ihm die Frauen zu sehr gefielen und er sich in einer für sein Alter unangemessenen Weise mit ihnen abgebe; er solle doch mit gescheiteren Dingen als mit Geschwätz (»ciance«) und mit Narreteien (»frasche«) sein Brot verdienen. Zu seiner Verteidigung erzählt der Autor die Geschichte von Filippo Balducci, der seinen Sohn achtzehn Jahre lang in einer Einsiedelei von der Welt fernhält. Dennoch verliebt sich dieser schon beim ersten Anblick der Frauen in die schönen »Gänschen«, so daß der Vater einsehen muß, »daß Natur mehr vermag als sein Verstand«. Nach dem Willen dieser Natur aber, so erklärt der Autor pathetisch, will er verfahren, er möchte »naturalmente operare«, denn: »gegen die Gesetze der Natur zu handeln, würde zuviel Kräfte kosten und ist oft nicht nur vergeblich, sondern gereicht sogar zum großen Schaden dessen, der sich darum bemüht«. So werden denn auch die weiteren siebzig Geschichten der Natur ihr Recht einräumen. Die erste auf die Apologie folgende Novelle wird die tragische, von Seelengröße geprägte Liebe Ghismondas zu Guiscardo zum Gegenstand haben; doch schon die zweite berichtet von den betörenden Reizen Madonna Lisettas.

Unter den gesellschaftlichen Klassen und Gruppierungen, die im Panoptikum des Zehntagewerks vorgeführt werden, nehmen die Schichten des Bürgertums eine breite Mittelstellung ein. Besonders deutlich wird dies etwa am siebten und achten Tag, wenn unter Leitung Dioneos und Laurettas von den Streichen erzählt wird, die Frauen und Männer sich gegenseitig spielen, sowie auch am neunten Tag, der ähnliche Themen verfolgt. Es sind dies wohl die Teile des *Decameron*, in denen Boccaccios Erzählkunst Höhepunkte an Lebendigkeit, Erfindungsreichtum und schalkhaftboshafter Satire erreicht. In diesen, aber auch in vielen weiteren Novellen des Bandes gewinnt der Leser tiefe Einblicke in die bürgerliche Welt, in den Alltag der Ehen, die Interieurs der Wohnungen und Häuser, die Tätigkeiten der einzelnen Berufsstände, in die Sitten, Lebensgewohnheiten und Laster der Bürger von Stadt und Land um 1350. Hier strömt eine breite realistische Komponente in das Erzählwerk ein, ein Realismus allerdings, der in erster Linie darauf aus ist, die Wirkung der erotischen Szenen zu erhöhen. Ein Realismus auch, der an vielen Stellen des Werkes durchbrochen wird mit phantasievollen, unrealistischen oder geradezu märchenhaften und wunderbaren Motiven und Episoden (dazu später). Alles in allem ist es in der Regel die zeitgenössische Welt der Bürger (oft in Verbindung mit dem entarteten Klerus), bei deren Darstellung Boccaccio ein Maximum an Erzähltechnik und erotischer Erfindungsgabe zugleich entfaltet, während die zurückhaltenderen und besinnlicheren Geschichten häufig der Welt der Adligen oder der historischen Gestalten zugeordnet sind, wie etwa die berühmte, u. a. von Paul Heyse nacherzählte »Falkennovelle« um den Edelmann Federigo degli Alberighi (V,9). Deutlich wird diese Trennlinie auch im Übergang vom neunten zum zehnten Tag: Nachdem Dioneo mit der letzten Novelle des neunten Tages, der Geschichte der Bürgersfrau Gemmata, die mit Einverständnis ihres Ehemanns durch Don Gianni in eine Stute verwandelt werden soll, einen Gipfel derber Erotik erreicht hat, greifen die von Großmut und Edelsinn in der Liebe handelnden Erzählungen des folgenden und letzten Tages bevorzugt auf adlige, fürstliche oder königliche Gestalten, meistens der Vergangenheit, zurück. Höhepunkt dieses Tages und Schlußpunkt des ganzen Werkes ist die zehnte Geschichte, die berühmte, von Petrarca ins Lateinische übertragene Griselda-Novelle: Der Markgraf von Saluzzo, Gualtieri, heiratet Griselda, ein einfaches Mädchen aus dem Volke, erlegt ihr die grausamsten Bewährungsproben auf, um sie dann schließlich als Frau und Mutter zu rehabilitieren und mit ihr eine glückliche Ehe zu führen.

Eine besonnenere Gangart am letzten Erzähltag also und ein ehrenhafter und denkwürdiger Schluß des Ganzen – die nachgeschaltete »Conclusione« des Autors macht deutlich, warum dem so ist. Noch immer nämlich fühlt er sich von anderen angegriffen und versucht sich zu verteidigen, offensichtlich auch von einem schlechten Gewissen geplagt: »Vielleicht werden einige unter euch sein, die behaupten, ich hätte mich beim Niederschreiben dieser Novellen zu großer Freiheiten (»licenza«) bedient, wenn ich Frauen

170

Dinge sagen und noch viel öfter hören ließ, welche gesitteten Frauen weder zu sagen noch zu hören recht geziemen will«. Wofür er sich mit windigen Argumenten entschuldigt und die Schuld auf andere schiebt: Er habe ja nur nacherzählt, was andere vorgetragen hätten ... Aus dieser apologetischen Einstellung heraus war der Autor bemüht, sein großes Erzählwerk zum Schluß hin zu dämpfen und es mit einem letzten Miniaturbild unerträglichen Leidens, aber auch unverbrüchlicher Treue und Liebe einer Frauengestalt abzuschließen. Was dieses Schlußbild angeht, so legen übrigens einige Motive wie etwa der niedrige gesellschaftliche Status der Griselda oder die Tatsache, daß man ihr die kaum geborenen Kinder entzieht, den Gedanken nahe, Boccaccio könne dabei auch an seine junge Mutter gedacht und ihr, aus deren Leben er herausgerissen wurde, in Griselda ein Denkmal gesetzt haben. Analog dazu hat man in der ersten Novelle des Bandes, in der Geschichte von dem geizigen Kaufmann und Fürstenberater Musciatto Franzesi und dem von diesem als Geldeintreiber eingesetzten Ser Cepparello auch Bezüge zum Vater und zu dessen Geschäftswelt vermutet.

Was die einzelnen, im Erzählwerk verarbeiteten Stoffe angeht, so gibt es unter ihnen kaum einen, der von Boccaccio erfunden worden wäre. Vor allem die positivistische Forschung um die Jahrhundertwende hat sich darin ausgetobt, gesicherte und mögliche Quellen Boccaccios zusammenzutragen, so daß sich heute schätzungsweise für etwa 90 Prozent der Texte Boccaccios konkrete Stoffvorlagen nachweisen lassen. Boccaccio nahm seine Stoffe, wo er sie fand, in der Antike und im Orient, in der lateinischen, französischen und italienischen Literatur und nicht zuletzt in der mündlichen Überlieferung. Wichtige antike Quellen waren die erotisch-frivolen (nur indirekt überlieferten) *Milesischen Geschichten* des Aristeides von Milet, die *Metamorphosen* des Apuleius, auch unter dem Titel *Der goldene Esel* bekannt (die Peronella-Novelle (VII,2) ist eine fast direkte Übersetzung daraus), die *Metamorphosen* Ovids, die *Aeneis* Vergils, aber auch dessen *Buccolica,* die Komödien des Plautus und vieles andere mehr. Orientalische Vorlagen waren u. a. die Erzählungen aus *1001 Nacht,* das in vielen Fassungen verbreitete indische *Pantschatantra,* eine Sammlung von Fabeln zur Fürstenerziehung, und der *Dolopathos,* auch *Die sieben weisen Meister* genannt (vgl. S. 69), in dessen Erzählungen häufig von der Bosheit der Frauen die Rede ist. Stoffe schöpfte Boccaccio aus der provenzalischen Troubadourliteratur, in viel stärkerem Maße aber aus der Literatur Nordfrankreichs, aus den »Fabliaux«, den Ritterromanen und den »Lais« der Marie de France, welch letzterer er das Griselda-Motiv verdankt. Italienische Vorlagen waren das *Novellino,* Francesco da Barberinos Lehrbuch der Frauenerziehung *Del reggimento e dei costumi delle donne,* der Reiseroman *L'avventuroso Ciciliano* des Busone de' Rafaelli da Gubbio und viele weitere Texte. Als Stoffvorlage dienten auch zahlreiche Werke der mittellateinischen Literatur von meist erbaulichem, moralisierendem oder lehrhaftem Charakter: so etwa der früh aus dem Griechischen ins Lateinische übersetzte Mönchsroman *Barlaam und Josaphat,* die *Gesta Romanorum,* eine Sammlung erbaulicher, für die Predigt bestimmter Exempla, die *Disciplina clericalis* des Petrus Alphonsus oder etwa der *Dialogus miraculorum,* eine weitere Exemplasammlung des Caesarius von Heisterbach, um nur einiges zu nennen. Hinzu traten die mündlich verbreiteten Geschichten und Anekdoten der Gegenwart, die Berichte der Reisenden und Kaufleute usw. Selbst für die Fiktion des Erzählrahmens, für dessen dialogische bzw. gesprächartige Grundstruktur sowie für das Aufzeichnen erzählter Geschichten hatte Boccaccio konkrete Beispiele vor Augen, darunter etwa die *Saturnalia* des Macrobius, wo im Rahmen eines am Saturnalienfest stattfindenden Gastmahls theoretische Fragen und Wissensinhalte in Gesprächsform erörtert werden.

Trotz der unbestreitbar starken Abhängigkeit von Quellen und Vorlagen gilt, daß Boccaccio alles neu erfand und gestaltete und daß bei ihm eine völlig neue, nur sich selbst verpflichtete Welt entsteht. Eines der Mittel, dies zu erreichen, war die zur Perfektion gesteigerte Stilkunst und Erzähltechnik des Autors. Auch die humanistische Grundüberzeugung, daß sich Kreativität nicht am Rohstoff, sondern an der bereits gestalteten Vorlage zu erweisen habe, hat hier von Anfang an Pate gestanden. In das *Decameron* ging das gesamte humanistische Wissen und rhetorisch-stilistische Können ein, das der Autor sich in langen Studien und in zwanzig Jahren eigener experimentierender literarischer Praxis erworben hatte. Seine Studien in Neapel, seine Lektüren in der dortigen Bibliothek, der Unterricht bei Cino da Pistoia, seine Kontakte zur rhetorischen Hochburg Bologna hatten ihn mit allen wichtigen Lehren und Regeln der Rhetorik vertraut gemacht: Mit den Schriften Ciceros und den *Institutiones* des Quintilian, die er wohl aus einem eigenen Manuskript lesen konnte, ebenso wie mit den mittelalterlichen Lehrbüchern des Giovanni di Garlandia oder des Brunetto Latini. Die große Vielfalt der Erzählstoffe, die von alltäglichen bis zu tragischen und sublimen Sujets reichte, aber auch die ständig wechselnde Erzählstruktur selbst, in der bald der Autor in der ersten Person, bald die einzelnen, in Charakter und Temperament unterschiedlichen Erzähler, bald mehrere Personen miteinander sprechen (von den eingeschobenen Liedern einmal ganz zu schweigen), machten ein ständiges, flexibles Gleiten der Stilarten und der rhetorischen Tonlagen erforderlich. Boccaccio beherrscht, wie sich nun zeigt, mühelos alle Stillagen vom einfachen »sermo humilis« bis hinauf zum tragischen »sermo sublimis« und gelangt so zu der vielbewunderten Stilmischung des Werkes, die aber stets die rhetorischen Vorschriften hinsichtlich der Reihenfolge der Teile (»ordo«), der Länge (»prolixitas«), der Kürze (»brevitas«), der Feierlichkeit (»festivitas«) usw. respektiert. Vor allem in den theoretischen oder reflektierenden Passagen des Rahmens, sowie im »Proömion« und in der »Conclusio«, seltener im Erzähltext der Novellen, greift Boccaccio auf Verfahren des gregorianischen Stils zurück und verwendet die bekannten rhythmischen Satzschlüssse, auch »cursus« genannt, insbesondere den »cursus planus« und den »cursus velox«. Der erstere prägt etwa den Stil des »Proömions« und anderer meditierender Passagen des Rahmens, während der »cursus velox« in den temperamentvollen oder emotionalen Passagen des Rahmens und der Erzählungen Anwendung findet. Insgesamt macht Boccaccio in den Novellen, mit Ausnahme des zehnten Tages, einen eher spärlichen Gebrauch von den cursus-Typen, die er frei und ohne Lehrbuchzwang, wie nach dem Gehör, »fast in natürlicher Zufälligkeit« (V. Branca), verwendet. Großes Gewicht legt Boccaccio auch auf eine sorgfältig abgemessene, rhythmisch-syntaktische Durchstrukturierung seiner Satzperioden, die er durch geschickten Wechsel von Längen und Kürzen, durch Umstellung oder Parallelisierung von Wortfolgen und Satzteilen sowie durch eine rhythmisch-euphonische Gestaltung der Satzschlüsse erreicht. Dabei verfeinert Boccaccio die im Mittelalter vielfach praktizierten Verfahren des isidorianischen Stils, der bestrebt war, die Prosa durch Klang- und Echoeffekte, durch Alliterationen, Reime, Assonanzen und musikalisch-symmetrische Gruppierung von Sätzen oder Perioden zu sublimieren. Das Vorkommen von über tausend Versen (»endecasillabi«) und zahlreichen gereimten oder strophenartig strukturierten Sequenzen in der Prosa des *Decameron*, die Branca feststellen konnte, machen Boccaccios Anstrengungen in dieser Richtung deutlich. So gelingen dem Autor kunstvolle Perioden von wohlabgestuftem, musikalischem Faltenwurf, auf deren bald satirischem, bald wollüstigem, bald feierlichem Klang ein guter Teil der Wirkung seiner Prosa beruht. Wichtig ist, daß Boccaccio die an sich anspruchsvollen und feierlichen Elemente des isidorianischen Stils in die Ganzheit seiner durchgehenden komisch-tragischen Stilmischung einbringt, was besagt, daß er diese Stilmittel auch zur Darstellung vulgärer und erotischer Szenen sowie zu satirischen und parodierenden Zwecken verwendet.

Mit seinen verfeinerten Verfahren hatte Boccaccio endgültig den Schematismus der mittelalterlichen Rhetorik überwunden, die die einzelnen Figuren und Stilmittel als Redeschmuck konzipierte. Bei ihm werden die Stilistica zu funktionalen Bestandteilen seines sprachkünstlerischen Ausdrucks und stehen als solche im Dienste seiner kreativen Phantasie. Daß er durch ständiges Nachsinnen und Experimentieren auf dem Gebiet der Rhetorik mit allen Wassern gewaschen und imstande war, nicht nur einen neuen funktionalen Stilkosmos zu verwirklichen, sondern auch ältere rhetorische Praktiken satirisch zu reproduzieren, wird u. a. in der Novelle von Frate Cipolla (VI,10) vorgeführt, wo mit der lächerlichen Predigt des herabgekommenen Priesters zugleich die rückständige und plumpe Rhetorik der Geistlichkeit karikiert wird, eine der ironischen Spitzen, die Boccaccio so viel Feindschaft einbrachten. Alles in allem ist das *Decameron* einer der stilistisch glanzvollsten Texte der italienischen Literatur, mit dem Boccaccio die früheren Versuche seiner Jugendwerke bei weitem übertrifft. Zugleich kann das Novellenwerk als ein letztes großes Beispiel der mittelalterlichen Rhetorik gelten, deren Verfahren der Künstler aus souveränem Überblick aufgreift und in neue Funktionen einweist; letzteres kraft einer innovativen Phantasie, die nun auf die literarische Erschließung neuer Lebenswelten und Erfahrungen gerichtet ist.

Die wichtigste Neuerung des *Decameron* ist ohne Zweifel die Einführung neuer Lebenswelten in die Literatur. Man hat oft vom Realismus der Prosa Boccaccios gesprochen. Das ist eine Vereinfachung insofern, als Boccaccios Novellen voll sind von märchenhaften, phantastischen und unglaubhaften Ereignissen und Motiven. Entscheidend ist, daß Boccaccio eine neue Sicht auf die Welt entwickelt, eine neue Interpretation des menschlichen Lebens und der menschlichen Gesellschaft; eine Neuinterpretation allerdings, die mehr auf Intuition und Anschauung als auf theoretischen und rationalen Konzepten gegründet ist. Boccaccio sieht gesellschaftliches Leben als ein immanentes, in ständigem Fluß befindliches Geschehen, gekennzeichnet durch die Hinfälligkeit menschlicher Entscheidungen und Haltungen und durch die Ungewißheit der Einzelschicksale, die stets den Launen einer willkürlichen, weil innerweltlich konzipierten Glücksgöttin, der Fortuna, unterworfen sind. Auch Dante hatte bereits menschliche Leidenschaften und Handlungen, vor allem in seinem *Inferno*, mit großem Realismus dargestellt, doch bleibt bei ihm die irdische Welt stets dem Summum Bonum, der Liebe des Schöpfers zu- und untergeordnet. Boccaccio hingegen wendet sich der Lebenswelt ohne metaphysische oder theologische Perspektiven zu und beobachtet sie um ihrer selbst willen. Während Dante die große eschatologische Rechnung der Schöpfung aufmacht, beschäftigt Boccaccio sich fasziniert mit dem elementaren Einmaleins des Lebens, mit den kleinen Ereignissen des Alltags, den Intimitäten zwischen Männern und Frauen, den Konflikten in Palast, Haus und Hütte. Während bei Dante die Liebe des Schöpfers Sterne und Welten bewegt, sind in den Welten Boccaccios menschliche Triebe und Bedürfnisse das einzig Bewegende und zugleich die einzige Konstante. Die Darstellung neuer konkreter Lebensbereiche der menschlichen Gesellschaft im *Decameron* vollzog sich im Rahmen einer enormen Ausweitung der Erfahrung: Nunmehr tritt praktisch das gesamte Leben in den Blick, alle Schichten vom Gauner bis zum Edelmann, von der Dirne bis zur Königin, werden in scharf beobachteten, beispielhaften Szenen und in fein differenzierender Kasuistik vor Augen geführt. Eine wimmelnde Vielzahl von Existenzen, schicksalhaft einbezogen in ein ständiges Nebeneinander, Miteinander, Gegeneinander, zieht an uns vorüber mit all den Gebrechlichkeiten und Risiken innerweltlichen Glücksstrebens. Dieser neue, unbefangene Blick des Dichters auf das Leben läßt – gefördert durch die Liberalisierung der Formen und Inhalte – die Welt in einer fast totalen Weise entstehen, so daß man sagen konnte, das Leben in seiner pulsierenden Vielfalt sei der eigentliche Held dieses Erzählwerks. Den Bezug zwischen Literatur und Leben hat der Autor dadurch intensiviert, daß er zahlreiche Anspielungen auf das zeitgenössische Geschehen in sein Werk aufgenommen hat, direkte oder indirekte Hinweise auf lebende oder noch bekannte Personen und auf Ereignisse, die die Zeitgenossen mit Vergnügen identifizieren konnten. Auch der besonders verlockende und pikante Bereich des Stadtklatsches, der Tageschronik und der Skandalgeschichten ist mit einbezogen; damit machte Boccaccio auch den zeitgenössischen Alltag literaturfähig. Alles in allem hat das große Erzählwerk die Distanz zwischen Literatur und Leben erheblich vermindert und eine Welt geschaffen, deren Gestalten und Ereignisse nicht mehr durch übergeordnete Werte, sondern nur noch aus sich selbst heraus gerechtfertigt werden. Auf diese Weise vollzog der Autor mit seinen unterhaltsamen und farbigen Geschichten beinahe unauffällig eine revolutionäre Wende: Durch eine radikale Umkehrung der Werte wird der Mensch zum Maß aller Dinge, und in diesem entscheidenden Punkt weist das große Erzählwerk auf das immanente Denken nachfolgender Humanisten, aber auch auf Renaissance und Moderne voraus.

3. Die religiöse Krise. Die Beschäftigung mit Dante. Der »Corbaccio«

Schon bald nach Erscheinen des *Decameron* müssen Boccaccio erhebliche moralische Bedenken gekommen sein, die sich dann mehr und mehr zu einer religiösen Krise verdichteten. Wahrscheinlich auch unter dem Eindruck vielfältiger und strenger Kritik muß ihm die im Werk vorgeschützte konstruktive und erzieherische Funktion seiner Novellen immer bedenklicher erschienen sein. Gleichzeitig erstrebte er, und wahrscheinlich nicht nur aus finanziellen Erwägungen, eine kirchliche Pfründe. Schon 1354, anläßlich seiner erfolgreichen politischen Mission bei dem in Avignon residierenden Innozenz VI., hatte er um Zulassung zum Priesteramt nachgesucht, die ihm dann endlich 1360 gewährt wurde. Zu erwähnen ist in diesem Zusammenhang auch die ihm im Frühjahr 1362 von einem Mönch überbrachte mysteriöse Mahnung des Kartäusers Pietro Patroni, der auf dem Sterbebett ein schreckliches Ende des Dichters vorausgesagt hatte, sofern dieser nicht Buße tue und seine Schriften widerrufe – eine Drohung, die Boccaccio zeitweise daran denken ließ, sein *Decameron* den Flammen zu übergeben. Es war vor allem der Freund Petrarca, der ihn mit dem Hinweis beruhigte, daß nach seiner Meinung die Novellen weder die Würde ihres Autors noch das Schamgefühl der Leser verletzten. Wie tief die Krise wirklich war, ist heute schwer auszumachen, doch trifft sicher zu, daß in ihr nicht nur persönliche, sondern zugleich auch epochenspezifische Entwicklungen und Kontraste zum Ausdruck kamen. Boccaccios persönlicher Konflikt zwischen weltlichen humanistischen Interessen einerseits und einer wachsenden Zuwendung an die Kirche und an religiöse Themen andererseits (auch die jetzt einsetzende Beschäftigung mit Dante gehört in diesen Zusammenhang), muß im Rahmen des Spannungsfeldes zwischen frühem Humanismus und spätmittelalterlichem Christentum gesehen werden.

Was die Beschäftigung mit Dante angeht, so konnte Boccaccio als einer der besten Dantekenner des Trecento gelten. Er kannte die meisten Werke des Dichters und hatte viele von ihnen, darunter die *Vita Nuova,* einige Briefe, die Eklogen und die *Commedia,* letztere sogar mehrfach, mit eigener Hand abgeschrieben. Dadurch und durch eigene Publikationen und Kommentare trug er ganz erheblich zur Verbreitung und zum Verständnis Dantes in seiner Zeit und später bei. Er konnte auf Auskünfte von Zeitgenossen zurückgreifen, die Dante noch gekannt hatten, wie z. B. Giovanni Villani, Cino da Pistoia, Sennuccio Del Bene, Andrea di Leone Poggi, Piero di Giardino und andere; die Mutter seiner Stiefmutter, Lippa de' Mardoli, soll mit Beatrice verwandt gewesen sein. Aus seiner konkreten Kenntnis vielfältiger Einzelheiten heraus schrieb Boccaccio die erste vollständige Dante-Biographie, die, zusammen mit der von Leonardo Bruni, als eine der besten überhaupt gilt. Das Werk, dessen erste, ausführliche Fassung von 1352 stammt (der 1360 noch zwei Kurzfassungen folgten), ist seither unter dem Titel *Trattatello in laude di Dante* bekannt geworden. In diesem von Bewunderung für den großen Dichter geprägten Werk entwickelt Boccaccio u. a. die Theorie vom gemeinsamen Ursprung von Dichtung und

Theologie, die einen »gemeinsamen Gegenstand« hätten und »fast ein und dieselbe Sache« seien. Er hebt hervor, daß »Theologie nichts anderes ist als Dichtung über Gott« und folglich »nicht nur die Dichtung Theologie, sondern die Theologie auch Dichtung« sei. Den Dichter versteht Boccaccio als Seher, als »poeta vates«. Damit war das Konzept des »poeta theologus« geboren, das in den folgenden Jahrhunderten über die Dante-Kritik hinaus eine bedeutsame Rolle spielte und später vor allem im Rahmen des Neuplatonismus von Marsilio Ficino und Cristoforo Landino aufgegriffen wurde. Das wichtigste Werk der Dante-Kritik Boccaccios waren indes die *Esposizioni sopra la Commedia di Dante*, ein Kommentarwerk, das wegen Krankheit und Tod nicht über den 17. Gesang von Dantes Hölle hinauskam. Es entstand aus den etwa sechzig öffentlichen Lesungen, die Boccaccio im Auftrag der Republik Florenz von Oktober 1373 bis etwa Januar 1374 in der Kirche Santo Stefano della Badia vor überwiegend volkstümlichem Publikum hielt. Auch dieser Kommentar, der offenkundig nur eine erste, teilweise provisorische Niederschrift darstellt, ist wieder von Bewunderung und großem Interesse getragen und bemüht sich oft detailliert um Wortlaut und Verständnis des Gedichts. Andererseits wird deutlich, daß Boccaccio nicht mehr der mittelalterliche Mensch ist, der die theologische Stringenz und die eschatologische Spannung der *Commedia* voll aufzugreifen imstande wäre; er zeigt sich oft befremdet von der Kompliziertheit der Inhalte und Strukturen und läßt seine Deutungen, die lediglich zwischen wörtlichem und allegorischem Sinn unterscheiden, im wesentlichen in einen handlichen Moralismus einmünden, der denn auch für seine Zuhörer wahrscheinlich angemessen war.

Die beiden letzten Jahrzehnte Boccaccios sind indes nicht nur durch besinnliche philologische oder dichterische Unternehmungen geprägt und durch die immer enger werdenden Beziehungen zu Petrarca, sondern auch durch Teilnahme an den politischen Vorgängen in und um Florenz. Schon Anfang der fünfziger Jahre hatte er mehrere Missionen im Auftrag der Kommune durchgeführt. 1351 war er als Gesandter bei Ludwig dem Bayern; 1354 bei Innozenz VI. in Avignon, wo es im wesentlichen um die Abwehr der Ansprüche Karls IV. ging. Noch im gleichen Jahr organisierte er in Certaldo den erfolgreichen Widerstand gegen die »Grande Compagnia« des Fra Moriale. Im Dezember 1360 geriet er in die Strudel eines scheiternden ghibellinischen Staatsstreichs, der von den Albizi und Ricci blutig niedergeschlagen wurde. Mehrere Freunde, darunter auch Niccolò di Bartolo del Buono, fanden den Tod; er selbst wurde für vier Jahre von öffentlichen Ämtern ferngehalten (die er dann ab 1365 wieder aufgreift). Mehrfach versuchte Boccaccio, in das geliebte Neapel zurückzukehren und dort eine ge-

177

sicherte Stellung zu erwerben. So machte er sich 1355 auf den Weg dorthin in der Hoffnung, die zuvor von Zanobi da Strada besetzte Stelle eines königlichen Sekretärs einzunehmen, mußte jedoch wegen politischer Umstände wieder nach Florenz zurückkehren. Auf Einladung des Freundes Niccola Acciaiuoli, der inzwischen königlicher Seneschall geworden war, zog er 1362 erneut mit großen Hoffnungen nach Neapel, wo er jedoch kühl empfangen und dürftig untergebracht wurde. Verletzt und entrüstet verließ der sensible Dichter im März 1363 die Stadt und machte seinem Zorn über Acciaiuoli in einem polemischen Brief an Francesco Nelli Luft (Epistula XII; davon ist indes nur eine Volgare-Übersetzung erhalten). Zum Trost suchte er Petrarca auf, der in Venedig weilte, und zog sich danach in das stillere Certaldo zurück, wo er seit 1361 seinen Hauptwohnsitz hatte.

Ungefähr zu dieser Zeit, vielleicht aber auch, neueren Hypothesen zufolge, erst 1365, begann Boccaccio in Certaldo ein letztes Mal, seine Feder in der Kunst volkssprachlicher Prosa zu üben. Ermutigt hatte ihn dazu sein langer Aufenthalt bei Petrarca in Venedig sowie auch ein Brief desselben, (*Seniles* V,2), in dem Petrarca den Freund aufgefordert hatte, gelassen und selbstbewußt den zweiten oder dritten Platz unter den Dichtern seiner Zeit einzunehmen. So entstand der *Corbaccio,* eine nach dem einleitenden Bekenntnis des Autors »aus heftigem Nachdenken über die Wechselfälle der fleischlichen Liebe« entstandene Prosadichtung, in der traktathafte Ausführungen mit erzählenden Passagen, lebhafte bis derbe Dialogpartien mit zynischer Frauensatire wechseln. Unklar ist die Intention des Titels, der einerseits soviel wie »Geißel« bedeuten könnte (nach span. »corbacho« und franz. »courbache«) und damit auf die Frauen als »Geißel« verwiese; der andererseits aber auch die Bedeutung »großer Rabe« (»corbaccio«) haben könnte, wobei der schwarze Vogel hier als negatives Symbol für die sinnenverwirrende und blind machende Liebe zu verstehen wäre. In der Fiktion des Werks liebt das erzählende Ich bzw. der Autor eine schöne Witwe, die den Liebenden indes wegen seines Alters und wegen seines niedrigen Standes verschmäht. Verletzt zieht sich der Dichter in eine Einöde zurück, wo er eine Vision hat: Er träumt, es begegne ihm dort der verstorbene Ehemann der Witwe, der vorgibt, von Gott ausgesandt zu sein, um ihn aus dem Liebeslabyrinth (*Il labirinto d'amore* ist ein weiterer Titel des Werkes) zu befreien, das sarkastisch auch als »Porcile di Venere«, als »Schweinestall der Venus« bezeichnet wird. Er zeichnet ein rücksichtsloses Bild der Untugenden und Laster, die sich hinter dem schönen und verführerischen Äußeren der Frauen verbergen und fordert schließlich den Autor auf, auch selbst eine Invektive auf die falsche und unehrenhafte Witwe zu verfassen … Damit ordnet sich das Werk in die Tradition der misogynen Literatur ein, die Boccaccio aus Juvenal, aus den französischen »Fabliaux«, den Liedern der Goliarden und den moralisierenden Traktaten des Mittelalters bekannt war; Andreas Capellanus' *De reprobatione amoris* war mit Sicherheit auch unter den Vorlagen des Dichters. Deutlich ist, zumindest in der Fiktion des Werkes, die Absicht, die Frauen in ihrer vermeintlichen Unehrenhaftigkeit, ihren Prätentionen zu demaskieren und sie als berechnende Wesen von unersättlicher Fleischeslust zu entlarven. Diese dezidierte »Entmythisierung« der Frauen geht einher mit satirisch-sarkastischen Beschreibungen und Dialogen in einer Sprache, in die vulgäre Rhetorik, insbesondere auch das vulgäre Gerede der Frauen, und die derbsten Zoten ungehindert Einlaß finden. In seinem Realismus und in der Gewandtheit seines Stils erinnert der *Corbaccio* sehr an einzelne Seiten des *Decameron*. Wie weit sich hinter den exorzistischen Tönen dieser Frauenschelte ein Reifeprozess des Autors und ein echtes moralisches Anliegen verbirgt, ist schwer abzuschätzen; doch kann man vermuten, daß die Abfassung dieser Prosa für Boccaccio ein willkommener Anlaß war, ein letztes Mal das Thema von der Schönheit der Frauen und den betörenden Wirkungen der Liebe aufzugreifen, das das Hauptthema seines Lebens gewesen war. So oder so war der *Corbaccio* der Schwanengesang des alternden Dichters, der sich jetzt für immer aus der Welt der Liebe und ihrer Illusionen zurückzog; und in dieser Hinsicht kennzeichnet der *Corbaccio* einen scharfen Einschnitt im künstlerischen Schaffen und in der inneren Entwicklung des Dichters. Auch dieses letzte Werk in der Volkssprache hatte eine große Nachwirkung. Insbesondere an der Figur der Witwe haben sich satirische Autoren inspiriert; u. a. Aretino hat daran für die Kurtisanenporträts seiner Komödien Maß genommen.

4. Die lateinischen Werke. Die letzten Jahre. Nachwirkungen

War Boccaccios literarisches Schaffen von frühester Jugend an bis zum *Corbaccio* ein zweisprachiges gewesen, so wendete er sich nun in reiferen Jahren dem Lateinischen zu, indem er die meist schon früher begonnenen lateinischen Werke fortführt, überarbeitet und vervollständigt. Sein *Buccolicum carmen* zum Beispiel war schon 1349, nach anderen bereits 1346 begonnen worden. Boccaccio arbeitete mehrere Jahre daran und legte schließlich 1367 unter gleichem Titel ein Gesamtwerk von sechzehn Eklogen vor, das dem Humanisten Donato degli Albanzani gewidmet war. Die in Hexametern geschriebenen Eklogen Boccaccios sind der bukolisch-allegorischen Dichtungstradition zuzuordnen, die zuvor schon von Dante, Giovanni Del Virgilio und Petrarca aufgegriffen worden war. Boccaccio ließ sich die Gelegenheit nicht entgehen, in die traditionellen Handlungsmuster und die Beschreibung allegorischer Gestalten eine große Zahl von Anspielungen auf sein Leben und seine Zeit hineinzuweben. So spielen z. B. die ersten beiden Eklogen »Galla« und »Pampinea« auf jugendliche Liebeserlebnisse in Neapel an, die dritte bis achte auf Ereignisse in Neapel und Florenz, die neunte auf den prahlerischen Freund Niccola Acciaiuoli, usw., während die fünfzehnte (»Phylostropos«) ein Lob auf Petrarca singt, nach dessen Vorbild Boccaccio sein Hirtengedicht gestaltet hatte.

Ebenfalls dem Vorbild Petrarcas verpflichtet ist die neunbändige Enzyklopädie *De casibus virorum illustrium,* eine Sammlung von Lebensgeschichten berühmter Männer und Frauen von Adam bis Filippa von Catania (d. h. bis zur Gegenwart), die durch eigenes Verschulden ins Unglück stürzten. Boccaccio hatte eine erste Fassung dieses Werkes zwischen 1356 und 1360 geschrieben und dann 1373 eine erweiterte und überarbeitete Fassung vorgelegt. Das Werk, das auch auf mündliche Quellen zurückgreift, steht im Zeichen humanistischer und historischer Interessen, möchte aber auch dem gesellschaftlichen Nutzen und der moralischen Erziehung dienen, indem der Leser aus den Beispielen des Unglücks so vieler hochgestellter Personen für sein eigenes Leben lernen könne. In einer didaktischen Rahmenhandlung läßt Boccaccio die Seelen der einzelnen Opfer Fortunas selbst auftreten, um ihre eigene Lebensgeschichte zu erzählen. Dies geschieht in chronologischer Reihenfolge und zwar so, daß der negative, ins Unglück führende Verlauf der einzelnen Exempla sich in der Gesamtanlage der Enzyklopädie wiederholt, die mit einem edlen Menschen (Adam) beginnt und mit einer niederen Frauengestalt (Filippa di Catania) endet. Das Werk erfuhr in ganz Europa, vor allem in Frankreich und Spanien, eine ungeheure Verbreitung. Gleiches gilt auch für eine weitere Hervorbringung humanistischer Gelehrsamkeit mit dem Titel *De claris mulieribus,* eine Sammlung von Lebensgeschichten berühmter Frauen aus Geschichte und Gegenwart (von Eva bis Giovanna di Napoli). Nach einer ersten Fassung von 1361 mit 74 Lebensgeschichten legte Boccaccio 1362 eine endgültige Fassung mit 104 Biographien von Frauen vor, deren Leben durch besondere Tugendhaftigkeit oder Klugheit, oder aber durch besonders schwere Laster gekennzeichnet war. Das Werk verzichtet auf einen Rahmen und ist auch rhetorisch weniger aufwendig als die zuvor genannte Enzyklopädie. Das Lehrhafte wird in den Geschichten selbst entwickelt, doch treten die moralisierenden Töne ingesamt zurück, und noch stärker als bereits in *De casibus virorum illustrium* tritt das erzählerische Interesse an den Einzelschicksalen hervor. Es lag im Rahmen der überwiegend literarischen Intentionen dieses Werks, den von der Geschichtsschreibung weitgehend vernachlässigten Frauen ein Denkmal zu setzen und ihnen Gerechtigkeit zukommen zu lassen. An beiden Kompilationen hat trotz ihrer humanistisch-gelehrten Fassade die Erzählfreude und biographische Neugierde Boccaccios erheblichen Anteil, dessen künstlerischer Phantasie jedoch durch die historischen Vorlagen enge Grenzen gesetzt waren.

Neben dem wenig bedeutenden *De montibus, silvis, fontibus, lacubus, fluminibus, stagnis seu paludibus,* einem schematisch kompilierten geographischen Handbuch, das in alphabetischer Reihenfolge die in den großen Dichtungen vorkommenden geographischen Namen zusammenstellt, ist aus den reifen Jahren Boccaccios vor allem die berühmte *Geneologia deorum gentilium* zu erwähnen, das weitaus wichtigste Werk seiner humanistischen Gelehrsamkeit, an dem er mit Unterbrechungen von 1350 bis zu seinem Tode arbeitete. Zwischen 1350 und 59 entstand zunächst eine erste Fassung in dreizehn Büchern, die sodann zwischen 1360 und 1363 vor allem mit Beispielen aus der griechischen Mythologie erweitert wurde; zwischen 1363 und 1366 wurden dann zwei weitere wichtige Bücher hinzugefügt. Das Manuskript, das Boccaccio 1370 mit nach Neapel nahm (wo er festlich empfangen wurde, aber nicht bleiben wollte) und später mit den Korrekturen des Juristen Pietro da Monteforte zurückerhielt, hat er dann nochmals jahrelang überarbeitet. Auf der Grundlage eines ungeheuren Materials verfolgte dies Werk kein geringeres Ziel als die systematische Sichtung und geordnete Darstellung der gesamten griechisch-lateinischen Mythologie und die vollständige Erklärung der allegorischen und moralischen Bedeutungen ihrer einzelnen Gestalten. Der Autor, der sich im Proömion selbst als ein neuer Dädalus präsentiert, der durch das Gewirr der Mythen führen will, geht bei seinem Ordnungsversuch von den genealogischen Beziehungen der Götter und Heroen aus. Er stellt zunächst die Hauptstammbäume der Götter dar und schreitet dann diachronisch fort zu den sich immer weiter verzweigenden Nebenlinien. Nachdem er die ihm vorliegenden Informationen zu den einzelnen Mythen und die bereits vorhandenen Interpretationen dazu verarbeitet hat, versucht dann der Autor selbst, die »unter der harten Schale« der Mythen liegenden Sinnebenen zu erschließen. Dabei verfährt er im wesentlichen nach drei hermeneutischen Grundkriterien. Nach der »historischen« Deutung entstanden die Götter aus der Verehrung großer geschichtlicher Persönlichkeiten; nach der »physischen« Deutung gingen sie aus der Anbetung der Naturkräfte hervor; und die »moralische« Deutung schließlich interpretiert die Götter psychologisch als Umsetzungen seelischer Gegebenheiten in die Sprache der Mythen. Bei alledem ging es dem Verfasser auch immer darum, die ursprüngliche Gestalt der Mythen und ihre authentischen Bedeutungen wieder herzustellen.

Die später hinzugefügten Bücher XIV und XV sind demgegenüber polemischen Inhalts. Das vierzehnte Buch ist nochmals der Theorie der Dichtung gewidmet und greift neben anderem noch einmal das Konzept des »poeta-theologus« auf. Im fünfzehnten Buch verteidigt Boccaccio die Literatur seiner Zeit und vor allem sein eigenes Werk, dem er trotz seiner Lückenhaftigkeit selbstbewußt das Verdienst zuspricht, ein großes geistiges Erbe an die Zeitgenossen und die Nachwelt überliefert zu haben. Die »Genealogia deorum gentilium« hatte in der Tat einen ungeheuren Erfolg in ganz Europa. Schon die Zeitgenossen, unter ihnen Filippo Villani, rühmten sie als eine Fundgrube mythologischen Wissens und als unentbehrliches Handbuch zum Verständnis der Dichtung und ihrer unter dem Schleier der Mythen verborgenen Wahrheit. Als mythologisches Handbuch hat das Werk auch heute kaum an Bedeutung verloren. Zu seiner Ausstrahlung, die ihren Höhepunkt in der Renaissance erreichte, hat die Volgare-Übersetzung des Giuseppe Betussi da Bassano (1515–1575), aber auch das Lob berühmter Humanisten wie etwa das Coluccio Salutatis, eines Schülers von Petrarca, nicht unwesentlich beigetragen.

Der *Genealogia* galten auch, zusammen mit dem *Buccolicum Carmen*, die letzten humanistischen Bemühungen des Autors. Er litt in den siebziger Jahren immer stärker unter Fettleibigkeit und Wassersucht, zu denen sich noch Scabies oder Diabetes und Fieber hinzugesellten. Seine Vorlesungen in Florenz mußten abgebrochen werden; immer schwerer fiel es ihm, sich zwischen Certaldo und Florenz hin- und herzubewegen. Auch in finanzieller Hinsicht verschlechterte sich seine Situation. Als er im Juli 1374 vom Tod Petrarcas hörte, schrieb er sein letztes Sonett, in dem er an den Freund im Himmel die Bitte richtete, ihn dorthin zu sich zu holen, »wo ich fröhlich/ die sehen möchte, die mich zuerst in Liebe entflammte«. Er starb am 21. Dezember des folgenden Jahres in Certaldo und wurde in der Kirche San Iacopo begraben.

Die unübersehbare Nachwirkung und Ausstrahlung Boccaccios hat eine ihrer Ursachen in der großen Vielfalt der Stoffe, Tonlagen und Kunstmittel seines Werkes. Boccaccio stand im niedergehenden Licht des späten, christlichen Mittelalters, im kommunalen Kraftfeld bürgerlicher, demokratischer Strukturen und zugleich in der geistigen Spannung neuer humanistischer Interessen, die sich immer stärker darauf konzentrierten, das Wissen der Antike für die Gegenwart nutzbar zu machen. Diese sich überlagernden Kräfte finden in seinem Werk ihren künstlerischen Ausdruck in einer experimentierenden Beweglichkeit, die vor allem die frühen Werke kennzeichnet, und in einer mühelos hervorgebrachten Vielfalt bzw. Mischung von Stilen, Formen und Themen, die seinem Werk etwas Schillerndes und Universales zugleich verleihen. Er war es, der die Oktave in die italienische Literatur einführte; er schrieb den ersten (sentimentalen) italienischen Prosaroman; er schuf das Vorbild pastoraler bzw. arkadischer Dichtung; er schrieb das erste literarische Bekenntnis einer Frau, das zugleich der erste »psychologische« Roman der italienischen Literatur und ein Prototyp der Memoiren- und Bekenntnisliteratur war; er lieferte die Grundmuster für die mythologische Dichtung der folgenden Jahrhunderte; und mit der großen »menschlichen Komödie« (De Sanctis) seines *Decameron* begründete er beispielhaft die neue Darstellungsform eines bürgerlichen Realismus. Demzufolge haben Unzählige von ihm gelernt, die Versdichter Poliziano, Lorenzo de' Medici, Pulci, Boiardo, Sannazaro, Ariosto, Tasso und viele andere ebenso wie die Erzähler Sacchetti, Masuccio Salernitano, Bandello, Basile, Gaspare Gozzi, bis hin zu Pirandello und den Novellendichtern der Gegenwart. Auch auf das Theater hat Boccaccio gewirkt, und zwar nicht nur auf die Komödie, sondern auch auf Tragödie und Melodrama: Machiavelli, Aretino, Ruzante und Metastasio etwa haben sich in unterschiedlichem Maße an ihm inspiriert. Darüber hinaus erstreckte sich seine Wirkung auf ganz Europa: Shakespeare und Chaucer, Rabelais, Molière und LaFontaine, Fernando Rojas und Cervantes und eine nicht zu nennende Zahl weiterer und kleinerer Autoren haben aus seinen Werken, und nicht nur aus seinen volkssprachlichen, geschöpft. Nimmt man alles zusammen, so dürfte Boccaccios Nachwirkung, dank der vielen innovativen und modernen Züge seines Werkes, in Vielfalt und Breite die Dantes und Petrarcas noch übertreffen. Zu Recht ist er ein Vater der europäischen Literatur genannt worden.

V. FRANCO SACCHETTI UND KLEINERE NOVELLENDICHTER

Zu den vielen Intellektuellen, die Boccaccios Tod als den Untergang der Dichtkunst betrauerten, gehörte auch der Lyriker und Erzähler FRANCO SACCHETTI (1332/34–1400), der in seiner Abschiedskanzone an den großen Dichter klagte: »Or è mancata ogni poesia / e vuote son le case di Parnaso / po'che morte n'a tolto ogni valore« (»Nun ist alle Dichtung dahin / leer stehn die Hallen des Parnaß / denn der Tod hat alle Kunst dahingerafft«) (*Libro delle rime*, Nr. CLXXXI). In den Schmerz mischte sich gewiß auch die geheime Überzeugung, daß er, Sacchetti, ein nicht unwürdiger Nachfolger des großen toskanischen Dichters sei – doch überwog bei ihm wie bei zahlreichen Zeitgenossen echte Trauer und ein deutliches Gefühl des geistigen Niedergangs und des allgemeinen Verfalls der Zeit. Dieses wurde nicht nur durch den kurz aufeinanderfolgenden Tod der beiden geistigen Koryphäen und Wegweiser Italiens, sondern auch durch eine Reihe beunruhigender gesellschaftlicher und politischer Ereignisse und Entwicklungen ausgelöst. Dazu gehörte die tödliche Pestepidemie, die 1374 erneut wütete, die schnöde Politik der Kurie, insbesondere unter dem französischen Papst Gregor XI. (1370–78), die blutigen Kriege, in die Florenz und die Liga verwickelt wurden, der Expansionsdrang der Visconti im Norden und anderes mehr, aber auch unübersehbare Zeichen einer allgemeinen geistigen Verwirrung und eines Verfalls des christlichen Glaubens, die Caterina da Siena und andere Gläubige auf den Plan riefen.

Von dem Leben des Franco Sacchetti hat man nur eine lückenhafte Kenntnis; aus seiner Jugend gibt es kaum Nachrichten; und das wenige, was man weiß, stammt meist aus den in seinen Werken enthaltenen autobiographischen Hinweisen. Er wurde zwischen 1332 und 1334 in Ragusa (Dalmatien) oder anderen zufolge in Florenz geboren, als Sohn des Kaufmanns Benci di Uguccione und der Maria di Francesco, Tochter eines Apothekers aus Bologna. Franco wurde ebenfalls Kaufmann und heiratete 1354 Felice di Niccolò Strozzi. Schon sehr früh, mit etwa zwanzig Jahren, muß Sacchetti begonnen haben, Gedichte zu schreiben, denn zum Zeitpunkt seiner Hochzeit lag bereits das allegorisch-komische Gedicht »Battaglia delle belle donne di Firenze con le vecchie« vor. Nach seiner Heirat weilte er einige Jahre in Dalmatien (dem damaligen Schiavonia). 1362 nach Florenz zurückgekehrt, wo er von nun an überwiegend lebte, begann er bald, seine Gedichte zu sammeln und in seinem *Libro delle rime* zusammenzustellen. In den folgenden Jahren begann er eine engagierte und unruhige Laufbahn als Politiker: Er bekleidete das Amt des »Podestà« und weitere kommunale Ämter an verschiedenen Orten der Toskana und war zugleich in politischen Geschäften, z.B. als Botschafter, für seine Stadt tätig. 1374, das Jahr des Ausbruchs der Pest, markierte für die öffentlichen Angelegenheiten ebenso wie für das private Leben Sacchettis den Beginn einer Krise, die den Dichter zu einer anhaltenden Reflexion über sich selbst und seine bisher eher leichte Muse zwingt; mit der Folge, daß nun in seinen Dichtungen ernstere und moralisierende Töne erklingen. Während des Krieges der »Otto Santi« (1375–78) lernt Sacchetti hautnah die Greuel des Krieges kennen, als die Heerscharen des grausamen Kardinals Roberto dei conti di Ginevra (der im September 1378 als Klemens VII. zum Papst gewählt wurde) und die nicht minder grausamen Söldner des Acuto das Land mordend und plündernd durchzogen. 1378 ist er zutiefst beunruhigt wegen des

Aufstands der Ciompi. Privates Unglück tritt hinzu: 1377 stirbt die erste Frau; 1379 wird der Bruder Giannozzo wegen Verrats an der Kommune zum Tode verurteilt und hingerichtet. Politische Sorgen und persönliches Leid finden ihren ernsten und meditierenden Ausdruck in den moralisierenden *Sposizioni di Vangeli* (1381). Obwohl Sacchetti in der Folgezeit immer wieder hohe politische Ämter als Botschafter, als Podestà, als Ratsmitglied und als Prior bekleidet, waren auch die beiden letzten Jahrzehnte seines Lebens insgesamt kaum glücklicher. Politisch standen sie im Zeichen der Abwehr des immer deutlicher zutagetretenden Hegemoniestrebens der Visconti, dem Sacchetti entgegenzuwirken suchte. Irgendwann in den achtziger Jahren, möglicherweise als er in Bibbiena Podestà war (1385), kam ihm die Idee zu seinem großen Erzählwerk der *Trecentonovelle* – doch dürfte er die Niederschrift des Werkes erst ab Juli 1392, als er Podestà in San Miniato war, begonnen haben. Leidvoll und beschwerlich waren auch die letzten Jahre seines Lebens. Wiederholt mußte er schwierige und undankbare Ämter übernehmen. Im August 1396 starb seine zweite Frau (schon wenige Monate später heiratete Sacchetti ein drittes Mal). Kriegsscharen des Alberigo da Barbiano, die im Dienste der Visconti standen, verwüsteten im folgenden Jahr seine Besitzungen in Marignolle. Dadurch geriet er persönlich in wirtschaftliche Not, mußte bei der Kommune um Steuernachlaß nachsuchen und wurde in seinen beiden letzten Lebensjahren vom Fiskus und von Gläubigern verfolgt. Im März 1400 war er Vikar in San Miniato; dort starb er im August, vielleicht im Gefolge der Pest, die in diesem Jahr ein weiteres Mal ausgebrochen war.

Das früheste Werk Sacchettis, im Alter von etwa zwanzig Jahren verfaßt, ist die *Battaglia delle belle donne di Firenze con le vecchie*, ein Gedicht in Oktaven über *Die Schlacht der schönen Frauen von Florenz gegen die alten*. Eine Schar schöner junger Frauen aus Florenz versammelt sich an einem lieblichen Ort unter der Herrschaft von Costanza Strozzi, die ob ihres besonderen Adels und ihrer Schönheit dazu ausersehen wurde. Sie vertreiben die alte, häßliche und neidische Ogliente, die ihnen in störender Absicht entgegentritt. So kommt es zum »Krieg« zwischen den jungen, schönen und den alten, häßlichen Frauen, an dem auf beiden Seiten auch Männer teilnehmen. Der Sieg liegt, wie nicht anders zu erwarten, bei den jungen Frauen, und zum Triumph der Schönheit gehört auch die wunderbare Wiedererweckung der schönen Elena, die beim Kampf zu Tode gekommen war ... Das sprachlich-stilistisch noch einfache, inhaltlich nicht sonderlich aufregende Gedicht verkündet unter dünner allegorischer Hülle im wesentlichen den Gedanken vom Primat der Jugend und der Schönheit. Nicht unbedeutend ist, daß sich die aufgezählten Schönheiten mit Frauen der angesehenen florentinischen Familien identifizieren lassen. Insofern verweist der Text auf ähnliche Aufzählungen von Frauen etwa in der *Vita Nuova* Dantes (Kap.VI), in einem Erinnerungsgedicht des Florentiners Antonio Pucci (um 1305–1388) »an die schönen Frauen, die es 1335 in Florenz gab«, oder etwa in Boccaccios *Caccia di Diana.* Von irgendwelchen symbolischen oder metaphysischen Gedankengängen wie etwa bei Dante ist das Gedicht jedoch weit entfernt. Ohne Zweifel ist es in erster Linie dem Geist Boccaccios verpflichtet, dessen gefällig-mondäner Stil und allegorisch verbrämte Sinnlichkeit sich im Text widerspiegeln, mit Anklängen nicht nur an die *Caccia,* sondern auch an den *Filostrato* und an die *Teseida.* Von der in späteren Werken zutagetretenden moralisierenden Tendenz Sacchettis sind hier jedenfalls nur geringe Spuren erkennbar.

Etwa aus der Zeit der *Battaglia* stammen auch bereits die frühesten Texte einer umfangreichen, lebenslangen Gedichtproduktion, die Sacchetti ab 1363 in seinem *Libro delle rime* zu vereinen suchte. Nicht wenige unter den gut 300 Gedichten des Bandes waren als Liedertexte zur Vertonung bestimmt. Insbesondere waren es die Formen der Ballade, des Madrigals und der sogenannten »caccia«, die von Sacchetti selbst oder auch anderen vertont wurden. Dieser wichtige musikalische Aspekt der Dichtung Sacchettis ist bis heute wenig erforscht; doch steht er im Kontext einer damals unter dem Einfluß französischer und auch volkstümlicher Beispiele aufblühenden Liedkunst, die in Florenz vor allem an den Namen Antonio Puccis gebunden war. Die bei allen erdenklichen Gelegenheiten entstandenen Texte des *Libro* stellen in ihrer Gesamtheit so etwas wie ein lyrisches Tagebuch dar und vereinen die unterschiedlichsten Themen und Haltungen in sich: Komische Lieder mit Anklängen an Spielmannsweisen oder an die volkstümliche Lieddichtung wechseln mit Gedichten im feinen, elaborierten Ton Petrarcas oder im symbolisch-allegorischen Stil Dantes, mit aggressiver Klerikersatire oder moralisierender Kritik an den Zeitgenossen. Autobiographische Themen stehen neben solchen aus dem aktuellen politischen Geschehen oder neben allgemeinen Klagen auf den Niedergang der Zeit. Vor allem in den Jahren 1355–62 entstanden eine Reihe von Liebesgedichten, während später, etwa von der Mitte der siebziger Jahre an, unter dem Eindruck öffentlicher wie privater Schicksalsschläge, die Themen einer ernsthaften, meditierenden Frömmigkeit in den Vordergrund treten. Die moralisierenden Töne einer immer reifer werdenden Lebenserfahrung sind insgesamt so etwas wie der rote Faden und damit auch eine inhaltliche Klammer der Lyrik Sacchettis, die keinen strengen thematischen oder formalen Aufbau kennt, die vom Autor eklektisch geschrieben und im wesentlichen chronologisch zusammengetragen wurde. Das Ergebnis seiner

Erfahrungen formuliert Sacchetti oft in eindrucksvoller, sentenzhafter Kürze (die bisweilen an Guittone erinnert), wie zum Beispiel in den wuchtigen Eingangsversen der folgenden Kanzone (*Libro,* Nr. LXVII):

Vada chi vuol pur alto e meni orgoglio
ché io veggio ogni dì nova fortuna
in questo mondo fallace e diverso;
i' sento or, più che sentir non soglio,
ed ho veduto mille, e non pur una,
volte venire al ben il mal traverso;
ed oggi il bianco qui, domane il perso,
e quanto più va tempo più si muta;
cosa non è che non abia caduta
e quella ch' è più alta ancor più tosto.

Die herbe, erfahrungsgesättigte Lebensweisheit Sacchettis und seine moralisierenden und erzieherischen Zielsetzungen gingen auch in die *Sposizioni di Vangeli* ein, in die erläuternden Kommentare der Evangelienbücher, die 1378–81 entstanden. Die neunundvierzig (siebenmal sieben) Kapitel dieses didaktischen Werks stimmen inhaltlich mit vielen Themen der reifen Lyrik überein, eröffneten dem Autor jedoch ein wichtiges neues Ausdrucksmittel, nämlich die Möglichkeiten einer Prosa, die weder von seinen eigenen jahrzehntelangen stilistischen Gewohnheiten noch von literarischen Traditionen belastet war. Der erklärende Text verfährt in der Regel in drei Schritten: Zunächst wird das Thema gestellt, dann die Problematik mit einem Exemplum, einem Beispielfall verdeutlicht und schließlich eine christliche Lösung des Problems aufgezeigt. Mehr noch als seiner didaktischen Neigung ließ hier Sacchetti seinem Erzähldrang freien Lauf, indem er die moralisierenden Beispiele zum Anlaß nahm, farbige und volkstümliche, oft komische Geschichten zu erzählen, die zugleich realitätsnah auf die Bedürfnisse und Probleme des mittleren Bürgertums seiner Zeit zugeschnitten waren. So gesehen waren die »Sposizioni« für Sacchetti eine wichtige thematische wie stilistische Einübung in das Novellenerzählen.

Reichtum und Vielfalt der Fabulierkunst Sacchettis fanden dann ihre volle und reife Entfaltung in dem großen Novellenwerk der *Trecentonovelle,* das der Autor vielleicht schon 1385 konzipierte, aber zum größten Teil erst in den Jahren 1392–1396/97 verfasste. Leider ist die Überlieferung des Werkes lückenhaft: Von den dreihundert im Titel angekündigten Novellen sind nur 223, und einige davon auch nur unvollständig auf uns gekommen. Im ebenfalls fragmentarischen Vorwort der Sammlung, das sich bereits durch seinen lockeren und familiären Ton deutlich vom Proömion des *Decameron* unterscheidet, stellt sich der Verfasser bescheiden als »uomo discolo e grosso«, als »ungebildeter und grober Mensch« vor und gibt unter Bezugnahme auf den »ausgezeichneten florentinischen Dichter messer Giovanni Baccacci« als Motiv seines Werkes an, die Menschen durch das Erzählen interessanter Geschichten ergötzen und trösten zu wollen, und zwar durch Geschichten aus Vergangenheit und Gegenwart, darunter auch solchen Vorfällen, die er, Sacchetti, selbst erlebt habe. Gleichzeitig aber macht er unter Berufung auf Dante deutlich, daß auch er ebenso wie dieser eine weitergehende, nämlich eine belehrende und moralisierende Zielsetzung verfolge. Seine Novellen erzählt Sacchetti in einem auffallend warmen, freundschaftlichen und familiärem Ton, stets darauf bedacht, die Distanz zwischen Autor und Leser, aber auch zwischen dem Leser und den Erzählinhalten möglichst gering zu halten. Immer wieder betont er, daß etwas »erst vor kurzer Zeit«, »vor wenigen Jahren«, »in unseren Tagen« usw. passiert sei, um das Geschehen dem Leser nahezubringen und seine Aktualität und Authentizität zu unterstreichen. Oder aber er bringt einzelne Geschichten mit seinem eigenen Leben in Verbindung bzw. führt sich selbst als Protagonist in die Handlung ein. Seiner locker-vertraulichen Erzählhaltung entspricht eine improvisiert anmutende Lockerheit und Offenheit im Aufbau des großen Werkes, bei welchem Sacchetti auf übergreifende formale oder inhaltliche Ordnungsprinzipien verzichtet. Nur selten entsteht eine konkrete inhaltliche Bindung dadurch, daß aufeinanderfolgende Texte ein und derselben Gestalt gewidmet sind, wie etwa die Novellen 18–21 dem Basso della Penna oder die Novellen 11–14 dem Alberto aus Siena. In aller Regel vermeidet der Autor auch bei rekurrenten Figuren solche Gruppierungen und läßt seine Erzählstoffe vielmehr in buntem Wechsel aufeinanderfolgen, indem er seine Geschichten wie im vertrauten Freundeskreis mit einem betont lässigen »Da fällt mir noch eine Begebenheit ein …« oder einem »Jetzt habe ich Lust, eine kleine Novelle zu erzählen …« usw. scheinbar anspruchslos eröffnet. Die Offenheit und Zwanglosigkeit des Aufbaus und die geschickte Aufhebung psychologischer Distanzen sichern als die beiden wichtigsten Kompositionsprinzipien des Werkes diesem eine einzigartige Atmosphäre als einem Ort freundschaftlicher, zwangloser Begegnung und vertraulicher Plauderei zwischen Autor und Leser. Eben diese Beziehung zwischen Autor und Leser ist dann ihrerseits wieder Grundlage und Voraussetzung für die Wirksamkeit der belehrenden, moralisierenden, mahnenden Schlußfolgerungen, die der Autor mit großem Ernst meist am Ende seiner Geschichten vorträgt. Als Beispiel sei hier die 31. Novelle zitiert, deren Stoff aus einem Sacchetti bestens bekannten Metier, nämlich dem Tätigkeitsbereich der Botschafter, geschöpft ist: Zwei Gesandte der Kommune von Casentino werden mit einer Botschaft zu Guido de' Tarlati, dem Bischof und Herrscher von Arezzo geschickt. Unterwegs stellen beide fest, daß sie den Inhalt ihrer Botschaft vergessen haben. Dennoch treten sie vor den Bischof, äußern ein paar entschuldigende, ungehobelte Worte und werden von diesem freundlich abgefertigt mit dem Hinweis, daß er es mit Casentino gut meine und man ja in Zukunft Briefe statt Botschafter senden könne ... Doch auch diese Botschaft vergessen die beiden, die bei ihrer Ankunft in Casentino ihren Auftraggebern vorschwindeln, daß sie ihren Auftrag beim Bischof geschickt und mit brillanter Rhetorik ausgeführt hätten. Darauf werden sie mit Lob und Ehren überhäuft und erhalten wichtige öffentliche Ämter in ihrer Stadt. – An diese behaglich erzählte Geschichte knüpft der Autor die folgende, wohl zeitlos gültige Schlußbetrachtung: »Oh wie oft kommt es vor, und nicht nur bei solchen Dummköpfen, sondern auch bei viel höher stehenden Personen, die alle Tage als Botschafter ausgesandt werden, daß sie von den Dingen, mit denen sie zu tun haben, soviel verstehen wie die Kuh vom Gesangbuch; und die dennoch schreiben und behaupten, daß sie Tag und Nacht ohne Unterlaß mit großem Eifer sich bemüht hätten, und daß alles ihr Werk sei; und die sich vielfach mit der Sensibilität eines Holzklotzes einmischen und tätig werden; und die gleichwohl von ihren Auftraggebern gelobt und mit bedeutenden Ämtern und Gaben belohnt werden. Denn die meisten entfernen sich von der Wahrheit und dies besonders dann, wenn sie daraus, daß man ihnen Glauben schenkt, Vorteile für sich erhoffen können.«

Nach Franco Sacchetti, der neben den drei Koryphäen oft als der vierte große Dichter des Trecento eingeordnet wird, sind noch zwei weitere, wenn auch weit weniger bedeutende Novellenerzähler bzw. Kompilatoren zu erwähnen. Der eine ist ein gewisser Ser Giovanni, der möglicherweise Florentiner war und aus diesem Grunde meist als SER GIOVANNI FIORENTINO geführt wird. Von ihm, über dessen Leben kaum Nachrichten vorliegen, sind unter dem Titel *Pecorone* fünfzig Novellen überliefert (in einem Manuskript sind es auch 53), die nach einem im Vorwort enthaltenen Hinweis 1378 entstanden wären. Die schlicht und kunstlos erzählten, teils märchenhaften, teils realistischen Geschichten sind in einen ebenfalls kunstlosen Rahmen eingebettet: Der Florentiner Auretto liebt die Nonne Saturnina, verschafft sich als Mönch und Kapellan Zugang zu dem Kloster, in dem die Geliebte weilt. Hier begegnen sich nun täglich die beiden Liebenden im Parlatorium, tauschen in Gegenwart des Autors ihre Geschichten aus und singen gemeinsam eine Ballade. Auf diese Weise wird das Erzählen der Novellen in 25 Tage aufgeteilt, zwischen die jeweils eine Ballade eingeschoben ist. Inhaltlich bieten die Novellen des Ser Giovanni von Vielem etwas: Liebesgeschichten, erbauliche Beispiele, erotische Streiche und Derbheiten, dann und wann auch historische Begebenheiten, die meist aus der Chronik des Giovanni Villani geschöpft sind. Besonders auffallend an diesem Werk, das in bezug auf Verfasser, Titel und Chronologie viele Fragen offen läßt, ist der vom Inhalt der Novellen völlig losgerissene Rahmen, der die bereits in sich inkohärente Sammlung funktionslos und ohne erkennbare Intentionen umgibt. Zumindest ein Stoff des Ser Giovanni ist jedoch berühmt geworden, und zwar die erste Novelle des vierten Tages, die Geschichte von Giannetto, die durch die Vermittlung von W. Painter die Stoffvorlage von Shakespeares *Kaufmann von Venedig* wurde.

Von GIOVANNI SERCAMBI (1348–1424), dem Kompilator eines weiteren Novellenbuches, weiß man etwas mehr: Er wurde in Lucca als Sohn des Apothekers Iacopo di ser Cambio geboren und übte später den Beruf des Vaters aus. Er nahm auch an militärischen Aktionen seiner Stadt teil, die 1369 mit Hilfe Karls IV. die Herrschaft Pisas abschütteln konnte. Ihm wurden verschiedene öffentliche Ämter übertragen. Rechtzeitig liierte er sich mit der mächtigen Familie der Guinigi, die 1400 mit Paolo Guinigi an die Macht kam. Seine »Novellen« sind etwa 1399/1400 entstanden und nehmen, in Anlehnung an Boccaccio, die Pest von 1374 zum Ausgangspunkt einer Rahmenhandlung, derzufolge eine Schar von Männern und Frauen der Epidemie entflieht und sich unter der Leitung eines gewissen Aluiso auf eine Reise durch Italien begibt. Der Autor begleitet die Reisegesellschaft und unterhält sie von Etappe zu Etappe mit seinen Geschichten; Musik, Tanz, Rezitation von Gedichten, aber auch fromme Übungen tragen zur Abwechslung auf der langen Reise bei, die im wesentlichen den im *Dittamondo* beschriebenen Reiseweg des Geographen Solino nachvollzieht. Wie effektvoll die Rahmenhandlung einer Reise für ein Erzählwerk sein kann, hatte unabhängig von Sercambi bereits Chaucer in seinen *Canterbury Tales* (1386–1400) vorgeführt; bei Sercambi indes bleibt der Rahmen ohne große Bedeutung. Er trägt insgesamt 155 Novellen aus den verschiedensten Quellen zusammen, allein 24 davon sind in schlechter Wiedergabe aus dem *Decameron* übernommen. Die Hauptquellen Sercambis sind die mündliche Überlieferung und die Chroniken und Enzyklopädien. Die Erzählweise Sercambis ist recht grob, ohne stilistischen Anspruch, ohne Einheitlichkeit des Tones und der Sprache, getragen von einer rein stofflichen (und auch nicht sonderlich aufmerksamen) Neugierde für die erzählten Begebenheiten, an die dann oft eine völlig unpassende Moral angeklebt wird. Von Sercambi, der der bedeutendste Volgareschriftsteller Luccas im 14. Jahrhundert war, stammen auch noch die *Croniche,* eine

190

durch eingelagerte Novellen aufgelockerte Chronik in zwei Bänden, die das Geschehen von 1164 bis 1423 aufzeichnet, Zeugnis eines bemerkenswerten historiographischen Interesses.

VI. RELIGIÖSES SCHRIFTTUM

Das gesamte Trecento, das Jahrhundert der *Göttlichen Komödie,* war durchdrungen von ethischen und religiösen Fragestellungen, die nicht nur in den theologischen Traktaten oder den Erbauungsschriften christlicher Autoren behandelt wurden, sondern darüber hinaus auch in den weltlichen Werken der schönen Literatur einen vielfältigen Widerhall fanden. Generell gilt, daß der Abstand zwischen religiöser und weltlicher Literatur im 14. Jahrhundert geringer war, als es aus moderner Sicht erscheinen mag. Religiöse Fragestellungen drangen aber auch in das Bewußtsein breiter Bevölkerungsschichten ein und riefen dort geistige Unruhe und ein Bedürfnis nach theologischer Belehrung hervor. Die breite Wirkung der Komödie Dantes schon in der ersten Jahrhunderthälfte wäre ohne ein solches Bedürfnis nach moralischer, ethischer und heilsgeschichtlicher Orientierung nicht denkbar gewesen. Vor allem von der Mitte des Jahrhunderts an ging eine Welle religiöser Erregung und Ergriffenheit über die ganze Halbinsel. Auslösende Momente für dieses neue, krisenhafte Bewußtsein waren u. a. die großen Pestepidemien, die im Abstand weniger Jahre aufeinanderfolgten (1348, 1363 und 1374), die vom Papst 1350 veranstaltete Jubelfeier der Christenheit, zu der Hunderttausende von Pilgern nach Rom strömten sowie das Schisma der Kirche bzw. die Bemühungen, vor allem in den siebziger Jahren, den Papst zur Rückkehr nach Rom zu bewegen. Unter den Landschaften Italiens war es die Toskana, die den weitaus größten Teil des religiösen Schrifttums hervorbrachte, während aus dem Veneto, aus Ligurien und der Lombardei, aus den Marche und den Abruzzen, aus Sizilien und selbst aus dem mystischen Umbrien, der Heimat Iacopones, nur wenige relevante Schriften überliefert sind. Doch gilt andererseits, daß das toskanische Schrifttum, von dem im folgenden die Rede sein wird, alle wesentlichen Tendenzen der religiösen Werke und Aktivitäten auf der Halbinsel widerspiegelt.

Noch in die Zeit Dantes hinein fiel das Leben des GIORDANO DA PISA (um 1260–1311), auch Giordano da Rivalto (ein kleiner Ort bei Pisa) genannt. Mit zwanzig Jahren trat Giordano in den Dominikanerorden ein und bildete sich in dessen Hauptdisziplinen aus: in der theologischen Wis-

191

senschaft und in der Kunst der Predigt. Etwa zehn Jahre lang studierte er in Pisa, Bologna und Paris, wo er von 1285 bis 1288 blieb. Nach einem Aufenthalt in Deutschland lehrte und predigte er in Florenz, im Kloster von Santa Maria Novella, wo später auch Iacopo Passavanti wirkte. Etwa in der Zeit von 1302 bis 1306 hielt er seine besten Predigten, die ihn weithin als theologischen Lehrer und als Redner berühmt machten. Dies brachte ihm die Einladung ein, an der Universität von Paris Vorlesungen in Theologie zu halten; auf dem Weg dorthin starb er im August 1311. Giordanos Predigten gehören zu den ältesten in der Volkssprache; zugleich ragen sie hervor durch ihre klare Sprache, ihre oft lyrische Gefühlstiefe und durch ihren immer präzisen theologisch-doktrinären Gehalt. In ihrem gradlinigen, progressiven Aufbau führen sie von einfachen Fragen zu den schwierigeren, bedienen sich klarer und einleuchtender Bilder und Exempla, unterwerfen das weltliche Treiben einer kritischen Analyse und sind doch stets warm in christlicher Nächstenliebe. Die schönsten seiner Predigten schrieb Giordano, als die *Commedia* noch nicht fertiggestellt, ja vielleicht noch nicht einmal begonnen worden war. In ihnen zeigt sich, wie stark Giordano im Geist der Dantezeit lebte und fühlte; auch ist er derjenige unter den frommen Schriftstellern Italiens, der mit seiner Mischung von menschlichem Empfinden und theologischem Engagement, von tiefer Frömmigkeit und intellektuellem Anspruch dem Wesen Dantes am nächsten kommt.

Meisterhafte Beherrschung der Sprache und des Stils sowie rationale Klarheit und Einfachheit der Rede sind auch die Tugenden eines anderen dominikanischen Predigers, des in Vicopisano geborenenen DOMENICO CAVALCA (um 1270–1342). Seine wichtigsten Schriften fallen in die Zeit von etwa 1320 bis zu seinem Tode. Er schrieb u. a. eine *Disciplina degli spirituali (Verhaltensregel der Geistlichen)*, einen *Trattato delle trenta stoltizie (Traktat über die dreißig Torheiten)*, einen *Specchio dei peccati (Sündenspiegel)*, einen *Specchio di Croce (Kreuzesspiegel)* und andere Werke der christlichen Ethik. Bekannt wurden auch seine Übersetzungen bzw. Überarbeitungen lateinischer Vorlagen, so etwa der *Pungilingua (Zungenstecher)* nach der *Summa vitiorum ac virtutum* des französischen Dominikaners Guillaume, genannt Peraldus, der *Dialogo di San Gregorio* nach der Schrift *De vita et miraculis patrum italicorum*, und nicht zuletzt seine aus verschiedenen lateinischen Vorlagen schöpfenden Nacherzählungen von Lebensgeschichten der Apostel und der Kirchenväter, die in die *Atti degli Apostoli* und die *Vite dei santi Padri* eingingen. Bei der Abfassung der meisten Schriften ließ Cavalca sich von anderen helfen; dennoch sind sie kohärent und atmen einen einheitlichen Geist. Sie vermeiden doktrinären Formalismus oder mystische Übersteigerungen und fassen das Wesentliche der christlichen Ethik in klar und einfach erzählte Beispiele oder Lebensgeschichten, stets mit dem Blick auf die weltlichen Erfordernisse einer christlichen Lebensführung. Dieser Blick brachte Cavalca auch dazu, noch in seinem letzten Lebensjahr für Prostituierte und verwahrloste Frauen in Pisa ein Frauenhaus einzurichten, das Kloster Santa Maria, was ihm die Verehrung des Volkes einbrachte.

Nur eine Schrift ist uns überliefert von einem weiteren hochgelehrten Dominikaner, von IACOPO PASSAVANTI (um 1300–1357), nämlich der *Specchio di vera pènitenza*, der allerdings in der Predigtliteratur der Zeit einen herausragenden Platz einnimmt. In Florenz geboren, trat Passavanti früh in den Orden ein, studierte zunächst in seiner Heimatstadt, dann in Paris und lehrte später Philosophie und Theologie in Pisa, Siena und Rom. Er war Prior des Klosters Santa Maria Novella und bischöflicher Vikar in Florenz, wo er verstarb. *Der Spiegel der wahren Buße* ist die erste vulgärsprachliche Überlieferung von Predigten in der Form eines Traktats (die zeitlich früheren Predigten Giordanos stellen lediglich eine Sammlung dar). Trotz ihres ernsten ethischen Anspruchs und ihrer begrifflichen und doktrinären Strenge spiegelt diese Schrift zugleich ein reflektiertes sprachliches und literarisches Bewußtsein wider. Die theologischen und moralisierenden Passagen des Werks, das menschliche Tugenden und Untugenden erörtert und Demut und Buße einfordert, werden durch achtundvierzig beispielhafte Erzählungen aufgelockert und zugleich verdeutlicht. Die Sprache, das Volgare, ist von Passavanti bewußt mit Blick auf das Volk gewählt: Nach seiner Meinung ist die Volkssprache das direkteste und wärmste Ausdrucksmittel der religiösen Gefühle und daher für das Volk geeignet, während ihm das Lateinische als der geeignete Ausdruck der theologischen Lehre gilt. Aus dem letzteren Grunde hatte Passavanti für die Kleriker auch eine lateinische Fassung seines Traktats vorgesehen.

Ein weiterer wichtiger Vertreter der dominikanischen Predigerkultur war GIOVANNI COLOMBINI (1304–1367), der in Siena geboren wurde und dort zunächst ein bürgerliches Leben als Kaufmann begann. 1342 heiratete er eine Adlige, mit der er zwei Kinder hatte; später bekleidete er auch öffentliche Ämter. 1355 vollzog er, vielleicht unter dem Eindruck der Lektüre von Heiligenleben, eine Wende und widmete sich zunächst karitativen Aufgaben. Auf den Rat des senesischen Mystikers Pietro Petroni (der gleiche Mönch, der durch sein Traumgesicht auf dem Sterbebett Boccaccio um seine Seelenruhe brachte) zog er sich jedoch sodann ganz aus seiner bürgerlichen Existenz zurück, verschenkte seine Habe an die Kirche und begann als Wanderprediger durch die Lande zu ziehen. Die rasch wachsende Schar seiner Anhänger, die »Gesuati« genannt wurden (nach dem Ruf »Gesù«, den sie während ihrer Prozessionen ausstießen), erweckte zeitweise das Mißtrauen der Regierung von Siena, die Colombini und seine Anhänger in den fünfziger oder in den frühen sechziger Jahren aus Siena verbannte; doch wurde die Verbannung nach Ausbruch der Pest von 1363, die als ein Zeichen der Mißbilligung Gottes gewertet wurde, wieder aufgehoben. 1367 erkannte der Papst Urban V. die »Gesuati« als Orden an; noch im gleichen Jahr starb der Ordensgründer. Colombini schrieb eine (volkssprachliche) *Vita del beato Pietro Petroni,* von der allerdings nur eine späte lateinische Fassung überliefert ist. Die Umrisse seiner Persönlichkeit als Prediger und sein ethisch-moralisch-erzieherisches Anliegen kommen am besten in seinen *Lettere* zum Ausdruck, die zum großen Teil an Paola Foresi, die Äbtissin des Klosters Santa Bonda, gerichtet waren. In einfachem, volkstümlichem Ausdruck, mit bescheidener Rhetorik und mit knappen lexikalischen Mitteln handeln sie von der Notwendigkeit menschlichen Leidens und der Gebrechlichkeit des Menschen vor Gott und weisen zugleich in ihrer innigen mystischen Frömmigkeit auf die Schriften der großen Katharina, ebenfalls Bürgerin von Siena, voraus.

Caterina Benincasa, die Heilige CATERINA DA SIENA (1347–1380), wurde am 25. März 1347 als vorletztes von fünfundzwanzig Kindern des Färbers Iacopo Benincasa geboren. Ihre ungewöhnliche Frömmigkeit zeigte sich bereits in frühen Kinderjahren, als sie unter der geistlichen Obhut des Tommaso della Fonte stand, der später ihre erste Biographie verfasste. Der Tod der Schwester Bonaventura im Jahre 1362 verstärkte ihre religiösen Gefühle; ein Jahr danach trat sie, nicht ohne den Widerstand ihrer Familie, in den Laienorden der Mantellate Domenicane ein. Sie widmete sich nunmehr der tätigen Mithilfe an Kranken und Aussätzigen der Stadt. Der Ruf ihrer Frömmigkeit und ihres asketischen Lebenswandels verbreitete sich rasch und versammelte um sie eine Schar von Nachfolgern, die ihre Frömmigkeit, aber auch ihre ethisch-gesellschaftlichen Zielsetzungen und den großen Gedanken der Kirchenreform teilten. Da die kirchliche Obrigkeit und auch ihr eigener Orden Verdacht schöpften, wurde ihr in Florenz vor dem Kapitel der Prozeß gemacht. Gleichzeitig wurde ihr zur geistlichen Aufsicht Raimondo di Capua beigegeben, der bald einer ihrer ergebensten Anhänger wurde. Daß sie sich immer wieder aktiv in politische und kirchliche Angelegenheiten einmischte, hielt das Mißtrauen der weltlichen und kirchlichen Obrigkeit wach, brachte ihr aber ein ungeheures Ansehen beim Volk ein. So z. B., als sie 1375 die Stadt Lucca daran hinderte, der antipäpstlichen Liga beizutreten, oder als sie 1376 im Auftrag von Florenz als Friedensbotschafterin beim Papst in Avignon zwar nicht den gewünschten

Frieden, dafür aber die Rückkehr des Papstes nach Rom erreichte. Gerade dieses letztere Ereignis, die Rückkehr Gregors XI. nach Rom 1377, wurde von den Zeitgenossen als ein persönlicher Triumph der Caterina empfunden. Als nach dem Tod des Papstes im März 1378 erneut das Schisma der Kirche eintrat, entwickelte Caterina eine fieberhafte Tätigkeit, schrieb Briefe an Urban VI. in Rom, an die französischen und italienischen Kardinäle, an weltliche Fürsten, darunter auch an Giovanna II. von Neapel. Inzwischen hatte sie längst einen Kreis gleichgesinnter Berater um sich versammelt, dem Raimondo di Capua, Bartolomeo Dominici, (beides Biographen der Heiligen), Tommaso Caffarini, Giovanni delle Celle (ein humanistisch interessierter Benediktiner aus Catignano bei Florenz) und weitere Geistliche, darunter auch englische und französische Mönche, angehörten. Zu ihren Verehrern und Freunden zählte auch eine Schar engagierter Laien, wie z.B. Michele di ser Monaldo, Cristofano Guidini, Stefano Maconi und der Laudendichter Neri di Landoccio Pagliaresi, der ihr bei der Abfassung des *Libro della divina dottrina* half und ihre Briefe sammelte und abschrieb. Mit Sicherheit verdankte Caterina diesem Kreis ihre wesentlichen zeitgeschichtlichen, politischen und gesellschaftskritischen Orientierungen. Der Tod riß sie mitten aus ihren unermüdlichen Aktivitäten am 29 April 1380.

Caterina hinterließ einen Traktat mit dem Titel *Libro della divina dottrina*, auch als *Dialogo della divina dottrina* oder als *Dialogo della divina provvidenza* zitiert, der 1377/78 verfaßt wurde. Sein Ziel war, die Geheimnisse des Glaubens und insbesondere der Trinität darzulegen und verständlich zu machen, doch verfuhr Caterina dabei in ziemlich schematischer, fast scholastischer Manier, die nur geringfügig durch die ihr eigene einfache Ausdrucksweise gemildert wurde. Weitaus wichtiger ist das Korpus ihrer über dreihundertachtzig Briefe, die im wesentlichen in ihrem letzten Lebensjahrzehnt enstanden. Sie sind an Freunde, Geistliche, Fürsten, Bischöfe, Feldherren, Söldnerführer, Ratsherren, d. h. an alle verantwortlichen Instanzen Italiens gerichtet. Unermüdlich fordert sie die Rückkehr zu christlichem Lebenswandel, die innere Reform der Kirche, die Einsetzung des Papstes in Rom, die Befriedung der italienischen Städte und Provinzen und die Herstellung der Einheit der communitas christiana, die sie als Voraussetzung für einen erfolgreichen Kreuzzug gegen die Ungläubigen ansieht. Allen Briefen gemeinsam ist eine deutliche Tendenz zu einem teils noch mittelalterlichen, teils auch provinziell anmutenden Universalismus, der die politischen Realitäten und gesellschaftlichen Entwicklungen in Stadt und Kommune überspringt und sich ausschließlich den großen Fragen der Christenheit zuwendet: Reform der Kirche, Verhältnis des Papstes zur weltlichen Macht usw. So kommt es paradoxerweise dazu, daß sie, die sich so leidenschaftlich für die christliche Gemeinschaft einsetzt, die konkreten Probleme ihrer Mitmenschen in der zeitgenössischen Wirklichkeit nicht wahrnimmt. Ihre Grenzen werden auch darin sichtbar, daß sie trotz leidenschaftlicher Mahnungen und großer, mystischer Gefühlstiefe die von ihr angesprochenen politischen oder gesellschaftlichen Fragen nicht angemessen darzustellen, geschweige denn zu analysieren vermag. Im politischen wie auch im theologisch-doktrinären Bereich bleibt sie meist an der Oberfläche. Hinzu kommt, daß ein großer Teil ihrer Briefe mit stereotypen Begrüßungen oder Apostrophen oder mit schematischen Wiederholungen heilsgeschichtlicher Themen gefüllt ist. Bei alledem darf nicht übersehen werden, daß Caterina auf ihre Zeit in erster Linie durch das Beispiel ihrer Persönlichkeit und ihres ungewöhnlichen Lebenswandels wirkte: Im Zusammenhang damit entfalteten auch die Briefe mit ihrer einfachen, gefühlstiefen und insistierenden Schreibart eine starke Wirkung, die u. a. darin zum Ausdruck kommt, daß bereits zu ihren Lebenszeiten (1374) die beiden ersten Biographien von Tommaso della Fonte und Bartolomeo Dominici erschienen, in denen sie fast schon wie eine Heilige dargestellt wurde.

Am Ende dieses Ausblicks auf die religiöse Literatur des Trecento mögen die sogenannten *Fioretti di San Francesco* stehen, ein anonymes Werk aus dem letzten Viertel des Jahrhunderts. Der Titel (»Fioretti« bedeutet soviel wie Blütenlese) verweist auf den Auswahlcharakter des Werks, ist aber zugleich wohl auch als Ehrerbietung an den heiligen Franziskus (vgl. S. 20 ff.) gemeint. Der Autor, mit Sicherheit ein Toskaner, vielleicht eine Senese, hat nach einer zwischen 1280 und 1305 entstandenen lateinischen Vorlage, dem *Actus beati Francisci et sociorum eius,* dreiundfünfzig Episoden aus dem Leben des Heiligen und seiner Gefährten nacherzählt. Daran schließen sich noch fünf Kapitel mit »Betrachungen über die Wundmale Christi« an. In einfacher lyrischer Sprache evozieren die *Fioretti* einzelne Bilder aus der Welt des Franziskus, dessen Glaubenserlebnis das einer direkten, einleuchtenden Beziehung zwischen Schöpfer und den geschaffenen Dingen war und der demzufolge seine Glaubensgewißheit nicht wie die Dominikaner durch Argumente und Doktrinen, sondern durch direkte, intuitive Anschauung der Schöpfung gewinnen konnte. Die *Fioretti* gehören zu den schönsten Texten der franziskanischen und der religiösen Literatur überhaupt.

VII. CHRONIKEN, REISEBERICHTE UND ANDERE LITERATUR

Im 14. Jahrhundert vollzieht sich in den Werken einzelner herausragender Autoren der Übergang von der mittelalterlichen, meist schematisch kompilierenden Geschichtsschreibung, die das Geschehen als eine zwangsläufige Folge der göttlichen Vorsehung aufzeichnete, zu einer moderneren Historiographie, die zunehmend nicht nur Fakten und Daten, sondern auch die Beweggründe der Individuen wie der gesellschaftlichen Gruppierungen reflektiert und darüber hinaus die demokratischen, emanzipatorischen und ökonomischen Entwicklungen der neuen kommunalen Ära mehr oder weniger berücksichtigt. Zumindest ansatzweise versucht man, oft aus direkter Kenntnis bzw. aus der Perspektive des persönlich Beteiligten oder Betroffenen, die Ereignisse in einen politisch-gesellschaftlichen Gesamtzusammenhang einzuordnen und zu interpretieren. Während die althergebrachte Geschichtsschreibung in lateinischer Sprache ohne Unterbrechung weiterläuft und in der nachfolgenden humanistischen Epoche einen neuen Höhepunkt erreicht, setzt sich im 14. Jahrhundert die Volkssprache nunmehr auch auf dem Gebiet der Geschichtsschreibung durch. Nach und neben lateinischen Chroniken von Albertino Mussato, Ferreto de' Ferreti, des Dogen Andrea Dandolo, der Kanzler Benintendi de' Ravagnani und Raffaino Caresini, der Notare Pietro Cantinelli und Giovanni da Cermenate und vielen anderen entstehen jetzt im Veneto, in Bologna, in Neapel, Sizilien und anderen Regionen Italiens volkssprachliche Chroniken, wie etwa die *Cronaca di Partenope* in neapolitanischem Dialekt oder die in Verse gefaßte *Cronaca aquilana* des Buccio di Ranallo. Das inhaltlich wie stilistisch bei weitem interessanteste Werk dieser Art war die anonyme *Vita di Cola di Rienzo*, von einem offensichtlich noch jungen Römer in römischem Dialekt verfaßt. Das Leben des Cola di Rienzo (1325–1357), insbesondere aber die dramatischen Ereignisse der Jahre 1343 bis 1354, werden hierin aus unmittelbarer Kenntnis der Fakten und aus eigenem, von Begeisterung und Bewunderung geprägtem Miterleben dargestellt. Durch zahlreiche Zitate aus den klassischen lateinischen Geschichtsschreibern und aus der Bibel sowie durch Verwendung rhetorischer Mittel wie z. B. der Alliteration und der rhythmischen Satzschlüsse erhält die Darstellung einen feierlichen und fast religiösen Ton, in dem immer wieder die Bewunderung des Verfassers für Colas Versuch einer Wiederherstellung der alten römischen Republik durchklingt. Der größte Verdienst dieser Dialektprosa liegt jedoch in der lebendigen, volkstümlichen Wiedergabe, die den modernen Volkstribun als zentrale Gestalt eines bewegten und farbigen Geschehens zeichnet, das von anfänglicher Begeisterung zu tragischen Irrtümern und schließlichem Scheitern führte.

Der erste große Geschichtsschreiber in italienischer Sprache war DINO COMPAGNI (1255/60–1324), der in Florenz als Sproß einer volkstümlichen guelfischen Familie geboren wurde. Seine demokratische Gesinnung ließ ihn früh an den politischen Kämpfen in der Stadt teilnehmen und führte ihn u. a. als Ratgeber und Mitarbeiter an die Seite des Giano della Bella, als dieser seine »Ordinamenti di Giustizia« (vgl. S. 86) erließ. Er hatte verschiedene hohe Ämter, darunter auch das des Priors und des »Gonfaloniere di giustizia« inne. Nach der Vertreibung Gianos (1295) wurde er angeklagt, dann jedoch freigesprochen. Als Mann von erheblichem politischen Gewicht wurde er nach dem Sieg der Neri, obwohl er nie der Partei der Bianchi angehört hatte, wegen seiner Sympathien zu dieser Partei von allen öffentlichen Ämtern ausgeschlossen. Vor der Vertreibung aus der Stadt bewahrte ihn nur ein Gesetz, das diejenigen, die im letzten Jahr das Priorenamt inngehabt hatten, vom Exil ausnahm (Dino war noch im Oktober 1301, also kurz vor der Wende, zum Prior gewählt worden). Er starb, ohne sich je wieder um öffentliche Ämter zu bemühen, zurückgezogen und einsam am 26. Februar 1324. Compagni hatte sich zumindest vorübergehend auch als Dichter betätigt. Von ihm sind eine Kanzone und fünf Sonette überliefert, die jedoch in ihrem antiquierten, an provenzalischen Dichtungen angelehnten Stil kaum einen Eindruck von ihm vermitteln. Als große Persönlichkeit wie als gewandter Prosaschriftsteller tritt er dagegen in seinem Lebenswerk hervor, der *Cronica delle cose occorrenti ne' tempi suoi (Chronik der Geschehnisse meiner Zeit)*. Die vielleicht schon zu Beginn des Jahrhunderts konzipierte, jedoch kaum vor 1310 begonnene und vielleicht 1312 abgeschlossene Chronik erzählt in drei Büchern die Ereignisse der Jahre 1280 bis 1312. Das erste Buch berichtet gerafft von 1280 bis zur Spaltung der Guelfen im Jahre 1301; das zweite detailliert von den Machenschaften Bonifaz' VIII., dem Eingreifen Karls von Valois und der Vertreibung der Bianchi; das dritte Buch ebenfalls minuziös von den Ereignissen der Jahre 1304 bis 1312, mit besonderer Beachtung des Italienzugs Heinrichs VII. und der dadurch ausgelösten Folgen. Dino Compagni war kein gewöhnlicher Chronist, sondern ein engagierter Schriftsteller, dessen rhetorische Potenz, wie De Sanctis bemerkte, aus moralischer Empörung gespeist wurde, und in diesem Sinne ein leidenschaftlicher Zeuge des Geschehens, das er größtenteils selbst miterlebt hatte. Er macht keinen Hehl aus seinen demokratischen Überzeugungen und gibt klar seine persönlichen Wertungen zu erkennen. Sein Geschichtswerk ist eine Verbindung von sachlicher Wiedergabe der Fakten mit moralisierender Reflexion, die letztere vorgetragen mit dem Ausdruck schmerzlicher, persönlicher Betroffenheit. Die tiefe Aufrichtigkeit und menschliche Anteilnahme, d. h. die psychologische Wahrheit seiner Darstellung, hat seine Chronik berühmt gemacht. Vielleicht war es Ausdruck einer letzten, nunmehr resignierenden Betroffenheit, daß sie in dem Zeitpunkt aussetzt, in dem nach der Vertreibung der Weißen und dem Scheitern Heinrichs VII. alle Hoffnungen des aufrechten Demokraten zunichte waren.

Ungleich gesetzter, ja bisweilen hausbacken geht es bei dem Chronisten GIOVANNI VILLANI (um 1280–1348) zu, dessen Geschichtsdarstellung nicht wie die Compagnis durch private Erinnerungen, persönliche Betroffenheit oder moralische Empörung geprägt ist. Getragen von bescheidenen bürgerlichen Idealen und einem mittelmäßigen, kompromißbereiten Moralbegriff, unternimmt er den Versuch, die gesamte Weltgeschichte von biblischen Zeiten an in chronologischer Ordnung zu erzählen. Giovanni di Villano di Stoldo (so der väterliche Name) wurde als Sohn eines Kaufmanns gegen Ende des Jahrhunderts, möglicherweise um 1280, in Florenz geboren. Er selbst wurde auch Kaufmann und 1300 Geschäftspartner der großen Bankierfamilie der Peruzzi. Als solcher reiste er viel und hielt sich u. a. jahrelang in Brüssel auf (mit Unterbrechungen von 1302 bis 1307). Obwohl er keiner Partei beitrat, galten seine Sympathien mit Sicherheit den Neri. Er hatte viele kommunale Ämter inne, war u. a. dreimal Prior (1316, 1317, 1328) und war neben vielen anderen öffentlichen Aufgaben auch maßgeblich mit der Organisation der Kriege gegen Pisa (1322) und Perugia (1338) befaßt. Später verließ er die Gesellschaft der Peruzzi und wurde Sozius der Bardi, eines anderen Clans von Bankkaufleuten; als diese bankrott machten, mußte Villani für einige Zeit als Schuldner ins Gefängnis. Er starb während der Pest von 1348. Typisch für das im Grunde naive Streben Villanis nach vollständiger und minuziöser Erfassung der Ereignisse in ungestörter chronologischer Reihenfolge ist, daß er für seine *Nuova cronica* auf das alte kompilatorische Schema der mittelalterlichen Chroniken zurückgreift. Er beginnt mit der biblischen Geschichte, nämlich mit dem Turmbau zu Babel, und kompiliert dann in den ersten sechs Büchern bzw. 256 Kapiteln seines Werks den gesamten, ihm verfügbaren Stoff bis zum Eintreffen Karls von Anjou in Italien. In der zweiten Hälfte seines Werkes berichtet er dann, in ebenfalls sechs Büchern mit diesmal 1125 Kapiteln, das Geschehen von 1265 bis 1348, d. h. bis zu seinem Tode. In diesen letzten Büchern und insbesondere bei der Darstellung der Geschehnisse in Florenz versucht Villani als überparteilicher Berichterstatter aufzutreten, der sich über das Gezänk der Parteien erhebt und aus gelassener Distanz gleichgewichtig schildert. Tatsächlich stand Villani bereits durch den Umstand seiner späten Geburt den dramatischen

Vorgängen der Jahre 1300 und 1301, im Unterschied etwa zu Dino Compagni, unbeteiligter gegenüber. Es gilt aber auch, daß bedingt durch das dezidierte Bemühen Villanis um vollständige, chronologische Wiedergabe und durch seine eintönige Darstellungsweise unter seiner Feder ohnehin alle Ereignisse nivelliert und farblos erscheinen. Auch literarisch-stilistisch hatte der nüchterne Kaufmann kaum Ambitionen: Eine das Geschehen strukturierende Perspektive fehlt in seiner Prosa ebenso wie ein persönlicher Stil und ein spezifischer Wortschatz. Dennoch ist der trockene Bericht des Giovanni Villani gerade in seinen letzten Büchern für uns von unschätzbarem Wert. Er enthält u. a. genaue statistische Angaben über die Bevölkerung von Florenz, über das Staatsvermögen, über Handel und Kriegsführung der Stadt und trägt somit erheblich zu unserer Kenntnis der Dante-Zeit und der nachfolgenden Jahrzehnte bei.

Nach dem Tod Giovannis wurde dessen Chronik zunächst durch den Bruder MATTEO fortgeführt, der zwischen 1280 und 1290 in Florenz geboren wurde und durch die Pest von 1363 den Tod fand. Er stellte die Ereignisse von 1348 bis 1363 dar. Politisch hatte Matteo andere Orientierungen als der Bruder, nämlich ghibellinische. Als Chronist entwickelte er etwas stärkeren künstlerischen und stilistischen Ehrgeiz; dadurch gelangen ihm immer wieder gut erzählte Episoden. Andererseits fehlte ihm die trockene Gelassenheit des Bruders, was dazu führte, daß er in der chronologischen Sorgfalt, der Konkretheit der Details und der Genauigkeit statistischer Angaben hinter dem Bruder zurückblieb. Er starb, als er mit der Beschreibung eines Krieges gegen Pisa beschäftigt war; sterbend trug er dem Sohn Filippo auf, dieses Kapitel zu Ende zu schreiben und so das Werk der Familie Villani abzuschließen. FILIPPO VILLANI, von seinen Lebensdaten her (ca. 1325–ca. 1405) schon ein Zeitgenosse Salutatis und der neuen humanistischen Generation angehörend, brachte ohne sonderliche Begeisterung das alte Werk mit der Aufzeichnung der Ereignisse des Jahres 1364 zum Abschluß. Bekannter als durch die hierfür benötigten 102 Kapitel wurde er indes durch sein *Liber de origine civitatis Florentie et eiusdem famosis civibus*, das Lebensbeschreibungen bekannter Florentiner Bürger wie Brunetto Latini, Cavalcanti, Boccaccio und anderer enthält.

DAS FÜNFZEHNTE JAHRHUNDERT (»QUATTROCENTO«)

I. BLICK AUF DIE ZEIT

Nach dem Niedergang der entscheidenden politischen Mächte des Hochmittelalters und dem folgenschweren Zusammenprall von weltlicher und geistlicher Macht im 13. und vor allem im 14. Jahrhundert bahnte sich im 15. Jahrhundert eine umfassende politische und staatliche Neuordnung und Neuorientierung in Europa an. Im Rahmen dieser gesamteuropäischen Entwicklungen vollzog sich auf italienischem Boden ein Prozeß monarchischer Machtballungen bei gleichzeitigem Rückgang des alten Feudalismus. Die in den Städten entstehenden Diktaturen, »Signorie« oder »Tirannie« genannt, entmachteten die Zünfte (»Arti«) politisch, unterdrückten oder vernichteten vorhandene demokratisch-kommunale Strukturen und stellten den unabhängigen Alleinherrscher, den »Signore«, an die Spitze des Gemeinwesens. Nicht zuletzt gefördert durch den fortschreitenden Machtverlust des deutschen Kaisertums seit der Stauferzeit waren so in Italien eine Reihe autonomer Staaten entstanden, deren interne Auseinandersetzungen sich zu reinen Vormachtkämpfen entwickelten. In Oberitalien hatte Giangaleazzo Visconti die Macht Mailands derart ausgedehnt, daß er an die Errichtung einer Monarchie denken konnte. Als er 1402 starb, waren allein Florenz und Venedig noch politisch unabhängig. Später war es vor allem der dunkelhäutige Ludovico, genannt »Il Moro« (1451–1508), der die Macht Mailands ausbaute und die lombardische Metropole auch zu einem kulturellen Mittelpunkt machte. In Florenz leitete Cosimo I. (1389–1464) aus dem alten, zu fürstlichem Rang aufgestiegenen Bankiergeschlecht der Medici dreißig Jahre lang die Geschicke des Stadtstaates. Auch er versammelte bedeutende Künstler um sich und gründete die von Ficino geleitete »Platonische Akademie«. Nach Cosimos Sohn Pietro übernahm Lorenzo, genannt »Il Magnifico« (1449–92) die Regierungsgeschäfte des Herzogtums; er verkörperte bereits den klassischen Typ des Renaissancefürsten und Kunstmäzens. Lorenzo mußte die Aufstände von Prato (1470) und Volterra (1472) niederschlagen und entkam nur knapp der Verschwörung der Pazzi (1478), an denen er blutige Rache nahm. In dem schwierigen Krieg gegen Papst Sixtus IV. und den mit diesem verbündeten König Ferrante von Neapel (1458–1494) geriet Florenz an den Rand des Untergangs, mußte das Chiantital an Siena abtreten und die inhaftierten Pazzi freilassen. Venedig war nach dem siegreichen Ende der mit Genua geführten Seekriege (1381) zur Beherrscherin des Mittelmeeres aufgerückt. Im Laufe des 15. Jahrhunderts griff die Seemacht auch in die Kämpfe auf dem Festland ein und versuchte, ihren Einflußbereich auf der »Terraferma« auszudehnen. Neben anderen Erfolgen gelang es z. B. dem Dogen Francesco Foscari (1423–1457), den Visconti Padua, Vicenza und Brescia zu entreißen. Andererseits trug Venedig die Hauptlast der Türkenkriege und wurde dabei von den europäischen Mächten oft im Stich gelassen. Im Mai 1453 besiegelte Sultan Mohammed II. (1451–1481) den Untergang des Oströmischen Reiches mit der Eroberung Konstantinopels, von wo zahlreiche Gelehrte nach Westeuropa und insbesondere nach Italien flüchteten. Venedig führte 1482–1484 wegen Grenzstreitigkeiten und anderen Kontroversen einen schwierigen Krieg gegen Ercole I. von Ferrara, den Mäzen Boiardos, der mit Florenz, Neapel und dem Papst verbündet war.

Auf italienischem Boden gab es damit insgesamt fünf selbständige Staaten, nämlich Mailand, Florenz, Venedig, das Königreich Sizilien, das seit 1442 unter der Herrschaft der Könige von Aragón auch Neapel umfaßte, und der nach Beendigung des Schismas (1415) wieder erstarkende Kirchenstaat. Der zwischen diesen Staaten geschlossene Friede von Lodi (1454) konnte zwar weitere Einzelkonflikte nicht verhindern, sicherte aber Italien für lange Zeit ein relativ stabiles politisches Gleichgewicht. Am Ende des Jahrhunderts jedoch wurde Italien erneut Schauplatz der Eroberungspolitik ausländischer Mächte. Mit dem Zug Karls VIII. von Frankreich nach Neapel (1494/95), das er als Erbe der Anjou in Besitz nehmen wollte, und mit der Intervention seines Nachfolgers Ludwig XII. in Mailand und Neapel (1499) begann das Ringen zwischen Frankreich, Spanien und dem Kaisertum um die Vorherrschaft auf der Halbinsel. Der Zug Karls VIII. führte u. a. zur Vertreibung der Mediceer aus Florenz (1494) und hinterließ eine Spur der Verwüstung quer durch Italien. Im Februar 1495 zog Karl VIII. feierlich in Neapel ein, mußte jedoch noch im gleichen Jahr abziehen. Nach wechselvollen Kämpfen zwischen Spaniern und Franzosen wurden diese nach der Niederlage von Cerignola (1503) erneut aus der Stadt vertrieben. Den Bestrebungen der Franzosen in Oberitalien wurde 1513 durch die Niederlage Ludwigs XII. in Flandern gegen die verbündeten Engländer und Spanier ein vorläufiges Ende gesetzt.

In gesellschaftlicher und ökonomischer Hinsicht war Italien im 15. Jahrhundert durch schärfste Gegensätze geprägt. Während die großen Zentren wie Venedig, Genua, Florenz und eine Reihe mittlerer Städte in wirtschaftlicher Blüte standen und teilweise und zeitweise kräftig expandierten, befanden sich die Provinzen weitgehend in einem verwahrlosten und wirtschaftlich ausgebluteten Zustand. Dem relativ gesicherten, teilweise üppigem Wohlstand des städtischen Bürgertums stand die bitterste Armut der ständig von Kriegszügen und plündernder Soldateska heimgesuchten Landbevölkerung gegenüber. Und während in den meisten Städten Wissenschaft und Kultur erhebliche Fortschritte machten, verharrte die ländliche Bevölkerung in großer Unwissenheit und geistiger Verwahrlosung. Zu den Schattenseiten der Epoche gehören auch die Pestepidemien, die in relativ kurzer Folge weite Landstriche verwüsteten. Trotz seiner politischen und sozialen Zerrissenheit gelangt jedoch in Italien als dem ersten Land Europas der Humanismus zur Blüte, der sich in mehreren Phasen und an verschiedenen Zentren des Landes entwickelt, um dann seinen Siegeszug durch ganz Europa anzutreten. Wichtige kulturelle Zentren des Landes waren neben Florenz, Venedig, Neapel, Mailand und Rom auch eine Reihe mittlerer Städte wie Ferrara, Siena, Perugia und Mantua. Der Humanismus rezipierte das große kulturelle Erbe der Antike und entwikkelte im Rückgriff auf diese ein neues, optimistisches Bewußtsein von den unbegrenzten Entfaltungsmöglichkeiten und den geistigen Freiheiten des Menschen in der nun langsam heraufziehenden Moderne. In diesem Fortschrittsglauben, in dem Aufkommen überragender Herrschergestalten und Kunstmäzene wie Lorenzo Il Magnifico in Florenz, Francesco Sforza in Mailand und Ferrante in Neapel, in der Entstehung einer höfisch geprägten und bedingten Kultur, aber auch in der Herausbildung eines politisch unmündigen, vom Fürsten abhängigen höfischen Künstlertums nimmt das 15. Jahrhundert vor allem in seiner zweiten Hälfte wichtige Strukturen der nachfolgenden Epoche der Renaissance voraus.

II. DER HUMANISMUS

Die umfassende geistige, kulturelle und gesellschaftliche Erneuerungsbewegung des Jahrhunderts, die von der italienischen Halbinsel ausging und nach und nach die geistigen Konturen Europas veränderte, war der sogenannte Humanismus. Die deutsche Bezeichnung dieses Phänomens, »Humanismus«, stammt aus dem Anfang des 19. Jahrhunderts; die entsprechende italienische Bezeichnung »umanesimo« ist eine Übersetzung des deutschen Terminus. Dagegen kam die Bezeichnung der Anhänger dieser neuen Richtung, lateinisch »humanista« bzw. it. »umanista«, bereits im Italien des späten 15. Jahrhunderts auf, um die Vertreter der neuen Disziplinen, die man unter dem Oberbegriff der »studia humanitatis« zusammenfaßte, von den Vertretern älterer mittelalterlicher Fächer zu unterscheiden. Die neue, von den Humanisten propagierte Kultur entstand indes nicht im Bereich des offiziellen Lehrbetriebs, der sich im wesentlichen auf die Auslegung der Regeln der »artes dictandi« konzentrierte und der scholastischen Methodendiskussionen den Vorzug gab vor der Lektüre der klassischen Autoren. Die verstehende Lektüre der berühmten »auctores« und die von Bewunderung und Verehrung erfüllte Auseinandersetzung mit diesen war das große, inhaltlich wie methodisch neue Ziel aller aufgeschlossenen Intellektuellen. Dabei sollte allerdings nicht übersehen werden, daß die »auctores« zuvor bereits zweimal Gegenstand einer Kulturreform bzw. einer restaurierenden Aufmerksamkeit gewesen waren, nämlich einmal in der sogenannten karolingischen Renaissance unter Karl dem Großen (768–814), zum anderen in den verschiedenen frühhumanistischen Ansätzen des 14. Jahrhunderts, die u. a. an die Namen Albertino Mussato, Petrarca und Boccaccio gebunden sind. Was sich also im Quattrocento vollzog, war nicht im Grundgedanken, wohl aber in der Breite der Bewegung wie auch in der Intensität einer jetzt meist exklusiven Zuwendung zur Antike ein neues Phänomen. Zum erstenmal setzte auf breiter Ebene das Interesse für die Schriften der Antike ein, das nun auch das kulturelle Erbe des alten Griechenlands ausdrücklich mit einschloß.

Der bedeutendste Wegbereiter und Förderer dieses neuen Interesses und damit einer der Gründer der neuen Kultur war Petrarca. Er hatte die noch vagen bzw. eklektischen Interessen seiner Zeitgenossen gebündelt und auf eine reflektierte Auswahl von antiken Texten historischen und ethischen Inhalts hingelenkt, die als Grundlage der humanistischen Kultur gelten konnten, und im Rückgriff auf die wichtigsten Schriften der großen Autoren wesentliche Elemente eines neuen Menschenbildes entworfen. Er war nicht zuletzt durch seinen sensiblen Umgang mit den alten Texten und die Entwicklung textkritischer Methoden zum Vorbild und Meister nachfolgender Generationen humanistischer Philologen geworden. Das Entdekken und philologische Bearbeiten antiker Vorlagen war ohne Zweifel einer der wichtigsten und originellsten Aspekte des Humanismus im Quattrocento. Das Aufspüren und Aufbereiten der Codices, der Textvergleich und die Herstellung der besten Lesart, das Übersetzen der Texte und das Verfassen erklärender Kommentare waren die wesentlichen Momente der humanistischen Textkritik, die zu Recht als eines der größten Verdienste des Humanismus gilt. Ein anderer bemerkenswerter Fortschritt des Humanismus war die Beschäftigung mit dem Griechischen, dessen Kenntnis zunächst durch einzelne Griechisch-Lehrer wie Manuele Crisolora, der

1397 im »Studio fiorentino« zu lehren begann, oder Giovanni Argiropulo, der von 1456 bis 1471 dort lehrte, gefördert wurde. Nach dem Fall Konstantinopels (1453) trug dann eine größere Zahl von byzantinischen Gelehrten, die nach Italien geflüchtet waren, zur Verbreitung des Griechischen bei. Auf diese Weise gelangten viele italienische Humanisten zu einer besseren Kenntnis sowohl der klassischen griechischen Literatur als auch der griechischen Patristik; nicht wenige von ihnen gingen auch selbst nach Griechenland und kehrten von dort mit neuen Kenntnissen und oft mit Manuskripten zurück. Von besonderem Interesse war in diesem Zusammenhang die Entdeckung und das Studium Platons, einmal weil dieser die Hauptargumente in der damaligen antiaristotelischen Kritik (die oft zugleich eine antischolastische Kritik war) lieferte, zum anderen weil man im Platonischen Denken eine mit dem Christentum übereinstimmende Wahrheit zu finden hoffte. Eine große Zahl von Übersetzungen aus dem Griechischen dokumentiert die Neugierde des Jahrhunderts an griechischer Literatur, belegt jedoch zugleich, daß das Griechische auf der Halbinsel nicht sonderlich verbreitet war. Das Lateinische blieb der Hauptvermittler zwischen der griechischen Kultur und dem italienischen Humanismus, der sich auch weiterhin vorrangig an der römischen Antike orientierte. Was die Aktivitäten der Humanisten angeht, so stand ihre Begeisterung über einen entdeckten Codex und ihre Bewunderung alter Autoren meist in keinem Verhältnis zur tatsächlich geleisteten philologischen Arbeit, die in vielen Fällen eklektisch und fragmentarisch war. Nur wenige haben wie Lorenzo Valla und Poliziano strenge kritische Maßstäbe angelegt. Das Entscheidende war jedoch stets das neue Bewußtsein, in dem man handelte, die Zielsetzung, Teile einer alten Kultur zu restaurieren und für die Gegenwart nutzbar zu machen. Dies führte nicht zuletzt zu einem neuen Geschichtsbewußtsein, das in wesentlichen Punkten dem der Moderne entspricht bzw. auf die Moderne vorausweist. Dieses neue Bewußtsein förderte einerseits die Erkenntnis der kulturellen Entfernung zwischen Antike und Gegenwart – eine Distanz indes, die zugleich als Grundlage und Bestätigung für den eigenen Anspruch gewertet wurde, eine neue Epoche einzuleiten – und andererseits die Entwicklung neuer kritischer Methoden, die dazu befähigten, die einzelnen Autoren und Denkmäler der Antike in ihren jeweiligen historischen Kontext einzuordnen und zu interpretieren. Zum humanistischen Konzept der »Klassizität« der Antike gehörte wesentlich der formale Aspekt der grammatisch geordneten Sprache und des geschliffenen Redestils. Höchste humanistische Autorität für die Behandlung grammatischer Fragen wie auch für den harmonischen, ausdrucksstarken Redestil war Marcus Tullius Cicero. Schon in dieser Wahl kommt das starke formale Interesse der Humanisten zum Ausdruck, die mit Cicero und anderen Rhetoriklehrern der Überzeugung waren, daß nur die sprachlich und ästhetisch vollendete Rede Träger der Wahrheit sein könne. Das Konzept der in freier Rede oder im Dialog vorgetragenen rhetorisch vollendeten Sprache als potentiellem Wahrheitsträger beleuchtet den diskursiven, unsystematischen Charakter des humanistischen Denkens und Philosophierens, das dem systematischen, begrifflich-technischen Argumentieren der Scholastik diametral entgegengesetzt war und nicht Theorien und Begriffe, sondern den Menschen und seine Probleme in den Mittelpunkt rückte. In der Erforschung des Menschen, seiner Bedürfnisse und der Möglichkeiten und Methoden seiner Bildung und Erziehung sah der Humanismus sein letztes übergeordnetes Ziel und seine wesentlichste Berufung. An die Stelle theologischer und metaphysischer Systeme setzte er weltbezogene Weisheit, verstanden als Wissen um den Menschen und das Menschliche, und an die Stelle logischer und begriffstrenger Denkschemata ein eklektisches und dilettantisches Philosophieren in Verbindung mit einem kommunikativen, möglichst kunstvollen und damit überzeugenden Gebrauch der Rede. Diesem Übergewicht der Rhetorik über die Dialektik und der Neigung zu gefälligem, kommunizierendem Denken entsprach die Bevorzugung einzelner literarischer Gattungen durch die Humanisten, so z. B. des Dialogs, der philosophische Fragen in ansprechender literarischer Form behandelte, oder des Briefs als einer Form des vertraulichen Meinungsaustauschs und der gepflegten Sprachkunst zugleich.

Der Humanismus, der sich als »nova aetas«, als grundlegende »renovatio« und als eine alle weltlichen und geistlichen Dinge umfassende »reformatio« der Gesellschaft verstand, stellte den Menschen in den Mittelpunkt des Fragens und Erkennens, befreite ihn aus den dogmatischen und eschatologischen Bindungen der mittelalterlichen Heilslehre und führte ihn als mündigen und kreativen Protagonisten in die Geschichte ein. Die Haltung der Humanisten, auch wenn sie teilweise den kirchlichen Einrichtungen und Würdenträgern mit Gleichgültigkeit oder Polemik begegneten, war insgesamt keineswegs eine unreligiöse oder gar antichristliche. Ihnen kam es darauf an, den Menschen und seine Orientierungen in der Lebenswelt von der Starre dogmatischen und scholastischen Denkens sowie von dem lähmenden geistigen Stillstand des Mystizismus und des Asketentums zu befreien. Viele von ihnen schrieben in der Überzeugung, durch ein neues Überdenken der Ethik des Menschen unter Bezugnahme auf die Weisheit der Antike ein authentisches, ursprüngliches Christentum wieder aufrichten bzw. restaurieren zu können. Vernunft, Erfahrung und ein anthropomorpher Realismus waren allerdings feste Bestandteile des humanistischen

Denkens, das sich nicht zuletzt auch darauf richtete, neue epistemologische Grundlagen zu legen, d. h. über die Bedingungen und Methoden des Erkennens neu nachzudenken. Diesem Nachdenken entsprang ein ausgeprägtes Methodenbewußtsein der Humanisten, eines der wichtigsten und modernsten Merkmale der humanistischen Ära. Es führte auf den Gebieten der Textkritik und der Historiographie zu konkreten, auch heute noch angewandten Verfahren. Es äußerte sich in einem sensiblen Kulturvergleich, der Antike und Gegenwart wertend gegenüberstellte und der das antike Leben verstehend nachvollzog, um daraus für das Leben der Gegenwart Nutzen zu ziehen und für die Zukunft Orientierungen zu gewinnen. Methodenbewußtsein zeigte sich nicht zuletzt in der Bereitschaft der Humanisten, über alles, auch über entgegengesetzte Meinungen zu diskutieren, ebenso wie in der Überzeugung, daß man nur durch gemeinsame, vielfältige Anstrengungen die Bildung des Menschen und den Fortschritt des gesellschaftlichen Lebens bewirken könne. In diesem Sinne waren viele bedeutende Humanisten Reformer im kulturellen und zugleich im politischen Bereich: Mit ihrer literarisch-kulturellen Berufung verbanden sie in vielen Fällen konkrete Erfahrungen als Bürger und Politiker und versuchten, ihr neues Wissen in die Verbesserung der gesellschaftlichen Verhältnisse ihrer Gegenwart einzubringen. Die politische Realität, in der die Humanisten zu Werk gingen, bot das Bild einer großen Zersplitterung, enthielt jedoch auch gute Voraussetzungen für eine fruchtbare kulturelle Vielfalt. In der Regel waren die überwiegend von Fürsten beherrschten Zentren politischer Macht wie Venedig, Florenz, Mailand, Ferrara, Mantua, Rom, Neapel usw. zugleich wichtige kulturelle Zentren, wo die Humanisten unter dem Schutz, allerdings auch in der Abhängigkeit von Fürsten ihrer Tätigkeit nachgingen. Alles in allem hat sich das Mäzenatentum der Fürsten fruchtbar auf die Entwicklung der neuen Kultur ausgewirkt. Die Bindung an den Fürsten und an die höfische Gesellschaft brachte zwangsläufig den höfisch-aristokratischen Tenor vieler humanistischer Schriften mit sich, die sich nicht selten auch zu Schmeichelei und Fürstenlob herabließen oder herablassen mußten. Große Teile der humanistischen Produktion waren als Gelegenheitsarbeiten für einzelne Anlässe des höfischen Lebens bestimmt. Der kulturelle Wettbewerb zwischen den Zentren ließ die Humanisten nicht immer in einem günstigen Licht erscheinen, da einzelne Gelehrte sich und ihre Manuskripte an den meistbietenden Fürsten verkauften oder Konkurrenten sich in neidischer Streitsucht gegenseitig beschimpften. Der Wettbewerb zwischen den kulturellen Zentren, die relative Disponibilität der Gelehrten und ihr oft wenig seßhaftes Dasein haben jedoch insgesamt den Austausch der Gedanken gefördert und die angestrebte »renovatio« der Kultur vorangetrieben. Trotz geographischer Streuung und polemischer Vielfalt der humanistischen Aktivitäten beruhte die neue Kultur in unübersehbarer Weise auf gemeinsamen und einheitlichen Überzeugungen.

Obwohl das umfangreiche lateinische Schrifttum der Epoche im Rahmen einer Geschichte der italienischen Literatur nicht voll gewürdigt werden kann, sollen doch im folgenden wenigstens die einflußreichsten Humanisten mit ihren wichtigsten Ideen und bedeutendsten Werken kurz vorgestellt werden.

III. EINZELNE HUMANISTEN

Eine der ersten großen Persönlichkeiten, deren humanistische Werke zeitlich wie thematisch an die großen Initiatoren Petrarca und Boccaccio anknüpften und die eigentliche Ära des Humanismus eröffneten, und zugleich der erste bedeutende Vertreter des sogenannten florentinischen Humanismus war der in Stignano in Val di Nievole geborene COLUCCIO SALUTATI (1331–1406), der das Studium der Alten mit wichtigen politischen Ämtern der Gegenwart zu verbinden wußte. Coluccio hatte sich in Bologna zum Notar ausgebildet, war 1367 Kanzler in Todi und dann ab 1375, dem Todesjahr Boccaccios, bis zu seinem Tode Kanzler von Florenz. Schon in *De saeculo et religione (Über die Welt und die Religion)* von 1381 hatte er seine humanistischen Zielsetzungen deutlich gemacht, indem er einerseits die Entartung der Kirche kritisierte und als Beispiele für die von ihm geforderte nüchterne und bescheidene Lebensführung die Enthaltsamkeit des Klosterlebens, das einfache und karge Leben im frühen Rom und die Besitzlosigkeit der alten Römer pries. In weiteren Traktaten unternahm er es, die Befindlichkeit des Menschen in der Welt zu analysieren und Entscheidungshilfen für sein sittlich-moralisches Handeln zu geben. So etwa in dem Traktat über ein bevorzugtes Thema der Humanisten, nämlich das Schicksal, das Glück und den Zufall *(De fato, fortuna et casu)*, in dem er vor allem die Willensfreiheit des Menschen und den Einfluß der Gnade diskutierte; oder etwa in der Abhandlung *De nobilitate legum et medicinae*, in der er sich über das Verhältnis von moralischen Gesetzen und naturwissenschaftlichen Forschungen Gedanken machte. Von besonderer Bedeutung war seine Schrift *De sensibus allegoricis fabularum Herculis (Über die allegorischen Bedeutungen der Herkulesmythen)*, an der er fast dreißig Jahre bis zu seinem Lebensende schrieb. Aufbauend auf den *Genealogiae des*

Boccaccio und auch dessen Methode und Darstellungsstil aufgreifend, stellte er das Thema der Verteidigung der Dichtkunst, das Boccaccio erst am Ende seines Werkes behandelte, in den Mittelpunkt und versuchte am Beispiel der Herkules-Geschichten nachzuweisen, daß die alten Dichter in ihren Fiktionen die Wahrheit verkündeten, indem sie die Wirklichkeit allegorisierten und damit deren verborgene Bedeutungen aufdeckten. In Gedankengängen, die u. a. an Albertino Mussato anknüpften und später von Cristoforo Landino und im 18. Jahrhundert von Giambattista Vico aufgegriffen wurden, kam Coluccio zu dem Schluß, daß die Dichtung Künderin der Wahrheit sei, nicht der äußeren empirischen, wohl aber der unwandelbaren Wahrheit der Seele und der moralischen Persönlichkeit. In fünf klugen Kapiteln seines Traktats *De tyranno* reflektierte Coluccio die Grundlagen und Voraussetzungen des Staatswesens und der Regierung und erörterte in kommunaler Gesinnung die demokratische Legitimation der Staatsgewalt durch den Willen des Volkes. Vielleicht die wichtigste Hinterlassenschaft des engagierten Politikers und Humanisten war sein umfangreiches *Epistolarium* mit 325 lateinischen Briefen, ein einzigartiges Denkmal philologischen, historischen und juristischen Wissens seiner Zeit und ein beredtes Zeugnis humanistischer Liebe zur Kultur der Antike. Nach dem Vorbild Petrarcas schuf sich auch Coluccio mit dem Kreis seiner Korrespondenten, zu denen neben zahlreichen bedeutenden Humanisten Italiens wie Boccaccio, Leonardo Bruni, Guido da Polenta und Carlo Malatesta auch viele ausländische Gelehrte gehörten, eine internationale, in ihren Zielen solidarische Gemeinschaft, die sich für die »renovatio« der europäischen Kultur engagierte.

Ebenfalls Petrarca verpflichtet, zugleich aber ein Schüler Salutatis und ein Freund des Rhetoriklehrers Giovanni Malpaghini (der in seiner Jugend als Schreiber Petrarca unterstützt hatte), war der in Arezzo geborene LEONARDO BRUNI (1370/74–1444), der in jungen Jahren zum Studium nach Florenz ging, u. a. bei dem Gräzisten Manuele Crisolora Griechisch lernte und später von 1427 bis zu seinem Tod (1444) Kanzler von Florenz war. Er machte in dieser Stadt eine glänzende Karriere als Redner, Gelehrter, Schreiber eleganter Briefe und nicht zuletzt als Übersetzer griechischer Texte. Seine ungewöhnlichen Fähigkeiten machten ihn rasch über Italien hinaus berühmt, und es kamen, wie Vespasiano da Bisticci, ein Biograph der Humanisten, berichtete, sogar aus Spanien und Frankreich Leute nach Florenz, »nur um Messer Lionardo zu sehen«. Bruni übersetzte Werke von Platon, Aristoteles, Xenophon, Demosthenes und Plutarch ins Lateinische und verfaßte Lebensbeschreibungen von Aristoteles, Cicero, Dante und Petrarca (die beiden letzteren in Volgare). In seiner Schrift *De studiis et lit-*

teris (Über das Studium und die Literatur) verteidigte er gewandt und kenntnisreich sein Erziehungskonzept, das auf der Kultur der Antike und den Dichtungen der alten Autoren basierte. Bruni war vor allem Historiker, und auf diesem Gebiet waren es in erster Linie die Geschicke der Stadt Florenz in Vergangenheit und Gegenwart, die ihn leidenschaftlich interessierten und ihn die Mühe umfangreicher historischer Darstellungen auf sich nehmen ließen. In seiner berühmten *Historia florentini populi* zeichnete er in zwölf Büchern die Geschichte der Stadt von ihren Anfängen bis zum Jahre 1403 nach, während er sich in den *Commentarii rerum suo tempore gestarum* den Ereignissen seiner Zeit (von 1378 bis 1440) zuwandte. Versuchte er hier den trockenen Stil der *Commentarii* Caesars nachzuahmen, so stand die *Historia* vor allem in der Nachfolge des Livius, weshalb ihn seine florentinischen Zeitgenossen auch als ihren modernen »Livio« rühmten und verehrten. Bemerkenswert ist, daß bei aller humanistischen Neigung zu literarisch-kunstvoller Darstellung in den Arbeiten Brunis noch nicht wie in denen vieler späterer Humanisten das historiographische Anliegen hinter das Bedürfnis nach stilistischer und rhetorischer Ausschmückung zurücktrat. Vielmehr bemühte sich Bruni konkret um Darstellung der geschichtlichen Wahrheit, um Dokumentation der Fakten und die Analyse von Ursachen und Wirkungen der einzelnen Ereignisse. Bemerkenswert ist auch die hohe Bewertung der neueren und zeitgenössischen Geschichte und Kultur durch Bruni, die ihn u. a. dazu führte, sich in seinen beiden (an Pier Paolo Vergerio von Capodistria gerichteten) *Dialogi ad Petrum Paulum Histrum* für die kulturellen Leistungen in der Volkssprache, repräsentiert durch Dante, Petrarca und Boccaccio, einzusetzen, während es ansonsten unter den Humanisten seiner Zeit in Mode war, die volkssprachlichen Dichtungen zu schmähen und, im Falle Dantes und Boccaccios, auch deren lateinische Werke wegen ihres angeblich barbarischen Lateins zu verwerfen. Im florentinischen Humanismus entstand damit eine Polemik, die für lange Zeit die radikalen Verteter einer lateinisch-klassizistischen Kultur von anderen Humanisten trennte, die der volkssprachlichen Literatur einen selbständigen kulturellen Rang zusprachen.

Ein leidenschaftlicher Humanist und zugleich der erfolgreichste Entdekker antiker Schriften war POGGIO BRACCIOLINI (1380–1459), auch er ein Toskaner. In Terranova im Valdarno geboren, bildete er sich in Florenz zum Notar aus und wurde u. a. durch Coluccio Salutati gefördert, für den er Texte abschrieb. 1403 begab er sich nach Rom, wo er unter Bonifaz IX. das Amt des Sekretärs der päpstlichen Kanzlei innehatte. Seine Tätigkeit bot ihm Gelegenheit zu vielen Reisen und philologischen Entdeckungen: 1414 wohnte er dem Konzil zu Konstanz, 1432 dem zu Basel bei; 1418 ging er für vier Jahre nach England, danach war er erneut an der Kurie tätig. Diese Zeit von 1423 bis 1453 als päpstlicher Sekretär unter Eugenius IV. und Nicolaus V. war die fruchtbarste Phase seiner literarischen Tätigkeit. Spät noch (1453) nahm er das Amt eines Kanzlers der Republik Florenz an, um sich dann endlich in hohem Alter in seine Heimat im Valdarno zurückzuziehen, wo er 1459 starb.

Bracciolini entdeckte 1416 in Sankt Gallen eine vollständige Handschrift der *Institutiones* des Quintilian, einen Teil der *Argonautica* des Valerius Flaccus und neun Reden Ciceros; in Fulda entdeckte er im folgenden Jahr die Geschichtsdarstellung des Ammianus Marcellinus (aus der zweiten Hälfte des 4. Jahrhunderts n. Chr.) sowie das Lehrgedicht »De natura rerum« des Lucretius, ein besonders wertvoller Fund. Im Kölner Dom, in Cluny, Montecassino und anderen Klöstern entdeckte er die *Silvae* des Statius, die *Punica* des Silius Italicus, ein Epos vom zweiten punischen Krieg, das landwirtschaftliche Traktat *De re rustica* des Columella aus dem ersten Jahrhundert n. Chr. und eine Anzahl weiterer Handschriften. Bracciolini war es auch, der aus seiner großen Kenntnis des Schriftwesens die sogenannte humanistische Schrift einführte, die im Laufe des 15. Jahrhunderts die alte gotische Schrift ablöste. Darüber hinaus wandte sich Bracciolini als aufmerksamer und kritischer Beobachter den konkreten ethischen und psychologischen Fragen des gesellschaftlichen und politischen Lebens zu, die er in der Nachfolge Petrarcas in elegantem Latein und, mit Blick auf Cicero und Platon, meist in der Form des Dialogs abhandelte. So gab ihm der Dialog *De avaritia* (1428) Gelegenheit, einmal mehr den Geiz der Kleriker zu kritisieren und über die Vorzüge und Nachteile von Kapitalerwerb und Besitz nachzudenken; in *De vera nobilitate* (1340) handelte er von Tugend und Wissen als den eigentlichen Elementen des Adels; in *De infelicitate principum* (1340) von der Schwierigkeit der Fürsten, in ihrer exponierten Stellung ein sittliches Glück zu finden. In weiteren Dialogen meditierte er über die Vergänglichkeit der Welt und das Wesen der Fortuna (*De varietate fortunae*; 1431/48), geißelte die Heuchelei der Geistlichen (*Adversus hypocrisim*; 1447/48) oder beklagte generell die Gebrechlichkeit menschlichen Daseins in der späten, schon von Altersmüdigkeit geprägten Schrift *De miseria humanae conditionis* (1455); während in seiner *Historia tripartita convivalis* (1450) gleich mehrere aktuelle Fragen diskutiert wurden, so etwa die Funktion der Gesetzgebung, die volkstümliche Überlieferung des Lateins oder die Eitelkeit und das falsche Berufsverständnis der Ärzte und Advokaten. Auch über Fragen der persönlichen bzw. bürgerlichen Lebensführung sann er nach, so z.B. über die Frage, ob ein alter Mann heiraten solle; dies geschah in dem Dialog *An seni sit uxor ducenda* (1436), in dem er ironisch auch auf seine eigene Entscheidung anspielte (er war in fortge-schrittenem Alter eine zweite Ehe mit einer jungen Frau eingegangen). Un-ter so vielen Aktivitäten und Werken verdient das berühmte *Liber face-tiarum* hervorgehoben zu werden, eine von Bracciolini in langen Jahren zusammengetragene und 1452 abgeschlossene Sammlung von Kurzerzäh-lungen in lateinischer Sprache. Die »facetiae« sind anekdotenhafte, poin-tiert erzählte Geschichten aus der konkreten Lebenswelt, in denen sich Witz und Komik der Darstellung mit zeitkritischer Satire und Karikatur verbindet. In über 270 einprägsamen Szenenbildern aus dem Alltag ent-stand ein überaus farbiges und realistisches Gesamtgemälde der Zeit. Le-bendigkeit, Volkstümlichkeit und Witz bescherten diesem Erzählwerk Braccolinis trotz seiner lateinischen, wenngleich nicht sehr aufwendigen Sprachform eine gewaltige Nachwirkung, die sogar die der Novellen Sac-chettis übertraf.

Erst mit LORENZO VALLA (1405–1457) bekommt die humanistische Dis-kussion den Charakter eines kritisch fundierten, wissenschaftlichen Den-kens. Valla war in Rom als Sohn eines Juristen geboren worden und emp-fing seine Ausbildung in den Humanistenkreisen von Rom und Florenz. Seine Lehrer waren u. a. Leonardo Bruni und die Gräkisten Giovanni Au-rispa und Rinuccio da Castiglion Fiorentino. 1431 ging er als Rhetoriklehr-rer nach Pavia, wo er den Humanisten Antonio Beccadelli (1394–1471) kennenlernte. Hier legte er noch im gleichen Jahr die erste Fassung seines in drei Dialogen aufgebauten Traktats über das Glück und den Lebensge-nuß des Menschen *(De voluptate)* vor, dessen zweite überarbeitete Fassung 1433 unter dem Titel *De vero falsoque bono* erschien. Hierin unternahm Valla eine vergleichende Abwägung und Neubewertung ethischer Prinzi-pien, vor allem der Stoa, des Epikureismus und des Hedonismus in bezug auf die christliche Lehre, wobei er vor allem die epikureische Ethik mit starken Argumenten als eine realitätsnahe und menschenfreundliche Ver-haltenslehre darstellte und in humanistisch-liberaler Gesinnung mit der christlichen Ethik zu harmonisieren suchte. Als ein Versuch der Entkru-stung der traditionellen Theologie und der Liberalisierung christlicher Lehren kann auch der Traktat *De libero arbitrio* (1439) angesehen werden, in dem Valla gegen die Starre der scholastisch, aristotelisch und thomistisch geprägten Theologie polemisierte und für eine paulinische, offenere und beweglichere Form des Glaubens eintrat. Diese Schrift stammte aus der be-sonders fruchtbaren Schaffensperiode am Hof Alfons' von Aragón in Neapel, wo sich Valla mit mehreren um die Gunst des Königs konkurrie-renden und sich teilweise heftig befehdenden Humanisten von 1435 bis 1447 aufhielt. In diesen Jahren steigerte sich seine vielfältig motivierte Kri-

212

tik am Christentum zu offener antikurialer Polemik, die beispielsweise in einer kritischen Schrift zur Konstantinischen Schenkung, *De falso credita et ementita Constantini donatione* (1440), zum Ausdruck kam, in der er mit historischen und philologischen Argumenten die Fälschung der Schenkung nachwies und den Anspruch der Kirche auf weltliche Macht mit juristischer Begründung zurückwies, gleichzeitig aber die Autonomie der historisch entstandenen Staaten untermauerte. Der erneuten antischolastischen Polemik waren die *Dialecticae disputationes* (1439) gewidmet, in denen Valla ein flexibleres Denken einforderte und Elemente einer neuen Logik entwarf – ein kühner Schritt, mit dem er die allgemeine Bevorzugung ethisch-moralischer Problemstellungen durch die Humanisten durchbrach. Auch in den Auseinandersetzungen mit den Humanisten am Hof in Neapel zeigte sich, daß Valla in vielen Punkten seiner Zeit voraus war. So legte er z. B. im Unterschied zu seinen Kollegen keinen Wert auf ein starres Festhalten an der antiken Form des Lateinischen, sondern betrachtete dieses als eine lebende Sprache, die entwickelt werden müsse, um neue Inhalte auszudrücken. Zwischen 1435 und 1444 entstanden die sechs Bücher seiner *Elegantiarum latinae linguae*, in denen er die Eleganz des Lateinischen auf die Genauigkeit der Wortwahl und der Satzkonstruktion zurückführte und dabei vor allem Cicero als Muster einer vollkommenen Sprachverwendung hinstellte, womit er zugleich die humanistische Tendenz zum »Ciceronianismus« nachhaltig bestärkte. Der Traktat, der bereits einen Versuch der Periodisierung der lateinischen Literatur unternahm, preist die lateinische Sprache als »das Heil der Welt«: Das Lateinische, das unter den Römern die Welt beherrschte, müsse nun wieder zu der Verbreitung gelangen, die der klarsten und elegantesten Sprache gebühre. Das Werk löste heftige Diskussionen aus, an denen sich u. a. Poggio Bracciolini beteiligte.

Überwiegend von historischem und archäologischem Interesse bestimmt war das beeindruckende Lebenswerk des Biondo di Antonio Biondi, genannt FLAVIO BIONDO (1392–1463; Flavio ist die humanistische Version seines bürgerlichen Namens), der in Forlì geboren wurde, in Oberitalien (Cremona, Ferrara, Verona) studierte und dort die Protektion der Sforza erlangte. 1432 trat er in den Dienst der Kurie, hielt sich zeitweilig auch am aragonesischen Hof in Neapel auf und starb verarmt 1463 in Rom. In den letzten drei Jahrzehnten seines Lebens entstanden in unermüdlicher und sensibler Arbeit Werke, die Flavio Biondo zum bis dahin größten Geschichtsschreiber Italiens machten. Es entstanden u. a. die *Historiarum ab inclinatione Romani imperii decades* (1453), die nach dem Vorbild der Dekaden des Livius in zweiunddreißig Büchern die Geschichte seit dem Niedergang des römischen Reiches, den Biondo mit der Eroberung Roms durch

Alarich (410) ansetzte, aufzeichnete; die Schriften *Roma instaurata* (1444–46) und *Italia illustrata* (1448–53), sorgfältige Topographien des antiken Roms und Italiens; sowie *Roma triumphans* (ca. 1454), eine Rekonstruktion der Römermetropole auf dem Höhepunkt ihrer Macht. Neu an der Geschichtsschreibung Biondos war, daß er nicht nur Antike und Gegenwart behandelte und verglich, was ein verbreitetes humanistisches Anliegen war, sondern daß er als erster das Mittelalter als eine die Gegenwart determinierende Übergangsepoche sieht und würdigt. Erst die Romantiker am Ende des 18. Jahrhunderts werden diese Würdigung des Mittelalters aufgreifen und fortsetzen können. Biondo ist auch der erste Historiker, der die neuere Geschichte mit der Eroberung Roms durch Alarich beginnen läßt; daran wird sich später Machiavelli erinnern. Auch das Konzept der Dekadenz geht, wenn nicht wörtlich, so doch sinngemäß, auf Biondo zurück, der hierfür die Termini »declinazione« bzw. »inclinazione« gebraucht. Bahnbrechend waren auch die archäologischen Interessen Biondis, seine Untersuchungen von Ruinen, Inschriften, Standbildern und antiken Spuren aller Art. Erst im 18. Jahrhundert konnte durch Winckelmann das archäologische Werk Biondis eine ähnlich eifrige Fortsetzung finden. Daneben griff Biondi mit seiner Schrift *De verbis romanae locutionis* (1435) auch in eine Polemik über die Entstehung des Volgare und dessen Verhältnis zum Latein ein, an der auch Bruni, Braccilini und viele weitere Humanisten beteiligt waren.

Die wichtigste Gestalt des schon mehrfach erwähnten neapolitanischen Humanismus war der in Cerreto (Umbrien) geborene GIOVANNI PONTANO (1429–1503), der früh nach Neapel ging und dort in den Dienst der aragonesischen Könige trat, zunächst als Kanzleischreiber, dann als königlicher Sekretär und Berater. Später wurde er Staatsekretär (ab 1487) und übernahm höchste Ämter und Funktionen, in denen er sich als gewandter Diplomat und umsichtiger Politiker auszeichnete. Pontano erlebte, wie im Februar 1495 Karl VIII. von Anjou in Neapel einzog: Er übergab ihm die Schlüssel des Castel Novo und arrangierte sich klug mit den Franzosen. Nachdem sich diese noch im gleichen Jahr zurückgezogen hatten (im Oktober zog Karl VIII. nach der Schlacht bei Fornovo wieder über die Alpen) und Ferdinand II. von Aragón, genannt Ferrandino, in die Stadt zurückkehrte, hielt er sich politisch zurück und widmete sich ausschließlich seinen humanistischen Interessen. Diesen entsprang eine große Zahl von ausschließlich lateinischen Dichtungen und Abhandlungen. Ein frühes Werk seiner lateinischen Lyrik waren die schon 1455 begonnenen und noch in enger Bindung an die lateinische Liebesdichtung (insbesondere des Catull) und die antike Mythologie stehenden *Parthenopei sive Amorum libri* mit zarten erotischen Gedichten. Darauf folgten weitere Lyrikbände wie z. B.

De amore coniugali, die *Tumuli* (zwei Bücher mit Grabinschriften), die *Hendecasyllabi* und die seiner späten Liebe zu Stella (einer jungen Ferraresin, mit der er nach dem Tod seiner Frau Arianna zusammenlebte) gewidmeten Elegien des *Eridanus*; dazu eine weitere Gedichtsammlung mit dem Titel *Lyra* und eine Sammlung religiöser Hymnen *De laudibus divinis*. Hinzu treten weitere Einzeldichtungen wie etwa das sinnenfrohe Hexametergedicht *Lepidina*, in dem Pontano die bukolische Handlung (Hochzeit des Flußgottes Sebeto mit der Nymphe Parthenope) zu Anlaß nahm, Neapel und die umliegenden Landschaften in ihrer licht- und farbengesättigten Pracht zu beschreiben. Unter seinen ebenso eleganten wie lebensfrohen Dichtungen sind vor allem die Elegien aus den drei Büchern von *De amore coniugali* zu erwähnen, einfache, warme, oft volkstümliche Rhythmen aufgreifende Lieder in familiärem Ton, mit denen Pontano den Versuch unternahm, die Schemata der erotischen Dichtung in den intimen Bereich der Ehe und Familie zu übertragen. Sie gelten als das gelungenste Werk seiner Lyrik und als eine der besten lateinischen Dichtungen des Humanismus überhaupt.

Gleichrangig neben seinen dichterischen stehen seine philosophischen und wissenschaftlichen Werke: In den vierzehn Bänden seiner Enzyklopädie *De rebus coelestibus* und in dem fünf Bücher umfassenden astronomischen Gedicht *Urania* trug er ein umfangreiches astronomisches Wissen zusammen, wobei er auch der geheimnisvollen Ausstrahlung der Gestirne große Beachtung schenkte, an deren entscheidenden Einfluß auf das Menschenleben er fest glaubte (und dies trotz der entschiedenen Zurückweisung des Sternglaubens durch Pico della Mirandola in dessen *Disputationes in astrologiam divinatricem*; zu Pico vgl. S. 227 ff.). Danach waren es vor allem die zahlreichen *Dialogi*, d. h. dialogisierte moralisch-philosophische Abhandlungen wichtiger ethischer und gesellschaftlicher Fragen, in denen sich Pontano als kritischer und unabhängiger Beobachter seiner Zeit hervortat. Die lange Reihe engagierter moralisierender Zwiegespräche über Themen wie *De prudentia*, *De fortitudine*, *De fortuna*, *De liberalitate*, *De magnificentia* und ähnliche Problemstellungen fand ihr Pendant in komisch-satirischen Dialogen von oft beißendem Witz und schlagfertiger Schärfe. Hier wäre etwa der Dialog mit dem Titel *Asinus* zu erwähnen, in dem sich der Verfasser zwecks Darstellung seiner kritischen Distanz zu den Zeitgenossen in einen Esel verwandelt, und der als eines der schönsten Zeugnisse von Pontanos bissigem Humor gilt. Im *Asinus* unternahm Pontano den erfolgreichen Versuch, die Komik der lateinischen Sprachform durch Aufnahme von syntaktischen und lexikalischen Elementen aus der volkstümlichen Sprache sowie durch Neologismen zu bereichern, womit er die »poesia maccheronica« des folgenden Jahrhunderts vorwegnahm. Hervorzuheben ist auch der sehr kirchenfeindliche, bis an die Grenzen der Häresie sich vorwagende *Charon*, in dem neben der Korruption der kirchlichen und der politischen Welt auch die Eitelkeit und Kümmerlichkeit der pedantischen Grammatiker gegeißelt wird.

Zu Recht hat man die Dialoge des Pontano unter dem Motto »Abhandlungen über gesellschaftlich wirksame Kräfte« zusammengefaßt. Im Nachdenken über Glück, Schicksal, Natur, Klugheit, Vernunft, Kraft, Geduld und andere Faktoren hatte Pontano stets ein übergeordnetes Ziel vor Augen: die das gesellschaftliche Leben determinierenden Kräfte zu analysieren, um das dem Menschen verbleibende Maß an eigenverantwortlicher Freiheit beispielhaft und wegweisend zu beschreiben.

IV. DIE TRAKTATLITERATUR VON LEON BATTISTA ALBERTI BIS LEONARDO DA VINCI

Neben Strömungen, die zu ethisch-religiöser Verunsicherung, zum Stillstand in der Gelehrtenstube oder zu allgemeiner Resignation und Kulturmüdigkeit führten, brachte der Humanismus eine Anzahl innovativer, zukunftweisender Entwicklungen hervor, auf denen die Kultur der Renaissance und der folgenden Jahrhunderte aufbauen konnte. Dazu gehörte die Entfaltung einer auf Beobachtung und Erfahrung gegründeten technisch-wissenschaftlichen Literatur, die vor allem an den Namen Leon Battista Albertis geknüpft ist, eine der profiliertesten und vielseitigsten Persönlichkeiten des Humanismus, dessen breitgefächerte Interessen auf die Universalität Leonardos da Vinci und auf Ideale der Renaissance vorausweisen. Etwa um die Jahrhundertmitte setzte mit Alberti eine empirisch orientierte, wissenschaftliche Traktatliteratur ein, die sich wie die moralisierende Literatur auf antike Beispiele stützen konnte. Grundlage dieser wissenschaftlichen Literatur waren einerseits Texte von Euklid, Archimedes, Ptolemäus, Strabo, Galenus und anderen, andererseits die mathematischen, astronomischen, medizinischen und geographischen Schriften der Araber, nicht zuletzt aber (und stärker als es den Anschein hatte) die breite und ununterbrochene Tradition der mittelalterlichen Traktatliteratur. Antike und Mittelalter kannten im wesentlichen zwei Themenbereiche der Traktatliteratur: Einmal die mathematischen und naturwissenschaftlichen Untersuchungen, zu denen auch die astrologischen und geometrischen zu zählen waren, zum anderen den kunstwissenschaftlichen Bereich mit Abhandlungen über die Regeln und Verfahren der Kunst und der Architektur. In beiden Feldern gab LEON BATTISTA ALBERTI (1404–1472), auf älterem Wissen und eigener Forschung aufbauend, entscheidende Anstöße, wobei seine Arbeiten noch nicht wie später üblich isoliert als spezialisierte Einzeluntersuchungen entstanden, sondern in eine vielseitige Behandlung anthropologischer, moralischer und politischer Fragestellungen eingebettet waren. Leon Battista wurde in Genua als Sohn des Lorenzo Alberti, Sproß einer alten florentinischen Familie, der dort im Exil lebte, und einer unbekannten Mutter geboren. Er studierte zunächst in Padua bei Gasparino di Pietrobono, genannt Barzizza, dann in Bologna, wo er sich der Jurisprudenz, aber auch den humanistischen Studien, u.a. bei dem Gräkisten Filelfo, widmete. Er schloß sein Studium des Kanonischen Rechts 1428 mit der Laurea ab, nahm die Weihen an und trat in den Dienst der Kirche. Er begleitete 1431 den Kardinal Nicola Albergati nach Frankreich und Deutschland und war in den folgenden Jahren unter Eugenius IV. und Pius II. an der Kurie tätig. 1435 war er im Gefolge des Papstes in Florenz, lebte danach einige Zeit in Bologna und von 1439 bis 1443 erneut in Florenz. Ab 1444 ließ er sich in Rom nieder, wo er verstarb.

Albertis Schaffen zeigt in seinen Anfängen typisch humanistische Orientierungen: Noch in seiner ersten Bologneser Zeit entstand die lateinische Prosakomödie *Philodoxeos (Der Liebhaber des Ruhms)*, die in zeittypischer didaktischer Manier allegorische Gestalten auf die Bühne stellte wie Doxa (Ruhm), Femia (Ansehen), Chronos (Zeit) usw., um den Zuschauern darzutun, daß man nur mit Klugheit und Umsicht zu Ruhm gelange. Um 1430 entstanden zwei Dialoge in der Volkssprache über die Liebe, die *Deifira* und die *Ecatomfila*, die sich auf den Spuren von Ovids *Remedia amoris* bzw. der *Ars amatoria* bewegten, sowie die lateinische Schrift *De commodis litterarum atque incommodis*, die mit deutlichen autobiographischen Bezügen zu seiner schwierigen Bologneser Studienzeit vor allem über die Nachteile der Studierenden und Gelehrten in einer gewinnorientierten Umwelt räsonnierte (das Thema kehrt später in *De familia* wieder). Auch die bei verschiedenen Gelegenheiten bis etwa 1440 entstandenen Prosadialoge der *Intercoenales* reflektierten ein moralisches Anliegen, nämlich das Schicksal des Menschen in der Welt, wobei in dieser Schrift wie schon in *De commodis* neben der stoischen Festigkeit des Humanisten der tiefe Pessimismus des Intellektuellen sichtbar wird. Von seinen weiteren Schriften aus reiferen Jahren seien noch zwei Dialoge über gesellschaftlich-politische Fragen erwähnt, der eine in Latein mit dem Titel *Momus* oder *De principe*, der andere in der Volkssprache mit dem Titel *De iciarchia*. Der erste (nach 1444 entstanden) war im wesentlichen der gesellschaftlichen Funktion des Fürsten gewidmet, entwickelte aber unter mythisch-allegorischer Form herbe Kritik an den gesellschaftlichen Einrichtungen, an der Torheit der Menschen im allgemeinen und der Schwäche und Unfähigkeit der Fürsten im besonderen. Der zweite, um 1470 entstandene Dialog handelte dagegen von der privaten Lebensführung des Bürgers und von seinem Verhältnis zur Gesellschaft und zum Fürsten und beschrieb die Klugheit und Umsicht des Familienoberhauptes, das sich der Familie, der Erziehung der Kinder und der eigenen Vervollkommnung widmet und sich in weiser Zurückhaltung mit den Machthabern arrangiert: Gedankengänge, in denen sich die politische Realität der Übernahme der staatlichen Macht durch Tyrannen widerspiegelte. Die weitaus wichtigste unter seinen moralischen und gesellschaftskritischen Schriften war indes die volkssprachliche Abhandlung *Della famiglia*. Die ersten drei Bücher entstanden zwischen 1433 und 1434, das vierte, der Freundschaft gewidmete Buch 1440/41 aus Anlaß des *Certame coronario*, eines von Alberti selbst angeregten Dichterwettstreits über das gleiche Thema; auch danach wurde das Werk noch mehrfach überarbeitet. In einem fiktiven Dialog, den Lorenzo, der Vater des Verfassers, 1421 an seinem Sterbebett mit mehreren Familienangehörigen führt, werden die Themen des Werkes entwickelt: Sinn und gesellschaftliche Bedeutung des Familienlebens, die Erziehung der Kinder zu selbständigen Menschen, das Verhältnis der Generationen zueinander, die Verwaltung des Familienvermögens zur Sicherung von Zufriedenheit und Wohlstand u. a. m. Die Schrift ist eine Summe des humanistischen »savoir vivre« und Darstellung einer authentischen Lebensweisheit, die auf Erfahrung beruhte und sich auch täglich an der Realität des Lebens neu überprüfte; und zugleich der Entwurf einer idealen bürgerlichen Existenz und eines idealen Familienlebens. Dieses Bild der humanistischen Idealfamilie behielt auch für die Epoche der Renaissance die Bedeutung eines Leitbildes; wichtig war der Renaissance z. B das Erziehungsideal der Ausbildung der Kinder zu selbständigen Persönlichkeiten. Wegen seiner vollkommenen Sprache und stilistischen Eleganz, die sich oft zu sentenzhafter Kürze verdichtet, gilt der Dialog als die bedeutendste volkssprachliche Prosa des 15. Jahrhunderts. Alberti hatte nicht nur, ähnlich wie Dante in seinem *Convivio*, die Volkssprache gewählt, um allen Schichten zugänglich zu sein, sondern zugleich in seinem Traktat auch das Ziel verfolgt, das Volgare durch stilistische Eleganz sowie lexikalische und syntaktische Anleihen an das Lateinische der Sprache der Gelehrten ebenbürtig zu machen. Auch wegen der Qualitäten seiner übrigen Schriften in der Volkssprache gilt Alberti als bedeutendster Prosaschriftsteller seines Jahrhunderts.

Neben Albertis erfolgreichen literarischen Werken, die bereits seine her-

218

ausragende Persönlichkeit erkennen lassen, waren es vor allem seine Aktivitäten als Mathematiker, Architekt und Kunstwissenschaftler, in denen seine vielseitigen Interessen und der universalistische Ansatz seines Fragens zum Ausdruck kam. Schon in Bologna hatte er sich neben seinen juristischen Studien der Physik und Mathematik gewidmet. Später beschäftigte sich der Autodidakt mit architektonischen Planungen. Niccolò V. beauftragte ihn in den fünfziger Jahren mit der städtebaulichen und architektonischen Sanierung der Stadt Rom. Um 1460 wurde er mit dem Bau der Kirche San Sebastiano in Mantua, des Palazzo Ruccelai und der Fassade von Santa Maria Novella in Florenz beauftragt. In einer ganzen Serie von technisch-wissenschaftlichen Schriften, die alle auf mathematisch-geometrischen Grundlagen beruhten und sich auch in Sprache und Terminologie um wissenschaftliche Schärfe bemühten, legte Alberti die Grundlagen der modernen naturwissenschaftlichen und kunstwissenschaftlichen Literatur. In seiner *Descriptio urbis Romae*, die vielleicht in seinem ersten römischen Aufenthalt (1432–34) entstand, unternahm er den Versuch, den Stadtplan von Rom technisch exakt (»ex mathematicis instrumentis«) zu entwerfen. Aus der Mitte der dreißiger Jahre stammt der kunsttheoretische Traktat *De pictura*, der in seiner lateinischen Form 1435 dem Giovan Francesco di Mantova, und in der volkssprachlichen Version von 1436 dem Filippo Brunelleschi, dem Schöpfer der Renaissance-Architektur, gewidmet war. Die schwer datierbaren Schriften *De statua* und *De equo animante* befaßten sich mit Fragen der Bildhauerkunst; die wiederum zweisprachig vorgelegten *Elementae picturae* erneut mit Fragen der Malerei. Die nautische Schrift *Navis* enstand anläßlich der Bergung eines römischen Schiffes aus dem See von Nemi, während er in den der Meliaduse d'Este gewidmeten *Ludi mathematici* (1449) über das Vermessen der Tiefe von Flüssen und Meeren und andere Fragen der Physik nachdachte. Neben weiteren Schriften wie etwa dem astronomischen Traktat *De lunularum quadratura* und dem kunsttheoretisch-geometrischen *De punctis et lineis apud pictores* sind vor allem die zehn Bücher über die Architektur: *De re aedificatoria* zu nennen, die ab 1449 in langjähriger Arbeit entstanden. Teile davon waren seit etwa 1452 in Umlauf und brachten Alberti den Ruf eines modernen Vitruvius ein; das Gesamtwerk erschien jedoch erst 1484 postum mit einer Widmung von Polizian an Lorenzo de' Medici. 1465 erschien eine weitere mathematische Schrift *De componendis cifris*, die über die mathematische Verschlüsselung diplomatischer Botschaften handelte. Das gesamte Korpus der kunstwissenschaftlichen und technischen Traktate Albertis ist bis heute wenig erforscht und läßt eine Vielzahl von Fragen der Datierung, der Textform, des Inhalts oder der Beziehungen zu ähnlichen zeitgenössischen

Traktaten (wie etwa zu *De prospectiva pingendi* des Piero della Francesca oder zum »Trattato« des Leonardo da Vinci) offen.

Die beiden wichtigsten und folgenreichsten Traktate Albertis sind zweifellos die über die Malerei und die Architektur, *De pictura* und *De re aedificatoria*. Die Argumentation des ersten Traktats beruht auf der für Alberti typischen Verbindung moralischer und technischer Überlegungen: Der Maler soll alle humanistischen Tugenden besitzen und nach Möglichkeit alle Freien Künste beherrschen; aber um malen zu können »möchte ich doch, daß er vor allem anderen in der Geometrie Bescheid weiß«. Nur wer die Geometrie beherrscht, ist in der Lage, auch die Verfahren, Regeln und Vollkommenheiten der Malerei zu erlernen. Wichtig für den Maler ist der ständige Rückgriff auf die Natur. Aus ihrer Beobachtung gewinnt er und legitimiert er zugleich alle Gegenstände seiner Kunst, aber nur in einem komplizierten Prozeß des Auswählens und Konstruierens, nämlich in der Weise, daß das Auge die äußere Form wahrnimmt, während der Geist die exakte innere Struktur nachvollzieht und sie selegierend in die künstlerische Gestaltung eingibt. Fazit: »Niemand nehme eine Feder oder einen Pinsel in die Hand, der nicht das, was er machen will, vorher in seinem Geist durchkonstruiert hat.« Aus dem hohen Können des Künstlers aber resultiert die ethische Verpflichtung, seine Kunst den anderen mitzuteilen: »Das Werk des Malers versucht, die Menge anzusprechen.«

War *Della famiglia* eine Summe der Familienphilosophie Albertis, so stellte sein Traktat über die Architektur die Summe seiner Gedanken über die Baukunst dar. Alberti beschrieb hierin das Bauen als ein Uranliegen des Menschen und als diejenige Fähigkeit, die die Welt am meisten verändert habe. Der naturhafte Drang des Menschen zur Behausung setzte sich über den Bau eines Hauses fort im Bau einer Stadt: »Die Stadt ist wie ein großes Haus, das Haus wie eine winzige Stadt.« Damit aber gewinnt nach Alberti die Architektur eine Zuständigkeit sowohl für die Organisation der Familie als auch für die Ordnung der Stadt, und in dieser Funktion nimmt der Architekt eine maßgebliche und privilegierte Stellung ein. Im Zuge solcher Überlegungen gelangt Alberti im vierten Buch auch zum Entwurf einer idealen Stadt, deren Vorzug für ihn im wesentlichen in der vollkommenen Funktionalität der einzelnen Gebäude besteht. Das für Alberti bezeichnende ganzheitliche Verfahren, fast alle Bereiche und Probleme des gesellschaftlichen Lebens in einem jeweils gewählten Gesichtspunkt zusammenzuziehen, findet auch hier Anwendung, wenn er schließlich dazu gelangt, familiäre, städtische, politische ebenso wie physikalische und geometrische Strukturen, nicht zuletzt aber auch moralische Gesichtspunkte unter ein und denselben Denkzusammenhang der Architektur zu subsumieren und

220

sie sozusagen in architektonischer Terminologie einer Lösung entgegenzuführen.

Alberti ist das erste große Beispiel der bedeutenden wissenschaftlichtechnischen Literatur des 15. Jahrhunderts, die allerdings in mancherlei Hinsicht noch wenig erforscht ist, vor allem in ihren Beziehungen zum literarischen Bereich. Von den Abhandlungen zu Wissenschaft und Kunst seien wenigstens noch die mathematischen, geographischen, medizinischen und astrologischen Schriften des PAOLO DAL POZZO TOSCANELLI (1397 bis 1482) erwähnt, die *Commentarii* des LORENZO GHIBERTI (1378–1455), die Untersuchungen *De prospectiva pingendi* und *De quinque corporibus regularibus* von PIERO DELLA FRANCESCA (um 1416–1492), der umfangreiche *Trattato d'architettura* des FILARETE (Antonio Averlino, 1400 – nach 1465), der *Trattato di architettura civile e militare* des FRANCESCO DI GIORGIO MARTINI (1439–1502) und der militärtechnische Traktat *De re militari* des ROBERTO VALTURIO (1405–1475), der in seiner von Ramusio vulgarisierten Form eine der Lektüren Leonardos war.

Die vielseitigen, sich um die Wende zum 16. Jahrhundert gruppierenden Aktivitäten des LEONARDO DA VINCI (1452–1519) waren wohl der wichtigste Beitrag zu der sich rasch entwickelnden empirisch-technischen Forschung. Die eklektischen Untersuchungen des Gelegenheitsforschers und Autodidakten erstreckten sich auf Mechanik, Ingenieurwissenschaften und Anatomie ebenso wie auf Naturwissenschaften, Malerei und Philosophie. Leonardo wurde am 15. April 1552 in Vinci (Valdarno) als natürlicher Sohn des Florentiner Notars Pietro da Vinci und einer gewissen Caterina geboren. Er erhielt eine leidliche Ausbildung in Matemathik (d. h. im Umgang mit dem Abacus) und Grammatik; im Lateinischen kam er nie über elementare Kenntnisse hinaus. Er hatte Interesse an der Musik und bildete sich früh als Maler im Studio des Andrea di Cione, genannt Verrocchio, aus; 1472 trat er in die Zunft der Maler ein. Er malte u. a. die Bilder »Annunciazione«, »Adorazione dei Magi« und »San Girolamo«. Nach einer erfolgreichen Bewerbung bei Ludovico Sforza, genannt Il Moro, trat er 1482 in Mailänder Dienste. Hier entfaltete er eine intensive und vielseitige Tätigkeit als Ingenieur, Militärtechniker, Architekt und Künstler, die 1500 durch den Einfall der Franzosen in Mailand unterbrochen wurde. Nach bewegten Jahren voller Reisen zwischen Mantua, Venedig, Florenz, Urbino, der Romagna und Mailand trat er in den Dienst des französischen Königs Ludwig XII. und wurde 1307 in Mailand zum »peintre et ingénieur ordinaire« des Königs ernannt. Nachdem die französische Herrschaft in Oberitalien 1513 zusammengebrochen war, begab er sich für einige Zeit nach Rom und arbeitete für Papst Leo X. und dessen Bruder Giuliano de' Medici, seinen Mäzen. Wahrscheinlich in diesen Jahren entstand die berühmte »Gioconda«. Nach dem Tod des Mäzens wanderte er, weil in Rom seine anatomischen Studien verboten waren, 1517 nach Frankreich aus und trat in die Dienste Franz' I. in dessen Schloß von Cloux (Amboise), wo er am 2. Mai 1519 in den Armen seines getreuen Francesco Melzi starb, dem er auch seine Manuskripte hinterließ.

Wegen des Mangels an Dokumenten ist es sehr schwer, Konkretes über seinen Bildungsgang und seine Kenntnisse zu sagen. Jedoch dürfte er, der sich gern als »omo senza lettere«, als ungebildeten Menschen bezeichnete, wegen seiner mangelnden Lateinkenntnis in der Tat sein ganzes Leben lang stark benachteiligt gewesen sein. Er konnte eben nicht Plinius lesen, sondern nur dessen Übersetzung durch Landino, nicht Valturio, sondern dessen Übertragung durch Ramusio, usw.; und er mußte sich in vielen Fällen an volkstümliche Kompilationen halten, die in bezug auf die Kenntnisse der zweiten Jahrhunderthälfte ein ausgesprochen rückständiges, ja oft archaisches Wissen reproduzierten. Mangels eigener Studiermöglichkeiten dürfte er vieles durch Gespräche im Atelier und auf der Baustelle aufgenommen haben, im Gedankenaustausch mit Künstlern, Technikern und Gelehrten (darunter z. B. Brunelleschi und Toscanelli). Viele seiner Fragmente und Entwürfe, die in ihrer lakonischen Kürze einen genialen Eindruck machen können, sind in Wirklichkeit durch fragmentarisches Wissen und autodidaktischen Eklektizismus bedingt. Diesen Tatsachen muß bei der inhaltlichen Bewertung der Papiere Leonardos ebenso Rechnung getragen werden wie bei ihrer literarischen Würdigung. Die häufig vertretene Neigung jedenfalls, in Leonardo die Wissenssumme seiner Zeit oder gleich einen »genialen« Wissenschaftler zu sehen, ist kaum begründbar. Wahrscheinlich war es, wie E. Garin betont hat, gerade der Ausschluß von dem höchsten Wissen seiner Zeit, der seinem Denken eine starke Originalität verlieh und den ständigen Rekurs auf Experiment und Intuition, aber auch auf die ihm zugänglichen handwerklichen Techniken erzwang. Was blieb, war ein riesiges Korpus von über 7000 Blättern mit Notizen und Zeichnungen, ohne ein einziges Buch oder eine zusammenhängende Abhandlung, die zu schreiben indes sein erklärter Wille war. Der riesige Torso enthält Aufzeichnungen, Skizzen und Notizen zu allen wichtigen Wissensgebieten, zur Mechanik, Hydraulik, Nautik, Farbenlehre, Anatomie, zur Flugmaschine, zu den Elementen des Kosmos, zum Weltuntergang; Papiere, die nicht nur wegen ihrer Inkohärenz, sondern auch hinsichtlich des Zusammenhangs zwischen Zeichnung und Text schwer interpretierbar sind. Er enthält darüber hinaus auch Blätter mit im engeren Sinne literarischen Inhalten, so z. B. eine Anzahl von Fabeln, Tiergeschichten, Rätseln, Sprichwörtern, Aphorismen, Proömien, Briefen und literarischen Entwürfen (worunter vor allem die *Favole* das Bemühen um eine stilistische Formung aufweisen). Der eigentliche geistige Fluchtpunkt dieser enzyklopädischen Wissensfragmente war jedoch die Kunst des Malers, welchen Leonardo als universalen Nachschöpfer der Natur und des Universums verstand. Die Blätter zur Malerei, die später wahrscheinlich Francesco Melzi unter dem Titel *Trattato della pittura* auswählend zusammenstellte und die unter diesem Titel verbreitet wurden, belegen die Anstrengungen Leonardos, mit der Theorie und der Technik der Malerei die Gesamtheit der Erscheinungen und deren geheime Verbindungen zu erfassen und sichtbar zu machen. Ähnlich dem Verfahren Albertis, alle Probleme in einem theoretischen Fluchtpunkt zusammenzuziehen, unternahm Leonardo den nicht realisierbaren Versuch, die Kunst des Malers zum ideellen Mittelpunkt jeglicher Wissenschaft zu erheben. Technische Erfahrung, wissenschaftliche Forschung und künstlerische Wahrnehmung gingen so eine denkwürdige Symbiose ein in dem utopischen Unterfangen, über alles Auskunft geben zu wollen.

V. DER NEUPLATONISMUS UND DIE KRISE DES HUMANISMUS

Von MARSILIO FICINO (1433–1499), dem großen Wiedererwecker und Propagator platonischer Ideen, Haupt des florentinischen Humanismus und Mittelpunkt der von ihm in Careggi bei Florenz ins Leben gerufenen Platonischen Akademie, gingen Impulse aus, die nicht nur das Denken seiner Epoche maßgeblich bestimmten, sondern auch die Entwicklung der europäischen Geistesgeschichte in neue Bahnen lenkten. Mit ihm erreichte der italienische Humanismus seine größte und nachhaltigste internationale Ausstrahlung. Der in Figline im Valdarno geborene Toskaner (von diesem Ort ist der Name Ficino abgeleitet), der 1499 in seiner Villa in Careggi verstarb, war der Typ eines humanistischen Höflings, der auch dessen weniger schöne Seiten in sich vereinte, zu Schmeichelei und Anpassung bereit war, der mit seinen Mäzenen wie mit deren politischen Feinden freundschaftlich verkehrte, der Savonarola zunächst applaudierte, um ihn dann nach seiner Verurteilung anzuschwärzen. Nach eigenem Bekenntnis »folgte er von zartesten Jahren an dem göttlichen Platon nach«. Später erfreute er sich der Gönnerschaft des Cosimo de' Medici, der ihm 1462 eine Villa in Careggi schenkte; aus den Versammlungen und Diskussionsrunden in diesem Hause ging die sogenannte »Accademia Platonica« hervor. Cosimo ermöglichte ihm die Anschaffung platonischer und plotinischer Handschriften, die er ins Lateinische übersetzte und kommentierte. Neben den Schriften Platons standen auch Plotinos, der Begründer des Neuplatonismus, sowie die neuplatonischen Philosophen Porphyrios und Proklos im Mittelpunkt seines Interesses. Nach Cosimo war ihm auch Lorenzo zugetan und verfolgte mit großem Interesse seine Arbeiten und seine geistige Entwicklung. 1473, schon vierzigjährig, ließ sich Ficino zum Priester weihen, nicht zuletzt um seinem theologischen Anliegen größeren Nachdruck zu verleihen. Ficinos Ziel war kein geringeres, als die Philosophie Platons, die ihm als höchster Ausdruck der antiken Weisheit erschien, mit den Lehren des Christentums zu harmonisieren. Diesem ehrgeizigen Vorhaben dienten: die Übersetzung der Platonischen Dialoge (1463); die zunächst lateinisch, dann in Volgare verfaßte Schrift *De christiana religione* (1474); ein Kommentar zu Platons Gastmahl mit dem Titel *Sopra l'amore*, um 1474 ebenfalls in lateinischer und volkssprachlicher Fassung vorgelegt; eine detaillierte Darstellung der theologischen Ideen Platons in der *Theologia platonica de immortalitate animorum* (verfaßt 1474, nach Überarbeitungen 1482 veröffentlicht), sowie eine Anzahl kleinerer Schriften wie *De raptu Pauli* (über die Himmelfahrt des Paulus), *De sole* (über die Sonne als Sinnbild des Schöpfers), *De lumine* (über die Symbolik des Lichtes) u. a. m. Für Ficino sind Philosophie und Religion identisch, weil der Mensch kraft seines Verstandes zur Erkenntnis gelangen kann, auch zur Erkenntnis und Intuition des Göttlichen und Unendlichen. Der Mensch steht als Mittler zwischen dem Zeitlichen und dem Ewigen: Einerseits der Vergänglichkeit verhaftet, nimmt er kraft seines Intellekts die Idee des Göttlichen wahr und hat teil an der Wahrheit Gottes. Durch die Teilhabe an dieser Wahrheit und durch die schöpferische Kraft des Menschen kommt es zu einer zirkulären Wechselbeziehung zwischen Schöpfer und Geschöpf. Aus dieser kreisförmigen Verbindung zwischen Gott und dem menschlichen Intellekt läßt sich zugleich die Unsterblichkeit des Menschen herleiten, wie man u. a. in *De raptu Pauli* nachlesen kann: »Auf diese Weise entsteht ein wunderbar leuchtender Kreis von dieser göttlichen Wahrheit zum (menschlichen) Intellekt und vom Intellekt zu dieser göttlichen Wahrheit: Anfang und Ende dieser Kreisbewegung ist Gott, die Mitte ist der Intellekt. Wenn Anfang und Ende des besagten Kreises die Ewigkeit ist, dann ist gewißlich die Mitte auch ewig, da sie an Anfang und Ende teilhat.« Die große schöpferische Kraft aber, die Gott und seine Kreatur verbindet, ist die Liebe. Die Liebe ist es, die den Menschen als »copula mundi«, als Bindeglied zwischen dem Endlichen und dem Unendlichen erhält. Ihre schönste und vielleicht auch literarisch wirksamste Darlegung haben diese Grundideen in dem erwähnten Kommentar zu Platons Gastmahl erhalten: Liebe ist eine Leidenschaft des Geistes, die nach dem Genuß der Schönheit strebt, zunächst nach sinnlich wahrnehmbarer Schönheit, dann, immer höher steigend, zur geistigen Schönheit bis hin zur höchsten Schönheit des Schöpfers. Dessen Schönheit ist zugleich Ausdruck des »summum bonum«, des höchsten Guten. Liebe, Schönheit und Vollkommenheit, zu verstehen als höchste Schöpferkraft, gehören zusammen, und somit ist auch für Ficino die Liebe die das Weltall bewegende Kraft, der damit Gedankengänge des heiligen Bernhard und der Viktoriner, aber auch des Iacopone da Todi, der Stilnovisten und Dantes, in sublimierter Form weiterentwickelt. Zur Verdeutlichung der wechselseitigen Liebesbindung zwischen Schöpfer und Geschöpf gebrauchte Ficino einprägsame Vergleiche und Bilder wie etwa die des Echos und des Spiegels: »So wie das Echo niemanden ruft, wenn es nicht vorher gerufen wurde, so rufst du nicht Gott an, wenn Gott dich nicht vorher ruft;« und: »Endliche Dinge kannst du erkennen, auch wenn diese dich nicht erkennen; aber den unendlichen Gott erkennen heißt nichts anderes als von ihm erkannt worden sein, so wie dein Bild aus dem Spiegel dich erst dann anschaut, wenn du den Spiegel angeschaut hast.« Die Liebe ist zugleich auch die Kraft, die den Menschen nach Höherem, nach dem Beständigen und Dauerhaften suchen läßt. Sie erzeugt in ihm eine ständige Sehnsucht nach dem Vollkommenen, die getragen wird vom Bewußtsein der eigenen Unvollkommenheit: von einem Gefühl der Melancholie mithin, das bereits von Augustin beschrieben und später bei Petrarca überwiegend negativ als Unruhe und Ungenügen thematisiert wurde. Für Ficino ist die positiv verstandene Melancholie das Zeichen der Liebe und das Emblem des christlichen Menschseins.

Die Harmonisierung zwischen Christentum und Platonismus, die Sublimierung weltlichen, philosophischen Denkens zur Erkenntnis der göttlichen Dinge, die Verbindung der klassisch-antiken Kultur mit der Zivilisation der Gegenwart sind somit Grundpfeiler der kontemplativen, stark literarisch gefärbten Philosophie Ficinos, die weit über seine Epoche hinaus bis zur Romantik wirksam blieb und die erst durch die neuen Denkmuster der aufkommenden Naturwissenschaften ein gewichtiges dialektisches Gegenstück erhielt.

Einen wesentlichen Beitrag zum neuplatonischen Denken des Florentiner Humanismus leistete der Rhetoriklehrer, Dichter und Humanist CRISTOFORO LANDINO (1424–1492). Dieser, in Pratovecchio im Casentino geboren, kam 1439 nach Florenz, war ein Schüler des Humanisten und

Gräkisten Carlo Marsuppini (1398–1453) und ein großer Bewunderer von Leon Battista Alberti, mit dem er in verwandtschaftliche Beziehung trat, als er 1458 Lucrezia degli Alberti heiratete. Landino hatte schon als kaum Sechzehnjähriger an dem berühmten »Certame coronario« von 1441, einem von Leon Battista Alberti organisierten Wettbewerb für Dichtungen in der Volkssprache teilgenommen, in dem er ein Gedicht von Francesco Alberti vortrug. Er beschäftigte sich eine Zeitlang mit lateinischer erotischer Dichtung, dann jedoch zunehmend mit den großen Dichtungen in der Volkssprache und mit den platonischen und neuplatonischen Schriften. Im Jahr seiner Heirat erhielt er den Lehrstuhl für Rhetorik am Florentiner »Studio«, den er viele Jahre innehatte. Er gehörte den Gelehrtenkreisen des Mediceerhofes an und erfreute sich der Gunst seiner Fürsten; als eifriges Mitglied der »Accademia Platonica« war er zugleich einer der wichtigsten Schüler des Marsilio Ficino. Nach jugendlicher Liebeslyrik, die er in dem Band *Xandra* (nach dem Namen der Geliebten) zusammenstellte, übersetzte Landino die gesamte Naturgeschichte *(Naturalis historia)* des Plinius, verfaßte einen umfangreichen Kommentar zur *Divina Commedia* (1481) und, neben anderen gelehrten Dialogen wie *De vera nobilitate* und *De anima* (beide 1472 vollendet), sein vielleicht engagiertestes philosophisches Werk, die *Disputationes Camaldulenses* (1475–1480 entstanden), in denen auf Platonischer Grundlage der Begriff der Weisheit (sapientia) und die Eigenschaften des Weisen erörtert werden. Am deutlichsten bezeugen der Dante-Kommentar und die fiktiven Gelehrtendispute von Camaldoli die geistige Prägung Landinos und seine enge Zugehörigkeit zum christlich geprägten Platonismus Ficinos. Landino war zugleich einer der wärmsten Befürworter der volkssprachlichen Literatur. Nach Jahrzehnten humanistischer Gleichgültigkeit oder gar Ablehnung der italienischen Literatur und Sprache war er es, der beide gegenüber der Antike aufwertete und es wagte, Dante und Petrarca mit Homer und Vergil zu vergleichen, ja sie in einzelnen Punkten wie inhaltliche Bedeutung (Dante) oder formales Können (Petrarca) noch über diese zu stellen. Zur weiteren Aufwertung der Volkssprache empfahl er, diese durch Aufnahme lateinischer Wörter zu bereichern, so wie sich das Lateinische bereits durch das Griechische bereichert hätte. Von großer Bedeutung für die Literaturtheorie der folgenden Zeit war auch die von Landino mit Eifer weiterentwickelte Idee der Identität von Dichtung und Theologie, die Idee des »poeta-theologus«. Dabei konnte sich Landino einerseits auf ähnliche Gedankengänge bei Mussato, Petrarca, Boccaccio und Salutati stützen, andererseits auf antike Grundlagen, vor allem auf die damals vieldiskutierte Feststellung des Aristoteles, in frühester Zeit seien die Dichter zugleich Philosophen und Theologen gewesen, sowie auf die Überzeugung Platons, daß das Dichten eine göttliche Sache sei. Platon hatte in den Dialogen *Ion*, *Phaidros* und an anderen Stellen dargelegt, daß Dichtung aus dem »furor divinus«, aus der Besessenheit durch den Gott, aus göttlicher Inspiration entstehe. Ficino selbst hatte diese Gedanken Platons in seiner Schrift *De divino furore* 1457 und in weiteren Schriften dargestellt. Es ist nicht überraschend, daß sich der Schüler Ficinos diese platonische Konzeption zu eigen machte (und dabei den aristotelischen Standpunkt in diese zu integrieren suchte): Für ihn ist Dichtung die höchste, weil göttliche Kunst des Menschen, die aus dem Kreis der »artes liberales« und aller anderen Künste und Fertigkeiten herausfällt. Von dieser durch eine im Grunde nicht unproblematische Übertragung platonischer Gedanken auf die Kunst entstandenen ästhetischen Lehre ging in der Folge eine große suggestive, oft geradezu faszinierende Wirkung auf die Entwicklung der Dichtung aus: Die Ästhetik platonischer Prägung verlieh der Dichtung neue metaphysische Werte und Ansprüche, vermittelte ihr den Gedanken der eingeborenen göttlichen Ideen und ein transzendentales Schönheitsideal und öffnete damit Horizonte von ungeahnter Tiefe. In diesem Sinne ist die Idee vom göttlichen Ursprung der Dichtung (die zugleich auch die der Vergöttlichung des Menschen ist) über Renaissance und Neoklassizismus (Winckelmann) bis in die Epoche der Romantik und darüber hinaus wirksam geblieben.

Das Bild des autonomen, schöpferischen Menschen, der aufgrund seiner geistigen Fähigkeiten und seines sittlichen Adels am Göttlichen teilhat, stand somit im Mittelpunkt der humanistischen Ideologie. Zwei Schriften waren es, die diesen Anspruch auf die Dignität des Menschen mit besonderem Nachdruck vertraten: Der Traktat *De dignitate et excellentia hominis* (1452) des Florentiners GIANNOZZO MANETTI (1396–1459) und die *Oratio de hominis dignitate* (1487) des GIOVANNI PICO DELLA MIRANDOLA (1463–1494). Manetti bekämpfte in seiner Schrift mit großem Nachdruck die mittelalterliche pessimistische Auffassung des Menschen, die diesen in erster Linie als sündiges Geschöpf sah und ihn daher zu weltentsagender Buße und Askese aufrief, und stellt dem einen freien und autonomen humanistischen Menschen gegenüber, der aufgrund seiner geistigen Fähigkeiten als Mittler zwischen Gott und den Geschöpfen im Mittelpunkt der Schöpfung steht und das Bild Gottes in sich trägt. Gleiche Überzeugungen vertrat mit noch größerem Nachdruck die *Oratio* des Giovanni Pico: Der Mensch sei von Gott ins Zentrum des Universums gestellt, auf daß er an allen Daseinsformen teilhabe. Der Mensch vereine in sich alle Kräfte und Tugenden: von den einfachen der Pflanzen bis hin zu den himmlischen der Engel; aufgrund seiner geistigen Fähigkeiten überwinde der Mensch alles

Irdische und gelange zur Anschauung des gesamten Universums. So sei der Mensch das vollkommenste Wesen der Schöpfung, ohne den die Welt und die Natur unnütz wären und sich der Himmel seines Werks nicht rühmen könne … Für den Aufstieg des Menschen zu Gott hob Pico die unerläßliche erkennende Funktion der Philosophie hervor.

Ein wichtiger Teilaspekt der humanistischen Sublimierung des Menschenbildes war die in den historiographischen Schriften vieler Humanisten vollzogene Aufwertung und Heroisierung des Menschen als eines schöpferischen und energiegeladenen Protagonisten der Geschichte, der als kraftvolle und autonome Persönlichkeit in den Verlauf des Geschehens eingreife: der physischen Schönheit dieser heldenhaften Gestalten entsprächen ihre herausragenden vielfältigen Tugenden und ihr Geistesadel, der sie jeder Banalität enthöbe … Mit der Konzeption solcher heroischer Gestalten, die sich natürlich auch an den großen Beispielen der Antike orientierte, leitete der Humanismus bruchlos in das Denken der Renaissance über. Der in dem humanistischen Glauben an den Menschen, an seine Erkenntnismöglichkeiten, seine schöpferischen Fähigkeiten und seine geschichtliche Gestaltungskraft enthaltene optimistische Schwung wirkte jedoch über die Renaissance hinaus noch auf den Optimismus der Aufklärung ein und kam erst im Pessimismus des 19. Jahrhunderts und in dessen Lebensgefühl der Öde (»noia«) zum Stillstand. In Italien war es Leopardi, der mit seinen *Canti* dieser faszinierenden Illusion ein bitteres Ende setzte.

Das liberale, heidnische und christliche Lehren harmonisierende, bald versöhnliche, bald polemische Denken der Humanisten und ihr Insistieren auf der Göttlichkeit des Menschen mußte zwangsläufig in einen vielschichtigen Konflikt mit dem Christentum und seinen damaligen Institutionen führen. Immer wieder gerieten Humanisten in den Geruch der Ketzerei. Der soeben erwähnte Traktat des Manetti wurde (in seiner Ausgabe von 1532) auf dem Konzil von Trient auf den Index gesetzt. Giovanni Pico war einer der Humanisten, der schon aufgrund seines Temperaments mit der Kirche aneckte, der dieser auch wegen seiner averroistischen Interessen höchst verdächtig war. Die Verdachtsmomente verstärkten sich, als Pico nach seinem Pariser Aufenthalt (1485–1486) versuchte, mit seinen 900 aus allen damals bekannten Kulturen zusammengetragenen *Conclusiones philosophicae, cabalisticae et theologicae* unter Anwendung kabalistischer und allegorischer Methoden den Nachweis zu führen, daß alle philosophischen Schlüsse und Lehren nach Auflösung der vorhandenen Widersprüche in einer einzigen universal gültigen Wahrheit zusammenfielen. Eine eigens dazu verfasste Verteidigungsschrift Picos, seine *Apologia*, vermehrte nur noch die Feindseligkeit der Kirche, so daß er sich in den Schutz Lorenzos nach

228

Florenz begeben mußte. Neben zahlreichen Auseinandersetzungen einzelner Humanisten mit der Kirche war auch die humanistische Ideologie insgesamt, die ja die christliche Lehre in vielen Punkten synkretistisch liberalisierte oder verformte, eine große Herausforderung für die überzeugten Christen, die zunehmend ein Bedürfnis nach Neuorientierung und Erneuerung des christlichen Glaubens verspürten. Es war jedoch erst der Ferrarese GEROLAMO SAVONAROLA (1452–1498), der die Forderung nach moralischer und religiöser Erneuerung auf der Grundlage der traditionellen Orthodoxie und der klösterlichen Zucht mit großem Nachdruck erhob und damit bei seinen Zeitgenossen einen unerhörten Widerhall fand. Er war es auch, der die heidnische Komponente der humanistischen Kultur und Literatur verurteilte und die Sprachkunst antiker Dichtungen lediglich als formalen Schmuck und zum Zweck der didaktischen Aufbereitung christlicher Themen zuließ. Seine antihumanistische Polemik fand selbst bei Humanisten Zustimmung, wie z. B. bei den der »Platonischen Akademie« angehörenden Dichtern Giovanni Nesi, Girolamo Benivieni und Ugolino Verino, aber auch bei bildenden Künstlern wie Sandro Botticelli, der stark von seinem Denken beeinflußt war. Gerolamo Savonarola hatte ohne großen Erfolg Philosophie und Medizin studiert und war dann in Bologna in den Dominikanerorden eingetreten. Er war beseelt von dem Verlangen, den sittlichen Verfall der Zeit, der in seinen Augen auch von der humanistischen Kultur gefördert wurde, aufzuhalten und die Kirche zu reformieren. In diesem Sinne predigte er in vielen Städten Italiens mit großem Erfolg sowohl beim einfachen Volk als auch bei den Gebildeten. Einer der Humanisten, der von seiner leidenschaftlichen und rhetorisch höchst wirkungsvollen Rede tief beeindruckt war, war Giovanni Pico, der 1482 in Reggio Emilia eine seiner Predigten gehört hatte und dadurch auch in eine innere Krise geriet. Pico war es auch, der durch sein Drängen die Mediceer bewegte, 1489 den Dominikaner nach Florenz zu holen (wo dieser schon zuvor kurze Zeit gewesen war). Zu diesem Zeitpunkt war Savonarola eine entschlossene Persönlichkeit von höchster rhetorischer Kunstfertigkeit und mit einer langen Predigererfahrung, wodurch er sich weit über die zahllosen, schlecht ausgebildeten und oft übel beleumdeten Prediger seiner Zeit erhob. Seine Wirkung war von Anfang an ungewöhnlich groß, da er offensichtlich in nahezu allen Bevölkerungsschichten, vor allem aber im Volk, latent vorhandene Bestrebungen und Erwartungen im Sinne seiner Zielsetzungen aktualisieren konnte. Seine Predigten von oft überwältigender Eloquenz sind durch die Niederschrift einiger Hörer auf uns gekommen. Von 1483 bis zum März 1498 waren es über 150, viele davon durch den Notar Lorenzo Violi mehr oder weniger wortgetreu aufgezeichnet.

Mehr noch als an den Evangelien orientierte sich Savonarola am Alten Testament und hier insbesondere an der Apokalypse, in deren prophetischen, pessimistischen, drohenden und visionären Tonlagen er die Mißstände der Zeit und später insbesondere die der Stadt Florenz geißelte und eine Reform der Gesellschaft forderte. Von Florenz aus, das er den »Nabel Italiens« nannte, sollte diese Reform sich über ganz Italien ausbreiten. Wichtig ist, daß sein Erneuerungsprogramm nicht nur religiös, sondern auch politisch motiviert war und auf die Reform der politischen Ordnung der Stadt und ihrer Regierung zielte. Sein gegen die Tyrannen gerichteter demokratischer Impuls traf gerade in Florenz auf fruchtbaren Boden, wo die republikanische Gesinnung und die Erinnerung an die Zeit der Kommune noch lebendig waren und wo die mittleren und unteren Schichten aus diesem Bewußtsein heraus auf eine Beteiligung an der Macht warteten. Nur durch das Zusammentreffen vieler Motive und Erwartungen jedenfalls erklärt es sich, daß der Prediger nach dem Tod Lorenzos (1492) und dem Scheitern des von Poliziano erzogenen, doch unglücklichen Nachfolgers Piero, das die Vertreibung der Mediceer aus Florenz zur Folge hatte (1494), praktisch die Vorherrschaft über die ganze Stadt gewann. Es war dann in erster Linie Savonarolas eigene Unfähigkeit, eine demokratische Reform durchzuführen, in Verbindung mit dem Zwist der politischen Parteien und Schwierigkeiten in der Außenpolitik, die dazu führte, daß der Prediger seine Ziele nicht erreichen konnte. Nachdem er einige Jahre in Florenz ein an ostentativer Buße und Reuetränen reiches, zuletzt fast uneingeschränktes Regiment geführt hatte, wurde er von der Kirche als falscher Prophet angeklagt und nach unglücklich verlaufenem Prozeß zum Tode verurteilt. Das gleiche Volk, das ihm zugejubelt hatte und ihm nachgefolgt war, beschimpfte ihn öffentlich als Satan, als er am 23. Mai 1498 auf der Piazza della Signoria zusammen mit zwei ihm ergebenen Mönchen verbrannt wurde.

Savonarolas tragischer Tod verstärkte die geistig-religiöse Verunsicherung und das verbreitete Krisenbewußtsein, die das Ende des Jahrhunderts kennzeichnen. Krisenbewußtsein und Bedürfnis nach religiöser Orientierung äußerten sich z. B. in einer erneuten intensiven Zuwendung zu Dantes *Divina Commedia*, die u. a. von Cristoforo Landino und Sandro Botticelli gefördert wurde. Sie kamen ebenso in der Distanzierung einzelner Humanisten von ihren früheren humanistischen Überzeugungen zum Ausdruck wie etwa bei Girolamo Benivieni, Ugolino Verino (der 1490 unter dem Eindruck einer Predigt Savonarolas dessen Anhänger geworden war) und Giovanni Nesi, die ihre platonisch-heidnischen Schriften nachträglich durch Kommentare christlich umdeuteten oder aber in neuen Werken gegen den heidnischen Charakter des Humanismus polemisierten. Die Verunsicherung war allgemein und betraf alle gesellschaftlichen Schichten der Halbinsel. Zur religiösen und gesellschaftlichen Krise traten im engeren Bereich des Humanismus interne Probleme und spezifische krisenhafte Entwicklungen. Das Studium der antiken Grammatik und Rhetorik und der klassischen Texte, das zunächst zu Recht als Voraussetzung für die Erneuerung von Kultur und Gesellschaft der Gegenwart betrieben wurde, war im Laufe der Zeit vielerorts zu einer selbstgenügsamen und folgenlosen Beschäftigung von Gelehrten geworden, denen weder an gesellschaftlicher Erneuerung noch an der Teilhabe breiterer Schichten an der neuen Bildung gelegen war. Die humanistische Bewegung, die anfangs auf Öffnung und Verbreitung einer erneuerten Kultur und auf eine Reform des gesamten Lebens angelegt war, erstarrte vielfach zu einer in sich geschlossenen, sich von der Gesellschaft abgrenzenden Gelehrtenkultur, von deren internen philologischen Diskussionen keine reformerischen Impulse mehr für das Leben ausgehen konnten. Hinzu trat nach Jahrzehnten humanistischer Diskussion die Erfahrung, daß die Fortschritts-, Reform- und Erziehungsideale des Humanismus unerreichbare Utopien waren, daß die humanistischen Lehren weder vor vielfältiger Lebensnot noch Todesangst schützen konnten. Enttäuschend war auch die Einsicht, daß bei vielen Humanisten, auch den großen wie Petrarca oder Poliziano, das Studium der Antike ein Refugium war, in das sie sich vor der Mühsal oder der Langeweile ihres Alltags flüchteten. Die große Begeisterung für die »studia humanitatis« mündete so vielerorts in Ernüchterung ein und in die Feststellung von Unzulänglichkeiten, die den Menschen keineswegs als kraftvolle Mitte des Universums auszuweisen schienen.

VI. LORENZO IL MAGNIFICO UND ANGELO POLIZIANO

Die Verbindung von politischen und literarischen Interessen und Aktivitäten im Leben der großen Persönlichkeiten, ein typischer Zug des »ersten Humanismus«, wurde in der zweiten Jahrhunderthälfte schon eher zur Seltenheit. Einziges bedeutendes Beispiel für die aktive Symbiose von Kunst und Politik in diesem Zeitraum war der im Neapolitanischen Kulturkreis wirkende Giovanni Pontano. Auch bei LORENZO DE' MEDICI (1449–1492), genannt IL MAGNIFICO, dessen Lebenszeit sich ziemlich genau mit der zweiten Hälfte des 15. Jahrhunderts deckt, scheint auf den ersten Blick eine sol-

231

che Symbiose vorhanden zu sein: Der Künstler als Staatsmann bzw. der Staatsmann als Künstler sind die Klischees, die gerne auf ihn angewandt werden. Schaut man näher hin, so zeigt sich ein tiefgreifender Unterschied zu den großen Gelehrten des ersten Humanismus: Während bei ihnen politisches, philosophisches und künstlerisches Streben sich wechselseitig befruchtende Impulse einer ungeteilten Haltung und Persönlichkeit waren, standen im Leben Lorenzos Politik und Kunst als getrennte, ja unvereinbare Bereiche nebeneinander und wurden auch subjektiv als solche empfunden. Zu Recht bemerkte Machiavelli im achten Buch seiner *Storie fiorentine*, daß in Lorenzo zwei Personen »in fast unmöglicher Weise« vereint gewesen seien. Bei Lorenzo ging künstlerisches Denken und Gestalten nicht mehr als unmittelbares Ingrediens in die Staatskunst ein, vielmehr stellte sich ihm die Literatur bald als Fluchtmöglichkeit vor den rauhen Geschäften der Politik, bald als die eigentliche, wichtigere, persönliche Berufung dar. Politisches Handeln wurde vielfach zum Zwang, Dichten entsprang einem tiefen Bedürfnis der Persönlichkeit. Dieser grundsätzlichen Spaltung widerspricht nicht die Tatsache, daß der Staatsmann kulturelle Momente wohlkalkuliert als Gewichte seiner Politik einsetzen konnte: Seine Förderung des Neuplatonismus und der humanistischen Kultur entsprang der konkreten politischen Absicht, die Gelehrten kulturell zu binden, sie aus der direkten Teilnahme an der Politik herauszuhalten und ihre Werke zur Steigerung des eigenen politischen Prestiges zu benutzen. Auch Lorenzos Förderung der Volkssprache und die damit zwangsläufig gegebene Aufwertung der literarischen Tradition und Sprache der Toskana war eine programmatische Entscheidung seiner Hegemoniepolitik.

Lorenzo wurde am 1. Januar 1449 in Florenz als Sohn des Piero di Cosimo und der Lucrezia Tornabuoni geboren. Ersten Unterricht erhielt er von seinem Lehrer Gentile Becchi, der ihn in die lateinische und volkssprachliche Literatur, vor allem in Dante, einführte. Später folgte er den Vorlesungen über Poetik und Eloquenz, die Cristoforo Landino ab 1458 im »Studio« hielt, und studierte griechische Philosophie, vor allem die Lehren des Aristoteles unter dem bekannten Gräkisten Argiropulos. Als 1462 die »Platonische Akademie« gegründet wurde, gehörte er zu ihren ersten Mitgliedern. In diesen frühen, unbeschwerten Jahren begegnete er den Künstlern und Gelehrten, die am Hofe der Mediceer Zugang hatten; unter den Literaten ragte Pulci heraus, der einen tiefen Einfluß auf Lorenzo ausübte. Nach dem Tod des Großvaters Cosimo der Ältere (1464) übernahm sein Vater die Regierungsgeschäfte und übertrug ihm schon sehr früh politische Aufgaben, insbesondere Reisen und Missionen, die er selbst wegen seiner Gicht nicht mehr durchführen konnte. So schickte er ihn 1465 als seinen Stellvertreter nach Mailand zur Hochzeit der Ippolita Sforza mit Alfons von Aragón, zu Paul II. nach Rom oder zu Ferdinand von Aragón nach Neapel; im folgenden Jahr vertrat er bereits den Vater in den Regierungsorganen von Florenz. Im Februar 1469 ging er als Sieger aus einem Turnier auf der Piazza Santa Croce hervor, das zu Ehren der Lucrezia Donati (1447–1501) abgehalten wurde. Lucrezia war (seit 1465) mit dem Kaufmann Niccolò Ardinghelli verheiratet und hatte mit ihm vier Kinder; sie war es, die Lorenzo sein Leben lang liebte und, ähnlich wie Petrarca seine Laura, zur Muse seiner Dichtung erhob. Im Juni 1469 heiratete er Clarice Orsini aus mächtiger römischer Familie; auch dies letztlich eine politische Maßnahme zur Festigung der Stellung der Mediceer. Im Dezember starb der Vater mit der Folge, daß Lorenzo nunmehr die politische Verantwortung übernahm. In den folgenden Jahren baute dieser seine Machtstellung durch diplomatische Maßnahmen und innere Umstrukturierung der kommunalen Institutionen aus. Wirtschaftlich versuchten die Mediceer ihre schon angeschlagenen Finanzen vor allem durch das Monopol der Alaunförderung zu sanieren; u. a. aus diesem Grunde wurde 1471 ein Aufstand Volterras, wo ebenfalls Alaun gefunden worden war, blutig niedergeschlagen. Wichtigster politischer Gegenspieler war lange Zeit Sixtus IV., der auch hinter der berühmten Verschwörung der Pazzi vom April 1478 stand, die es auf das Leben Lorenzos und seines vier Jahre jüngeren Bruders Galiano abgesehen hatte: letzterer wurde getötet, während Lorenzo verletzt überlebte. Die Zeitgenossen waren entsetzt über die Grausamkeit dieses Attentats ebenso wie über die harte Reaktion der Mediceer, die die gefangenen Verschwörer, wie Poliziano berichtete, tagelang an Stricken aus den Fenstern der Signoria hängen ließen. Die »Congiura dei Pazzi« war die schwerste politische Bedrohung in Lorenzos Regierungszeit und mußte ihm zugleich als Symptom einer breiten feindlichen Allianz gegen die Herrschaft seiner Familie gelten. In der Tat kam es schon bald danach zu florenzfeindlichen Verbindungen zwischen Papst Sixtus IV., der nach dem gescheiterten Attentat Lorenzo exkommuniziert und die Stadt mit dem Bann belegt hatte, und dem König von Neapel. In dieser schwierigen Situation entschloß sich Lorenzo im Dezember 1479 zu einer äußerst riskanten Reise nach Neapel, um dort mit dem mächtigen Ferdinand I. Frieden zu schließen. Bei seiner Rückkehr bereitete ihm die Stadt einen triumphalen Empfang; von nun an konnte er, der der Stadt wie ein heldenhafter Retter erschien, seine innenpolitische Stellung festigen und nach außen hin seine Politik des Gleichgewichts fortsetzen. Nach dem Friedensschluß mit Ferdinand konnte er sich auch wieder in stärkerem Maße seinen literarischen Interessen widmen. 1488 verheiratete er seine Tochter Maddalena mit

233

Francesco Cibo, dem Sohn Innozenz VIII.; noch im gleichen Jahr starb seine Frau Clarice. Der Sohn Giovanni wurde 1492 mit siebzehn Jahren zum Kardinal ernannt. Noch in den letzten Monaten seines Lebens trug er mit Hilfe Polizianos und Picos della Mirandola die Bände einer Bibliothek zusammen, die nach ihm »Laurenziana« benannt wurde. Er starb vorzeitig, bedingt durch eine in der Familie erbliche Krankheit, im April 1492, in Gegenwart Polizianos, Picos und Savonarolas.

Lorenzos literarische Anfänge reichen bis in die frühen sechziger Jahre zurück. Schon 1464 konzipierte er unter Polizianos Einfluß die Ekloge *Corinto* und begann vielleicht auch schon mit dem *Comento*, dem Selbstkommentar seiner Lyrik, von der erste Texte vorlagen. Die frühe Phase seiner Lyrik steht im Zeichen des weitverbreiteten Petrarkismus und unter dem Einfluß der burlesken Dichtungen Pulcis und reicht bis etwa 1473; von da an wird das neuplatonische Moment seiner reichen und privilegierten Bildung wirksam. Auch in politisch schwierigen Jahren kommen seine literarischen Aktivitäten nicht oder nur kurzfristig zum Erliegen, die dann nach 1480 in eine besonders intensive Phase eintreten. Die eklektische, durch viele Zwänge und Pflichten unterbrochene Entstehung seiner Dichtungen schlug sich in einer ziemlich ungeordneten Überlieferung nieder, die bis heute die Datierung der Werke erschwert und bisweilen sogar Zweifel an der Verfasserschaft Lorenzos aufkommen läßt. Ein frühes Zeugnis der literarischen Begabung Lorenzos ist das vor 1470 entstandene frische und freche Hirtengedicht *Nencia di Barberino*, das in 39 Oktaven in bukolisch-allegorischem Gewand die Liebeswallungen des Hirten Vallera zu seiner geliebten Nencia, einem einfachen Mädchen aus Barberino, parodiert. Hauptkunstgriff dieser wahrscheinlich durch Tonlagen Pulcis angeregten Parodie auf Liebeslyrik besteht darin, daß der Hirt selbst in rustikaler, dialektnaher Sprache und zugleich hilfloser Rhetorik seine hyperbolische Lobpreisung der Geliebten vorträgt, was eine unwiderstehliche, burleske Komik erzeugt. Diese Umsetzung der traditionell feinen und höfischen Sprache der Liebe ins Rustikale und Burleske, die eine erstaunliche Realitätsnähe, Vertrautheit mit dem Landleben und Kenntnisse der ländlichen Sprache auf Seiten des Autors belegen, hatte außerordentlichen Erfolg unter den Dichtern der Zeit und wurde Vorbild einer neuen literarischen Kleingattung, der sogenannten *Versi Nenciali*. Auch Pulci ahmte in seiner *Beca da Dicomano* Lorenzos *Nencia* nach. Ungefähr im gleichen Zeitraum enstanden, wiederum in karikierender Absicht, die 45 Oktaven der *Uccellagione di starne*, oft auch unrichtig als *Caccia col falcone* zitiert. Das Gedicht, aus der konkreten Erinnerung an einen gemeinsamen Jagdausflug mit Freunden entstanden, erzählt in realistischer Sprache und lebhaften, von einigen Naturbeschreibungen unterbrochenen Dialogpartien von den Freuden, vor allem aber von den Mißgeschicken und Tölpelhaftigkeiten der Jäger, die, statt Beute zu machen, sich schließlich selbst in die Haare kriegen. Eine Parodie auf die Jagd mithin, die in einem Crescendo der Mißgeschicke und Lächerlichkeiten schließlich mit dem Streit der Jäger endet. Aus der Zeit zwischen 1466 und 1469 stammt eine weitere literarische Karikatur Lorenzos, nämlich das berühmte, mit *Simposio* oder auch *I beoni* betitelte Säufergedicht, das wiederum auf bekannte Personen aus Florenz Bezug nimmt. Mit diesem aus neun Gesängen bestehenden Terzinengedicht reihte sich Lorenzo in eine lebendige burleske Tradition ein, die nach dem Schema von Dantes *Commedia* oder der *Triumphi* des Petrarca komische Aufzählungen bzw. karikierende Darstellungen von Personen und ähnliches verfaßte. Beispiele dafür waren die Werke von Tommaso Finiguerri und Gambino d'Arezzo oder die parodierenden Gedichte von Domenico di Giovanni, genannt Burchiello (1404–1449). Lorenzo reproduzierte in seinem Gedicht in Tonlagen, Rhythmen und rhetorischsyntaktischen Strukturen ganze Passagen aus der *Commedia* und setzte sie parodierend in Verse mit realistischer und oft vulgärer Sprache um, die die unbändige Trinklust der bekannten florentinischen Säufer, darunter auch höher gestellte Persönlichkeiten und besonders viele Geistliche, verspotten. An vielen Stellen mutet das Gedicht wie eine Travestie der Danteschen Dichtung an: Aus dem Aufstieg zum Paradies wird der eilige Gang zur Kneipe, aus dem unstillbaren Wahrheitsdurst Dantes die Sauflust der »beoni«, usw. Während so einerseits Dantes Dichtung derb parodiert wird, scheint die Säufersatire andrerseits jedoch auch moralisierende und zeitkritische Absichten zu verfolgen.

Eine völlig ernste Besinnung auf das höchste Gut des Menschen stellt dagegen das philosophische Gedicht mit dem Titel *Altercazione* (soviel wie »Wortwechsel«, »Auseinandersetzung«) dar, das mit großem Respekt die Terzinenform und den Stil der lehrhaften Passagen Dantes aufgreift und auch zahlreiche Verbalreminiszenzen daraus reproduziert. Der Titel bezieht sich auf den im ersten Kapitel entwickelten Wortwechsel über die Vorzüge des Stadt- und des Landlebens; Thema des Gedichts ist jedoch die philosophisch-platonische Erörterung der Glückssuche des Menschen. In seiner definitiven Form in sechs Kapiteln ist der zuvor mehrfach überarbeitete Text sehr stark abhängig von Gedankengängen Marsilio Ficinos, und insbesondere von dessen Schrift *De felicitate* sowie dessen *Oratio ad Deum theologica*. Erörtert werden die Funktion der Fortuna im Leben des Menschen, der Vorrang des Willens (d. h. der Liebe) über den Verstand und weitere Fragen der platonischen Philosophie. Wichtigster Teil des Gedichts ist der Nachweis, daß das höchste Glück des Menschen in Gott liege und weder durch weltliche Glücksgüter noch durch philosophische Spekulation, sondern allein durch die Liebe, d. h. die mystische Versenkung, erreicht werde. Auch einige etwa gleichzeitig mit der *Altercazione* enstandene religiöse Texte (Gebete und ähnliches) zeugen von den platonischen Interessen Lorenzos.

Die unter dem Titel *Rime* zusammengefaßte Lyrik Lorenzos umfaßt 108 Sonette, acht Kanzonen, fünf Sextinen und eine Ballade. Die Gedichte entstammen den verschiedensten Epochen und Gelegenheiten seines Lebens, die ersten von ihnen wahrscheinlich schon aus den frühen sechziger Jahren (Sonett XI ist mit Sicherheit auf 1465 datierbar). Eine detaillierte chronologische Ordnung ist bis heute kaum herzustellen; doch spiegeln die Texte insgesamt die Entwicklung Lorenzos von anfänglichem Petrarkismus über stärker werdende stilnovistische Haltungen zu den platonischen Neigungen und der Neubewertung der volkssprachlichen Literatur der Toskana in den reiferen Jahren. Der größte Teil der Gedichte ist dem Nachdenken über die Liebe gewidmet. Eines der häufigsten Themen ist dabei Fortuna, die Beherrscherin des Menschenlebens, die auch über das Glück der Liebenden entscheidet. Viele Gedichte führen zu nüchternen oder bitteren Betrachtungen über die Nichtigkeit des menschlichen Hoffens oder über den Tod als der einzigen Konstante des flüchtigen Lebens. Nur im Traum glaubt der Dichter das Leid seiner unerfüllten Liebe überwinden und Augenblicke des Glücks finden zu können (Sonett XIX):

> Datemi pace ormai, sospiri ardenti,
> o pensier sempre nel bel viso fissi,
> ché qualche sonno placido venissi
> alle roranti mie luci dolenti. (…)

Im Mittelpunkt dieser Dichtungen steht eine Frau, die ähnlich wie die Beatrice in Dantes *Vita Nuova* den Dichter belehrt, die wahre Liebe zu erkennen, sich von sinnlichem Ergötzen aufzuschwingen zur Betrachtung der göttlichen Schönheit. Diese platonische Sinngebung ist auch der zentrale Gedanke des berühmten *Comento sopra alcuni de' suoi sonetti*, eines möglicherweise schon früh begonnenen, spätestens aber ab 1473 verfaßten Selbstkommentars zu einigen ausgewählten Sonetten. Es spricht für das Niveau der künstlerischen Reflexion Lorenzos, daß er seinen Gedichten eine hermeneutische Ergänzung in Form eines Prosakommentars beigab, der obwohl unvollendet, auf einer einheitlichen Konzeption beruht, nämlich auf dem Gedanken, die in seinen Gedichten verschlüsselten Erfahrun-

236

gen seiner Liebe auf der Grundlage der neuplatonischen Lehren als Weg der Seele darzustellen, der von der Fesselung durch sinnliche Liebe zur Befreiung in der Anschauung der höchsten Schönheit führt. Liebe wird ausdrücklich als »appetito di bellezza« definiert und die wahre Liebe als die Kraft, »welche nach Platon für alle Dinge das Mittel ist, die ihnen gemäße Vollkommenheit und ihre schließliche Ruhe in der höchsten Schönheit, in Gott, zu finden«. Daß der Dichter aber auch im bewegten Alltag seiner weltlichen Existenz Ruhe suchte, nämlich Ruhe vor den drängenden Regierungsgeschäften, macht etwa das Sonett XXI deutlich, das den Konflikt zwischen dem glanzvollen Leben des Staatsmannes und dem Meditationsbedürfnis des Dichters thematisiert und zugleich das starke Naturgefühl Lorenzos veranschaulicht:

> Cerchi chi vuol le pompe e gli altri onori,
> le piazze, i templi e gli edifizi magni,
> le delizie e il tesor, quale accompagni
> mille duri pensier, mille dolori.
>
> Un verde praticel pien di be' fiori,
> un rivo che l'erbetta intorno bagni,
> un augelletto che d'amor si lagni
> acqueta molto meglio i nostri ardori; (...)

Der dem Gedicht folgende Prosakommentar betont die Notwendigkeit, über die irdische Liebe als Abglanz der höchsten Glückseligkeit nachzudenken. Trotz des eklektischen Charakters der *Rime* und ihres Kommentars und trotz Übernahme zahlreicher bekannter Motive aus der Dichtungstradition und den bekannten Lehren des Neuplatonismus trägt so das Gesamtwerk doch unübersehbar den Stempel einer großen Persönlichkeit und einer unverwechselbaren dichterischen Originalität.

In späteren Jahren verfaßte Lorenzo unter dem dominierenden Einfluß Polizians noch mehrere Einzeldichtungen im klassizistischen Stil, so die unvollendeten *Amori di Marte e Venere*, auf dem 11. Buch der Metamorphosen Ovids aufbauend, die beiden an Vergil sich anlehnenden Eklogen *Apollo e Pan* und *Corinto* (letzterer um 1464 begonnen, nach 1486 überarbeitet) mit Themen aus dem Hirtenleben, und das pastorale und mythologische Themen vereinende, 48 Stanzen umfassende Gedicht *Ambra*, das u. a. die Verwandlung der gleichnamigen Nymphe in einen Felsen erzählt (mit Bezug auf das Ambra genannte Anwesen am Fluß Ombrone in Poggio a Caiano, wo Lorenzo in den achtziger Jahren seine Villa erbauen ließ).

Demgegenüber werden in dem zweiteiligen, aus 32 und 142 Strambotti bestehenden Gedicht der *Selve d'amore* wieder – mit deutlichem Bezug auf Dante – allegorische und neuplatonische Themen behandelt. Neben einigen volkstümlichen Balladen, einigen derben, teilweise genretypisch ins Obszöne abgleitenden Karnevalsliedern, und einigen religiösen Liedern bzw. Lauden, die aus verschiedenen, meist öffentlichen Anlässen entstanden, wäre noch das religiöse Drama *Rappresentazione di San Giovanni e Paolo* zu erwähnen, das am 17. Februar 1491 uraufgeführt wurde und das wie schon die Lauden dem durch die Predigten Savonarolas sensibilisierten religiösen Empfinden der Bürger von Florenz entgegenkam.

Lorenzos künstlerisches, überwiegend aus Lyrik bestehendes Werk lebte aus der Verschmelzung und Umwandlung vorhandener Themen und Ausdrucksformen, und aus einer neuen Beachtung und Aufwertung der volkssprachlichen Literaturtradition. Diese Neubewertung kam auch in der berühmten *Raccolta Aragonese* zum Ausdruck, einer Sammlung von Gedichten, die Lorenzo 1477 für Friedrich von Aragón zusammenstellte und diesem zusammen mit einem wahrscheinlich von Poliziano verfaßten, doch von ihm inspirierten Widmungsbrief übersandte: Nicht weniger als zwei Drittel der Texte stammen von Stilnovisten (darunter Dante und Guido Guinizzelli); gleichzeitig hebt der Brief die Schönheit und Ausdrucksstärke der Volkssprache hervor und weist gegenteilige Vorwürfe zurück. Wie es scheint, hat Lorenzo als Sprachkünstler eine Synthese aus dem »dolce stil nuovo« des Duecento, der großen italienischen Literatur des Trecento (vor allem Petrarca und Dante, etwas weniger Boccaccio) und aus volkstümlichen Traditionen, vor allem der Toskana, angestrebt. Darüber hinaus versuchte der »instaurator Platonicarum disciplinarum« (wie ihn Ficino schmeichelhaft nannte) in seinen ernsten Dichtungen, die traditionellen Themen ideell mit den neuplatonischen Lehren seines großen Lehrers zu erneuern. Typisch für Lorenzo ist nicht zuletzt der spielerische Umgang mit vielen Stillagen, und es mag sein, daß die unübersehbare Freude an der dichterischen Kunstübung für ihn wichtiger war als der programmatische Ausdruck von Inhalten.

Während in der zweiten Hälfte des 15. Jahrhunderts die selbständige Mitwirkung humanistischer Gelehrter an politischen und gesellschaftlichen Entscheidungen zurückging, trat gleichzeitig eine andere Form der Verbindung von Kultur und Politik in den Vordergrund, nämlich der in das höfische Leben eingebundene Humanismus, dessen relativer Freiheitsraum durch politische Vereinseitigung, ja Entmündigung erkauft war. Einer der bedeutendsten Vertreter dieses neuen Typs des höfischen Humanisten bzw. Literaten war ANGELO POLIZIANO (1454–1494), der, politisch in großer

238

Treue den Mediceern ergeben, in kultureller Hinsicht eine bemerkenswerte und selbständige Synthese von Wissen und Geschmack erreichte, und der in bezug auf das große Ideal der klassischen Ästhetik seinen Zeitgenossen als ein Gipfel der Eleganz und Harmonie galt. Angelo Ambrogini, nach der lateinischen Namensform seines Geburtsortes Montepulciano Poliziano genannt, wurde als Sohn eines Juristen geboren. Nachdem der Vater 1464 einem Racheakt zum Opfer gefallen war, ging er zu einem Verwandten nach Florenz, trat in die religiöse Gemeinschaft der »Compagnia di dottrina« ein und begann wahrscheinlich 1469 seine Lehrjahre im »Studio fiorentino«, wo die Griechen Giovanni Argiropulo, Callisto Andronico und Demetrio Calcondila sowie Landino und Ficino seine wichtigsten Lehrer waren. Schon im folgenden Jahr übersetzte er das zweite Buch der *Ilias* in lateinische Verse und widmete es Lorenzo; etwas später begann er mit der Abfassung griechischer Epigramme, eine Leidenschaft, die ihn fast bis zu seinem Tode fesselte. Die ungewöhnliche Beherrschung des Griechischen verschaffte ihm höchstes Ansehen und gewann ihm auch die Wertschätzung und Sympathie des kulturbeflissenen Fürsten. Etwa 1473 wurde er ins Haus der Mediceer aufgenommen und kam in den Genuß der großen Bibliothek. 1475 erhielt er den Auftrag, die Söhne des »Magnifico« zu erziehen: Piero (1472–1503), der trotz intensivster Bemühungen des Lehrers scheitern sollte, und der jüngere Giovanni (1475–1521), der spätere Kardinal und Papst Leo X. Zugleich hatte er die Funktionen eines Sekretärs und eines Hofdichters: Anläßlich eines Turniers der Stadt, das von Giuliano de' Medici zu Ehren von Simonetta Cattaneo gewonnen wurde, begann er 1575 mit der Abfassung seiner *Stanze per la giostra*; er half seinem Fürsten bei der Sammlung der *Raccolta Aragonese*, schrieb den erwähnten Begleitbrief an Friedrich von Aragón usw. Im Gegenzug übertrug ihm Lorenzo reiche kirchliche Pfründen, die ihn finanziell unabhängig machten. Es waren dies die glücklichsten und sorglosesten Jahre Polizianos und zugleich eine literarisch fruchtbare Zeit. Sie endete abrupt mit der Verschwörung der Pazzi und der daraus folgenden schweren politischen Krise seines Fürsten; Ereignisse, die er in einem parteiischen und distanzlosen Kommentar, dem *Pactianae coniurationis commentarium* darstellte. 1479 kam es wegen der Erziehung der Söhne zu Unstimmigkeiten mit Clarice Orsini und auch zu Mißverständnissen mit dem Fürsten selbst, so daß er Florenz verlassen mußte, durch einige Städte Italiens irrte und schließlich bei dem Kardinal Francesco Gonzaga in Mantua eine Bleibe fand; dort verfasste er in wenigen Tagen seine berühmte *Favola di Orfeo*. Doch gewann er schon 1480 die Gunst Lorenzos zurück, der ihm nun am »Studio« einen Lehrstuhl für Klassische Philologie (griechische und lateinische Sprache und Literatur) einrichtete. Damit begann der zweite wichtige Lebensabschnitt Polizianos und mit zahlreichen lateinischen Werken seine eigentliche humanistische Schaffensperiode, die bis zum Tode Lorenzos anhielt. Dieses Ereignis verunsicherte den Gelehrten zutiefst; er versuchte nach Kräften, den Nachruhm seines Mäzens zu fördern und als Nachfolger den Sohn Piero zu etablieren, dessen staatsmännische Begabung er hoch rühmte. Zu Unrecht, denn dessen Politik scheiterte unter wachsenden innen- und außenpolitischen Widerständen. Als Piero 1494 mit dem herannahenden Karl VIII. einen demütigenden Frieden aushandelte, vertrieben die Florentiner am 9. November die Mediceer aus der Stadt. Gut einen Monat vor der Vertreibung, am 29. September, starb Poliziano.

Der größere Teil der literarischen Werke Polizianos ist in lateinischer Sprache, einiges auch in griechischer Sprache verfaßt. Daß dem Humanisten die volkssprachliche Dichtung nicht allzusehr am Herzen lag, könnte auch in der Tatsache zum Ausdruck kommen, daß er die Ausgabe keines seiner volkssprachlichen Werke selbst besorgt hat. Ein großer Teil seiner lateinischen Lyrik entstand in den Jahren 1473–1478, in der Zeit also, in der er seine Stellung im Kreis der Mediceer aufbaute und seine Beziehungen zu Lorenzo anknüpfte. Sie wurde nach seinem Tod in einem *Liber epigrammaton* zusammengestellt, das Dichtungen verschiedener Form und Thematik vereint. Unter den Epigrammen, die sich an Catull, Martial und an Texten der *Antologia Planudea*, einer Epigramm-Sammlung des 1310 verstorbenen byzantinischen Gelehrten Maximos Planudes, inspirieren, befinden sich Danksagungen oder Huldigungen an Lorenzo und andere Wohltäter, ebenso wie Invektiven oder Texte mit vertraulichem Inhalt. Daneben enthält der *Liber* Oden, Hymnen, Elegien und andere metrische Formen; viele von ihnen sind, nach dem Vorbild der elegischen lateinischen Dichtung, dem Thema der Liebe gewidmet. Einen beachtlichen Raum unter seinen lateinischen Dichtungen nehmen die *Sylvae* ein, nach dem Vorbild der *Silvae* des Statius improvisierte Gelegenheitsgedichte vermischten Inhalts in Hexametern, von denen die meisten angelegentlich seiner Vorlesungen im »Studio« zwischen 1482 und 1486 entstanden. So beschrieb er etwa im *Rusticus* unter Bezug auf Hesiod und Vergil das Landleben und den Ackerbau, in der *Ambra* lobte er die Dichtungen Homers und dessen göttliche Kunst (ein Poliziano besonders liebes Thema), in der *Nutricia* ging er dichtungstheoretischen und platonischen Gedanken nach (die Dichtung ist die Amme des Dichters, der ihr durch sein Lob Dank sagt; »nutricia« bedeutet soviel wie »Ammenlohn«). Schon in den siebziger Jahren entstand die *Sylva in scabiem*, ein Stegreifgedicht auf die Krätze. In immerhin 358 Versen beschrieb der Verfasser die Symptome und den Verlauf

240

der häßlichen Krankheit, wobei sich literarischer Spieltrieb und wissenschaftliches Interesse die Waage halten. Die von Poliziano bei den verschiedensten Gelegenheiten, meist im Zusammenhang mit seiner Lehrtätigkeit, verfaßten Schriften zur Philosophie, Literatur, Textkritik und Geschichte wurden von ihm selbst ziemlich unsystematisch in den *Miscellanea* zusammengetragen; die ersten hundert Kapitel gab er 1489 mit einer Widmung an Lorenzo heraus, eine zweite handschriftliche Kenturie wurde erst vor einiger Zeit entdeckt. Auch seine zahlreichen Briefe hat Poliziano 1494 in zwölf Büchern gesammelt und Piero de' Medici gewidmet; sie belegen nicht nur den intensiven Gedankenaustausch des Humanisten mit den großen Gelehrten seiner Zeit, sondern gewähren auch Einblicke in wichtige Vorgänge in seinem Leben oder am Hof. So wird z. B. in einem Brief an Iacobo Antiquario der Tod Lorenzos beschrieben; in anderen polemisiert er gegen Paolo Cortesi (1465–1510), dessen einseitigen Ciceronianismus er scharf zurückweist.

Die italienische Lyrik Polizianos, ebenso elegant wie seine lateinische und wie diese den humanistischen Prinzipien der »voluptas« und der »docta varietas« verpflichtet, bedient sich überwiegend volkstümlicher Formen, und zwar vorzugsweise des »rispetto« und der die Grundstruktur der »ballata« unterschiedlich variierenden Tanzlieder, welche »canzoni a ballo« bzw. »canzonette« genannt wurden. Der »Rispetto« ist ein einstrophiges Huldigungsgedicht an die Geliebte (»rispetto« = Huldigung), das sich der metrischen Form des »strambotto« bedient, der bei Poliziano, wie für die Toskana typisch, acht gereimte Zeilen umfaßt. Poliziano schrieb *Rispetti continuati*, d. h. zusammenhängende Strambotti meist über Themen der Liebe, sowie *Rispetti spicciolati*, d. h. unzusammenhängende Gedichte über die verschiedensten Themen im volkstümlichen Ton, darunter auch das schöne, die Sammlung eröffnende Echo-Gedicht:

> Che fai tu, Ecco, mentr'io ti chiamo? – Amo.
> Ami tu dua o pur un solo? – Un solo.
> E io te sola e non altri amo. – Altri amo.
> Dunque non ami tu un solo? – Un solo.
> Questo è un dirmi: io non t'amo. – Io non t'amo.
> Quel che tu ami, amil tu solo? – Solo.
> Chi t'ha levata dal mio amore? – Amore.
> Che fa quello a chi porti amore? – Ah more!

Das so naiv wirkende Gedicht entspringt einer alten Kunstübung, und Poliziano konnte unter Hinweis auf ähnliche Texte der *Anthologia Graeca*

241

sich mit Recht rühmen, diese alte Form in die italienische Dichtung eingeführt zu haben. Die volkstümlichen Formen und Inhalte der »rispetti« und
der »canzonette« behandelte Poliziano mit der Gewandtheit und dem Raffinement des großen Humanisten und Dichters, dem nichts unbekannt ist
und der sich jeder Stillage spielerisch anzupassen weiß. Unübersehbar ist
seine Freude, sich in einfachem, burlesken, oft derben Ton den großen
Themen der Literatur in gespielter Naivität hinzugeben und sinnenfroh die
Schönheiten der Natur oder die Freuden Amors zu besingen. Neben den
Rispetti und den balladenartigen Liedern hat Poliziano auch *Rime* verfaßt;
doch können ihm lediglich eine Kanzone, eine Lauda und vier an Lorenzo
gerichtete Antwort-Sonette mit Sicherheit zugewiesen werden.

Um die mit Mailand und Venedig im November 1474 geschlossenen Bünd-
nisse zu feiern, veranstaltete die Stadt Florenz im Januar 1475 ein Turnier,
das von Giuliano de' Medici zu Ehren der schönen und tugendhaften Simonetta Cattaneo gewonnen wurde. Diese war seit 1468 mit Marco Vespucci
verheiratet, und wurde von Giuliano, Lorenzo und vielen anderen verehrt
oder besungen. Zur Feier dieses Turniers und zum Ruhm seines Herrscherhauses verfaßte Poliziano seine berühmten *Stanze per la giostra del magnifico Giuliano de' Medici*, die er jedoch wie viele seiner Werke nicht vollendete und auch nicht selbst veröffentlichte. Geschrieben wurden die 125
Stanzen des ersten Buchs und 46 des zweiten; dann wurde die Abfassung
durch äußere Ereignisse, zuerst durch den Tod Simonettas im April 1476,
dann endgültig durch den Tod Giulianos im April 1478 unterbrochen. Die
Stanze waren der einzige zusammenhängende epische Versuch Polizianos;
mit diesem Werk wollte Poliziano in Inhalt (ritterlicher Kampf und Liebe)
wie im höfischen Ton die Tradition der großen Ritterepik aufgreifen und
mit der höfischen Welt der Mediceer verschmelzen. Traditionell war bereits
die Eröffnung des Gedichts mit der Huldigung an die Größe und die Hegemonie des Herrscherhauses über die ganze Toskana (Strophe 1), die Anrufung Amors, der als »Anfang und Ende des hohen Unterfangens« dem
Dichter beistehen soll (Strophen 2 und 3), und das unumgängliche Herrscherlob, gerichtet an den geliebten Lorenzo, der hier in Anspielung auf
Petrarca »Lauro« (d. h. Lorbeerbaum) genannt wird (Str. 4):

> E tu, ben nato Laur, sotto il cui velo
> Fiorenza lieta in pace si riposa,
> né teme i venti o 'l minacciar del celo
> o Giove irato in vista più crucciosa,
> accogli all'ombra del tuo santo stelo
> la voce umil, tremante e paurosa;

o causa, o fin di tutte le mie voglie,
che sol vivon d'odor delle tuo foglie.

In den folgenden Strophen wird nun die Geschichte Julios (= Giulianos) erzählt, der, ein schöner und keuscher Jüngling, zunächst die Gaben der Venus verschmäht, bis diese aus Rache und mit Hilfe Cupidos ihn dazu bringt, sich in das schöne Mädchen Simonetta zu verlieben; daraufhin versucht Julio sich im Turnier Ruhm zu erwerben, um der schönen Geliebten würdig zu sein. Durch viele enkomiastische Motive hindurch wird die eigentliche Zielsetzung des Werkes sichtbar, nämlich die Darstellung des siegreichen Amor, der die Herrschaft über Krieg und Waffenhandwerk erlangt ... Auf humanistisch-gelehrte Weise verfolgte Poliziano dieses Ziel mit einer Folge eher statischer, mythologischer Bilder, die das episch-erzählerische Moment seines Werkes ebenso wie die ritterlichen Szenen und Handlungsmuster in den Hintergrund drängten. An deren Stelle treten mythologische Szenen der Antike, insbesondere aus Ovid, aber auch symbolisch-allegorische Motive aus den *Triumphi* Petrarcas. Der letzlich als Lobpreisung Amors im Rahmen einer platonischen Konzeption intendierte Text blieb so in einer Folge feinsinniger Bilder stecken; auch nach 171 Oktaven war der Autor noch nicht zur Beschreibung des Turniers gekommen.

Auch ein weiteres berühmtes Werk Polizianos ist dem Herrscherlob und der humanistischen Liebe zur Antike verpflichtet. In der Zeit seines Zerwürfnisses mit Clarice Orsini, als er beim Kardinal Francesco Gonzaga in Mantua weilte, entstand, nach eigenen Aussagen »in der Zeit von zwei Tagen«, das erste profane Schauspiel in italienischer Sprache mit dem Titel *Favola di Orfeo*, das für ein höfisches Fest in Mantua, wahrscheinlich im Karneval 1480, bestimmt war. Die stoffliche Vorlage des Werkes beruhte auf dem vierten Buch der *Georgica* Vergils und dem zehnten Buch der *Metamorphosen* Ovids, was besagt, daß die Geschichte des Hirten Aristaios, der den Tod der Eurydike verursachte, verbunden wird mit dem Orpheus-Mythos und dem tragischen Schicksal des Sängers: Dieser befreit bekanntlich zunächst seine Gemahlin aus dem Hades, verliert sie aber für immer durch sein verfrühtes Umschauen, und wird dann, nachdem er den Frauen und der Liebe abgeschworen hat, von den tobenden Bacchantinnen geschmäht. Nach dem üblichen Herrscherlob in Gestalt einer von Orpheus vorgetragenen lateinischen Ode wird man wieder mit den für Poliziano typischen sensiblen, lyrischen Bildern aus den antiken Mythen konfrontiert; wieder wird der szenische Ablauf der Handlung durch eine Abfolge lyrischer Stimmungen, pastoraler Motive, Dialoge und Chöre ersetzt, die klassische Elemente mit volkstümlichen verschmelzen. Die unterschiedlichen, bald idyllischen, bald elegischen, bald wollüstigen, doch stets wohltemperierten Tonlagen der mythischen, gleichsam musikalisch verwobenen Bilder sind Bestandteile eines einheitlichen lyrischen Kontinuums, das im entfesselten Chor der wilden Bacchantinnen seinen Höhepunkt und Abschluß findet. Auch platonische Motive sind in diesen Text eingegangen, denn Orpheus galt den Neuplatonikern – und dieser Bezug war Poliziano besonders wichtig – als Symbolgestalt des Dichter-Sehers, der durch die Wirkungsmittel der Kunst die Seelen erleuchtet und aus ihrem niederen Status befreit (im ähnlichen Sinne war auch in der *Nutricia* der Orpheus-Mythos verwendet worden). So entstand das erste profane Theaterstück der italienischen Literatur, das in der elementaren Einfachheit seiner Szenographie an das christliche Mysterienspiel erinnert, während in den Monolog- und Dialogpartien das Beispiel der pastoralen Eklogendichtung spürbar ist. Eine spätere, vielleicht von Tebaldeo stammende Überarbeitung des Stükkes unter dem Titel *Orphei tragoedia* versuchte eben diese anspruchslose Szenenfolge durch Einteilung in fünf kleine Akte der Struktur der klassischen Tragödie anzunähern.

Das poetische Werk Polizianos ist durchdrungen von antiken und traditionellen Elementen und trägt dennoch unübersehbar den Stempel einer großen, auf Sensibilität und Eleganz gegründeten Originalität. In seiner Dichtung laufen alle lebendigen Ströme des Humanismus zusammen: das Griechentum mit dem geliebten Homer, mit Platon und Aristoteles, die lateinische Antike, die vielgestaltige Welt der Mythen und das Studium der Geschichte, nicht zuletzt die an Formen und Inhalten schon reiche italienische Tradition. In seinen philologischen und wissenschaftlichen Schriften zeichnete sich der wendige und kenntnisreiche Mann durch eine ungewöhnliche analytische Trennschärfe und kritische Aufmerksamkeit aus, die ihn weit über das durchschnittliche humanistische Maß emporhob und die allenfalls bei Lorenzo Valla eine annähernde Entsprechung findet.

VII. DIE EPIK

In Italien gab es eine ununterbrochene Tradition epischen Erzählens, die zunächst vom mündlichen Vortrag der Spielleute (»cantari«) lebte, dann durch mehr oder weniger gebildete Schriftsteller nach und nach in feste Textformen überführt wurde. Diese Erzählliteratur stand unter dem dominierenden Einfluß der französischen Kultur und reproduzierte in meist breiten und phantasiereichen Paraphrasierungen, bald in ernstem, bald in

244

komischem, meist jedoch in volkstümlichen Stil, die aus der Ritterepik und den höfischen Romanen Frankreichs bekannten Stoffe. Die wichtigsten davon waren: Karl der Große und seine Paladine, König Artus und seine Tafelrunde, sowie die Taten und Abenteuer zahlreicher Einzelgestalten wie Roland, Lanzelot, Ginevra (Genevière), Tristan, Isolde usw. In Oberitalien, wo das Prestige der französischen Literatur besonders spürbar war (unter den Städten hatte insbesondere Ferrara ausgeprägte Beziehungen zur französischen Kultur), waren diese Stoffe in zahlreichen Epen und Romanen mehr oder weniger frei nacherzählt worden, zunächst in franco-italienischer Mischsprache, dann zunehmend in den italienischen Dialekten Oberitaliens und des Veneto. Aus diesem Strom volkstümlicher, literarisch meist anspruchsloser, nicht selten komisch-burlesker Erzählliteratur schöpften zwei bedeutende, in Stil und Haltung nahezu entgegengesetzte Erzählwerke der zweiten Hälfte des 15. Jahrhunderts, die den Beginn der großen Epik in der italienischen Literatur markieren und beide auf unterschiedliche Weise die nachfolgende Epik Italiens prägten: der *Morgante* des Florentiners Pulci und der *Orlando innamorato* des Ferraresen Boiardo.

LUIGI PULCI (1432–1484) stammte aus alter guelfischer Adelsfamilie, die sich illustrer französischer Abstammung rühmte, zum Zeitpunkt seiner Geburt aber bereits stark heruntergekommen war. Der Vater Iacopo, der in Florenz höchste Ämter innegehabt hatte, wurde wegen seiner Schulden von allen öffentlichen Ämtern ausgeschlossen und ließ bei seinem Tode (1450) eine große Familie in ungesicherten und demütigenden Verhältnissen zurück. Auch der Bruder Luca, der, obwohl literarisch ambitioniert, sein Glück im Bankwesen versuchte, machte zur Schande seiner Familie Bankrott und starb schließlich schmählich im Schuldnerkerker (1470). Luigi beschloß, in Florenz zu bleiben und sich mit Hilfe freundschaftlicher Beziehungen eine Existenz aufzubauen. Tatsächlich war es einer seiner Gönner, Francesco Castellani, ein Intimus der Mediceer, der ihn in den Palast an der Via Larga einführte. Zugleich ermöglichte er Luigi die Teilnahme an den Lesungen des Humanisten Bartolomeo Scala, durch den der junge Pulci die Hauptelemente einer insgesamt mittelmäßigen Bildung erwarb, die keinerlei Griechischkenntnisse, oberflächliche Kenntnisse des Lateins und die Lektüre einiger klassischer Autoren wie Vergil, Ovid sowie der großen Italiener Dante, Petrarca und Boccaccio umfaßte. Nachdem Luigi einmal bei den Mediceern eingeführt war (wahrscheinlich um 1461; Lorenzo war damals 12 Jahre alt), machte er sich rasch als junger Dichter mit volkstümlicher Inspiration (die im Hause der Mediceer gut ankam) beliebt, u. a. durch eine eifrige Produktion von nicht sonderlich originellen Gedichten im Volkston (»strambotti« und »rispetti«). Rasch erwarb er die

Gunst verschiedener Personen am Hof, vor allem der Lucrezia Tornabuoni, die ihren Zögling aufforderte, die volkstümlichen Erzählstoffe der Karolingerepik zu bearbeiten. Hintergrund für diese Aufforderung, die zur Entstehung des Epos *Morgante* führte, war die Politik der Wiederannäherung an Frankreich, die damals von den Mediceern in dem Gedanken eingeleitet wurde, daß der nach dem Fall Konstantinopels (1453) akuten Gefahr der Türken gemeinsam von allen Herrscherhäusern begegnet werden müsse. In der Perspektive der türkischen Bedrohung hatte auch Karl der Große neue Aktualität gewonnen, der als Symbolgestalt eines einheitlichen christlichen Europas galt.

Neben seinen dichterischen Ambitionen zeigte Pulci früh ein ausgeprägtes Interesse für Rand- und Sonderbereiche des italienischen Wortschatzes. In mühevoller Suche trug er z. B. die über siebenhundert Wörter seines *Vocabolista* zusammen, der als eine Art Lexikon der italienischen Latinismen alle ins Italienische assimilierbaren lateinischen Wörter, vor allem Substantive und Adjektive, erfassen sollte. Von ihm stammt auch ein *Vocabolarietto di lingua furbesca*, ein Wörterbuch der Gaunersprache (»gergo«), für die im Mediceerkreis großes Interesse bestand und die dort auch im freundschaftlichen Umgang gesprochen wurde. Darüber hinaus galt seine ständige Aufmerksamkeit den Dialektformen und den technischen Ausdrücken aller Art. In der Zeit vor 1470 entstand auch die *Beca da Dicomano*, ein rustikales Scherzgedicht in der Form von »rispetti continuati« auf die Geliebte Beca (=Domenica), das der *Nencia di Barberino* des Lorenzo (und dem Erfolg dieser Dichtung) huldigen wollte, aber doch eher zu einer unfeinen Parodie des fürstlichen Werkes geriet und zugleich Pulcis Neigung zu derbem Spaß veranschaulichte: An die Stelle der fein dosierten Ironie der *Nencia* tritt das grobe Lachen in der *Beca*, an die Stelle der bedeckt gehaltenen erotischen Untertöne oder Anspielungen nun die offene Obszönität. Zur Huldigung des Fürsten und in Erinnerung an dessen Turniersieg von 1469 entstand wahrscheinlich um 1471 die *Giostra di Lorenzo*, ein Text von 160 Stanzen, die im wesentlichen die metrische Bearbeitung eines anonymen Prosaberichts über das gleiche Ereignis sind. Das Werk, das lange dem ebenfalls literarisch tätigen Bruder Luca zugeschrieben wurde, ist mit den *Stanze* des Poliziano kaum vergleichbar und steht in Ton und Inhalt der volkstümlichen Spielmannsepik nahe, als deren Fortsetzer sich Pulci auch bekennt. Es reduziert (wie schon die »cantari«) die ritterlichen Elemente zugunsten eines bürgerlichen Realismus und verweist hiermit und mit der Art seiner Komik auf den *Morgante* voraus. Nach 1476 entstand die einzige Novelle Pulcis, die »Novella dello sciocco senese«, die sich an Boccaccio und Masuccio Salernitano inspirierte. Ferner ist von ihm noch ein auf-

246

schlußreicher Korpus von 52 Briefen aus den Jahren 1465 bis 1484 überliefert, von denen die meisten an Lorenzo gerichtet sind.

Das große Epos des *Morgante* in 23 Gesängen (die sein Autor »cantari« nannte) wurde 1461 begonnen und lag 1470 vollständig vor. Noch vor seiner Veröffentlichung war es auch bekannt, da Pulci die einzelnen Teile seiner Niederschrift den Freunden im Hause Medici vorzulesen pflegte. Textvorlage Pulcis war ein von ihm *Cantar d'Orlando* genanntes anonymes, vielleicht um 1450 geschriebenes Spielmannsepos in sechzig Gesängen, das P. Rajna identifizieren konnte und mit *Orlando* betitelte. Obwohl das meiste aus der Vorlage stammte, entsprangen Pulcis Phantasie auch einige neue Episoden wie die Begegnung von Morgante und Margutte, der Tod Morgantes, die Liebe zwischen Ulivieri und Forisena, die Befreiung des Dodone durch Morgante und einige andere Szenen. Eine erste (verlorene) Ausgabe des Werkes erschien vor 1478; die zweite wurde 1481/82 im Kloster von Ripoli gedruckt und umfaßte 23 Gesänge; Anfang 1482 erschien eine weitere Ausgabe des Werkes mit ebenfalls 23 Gesängen, die jedoch im Vergleich zu der von Ripoli Elemente einer Überarbeitung aufweist. Etwa ein Jahr später, im Februar 1483, erschien unter dem Titel *Morgante maggiore* eine erheblich erweiterte Fassung des Werkes, die den 23 Gesängen weitere fünf hinzufügte.

Die ersten 23 Gesänge schildern die Taten und Abenteuer Orlandos, der, entrüstet über die Verleumdungen Ganos, den Hof Karls des Großen in Paris verläßt und ins Heidenland zieht. Er gelangt alsbald an eine Abtei, die von drei Riesen belagert wird. Zwei von ihnen tötet er, der dritte, Morgante, bekehrt sich zum Christentum und wird Orlandos getreuer Schildknappe. Gemeinsam bestehen Orlando und Morgante eine Unzahl komischer bis grotesker Abenteuer. Als Orlando auch nach längerer Zeit nicht nach Paris zurückkehrt, machen sich Rinaldo, Uliviero und Dodone von Paris auf, um ihn zu suchen. Von nun an gibt es zwei Handlungsstränge, nämlich die Abenteuer des Orlando und die der ihn suchenden Ritter. Immer, wenn alle Feinde besiegt, die Braven unter den Heiden zu Christen bekehrt sind, also die Handlung langweilig zu werden droht, ersinnt der böse Gano eine neue Verleumdung oder überredet den gutmütig-trottelhaften Kaiser zu einer Maßnahme, womit dann eine neue Handlungsfolge ausgelöst wird. Auch Frauen spielen eine große Rolle. So fällt zum Beispiel im fernen Persien Orlando, der gerade den Riesen Marcovaldo getötet hat, in die Hände des Statthalters. Nur die Liebe von dessen Tochter Chiarella kann ihn vor dem Tode bewahren. Auch der senile Kaiser ist auf komische Art den Frauen verpflichtet: droht Gefahr, so flüchtet er sich hinter die Röcke seiner lieben Gemahlin oder in deren Kammer. Eines Tages begegnet Morgante auf der Suche nach seinem Herrn dem Halbriesen Margutte. Er betrachtet verwundert dessen ungewöhnliche Gestalt und fragt ihn nach seinem Namen, worauf sich Margutte vorstellt und zugleich das Wunder seines Halbriesentums erklärt:

> ... Il mio nome è Margutte;
> ed ebbi voglia anco io d'essere gigante,
> poi mi penti' quando al mezzo fu' giunto:
> vedi che sette braccia sono appunto.

Ebenso komisch-grotesk wie sein Auftreten ist aber auch der Abgang des Halbriesen. Nachdem Morgante und Margutte, die sich an Spitzbüberei in nichts nachstehen, die arme Florinetta, die sieben Jahre lang die Gefangene zweier Riesen war, befreit haben, spielt Morgante dem Margutte einen Streich, worüber dieser so lachen muß, daß er mit lautem Knall platzt und daran stirbt. Zum Schluß findet man alle Paladine in Paris wieder, wo sie die Stadt vor dem Belagerer Calavrione schützen.

An die 23 Gesänge der ersten Fassung sind die fünf weiteren »cantari« der zweiten vom Februar 1483 ohne organische Bindung und mit nur notdürftig verschleiertem Bruch angefügt. Die Handlung schöpft zwar weiter aus dem karolingischen Stoffkreis, spielt jedoch zu einem späteren Zeitpunkt. Hauptgeschehen ist die tragische Niederlage der Nachhut Karls in Roncisvalle (Roncevaux), wo Orlando, in letzter Minute sein Horn blasend, den Tod findet. Doch stehen unter den Figuren jetzt vor allem Rinaldo, Gano und der neu erfundene Astarotte im Mittelpunkt. Offensichtlich sind jetzt auch neue karolingische Quellen, die ihm Poliziano aufgezeigt hatte, verwertet worden, so die anonymen Epen *Spagna* und *La Rotta di Roncisvalle*. Vieles, auch der beträchtliche Umfang der fünf Gesänge, der der Hälfte der vorhergehenden Gesänge entspricht, weist darauf hin, daß Pulci diesen Teil wahrscheinlich zunächst als gesondertes Werk, vielleicht mit dem zuletzt genannten Titel, veröffentlichen wollte, sich dann aber kurzfristig zu einer improvisierten Anbindung an das vorhandene Werk entschloß. Die Grundintention der komisch-burlesken Parodie allerdings blieb erhalten und wurde in einer Fülle komischer Szenen, grotesker Abenteuer und obszöner Deftigkeiten, in bizarren Bildern und Metaphern und in der gleichen derben, dialektgefärbten Sprache wie in den früheren Gesängen umgesetzt. Pulcis großes Epos ist ein Meilenstein in der Geschichte der italienischen Literatur, insofern hier zum ersten Mal in entschlossener und auch rücksichtsloser Manier eine volkstümliche, ja plebeische Dichtung verwirklicht wird, die praktisch alle literarischen, sprachlichen und kulturellen Normen

248

der Zeit pervertiert und parodiert (an viele Szenen und Motive des *Morgante* wird sich später François Rabelais bei der Abfassung seines *Pantagruel* und seines *Gargantua* erinnern). Das Werk kann nur als »Anti-Literatur« gewürdigt werden, als ein besessenes Schreiben gegen den Strich der etablierten dichterischen Spache, des akzeptierten Wortschatzes, der anspruchsvoll-gelehrten Inhalte und vor allem gegen den Strich der humanistischen, ethischen und religiösen Prinzipien seiner Epoche. Pulci verkörpert in seiner dezidiert antihumanistischen, antichristlichen, antimetaphysischen und antiklassizistischen Haltung die Kehrseite des Humanismus. Seinem zupackenden Skeptizismus und seinen groben Späßen ist nichts heilig. Voraussetzung für diesen radikalen Antikonformismus war die ideologische Leere und die Beliebigkeit der Standpunkte, die Pulci ebenfalls verkörpert. Als in der erwähnten Begegnung Morgante den Margutte fragt, ob er Heide oder Christ sei, antwortet dieser:

> ... A dirtel tosto,
> io non credo più al nero ch'a l'azzurro,
> ma nel cappone, o lesso o vuogli arrosto;
> e credo alcuna volta anco nel burro,
> nella cervogia, e quando io n'ho, nel mosto,
> e molto più nell'aspro che il mangurro;
> ma sopra tutto nel buon vino ho fede,
> e credo che sia salvo chi gli crede; (...)

Pulci gehörte keinem Glauben, keiner Überzeugung an, wenn man nicht Pessimismus und Skeptizismus als solche gelten lassen will, oder etwa die okkulten Wissenschaften und die Schwarze Magie, von denen sich Pulci unwiderstehlich angezogen fühlte. Sein Leben und sein Werk sind in auffallender Weise Ausdruck einer fast modern anmutenden Negativität, die an Baudelaire und Rimbaud denken läßt. Von verschlossenem, reizbarem und streitsüchtigem Charakter, von dauernden Geldnöten bedrängt, von häufigen und schweren Krankheiten heimgesucht, brachte er ein mühseliges und gequältes Leben hinter sich. Er stritt sich sogar mit seinen Freunden, so etwa mit dem ihm wohlgesonnenen Bartolomeo Scala, dem er aus purem Neid über dessen Beförderung durch die Medici (1465) eine Serie bitterböser Sonette an den Kopf schleuderte. Sein Neid und Antikonformismus waren ebenfalls die Hauptursachen einer skandalösen Polemik mit Matteo Franco, dem im Hause der Mediceer geschätzten Lehrer und Erzieher, in der es auf beiden Seiten an Giftigkeiten und Beleidigungen nicht mangelte. Auch mit dem ihm zunächst als Freund zugetanen Ficino zerstritt sich der Streitsüchtige, machte sich zunächst über dessen Vorstellungen von der Unsterblichkeit der Seele lustig, um dann in schamlosen, beleidigenden Sonetten gegen ihn zu Felde zu ziehn. Worauf sich Ficino an Lorenzo de' Medici wandte mit der Bitte, die polemische Wut dieses »Hundes« zu besänftigen ... Selbst die zunächst so warme Freundschaft und Protektion der Mediceär erkaltete nach und nach. Seine Neigungen zur Schwarzen Magie und seine entschiedene Unorthodoxie brachten ihm Mißtrauen, Zweifel und Unverständnis bei vielen Personen ein und führten zu ständigen Verdächtigungen und Anfeindungen durch die Kirche, die ihn schließlich exkommunizierte. Als er auf einer seiner Reisen plötzlich erkrankte und Anfang November 1484 in Padua starb, wurde er, der in Leben und Werk so etwas wie die Negation und Karikatur seiner Zeit verkörpert hatte, als Ketzer zu nächtlicher Stunde außerhalb des Friedhofs in ungeweihter Erde und ohne Licht vergraben. Und noch zehn Jahre nach seinem Tod apostrophierte Savonarola in einer seiner Predigten von 1494 die Bürger seiner Stadt: »Oh ihr, die ihr eure Häuser voll habt von eitlem Tand und unehrenhaften Standbildern und Dingen und verbrecherischen Büchern wie den *Morgante* und andere Dichtungen gegen den Glauben, bringt mir diese her, um sie dem Feuer zu übergeben oder Gott zu opfern.«

In dem gleichen Jahr 1483, als Pulcis *Morgante maggiore* erschien, wurden auch die beiden ersten Bücher des *Orlando innamorato* veröffentlicht, eines Werkes, das sowohl inhaltlich wie auch hinsichtlich seines Entstehungsambientes wie eine Antithese zu Pulcis Epos anmutet. Geschrieben hatte das Epos der junge Graf MATTEO MARIA BOIARDO (1441–1494), der im Sternzeichen der Zwillinge, d. h. zwischen 22. Mai und 21. Juni, auf dem großväterlichen Schloß Scandiano, wenige Kilometer von Reggio Emilia entfernt, geboren wurde. Matteo Maria verbrachte seine ersten Jahre bis zum Tode des Vaters Giovanni (1451) in Ferrara und atmete so früh den Geist des maßgeblich durch Guarino Veronese (1374–1460) geprägten und von dem Regenten Leonello d' Este intensiv geförderten Ferrareser Humanismus, zu dessen bedeutenden Vertretern auch der Großvater des Dichters, Feltrino Boiardo, und der Onkel Tito Vespasiano Strozzi gehörten. Matteo Maria erhielt eine solide humanistische Ausbildung, sicherlich tiefer und vollständiger als die seiner Altersgenossen, die sich standesgemäß mehr dem Turnier und der Jagd widmeten. Nach dem Tod des Vaters lebte die Familie überwiegend auf dem Schloß Scandiano, wo dem jungen Boiardo auch die gut ausgestattete großväterliche Bibliothek zur Verfügung stand. Hinzu kam, daß die Grafen von Scandiano in besten freundschaftlichen Beziehungen zu den Fürsten von Este standen, so daß der angehende Dichter auch zu deren Bibliotheksschätzen Zugang hatte. 1463/64 schrieb Matteo Maria

250

seine ersten Dichtungen in lateinischer Sprache: Es entstanden die *Carmina de laudibus Estensium*, fünfzehn dem Lob des Ercole d'Este gewidmete Dichtungen, der 1462 zum Regenten von Modena ernannt worden war (während sein Bruder Sigismondo die Regierung von Reggio übernahm und der Halbbruder Borso 1471 zum Fürsten von Ferrara gekrönt wurde). Ungefähr gleichzeitig entstanden die *Pastoralia*, zehn Eklogen im Stil Vergils, eine Lobpreisung des durch die Estenser herbeigeführten »Goldenen Zeitalters«; in ihnen fand der junge Dichter über die Vergilnachahmung hinaus zum ersten Mal zu einem eigenen, persönlichen Ausdruck. Etwa zwei Jahre später besang er in den 31 Distichen der *Epigrammata* den Sieg des Ercole d'Este über den Attentäter Niccolò di Leonello. Damit war die lateinische Produktion Boiardos beendet. In seinen frühen Jahren entstanden noch im Auftrag seines Fürsten einige Übersetzungen aus dem Lateinischen, darunter eine *Vita degli eccellenti capitani* nach Cornelius Nepos; Werke, die jedoch voller Irrtümer und Fehler sind, so daß man vermuten konnte, daß Boiardo die ungeliebten Arbeiten seinen Sekretären übertragen hatte.

Wahrscheinlich in das Frühjahr 1469 fiel der Beginn seiner großen Liebe zu Antonia Caprara, einer Edeldame aus Reggio, die er am Hof des Sigismondo d'Este kennenlernte. Nach und nach entstanden 180 italienische Dichtungen auf die geliebte Muse, die Boiardo in den *Amorum libri III* sammelte, einem Werk, das neben der Seelengeschichte seiner Liebe zugleich seinen Werdegang vom jugendlichen Literaten zum reifen Dichter widerspiegelt. Der Roman dieser Liebe, die nach den im Werk enthaltenen Hinweisen vom 4. April 1469 bis Frühjahr 1471 andauerte, ist exakt auf drei Bücher mit je 50 Sonetten und 10 weitere Dichtungen in unterschiedlichen Metren verteilt. Der Name der Geliebten mit (glücklicherweise) vierzehn Buchstaben ist in mehreren Akrosticha in den Text eingefügt, entweder durch die Anfangsbuchstaben der vierzehn Verse eines Sonetts oder durch den ersten Buchstaben von vierzehn aufeinanderfolgenden Sonetten. Das erste Buch wird eröffnet mit dem Lob der Schönheit der geliebten Frau und ist bruchlos dem durch die Liebe ausgelösten Glücksgefühl gewidmet. Das zweite Buch schildert die Entwicklung der Geliebten zur grausamen Frau und das beginnende Unglück des Dichters. Im dritten Buch schließlich wandelt sich der tiefe Schmerz des Liebenden zu einem an Petrarca erinnernden resignierenden Schwanken zwischen Schmerz und Lust: In schmerzlichem und zugleich süßem Erinnern durchläuft der Dichter die glücklichen Momente der zurückliegenden Liebe, deren Geschichte er schließlich mit teils religiösen, teils pessimistischen Gedanken ausklingen läßt wie etwa mit der Feststellung, daß derjenige wahnsinnig sei, der sein Glück auf Erden zu finden hoffe.

Obwohl stark der lateinischen und italienischen Lyriktradition und insbesondere in Sprache und Stilmitteln Petrarca verpflichtet, findet das Werk in allen seinen Teilen zu einem originellen, persönlichen Ausdruck, der das lastende Gewicht der Vorbilder überwindet. Die leicht dialektal gefärbten Verse Boiardos entwickeln – vor allem im ersten Buch – eine große Unmittelbarkeit und Frische des Empfindens, eine einfache, oft volkstümliche Eindringlichkeit der Rhythmen und Akzente, wie etwa in dem folgenden liedhaften, an Vergil und Dante anklingenden Sonett:

> Datime a piena mano e rose e zigli,
> spargete intorno a me viole e fiori;
> ciascun che meco pianse e' mei dolori,
> di mia leticia meco il frutto pigli. (...)

Nicht nur in bezug auf die Inhalte entwickelte Boiardo Persönliches und Eigenständiges, sondern auch in der sorgfältigen, oft innovativen metrisch-rhythmischen Gestaltung. Die *Amorum libri* enthalten komplizierteste Reim-, Strophen- und Gedichtformen wie z. B. den berühmten *Rodundelus integer ad imitacionem Ranibaldi Franci*, der einen unbekannten, vielleicht provenzalischen Dichter Ranibaldus in acht Stanzen und einer sich wiederholenden Rondeau-Strophe nachahmt. Wegen dieser und anderer kunstvollen und teilweise kühnen Formen gilt das Werk in metrischer Hinsicht als ein Unikum der italienischen Lyrik, dem nur außerhalb Italiens etwa mit den Dichtungen der »rhétoriqueurs« oder des provenzalischen »trobar clus« Vergleichbares zur Seite zu stellen wäre. In Form und Inhalt ist die Liedersammlung des Boiardo ein Meisterwerk an formalem Können und Sensibilität und wahrscheinlich das bedeutendste lyrische Werk unter den zahlreichen petrarkistischen Hervorbringungen des 15. Jahrhunderts.

Auffallend ist, daß Boiardo nach den *Amorum libri*, die er 1476 beendete, keine weitere Lyrik mehr schrieb; doch hat man zu bedenken, daß lyrische Impulse in die Stanzen seines großen Epos eingingen, das er zu diesem Zeitpunkt bereits begonnen hatte. Allerdings hat er sich später während des Kriegs mit Venedig (1482–1484) noch einmal dem bukolischen Genre zugewandt und zehn italienische Eklogen, die *Pastorali*, geschrieben, die politisch-gesellschaftlichen Themen (mit Bezügen zum Venezianischen Krieg), enkomiastischen Motiven oder aber dem alten bukolischen Thema der Liebe gewidmet sind. Seine Hauptbeschäftigung war jedoch seit etwa 1476 die Abfassung des *Orlando innamorato*. Ein erster wichtiger Arbeitsabschnitt fiel wahrscheinlich in die Jahre 1476–1478, als Boiardo im Palast zu Ferrara eine feste Funktion hatte und dort auch wohnte. Als jedoch Ercole d'Este am 1. September 1478 in den Krieg gegen Papst Sixtus IV. und den König von Neapel aufbrach, zog sich Boiardo, der kein Held war, auf sein Schloß in Scandiano zurück und heiratete im darauffolgenden Frühjahr Taddea Gonzaga di Novellara. Mitte 1480 wurde er von Ercole zum Regenten von Modena berufen, doch gab er dieses Amt im Januar 1483 auf, da er sich der Verwaltung seines Besitzes widmen wollte, der wie viele Ländereien und Städte der Estenser von Venedig bedroht war. Im Februar des gleichen Jahres erschienen in Reggio die ersten beiden Bücher seines *Orlando*. Die Abfassung des dritten Buches begann nach dem Friedensschluß mit Venedig im August 1484. 1485 begleitete er Ercole auf einer Reise nach Venedig. Im Januar 1487 wurde er zum Regenten von Reggio ernannt; kurz darauf erschien in Venedig eine weitere Ausgabe der ersten beiden Bücher des Epos. Zwischen höfischen Verpflichtungen, ungeliebten Regierungsgeschäften und der Arbeit an seinem Epos – die indes nur noch sehr langsam vorankam – verbrachte er seine letzten, auch durch Krankheiten, vor allem Rheuma, erschwerten Jahre. Er starb am 19. Dezember 1494 in Reggio und wurde in Scandiano begraben. Der Tod unterbrach seine Dichtung im neunten Gesang des dritten Buches, das im folgenden Jahr in Venedig erschien, zusammen mit einer von den Freunden des Dichters besorgten, leider verlorengegangenen Gesamtausgabe des Werkes.

> Signori e cavalier che ve adunati
> per odir cose dilettose e nove,
> stati attenti e quieti, et ascoltati
> la bella istoria che 'l mio canto muove;
> e vedereti i gesti smisurati,
> l'alta fatica e le mirabil prove
> che fece il franco Orlando per amore,
> nel tempo del re Carlo imperatore.

Mit traditioneller Topik und im höfischen Ton der mittelalterlichen Ritterepik eröffnet Boiardo seinen *Orlando innamorato*, dessen drei Stanzen umfassendes Exordium wesentliche Motive präludiert. Der Stoff entstammt dem Sagenkreis um Karl den Großen und seine Paladine, im Mittelpunkt der Handlung wird meistens Orlando stehen, das Hauptmotiv aber wird die Liebe sein, die selbst diesen stolzen, noch nie bezwungenen Recken überwinden wird ... Um dieses Ziel zu erreichen, bedient sich Amor der ebenso schönen wie zauberkundigen Angelica, Tochter des Kaisers von Cataio (China), die zu Pfingsten auf einem Hoffest des Kaisers in

Erscheinung tritt. Sie fordert die Ritter heraus, mit ihrem Bruder Argalia zu kämpfen: wer diesen besiege, solle sie selbst zum Lohn erhalten. Das möchten alle gerne; aber nachdem die unfehlbare Zauberlanze ihres Bruders vertauscht und dieser von dem Sarazenen Ferraguto getötet wurde, entflieht die Schöne, von zahlreichen Helden, am dichtesten aber von Orlando und Ranaldo verfolgt. Man gelangt im Ardennenwald zur Doppelquelle Merlins, deren getrennte Wasser Liebe oder Haß entfachen: Ranaldo trinkt aus dem zweiten Quell und verschmäht Angelica; diese aber trinkt aus dem anderen Wasserlauf und entbrennt in heftiger Liebe zu Ranaldo. Unter vielen Abenteuern flieht Angelica in ihre Heimatstadt Albracà, die von Agricane, einem weiteren Liebhaber, belagert wird. Als dieser dem Sieg nahe ist, macht sich Angelica mit Hilfe ihres Zauberrings unsichtbar und holt Orlando und andere Paladine zur Hilfe. Gemeinsam zieht man nach Albracà, wo Orlando in einem gewaltigen Duell Agricane tötet.

Im zweiten Buch treten den verschlungenen Abenteuern Orlandos noch diejenigen des Rugiero zur Seite, eines jungen Helden troianischer Herkunft und Ahnherr des künftigen Geschlechts derer von Este ... Handlungsort ist jetzt vor allem Paris, doch bleibt die Liebe das Hauptmotiv der Handlung. Die tragische Beziehung Angelicas zu dem sie verschmähenden Ranaldo findet eine überraschende und erheiternde Wende, indem Ranaldo nach einem Duell mit Rodamonte aus der Liebesquelle seinen Durst löscht und sofort in Liebe zu Angelica entbrennt, während diese aus dem anderen Quell trinkt und so ihre Liebe zu Ranaldo auslöscht. Schließlich streiten Orlando und Ranaldo erneut um Angelica. Erneut muß diese fliehen und wird von Karl in die Obhut des Herzogs Naimo gegeben: Sie soll dem Helden gehören, der am tapfersten gegen das Heer des herannahenden Agramante kämpfen wird. Die wenigen Gesänge des dritten Buchs sind gekennzeichnet durch die Einführung neuer und das Verschwinden bisher wichtiger Gestalten, wie z. B. der Angelica. Das christliche Heer wird besiegt und zieht sich nach Paris zurück. Rugiero und Bradamante, die Schwester Ranaldos, begegnen und verlieben sich ...

»Amor omnia vincit« ist das Motto dieses fröhlich, beschwingt und außerordentlich phantasiereich erzählenden Epos, das die Stoffe der Karolingerepik spielerisch mit denen des bretonischen Sagenkreises verbindet. Obwohl im Rahmen der gegebenen Stoffvorlagen ständig auf traditionellen Elementen aufbauend, variiert oder verwandelt Boiardo doch kunstvoll alle bekannten Szenen und Motive und bindet sich nie an eine bestimmte Quelle, wie es später selbst Ariosto ohne Skrupel tat. Während man so einerseits die phantasiereiche und bewegliche Darstellung des *Orlando* einmütig loben konnte, forderten jedoch andererseits die u. a. im Eklektizismus der Quellen und Vorbilder begründeten starken Schwankungen und Brüche im Stil des Epos schon früh die Kritik heraus. Tatsächlich gelang es Boiardo nicht, die etwa durch unterschiedliche Themen bedingten unterschiedlichen Stillagen in seinem Epos zu einem bruchlosen, harmonischen Gesamtstil zu verschmelzen, wie es später Ariosto in vollkommener Weise gelang. Boiardo benutzte mehrere Sprachstile bzw. Kodes nebeneinander: Einerseits übernimmt er das formelhafte, stereotype Vokabular, mit dem die alte Epik etwa ihre Damenportraits fertigte, oder ihre Beschreibungen von Waffen, Kämpfen und Turnieren bestritt, und folgt darüber hinaus selbst in der parataktischen Syntax und in der Metrik dem Stil der alten Tradition. Andererseits verwendet er, oft ohne Übergang oder im Inneren eines Gesangs, etwa bei der Beschreibung von Wundererscheinungen oder in Liebesszenen, eine elaborierte, phantasiereiche Sprache mit gefühlvollen, lyrischen Tönen, die einem anderen Buch, etwa den *Amorum libri* anzugehören scheinen, wie z. B. die folgenden Verse aus dem 19. Gesang des zweiten Buchs:

> Già me trovai di maggio una mattina
> intro un bel prato adorno d'ogni fiore,
> sopre ad un colle, a lato alla marina
> che tutta tremolava de splendore;
> e tra le rose di una verde spina
> una donzella cantava de amore,
> movendo sì soave la sua bocca
> che tal dolcezza ancor nel cor mi tocca.

Es sind vor allem diese beiden Sprachen, die volkstümlich gefärbte, formelhafte der traditionellen Epik und die preziöse, literarisch anspruchsvolle des Lyrikers, die im Epos zusammentreffen und Mißklänge erzeugen. Stilistisch unausgewogen wirkte ebenfalls der häufige abrupte Wechsel zwischen Szenen burlesker Komik und solchen der gefühlvollen Liebe, der ernsten Besinnung oder der Anteilnahme; auch an den zahlreichen Latinismen und Lombardismen nahm man Anstoß, was Francesco Berni (1497 bis 1535) veranlaßte, eine »gereinigte« Fassung des Werkes herzustellen, die bis ins 19. Jahrhundert hinein in Umlauf war. Die dergestalt in Stil und Vokabular spürbar werdenden Bruchlinien und Unebenheiten werden indes mehr als ausgeglichen durch einen dynamischen, das ganze Werk durchwaltenden und Einheit stiftenden Erzählrhythmus, der in meist raschem Szenenwechsel die farbige Vielfalt der erzählten ritterlich-magischen Welt vor Augen führt und im unbefangenen Zuhörer oder Leser Entzücken und

Begeisterung auslöst. Entzückt waren auch die Zuhörer Boiardos am Hof der Este, und es waren nicht zuletzt die traditionellen Passagen des Werkes im alten Epenstil, die besonderes Gefallen auslösten: Denn die Lektüre der alten Rittergeschichten in französischer oder franco-venezianischer Sprache (wie überhaupt die gesamte französische Literatur) stand damals am Hof hoch in Mode, so daß das gebildete Publikum im Epos Boiardos die einzelnen Episoden seiner Lieblingslektüren leicht wiedererkennen konnte. Was die Intentionen des Autors angeht, so bleibt festzuhalten, daß zumindest die ersten beiden Bücher des Werkes nicht nur unterhalten sollten, sondern darüber hinaus eine ethisch-moralische Zielsetzung verfolgten. Es kam Boiardo darauf an, die alten Ideale des Rittertums wie Tapferkeit, Treue, edle Gesinnung und Tugend seinem Publikum als Maßstäbe für eine notwendige Reform des gesellschaftlichen Lebens vor Augen zu halten. So liest man etwa in I, xxi, 3:

> Jeder, der das Böse nicht meidet obwohl er es könnte,
> wird zum Teilhaber eben dieses Bösen,
> und jeder geborene Edelmann
> ist aus Ritterlichkeit verpflichtet,
> ein Feind jeder Unehrenhaftigkeit zu sein
> und jede unmoralische Tat zu sühnen.
> …

Solche moralisierenden Einlassungen des Autors sind nicht selten; bei den verschiedensten Gelegenheiten ruft er die alten ritterlichen Tugenden »prodezza«, »gentilezza«, »virtute« (Tapferkeit, Edelmut, Tugend) auf und empfiehlt sie seinen Zeitgenossen als Verhaltensmuster eines erneuerten gesellschaftlichen Lebens. Die große treibende Kraft, die diese Tugenden ins Spiel bringt, ist bei Boiardo nicht mehr wie in den Karolingerepen der Glaubenskrieg gegen die Heiden, sondern die Liebe. Unter diesem Aspekt können die ersten beiden Bücher des Epos wie eine Weiterentwicklung der Ideen des »dolce stil novo« erscheinen, der ebenfalls die Liebe als eine das gesellschaftliche Leben sublimierende und kulturschaffende Kraft propagierte. Von diesem programmatisch-ideologischen Schwung ist jedoch im dritten Buch nichts mehr spürbar; selbst die Prologe der Gesänge, sonst bevorzugter Ort moralischer Einlassungen, handeln von anderem; und ebenso auffallend bleibt die Tatsache, daß die Abfassung jetzt kaum noch vorankam (in zehn Jahren nur neun Gesänge). Der Grund für das veränderte Verhalten des Dichters war mit ziemlicher Sicherheit der rasch einsetzende Geschmackswandel seines Zielpublikums: Etwa von der Mitte der achtziger Jahre an kamen die Rittergeschichten aus der Mode und das Publikum wandte sich auf breiter Front den klassischen Dichtungen der Antike zu. Ercole selbst interessierte sich für klassische Texte, so daß schon ab etwa 1486 das antike Theater, darunter auch die Komödien des Plautus und Terenz, am Hof in Mode kamen. Die Diskrepanz zwischen Autorintention und Publikumserwartung war somit der eigentliche Grund dafür, daß das Werk Fragment blieb. Schon als Boiardo der Vorabpublikation zweier Bücher zustimmte, hatte er wahrscheinlich seine Absicht aufgegeben, das Werk zu vollenden. So wie es vorliegt, ist es eine denkwürdige Synthese von ritterlicher Idealität und Lobpreis der Liebe, inszeniert im verschlungenen Handlungsspiel einer potenten Phantasie, die im Unterschied zu der Pulcis von einem Glauben an das Gute im Menschen geleitet wurde. Die Zeitgenossen spürten den Reiz dieser großen Dichtung, Autoren wie Ariosto und Tasso waren davon fasziniert und lasen sie als Vorschule und Inspirationsquelle ihres eigenen Dichtens. Der höfische Idealismus Boiardos, von den Zeitgenossen nicht voll gewürdigt, fand in Teilen der nachfolgenden Renaissancekultur, u. a. im *Cortegiano* des Baldassarre Castiglione, eine bedeutsame Wiederbelebung.

VIII. DIE LITERARISCHE PROSA

Trotz großer Bedrängnis durch das expandierende und mit kulturellem Prestige behaftete lateinische Schrifttum entwickelte sich die volkssprachliche Prosa im 15. Jahrhundert weiter zur führenden schriftlichen Verkehrssprache. Das Toskanische, genauer gesagt das Florentinische galt als korrektes und elegantes Vorbild des volkssprachlichen Ausdrucks, und das Primat dieses Dialekts hatte u.a. Lorenzo de' Medici geschickt für die Zwecke seiner politischen Propaganda (z. B. gegen die Visconti) genutzt und gefördert. Große Autoren wie Bruni, Alberti, Biondo und viele andere hatten mit unterschiedlichen Argumenten für das Volgare plädiert, und schon in den zwanziger Jahren des Jahrhunderts konnte Giovanni Gherardi in seinem *Paradiso degli Alberti* als einer unter vielen feststellen: »Die florentinische Sprache ist so geschliffen und so reich, daß sich jedes abstrakte und gewichtige Thema in ihr auf das klarste darstellen, abhandeln und diskutieren läßt.« Vor allem die Toskana brachte außerhalb des dichterischen Bereichs eine große Anzahl von volkssprachlichen Traktaten und Schriften bald moralisierenden, bald historiographischen, bald persönlichen Inhalts hervor, die – auch ohne literarische Ambitionen – die Ausdrucksfähigkeit dieses Idioms unter Beweis stellten. So etwa die staatsbürgerlichen, erziehungstheoretischen und moralisierenden Traktate des Giovanni Dominici (1356/57–1419), die Chronik des Buonaccorso Pitti (1354–1430), die *Istoria di Firenze dal 1380 al 1405* und das *Libro segreto* des Gregorio oder Goro Dati (1362–1435), der *Zibaldone quaresimale* des Giovanni Rucellai (1403–1481), die Erinnerungsbücher (*Libro dei ricordi* und *Ricordi*) des Bernardo Machiavelli (1428–1500) und des Giovanni di Pagolo Morelli (1371–1444), die zeit- und gesellschaftsgeschichtlich aufschlußreichen *Lettere* (73 an der Zahl) der Alessandra Macinghi Strozzi (1407–1470) und vieles andere mehr. Im Bereich der literarischen Prosa und der Erzählliteratur, die stark unter dem Einfluß von Boccaccio und Sacchetti standen, sind neben dem heterogenen Werk des Giovanni Gherardi da Prato und den Erzählungen des Gentile Sermini vor allem die Novellen des Masuccio Salernitano sowie die mit Novellen durchsetzten Predigten des Bernardino da Siena zu würdigen. In der zweiten Hälfte bringt das Quattrocento mit der *Arcadia* Sannazaros einen Höhepunkt der epischen Literatur und mit dem *Sogno di Polifilo* des Francesco Colonna das vielleicht geheimnisvollste und originellste Werk der Epoche hervor.

Ein ungewöhnliches, gattungstheoretisch nicht näher zu bestimmendes Werk stellt die dem Notar GIOVANNI GHERARDI DA PRATO (um 1367–ca.1445) zugeschriebene Prosa des *Paradiso degli Alberti* dar, die sich als ein Amalgam der unterschiedlichsten moralischen, gesellschaftlichen, psychologischen, politischen und philosophischen Themen darbietet, dazu auch humanistische, archäologische, religiöse Fragen diskutiert und eine Anzahl eingeschobener Novellen enthält. Das vielschichtige und heterogene Werk, dessen Autor seinen Interessen freien Lauf läßt, wird nur äußerlich zusammengehalten durch eine Boccaccio abgeschaute Rahmenhandlung, nach der eine Schar von gebildeten Bürgern und Humanisten, zu der auch bekannte Zeitgenossen wie Coluccio Salutati und Francesco Landini sowie ältere Gestalten wie Marsilio da Padua (gest. 1343) und Luigi Marsili (gest. 1394) gehören, an verschiedenen Orten, vor allem aber in der »Paradiso« genannten Villa des Florentiners Antonio degli Alberti, zusammenkommen, um in lockerer und freundschaftlicher Atmosphäre zu diskutieren. Das Werk ist nur in einer Handschrift ohne Titel überliefert; den jetzt eingeführten Titel erhielt das Werk von A. Wesselofsky, seinem ersten Herausgeber, mit Bezug auf die genannte Villa. Von dem Autor des Werkes wissen wir sehr wenig, außer daß er Notar war und ein großer Liebhaber Dantes, öffentliche Lesungen über die *Commedia* abhielt und in Florenz starb. Von ihm stammt noch ein allegorisches Gedicht *Philomena* und ein moralisch-allegorischer Traktat in der Volkssprache. Seine intensive, vielleicht auch ein wenig einseitige und pedantische Beschäftigung mit Dante war Zielscheibe zeitgenössischer Satire, so z.B. in der 13. Novelle des Gentile Sermini (dazu sogleich), wo der Notar als einer dargestellt wird, der wegen ständiger Dante-Lektüren seine Frau vernachlässigt, die schließlich im Zorn davonläuft. In seinem fünf Bücher umfassenden, kaum datierbaren, wohl zu Beginn des Jahrhunderts (nach anderen 1425/26) entstandenen Prosaamalgam präsentiert sich der Autor als vielseitig interessierter, bildungsbeflissener Bürger. Nachdem er im ersten Buch einleitend seine humanistischen Interessen, republikanischen Grundüberzeugungen und seine Liebe zum »mütterlichen Idiom« der Volkssprache hervorgehoben hat, erzählt er von einer visionären, auf Anweisung einer Engelsstimme unternommenen Reise, die ihn über Sizilien nach Zypern, der heiligen Insel der Venus führt. Dort erblickt er Abbildungen mit bedeutenden Beispielen der Liebe, des Heroismus und der Vaterlandsliebe, was für ihn Anlaß zu langen Meditationen ist, die ihn zu dem Entschluß bringen, sich der göttlichen Liebe zu widmen ... Die folgenden Bücher verbreiten sich über Mythologie und Magie, über Gutes und Böses im Menschen, über die beste Regierungsform, über Fragen der Moral und der Familie, über elterliche Liebe und Erziehung, über die Unsterblichkeit der Seele und vieles andere. Zwischendurch werden neun Novellen erzählt, die bekannteste davon die über den Averroisten und »Magier« Michael Scotus, der zuvor schon im *Novellino*, in Dantes *Inferno* und im *Decameron* Boccaccios (VIII,9) zu literarischen Ehren gekommen war. Das kurze und fragmentarische fünfte Buch bringt schließlich in geschichtlicher Perspektive und in der Haltung kommunalen Stolzes ein Lob auf die gegenwärtige Größe von Florenz dar. Der Stolz auf die erkämpften Freiheiten der Republik und das errungene bürgerliche Selbstbewußtsein, in Verbindung mit einem zuversichtlichen Menschenbild, der Bejahung der Freundschaft, des humanistischen Wissens und der Solidarität der Intellektuellen sind denn auch diejenigen ideologischen Grundwerte, die der inhaltlichen Promiskuität des Werkes eine notdürftige Einheit verleihen. Viel bedeutsamer als der künstlerische oder gedankliche Wert des Werkes ist sein Gewicht als geistesgeschichtliches Dokument, das den Augenblick im Übergang vom 14. zum 15. Jahrhundert widerspiegelt, in dem die autochtone, volkssprachliche Kultur der Toskana sich mit der neuen humanistischen verbindet.

Der Volkssprache verpflichtet und zugleich Ergebnis einer raffinierten Rede- und Sprachkunst waren die Predigten und Novellen des in Massa Marittima geborenen Franziskaners BERNARDINO DA SIENA (1388–1444), der 1402 in den Orden eintrat und im gleichen Jahr seine Tätigkeit als Prediger begann. Als solcher durchzog er viele Städte und Provinzen Italiens, sprach in Ferrara, Pavia, Padua, Mantua, Brescia, Cremona, Genua, Mailand, in Umbrien, in den Marche, in Ligurien und anderswo. Ab 1427 predigte er in Siena. Bernardino verfügte über eine umfangreiche Bildung und ausgedehnte Kenntnisse der theologischen, patristischen und mystischen Literatur; auch Petrarca und Boccaccio las er und bewunderte sie mit gewissen moralisch motivierten Einschränkungen. Hinzu trat eine in jungen Jahren empfangene solide juristische Grundausbildung, die ihm auch in gesellschaftlichen und ökonomischen Fragen ein kompetentes Urteil ermöglichte. Ab 1426 wurde er mehrfach wegen einiger polemischer Schriften der Häresie angeklagt und mehrfach freigesprochen. Seine Popularität als Prediger nahm ständig zu, doch erregte seine auf Ausgleich und Mäßigung bedachte Haltung oft Mißtrauen, auch bei seinen treusten Nachfolgern. Obwohl müde geworden und verbittert, widmete er sich auch in seinen letzten Jahren noch mit großer Hingabe seinem Predigeramt, das er als seine eigentliche Berufung erkannte. Immer angefochten und von Mißtrauen verfolgt, doch beim Papst (zuletzt bei Eugenius IV.) nach wie vor in hohem Ansehen stehend, starb er am 20. Mai 1444 in Aquila. Von ihm sind fünfundvierzig Predigten in der Volkssprache überliefert, und zwar durch den glücklichen Umstand, daß ein bescheidener Tuchscherer aus Siena, ein gewisser Benedetto, die Predigten nach Gehör sehr wortgetreu aufschrieb. Sie sind Zeugnis einer feurigen, oft dramatisch gesteigerten und aggressiven Beredsamkeit, die aus unverstellter realistischer Beobachtung und aus volksnahen, oft derben Sprachverwendungen ihre erregenden Effekte zieht. Sein Prinzip war es, wo er auch immer predigte, stets das Vokabular und die Redewendungen der von ihm angesprochenen Menschen zu gebrauchen; aus dieser aufmerksamen Hinwendung zum örtlichen Sprachgebrauch entstand das besondere Vertrauensverhältnis zwischen dem Prediger und der Masse seiner Zuhörer. Grundregeln seiner einfachen, doch wohldurchdachten Rhetorik waren Klarheit, Kürze und Schönheit des Ausdrucks, dazu der Gebrauch möglichst vertrauter umgangssprachlicher Redewendungen. Inhaltlich vermeiden seine Predigten theoretische Themen wie Kirche, Staat, Kirchenreform und ähnliches und wenden sich statt dessen konkreten Fragen des Alltags zu wie Ehe, Kindererziehung, Prostitution, Sodomie, Unehrlichkeit der Kaufleute, öffentliche Ordnung usw. Hinzu tritt leitmotivisch die Polemik gegen die Korruption der Kirche und die Verwahrlosung der Orden. Die Predigten verdeutlichen vor allem eine realistische, kompromißbereite Grundhaltung Bernardinos, die deutlich den Interessen des Bürgertums entgegenkommt. So verbindet sich bei ihm z.B. die traditionelle Verdammung des Wuchers mit einer positiven Bewertung des ehrbaren Handelsgeschäfts, des Gewinnstrebens und des Privatbesitzes, die als letztlich nützlich für die Gesamtgesellschaft eingeordnet werden. Auch die Versöhnung zwischen christlichem und humanistisch-klassizistischem Denken war Teil seiner ausgleichenden Haltung, die ihn teilweise auch humanistische und neuplatonische Lehren vertreten ließ. Als realistischer Erzähler von scharfer Beobachtung erweist sich Bernardino vor allem in den eingelegten Novellen, denen er ein gut Teil der ungewöhnlichen Wirkung seiner Predigten verdankte. So verdeutlichte er z. B. die Predigt über die Gerechtigkeit (Nr. XVII) mit der schönen Novelle von der Rechtsprechung des Löwen, der das unschuldige Lamm verurteilt und die Bösewichter wie Wolf und Fuchs frei ausgehen läßt. Mit seinen Beispiel-Novellen folgte Bernardino der Tradition der neutestamentlichen Parabeln und der patristischen Exempla-Literatur und stützte sich bei seiner Stoffsuche auch konkret auf bekannte Exemplasammlungen wie z. B. das *Alphabetum narrationum* des Jakob von Vitry (1180–1254) oder die des großen florentinischen Predigers Iacopo Passavanti, aber auch auf die Novellen des *Novellino*, des *Decameron* und anderer Erzählwerke. Mit seinem einfachen und höchst realistischen Erzählstil hat man Bernardino dem Verfasser des *Novellino* und Franco Sacchetti zur Seite gestellt.

Etwas ganz anderes war das Novellenerzählen für GENTILE SERMINI aus Siena, einen lange Zeit unbeachteten Autor, von dem man außer seinem Namen so gut wie nichts weiß. Aus einigen in seinem einzigen überlieferten Werk, den *Novelle*, enthaltenen Hinweisen kann man schließen, daß dieses im dritten Jahrzehnt des Jahrhunderts entstanden sein muß. Die immerhin vierzig Novellen werden unterbrochen durch einige Beschreibungen sowie durch einige Sonette und Kanzonen. Die grob und anspruchslos erzählten Texte enthalten im wesentlichen zotige Liebschaften, Geschichten von korrupten Klerikern und ländlichen Tölpeln. Spott auf Geistliche, Bauern und Frauen sind die wichtigsten Motive dieser Erzähltexte, die keinerlei gedankliche Tiefe aufweisen und nur durch überdurchschnittliche Grobheit und Obszönität auffallen; in sprachlich-lexikalischer Hinsicht ist das Werk ein interessantes Dokument des Toskanischen.

Von den weiteren Novellentexten der Epoche sei noch die *Novella del Grasso legnaiuolo* erwähnt, die dem Florentiner ANTONIO DI TUCCIO MANETTI (1423–1497) zugeschrieben wird, obwohl dessen Verfasserschaft bis heute nicht gesichert ist. Es handelt sich um die Geschichte eines Streiches, den Filippo Brunelleschi einem tüchtigen, aber naiven Handwerker namens Manetto, genannt Grasso, spielte und die u. a. das Motiv des Doppelgängers aufgreift. Der Mathematiker, Astronom, Architekt und Danteliebhaber Manetti gilt auch als Verfasser einer *Vita di Filippo di ser Brunelleschi,* der die genannte Novelle ursprünglich beigegeben war.

Im Hinblick auf die Hegemonie des Toskanischen in der volkssprachlichen Literatur kommt dem *Novellino* des Masuccio Salernitano ebenso wie der *Arcadia* des Sannazaro eine besondere Stellung zu, indem beide Werke den Eintritt eines anderen Dialektes, nämlich des Neapolitanischen, in die Geschichte der italienischen Literatur signalisieren. Beide Autoren stehen indes in der Nachfolge des Toskaners Boccaccio, der für die erzählende Prosa das war, was die lateinischen auctores für die Humanisten darstellten: der stets bewunderte, selten erreichte Maßstab höchster Vollkommenheit. Dabei war die Art der Orientierung der beiden Erzähler an Boccaccio eine grundsätzlich verschiedene: Während die Prosa Sannazaros sich mehr an den latinisierenden und klassizistisch-mythologisch getönten Jugendwerken des Meisters orientierte und sich eher in die Richtung einer Kunstprosa mit lyrischen, elegischen und idyllischen Momenten entwickelte, hatte Masuccio vor allem das *Decameron* vor Augen. Er lehnte sich formal und inhaltlich in einigen Punkten an das große Vorbild an, verharrte jedoch keineswegs in respektvoller Nachahmung, sondern entwickelte statt dessen eine ziemlich eigenständige, vor allem volkstümliche Erzählweise. Diese relative Eigenständigkeit Masuccios war Grund für die Kritik, sein Werk als den originellsten Beitrag der verbreiteten Boccaccio-Nachfolge des 15. Jahrhunderts anzusehen.

Tommaso Guardati, genannt MASUCCIO SALERNITANO oder Masuccio da Salerno (um 1410–1475), eine insgesamt widersprüchliche Erscheinung, wahrscheinlich in Sorrent geboren, in dessen Umgebung viele seiner Erzählungen spielen, studierte und lebte am aragonesischen Königshof in Neapel, wo er freundschaftliche Beziehungen zu den politisch Einflußreichen sowie den führenden Schriftstellern und Humanisten, darunter auch Beccadelli und Pontano, knüpfte. Er heiratete um 1440 die Edeldame Cristina de Pandis, stand später im Dienst der königlichen Kanzlei von Neapel und war ab 1463 Sekretär des Fürsten von Salerno, Roberto Sanseverino, bis zu dessen Tod (1474). Zeit seines Lebens war er dem aragonesischen Hause in großer Treue verbunden. Obwohl er im neapolitanischen Humanismus aufgewachsen war und Kontakt zu dessen führenden Vertretern hatte, verfügte Masuccio über keine tiefere humanistische Bildung und hatte, wie seine Prosa verdeutlicht, auch keine humanistischen Interessen. Um 1450 muß er sein *Novellino* begonnen haben, an dem er über zwei Jahrzehnte arbeitete; als er 1475 starb, war die Überarbeitung des Werkes noch nicht ganz abgeschlossen. Das Autograph des Werkes ging verloren; die erste Ausgabe von Del Tuppo (1476) konnte sich nur auf eine Abschrift stützen, ging indes ebenfalls verloren; erst die Mailänder Ausgabe von 1483 und spätere wurden überliefert. Daraus resultiert die überaus problematische Rekonstruktion des ursprünglichen Textes in seiner ohnehin sprachlich und stilistisch eigenwilligen und hybriden Form. Begonnen hatte Masuccio sein Erzählwerk zunächst als lockere Sammlung von Novellen, die in drei Teilen zusammengefaßt waren; erst später kam ihm die Idee eines strafferen Aufbaus, der sich am *Decameron* orientiert. Die fünfzig Novellen verteilen sich jetzt auf fünf Dekaden, deren jede wie bei Boccaccio unter ein besonderes Thema gestellt wird. Die erste Dekade prangert die scheußlichen Machenschaften und die Korruption des Klerus an (der in Reaktion darauf für das Verschwinden der Urschrift des Werkes sorgte); die zweite erzählt Streiche zu Lasten von Eifersüchtigen; die dritte tadelt die Laster der Frauen und ihre Triebhaftigkeit; die vierte bringt vermischte Geschichten traurigen und fröhlichen Inhalts; die fünfte und letzte schließlich Beispiele für edelmütiges Verhalten von Fürsten. Das gesamte Werk ist der Herzogin von Kalabrien, Ippolita Sforza Visconti von Aragón, die erste Novelle König Ferdinand I. von Aragón gewidmet. Die Texte werden stets in der gleichen Form dargeboten: Auf eine knappe Inhaltsangabe folgt die Widmung an eine bedeutende Persönlichkeit, die in einem »Exordium« angesprochen wird; darauf folgt die »Narrazione«, die eigentliche Erzählung, die der Autor abschließend in einem mit »Masuccio« überschriebenen Abschnitt kommentiert. Die Kommentare des Autors sind in ihrer Mehrzahl oberflächlich und zeugen nicht von sonderlichem Nachdenken über den erzählten Fall oder von tieferer menschlicher Anteilnahme. Dem Vorbild Boccaccios am nächsten kommt er hinsichtlich der thematischen Vielfalt seiner Novellen, die abenteuerliche, erotische, obszöne, sentimentale, komische und burleske, vor allem tragische und makabre Geschichten erzählen. Von letzteren Themen fühlt sich der Autor unübersehbar angezogen; so erzählt er z. B. im krudesten Realismus die Geschichte eines jungen Liebespaars (Novelle XXXI), das durch ein Unwetter in ein Heim mit Aussätzigen verschlagen wird, die zunächst den jungen Loisi töten, um sich dann voller Gier mit ihren vom Aussatz entstellten Körpern und Gesichtern auf die arme Martina zu stürzen ...; wirklich eine »denigrata novella« und »ein grausamer und unerhörter Fall«, wie der Autor selbst beteuert. Doch zeigen gerade solche und ähnliche »tragische« Geschichten, daß dem Autor die Fähigkeit abgeht, seine Stoffe psychologisch zu vertiefen, das Tragische überzeugend aufzubauen und menschlich interessant zu machen. Neben grausigen und grotesken Fällen sind vor allem Frauenhaß und Klerikerschelte weitere vom Autor bevorzugte Themen. Stilistisch hatte Masuccio offensichtlich den Ehrgeiz, den kunstvollen, hypotaktischen Periodenstil Boccaccios nachzuahmen, was ihm jedoch nur annähernd gelingt. Gleichzeitig versuchte er, seiner neapolitanischen Sprache durch Anpassungen an die toskanische Norm und an den höfisch-eleganten, latinisierenden Stil der Humanisten ein anspruchsvolleres literarisches Gepräge zu geben. Doch war das Ergebnis eine eher hybride Prosa, die sprachlich zwischen Dialekt, Latein und literarischem Volgare schwankt. Trotzdem ist Masuccio sicherlich der bedeutendste Vertreter des »humanistischen Realismus« und man konnte von ihm sagen, daß er, nach ersten Ansätzen bei Boccaccio, das Tragische in seinen scheußlichen und grotesken Aspekten in die italienische Literatur eingeführt habe. Doch ist andererseits die Kritik ziemlich einmütig der Meinung, daß Masuccio in den Novellen mit einfacher Komik die bessere Figur macht.

IACOBO SANNAZARO (1455–1530), in Neapel geboren, Sproß einer adligen, aus der Gegend um Pavia stammenden Familie, die sich um 1380 im Königreich Neapel niedergelassen hatte, war durch den frühen Tod des Vaters und wirtschaftliche Engpässe (die die Familie ernährende Alaunmine wurde ihr mehrfach enteignet) gemeinsam mit seinem jüngeren Bruder Marco Antonio eine nicht immer sorgenfreie Jugend beschieden. Aus wirtschaftlichen Gründen zog sich die Mutter Masella 1465 für einige Jahre mit der Familie auf ländliche Besitzungen in der Nähe von Salerno zurück, was für Iacobo ein weiteres Unglück mit sich brachte, nämlich die Trennung von seiner Spielgefährtin und ersten Liebe, der Adligen Carmosina di Andrea Bonifacio. Über die Erziehung des jungen Iacobo weiß man wenig, doch hat er mit Sicherheit eine gute humanistische, teils akademische, teils literarische Ausbildung empfangen. Seine ersten Lehrer waren der Grammatiker Lucio (Luca) Grasso und der Rhetoriker Iuniano Maio. Früh schrieb er lateinische Verse, darunter auch Distichen an seinen Lehrer Lucio Grasso; früh erwarb er sich Freundschaft und Wertschätzung der gelehrten Humanisten. Einer von ihnen, Gabriele Altilio, schrieb eine Elegie auf den Tod der Mutter Masella; darin wird Iacobo zum ersten Mal mit seinem humanistischen Namen »Actius Syncerus« genannt. Über die genaue Bedeutung dieses Namens ist viel gestritten worden; später wird sich der Dichter in seinem Epos *Arcadia* hinter dem Protagonisten »Azio Sincero« verbergen. Kein anderer als der große Pontanus war sein engster Freund, der ihm u. a. seine Schrift *De liberalitate* widmete. Früh wurde er in die »Accademia Pontana« und in die höfische Gesellschaft Alfons II. aufgenommen. Auf einer Liste der Höflinge aus dem Jahre 1481 erscheint er an zweiter Stelle hinter Pontanus. So war er bereits mit fünfundzwanzig Jahren eine anerkannte Persönlichkeit im Kreise der neapolitanischen Dichter und Humanisten, die ihn ob seines moralischen Lebenswandels, seiner hohen literarischen Begabung und seiner verfeinerten klassischen Bildung schätzten. Der unabhängige und stolze Dichter, dem jede Unterwürfigkeit

fremd war und der scharfe, ja bissige Epigramme gegen unwürdig agierende Kirchenfürsten schleuderte, war ein überaus treuer Anhänger seiner
aragonesischen Fürsten, in deren Dienst er stand und zu deren Ehren er
Kanzonen und Elegien dichtete. Nach Alfonso II., der 1495 abdankte und
dessen Sohn Ferdinand II., genannt Ferrandino (oder Ferrantino), der
schon 1496 starb, übernahm Federico die Regierungsgewalt, konnte jedoch
das Königreich gegen die französisch-spanische Allianz nicht halten. Als
Federico, der dem Dichter eine Villa in Mergellina geschenkt hatte, nach
Frankreich ins Exil ging, folgte ihm dieser nach und gewährte in aufrichtiger Ergebenheit dem Fürsten bis zu dessen Tod (1504) finanzielle Unterstützung. Nach seiner Rückkehr nach Neapel (1505) verschloß er sich in
stolzer Ablehnung den neuen spanischen Herren und verbrachte die letzten fünfundzwanzig Jahre seines Lebens in arbeitsreicher, ganz seinen
Dichtungen gewidmeter Zurückgezogenheit, die nur durch die Nähe der
Cassandra Marchese, einer alten ergebenen Freundin, aufgehellt wurde, in
deren Haus er 1530 starb.

Das große Epos, das den Ruhm des Dichters begründete, wurde schrittweise und mit wiederholten Überarbeitungen in verschiedenen Abschnitten seines Lebens verfaßt. Einige Teile, wie z. B. die Eklogen I, II, und VI
entstanden als Einzeldichtungen schon vor 1483; in den folgenden Jahren
bis 1485 entstanden große Teile des Werkes, das 1501, als der Dichter ins
französische Exil ging, im wesentlichen vollendet war. Eine erste unkor-
rekte und nichtautorisierte Ausgabe erschien in 1502 in Venedig, die vom
Autor besorgte editio princeps 1504 in Neapel. Die *Arcadia* ist ein Erzählwerk bukolisch-allegorischen Inhalts in der Form eines Prosimetrums, in
einer an Boccaccios *Ameto* erinnernden Mischform, in der zwölf Eklogen
mit ebensovielen Prosastücken wechseln, das Ganze eingerahmt von einem
Prolog und einem Epilog. Das Werk wurde als ein autobiographisch getön-
ter Hirtenroman konzipiert, der in elegischer Grundhaltung die Motive
der klassischen griechischen und lateinischen Bukolik, ebenso wie die der
pastoralen Dichtungen des Trecento aufgreift und in ungewöhnlicher stilistischer Konzentration und Verfeinerung zu einer einzigartigen arkadischen Idylle sublimiert, deren wesentliche Momente die feine Orchestrie-
rung der Stimmungen und die traumhafte Evokation von pastoralen
Bildern sind. Die äußere Handlung ist ereignisarm und dient lediglich als
Gerüst für die lyrisch-elegischen Stimmungsbilder: Der sich erst im siebten
Prosastück als Sincero vorstellende Protagonist ist verzweifelt über eine
unglückliche Liebe und wandert von Neapel nach Arkadien. Dort lernt er
die Lieder, Festlichkeiten und Gebräuche der Hirten kennen, die in natürlicher Umgebung dem Ideal des einfachen ländlichen Lebens huldigen.

Diese weltabgewandte Idylle Arkadiens ist erfüllt von den Seufzern liebender oder trauernder Hirten, hinter deren Namen sich oft Zeitgenossen oder Freunde verbergen; so steht etwa Meliseo für Pontano. Reihum bringen die arkadischen Gestalten ihre Gefühle zum Ausdruck: Bald besingen oder beklagen sie ihre Liebe, bald betrauern sie einen gestorbenen Freund, bald sehnen sie sich melancholisch nach dem Goldenen Zeitalter. Auf unterirdischen traumhaften Wegen kehrt Sincero schließlich nach Neapel zurück, wo er die Geliebte tot vorfindet, von weinenden Nymphen umgeben.

Wesentlich ist die mosaikartige Komposition des Ganzen in einzelnen Stimmungsbildern, Szenen und Beschreibungen, die durch ihren idyllischen und elegischen Grundton miteinander verbunden sind. Die einzelnen Tableaux sind dabei weniger der erregten Phantasie des Autors entsprungen als vielmehr seiner verfeinerten sprachlich-metrischen Kombinationsgabe, die den Stil des Werkes immer wieder in die Nähe der Manier rückt. Die einzelnen idyllischen Bilder sind von intensiver gefühlsstarker Wirkung, so etwa die Beschreibung der wunderschönen Amaranta im 8. Prosastück, die inmitten der Schar ihrer Gespielinnen über den blumenbesäten Rasen schlendert: »Ihre Lippen waren schöner als morgendlich erblühte Rosen, und jedesmal, wenn sie sprach oder lachte, zeigte sie ein wenig von ihren Zähnen, die so ungewöhnlich leuchtend waren, daß ich sie nur mit orientalischen Perlen hätte vergleichen können. Unter dem zarten, marmorweißen Hals sah ich an zartem Busen kleine und jugendliche Brüste …«. Oder die an Vergil und Petrarca sich emporrankende, neuplatonisch getönte Klage auf den toten Androgeo in der V. Ekloge:

Alma beata e bella,
che da' legami sciolta
nuda salisti nei superni chiostri,
ove con la tua stella
ti godi inseme accolta,
e lieta ivi, schernendo i pensier nostri,
quasi un bel sol ti mostri (…)

In solchen harmonisch-elegischen Stimmungen, gedämpften Akzenten und pietätvollen Evokationen, aufbereitet in gelehrten und stilistisch subtilen Nachahmungen der griechisch-lateinischen Bukolik, artikulierte sich die Haltung des Dichters, der als leidenschaftlicher, doch weltentsagender Priester der Musen die Geheimnisse von Kunst und Liebe verwaltet und die eigenen Ideale wie Reliquien in seiner Brust verwahrt. Dies alles, in Verbindung mit dem Anspruch der weltenthobenen Exklusivität aristokratischen Künstlertums und mit dem exquisiten, fein nuancierten sprachstilistischen Faltenwurf des Werkes traf genau den literarischen Geschmack der Humanisten und vieler Zeitgenossen. Die *Arcadia* hatte einen sofortigen, großen und langanhaltenden Erfolg. Über zwei Jahrhunderte lang war sie das große europäische Vorbild pastoralen, arkadischen Dichtens. Sie war Vorlage und Inspirationsquell für Tassos *Aminta*, für Guarinis *Pastor fido* und viele weitere europäische Dichtungen. Für Italien war die *Arcadia* eine Vorwegnahme von Geschmacksrichtungen und Haltungen des folgenden Jahrhunderts, setzte aber andererseits der totalen Politisierung des Lebens durch Machiavelli und Guicciardini die Vision der totalen Kunstwelt Arkadiens entgegen.

Neben dem großen Epos enstanden einige lateinische Werke, so die *Elegiae*, 24 Gedichte, die von den Verlegern, wahrscheinlich ohne letzte Kontrolle des Autors, in drei Büchern veröffentlicht wurden; sie sind alle seinen Lehrern, Freunden, Fürsten oder Mäzenen gewidmet. Darunter befindet sich als vielleicht schönstes Gedicht die von tiefer Inspiration getragene Meditation auf die Ruinen von Cumae (II,9). Ferner schrieb er 152 metrisch recht unterschiedliche, teilweise sehr polemische *Epigrammata* aus verschiedenen persönlichen oder zeitgeschichtlichen Anlässen, sowie ein synkretistisch heidnische und christliche Motive mischendes Gedicht auf die Geburt Christi, *De partu Virginis*. Die der Cassandra Marchese gewidmeten italienischen Dichtungen, immerhin 101 an der Zahl, wurden 1530 postum in einer nicht autorisierten Sammlung mit dem Titel *Rime* veröffentlicht. In ihnen versuchte Sannazaro vor allem die Themen von Petrarcas *Canzoniere* aufzugreifen. Der elegische Grundton ist die einzige Konstante in diesen thematisch vielfältigen Gedichten, von denen einige später Tasso und Leopardi beeindruckten. So steht Sannazaro mit seinen italienischen wie mit seinen lateinischen Dichtungen an der Schwelle zum Jahrhundert der Renaissance, in welchem der Klassizismus des 15. Jahrhunderts in manieristische Strömungen einzumünden beginnt und der Künstler vom engagierten Staatsbürger nach und nach zu einem dekorativen Element des höfischen Lebens wird.

1499 erschien in Venedig in der Druckerei des Aldo Minuzio einer der merkwürdigsten und originellsten Texte der zweiten Jahrhunderthälfte und zugleich ein Meisterwerk der Buchdruckerkunst, nämlich die in eleganten Schrifttypen gedruckte und mit schönen Xylographien eines Unbekannten illustrierte Ausgabe der *Hypnerotomachia Poliphili*, oft auch als *Sogno di Polifilo (Traum des Poliphilus)* zitiert. Das Werk kann nach langem Hin und Her jetzt wohl zweifelsfrei dem venezianischen Mönch FRANCESCO COLONNA (ca.1433–1527) zugeschrieben werden, dessen Namen auch in

267

einem aus den Initialen der 38 Kapitel des Werks gebildeten Akrostichon enthalten ist: »Poliam frater Franciscus Columna peramavit« (Bruder Francesco Colonna liebte eine Polia). Das um 1467 geschriebene und in zwei recht unterschiedliche Teile zerfallende Werk (der zweite davon früher entstanden und dürftiger, der erste später geschrieben und origineller) berichtet, wie sich Poliphilo im Traum in einer Wüste, dann in einem Wald verirrt, von wo er mit Hilfe schöner Nymphen von Traum zu Traum zur Königin Eleuterillide, und dann schließlich zur geliebten Polia gelangt. Gemeinsam mit dieser setzt nun Poliphilo seine Reise fort und gelangt ins Reich der Venus, wo Polia aufgefordert wird, die Geschichte ihrer Liebe zu erzählen. Der zweite Teil beginnt mit Polias Erzählung ihrer Liebe, in die verschiedene Episoden sowie zahlreiche Briefe der Liebenden eingeschoben sind. Der romanhafte Text endet mit dem Erwachen Poliphilos beim Gesang der Nachtigall.

Die Bedeutung des Werkes liegt nicht in der erzählten Geschichte, sondern in der Dokumentation eines wichtigen kultur- und bildungsgeschichtlichen Augenblicks, die in einer ungewöhnlichen Synthese unterschiedlichster kultureller, inhaltlicher und sprachlicher Elemente zustande kam. Colonna scheint sein Werk in allen seinen Schichten auf dem Prinzip der Kontamination aufgebaut zu haben; er verschmilzt aufs engste lateinische und volkssprachliche, mittelalterlich-allegorische und klassizistisch-humanistische Traditionen, heidnische Riten mit christlichen. In seiner Sprache mischt er griechische, lateinische und italienische Elemente auf ungewöhnlichste Art, z. B. durch die Verwendung lateinischer Wörter mit italienischen Endungen und umgekehrt. Viele seiner Seiten sind voll von detaillierten Beschreibungen klassischer und anderer Architekturen, Denkmäler und Sehenswürdigkeiten, wobei er vor allem auf eine präzise technische Terminologie achtet. Nicht nur die literarische, sondern die gesamte Kultur des Jahrhunderts scheint in dieses enzyklopädische Werk eingegangen zu sein, dessen verschlungene, oft hermetische Gedankenführung eine reiche Belesenheit, eine außergewöhnliche humanistische Bildung und eine gute Kenntnis der großen italienischen Autoren, nicht zuletzt aber auch ein sensibles sprachliches Interesse beim Autor voraussetzte: So entstand eine extravagante, sprachlich schwer zugängliche Kultursynthese persönlichster Prägung und von hermetischer und mystifizierender Grundtendenz.

Ebenfalls aus der Erzählliteratur der Epoche herausragend und in vielen Punkten mit dem Werk des Colonna vergleichbar ist ein anderes ungewöhnliches Prosawerk, das mit seinem Erscheinungsdatum bereits in das kommende Jahrhundert fällt, nämlich die 1508 in Parma erschienene romanhafte Prosaerzählung des IACOPO CAVICEO (1443–1511) mit dem Titel

Il libro del Peregrino, einer der ersten Romane der italienischen Literatur. Der Verfasser, ein Geistlicher aus Parma, in seiner mondänen und zügellosen Lebensführung Colonna nicht unähnlich, war zunächst Priester, dann als Notar tätig, dann wieder Priester und führte zwischendurch ein ungeregeltes Leben mit der Folge, daß er u. a. wegen eines Techtelmechtels mit einer Nonne und wegen Körperverletzung angeklagt wurde. Um dem Urteil zu entfliehen, ging er nach Venedig und dann in den Orient, wo er drei Jahre umherreiste. Auf diese Erlebnisse nimmt autobiographisch Bezug die merkwürdige Geschichte des Peregrino und seiner Liebe zu Genevera, in deren Verlauf der Protagonist fälschlich für einen Mörder gehalten und vor Gericht gestellt wird. Später klagt ihn sogar die Geliebte selbst des Sakrilegs an und gebietet ihm, zur Buße eine Pilgerfahrt zu den heiligen Stätten durchzuführen. Nun beginnt die lange Wanderung des Peregrino, die voll ist von denkwürdigen Abenteuern und Begegnungen und die auch einen Gang in die Hölle einschließt. Peregrino kann nach vielen Wirren seine Genevera heiraten, doch stirbt diese bald in den Wehen, und aus Schmerz über ihren Tod folgt er ihr ins Grab.

Das Werk fand außerordentlichen Anklang bei den Zeitgenossen, wurde in der ersten Hälfte des 16. Jahrhunderts etwa zwanzigmal aufgelegt und früh ins Spanische und Französische übersetzt. Ähnlich wie bei Colonna strömen auch in Caviceos Werk viele Traditionen zusammen. Seine Hauptquellen sind die Erzählliteratur des Trecento (vor allem die frühen Werke Boccaccios), die klassische und hellenistische Erzählliteratur und vielleicht auch der *Polifilo* des Colonna. Heterogenste Themen und Formen gingen in seine Prosa ein, Erzählungen, Traktathaftes, philosophische Dialoge, juristische Plädoyers, phantastische Abenteuer, dazwischen auch Gestalten und Ereignisse der Gegenwart. Die Sprache Caviceos ist gespickt mit Latinismen, ansonsten aber weniger kapriziös und extravagant als die Colonnas. In erkennbarer Weise ist Colonnas wie Caviceos Werk einer gleichgerichteten Grundintention verpflichtet, nämlich dem aus ihrer kulturgeschichtlichen Situation heraus geborenen Bedürfnis, zwischen der antik-klassischen und der autochthonen, volkssprachlichen Kultur eine lebensfähige und lesbare Synthese herzustellen.

DAS SECHZEHNTE JAHRHUNDERT (»CINQUECENTO«)

I. BLICK AUF DIE ZEIT

Das relative Gleichgewicht, das nach dem Frieden von Lodi (1454) zwischen den fünf Mittelstaaten Italiens: Mailand, Venedig, Florenz, Kirchenstaat und Neapel-Sizilien eingetreten war, wurde durch den Zug des französischen Königs Karl VIII. nach Italien aufgehoben, der als Erbe der Anjou Neapel beanspruchte. Sein Zug über die italienische Halbinsel nach Süden löste unabsehbare Folgen für ganz Italien aus. Der Marsch seines Heeres durch die Toskana verursachte u. a. die Vertreibung der Mediceer aus Florenz (1494). Im Februar 1495 zog er triumphierend in Neapel ein; doch sogleich bildete sich gegen ihn die »heilige« Liga zwischen Mailand, Venedig, dem Papst, Ferdinand und Isabella von Spanien und dem deutschen Kaiser. So wurde Italien erneut zum Schauplatz der Machtkämpfe und der Eroberungspolitik fremder Monarchen, eine Vision, die Boiardo vor Augen hatte, als er, beim Herannahen Karls VIII. seine literarische Arbeit unterbrechend, in der letzten Oktave seines Epos schrieb: »Während ich singe, o Gott und Erlöser/ sehe ich ganz Italien in Flammen und in Feuer/ verursacht durch die Gallier, die mit großer Kraft/ heranziehn, um das Land ringsum zu verwüsten ...« Nach Karls Tod beanspruchte sein Nachfolger Ludwig XII. nicht nur das Königreich beider Sizilien, sondern auch Mailand, wo er im Oktober 1499 feierlich einzog; gleichzeitig wurde auch Genua französisch. Cesare Borgia, der auf seine Kardinalswürde verzichtete, erhielt aus der Hand Ludwigs das französische Herzogtum von Valence; er unterwarf später für die Kirche die Romagna, Umbrien und Siena und erhielt einen Teil dieser Länder als Herzogtum. Nachdem die Franzosen bei Cerignola im April 1503 geschlagen worden waren, zogen im Mai die Spanier in Neapel ein. Im Dezember 1508 schloß Kaiser Maximilian mit Ludwig XII. in Cambrai eine Liga gegen Venedig, die letzte unabhängige Großmacht Oberitaliens, der auch der Papst Julius II., Spanien, England, Ungarn und kleinere Mächte Italiens beitraten. Venedig wurde 1509 bei Agnadello geschlagen und schloß 1510 Frieden mit Julius II. Vorübergehend wurden die alten Dynastien der Sforza und Medici in Mailand und Florenz wieder hergestellt; doch konnte Franz I. nach seinem Sieg über die Eidgenossen bei Marignano (1515) die französische Vormacht in

270

Italien erneut festigen. Erst unter Karl V. (1519–1556) wurden die Franzosen in langen, blutigen Kämpfen (darunter die Schlacht bei Pavia im Februar 1525, in der Franz I. gefangengenommen wurde) zurückgedrängt. Im Verlauf verheerender Kriegszüge kam es im Mai 1527 auch zur Plünderung Roms durch kaiserliche Landsknechte, dem »Sacco di Roma«. Im August 1529 schlossen Franz I. und der Kaiser den Frieden von Cambrai, auch »Damenfrieden« genannt (weil Luise von Savoyen und Margarete von Österreich unterzeichneten), in dem Frankreich auf Mailand und Neapel verzichten mußte. Am 22. Februar 1530 wurde Karl V. in Bologna durch Klemens VII. zum König Italiens, zwei Tage später zum Kaiser gekrönt. Wenige Monate später, im August, mußte sich auch die letzte unabhängige Macht Italiens, die Republik Florenz, nach Niederlage und Tod ihres tapferen Feldherrn Francesco Ferrucci, den Kaiserlichen ergeben. Damit war ganz Italien in fremder Hand. Langanhaltende Auseinandersetzungen zwischen dem französischen Königshaus und der spanisch-habsburgischen Monarchie beendete schließlich der Frieden von Cateau-Cambrésis im April 1559, der Philipp II. die Lombardei, Neapel, Sizilien und Sardinien zusprach und damit eine anderthalb Jahrhunderte während Vorherrschaft Spaniens in Italien begründete. Italien versank nun in einem Zustand politischer Passivität und Ohnmacht. Von größter Bedeutung für das ganze Abendland war der Kampf gegen die ständig wachsende Bedrohung durch die Türken, der zunächst hauptsächlich Venedig ausgesetzt war. Auch der Sieg bei Lepanto (1565) brachte kein Ende, sondern lediglich eine Verzögerung der türkischen Expansion, welche Europa ständig in Atem hielt und wiederholt zur Belagerung Wiens (die erste 1529, die zweite 1683) führte. Folgenschwer, auf politischem Gebiet und auch für Italien, waren Luthers Thesen an der Schloßkirche zu Wittenberg (1517), die das Zeitalter der Reformation einleiteten und in Italien die restaurierende Reaktion der römischen Kirche, die sogenannte Gegenreformation, auslösten. Wichtigste Maßnahmen der Kurie waren die Gründung der römischen Inquisition bzw. der »Congregazione del Santo Uffizio« durch Paul III. im Jahre 1542 und das Konzil zu Trient (1545–1563), das den Autoritätsanspruch der römischen Kirche zementierte und die Ketzer – seien es Lutheraner, Hexen, Juden, Sodomiten oder Freidenker – einer straff organisierten unerbittlichen Verfolgung (vor allem in Italien) aussetzte. Gerade diese Maßnahme hatte für die Intellektuellen und Künstler Italiens einschneidende Folgen, und brachte nicht wenige von ihnen in der zweiten Hälfte des Jahrhunderts in Bedrängnis oder, wie Giordano Bruno, auf den Scheiterhaufen (1600). Unabhängige geistige oder kulturelle Aktivitäten wurden zum Risiko. Die in das Jahrhundert hineinlaufenden humanistischen Erneuerungstendenzen verloren dadurch ihren innovativen Schwung; weite Kreise der Intellektuellen waren zu Stillstand und Unterordnung verdammt. Eine strenge Zensur und der *Index librorum prohibitorum* wirkten sich lähmend auf den wissenschaftlichen, kulturellen und literarischen Bereich aus.

Jacob Burckhardt und andere feierten die Epoche der Renaissance als Geburtsstunde des modernen Menschen, als Entstehung des selbstbewußten, kraftvollen Individuums, das sich in höchsten Kunstleistungen verwirklicht oder als aktiver Protagonist in den Gang der Geschichte eingreift. Von Johan Huizinga stammt die Bemerkung, daß der Liebhaber vergangener Schönheit beim Klang des Wortes »Renaissance« Purpur und Gold sehe. Zu beachten bleibt, daß die Epoche hoher künstlerischer Entfaltung eine relativ kurze blieb in einem Jahrhundert, das nicht nur aus Purpur und Gold, sondern aus Licht, Blut und Schatten gewebt war. In seinem geistesund kunstgeschichtlichen Verlauf läßt es sich vielleicht in drei Hauptperioden einteilen. Die erste reicht vom Italienfeldzug Karls VIII. bis zur Krönung Karls V. und beinhaltet die Blüte der Renaissance-Kunst, die der Maler, Baumeister und Kunstschriftsteller Giorgio Vasari (1511–1574) im Werk Leonardos eingeleitet, in Raffael auf ihrem Höhepunkt und mit Michelangelo abgeschlossen sah. In diese Periode, die in den dreißiger Jahren ausklang, fiel mit Machiavelli, Ariosto, Castiglione, Bembo und anderen auch das Goldene Zeitalter der Renaissanceliteratur. Die folgenden dreißig Jahre von der Krönung Karls V. bis zum Ende des Tridentinums waren gekennzeichnet durch politische und ideologische Ohnmacht einerseits und religiöse Erneuerungstendenzen andererseits, die durch Luther, Calvin und Erasmus ausgelöst wurden. Durch das Zusammenfließen vieler regionaler Tendenzen und Aktivitäten entstand, verstärkt durch den jetzt endgültigen Sieg der Volkssprache und durch eine nach Einführung der Druckereikunst sich rasch ausweitende Buchproduktion, das Bewußtsein einer gemeinsamen nationalen Literatur. Zum traditionell männlichen Literaturbetrieb trat im Rahmen der höfischen Kultur eine umfangreiche Frauenliteratur, und zu den Lesern ein immer zahlreicheres Theaterpublikum, dem eine vielfältige Bühnenkunst angeboten wurde; damit wurde die herkömmliche Kulturszene beträchtlich erweitert. Die dritte Periode vom Konzil zu Trient bis zum Jahrhundertende war gekennzeichnet durch die Restaurierung klassizistischer und und traditioneller Elemente auf der Grundlage der kirchlichen Orthodoxie, unter deren Normen und Vorschriften der Kunstund Kulturbetrieb erstarrte, sich teilweise auch ins Ausland verlagerte. Die sich der kirchlichen Zensur unterwerfenden Schriftsteller traten in immer stärkeren Kontrast zu den Erkenntnissen der rasch expandierenden Naturwissenschaften einerseits und zu der emanzipierten, hedonistischen Haltung vieler Intellektueller andererseits, die sich die Motive der Gegenreformation nicht zu eigen machen konnten. Der sich zuspitzende Konflikt zwischen Liberalismus und Orthodoxie, zwischen Hedonismus und Moralismus kennzeichnete diese Periode der ausklingenden Renaissance und fand in der Figur des Torquato Tasso seinen vielleicht relevantesten Ausdruck.

II. DAS POLITISCHE DENKEN: MACHIAVELLI UND GUICCIARDINI

Das politische Denken der Renaissance und nachfolgender Jahrhunderte wurde nachhaltig geprägt durch die Schriften zweier befreundeter Männer, die im gleichen geschichtlichen Augenblick lebten und durch vergleichbare diplomatische und politische Tätigkeiten konkrete und insgesamt analoge Erfahrungen sammelten. Die sich in vielen Punkten berührenden politischen Konzeptionen des Niccolò Machiavelli und des Francesco Guicciardini haben ihre gemeinsame Grundlage in einem ausgeprägten, toskanische Traditionen aufgreifenden Realismus, der sich wie schon bei Dante und Boccaccio auf die scharfe Beobachtung und die sensible Erfahrung aller, auch der intimen Bereiche des menschlichen Lebens stützt. Beide Schriftsteller sehen die Menschen illusionslos und pessimistisch in den engen, unüberschreitbaren Grenzen ihres Egoismus; beide stellen über die unfähige Masse die Gestalt des autonomen Fürsten, der in einer Konzentration von Wille und Kraft die Geschichte zu seinen Gunsten zu lenken sucht und in zynischer und opportunistischer Anwendung aller Mittel seine Macht ausbaut. Aber während Machiavellis statisches und deterministisches Weltbild die Geschichte als eine fast mechanische, endlose Aufeinanderfolge von Machterwerb und Machtzerfall, von Aufstieg und Niedergang interpretiert und daher auch in raschem Zugriff die ewigen Gesetze geschichtlichen Handelns ausmachen zu können glaubt, entwickelt Guicciardini ein wesentlich komplexeres und flexibleres Geschichtsbild, welches universale Gesetze verwirft, die Geschichte als eine Entwicklung immer neuer Konstellationen interpretiert und diese stets Fall für Fall gesondert bewertet, um nicht zuletzt auch der Psychologie der Handelnden eine erhöhte Aufmerksamkeit zu schenken.

NICCOLÒ MACHIAVELLI (1469-1527) wurde in Florenz als Sohn der Bartolomea de' Nelli, vielleicht Autorin religiöser Lyrik, und des Bernardo Machiavelli geboren, der ein angesehener Notar war. Aus dessen Erinnerungsbuch, dem *Libro di ricordi*, stammen die meisten der wenigen Kenntnisse, die man über die Jugend Machiavellis bis zum Jahre 1498 hat. Niccolò wuchs in Florenz in einer kulturell aufgeschlossenen Familie auf und erhielt eine gute Ausbildung, die jedoch das Griechische nicht einschloß und ihren Schwerpunkt in der lateinischen Klassik hatte. Aus dem Fund einer von dem jungen Niccolò verfaßten Abschrift von Lukrez' *De natura rerum* und aus anderen Hinweisen hat man auf eine frühe Hinwendung zur epikureischen und materialistischen Kultur der Antike schließen wollen. Fest steht, daß er dem spiritualistischen und intoleranten Treiben Savonarolas abgeneigt war; in einem Brief vom März 1498 an den florentinischen Botschafter in Rom, Ricciardo Becchi, verspottete er das Prophetentum des Mönchs, dem er Opportunismus und klerikale Heuchelei unterstellte. Nach der Verbrennung Savonarolas wird Machiavelli im Juni 1498 im Zuge der politischen Neuordnung zum Leiter des zweiten Sekretariats der Stadt ernannt. Damit beginnt seine öffentliche und politische Laufbahn im Dienste der Stadt, die ihm im Laufe der folgenden Jahre eine Reihe meist kleinerer und schlecht bezahlter Ämter, Dienstleistungen, Gesandtschaften (darunter auch solche an den französischen König Ludwig XII.) sowie militärische Aufgaben (u. a. Kriegsführung gegen Pisa) überträgt, die ihm dank seiner scharfen Beobachtungsgabe eine genaue Kenntnis der politischen und diplomatischen Prozeduren seiner Zeit einbringen. Im Herbst 1501 heiratete er Marietta di Luigi Corsini, mit der er vier Söhne und zwei Töchter hatte. Im Dezember 1507 wurde er nach Tirol zu Verhandlungen mit Kaiser Maximilian gesandt, 1508 rekrutierte er Truppen und führte sie gegen Pisa ins Feld, im November 1509 reiste er nach Mantua, um einen Teil des Tributs der Stadt an den Kaiser zu überbringen, im Juli war er in Blois bei Ludwig XII., und so ging es im Dienste der Stadt weiter bis zum Jahre 1512, als nach dem Sturz der Regierung Pier Soderinis die Mediceer in die Stadt zurückkehrten: Machiavelli wurde seiner Ämter enthoben, in die Provinz verbannt und zur Zahlung einer beträchtlichen Kaution verurteilt. Ja es kam noch schlimmer für ihn: Im Februar des folgenden Jahres machte er die böse Erfahrung einer vierzehntägigen Gefängnishaft mit Folter, weil man ihn der Teilhabe an der von Pier Paolo Boscoli geplanten antimediceischen Verschwörung verdächtigte. Mit Galgenhumor machte er sich im Kerker durch einige an Giuliano de' Medici gerichtete Sonette Luft und zog sich dann auf das großväterliche Anwesen in Sant' Andrea in Percussina, nahe San Casciano, zurück. Erst 1519 zogen ihn die Mediceer wieder ins Vertrauen und übertrugen ihm kleinere Aufgaben, was für ihn jedoch einem Wiedereintritt ins bürgerliche Leben gleichkam. Unter anderem beauftragten ihn die Mediceer mit der Abfassung einer

Chronik von Florenz, woraus die berühmten *Istorie fiorentine* entstanden, die er 1525 Giulio de' Medici widmete, der inzwischen Papst Klemens VII. geworden war. In den acht Jahren des Exils schrieb er seine Meisterwerke: den *Principe*, die *Discorsi* über die erste Dekade des Titus Livius und die Komödie *Mandragola*, daneben eine Reihe kleinerer Werke. Enttäuscht war er über den kühlen Empfang, der ihm zuteil wurde, als er, wahrscheinlich 1515, Lorenzo seinen Traktat über den Fürsten überreichte. Nach seiner Rehabilitierung blieb er ununterbrochen im Dienst der Stadt und arbeitete dabei auch, vor allem in den letzten drei Jahren seines Lebens, mit Guicciardini zusammen. 1526 wird er beauftragt, die Mauern von Florenz zu inspizieren und gegen einen kaiserlichen Angriff herzurichten. Wahrscheinlich in Civitavecchia, wo er die Flottenmanöver des Andrea Doria beobachtete, erreichte ihn im Mai 1527 die Nachricht vom Sturz der Mediceer. Ihm blieb die schmerzliche Erfahrung nicht erspart, sich durch die neue, republikanische Regierung nochmals vom öffentlichen Leben ausgeschlossen zu sehen, da er nun als Intimus der Mediceer galt. Unzufrieden mit seinem Schicksal, vereinsamt und in großer Armut starb »Machia«, wie er sich von seinen Freunden nennen ließ, kurz darauf am 21. 6. 1527.

Schon während seiner politischen und diplomatischen Tätigkeit für die Republik verfaßte Machiavelli eine Reihe kleinerer Schriften, die seine hervorragende Begabung zu nüchterner und unvoreingenommener Beobachtung unter Beweis stellten. Hierzu zählt die 1503 verfaßte, ungerührt schildernde *Beschreibung der Art und Weise, mit der der Herzog von Valentino Vitellozzo Vitelli, Oliverotto da Fermo, den Herrn Pagolo und den Herzog von Gravina Orsini hinmetzeln ließ*, ein ebenso kalter wie detaillierter Bericht über die Grausamkeit, mit der Cesare Borgia im Dezember 1502 seine Gegner (darunter Paolo und Francesco Orsini) beseitigte. Ferner schrieb er Berichte über Deutschland und Frankreich, darunter ein *Ritratto delle cose della Magna*, (1512), ein Porträt des deutschen Wesens, und die *Ritratti delle cose di Francia* (1510), ein ähnliches Porträt Frankreichs; Berichte, in denen viele scharf beobachtete Eigenarten, Schwächen und Vorzüge der beiden Nationen unverhüllt dargestellt werden. All diese Beobachtungen und Erfahrungen gingen in seine späteren Werke ein.

In seinem wichtigsten Werk, dem staatstheoretischen Traktat *Il Principe* (der ursprüngliche lateinische Titel lautete *De principatibus*), behandelte Machiavelli auf eine unerhört neue und realistische Weise die Grundlagen des Staates und der Regierung, mit besonderer Berücksichtigung der Stellung des Fürsten. Die ersten neun der insgesamt 26 Kapitel des Traktats untersuchen die Entstehung und den Erhalt der Staaten, welche in drei Kategorien eingeteilt werden: Es gibt entweder ererbte, oder »gemischte«, d. h.

275

aus ererbten und neu dazugewonnenen Elementen zusammengesetzte oder aber neu geschaffene Fürstentümer. Den letzteren gilt das besondere Interesse des Autors, der hier u. a. das Beispiel Francesco Sforzas und Cesare Borgias vor Augen hat. Das zehnte Kapitel beschäftigt sich mit der Verteidigung der Staaten im Falle eines gegnerischen Angriffs; das elfte mit dem Kirchenstaat, zu dessen Erhalt es weder der Tapferkeit noch des Glückes bedarf, weil er auf religiöser Tradition beruht. Kapitel 12–14 handeln von Struktur und Funktion der Heere, Söldnerscharen und Hilfstruppen. Die Kapitel 15–24 enthalten den wichtigsten und zugleich revolutionärsten Teil der Untersuchung und analysieren in illusionslosem Realismus das Verhalten des Fürsten und die Regeln der Regierungskunst. Das 25. Kapitel beschäftigt sich mit der Rolle Fortunas in der Politik; und das letzte schließlich ermahnt Lorenzo de' Medici, die Geschicke Italiens in seine Hand zu nehmen und das Land von den Ausländern zu befreien; es schließt mit dem Zitat von Versen aus Petrarcas *Italia mia*.

Die Untersuchung Machiavellis, die die moderne Wissenschaft von der Politik begründete, ging von der Grundüberzeugung aus, daß derjenige, der die Realität verändern will, deren Gesetze kennen muß. Folglich gilt es, die Wahrheit zu erforschen, »sich an die tatsächliche Gestalt der Dinge zu halten« und nicht an ein »Phantasiebild«. Zu Beginn des 15. Kapitels unterstreicht Machiavelli, daß er sich gerade in bezug auf den Fürsten und seine Regierung weit von früheren staatstheoretischen Konzeptionen entferne und fährt dann fort: »Viele haben sich Republiken und Fürstentümer ausgemalt, von deren Existenz man nie etwas gesehen oder glaubhaft vernommen hat. Denn zwischen dem Leben, wie es ist und dem, wie es sein sollte, klafft ein so gewaltiger Unterschied, daß wer das, was man tut, aufgibt für das, was man tun sollte, eher seinen Untergang als seine Erhaltung bewirkt: denn ein Mensch, der immer nur das Gute tun wollte, muß zugrunde gehen unter so vielen, die nicht gut sind. Darum ist es notwendig für einen Fürsten, der sich behaupten will, zu lernen, auch nicht gut zu sein, und das Gute zu tun und zu lassen wie es die Notwendigkeit erfordert. Ich lasse also die Phantasien über die Fürsten beiseite und rede nur von dem Tatsächlichen ...«. Um sich in der gegebenen Realität behaupten zu können, muß der Fürst vor allem drei Dinge kennen: Struktur und Machtverhältnisse der bestehenden Staaten, um diesen gegebenenfalls wirksam entgegentreten zu können; genaue Kenntnis der Natur der Menschen, die ausschließlich durch die Befriedigung egoistischer Triebe gekennzeichnet ist; und die Taten und Wirkungen der großen Persönlichkeiten, aus deren exemplarischem Verhalten der Fürst in bezug auf eigenes und fremdes Handeln Maßstäbe und Modelle gewinnen kann. Dem extremen Pessimismus

Machiavellis in bezug auf die Menschen im allgemeinen und die politische Situation Italiens im besonderen steht der Optimismus in bezug auf die Willensleistung einzelner Individuen gegenüber: Auch in dem schmalen Spielraum, den die politischen Realitäten bieten, kann der Fürst durch Klugheit, Kraft und Erfahrung und unter Ausnutzung sich bietender Gelegenheiten seine Macht erhalten und ausbauen. Insoweit kann der *Principe* zunächst wie eine Bestätigung und Krönung des renaissancehaften Glaubens an das Individuum gelesen werden. Doch hat man zu bedenken, daß in der nüchternen realpolitischen Analyse Machiavellis das große Individuum kein Endziel darstellt, nie als Selbstwert gepriesen oder gar verherrlicht wird, sondern lediglich als politische kreative Instanz auf dem Wege zu einem ganzheitlichen, geordneten und unabhängigen Staatswesen konzipiert ist, in dem dann gesellschaftliches Leben möglich ist.

Unter diesem Aspekt bietet sich der *Principe* (und das gesamte Denken Machiavellis) auch als eine schroffe und rückhaltlose Kritik der Renaissancekultur dar, die mit all ihrem höfischen Glanz und ihrem Kult großer Persönlichkeiten nicht imstande war, die politischen Verhältnisse der Halbinsel zu ordnen und stabile Voraussetzungen für das gesellschaftliche Leben zu schaffen. In diesem Sinne kann auch der berühmte Schluß des Werkes mit der Aufforderung an den »Erlöser«, Italien vom »Gestank« der Barbaren zu befreien und ihm Einigkeit und Würde zu verleihen, kaum hoch genug bewertet werden: Das Herbeisehnen der Einheit und Freiheit Italiens ist das drängende, emotionale Grundmotiv, das den einzelnen Analysen des Traktats ihre innere Einheit und der trockenen Prosa Machiavellis ihren bitteren und sarkastischen Biß verleiht. Seine grundlegende, elementarische Wissenschaft vom politischen Handeln ist keiner Lehre, sondern nur der Wahrheit verpflichtet und damit ebenso konkret wie unideologisch und unkonventionell. »Die meisten Menschen sind so simpel und gehorchen so sehr augenblicklichen Notwendigkeiten, daß derjenige, der auf Betrug aus ist, immer jemand findet, der sich betrügen läßt.« – »Das Volk wünscht, von den Machthabern nicht befehligt und unterdrückt zu werden; und die Machthaber wünschen, das Volk zu befehligen und zu unterdrücken.« – »Es ist viel sicherer (für den Fürsten), gefürchtet als geliebt zu werden, da die Menschen leichter jemand kränken, der Liebe erweckt, als jemanden, der Furcht erregt.« – »Jeder sieht, was du scheinst, nur wenige sehen, wer du wirklich bist«. Dies sind einzelne Sätze einer ernüchternden Lektion an Realismus, deren schockierende Wirkung damals wie heute auf der Einsicht beruht, daß sich hinter den spröden Sätzen Machiavellis erfahrene und erfahrbare Realitäten und zeitlos gültige Wahrheiten politischen Handelns auftun. Im Mittelpunkt des finsteren Menschen- und

Geschichtsbilds, das keine Entwicklung, keinen humanistischen Optimismus und keine Erlösung kennt, steht das furchterregende Porträt des Fürsten als Inbegriff der politischen Macht, eine paradoxe, ans Pathologische grenzende Synthese von Mut und Verschlagenheit, von Sein und Schein, von Energie und Grausamkeit.

Der *Principe* wurde 1513 innerhalb weniger Monate geschrieben. Etwa gleichzeitig begann Machiavelli mit der Abfassung eines geschichtstheoretischen Traktats über die erste Dekade des Titus Livius, den *Discorsi sopra la prima deca di Tito Livio*, der 1517 fertiggestellt wurde. Das erste Buch dieser Schrift kommentierte in sechzig Kapiteln die von Livius dargestellte Geschichte der Römischen Republik, ihre innenpolitischen Auseinandersetzungen, ihren Freiheitsbegriff usw. Das zweite und dritte Buch mit 33 respektive 59 Kapiteln untersuchte in bezug auf den römischen Staat die Gründe für Krieg und Frieden, die Eroberungen und Kriegszüge, die Feldherren und Armeen und den Status der Bürger im Staatswesen. Viele der Grundideen der Schrift stimmen mehr oder weniger mit denen des *Principe* überein; doch entwickelte der Autor in bezug auf die politischen Gegebenheiten des antiken Rom ein wesentlich milderes, flexibleres Urteil. Bis zu einem gewissen Grade ordnete sich die Schrift in das Reformprogramm der Humanisten ein, indem sie nämlich die großen Ereignisse und Persönlichkeiten der Geschichte optimistisch interpretierte und als Erfahrungsbeispiele für die Verbesserung der gegenwärtigen Verhältnisse vor Augen rückte. In ihrer Ausrichtung auf einen idealen Staat und in ihrem grundsätzlichen Vertrauen in die Politik entwickelte die Schrift, deren inneres Motiv ebenfalls die Überwindung des politischen Ruins Italiens ist, durchaus optimistische Züge. Allerdings ist das Niveau der einzelnen Kapitel, insbesondere der des dritten Buches, sehr unterschiedlich, und an vielen Stellen verliert sich der Autor in Details oder ins Anekdotenhafte. Eines der gehaltvollsten Kapitel ist das erste des dritten Buches mit der Überschrift: »Wenn man eine Vereinigung oder eine Republik lange am Leben erhalten will, ist es notwendig, sie öfters auf ihren Anfangszustand zurückzuführen«: Danach muß jedem Staatswesen, das lebenskräftig sein soll, von Zeit zu Zeit die Kraft und Reinheit zurückgegeben werden, die ihm in seiner Entstehungsstunde zur ersten Entfaltung seiner Macht und Größe verhalfen.

Das Thema des Niedergangs der Staaten kehrte wieder in dem wahrscheinlich zwischen 1516 und 1517 verfaßten satirisch-allegorischen Terzinengedicht *L' Asino,* das sich an dem *Goldenen Esel* des Apuleius und (parodierend) an der *Commedia* Dantes anlehnte, in seinen heterogenen Motiven jedoch mißlang und auch unvollendet blieb. Angeregt von den gelehrten Gesprächen und Diskussionen in den *Orti Oricellari*, den Gärten des Palazzo Rocellai, konzipierte Machiavelli wahrscheinlich um die gleiche Zeit die (von einigen auch auf 1524/25 datierte) Schrift *Discorso o dialogo intorno alla nostra lingua*, mit der er sich in die bereits seit dem Trecento geführte Diskussion um die Sprache (*Questione della lingua*; vgl. dazu S. 311 ff.) einschaltete. Dabei interessiert Machiavelli allerdings nicht mehr die Rivalität zwischen Latein und Volgare, die durch den Sieg des Volgare aufgehoben war, sondern die Frage nach der am besten geeigneten Volkssprache Italiens. In heftiger Polemik gegen Dante wies er dessen Vorschlag einer aus den verschiedenen Dialekten gebildeten höfischen Sprache zurück und postulierte statt dessen das Florentinische als Nationalsprache der Italiener.

Neben einer Übersetzung der *Andria* des Terenz und einer schwankhaften Novelle misogynen Inhalts mit dem Titel *Belfagor arcidiavolo* oder *Il demonio che prese moglie*, oft auch als *Favola* zitiert, verfaßte Machiavelli eine der besten Komödien der italienischen Literatur, die *Mandragola*, die im Frühjahr 1518 entstand. Die fünf Akte des übersichtlich und linear aufgebauten, schwungvollen Lustspiels, das sich (wie alle Komödien der Zeit) vieler traditioneller Elemente bedient, Inhaltliches aus Boccaccio, Dialogpartien aus Terenz, Scherze aus Plautus aufgreift, entfalten in rasanter Folge das uralte Thema des betrogenen Ehemanns: Nicia, der schon etwas senile und vertrottelte Ehemann, hat in langen Jahren mit seiner jungen Frau Lucrezia keinen Nachfolger zustande gebracht. Deren feuriger Liebhaber Callimaco, ein schöner und einfallsreicher Jüngling, stellt sich Nicia als Arzt zur Verfügung. Er verschreibt der Lucrezia als Therapie den Trunk einer heilkräftigen Wurzel, der »mandragola« (Springwurz), mit dem Hinweis allerdings, daß der erste Mann, der nach Einnahme des Trunks mit Lucrezia schlafe, des Todes sei. So ist es schließlich unter heiteren Verwicklungen Messer Nicia höchstpersönlich, der den (verkleideten) Callimaco ins Ehebett befördert. Lucrezia aber beugt sich gelassen dem Unabänderlichen … In der im Stück vorgeführten unkomplizierten Relativierung der Moral konnte man einen Ausdruck des vorurteilsfreien Realismus Machiavellis und seiner auch im *Principe* formulierten opportunistischen Gleichsetzung von Tugend und Laster sehen. – Im Sommer 1519 verfaßte Machiavelli während eines Aufenthalts in Lucca ein biographisches Werk, die *Vita di Castruccio Castracani da Lucca*, die ihm wohl von Florentiner Privatleuten in Auftrag gegeben worden war. Im folgenden Jahr beendete er seine berühmte Schrift über die Kriegskunst: *Dell'arte della guerra*. Dieser einzige zu Lebzeiten des Autors veröffentlichte Traktat, dem eine rasche und große Verbreitung beschieden war, wurde in Erinnerung an die Begegnung Machiavellis im Jahre 1516 mit dem großen Söldnerführer Fabrizio Colonna geschrieben und stellte diesen in den Mittelpunkt der sieben fiktiven Dialoge des Werkes, in denen der Verfasser mit ungewöhnlicher Sachkenntnis einzelne Probleme der Kriegskunst wie Rekrutierung der Soldaten, Aufstellung des Heeres, Zusammenwirken von Infanterie und Kavallerie, Unterbringung und Disziplin der Soldaten, Befestigungsanlagen, Verteidigungsmaßnahmen und dergleichen abhandelte. Das Werk spiegelte die auch militärisch kritische Situation des von Söldnerheeren beherrschten Italien wider und entwickelte harte Kritik an der Verantwortungslosigkeit der in höfischem Prunk dahinlebenden italienischen Fürsten; es war aber letztlich getragen von einem Vertrauen in die Fähigkeit der Renaissance-Epoche, nach so großen kulturellen Leistungen auch politisch Italien wieder aufrichten zu können.

Wahrscheinlich in den Jahren 1521–1525 entstanden gleichsam als literarischer Zeitvertreib noch einige Karnevalslieder, die *Canti carnaleschi,* sowie eine weitere Komödie, die im Auftrag eines Privatmanns wahrscheinlich sehr schnell und in Anlehnung an die *Casina* des Plautus geschriebene *Clizia*, künstlerisch von weit geringerem Wert als die *Mandragola*.

1525 reiste Machiavelli nach Rom, um Klemens VII. die *Istorie fiorentine* zu überreichen, die dieser als Giulio de' Medici und als Vorstand des Florentiner »Studio« ihm im November 1519 in Auftrag gegeben hatte. Das Werk faßt in vier Büchern die frühe Geschichte Italiens und der Stadt Florenz von den Anfängen an bis zur Zeit Cosimo des Älteren (1434) in den Grundzügen zusammen, um dann in weiteren vier Büchern die Geschichte der Stadt detailliert darzustellen. Mit dem Tod Lorenz des Prächtigen (1492) brach Machiavelli seine Geschichtsdarstellung ab, wahrscheinlich aus Furcht, mit der bewertenden Erörterung der Gegenwart Anstoß erregen zu können. Machiavelli stützte sich auf die humanistischen Geschichtswerke Poggio Bracciolinis und Leonardo Brunis sowie auch auf die *Decades* des Flavio Biondo, schrieb aber selbst in Volgare, um einen breiteren Leserkreis anzusprechen. Der historiographische Beitrag seines Werkes ist eher bescheiden, da er sich nicht sonderlich um die Quellen kümmerte und ihm auf diese Weise Ungenauigkeiten und tendenziöse Beurteilungen unterlaufen. Inhaltlich neu ist die detaillierte Beschreibung der inneren Machtkämpfe der Stadt, die frühere Historiographen mehr oder weniger schamvoll verschwiegen hatten; Machiavelli hingegen hebt sie polemisch hervor als nützliche Lehren für die politisch Verantwortlichen der Gegenwart. Neu ist auch die Betonung der negativen Rolle des Kirchenstaats, der wiederholt die »Barbaren« ins Land rief und dessen Politik nach Machiavelli ein Unglück für ganz Italien war. Machiavellis *Istorie* sind hauptsächlich ein berichtendes und weniger ein interpretierendes Werk. Seine Darstellung trägt damit zwangsläufig literarische und oft dramatische Züge und verdankt ihre Lebendigkeit u. a. dem Kunstgriff, die Protagonisten des Geschehens direkt über sich selbst oder die Ereignisse sprechen zu lassen. Die originellsten Seiten des Werkes sind die, in denen die allenthalben bekundeten, doch nicht systematisch entwickelten politischen Theoreme des Verfassers, die die Idee einer idealen Regierung umkreisen, mit der Darstellung der geschichtlichen Fakten in ein ausgewogenes Gleichgewicht treten.

Eine abweichende Interpretation erfahren die geschichtlichen Vorgänge in den Schriften des FRANCESCO GUICCIARDINI (1483–1540), der die *Discorsi* Machiavellis zum Anlaß einer kritischen Auseinandersetzung mit dessen Grundideen nahm. In seinen 1529 in Rom geschriebenen *Considerazioni intorno ai Discorsi del Machiavelli* entwickelte er die Hauptkriterien seines Dissenses und zugleich die Grundzüge des eigenen Geschichtsbildes. Während Machiavelli den Geschichtsverlauf mechanistisch als vorhersehbaren, monotonen Konflikt zwischen menschlichem Wollen und dunklen Schicksalsmächten konzipiert und ihn als solchen mit dem starren Schema seiner politischen Theorie zu erfassen versucht, sieht Guicciardini die Geschichte als ein jederzeit offenes, zufälliges, von vielen sachlichen und persönlichen Gegebenheiten abhängendes und daher auch nicht vorhersehbares Geschehen an, das nicht durch ein ideologisches Schema, sondern stets nur ad hoc bzw. in actu, im Augenblick seiner komplexen Aktualisierung interpretiert werden kann. Machiavelli betrachtet Geschichte im wesentlichen als Bestätigung seiner Theorie und sieht in den Handelnden weniger Menschen als vielmehr Typen seines politischen Systems. Guicciardini dagegen ist offen für die historische Vielfalt der Erscheinungen des gesamten gesellschaftlichen Lebens, insbesondere für dessen konkrete Einzelheiten und dessen schwer einzuordnende Ereignisse. An die Stelle der typenhaften Betrachtung des Menschen, in deren Mittelpunkt stets der Prototyp des Fürsten steht, setzt Guicciardini das eindringende und vorurteilslose Studium der menschlichen Psyche und beobachtet die einzelnen Individuen in ihren konkreten, oft rätselhaften Entscheidungen und Handlungen: Ein methodischer Grundzug, den u. a. Giacomo Leopardi hervorhob, der Guicciardini bescheinigte, daß er sich auf die Kenntnis der Menschennatur und nicht auf irgendeine davon abgetrennte politische Theorie stütze. Tatsache aber ist, daß Guicciardinis realitätsnahes, flexibles und dynamisches Geschichtsbild sich bei näherer Betrachtung als noch pessimistischer erweist als das statische Machiavellis, das zwar den Menschen pessimistisch beurteilt, dennoch aber den optimistischen Blick auf einzelne Individuen und geglückte Regierungsformen mit einschließt und das darüber hinaus generell heroische Züge trägt. Während bei Machiavelli alles wie vorhersehbar und erklärbar abläuft, sieht sich Guicciardinis sensible analytische Annäherung an die Geschichte mit einem schwer lösbaren Knäuel politischer und psychologischer Gegebenheiten konfrontiert, deren labyrinthisch verflochtene Fäden sich nicht mehr zu einem überschaubaren oder gar optimistischen Gewebe zusammenfügen wollen. Seine Einblicke in den durch Widersprüche, Paradoxe, Irrtümer, Halbwahrheiten, durch Kompromisse und Mängel bedingten Verlauf des Geschehens führen ihn zu einem Geschichtsbild, das keine heroischen Taten mehr kennt und den Freiheitsraum der Handelnden in beklemmender Weise einschränkt.

Dies ist der modernste Aspekt der Geschichtsschreibung des in Florenz geborenen Guicciardini, der nach humanistischen und juristischen Studien in Florenz, Ferrara, Padua und Pisa zunächst 1505 als Advokat tätig wurde, dann aber sehr früh in den öffentlichen und diplomatischen Dienst seiner Stadt trat. 1508 hatte er geheiratet und mit der Abfassung seiner *Storie fiorentine* begonnen. 1511 wurde er zum Botschafter der Stadt bei Ferdinand dem Katholischen ernannt; nach seiner Rückkehr aus Spanien (1513), wo er eine Reihe historischer und staatstheoretischer Traktate schrieb, stand er unter den inzwischen nach Florenz zurückgekehrten Medici weiter in öffentlichen Diensten. Später beauftragte ihn Leo X. mit der Regierung von Modena, von Reggio, mit der Verteidigung Parmas gegen die Franzosen (1522), mit der Präsidentschaft der Romagna und mit vielen weiteren politischen Aufgaben. 1527, das Jahr der Plünderung Roms und der vorübergehenden Wiederherstellung der Republik in Florenz, brachte ihm Ungemach: Er wurde verdächtigt, Gelder veruntreut zu haben, und blieb in der Folge trotz erwiesener Unschuld von den öffentlichen Ämtern ausgeschlossen. 1529 wird er angeklagt, gegen die Republik intrigiert zu haben. Nach deren Fall (1530) übertrug ihm vor allem Klemens VII., dessen Entschluß, der Liga von Cognac (1526) beizutreten, er maßgeblich beeinflußte, erneut wichtige politische Aufgaben, darunter auch die Regierung von Bologna. Als nach der Ermordung Alessandros 1537 der absolutistische Cosimo de' Medici in Florenz an die Macht kam, zog Guicciardini sich ins Privatleben zurück und widmete sich nunmehr ausschließlich seiner *Storia d'Italia*. Obwohl er schon im Juli 1539 einen Schlaganfall hatte, konnte er dieses Werk bis zu seinem Tode im Mai des folgenden Jahres abschließen.

Das erste Werk Guicciardinis waren die *Storie fiorentine*, die er 1508/09 schrieb und die bereits als Beginn der modernen analytischen Geschichtsschreibung gelten. Etwa gleichzeitig mit den *Betrachtungen* zu Machiavellis *Discorsi* entstand in Rom die letzte Fassung der *Ricordi* Guicciardinis, eines Erinnerungsbuches, das zwischen 1512 und 1530 in fünf Redaktionen heranreifte. Das Werk ist für eine nähere Kenntnis des Menschen Guicciar-

282

dini wie auch seiner historiographischen Konzeption von Bedeutung. Zunächst als »journal intime« begonnen, wurde es schließlich zu einer philosophischen Summe seiner Erfahrungen und Erkenntnisse, die sich auf kritische Analysen nicht nur der politischen Praxis, sondern des gesamten gesellschaftlichen Lebens stützt. Das Hauptwerk des Historiographen ist indes seine *Storia d'Italia*. Das wahrscheinlich 1535 begonnene und in vier Überarbeitungen bis zum Tode annähernd fertiggestellte Werk beschreibt auf rund zweitausend Seiten die Ereignisse vom Italienzug Karls VIII. bis zum Tode Klemens' VII., d. h. von 1494 bis 1534. Die Darstellung beruht auf einer sorgfältigen Prüfung und Auswahl der Quellen und einer stets sorgfältigen und konkreten Interpretation der Fakten, Personen und Handlungen, die Abstraktionen und Verallgemeinerungen ebenso vermeidet wie die Kundgabe persönlicher Neigungen und Ideologien. In diesem Sinne hat man die *Storia d'Italia* als Meisterwerk der modernen analytischen Historiographie bewerten können. Machiavelli, dessen Beispiel Guicciardinis Gechichtsschreibung viel verdankt, neigte dazu, die historischen Daten eher großzügig zu behandeln, um sie im Rahmen seiner Theorie interpretieren zu können. Guicciardinis Analyse bleibt dagegen stets im Tatsächlichen verankert, untersucht vorurteilsfrei das dialektische Spiel von geschichtlichen Kräften und individuellen Entscheidungen, von äußeren und inneren Beweggründen. Durch seinen analytischen Blick in die psychische Tiefe der handelnden Personen versucht er unermüdlich, die ursprünglichen und verdeckten Gründe geschichtlichen Geschehens freizulegen. Sein starkes psychologisches Interesse ließ ihn auf diese Weise zwangsläufig das Individuum als tragenden Entscheidungsgrund geschichtlicher Vorgänge erkennen. Das planende, handelnde, irrende, scheiternde Individuum mit seinen Ambitionen, Irrtümern, Leidenschaften und Ängsten erscheint als Mittelpunkt des bewegten Spiels der Geschichte, wird jedoch stets in den dialektischen Kontext der bedingenden äußeren Faktoren eingeordnet und in diesem Kontext analysiert. So entstand ein außerordentlich komplexes Geschichtsgemälde aus der Zeit der letzten dreißig Jahre von Guicciardinis Leben, das auch die tieferen und versteckt wirkenden Ursachen des Geschehens aufdeckt und die aktuelle Krise Italiens als Ergebnis einer dreißigjährigen, mit dem Einfall Karls VIII. eingeleiteten, fatalen Fehlentwicklung interpretiert. Es war kein geringes Verdienst, daß Guicciardini zugleich als einer der ersten italienischen Historiker seinen Blick auch auf die internationalen Verflechtungen der italienischen Politik richtete. Das Werk erschien ein Jahr nach dem Tode seines Verfassers und hatte in Italien einen ungewöhnlichen Erfolg, der innerhalb weniger Jahre etwa zehn Auflagen notwendig machte.

III. DIE EPIK: ARIOSTO, TASSO UND DIE EPIGONEN

1. Ariosto

Sein Leben

Als eines der wichtigsten kulturellen und literarischen Zentren der Zeit trat Ferrara in einer Weise hervor, daß man von einer »Ferraresischen Renaissance« sprechen konnte. Allerdings war das Mäzenatentum der estensischen Fürsten, etwa Alfons' I., keineswegs rein kulturell ausgerichtet, sondern verpflichtete die Künstler zu beträchtlichen diplomatischen oder administrativen Dienstleistungen für den Staat. Andererseits war der Hof gekennzeichnet durch eine starke Öffnung zur Stadt und ihren bürgerlichen Interessen und Strukturen, die die am Hofe lebenden Künstler davor bewahrte, in einer geschlossenen höfischen Gesellschaft zu leben und die es ihnen erlaubte, für Ideen und Entwicklungen unterschiedlicher Tendenz und Herkunft offen zu bleiben.

In einem schwierigen Balanceakt zwischen Fürstendienst und künstlerischer Freiheit, zwischen höfischem Leben und bürgerlichen Neigungen vollzog sich das Leben des LUDOVICO ARIOSTO (1474–1533), der als ältestes von zwölf Kindern des ferraresischen Hauptmanns Nicolò Ariosto in Reggio geboren wurde. Als der Vater 1484 vom Herzog Ercole zum Schatzmeister der Truppen ernannt wurde, zog er mit seiner Familie nach Ferrara, an dessen »Studio« Ludovico Grammatik lernte. Auch nachdem der Vater mit der übrigen Familie 1489 aus dienstlichen Gründen nach Modena umgezogen war, blieb Ludovico in Ferrara, um dort die ihm vom Vater auferlegten juristischen Studien weiterzuverfolgen und schließlich mit dem bescheidenen Grad des »iurisperitus«, nicht aber mit dem »doctor iuris«, abzuschließen. 1493 trat er in eine Theatergruppe ein, die am Hofe Schauspiele aufführte, und schrieb eine (verlorengegangene) *Tragedia di Tisbe*. Im folgenden Jahr durfte er die verhaßten Jurastudien mit Erlaubnis des Vaters aufgeben und widmete sich nun der Literatur, für kurze Zeit unter der Leitung des Augustiners Gregorio da Spoleto, dem er zeitlebens ein dankbares Andenken bewahrte. Ludovico, der sich auf das Lateinische und dessen Literatur konzentriert und kein Griechisch erlernt hatte, begann schon 1495, erste lateinische Dichtungen zu schreiben. Später, nach der Amtsenthebung seines Vaters (1497), wurde er Stipendiat des Hofes und studierte 1498 mit schmalem Beutel Philosophie bei Sebastiano dell'Aquila.

Er las insbesondere Platon und Ficino, Lektüren, die ihm wahrscheinlich Pietro Bembo nahegelegt hatte, den er im gleichen Jahr kennenlernte. Nach dem Tod des Vaters im Jahr 1500 fiel ihm die Sorge für die gesamte Familie zu, darunter ein gelähmter Bruder und fünf Schwestern, was ihn veranlaßte, sich wie der Vater als Hauptmann zu verdingen (in der Festung von Canossa). Dennoch fand Ludovico Gelegenheit zu dichterischen Arbeiten, schrieb 1502 ein Epitalam auf die Hochzeit des Alfonso d'Este mit Lucrezia Borgia und im folgenden Jahr die schöne, für seine jugendliche Gedankenwelt aufschlußreiche Elegie *De diversis amoribus*. Ebenfalls 1503 trat er in die Dienste des Kardinals Ippolito d'Este; seine nicht näher definierten vielfältigen Funktionen bescherten ihm ein sicheres Einkommen, aber auch ein hohes Maß an Abhängigkeit. Am Ende des Jahres nahm er die niederen Weihen an. Der Kardinal, in dessen Gefolge Ariosto zur Einsetzung des Papstes Julius II. 1503 in Rom weilte, verlangte von seinen Höflingen ständige Einsatzbereitschaft; dennoch fand der junge Dichter bis etwa 1509 relativ viel Muse, um seinen literarischen Ideen nachzugehen. Er begann in diesen Jahren mit den Arbeiten an seinem großen Epos, dem *Orlando furioso*, dessen erste Teile er schon 1507 der Isabella d'Este Gonzaga in Mantua vorlesen konnte; ferner schrieb und inszenierte er die Prosakomödien *La Cassaria* und *I Suppositi*. Nach intensiven diplomatischen Aktivitäten des Dichters an der Kurie, die das Ziel hatten, den heftigen Zorn Julius II. gegen Ippolito und Alfonso zu besänftigen, und in deren Verlauf Ariosto auf Anordnung des Papstes den Fischen zum Fraß ins Meer geworfen werden sollte, flüchtete der Dichter nach Florenz und zog dann mit dem Kardinal nach Parma zurück, wo er sich 1511/12 eingehend seinem Epos widmen konnte. Die Wahl des befreundeten Giovanni de' Medici zum neuen Papst Leo X. im März 1513 brachte Ariosto nicht die erhofften finanziellen Vorteile, sondern nur ein schmales kirchliches Benefiz. Im Juni des gleichen Jahres fand er in Florenz Gelegenheit, der Florentiner Edeldame Alessandra Benucci, Frau des Kaufmanns Tito Strozzi, seine Liebe zu erklären, mit der er eine intensive, durch den Tod Strozzis 1515 erleichterte, doch von beiden Seiten kontrollierte und erst 1528 durch eine geheime Hochzeit besiegelte Beziehung führte. Von seiner Hausbediensteten, einer gewissen Maria, hatte Ariosto bereits 1502 oder 1503 einen ersten Sohn, Giambattista, bekommen; aus seiner Beziehung zu Orsolina Sassomarino war 1509 ein weiterer unehelicher Sohn, Virgilio, hervorgegangen.

Im Herbst 1515 war das große Epos vollendet, so daß im folgenden Jahr eine erste Ausgabe mit vierzig Gesängen erscheinen konnte. Sie war dem Kardinal Ippolito gewidmet; doch erkaltete die Beziehung zu diesem wenig später, als der Dichter sich weigerte, dem Kardinal auf eine Reise nach Ungarn (1517) zu folgen, um in seinem geliebten Ferrara bleiben zu können. Die Gründe, die Ariosto vorschob, wurden allesamt vom Kardinal verworfen, der erzürnt den Dichter von der Liste seiner Höflinge streichen ließ. Was diesen zwang, im April 1518 in die Dienste des etwas großzügigeren Herzogs Alfonso zu treten. Inzwischen war Ariosto ein bekannter Dichter geworden, zu dessen Ruhm auch die Komödien beitrugen: 1519 wurden die *Suppositi* im Vatikan im Beisein Leo X. aufgeführt; 1520 schickte er diesem seine neue Komödie, den *Negromante*. 1521 lenkte Ariosto durch eine zweite Ausgabe des *Orlando furioso* erneut die Aufmerksamkeit auf sich. Dennoch zwangen ihn finanzielle Gründe, 1522 die ihm verhaßte Regierung der Garfagnana zu übernehmen, eines unwirtlichen, vom Parteienhader zerrissenen und von Räubern verunsicherten Gebietes, dessen Verwaltung sich auch wegen dauernder Konflikte mit der Zentralregierung in Ferrara als überaus schwierig herausstellte. Die Zeit vom Februar 1522 bis Juni 1525, die er gemeinsam mit seinem Sohn Virgilio im wesentlichen in der Feste von Castelnuovo verbrachte, war wohl die schwierigste seines Lebens, und die Sehnsucht, nach Ferrara zu seinen Studien zurückzukehren so drängend, daß er nach Ablauf seines Exils auch verlockende Angebote auf diplomatische Tätigkeiten ausschlug. In seine alten Funktionen als Höfling wieder eingesetzt, konnte er die folgenden Jahre in relativer Muse und in bescheidenem Wohlstand zubringen, der auch durch eine kleine Erbschaft des Vetters Alfonso, an der er teilhatte, gesichert wurde. Er kaufte sich 1526 ein kleines Häuschen in der Via Mirasole, das er mit seinem Sohn Virgilio bewohnte, und widmete sich nun seinen literarischen Arbeiten: Er schrieb neue Komödien, überarbeitete die alten, inszenierte eigene und fremde Theaterstücke, feilte vor allem an seinem Epos, das im Oktober 1532 in einer dritten Fassung mit 46 Gesängen erschien. Der nunmehr berühmte Dichter, der jetzt auch von Alfonso d'Avalos, dem Marchese von Parma, eine Pension bekam und von Tizian gemalt wurde, litt in den letzten beiden Jahren an einer Enteritis, die ihn häufig ans Bett fesselte. Als dazu noch eine Lungenentzündung trat, starb er, noch voller Schaffenskraft und Ideen, am 6. Juli 1533.

Kleinere Werke

Ariosto debütierte mit lateinischer Lyrik, insgesamt 67 Dichtungen, die in den Jahren 1494 bis 1503 entstanden und somit seine literarischen Anfänge dokumentieren. Sie inspirieren sich vor allem an Horaz, ferner an Vergil, Tibull, Catull und Properz. Die Gedichte wurden in erster Linie durch äußere Gelegenheiten veranlaßt und entsprangen kaum einem tieferen humanistischen Interesse für das Lateinische; auch dürften seine Kenntnisse der lateinischen Literatur eher begrenzt gewesen sein. Die (von wenigen Ausnahmen abgesehen) nach den lateinischen Dichtungen entstandene und wie diese postum veröffentlichte volkssprachliche Lyrik umfaßt 40 Sonette, 12 Madrigale, 5 Kanzonen und 27 Terzinengedichte, »capitoli«, dazu zwei Eklogen (die erste von 1506, die zweite von 1526). In allen genannten Gedichten mit Ausnahme der Eklogen spielt die Liebe des Dichters zu Alessandra Benucci eine zentrale Rolle, welche teils im petrarkistischen Stil, teils im dekorativen Stil Boiardos, insgesamt aber in bemerkenswert originellen, bald realistisch-deskriptiven, bald persönlich-intimen Tönen besungen wird. Unter den kleineren Werken Ariostos nehmen seine Theaterstücke eine besondere Stellung ein, da er sich mit dieser Gattung praktisch sein ganzes Leben lang beschäftigte. Eine erste lateinische Tragödie mit dem Stoff von Pyramus und Tisbe entstand schon 1493, ist aber nicht überliefert. Fünfzehn Jahre später schrieb Ariosto die *Cassaria* in fünf Prosaakten (vielleicht auch zunächst in einer nicht erhaltenen Terzinenfassung), die im März 1508 auf Wunsch des Kardinals Ippolito aufgeführt wurde. Die *Cassaria* ebenso wie eine zweite, noch im gleichen Jahr entstandene Prosakomödie *I Suppositi* schrieb Ariosto zwischen 1529 und 1530 in Versfassungen mit »endecasillabi sdruccioli«, d. h. Elfsilblern mit daktylischem Ausgang um. Der *Negromante* und die *Lena* wurden 1520 bzw. 1528 sogleich in dieser metrischen Form verfaßt. Unvollendet blieb eine weitere Komödie, *I Studenti*, die postum gleich in zwei Fassungen abgeschlossen wurde: einmal vom Bruder Gabriele unter dem Titel *La Scolastica*, zum anderen vom Sohn Virgilio mit dem Titel *L'Imperfetta*.

Mit der ersten seiner fünf Komödien, der *Cassaria*, versuchte sich Ariosto aus humanistischer Bewunderung für die klassischen Texte in der Nachahmung von Plautus und Terenz, was ihm jedoch nicht sonderlich glückte. Der Titel der *Kastenkomödie* ist von »cassa«, der goldgefüllten Truhe abgeleitet, mit der der junge Erofilo die geliebte Eulalia, eines der Mädchen des Kupplers Lucrano, freikaufen will. Ariosto bemüht sich, die konventionellen Personenkonstellationen und Handlungsabläufe mit einer großen Zahl von Dienerrollen u. a. durch Anleihen an die zeitgenössische Gaunersprache zu einer originellen, volkstümlich-burlesken Intrige umzuformen. In den *Suppositi* (etwa: *Die Vertauschten*) gestaltete Ariosto unter Verwendung von Motiven vor allem aus den *Captivi* des Plautus und aus dem *Eunuchus* des Terenz, aber auch aus dem *Decameron* des Boccaccio und der *Pampila* des Antonio Cammelli (genannt »Il Pistoia«), in schwungvoller und souveräner Szenenfolge die Geschichte des in Ferrara studierenden Sizilianers Erostrato, der, auch unter dem Decknamen Dulippo, um die geliebte Polinesta kämpft, bis alles nach vielen Verwechslungen ein glückliches Ende nimmt. Ein vor allem in der Handlung effektvolles Stück, das der Komödie auch eine neue Figur schenkte, nämlich den Advokaten Cleandro, der seither als »Pedant« oder »Doktor« auf italienischen Bühnen sein Wesen treibt; in der englischen Übersetzung von George Gascoigne beeinflußte die Komödie später Shakespeares *The Taming of the Shrew*. Im *Negromante (Der Schwarzkünstler)* lehnte sich Ariosto erneut, wenn auch nur noch locker an Plautus und Terenz an, benutzte aber auch moderne Quellen; so stammt z. B. das Motiv des in der Kiste verborgenen Liebhabers aus der zeitgenössischen *Calandria* des Bibbiena. Die Komödie entwickelt die Geschichte zweier Liebespaare, Cintio-Lavinia und Camillo-Emilia, die unter Mitwirkung des Zauberers, vor allem aber durch eine Serie von Verwechslungen und Zufällen zu ihrem Glück finden. Dabei versuchte Ariosto in diesem Stück die Handlungs- und Situationskomik nach der Art des Plautus zurückzudrängen und statt dessen eher wirklichkeitsnahe und profilierte Charakterbilder zu zeichnen und die Komik mehr aus den Charakteren abzuleiten. In diesem Sinne kann man im *Negromante* den Beginn einer zweiten Phase des Theaterschaffens des Ferraresen sehen. Doch gelang ihm sein Versuch einer psychologisierenden und typisierenden Vertiefung seiner Personen nur annähernd. Gleiches gilt auch für sein viertes und bestes Theaterstück, der zuerst zum Karneval 1528 aufgeführten *Lena*. Die freimütig geschriebene Komödie hat ihren Titel nach der weiblichen Hauptfigur, der in Kupplerdiensten nicht unerfahrenen Lena. Diese erklärt sich für 25 Goldtaler (Fiorini d'Oro) bereit, dem schmachtenden Jüngling Flavio Zugang zu der geliebten Licinia zu verschaffen, einem Mädchen, das von ihr im Nähen unterrichtet wird, während sie selbst mit dessen Vater Fazio ein Verhältnis hat. Nach einigen Verwicklungen kommt das junge Paar ausgerechnet in Fazios Haus zusammen, wird entdeckt und beeilt sich zur allgemeinen Zufriedenheit, die Hochzeit zu feiern. Das Stück spiegelt realistisch die moralischen und ökonomischen Verhältnisse der zeitgenössischen ferraresischen Gesellschaft wider: Es denunziert die Unehrenhaftigkeit der Richter und Advokaten, die Spannungen zwischen oberen und niederen Bevölkerungsschichten, die wirtschaftlichen Schwierigkeiten des Stadtlebens und den vor allem in *La Lena* veranschaulichten Triumph der Geldgier über die Moral. Doch selbst in *La Lena* erreichte Ariosto nicht eine wirkliche funktionale Harmonisierung der einzelnen dramaturgischen Ebenen. Die gelungenen Charakterbilder (darunter vor allem der alte Geizhals Fazio und Lena) passen nicht so ganz zu der dürftigen und konventionellen Handlung, und die deutlich anklingenden scharfen sozialen Spannungen wiederum nicht zu einer heiteren, entspannten Komik. Die Schwierigkeiten Ariostos, eine ausgewogene, bühnenwirksame Handlungsstruktur zu entwerfen, wurden auch durch die im vierten Akt abgebrochenen *Studenti* nochmals veranschaulicht.

Von Ariosto sind sieben zwischen 1517 und 1524 entstandene *Satire* überliefert, die sich trotz ihres Titels weniger an den *Satyrae* des Horaz als vielmehr an dessen *Epistolae* orientieren. Es handelt sich um an verschiedene Persönlichkeiten gerichtete, in Terzinen gefaßte Briefe, in denen der Autor in lockerem Plauderton und in komischem, pointenreichen Stil über seine Auffassungen, seine Erlebnisse und seine Entscheidungen Auskunft gibt, bisweilen aber auch mit stechender Ironie Personen oder zeitgenössische Ereignisse geißelt. So erklärte er in der ersten *Satira* dem Bruder Alessandro die Gründe für seine Weigerung, dem Kardinal nach Ungarn zu folgen und legte dabei seine tiefe Abneigung gegen höfische Unterwürfigkeit und das seine Freiheit einschränkende, egoistische Mäzenatentum des Kirchenfürsten dar. In der zweiten *Satira* bat er den Bruder Galasso, ihm in Rom ein Quartier zu beschaffen und begründete seine Ablehnung, in den Dienst der Kurie zu treten: Ein Leben in Reichtum und Ehren würde ihn seiner Freiheit berauben, und diese tauscht er nicht gegen einen Kardinalshut ein. Bei dieser Gelegenheit wird die Korruption der Kurie und des Klerus mit Ironie und Sarkasmus bloßgestellt. Auch die dritte *Satira* behandelte wieder das Thema der Abwägung der Lebensgüter, die Schwierigkeiten des Dichters, sich zu unterwerfen und die Bevorzugung der Freiheit auch dann, wenn sie sich in bescheidenen bürgerlichen Verhältnissen verwirklicht; eine Haltung, die in ergreifenden Bildern etwa in den Versen 34–48 dargetan wird:

> Nicht paßt sich Sattel oder Stock einem jeden Rücken
> in der gleichen Weise an; der eine spürt es nicht,
> den andren drückt und zwängt und schmerzt es.
> Schwer kann das Rotkelchen im Käfig überleben,
> leichter lebt dort der Distelfink und eher noch der Spatz,
> die Schwalbe stirbt an einem Tag vor Schmerz dort.
> Wer Ehre sucht im Kampf oder in Ämtern,
> der diene König, Herzog, Kardinal und Papst;
> ich tu es nicht; dies oder jenes kümmmert mich nur wenig.
> In meinem Hause schmeckt mir eine Rübe
> die ich mir koche, am Stab gesteckt mir säubre,
> mit Salz und Essig dann betunke, besser
> als an fremden Tischen Drossel, Star oder wildes Schwein;

auch schlafe ich unter einfacher Decke
so wohl, als wäre sie mit Gold und Silber bestickt.

Die vierte *Satira* entstand 1523 in Castelnuovo in der Garfagnana und enthält Klagen über die Entfernung von der Geliebten, über sein schwieriges Amt und die Unmöglichkeit, zu dichten. Die fünfte, wie die dritte an Annibale Malaguzzi gerichtet, der jetzt im Begriff stand, sich zu verheiraten, läßt sich über das Thema der Ehe aus. In der sechsten, 1524/25 entstandenen *Satira* richtete sich der Dichter an Pietro Bembo, fragt ihn um Rat bezüglich der Ausbildung seines Sohnes Virgilio und bittet ihn, für diesen einen kompetenten Griechischlehrer ausfindig zu machen, vor allem aber einen charakterfesten, denn unter den Humanisten seien ja so viele verdorbene Leute … Dabei erinnert er sich auch seiner eigenen Studien in seiner Jugendzeit. In der siebten *Satira* von 1524 schließlich lehnt der Dichter das Amt eines Botschafters am päpstlichen Hof ab mit dem Hinweis auf die Erfahrungstatsache, daß der Mensch umso tiefer stürzt, je höher er sich zuvor in seinen Illusionen verstiegen hat; welche Wahrheit mit dem Gleichnis vom schnell aufrankenden und umbrechenden Kürbis und dem Birnbaum unterstrichen wird. Aber er macht auch deutlich, daß es vor allem die Treue zur Stadt Ferrara und zur Geliebten war, die ihn davon abhielt, erneut in die Ferne zu ziehen.

Die *Satire* waren vom Autor nicht zur Veröffentlichung bestimmt und wurden dennoch von ihm in eine bestimmte Anordnung gebracht, die nicht auf chronologisch-biographischen, sondern auf inhaltlichen Merkmalen beruhte; ein Aufbau, der erst von neueren Ausgaben wieder hergestellt wurde. In ihrer Gesamtheit sind sie ein persönliches Dokument von hohem biographischen Wert, ein künstlerisch anspruchsvolles Vermächtnis der skeptischen Welterfahrung, der erworbenen Lebensweisheit und der Freiheitsliebe ihres Verfassers, und dazu, mehr noch als die Komödien, eine bedeutsame Probe seines komischen Stils, der in seinem Epos zur höchsten Entfaltung kommen sollte.

Der »Orlando furioso«

Die überaus lange Entstehungsgeschichte des Epos erstreckt sich von ersten Arbeiten um 1505 (nachdem der Dichter ein erstes, dem Obizzo d'Este zugedachtes episches Werk in Terzinen, die sogenannte Obizzeide, abgebrochen hatte), über die vierzig Gesänge der ersten Ausgabe von 1516, die Korrekturen der zweiten Ausgabe von 1521 bis hin zur grundlegenden Neubearbeitung der dritten Fassung von 1532, die nunmehr 46 Gesänge in

Oktaven umfaßte und mit ihrer revidierten sprachlichen Form bereits den zeitgenössischen Diskussionen um die *Questione della lingua* und insbesondere den Thesen des verehrten Pietro Bembo Rechnung zu tragen suchte. Die langjährige intensive Arbeit ist ein beeindruckendes Zeugnis eines seltenen Willens zu künstlerischer Perfektion. Dieses Streben ließ selbst nach Erscheinen der letzten Ausgabe den Künstler nicht ruhen, den Text erneut durchzusehen und die nicht wenigen störenden Druckfehler auszumerzen, ein Bemühen, das erst der Tod unterbrach. Die heute verbreitete dritte Fassung fügte einerseits vier neue Episoden ein, schloß aber andererseits auch mehrere frühere Episoden aus, darunter auch zusammenhängende Erzählkomplexe, deren wichtigster die sogenannten *Cinque Canti* darstellen, die wie ein selbständiges Werk betrachtet werden können. Was die Konzeption des Ritterepos anging, so war für Ariosto klar, daß er das große und bekannte Modell von Boiardos *Orlando innamorato* in jedem Fall berücksichtigen mußte; was besagte, daß Originalität und künstlerische Vollendung weniger im Inhaltlichen, als vielmehr im Stilistischen, im Schmelz dichterischen Ausdrucks, in der Handlungsführung und in der Form der Darbietung zu suchen und zu erreichen war.

Die verschlungene, schwer auflösbare Kunstform des Werkes tritt dem Leser erschwerend entgegen, sobald dieser versucht, die Handlung des Gedichts nachzuvollziehen. Gegenstand des Epos sind, wie dessen erste Verse bekennen, »die Frauen, die Ritter, die Waffen, die Liebschaften, die höfischen Umgangsformen, die kühnen Unternehmungen«; dazu der Wahnsinn des aus Liebeskummer rasenden Roland, der auch den Titel des Werkes abgibt. Die Handlung beruht auf einer Verschmelzung der in der Karolingerepik dargestellten Themen der großen Glaubenskriege mit den bretonischen Stoffen der höfischen Romane und ihrer phantastischen, von Feen, Magiern und Ungeheuern behausten Märchenwelt um König Artus. Die Haupthandlung wird eröffnet mit dem Einfall des Heidenkönigs Agramante, der mit einem riesigen Heer und fürchterlichen Recken, darunter Mandricardo, Agricane, Gradasso und vor allem der finstere Rodomonte, in Frankreich einfällt und die Christen zweimal hinter die Stadtmauern von Paris zurückdrängt. Rodomonte dringt sogar in die Stadt ein und richtet dort ein Blutbad an. Schließlich gelingt es Kaiser Karl und seinen Paladinen Orlando, Rinaldo, Oliviero und anderen, die Heiden bis nach Arli (Arles) zurückzudrängen. In einer anschließenden Schlacht werden die Heiden vernichtend geschlagen und ins Meer geworfen. Unterdessen hat von Nubien aus der englische Herzog Astolfo das heidnische Bizerta, die Hauptstadt von Agramantes Königreich, erobert; in einer nächtlichen Seeschlacht vernichtet seine Flotte die Schiffe, auf denen die

291

Reste der Heiden zu entkommen suchen. Zuletzt wird man sich einig, die Entscheidung über das Kriegsglück einem Duell zu überlassen, das zwischen Orlando, Brandimarte und Oliviero einerseits und den Heiden Gradasso, Agramante und Sobrino andererseits auf der Insel Lipadusa (Lampedusa) ausgetragen wird. Vor allem durch den Einsatz Orlandos wird das Duell zugunsten der Christen entschieden, die jedoch den Tod Brandimartes zu beklagen haben. Auf die Haupthandlung folgt in den letzten drei Gesängen des Epos ein erzählerischer Nachtrag, in dem der Dichter nochmals die Geschichte Ruggieros und Bradamantes, der Ureltern des Geschlechts Este, aufgreift und berichtet, wie der Sarazene Ruggiero, zum Christentum bekehrt, mithilft, Bulgarien von den Griechen zu befreien und schließlich als König der Bulgaren sich mit der standhaften Bradamante vermählen kann. Schon zuvor war von der Zauberin Melissa die Hochzeit Ruggieros mit Bradamante und der Ruhm ihrer Nachkommen bis zu Alfonso I. geweissagt worden. Der glückliche Ausgang wird nochmals kurz in Frage gestellt durch den wütenden Rodomonte, der während der Vermählungsfeierlichkeiten Ruggiero als Abtrünnigen beschimpft und zum Duell herausfordert, von diesem aber getötet wird. Ein Ereignis, das die enkomiastisch gestimmte, etwas sentimentale Episode der Ureltern des Fürstenhauses wieder einbindet in die Abenteuerfolge des Ritterepos. Das letzte Wort hat dennoch das Fürstenlob, indem der Sieg des Ruggiero und das Sterben des »gottlosen Sarazenen« in einer letzten, der *Aeneis* nachgebildeten Oktave verkündet werden.

In die Haupthandlung eingelagert ist eine verwirrende Fülle von weiteren Taten und Abenteuern, von überraschenden, märchenhaften, magischen und grotesken Ereignissen, zwischen denen der Autor mit leichter Feder und souveränem Überlick hin und her springt, immer neue, verblüffende Zusammenhänge und Entwicklungen öffnend. Ohne Unterlaß ziehen die Helden beider Lager durchs Land, getrieben von egoistischen Wünschen und Illusionen, die sich in der Regel nicht erfüllen, sondern sie in immer neue schreckliche Kämpfe verwickeln. Schöne Frauen sind die wichtigste Zielvorstellung ihres anarchischen Individualismus, der nur auf die Erfüllung persönlicher Wünsche und Begierden ausgerichtet ist. Die Frauen werden nicht mehr nach den Maßstäben der höfischen Minne umworben und verehrt, sondern sind Objekte einer sinnlichen Leidenschaft, die den Liebenden unterjocht und, in dem Maße wie sich ihre Erfüllung als Illusion erweist, in eine vereinsamende Unruhe und Verzweiflung treibt. Verheerendes Unglück unter den Rittern richtet vor allem die schöne Angelica an, mit deren Flucht aus dem Lager der Franken die epische Handlung einsetzt. Ihr sind ganze Scharen heidnischer wie christlicher Ritter

292

verfallen, darunter Rinaldo, Ferraù, Sacripante und nicht zuletzt Orlando, die auf der Suche nach der sich immer wieder Entziehenden durchs Land irren, sich begegnen, sich bekämpfen, sich töten oder wie Orlando in Wahnsinn verfallen. Was aber den ruhmreichsten Recken trotz aller Mühen nicht zuteil wird, das fällt dem schwerverletzten Fußsoldaten Medoro zu, den Angelica in der einfachen Behausung eines Hirten mit magischen Kräutern pflegt: Sie verliebt sich in ihn und gibt sich ihm hin (Gesang XIX,27ff.). Als Orlando von der Liebe der Angelica zu Medoro erfährt, verfällt er in Wahnsinn (Gesang XXIII,100ff.) und beginnt, hundertjährige Bäume wie Grashalme auszureißen, so daß Hirten und Bauern entsetzt davonstieben; tobend jagt er nach Tieren und Menschen, ergreift Bären und Wildschweine mit bloßer Hand und ißt sie mit Haut und Haaren auf. Um dem Wahn Orlandos ein Ende zu setzen und ihm seinen Verstand wiederzugeben, unternimmt Astolfo auf dem Feuerwagen des Propheten Elias eine Reise zum Mond (Gesang XXXIV,68ff.; eine der schönsten Episoden des Epos), wo neben den merkwürdigsten Dingen auch diejenigen menschlichen Eigenschaften gelagert sind, an denen es auf der Erde mangelt: Von der Torheit findet sich kein Gran dort oben, dafür aber ein riesiger Haufen von Flaschen und Ampullen unterschiedlicher Größe, in denen in ätherischer Form der Verstand gelagert ist, von dem, wie Astolfo bestürzt feststellt, auch die hochgestellten Persönlichkeiten auf der Erde offenbar viel zu wenig haben... Leicht erkennt er in dem Haufen eine besonders große Flasche mit der Aufschrift »Orlandos Verstand« und nimmt diese mit zur Erde zurück. Später fesselt er gemeinsam mit anderen Helden den immer noch tobenden und schon zu einem Tier verkommenen Orlando und läßt ihn aus der Flasche seinen Verstand wieder einatmen; worauf der Paladin nicht nur wieder ein vernünftiger Mann wird, sondern zugleich auch von seiner unseligen Liebe zu Angelica befreit ist (Gesang XXXIX,47ff.).

Diese und tausend andere Personen und Ereignisse bewegen den bunten und vielgestaltigen Kosmos Ariostos, der unzählige traditionelle Elemente in sich aufnimmt und doch eine ganz neue Phantasiewelt mit eigenen Gesetzen und Bewegungsabläufen aufbaut. In ihrer labyrinthischen und verschlungenen Struktur ist die Zauber- und Märchenwelt Ariostos rätselhaft und undurchsichtig wie das Leben selbst. Der Dichter achtet darauf, mit seiner Darstellung von Menschen und Handlungen im Bereich der Phantasie und der Fabel zu bleiben, die Realität und die Gegenwart auszuklammern, allenfalls versteckt darauf anzuspielen. Dennoch spürt man allenthalben, daß die konkrete und reiche Menschen- und Weltkenntnis Ariostos in dieses Werk eingegangen ist. Haupttriebfeder allen Handelns in der fiktiven Welt des Epos ist die Illusion, das Streben nach verlockenden, schmeichelhaften und doch stets trügerischen, chimärenhaften Zielen, das in Einsamkeit, Verzweiflung oder Resignation endet. Hierin, in dem getriebenen Umherirren als Grundhaltung aller Figuren und in ihrer labyrinthischen Struktur ist die fiktive Welt Ariostos ein Spiegel der realen Welt und zugleich Ausdruck der Lebenserfahrung und der ironisch-skeptischen Weltsicht ihres Schöpfers. Der *Orlando furioso* richtete sich an ein höfisches Publikum und wollte, wie der Autor selbst 1528 in seiner Bitte um Druckerlaubnis an den Dogen von Venedig schrieb, mit »gefälligen und ergötzlichen Geschichten von Rittern und Liebesabenteuern« zur »Erheiterung und Erholung der adligen Herren und edelgesinnter Personen« beitragen. Von dem gedämpften, wie vertraulich wirkenden Ton der immer gelassen perlenden Oktaven, der heiteren Erzählkunst und der funkelnden, omnipräsenten Ironie des Autors geht ein unwiderstehlicher Reiz aus, der Oktave für Oktave das Vergnügen der Lektüre erneuert. Dennoch ist das epische Geschehen um den rasenden Roland eine kleine Weltbühne, die nicht nur wesentliche Züge des Lebens widerspiegelt, sondern in die auch die Haltungen, Neigungen und Überzeugungen des Autors, Teile seines Ichs, eingegangen sind. Schaut man näher zu, entdeckt man viele, meist beiläufig oder in ironischen Anspielungen eingestreute Wertungen und Urteile des Autors, so etwa seine entschiedene Ächtung des durch die neuen Feuerwaffen unmenschlich gewordenen Kriegs oder sein wiederholtes Eintreten für eine gerechtere Behandlung und Beurteilung der Frauen, sowohl in ihren Leistungen im praktischen Leben wie insbesondere auch in ihrem sittlichen Verhalten. Hierin, in der an Erasmus erinnernden Betonung der menschlichen Torheit, in der ironischen Verwendung und Verwandlung des christlichen Motivs der Jenseitsreise, die in Astolfos Höllenfahrt und Mondflug zum intellektuellen, transzendenzlosen Abenteuer wird, in seinen Hieben gegen religiösen Fanatismus und in vielen anderen Zügen zeigt sich der Geist der Renaissance ebenso wie die Beobachtungsgabe und Wahrheitsliebe des Dichters. Auch scheut sich dieser nicht, die Gebote Christi zu zitieren, wenn es etwa darum geht, das lose Treiben der Ehemänner zu tadeln: »Christus hat den Seinen als Gebot hinterlassen/ das anderen nicht anzutun, was man selbst nicht erleiden möchte« (Gesang XXVIII,82). Der Eindruck einer gelassenen Abgeklärtheit und heiteren Harmonie, den das Werk hervorruft, veranlaßte den Kritiker Benedetto Croce, den *Furioso* schlichtweg als Epos der Harmonie zu bezeichnen. Dennoch ist die im Werk sich spiegelnde »Harmonie« nicht einfacher Ausdruck eines vorhandenen inneren Gleichgewichts, sondern ein mühsam erkämpfter Ausgleich zwischen vielseitig divergierenden, ja dissonanten Neigungen, Überzeugungen und Bewußtseinslagen im Autor, dem es gelang, die Unrast seiner Gefühle in dem immer wieder gefundenen Gleichgewicht seiner Oktaven zu stabilisieren. Aus dem Kontrast zwischen der Unruhe der leidenschaftlich bewegten, oft chaotischen Handlung, in der sich Bewußtseinslagen des Autors spiegeln, und der Disziplin ihrer kunstvoll gebändigten sprachlichen und metrischen Form resultiert denn auch einer der Haupteffekte dieser ungewöhnlichen Dichtung. Mit seinem heiteren märchenhaften Szenarium schuf sich Ariosto einen eigenen, unverwechselbaren menschlichen Kosmos, so wie Dante und Boccaccio es zuvor getan hatten. Aber während Dante alles menschliche Handeln in den streng richtenden Bezug zur christlichen Eschatologie einordnet, Boccaccio sich demgegenüber um eine wirklichkeitsnahe und konkrete Darstellung des Menschlichen und Allzumenschlichen bemüht, läßt Ariosto aus diskreter Distanz seine Gestalten auf der farbigen Bühne ferner Ritter- und Märchenwelten agieren wie in einem Schauspiel, in das er nicht eingreifen will und dessen bestürzend aktuelle menschliche Wahrheiten er milde lächelnd mit dem Flitter versunkener Epochen bedeckt.

2. Theorien und Entwicklungen der Ritterepik

Solange die Stoffe der Ritterepik nur in Form anspruchsloser volkstümlicher oder parodierender Nacherzählungen im Lande kursierten, gab es für die Literaten und Gelehrten keinen Grund, sich damit näher auseinanderzusetzen. Werke dieser Art wurden allgemein als ein zu vernachlässigendes Beiprodukt des Literaturbetriebs verstanden. Das änderte sich schlagartig, als, nach der schon beachtlichen Leistung von Boiardos *Orlando innamorato*, das epische Gedicht des Ariosto einen ungeheuren, lang anhaltenden Erfolg verzeichnete. Der Ruhm des Dichters und seine Wirkung nicht nur in höfischen, sondern auch in bürgerlichen Kreisen erzwangen eine intensive Betrachtung und Würdigung des Werkes durch Kritiker und Theoretiker. Dabei kam man nicht an der Feststellung vorbei, daß das Rittergedicht Ariostos nicht in die Kategorien der immer noch maßgebenden Poetik des Aristoteles (mit ihrer Einteilung in die Gattungen Epos, Tragödie, Komödie) einzuordnen war. Denn im krassen Unterschied zum klassischen Epos im Sinne des Aristoteles gab es im Gedicht des Ferraresen keinen heroischen Einzelhelden mehr, sondern statt dessen eine Vielzahl von komischen und lächerlichen Gestalten; an die Stelle der klar aufgebauten Handlung des alten Epos trat bei Ariosto eine bunte Vielfalt von Handlungen und Episoden; von der Beachtung der klassischen aristotelischen Regeln, die die Einheit von Ort, Zeit und Handlung forderten, konnte keine

Rede sein; an die Stelle des getragenen epischen Tons trat heiter-gelassenes Erzählen, an die Stelle seherischer Sinngebung und Belehrung Unterhaltung und Ergötzen, und über das schmiegsame Instrument der Oktave schließlich konnte man auch nichts im Aristoteles oder in dessen Kommentatoren nachlesen. Die Irritation war groß und machte sich Luft in zahlreichen Streitschriften, Repliken und polemischen Auseinandersetzungen. Zu denen, die mit Ariostos Gedicht gar nicht zufrieden waren, gehörte auch GIOVAN GIORGIO TRISSINO (1478–1550), der den *Orlando Furioso* als ein Werk »das der Masse gefällt« abtat. Als eingefleischter Klassizist hatte Trissino schon mit seiner 1514/15 entstandenen *Sofonisba* versucht, eine müstergültige, sich eng an das Vorbild der Griechen anlehnende Tragödie zu schaffen. 1527, also nach der zweiten Auflage des *Orlando* und offensichtlich schon in Reaktion auf den erstrahlenden Ruhm Ariostos, begann Trissino mit der Abfassung des Epos *L'Italia liberata dai Goti*, das er in konservativer und kaiserlicher Gesinnung Karl V. widmete und mit dem er nun auch auf epischem Gebiet die Geltung der strengen klassischen Regeln zu restaurieren suchte. Als bewußte Gegenkonstruktion zu Ariosto lehnte sich das Epos in Aufbau, Inhalt und Stil aufs engste an griechische Vorbilder an und führte als Metrum den freien Elfsilbler ein, der dem Tonfall griechischer Verse am nächsten kam (ein Vers, dem später in der italienischen Literatur eine große Verbreitung beschieden war). Die *Italia liberata* war als beispielhaftes heroisches Epos konzipiert, das im Sinne der Antike die Größe menschlicher Taten und die Feierlichkeit der Ereignisse in den Mittelpunkt stellte. Doch war Trissino, der neben anderen Traktaten auch eine *Arte poetica* (1529) geschrieben hatte, eher Theoretiker als Dichter, so daß das Werk keine Leser fand und Bernardo Tasso, der Vater des großen Torquato, sagen konnte, daß das Epos »fast am gleichen Tage veröffentlicht und begraben wurde«.

Wie aber sollte ein Epos aussehen? Fest stand jedenfalls, daß Ariostos Werk nicht in die bekannten klassischen Gattungen einzuordnen war. So kam man nicht umhin, in diesem Werk eine neue literarische Gattung auszumachen, die man mangels anderer Bezeichnungen »romanzo cavalleresco« (Ritterroman) oder einfach »romanzo« (Roman) nannte. Theoretische Diskussion und dichterische Praxis waren auf diesem Gebiet das ganze Jahrhundert hindurch gekennzeichnet durch ein Schwanken zwischen den beiden extremen Lösungen des klassischen heroischen Epos und des »romanzo« in der Art Ariostos – eine Unsicherheit, die zahlreiche Kompromißvorschläge und Zwischenlösungen hervorbrachte. Die Tendenz zu einer versöhnlichen Synthese so unterschiedlicher Strukturen erscheint aufs deutlichste ausgeprägt in dem Versuch des LUIGI ALAMANNI

(1495–1556), der 1548, kurz nach Erscheinen der *Italia liberata*, sein Epos *Girone il Cortese* herausbrachte; in einem geschichtlichen Augenblick also, in dem ihm und seinen Zeitgenossen immer mehr der Traum vom Rittertum und seinen heroischen Taten vergehen mußte. Das Heinrich II. von Frankreich gewidmete Werk stützte sich auf den französischen Prosaroman *Guiron le Courtois*, auf den Tristan-Stoff und einige andere Quellen und hielt sich eng an antike, insbesondere homerische Vorbilder. Wie die Epen Homers ist das Werk in vierundzwanzig Bücher eingeteilt, ein echter, »heroischer« Held steht im Mittelpunkt der Handlung, der Ton ist meist ernst und getragen. Andererseits aber übernimmt das Werk Elemente des »romanzo«, löst die Einheit der Handlung auf, produziert Vielfalt, erzählt von Liebe, Abenteuern und Zauberern, benutzt die gegenüber dem freien Elfsilbler melodischere Oktave, kurzum will unterhalten und ergötzen. In seinen letzten Lebensjahren schrieb Alamanni ein weiteres Epos, das erneut eine Harmonisierung von heroischem Epos und »romanzo« anstrebte, die *Avarchide*, die nach der Vorstellung ihres Autors eine »toskanische Ilias« sein sollte und 1570 postum von seinem Sohn veröffentlicht wurde. Trotz oder vielleicht wegen der verbreiteten Unsicherheit in bezug auf die epische Gattung erscheint erst 1554 der erste ernsthafte gattungstheoretische Traktat, nämlich der *Discorso intorno al comporre de' romanzi* des GIOVAN BATTISTA GIRALDI CINZIO (1504–1573), der sich als theoretischer Entwurf ebenfalls die Harmonisierung der klassischen Epentradition mit den neuen Entwicklungen zum Ziel setzte. Giraldi versuchte einerseits nachzuweisen, daß die Werke Boiardos und Ariostos durchaus in einigen Punkten dem klassischen Kanon entsprechen, würdigt aber andererseits die Kunst beider Autoren als Ausdruck einer modernen dichterischen Einbildungskraft, der formal eine neue Gattung entsprechen müsse; diese neue Gattung sei jedoch in nichts den antiken Vorbildern unterlegen. Der »romanzo cavalleresco«, der der Antike unbekannt war, habe in Ariostos Werk sein nicht mehr zu übertreffendes Musterbeispiel gefunden; und ähnlich wie Bembo Petrarca zum »Klassiker« der Lyrik erhob, setzte daher Giraldi Ariosto als oberstes Vorbild des neuen epischen Erzählens ein. Im Sinne einer Vermittlung zwischen klassischen und modernen Strukturen schlug Giraldi u. a. die Verwendung eines Helden, aber vieler Handlungen vor und versuchte, seine Vorstellungen in einem eigenen Epos mit dem Titel *Ercole* zu exemplifizieren, von dessen geplanten 48 Gesängen jedoch nur die ersten sechsundzwanzig 1557 in Modena veröffentlicht wurden. Wenig später versuchte ANNIBAL CARO (1507–1566) in den letzten Jahren seines Lebens mit seiner (erst 1581 erschienenen) freien Übersetzung der Vergilschen *Aeneis* ins Italienische einen ähnlichen Mittelweg zu gehen, indem er die klassische Vorlage in freie Elfsilbler und in einen lockeren und flüssigen Erzählduktus überführte und dabei die abenteuerlichen ebenso wie die ritterlichen Elemente betonte.

Neben dem Theoretiker Giraldi war es dessen Schüler GIOVAN BATTISTA DA LA PIGNA (1530–1575), der in seinem 1554 in Venedig erschienenen Traktat *Romanzi* die neue Gattung untersuchte und dabei das Werk Ariostos einer sensiblen Analyse unterzog. Pigna, der u. a. die Veröffentlichung der Lyrik Ariostos besorgt hatte, entwickelte im ersten Buch seines Traktats eine Theorie des neuen Erzählstils, um sodann im zweiten und dritten Buch den *Furioso* einfühlsam als Modell eines neuen, erfindungsreichen und psychologisch vertieften Erzählens, als eine moderne Literaturgattung mithin, zu würdigen. Dabei gelangte Pigna zu ähnlichen und gleichen Feststellungen wie der ältere Giraldi, und da beide Traktate im gleichen Jahr erschienen waren, entstand zwischen Lehrer und Schüler eine heftige Polemik bezüglich der Urheberschaft dieser neuen gattungstheoretischen Ideen. Zur Verbreitung und immer stärkeren Nachahmung des neuen Erzählstils trug auch ein anderes Erzählwerk bei, das von Abenteuern, Feen, Ungeheuern, magischen und sagenhaften Gestalten nur so wimmelte, nämlich der 1546 in Venedig (als Überarbeitung einer portugiesischen Vorlage von 1525) erschienene spanische Abenteuerroman *Amadis de Gaula*, der sich in verschiedenen Übersetzungen und Bearbeitungen in ganz Europa größter Beliebtheit erfreute, Lieblingslektüre Franz' I. und Karls V. war und von Montaigne, Bembo, Castiglione und anderen Persönlichkeiten hoch geschätzt wurde.

In Italien wurde der Stoff des Romans u. a. von BERNARDO TASSO (1493 bis 1569) aufgegriffen, der etwa ab 1540 sein Epos *Amadigi* schrieb, das sich bei seinem Erscheinen 1560 dennoch lediglich als eine matte und konfuse Überarbeitung des Amadis-Stoffes erwies. Auch Bernardo Tasso versuchte in seinem Epos einen Kompromiß zu finden, indem er klassische Prinzipien des heroischen Epos mit unterhaltsamer, abenteuerlicher Vielfalt im neuen Stil verband; doch konnte seine von moralisierenden Absichten getragene Darbietung eines seit Jahrzehnten bekannten Stoffes kein sonderliches Interesse erwecken. Immerhin bot das Werk in der Verwendung der Oktave und der grundsätzlichen Akzeptanz der neuen Ariostschen Erzähltechnik eine wichtige Orientierung für den Sohn Torquato.

3. Torquato Tasso

Sein Leben

Um die gleiche Zeit, zu der Vater Bernardo sich in Venedig um die Druck-legung seines *Amadigi* bemühte, begann der gerade fünfzehnjährige früh-reife Torquato mit der Abfassung seines Epos *Gerusalemme*, das er jedoch bald darauf im ersten Buch abbrach, um sich einem anderen Epos, dem *Rinaldo* zu widmen, der schon 1562 in Venedig erschien. Der hochbegabte, zarte und sensible Künstler hatte zu diesem Zeitpunkt schwierige, vor allem durch den frühen Entzug der Mutter belastete Kinderjahre hinter sich. Am 11. März 1544 in Sorrent geboren, mußte er schon 1552 das Elternhaus und die mütterliche Obhut verlassen und mit seinem Vater Bernardo in die Fremde ziehen, der in treuer Ergebenheit seinem Herrn Ferrante Sanseve-rino, Fürst von Salerno, ins Exil folgte, als dieser aus dem Königreich Nea-pel ausgewiesen wurde. In Sorrent verblieben die Schwester Cornelia und die Mutter, die sich um die Interessen der Familie kümmern sollte, die je-doch, vereinsamt und unter Ängsten leidend, bereits 1556 verstarb. In drük-kender und demütigender Armut begleitete er den Vater, der in ständiger Suche nach Protektion und Arbeit viele Städte und Höfe Italiens durchwan-derte. Urbino, Venedig, Padua, Bologna waren wichtige Stationen dieses Umherirrens, das dem jungen Tasso vielfältige leidvolle Erfahrungen und eine vorzeitige Reife bescherte, sodaß er, wie er selbst in einem Brief vom 17. Mai 1580 schreibt, mit neun Jahren körperlich und geistig für einen Zwölfjährigen gelten konnte. Er studierte Jura, Rhetorik und Philosophie in Venedig, Padua und Bologna, von wo er aber nach Padua flüchten mußte, weil er für den Verfasser einer gegen Professoren und Studenten gerichteten Satire gehalten wurde. In Venedig trat er in Kontakt mit führenden Litera-ten der Stadt, darunter Alessandro Piccolomini, Sperone Speroni und Carlo Sigonio. In Padua beteiligte er sich an der Veröffentlichung einer Lyrik-sammlung der dortigen »Accademia degli Eterei«, den *Rime de gli Accade-mici Eterei* (1567), in die er auch unter dem Namen »Pentito« eigene frühe Gedichte einbrachte. Ein weiterer überaus schmerzlicher Schlag war für ihn der Tod des Vaters im September 1569, mit dem ihn eine innige Zuneigung verband. Torquato war 1565 in den Dienst des Kardinals Luigi d'Este getre-ten, wechselte aber 1572 in die Dienste Alfons' von Ferrara, der ihm einen Ehrenplatz unter seinen Höflingen einräumte und ihm ein sorgenfreies Le-ben ohne besondere Aufgaben gewährte, ausgenommen der, Verse zu machen. Die folgenden Jahre waren die glücklichsten seines Lebens und zugleich eine fruchtbare Schaffensperiode: Er schreibt das Hirtengedicht

Aminta, besorgt 1573 dessen Aufführung und beginnt im gleichen Jahr mit der Tragödie *Galealto re di Norvegia*; 1575 beendet er das Epos *Goffredo*, das später unter dem Titel *Gerusalemme liberata* veröffentlicht wird. In vollen Zügen genoß der Dichter das freizügige, glanzvolle Leben am Hofe, in dem Glauben, nun endlich nach langem Umherirren in der Protektion Alfons' den sicheren Port seines Lebens erreicht zu haben. Indes hatte die langjährige zähe Arbeit an dem großen Epos die Kräfte des Dichters stark in Anspruch genommen, der auch keinerlei Begeisterung zeigte, als er 1575 an Stelle des verstorbenen Giovan Battista da la Pigna zum Historiographen des Hofes ernannt wurde. Auch die Diskussionen mit führenden Literaten um eine Überarbeitung seines Epos weckten im Dichter selbstkritische Zweifel und belasteten erneut seine Nerven. Der durch das befremdende Verhalten seines Höflings und auch durch dessen Kontakte zu anderen Fürsten bereits beunruhigte Alfonso war im höchsten Maße betroffen, als Tasso im Juni 1577 vor dem Inquisitor von Ferrara ein Geständnis seines Unglaubens ablegte. Kurz darauf bedrohte er in offensichtlichem Verfolgungswahn einen Diener mit dem Messer und kam, nunmehr als Geisteskranker und Wahnsinniger eingestuft, am 17. Juni in Gefängnishaft. Schon bald darauf befreite ihn der Herzog aus dem Kerker und verbrachte ihn zur Heilung in das Kloster San Francesco, von wo er jedoch am 27. Juni entfloh, um bei seiner Schwester in Sorrent und an verschiedenen Höfen Italiens Zuflucht und Ruhe zu finden. Im Februar 1579 floh er aus Turin und traf unverhofft in Ferrara ein, wo er während der Feierlichkeiten der Vermählung Alfons' mit Margherita Gonzaga in geistiger Verwirrung den Herzog, seine Gemahlin und die Höflinge beschimpfte und seine Manuskripte und seine Ehre zurückforderte. Darauf wurde er in das nahe gelegene Hospital Sant'Anna gebracht und wie ein Verrückter an die Kette gelegt. Erst nach über sieben Jahren, im Juli 1586, wurde er durch die Intervention des Fürsten von Mantua, Vincenzo Gonzaga, aus dem Kerker befreit. Er lebte darauf kurze Zeit am Hof der Gonzaga (1586/87), um dann auf der Suche nach innerer Ruhe erneut ein Wanderleben zu führen, angewiesen auf die Großzügigkeit seiner Freunde und die Mildtätigkeit der Klöster. In diesen Jahren entstanden eine große Zahl literarischer Werke, darunter die Tragödie *Il re Torrismondo*, mehrere religiöse Dichtungen und die *Discorsi del poema eroico* (1594). Als der immer noch kranke, von Ängsten und Wahnvorstellungen umgetriebene Dichter sich im November 1594 nach Rom begab, gewährte ihm der Papst eine jährliche Pension und stellte ihm die Krönung zum Dichter in Aussicht; doch starb der Unglückliche ungekrönt und im Alter von nur einundfünfzig Jahren am 25. April 1595 im Kloster Sant'Onofrio zu Rom.

300

Werke

Die Idee zu einem großen heroischen Gedicht auf die Ereignisse des ersten Kreuzzugs kam Tasso 1559 in Venedig in einem Augenblick, als die Stadt unmittelbar von den Überfällen der Türken bedroht war und das politisch und religiös zerstrittene christliche Europa den heidnischen Heeren hilflos ausgeliefert schien. Der junge Dichter hatte auch einen Überfall türkischer Piraten auf seine Geburtsstadt Sorrent in lebendiger Erinnerung, dem seine Schwester Cornelia nur wie durch ein Wunder entkommen war; auch ein Besuch am Grab Urbans II., dem Initiator des ersten Kreuzzugs, hatte ihn tief beeindruckt. So entstanden etwas über hundert Oktaven seines ersten Epos *Gerusalemme*, deren Inhalt später in die ersten drei Gesänge seines Hauptwerkes *Gerusalemme liberata* übernommen wurde. Nach Abbruch des ehrgeizigen historisch-epischen Projektes schrieb Tasso das 1562 in Venedig publizierte Epos *Rinaldo* und begab sich damit in das gefällige und unterhaltsame Reich ritterlicher Abenteuer und romanhafter Liebesgeschichten, die Ariosto mit seinem exemplarischen Entwurf zu neuem Leben erweckt und denen Vater Bernardo mit seinem *Amadigi* gehuldigt hatte. Im Mittelpunkt der zwölf Gesänge des Epos steht die Liebesbeziehung des jugendlichen Helden Rinaldo zu Clarice, der Schwester des Königs der Gaskogne, die indes durch mancherlei abenteuerliche Ereignisse, erzwungene Trennungen sowie auch durch die rauschhafte Liebe Rinaldos zu der schönen Floriana behindert wird, um dann doch endlich zur glücklichen Hochzeit zu führen. Die Floriana-Episode, eine der gelungensten Passagen des Epos, ist ebenso wie viele weitere Elemente des Frühwerks später, in verwandelten Tonlagen, in die *Liberata* eingegangen. Nach dem ersten Versuch eines heroischen Epos und den mehr erzählerischen Intentionen des *Rinaldo* wandte sich Tasso der von heroischen Taten und dem Streben nach Ruhm weit entfernten Welt der Hirtendichtung zu und gestaltete im Frühjahr 1573 in seinem dramatischen Hirtengedicht *Aminta* (mit dem Untertitel »Favola boschereccia«), das noch im gleichen Jahr am Hofe Alfons' II. aufgeführt wurde, ein ebenso sensibles wie eindringliches Beispiel renaissancehaften Hedonismus, das unter Vernachlässigung aller äußeren und historischen Elemente in der gefälligen Szenerie eines einfachen, ländlichen Hirtenlebens ganz der Darstellung eines naturhaften Glücksstrebens und der intimen, rauschhaften Sinnlichkeit gewidmet war. Das für die Bühnenaufführung in fünf Akten aufgebaute und im freien Wechsel von Sieben- und Elfsilblern verfaßte Gedicht hat eine einfache und lineare Handlung ohne dramatische Effekte, in deren Mittelpunkt die idyllische Liebesgeschichte des naturhaften Hirtenpaares Aminta und Silvia steht. Silvia will, trotz des Zuspruchs ihrer Vertrauten Dafne, dem Liebes- werben des Hirten nicht nachgeben; dieser seinerseits möchte dem Rat sei- nes Vertrauten Tirsi nicht folgen, mit Gewalt die spröde Schöne zu er- obern. Statt dessen stürzt er sich in Verzweiflung über den vermeintlichen Tod der Silvia von einer Klippe. Was aber tausend Worte und inbrünstiges Liebeswerben nicht vermochten, das vermag nun das Mitleid der Silvia mit dem Verletzten, das rasch zu Liebe und Hingabe führt. Ein gelungener Kunstgriff des Gedichts besteht darin, dem naiven Hirtenpaar das in Lie- besangelegenheiten ungleich beschlagenere Vertrautenpaar Tirsi-Dafne ge- genüberzustellen, dessen skeptische, erfahrungsgesättigte Meinungen und Ratschläge einen wirkungsvollen Kontrast zu dem nur von Gefühlen be- stimmten Verhalten und den lyrischen Ergüssen Amintas und Silvias bil- det. Hinter dem desillusionierten und kontrollierten Verhalten der Dafne und insbesondere des Tirsi versteckten sich erste Erfahrungen, die der junge Dichter im eleganten, oft zynischen und schamlosen Treiben der Höfe gesammelt hatte. Die glückliche Vereinigung des Hirtenpaares aber wird gefeiert als Triumph des natürlichen, unwiderstehlichen Liebestriebs, dem alle Wesen unterworfen sind und der zu Unrecht durch heuchlerische moralische Gesetze unterdrückt wird.

Erste jugendliche Lyrik Tassos war bereits 1567 in die *Rime de gli Acca- demici Eterei* eingegangen; doch begann der Dichter erst im Gefängnis von Sant'Anna, sein zerstreutes, bei den verschiedensten Gelegenheiten ent- standenes lyrisches Werk zu sammeln und zu ordnen. 1591 erschien in Mantua eine erste Teilsammlung mit Liebesgedichten, die *Amori*, denen 1593 eine zweite Sammlung mit Gelegenheitsdichtungen und enkomiasti- schen Themen folgte, bestehend aus den *Laudi* und den *Encomi*; das Vor- haben des Dichters, eine dritte Teilausgabe mit religiösen und vielleicht auch noch eine vierte mit vermischten Gedichten folgen zu lassen, wurde durch den Tod unterbunden. Insgesamt liegen von Tasso um zweitausend Gedichte vor, die so gut wie alle in Italien bekannten metrischen Formen verwenden. Formal beruht Tassos Lyrik noch auf den petrarkistischen Schemata seines Jahrhunderts und auf den weithin anerkannten und nach- geahmten Ausdrucksmustern Bembos; doch werden solche schematischen und klassizistischen Zwänge bei ihm überwunden durch eine starke, vor al- lem in den Madrigalen spürbare Tendenz zum Liedhaften und Musikali- schen und durch den unverwechselbaren Ton einer persönlichen Betrof- fenheit, wie etwa in dem folgenden, an die nächtliche Natur gerichteten Madrigal, das mit dem Gedanken an die Geliebte ausklingt:

302

> Qual rugiada o qual pianto,
> quai lacrime eran quelle
> che sparger vidi dal notturno manto
> e dal candido volto de le stelle? (...)

Von den beweglichen, musikalischen Madrigalen heben sich die Kanzonen Tassos ab durch ihren meist schweren, getragenen Ton; doch wird ihr feierlicher, der Huldigung der Fürsten und Hofdamen oder anderen höfischen Motiven gewidmeter Vortrag oft unterbrochen durch eine schmerzliche Wendung ins Persönliche, durch ein betroffenes Rückerinnern leidvoller Lebensabschnitte. So überfällt den Dichter etwa in dem vielgerühmten Kanzonenfragment *Al Metauro* nach vorangegangenem Fürstenlob plötzlich die Erinnerung an die gewaltsame Trennung von der Mutter und das Umherirren mit dem Vater (V. 31–40):

> Me dal sen de la madre l'empia fortuna
> pargoletto divelse ...
> Lasso! e seguii con mal sicure piante,
> qual Ascanio o Camilla, il padre errante.

Was die bis 1575 geschriebene Lyrik angeht, so sind viele ihrer aus vereinzelten Anlässen und Stimmungen entstandenen Motive und Tonlagen später eingeschmolzen worden in den epischen Zusammenhang der *Gerusalemme liberata*, wo sie meist eine verfeinerte Ausgestaltung erfahren haben. Diese Tatsache verweist auf die wichtige, schon bei Poliziano bemerkbare, nun bei Tasso offenkundige Tendenz des Lyrischen, sich von seinen traditionellen Gattungsformen zu lösen und sich in anderen Gattungen, etwa im Epos, zu entfalten. In der Gesamtheit seiner etwa zweitausend Texte stellt Tassos Gedichtkorpus wahrscheinlich das umfangreichste lyrische Werk des sechzehnten Jahrhunderts dar. Das verbindende Merkmal all dieser Gedichte ist ihre raffinierte stilistische, rhythmische und musikalische Durchformung und ein Höchstmaß, fast könnte man sagen ein Übermaß an Eleganz und Musikalität. Dadurch und durch die Wiederholung vieler Motive und Stimmungen kann bei ihrer Lektüre der Eindruck einer Übersättigung aufkommen, ebenso wie ihre elegischen und idyllischen, oft allzu lieblichen und schmachtenden Töne nicht selten die Grenzen der Manier erreichen. So oder so bilden Tassos Gedichte einen Meilenstein in der Entwicklung der Lyrik auf italienischem Boden. In sie sind alle sprachlichen, metrischen und musikalischen Register früherer Lyrik in verfeinerter und gesteigerter Form eingegangen: Als seine Vorbilder nannte

Tasso selbst neben Dante, Petrarca und anderen neueren Dichtern Pindar, Anakreon, Vergil, Horaz, Catull, Tibull und Ovid. Von Tassos Lyrik gingen entscheidende Impulse auf fast alle nachfolgenden Schulen und Richtungen der Lyrik aus, insbesondere auf die manieristischen und romantischen Entwicklungen der folgenden Jahrhunderte, auf Marino und die Dichter der »Arcadia«, auf Metastasio, Leopardi, Foscolo und die Romantiker.

Von Tasso sind ferner insgesamt 26 *Dialoghi* überliefert, die in dem Zeitraum zwischen 1579 und 1595 entstanden, die meisten davon im Gefängnis von Sant'Anna. Die große Dialogtradition von Platon bis hin zu dem für ihn vorbildlichen *Cortegiano* des Baldassarre Castiglione vor Augen, widmete sich Tasso in seinen Dialogen im lockeren Gesprächston dem Nachsinnen über philosophische, ethische und psychologische Probleme, wobei er sich formal vor allem an Platon und Cicero anlehnte und auch in der Doppelung der Dialogtitel den antiken Gebrauch nachahmte (zuerst wird der Name des wichtigsten Gesprächspartners genannt, dann das Thema). So entstanden im Lauf der Jahre *Il Nifo overo del piacere*, *Il Minturno overo della bellezza*, *Il Ficino overo de l'arte* und weitere Texte bis zu dem wahrscheinlich letzten Dialog *Il Porzio overo de le virtù*. In der Vielfalt ihrer Themen und Interessen vermitteln die fiktiven Gespräche einen Eindruck von der Bildung Tassos und von seinem zwischen Platonismus und Aristotelismus, zwischen renaissancehafter Diesseitigkeit und gegenreformatorischer, moralischer Strenge schwankenden Denken; auf vielen ihrer Seiten gewähren sie aber auch Einblicke in die persönlichen Sehnsüchte, Erinnerungen und Ängste des Dichters.

In die späten Jahre fällt auch die Überarbeitung der in jungendlichem Alter geschriebenen Tragödie *Galealto re di Norvegia* (1573), die unter dem Titel *Il re Torrismondo* 1587 in Bergamo veröffentlicht wurde. Die Tragödie, deren Stoff hauptsächlich aus der *Historia de gentibus septentrionalibus* (1555) des Olahus Magnus stammt (die 1565 auch in einer italienischen Übersetzung erschien), handelt von Liebe, Inzest und Freitod der Geschwister Torrismondo und Alvida, bietet jedoch dramaturgisch erhebliche Schwächen. In dem ebenfalls späten, 1607 postum erschienenen religiösen Gedicht *Le sette giornate del mondo creato* besang Tasso das paradiesische Glück der Ureltern nach der Erschaffung der Welt.

Außerordentlich früh beginnt die dichtungstheoretische Reflexion Tassos, dessen stets waches kritisches und künstlerisches Bewußtsein die Entstehung aller seiner Werke begleitet und bedingt. Ein erstes bedeutsames Zeugnis seiner Dichtungstheorie waren die bereits um 1564 in Venedig verfaßten, 1587 dort veröffentlichten *Discorsi dell'arte poetica*, die aus den allenthalben geführten Diskussionen um Wesen und Ziele des literarischen Werks, aber auch aus unmittelbaren Kontakten mit großen Gelehrten und Autoren wie Minturno, Speroni, Il Pigna, Giraldi Cinzio und anderen hervorgingen. Später artikulierte sich das poetologische Interesse und das Reflexionsbedürfnis des Künstlers in einer Reihe dichtungstheoretischer Schriften, zu denen u. a. die *Allegoria della Gerusalemme liberata*, die *Apologia in difesa della Gerusalemme liberata*, die Dialoge *La Cavaletta*, *Il Ficino* und *Il Minturno* gehörten, und die schließlich in den *Discorsi del poema eroico* von 1594, einer Überarbeitung der *Discorsi* von 1564, ihren reifen Ausdruck und glänzenden Höhepunkt erreichten. Die eine poetologische Grundüberzeugung Tassos ist die der organischen Einheit des Kunstwerks. Die gewünschte gefällige Vielfalt der Themen und Motive muß in diese strukturelle Einheit funktional und harmonisch eingebunden sein, so wie auch im göttlichen Kosmos alle Vielfalt in die Einheit der Schöpfung eingebunden ist: nimmt man ein Teil hinweg oder stellt es an einen anderen Platz, ist das Ganze zerstört. Die zweite Grundforderung Tassos ist die nach Historizität der epischen Erzählung, womit sich der Dichter als ein Vorläufer romantischen Denkens auswies. Der epische Erzähler hat in möglichst enger Anlehnung an die geschichtlichen Fakten stets das Wahre zu suchen; der daraus beim Leser entstehende Eindruck der Wahrscheinlichkeit ist Voraussetzung für dessen ästhetischen Genuß. Doch ist die Orientierung an den geschichtlichen Fakten keinesfalls ein Hindernis für das freie Walten der Phantasie, weil auch deren Schöpfungen durch ihre innere Wahrscheinlichkeit in die Glaubhaftigkeit des Gesamtwerks eingebunden sind: Der Dichter schaut nicht so sehr auf die Wahrheit der Einzelheiten als auf die Wahrheit des Gesamtgemäldes. Dessen Kohärenz und Einheit indes wird maßgeblich bestimmt durch die in den Mittelpunkt gestellte ideale, ausgewogene Persönlichkeit, die als der positive Held der neuen Epik die rasenden, Schwerter schwingenden oder Frauen verfolgenden Paladine älterer Epen ablöst und an die Stelle umtriebiger Leidenschaften und törichter Handlungen das Prinzip vernunftbestimmten, disziplinierten Handelns setzt. Solche Idealität menschlichen Verhaltens aber verlangt dem Dichter zufolge in der sprachlichen Wiedergabe den Schmuck und die majestätische Würde des heroischen Stils.

Das Hauptwerk: Die »Gerusalemme liberata«

> Canto l'arme pietose e 'l capitano
> che 'l gran sepolcro liberò di Cristo.
> Molto egli oprò co 'l senno e con la mano,
> molto soffrì nel glorioso acquisto;
> e in van l'Inferno vi s'oppose, e in vano
> s'armò d'Asia e di Libia il popol misto.
> Il Ciel gli diè favore, e sotto a i santi
> segni ridusse i suoi compagni erranti.

In feierlichem und getragenem Ton, in reichem rhetorischen Ornat und mit Anlehnung an das große Epos Vergils beginnt das Gedicht Tassos mit der Vorstellung des großen gottberufenen Helden Goffredo, unter dessen ebenso kluger wie tapferer Führung die christlichen Heere die heiligen Stätten von den Heiden befreien werden. Stoffliche Vorlage für Tassos Gedicht ist die Geschichte des ersten Kreuzzugs (1096–1099), der unter Gottfried von Bouillon zur Befreiung Jerusalems führte; wobei sich Tasso auf verschiedene mittelalterliche Chroniken, vor allem auf die *Historia belli sacri* des Wilhelm von Tyrus stützte. Wohlüberlegt wird die allen Leidenschaften entrückte, in einen Glorienschein moralischer Perfektion, christlicher Tugend und unerschütterlichen Gottvertrauens gehüllte Gestalt des großen Fürsten an den Beginn des Epos gerückt. Denn Gottfried wird es sein, der das nun in zwanzig Gesängen mit wohlklingenden, musikalischen Oktaven entfaltete Geschehen des Kampfes zwischen christlichen und heidnischen Helden und Heeren, das voll ist von Leidenschaften, von Liebe und Tod, als überlegener, gottgewählter Feldherr planend überschaut und zu einem guten Ende führt. Er ist es, der das Getümmel des Kampfes, das oft genug in ein menschliches Chaos auszuarten droht, stets in weiser Übersicht wieder zurücklenkt in die geordneten Bahnen der göttlichen Vorsehung, deren Ziel es ist, das Grab Christi zu befreien. Neben oder unter dieser fast priesterlichen, Einheit stiftenden Zentralgestalt ragen zwei junge Helden an Schönheit und Tapferkeit hervor: Rinaldo und Tancredi. Der erste ist ein Inbegriff jugendlichen Draufgängertums und im Streben nach Ruhm stets auf der Suche nach ungewöhnlichen Abenteuern. Der zweite, Neapolitaner normannischer Herkunft, reifer, mit allen ritterlichen Tugenden ausgestattet, von pathetischem Gemüt, verbindet Tapferkeit mit dem Hang zum Grübeln, mit seiner Neigung zum Frauendienst und mit tiefer Religiosität; er verkörpert die Idealvorstellungen Tassos vom Mann und wurde daher als Selbstporträt des Dichters interpretiert. Vom ersten

Gesang an laufen die beiden abenteuerreichen Handlungsstränge um Rinaldo und Tancredi parallel und bilden einen in seiner fein abgestuften Kontrapunktik höchst eindrucksvollen Doppelroman, der schließlich auf beiden Seiten einen glücklichen Ausgang findet. Rinaldo, »der Held Italiens« und einer der wichtigsten Recken des christlichen Heeres, soll von den Mächten der Hölle, die von Luzifer zusammengerufen werden, durch List und Täuschung zu Fall gebracht werden. Werkzeug der Hölle ist die schöne Armida, Nichte des Idraote, des Zauberers und Königs von Damaskus, eine der gelungensten Frauengestalten Tassos. Sie betört neben zahlreichen weiteren christlichen Kreuzfahrern auch Rinaldo, der sich von ihr auf die »Isole Fortunate« (die heutigen Kanaren) entführen läßt, um dort in einer weltentrückten Idylle seiner Leidenschaft zu frönen. Um ihn an seinen Platz im christlichen Lager zurückzubringen, muß Goffredo erhebliche Anstrengungen unternehmen, die dem Dichter den Vorwand für einen eingeschobenen Abenteuerroman liefern: Goffredo entsendet zwei seiner zuverlässigsten Leute, Carlo und Ubaldo, die zuerst in die Hölle hinabsteigen müssen, um den Aufenthaltsort des Helden zu erfahren, und die dann unter tausend Abenteuern das Mittelmeer durchschiffen, um schließlich auf die »Glückseligen Inseln« zu gelangen. Dort können sie Rinaldo zur Rückkehr bewegen, der Buße tut und aktiv an der Belagerung Jerusalems teilnimmt. Später trifft Rinaldo im Kampf auf Armida, die aus Ägypten Unterstützung für die Heiden herangeführt hat. Er verletzt sie, tötet sie aber nicht, denn nur so kann die zauberhaft schöne Armida, deren Beschreibung Tasso klangvollste und schönste Oktaven widmet, später als Gattin Rinaldos Stammmutter des Geschlechts der Este werden.

Der schöne Tancredi dagegen liebt Clorinda, die Tochter eines äthiopischen Fürsten und einer weißen Sklavin. Durch eine tragische Fügung geschieht es, daß er der tapferen Heidin, die stets in der ersten Linie ihres Heeres kämpft, im Kampf begegnet und sie tödlich verletzt. In einer für Tasso typischen hochpathetischen Szene läßt Clorinda sich, bevor sie stirbt, durch Tancredi taufen (Gesang XII,65 ff.). Die Geschichte Tancredis findet ihre Fortsetzung in der Liebe der Königstochter Erminia, die sich so sehr nach ihm sehnt, daß sie eines Nachts in der Rüstung der Freundin Clorinda in das christliche Lager schleicht, dort entdeckt und verfolgt wird und zu einem Hirten in die Einsamkeit flüchtet, wo sie in ländlicher Idylle Ruhe findet (Gesang VII). Erst später, nachdem Jerusalem bereits erobert ist, kann sie, vor der letzten Entscheidungsschlacht um den Davidsturm, die Wunden des schwer verletzten Tancredi heilen und ihn ins Leben zurückrufen (Gesang XIX). Wichtig ist, daß die parallel laufenden Fäden der beiden Handlungen um Rinaldo und Tancredi einerseits eingebettet sind in das chorale Schlachtgetümmel der beiden Heere und das langsame, durch retardierende Momente unterbrochene Fortschreiten der Haupthandlung gemäß dem Plan der göttlichen Vorsehung; daß aber andererseits diese Fäden kunstvoll verwirrt werden durch bedeutsame Dreierkonstellationen, in denen das chaotische Spiel der Leidenschaften sinnfällig wird. So liebt die Heidin Erminia den Christen Tancredi, seit sie dessen Gefangene war, in heimlicher und verzehrender Liebe, ebenso wie Tancredi seinerseits die Heidin Clorinda heimlich und unglücklich liebt. Von großer Bedeutung im psychischen Gewebe der Dichtung ist auch das Motiv der unerwiderten Liebe, das vom zweiten Gesang an mit der unglücklichen Liebe Olindos zu Sofronia eingeführt wird (die dann doch noch ein glückliches Ende findet). Neben den verschlungenen Wegen der Liebe hat aber auch die tragische und grausame Realität des Krieges ein großes Gewicht in der Dichtung Tassos, wo zuerst im neunten Gesang die Schilderung des Kampfes ein dominierendes Thema wird. Im weiteren Verlauf entfaltet sich die Kriegsszenerie immer stärker zu einer beeindruckenden Darstellung unheilvoller, chaotischer Leidenschaften, welche sich schließlich in den letzten Gesängen (XVII–XX), als sich die Heiden erbittert und rachelüstern der ihnen drohenden Niederlage entgegenstemmen, verdichtet zu einer tragischen Vision des von Leidenschaften und Chaos bedrohten menschlichen Daseins überhaupt. Unter den vielen pathetischen Beispielen schicksalhaften Scheiterns ragen die Todesszenen Argantes und Solimanos als besonders ergreifende Einzelepisoden heraus. Die immer vielschichtige und bewegte, stets kontrolliert auf mehreren Ebenen geführte und vielfach kontrapunktisch versetzte Handlung des *Befreiten Jerusalem* vereinigt stärkste Kontraste in sich: Heroische und idyllische, majestätische und alltägliche, pathetische und intime Motive folgen im raschen Wechsel von Licht und Schatten, Liebe und Haß aufeinander und lassen ein Bild menschlichen Daseins entstehen, das vor allem die Merkmale der Zeitlichkeit und Gebrechlichkeit aller Erscheinungen sinnfällig macht. In einer auffallenden, fast durchgehenden Bipolarität des ideellen Bereichs sind bei Tasso alle Werte der menschlichen Existenz durch ihr Gegenteil bedingt oder relativiert: So sind Liebe, Sinnengenuß und Ruhm bedroht vom Eilen der Zeit und drohen zu Haß, Leid und Schmach zu werden. Selbst die Natur verbirgt unter äußerer Schönheit innere Öde und zerstörende Kräfte; jegliche Freude ist in jedem Augenblick bedroht vom Schmerz, und das Leben insgesamt allzeit durchdrungen vom Tod.

Mit seiner *Gerusalemme liberata* schuf Tasso das erste Nationalepos der italienischen Literatur und ein echtes Volksepos dazu, das in Italien begeisterte Aufnahme fand und in den zwei Jahrzehnten nach seinem Erscheinen in nahezu dreißig Auflagen verbreitet wurde. Darüber hinaus fand Tassos Gedicht Eingang in die Dialektdichtung Italiens und wurde in acht venezianischen, mehreren lombardischen, in piemontesischen, emilianischen, umbrischen, neapolitanischen und kalabrischen Fassungen herausgebracht. Für Italien war auch wichtig, daß das Epos mit seinen sprachlichen Abweichungen von der Norm des Toskanischen den literarischen Primat dieses Dialekts erschütterte und damit den Weg zu einer sprachlich breiter begründeten, nationalen Literatursprache ebnete. Bei seinem Erscheinen 1584 löste das Werk indes nicht nur Zustimmung, sondern auch lebhafte und teilweise scharfe Kritik aus. Eine heftige Polemik entzündete sich an der Frage, ob Tasso oder Ariosto der größere Dichter sei. Während wichtige Kritiker wie Alessandro Tassoni und Traiano Boccalini Tasso lobten und ihn über Homer stellten, ging vor allem von der florentinischen »Accademia della Crusca« eine negative Beurteilung des Werkes aus. Deren Gelehrte gaben, auch aus lokalpatriotischen Gründen, dem leichten Stil Ariostos den Vorzug vor dem kunstvollen, oft in die Nähe der Künstlichkeit geratenden Stil Tassos und monierten an seinem Werk u. a. die Verwendung neuer, nichttoskanischer Termini oder die Übernahme von Archaismen aus den alten Texten. Auf die Kritik der Zeitgenossen reagierte Tasso rasch mit seiner *Apologia in difesa della Gerusalemme liberata* (1585). Dennoch sah sich der Dichter, nicht zuletzt durch eigene künstlerische und religiöse Skrupel verunsichert, veranlaßt, sein Epos zu überarbeiten, um einerseits der sprachlich-stilistischen Kritik der florentinischen Gelehrten, andererseits der Zensur der gegenreformatorischen Kirche gerecht zu werden, die vor allem an den erotischen und romanhaften Szenen des Werks Anstoß nahm. So entstand die »bereinigte« Fassung in 24 Gesängen, die 1593 unter dem Titel *Gerusalemme conquistata* erschien. In ihr waren nicht nur Liebesszenen, sondern ganze Episoden gestrichen wie z. B. die Geschichte von Olindo und Sofronia; dazu auch alle huldigenden Passagen an das Haus d'Este, das ihn bitter enttäuscht hatte; die neue Fassung widmete der Dichter dem Kardinal Cinzio Aldobrandini, einem Neffen des Papstes Klemens VIII. Aus dem übermütigen Rinaldo wird der viel ernstere Ricardo, aus Erminia, deren liebevoll gemalte Idylle bei den Hirten gestrichen wird, wird Nicea; generell werden die Heldenfiguren stärker an Vergil und Homer angelehnt. Der historische Hintergrund wurde von Tasso berichtigt, die Darstellung der Kämpfe erweitert und durch vermehrte Niederlagen der Christen dramatisiert und darüber hinaus biblische Motive wie etwa den Traum Goffredos vom himmlischen Jerusalem und Beispiele christlicher Nächstenliebe eingefügt. Mit all diesen Zugeständnissen an die Zeitgenossen und an die Kirche konnte die Überarbeitung die jugendliche, vitale Frische und den Schwung der ersten Fassung nicht erreichen, von der sie sich vor allem durch ihren steiferen, gesetzten Charakter unterscheidet. Nicht einmal die sorgfältige sprachstilistische Korrektur des Gedichts kann uneingeschränkt als Fortschritt beurteilt werden, da der Dichter bei der Überarbeitung seiner Oktaven sich zu weithergeholten Antithesen, formalen und rhetorischen Künstlichkeiten und zu manierierten Ausdrucksweisen hinreißen ließ. Die *Gerusalemme conquistata* erlebte nur wenige Ausgaben und wurde rasch vergessen, umso mehr, als die *Liberata* bereits in kürzester Zeit populär geworden war.

Tasso ist einer der großen Autoren Italiens, deren Werke in der europäischen Literatur eine leuchtende Spur hinterlassen haben. Seine in unzähligen Beurteilungen und Interpretationen sowie in zahlreichen Übersetzungen dokumentierte Wirkung auf Europa reicht von den Literatenkreisen um den französischen Höfling Honoré d'Urfé über den Spanier Lope de Vega, über John Dryden, den Schöpfer des englischen heroischen Dramas (bzw. der dramatisierten heroischen Epik), den Vorromantiker William Collins, über Rousseau und Voltaire, Klopstock und Goethe, Byron und Longfellow, Lamartine, Baudelaire und weitere Autoren der Romantik und der Dekadenz bis in die jüngste Gegenwart. Dabei entwickelten auch die kleineren Werke eine beträchtliche Ausstrahlung: Die *Aminta* wurde eines der wichtigsten Vorbilder für Hirtendichtung und Melodrama und beeinflußte u.a. d' Urfés Hirtengedicht *Sireine* (1604); die Tragödie *Il re Torrismondo* wirkte stark auf die Reformbestrebungen der italienischen Tragödie im 18. Jahrhundert und auf das spätere europäische Theater, u.a. auf Hugo von Hofmannsthal; das religiöse Gedicht *Mondo creato* beeinflußte Klopstock und den barocken Neoklassizismus Montis. Natürlich war es vor allem die *Gerusalemme liberata*, die als gelungener Versuch der Wiederherstellung einer klassischen Epik christlicher Prägung und als Ablösung der heruntergekommenen parodierenden Epenliteratur des karolingischen Stoffkreises eine Jahrhunderte während Beachtung und Bewunderung fand. Tassos Epos beeinflußte neben zahlreichen italienischen Werken d' Urfés Prosaepos *L'Astrée* (1607–27), Lope de Vegas *La Jerusalén conquistada* (1609), Jean Chapelains *La Pucelle d'Orléans* (deren 12 erste Bücher 1656 erschienen), Miltons *Paradise Lost* (1667) und *Paradise Regained* (1671), in etwas geringerem Maße auch *The Faerie Queene* (1590/95) von Edmund Spenser, um nur einiges zu nennen. Zu den wichtigsten Verehrern des Werks im 18. Jahrhundert gehörten Rousseau und Voltaire; der letztere lobte Tasso in seinem *Discours sur le poème épique*, stellte trotz einiger rationalistischer Vorbehalte Tasso über Homer und nahm sich Tassos Epos in seiner *Henriade* (1728) zum Vorbild. Goethes *Torquato Tasso* (1790) beruhte stofflich auf der 1785 in Rom erschienenen Tasso-Biographie des Abtes Pierantonio Serassi; mit seiner Betonung des Genie-Gedankens und des Pathologischen trug dieses Stück maßgeblich zur Entstehung des vor allem im 19. Jahrhundert verbreiteten Tasso-Mythos bei, der weniger im Werk als vielmehr im Charakter und im tragischen Schicksal des Dichters eine Grundlage suchte. Eine starke Wirkung übten Tassos Dichtungen und insbesondere seine *Gerusalemme* nicht zuletzt auf Musik und Malerei aus, u. a. auf Eugène Delacroix, dessen Darstellung des gefangenen Dichters Baudelaire zu dem Gedicht *Sur ›Le Tasse en prison‹ d'Eugène Delacroix* (1844/64) inspirierte.

IV. THEORETISCHE PROSA ÜBER LIEBE UND KUNST, SPRACHE UND GESELLSCHAFT

1. Pietro Bembo und die »Questione della lingua«

Obwohl weder ein origineller Dichter noch ein tiefer Denker, wurde PIETRO BEMBO (1470–1547) zum Wegweiser und Lehrmeister der literarischen Kultur seiner Zeit. Er verkörperte den Typ eines intelligenten Literaten, der über genügend Sensibilität und Intuition verfügte, um kulturelle Tendenzen und Geschmacksrichtungen zu erkennen und in normsetzenden Werken zusammenzufassen und zu propagieren. So wurde er zum großen kulturellen Vermittler und zugleich zum Interpreten seiner Epoche, mit deren aristokratisch geprägtem Geschmack er, der Liebhaber höfischen und mondänen Lebens, mit seiner ausgeprägten Neigung zu Konformismus und Tradition, sich bruchlos identifizieren konnte. Obwohl in seinen Schriften und Dichtungen kaum Originelles zu finden ist, wurde er vor allem durch seine Verbreitung der platonischen Liebeslehre, die Propagierung Petrarcas zum Modell der Dichtkunst und durch sein Plädoyer für die Gleichberechtigung bzw. Überlegenheit der Volkssprache zum großen Lehrmeister des literarischen Lebens. Seine überragende Wirkung erstreckte sich vor allem auf die ersten drei Jahrzehnte des Jahrhunderts, als die politische und wirtschaftliche Krise noch nicht ganz Italien erfaßt hatte, das Klima eines allgemeinen kulturellen Optimismus noch weitgehend ungetrübt und auch Venedig noch eine große europäische Macht war.

In dieser Stadt wurde er am 20. Mai 1470 geboren. Im Gefolge seines Vaters Bernardo, der Botschafter der Republik Venedig war, lernte er von frühen Jahren an die verschiedensten italienischen Höfe kennen; später konnte er die renommiertesten Universitäten besuchen. In Venedig trat er in Kontakt mit Pico della Mirandola und Poliziano, in Padua studierte er bei Nicolò Tomeo, in Ferrara lernte er Ercole Strozzi und Il Tebaldeo kennen. Durch seinen Vater in viele Fürstenhäuser eingeführt, verbanden ihn besondere Beziehungen zu den Familien der Medici, der Este und der Gonzaga. Von 1512 bis 1519 lebte er in Rom und stand im Dienst Leos X., der ihn wegen seines eleganten ciceronianischen Stils zu seinem Sekretär ernannte. Nach dem Tod des Vaters (1519) begab er sich nach Venedig und Padua und veröffentlichte nach verschiedenen lateinischen und volkssprachlichen Schriften 1530 die *Rime*, eine Sammlung seiner petrarkistischen Lyrik, in dem gleichen Jahr also, in dem auch Sannazaros *Rime* erschienen (vgl. S. 267). Später wurde er von Venedig beauftragt, die Geschichte der Republik von 1487 bis 1513 (Wahl Leo X.) zu schreiben. Dies geschah zunächst auf Latein (ab 1531); 1544 übertrug er seine *Historia* in feierlichem und steifem Altersstil ins Volgare *(Della istoria veneziana libri XII)*. 1539 erhielt er die Kardinalswürde. Nach seinem Tod am 18. Januar 1547 erschienen in Rom und Venedig umfangreiche Sammlungen seiner Briefe.

Die wichtigsten theoretischen Schriften waren die *Asolani* und die *Prose della volgar lingua*. Die Asolaner Gespräche, *Gli Asolani*, 1497 begonnen, 1505 veröffentlicht und der verehrten Lucrezia Borgia gewidmet, sind ein Traktat über die Liebe in Dialogform. Der fingierte Dialog spielt in Asolo (bei Treviso) in der Villa der ehemaligen Königin von Zypern, Caterina Cornaro, und entwickelt den drei Tage dauernden, gelehrten Disput dreier Edelleute mit drei Edeldamen über das Thema der Liebe. Dabei entspricht der äußere Aufbau des Dialogs dem dreifachen Fortschreiten der Gedanken von der These des ersten Tages über die Antithese des zweiten zur Synthese des dritten Tages. Während am ersten Tag vor allem die Liebe als Ursache menschlichen Leids thematisiert wird, wird am zweiten Tag ihre positive, den Menschen zu edler Gesinnung anspornende Wirkung gewürdigt. Der dritte Tag überwindet dann den vermeintlichen Widerspruch, indem zwischen der unheilvollen sinnlichen und der geistigen Liebe unterschieden wird, welche als eine göttliche Kraft den Menschen adelt und ihn zur Betrachtung der wahren, universalen Schönheit befähigt. Mit diesem Lob der Platonischen Liebeslehre griff Bembo eine lange Denkentwicklung auf, die von der Liebestheorie der »Scuola siciliana« über die Stilnovisten, über Dante, Petrarca und Ficino bis in seine Gegenwart führte und die nun in seinem Dialog einen extrem idealisierenden Abschluß findet. Inhaltlich bietet der Traktat keine neuen Ideen; auch die in die Prosa eingefügten Gedichte (meist Kanzonen) sind Petrarca nachempfunden, dessen *Canzoniere* auf den Dialog einen dominierenden Einfluß ausübte. Dieses auf philosophische wie auf psychologische Vertiefungen verzichtende Exponat der platonischen Liebeslehre spiegelte konforme, weitverbreitete Haltungen der Epoche wider und trug seinerseits dazu bei, Platonisierendes Denken jetzt zu einer Geschmacksmode und zu einem Denkklischee der Epoche werden zu lassen (das jedoch in der Regel nicht mit ernsthaften ethischen oder religiösen Bestrebungen einherging). Die Bedeutung von Bembos Dialog lag zum einen in der weiteren Verbreitung platonischer Ideen; wahrscheinlich kam im ersten Viertel des Jahrhunderts der Platonismus vor allem durch die elegante, dem Zeitgeschmack angepaßte Schrift Bembos in Italien in Mode. Zum anderen bahnten die *Asolani* dem um 1530 einsetzenden Petrarkismus den Weg und waren nicht zuletzt ein wichtiges Beispiel für die Anpassung der Volkssprache an die philosophische Struktur des Dialogs, dessen Sprache bisher überwiegend das Latein gewesen war. Die erste Auflage der *Asolani* von 1505 wurde 1515 und 1525 nachgedruckt; weitere Ausgaben erschienen 1530 und 1548. Im Fahrwasser von Bembos *Asolani* entstanden weitere Traktate über die Liebe, so etwa das 1525 veröffentlichte *Libro de natura de amore* des schlagfertigen MARIO EQUICOLA (1470–1525), eines Schülers Ficinos, oder etwa die 1535 erschienenen *Dialoghi d'amore* des nach 1460 geborenen portugiesischen Juden Jehudah Abarbanel, in Italien LEONE EBREO genannt, welch letzterer mehr noch als die Literatur das philosophische Denken, u. a. das Leonardo Brunis, beeinflußte.

1525 erschien Bembos wahrscheinlich schon um 1500 begonnener und 1512 in den ersten beiden Büchern vorgelegter, nunmehr auf drei Bücher erweiterter sprachwissenschaftlicher Traktat, dessen vollständiger Titel meist abgekürzt mit *Prose della volgar lingua* zitiert wird. Wiederum in der Form des fiktiven Dialogs greift hier Bembo in drei Büchern das schon Jahrhunderte alte Sprachproblem, die *Questione della lingua*, auf und stellt die schon von Dante in *De vulgari eloquentia* untersuchte Frage nach einer tauglichen, dem Lateinischen ebenbürtigen überregionalen Literatur- und Kultursprache. Abweichend von Dantes Schrift glaubt Bembo diese Sprache im Toskanischen gefunden zu haben, dessen Vorbildcharakter und Klassizität er vor allem im Werk der drei großen Dichter Dante, Petrarca und Boccaccio begründet sieht. Grammatik, Syntax und Stil dieser Autoren werden in dem wichtigen zweiten Teil der Schrift einer sorgfältigen und mustergültigen Analyse unterzogen und zu Modellen der italienischen Schriftsprache erklärt, so wie Vergil und Cicero Vorbilder des Lateinischen sind. Dabei kommt es Bembo auf den Nachweis an, daß die Volkssprache nach langer

313

Rivalität mit dem Lateinischen nunmehr die Eigenschaften aufweise, die sie befähigen, mit der antiken Sprache zu wetteifern und diese nicht nur zu ersetzen, sondern sogar zu übertreffen. Bembo geht in seinem zweiten Buch u. a. von dem Gedanken der »translatio studii« bzw. »litterarum« aus, was besagt, daß die großen Kulturleistungen im Laufe der Zeit von Kultur zu Kultur wandern: So sei die große Literatur von den Griechen auf die Römer übergegangen, welche jene sogar noch übertrafen; nun aber sei die Zeit des Lateinischen abgelaufen, in dem so viele große Werke verfaßt wurden, und von nun an könne man nur noch mit Werken in der Volkssprache Ruhm erwerben. Die ideale Schriftsprache aber ist für Bembo nicht wie für Dante eine Koine der verschiedenen italienischen Dialekte, also eine gesamtitalienische Mischsprache, sondern das Toskanische, das alle anderen Dialekte bei weitem übertreffe. Das Kriterium der Klassik bzw. des Klassischen sei vom Lateinischen auf das Toskanische zu übertragen, und zwar konkret auf das Toskanische des Trecento und dessen drei Koryphäen. Der schriftliche Gebrauch der italienischen Literatursprache müsse sich an diesen drei Modellautoren orientieren und sich zugleich deutlich von den volkstümlichen und familiären Verwendungen dieser Sprache unterscheiden, die unregelmäßig und vergänglich seien. Hier wie anderswo unterscheidet Bembo zwischen Schriftsprache/Literatursprache (»lingua«) und gesprochener Sprache (»favella«). Das »klassische« Toskanische sei nach Ausdrucksfähigkeit (»copia«), Größe (»grandezza«) und Anmut (»piacevolezza«) dem Lateinischen ebenbürtig, wenn nicht gar überlegen. Für die Verwendung der überregionalen Literatursprache Italiens versucht Bembo des weiteren, grammatische, syntaktische und stilistische Regeln zu formulieren mit dem Ziel, der Volkssprache eine dem Lateinischen ähnliche Regelmäßigkeit und Stabilität zu sichern. Bembo stellte u. a. eine Liste von zwanzig mehr oder weniger vorbildlichen Autoren der Volkssprache auf und bildete damit den ersten Kanon der italienischen Literatur. Mustergültig sind ihm zufolge vor allem Petrarca für die Lyrik und Boccaccio für die Prosa; während Dante wegen archaischer Elemente in Stil und Wortschatz und wegen der Verwendung nichttoskanischer Wörter für den Puristen Bembo etwas zurücktritt.

Bembos Dialog war keine bahnbrechende Schrift wie die Dantes; vielmehr eine geordnete und begründete Darlegung dessen, was als Meinung, These und Tendenz in seiner Epoche vielfach artikuliert wurde. Längst ging es auch nicht mehr um eine allgemeine Anerkennung des Volgare, das ja schon während des vorigen Jahrhunderts zu einer gleichberechtigten Sprache neben dem Latein geworden war. Jetzt ging es konkret darum, die Grundlagen der neuen Literatursprache zu legen und ihre Erhöhung über das Lateinische theoretisch und modellhaft zu rechtfertigen. Daß es überhaupt im 16. Jahrhundert zu einer so breiten und intensiv geführten Diskussion der Sprachenfrage kam, war auch dem Umstand zu verdanken, daß Giovan Giorgo Trissino Dantes fast zweihundert Jahre lang vergessene Schrift über die Volkssprache zu Beginn des Jahrhunderts entdeckt und 1514 in Florenz der Literatenrunde der »Orti Oricellari« vorgelegt und zur Diskussion gestellt hatte. Kurz darauf erschien Machiavellis *Discorso*. Damit setzte eine sich rasch ausweitende Diskussion um die Sprache ein, deren Hauptpunkt die Frage war, ob die überregionale Literatursprache auf dem Florentinischen oder, wie Bembo wollte, auf dem Toskanischen oder, wie Dante vorgeschlagen hatte, auf einer Koine der Dialekte Italiens, also auf einer Mischsprache beruhe; zur Diskussion stand auch, wie man die italienische Schriftsprache benennen solle, ob florentinisch, toskanisch oder italienisch. Unter denen, die sich der Autorität Bembos und seiner »toskanischen« These anschlossen, war einer der wichtigsten der Senese CLAUDIO TOLOMEI (1492–1556), der in seinen Dialogen *Polito* (1525) und dem 1527/28 geschriebenen, 1555 erschienenen *Cesano* im wesentlichen den Standpunkt Bembos vertrat. Etwas später plädierte der kaum vierundzwanzigjährige LEONARDO SALVIATI (1540–1589) in seiner *Orazione in lode della fiorentina favella* (1564) in der Akademie von Florenz nachdrücklich für die Überlegenheit des florentinischen Idioms. Die Gegenposition der »Antitoskaner«, die mehr oder weniger von Dantes Idee einer »lingua italiana«, einer gesamtitalienischen Schriftsprache ausging, wurde u. a. vertreten von GIOVAN GIORGIO TRISSINO (1478–1550) in seinem Dialog *Il Castellano* (1529), von GIROLAMO MUZIO (1496–1576) in den *Battaglie in difesa dell'Italica lingua* (geschrieben 1530–1536, 1582 in Venedig veröffentlicht) und von Castelvetros *Giunte alle Prose del Bembo* (dazu sogleich); alle »Antitoskaner« wurden, wie man sich denken kann, vor allem von toskanischen Autoren auf das heftigste bekämpft. Zu den bedeutendsten Schriften dieser Polemik gehört der zwischen 1530 und 1542 abgefaßte *Dialogo delle lingue* des SPERONE SPERONI (1500–1588), der umsichtig alle Argumente zu Wort kommen läßt und objektiv würdigt, insgesamt aber doch eher einer italienischen Schriftsprache zuneigt. Besondere Bedeutung kam schließlich dem *L'Ercolano* des BENEDETTO VARCHI (1503–1565) zu, der 1565 vollendet und 1570 veröffentlicht wurde. Diese Schrift, die die Form des Dialogs wahrt, in Wirklichkeit aber ein Lehrtraktat ist, sammelt übersichtlich und ausführlich nahezu alle Meinungen und Thesen, die in der Diskussion vorgetragen wurden und bietet eine erste große Zusammenstellung aller Argumente für die Volkssprache. Varchis Werk kann als eine kluge Synthese des Sprachenstreits gelten, der auch die folgenden Generationen bis Manzoni nichts Wesentliches hinzuzufügen hatten.

315

2. Baldassarre Castiglione

Castigliones berühmter, von etwa 1508 bis etwa 1518 verfaßter, doch erst 1528 veröffentlichter Traktat über den perfekten Höfling, *Il Cortegiano*, entstand in eben dem Zeitraum, in dem Machiavelli seinen *Principe* vorlegte (1513), Ariosto die erste Fassung seines *Orlando Furioso* veröffentlichte (1516) und Pietro Bembo nach den *Asolani* (1505) seinen Dialogtraktat über die Volkssprache vorbereitete. Zusammen mit diesen Werken gehört der *Cortegiano* zu den repräsentativsten Hervorbringungen der Hochrenaissance, die das Bild und die Ausstrahlung dieser Epoche nachhaltig geprägt haben. BALDASSARRE CASTIGLIONE (1478–1529), in Casatico bei Mantua geboren, stammte aus einer adligen Familie und wurde vor allem in Mailand erzogen, wo er am Hof Ludovicos seine Karriere als Höfling begann. Später stand er im Dienst verschiedener Fürstenhäuser, darunter der Herzöge von Urbino und der Fürsten von Mantua, und übernahm teils militärische, teils diplomatische Aufgaben. 1516 hatte er geheiratet; nach dem Tod der Gattin nahm er 1520 das geistliche Gewand. 1524 wurde er von Papst Klemens VII. mit der politisch heiklen Nuntiatur in Spanien beauftragt. Als sich jedoch die Beziehungen zwischen Karl V. (der Castiglione persönlich schätzte) und der Kurie nicht besserten und es schließlich zum »Sacco di Roma« kam (1527), wurde er verdächtigt, daran mitschuldig zu sein, so daß er sich noch im gleichen Jahr genötigt sah, in einer Verteidigungsschrift seine Unschuld zu beteuern. Durch das Mißlingen seiner politischen Mission gedemütigt, starb er 1529 im fernen Toledo.

Besonders wichtig in Castigliones Leben war der lange und fruchtbare Aufenthalt am Hof von Urbino (1504–1513), wo Castiglione lateinische und italienische Lyrik verfaßte, die *Calandria* des Bibbiena aufführte, für die er auch einen Prolog schrieb, und etwa 1508, nach anderen auch bereits früher, mit den Arbeiten am *Cortegiano* begann. Eine erste Fassung des Werkes wurde 1516, eine zweite wahrscheinlich zwischen 1520 und 1521 abgeschlossen; eine dritte Fassung entstand zwischen 1521 und 1524; diese ging nach erneuten Korrekturen schließlich 1528 in Venedig in Druck. Mit allen guten Gaben feiner aristokratischer Erziehung und solider humanistischer Bildung ausgestattet, ging es Castiglione in seinem Dialog um nicht mehr und nicht weniger als den Modellentwurf eines idealen, exemplarischen Hofmannes. In Form von Gesprächen, die unter Leitung der Herzogin Elisabetta Gonzaga und ihrer Schwägerin Emilia Pio an vier aufeinanderfolgenden Abenden am Hof von Urbino stattfinden und an denen u. a. Bembo, Giuliano de' Medici, Bibbiena und Ludovico di Canossa teilnehmen, entwickelt Castiglione seine Vorstellungen von der vorbildlichen Le-

316

bensführung des höfischen Menschen, deren Idealismus in einem scharfen und signifikanten Kontrast zum Realismus von Machiavellis *Principe* tritt. Das erste Buch befaßt sich mit der adligen Geburt als Voraussetzung höfischer Lebensform und verfeinerter künstlerisch-wissenschaftlicher Erziehung; das zweite handelt von Anmut und Maß in Gespräch und Verhalten, in den Beziehungen zum Fürsten und zu den anderen Höflingen; das dritte erörtert die Stellung der Frau am Hof und in der Gesellschaft und das Verhältnis von Männern und Frauen zueinander; das vierte schließlich denkt über die Funktion des politischen Ratgebers, über die Qualitäten des Fürsten und die Formen der Regierung nach und schließt mit einer zusammenfassenden Betrachtung. Trotz seiner grundsätzlich normativen und idealen Ausrichtung entwickelt Castiglione in seinen Gesprächen eine erstaunlich feine psychologische Beobachtung und eine differenzierte, sensible und sehr realistische Analyse des höfischen und gesellschaftlichen Lebens, die alle wesentlichen Fragen der Gesellschaftskultur der Renaissance aufwirft und erörtert, die Eigenschaften des Hofmannes und der Hofdame ebenso wie das Verhältnis von Geburtsadel und Verdienstadel, von kriegerischer Tüchtigkeit und kultureller Bildung, von wissenschaftlicher Belehrung und ästhetischem Genuß. Auch auf das Thema der literarischen Schriftsprache geht Castiglione mehrfach ein und wendet sich mit klaren Argumenten gegen Bembo, dessen Autorität er ansonsten anerkennt; auch im Widmungsbrief der zweiten Fassung seines Traktats spricht er sich gegen Bembo dafür aus, daß die Schriftsteller die Sprache der Höfe zum Maßstab nehmen sollten, »wo so viele gelehrte, geistreiche und beredte Menschen zusammenströmen«, und daß diese elegante höfische Sprache nachzuahmen sei, auch wenn sie nichttoskanische oder ausländische Wörter gebrauche. Anmut (»grazia«) und Ausgewogeheit (»misura«), Geist (»ingenio«) und Kunst (»arte«) sind die wichtigsten Eigenschaften des vollkommenen Hofmannes, der universal gebildet ist und vielseitige Fähigkeiten hat; er findet seinen Schwerpunkt in einer goldenen Mitte, die ihn davon abhält, einer Tätigkeit einseitig nachzugehen. Diese Verhaltensregel der positiv verstandenen »mediocrità«, also des goldenen Mittelmaßes, war das vielleicht höchste gesellschaftliche Ideal der frühen Renaissance. Castiglione schreibt dieses Verhalten auch den Frauen am Hofe vor, deren typisch weiblichen Eigenschaften (z.B. der Irrationalität) er einfühlsame Erörterungen widmet. Moralisch sollen die Menschen am Hof unanfechtbar sein; so dürfen etwa Nichtverheiratete nur platonische Liebesbeziehungen eingehen. Denn über den Wert der Menschen entscheidet alleine ihr Ruf, der sich aus dem Urteil der Umwelt ergibt.

Möglichkeit und Notwendigkeit, dem menschlichen Verhalten Regeln zu

317

geben, waren schon in der Einleitung der *Asolani* artikuliert worden; andererseits legte auch das platonisierende Denken der Zeit nahe, Ideale aufzustellen. Die Suche nach menschlichen Modellen und nach dem idealem Verhalten war Castiglione auch aus Cicero bekannt, dessen Dialoge, allen vorweg der *De oratore*, von großem Einfluß auf seine Schrift waren. Angeregt durch diese und weitere Vorgaben entstand so in der Fiktion einer Gesprächsrunde das Idealbild des Renaissancemenschen. Zugleich hat Castigliones Dialog auch als Kunstwerk ungewöhnliche Qualitäten: Die Charakterisierung der einzelnen Gesprächspartner ist vollkommen, die Sprache klar und nuancenreich, erörternde, erzählende und lyrisch-deskriptive Passagen folgen in ansprechendem Wechsel aufeinander, und das Ganze klingt unprätentiös und elegant aus in einem pointenreichen Wortwechsel über die Wahrheit einiger gegen die Frauen erhobener Vorwürfe; ein wahrhaft aristokratischer Schluß. Nicht zuletzt aufgrund dieser Form mußte der Traktat im monarchischen Europa mit seinen vielen blühenden Fürstenhöfen großen Anklang finden: Karl V. schätzte ihn sehr, schon 1534 wurde er von Juan Boscán ins Spanische, ab 1537 mehrfach ins Französische, 1571 ins Englische und 1593 ins Deutsche übersetzt. Das Idealbild des Castiglione hat später auf weite Teile der europäischen Moralistik, u. a. auf Baltasar Graciáns Traktat *El discreto* (1646) sowie auf die gesellschaftlichen Typysierungen des »honnéte homme« und des »gentleman« eingewirkt.

3. *Giovanni Della Casa und Alessandro Piccolomini*

Etwa ein Vierteljahrhundert nach dem *Cortegiano* erschien der ebenfalls den Regeln menschlichen Verhaltens gewidmete Traktat *Galateo ovvero de' costumi* des GIOVANNI DELLA CASA (1503–1556). Dieser, ein Liebhaber mondänen Lebens und dennoch eifriger Diener der Kirche, zugleich einer der wichtigsten Lyriker seiner Zeit (vgl. S. 325 f.), wurde als Sproß einer adligen Bankiersfamilie (seine Mutter war eine Tornabuoni) wahrscheinlich in Florenz geboren, und befleißigte sich später in der Arnostadt sowie in Bologna, in Padua, wo er auch Griechisch lernte, und in Rom ausgiebiger humanistischer Studien. Obwohl er sich in seiner Jugend recht freizügigen dichterischen Versuchen in lateinischer und italienischer Spache gewidmet hatte, schlug er 1538 die geistliche Laufbahn ein, wurde 1544 Erzbischof von Benevent und apostolischer Nuntius in der Republik Venedig. Als solcher hatte Della Casa, der eigentlich mehr ein Literat mit deutlichem Hang zur Muse und zum Skeptizismus war, Anteil an der päpstlichen Politik und an den Maßnahmen der Gegenreformation: Er bereitete Prozesse gegen

Ketzer vor, verfaßte Indices verbotener Bücher und verfolgte verdächtige Geistliche, darunter auch Pier Paolo Vergerio. Gleichzeitig genoß er das raffinierte höfische und aristokratische Leben, sammelte als Kunstliebhaber Bilder und Antiquitäten und förderte Künstler wie Tizian und den Aretino. Etwa ab 1550 plante Della Casa seinen *Galateo*, der dann 1551 bis 1555 geschrieben und 1558 postum durch einen Vertrauten veröffentlicht wurde. Die nötige Muse zur Abfassung des Werkes wurde Della Casa dadurch zuteil, daß er 1551 unter Julius III. in Ungnade fiel und sich ins Veneto zurückzog. Doch wurde er 1555 durch Paul IV. als Staatssekretär nach Rom zurückgerufen, wo er am 14. November 1556 starb.

Auch Della Casas *Galateo ovvero de' costumi* beschäftigt sich mit den »Umgangsformen (›modi‹), die im gesellschaftlichen Leben eingehalten oder verworfen werden müssen«. Als fiktiver Verfasser des Traktats tritt eine ältere, literarisch ungebildete Person auf, die aus der Erfahrung des Alters einen jungen Mann über das rechte Verhalten belehren möchte. Durch diese Fiktion ist es Della Casa möglich, eine einfache, volksnahe Ausdrucksweise zu gebrauchen, die sich erkennbar an viele richtet, selbst klassische Zitate in verständlicher Form darbietet und sich lexikalisch wie syntaktisch an der gesprochenen Sprache orientiert. Die einzelnen Belehrungen des Traktats, die durch eingelegte erzählerische Passagen veranschaulicht werden, beziehen sich mit einer deutlichen Wendung zum Bürgerlichen auf den konkreten Umgang der Menschen im alltäglichen Leben. Dabei beobachtet und analysiert Della Casa mit erstaunlicher Schärfe auch die kleineren Szenen zwischenmenschlichen Verhaltens bis hin zu den scheinbar unbedeutendsten Gesten, Grimassen und Attitüden, und gibt dazu Anweisungen und Belehrungen. So soll man z. B. nicht die Zunge zeigen, sich den Bart nicht zu kurz stutzen, nicht Seufzer oder Schreie ausstoßen. Man soll beim Sprechen nicht den Mund verziehen, nicht mit den Händen wirbeln, nicht durch heftiges Reden die Gesichter der Gesprächspartner anfeuchten … Der Leitgedanke des *Galateo* ist bei alledem die Rücksicht auf die Person des Nächsten, d. h. die Maxime, das Verhalten nicht willkürlich, sondern nach dem Gefallen der Anderen auszurichten. Auch das Verhältnis der Bürger zum Potentaten, eines der ernsteren Themen des Traktats, wird angesprochen. Hier empfiehlt Della Casa sorgfältige Erfüllung der zeremoniellen Umgangsformen, auch wenn diese oft nur Ausdruck der Lüge oder der Unterwerfung seien, und mahnt zu ständiger, kluger Zurückhaltung. Mit seiner deutlichen Zuwendung zur bürgerlichen Welt und zu den konkreten Bedürfnissen des Alltags kann der *Galateo* im Vergleich mit dem Idealgebäude des *Cortegiano* wie ein erdnaher Unterbau wirken, der nach Regelung der Umgangsformen der Aristokraten durch die Schrift Castigliones nun die Regeln für das Verhalten des Volkes zu etablieren sucht. Unübersehbar ist im *Galateo* die Tendenz zu bürgerlich-konkretem, praktischem und konformen Denken, das die Verhaltenregeln eher als äußere, durch praktische Notwendigkeiten bedingte Normen präsentiert und weniger als Ausfluß einer inneren idealen Gesinnung. Dennoch ist der *Galateo* ein Werk voller Geist, lebensnaher Beobachtung und subtiler, meist versöhnlicher Ironie, ein Buch, das die Eitelkeiten, Manien und Schwächen der Menschen in einem detaillierten und amüsanten Zeitgemälde darstellt. Aus seiner lebensnahen, konkreten Klugheit und aus dem starken Bedürfnis der Renaissance nach Regulierung des gesellschaftlichen Lebens erwuchs der unmittelbar nach seinem Erscheinen einsetzende Publikumserfolg des Werkes, der schon 1560, 1584 und 1598 neue Auflagen notwendig machte.

Im Kielwasser der Traktate Castigliones und Della Casas präsentiert sich, wenn auch weit weniger gewichtig, die *Istituzione morale di tutta la vita dell' uomo nato nobile in città libera*, ein Traktat des Literaten und Kirchenmanns ALESSANDRO PICCOLOMINI (1508–1578). In Siena geboren, lehrte er später bis 1540 Moraltheologie am »Studio« von Padua und lebte dann in Rom und Siena, wo er, selbst Erzbischof, als Koadjutator des amtierenden Erzbischofs fungierte. Piccolomini hatte vielseitige Interessen, übersetzte Vergil, Ovid und Aristoteles' Poetik und Rhetorik und verfaßte nicht unbedeutende kunsttheoretische Schriften (darunter den Aristoteleskommentar *Annotazioni nel libro della ›Poetica‹* von 1575). Früh schrieb er den Dialog *La Raffaella* (1539), der in lebhaften Farben die Verführung eines jungen Mädchens durch eine erfahrene Kupplerin schildert. 1542 war die erste Fassung der *Istituzione* fertig, eine zweite folgte 1560. Schon die erste Fassung trug stark moralisierenden Charakter und atmete den Geist der herannahenden Gegenreformation, was sich u. a. daran zeigte, daß Piccolomini in seinem Traktat die freizügige *Raffaella* als einen Scherz zu verharmlosen suchte. Die *Istituzione* richtet ihr Hauptinteresse auf das Leben der Familie, mit starker Beachtung der wirtschaftlichen Voraussetzungen. Der Autor verschwendet Ratschläge zur Hygiene und zur Pädagogik, wobei bezeichnenderweise sowohl die ästhetische Erziehung als auch die Unterrichtung in Geographie wirtschaftlich begründet wird: ästhetisches Urteilsvermögen hilft bei der Auswahl zu erwerbender Sachen, geographische Kenntnisse sind für den Kaufmann unerläßlich. Auch die Ehe wird als Institut gesehen, das Ansehen und Reichtum der Familie mehrt. Die Ehefrau hat eine untergeordnete Rolle und im wesentlichen das auszuführen und zu verwalten, was der Ehemann entscheidet und einrichtet – ein sehr deutlicher Rückschritt gegenüber dem aristokratischen Gedanken der Gleichstellung der (höfischen) Frau.

V. DIE LYRIK

1. Blick auf das Ganze

Bekannt ist das Urteil, das um 1822 Giacomo Leopardi über die Literatur des 16. Jahrhunderts fällte: »Der größte Ruhm unter den Schriftstellern des Cinquecento wurde den Versdichtern und insbesondere den Lyrikern zuteil, und diese waren, wie jeder weiß, knechtische Nachahmer des Petrarca und folglich des Trecento.« In der Tat stand die Lyrik der Epoche im Zeichen Petrarcas; wer auch immer als Lyriker Ruhm und Anerkennung suchte, konnte sie nur in der Nachahmung des Laura-Dichters erringen. Allerdings können die Verfahren der Nachahmung sehr unterschiedliche sein und sogar in fast entgegengesetzte Richtungen verlaufen. Dies zeigt der vergleichende Blick auf die Petrarca-Imitation des späten Quattrocento, vor deren Hintergrund der relative Neubeginn lyrischen Dichtens von etwa 1530 an zu sehen ist. Insbesondere unter den Spitzfindigkeiten und Begriffsspielereien eines BENEDETTO GARETH (1450–1514), genannt IL CARITEO, eines SERAFINO AQUILANO (Serafino de' Cimminelli; 1466–1500) und eines ANTONIO TEBALDI (1463–1537), genannt IL TEBALDEO, war die Nachahmung des poeta laureatus zu einem kalten Begriffsspiel und einem gekünstelten rhetorischen Exerzitium verkommen. Etwa mit der Veröffentlichung der zweiten Fassung der Arcadia Sannazaros (1504) und der Asolani Bembos (1505) setzte eine langsame, vielfältig retardierte Entwicklung ein, die auf der Grundlage eines sich ändernden Geschmacks und einer vertieften Petrarca-Lektüre zu einer neuen Petrarca-Nachahmung führte, welcher es jetzt in Thematik und Stil entscheidend auf Gewichtigkeit (»gravitas«) und Würde ankam und die alles Künstliche und Spielerische verwarf. Dazu trug u. a. auch die Tatsache bei, daß Bembo in bezug auf Petrarca nicht zwischen Literatur und Leben unterscheiden wollte, vielmehr den großen Dichter als literarisches Modell und als Vorbild sittlicher Lebensführung zugleich propagierte. Auch die von ihm verkündeten platonischen Lehren mußten in ihrer Konsequenz nicht nur die Lebensführung, sondern zwangsläufig auch den Stil der Literatur, und insbesondere den der Lyrik, auf eine neue Idealität und Würde ausrichten. Der Verbindung von Menschlichem und Künstlerischem kam der Umstand entgegen, daß Petrarcas Canzoniere nicht nur als Kunst, sondern zugleich auch als lyrisches Tagebuch gelesen werden konnte. So bewegen sich denn weite Teile der Lyrik der Epoche, wenn auch mit sehr unterschiedlichem Erfolg, zwischen den Polen des würdigen literarischen Ausdrucks einerseits und der Realität persönlicher Lebenserfahrungen andererseits; beides fast immer im Zeichen einer großen formalen Aufmerksamkeit und einer literarisch wie gesellschaftlich meist aristokratischen Grundhaltung. Es versteht sich von selbst, daß nur bei wenigen großen Autoren die Absage an die alten Spielereien zu einer menschlichen Vertiefung ihres Dichtens führte, während bei den kleineren Geistern auch die neue Dichtungsart vielfach in einer schematischen Nachahmung petrarkistischer Muster verebbte. Andererseits war es vor allem die Masse der kleineren Autoren, die dem Petrarkismus seine enorme Verbreitung sicherte, welcher allerdings auch die Präsenz eines gegenüber früheren Zeiten erheblich erweiterten Leserpublikums entgegenkam. Etwa um 1530 ist der Prozeß der Erneuerung der Petrarca-Nachahmung abgeschlossen; in den folgenden Jahrzehnten dichten in allen Teilen Italiens zahlreiche Lyriker nach dem Vorbild des von Bembo vermittelten und geprägten Petrarca-Verständnisses, angefangen von Molza und Guidiccioni über Della Casa, Michelangelo, Francesca Colonna und viele weitere Frauen bis hin zum späten Torquato Tasso. Wegen der unifizierenden Geschmacksdiktatur Bembos, der sich, bei vielen Abweichungen im Detail, im Prinzip alle unterwerfen, ist es kaum möglich, für diesen Zeitraum einzelne Schulen oder Richtungen auszugrenzen. Die gesamtitalienische Dominanz eines Geschmacksideals und die relative Mobilität vieler Dichter, die zwischen den Höfen und Kulturzentren verkehren, lassen auch geographische Ordnungskriterien kaum zu und gestatten allenfalls die provisorische Ausgliederung einer neapolitanischen und einer (besonders Bembotreuen) venezianischen Dichtergruppe. Vielmehr zeigt sich im Hinblick auf die breite Übereinstimmung der Themen und Formen und nicht zuletzt in bezug auf die von Bembo geforderte und geförderte einheitliche und von der Umgangsprache abgehobene Literatursprache, daß die lyrischen Werke dieser Epoche Teile einer entstehenden Nationalliteratur sind. Die Lyrik des Cinquecento hat bereits einen unübersehbar nationalen Charakter. Dieser kommt nicht zuletzt darin zum Ausdruck, daß neben den verbreiteteten Petrarca-Themen wie Liebe und Schönheit, Sehnsucht des Liebenden, Vergänglichkeit des Menschenlebens, Tod und Sünde usw. jetzt auch neue, die ganze Nation involvierende Themenbereiche behandelt werden: so etwa die im Zuge der Gegenreformation alle Italiener betreffende neue religiöse Thematik oder der auch bei Petrarca schon vorhandene, doch im Zeitalter der Renaissance besonders aktuelle Gedanke an die politische Ohnmacht Italiens und die ungewisse Zukunft des Vaterlandes.

322

2. Einzelne Lyriker

In Leben und Dichten ganz der Politik hingegeben war der in Lucca geborene, früh verstorbene GIOVANNI GUIDICCIONI (1500–1541), Freund Bembos, Jurist und Prälat, später Bischof von Fossombrone, der im Laufe seines Lebens zahlreiche wichtige politische Ämter übernahm, Gouverneur von Rom, Präsident und Generalgouverneur der Romagna war und dessen schmales lyrisches Werk im Schatten seiner politischen Aktivitäten stand. Neben Liebeslyrik schrieb er etwa vierzehn Sonette über politische und gesellschaftliche Themen, in denen er leidenschaftlich das politische Mißgeschick des Vaterlandes beklagt oder etwa im Hinblick auf die alle Welt erschütternde Plünderung Roms den »unerhörten und großen öffentlichen Schaden/ die Toten, die Schmach und die über Italien verstreuten Klagen...« zum Thema erhebt. Auch das religiöse Motiv spielt eine Rolle in der Lyrik Guidiccionis, von dem ferner noch eine an die Republik Lucca gerichtete *Orazione* (1533) und eine aufschlußreiche Briefsammlung überliefert sind. Das Beispiel Guidiccionis veranschaulicht erneut ein wichtiges Merkmal der Renaissance-Literatur, daß sie nämlich zum großen Teil von Intellektuellen hervorgebracht wurde, die entweder durch Geburt oder durch Übertragung öffentlicher Ämter wichtige gesellschaftliche und politische Funktionen innehatten und daher nicht umhin konnten, politische Themen in ihre Dichtungen aufzunehmen.

Dies gilt mutatis mutandis auch für den in französischem Exil in Amboise verstorbenen Florentiner LUIGI ALAMANNI (1495–1556), der neben einem Franz I. gewidmeten Lehrtraktat über die Landwirtschaft (*La coltivazione*, 1546), neben heroischen Epen (*Girone il Cortese*, 1548, und *Avarchide*, 1570; vgl. dazu S. 296 f.), neben pindarischen Oden, Epigrammen und Satiren auch Lyrik schrieb, in der neben der Liebe und anderen geläufigen Themen die Politik eine Rolle spielt; Gedichte, in denen Alamanni vor allem die verlorene republikanische Freiheit von Florenz beklagt oder im französischen Exil die Macht Frankreichs mit den Zuständen auf der Halbinsel vergleicht.

Demgegenüber bildet die Liebe das Hauptthema der Lyrik des ältesten unter den Petrarkisten des Cinquecento, des in Modena geborenen und in Rom an Syphilis verstorbenen FRANCESCO MARIA MOLZA (1489–1544), der noch unter dem Einfluß der humanistischen und klassizistischen Geschmacksrichtungen des späten Quattrocento stand. Molza ging mit sechzehn Jahren nach Rom, wo er die meiste Zeit seines Lebens zubrachte und mit Bembo und anderen Gelehrten verkehrte. Er hatte zahlreiche Liebesbeziehungen, darunter auch die mit Faustina Mancini, die ihn zu den berühmten Oktaven seiner *Ninfa tiberina* (1528) inspirierte. Berühmt wurde Molza, der im Dienst der Kardinäle Ippolito de' Medici und Alessandro Farnese stand und der auch lateinische Werke schrieb, nicht zuletzt durch seine Stanzen für ein Porträt der Giulia Gonzaga *(Ritratto di Giulia Gonzaga)*.

Stark dilettantische Züge trägt dagegen die Lyrik des aus Perugia stammenden FRANCESCO BECCUTI (1509–1553), genannt IL COPPETTA, Politiker und Dichter, eleganter Übersetzer von Ovid, Horaz und Vergil, dessen erst 1580 erschienene *Rime* auch ziemlich Bembotreue petrarkistische Dichtungen enthalten, die indes durch ihren lebhaften und herzlichen Stil auffallen. Neben ernsten Motiven wie Vergänglichkeit der Zeit und Überdruß des Lebens sowie moralisierenden Gedanken (Lob der ehelichen Treue u. a.) behandelte Beccuti auch die klassischen Themen von Schönheit und Liebe und versuchte sich vor allem mit neuen Bildern und Motiven aus dem Landleben, bei denen er sich weniger eng an die bekannten Vorbilder hielt.

Ländliche Szenen und Naturbeschreibungen waren auch Gegenstand der Lyrik des Senesen CLAUDIO TOLOMEI (1492–1556), dessen idyllische Motive sich nicht nur an Petrarca und Poliziano, sondern auch an den alexandrinischen Dichtern sowie Catull, Horaz und Ovid inspirierten. Tolomei schrieb u. a. einen metrischen Traktat *Versi e regole della nuova poesia toscana* (1539), der jedoch als Versuch, die antike Metrik auf das Italienische zu übertragen, ebenso wirkungslos blieb wie ähnliche Versuche von Alberti, Trissino, Alamanni und Caro.

Ein klarer, fließender und gemäß den Regeln Bembos getragener Stil kennzeichnet die Lyrik des aus den Marche stammenden Literaten und Höflings ANNIBAL CARO (1507–1566), dessen Gedichte alle typischen Motive des Cinquecento aufgreifen: Fürstenlob, Bedürfnis nach Muße, Szenen der Liebe, die Schönheit der Natur, Schmerz über die Vergänglichkeit des Lebens und das herannahende Alter, und Reminiszenzen aus Petrarca mischen sich in seinen Dichtungen mit mythologischen und epikureischen Motiven der Antike, insbesondere aus Horaz und Catull. Caro war einer der berühmtesten Schriftsteller seiner Zeit, dessen Ruhm allerdings weniger auf seiner Lyrik als vielmehr auf seiner Übersetzung der Vergilschen »Aeneis« in freien Elfsilblern beruhte (vgl. S. 297 f.). Daneben schrieb er einige gegen das Pedantentum gerichtete Satiren, eine Komödie (*Gli straccioni*, 1543; eine der besten des Cinquecento) und bearbeitete den Hirtenroman *Daphnis und Chloë* des Longos (2./3. Jh. n. Chr.); er hinterließ eine umfangreiche Briefsammlung.

GIOVAN BATTISTA STROZZI (1504–1575), genannt IL VECCHIO (»der Ältere«), um ihn von dem gleichnamigen Enkel zu unterscheiden, der wie er ein Madrigaldichter war, lebte wegen seiner Feindschaft zu den Medici lange in Padua im Exil, bevor er nach Florenz zurückkehren konnte und 1540 Mitglied der dortigen Akademie wurde. Er trat nicht nur als strenger Petrarkist, sondern mehr noch als Verfasser kunstvoller, melodischer Madrigale hervor, die schon zu seinen Lebzeiten handschriftlich in Umlauf waren, jedoch erst postum von seinen Söhnen in einer Teilsammlung veröffentlicht wurden (1593). Seine Madrigale sind von ungewöhnlicher, sensibler Musikalität, so daß man in ihnen den Beginn der italienischen Liedkunst sehen konnte; in ihren elegischen und morbiden Tönen können sie an die alexandrinischen Dichter erinnern. In Strozzis Madrigalen verbinden sich volkstümliche Motive mit aristokratischer Eleganz, heitere naturnahe Lebensfreude mit schmerzlicher Sehnsucht und melancholischem Grübeln, häufig in der petrarkistischen Form des Zwiegesprächs mit sich selbst.

In diesem Zusammenhang ist auch der umfangreichen *Canzoniere* des Höflings BERNARDO TASSO (1493–1569) zu erwähnen (vgl. S. 298), der zwar künstlerisch kein hohes Niveau erreicht, dennoch in der Entwicklung der Lyrik seiner Epoche eine wichtige Phase markiert: Mit seiner harmonisierenden Verbindung der Regeln und Stilvorschriften Bembos mit einer eher verspielten, alexandrinisch anmutenden Eleganz und mit der Betonung idyllischer Motive und Stimmungen steht er symptomatisch für eine im Laufe des Jahrhunderts hervortretende Tendenz der Lyrik, die engen thematischen und stilistischen Vorgaben Bembos zugunsten freierer, evasiver, »manierierter« Themen und Formen auszuweiten. Wichtig war in diesem Zusammenhang, daß Bernardo Tasso neben den geläufigen Gedichtformen Petrarcas auch das Metrum der Ode gebrauchte, dem später eine große Bedeutung in der italienischen Lyrik beschieden war.

Die lyrischen Dichtungen des GIOVANNI DELLA CASA (1503–1556) gehören zu den bedeutendsten und am wenigsten austauschbaren des italienischen Petrarkismus. Nach mondänen Jahren und zunächst steiler kirchlicher Karriere endete Della Casas Leben schließlich doch in Frustration und Enttäuschung (u. a. wegen der ihm verweigerten Kardinalswürde, da er bei Julius III. in Ungnade fiel), und führte ihn in die Stille meditierender Zurückgezogenheit. Aus persönlicher Betroffenheit und ernstem Nachdenken entstanden Dichtungen von großer Originalität und raffiniertester Kunstfertigkeit, mit denen Della Casa inhaltlich wie formal die üblichen Muster des Petrarkismus hinter sich ließ. Vor allem mit seinen späten Dichtungen fand er aus dem modischen Petrarkisieren seiner Zeit heraus. Als Beispiel dafür sei das folgende formal vollendete, gedankenschwere Sonett zitiert (zugleich ein Beleg für die ungewöhnliche Verwendung des Enjambements durch Della Casa, einer seiner wichtigsten Kunstgriffe):

Già lessi, e or conosco in me sí come
Glauco nel mar si pose uom puro e chiaro,
e come sue sembianze si mischiaro
di spume e conche, e fersi alga sue chiome;

però ch'n questo Egeo che vita ha nome
puro anch'io scesi, e'n queste de l'amaro
mondo tempeste, ed elle mi gravaro
i sensi e l'alma ahi di che indegne some!

Lasso: e soviemmi d'Esaco, che l'ali
d'amoroso pallor segnate ancora
digiuno per lo cielo apre e distende,

e poi satollo indarno a volar prende;
sí 'l core anch'io, che per sé leve fora,
gravato ho di terrene esche mortali.

Übersetzung:

Einst las ich's, nun erfahr ichs an mir selbst, wie
Glaukos als reiner und strahlender Mensch ins Meer stieg,
Und wie sein Äußeres sich mischte mit Schaum und
Muscheln, seine Haare Algen wurden;

denn in diese Ägäis, die da Leben heißt,
stieg auch ich hinab und in die bittre
Welt der Stürme, und sie beschwerten mir
die Sinne und die Seele mit ach so ekler Bürde!

Weh mir: ich gedenke des Aisakos, der seine
von Liebesblässe gezeichneten Flügel noch
nüchtern zum Himmel hin öffnet und spannt,

und dann, gesättigt, vergebens zum Flug ansetzt:
so hab auch ich mein Herz, das für sich leicht wär,
beschwert mit irdischem und sterblichem Verlangen.

Texte wie dieser machen verständlich, warum spätere Kritiker von Gravina
über Foscolo und Leopardi bis hin zu Croce Della Casa einen ebenso eigenen wie kunstvollen Ausdruck bescheinigen konnten.

Der Petrarkismus Süditaliens ist bei vielen seiner Vertreter gekennzeichnet durch eine Neigung zu virtuoser Kunstfertigkeit, zur spielerischen Häufung von Metaphern und Antithesen und durch eine Betonung des Sinnlichen; Züge, die an das preziöse Dichten eines Cariteo erinnern können und die Schreibweise Marinos und den Geschmack des kommenden Jahrhunderts zu preludieren scheinen. Nichtsdestoweniger finden viele dieser Lyriker aufgrund persönlicher, oft einschneidender Erfahrungen und in betroffenem Nachsinnen über ihr Schicksal zu einem persönlichen und menschlich überzeugenden Ausdruck. Dies gilt vor allem für GALEAZZO DI TARSIA (um 1520–1553), von dessen Leben wir nur wenig wissen: In Neapel geboren, später Baron von Belmonte bei Cosenza, wurde er, wahrscheinlich wegen Gewalttätigkeiten gegenüber seinen Untergebenen, nach Lipari strafversetzt; in noch jugendlichem Alter kam er unter nie geklärten Umständen ums Leben. Seine etwa fünfzig lyrischen Dichtungen, von denen viele handschriftlich in Umlauf waren, wurden erst 1617 durch Basile veröffentlicht. Wichtige Inhalte dieser einzigartigen, auf wirkungsvollen Analogien aufbauenden, einfallsreich aus petrakistischen Bahnen ausbrechenden Lyrik sind die in dramatischen oder elegischen Tönen besungene Liebe zur jungen, frühverstorbenen Gattin Camilla Carafa und die platonische Liebe zu Vittoria Colonna; daneben auch, meist in überraschenden und neuen Formen dargeboten, die Themen der dichterischen Muse, der Vergänglichkeit und der Desillusion. Beeindruckend unter vielen anderen Texten etwa das in metrischer Struktur und gedanklichem Duktus gleich kunstfertige Sonett auf die den Kosmos durchwirkende universale Kraft der Liebe (»Amor è una virtù che né per onda«), das in einem für Di Tarsia typischen, Platonismus und Sinnlichkeit vereinenden Schlußterzett auf die Liebe endet:

> Per sé si muova ed un oggetto ha solo:
> bellezza e natural desio di bene;
> nasce in noi di ragion; vive d'errore.

Kaum weniger authentisch klingt, in einem weiteren berühmten Sonett, der Ausdruck der Desillusion des jungen Dichters:

> Or di man m'è caduta ogni speranza,
> e conosco, quantunque indarno e tardo,
> ch'ogni nostro diletto è fragil vetro.

Wegen dieser elegischen und eindringlichen Töne kann es nicht verwundern, daß später der Romantiker Foscolo ganze Verse aus Di Tarsia übernahm; aber bereits Marino schätzte ihn, und die Kritiker des 17. Jahrhunderts, darunter vor allem Crescimbeni, zollten ihm hohes Lob.

In die von Cariteo und Tebaldeo zu den Marinisten führende Entwicklungslinie ordnet sich auch die Lyrik des neapolitanischen Adligen ANGELO DI COSTANZO (ca. 1507–1591) ein, der als Feind der spanischen Besatzer 1540 ins Exil gehen mußte. Er war mit Sannazaro befreundet, auf dessen Rat er eine *Storia del Regno di Napoli* in zwanzig Büchern schrieb (1581). Seine Gedichte zeigen die für süditalienische Lyriker typische Neigung zu ingeniösen Kunstgriffen, epigrammatischer Schlagfertigkeit und konzeptistischer Verspieltheit; sie werden jedoch in aller Regel auf einer zentralen, meist ungewöhnlichen Idee aufgebaut und behalten dadurch einen relativ klaren und linearen Charakter. Sein Stil wurde nicht nur von den Marinisten, sondern auch von den Lyrikern der »Arcadia« (vgl. S. 408ff.) hoch geschätzt.

Neben dem ebenfalls neapolitanischen Adelskreisen angehörenden und mit Di Costanzo befreundeten Lyriker BERARDINO ROTA (1508–1575) ist hier noch der dem neapolitanischen Ambiente angehörende (wenn auch in Venosa geborene) LUIGI TANSILLO (1510–1568) zu nennen, der neben seinen lyrischen Werken auch ein religiöses Gedicht *Le lagrime di San Pietro* (1539–59, unvollendet) und mehrere Lehrgedichte, darunter den *Vendemmiatore* (1532) und das gesellschaftstheoretische Poem *Podere* (1570), verfaßte. Seine Lyrik spiegelt seine vielfältigen Interessen und dichterischen Versuche und weist ähnlich wie die anderer hier angeführter Autoren neben der Weiterverfolgung petrarkistischer Motive eine deutliche Hinwendung zu manierierten Verfahren und zu stilistischem Virtuosentum auf. Dieses äußert sich häufig in der Übersteigerung der Bilder, in formalem Schwulst und in begriffsspielerischem Ehrgeiz; vor allem seine konzeptistischen Neigungen fanden das Interesse und die Anerkennung Giordano Brunos.

Unter geographischem Gesichtspunkt lassen sich schließlich neben den neapolitanischen eine Gruppe von (insgesamt weniger bedeutenden) venezianischen Petrarkisten aussondern, die im Unterschied zu den südlichen Petrarkisten in der Regel durch eine größere Treue zu den Vorschriften ihres Mitbürgers Bembo gekennzeichnet sind. Von ihnen seien wenigstens der Adlige DOMENICO VERNIER (1517–1582), der Prediger GABRIEL FIAMMA (um 1502–1585), dessen *Rime spirituali* in den siebziger Jahren entstanden, und der Politiker und Lyriker CELIO MAGNO (1536–1602) genannt, dessen 1600 erschienene Lyrik, überwiegend Kanzonen, durch ernste, zum Teil makabre barockartige Themen und einen feierlichen, elegisch-meditativen Ton auffallen und u. a. die Aufmerksamkeit Leopardis erregten, der einige dieser Kanzonen in seine *Crestomazia* aufnahm.

In seinen epochentypischen Themen und Motiven vielfach mit dem Petrarkismus seiner Zeit verbunden, in der kreativen, kraftvollen Gestaltung durch eine universale Künstlerpersönlichkeit dennoch weit dem petrarkistisch-bembistischen Mittelmaß der Zeit enthoben ist das lyrische Werk des Bildhauers und Malers MICHELANGELO BUONARROTI (1475–1564). Die etwa 300 Gedichte Michelangelos sind ein Sonderfall in der Geschichte der Lyrik des Cinquecento, zugleich aber in ihrer Gesamtheit auch der vielleicht profilierteste und symptomatischste lyrische Ausdruck renaissancehaften Lebensgefühls in der italienischen Literatur. Michelangelo schrieb sie bei den verschiedensten Gelegenheiten, offensichtlich augenblicklichen Eingebungen folgend. Seine Einfälle hielt er auf fliegenden Blättern, auf der Rückseite von Rechnungen, am Rande von Briefen oder auf Umschlägen fest. So gut wie nie war er mit dem ersten Entwurf zufrieden, vielmehr schrieb er von nahezu allen seinen Gedichten mehrere Fassungen und nicht wenige Texte blieben unvollendet: Ausdruck einer ständigen künstlerischen Unzufriedenheit und eines oft quälenden Strebens nach Vervollkommnung. Schon in den vierziger Jahren ging der Künstler, der seinen literarischen Arbeiten offensichtlich großen Wert beimaß, auf Vorschlag seiner Freunde daran, seine Gedichte zu sammeln und stellte eine Gruppe von 89 Sonetten und Madrigalen zusammen. Doch wurde seine Lyrik erst 1623 durch den Urneffen Michelangelo Buonarroti Il Giovane in einer sprachstilistisch geglätteten und gestutzten Teilsammlung zum ersten Mal veröffentlicht, ohne allerdings großen Widerhall zu finden. Wegen der vielfachen Überarbeitungen ist es schwer, seine lyrischen Werke in eine plausible chronologische Ordnung zu bringen. Man hat in den ersten beiden Jahrzehnten des Jahrhunderts ab 1503 einen ersten Schwerpunkt lyrischen Schaffens erkennen wollen, mit den Themen der leidenschaftlichen Liebe, des künstlerischen Schaffens, der Einsamkeit und mit polemischen, gegen die Korruption der Kurie gerichteteten Motiven. Ein zweiter Schwerpunkt ergäbe sich in der Zeit der Freundschaft mit Tommaso de' Cavalieri und der platonischen Beziehung zu Vittoria Colonna, also in den dreißiger und frühen vierziger Jahren (1547 war das Todesjahr der Colonna) mit platonisierenden Dichtungen, aber auch mit realistischen und burlesken Themen (u. a. verfaßte er auch »rime nenciali«). Der Zeitraum der späten Jahre schließlich wäre dann vor allem der Überarbeitung bereits vorhandener Entwürfe vorbehalten gewesen. Auffallend ist, daß Michelangelos Lyrik wenig antike Einflüsse zeigt und auch Landschaftliches darin kaum eine Rolle spielt. Seine markigen Dichtungen umkreisen in zäher Konzentration wenige, bedeutungsvolle Grundthemen der menschlichen Existenz und der menschlichen Erkenntnis wie Liebe, Schönheit, Künstlertum und

Zeitlichkeit. Das vielleicht wichtigste Merkmal seiner Lyrik ist der kraftvolle, unermüdliche Kampf, den er wie als Maler und Bildhauer so auch als Dichter mit seinem künstlerischen Gestaltungsmaterial, in diesem Falle der Sprache, führt, der er extreme Leistungen abfordert. Dies geschieht etwa in dem folgenden, sprachlich wie inhaltlich unerhört dichten, konturenscharfen Text, der ein altes Motiv der Troubadourlyrik und des »dolce stil novo« aufgreift, daß nämlich der Mensch durch Liebe edler und stärker werde. Das vor 1546 entstandene Sonett, das sich in seinen Anreden wahrscheinlich auf Vittoria Colonna oder auf den Freund Tommaso de' Cavalieri bezieht, ist eine der schönsten Liebesdichtungen Michelangelos und thematisiert zugleich die Universalität seines Künstlertums:

> I'mi son caro assai più ch'io non soglio;
> poi ch'i't'ebbi nel cor più di me vaglio,
> come pietra c'aggiuntovi l'intaglio
> è di più pregio che 'l suo primo scoglio. (...)

3. Der Anteil der Frauen

Eines der wichtigsten Merkmale der Kultur der Renaissance ist der erhebliche Anteil, den die Frauen nach Jahrhunderten der Marginalisierung am geistigen und künstlerischen Leben gewinnen. Dabei bleibt zu beachten, daß sich die beginnende Emanzipation der Frau zunächst auf den aristokratisch-höfischen Bereich beschränkt, während ihre Stellung in den bürgerlichen und unteren Schichten der Gesellschaft in der Regel eine untergeordnete bleibt. Generell gilt, daß das Thema der Gleichberechtigung der Frauen, das in höfischen Kreisen lebhaft diskutiert wurde (ein Beleg dafür ist der *Cortegiano* des Castiglione), gegen das Jahrhundertende hin eher eine rückläufige, restaurierende Behandlung erfährt. Die im folgenden in Auswahl vorgestellten Dichterinnen waren überwiegend adliger Herkunft und gehörten durch Geburt oder Heirat dem emanzipierten Lebensbereich einer aufgeklärten und privilegierten höfischen Gesellschaft an. Von ihrem Leben und ihren Werken sind vielfach nur lückenhafte Kenntnisse überliefert.

VITTORIA COLONNA (1490–1547), eine der bedeutendsten Dichterinnen der Epoche, wurde in Marino auf den Albanischen Hügeln geboren und heiratete neunzehnjährig, nach dem Plan des Königs von Neapel, den Marchese von Parma, Ferrante d'Avalos, einen der Feldherren Karls V. Obwohl aus politischen Erwägungen geschlossen, war die Ehe glücklich.

Nach dem Tod des Marchese (1525) widmete sich Vittoria Colonna dem Andenken ihres Mannes und wandte sich mit großem Ernst den zu ihrer Zeit heftig diskutierten religiösen Fragen zu, wodurch sie zeitweilig in innere Krisen geriet. Sie stand mit zahlreichen Künstlern und Literaten in Verbindung, so auch mit Michelangelo und Galeazzo Di Tarsia, die sie als große ideale Frauengestalt besangen und würdigten. Daneben hatte sie auch Beziehungen zu Vertretern des heterodoxen und protestantischen Denkens, u. a. zu Juan de Valdés und Bernardino Ochino. Mit großer Strenge entsagte sie weltlichem Treiben und gab sich der religösen Meditation hin; oft lebte sie als Gast in den Klöstern des Landes. 1558 erschienen ihre gesammelten Gedichte (Tutte le rime), während ihre zahlreichen Briefe erst im 19. Jahrhundert veröffentlicht wurden.

Beherrschende Themen der Colonna sind die Liebe zu ihrem Ehemann, dessen Tod sowie die eigene religiöse Unruhe und Suche. Ihre Lyrik ist ernsthaft und von großer spiritueller und intellektueller Spannung, was zu dem Vorwurf führen konnte, daß ihr wesentliche Momente des Poetischen fehlten, wie Unmittelbarkeit der Gefühle und das freie Schweifen der Phantasie. Tatsache ist, daß die geistliche Erneuerung des Lebens und die Reform der Kirche ihr ein wichtiges Anliegen waren, dem sie in mehreren Texten einen scharfen und kompromißlosen Ausdruck verlieh, wie etwa in dem zeitkritisch-prophetischen Sonett »Parmi veder con la sua face accesa«, in dem sie den Zeitgenossen zuruft: »Verbergen könnt ihr euer Treiben nicht vor dem Licht des Heiligen Geistes/ das euch ins Herz dringt, wo das Laster sitzt/ notwendig ist es, euer Leben und Handeln zu ändern.« Unter ihren stilistisch stets sorgfältig kontrollierten Gedichten sind indes nicht wenige, in denen die Strenge der Meditation durch persönliche Motive abgelöst oder durch lyrisch-gefühlvolle Bilder aufgelockert wird.

Noch stärker als die Colonna dem Petrarkismus Bembos folgend, doch zugleich literarisch wendiger und aufgeschlossener präsentiert sich VERONICA GAMBARA (1485–1550), die »älteste« unter den Dichterinnen der Epoche, die in Pratalboino bei Brescia geboren wurde und aus angesehener Patrizierfamilie stammte. Sie verspürte früh eine Berufung zu Literarischem und verschaffte sich die Anerkennung großer Schriftsteller wie Bembo, Ariosto, Bernardo Tasso und Aretino. 1509 heiratete sie Giberto X., Herr von Correggio, den sie lebend und tot in ihren Versen besang. Nachdem sie 1518 verwitwete, regierte sie mit Entschlossenheit den kleinen Stadtstaat, wo sie sich mit Literaten und Künstlern umgab. Sie verstarb 1550 in Correggio. Ihre Gedichte, die sie unter ständiger wohlwollender Beratung Bembos abfaßte, waren bereits zu ihren Lebzeiten in Umlauf, wurden jedoch erst 1759 durch G. Zamboni gesammelt und zusammen mit ihren

Briefen herausgegeben. Zu den Themen der Gambara gehören das Lob der Großen und Mächtigen ihrer Zeit (darunter Karl V., Paul III., und selbst der von allen gefürchtete Aretino), das Lob der eigenen Stadt, religiöse Motive und natürlich die Liebe. Im Sinne Bembos stets um würdige und korrekte Formen bemüht, neigen ihre Dichtungen oft zu einem Übermaß an stilistischer Elaboration. Mit ihren überwiegend konformen, petrarkistischen Motiven und ihrer mangelnden Gefühlstiefe erreicht die Gambara, und am ehesten in ihren Stanzen, allenfalls eine ansprechende Eleganz, hinterläßt jedoch keinen tieferen Eindruck.

Wenig weiß man von der in Urbino geborenen Adligen LAURA BATTIFERRO AMMANNATI (1523–1589), Frau des Bildhauers Bartolomeo Ammannati, die mit vielen Literaten ihrer Zeit in Verbindung stand und in petrarkistischer Manier idyllisch-elegische und religiöse Themen behandelte. Wenig auch von der römischen Hofdame TULLIA D'ARAGONA (ca. 1508 bis 1556), die musikalisch und literarisch begabt war und zahlreiche Freundschaften und Liebesbeziehungen hatte, darunter zu Bernardo Tasso, Gerolamo Muzio, Benedetto Varchi und Piero Mannelli, dem einige ihrer schönsten Liebesdichtungen gewidmet sind. Psychologisch tiefer und künstlerisch bedeutender ist der *Canzoniere* der aus Mailänder Adel stammenden, in Padua geborenen GASPARA STAMPA (1523–1554), die nach dem Tod ihres Vaters (1531) nach Venedig zog und dort früh verstarb. Aristokratin nach Geburt, Erziehung und Geschmack, in Musik und Literatur ausgebildet, verkörpert sie in typischer Weise die elegante, raffinierte und genußfreudige höfische Gesellschaft Italiens und Venedigs zur Zeit der Renaissance. Wichtigste Gestalt ihres leidenschaftlichen und bewegten Liebeslebens war der Graf Collaltino di Collalto, den sie 1547 traf und dem sie in heftiger Liebe zugetan war, bis dieser sie drei Jahre später verließ. Diese Liebe inspirierte die meisten Dichtungen der Stampa, die 1554 von der Schwester Cassandra in Venedig, vielleicht nicht zufällig mit einer Widmung an Della Casa versehen, veröffentlicht wurden. Der Stampa, die von ihren Zeitgenossen wenig beachtet und erst von den Romantikern als eine »neue Sappho« gefeiert wurde, gelingen immer wieder Dichtungen von erfahrungsgesättigter Unmittelbarkeit und authentischer Gefühlstiefe, die ihre persönliche Wahrheit und Betroffenheit unter behutsamer stilistischer Dämpfung und den verbreiteten Mustern petrarkistischer Nachahmung verbergen, und die vielfach gerade aus diesem Kontrast eine große Wirkung erzielen, wie in dem folgenden Sonett auf den Geliebten:

> O diletti d'amor dubbi e fugaci,
> O speranza che s'alza e cade spesso,

E nasce e more in un momento istesso;
O poca fede, o poche lunghe paci!

Quegli, a cui io dissi: – Tu solo mi piaci,
E pur tornato, io l'ho pur sempre presso,
Io pur mi specchio e mi compiaccio in esso
E ne' begli occhi suoi chiari e vivaci;

E tuttavia nel cor mi rode un verme
Di fredda gelosia, freddo timore
Di tosto senza lui vederme.

Rendi tu vana la mia téma, Amore
Tu, che beata e lieta pòi tenerme,
Conservandomi fido il mio signore.

Der durch Bembo vermittelte Petrarkismus war auch Richtschnur und Zügel für die Dichtungen der in Venedig geborenenen Hofdame VERONICA FRANCO (1546–1591), die ebenfalls mit vielen Männern in Verbindung stand, unter anderen mit dem französischen König Heinrich III., dem Maler Tintoretto und dem kränkelnden venezianischen Dichter Domenico Vernier, der die Freundlichkeit hatte, ihre dichterische Produktion, bestehend aus Elegien, Sonetten und in Terzinen verfaßten »capitoli«, zu korrigiern und überarbeiten. In Leben und Werk übte sie geringere Zurückhaltung als die Stampa. In ihrer Jugend führte sie einen ungebundenen Lebenswandel von oft ostentativer Zügellosigkeit. Sie veröffentlichte 1575 eine erste Sammlung ihrer Dichtungen, und mußte etwas später einen Prozess der Inquisition über sich ergehen lassen, bevor sie 1580, im Alter von 33 Jahren, dem mondänen Treiben entsagte, sich Werken der christlichen Nächstenliebe widmete und an der Gründung eines Asyls für gestrandete Frauen mitwirkte. Ihre mondänen Erfahrungen und Beobachtungen als Frau brachte sie in ihre Dichtungen ein, die nur wenig um Dämpfung und stilistische Formung bemüht sind, vielmehr in ihrer offenen, realistischen, oft auch etwas umschweifigen Ausdrucksweise sich weit von den kontrollierten und gefühlsblassen Mustern des Petrarkismus entfernen.

Zu den Lyrikerinnen der Epoche gehört auch die erst spät von der Kritik entdeckte, in Lucca geborene CHIARA MATRAINI (1514–ca. 1597), deren *Rime e prose* bereits 1555 erschienen, 1597 aber mit einem in der ersten Person geschriebenen Vorwort erneut gedruckt wurden, so daß man annehmen kann, daß sie bis fast zum Jahrhundertende lebte und somit über achtzigjährig wurde. Mit sechzehn Jahren verheiratet, verwitwete sie mit etwa vierzig

Jahren. Ein großer Teil ihrer Gedichte handelt von der heimlichen Liebe zu einem viel jüngeren Mann und dessen tragischem Tod. Als Dichterin ist sie den Petrarkisten verpflichtet; Bembo, Della Casa, Tansillo und Di Tarsia waren ihr vertraute Lektüren.– Schließlich sei noch an die tragische Gestalt der ISABELLA DI MORRA (1520–1546) erinnert, die einzige süditalienische Dichterin in diesem Kreise. Sie war adliger Herkunft, wurde in Neapel geboren und hatte das Unglück, früh von ihrem Vater getrennt zu werden, der aus politischen Gründen ins Exil ging. Sie wurde in eine Liebesaffäre mit dem spanischen Dichter Diego de Castro verwickelt; nachdem ihre Brüder ihre an den Spanier gerichteten Briefe entdeckt hatten, sperrten sie Isabella in dem Schloß von Morra ein und brachten sie 1546 um; auch ihr Liebhaber wurde kurz darauf ermordet. In ihren schwermütigen und klagenden, stilistisch nicht ausgereiften Texten thematisiert sie in ergreifenden Akzenten die schmerzliche Abwesenheit des geliebten Vaters und die verzehrende, hoffnungslose Einsamkeit ihres jungen, unerfüllten Lebens.

VI. DAS THEATER

1. Blick auf das Ganze

Komödie, Tragödie, Tragikomödie, Hirtenspiel und Melodrama sind die Gattungsformen des Theaters, die sich im Cinquecento weiterentwickelten, wenn auch mit sehr unterschiedlichem Erfolg. Der dynamischen Entwicklung der am Jahrhundertbeginn entstehenden und sich rasch verbreitenden Komödie und der wachsenden Beliebtheit des Hirtenspiels stand das mühsame Fortkommen der Tragödie gegenüber, die trotz bedeutender Unterstützung durch Theoretiker und Kritiker keinen großen Anklang fand. In der zweiten Hälfte des Jahrhunderts trat neben die konventionelle, hauptsächlich an lateinischen Vorbildern orientierte Komödie die neue Form der von Berufsschauspielern aufgeführten Stegreifkomödie, der »Commedia dell' arte«, die von Oberitalien aus sich rasch die Bühnen Italiens eroberte und auch im Ausland weite Verbreitung fand. All diese Entwicklungen sind in der Wechselwirkung zwischen Autoren, Schauspielern und kulturellen Zentren einerseits und dem Geschmack und den Reaktionen unterschiedlicher Publikumsschichten (Volk, Bürgertum, Aristokratie) andererseits zu sehen und zu würdigen. Während in Frankreich, Spanien und England der Theaterbetrieb im wesentlichen zentral organisiert in den Hauptstädten stattfand, verteilten sich in Italien die Theateraktivitäten (ebenso wie die anderer Kunstbereiche) geographisch breit gestreut über verschiedene, unterschiedlich strukturierte Kulturzentren, wodurch in hohem Maße regionale und örtliche Traditionen und Sprachformen auf die Theaterproduktion einwirkten. Wie nicht anders zu erwarten, waren in den von Fürsten beherrschten Zentren wie Ferrara, Mantua, Mailand und nach der Rückkehr der Medici auch in Florenz die jeweiligen Machthaber darauf aus, neben den anderen künstlerischen Aktivitäten in erster Linie den Theaterbetrieb unter ihre Kontrolle zu bringen, da diesem im Rahmen der höfischen Kultur eine große politische und diplomatische Bedeutung zukam. Die Folgen der staatlichen Kontrolle waren besonders in dem traditionell durch Freizügigkeit der Rede und des Witzes geprägten Bereich der Komödie spürbar, da nun an den Höfen kritische, provozierende und politisch oder ideologisch abweichende Töne nicht mehr möglich waren. Demgegenüber unterlag das Bühnenschaffen im republikanischen Florenz, in Siena oder in Venedig keinen oder geringeren politischen und ideologischen Einschränkungen, so daß sich hier auch nicht konforme und unabhängige Künstler und Richtungen artikulieren konnten, mit der Folge einer größeren Vielfalt der hier bearbeiteten und gespielten Bühnenthemen. So gesehen war das Überleben der Gattung Komödie als eines satirischen, gesellschaftskritischen Ausdrucksmittels letztlich abhängig von der Existenz eines Bürgertums, dem wenn schon nicht politische Handlungsfreiheit, so doch wenigstens ein kultureller Freiraum zur Verfügung stand. Dort, wo dagegen das Bürgertum in höfische Strukturen und Funktionen eingebunden wurde, geriet der Spielraum der Komödie enger und mußte in vielen Fällen der Tragödie, der Tragikomödie, dem Pastorale oder anderen, auch choreographischen und musikalischen Spektakeln Platz machen, die sich besser den Prestige- und Repräsentationsstrategien des Fürsten eingliederten. Eine weitere wichtige Maßgabe für das Theaterschaffen im allgemeinen und die freche und witzige Komödie mit ihren traditionell obszönen Motiven im besonderen war die kirchliche Zensur, die im Zeitalter der Gegenreformation mit besonderer Strenge auch über die Theaterproduktionen wachte.

2. Die Komödie

Sieht man einmal von dem im November 1503 aufgeführten, unbedeutenden *Formicone* des klassizistisch bemühten, obskuren Autors Publio Filippo Mantovano ab, so beginnt die Geschichte der italienischen Komödie mit der Aufführung von Ariostos *Cassaria* am 5. März 1503 im herzoglichen Theater zu Ferrara. Der Autor, Regisseur und Organisator Ariosto war es, der auf der Grundlage eines gewandelten Geschmacks die im humanistischen Theater lange Zeit experimentierten Formen der lateinischen klassischen Komödie realitätsnah in die neuen gesellschaftlichen und kulturellen Gegebenheiten seiner Epoche zu integrieren wußte. Die neue Komödie des Cinquecento entsteht aus einer Verbindung der vom Humanismus aufgearbeiteten Strukturen der klassischen lateinischen Komödie des Plautus und Terenz mit dem volkstümlichen Schauspiel, das auf die Tradition mittelalterlicher Wanderbühnen und sakraler Mysterienspiele zurückging. Die tradierten volkstümlichen Formen der Komik wurden in der Renaissance den Strukturen und Regeln der plautinischen Komödie unterworfen und damit in eine geordnete Form gebracht, die sich nunmehr als literarische Gattung Komödie gesellschaftlich etablieren konnte und nicht nur vom Bürgertum, sondern auch von Fürsten und Päpsten anerkannt wurde. Ariosto und Plautus sind somit die Urväter der neuen Komödie, deren Grundlage strukturell die klassische Komödie mit ihren fünf Akten und inhaltlich hauptsächlich das Repertoire der (teilweise aktualisierten) Intrigen des Plautus war. Zu den plautinischen Vorlagen traten indes weitere Stoffe aus der gesamten Literatur, insbesonders auch aus der französischen und italienischen Ritterepik. Besondere Bedeutung als Stoffquelle für die Komödie gewinnt jedoch Boccaccios *Decameron*, aus dem die Autoren einerseits Handlungsszenen und Personen, andererseits aber auch die Prinzipien einer realistischen und detailfreudigen Darstellung übernehmen. Denn die Komödie wollte ja, wie u. a. G. B. Gelli im Prolog zu seiner *Sporta* (1543) betonte, »nichts anderes als ein wahrheitsgetreuer Spiegel des privaten und gesellschaftlichen Lebens sein«. Allerdings gingen solcherlei gute Absichten meist im freien Zusammenspiel typisierter Personen, stilisierter Gebärden und frecher Wort- und Situatuionskomik unter, da es nun einmal das oberste Ziel der Komödie war und ist, die Leute zum Lachen zu bringen. Der dokumentarische Wert der meisten Komödien als Abbild der Gesellschaft ihrer Zeit blieb daher gering. Nicht nur für die Handlung, sondern auch für die handelnden Personen blieb Plautus weithin das große Vorbild.

Besonders hinsichtlich ihrer Personen ist die Renaissancekomödie weniger originell als es auf den ersten Blick scheinen mag und reproduziert im wesentlichen die alten Typen der Diener, der verliebten Jünglinge, der Kurtisanen, der gestrengen Väter, der prahlerischen Soldaten, wozu dann in manchen Stücken noch einige neue Gestalten aus Boccaccio oder anderer Literatur treten. Abgesehen von einigen Autoren, die sich im Gebrauch des Elfsilblers versuchten, setzte sich in der Komödie die Prosasprache durch;

sie wurde auch nahegelegt durch die zur Erreichung komischer Effekte unerläßliche Verwendung regionaler, dialektaler oder vulgärer Redensarten, die sich über Bembos Vorschrift einer reinen toskanischen Literatursprache hinwegsetzen mußte. Gerade die dialektalen und regionalen sprachlichen Elemente waren geeignet, den Kontakt zwischen Schauspielern und Publikum herzustellen; während gleichzeitig Sondersprachen zur Charakteristik gewisser Personen dienten: So etwa die Gaunersprache (»gergo«) für Diener und Spitzbuben, ein hispanisiertes Italienisch für den prahlenden Hauptmann, den Nachfahren des »miles gloriosus«, ein mit deutschen Brocken gespicktes Kauderwelsch für den Typ des Studenten oder etwa ein geschraubtes Latein für den Pedanten, das in der Regel von den Dienern nachgeäfft wurde, usw. Neben den lateinischen Autoren Plautus und Terenz hatte der Grieche Aristophanes auf die Komödie des Cinquecento eine relativ geringe Wirkung, mit Ausnahme von Florenz, wo Machiavelli sich in seinen verlorengegangenen *Maschere* an Aristophanes inspirierte und ihm auch in der *Mandragola* und in der *Clizia* das eine oder andere abschaute.

In Florenz beherrschten um die Wende zum 16. Jahrhundert volkstümliche moralisierende Farcen die komische Bühne, bis Machiavelli seine vorbildlichen Komödien schrieb. Von nun an konnte man außer auf die klassischen Vorbilder Plautus und Terenz auch auf Machiavelli und Ariosto als italienische Modelle schauen. An ihnen orientierten sich in Florenz etwa der Historiker und Politiker DONATO GIANNOTTI (1492–1573), der zwei Komödien schrieb: eine relativ frühe über das Thema des eifersüchtigen Ehemanns, die sich noch der später außer Gebrauch kommenden Terzine bediente, und eine zweite, weitaus gelungenere und humorvollere über das Thema des verliebten Alten, *Il vecchio amoroso*, die zwischen 1533 und 1536 entstand. Auch der von den Republikanern als Tyrannenmörder gefeierte LORENZINO DE' MEDICI (1514–1548) brachte eine Komödie hervor, die *Aridosia*, die 1536 aufgeführt wurde. Nicht sonderlich gelungen waren die beiden postum 1548 erschienenen Komödien des Novellenschreibers AGNOLO FIRENZUOLA (1493–1543), *La Trinuzia* und *I Lucidi*, deren Handlungen Schwächen aufweisen und die sich ansonsten ziemlich eng an die lateinischen Modelle halten. Bedeutender waren die Komödien *La Sporta* (1543) und *L'Errore* (1555) des Schusters und Mitbegründers der florentinischen Akademie GIOVAN BATTISTA GELLI (1498–1563), der sich stark an Machiavelli (und durch ihn hindurch an Plautus) orientierte. Überdurchschnittliche florentinische Komödienschreiber waren ANTONFRANCESCO GRAZZINI, genannt IL LASCA (1504–1584) und GIOVAN MARIA CECCHI (1518–1587). Grazzini, auch Verfasser gelungener Novellen und burlesker

337

Lyrik (vgl. S. 353), schrieb drei Farcen, die berühmteste davon *Il Frate*, und bis 1566 sieben Komödien: *La gelosia*, *La spiritata*, *La strega*, *La Sibilla*, *La pinzochera*, *I parentadi* und *L'arzigogolo*, die 1582 veröffentlicht wurden. Seine Stücke zeichnen sich weniger durch die in den Prologen angekündigten Innovationen als vielmehr durch eine geschickte Kombination der komischen Elemente und durch gut beobachtete volksnahe Szenen aus, die die prickelnde, oft aggressive Komik der Stücke erhöhen. Der im Vergleich zu Grazzini wesentlich konformere, den Medici ergebene Literat, Notar und Wollhändler Cecchi war Autor einer ungewöhnlich umfangreichen dramaturgischen Produktion, die 21 Komödien in Versen oder Prosa, 22 geistliche Dramen, dazu Farcen, Intermezzi und Einakter umfaßte. Im Prolog einer seiner Komödien, *La Dote* (1542), erklärt er, sich unmittelbar an antike Vorbilder gehalten zu haben; doch hinderte ihn dies nicht daran, auch von seinen Zeitgenossen zu lernen und insbesondere dem Scherz und Spott in der Art Boccaccios sowie den mundartlichen Elementen freien Lauf zu lassen.

Auch Siena war nach Florenz ein wichtiges Zentrum für die Entwicklung der Komödie, die hier von zwei gelehrten Zirkeln, nämlich den sogenannten »Rozzi« und der »Accademia degli Intronati« gefördert wurde. Wichtige Komödiendichter Sienas waren SALVESTRO CARTAIO, genannt IL FUMOSO, mit Komödien wie *Batecchio* (1546) und *Il Travaglio* (1552) und NICCOLÒ CAMPANI genannt LO STRASCINO (1478–1523) mit seinen Stücken *Coltellino*, *Magrino* und *Strascino*. Unter den zahlreichen Komödienautoren, die in den verschiedenen Städten und Kulturzentren Italiens schrieben, verdient der römische Prälat und Diplomat BERNARDO DOVIZI DA BIBBIENA (1470–1520) hervorgehoben zu werden, ein Toskaner von Geburt und einer der Gesprächspartner in Castigliones *Cortegiano*. Castiglione war es auch, dem er seine fünfaktige Prosakomödie *La Cassandria* anvertraute, der einen Prolog zu dem Stück schrieb und die erste Aufführung 1513 in Urbino besorgte; die Komödie wurde dann in einer ungewöhnlichen Erfolgsserie das ganze Jahrhundert hindurch in vielen Städten Italiens, aber auch in Paris und Lyon aufgeführt. Weitere wichtige Komödien der Epoche waren der *Pedante* und der *Beco* des in der ersten Jahrhunderthälfte lebenden FRANCESCO BELO, die *Straccioni* (1544) des ANNIBAL CARO (vgl. S. 297 f., 324) und die drei von dem Peruginer Juristen SFORZA ODDI (1540–1611) in jungen Jahren verfaßten Stücke *Erofilomachia*, *I morti vivi* und *Prigione d'amore*, die dem Gefälligen und Komischen freie Bahn lassen, andererseits aber in Anpassung an das tridentinische Zeitklima auch moralisierende und tragikomische, zum Teil auch pathetische Elemente aufweisen.

Die Mischung von karikierender, possenhafter Komik mit sentimentalpathetischen Zügen war in der zweiten Jahrhunderthälfte weit verbreitet und begegnet wieder im Werk des Neapolitaners GIOVAN BATTISTA DELLA PORTA (1535–1615), dem mit Cecchi fruchtbarsten Komödienautor des Jahrhunderts. Im Vergleich mit den anderen Zentren der Halbinsel entwikkelte sich die neue regelhafte Komödie relativ spät in Neapel, wo volkstümliche Formen der Komik, u. a. die »gliommeri« (scherzhafte Monologe oder Lieder) und Farcen im Schwange waren. Unabhängig davon schrieb der Wissenschaftler, Erfinder, Forscher und Magier Della Porta etwa zwischen 1550 und 1612 vierzehn ihm mit Sicherheit zuzuweisende Komödien (*L'Olimpia, L'Astrologo, La Turca, La Sorella, La Cintia, La Fantesca, La Trappolaria, La Chiappinaria, La Furiosa, I Due Fratelli Rivali, I Due Fratelli Simili, La Carbonaria, Il Moro, La Tabernaria*), weitere neun nur dem Titel nach bekannte Komödien, zwei geistliche Tragikomödien (*Giorgio* und *Santa Dorotea*), eine Tragödie (*Ulisse*) und eine Tragikomödie (*Penelope*). Der vielseitige und kenntnisreiche Della Porta war ein hoher Meister der komischen Kunst, die bei ihm wie bei vielen Komödienautoren weniger auf Innovationen als auf einer geschickten Neukombination traditioneller und erprobter Elemente beruht. Della Porta, der auch Plautus übersetzt und einen (verlorengegangenen) Traktat über die Komödie (*De arte componendis comoedias*) geschrieben hatte, verfügte über einen sicheren Sinn für Szenenführung und Bühnenwirksamkeit; er nahm bedenkenlos in seine Stücke auch unwahrscheinliche und romanhafte Elemente auf und steigerte seine Charaktere oft bis ins Groteske, erreichte aber damit und mit einer raschen, geschickten Szenenfolge fast immer ein Maximum an komischer Wirkung und Ergötzen. Della Porta hatte eine große Nachwirkung auf das italienische Theater bis Goldoni, aber auch auf die französische Komödie eines Rotrou oder eines Molière sowie auf das spanische und elisabethanische Theater.

Ein Meilenstein in der Entwicklung der Komödie war das zeitkritische und polemische Stück *Il Candelaio (Der Kerzenmacher)* des GIORDANO BRUNO (vgl. S. 368 ff.), das 1582 in Paris entstand und erschien. Die Handlung der Komödie spielt in neapolitanischem Milieu um den liebesgeilen Greis Bonifacio, den schmutzigen Geizhals Bartolomeo und den törichten Pedanten Manfurio, die von einer großen Schar von Gaunern und Spitzbuben (die die früheren Diener weitgehend ersetzen), von Dirnen, Kurtisanen und Magiern umgeben sind. Mit diesen drei pervertierten Hauptgestalten in der Mitte entwickelt die Komödie scharfe und polemische Angriffe gegen die zeitgenössische Gesellschaft, insbesondere gegen Aberglauben, Magierunwesen und (humanistisches) Pedantentum. Diese Attacke des unkonformen »Akademikers ohne Akademie, genannt der Angeekelte«, wie sich Bruno selbst polemisch nannte, ist mit ihrem Grundthema der Dummheit und der verkehrten Welt im Zusammenhang zu sehen mit der Philosophie eines Erasmus, mit den zeitkritischen Konzeptionen anderer Künstler der Epoche wie Hieronymus Bosch und Brueghel und mit den emanzipierten gesellschaftskritischen Tendenzen eines Ariosto, Ruzzante oder Aretino. In diesem Sinne ist das Werk in das große übergreifende Renaissancethema der menschlichen Torheit einzuordnen.

Ein ungewöhnliches Bühnenwerk und zugleich eines der bedeutendsten Zeugnisse der Dialektkomödie ist die erst 1928 durch E. Lovarini entdeckte und herausgegebene, in venezianischem Dialekt zwischen 1510 und 1536 (so die divergierenden Datierungsversuche) verfaßte Komödie *La Venexiana*, deren Anonymität Anlaß zu vielen Spekulationen über mögliche Verfasserschaften gab. Die *Venexiana* ist in vielen Zügen ein atypisches Stück; sie hält zwar an der Einteilung in fünf Akte fest, hat aber sonst mit den zu ihrer Zeit üblichen Komödienstrukturen wenig gemeinsam. Wie es im Vorwort heißt, möchte die Komödie zeigen, »wieviel Amor in den Frauen vermag und auf welche Weise wir von seiner Gewalt besiegt werden«. Dabei soll »auch das von unseren Mimen ohne Scham kundgetan werden, was an sich unter dem Schleier des Schweigens verbleibt«. Dementsprechend freizügig entfaltet die Komödie in raschem Szenenwechsel und in geschmeidigen, ungenierten, oft frechen Dialogen eine unkomplizierte Handlung um den Ausländer Iulio und zwei Frauen, die sich gleichzeitig vom Fenster aus in ihn verlieben, nämlich die stürmische Witwe Angela und die jüngere, verheiratete und zurückhaltendere Valeria; hinzu treten lediglich zwei Dienerinnen und ein Diener. So entwickelt sich ein Spiel, das ohne moralische oder konventionelle Hindernisse rasch zur (nur von leichten Anflügen der Melancholie gedämpften) sinnlichen Befriedigung aller drei Hauptfiguren führt. Das schwer einzuordnende Stück, dessen gelungenster Teil sicherlich die Psychologie der beiden Frauengestalten ist, wurde von der italienischen Kritik immer wieder mit nicht ganz nachzuvollziehendem, überschwenglichem Lob bedacht. Es ist möglicherweise zu seiner Zeit nie aufgeführt worden. Nicht die *Venexiana*, sondern das Theater des Ruzzante (vgl. S. 363 f.) wurde richtungweisend für die weitere Entwicklung des venezianischen Theaters, das sich langsam den Strukturen der »Commedia dell'arte« annäherte.

3. Die Tragödie

Obwohl bereits die 1480 geschriebene *Favola di Orfeo* des Poliziano, das erste profane Theaterstück der italienischen Literatur, Elemente des Tragischen aufweist, ist die Tragödie als literarische Gattung eine Hervorbringung des Cinquecento, die aus der Nachahmung der griechischen und lateinischen Tragödie entstand und in den ersten Jahrzehnten von intensiven theoretischen Diskussionen begleitet wurde. Die Tragödie hatte keinen Platz in der mittelalterlichen Ästhetik und wurde im Cinquecento, mehr als tausend Jahre nach ihren antiken Modellen, wieder in den Kreis der literarischen Gattungen zurückgeführt, und zwar im Namen des Aristoteles, dessen Poetik zu Beginn des Jahrhunderts entdeckt worden war. Die erste Renaissancetragödie ist die *Sofonisba* des GIOVAN GIORGIO TRISSINO (vgl. S. 296), der aus Vicenza, einem wichtigen und trotz seiner politischen Abhängigkeit von Venedig weitgehend autonomen Kulturzentrum stammte. Das Stück entstand um 1515 in Rom, wurde 1524 dort veröffentlicht, aber erst 1562 in Vicenza aufgeführt. Die Tragödie handelt von der bei Titus Livius berichteten Geschichte der Sophonisba, die der siegreiche Scipio gefesselt in seinem Triumphzug in Rom mitführen möchte; diese Schmach sucht der liebende Massinissa zu verhindern, der ihr verspricht, sie zu heiraten. Dem stehen widrige Umstände entgegen, so daß Massinissa keine andere Möglichkeit verbleibt, als der Königin einen Giftbecher zu senden, den diese ungerührt austrinkt und so ihre königliche Würde rettet. Gegenüber seinen Quellen Livius, Appian und Petrarca (*Africa* und *Triumphi*) hat Trissino die Beziehung zwischen Sophonisba und Massinissa aufgewertet und einige weitere Variationen eingeführt, die darauf hinauslaufen, den Konflikt zwischen Staatsraison und Liebe in den Mittelpunkt des Interesses zu rükken. In diesem Konflikt zwischen Gefühl und Politik obsiegt die letztere; wobei die Staatsräson hier bereits aus der Sicht der katholischen Ethik als Pflicht aufgefaßt wird, ein ideologisches Motiv, das sich in der folgenden Entwicklung der Tragödie im Klima der Gegenreformation verstärkt.

Der Konflikt zwischen Politik und Gefühl war ein bei den Zeitgenossen und Nachfolgern Trissinos verbreitetes Tragödienmotiv. Es findet sich in unterschiedlichen Gestaltungen z. B. bei den Autoren des florentinischen Klassizismus, eines weiteren wichtigen Zentrums der Entwicklung der regelgerechten Tragödie. Giovanni Rucellai, Luigi Alamanni, Alessandro de' Pazzi und Lodovico Martelli orientieren sich an den großen Tragödien des Sophokles und Euripides und stellen bezeichnenderweise wie ihre antiken Vorbilder oft weibliche Helden in den Mittelpunkt (Antigone, Iphigenie, Dido, Rosmunda, Tullia, usw.). In der 1515 entstandenen *Rosmunda* des

GIOVANNI RUCELLAI (1475–1525) versucht die Königstochter Rosmunda gegen das Verbot des Siegers, des Langobardenkönigs Alboino, den Körper ihres gefallenen Vaters zu bestatten. Dabei wird sie überrascht und soll getötet werden; doch entschließt sich Alboino, Rosmunda zu heiraten, um deren Königreich zu gewinnen. Rosmunda entschließt sich nach langem Zögern, der politischen Vernunft nachzugeben und in die Heirat einzuwilligen. Als der tyrannische Alboino jedoch beim Hochzeitsmahl Rosmunda zwingt, aus dem Schädel des Vaters zu trinken, tritt Rosmundas Liebhaber Almalchide auf und enthauptet, als Rosmunda verkleidet, Alboino. Damit thematisiert das Stück neben dem Konflikt zwischen Gefühl und Staatsräson auch die Kritik an der absoluten Regierungsform der Tyrannis, die Rucellai durch eine aristokratisch-paritätische ersetzt sehen möchte, die in den Gesprächsrunden der »Orti Oricellari« diskutiert worden war. Die zweite Tragödie Rucellais, der *Oreste*, entstand zwischen 1515 und 1520 und inspirierte sich an der *Iphigenie in Tauris* des Euripides. Formal beachtete das Stück sorgfältig die Regeln der Aristotelischen Poetik. LUIGI ALAMANNI (vgl. S. 296 f., 323), der nach dem Scheitern der gegen die Medici gerichteten Verschwörung von 1522 nach Frankreich fliehen mußte, schrieb vor diesem Datum die 1533 veröffentlichte *Antigone*, die sich stofflich im wesentlichen an die Vorlage des Sophokles hält, jedoch die Gestalt des Kreon abwertet und die der Antigone kämpferischer und aggressiver gestaltet. Auf die bekannte Aeneas-Dido-Episode des vierten Buchs der Vergilschen *Aeneis* (und der *Heroiden* des Ovid) bezieht sich die *Didone in Cartagine* (1524/25) des ALESSANDRO DE' PAZZI DE' MEDICI (1483–1530), der zur stärkeren Dramatisierung des Stoffes einige weitere Motive einführt. Seine *Ifigenia in Tauride* (1524) und sein *Edipo re* (1525) sind schlichte Übertragungen der sophokleischen Vorlagen und damit Teil einer ausgedehnten Übersetzungsliteratur griechischer Tragödien in dieser Zeit. Der früh verstorbene LUDOVICO MARTELLI (1503–1531) stand etwas außerhalb des Kreises der florentinischen Tragödienautoren. In seiner *Tullia* (postum 1533), die ihren Stoff aus Livius, der *Elektra* des Sophokles und anderen griechischen Tragödien schöpft, verschiebt sich der klassische Konflikt zwischen Gefühl und Politik zugunsten einer Konzeption, die zwischen staatlicher Macht und göttlicher Vorsehung, zwischen Politik und Religion eine Verbindung herstellt. Deuten sich hier bereits ideologische Elemente des tridentinischen Zeitalters an, so kann die Paul III. gewidmete, 1546 in Venedig erschienene *Orazia* des PIETRO ARETINO (vgl. S. 357 ff.) als Ausdruck einer völligen Konformität des Verfassers mit der Ideologie der Gegenreformation gelten. Das Stück, das von der Kritik extrem unterschiedlich bewertet wurde, dramatisiert die von Livius berichtete Geschichte des

342

Horatius, der aus tiefem Pflichtbewußtsein gegenüber dem Vaterland Rom seine Schwester Celia tötet. Der bisher ungelöste Konflikt zwischen persönlichen Motiven und politischer Vernunft wird in der *Orazia* im Sinne der Ideologie der Gegenreformation dadurch positiv aufgehoben, daß Gott das politische Handeln des Orazio absegnet. In ganz anderem Sinne ist später der gleiche Stoff in Lope de Vegas *El honrado hermano* und in Corneilles *Horace* behandelt worden.

Eine grundlegend neue stoffliche Orientierung fand die italienische Tragödie in den Werken des GIOVAN BATTISTA GIRALDI CINZIO (vgl. S. 297), der der Nachahmung der Griechen die Tragödien Senecas des Jüngeren gegenüberstellte und damit zugleich auch die für diese typischen Motive des Grausigen und Schrecklichen auf der italienischen Bühne einführte. Wenngleich Seneca schon in der lateinischen *Eccerinis* des Albertino Mussato nachgeahmt worden und sein Einfluß hier und da in früheren Tragödien sichtbar war, so war es doch Giraldi, der aus ideologischen wie dramaturgischen Überlegungen Seneca bewußt als Gegenmodell zu den Griechen für die italienische Bühne rezipierte. Seine erste, 1541 geschriebene und zuerst in Ferrara, dann auch andernorts mehrfach aufgeführte Tragödie ist die an grausigen Szenen reiche *Orbecche*, die hauptsächlich auf dem *Thyestes* des Seneca beruht, daneben auch Stoffe einiger Novellen (darunter Boccaccios Tancredi-Novelle) aufgreift. Die kleine Orbecche entdeckt unfreiwillig ihrem Vater, dem persischen König Sulmone, die inzestuöse Beziehung zwischen ihrer Mutter Selina, Gemahlin des Königs, und deren erstgeborenem Sohn … Später heiratet Orbecche heimlich und ohne Wissen ihres Vaters den Höfling Oronte und hat mit ihm zwei Söhne. Nachdem Sulmone, der die Tochter aus Staatsraison mit dem Parterkönig Selin verbinden möchte, von dieser Ehe erfahren hat, heuchelt er Einverständnis, tötet aber später Oronte und dessen beide Söhne und präsentiert Kopf und Hände der Ermordeten seiner Tochter Orbecche, die in ihrer Verzweiflung den Vater tötet und Selbstmord begeht. Ein Stück voll schrecklicher Ereignisse also, das dennoch große Publikumserfolge hatte, in Italien die Gattung der »tragedia degli orrori« iniziierte und viele Theaterautoren, darunter auch Shakespeare, beeindruckte. In der *Orbecche* spielt auch das Thema des Schicksals eine bedeutsame Rolle, wobei dieses jedoch letztlich als göttliche Vorsehung dargestellt wird. Hier wie in anderen späteren politischen Tragödien des gegenreformatorischen Zeitalters wird das politische Handeln durch moralische und sittliche Gesetze gerechtfertigt, werden Politik und politische Vernunft der Religion bzw. der katholischen Ethik als oberstem Wertesystem untergeordnet. Weitere Tragödien Giraldis waren *Didone* (1542), *Altile e Cleopatra* (1543), *Antivalomeni* (1549) und die nach 1549 geschrie-

343

benen Stücke *Selene*, *Eufimia*, *Arrenopia* und *Epitia*. Diese letzteren Stücke haben einen glücklichen Ausgang und kennzeichnen damit den Übergang zur Gattung des Tragikomischen. Dieser ist bei Giraldi einerseits durch Rücksicht auf das Publikum (Erregung von Wohlgefallen), andererseits auch durch die dramaturgische Überzeugung motiviert, daß der glückliche Schluß der gewünschten läuternden Wirkung des Bühnenstücks keinen Abbruch tue. Diese Tendenz Giraldis wurde später von vielen italienischen Tragödien der Gegenreformation aufgegriffen, insbesondere auch vom Theater der Jesuiten, das von den einzelnen Kollegien der Gesellschaft Jesu aus organisiert wurde.- Aus der gegenreformatorischen Phase der tragischen Bühnenproduktion seien schließlich noch die dramaturgischen Versuche Tassos und Torellis erwähnt. Torquato Tassos 1586 vollendeter *Re Torrismondo* (vgl. S. 304) mit der inzestuösen Verfehlung seiner Protagonisten und deren freiwilliger Sühne ließ sich leicht in das gegenreformatorische Schema von Schuld und Strafe einordnen; auch der konforme, mit Paul III. und anderen Kirchenleuten befreundete, von klerikalen und priesterlichen Bestrebungen beseelte POMPONIO TORELLI (1539–1608) brachte in Trägödien wie *Merope* (1589), *Tancredi* (1597), *Galatea* (1602) und anderen, in denen politische Vernunft und katholischer Glaube gleichgeschaltet werden, seine orthodoxen, gegenreformatorischen Überzeugungen zum Ausdruck.

Hand in Hand mit der Entwicklung der Tragödie im Cinquecento entfaltete sich auf der Grundlage der Poetik des Aristoteles eine rege Diskussion um die Prinzipien und Regeln der Tragödie. Schon Giraldi Cinzios 1543 geschriebener und 1554 gedruckter *Discorso intorno al comporre delle commedie e delle tragedie* stand unter dem Einfluß der aristotelischen Lehre. Noch stärkere Verbreitung fanden die Regeln des Aristoteles dann durch FRANCESCO ROBORTELLO (1516–1567), Professor im «Studio» von Pisa, der die *Poetik* ins Lateinische übertrug und in seinen umfangreichen *In librum Aristotelis de arte poetica explicationes* (1548) ausgiebig kommentierte. Nur ein Jahr später folgte der ebenfalls ausführliche Kommentar des BERNARDO SEGNI (1504–1558), und wiederum ein Jahr darauf, 1550, erschienen die *Communes explanationes in Aristotelis librum de Poetica* des BARTOLOMEO LOMBARDI und des (1564 verstorbenen) VINCENZO MAGGI, beide Professoren an der Universität Padua, die die aristotelische Poetik bereits im katholischen und gegenreformatorischen Sinne interpretierten. In noch stärkerem Maß geschah dies durch die restriktive und Aristotelestreue *Arte Poetica* (1563) des Bischofs und Teilnehmers am tridentinischen Konzil, ANTONIO SEBASTIANO MINTURNO (Antonio Sebastiani, 1500–1574), die auch in die Polemik um das heroische Epos Ariostos und Tassos eingriff. Minturno veranschaulicht zugleich den Übergang von früher vorherrschenden platonisierenden dichtungstheoretischen Positionen, denen er in seinem frühen *De poeta* von 1559 noch nahestand, zu orthodoxem Aristotelismus. Unter den vielen poetologischen Traktaten des Jahrhunderts galten lange Zeit die *Poetices libri septem* des GIULIO CESARE SCALIGERO (1484–1558) als die bedeutendste und organischste Darstellung der Dichtungslehren des Cinquecento. Die Poetik des Scaliger hatte allerdings in Italien viel weniger Erfolg als in Frankreich, wo sie 1561 in Lyon gedruckt wurde. Neuere Kritik neigt dazu, Scaligero weniger Bedeutung zuzumessen. Einer der wichtigsten, vielleicht der wichtigste unter den Aristotelikern der Zeit war der aus Modena stammende, gebildete und scharfsinnige Kritiker LUDOVICO CASTELVETRO (1505–1571), eine herausragende Persönlichkeit seiner Zeit, der neben anderen kritischen und dichtungstheoretischen Werken einen sehr lebendigen, 1567 vollendeten und 1570 gedruckten Aristoteleskommentar schrieb, in dem u. a. die Lehre von den drei Einheiten der Handlung, des Ortes und der Zeit klar dargestellt werden. Demgegenüber lösen sich spätere, gegen das Jahrhundertende geschriebene Traktate wie z. B. die *Poetica* (1586) des Vielschreibers FRANCESCO PATRIZI (1529–1597) von dem starren Regelapparat des Aristoteles zugunsten einer die Originalität des Dichters wieder stärker betonenden, augustinisch-platonischen Dichtungskonzeption, die dann auch, so z. B. in dem *Dialogo del furor poetico* (1581) des GIROLAMO FRACHETTA (1558–1620), der Inspiration des Dichters und seinem »göttlichen Wahnsinn« einen neuen Stellenwert einräumt.

Blickt man zurück auf die Entwicklung der italienischen Tragödie im 16. Jahrhundert, fällt auf, daß trotz zahlreicher dramaturgischer Versuche und reger theoretischer Diskussionen, die der Entwicklung der Tragödie in ganz Europa den Weg gewiesen haben, in dieser Epoche kein einziges Meisterwerk in Italien zu verzeichnen ist; während Komödie und Hirtenspiel mit Machiavellis *Mandragola* und Tassos *Aminta* recht bald zu beispielhafter Vollendung fanden. So haben die italienischen Autoren des Cinquecento das literaturgeschichtliche Verdienst, die Tragödie als literarische Kunstform in Europa wieder eingeführt zu haben, es fehlte ihnen aber, wie es scheint, an einem authentischen und wesentlichen Gefühl für das Tragische, das sie zu überragenden Gestaltungen hätte führen können.

VII. ERZÄHLENDE PROSA

1. Die Novelle

Ebenso wie schon im vorangegangenen Jahrhundert erfuhren die Novelle und die erzählende Prosa auch in der Ästhetik des Renaissancezeitalters eine relativ niedrige Bewertung, die sie in der literarischen Hierarchie unterhalb der mit hohem Prestige behafteten Gattungen der Epik, des Theaters und der Lyrik einordnete. Diese Unterordnung hatte einen ihrer Gründe in dem ausgeprägten formalen Interesse der Epoche, die auf geschliffenen Stil, bedachte Wortwahl, wohlgestaltete rhythmische Syntax, Eleganz der Diktion und andere rhetorische Feinheiten größten Wert legte; Eigenschaften, die trotz des großen Beispiels Boccaccios in der erzählenden Prosa mit ihrer Neigung zum Realistischen und Alltäglichen schwer zu verwirklichen schienen. Ein anderer Grund war der, daß schon die antike Ästhetik, die ja von der vorangegangenen humanistischen Epoche rezipiert worden war, novellen- oder romanartige Erzähltexte als dekadente literarische Formen betrachtet hatte, eine Bewertung, die zumindest indirekt in der Poetik des Horaz oder in der vieldiskutierten Poetik des Aristoteles zum Ausdruck kam. Dementsprechend wurde in nahezu allen dichtungstheoretischen Traktaten der Renaissance die erzählende Literatur schlichtweg ausgelassen, mit der einzigen Ausnahme der in Versform gefaßten Ritterepik im Stil Ariostos, Boiardos und Tassos. Diese Feststellung gilt für den berühmten *Discorso* des Giraldi Cinzio ebenso wie für die anderen oben zitierten Traktate. Erzählende Prosa wie etwa die Novelle galt als Beiprodukt literarischen Schaffens. Andererseits hatte jedoch die individualistisch geprägte, immer stärker von bürgerlichen Geschmacksrichtungen und Bedürfnissen bestimmte Renaissanceepoche ein großes Interesse an leicht lesbaren, nicht zu langen und unterhaltsamen Prosatexten, die in realistischem Stil eine denkwürdige Begebenheit aus dem Leben eines Menschen erzählten. Obwohl ästhetisch weithin geächtet, erfreute sich so die Novelle im 16. Jahrhundert einer außerordentlich weiten Verbreitung, wozu auf Seiten der Schriftsteller auch die immer noch anhaltende Bewunderung für Boccaccio beitrug, der zu seiner Zeit durch sein künstlerisches Vermögen die Novelle aus dem Schatten des Literaturbetriebs herausgeführt hatte. Boccaccio war und blieb zugleich die Hauptstoffquelle der Novellenerzähler; hinzu traten als weitere Quellen die gesamte frühere italienische Erzählliteratur und die der Antike, insbesondere Valerius Maximus, Apuleius und die griechischen Romane und Erzählungen. Das verbreitete

346

Interesse an der Novelle kam in der zweiten Jahrhunderthälfte auch im Erscheinen zahlreicher Novellenanthologien zum Ausdruck, deren bekannteste, die *Cento novelle de' più nobili scrittori della lingua volgare* (1561) des FRANCESCO SANSOVINO (1521–1586) waren, die Texte aller großen Novellenerzähler von Boccaccio bis zur Gegenwart vereint. Was die Gliederung der umfangreichen Novellenliteratur angeht, so bietet sich eine erste Unterscheidung in oberitalienische und toskanische Autoren an und eine weitere Aufteilung der toskanischen Erzähler in florentinische und senesische.

Oberitalienische Novellenerzähler

Der Erzähler eines einzigen, aber sehr berühmten Novellenstoffes war der aus Vicenza stammende Adlige LUIGI DA PORTO (1485–1529), der zunächst in venezianischen Kriegsdiensten stand, sich aber nach einer schweren Verletzung (1511) zurückzog und dem literarischen Schaffen widmete. Er schrieb *Rime* (1539), *Lettere storiche*, d. h. siebzig Briefe über den von ihm miterlebten spanisch-venezianischen Krieg und vor allem die vielleicht schon 1530 in einer ersten, 1539 in einer erweiterten Fassung erschienene *Historia novellamente ritrovata di due nobili amanti*, d. h. die Geschichte von Julia und Romeo, die ihn berühmt machte. In der Fiktion Da Portos wird diese Geschichte dem Autor auf einer Reise von seinem Bogenschützen erzählt; in Wirklichkeit aber folgt Da Porto der von Masuccio erzählten Novelle von dem Senesen Mariotto und der geliebten Ganozza, ein Stoff, der auch von Bandello aufgegriffen und später von Gherardo Boldieri in Oktaven erzählt wurde (*L'infelice amore di due fedelissimi amanti, Giulia e Romeo*, Venedig 1553), um schließlich in Shakespeares Gestaltung zu Weltruhm zu gelangen. Im Vergleich mit Masuccio entwickelt Da Porto ein hohes Maß an erzählerischem Können und Originalität. Im Unterschied zum abstrakten und blassen Ambiente der Vorlage stellt er die Momente des tragischen Geschehens in den konkreten Kontext des normalen, adligen Lebens seiner Zeit, und gibt seiner Erzählung einen realistischen historischen und geographischen Rahmen, nämlich die Kämpfe der Adelsparteien im Verona Bartolomeos Della Scala. Wesentlich feiner, lebensnäher und realistischer ist auch die psychologische Gestaltung der Personen, angefangen von der glaubwürdigen Darstellung der Handlungen und Reaktionen der Hauptpersonen bis zu den einfühlsamen und aus dem Leben geschnittenen Porträts der Eltern Giulias.

Aus Piacenza stammte der Musiker und Dichter GIROLAMO PARABOSCO (um 1524–1557), der vor allem in venezianischen Adligen- und Künstlerkreisen verkehrte und ab 1551 erster Organist in der herzoglichen Kapelle von San Marco war. Er verfaßte Madrigale, schrieb Lyrik und neben acht Komödien und einer Tragödie auch ein Erzählwerk mit dem Titel *I diporti*, das nach ursprünglichen Plänen hundert Novellen umfassen sollte, bei seiner Veröffentlichung um 1550 aber nur siebzehn Novellen enthielt. Die *Diporti* haben eine Rahmenhandlung: Eine Schar Adliger und Literaten flüchten sich vor einem Unwetter in eine Hütte auf der Lagune von Venedig, wo sie drei Tage lang erzählen, rezitieren und diskutieren. Die Gespräche werden eröffnet mit einer Diskussion für oder gegen die Frauen, dann werden Novellen erzählt, Gedichte rezitiert, vor allem immer wieder schlagfertige Redensarten, Sprichwörter und Motti ausgetauscht, bis das Ganze schließlich mit einem schmeichlerischen Lob auf die Frauen Venedigs ausklingt. Wie schon die Rahmenhandlung verdeutlicht, gilt das Hauptinteresse des Verfassers dem intellektuellen Spiel schlagfertiger und scharfsinniger Argumente und Gegenargumente und einer virtuosen, technisch gefeilten Rhetorik. Von gleicher intellektualistisch-rhetorischer Prägung sind aber auch die Novellen selbst, die meist irgendwelche Liebesgeschichten zum Anlaß konstruierter »Handlungen« mit rhetorischen Kunstfertigkeiten und argumentativen Pointenspielen nehmen und auf das Gestalten von Charakteren fast ganz verzichten.

Bekannter ist der Name des GIOVAN FRANCESCO STRAPAROLA, der gegen Ende des 15. Jahrhunderts in Caravaggio geboren wurde und nach 1557 starb. Von seinem Leben wissen wir wenig. Neben anspruchsloser Lyrik schrieb er die Novellensammlung der *Piacevoli notti*, die in zwei Teilen 1550 und 1553 in Venedig erschien, sogleich bei den Zeitgenossen außerordentlichen Erfolg hatte und innerhalb weniger Jahrzehnte etwa fünfzig Auflagen erlebte. Wahrscheinlich war Straparola mit Ottaviano Maria Sforza, dem Bischof von Lodi, befreundet, in dessen Villa auf der Insel Murano die Rahmenhandlung seines Erzählwerkes spielt: Während der Karnevalszeit erzählt sich eine mondäne Gesellschaft von Damen und Herren in dreizehn Nächten Novellen und Märchen, an deren Schluß jeweils ein Rätsel gestellt und gelöst wird. In den ersten zwölf Nächten werden jeweils fünf, in der dreizehnten Nacht dreizehn Geschichten erzählt; in den späteren Auflagen von 1556 an wurde die fünfte Novelle der achten Nacht aus religiöser Rücksichtnahme durch zwei andere Geschichten ersetzt, so daß das Werk von nun an 74 Erzählungen umfaßte. Der große Erfolg bei den Zeitgenossen war vor allem auf den Umstand zurückzuführen, daß Straparola als erster Novellenerzähler in breitem Umfang volkstümliche, d. h. im Volke bekannte Märchenstoffe erzählte. Er konnte diese Stoffe aus der volkstümlichen Überlieferung, aber etwa auch aus den lateinischen *Novellae* (1520) des Neapolitaners GIROLAMO MORLINI (erste Hälfte des 16. Jahrhunderts) schöpfen, wobei er über zwanzig der *Novellae* einfach übersetzte und in sein Werk einfügte. Kamen so einerseits Straparollas *Ergötzliche Nächte* dem Unterhaltungsbedürfnis des Volkes entgegen, so ist andererseits der Erfolg des Werkes, der bald auch im Ausland einsetzte (und insbesondere in Frankreich, wo schon 1560 und 1572 erste Übersetzungen erschienen) nicht voll verständlich in Anbetracht der bescheidenen stilistischen und erzählerischen Qualitäten des Textes. Fast teilnahmslos, ohne Ausdruck von Gefühlen oder Erstaunen erzählt Straparola in monotonem, unpersönlichem und plattem Stil seine an sich so schönen Stoffe daher, und auch die wunderbarsten Geschichten von sprechenden Tieren, Hexen und Zauberern oder von denkwürdigen Verwandlungen können ihm keine emotionale oder stilistische Regung entlocken. Selbst die dann und wann unumgängliche Beschreibung einer schönen Frau oder gar einer weiblichen Nacktheit (wie etwa in der Novelle II,2) bringt er mit trockener und ungerührter Bravour hinter sich, verliert sich dafür aber gerne andernorts in überflüssigen und uninteressanten Einzelheiten. Zwei seiner interessantesten Geschichten sind in Dialekt geschrieben, die eine (V,3) in bergamaskischer, die andere (V,4) in paduanischer Mundart, wahrscheinlich ihrer komischen Wirkung wegen. Straparolas Geschichten haben etwas Primitives und Phantastisches zugleich; in seiner volksnahen, fast aliterarischen Haltung kann er als ein früher Vorläufer der Romantik erscheinen.

MATTEO BANDELLO (1485–1561) ist der weitaus wichtigste und nicht zuletzt wegen seiner relativen Unabhängigkeit von Boccaccio originellste Novellenerzähler des Nordens. Der in dem damals zu Mailand gehörenden Castelnuovo Scrivia bei Alessandria Geborene rühmte sich der ostgotischen Herkunft seiner adeligen Familie und fand Gefallen daran, sich als Halbbarbar von nur roher Bildung darzustellen, wie denn auch in der Tat sein Erzählstil provinzielle und ungeschliffene Züge aufweist. Bandello wurde in einem Mailänder Kloster erzogen, studierte in Pavia und wurde 1504 Dominikanerbruder in Genua. 1506 kehrte er nach Mailand zurück und trat in den Dienst des Alessandro Bentivoglio, dessen zweite Frau Ippolita Sforza ihn zur Niederschrift seiner Novellen ermunterte. Später stand er in Diensten des Massimiliano Sforza in Mailand, des Francesco Gonzaga in Mantua und schließlich des Cesare Fregoso in Verona. Nach der Schlacht von Pavia plünderten die Spanier, denen er stets ein grimmiger Feind war, sein Haus in Mailand, zerstörten seine Bibliothek und entwendeten Manuskripte mit Gedichten und Novellen. Nachdem sein Gönner Cesare Fregoso von den Häschern Karls V. getötet worden war, blieb er mit dessen Witwe im französischen Bassens bei Agen, um die Kinder Fregosos zu erziehen. Er verwaltete von 1550–1555 das Bischofsamt in Agen in Stellvertretung für den noch zu jungen Ettore Fregoso und starb 1561 ebendort.

Die ersten drei Teile seiner *Novelle* erschienen 1554 in Lucca; der vierte Teil erschien postum 1573 in Lyon und enthielt nun auch die Geschichte des Lucchesen Simone Turchi, die früher auf Betreiben von dessen Familie unterdrückt worden war. Insgesamt waren es nicht weniger als 214 Novellen. Das Werk hat keine Rahmenhandlung, enthält jedoch eine Reihe wichtiger Vorworte sowie Widmungsbriefe der einzelnen Novellen, die einerseits Huldigungsadressen an wichtige Persönlichkeiten der Zeit sind, andererseits über das Geschehen der Novelle und die Intentionen des Autors Auskunft geben. In seiner Gesamtheit stellt das Werk Bandellos ein umfassendes und lebendiges Gemälde des Renaissancelebens dar, die einzige Novellensammlung, die es in der totalen Erfassung zeitgenössischer Lebenswelten mit Boccaccios *Decameron* aufnehmen kann. Was allerdings Darstellung und Erzählstil angeht, so erweist sich Bandello als zwar neugieriger und stofffreudiger, doch überaus unausgeglichener Erzähler mit offenkundigen theoretischen und künstlerischen Schwächen. Es fehlen vor allem der durchdachte Aufbau der Handlung und deren strukturelle Einheit und Abrundung. Bandello zeigt sich immer wieder unfähig, die Handlung um einen thematischen Kern herum konsequent aufzubauen; statt dessen verliert er sich gern in zeitgeschichtlichen Betrachtungen oder in lehrhaftem Räsonnieren und nur allzuoft in Nebensächlichem und Überflüssigem. In elementarer, durch erzähltechnische oder sprachstilistische Überlegungen ungetrübter Fabulierfreude erzählt Bandello in raschem, oft unmotiviertem Wechsel der Milieus und der Stimmungen seine »casi strani«, seine denkwürdigen Fälle, getrieben von einer unwiderstehlichen Neugierde auf alles Menschliche, dem eigentlichen Zentralmotiv seiner Darstellung. Auch in ihrer Aufeinanderfolge weisen die Novellen keinerlei Ordnung auf. Seine Sprache ist immer einfach, ohne stilistischen Aufwand: Bandello schreibt wie er spricht. Als nicht ungeschickt erweist sich dagegen sein Verfahren, den einzelnen Novellen Widmungsepisteln voranzustellen: Die in ihnen angesprochenen Personen bleiben meist auch in den Novellen, sei es als Erzähler, sei es als Zuhörer gegenwärtig und sorgen so für eine szenische Wirkung und lebendige Auflockerung des Erzählvorgangs. Seine Stoffe nahm Bandello wo er sie fand, aus eigener Kenntnis zeitgeschichtlicher Ereignisse, aus Chroniken, aus der Literatur und der ihm bekannten Novellistik, meistens ohne sich die Mühe zu machen, seine Quellen zu verschleiern. So ist etwa seine Beschreibung der schönen Fenicia ein Abklatsch des Porträts der Alcina aus Ariostos Epos; für seine lehrhaften Passagen plündert er Machiavelli, Castiglione und andere. Auffallend ist, daß Bandellos Grundhaltung der Neugierde an den »accidenti diversi« des Menschlichen und die damit verbundene Lust am Beobachten oft Hand in Hand geht mit lehrhaften und klassifizierenden Einlassungen, die auf den Versuch hinauslaufen, die einzelnen Fälle zu einer Kasuistik und die einzelnen Personen zu Typen bzw. zu einer menschlichen Kategorie zusammenzufassen. Beispielhaft dafür ist etwa die Novelle II,56, deren Geschichte von der unglücklichen Liebe zweier königlicher Damen durch den einleitenden Widmungsbrief in die Kategorie unglücklicher Königinnen eingereiht wird, der neben anderen Giovanna I. von Neapel, die Buona von Savoyen und die Sultanstochter Alatiel aus Boccaccios Novelle II,7 angehören. Beispielhaft auch die Novelle I,8, in der die einfache Geschichte des keuschen Landmädchens Giulia, die, gewaltsam verführt, sich in den Oglio stürzt, um sich das Leben zu nehmen, in eine typisierende Reihe gestellt wird mit den Geschicken der römischen Lucretia. Doch sind mit solchen Klassifikationsversuchen auch meist schon die theoretischen Grenzen Bandellos erreicht. Vieles wird aus schlichter Freude am Stoff berichtet und ist zum Ergötzen der Leser bestimmt, darunter zahlreiche erotische Geschichten und Streiche (»beffe«), die Männer und Frauen sich gegenseitig spielen. Auffallend ist aber auch die bei aller Neugierde ungerührte und desillusionierte Zurückhaltung des Autors, der seine Figuren aus der Distanz dessen betrachtet, der letztlich kein Vertrauen in menschliche Tugenden zu haben scheint. Nicht ohne Grund spielt in seinen Novellen (etwa auch im Vergleich zu Boccaccio) das Irrationale, die Gewalt, das Absurde und die Abnormität eine gewichtige Rolle. Unter diesem Gesichtspunkt konnte man Bandello als Ausdruck eines der Renaissanceepoche immanenten Wertezerfalls interpretieren, der schon im Skeptizismus Machiavellis in Erscheinung trat und in den unmoralischen Werken des zügellosen Aretino einen seiner Höhepunkte fand. Unüberschaubar ist der Einfluß, den Bandellos Novellen in Italien, und mehr noch im Ausland ausgeübt haben; zahlreiche Autoren, darunter Cervantes, Lope de Vega, Shakespeare in mehreren seiner Theaterstücke, Stendhal in seiner *Kartause von Parma*, Musset in seiner Komödie *Barberine* und viele andere haben von seinen Erzählungen profitiert. – Als weiterer oberitalienischer Novellenerzähler sei schließlich noch der vielleicht in Mailand geborene und wahrscheinlich in Venedig verstorbene Mediziner und Literat ORTENSIO LANDO (ca. 1512–ca. 1553) erwähnt, eine bizarre und schillernde Figur, die sich in polemischen und satirischen Traktaten gegen die gelehrten Dispute der Humanisten, gegen Erasmus und andere Zeitgenossen, aber auch gegen allgemein anerkannte Idole seiner Zeit wie Cicero, Boccaccio und Ariosto wandte. Aus der widerborstigen, oft ins Paradoxe abdriftenden Feder dieses Zeitgeistes stammen u. a. die *Sermoni funebri de varii autori nella morte de diversi animali* (1548), mit grotesken Totenklagen auf Esel, Eulen usw., und die *Varii componimenti* (1552); beide Schriften enthalten eine Anzahl Novellen, die jedoch überwiegend Bearbeitungen der großen bekannten Novellenstoffe, darunter vieler Themen aus Boccaccio, darstellen.

Toskanische Novellenerzähler

Nur eine Novelle ist überliefert von dem 1556 im französischen Exil verstorbenen Florentiner LUIGI ALAMANNI (vgl. S. 296 f., 323, 342), nämlich die Geschichte der Bianca, Tochter des Grafen von Tolosa, welche die Heirat mit dem Sohn des Grafen von Barcelona ausschlägt und dann doch durch eine List von diesem Liebhaber geehelicht wird. Eine Novellensammlung hinterließ dagegen der Florentiner AGNOLO FIRENZUOLA (1493–1543), dessen ab 1525 verfaßte *Ragionamenti* sechs Erzähltage umfassen sollten, von denen allerdings nur der erste und ein Teil des zweiten geschrieben wurden. Firenzuola wurde nach Studien in Siena und Perugia Mönch und lebte dann als Prokurator der Kurie überwiegend in Rom, wo er mit großen Literaten wie Berni, Della Casa, Caro und Molza zusammenkam und sich in die Edeldame Costanza Amaretta verliebte. 1526 fiel er, vielleicht infolge seines zügellosen Lebenswandels, bei der Kurie in Ungnade und wurde von seinem Gelübde entbunden. Firenzuola, der neben verschiedenen Schriften (darunter ein gegen Trissino gerichteter Traktat über die toskanische Sprache von 1524 und ein Dialog über die Schönheit der Frauen von 1541) eine gelungene freie Übersetzung von Apuleius' *Goldenem Esel* (*L'asino d'oro*), eine ebenfalls freie Übertragung des zweiten Buchs der indischen Märchensammlung *Pantschatantra (La prima veste de' discorsi degli animali)* sowie zwei Komödien verfaßte, starb 1543 in Prato an den Folgen einer Lues. Das Novellenwerk Firenzuolas ist geprägt von dem dominierenden Vorbild Boccaccios, angefangen von der Rahmenerzählung über die Einteilung in Erzähltage und einzelne Merkmale der Erzählsituation bis hin zu einzelnen Stoffen und der lustvollen Betonung sinnlicher Episoden und erotischer Streiche. Obwohl Firenzuola sich in seinen Novellen ausdrücklich auf Boccaccio bezieht in der Absicht, seine Verdienste gegenüber der Vorlage ins Licht zu rücken, kann sein akademisch-kühles und schwungloses, trotz virtuosem stilistischen Aufwand insgesamt monotones Erzählen ebensowenig überzeugen wie seine psychologisch hohlen und schematischen Personen. Auch gelingt es ihm nicht, seine Übernahmen aus Boccaccio glaubhaft in den Kontext seiner Gegenwart einzufügen.

Firenzuolas Erzählprosa ist gekennzeichnet durch ein Streben nach formaler Perfektion und klassizistischem Prunk, das bisweilen artifizielle und manierierte Züge annimmt; in diesem Sinne wurde sein Erzählstil auch als »edonismo linguistico« (C. Segre) definiert.

Der Florentiner ANTONFRANCESCO GRAZZINI, genannt IL LASCA (vgl. S. 337 f.), hatte für sein schon vor 1549 begonnenes Erzählwerk mit dem Titel *Le cene* dreißig Novellen vorgesehen, die sich auf zehn Tage oder Abendmahle verteilen sollten; geschrieben wurden davon nur zweiundzwanzig und eine »Introduzione al novellare«. Grazzini war als Schriftsteller dem Petrarkismus, dem Aristotelismus und allen humanistischen und pedantischen Tendenzen abhold und hatte eine starke Neigung zu burlesken und volkstümlichen Traditionen; als Mensch liebte er die kleinen Freuden des Lebens, die anheimelnden Interieurs behaglicher Häuser und die freundschaftliche Intimität vertraulicher Gesprächsrunden. Dies wird bereits in der Rahmenhandlung seiner Novellen deutlich, derzufolge fünf Männer und fünf Frauen an einem kalten Wintertag nach einer Schneeballschlacht in dem Haus einer dieser Frauen, der Amaranta, zusammenkommen, um die Wärme des Feuers, die wohlgeratenen Speisen und die köstlichen Weine zu genießen. Ähnliche Motive des bescheidenen Lebensgenusses begegnen auch in den Novellen, von denen allein fünf von freundschaftlichen Tischrunden handeln und von dem Spott, den die Teilnehmer dieser Runden auf irgendwelche ungeschickte, anmaßende oder streitsüchtige Personen herabgehen lassen. In seine Geschichten hat Grazzini viele persönliche, verklärte Erinnerungen an Stätten und Personen seines Lebens eingebracht; neben diesen persönlichen Motiven und neben dem in vielen Spielarten gestalteten Leitmotiv des Spottes, der »beffa«, haben auch das Makabre und das Gruselige, Geister, Zauberer, Scheintote und eine Schar von häßlichen, grausamen oder blöden Gestalten Einlaß in seine Erzählwelt gefunden. Dabei ist die Komik der Szenen Grazzinis gegenüber dem *Decameron* unübersehbar boshafter, schwerfälliger und grotesker geworden.

Ein erzählerisches Naturtalent, wenn auch ohne jede Systematik des Aufbaus und der Anordnung, war der florentinische Laienpriester, Drucker und Sekretär der florentinischen Akademie ANTONFRANCESCO DONI (1513 bis 1574), der erste Bildungseindrücke in dem Florenz Grazzinis empfing und wie dieser Klassizismus und Pedantentum ablehnte und volkstümlichen Tendenzen zugetan war. Der Vielschreiber Doni, der vor allem in den fünfziger Jahren intensive schriftstellerische Aktivitäten entwickelte, der mehrere Auseinandersetzungen mit Zeitgenossen durchzufechten hatte (darunter solche mit L. Domenichi und vor allem mit Aretino) und der dann ab 1554 in Monselice bei Padua in teilweiser geistiger Umnachtung lebte, schrieb insgesamt weit über hundert Novellen, die über sein Gesamtwerk verstreut sind. Seinem Erzähltrieb frönte Doni in nahezu allen seinen Werken nicht nur mit Novellen, sondern auch mit zahlreichen eingelegten Episoden und scherzhaften oder geistreichen Anekdoten. Von seinen Prosawerken seien zitiert: die *Lettere* (1543); die *Libraria*, eine skurrile katalogartige Schrift, die in ihrem ersten Teil (*Libraria prima*, 1550) alle bis dahin gedruckten Bücher, in ihrem zweiten Teil (*Libraria seconda*, 1551) alle bekannten Manuskripte aufführt; *La zucca* (1551/52), eine Sammlung mit Kurzerzählungen, Anekdoten, Sprichwörtern und Briefen; *I mondi celesti, terrestri ed infernali* (1552/53), Gedanken über Moral und Politik der Gegenwart mit utopischen Ausblicken auf eine künftige egalitäre Gesellschaft; und nicht zuletzt *I marmi* (1555), das erzählerische Meisterwerk Donis, in welchem sich der Verfasser in einen Vogel verwandelt und so allen Gesprächen zuhören kann, die auf den Marmorstufen des Doms Santa Maria del Fiore von großen und kleinen Leuten geführt werden ... Die zu seiner Zeit bei Verlegern und Lesern begehrten Geschichten Donis entstanden meist unter großem Zeitdruck und sind von sehr unterschiedlicher Struktur und Größe, die zwischen ausgewachsener Novelle und kurzen Anekdoten oder Witzen schwankt. Inhaltlich greifen sie die unterschiedlichsten Stoffe auf, die im Unterschied zu Grazzini auch die orientalischen Themen mit einschließen; in der Wahl seiner Quellen ist Doni nicht zimperlich und greift auch zum direkten Plagiat. Allen Erzählungen Donis ist gemeinsam eine erfrischende Lebendigkeit, große Publikumsnähe, eine überdurchschnittliche Fähigkeit der Beschreibung und die Kunst, auch längere Passagen, Abstraktes und Theoretisches konkret und gegenständlich zu gestalten.

Lediglich fünf ganze und der Beginn einer sechsten Novelle sind von dem in Modena geborenen Petrarkisten FRANCESCO MARIA MOLZA (1489 bis 1544) überliefert (erschienen 1542 in Bologna und 1544 in Lucca), die in ihrem eleganten, von raffiniertem Literatengeschmack geprägten Stil, aber auch inhaltlich in einzelen Episoden und Motiven stark an Boccaccio angelehnt sind.

Unter den Erzählern Sienas sind zu nennen der volkstümliche, nur wenig belesene Pietro Fortini und die wesentlich gebildeteren Aristokraten Scipione und Girolamo Bargagli. Neben dem weniger bedeutenden GIUSTINIANO NELLI mit seinen simplen erotischen Szenen und Streichen war PIETRO FORTINI (um 1500–1562) der wichtigste bürgerliche Erzähler. Seine beiden zwischen 1555 und 1561 entstandenen Erzählwerke, *Le giornate delle novelle dei novizi* und *Le piacevoli et amorose notti dei novizi* enthalten insgesamt über achtzig umschweifig und anspruchslos erzählte Novellen (die wohl aus diesem Grund erst zwischen 1888 und 1905 veröffentlicht wurden). Beide Novellensammlungen haben einen Rahmen, der allerdings keine strukturelle Ordnung schafft, da zu Beginn der Erzähltage oder Erzählnächte jeweils offen bleibt, welche und wieviele Themen erzählt werden. Außerdem treten die erzählenden »novizi« vielfach auch in der Novellenhandlung auf, so daß die Grenzen zwischen Rahmen und Erzählung verwischt werden. Inhaltlich spielen bei Fortini die erotischen Szenen die Hauptrolle, mit einer deutlichen Tendenz zum Obszönen. Zur Monotonie der Erotika tritt die häufige Wiederholung einzelner Szenen, die schemenhaft starren Charaktere, die unbeholfenen Übergänge und nicht zuletzt eine Anzahl stereotypischer Redensarten. Immerzu kokettieren liebeslüsterne Damen mit ihren Liebhabern, und immer wieder wird von irgendeinem Mädchen gesagt, daß es nun »das Alter überschritten hatte, in dem es nur die Gesellschaft der Mutter suchte«.

Wesentlich feiner geht es da doch bei SCIPIONE BARGAGLI (1540–1612) zu, der neben Lyrik, Briefen und einigen Traktaten auch ein Erzählwerk mit sechs Novellen und einer Rahmenhandlung schrieb, die *Trattimenti dove da vaghe donne e giovani huomini rappresentati sono honesti e dilettevoli giuochi, narrate novelle e cantate alcune amorose canzonette*, die 1587 in Venedig erschienen. In der Fiktion der Rahmenhandlung versammeln sich an den drei letzten Tagen des Karnevals von 1553, als Siena gerade von den Florentinern und Spaniern belagert wird, vier Edeldamen und fünf tugendhafte Jünglinge, um sich zu unterhalten und auch über theoretische Fragen, wie z. B. Liebe und Schönheit, zu diskutieren. Ideologisches Vorbild für die lehrhaften Passagen sind die *Asolani* Bembos, für die künstlerische Struktur das *Decameron* Boccaccios, aus dem Scipione Elemente des Rahmens, das Motiv der Selbstverteidigung, die Kontrapunktik zwischen Erzählidylle und brutaler äußerer Wirklichkeit und anderes übernimmt. An den beiden ersten Tagen werden pathetische und komische Themen gegenübergestellt; am dritten Tag wird der Zwiespalt zwischen Trieb und Vernunft thematisiert. In der Tendenz noch lehrhafter und konformer als Scipione war der Bruder GIROLAMO BARGAGLI (1537–1586), von dem neben einiger Lyrik und einer Komödie das Erzählwerk des *Dialogo de' giuochi che nelle vegghie sanesi si usano di fare* (1572) überliefert ist, in dem der Verfasser auch Anweisungen zum Schreiben von Novellen gibt.

Von den zahlreichen Autoren, die sich vielerorts mit moralisierenden Erzählungen mehr oder weniger dezidiert in den Dienst der Gegenreformation stellten, soll hier abschließend nur GIOVAN BATTISTA GIRALDI CINZIO (vgl. S. 297, 343) erwähnt werden, der 1565 in Monte Regale seine *Hecatommithi* veröffentlichte, die bereits in der Einleitung den Beweis führen, daß nur die eheliche Liebe wirkliche Seelenruhe verschaffe und deren 113

Novellen, abgesehen von einigen geduldeten erotischen Details, voll sind von moralischen Belehrungen, während gleichzeitig das traditionelle und beliebte Thema der Priestersatire völlig aus ihnen verbannt ist.

2. Der Roman

Zum Roman der Renaissance sollen hier nur einige kurze Hinweise gegeben werden, da die Romane dieser Epoche inhaltlich wie formal weit weniger bedeutend sind als die Novellistik und meistens über einige stereotype Situationen und Themen nicht hinauskommen. Mit ihren gekünstelten und emotionalen Konstellationen waren sie insgesamt mehr darauf aus, den Leser in Rührung zu versetzen als ihn anspruchsvoll zu unterhalten. Im wesentlichen sind zwei große Stoffkreise zu unterscheiden, nämlich der mythologisch-pastorale Roman, der sich an der *Arcadia* Sannazaros orientierte, und der sentimentale Abenteuerroman, der sich die griechisch-hellenistischen Romane zum Vorbild nahm, die von Annibal Caro, Angelo Coccio, Leonardo Ghini und anderen übersetzt worden waren. Zur ersten Gruppe zählten etwa die inhaltlich wie strukturell weitgehend uniformen Romane *L'aura soave* (1533) von ASCANIO CENTORIO, *Amore innamorato* (1559) von ANTONIO MINTURNO, *La Siracusa* (1569) von PAOLO REGIO, die *Leucadia* (1598) von ANTONIO DROGHI und viele andere. Die Romane der zweiten Gruppe folgten den Erzählstrukturen des Longos, des Achilles Tatius, des Heliodor und anderer griechischer Autoren; dazu gehörten etwa das *Libro del Pellegrino* (1508) des IACOPO CAVICEO, die *Historia di Phileto veronese* (1520/30) des LUDOVICO CORFINO und viele weitere, wenig originelle Romanwerke.

VIII. ANTIKLASSIZISTISCHE UND SPEKULATIVE LITERATUR

1. Antiklassizismus und literarisches Rebellentum

Auch die strahlende Fassade der Renaissancekultur mit ihren etablierten Normen des künstlerischen wie des gesellschaftlichen Lebens, mit ihrem Bedürfnis nach Konformität durch theoretisch begründete Verhaltensregeln und mit ihrem Kunstideal der kontrollierten, an klassischen Vorbildern ausgerichteten Formen und Inhalte hatte ihre Kehrseite des Ungeregelten, des Antiklassizistischen, der Zügellosigkeit und des Chaotischen. Diese Kehrseite wird im literarischen Bereich durch eine Reihe von Schriftstellern repräsentiert, die als Rebellen und Einzelgänger mehr oder weniger ketzerisch und aggressiv gegen den Strich der akzeptierten Literatur und des offiziellen des Literaturbetriebs, aber auch gegen die Gesellschaft ihrer Zeit anschrieben. Die meisten dieser antiklassizistischen Schriftsteller, zu denen neben dem herausragenden Aretino Francesco Berni, Ruzzante, Teofilo Folengo, Benvenuto Cellini und andere gehören, fanden bewußt oder unbewußt eine gemeinsame dichtungstheoretische Grundlage in dem Konzept des Naturhaften, verstanden als Inbegriff der Vielfalt, der Spontaneität und des Unberechenbaren, mit dem sie dem verbreiteten klassizistischen Kunstideal der geregelten Harmonie entgegentraten. Die Grundhaltung einer naturhaft vitalen, improvisierenden Spontaneität, die sich von dem klassischen Verständnis der Natur als Harmonie und Gleichgewicht aufs schärfste distanzierte, fand den ihr gemäßen literarischen Ausdruck in einer Anzahl polemischer, bizarrer, komischer, burlesker oder auch einfach chaotischer Schreibweisen, die in ihrer gemeinsamen anarchischen Stoßrichtung das kulturelle und gesellschaftliche Leben ihrer Zeit in Frage, und oft genug auf den Kopf stellten. Man kann in diesen Autoren die Vertreter einer Antikultur oder auch eine Avantgarde des 16. Jahrhunderts sehen, die in vielen Zügen auf Künftiges vorausweist, u. a. auch einige Merkmale des modernen Journalismus vorwegnimmt.

Der als »göttlich« oder »schamlos« apostrophierte, in gleichem Maße gehaßte wie geliebte, jedoch von allen, auch den Mächtigen seiner Zeit gefürchtete PIETRO ARETINO (1492–1556) wurde als Sohn des unbekannten Schusters Luca in Arezzo geboren und beschloß sein Leben, emporgetragen von der Kraft seiner Feder, als einer der mächtigsten und einflußreichsten Männer Italiens, der, von Fürsten umworben, wie ein Monarch in seinem Haus am Canal Grande residierte. Schon 1506/07 hatte er sein Elternhaus verlassen, um sich in Perugia im Schreiben von Gedichten und in Malerei zu üben und war etwa 1517 nach Rom gegangen, wo er die Protektion des Bankiers Agostino Chigi erlangte. Dort trat er u. a. mit heftigen Schmähschriften gegen den holländischen Prälaten Hadrian von Utrecht, den späteren Hadrian VI., hervor, die ihn in ganz Italien bekannt machten. Als eben dieser Prälat zum Papst gewählt wurde, mußte er Rom verlassen und ging nach Mantua zu den Gonzaga; nachdem jedoch Giulio de' Medici 1523 als Klemens VII. Nachfolger Hadrians VI. geworden war, kehrte er nach Rom unter den Schutz des neuen Papstes zurück. Fast dauernd in Fehden und Ränke verwickelt, erregte er besonderes Aufsehen durch seine obszönen *Sonetti lussuriosi*, die ihm eine Anklage wegen unsittlichen Verhaltens einbrachten und insbesondere die Feindschaft des Prälaten Giovan Matteo Giberti, der ihm sogar nach dem Leben trachtete. Daraufhin verließ er 1526 endgültig Rom und folgte dem Condottiere Giovanni dalle Bande Nere, dem Führer der italienischen Heeresteile der Liga von Cognac; in einem ergreifenden Brief vom Dezember des gleichen Jahres beschrieb er den Tod dieses Feldherrn in Governolo am Po. Im März 1527 ging er nach Venedig, wo er die letzten dreißig Jahre seines Lebens in Wohlstand und äußerer Sicherheit zubrachte und zum allseits respektierten Mittelpunkt des kulturellen Lebens der Stadt wurde. 1543 begegnete er in Peschiera Karl V., den er seit 1536 in seinem Kampf gegen Franz I. propagandistisch unterstützte, und empfing von ihm öffentliche Ehrungen. Von dem Dogen Andrea Gritti protegiert, mit dem Papst und Giberti ausgesöhnt, in Verbindung mit allen wichtigen Künstlern und Persönlichkeiten des öffentlichen Lebens und reich ausgestattet mit Zuwendungen großer und kleiner Potentaten, die sich damit das Lob oder wenigstens das Schweigen des gefürchteten Mannes erkauften, rühmte er sich in schamlosem Eigenlob seiner Macht, der sich Kaiser und Päpste beugten.

Die »Geißel der Fürsten«, wie ihn Ariosto nannte (*Orlando furioso*, 46, xiv), wirkt in ihrer Zügellosigkeit, in ihrer lückenhaften Bildung (er war des Lateinischen kaum mächtig) und in ihrer Ablehnung aller humanistischen Gelehrsamkeit wie eine Gegenfigur zu Bembo oder Castiglione oder wie der große Antipode der Renaissanceepoche überhaupt. Neben Zuneigung oder Respekt zog Aretino immer wieder erbitterte Feindschaften auf sich, darunter die des Niccolò Franco, des Berni und des Doni, die seine Perversionen öffentlich denunzierten; dagegen hatte er zu Bembo ein distanziertes Verhältnis. Wieder andere schätzten ihn als Künstler und Kritiker, wie etwa Ludovico Dolce, der ihn mit dem Traktat *Dialogo della pittura intitolato l'Aretino* ehrte; selbst der große Tizian malte Porträts von ihm. Pietro Aretino war ein Vielschreiber, ständig umgetrieben von einem unzähmbaren Verlangen des Wetteiferns, des Polemisierens, des Schmähens, das vor nichts und niemandem Halt machte. Neben Schmähschriften, Parodien, Huldigungen und Libellen schrieb er eine große Anzahl literarischer Werke. Dazu gehören epische Versuche im Stil Ariostos (u. a. die Fragmente *La Marfisa* und *L'Astolfeida*), devote Werke im Geiste der Gegenreformation wie *L'Umanità di Cristo* (1535), *Il Genesi* (1538), *Vita di Maria Vergine* (1539), *Vita di Santa Caterina* (1540), eine *Vita di San Tommaso d'Aquino* (1543) und andere, die alle 1551/52 in einer Sammelausgabe veröffentlicht wurden; eine Tragödie (*Orazia*, 1546) und fünf Komödien, nämlich *La Cortigiana* (1525/34), *Il Marescalco* (1533), *La Talanta* (1542),

358

Lo Ipocrito (1542) und *Il Filosofo* (1544/1546); die beiden boshaften, komisch-satirischen Dialoge der *Sei giornate*: *Ragionamento della Nanna e della Antonia* (1534) und *Dialogo nel quale la Nanna insegna a la Pippa* (1536); dazu zwei realistische, zeitkritische Dialoge, den *Dialogo delle corti* (1538) und den *Dialogo delle carte parlanti* (1543), sowie neben anderem schließlich die in sechs Bänden von 1538 bis 1557 veröffentlichten *Lettere*, die als eines der bedeutendsten und originellsten Prosabeispiele des Jahrhunderts gelten. Den seinem aggressiven Temperament angemessensten Ausdruck hat Aretino wohl in seinen Komödien gefunden, allen vorweg in der besonders geglückten *Cortigiana*, die er schon 1525 geschrieben und 1534 für den Druck überarbeitet hatte. In seinen Lustspielen führt er in schonungsloser Satire den Zeitgenossen die Bereiche vor Augen, die in der etablierten Literatur ausgelassen oder verdeckt wurden. Seine Bühne wird bevölkert von Dirnen, Geizhälsen, bankrotten Höflingen, der Wollust ergebenen Mönchen, nach Adelstiteln lechzenden Bürgerlichen, hohlköpfigen Pedanten und anderen herabgekommenen und marginalisierten Figuren der Gesellschaft. Insofern stellen die *Cortigiana* und die anderen Komödien der im *Cortegiano* des Zeitgenossen Castiglione entworfenen heilen Welt die dort fehlende Gegenwelt, Halbwelt und Unterwelt gegenüber: Dem Triumph der Vernunft und Sittlichkeit bei Castiglione entsprechen mit umgekehrtem Vorzeichen bei Aretino die nackte Geilheit des Trieblebens und die häßlichsten und perversesten Fratzen des Menschlichen. In der nicht mehr überbrückbaren Distanz zwischen beiden Autoren wird die Tragweite der inneren Spannungen und Konflikte der Renaissancegesellschaft sichtbar. Von chaotischen und unmoralischen Bereichen handeln auch die beiden in plebeisch-vulgärem Stil geschriebenen *Sei giornate* mit den beiden jeweils in drei Tage gegliederten Teilen *Ragionamento della Nanna e della Antonia* (1534) und dem *Dialogo nel quale la Nanna insegna a la Pippa* (1536). Beide Dialoge, die später unter dem Titel *Ragionamenti* zusammen publiziert wurden, sind als bewußte Kontrafaktur bzw. Parodie auf die zahlreichen moralisierenden oder erzieherischen Schriften der Zeit über das Thema der platonischen Liebe u. ä. zu verstehen. In ihnen erreicht der komisch-satirische Stil Aretinos, aber auch seine Bosheit, unerhörte Höhepunkte; die *Ragionamenti* stellen eines der obszönsten Bücher der Epoche dar, dem eine große, meist heimliche Verbreitung beschieden war. Mit den beiden Dialogen verewigte sich Aretino zugleich als Erfinder der Gattung des »dialogo puttanesco«, des Zwiegesprächs unter Huren. Von dem Inhalt gibt bereits der volle Titel des zweiten Teils eine ungefähre Vorstellung: *Dialog des Messer Pietro Aretino, in welchem Nanna am ersten Tag ihrer Tochter Pippa das Dirnenwesen bei-*

bringt, am zweiten ihr von den Streichen der Männer erzählt, die diese den dummen Frauen antun, die ihnen Glauben schenken und in welchem am dritten und letzten Tag Nanna und Pippa im Garten sitzen und der Gevatterin und der Amme zuhören, die über die Kuppelei räsonnieren. Mit solch aggressiver Antiliteratur führte Aretino die idealen Höhenflüge seiner Zeit auf den Boden der Realität zurück und ergänzte den einseitigen Weltentwurf der konformen akademischen und höfischen Literatur der Epoche um lebenspralle und chaotische Komponenten.

Ein weiterer wichtiger Vertreter der antiklassizistischen und unkonformen Gegenliteratur der Zeit war der in Lamporecchio bei Pistoia als Sohn eines Notars geborene und früh verstorbene FRANCESCO BERNI (1497/98 bis 1535), der, obwohl erbitterter Gegner des Aretino, dessen Abneigung gegen formalistische Attitüden des Klassizismus und des Petrarkismus in vollem Umfang teilte und diesen als Gegenmodell die kraftvolle und originelle Lyrik Michelangelos gegenüberstellte, den er im höchsten Maße bewunderte. Er verbrachte viele Jahre seines Lebens in Rom, zunächst unter der Protektion des Bibbiena (mit dem er entfernt verwandt war), und stand von 1520 bis 1533 im Dienste kirchlicher Würdenträger, zuerst des Angelo Dovizi, dann des Giovan Matteo Giberti, schließlich des Ippolito de' Medici, aus dessen Diensten der Freiheitsliebende sich 1533 zu lösen suchte. Zwangsläufig in die Auseinandersetzungen zwischen den Mediceern Ippolito und Alessandro, dem Herzog von Florenz, verstrickt, starb er drei Jahre später, am 26. Mai, wahrscheinlich als Opfer eines Giftmords. Seine schriftstellerische Karriere begann er mit lateinischen Gedichten und der um 1516 entstandenen, in rustikalem Ambiente spielenden Farce *La Catrina*, eine Parodie im Stil der *Nencia* Lorenzos. 1527, als er der Plünderung Roms durch kaiserliche Truppen beiwohnte, schrieb er an einem postum veröffentlichten *Rifacimento dell'Orlando innamorato*, einer Überarbeitung von Boiardos Epos. Seine zeitkritische, polemische und satirische Grundhaltung kam aufs deutlichste zum Ausdruck in seinem *Commento* zum *Capitolo del gioco della primiera* (1526), einem Selbstkommentar zu einer seiner Dichtungen, mit dem er die gelehrten und eitlen Selbstkommentare der Humanisten und Petrarkisten nachäffte und konterkarierte. In dem gleichen Jahr entstand sein *Dialogo contra i poeti* (1537 erschienen), in dem er seiner Verachtung der formalen Spielereien klassizistischer und petrarkistischer Dichter Luft macht und insbesondere ihre zum Plagiat ausartenden Nachahmungen anprangert. Von dieser Kritik wird auch das große Vorbild der Klassizisten, Vergil, nicht ausgenommen, dem Berni anlastet, von sieben in seinem Werk gesagten Dingen sechs von anderen abgeschrieben zu haben. Als großer kritischer, seine Zeit karikierender und denunzierender Dichter tritt Berni vor allem in seinen *Rime* auf, die postum ab 1537 veröffentlicht wurden. Neben seinen Sonetten und Stegreifgedichten (»frottole«) gehören dazu vor allem seine berühmten *Capitoli*, 32 an der Zahl, mit denen er seine neue Art des Dichtens begründete, die fortan als »poesia bernesca« viele Nachahmer fand und in die Literaturgeschichte einging. In seiner burlesken Lyrik greift er die verpönten Themen von der Kehrseite seiner Zeit auf: sodomitische Praktiken, Bekenntnisse von Päderasten, misogyne Themen und ähnliches, gemischt mit bissigem Spott auf Ärzte, Notare, Pedanten, auf die Verkommenheit des Klerus, die Verwahrlosung der Kirche, auf die süßlich-gekünstelten Verse eitler Reimschmiede und anderes mehr. Inhaltlich beruht die Originalität Bernis vor allem auf der oft schlüpfrigen oder zweideutigen Thematisierung einfachster, unbedeutendster Dinge wie etwa Fische, Pflanzen, Gemüse, Früchte, Kartenspiele und andere Banalitäten, die Berni in nerviger, zupackender Sprache voller Untertöne und Anspielungen besingt. Gerade in dieser Hinwendung zum Banalen, in der Reduzierung der großen Themen seiner Epoche auf einen Tiefpunkt oder Nullpunkt burlesker und doch amüsanter Futilität und Lächerlichkeit erweist sich Berni als Dichter der Verweigerung, der sich aus Protest und in freier, unprogrammatischer Selbstbegrenzung seiner Zeit zu entziehen sucht. Mit seinen Gedichten im skurrilen und komischen Stil stellte sich Berni in die alte, über Antonio Pucci, Sacchetti, Burchiello und schließlich Il Pistoia (Antonio Cammelli) bis in seine Gegenwart hineinreichende Tradition burlesken Dichtens, die durch ihn indes eine beachtliche Aufwertung und Konsolidierung erfuhr. Bernis Manier, das »genere bernesco«, wurde von zahlreichen Autoren, darunter auch von seinem wohl überzeugtesten Anhänger, Antonfrancesco Grazzini, nachgeahmt, der 1548 für den Druck der ersten Sammlung der Gedichte Bernis sorgte *(Opere burlesche del Berni e d'altri)*. Dabei ist bemerkenswert, daß Berni, der der vielleicht entschiedenste Antipetrarkist seiner Zeit war, auch gerade von Petrarkisten nachgeahmt wurde, von Autoren wie Molza, Beccuti, Tansillo und Caro, die es sich nicht nehmen ließen, neben ihren klassizistischen Bemühungen auch dem Amüsement bernesker Dichtungen und Kommentare nachzugehen. Auch MAFFIO VENIER (1550–1586) war ein solcher »zweigleisiger« Autor, der einerseits den geregelten Bahnen Bembos folgte, andererseits freche und skandalöse Gedichte im Stil Aretinos schrieb.

Ein anderer Typ von Antiliteratur, der im Cinquecento zu voller Blüte gelangte, war die »poesia maccheronica«, d. h. Dichtungen, die in einem parodierenden, komischen Küchenlatein verfaßt waren, welches Genre in TEOFILO FOLENGO (1491–1544) seinen Hauptvertreter fand. Das makka-

361

ronische Latein dieser Dichtungen ist nicht zu verwechseln mit dem groben, vulgären Latein, das vielfach in Notarsakten und Predigten verwendet wurde und das dadurch entstand, daß man grammatikalische und lexikalische Elemente des Lateinischen, vor allem Substantive und Adjektive, mit einer im wesentlichen vulgärsprachlichen Syntax amalgamierte. Im Unterschied zu solchen Versuchen, Latein verständlich zu machen bzw. das Volgare aufzuwerten, zielte die makkaronische Dichtung darauf ab, das Lateinische parodierend abzuwerten, indem man in die grammatische und syntaktische Struktur des klassischen Lateinischen eine Menge volkssprachlicher, oft aus den Dialekten gegriffener Wörter, skurriler Wortneubildungen aus Latein oder Volgare oder bizarrer Wortverformungen einführte. Das makkaronische Latein war ursprünglich aus dem Schul- und Lehrbetrieb, insbesondere aus dem Umkreis der Universität von Padua, hervorgegangen, und parodierende Dichtungen in diesem albernen Latein waren bereits seit den letzten Jahrzehnten des Quattrocento im Raum um Padua und Venedig entstanden, so das Hexametergedicht *Macaronea* des Tifi Odasi (Michele di Bartolomeo degli Odasi), die *Virgiliana* des Matteo Fossa, die *Tosontea* eines Conradus und andere ähnliche Texte. Der als Sohn eines Notars in Mantua geborene Teofilo Folengo, so sein Name als Benediktinerbruder (sein bürgerlicher Vorname war Girolamo), den ein bewegtes Leben durch viele Klöster und Orte Italiens führte, kam 1513 in das Kloster Santa Giustina in Padua und hatte so Gelegenheit, in der Nähe der berühmten Universität von Scholaren und Goliarden das makkaronische Handwerk zu erlernen. Die Gesamtheit seiner makkaronischen Werke, die unter verschiedenen Pseudonymen, u. a. unter dem Namen Merlin Cocai erschienen, sammelte Folengo in seinem *Opus macaronicum*, auch *Macaronea* genannt, das er in drei Fassungen von 1517, 1521 und ca. 1540 veröffentlichte und das 1551 in Venedig in einer postumen Ausgabe erschien. Die wichtigsten makkaronischen Werke sind das 1517 in siebzehn, 1521 in 25 Gesängen vorgelegte Hexametergedicht *Baldus*, das Meisterwerk Folengos, eine an Pulci, Ariosto und anderen sich inspirierende Parodie auf Ritterroman und Hagiographie zugleich, die insbesondere Vergils *Aeneis* und deren heroische Sprache zur Zielscheibe ihres Spottes macht; die *Zanitonella sive innamoramentum Zaninae et Tonelli* (1521), eine in Eklogen und Elegien szenisch dargetane Liebesgeschichte des Bauern Tonello und der Zanina; und die schon vor dem *Baldus* geschriebene, 1521 veröffentlichte *Moschaea* (it. *Moscheide*), eine besonders lebendige, dem unter Homers Namen überlieferten *Froschmäusekrieg* (*Batrachomyomachia*) nachgebildete heroisch-komische Darstellung eines Krieges zwischen Fliegen und Ameisen, abgefaßt in drei Büchern mit elegischen Distichen. Die groteske Verbindung von Klassischem und Vulgärem, von Latein und Italienisch wurde von Folengo mit großer Virtuosität gehandhabt. Eine Sonderstellung nimmt in diesem Zusammenhang das sprachlich chaotische, weil makkaronische, klassisch-lateinische, volkssprachliche und dialektale Formen verwendende, autobiographische Themen aufgreifende *Caos del Triperuno* (1526/27) ein, das G. Folena eine »tragicomedia dei diversi linguaggi messi a confronto« nannte. Die wenigen italienischen Werke Folengos wie etwa das sakrale Oktavengedicht *La umanità del Figliolo di Dio* (1533) sind demgegenüber von geringerem Interesse.

Einen höchst persönlichen, den konformen klassizistischen Schreibweisen der toskanischen Literatursprache und den petrarkistischen Geschmacksrichtungen entgegengesetzten Stil entwickelte auch der früh verstorbene Schauspieler, Regisseur und Komödienschreiber ANGELO BEOLCO, genannt RUZANTE oder RUZZANTE (um 1500–1542), der wohl in Pernumia bei Padua als natürlicher Sohn eines Arztes geboren wurde, eine reiche und verfeinerte Erziehung genoß (die in den zahlreichen humanistischen und literarischen Anspielungen seiner Komödien zum Ausdruck kommt) und sich später mit dem Ackerbau auf gepachteten Ländereien einen angemessenen Lebensunterhalt verdiente. Vor Armut bewahrte ihn auch die um 1524 geschlossene Freundschaft mit dem aufgeklärten und wohlhabenden Patrizier Alvise Cornaro, der ihn bis zu seinem Tode, der ihn im Hause eben dieses Mäzens ereilte, förderte. Ruzzante, der stets in Kontakt mit Lehrern und Akademikern der Universität von Padua blieb, verbrachte sein Leben in der paduanischen Provinz und schrieb seine Komödien überwiegend im paduanischen Dialekt, in der deftigen Sprache des Landvolks. Nach frühen Anfängen mit (verlorengegangener) petrarkistischer Lyrik debütierte er als Schauspieler, Regisseur und Bühnenautor mit der Komödie *La Pastoral* (1518–1520), die Elemente der rustikalen Farce und der Hirtenneklogik in einem Spiel um den Tod des verliebten alten Hirten Milesio vereint. Darauf folgten eine große Anzahl von Dialektkomödien, für die man mangels gesicherter Daten nur eine ungefähre Chronologie vorschlagen kann: *Prima Orazione* (1521); *L'Anconitana* (1522 oder später); *Betía* (1524/25); *Primo Dialogo* oder *Parlamento de Ruzzante che iera vegnú de campo* und *Secondo Dialogo* oder *Bilóra* (beide um 1527/28); *Seconda Orazione* (1528); *Dialogo facetissimo* oder *Menego* (1529); *Moscheta* (1529); *Fiorina* (1531/32); *Piovana* (1532) und die *Vaccaria* (1533). Das Wesentliche seiner neuen Komödienkunst ist die Frische und Naturhaftigkeit rustikaler Szenen und Motive aus dem Bauernleben in Verbindung mit den kräftigen Akzenten seiner Muttersprache, des paduanischen

Dialekts und dem ausdrucksstarken Realismus seiner lebendigen, bäuerlichen Gestalten, mit denen er höfische Bühnenspiele mit idyllischen oder künstlichen Handlungen und mit der von Bembo empfohlenen toskanischen Literatursprache parodiert und persifliert. Auch die unüberwindliche Kluft zwischen Land- und Stadtleben, zwischen Natur und Kultur, ist eines der stehenden Motive dieser Komödien, die immer wieder in der Sprache der Bauern Motive und Formen der gehobenen humanistischen und aristokratischen Bildung ins Lächerliche ziehen. Dabei ist aber Ruzzante keineswegs, wie man früher meinte, der ungeschliffene Volksautor, der nur Derbes hervorbringt, vielmehr verbindet Ruzzante seine naturnahe Inspiration des Bäuerlichen und Rustikalen mit einer erheblichen Belesenheit in zeitgenössischer und älterer Literatur, die es ihm erlaubt, einzelne Momente der Komödientradition, auch der lateinischen, parodierend oder ernsthaft aufzugreifen. Ruzzante führte seine Stücke zunächst in den Residenzen des Freundes Cornaro in der paduanischen Provinz auf, sodann in dessen Haus in Padua, einem Treffpunkt von Künstlern und Literaten, in dem auch Bembo, Speroni, Berni und Piccolomini verkehrten; danach auch in Venedig und Ferrara. Überall fand sein neuer Komödienstil Anerkennung und Bewunderung, der seinen originellsten und typischsten Ausdruck in den Einaktern der beiden *Dialoghi* (*Parlamento de Ruzzante* und *Bilóra*) und in der späten fünfaktigen Komödie in paduanischem und bergamaskischem Dialekt, der *Moscheta*, gefunden hat.

Ein ungewöhnliches Zeugnis antiklassizistischer und antiakademischer Haltungen des Cinquecento waren schließlich Leben und Lebensbeschreibung des Buchdruckers, Goldschmieds und Bildhauers BENVENUTO CELLINI (1500–1571), der ein außerordentlich bewegtes und gefahrenvolles, durch mehrere Morde gebrandmarktes Leben hinter sich brachte, bevor er im Alter von 65 Jahren heiratete, drei Kinder zeugte und sich in den letzten sechs Jahren seines Lebens seinen literarischen Interessen widmete. Cellini schrieb neben durchschnittlicher Lyrik und Traktaten über das Goldschmiedehandwerk, die Bildhauerei, über Architektur und Kunst seit 1558 an seiner *Vita*, die jedoch 1556/66 unterbrochen und dann nie abgeschlossen wurde. Cellini ging den verschiedensten bürgerlichen und militärischen Tätigkeiten nach, praktizierte die Schwarze Magie, und brachte im Auftrag und Dienst vieler Fürsten und Päpste als Goldschmied und Bildhauer ungewöhnliche Leistungen hervor. Er war von wildem, aufbrausendem, zu Gewalttätigkeit neigendem Charakter und in diesem Sinne als Künstler und Mensch eine Ausnahmeerscheinung. Seine Neigung zu Persönlichkeitskult und extremer Egozentrik brachten ihn dazu, sich als »größten Menschen der Welt« zu betrachten. In seiner von Geltungsbedürfnis und vom Stolz des Parvenu geprägten, ebenso detailliert wie rücksichtslos erzählenden Autobiographie zeichnet er ein ungemein farbiges und realistisches Bild seiner Zeit, in dessen Mittelpunkt seine Ambitionen als Künstler und seine von Auftraggebern bedrohte Freiheit stehen. In der unregelmäßigen Schreibweise eines literarisch Ungebildeten, impulsiv, ungeordnet und mit häufigen Abschweifungen, wenn auch keineswegs ohne stilistische Ansätze verfaßt, vielfach wie ein Picaro-Roman anmutend, mit ungewöhnlichen Szenen des Kampfes, der Flucht, der Tötung, der Vergewaltigung und immer neuen Ausnahmesituationen, spiegelt dieses herausragende halbliterarische Werk formal wie inhaltlich eine entschiedene und oft skandalöse Abweichung von den offiziellen Normen und Verhaltensmustern der Epoche. Hauptsächlich aus diesem Grund wurde die *Vita* erst 1728 in Neapel durch einen anonymen Herausgeber veröffentlicht. 1771 erschien die englische Übersetzung von Thomas Nugent. Goethes bekannte Übertragung erschien 1796/97 in den *Horen*, dann erneut 1803 in überarbeiteter und ergänzter Form.

2. Spekulatives Denken

In einem letzten Abschnitt sei wenigstens noch ein Ausblick auf das spekulative Denken der Renaissanceepoche skizziert, welches wichtige innovatorische, vielfach rebellische und in bezug auf das katholische Dogma ketzerische Ansätze und Impulse entwickelte, von denen einige bereits auf die rationalistischen Prinzipien der Aufklärung vorausweisen. Die am Ende des 15. Jahrhunderts herrschende philosophische Tendenz war die des Platonismus und Neuplatonismus gewesen, in dessen Zeichen Ficino und Pico della Mirandola auf je eigene Weise in umfassenden, harmonisierenden Synthesen versucht hatten, Kosmos und Lebenswelt, religiöses und weltlich-philosophisches Denken zusammenzuführen und die letztendliche Koinzidenz aller philosophischen und religiösen Lehren in einer unteilbaren Wahrheit aufzuzeigen. Das von Ficino vermittelte platonische und neuplatonische Gedankengut blieb auch für das Cinquecento die wichtigste Grundorientierung: Die Lehrtraktate eines Bembo, eines Castiglione, eines Leone Ebreo und vieler anderer wären ohne diese Vorgabe nicht denkbar gewesen. Nach Jahrzehnten der Vorherrschaft platonischen Denkens erfolgte dann etwa in der Mitte des Cinquecento, gefördert durch die Entdeckung der *Poetik* und der *Rhetorik* des Aristoteles, eine Wiederbelebung des aristotelischen Denkens mit weitreichenden Folgen nicht nur für die Literaturtheorie, sondern auch für das spekulative Denken. Fortan war es die Dichotomie Platon – Aristoteles, die die philosophische Diskussion des Jahrhunderts krisenhaft prägte. Dabei stand Platon grosso modo für die idealistische Philosophie, für metaphysisches und transzendierendes Denken, das über die universalen Prinzipien und Archetypen nachsann, während im Zeichen des Stagyriten eine Hinwendung zum Realen erfolgte, zur konkreten Erfahrung und Beobachtung, zur Untersuchung der Lebenswelt und der gesellschaftlichen Verhältnisse. Im Namen des Aristoteles erneuerte sich auch die naturwissenschaftliche Forschung, mit Ergebnissen und Konsequenzen, die schließlich sowohl Platonismus wie Aristotelismus in Frage stellten. Realismus und Rationalismus traten als Haltungen einer sich ankündigenden neuen Zeit unaufhaltsam in den Vordergrund.

Ein bedeutender Vertreter des neuen rationalistischen Denkens war PIETRO POMPONAZZI (1462–1525), der sich an der Universität Padua als Mediziner ausbildete und später dort sowie in Ferrara und Bologna Naturphilosophie lehrte. Im Rahmen seiner aristotelischen und naturalistischen Grundüberzeugungen entwickelte Pomponazzi die Lehre, daß alle Erscheinungen des Realen Teile der Materie seien und als solche durch rationales Erforschen präzise erfaßt und definiert werden könnten. Unter anderem in seiner heftig angefehdeten, von der Kirche verbrannten Schrift *De immortalitate animae* (1516) führte Pomponazzi aus, daß auch die menschliche Seele (und der davon untrennbare Intellekt) ein Bestandteil der Natur, der Materie sei und daher deren Gesetzen unterworfen. Ähnlichen Fragen einer rationalen Analyse der Natur und der Unsterblichkeit des Menschen ging Pomponazzi auch in dem späteren, sehr mutigen Traktat *De Fato, de Libero Arbitrio et de Praedestinatione* (um 1520) nach, der vollständigsten Darlegung seiner Gedanken, in der er die Begriffe Unsterblichkeit, Sünde, Willensfreiheit und göttliche Vorsehung relativiert zugunsten eines stoischen Schicksalsbegriffs, der die Allmacht Gottes einschränkt und diesem praktisch die Urheberschaft des Bösen zuweist. So wird trotz verschiedener aufrichtiger Harmonisierungsversuche das im Grunde pessimistische Werk des Pomponazzi zum Ausdruck einer schon unüberbrückbar gewordenen Diskrepanz zwischen Rationalismus und Glauben und zu einem deutlichen Bekenntnis zur Autonomie der erkennenden Vernunft. – Wesentlich jünger als Pomponazzi und jünger auch als der deutsche Arzt und Naturwissenschaftler Paracelsus (1493–1541), der seinerseits in Italien wichtige Anstöße für seine Studien gewonnen hatte, war der Naturwissenschaftler BERNARDINO TELESIO (1509–1588), dessen Name an die Gründung der nach ihm benannten Universität seiner Heimatstadt Cosenza geknüpft ist. Er war ein überaus gelehrter Humanist; um 1521 kam er als

Lehrer nach Rom, wo er 1527 während der Plünderung der Stadt von den kaiserlichen Truppen gefangengenommen wurde. Nach seiner Befreiung studierte er Mathematik, Optik und Philosophie in Padua und zog sich später für lange Jahre in ein Benediktinerkloster zurück. In seinem Leben und Werk treten noch einmal die beiden großen Denksysteme zusammen, deren Antagonismus die Philosophie des Cinquecento beherrschte: Auf der einen Seite die literarisch geprägte, vergeistigte, personenbezogene Kultur des entschwindenden Humanismus, die sich überwiegend mit moralischen und metaphysischen Problemen befaßte, und auf der anderen Seite die neue naturwissenschaftliche Forschung, die sich durch die Erfahrung der Sinne, d. h. empirisch, der Untersuchung der Naturerscheinungen und der Struktur des Kosmos zuwandte. Das grundlegende und wegweisende Werk des Telesio, 1545 begonnen und 1586 in neun Büchern vollständig herausgegeben, war die Abhandlung *De rerum natura iuxta propria principia*, also eine Erforschung der Natur gemäß den ihr innewohnenden Gesetzen und somit eine naturwissenschaftliche Untersuchung im modernen Sinne: Die Natur kann nur nach den ihr inhärenten Gesetzen untersucht und diese können nur durch sinnliche Beobachtung und Erfahrung, nicht aber durch metaphysische Spekulationen erkannt werden. Auf der Grundlage dieser Prinzipien untersuchte Telesio die verschiedensten Naturerscheinungen wie Wärme und Kälte, Licht und Farbe, Regenbogen, Erdbeben usw., aber auch biologisch-körperliche Phänomene wie Atmung, Schlaf, Fieber und Ähnliches, immer mit dem Ziel, zu konkreten und beweisbaren Ergebnissen zu gelangen. Die zitierte Schrift beginnt mit dem kühnen Satz: »Diejenigen, die vor uns den Bau der Welt und die Größe und Beschaffenheit der in ihr enthaltenen Körper untersucht haben, sind, wie es scheint, trotz anhaltenden Wachens und großer Mühe nicht dazu gelangt, einen wirklichen Einblick in diese Dinge zu gewinnen.« Auch der Mensch ist für Telesio Teil der Natur und als solcher den Gesetzen der Materie unterworfen; selbst seine Gefühle gehen auf objektivierbare materielle Ursachen zurück. Mit dieser naturwissenschaftlichen Betonung der Erfahrung als dem einzigen Weg objektivierbarer Erkenntnis war die Trennung zwischen naturwissenschaftlicher Forschung und transzendentaler, metaphysischer Spekulation besiegelt. In diesem Sinne feierte auch der englische Empirist Francis Bacon (1561–1626) Telesio als den ersten modernen Forscher und Tommaso Campanella (vgl. S. 390 ff.), der die Prinzipien des Telesio übernahm, würdigte ihn als »wahren Philosophen, der die Natur wahrheitsgemäß darstellt«.

Der wohl heftigste Impuls, der die philosophischen, theologischen und naturwissenschaftlichen Überzeugungen des Jahrhunderts bis in ihre

367

Grundlagen erschütterte, ging von dem ungestümen, aggressiven und unbeugsamen GIORDANO BRUNO (1548–1600) aus. Filippo Bruno (so sein eigentlicher Name), in Nola als Sohn einer Familie des niederen Adels geboren, ging 1562 nach Neapel, wo er 1565 als Novize in das Kloster des Heiligen Dominicus eintrat. 1572 wurde er zum Priester geweiht, 1575 Doktor der Theologie. Schon sehr früh mußte er einen ersten Prozeß wegen Äußerungen, die gegen Skulpturen und Abbildungen von Heiligen gerichtet waren, über sich ergehen lassen; doch schon ab 1576, als er kaum 28 Jahre alt war, verdichteten sich die Anklagen gegen ihn, und man warf ihm vor, Arius, den Begründer des Arianismus, und die antiken Häretiker zitiert und verbotene Texte des Erasmus bei sich geführt zu haben. Er verließ den Orden und begann nun ein unregelmäßiges Wanderleben, das ihn nach Rom, Venedig, Genua und andere Städte Oberitaliens führte, immer auf der Flucht vor der kirchlichen Zensur und auf der Suche nach Protektion und der Solidarität Gleichgesinnter. Aber auch 1578 in Genf bei den Calvinisten hat er kein Glück, die ihm strenger und intoleranter erscheinen als die Katholiken. Er wurde sogar verhaftet, weil er einen Philosophielehrer angegriffen hatte, wurde zum Widerruf gezwungen und mußte im August 1579 fliehen. Besser erging es ihm in Frankreich, wo er zunächst eine Zeitlang in Toulouse unterrichtete, dann nach Paris ging, wo Heinrich III. ihm, der ob seines ungewöhnlichen Wissens bereits berühmt war, einen Lehrstuhl einrichtete (1579–1583). Hier schrieb er mehrere mathematisch-mnemotechnische Traktate wie z. B. *De umbris idearum, Cantus Circaeus* und *De architectura et commento artis Lulli*, in denen er sich u. a. mit den diesbezüglichen Theorien des katalanischen Mystikers und Vielschreibers Raimundus Lullus (um 1235–1316) auseinandersetzte. Hier entstand auch seine berühmte Komödie *Il Candelaio* (1582; vgl. S. 339f.). Wegen der in Frankreich tobenden Bürgerkriege ging er 1583 nach Oxford und London, wo er die Gastfreundschaft u. a. des französischen Botschafters Michel de Castelnau erfuhr, die Protektion des Robert Dudley und des Dichters Philip Sidney genoß und wo er mit John Florio (ca. 1553–1625) verkehrte, einem wichtigen Vermittler zwischen der englischen und der italienischen Kultur. In London publizierte er zwischen 1584 und 1586 seine italienischen Dialoge; aufbauend auf Lullus und auf der Philosophie des Parmenides schrieb er weitere mnemotechnische und hermetische Werke (*Ars reminiscendi, Triginta sigillorum explicatio, Sigillus sigillorum* und andere). Wohl in diesen Jahren gewann die Philosophie Brunos ihre endgültige und extrem heterodoxe Form. Doch verwickelte sich Bruno auch in England in Streitigkeiten, u. a. mit den Aristotelikern von Oxford. Er verließ 1585 London, ging für kurze Zeit nach Frankreich, und floh von dort nach er-

368

neuten Streitigkeiten nach Deutschland, wo er von 1586–88 an der Universität von Wittenberg lehrte und die Gunst der Lutheraner und die des Kaisers Rudolf II. zu gewinnen suchte. Nach weiteren fluchtartigen Wanderungen, die ihn u. a. nach Prag, Helmstedt, Frankfurt und Zürich führten, kehrte er im Sommer 1591 nach Italien zurück und gelangte nach Venedig, wo er von dem Patrizier Giovanni Mocenigo im Mai 1592 bei der Inquisition angezeigt und darauf verhaftet wurde. Nach jahrelangen Prozessen und Verhören in Rom, die ihn nur vorübergehend schwankend machten, erklärte er schließlich am 21. Dezember 1599 vor seinen Richtern, daß er nicht widerrufen wolle, da er nicht wisse, was es zu widerrufen gäbe. Er wurde am 17. Februar des folgenden Jahres auf dem »Campo di Fiori« verbrannt.

Die erste vollständige Darlegung seines philosophischen Denkens ist in den drei 1584 geschriebenen italienischen Dialogen enthalten, die man nach G. Gentile die »metaphysischen Dialoge« nennt, nämlich *La cena delle Ceneri, De la causa, principio, et Uno* und *De l'infinito, universo e mondi.* In der aus fünf Dialogen bestehenden *Cena delle Ceneri,* dem *Aschermittwochsmahl,* entwickelte Bruno eine scharfe Kritik am traditionellen Aristotelismus und rühmte die Entdeckungen und Lehren des Kopernikus, an dem er jedoch rügte, daß seine Kosmologie noch zu viele traditionelle Elemente beibehalte. Bruno hob hervor, daß die Erde rund sein müsse und sich in ständiger Bewegung befinde … In dem aus Einleitungsepistel, mehreren Gedichten und fünf Dialogen bestehenden zweiten Traktat leugnete Bruno jegliche Transzendenz der Realität (und damit jede Doppelung des Seins in Immanenz und Transzendenz) und legte dar, daß die Wirklichkeit an und für sich als »Ursache, Grundprinzip und Einheit« bestehe. Gott throne nicht irgendwo über der Welt, sondern verkörpere aktuell und potentiell die allumfassende Einheit des unendlichen Universums, das Zentrum und Peripherie zugleich sei und in dem Sein und Werden zusammenfalle … In der dritten, wiederum aus einigen Sonetten und fünf Dialogen bestehenden Schrift *Über die Unendlichkeit des Universums und der möglichen Welten* ging Bruno ähnlichen Gedanken nach. Die neue durch Kopernikus begründete kosmologische Erkenntnis sei nicht ein neuer Wissenschaftszweig, sondern begründe eine neue Philosophie, der es in eifriger Forschung gelingen könne, alle Geheimnisse der Wahrheit aufzudecken. Dies könne in drei Schritten geschehen: durch Überwindung der Metaphysik, durch intuitives Erfassen der einzigen und unendlichen Realität des Universums und in der Vertiefung dieser Intuition durch das neue kosmologische Wissen. Die Unendlichkeit des Universums leitete Bruno aus der unendlichen Schöpfungskraft Gottes her, der nicht nur eine, sondern zahllose Welten schaffen könne. Somit sei das Universum sowohl in seiner Ausdehnung wie auch in der Zahl der in ihm enthaltenen Welten unendlich … Angelpunkt der Spekulation Brunos ist somit die Idee des Unendlichen, bei deren Entwurf er sich auf die Entdeckung des Sonnensystems durch Kopernikus stützte, dessen Theorien er vor allen anderen italienischen Gelehrten und ungefähr ein halbes Jahrhundert vor Galilei rezipierte. An die Stelle des geozentrischen, statischen Weltbildes der alten Kosmologien (Ptolemäus, Aristoteles) tritt die Vorstellung des Sonnensystems als Teil der bewegten Unendlichkeit eines Universums, das nur als unendliche Aufeinanderfolge unendlicher Räume und Welten gedacht werden kann, als Ort aller Möglichkeiten. »Gott« ist für Bruno die Einheit, die oberste Ursache, das universale Prinzip dieser Unendlichkeit. Der Mensch aber kann trotz seiner Sterblichkeit kraft seines Erkenntnisvermögens die Idee des Unendlichen nachvollziehen; und durch diesen Nachvollzug, durch das ständige Bewußtsein des Unendlichen, hat der Mensch Anteil an der schöpferischen, erhaltenden Kraft des obersten Prinzips. So kam Bruno u. a. zu einer Identifizierung der Idee Gottes mit dem Wesen des menschlichen Intellekts, dessen Aktivität unerschöpflich und dessen Wirkungsbereich die Unendlichkeit ist.

In drei weiteren, nach G. Gentile »moralische Dialoge« genannten Abhandlungen: *Spaccio della bestia trionfante*, *Cabala del cavallo pegaseo* und *Degli eroici furori* entwickelte Bruno die aus seinen philosophischen Thesen sich ergebenden moralischen Konsequenzen für das Verhalten der Menschen. Deren Heil sah Bruno vor allem in der »sophia«, im Wissen und in dem durch Wissen geprägten Bewußtsein; wobei das Wissen bei Bruno noch stark durch transzendente und metaphysische Implikationen bedingt und daher durch Intuition und Inspiration zu erwerben ist. Im dritten, wohl wichtigsten der »moralischen Dialoge«, den *Heroischen Leidenschaften*, die wie ein persönliches Credo anmuten, behandelte Bruno u. a. die rationale Erkenntnis als höchste Stufe des Erkennens, auf der sich die Wahrheitsliebe des Menschen erst voll entfalte und zur »heroischen Leidenschaft« werde. In enthusiastischem Aufschwung sei der Mensch in der Lage, die Dreieinigkeit des Seins, des Wahren und des Guten zu erkennen. Das Werk, das Züge eines schwärmerischen, platonisierenden Pantheismus aufweist und u. a. die Philosophie des frühen Schelling beeinflußt hat, endet mit einer Betrachtung der Harmonie der Sphären und mit dem Lob auf die allumfassende Gottheit.

Die aggressiven Thesen Brunos werden oft in messianischem oder apokalyptischem Stil dargeboten; in seinen Schriften wird eine Vielzahl mehr oder weniger divergierender philosophischer Systeme, darunter die des

Epikur, Parmenides, Platon, Plotin, Lukrez, Lullus, Ficino, Kopernikus und anderer bunt durcheinandergewürfelt und harmonisiert. Im Unterschied zu anderen aufgeklärten Zeitgenossen wie Pomponazzi oder Telesio war Brunos impulsives Denken noch viel stärker durch theologische, eschatologische und mystische Implikationen bestimmt, worin nicht zuletzt seine provinzielle Herkunft und seine klösterliche Erziehung zum Ausdruck kommt.

Auch in seiner herausragenden, absolut untypischen Komödie *Il Candelaio* (vgl. S. 339f.) kam es ihm nicht darauf an, durch ein weiteres Bühnenstück das Publikum zu ergötzen, sondern vielmehr die damals üblichen publikumsgefälligen Komödien zu parodieren und zugleich die moralische und geistige Trägheit der Zeitgenossen anzugreifen und bloßzustellen. Vordergründig polemisiert das Stück gegen banale käufliche Liebe, schändlichen Egoismus und hohles Pedantentum; hintergründig bringt es in effektvollen Dialogen und Szenen ideologische Konflikte auf die Bühne, versucht die Ruhe der Zuschauer zu stören und in ihnen einen Bewußtseinswandel herbeizuführen. Durch ihre kompromißlosen ideologisch-programmatischen Zielsetzungen, die dieser Komödie den Charakter einer Streitschrift verleihen, unterscheidet sie sich auch von den beiden anderen großen Komödien des Jahrhunderts, der *Mandragola* des Machiavelli und der *Cortigiana* des Aretino.

DAS SIEBZEHNTE JAHRHUNDERT (»SEICENTO«)

I. BLICK AUF DIE ZEIT

Im 17. Jahrhundert steht Italien politisch im Zeichen der mit dem Frieden von Cateau-Cambrésis (1559) begründeten Hegemonie Spaniens, geistig unter dem kompromißlosen Autoritätsanspruch des Vatikans. Beide Mächte haben sich in diesem Zeitraum auf der Halbinsel endgültig etabliert, so daß nach den heftigen politischen und geistigen Auseinandersetzungen des vorigen Jahrhunderts jetzt ein relativer Stillstand und eine gewisse Uniformität eintritt. Italien hört im 17. Jahrhundert auf, ein eigenständiger politischer Faktor in der Geschichte Europas zu sein. Fast alle staatlichen Gebilde der Halbinsel sind direkt oder indirekt Spanien unterstellt; die wenigen unabhängigen Staaten wie Venedig oder das Herzogtum von Savoyen haben aus unterschiedlichen Gründen einen nur geringen Handlungsspielraum in bezug auf die politischen Verhältnisse in Italien oder in Europa. Die politische Landschaft Italiens bietet das Bild einer extremen Zersplitterung: Neben etwa einem Dutzend größerer Staaten, zu denen das Herzogtum Mailand, die Königreiche von Neapel, Sizilien und Sardinien, Venedig und Genua, die Toskana unter Cosimo de' Medici und der Kirchenstaat gehören, gibt es zahlreiche kleinere Potentaten und Feudalherren, die das Land in kleine und kleinste Machtbereiche unter sich aufteilen. Beispiele dafür sind etwa die von den Ansprüchen mehrerer Staaten und von 24 Feudalherren zerstückelte Lunigiana oder etwa das unglückliche Sizilien, das in 376 Feudalherrschaften aufgeteilt war, die fast alle unter spanischer Kontrolle standen.

Zur Regierung Italiens hatte Philipp II. 1563 einen obersten Rat, den »Supremo Consiglio d'Italia«, eingerichtet, in dem neben den spanischen Gouverneuren auch je zwei Vertreter Mailands, Siziliens und Neapels saßen. Bis 1674 schickte Madrid in regelmäßigen Abständen Generalinspekteure (»visitatori generali«) nach Italien, die sich jedoch weder um die Machtausübung der spanischen Gouverneure noch um die Verhältnisse im Lande sonderlich kümmerten und sich im wesentlichen damit begnügten, immer neue Dekrete (die sogenannten *grida*) mit vielen ähnlich lautenden und stets unwirksamen Vorschriften für Wirtschaft und Handel, für die Justiz, das Geldwesen usw. zu verkünden. Das Land war in einem verwahrlo-

372

sten Zustand, die öffentliche Ordnung, Rechts- und Verkehrssicherheit ständig in Frage gestellt, die Handelswege und Handelsbeziehungen vielfach unterbrochen, Wirtschaft und Produktion in allgemeinem Niedergang begriffen. Die verarmende Bevölkerung war hilflos der Gewalt von Räubern und Abenteurern, den häufigen tyrannischen Übergriffen der Machthaber und ihren andauernden, rivalisierenden Machtkämpfen und Intrigen ausgesetzt. Von Plünderungen und Brandschatzungen bedroht, wurde sie zusätzlich von großen Pestepidemien (am schlimmsten die von 1630 und 1657) heimgesucht. Das Joch der spanischen Herrschaft und die Praxis der »grida« haben später in Manzonis Verlobten eine literarische Darstellung gefunden.

In der fast allgemeinen politischen Lethargie der Italiener verdient die heldenhafte Rolle Venedigs hervorgehoben zu werden, das sich dem wachsenden Druck der Türken entgegenstemmte, lange Jahre diesen gegenüber die Vorherrschaft zur See behauptete und neben anderen Territorien etwa die Insel Kreta in einem über zwanzigjährigen Krieg verteidigte (1645–69), bevor sie in die Hände der Moslems fiel. Der türkische Ansturm auf Wien 1683 wurde dagegen von kaiserlichen und polnischen Heeren unter Führung des polnischen Königs zurückgeschlagen. Die einzige Macht, die den politischen Stillstand auf der Halbinsel wirkungsvoll stören konnte, war Frankreich unter Ludwig XIV. Dieser konnte sich nach den Fronde-Kriegen (1648–53) wieder verstärkt Italien zuwenden und versuchte, durch Unterstützung des Aufstands in Messina (1574), durch Besetzung der Feste von Casale im Monferrato (1681), durch den Beschuß von Genua (1684), durch Auseinandersetzungen mit den Päpsten, insbesondere mit Innozenz XI. und durch andere Maßnahmen, seinen Einfluß auf der Halbinsel zu verstärken. Doch konnten diese Versuche ebensowenig wie einzelne Vorteile, die Frankreich im Mantuanischen Erbfolgekrieg (1628–31) und im Pyrenäenfrieden (1659) errungen hatte, die spanische Vorherrschaft ernsthaft gefährden. Diese dauerte bis zum Tode Karls II., des letzten spanischen Habsburgers (1665–1700), der keine Söhne oder männliche Erben hinterließ und damit den Spanischen Erbfolgekrieg auslöste, in dessen Verlauf sich im folgenden Jahrhundert die österreichischen Habsburger und die Franzosen um die Nachfolge Spaniens stritten.

Der politischen Ohnmacht entsprach in weiten Teilen Italiens, vor allem von der Jahrhundertmitte an, ein allgemeiner geistiger und kultureller Niedergang, der dazu führte, daß das Seicento traditionell als Epoche der Dekadenz charakterisiert wurde. Fest steht, daß die italienische Kultur in den ersten beiden Jahrzehnten ein beachtliches Niveau bewahrte, dann aber im weiteren Verlauf des Jahrhunderts ihren zwei Jahrhunderte lang innegehabten Vorrang in Europa verlor. Dabei büßte es nicht nur seinen künstlerischen und intellektuellen Primat ein, sondern schied auch aus dem produktiven europäischen Kulturwettbewerb immer mehr aus, um sich vielfach in sterilen Kunstübungen, spitzfindigen Diskussionen oder in örtlichen Aktivitäten abzukapseln. Zu diesen regionalen Aktivitäten der Intellektuellen zählten neben den traditionellen Kulturzentren der großen Städte auch eine Anzahl von zum Teil bedeutenden Akademien, die in dieser Zeit gegründet wurden oder durch einzelne Initiativen hervortraten, so etwa die »Oziosi« in Neapel (1611), die »Incogniti« in Venedig (1630), die 1582 in Florenz gegründete »Accademia della Crusca«, die 1612 ihr erstes Wörterbuch der italienischen Schriftsprache herausgab, und viele kleinere Vereinigungen; dazu wissenschaftliche Akademien wie die »Lincei« in Rom (1603), die »Accademia del Cimento« in Florenz (1657) und die »Investiganti« in Neapel (1663).

Auch um dem pauschalen Klischee von der Dekadenz des italienischen Barockzeitalters entgegenzuwirken, seien hier kurz die wichtigsten Phasen der Entwicklung des Jahrhunderts skizziert. In den ersten Jahrzehnten, bis in die dreißiger und vierziger Jahre, blieb Italien im kulturellen Austausch Europas ein gebendes Land und vollzog zugleich auf vielen Gebieten späte, oft extreme Reifeprozesse von Entwicklungen, die in der Renaissance ihren Ausgang genommen hatten. Die Ausstrahlung der italienischen Kultur in Europa kam in dieser Phase etwa in dem hohen Ansehen zum Ausdruck, das der Naturwissenschaftler Galilei oder der Historiograph Paolo Sarpi im Ausland genossen; in der ehrenvollen Aufnahme, die Tommaso Campanella in den dreißiger Jahren bei Ludwig XIII. fand, und natürlich in dem Ruhm Marinos, der mit großen Ehren ebenfalls von Ludwig XIII. in Paris empfangen wurde, wo er sich von 1615 bis 1623 aufhielt und auf Kosten des Königs seinen *Adone* herausbrachte. Marini war in vielen Ländern – neben Frankreich vor allem in Spanien, England und Deutschland – eines der letzten Aushängeschilder der italienischen Kultur.

Zum Ruhm einzelner italienischer Intellektueller und Künstler trat in dieser Phase noch der erhebliche Einfluß, den die italienische Kultur insgesamt auf große ausländische Künstler wie Shakespeare und Milton ausübte. All das änderte sich in der zweiten, etwa von 1640 bis 1680 andauernden Entwicklungsphase des Seicento, in dem Italiens Kultur keine Höhepunkte verzeichnete und seine in der Regel wenig bedeutenden Künstler im Ausland kaum Beachtung fanden. Der Baumeister, Bildhauer und Maler Gian Lorenzo Bernini, der 1665 nach Paris gerufen wurde, um dort bei der Neugestaltung des Louvre mitzuwirken, war eine der wenigen Ausnahmen; auch der Siegeszug der »Commedia dell'arte« durch Europa und insbesondere durch Frankreich hielt die Erinnerung an die großen italienischen Kulturleistungen früherer Zeiten wach. Insgesamt kehrten sich jedoch die kulturellen Beziehungen zwischen Italien und Europa um: Aus der über zwei Jahrhunderte lang führenden und gebenden Kulturnation wurde eine zweitrangige und empfangende. Sowohl im wissenschaftlich-philosophischen als auch im künstlerisch-literarischen Bereich gingen die großen Impulse und kreativen Leistungen nun von anderen europäischen Ländern aus, und das Verstummen und Zurücktreten Italiens wurde um so deutlicher, als gerade zu dieser Zeit die Franzosen mit Corneille, Racine, Molière, La Fontaine und anderen den Höhepunkt ihrer literarischen Klassik erreichten, die Spanier, obwohl politisch im Niedergang begriffen, in ihrem »Goldenen Zeitalter« mit Cervantes, Lope de Vega und Calderón, und die Engländer mit Shakespeare und Milton zu Höchstleistungen fanden. In dieser zweiten Phase setzte in Italien die Entwicklung antibarocker bzw. antimarinistischer und klassizistischer Tendenzen ein, die zu einer Vereinigung der klassizistischen Traditionen mit Ausdrucksformen der religiösen Orthodoxie führten. In der dritten, die beiden letzten Jahrzehnte umfassenden Phase des Seicento schließlich hat man erste, die allgemeine Lethargie durchbrechende politische Initiativen, ausgehend vom Herzogtum Savoyen, hervorgehoben und zugleich zaghafte kulturelle Neuansätze erkennen wollen. Die klassizistische Reaktion gegen den Marinismus gewinnt jetzt die Oberhand. Als wichtigstes Zeichen einer langsamen kulturellen Reorganisation könnte die Tatsache gelten, daß nach zahlreichen lokalen Akademien 1690 die »Arcadia« gegründet wurde, die erste Selbstorganisation von Intellektuellen auf überregionaler, nationaler Ebene und zugleich der erste Versuch, Grundlagen für eine nationale Kultur zu schaffen.

II. DAS ITALIENISCHE BAROCK, GIOVAN BATTISTA MARINO UND DER MARINISMUS

Das italienische Barock ist gekennzeichnet durch eine Anzahl besonders scharfer, ja extremer Widersprüche und Antithesen, die sich in der fast alle gesellschaftlichen Bereiche kennzeichnenden Antinomie zwischen Schein und Sein, Maske und Gesicht zusammenfassen lassen und in dieser Spannung zugleich eine grundsätzliche Übereinstimmung mit dem europäischen Barock zu erkennen geben. Im literarischen Bereich muß vor allem das weite Auseinanderklaffen der Höhe des künstlerischen Anspruchs und der Unzulänglichkeit seiner Verwirklichung auffallen. Den Künstlern des Seicento war durch die vorausgegangene Epoche der Renaissance ein ungewöhnlicher inhaltlicher wie formaler Reichtum an die Hand gegeben worden, der dennoch bei den meisten von ihnen in eklektisches Virtuosentum, scharfsinnige Begriffsspielereien oder gekünstelte Feinheiten umschlägt. Dem ungestümen Drang, die großen Vorbilder nachzuahmen und möglichst weit zu übertreffen, steht eine tiefgreifende geistige und psychologische Verunsicherung, eine Dürftigkeit und allzuoft Hohlheit der inhaltlichen Konzeptionen gegenüber. Unter dem Streben nach sublimen, exzeptionellen künstlerischen Leistungen und Erfahrungen verbirgt sich meist ein tiefes Gefühl des Mangels, der Unfähigkeit und der Desillusion.

Das nach außen gewandte, fast exhibitionistische Repräsentations-, Prestige- und Prunkbedürfnis der Epoche und das von Fest zu Fest und von Feuerwerk zu Feuerwerk taumelnde Spiel- und Unterhaltungsbedürfnis der höfischen Gesellschaft findet sein literarisches Pendant in stilistisch geschmückten, rhetorisch überladenen Dichtungen, im virtuosen Spiel der Bilder, Metaphern und Figuren und in den künstlichen Gespreiztheiten eines manierierten Stils. Das in der Renaissance erworbene bzw. mühsam erkämpfte innere Gleichgewicht scheint unwiederbringlich dahin und macht einem Gefühl der Haltlosigkeit und der fehlenden Orientierung Platz, das sich häufig in einem schematischen Festklammern an äußeren Regeln und Vorschriften äußert. Bezeichnend ist, daß an die Stelle der kontroversen und flexiblen Rezeption der *Poetik* des Aristoteles durch die Renaissance im Seicento ein schematischer, regelstrenger Aristotelismus tritt, der vor allem aus der *Rhetorik* des antiken Philosophen äußere und formale Regeln für ein angeblich zeitgemäßes Dichten abzuleiten sucht, und dessen Rigorismus in der unerbittlichen Strenge der moralischen und religiösen Vorschriften der Gegenreformation eine Parallele findet. Dichtung beruht im Seicento weniger auf Intuition, erlebter Erfahrung oder konzentriertem Wissen als vielmehr auf dem ostentativen, gezierten Gestus der Sprache und einer preziösen, hochformalisierten Technik, die darauf aus ist, durch ein effektreiches Spiel übersteigerter Gefühle, überspitzter Begriffe, übertriebener Kontraste und schmeichlerischer, sinnlicher Illusionen Erstaunen und Verwunderung zu erregen. Es ist eine Dichtung, die nicht mehr bewegen, überzeugen oder läutern, sondern nur noch blenden und verblüffen will.

Die manierierte Dichtungsart des italienischen Barock fand etwa zeitgleich europäische Entsprechungen in dem Stil des Spaniers Luis de Góngora y Argote und seiner Nachahmer, in sogenannten *Gongorismus*, und in dem ebenfalls überladenen und gekünstelten Stil des Engländers John Lyly, der nach dessen Bildungsroman *Euphues: the Anatomy of Wit* (1578) unter der Bezeichnung »Euphuism« in die Literaturgeschichte einging.

Angemerkt sei noch, daß die Herkunft des Begriffs Barock, der auch von italienischer Seite für diese Epoche verwendet wird (»barocco«), bis heute nicht restlos geklärt ist. Wahrscheinlich entstand der Begriff aus einer Kreuzung des mittelalterlich-scholastischen Begriffs »baroco«, der einen besonders komplizierten und gekünstelten Syllogismus bezeichnete, mit dem französischen »baroque« in der Bedeutung »bizarr«, »exzentrisch«, das seinerseits von dem portugiesischen »barroco« abgeleitet war, womit man eine schiefrunde, traubenartig aufgeblähte (im Deutschen auch »Barockperle« genannte) Kunstperle bezeichnete. Wie man sieht, enthalten alle drei Herkunftswörter das gemeinsame semantische Moment des Bizarren, Exzentrischen und Auffälligen, das in der Tat die kulturellen Äußerungen dieser Epoche vortrefflich charakterisiert. Die damit in dem Begriff »barocco« von Anfang an enthaltenen negativen Konnotationen verstärkten sich im Zuge der dichterischen Aktivitäten Marinos und seiner Nachläufer, so daß in Italien vom Ende des 17. bis ins 19. Jahrhundert hinein dieser Begriff, vor allem im Vergleich mit dem der vielgerühmten Renaissance, deutlich negative Konnotationen gewinnt; erst später mit dem Aufkommen der philologisch-wissenschaftlichen Forschung wird »barocco« zur wertfreien Bezeichnung einer kultur- und literaturgeschichtlichen Epoche.

Nahezu alle hier angedeuteten Merkmale der geistigen Haltung und des neuen Stils des Seicento fanden ihren exemplarischen, oft extremen Ausdruck in Leben und Werk des GIOVAN BATTISTA MARINO (1569–1625), den man den »talentiertesten Scharlatan der italienischen Literatur« genannt hat (H. Friedrich), und der dennoch oder gerade deswegen zu seiner Zeit derartigen Ruhm erntete, daß ähnlich wie bei Góngora die aus seinem Namen abgeleitete Bezeichnung »Marinismo« (und deren verschiedene sprachliche Entsprechungen) in weiten Teilen Europas für seine neue gekünstelte Stilart üblich wurde. Marino wurde in Neapel als Sohn eines bescheidenen Advokaten geboren. Nach dem Wunsch des Vaters sollte er Jura studieren, jedoch brach er das Studium bald ab, um sich ganz der Dichtung zu widmen. Nachdem der Vater ihn aus dem Hause gejagt hatte, suchte er Zuflucht bei Freunden und Mäzenen und wurde 1592 Sekretär am Hofe des Matteo di Capua, des Herzogs von Conca. Marino war sich früh über die Neigungen und Bedürfnisse seines genußfreudigen, lasziven Temperaments und seine literarischen Zielsetzungen im klaren und bejahte ohne Skrupel die Rolle des schmeichlerischen Höflings, denn nur unter der

Protektion eines Mächtigen konnte er die heitere Gelassenheit und die wohlversorgte, gesicherte Muße finden, die nach seiner Meinung Voraussetzung für das Dichten waren. Sein hedonistisches, auf Disponibilität gegründetes Lebenskonzept wurde jedoch konterkariert durch die Unberechenbarkeiten seines heftigen, streitsüchtigen und nicht allzu skrupelhaften Charakters, der ihn mehrfach in den Kerker brachte und ihm als Höfling so manche Feindschaft zuzog. Wegen eines Fälschungsdelikts (zugunsten eines Freundes) angeklagt, mußte er 1600 aus Neapel fliehen und ging nach Rom, wo er in den Dienst des Kardinals Pietro Aldobrandini trat, eines Neffen des Papstes Klemens VIII. Ab 1608 besuchte er mehrfach den Hof des Carlo Emanuele I. von Savoyen in Turin, wo er sich ab 1610 niederließ. In die Turiner Jahre fällt sein heftiger Streit mit dem Genueser Poeten Gaspare Murtola, dessen Gedicht *Della creazione del mondo* (1608) Marino verspottet hatte; die daraufhin in Attacken, Repliken und Gegenattacken geschriebenen Spottsonette wurden in der *Murtoleide* des Marino und der *Marineide* Murtolas gesammelt und später in einem Band herausgegeben (1629). Die erbitterte Auseinandersetzung gipfelte darin, daß Murtola im Februar 1609 seinen Kontrahenten zu erschießen versuchte. Im April 1611 machte Marino aus ungeklärten Gründen auch in Turin Bekanntschaft mit dem Kerker; seine Beziehungen zum Herzog verschlechterten sich zusehends. 1614, gegen Ende der Turiner Zeit, brachte er noch seine *Dicerie sacre* heraus, eine Sammlung von Predigten im schwülstigen, deklamatorischen Stil ohne ernsten religiösen Gehalt und ohne konkrete theologische Substanz, mit der Marino die Prediger aller Zeiten in den Schatten stellen wollte. Ein wichtiger Lebensabschnitt des Höflings und Dichters begann, als 1615 Maria von Medici, die Mutter des noch jungen Ludwig XIII., ihn nach Paris einlud. Hier gewann er Gönner und Freunde und die Zuneigung des Königs, der ihm das Amt eines Zeremonienmeisters und die Organisation von Festen und Theateraufführungen übertrug und ihn zum Ritter ernannte. Das großzügige königliche Gehalt machte den »Chevalier Marino« reich, der nun ein großes Haus führen, Kunstschätze sammeln und sich zugleich seinen literarischen Arbeiten widmen konnte. In Paris veröffentlichte er u. a. Gedichte für Hochzeiten, die *Epitalami* (1616), das polemische, religiöse Gedicht *La sferza* (1617), die erste und zweite Ausgabe seiner *Galeria* (1619/20; eine Sammlung mit Gedichten auf Bilder und Skulpturen), die Idyllensammlung *La sampogna* (1620) und sein opus magnum, das Versepos *Adone*, das im April 1623 erschien. Noch im gleichen Jahr machte sich Marino auf den Weg nach Italien und kehrte über Turin und Rom im Mai 1624 nach Neapel zurück, wo man ihm einen triumphalen Empfang bereitete. Von allen gerühmt und umschmeichelt, mit

378

Ehrungen und Auszeichnungen überhäuft, verbrachte der Dichter, durch den »die italienische Dichtung den äußeren Prunk und die innere Armut kennenlernte« (S. Battaglia) in einer Villa am Rand der Stadt seine letzten Monate. Verbittert wegen der Kritik an seinem Epos, das mit seinen lasziven Episoden auch den Argwohn der Kirche erregte, starb er im März des folgenden Jahres.

Schon früh hatte das Naturtalent Marino, dem die Verse leicht von der Hand gingen und der daher gerne mit dem großen Verskünstler der Antike, Ovid, verglichen wurde, mit dem Dichten begonnen. Schon durch eine seiner frühesten lyrischen Produktionen, die *Canzone dei baci*, ein erotisch-laszives Gedicht, das sein metrisches Können und seine Geschmacksrichtung offenbarte, war Marino berühmt geworden, ohne unangefochten zu sein. Seiner eleganten und wendigen Feder entsprangen eine Unzahl von Gedichten, die von ihm unter dem Titel *Rime* veröffentlicht wurden (die beiden ersten Teile 1602, ein dritter Teil 1614). 1615 brachte er eine neue Ausgabe seiner Lyrik mit insgesamt über 800 Dichtungen unter dem Titel *La lira* (*Die Leier*) heraus. Die umfangreiche Sammlung enthält allein in ihrem ersten Teil etwa 400 Sonette; im zweiten Teil Madrigale und Kanzonen und im dritten verschiedene Gedichtformen. Erstaunlich und nahezu enzyklopädisch ist die thematische Vielfalt dieser Dichtungen: Idyllische Szenen, Motive aus der Natur wie Wälder, Quellen, Bäume und Blumen, Berglandschaften und Meeresgestade mischen sich mit erotischen und sentimentalen Themen aller nur erdenklichen Gefühlslagen, mit heroischen, enkomiastischen und frommen Texten, mit dem Ausdruck der Trauer oder mit Bildern des frechen oder launischen Lebensgenusses. Überdeutlich ist der Ehrgeiz des Dichters, alle Themen, die Mensch und Natur bieten, zu besingen und dies kunstvoller zu tun als jeder andere vor ihm. All diese Dichtungen verfolgen in erster Linie das Ziel, zu blenden (»stupire«), die zentrale Maxime seiner Poetik, die er im 23. Spottgedicht der *Murtoleide* in berühmt gewordenen Versen so umschrieben hatte: »È del poeta il fin la meraviglia/ (parlo de l'eccelente, non del goffo):/ chi non sa far stupir, vada a la striglia« (»Verwunderung zu erregen ist das Ziel des Dichters/ (ich meine des exzellenten, nicht des plumpen)/ wer nicht blenden kann, der sei gescholten«). Seine spontane, impulsive Sinnlichkeit und sein extremes sprachkünstlerisches und metrisches Geschick ermöglichen Marino in dieser Perspektive ungewöhnliche Texte von einzigartiger formaler Eleganz und blendendem rhetorischem Faltenwurf, in denen alle konzeptistischen, stilistischen und metrischen Möglichkeiten mit der für ihn und seine Epoche typischen Überbetonung und Häufung effekthaschend durchgespielt werden. Ein Beispiel dafür ist, wie in dem folgenden,

u. a. dem Catullschen *Odi et amo* nachempfundenen Madrigal, einem der besten Marinos, die Antithese »odio – amore« (Haß – Liebe) rhetorisch aufwendig, aber inhaltlich hohl, thematisiert wird, um schließlich in die elegant herbeigeführte, dennoch nichtssagende Scheinpointe vom Selbsthaß aus verschwendeter Liebe einzumünden:

> L'odio c'hai tu nel core,
> te, Donna, odiar m'ha fatto, odiar Amore.
> Odio dunque, e non amo: o pur, s'am'io,
> amo sol l'odio mio:
> e t'odio sí, che spesso
> sol per averti amato, odio me stesso.

In einem anderen, zuerst 1614 in den *Rime* veröffentlichten Sonett macht er einen einfachen Vorgang, daß sich nämlich die Geliebte kämmt, zum Vorwand eines preziösen Feuerwerks von Bildern und Metaphern. Indem die Leitmetapher der Meereswellen, die für das Haar der Geliebten stehen, in der seit der Antike bekannten Technik der »metaphora continua« in immer neuen Bildern und Metaphern aus dem gleichen Sachbereich durchgespielt wird, bis hin zum »Schiffbruch« des letzten Terzetts, in dem der Dichter »unterzugehen« vorgibt: Ein effektvoller Scheinschluß, der weder inhaltlich noch logisch konsequent ist; doch wird dafür die äußere Einheit des Gedichts durch ein im Wortsinne »blendendes« Motiv hergestellt, nämlich durch die in Bildern vollzogene Kreisbewegung von den »goldenen Wellen« am Beginn zum »goldenen Golf« am Ende des Textes:

> Onde dorate, e l'onde eran capelli,
> navicella d'avorio un dì fendea;
> una man pur d'avorio la reggea
> per questi errori preziosi e quelli;
>
> e, mentre i flutti tremolanti e belli
> con drittissimo solco dividea,
> l'òr de le rotte fila Amor cogliea,
> per formarne catene a' suoi rubelli.
>
> Per l'aureo mar, che rincrespando apria
> il procelloso suo biondo tesoro,
> agitato il mio cor a morte gìa.

Ricco naufragio in cui sommerso io moro,
poich'almen fûr, ne la tempesta mia,
di diamante lo scoglio e 'l golfo d'oro!

Neben der erwähnten *Galeria* mit Gedichten auf Bilder, Skulpturen und andere Kunstobjekte veröffentlichte Marino 1620, fünf Jahre nach der *Lira*, seine *Sampogna* (*Schalmei*), eine Sammlung von Dichtungen mit teils aus dem Mythos, teils aus dem Hirtenleben gegriffenen idyllischen Themen (acht »idilli favolosi« und fünf »idilli pastorali«); Texte, die wiederum die formale Eleganz, den sprachlich-konzeptistischen Überschwang und die rhetorische Virtuosität des Neapolitaners unter Beweis stellen, die sich aber stärker als seine frühere Lyrik in klassizistischer, wenn auch überwiegend ornamentaler Manier um eine Nachahmung antiker Autoren wie Ovid, Vergil, Moschos (um 150 v. Chr.), Nonnos (5. Jh. n. Chr.) und anderer bemühen.

In seinem großen, 1620 fertiggestellten und von 1620 bis 1623 gedruckten Versepos *Adone* strömten die in den lyrischen Dichtungen behandelten Themen und erprobten Kunstfertigkeiten in gesteigerter Form zusammen. Das Epos, das alle ähnlichen Werke – selbstverständlich auch die von Ariosto und Tasso, in jeder Hinsicht, auch in der Typographie, übertreffen sollte, entwickelte sich in jahrelangen Arbeiten aus einem zunächst nur drei Gesänge umfassenden mythologischen Gedicht zu einem riesigen, romanhaft-mythologischen Gebilde von zwanzig Gesängen mit 5123 Oktaven, das sind nahezu 41000 Verse – ein inkommensurables Gebilde, das der Autor selbst einen »zusammengeflickten Rock« nannte. Die überaus dürftige, antike Mythen um Venus und Adonis oberflächlich nacherzählende Fabel handelt von dem traumhaft schönen Jüngling Adone, der durch magische Kräfte nach Zypern, der Insel der Venus gelangt. Diese erblickt den schlafenden Jüngling und entbrennt in heftiger Liebe zu ihm. Sie zeigt dem Jüngling die Köstlichkeiten ihres Palastes und ihres herrlichen Gartens, dessen fünf Teile die fünf Sinne des Menschen symbolisieren; nach einem erfrischenden Bad genießen die Liebenden höchstes Sinnenglück. Doch die Ankunft des Mars, der ob der neuen Leidenschaft seiner Venus vor Eifersucht wütet, zwingt Adone zur Flucht. Nun hat er eine Reihe von Abenteuern zu überstehen, fällt u. a. in die Hände der Magierin Falsirena (die der Alcina des Ariosto, der Morgana des Boiardo und der Armida des Tasso nachempfunden ist), die ihn gerne der Venus abspenstig und sich gefügig machen möchte. Schließlich kehrt aber Adone doch in den Palast der Göttin zurück, wo er erneut mit ihr die Freuden der Liebe kostet. Als er eines Tages wider das Verbot seiner göttlichen Geliebten auf die Jagd geht, wird er von einem wilden Eber getötet; das Gedicht schließt mit der gedehnten Beschreibung der Bestattungsfeierlichkeiten des Protagonisten.

Die schmale und schale Haupthandlung hat Marino in einer fast gewaltsamen, unorganischen Weise durch eine große Zahl von Nebenhandlungen, eingestreuten Episoden und willkürlichen Abschweifungen heterogenster Art aufgebläht und so auf den genannten Umfang gebracht. Zu diesem das Zentralmotiv der Liebe überwuchernden thematischen Schwulst gehören neben enkomiastischen auch lehrhafte Passagen, in denen Marino sich über Astronomie, Philosophie, Kosmologie oder über Heraldik, Fürstenturniere und anderes ausläßt. Dieser maßlosen Ausuferung und Dehnung in stofflich-quantitativer Hinsicht entspricht jedoch auch eine qualitative Steigerung der typischen Ausdrucksmittel und bevorzugten Motive Marinos, die hier alle in überspannter Intensität wiederkehren. Im exzessiven Spiel gesuchter Bilder und Metaphern, in der artifiziellen Verwendung von Antithesen, Parallelismen, Synekdochen und anderen Figuren, in subtilen konzeptistischen Spitzfindigkeiten, in kunstvoll verschnörkelten Redeweisen ebenso wie in stilisierten Naturbeschreibungen, in idyllischen, erotischen, lasziven Szenen voller Sinnlichkeit und Obszönitäten tobt sich der ehrgeizige Kunstwille eines Mannes aus, der nicht mehr im Rahmen einer ideellen Vorgabe oder eines Weltbildes schrieb, sondern seine Formkunst konsequent von der äußeren Wirklichkeit absonderte und für sie autonome Geltung beanspruchte – einer der modernen Züge Marinos, der auf die Poetik des »L'art pour l'art« und ähnliche Formen absoluten Dichtens vorausweist. Das strukturell aus den Fugen geratene labyrinthische Gedicht entfaltet spielerisch und ohne ernsthafte ideologische Ansprüche eine gefällige, wenn auch überaus weitläufige kosmische Allegorie, die sich u. a. an Lukrez' *De natura rerum*, an der *Divina Commedia* und an Ariostos *Orlando* inspiriert. So unternimmt auch Marino im zehnten Gesang eine fiktive Reise auf den Mond, wo ähnlich wie bei Ariosto (und in Übereinstimmung mit antiken Vorstellungen) die Ideen aller Dinge versammelt sind. Sie lagern in einer geheimnisvollen, menschlichem Erkennen nicht zugänglichen Grotte, in deren Mitte die »Natura«, die »fruchtbare Mutter des Universums« thront, die zusammen mit der Sonne alles Leben hervorbringt und die über alle Dinge der Lebenswelt, auch über deren wichtigsten und dynamischsten Teil, den Menschen, richtet. Ihr erster Gehilfe ist die Zeit (»Tempo«), deren rasche Flucht nur durch die Ewigkeit (»Eternità«) oder aber durch den Ruhm (»Fama«), insbesondere durch dichterischen, aufgehalten werden kann...

Die Veröffentlichung des *Adone* löste eine heftige Polemik aus. Marinos Feinde, darunter vor allem der unerbittliche Tommaso Stigliani, selbst

Dichter, warfen ihm vor, daß das Werk mit allen akzeptierten Regeln des Epos bzw. des »romanzo« bräche, aber keinerlei neue Strukturen erkennen lasse, vielmehr einen chaotischen und anarchischen Charakter habe. Viele empfanden wie er den *Adone* als ein Attentat auf geheiligte Traditionen. Andere sahen in ihm das Modell einer neuen Dichtung und rühmten ihn überschwenglich. Girolamo Aleandro il Giovane, einer seiner engagiertesten Verteidiger, stellte das Epos den *Metamorphosen* Ovids, der *Commedia* Dantes und den *Triumphi* Petrarcas als ebenbürtig zur Seite. Tatsache ist, daß zahlreiche Literaten und Dichter seiner Zeit, darunter auch Feinde wie der erwähnte Stigliani, ihn mehr oder weniger eng nachahmten; einige von ihnen werden in den Kapiteln über die Lyrik und die Prosa des Seicento zu behandeln sein.

Zu dem ungewöhnlichen, aus heutiger Sicht nicht ganz verständlichen Erfolg Marinos bei den Zeitgenossen hat sicherlich die allgemeine Huldigungssucht einer dekadenten, auf Oberflächlichkeit abstellenden Gesellschaft beigetragen, zum anderen wahrscheinlich auch die Tatsache, daß Marino mit seiner Manier sowohl in der Lyrik als auch im Epos endlich radikal die allzu lang gepflegten traditionellen, klassizistischen und petrarkistischen Haltungen durchbrach. Auch in den folgenden Jahrzehnten blieb seine Wirkung in Italien und in Europa groß, wenngleich auch immer zwiespältig. Für die französische Klassik war er ein Greuel, in anderen Ländern – wie Spanien, England und Deutschland – stieß er auf ähnliche oder übereinstimmende Geschmacksrichtungen. In England wirkte er u. a. auf Milton und John Donne, in Spanien auf Lope de Vega (von dem er selbst Anregungen empfing) und auf Góngora, in Deutschland vor allem auf die zweite schlesische Dichterschule (Hofmann von Hofmannswaldau, D. C. Lohenstein), auf B. H. Brockes und andere. Für eine geschichtliche Würdigung Marinos ist schließlich festzuhalten, daß seine Dichtungsweise Spielart eines zeitlosen literarischen Manierismus war, der sich in unregelmäßigen Intervallen im Laufe der Literaturgeschichte in der Auseinandersetzung oder im Wechsel mit klassizistischen Stilhaltungen immer wieder verwirklichte; in einer zeitlosen Bipolarität stilistischen Gestaltens, die schon in dem antiken Gegensatz von asianischem und attizistischem Dichtungsideal faßbar ist.

III. TRAKTATLITERATUR UND WISSENSCHAFTLICHE PROSA

1. *Traktate zur Poetik*

Die neuen, durch Marino in Mode gebrachten Schreibweisen des barocken Stils waren Gegenstand lebhafter und langanhaltender theoretischer Diskussionen, die jedoch im wesentlichen post factum einsetzten, d. h. nachdem Marino und andere ihren bilderreichen Schmuckstil verwirklicht und in ihren Publikationen bekannt gemacht hatten. Einer der ersten einschlägigen Traktate stammt von dem Priester und Philosophen MATTEO PEREGRINI (1595–1652), Schützling des einflußreichen Kardinals Sforza Pallavicino, der nach mehreren moralischen Schriften 1639 eine Abhandlung herausbrachte, die sich eingehend mit dem neuen Phänomen des konzeptistischen Stils befaßte: *Delle acutezze, che altrimenti spiriti, vivezze e concetti volgarmente si appellano* (»Über die Scharfsinnigkeiten, die volkstümlich auch Geistesblitze, Schlagfertigkeiten oder Concepte genannt werden«). In gemäßigter Form zieht darin Peregrini gegen die Entartungen des konzeptistischen Stils zu Felde, denen er das Ideal einer klaren und ausgewogenen (d. h. letztlich klassizistisch orientierten) Schreibweise entgegenhält. Dabei lehnt er jedoch den neuen, durch scharfsinnige Begriffskombinatorik (»acutezze«) gekennzeichneten Stil keineswegs ab, sondern versucht vielmehr, zwischen überzogenen Begriffsspielereien, die die Grenzen des Geschmacks bzw. des Verstehens überschreiten, und akzeptablen Geistesblitzen zu unterscheiden. Diese letzteren untersucht Peregrini als echtes Kind des Barockzeitalters mit großem Interesse und detaillierter Gründlichkeit, wobei er vor allem die inneren sprachlichen, logischen und rhetorischen Mechanismen untersucht, kraft deren eine »acutezza« ihre überraschende und verblüffende Wirkung erzielt. Dadurch und durch die eingelegten, sorgfältig differenzierten Beispielsammlungen ist seine Schrift noch heute lesenswert, ebenso wie der spätere, gleichen konkreten und analytischen Zielsetzungen gewidmete Traktat *I fonti dell'ingegno ridotti ad arte*, in welchem der Autor aber der literarischen Mode seiner Zeitgenossen wesentlich größere Zugeständnisse machte. Ebenfalls gemäßigt und auf Ausgleich bedacht waren die poetologischen Argumente des Kardinals PIETRO SFORZA PALLAVICINO (1607–1667), der der Nachwelt vor allem durch seine bedeutende *Istoria del Concilio di Trento* (1656/57) im Gedächtnis geblieben ist. Der Kardinal, der 1637 in die Societas Jesu eingetreten war und dem daher auch eine moralische und religiöse Rechtfertigung der neuen literarischen und künstlerischen Ausdrucksweisen angelegen war, brachte 1644 den Dialogtraktat *Del bene* heraus, in dem er einen klugen und einfallsreichen Harmonisierungsversuch zwischen moralischem Wahrheitsanspruch und literarischem Schwulst unternahm. Pallavicino unterschied drei Ebenen der menschlichen Wahrnehmung und Kundgabe: eine oberste Ebene des Urteils (»giudizio«), das die Wahrheit absolut und unabhängig aussagt (und daher auch in Gott enthalten ist); eine mittlere und vermittelnde Ebene des argumentierenden und schlußfolgernden Erkennens und Aussagens (von ihm metaphorisch »discorsi« genannt), die den Wahrheitsgehalt in bezug auf konkrete Gegenstände aussagt und daraus auf weitere Wahrheiten schließt; und eine unterste Ebene der unmittelbaren, objektnahen Wahrnehmung und Beschreibung (»prima apprensione«), die nichts über die Wahrheit der Gegenstände aussagt, sondern diesseits der Unterscheidung von wahr und unwahr liegt. Zu dieser untersten Stufe gehören auch die dichterischen Schöpfungen, die folglich für sich betrachtet in ihrer Darstellung frei sind, weil unfähig, Wahres von Falschem, Reales von Fiktivem zu unterscheiden. Aber dadurch, daß die Dichtung ihre Begrenztheit erkennt und sich der Wertehierarchie der oberen Ebenen, insbesondere dem Wahrheitsurteil des »giudizio« unterwirft, kann sie, die bereits unsere Sinne erfreut, auch noch zur Dienerin der Wahrheit werden. Zwei Jahre später veröffentlichte Pallavicino eine weitere dichtungstheoretische Schrift, die *Considerazioni sopra l'arte dello stile e del dialogo*, wo er u. a. die »wunderbaren Köstlichkeiten« der »acutezze« und der »concetti« auf ihre Technik und Wirkung hin untersucht, welch letztere er vor allem auf deren überraschende, blitzartig aufleuchtende Neuheit zurückführt.

Der vielleicht interessanteste Barocktheoretiker Italiens, der sich den literarischen Erscheinungen seiner Zeit mit großem Verständnis und Sympathie zuwandte, war der aus adliger Turiner Familie stammende Jesuit und Höfling EMANUELE TESAURO (1592–1675), der neben historischen Schriften 1654 einen dichtungstheoretischen Traktat mit dem merkwürdigen Titel *Il cannocchiale aristotelico* (*Das aristotelische Fernrohr*) veröffentlichte. Mit dieser Schrift, die schon zu ihrer Zeit große Beachtung fand, wurde die theoretische Legitimierung des »concettismo« und damit auch der Manier Marinos besiegelt, und zwar, wie bereits der Titel andeutet, im Zeichen des Aristoteles, genauer: im Rahmen der üblich gewordenen formalistischen Interpretation der aristotelischen *Rhetorik*, die Tesauro vollmundig als »leuchtendes Fernrohr zur Überprüfung aller Vollkommenheiten und Unvollkommenheiten der Redekunst« preist. In seiner Abhandlung, die in ihrer formalistischen Tendenz teilweise wie eine Rückkehr zur mittelalterlichen Rhetorik anmutet, untersucht er u. a. die zentrale Kategorie des »mirabile«, des Wunderbaren und Erstaunlichen, und in Verbindung damit Begriff und Funktion der Metapher, in der er den Gipfel aller rhetorischen Figuren und zugleich die scharfsinnigste, erfindungsreichste und wunderbarste Hervorbringung des Menschengeistes sieht. Unter dessen Tätigkeiten unterscheidet er die »dimostrazione dialettica«, d. h. die logische Gedankenführung und die »persuasione rettorica«, die rhetorische Überzeugungskunst, und das ist für ihn die scharfsinnige und erfindungsreiche Ausdrucksweise des konzeptistischen Stils. Dabei stellt er jedoch Verbindungen zwischen der logischen Struktur und dem rhetorischen Ausdruck, und schließlich auch zwischen diesem und den Ansprüchen der Moral her, indem er die Kunst der Rede als das einzige Mittel, mit dem der Mensch die Welt interpretieren kann, und zugleich »als Spur des Göttlichen im Menschengeist« definiert. Seine Schrift bleibt auch als reiches Repertoire von Metaphern, Bildern, Symbolen und »concetti« interessant.

2. Der Streit zwischen den Anhängern der antiken und der modernen Autoren und die »Hoggidiani«

Der im Cinquecento ausgebrochene Streit, ob man dem Vorbild der alten klassischen Autoren folgen solle oder lieber dem der modernen, mußte im Seicento neue reichliche Nahrung finden, da das Ungenügen an den alten literarischen Schemata und das Innovationsbedürfnis weiter zunahmen. Vor allem unter dem Schock der normbrechenden Reaktion Marinos, die u. a. dem Petrarkismus bzw. Neopetrarkismus des vorigen Jahrhunderts ein Ende setzte, entfachte sich die Diskussion, die, nicht zuletzt unter dem Eindruck der neuen naturwissenschaftlichen und spekulativen Erkenntnisse, sich immer stärker zugunsten der modernen Autoren entwickelte. Nach und nach setzte sich die Überzeugung durch, daß für neue Wissensinhalte und veränderte gesellschaftliche Gegebenheiten auch neue künstlerische Haltungen und Ausdrucksweisen erforderlich seien. Zu den Intellektuellen, die entschieden für eine moderne kulturelle Weiterentwicklung plädierten, gehörte auch der überaus zeitkritische, mit gleicher Entschiedenheit gegen Kurie, Gegenreformation und die spanische Besatzungsmacht polemisierende Jurist TRAIANO BOCCALINI (1556–1613), der gegen Ende seines Lebens, 1612 und 1613, zwei Zenturien seiner *Ragguagli di Parnaso* herausbrachte; von einer dritten Hundertschaft, die er vorbereitete, wurden postum 96 »ragguagli« veröffentlicht. Die »ragguagli« sind kurze, fast journalistisch anmutende Berichte aus dem fiktiven Königreich

386

»Parnaso« (Parnaß), dem Apollo als König vorsteht. In den doppelsinnigen, ironischen Nachrichten aus diesem Königreich nimmt Boccalini gleichsam in travestierter Form Stellung zu den unterschiedlichsten Themen seiner Zeit, immer darauf aus, im politisch-gesellschaftlichen wie im kulturellen Bereich alte Zöpfe abzuschneiden und für klare und funktionale Strukturen zu plädieren. So polemisiert er etwa gegen die alte ausgeleierte Manier der Petrarkisten, gegen hohle, auf einem oberflächlich verstandenen Imitationsbegriff aufbauende Dichtungskonzeptionen klassizistischer oder pseudoklassischer Prägung, und natürlich auch gegen Aristoteles oder genauer gegen dessen Interpreten, die lebendiges Dichten unter einem Wust formaler Regeln beerdigten. Auch für den politischen Bereich entwickelte er klare kritische Zielsetzungen, die er u. a. aus einer klugen Neuinterpretation des römischen Historikers Cornelius Tacitus herleitete. Mit Tacitus hatte sich Boccalini außer in den *Ragguagli* auch noch in seinen 1602 vorläufig abgeschlossenen, doch erst 1669 veröffentlichten *Osservazioni politiche sopra Cornelio Tacito* befaßt. Dabei würdigte er Tacitus weniger als Historiker denn vielmehr als Politiker, als großen Lehrmeister der politischen Theorie und Praxis, dessen Lehren und Erfahrungen Boccalini auch auf die Politik seiner Gegenwart anwenden möchte: Durch Tacitus' Lehren sei es zum Beispiel möglich, das verschleierte und intrigante politische Gebaren der Fürsten in seinen Motivationen und Zielsetzungen zu durchschauen, offenzulegen und dadurch in eine gerechtere Regierungsform zu überführen.

Ein sehr deutliches, teilweise leidenschaftliches Plädoyer zugunsten moderner Autoren und zugunsten der neuen wissenschaftlichen Errungenschaften führte der vor allem durch seine Komödie *La secchia rapita* bekannt gewordene Dichter und Höfling ALESSANDRO TASSONI (1565–1635), der sich nicht nur gegen die antiken Klassiker, sondern auch gegen die italienische Klassik des Trecento, insbesondere gegen Petrarca, richtete. So in seinen 1612 in neun Büchern veröffentlichten *Gedanken* (*Varietà di pensieri di A. Tassoni*), denen später noch ein zehntes Buch über die großen Geister der Antike und der Moderne (*Ingegni antichi e moderni*) hinzugefügt wurde. In diesen zehn Büchern läßt er in fast enzyklopädischer Detailfreude nahezu alle wissenschaftlichen, kulturellen und gesellschaftlichen Bereiche des modernen Zeitalters Revue passieren, um sie mit den veralteten Strukturen der Vergangenheit zu vergleichen und ihnen in allen Punkten den Vorzug zu geben. Kulturell und literarisch waren für Tassoni vor allem die großen Leistungen des Cinquecento (in dem er geboren war) vorbildlich und maßgeblich; dahinter müssen sowohl die Antike als auch das italienische Trecento zurückstehen. In diesem Sinne erörtert das zehnte und letzte Buch die Frage, »ob in Wissenschaft und Kunst die antiken Autoren die modernen an Geist übertrafen« und endet mit einem überschwenglichen Lob der Renaissance und ihrer beiden Koryphäen Ariosto und Tasso: »Aber lassen wir kleinere Autoren beiseite, so haben wir in unserer Sprache und in unserem Zeitalter die beiden überragenden Lichter Ariosto und Tasso, an denen der Neid zwar in diesem frechen Zeitalter herumnörgeln mag, aber doch nicht verhindern kann, daß sie in den kommenden Zeiten strahlender und berühmter sein werden als alle antiken Autoren...« 1612 erschienen in Modena die *Considerazioni di A. Tassoni sopra le Rime del Petrarca...*, in denen Tassoni Petrarcas Abhängigkeit von älteren Autoren, insbesondere provenzalischen, sowie seine stilistische Monotonie kritisierte, sich insbesondere aber gegen seine Nachahmer wandte, die selbst die Fehler des Meisters noch zu vorbildlichen Qualitäten erklärten. Die stellenweise polemische Schrift, die darauf aus war, eine weitere, lange Zeit geheiligte, nunmehr überaltete Autorität zu entthronen, löste eine heftige Polemik zwischen Modernisten und Konservativen aus. Auch in der sprachtheoretischen Diskussion entschied sich Tassonis Modernismus konsequent für eine Orientierung am Gebrauch der lebendigen Gegenwartssprache.

Der in Italien schon im Cinquecento einsetzende Streit zwischen den Anhängern der alten und der modernen Autoren fand in der zweiten Hälfte des 17. Jahrhunderts in Frankreich eine Fortsetzung in der »Querelle des anciens et des modernes«, die u. a. durch die »Modernen« Desmarets und Perrault sowie die Konservativen La Fontaine, La Bruyère und Boileau durchgefochten wurde.

Während unter Intellektuellen, Künstlern und Literaten der Kampf um den Vorrang der Antike oder der Moderne tobte, breitete sich im Seicento in weniger gelehrten, volkstümlichen Kreisen eine große, zu Weltuntergangsstimmungen neigende Unruhe aus, ein Gefühl des Niedergangs und der bevorstehenden Katastrophe, das durch die unaufhörlichen Kriege, durch die Verwüstung der Provinzen und das dadurch bedingte abnorme Wachstum der Städte, durch den Verfall der alten humanistischen Werte und durch die rationalistischen Tendenzen der neuen wissenschaftlichen Kultur genährt wurde. Immer wieder stellte man fest, daß »heutzutage« (»oggidì«) doch alles viel schlimmer sei als in der guten alten Zeit, und nach dieser stehenden Redensart wurden die meist volkstümlichen Schwarzseher kurzerhand die »Oggidiani« bzw. die »Hoggidiani« genannt. Doch gab es auch Literaten, die sich der verbreiteten Angstgefühle der Zeitgenossen annahmen und den Nachweis zu führen suchten, daß früher keineswegs alles besser gewesen sei als heute, sondern daß im Gegenteil die Gegenwart der Vergangenheit überlegen sei. Solches geschah durch die stoff- und detailfreudige Feder des in Perugia geborenen Abtes SECONDO LANCELLOTTI (1583–1643), der 1623 eine Schrift mit dem aufschlußreichen Titel *L'oggidì ovvero il mondo non peggiore del passato* (*Das Heute oder die Welt, die nicht schlechter ist als die Vergangenheit*) publizierte, welcher 1636 ein zweiter Teil mit ebenfalls programmatischem Titel folgte: *L'oggidì ovvero gl'ingegni non inferiori a' passati* (*Das Heute oder die Geister, die nicht kleiner sind als die der Vergangenheit*). In enzyklopädischer Ausführlichkeit versucht die umfangreiche Abhandlung für alle Lebensbereiche nachzuweisen, daß die modernen Zeiten den älteren überlegen seien. In seiner Schrift *I farfalloni degli antichi istorici notati* (1636) machte er sich launisch einen Spaß daraus, den antiken Schriftstellern Fehler und Unstimmigkeiten nachzuweisen, um auch auf diese Weise das Prestige der Antike zu relativieren.

3. Wissenschaftliche Prosa

Zu den bedeutendsten Zeugnissen wissenschaftlicher Prosa gehört die 1619 in London unter dem Pseudonym Pietro Soave Polano veröffentlichte achtbändige *Istoria del Concilio tridentino* des schon erwähnten PAOLO SARPI (1552–1623), der aus angesehener venezianischer Familie stammend, später als Theologe und Kirchenrechtler in dem jahrelangen Rechtsstreit zwischen dem venezianischen Senat und der Kurie unter Paul V. den Rechtsstandpunkt und die Autonomie seiner Stadt mit großem Mut verteidigte, und zwar so, daß er noch im Jahr der Beilegung des Konflikts (1607) nur mit knapper Not einem Hinterhalt der von der Kurie gedungenen Häscher entging. In seiner *Istoria* behandelte Sarpi den Zeitraum von den Anfängen des Luthertums bis zum Ende des Tridentiner Konzils in dem Bedürfnis, Argumente gegen die ausartenden Ansprüche des Papsttums und zugleich Belege und Dokumente für den langanhaltenden Verweltlichungsprozeß der Kirche zu sammeln, dessen Höhepunkt Sarpi paradoxerweise während des Tridentiner Konzils erreicht sieht: Das Tridentinum, das eigentlich der Reform und der Wiedervereinigung der Kirche dienen sollte, habe vielmehr die früheren Spaltungen unüberbrückbar und »die größte Verformung der Kirche seit der Name Christi zu hören ist« offenbar gemacht. Sarpi hielt nicht viel von der Diskussion der großen theologischen und dogmatischen Fragen und war auch der Ansicht, daß diese bei dem Niedergang der Kirche keine gewichtige Rolle gespielt hätten. Aus ähnlichen Überlegungen erschienen ihm auch die doktrinären Unterschiede zwischen der Katholischen Kirche und den Protestanten wie auch die zwischen den verschiedenen protestantischen Kirchen als nicht sehr relevant. Seine mutige Darstellung mit vielen aufklärerischen und modernen Gedanken hielt an dem Vorbild der Urkirche als an der Kirche Christi und seiner Apostel und der Gemeinschaft der Gläubigen fest und richtete seine eigentliche kritische Spitze gegen die Korruption des Papsttums in den letzten Jahrhunderten. Von daher mußte zwangsläufig die *Istoria* Sarpis nicht nur als eine antitridentinische, sondern auch antikatholische Schrift erscheinen. Mit der offiziellen Replik der Kurie auf Sarpis Thesen wurde der Kardinal PIETRO SFORZA PALLAVICINO (1607–1667; vgl. S. 384 f.) beauftragt, der in seiner *Istoria del Concilio di Trento* (1656/57) in elegantem, glattem Stil eine Gegendarstellung lieferte, Sarpi als Parteigänger Luthers brandmarkte und ihm Unterschlagung oder freie Erfindung von Fakten sowie haufenweise Lügen nachzuweisen suchte.

Im Bereich der Philosophie und der Naturwissenschaften erreichte das Seicento Höchstleistungen in den Schriften Campanellas und Galileis, deren kühne, Widerspruch und Verfolgung auslösende Thesen und Forderungen vielfach bereits über die »Arcadia« hinaus auf die Ideen des großen Jahrhunderts der Aufklärung vorausweisen. Der in Stilo (Kalabrien) geborene TOMMASO CAMPANELLA (1568–1639) trat 1582 in den Dominikanerorden ein und eignete sich in frühen Jahren ein umfangreiches theologisches, philosophisches und naturwissenschaftliches Wissen an, das ihn befähigte, schon 1591 seine berühmte *Philosophia sensibus demonstrata* zu veröffentlichen. In dieser vor allem von Telesio (vgl. S. 366 f.) inspirierten Schrift entwickelte Cam-panella, sich mutig am Rande der Orthodoxie bewegend (Bruno war noch nicht verbrannt), die Grundzüge seiner u. a. auf Demokrit und neuplatonischen Gedanken beruhenden empirisch-materialistischen Philosophie, die auch der Astrologie und den okkulten Wissenschaften einen Erkenntniswert zusprach. Diese Schrift brachte dem gerade Dreiundzwanzigjährigen den ersten kirchlichen Prozeß mit anschließender Kerkerhaft ein, dem jedoch alsbald weitere folgten. 1599 schließlich, der Häresie und zugleich einer politischen Verschwörung gegen die Spanier angeklagt, gestand er in einem erneuten Interrogatorium unter den damals üblichen grausamen Folterungen seine Häresie, worauf die drohende Todesstrafe in lebenslängliche Haft verwandelt wurde. Von 1599 bis 1626 saß er in Neapel im Gefängnis, bevor er endlich vom spanischen König begnadigt wurde. Doch mußte er schon 1634 erneut fliehen und ging nach Paris, wo er an der Sorbonne ehrenvoll aufgenommen wurde. Er starb 1639 in Paris.

In der Haft schrieb Campanella 1604 die Abhandlung *Del senso delle cose e della magia*, die er fünf Jahre später ins Lateinische übersetzte. Darin stellt er, wiederum Telesio folgend, die sinnliche Wahrnehmung in den Mittelpunkt der Erkenntnis und konzipiert das Universum als ein belebtes, panpsychisches Wesen, dessen Teile, die Materie, sinnlicher Empfindung fähig sind, alle auf einen gemeinsamen Ursprung verweisen und damit auch Erkenntnis vermitteln können. So vermögen auch materielle Dinge wie Luft, Licht und Feuer, aber auch Pflanzen, Holz usw. bei richtiger Betrachtung (wie z. B. in der Magie) Aufschlüsse »über alle Geheimnisse der Natur« zu vermitteln. Von daher gewannen Magie und Wahrsagung für Campanella eine große Bedeutung und waren neben seiner Heterodoxie der zweite Hauptpunkt kirchlicher Anklagen. – Das wichtigste, anschaulichste und auch für die Literaturgeschichte bedeutendste Werk des Campanella ist indes seine berühmte Utopie von der Sonnenstadt, die 1602 verfaßte und 1611 überarbeitete *Città del Sole*, die er 1623 auch ins Lateinische übersetzte und in Frankfurt am Main von seinem Freund und Schüler Tobia Adami gedruckt wurde. Der fiktive Dialog dieser Utopie entwickelt sich zwischen einem »Ospitalario« (d. h. einem Oberen des Hospitalierordens) und dem »Genovese«, einem Mann aus Genua also, der der Steuermann des Kolumbus gewesen war. Der Steuermann erzählt, wie er nach langen Seereisen um die Welt endlich zu der Insel »Taprobana« (die man mit Sumatra und Ceylon identifiziert hat) gelangt sei. Auf der Flucht vor deren kriegerischen Küstenbewohnern sei er im Inneren der Insel auf die *Sonnenstadt* gestoßen, die sodann ausführlich beschrieben wird. In seinem utopischen Entwurf verarbeitete Campanella Elemente aus der Utopie des Thomas Morus *De optimo rei publicae statu deque nova insula Utopia* (1516) und wie dieser auch Anregungen aus Platons *Staat* (doch erweist sich im Vergleich Morus an Originalität, Gestaltungskraft und Konkretheit Campanella weit überlegen). Campanellas Entwurf zielt auf ein ideales Staatsgebilde republikanischer Prägung, das in perfekter Organisation auf gemeinschaftlichen und uneigennützigen Prinzipien errichtet und naturgegebenen, unveränderlichen Gesetzen unterworfen ist, die es dem Einzelnen gestatten, sich in Würde und Selbstbestimmung zu verwirklichen. Das egalitäre und unitäre, durch Gemeinschaftsbesitz und gemeinsame Wohnung, Kleidung und Nahrung der Einwohner gleichgeschaltete und straff organisierte gesellschaftliche Leben der Sonnenstadt läuft streng geregelt wie eine Maschine nach wenigen elementaren Vorschriften ab, die auf einer großen Kupfertafel aufgezeichnet sind. Für die Ausbildung der Bürger des idealen Staates spielen die alten humanistischen Ideale, Grammatik, Rhetorik und die Regeln des Aristoteles keine Rolle mehr; sie lesen dafür im großen Buch der Natur, die sie experimentell erforschen; sie erlernen exakte Wissenschaften wie Mathematik, Mechanik und Ökonomie. Auch die Fortpflanzung ist streng geregelt: Einzelne Paare werden auf »behördliche« Anweisung auf Zeit zusammengegeben; die gezeugten Kinder werden von den Eltern getrennt und gemeinsam mit anderen Kindern aufgezogen. Durch die naturwissenschaftlichen und technischen Forschungen verfügt das Land über fortschrittliche Errungenschaften wie aufwendig konstruierte Wagen und Schiffe und über moderne technische Möglichkeiten wie etwa die künstliche Erzeugung von Licht oder Verfahren zur Beeinflussung des Klimas. Mit Hilfe weitreichender Seh- und Hörrohre versucht man, die Geheimnisse des Kosmos zu ergünden. Oberste Spitze der Regierung des Staates ist der »Metafisico«, auch »Oberster Priester der Sonne« genannt; unter ihm stehen die drei obersten Minister Pon, Sin und Mor, d. h. Potestà, Sapienza, Amore (Macht, Weisheit, Liebe). Der abstrakte und imaginäre sozialistische Gesellschaftsentwurf des Campanella trägt, wie man sieht, nicht wenige unglaubhafte und lebensferne Züge, die alle in der von ihm angestrebten unrealistischen Koinzidenz von totalitärem staatlichem Anspruch und Freiheit des Individuums konvergieren. Einige seiner Prinzipien werden indes später in Rousseaus *Gesellschaftsvertrag* wieder aufgegriffen werden.– Von Campanella stammen schließlich auch etwa neunzig Gedichte, die er 1622 unter einem Pseudonym als *Scelta d'alcune poesie filosofiche di Settimontano Squilla* herausgab. Diese Gedichte sind dadurch bemerkenswert, daß sie in strengem, oft technischem und wissenschaftlichem Stil Probleme der Philosophie, Theologie und Naturwissenschaften abhandeln wie etwa die Geheimnisse der Natur, den Bau des Kosmos, die Größe Gottes usw. Hinzu treten poetologische Themen (der Dichter, die Schönheit) und autobiographische wie z. B. Klagen auf seine Kerkerhaft. Campanella ist damit einer der wenigen Autoren, die nach Dante versuchten, wissenschaftliche und doktrinäre Inhalte in lyrischer Sprache vorzutragen.

Campanella schrieb auch eine mutige und leidenschaftliche *Apologia pro Galilaeo* (1616), und 1632, als der Wissenschaftler und Leidensgenosse Galilei erneut in Schwierigkeiten kam und in Rom vor die Inquisition geladen wurde, bot er diesem an, ihn zu verteidigen. In der Tat wurde die wissenschaftliche Karriere des ungefähr gleichaltrigen GALILEO GALILEI (1564–1642) in kaum weniger einschneidender und lebensbedrohender Weise behindert als die des kalabrischen Freundes. Galileo, in Pisa geboren, aus alter florentinischer Familie stammend (sein Vater Vincenzo war ein hervorragender Kenner der Geometrie und ein berühmter Lautensolist), studierte zunächst Medizin, wechselte 1585 zur Mathematik über und erhielt bereits 1589 einen Lehrauftrag am »Studio« von Pisa und 1592 einen Lehrstuhl für Mathematik in Padua. Schon von den achtziger Jahren an machte er Entdeckungen (wie etwa die der Isochronie der Pendelbewegung) und erfand

392

bzw. entwickelte verschiedene Geräte zur exakten Messung physikalischer und mathematischer Daten, u. a. ein Thermometer und einen neuen Rechenkompaß. 1597 hatte er in einem *Trattato della sfera* (auch *Cosmografia* genannt) seinen Studenten das ptolemäische System erläutert, gleichzeitig jedoch, u. a. in einem Brief an Johannes Kepler, seinen Dissens mit dieser Theorie und seine Übereinstimmung mit dem heliozentrischen System des Kopernikus unterstrichen. 1609 entwickelte er das kurz zuvor in Holland erfundene Fernrohr zu seinen Zwecken weiter und schenkte das neue Gerät der Stadt Venedig, die daraufhin sein Gehalt verdoppelte. Mit seinem neuen Fernrohr machte Galilei sogleich astronomische Entdeckungen wie z. B. die der vier Satelliten des Jupiter, die er die »pianeti medicei« nannte. In seinem *Sidereus nuncius* (1610) berichtete er von dieser Entdeckung und gab seinem Stolz darüber Ausdruck, daß sein sterbliches Auge so tief in die Geheimnisse der göttlichen Schöpfung dringen konnte. Schon 1612 und 1614 wurde er in florentinischen Kirchen öffentlich von Dominikanerpredigern angegriffen; ein Jahr später wird er beim »Santo Uffizio« öffentlich denunziert und 1616 einem ersten Prozeß unterzogen, der mit einer öffentlichen Ermahnung endet. Nach einer heftigen Polemik mit dem Jesuiten Orazio Grassi, in der Galilei sich mit seinem *Saggiatore* (1623) verteidigte, bereitete bereits die Publikation seines *Dialogo sopra i due massimi sistemi del mondo*, der 1630 fertiggestellt war, erneute Schwierigkeiten. Nach langen Verhandlungen konnte das Werk 1632 in Florenz erscheinen, doch wurde der Verkauf des Buches sofort von der Kirche untersagt, die dem Autor im folgenden Jahr erneut den Prozeß machte. Galilei widerruft und entzieht sich damit drohendem Ungemach, erreicht auch, daß er aus dem Kerker des »Santo Uffizio« in die Villa Medici überwechseln kann. Offensichtlich ohne sein Wissen erscheinen 1638 in Leiden seine *Discorsi e dimostrazioni matematiche intorno a due nuove scienze*. Der ab 1637 fast völlig erblindete Galilei, der sich mit den Klängen der von ihm virtuos beherrschten Laute tröstete, umgab sich in seinen letzten Lebensmonaten mit seinen Lieblingsschülern Vincenzo Viviani (dem wir die meisten Kenntnisse über Galilei verdanken) und Evangelista Torricelli.

Galileis dem Prinzip der Rationalität verschriebene, auf den Theorien des Kopernikus und des Telesio aufbauende wissenschaftliche Forschungen stützen sich auf die drei Säulen der Geometrie, der Mathematik und der (zahlentheoretisch konzipierten) Musik, welche Disziplinen mit ihren Zahlen und Proportionen das Alphabet der Schöpfung darstellen, das der Mensch, der diese Wissenschaften beherrscht, nachbuchstabieren kann. Die Zahl ist für Galilei der wichtigste Schlüssel, um das große Buch der Natur zu entziffern. Mit dieser Rückbindung der Philosophie und der gesamten wissenschaftlichen Erkenntnis an die unanfechtbar gültigen, exakten und beweisbaren Zahlen und Sätze der Mathematik und der Geometrie legte Galilei zugleich die Grundlagen einer modernen Epistemologie. In seinem in langjähriger Arbeit entstandenem *Dialogo* über die beiden großen Weltsysteme, nämlich das ptolemäische und das kopernikanische, etablierte er endgültig das heliozentrische System als Grundlage aller künftigen Forschung und stellte klar, daß die Nichtanerkennung dieses Systems einem Erkenntnisverzicht gleichkäme. Die ebenfalls in mühevollen Überarbeitungen entstandenen und wiederum in Dialogform vorgetragenen *Discorsi e dimostrazioni matematiche intorno a due nuove scienze, attinenti alla meccanica e i movimenti locali* gaben eine Zusammenfassung der langjährigen, seiner Zeit weit vorauseilenden physikalischen und mathematischen Untersuchungen zur Beschaffenheit und Resistenz der Körper, ihres Gewichts und ihrer Bewegungen. Galilei war nicht nur ein begnadeter Wissenschaftler, sondern auch ein musisch hochbegabter Mensch, der sich für Musik, Dichtkunst, Skulptur und Malerei interessierte. Literarisch muß er, wie wir von Viviani wissen, ziemlich belesen gewesen sein, kannte die klassischen Autoren ebenso wie die der Gegenwart und verfaßte u. a. *Considerazioni* zum Epos Tassos. Galilei selbst schrieb eine überaus reine und suggestive Prosa von großer Klarheit und leuchtender Überzeugungskraft, deren Qualitäten Ugo Foscolo rühmte und auf seine große literarische Bildung zurückführte; ein Stil, der den Forscher zu einem der größten Prosaautoren seiner Zeit machte.

Zur Horizonterweiterung des Jahrhunderts trugen in erheblichem Maße die zahlreichen Reisebeschreibungen bei, deren Tradition schon im vorigen Jahrhundert mit den Aufzeichnungen der ersten Entdecker von Kolumbus bis Vespucci eröffnet worden war. Welches Gewicht die mehr oder weniger zuverlässigen Berichte aus fernen Erdteilen und die dadurch hervorgerufenen Phantasiebilder selbst in wissenschaftlicher Literatur hatten, konnte bereits am Beispiel der *Sonnenstadt* des Campanella deutlich werden. Das Seicento war neben allem anderen auch ein Jahrhundert der Reisenden und der Abenteurer, deren detailgetreue oder auch fabulierfreudige und oft prahlerische Berichte dem kulturellen Leben wichtige neue Motive und Träume eröffneten. Vor allem waren es Kaufleute und Missionare, die über ihre Erlebnisse in der Ferne berichteten. So beschrieb etwa der aus Florenz stammende, 1588 in Goa verstorbene FILIPPO SASSETTI (1540–1588) in zahlreichen Briefen, von denen ein Teil später unter dem Titel *Lettere indiane* veröffentlicht wurde, seine Erlebnisse und Wahrnehmungen in Indien in gut beobachteten, genauen Darstellungen; sein florentinischer Mitbürger, der Kaufmann FRANCESCO CARLETTI (1573/74–1636) schilderte in seinen ab 1606 verfaßten *Ragionamenti sopra le cose vedute ne' viaggi dell' Indie occidentali e d'altri paesi* ausführlich seine Erlebnisse in verschiedenen Ländern des amerikanischen Kontinents, und machte sich dabei auch über die Lage der unterworfenen Völker und das Verhalten der Kolonialherren seine Gedanken. Der größere Teil der Kenntnisse des Jahrhunderts über ferne Länder und Erdteile wurde jedoch durch die Erzählungen und Berichte der Missionare, vor allem der Jesuiten, vermittelt, die in alle Welt zogen, um den neuentdeckten Völkern auf ihre Weise das Christentum nahezubringen.

Der Mann, unter dessen robuster Feder die Informationen vieler Missionare zusammenströmten, war der in Rom ob seines eintönigen Daseins sich frustende Jesuit DANIELLO BARTOLI (1608–1685), der etwa ab 1650 an seiner umfangreichen *Istoria della Compagnia di Gesù* schrieb. 1653 erschien deren erster Teil *L'Asia*, 1660 folgte *Il Giappone*, 1663 *La Cina*; Bände, in denen er geduldig die Berichte seiner Ordensbrüder aus den fernen Weltgegenden zusammentrug. Einige reisten, auch ohne Kaufleute oder Missionare zu sein, aus eigener geographisch-wissenschaftlicher Neugier, wie etwa der aus Ravenna stammende Kanonikus FRANCESCO NEGRI (1623–1698), der in seinem *Viaggio settentrionale* ausführlich über das Leben in nordischen Ländern (Schweden, Finnland, Lappland) berichtete. Wichtig ist, daß die Vielzahl von Reisebeschreibungen, sei es dokumentarischer, sei es mehr volkstümlicher oder phantasievoller Darstellungsweise, im Laufe des Jahrhunderts Bewußtseinsveränderungen mit höchst bedeutsamen theologischen, philosophischen, anthropologischen und natürlich auch kulturellen Folgerungen hervorrief. So trat etwa die Problematik der Naturvölker und des Wilden in den Horizont der europäischen Hochkulturen, und zugleich wurde deren traditioneller und bisher unangefochtener Eurozentrismus nachhaltig erschüttert zugunsten einer Annäherung an bisher unbekannte Welten – Themen und Haltungen, die sich im Jahrhundert der Aufklärung voll entfalten werden.

IV. FORMEN DES THEATERS

1. Die »Commedia dell'arte«

Die schon um die Mitte des 16. Jahrhunderts im venezianischen Raum entstandene Stegreifkömodie, »Commedia dell'arte« oder auch »Commedia all'improvviso« genannt, erfuhr im 17. Jahrhundert in Italien und im Ausland eine enorme Verbreitung. Wichtigstes Merkmal dieser aus volkstümlichen Theatertraditionen entstandenen dreiaktigen Komödienform ist ihr improvisierter Charakter: Die einzelnen Komödien verfügen über keine ausgeschriebene Textfassung, sondern haben als Vorlage lediglich ein grobes Szenarium, den »canovaccio« (frz. »canevas«), in dem das Schema der Handlung skizziert ist. Die szenische, mimetische und sprachliche Ausfüllung des Szenariums ist dem Einfallsreichtum und der Improvisationskunst der Schauspieler anheimgestellt, die dabei allerdings auf eine Anzahl fester Personentypen wie Arlecchino, Brighella, Coviello, Pasquariello, Pulcinella und andere, auf deren traditionelle Masken und auf ein reiches stehendes Inventar von »lazzi«, von eingelegten Witzen und scherzhaften Streichen zurückgreifen konnten. Die Stegreifkomödie wurde in aller Regel von ziehenden Berufsschauspielern aufgeführt. Bis heute ist nicht ganz geklärt, wie die im 18. Jahrhundert üblich gewordene und vor allem von Goldoni sanktionierte Bezeichnung »Commedia dell'arte« zu verstehen ist: Ob sich die Betonung des Kunstelementes (»arte«) auf den kunsthandwerklichen Status der wandernden Berufsschauspieler bezog, die als Künstler und Theaterspezialisten gesellschaftlich etabliert und standesmäßig organisiert waren, oder etwa auf die künstlerische Qualität und die technische Perfektion dieser Schauspieler, deren virtuoses Spiel berühmt und allenthalben gerne gesehen war. Die erste Meinung wurde von Benedetto Croce, die zweite etwa von der amerikanischen Forscherin A. Nicoll vertreten. Doch erscheint diese Auseinandersetzung wenig bedeutend, wenn man bedenkt, daß in der Praxis des Komödienspiels beide Aspekte, der Status der Schauspieler und ihr künstlerisch perfektioniertes Spiel kaum voneinander zu trennen waren. Fest steht jedenfalls, daß sehr früh neben den fahrenden Schauspieltruppen auch Theaterliebhaber und Dilettanten, Intellektuelle, Akademiker (darunter z. B. Mitglieder der örtlichen Akademien), aber auch interessierte Bürger die neue Komödienform aufführten.

Die erste, durch eine Notarsakte nachweisbare Gründung einer professionellen Schauspielertruppe – die eines gewissen Maphio dei Re, genannt Zanin – hatte im Jahr 1545 in Padua stattgefunden. Die erste, sicher bezeugte Aufführung einer »Commedia dell'arte« durch Laienschauspieler fand am 8. März 1568 in München am Hof Alberts V. statt, der anläßlich der Hochzeit seines Sohnes Wilhelm V. mit Renate von Lothringen eine Stegreifkomödie durch seine Höflinge, darunter viele Italiener, aufführen ließ. Das Szenarium des Stückes wurde durch den Bericht des Musikers Massimo Troiano überliefert, der selbst an der Planung des Spiels mitgewirkt hatte. Etwa zwischen diesen beiden Daten waren im 16. Jahrhundert die ersten Schauspielertruppen der »Commedia dell'arte« entstanden, und zugleich hatten sich ihre Techniken und Szenarien über weite Teile Europas verbreitet. Die Entstehung des Berufsschauspielertums im Raum Venedig ist dabei wahrscheinlich im Zusammenhang zu sehen mit der dortigen Konzentration der Buchdruckerkunst und der damit verbundenen Entstehung einer starken Schicht von Intellektuellen, Schriftstellern und professionellen, den neuen Buchmarkt bedienenden Vielschreibern, in deren Ambiente sich ein Berufsschauspielertum leicht entwickeln konnte. Während des Seicento wird die »Commedia dell'arte« in den beiden genannten Formen aufgeführt: in einer Darstellung durch Laien, in der Regel Höflinge, Intellektuelle oder interessierte Bürger, und in einer Darstellung durch professionelle Schauspieler. Die Laienaufführungen hatten vornehmlich Festlichkeiten, Krönungen, Empfänge und dergleichen zum Anlaß; ihr Spiel war meist szenisch sorgfältig ausgestattet und fand in festlichen Sälen am Hof oder in Palästen, später auch oft in einzelnen, am Theater interessierten Akademien statt, so vor allem in den Zirkeln der »Rozzi« und der »Intronati« in Siena, der »Compagnia della Calza« in Venedig und in ähnlichen Einrichtungen. Demgegenüber mußten die ziehenden Truppen mit allen nur erdenklichen Aufführungsorten vorliebnehmen: Bald waren sie in den Fürstenpalast bestellt, bald war es ein bürgerlicher Saal, bald war es eine einfache Bretterbühne für das Volk. Ihre Ausstattung und ihre bühnentechnischen Möglichkeiten waren meist äußerst dürftig, wurden aber in der Regel wettgemacht durch virtuose Improvisationskunst, durch die Fähigkeit, mit sparsamsten Mitteln die Bühne lebendig zu machen und sich den Erwartungen unterschiedlicher Zuschauergruppen anzupassen. Als wandernde Komödianten verbreiteten die Berufsschauspieler ihre Szenarien, ihre Charaktertypen und ihre Masken nach und nach über ganz Europa. Neben bzw. unterhalb dieser beiden Aufführungsmodi der Stegreifkomödie blieb im Seicento auch eine dritte Darbietungsform der improvisierten Komik weiter lebendig, nämlich das volkstümliche komische Theater, die meist kurzen Spiele der »cerretani« bzw. »ciarlatani«, also der Possenreißer, die auf kleinen Plätzen oder auf Märkten ihren Ulk aufführten, oft nur, um damit Kaufgeschäfte einzuleiten.

Die gut disziplinierte, auch über klare gattungstheoretische Vorstellungen bezüglich der neuen Komödienart verfügende Truppe der »Gelosi« spielte mit größtem Erfolg nahezu vierzig Jahre lang, von 1568 bis 1604; zu ihr zählten berühmte Schauspieler wie Flaminio Scala (gest. ca. 1620), Isabella Canali Andreini (1562–1604), ihr Mann Francesco Andreini (1548–ca. 1624), der Sohn Gian Battista Andreini (ca. 1578–1654), Pier Maria Cecchini, Nicolò Barbieri und andere; wichtigste Rivalin der berühmten Isabella Andreini war die durch ihren mimischen Vortrag brillierende Vittoria Piissimi. Als die »Gelosi« sich auflösten, gründete Gian Battista Andreini die neue Truppe der »Fedeli«; weitere wichtige Truppen der ersten Zeit waren die »Accesi« und die »Confidenti«. Die Jahrzehnte von etwa 1570 bis etwa 1630 stellen die eigentliche Blütezeit der professionellen »Commedia dell'arte« dar. In dieser Zeit erfahren die Schauspieler die Bewunderung und die Protektion großer Fürsten wie der von Este, der Gonzaga, der Farese, des Herzogs Francesco II. von Modena und anderer. Berühmte Schauspieler erhöhen durch ihr artistisches Spiel das kulturelle Prestige des Fürsten, erhalten im Gegenzug hohe Honorare und Ehrungen und genießen einen anerkannten gesellschaftlichen Status. Das alles ändert sich etwa von der Mitte des 17. Jahrhunderts an. Die Fürsten, die das Theater längst als politisches Instrument entdeckt hatten, gingen dazu über, die Stegreifkomödien in eigener Regie aufzuführen, durch ausgewählte Schauspieler, die nur darüber witzelten, worüber sie witzeln durften. Viele freie Schauspieler wurden brotlos oder gingen, oft durch hohe Gagen verlockt, ins Ausland, nicht nur nach Frankreich, wie etwa der berühmte Neapolitaner Tiberio Fiurelli, der in Paris als Scaramouche auftrat und von dessen Spiel Molière lernte, sondern auch in die Länder Ost- und Nordeuropas. In Italien war von der Jahrhundertmitte an ein deutlicher Qualitätsverfall der Aufführungen zu beobachten, die in der dauernden Wiederholung der alten Schemata ihren Schwung verloren, aber auch mit ihren »lazzi« zunehmend ins Grobe und Obszöne abglitten. Gleichzeitig wuchsen Abneigung und Vorurteile der Gesellschaft gegen die Schauspieler, die ständig umherziehen und sich jeweils in fremden bürgerlichen Milieus so gut es ging einrichten mußten.

Die Intoleranz weiter Bevölkerungskreise wurde maßgeblich gefördert durch die strenge moralische Kritik der gegenreformatorischen Kirche, die vielerorts die Aufführungen beobachten und zensieren ließ. Ein erster strenger Zensor war bereits zwischen 1565 und 1584 der Mailänder Bischof Carlo Borromeo gewesen, doch setzte sich die kirchliche Zensur das ganze 17. Jahrhundert hindurch fort. Immer wieder waren die Schauspieler gezwungen, sich hiergegen zur Wehr zu setzen. So plädierte etwa Pier Maria

Cecchini in seinen *Brevi discorsi intorno alle commedie, commedianti e spettatori* (1622) und in seinen *Frutti delle moderne commedie* (1628) ebenso wie Niccolò Barbieri für den gesellschaftlichen Nutzen der Komödie und für die Standesehre der Schauspieler und verurteilte dabei das schlüpfrige und unehrenhafte Verhalten einiger herabgekommener Berufskollegen. Relativ großes Verständnis für die Darsteller hatte der von der Nützlichkeit der Bühne überzeugte Jesuit Gian Domenico Ottonelli, der in seiner Schrift *Della cristiana moderazione del teatro* zwischen rechtschaffenen und undisziplinierten Schauspielern unterschied und als Modell für die ehrenhaften Berufsvertreter den erwähnten Niccolò Barbieri nannte.

Die tragenden Strukturelemente der »Commedia dell'arte« waren das in freier Improvisation auszufüllende Handlungsschema, in dem meist auch die einzuschiebenden »lazzi« vermerkt waren, die durch Masken gekennzeichneten, in wesentlichen Zügen feststehenden Charaktertypen, die sich durch verschiedene Dialekte oder regionale Sprechweisen voneinander abhoben, und schließlich das als feststehendes zentrales Handlungsmoment wiederkehrende Liebespaar, das sich nicht nur durch seine besondere Mimik, sondern auch durch seine gehobene, den platonisch-petrarkistischen Stil höfischer Lyrik imitierende oder parodierende Sprechweise komisch und kontrastreich von den anderen Figuren abhob. Viele Schauspieler haben ihre Rollen und Handlungsmuster aufgezeichnet und früher oder später veröffentlicht. So hielt etwa Francesco Andreini seine Hauptrollen, die des Verliebten und des prahlerischen Hauptmanns, in seinen *Bravure del capitano Spavento* (1607) fest, und der als Schauspieler Flavio genannte Flaminio Scala sammelte in seinem *Teatro delle favole rappresentative* (1611) eine große Anzahl von »canovacci«, die mit einer Ausnahme allesamt originell waren, d. h. auf keine früheren Schemata zurückgingen. Seit ihrer Entstehung hatte sich die Bühnengattung der »Commedia dell'arte« ohne theoretische Kodifizierungen bzw. poetische Richtlinien entfaltet und weiterentwickelt. Erst gegen Ende des 17. Jahrhunderts, als sie bereits im Niedergang begriffen und sogar schon vom Vergessen bedroht war, faßte der Sizilianer Andrea Perrucci in seinem für Theaterliebhaber bestimmten Lehrwerk *Dell'arte rappresentativa premeditata e all'improvviso* (1699) die Techniken und Strukturen der »Commedia dell'arte« zusammen. Dies war die erste offizielle und normative Kodifizierung einer Theaterkunst, die zu diesem Zeitpunkt schon fast als archaisch empfunden wurde. In unserer Gegenwart hat vor allem das »Piccolo Teatro di Milano« unter Giorgio Strehler die virtuose Kunst der Stegreifkomödie erneuert und in Italien und im Ausland einem breiten Publikum vor Augen geführt.

2. Die traditionelle Komödie

Die traditionelle Komödie oder »commedia erudita«, auch »commedia sostenuta« genannt, erlebte im Seicento keine besonderen Höhepunkte. Ihre Entwicklung lebte vielfach noch von den Impulsen, die das späte Cinquecento gegeben hatte. Wichtig für die Aufbereitung der inhaltlichen und strukturellen Momente der Renaissancekomödie und deren Vermittlung an das neue Jahrhundert war das sich um die Wende vom 16. zum 17. Jahrhundert gruppierende Komödienschaffen des GIAMBATTISTA DELLA PORTA (1535–1615), das bereits kurz gewürdigt wurde (vgl. S. 339). Der intelligente und vielseitige Neapolitaner resümierte mit einer gewissen Verspätung, d. h. zu einem Zeitpunkt, als die traditionelle Komödie bereits in deutlichem Niedergang begriffen war, alle wichtigen Komödienthemen und -strukturen des 16. Jahrhunderts, so daß sein Werk unter diesem Gesichtspunkt wie eine große Synthese verstanden werden kann, in der alle Bühnenmittel, Instrumente, Repertoires und Techniken der Renaissancekomödie zusammenströmten. Die Bedeutung der Komödien Della Portas, der mit seiner aufgeschlossenen Grundhaltung auch bereits frühzeitig Strukturen der »Commedia dell'arte« mitverwertete, erhellt am besten aus dem Umstand, daß die Berufsspieler der Stegreifkomödie seine Stücke immer wieder für die Herstellung von »canovacci« ausschlachteten – mit der Folge, daß nicht wenige dieser Szenarien ihm später zu Unrecht zugeschrieben wurden. Unter diesem Gesichtspunkt könnte Della Porta sogar wie einer der Urahnen der »Commedia dell'arte« erscheinen. Richtig ist jedoch, daß sich Della Porta auf der Schwelle zum 17. Jahrhundert als der erste bedeutende Autor der »commedia sostenuta« präsentiert, dessen feiner Theaterinstinkt nicht umhin konnte, neben den verschiedensten Bühnenmitteln auch Elemente der schwungvollen und publikumswirksamen »Commedia dell'arte« zu verwenden.

In den ersten Jahrzehnten des Seicento lebt die Komödie im wesentlichen von den Themen und Praktiken der späten Renaissancekomödie, die von einer Anzahl unbedeutender und kaum bekannter, zum Teil auch noch nicht erforschter Autoren teils im höfischen, teils im akademischen Ambiente aufgegriffen und fortgeführt werden. Erst von der Jahrhundertmitte an weht ein neuer Wind über die komische Bühne, indem jetzt unter dem dominierenden Einfluß großer spanischer Komödiendichter wie Lope de Vega, Calderón de la Barca und Tirso de Molina ein neuer Komödientyp entsteht, den man »commedia alla spagnolesca« nannte. Der fleißige und vielschreibende Initiator und Vorkämpfer dieser neuen Richtung war der Florentiner GIACINTO ANDREA CICOGNINI (1606–1660), der neben Dramen die Komödien *Adamira, Don Gastone di Moncada, La forza del fato overo il matrimonio nella morte, La forza dell'amicizia* und viele andere über ähnliche Themen schrieb, Stücke, die mit meist komplizierter Szenographie und hohem technischem Aufwand inhaltlich und ideell bescheidene Handlungen voller Abenteuer und voller Pathos auf die Bühne bringen. Ebenso wichtig oder wichtiger waren für die Entwicklung der Komödie im 17. Jahrhundert die schon bei Della Porta zu beobachtenden Interferenzen zwischen traditioneller Komödie und »Commedia dell'arte«, die, mehr oder weniger bewußt herbeigeführt, zu einer wechselseitigen Durchdringung bzw. Überlagerung der Strukturen beider Komödientypen führten. Viele Autoren der traditionellen Komödie bemühten sich, sei es aus Rücksichtnahme auf das Modebedürfnis des Publikums, sei es aus tieferen, dramaturgischen bzw. innovatorischen Überlegungen heraus, die lebendigen und bühnenwirksamen Elemente aus dem szenischen Spiel und der Sprache der Berufsschauspieler zu übernehmen; so wie umgekehrt nicht wenige von diesen dazu übergingen, durch Übernahme einzelner Regeln der »commedia erudita« und durch vollständige schriftliche Fassung ihrer Stegreifkomödien diesen einen stärkeren literarischen Anspruch und eine bessere gesellschaftliche Legitimation zu verleihen. Im Interferenzbereich zwischen »commedia erudita« und »commedia dell'arte« bildete sich schließlich eine weitere Unterart der Komödie aus, die »commedia ridiculosa« (später auch »mimica« genannt), die nach dem Schema der traditionellen Komödie aufgebaut war, die einzelnen meist kurzen Szenen jedoch in der Weise der Berufskomiker durchspielte, d. h. mit verschiedenen Dialekten, mit Masken und mit »lazzi«. Stücke dieser Art, die wegen ihrer meist gedämpften Komik auch von der Kirche akzeptiert wurden, entstanden vor allem in Rom. Ihre wichtigsten Autoren waren der Advokat VERGILIO VERRUCCI und der Maler GIOVANNI BRICCIO. Der ebenfalls ab 1606 in Rom arbeitende Baumeister und Bildhauer GIAN LORENZO BERNINI (1598–1680), der als Szenograph Hervorragendes für die Entwicklung des Theaters leistete, verfaßte neben einem »canovaccio« auch eine vollständig ausgeschriebene, ähnlich strukturierte Komödie, der man den Titel *Fontana di Trevi* gab.

In dem von wechselseitigen Kontaminationen gekennzeichneten Feld zwischen Regelkomödie und Stegreifkomödie bewegt sich auch die experimentierfreudige Komödienproduktion des oben erwähnten Berufsschauspielers und Oberhaupts der »Fedeli«, des GIAN BATTISTA ANDREINI, der als Bühnenautor aus seiner intimen Kenntnis des Theaterspiels Kunstgriffe und szenographische Mittel aus verschiedenen Gattungen auswählte und kombinierte. Andreini, der auch sakrale Stücke schrieb, darunter den *Adamo* (1613), in dem man eine Vorwegnahme von Miltons *Paradise Lost* sehen wollte, hatte seinen Höhepunkt als Komödienautor in den Jahren 1622/23, als er kurz hintereinander sechs Komödien herausbrachte (die ersten fünf 1622 in Paris, die letzte 1623 in Venedig), nämlich: *I due Leli simili, La Sultana, La Ferinda, L'amore nello specchio, La Centaura* und *Le due commedie in commedia.* In all diesen Stücken werden auf je verschiedene Weise konventionelle Elemente der Renaissancekomödie verbunden mit den typischen Mitteln der »Commedia dell'arte« (szenische Struktur, Charaktertypen, Masken, dialektale und regionale Mehrsprachigkeit usw.), entstehen durch eine eklektische Synthese verschiedenster Elemente neue, ungewöhnliche, teilweise hybride Bühnengebilde. Diese Tendenz zum »totalen« Theater, zur Ausnutzung aller vorhandenen Bühnenmöglichkeiten, tritt am deutlichsten hervor in dem programmatisch-poetologischen Stück *Le due commedie in commedia,* in dem der Autor nicht nur kaleidoskopisch heterogene und inkongruente Erscheinungen aus Phantasie, Mythos und Lebenswelt vereint, sondern zugleich in der Fiktion des »Spiels im Spiel« auch theoretisch das Feld der Theatermöglichkeiten abschreitet; eine gespielte Komödienpoetik also, die auf Goldonis *Teatro comico* vorausweist. In das gleiche experimentierende, Gattungsgrenzen und Konventionen respektlos überschreitende Ambiente der ersten Jahrzehnte des Seicento gehören auch die Komödien des Mitglieds der florentinischen Akademie und späteren Mitglieds der »Accademia della Crusca«, MICHELANGELO BUONARROTI IL GIOVANE (1568–1646), so etwa die 1611 aufgeführte und ein Jahr darauf veröffentlichte fünfaktige Verskomödie *Tancia* und die *Fiera* von 1619. Beide Stücke sind atypische, im Spielfluß häufig durch reflektierende und theoretische Passagen unterbrochene und daher besser zum Lesen als für die Bühne geeignete Komödien, die durch ihren barocken Überschwang, ihre Tendenz zu inhaltlicher Fülle und zur Überdehnung der formalen Strukturen gekennzeichnet sind. Die Tendenz zur synchronistisch-totalen Darstellung wird besonders deutlich in der *Fiera,* der fiktiven Schilderung eines »Jahrmarkts«, auf dem alle nur erdenklichen menschlichen Charaktere und Typen und viele weitere bizarre und allegorische Wesen versammelt sind; die fünf Tagewerke (»giornate«) der Komödie sind ihrerseits in je fünf Akte unterteilt, womit die Struktur des Werks um ein fünffaches multipliziert wird.

Am Ende des Jahrhunderts stehen die Komödien des erst vor kurzem durch die Kritik der Vergessenheit entrissenen Mailänders CARLO MARIA MAGGI (1630–99), der in den neunziger Jahren eine Reihe von Komödien schrieb, darunter *Il manco male, Il barone di Birbanza, I consigli di Meneghino, Il falso filosofo* und vor allem seine wichtigste Komödie, *Il concorso dei Meneghini (1698/99).* Sowohl in ihrem volkstümlichen, dialektnahen Stil als insbesondere auch in ihrem moralischen, auf Unterdrückung der Freizügigkeiten früherer Komödien gerichteten Anspruch und in ihrer Darstellung geordneter Lebensverhältnisse sind sie Ausweis einer zutiefst bürgerlichen Einstellung. Diese entschieden bürgerliche Optik in Verbindung mit der impliziten Programmatik einer moralischen Reform der Bühne konnte Maggi als einen Vorläufer Goldonis erscheinen lassen.

3. Tragödie, »Favola pastorale« und Melodrama

Die unübersichtliche, in vielen Einzelbahnen verlaufende Entwicklung der italienischen Tragödie hat im Jahrhundert des Manierismus und des Barock im Vergleich zu den anderen großen europäischen Literaturen kaum Höhepunkte oder Meisterwerke hervorgebracht. Daß vielfach auch der Anschluß an europäische Entwicklungen versäumt wurde, zeigt sich u. a. bereits in der Tatsache, daß die italienische Tragödie in diesem Zeitraum (vielleicht mit einer Ausnahme) keine großen Helden hervorgebracht hat, die als Symbolgestalt und Synthese signifikanter tragischer Konstellationen Eingang in die Literaturgeschichte gefunden hätten, wie dies in der gleichen Epoche bei den Helden Shakespeares, dem Faust des Christopher Marlowe, dem Don Giovanni des Tirso de Molina und dem Don Quijote des Cervantes der Fall war. Auch fehlen in der italienischen Tragödie dieser Zeit zentrale Themen wie das in ganz Europa verbreitete, epochentypische Motiv der Torheit, das Erasmus von Rotterdam aufgerufen hatte und nach ihm von vielen Autoren des 17. Jahrhunderts, auch von den eben genannten, behandelt wurde. Was die ersten Jahrzehnte des Jahrhunderts angeht, so entwickelte sich die italienische Tragödie in den von Trissino, Giraldi Cinzio, Alamanni, Speroni und anderen geprägten Bahnen der Renaissancetragödie weiter, so daß diese in der ersten Hälfte des Seicento in den Werken eines Federico Della Valle und eines Carlo De' Dottori zu einer späten, abschließenden Reife gelangt. Beide Autoren wurden erst vor einiger Zeit von der Literaturkritik, u. a. von B. Croce und A. Momigliano, neu entdeckt und in ihrem literaturgeschichtlichen Stellenwert beschrieben. FEDERICO DELLA VALLE (ca. 1560–1628/29), von dessen Leben wir wenig wissen, wurde wahrscheinlich in Asti geboren und stand lange Jahre im Dienst der Herzogin Caterina von Savoyen am Turiner Hof. Einige Jahre nach dem Tod der Caterina (1597) trat er in die Dienste des spanischen Statthalters in Mailand, wo er 1628 oder 1629 starb. Wie viele Zeitgenossen erschüttert von dem tragischen Schicksal der schottischen Königin Maria Stuart, die 1587 auf dem Schafott endete, begann er im gleichen Jahr eine erste Fassung der Tragödie *Maria la reina*, die 1591 unter dem Titel *La reina di Scotia* fertiggestellt, aber weder aufgeführt noch veröffentlicht wurde. Nach einer zweiten Fassung von 1595 erschien erst 1628 eine definitive dritte Fassung des Stücks mit einer Widmung an Urban VIII. Außerdem schrieb Della Valle eine Tragikomödie in Elfsilblern, die *Adelonda di Frigia*, die 1595 am Turiner Hof aufgeführt und 1629 postum von dem Neffen Della Valles, Federico Parona, herausgegeben wurde, sowie zwei Tragödien *Iudit* und *Ester*, in denen die alttestamentarische Geschichte der beiden Frauengestalten dramatisiert wird. Das wichtigste Werk Della Valles ist die Tragödie um die schottische Königin, die schon durch die Aktualität ihres tragischen Sujets herausragt: Während sich die früheren italienischen Tragödien an mythologischen oder geschichtlichen, insbesondere antiken Stoffen und Gestalten inspirierten, schreibt Della Valle aus der Aktualität des soeben vorgefallenen, erschütternden Ereignisses heraus. Seine Tragödie ist unerhört konzentriert, verzichtet auf die Unterteilung in Akte und Szenen und ist eng um die Zentralgestalt der Königin aufgebaut. In rigoroser Befolgung der klassischen Regel von den drei Einheiten entfaltet sich die Tragödie in einem einzigen Handlungsstrang (die gefangene, gedemütigte Königin), an einem Ort (der Kerker) und in einem dramatisch verdichteten, begrenzten Zeitraum (der letzte Tag der Königin). Alle sekundären Gestalten leben nur aus ihrem Bezug zur Königin, die in den letzten Stunden noch einmal in dramatischer Verkürzung den Weg ihres Lebens meditierend und erinnernd nachvollzieht, von jugendlichen Illusionen bis zur Realität des Todes. Anstelle des monotonen Elfsilblers der *Adelonda* gebraucht Della Valle in freiem Wechsel Elf- und Siebensilbler, wodurch er den nicht wenigen melancholischen und lyrischen Passagen der Tragödie eine bemerkenswerte Geschmeidigkeit und Musikalität verleiht, die an die klagenden Töne Tassos erinnern kann:

> Se pur è alcun, che nel volubil giro
> de le cose mortali
> cerchi come si caggia o si ruine
> da nubi di fortuna alte e felici
> a dolorosi abissi
> di sorti infelicissime, meschine,
> senta me, che ragiono, e me rimiri. (…)

Obwohl in ihrer Grundorientierung klassizistisch, scheint diese Tragödie schon auf romantische Dramatisierungen geschichtlicher Stoffe, u. a. auf die historischen Dramen Manzonis vorauszuweisen.

404

Fast drei Jahrzehnte nach der Endfassung der *Reina di Scotia* verstreichen, bevor aus dem vom Mittelmaß geprägten Panorama der italienischen Tragödie noch einmal eine bedeutende Schöpfung emportaucht, nämlich der *Aristodemo* des Paduaners CARLO DE' DOTTORI (1618–1680). Dieser, ein Adliger, hatte in seiner bewegten, abenteuerlichen Jugend nicht wenige lyrische Gedichte geschrieben, darunter offensichtlich auch schmähende und verunglimpfende Texte, was ihm bereits 1641 eine mehrmonatige Kerkerhaft eintrug. De' Dottori schrieb später u. a. Novellen, Oden, Kanzonen sowie das heroikomische Gedicht *Asino* (1652), das er mit der anagrammatischen Namensform »Iroldo Crotta« zeichnete. Neben seinem Meisterwerk verfaßte er noch ein Prosadrama *Bianca de' Rossi* (1657) und das Melodrama *Ippolita*; einige weitere, ebenfalls weniger bedeutende Dramen bzw. Melodramen erschienen postum. Der *Aristodemo* lag in erster Fassung 1654, in endgültiger 1657 vor. In ihm dramatisierte De' Dottori in klassizistischer Manier und in Anlehnung an Euripides, Sophokles und Seneca die Geschicke des gleichnamigen Königs von Messene, der seine Stadt gegen die Spartaner verteidigte, aus Staatsräson die eigene Tochter Merope für seine politischen Ziele opferte und sich dann, die Nutzlosigkeit dieses Opfers erkennend, an ihrem Grabe tötete. Weniger lyrisch als Della Valle, orientiert sich De' Dottori noch strenger als dieser an dem Schema der antiken Tragödie und den Regeln des Aristoteles und konzentriert gleichzeitig die Dramatik seines Sujets ganz auf den Grundkonflikt zwischen politischer Vernunft und menschlichem Gefühl. Zudem verzichtet er auf den zwischen Publikum und dramatischer Handlung vermittelnden Prolog, um so die Zuschauer mit der vollen Wucht eines unvermittelten tragischen Geschehens zu erschüttern. In seiner großen dramatischen Konzentration und der Reduktion des Bühnengeschehens auf den zentralen Grundkonflikt Vernunft – Gefühl bzw. Wille – Instinkt erinnert das Werk De' Dottoris an die disziplinierte Klarheit der klassischen Tragödie Frankreichs, insbesondere Racines.

Die Entwicklung der »Favola pastorale« im Seicento muß im Zusammenhang mit der des Melodramas gesehen werden, weil beide Bühnengattungen in dieser Epoche übereinstimmende Merkmale aufweisen und sich auch in ihren Entwicklungen gegenseitig beeinflußten. Die Blütezeit der »Favola pastorale« in den letzten drei Jahrzehnten des Cinquecento empfing entscheidende Impulse durch Tassos *Aminta* (vgl. S. 301 f.) und durch den sich daran inspirierenden *Pastor fido* von Tassos Freund Guarini. Dieser GIOVAN BATTISTA GUARINI (1538–1612) hatte durch sein 1581–89 verfaßtes, 1595 uraufgeführtes und 1602 in der Endfassung erschienenes Schäferdrama, das die sinnlich-idyllische Atmosphäre Tassos aufgriff, zugleich

405

aber bereits Stilformen von barocker Redundanz entwickelte, die »favola pastorale« auf einen Höhepunkt geführt. Die kleine tragikomische Dichtung um den treuen Hirten Mirtillo, durch dessen Opferbereitschaft das Land der Arkadier von einem alten Fluch befreit wird, wurde in kürzester Zeit in ganz Europa verbreitet und berühmt und später von Voltaire und Parini, von A. W. von Schlegel, De Sanctis und vielen anderen gelobt. Guarini schuf damit eines der wichtigsten Vorbilder für die Entwicklung der tragikomischen Gattung, d. h. des Melodramas, im Seicento; seine theoretischen Vorstellungen über das Tragikomische faßte er in einem gegen die Poetik des Aristoteles gerichteten *Compendio della poesia tragicomica* (1601) zusammen. In die Blütezeit der »favola pastorale« fällt auch die Entstehung des Melodramas, das sich in gewisser Weise wie eine Erweiterung des szenischen Apparats der »favola«, unter gleichzeitiger Verstärkung des musikalischen Moments, darstellt. Beide Gattungen entsprangen dem auf totalisierende Kunstanwendung und Prunk gerichteten höfischen Geschmack und dem aufwendigen Repräsentationsstil weltlicher und kirchlicher Machthaber des späten Cinquecento und des folgenden Jahrhunderts. Beide Gattungen erfüllten ihre staatlichen und gesellschaftlichen Funktionen im Rahmen von Staatsakten, religiösen Feiern, Begräbnissen, Turnieren, oder bei den zahlreichen höfischen Festen mit den beliebten Feuerwerken, Wasserspielen und anderen technischen Erfindungen. Entsprechend hoch war auch der szenographische und bühnentechnische Aufwand beider Theaterformen. Zu Beginn des Seicento hatte die »favola pastorale« ihre besten Jahre bereits hinter sich. Obwohl die Gattung noch weiterlebte, hat man vielfach das 1605 geschriebene und wahrscheinlich in Ferrara aufgeführte, 1607 veröffentlichte Stück des in Pesaro geborenen Höflings GUIDUBALDO BONARELLI (1563–1608) mit dem Titel *Filli in Sciro (Phyllis auf Skyros)* als ihr letztes gelungenes und erfolgreiches Exemplar angesehen. Wie viele andere Stücke ihrer Gattung enthält auch die *Filli* zahlreiche direkte Übernahmen aus der *Aminta* und dem *Pastor fido*, ragt jedoch hervor durch eine geschickt geführte, komplizierte Handlung um die getrennten, dann sich glücklich wiederfindenden Liebenden Filli und Tirsi, deren psychologisch interessantester Teil die doppelte Liebe der Celia zu den Hirten Aminta und Niso ist (der sich später als Tirsi entpuppt). Die ständige Mischung komischer und tragischer Elemente, die Musikalität seiner Verse und die Verwendung kühner, barockhafter Metaphern sind weitere Züge, die zu dem Erfolg des Stückes beitrugen.

War die »favola pastorale« vor allem an den Höfen Oberitaliens und in der Poebene beliebt, so erhielt die Entwicklung des Melodramas seine entscheidendsten Anstöße durch den Mediceerhof in Florenz und durch die

406

musiktheoretischen Diskussionen und musikalischen Experimente der von diesem geförderten sogenannten »Camerata de' Bardi«, eines Kreises von Musikern und Literaten um GIOVANNI DE' BARDI, Graf von Vernio (1534– ca. 1614), der selbst Dichter und Komponist war. Der aristokratische, noch ganz von humanistischen Ideen beseelte Kreis orientierte sich u. a. an der antiken Tragödie und den antiken Musiktheorien und zielte mit seinen feinsinnigen philologischen Überlegungen vor allem auf ein ausgewogenes und harmonisches Gleichgewicht von Wort und Musik im Melodrama, mit dessen ausgereifter Struktur zugleich die italienische Oper entstand. Mit der Aufführung des ersten vollendeten und beispielhaften Melodramas, der *Euridice* mit dem Text von OTTAVIO RINUCCINI (1564–1621) und der Musik von Jacopo Peri im Palazzo Pitti von Florenz am 6. Oktober 1600, schlug die Geburtsstunde der italienischen Oper. In späteren Jahren wurde die *Euridice* auch mit der Musik von Giulio Caccini aufgeführt. Weitere wichtige Melodramen der ersten Stunde waren: die 1594, 1604 und öfter aufgeführte »Dafne« des Rinuccini und vor allem dessen im Mai 1608 am Hof zu Mantua zur Hochzeit des Francesco Gonzaga und der Margherita von Savoyen inszenierte *Arianna* mit der Musik des berühmten Claudio Monteverdi; der 1600 aufgeführte *Rapimento di Cefalo* des GABRIELLO CHIABRERA (1552–1638) mit der Musik von Caccini und der Szenographie des genialen florentinischen Bühnenregisseurs Bernardo Buontalenti; sowie nicht zuletzt die 1607 in Mantua gespielte *Favola di Orfeo* des ALESSANDRO STRIGGIO (ca. 1573–1630; Sohn des gleichnamigen Madrigalkomponisten) mit der Musik Monteverdis. Monteverdis Genie prägte nachhaltig den musikalischen Stil der neuen Gattung. Alle genannten Stücke waren Vorbilder für die weitere Entfaltung der immer prunkvoller inszenierten Barockoper. Die weitere Entwicklung des Melodramas im Seicento führte in der Tat von einem anfänglichen sensiblen Gleichgewicht zwischen Wort und Musik zu einem immer größeren bühnentechnischen und choreographischen Aufwand mit immer stärkerem Anteil der Musik, wodurch der ursprünglich künstlerisch selbständige, poetische und gehaltvolle Text zum reinen Libretto und vielfach zur blassen sprachlichen Vorlage degenerierte. Gleichzeitig mit dieser sich innerhalb weniger Jahre vollziehenden, weil dem Geschmack der Epoche entgegenkommenden Aufblähung der bühnentechnischen und musikalischen Strukturen vollzog sich auch eine sozio-geographische Verschiebung des Melodramas, das nun aus dem exklusiven Kulturbetrieb der Höfe immer stärker in die großen städtischen Zentren, vor allem nach Rom und Venedig, drängte und dort ein breites Publikum fand. Dies wiederum war einer der Gründe dafür, daß inhaltlich das Melodrama anstelle der verfeinerten mythologischen Themen seiner ersten Prototypen etwa von der Jahrhundertmitte an viele romanhafte, historische und zum Teil auch zeitgenössische Stoffe aufnahm, die für das neue Publikum besser geeignet waren. Ein frühes Beispiel dafür war bereits die im Herbst 1642 mit der Musik Monteverdis aufgeführte *Incoronazione di Poppea* des hervorragenden venezianischen Librettisten GIAN FRANCESCO BUSENELLO (1598–1659), das erste historische Melodrama, das von der Liebe Neros zu Poppea und von deren Rivalin Octavia handelt. Auch der Klerus zeigte großes Interesse an der Form des Melodramas, besonders wenn dieses moralisierende oder sakrale Stoffe darstellte. Einer der erfolgreichsten Librettisten unter den Kirchenleuten war der aus Pistoia stammende GIULIO ROSPIGLIOSI (1600–1669), der spätere Papst Klemens IX., der u. a. ein Libretto über das Leben des Heiligen Alexius schrieb *(Sant'Alessio)*, das 1632 mit der Musik von Stefano Landi in Rom aufgeführt wurde. Melodrama und Barockoper erfuhren in Italien und in Europa eine ungeheure Verbreitung.

V. LYRIK

Wenn man von der Barocklyrik Italiens spricht, hat man sich zunächst von der Vorstellung freizumachen, als sei mehr oder weniger das gesamte lyrische Dichten der Epoche von der beschriebenen exzentrischen Manier des geltungssüchtigen Marino geprägt worden (S. 375 ff.). Richtig ist, daß die in der Renaissance auf ihren Höhepunkt gelangte klassizistische Tradition auch im Jahrhundert Marinos eine fundamentale und vielseitig wirksame Komponente des kulturellen und literarischen Schaffens bleibt. Die energischen und mit großem Anspruch vorgetragenen Innovationsbestrebungen Marinos und seiner Nachfolger führten zwar dazu, Einfluß und Gewicht des Klassizismus und Petrarkismus zu mindern, vermochten aber zu keinem Zeitpunkt, sie als weiterhin wirksame poetologische Orientierungen aus dem Barockzeitalter zu eliminieren. So gesehen geht es hier nicht um die Darstellung eines alles beherrschenden Marinismus, auch nicht um die Darstellung einer polemischen Konkurrenz zwischen Marinismus und Klassizismus (die tatsächlich in einigen Bereichen und in der Fehde einzelner Autoren aufbrach); vielmehr ist die zeitgleiche und vielfältige Verflechtung klassizistisch-petrarkistischer mit marinistischen, konservativer mit innovativen Impulsen das eigentliche Problem der Barockepoche. Diese ist gekennzeichnet durch eine schwer zu entflechtende Kopräsenz von Geschmacksrichtungen, die in allen kulturellen Bereichen und in allen literarischen Gattungen, ja sogar im Schaffen ein und desselben Autors in einem jeweils unterschiedlichen Mischungsverhältnis wirksam waren. Einerseits bauen die stilistischen Innovationen der vor allem in der ersten Jahrhunderthälfte tonangebenden Marinisten vielfach auf klassischen Elementen aus Antike und Renaissance auf (so griff z. B. Marino gern auf Ovid und andere antike Dichter zurück), andererseits passen sich auch die Klassizisten und Petrarkisten des Seicento den vorherrschenden Geschmacksrichtungen an und transformieren dementsprechend ihren stilistischen Ausdruck, so daß beispielsweise Bembo sich in ihren Dichtungen kaum wiedererkannt hätte.

Ein typisches Beispiel für die Dialektik der Epoche in bezug auf konservierende und innovative Tendenzen, auf klassische Ordnung und exzentrischen Spieltrieb sowie in bezug auf die Mischung dieser Tendenzen im Werk eines Autors sind die Dichtungen des in Savona geborenen Höflings GABRIELLO CHIABRERA (1552–1638), der zuerst mit dem heroischen Gedicht *Delle guerre de' goti* (1582) berühmt wurde und später in seinem Gedicht *Firenze* (1615) das Lob der Mediceer und mit seiner monumentalen *Amadeide* (1620) das Lob Amadeos V. von Savoyen sang. Neben einigen »favole pastorali« wie z. B. »Il pianto d'Orfeo« und »Il rapimento di Cefalo« (vgl. S. 407) schrieb Chiabrera Lyrik über heroische, sakrale und moralisierende Themen, die in seinen *Canzoni* ab 1586 in mehreren Ausgaben veröffentlicht wurden, sowie zur Vertonung bestimmte Liedtexte, die er in den *Canzonette* (1591) und in weiteren Sammlungen herausgab. Seine Vorstellungen zur Poetik legte Chiabrera in fünf kleinen Prosawerken nieder, die 1829 unter dem Titel *Dialoghi dell'arte poetica* veröffentlicht wurden. Lange sah man in Chiabrera lediglich den Antagonisten Marinos und den Prototyp des Klassizismus im Seicento, der das Prinzip des Klassischen von der Renaissance über die bizarre Stilmanier der Epoche hinüberrettete zu den Reformbestrebungen der »Arcadia« und damit zum Klassizismus des 18. Jahrhunderts. Neuere Forschungen haben gezeigt, daß der Klassizismus Chiabreras schon deswegen kein gewöhnlicher ist, weil er in starkem Maße Formen und Themen der französischen Dichterschule der »Pléiade« rezipierte und daher in vielen Fällen stärker durch Ronsard und seine Freunde beeinflußt wurde als durch die angeblichen antiken Vorbilder wie Pindar, Anakreon, Sappho, Catull, Horaz und andere. Vor allem kann eine nähere Analyse seiner Gedichttexte zeigen, daß Chiabrera in nicht wenigen Stilzügen und Haltungen mit dem vermeintlichen Antipoden Marino übereinstimmt. So etwa in der Tendenz, sich nach dem herrschenden Geschmack und den Erwartungen des Publikums zu richten, in dem Prinzip, mit den eigenen Dichtungen Aufsehen zu erregen, in der Neigung zum Gefälligen, zur Aufzählung, Vervielfältigung und Erweiterung von Motiven, in der preziösen Verkünstelung der Natur, in der Vorliebe für das Wunderbare und Artifizielle und anderes mehr. Obwohl stets mehr einer Grundlinie der geregelten Ordnung als einem regelbrechenden Spieltrieb folgend, erscheint Chiabrera dennoch insgesamt wie ein echtes Kind des literarischen Synkretismus seiner Epoche.

Ein klassizistischer Lyriker, in dessen Werk sich ebenfalls die großen Stilkomponenten der Epoche kreuzen, wenn auch in anderer Weise als bei dem von ihm bewunderten Chiabrera, war der Ferrarese FULVIO TESTI (1593–1646). Dessen erster Gedichtband, die 1613 veröffentlichten *Rime*, stand noch ganz im Zeichen der Nachahmung Marinos. Testi kam jedoch – nicht zuletzt durch seine ernsten politischen Missionen und seine entschieden antispanische Haltung – dazu, dem verspielten Vorbild des hedonistisch gesonnenen Neapolitaners abzuschwören und sich unter dem Einfluß Chiabreras klassischen Formen zuzuwenden, was schon in einem zweiten Lyrikband, den *Rime* von 1617, zusammen mit deutlichen antispanischen Akzenten zum Ausdruck kam. Später erschienen noch Testis *Poesie liriche* in drei Teilen (1627, 1644 und postum 1648). Eine solche Entwicklung vom Marinismus zum Antimarinismus klassizistischer Ausrichtung war unter den Lyrikern der Epoche keineswegs selten, sondern eher zeittypisch, wie die Beispiele eines TOMMASO STIGLIANI (vgl. S. 328 f. und 411), eines CIRO DI PERS (1599–1663) und anderer zeigen. Als weitere klassizistische Lyriker des Seicento seien nach Testi, der übrigens ebenso wie Chiabrera die Aufmerksamkeit des jungen Leopardi erregte, noch die beiden Florentiner VINCENZO DA FILICAIA (1642–1707) und BENEDETTO MENZINI (1646–1704) sowie der aus Pavia stammende ALESSANDRO GUIDI (1650–1712) genannt, der nach Überwindung seines jugendlichen, in den *Poesie* von 1671 verewigten Barockstils sich in seinen späteren *Rime* (1704) zum Klassizisten entwickelte, in welchem die (antimarinistischen) Theoretiker der »Arcadia« wie Crescimbeni und Gravina einen großen Meister und Erneuerer des literarischen Geschmacks verehrten. Von klassizistischer Ausrichtung waren auch die lyrischen Dichtungen des stark naturwissenschaftlich interessierten FRANCESCO REDI (1626–1698; vgl. auch S. 427), der vor allem durch seinen *Bacco in Toscana*, ein antiken dithyrambischen Texten nachempfundenes, fast tausend polymetrische Verse umfassendes Lobgedicht auf den Wein bekannt wurde, in dem sämtliche Weinsorten dieser Provinz gerühmt werden.

In den ersten Jahrzehnten des Seicento jedenfalls, bevor der Marinismus zunehmend angefeindet wurde und schließlich im Vorfeld rationaler, präarkadischer Strömungen in die Krise geriet, war die Zahl derer, die die Manier Giovan Battista Marinos mehr oder weniger direkt nachahmten, entschieden größer als die der Befürworter klassischer Prinzipien. Die meisten Nachfolger Marinos boten in ihren Hervorbringungen kaum thematische oder ideologische Abweichungen, wohl aber innerhalb des vom Meister abgegrenzten Feldes teilweise bemerkenswerte sprachliche und stilistische Variationen. Keiner der Marinisten, die von der italienischen Kritik nahezu alle als »poeti minori« eingestuft werden, hat versucht, das große themenreiche·Werk Marinos in seiner vollen Breite nachzuahmen und mit ihm zu konkurrieren. Alle beschränken sich auf eine bestimmte Technik oder einen thematischen Teilbereich des Meisters, den sie, so gut sie können, zu variieren und zu vertiefen suchen: sei es das scharfsinnige, konzeptistische Wortspiel, sei es das Feld des Grausigen und Monströsen, sei es die exotische Natur oder die Wunder der neuen Technik, usw. Auf diese Weise wurde der enzyklopädische Themenreichtum Marinos ausgeschlachtet und in eine Vielzahl spezifischer, mehr oder weniger gelungener marinistischer Kleinkulturen umgemünzt. Obwohl die Blüte des Marinismus vor allem in den großen urbanen und intellektuellen Zentren stattfand, war die neue Mode mit fast gleicher Intensität über ganz Italien verbreitet.

In der Nachfolge Marinos schrieben: in Bologna CLAUDIO ACHILLINI (1574–1640) und GIROLAMO PRETI (1582–1626); in Pesaro PIER FRANCESCO PAOLI (gestorben vor 1642), der später nach Rom ging; in Rom die Salentiner ANTONIO BRUNI (1593–1635) und GIANFRANCESCO MARIA MATERDONA (17. Jahrhundert) sowie die Toskaner MAFFEO BARBERINI (1568–1644; der spätere Urban VIII.) und GIOVANNI CIAMPOLI (1589–1643), der Römer VIRGINIO CESARINI (1595–1624) und andere; in Neapel übten sich im Stil des Meisters, nach einer älteren Generation von Autoren, der u. a. GIOVAN BATTISTA BASILE (vgl. S. 415 ff.), GIULIO CESARE CORTESE (ca. 1575–1624/27) und GIOVAN BATTISTA MANSO (?) angehörten, auch noch zahlreiche jüngere Dichter·wie GIUSEPPE BATTISTA (1610–75), GIROLAMO FONTANELLA (1610–1644), GIACOMO LUBRANO (1619–1693), GIUSEPPE ARTALE (1628–1679), und FEDERICO MENINNI (1636–1712), um nur einige zu nennen. In Sizilien erscholl die Leier des Marino besonders ergebenen SCIPIONE ERRICO (1592–1670), der seinen Meister auch engagiert gegen die Anfeindungen Stiglianis verteidigte. Die heftigsten Widersacher Marinos waren Gaspare Murtola (vgl. S. 378) und der erwähnte TOMMASO STIGLIANI (1573–1651), zunächst Freund und Schüler Marinos und dann sein bitterster Feind, der allerdings auch als solcher in der Stilmanier seines Ex-Freundes befangen blieb und insofern auch zu den Marinisten gerechnet werden kann. Ein in Motivwahl und Ausdruck typisches Sonett des in der letzten Blütezeit des Marinismus in Neapel schreibenden Giuseppe Artale, das einen auf den weißen Brüsten einer schö-

nen Frau sitzenden Floh besingt, mag abschließend das ebenso dieseitige wie
preziöse Dichten der Marino ergebenen Schar veranschaulichen:

Picciola instabil macchia, ecco, vivente
in sen d'argento alimentare e grato;
e posa ove il sol fisso è geminato
brieve un ombra palpabile e pungente.

Lieve d'ebeno star fera mordente
fra nevosi sentier veggio in agguato,
e un antipodo nero abbreviato
d'un picciol mondo, e quasi niente un ente.

Pulce, volatil neo d'almo candore,
che indivisibil corpo hai per ischermo,
fatto etiòpo un atomo d'amore;

tu sei, di questo cor basso ed infermo
per far prolisso il duol, lungo il languore,
de' periodi miei punto non fermo.

VI. ERZÄHLLITERATUR

1. *Die Novelle*

Im 17. Jahrhundert geriet die Novelle immer stärker unter den Konkur-
renzdruck des Romans, der sich zur wichtigsten Erzählgattung entwikkelte. Die Novelle hörte jetzt auf, sich an dem hohen künstlerischen Vorbild Boccaccios zu orientieren, das bis in das vorige Jahrhundert hinein die
Gattung geprägt hatte. Gleichzeitig vollzog die Novelle eine bezeichnende
inhaltliche Entwicklung zum Anekdotenhaften, Epigrammatischen, zu
scherzhaften Episoden, schlauen Streichen und zum pfiffigen Wortwechsel, was besagt, daß die Novelle jetzt weniger auf künstlerische Darstellung, als vielmehr auf Unterhaltung und zum Teil auch Erbauung aus ist
und sich dabei betont volkstümlich gibt. Auch der Dialekt, soweit er, wie
etwa bei Basile, verwendet wird, dient jetzt weniger dem Aufbau einer milieugetreuen, realistischen Welt als vielmehr dem Ziel, Volkstümlichkeit

oder wenigstens den Anschein davon herzustellen. Es fehlen dem Seicento die großen Novellenwerke früherer Jahrhunderte, in denen ein Künstler um seinen persönlichen, originellen Ausdruck und die authentische Darstellung seiner Epoche rang. Statt dessen bietet sich die Novelle jetzt im wesentlichen als Nachlese früherer, auch ausländischer Novellistik dar, mit dem obersten Ziel des amüsanten, allenfalls noch belehrenden Zeitvertreibs. Gleich die erste Novellensammlung des Jahrhunderts ist typisch für diese Entwicklungen. 1609 erschienen in Venedig die *Duecento novelle del Signor C. M.*, das Novellenflickwerk des zwielichtigen Soldaten und Fälschers CELIO MALESPINI (1531– nach 1609), der seinen ursprünglichen Vornamen Orazio in Celio umwandelte. In den 202 zwischen 1595 und 1605 kompilierten, von einer dürftigen und inkohärenten Rahmenhandlung umgebenen Novellen erzählte er in ungeschickter und sprachlich fehlerhafter Weise italienische, französische und spanische Novellenstoffe nach und schrieb dabei fast die Hälfte seiner Texte einfach aus den *Cent nouvelles nouvelles* ab, einer anonymen französischen Novellensammlung aus dem 15. Jahrhundert; er war jedoch schlau genug, im Hinblick auf die Vorschriften des Tridentinischen Konzils die Kleriker aus den Erzählungen zu entfernen. Zu Unterhaltung und Zeitvertreib (»trastullo«) bestimmt und trotz unterschiedlicher Titel ähnlich waren die aus vielen Quellen schöpfenden Sammlungen *Le otto giornate del Fuggilozio* (1596) des TOMMASO COSTO (ca. 1545–ca. 1620), die *Trastulli della villa distinti in sette giornate* (1627) des Musikers und Schriftstellers ADRIANO BANCHIERI (1568–1637), der seine volkstümliche Prosa mit dem Pseudonym Camillo Scaligeri dalla Fratta zeichnete und *Le instabilità dell'ingegno* (1637) des ANTON GIULIO BRIGNOLE SALE (1605–1662) – Werke, die kaum erzählerische Selbständigkeit aufweisen und bei denen selbst die Darstellung des Milieus (das neapolitanische bei Costo, das bolognesische bei Banchieri und das genuesische bei Brignole Sale) ziemlich blaß bleibt.

Der aufs Amüsement gerichtete Trend der Novellenliteratur durchzieht das ganze Jahrhundert, ebenso wie der moralisierende, der das Angenehme mit dem Nützlichen zu verbinden sucht; letzterer fand in der zwischen Unterhaltung und moralischem Beispiel schwankenden Sammlung des Jesuitenpaters CARLO CASALICCHIO DI SANT'ANGELO LE FRATTE (1626–1700) mit dem programmatischen Titel *L'utile col dolce* (1671) seinen prototypischen, wenn auch literarisch wenig interessanten Ausdruck. Seriöser und anspruchsvoller gab sich da das kollektive Novellenwerk von knapp fünfzig Mitgliedern der »Accademia degli Incogniti«, das unter dem Titel *Le novelle amorose dei signori Accademici Incogniti* 1641 in Venedig erschien. Doch obwohl im Vorwort der Sammlung von der »überragenden Stellung der Novelle« in künstlerischer und in unterhaltender Hinsicht die Rede ist, weist bereits die kollektive Urheberschaft des Werkes auf den Mangel an Erfindung, Phantasie und Gestaltungskraft hin, der auch diesen Band und darüber hinaus die Entwicklung der Novelle in diesem Jahrhundert prägt. Immerhin zählten zu den Urhebern des Bandes eine Reihe bekannter Prosaautoren wie Loredano und Brusoni. Der Gründer der »Accademia degli Incogniti«, GIOVAN FRANCESCO LOREDANO (1606–1661), brachte neben dem Roman *Dianea* (1627; vgl. S. 421) 1556 seine *Novelle amorose* heraus; auch der Vielschreiber GIROLAMO BRUSONI (ca. 1610–1686), ebenfalls Romanautor (vgl. S. 422 f.), veröffentlichte neben anderem 1653 (in zweiter Auflage) eine Novellensammlung mit dem Titel *Le curiosissime novelle amorose* in vier Büchern (eine erste, weniger umfangreiche Ausgabe war bereits 1641 erschienen). MAIOLINO BISACCIONI (1582–1663) hatte zum Sammelwerk der »Accademici Incogniti« sechs Novellen beigetragen. Er schrieb von den dreißiger Jahren an weitere 62 Novellen, die er in vier Bänden: *L'albergo* (1637), *La nave* (1643), *L'isola* (1648) und *Il porto* (1664) veröffentlichte, mit einer kontinuierlichen, recht durchschnittlichen Handlung um Liebe, Reisen und Abenteuer, die, wie die Bandtitel andeuten, in einer »Herberge« in Genua einsetzt, von dort auf einem »Schiff« zur »Insel« Sardinien führt, um schließlich im »Hafen« von Genua ihr Ende zu finden. Vielfach mit deskriptiven Details überladen und in der Handlungsführung ungeschickt und unübersichtlich, inhaltlich und stilistisch stets erpicht auf leicht zu erzielende Publikumseffekte und nur noch gelegentlich originellen Motiven oder glücklichen Einfällen folgend, stellen diese Novellen insgesamt ein weiteres Zeugnis für den allgemeinen Niedergang dieser Erzählgattung im Seicento und die immer weiter klaffende Distanz zwischen der Novellistik dieses Jahrhunderts und der Kunstleistung Boccaccios dar.

Diese Distanz und zugleich die ausgeprägte Tendenz zu schlagfertigem Witz und zu volkstümlichen Redensarten verdeutlichen auch die beiden in Dialogform und mit Rahmenhandlung dargebotenen Erzählwerke des Bologneser Bänkelsängers und Dialektdichters GIULIO CESARE CROCE (1550–1609), der auch kleinere Bühnenstücke und Farcen in Dialekt und eine Komödie, die *Farinella*, in der Schriftsprache verfaßte. Die erste Dialogerzählung mit dem Titel *Le sottilissime astuzie di Bertoldo* erschien zunächst in einer verlorengegangenen Auflage 1606; sodann in einer zweiten von 1608 zusammen mit dem anderen Erzählwerk *Le piacevoli e ridicolose semplicità di Bertoldino*, das in gewisser Weise eine Fortsetzung des ersten darstellt. Mit dem ersten Werk schrieb Croce in halbliterarischer, emilianischer Dialektsprache eine bekannte mittelalterliche, lateinisch und italienisch verbreitete Vorlage um, nämlich den *Dialogus Salomonis et Marcol-*

414

phi, einem Dialog zwischen König Salomon und dem häßlichen und ungebildeten, aber schlauen und schlagfertigen Bauern Marcolphus, der von seiner Frau Policana begleitet wird. Croce eliminierte die biblischen Reminiszenzen, fügte erzählerisch-anekdotenhafte Passagen sowie emilianisches Kolorit hinzu; aus Salomon wird der Langobardenkönig Alboino, aus Marcolphus wird Bertoldo, dessen Frau heißt Marcolfa und verweist damit auf die Quelle des Werks. Zwischen dem König und dem gewitzten Bertoldo entspinnt sich nun ein Dialog, der unaufhörlich volkstümliche bis derbe Witze, Redensarten und Zoten, alles verbunden mit einem Schuß lebensnaher Weisheit, reproduziert. So fragt etwa der König: »Wie würdest du ohne Hund einen Hasen fangen?« – und Bertoldo antwortet: »Ich würde warten bis er gekocht ist und ihn mir dann nehmen«. Oder Alboino möchte etwa wissen: »Welches ist die Katze, die dich vorne leckt und dich hinten kratzt« – und der Bauer antwortet: »Die Hure«, usw. Weite Teile dieses volksbelustigenden Frage- und Antwortspiels lassen sich auf die Grundstruktur der Tautologie bzw. der Scheinantwort zurückführen, die für das im 17. Jahrhundert in Europa (weniger in Italien) verbreitete Genre des Picaro-Romans typisch war. Die gleiche spruch- und witzreiche Erzählweise setzt sich auch im zweiten Teil, im *Bertoldino* fort, wobei dieser noch deutlicher die Schwächen Croces zeigt, noch oberflächlicher und gröber ist und noch stärker zum reinen Wortspiel neigt. Der erste Teil fand daher nicht ohne Grund den weitaus größeren Anklang beim Publikum; der »Bertoldo«, auch als Name eine emilianische Eigenart, wurde zu einem der volkstümlichsten literarischen Helden Italiens, das nur wenige wirklich volkstümliche Texte besitzt. Der schon erwähnte Adriano Banchieri bezog in seine *Trastulli* (vgl. S. 413) auch die Geschichte Bertoldos und seiner Familie ein und schrieb später eine weitere Fortsetzung der volkstümlichen Saga um Bertoldo mit dem Titel *La novella di Cacasenno, figliolo del semplice Bertoldino* (1641), die ebenso wie schon der *Bertoldino* gegenüber dem *Bertoldo* deutlich abfällt.

Das bedeutendste Novellenwerk des Seicento stammt von dem in Neapel geborenen Dichter, Soldaten und Höfling GIOVANBATTISTA BASILE (um 1575–1632), dessen Leben man in mancher Hinsicht mit dem des großen Cervantes vergleichen könnte, wäre es nicht erheblich glücklicher und angenehmer verlaufen als das des kastilischen Dichters. Basile, in Neapel geboren, von einfacher Herkunft (sein Vater ist unbekannt), stand zunächst als Soldat im Dienste der Republik Venedig, nahm an Seeschlachten teil und war für einige Jahre auf der von den Türken bedrohten Insel Candia (Kreta) stationiert. Neben dem Kriegsdienst widmete er sich seinen literarischen Interessen und der Pflege freundschaftlicher Beziehungen. Auf

Veranlassung eines Gönners, Andrea Cornaro, den er auf Kreta kennenlernte, wird er 1607 in die venezianische »Accademia degli Stravaganti«
aufgenommen. Nach seiner Rückkehr aus Kreta geht er 1608 nach Neapel;
dort verhilft ihm die Schwester Andreana (oder Adriana), eine berühmte
Sängerin, zu einer Karriere am Hof des Luigi Carafa, Fürst von Stigliano,
so daß er nunmehr in mondänem Milieu ein unbeschwertes Leben mit viel
Muse für seine literarischen Neigungen führen kann; die typische Karriere
eines Modeliteraten der Zeit. Begeisterter Schüler Marinos, Freund vieler
Literaten, u. a. des Dialektschriftstellers GIULIO CESARE CORTESE (ca. 1575
bis 1625/27), an dessen heroikomischen Oktavengedicht *Vaiasseida* (1612)
über Leben und Liebschaften neapolitanischer Kammerjungfern und Putz-
frauen er mitwirkte, schrieb Basile im Laufe der Jahre in der Schriftsprache
ziemlich unbedeutende Gedichte (Eklogen, Madrigale, Oden usw.) mit religiöser und weltlicher Thematik, dazu Texte mit höfisch-mondänen Themen wie etwa die faden *Immagini delle più belle dame napoletane…*
(1624), alles mehr oder weniger pedantisch anmutende literarische Übungen, denen an Langeweile auch der aus den *Aithiopika* des Heliodor abgeleitete platte Versroman *Il Teagene* (postum 1637) nicht nachsteht. Etwa
zeitgleich mit diesen Versuchen in italienischer Sprache entsteht das große
Erzählwerk in neapolitanischem Dialekt, *Lo cunto de li cunti overo lo trat-
tenemiento de li peccerille*. Schon 1615 soll Basile, etwa gleichzeitig mit der
Arbeit an dem aus neun Eklogen bzw. Polimetren bestehenden italienischen Gedicht *Le Muse napoletane*, mit der Niederschrift seiner Mundart-
novellen begonnen haben. Sein erzählerisches Meisterwerk mit dem merkwürdigen Titel (*Die Erzählung der Erzählungen oder die Unterhaltung für
die Jugend*), später auch *Pentamerone*, d. h. *Fünftagewerk* genannt, entstand in langen Jahren und konnte erst postum 1634–36 unter dem (anagrammatischen) Pseudonym Gian Alesio Abbatutis von dem neapolitanischen Verleger Costantino Vitale herausgegeben werden.

Das Werk enthält insgesamt fünfzig märchenhafte Erzählungen, die an
fünf Tagen mit je zehn Novellen vorgetragen werden. Die Märchen Basiles
sind eingerahmt von einer ebenfalls märchenhaften Handlung um die
schwermütige Prinzessin Zoza, Tochter des Königs von Vallepelosa, die
noch niemand zum Lachen bringen konnte, die aber dann durch verwickelte
und wunderbare Umstände nicht nur das Lachen lernt, sondern auch ihre
böse Rivalin, welche durch eine List den vom Zauber befreiten Prinzen von
Camporotondo heiraten konnte, durch das Erzählen ihrer Bosheit in dem
letzten und fünfzigsten Märchen der Sammlung, eben der »Erzählung aller
Erzählungen«, bloßstellt und besiegt und die so schließlich die glückliche
Gemahlin des entzauberten Prinzen wird. Bei den Themen seiner Märchen

hat sich Basile an orientalische Stoffe, vor allem aus *Tausendundeiner Nacht*, gehalten und sich damit auf seine Weise von der Tradition der realistischen Novelle eines Boccaccio oder Sacchetti abgekoppelt. Zugleich kam die Wahl der Märchenstoffe mit ihren Motiven des Wunderbaren, des Magischen und den vielen exotischen Details dem verbreiteten Geschmack seiner Epoche entgegen, ebenso wie auch der phantasievolle, bilderreiche, barocke Erzählstil Basiles. Unter seinen Erzählungen sind viele der später volkstümlich gewordenen und bekanntesten Märchen Europas wie z. B. *Der gestiefelte Kater, Dornröschen, Aschenputtel, Die sieben Raben* und andere. Im Vergleich zu der Märchensammlung des Franzosen Charles Perrault, den *Histoires et contes du temps passé, avec des moralités.* In den *Contes de la mère l'Oye*, die 1697, also etwa sechzig Jahre später erschienen, wird die letztlich irrationale und begrenzte Perspektive Basiles deutlich: Während Perrault seine Märchen charmant, aber klar und jederzeit rational kontrolliert erzählt und auch die Moral daraus stets logisch und nüchtern ableitet, scheint Basile von einem tiefen Mißtrauen gegenüber Vernunft und Erkenntnis erfüllt, die ihm ein Quell der Bitterkeit und des Pessimismus zu sein scheinen. Die Welt des Märchenhaften und Wunderbaren, so scheint es, bietet ihm dagegen Trost und Entschädigung für die nüchterne Wirklichkeit. Durch die Wahl des Dialekts verleiht Basile seinem Werk keinen eigentlichen volkstümlichen Charakter, sondern allenfalls den Anschein davon; wichtiger war für ihn, durch diese Wahl über den Reichtum des Dialekts an Metaphern, Bildern und Redewendungen verfügen zu können. Allerdings verwendet Basile neben den Dialektformen auch klassische und petrarkistische Stilelemente. Die eigenartige, weltabgewandte Erzählhaltung Basiles, die auch in einem leisen Grundton der Melancholie spürbar wird, die sich wie ein roter Faden durch die meisten seiner Märchen zieht, und die von ihm vollzogene Verschmelzung von literatursprachlichen und dialektalen, von gelehrten und volkstümlichen Elementen machen seine Eigenart, seinen Wert und seine Grenzen aus.

Das Werk Basiles wurde in Italien schnell bekannt. Schon die Zeitgenossen lobten es; einige von ihnen, wie etwa der Bischof und Schriftsteller POMPEO SARNELLI (1649–1724), der 1674 eine Gesamtausgabe des *Cunto de li cunti* besorgte, ahmten Basile nach und schrieben ebenfalls Märchen. Später wirkte Basile u. a. auf Lorenzo Lippi und Carlo Gozzi. Im Zuge des im 18. Jahrhundert aufkommenden Interesses an der Volkspoesie fand der *Pentamerone* auch in Deutschland starke Beachtung. Wieland, Brentano, Tieck und die Brüder Grimm übersetzten oder paraphrasierten Teile daraus oder benutzten es als Stoffquelle; das gesamte Werk wurde 1846 von F. Liebrecht ins Deutsche übertragen. Eine Übersetzung ins Englische erschien 1893, eine Übertragung ins Italienische besorgte 1925 Benedetto

Croce.– Die an Höhepunkten nicht reiche Geschichte der Barocknovelle Italiens kommt an ihr Ende mit dem 1667 in Bologna oder Venedig erschienenen, in einigen Zügen auf das 18. Jahrhundert vorausweisende Erzählwerk des venezianischen Aristokraten und Diplomaten GIOVANNI SAGREDO (1617–1682) mit dem symptomatischen Titel *L'Arcadia in Brenta o vero la melanconia sbandita*. In einer lebhaften Rahmenhandlung läßt Sagredo ein idyllisch-ideales Arkadien venezianischer Prägung vor uns entstehen, in dem drei Edelleute und drei Damen an acht Tagen zusammenkommen, um sich auf mondäne und höfische Art durch Erzählungen und Unterhaltungen Trübsinn und Langeweile zu vertreiben. Sagredo schöpft für sein Werk aus allen nur erdenklichen Quellen, aus Boccaccio, Sacchetti, Ariosto und Straparola ebenso wie aus jüngeren und zeitgenössischen Autoren. Gegenüber dem lebendig skizzierten Rahmen wirken indes die erzählten Novellen ausgesprochen fade, entbehren des erzählerischen Schwungs und sind vielfach nichts anderes als banale Wiederholungen bekannter Stoffe. Sagredos Hauptinteresse gilt offensichtlich nicht dem Erzählen von Novellen, sondern dem mondänen Motiv der an Schlagfertigkeiten, Witzen und Anspielungen reichen Unterhaltung seines höfisch-aristokratischen Erzählerkreises. Im Mittelpunkt steht der gewandte Wortwechsel, der gepfefferte Witz, die feinsinnige, auch obszöne Anspielung und das »bon mot«; solche Lebhaftigkeit und Dynamik des Dialogs wird im folgenden Jahrhundert vom Theater der »Arcadia« und von den Komödien Goldonis aufgegriffen und weiterentwickelt werden. Die Geschichte der italienischen Novelle jedenfalls kommt mit diesem inhaltlich futilen Erzählwerk an ihr vorläufiges, erschöpftes Ende und wird erst sehr viel später mit Ippolito Nievo, mit den Autoren der »Scapigliatura« und den Erzählern des »Verismus« zu einer neuen Blüte gelangen.

2. *Der Roman*

Während die Entwicklung der italienischen Novelle im 17. Jahrhundert einen Tiefpunkt erreicht, erfährt die Prosagattung des Romans eine gewisse, mäßige Wiederbelebung, die italienische Kritiker auch als »Wiederentdeckung« des Romans charakterisiert haben. Grundsätzlich gilt, daß der italienische Roman im Seicento keine Höhepunkte kennt, wie etwa der französische mit der *Princesse de Clèves* (1678) der Marie-Madeleine de la Fayette, der spanische mit dem Picaro-Genre oder der deutsche mit dem *Simplicissimus* (1669) des Hans Jakob Christoffel von Grimmelshausen. Insgesamt bietet das Panorama der italienischen Romane der Barockzeit literarisch wenig Aufregendes, was den Abt Girolamo Tiraboschi, Verfasser einer frühen *Storia della letteratura italiana* (Modena 1793), veranlaßte, für diese Epoche nur einen Romanautor zu nennen, nämlich Giovanni Ambrosio Marini; und diesen auch nicht wegen künstlerischer Verdienste, sondern wegen des relativen Ruhms, den er durch seinen in mehrere Sprachen übersetzten Roman *Calloandro fedele* in großen Teilen Europas genoß. Für Italien wird man vielleicht sagen können, daß die Wiederbelebung des Romanschaffens weniger in großen künstlerischen Leistungen zum Ausdruck kam als vielmehr in einer neuen Bewertung der zuvor oft gering eingeschätzten Gattung des Romans, dessen komplizierte, aufwendige Strukturen und dementsprechend vielfältige und umfassende Ausdrucks- und Darstellungsmöglichkeiten man nun neu zu erkunden und zu würdigen begann. Diese neue Sicht kommt etwa in der Einleitung des GIOVANNI BATTISTA MANZINI (1599–1664) zu seinem künstlerisch mäßigen Abenteuerroman *Cretideo* (1637) zum Ausdruck, wo man u. a. liest: »Diese literarische Gattung, die von den Modernen Roman genannt wird, ist, wenn sie künstlerische Ansprüche verfolgt, die schwierigste und folglich die erstaunlichste und ruhmreichste Maschine, die der menschliche Geist hervorbringen kann. Sie ist edler als die Geschichtsschreibung... Sie steht über dem Epos... Wenn sie aber der Geschichtsschreibung und dem Epos überlegen ist, kann man sich vorstellen, wie sie zu allen übrigen literarischen Werken, seien es dramatische oder lyrische, steht, die der Geschichtsschreibung und dem Epos bei weitem unterlegen sind.« In der Praxis allerdings wurden die italienischen Romane der Epoche dieser hohen Einschätzung kaum gerecht. Sie orientierten sich an den bekannten Themen und Strukturen der alten Ritterromane und vor allem an der Abenteuerfülle und der labyrinthischen Handlungsstruktur der griechisch-byzantinischen Romane eines Heliodor, Achilles Tatius und anderer, die bereits Boccaccio mit seinem *Filocolo* für die italienische Literatur entdeckt hatte und die später durch weitere Humanisten bekannt und verbreitet wurden. Diese Grundstruktur des romanhaften Erzählens, derzufolge ein durch widrige Umstände getrenntes Liebespaar sich nach langem Suchen und Umherirren auf labyrinthischen, meist auch geographisch weitgespannten Wegen, nach unzähligen Abenteuern und überraschenden Schicksalswendungen endlich glücklich wiederfindet, war das vielleicht wichtigste Handlungsmuster des Romans dieser Epoche auch außerhalb Italiens, das etwa durch Cervantes in seinem *Don Quijote* (1605/15) kunstvoll variiert und in seinen *Trabajos de Persiles y Sigismunda* (1617) allzu schematisch befolgt wurde. Wesentliches Element dieser Stoffvorlage war das Zentralmotiv der Suche, in Verbindung mit der geradezu engelhaften Tugend des immer tapferen und standhaften Helden, der der geliebten Frau in allen, auch in den meist genüßlich geschilderten extremen Situationen seine unverbrüchliche Treue bewahrt.

Ein schönes, wenn auch literarisch nur mäßig anspruchsvolles Beispiel hierfür liefert der schon erwähnte, fast programmatisch betitelte Abenteuerroman *Calloandro fedele (Der treue Calloandro)*, der 1653 in erweiterter, endgültiger Fassung und mit dem Namen seines Autors in Rom erschien, nachdem dieser schon 1640 einen ersten Teil des Romans mit dem Titel *Calloandro sconosciuto* unter dem anagrammatischen Pseudonym Giovan Maria Indris veröffentlicht hatte. Der Genueser Adlige und Philosoph GIOVANNI AMBROSIO MARINI (um 1595–1662/67), der häufig an den Sitzungen der Genueser »Accademia degli Addormentati« teilnahm, erzählt in diesem Werk die Geschichte des treuen Calloandro, Sohn des Kaisers von Konstantinopel und der Leonilda, Tochter der Königin von Trabisonda, die auf langen Irrwegen durch die verschiedensten Länder und Reiche und nach Überwindung zahlloser, unglaublicher Hindernisse zueinander finden und heiraten. Die in den Grundzügen gleichförmige Handlung lebt vor allem von immer neuen erstaunlichen Situationen und Abenteuern, die durch immer neue Verkleidungen und Verwechslungen, durch Änderung des Namens und des Geschlechts, also durch Identitätswechsel, herbeigeführt werden, wobei jedoch stets die Persönlichkeit des standhaften Helden als ruhender Pol im Wirbel des Geschehens verharrt. Wie der Erfolg des Werkes bewies, traf Marini damit den Geschmack der Leser in Italien und Europa; was den Autor wiederum veranlaßte, sein Werk auch in einer Theaterversion als Tragikomödie in fünf Prosaakten herauszubringen und zwei weitere Abenteuerromane, *Le gare de' disperati* bzw. *Nuove gare de' disperati* (1660) und *Scherzi di fortuna a pro dell'innocenza* (1662) nachfolgen zu lassen.

Ähnliche und vergleichbar schwache Werke mit Ritter- bzw. Abenteuerthematik, teilweise auch mit politischen oder zeitkritischen Motiven durchwoben, waren die *Istoria spagnuola o il Celidoro* (1640/46) des schon erwähnten Genueser Adligen und Diplomaten ANTON GIULIO BRIGNOLE SALE (1605–1662; vgl. S. 413), der auch den Erbauungsroman *Maria Maddalena peccatrice e convertita* (1636) schrieb; die ebenfalls erbauliche, Abenteuer mit religiösen Motiven verbindende *Rosalinda* (1650) des Genueser Höflings und Literaten BERNARDO MORANDO (1589–1656), die wie die *Astrée* des Honoré d'Urfé eingeschobene Gedichte und Lieder enthält; oder etwa die zahlreichen, unterschiedliche Themen aufgreifenden Romane des abenteuerlichen, in Avignon wegen Häresie hingerichteten FERRANTE PALLAVICINO (1616–1644), darunter der gegen Urban VIII. und die

Spanier gerichtete satirische Briefroman *Il corriere svaligiato* (1641), der ebenfalls zeitkritische *Ambasciatore invidiato* (1654) und der *Principe ermafrodito* (1654) mit einem schon durch Marini verbreiteten Lieblingsmotiv der Zeit, dem Hermaphroditismus. Der angesehene venezianische Senator und Mitbegründer der Akademie der »Incogniti«, GIANFRANCESCO LOREDANO (1606–1661; vgl. S. 414) wurde in Italien (und auch in Frankreich) durch seinen Ritterroman *La Dianea* berühmt, der neben den typischen Liebesaffären und Kriegsabenteuern auch zahlreiche kritische Anspielungen auf das geschichtliche und politische Geschehen der Epoche enthält. Sein Freund GIOVAN FRANCESCO BIONDI (1572–1644), Botschafter der Republik Venedig in Frankreich und England mit weitem kulturellem und geschichtlichem Horizont, der auch eine Geschichte der englischen Bürgerkriege schrieb, trat mit einer Romantrilogie hervor, von deren Bänden *L'Eromena* (1624), *La Donzella desterrada* (1632) und *Il Coralbo* (1632) vor allem der erste ein typisches Beispiel des hier besprochenen unterhaltsamen Romangenres ist und, wahrscheinlich aus diesem Grunde, auch besonders erfolgreich war. Auch die Romane dieser Trilogie enthalten unter einem Wust ritterlicher, heroischer und sentimentaler Abenteuer, die durch nicht wenige Inzeste und Skandale sowie einige monströse Gestalten angereichert werden, zahlreiche verdeckte Anspielungen auf das zeitgenössische politische Geschehen, an dem Biondi aus der Sicht des Historikers und Politikers lebhaften Anteil nahm.

Eine eher ungewöhnliche Stellung unter den Romanschreibern nimmt dagegen der mit Anton Giulio Brignole Sale befreundete Mönch und Diplomat FRANCESCO FULVIO FRUGONI (ca.1620–ca.1684) ein, der in Salamanca, Alcalà und an der Sorbonne studierte und später, teilweise im Gefolge des Freundes, weite Teile Europas bereiste. Frugoni, einer der stilistisch gewandtesten und vielseitigsten Prosa-Autoren seiner Zeit, veröffentlichte außer einigen devoten Schriften im Geist der Gegenreformation zwei biographische Romane, *La vergine parigiana* (1661) über das Leben der französischen Prinzessin Aurelia, Herzogin von Valentinois, und *L'eroina intrepida* (1673) über die genuesische Marquise Aurelia Spinola. Sein bei weitem wichtigstes Werk, das sich in Thematik, Aufbau und Stil erfrischend aus der Masse der Abenteuerromane hervorhebt, ist indes *Il cane di Diogene* (postum 1687/89), der *Hund des Diogenes* also, ein bizarres Erzählwerk, das in sieben »latrati« (»Hundegebelle«), also in sieben Bänden mit je zwölf Erzählungen eingeteilt ist. Durch die Fiktion des Hundes, der sich überall unbemerkt einschleichen und alles beobachten kann, führt sich der in der ersten Person (als Hund) erzählende Autor als Kritiker und Zensor in die verschiedensten Lebensbereiche ein und denunziert in oft frecher und bissiger Satire, doch stets vom Standpunkt der orthodoxen tridentinischen Lehre aus, die Irrtümer, Schwächen und Laster seiner Zeitgenossen, den moralischen Verfall der städtischen Gesellschaft und die Leichtfertigkeit des höfischen Lebens. Das Werk, dessen Verfasser alle stilistischen und rhetorischen Register zieht und alle Erzählhaltungen, vom pikaresken Abenteuerbericht über konzeptistische und paradoxe Wortwechsel bis hin zum gelehrten humanistischen Gespräch oder zum pathetisch-anklagenden Ton der Bußpredigt durchläuft, erregte vor allem durch die zehnte Erzählung des fünften »Hundegebells« mit dem Titel *Il tribunale della critica* Aufsehen, in der der Verfasser die Mängel, Fehler und Übertreibungen der zeitgenössischen italienischen, französischen und spanischen Literatur einer strengen satirischen Musterung unterzieht. Eine amüsante Enzyklopädie der menschlichen Schwächen somit, die dennoch unübersehbar auf dem engen moralistischen Konzept der Verbindung von Ergötzen und sittlicher Belehrung aufgebaut ist und bei aller formalen Wendigkeit eine innere Monotonie nicht verbergen kann.

Einen interessanten, künftige Entwicklungen des Romans präludierenden Ansatz enthält dagegen die Trilogie des Exmönches, Modeautors und Geschichtsschreibers GIROLAMO BRUSONI (ca. 1610–1686), ein Freund Loredanos und Pallavicinos und ein überaus fruchtbarer Schriftsteller, der neben Gedichten und Novellen (vgl. S. 414) zahlreiche Unterhaltungsromane im Geschmack der Zeit schrieb, und zudem, vor allem im Rahmen einer zehnjährigen Tätigkeit als offizieller Historiograph am Turiner Hof, umfangreiche historiographische Werke, darunter eine *Istoria d'Italia* (ab 1656) verfaßte. Auch die drei Romane seiner Trilogie: *La gondola a tre remi* (1657), *Il carrozzino alla moda* (1658) und *La peota smarrita* (1662) sind in ihrer Abenteuerthematik und in ihrer ausufernden stofflichen Fülle den Unterhaltungsromanen der Epoche ähnlich, weisen aber schon mit ihren Titeln auf eine neue bürgerliche Ausrichtung hin, indem statt der ritterlichen Fortbewegungsmittel wie Pferd oder Schiff die bürgerlichen Fahrzeuge Gondel, Kutsche und Barke (»peota«) genannt werden. Wie in anderen Abenteuerromanen dreht sich auch bei Brusoni die Handlung der gesamten Trilogie um ein und denselben Helden, einen »Don Giovanni« provinzieller Prägung, der den Namen Burano Glisomiro (ein Anagramm von Girolamo Brusoni) trägt. Schon in diesem Bezug des Helden zum Ich des Verfassers kommt die reflexive, psychologische Komponente der Trilogie zum Ausdruck, die in der Tat als erstes italienisches Romanwerk gelten kann, das die abgeklapperten Muster des ritterlich-feudalen Abenteuerromans zugunsten einer lebensnäheren, bürgerlichen Darstellung durchbricht. Zugleich überwindet Brusoni die hölzerne Starre der alten, immer gleichen heroischen Helden zugunsten einer bürgerlichen, unheroischen Heldenfigur, der er die Fähigkeit verleiht, sich durch die vielfältigen Erfahrungen und Erlebnisse ihres abenteuerlichen Lebenswegs als Charakter und Persönlichkeit zu entwickeln. Brusonis Trilogie bietet damit wohl die einzigen italienischen Romane des 17. Jahrhunderts, die wenigstens ansatzweise einen Entwicklungs- und Bildungsprozeß des Helden erkennen lassen. In diesem Wandel von Wesen und Funktion des Helden deutet sich im Werk Brusonis das Ende der barocken Romanstruktur und der Beginn einer neuen Tendenz an, die zum bürgerlichen Erziehungs- und Bildungsroman späterer Epochen führt.

DAS ACHTZEHNTE JAHRHUNDERT (»SETTECENTO«)

I. BLICK AUF DIE ZEIT

Der Spanische Erbfolgekrieg, der durch den Tod Karls II. (1700), des letzten spanischen Habsburgers, ausgelöst worden war, zeitigte für Italien erhebliche Folgen. Nach langen kriegerischen Auseinandersetzungen zwischen den österreichischen Habsburgern und den französischen Bourbonen überwiegend auf italienischem Boden trat Österreich nach den Friedensschlüssen von Utrecht und Rastatt (1713/14) im wesentlichen das Erbe der Spanier an, was den ehemals spanischen Gebieten eine erheblich verbesserte Verwaltung bescherte. Sizilien gelangte zunächst an Savoyen, dann aber im Tausch gegen das Königreich Sardinien ab 1720 ebenfalls an Österreich, bevor im Mai 1734 Don Carlos aus der Linie der spanischen Bourbonen in Neapel seinen vom Volk gefeierten Einzug hielt und kurz darauf das ganze neapolitanische Gebiet und Sizilien unter seine Gewalt brachte. Venedig erneuerte 1716 seine Allianz mit Österreich, um die erneut drohenden Türken zu bekämpfen, die 1716–18 in mehreren großen Schlachten in Ungarn und bei Korfu zurückgeschlagen wurden. Obwohl Venedig durch den Vertrag von Passarowitz (1718) die Ionischen Inseln und andere Besitzungen in der Adria behielt, konnte es von nun an keinen Einfluß mehr auf die italienische Politik nehmen. Auf den Frieden von Aachen (18.10.1748) folgte ein halbes Jahrhundert friedlicher Entwicklung in einem ungefähren Gleichgewicht zwischen dem (mit Ausnahme des bourbonischen Parma) habsburgischen Oberitalien, das die Lombardei, Mantua, seit 1737 auch die Toskana umfaßte, und dem spanisch-bourbonischen Süden mit Neapel und Sizilien. Besonders in Oberitalien, ansatzweise auch im Süden, entstanden durch Reformen der Verwaltung, der Wirtschaft, der Justiz, des Schulwesens und der Kulturpolitik Musterstaaten im Sinne des aufgeklärten Absolutismus. Gleichzeitig findet das ganze Jahrhundert hindurch eine »Bereinigung« der politischen Landkarte statt, indem laufend kleinere und kleinste Staaten von den größeren absorbiert werden; ein politisch wünschenswerter Konzentrationsprozeß, der jedoch für die Einwohner der Kleinstaaten nicht immer von Vorteil war. Von den alten italienischen Staatswesen sanken die Republiken Venedig, Genua, Lucca und San Marino sowie der Kirchenstaat zu völliger Bedeutungslosigkeit herab. Korsika wurde 1768 von Genua an

Frankreich verkauft. Das Herzogtum Piemont-Savoyen dagegen konnte sich von französischer Besetzung freihalten, sein Territorium ausdehnen und wurde dann durch die Vereinigung mit dem Königreich Sardinien zur stärksten Macht auf italienischem Boden nach Österreich, die schon unter Emanuele III. (1730–73) Einfluß auf das politische Geschehen nehmen und, wenn auch noch nicht die begehrte Lombardei, so doch bereits einige Gebiete annektieren konnte. In der Zeit der großen französischen Revolution (1789–98) und während der Herrschaft Napoleons I. (1796–1814) wurde besonders Oberitalien erneut zum Kriegsschauplatz. Durch den oberitalienischen Feldzug (1796/97) Napoleons wurden die Österreicher aus der Lombardei vertrieben, die im Frieden von Campoformio (1797) mit dem Gebiet der zusammengebrochenen Republik Venedig abgefunden wurden. In den folgenden Jahren errichteten die Franzosen in Italien eine Reihe abhängiger Republiken, deren wichtigste die »zisalpinische« war, seit 1802 »Italienische Republik« genannt (mit der Lombardei, der Romagna und Modena). Nach der Proklamation Napoleons zum Kaiser wurde die Italienische Republik zum Königreich Italien, als dessen König er sich am 17. März 1805 in Mailand krönen ließ. So war Italien auch im 18. Jahrhundert im wesentlichen ein Spielball ausländischer Mächte.

In staatsrechtlicher, philosophischer und gesellschaftstheoretischer Hinsicht steht Italien im 18. Jahrhundert unter dem Einfluß der Ideen der europäischen Aufklärung – in Italien »Illuminismo« genannt –, die von Descartes, Gassendi, Locke und vielen anderen vorbereitet wurde und vor allem in Frankreich durch Diderot, d'Alembert, Montesquieu, Voltaire und Rousseau ihre entschiedenste und theoretisch klarste Ausprägung erhielt. Durch die jetzt auch in Italien einsetzende, intensive Durchdringung mit ausländischen Theorien und Einflüssen kehrte das Land, das lange Zeit der gesamteuropäischen Entwicklung nachgehinkt war, wieder in den Kreis des europäischen Geisteslebens zurück, das vom 18. Jahrhundert an durch einen sich rasch intensivierenden übernationalen Ideenaustausch bestimmt wurde. Nicht nur kulturell und ideologisch, sondern auch in Verwaltung und Wirtschaft faßte Italien wieder Tritt. Es entstand auf der Halbinsel ein neues bürgerlich orientiertes, den Prinzipien des Rationalismus verpflichtetes und auf die Notwendigkeit gesellschaftlicher Reformen ausgerichtetes Bewußtsein, das nicht nur durch ausländische Theoretiker, sondern auch durch autochtone Entwicklungen vorbereitet worden war. Humanistische Reformideen früherer Jahrhunderte, Galilei und die naturwissenschaftlichen, empirischen Untersuchungen des 17. Jahrhunderts hatten dazu ebenso beigetragen wie die zahlreichen aufklärerischen Schriften vor allem der zweiten Hälfte des Seicento und die Reformbestrebungen der sogenannten präarkadischen Phase (»prearcadismo«) im gleichen Zeitraum. Für die alle Lebensbereiche umfassende Reform- und Erneuerungsbewegung der Aufklärung gebrauchte der italienische Literaturhistoriker De Sanctis die Bezeichnung »Rinnovamento«: »Es waren im Grunde der Humanismus und die Naturwissenschaften, gestützt auf Vernunft und Erfahrung, die nun ihren Einzug in die Welt hielten. Diese große Geistesbewegung, die das Herannahen der Moderne einläutete, kann man die Epoche der Erneuerung (›Rinnovamento‹) nennen.« Auf der Grundlage empirischer Beobachtung und der exakten Berechnung nahmen die Naturwissenschaften, Physik, Mathematik und Astronomie einen rasanten Aufschwung, der im weiteren Verlauf des Jahrhunderts bei vielen Intellektuellen Wissenschaftsgläubigkeit und Kulturoptimismus hervorrief. Im kunst- und literaturgeschichtlichen Bereich führt die durch Rationalismus und Reformwillen gekennzeichnete Entwicklung von der »präarkadischen« Phase der letzten Jahrzehnte des Seicento über die Epoche der »Arcadia« und des »Rococò« in der ersten Hälfte des Settecento zum Neoklassizismus der Jahrhundertmitte und darüber hinaus schließlich zu den präromantischen Strömungen des Jahrhundertendes. Das Settecento entwickelt auch die ersten konkreten Ansätze auf dem Feld der Literaturgeschichtsschreibung.

Gesellschaftsgeschichtlich kommt es zu wichtigen Entwicklungen und neuen Erscheinungen: Es entsteht ein neues, selbstbewußtes bürgerliches Publikum; das Volk tritt als gesellschaftliche Klasse politisch wie kulturell stärker in Erscheinung; es entstehen neue Typen von Intellektuellen wie der Beamte (Verri, Beccaria), der Professor (Genovesi, Parini, Cesarotti) und der Journalist bzw. Tagesschriftsteller (Baretti, G. Gozzi, Chiari). Die Vormacht des Klerus und der Aristokratie im intellektuellen Bereich bzw. im öffentlichen Leben wird zurückgedrängt; immer mehr Juristen, Beamte und Schriftsteller sind bürgerliche Laien, ohne jedoch Klerus und Adel ganz aus diesen Bereichen zu verdrängen. Gewicht und Prestige der Kirche schwinden im Jahrhundert des Rationalismus; die Vertreibung der Jesuiten aus Neapel und Parma (1767, 1768) und die Auflösung der Gesellschaft Jesu (1773) durch Klemens XIV. veranschaulichen beispielhaft diesen Prozeß. Das für die Verbreitung der gesellschaftlichen Reformideen vielleicht geeignetste literarische Instrument war das Drama, doch führten die Diskussionen und Bemühungen um dessen Reaktivierung in Italien zu keinen sonderlichen Erfolgen. Auch die modernste und für die Aufklärung in Europa typischste literarische Gattung, der Roman, war in Italien nur schwach entwickelt, so daß man auf diesem Gebiet mit europäischem Import Vorlieb nahm, mit den Romanen Rousseaus und Richardsons, mit dem *Gil Blas* von Lesage oder Goethes *Werther*. Die französische, die englische und die deutsche Literatur (Goethe, Gessner, Klopstock und andere) nahmen im Jahrhundert der Aufklärung einen starken Einfluß auf den Werdegang der italienischen Literatur.

II. DIE »ARCADIA« UND IHRE AUTOREN

1. *Literaturtheorie und Literaturkritik um die Jahrhundertwende*

Das Unbehagen an dem geistig anspruchslosen Hedonismus und dem verspielten formalen Überschwang der Barockdichtung war schon zu Marinos Zeiten wach geworden. Zusammen mit der verbreiteten Polemik gegen den begriffsstutzigen und realitätsfernen Aristotelismus und mit dem Wiedererstarken klassizistischer Tendenzen, die zu keinem Zeitpunkt völlig außer Kraft getreten waren, zusammen mit den Untersuchungen Galileis und dem durch ihn ins Bewußtsein weitester Kreise gehobenen Ansehen der naturwissenschaftlichen Forschung verdichtete sich dieses allgemeine Unbehagen am »lasziven Jahrhundert« in dessen letzten Jahrzehnten zu der verbreiteten rationalistischen Forderung nach Ordnung, nach überprüfbarem Wissen, nach Klarheit und Maß im Leben wie im künstlerischen Schaffen. Es vollzog sich eine tiefgreifende Geschmackswende: An die Stelle selbstgenügsamer Verspieltheiten erotischer Dichtungen traten anspruchsvolle wissenschaftliche, gesellschaftliche oder patriotische Themen; und wenn es denn galante Themen sein sollten, so wurden sie mit einer liebenswürdigen, von Formspielereien freien Eleganz vorgetragen, die sich deutlich von dem früheren sinnlichen Schwulst abhob. Um die Wende zum 18. Jahrhundert hatten nicht wenige Schriftsteller den Ehrgeiz, von ihren wissenschaftlichen, medizinischen oder auch geographischen Erfahrungen zu berichten. So etwa der Römer LORENZO MAGALOTTI (1637–1712), Sekretär der »Accademia del Cimento«, in seinen klaren und auch stilistisch vorbildlichen *Saggi di naturali esperienze* (1667) und seinen *Lettere scientifiche ed erudite;* der in Arezzo geborene Mediziner, Philosoph und Naturforscher FRANCESCO REDI (1626–1698; vgl. S. 410) in seinen Abhandlungen über Schlangen, Insekten und andere Tiere, den *Osservazioni intorno alle vipere* (1664) und den *Esperienze intorno alla generazione degli insetti* (1668); oder etwa der Florentiner LORENZO BELLI (1643–1704) in medizinischen und anatomischen Untersuchungen wie etwa *De urinis et pulsibus* (1683) und in seinen *Discorsi d'anatomia,* die er ab etwa 1696 in der »Accademia della Crusca« hielt. Andere Autoren setzten sich auf poetologischem Gebiet mit dem Geschmack der Barockzeit auseinander und verdammten wie BENEDETTO MENZINI (1646–1704) in seiner *Arte poetica* (1688), einem wichtigen Dokument des neuen präarkadischen Geschmacks, die in ihren Augen verderbte Dichtungsmanier der vergangenen Epoche oder versuchten wie VINCENZO DA FILICAIA (1642–1707) in seinen *Poesie toscane* (postum 1707) in rationalem und klassisch-klarem Stil Würde und Glanz antiker Vorbilder (in seinem Falle vor allem Pindars) wieder lebendig zu machen. Weitere Autoren, die zum Geschmackswandel im Bereich der Dichtung beitrugen, waren CARLO MARIA MAGGI (1630–1699) mit seinen antibarocken *Rime varie* (1688), der wie Filicaia von der »Arcadia« hochgeschätzte FRANCESCO DE LEMENE (1634–1704) mit seinen *Poesie diverse* (2 Bände, 1692 und 1726), und vor allem ALESSANDRO GUIDI (1650–1712; vgl. S. 410) mit seinen *Rime* (1704), der, obwohl nur ein mittelmäßiger Dichter, von den Arkadiern poetologisch wie ideologisch als Vorläufer eingestuft und von ihnen mit reichem Lob bedacht wurde.

Die dichtungstheoretische Diskussion wurde in den letzten Jahren des Seicento belebt durch die kritischen Einlassungen des französischen Jesuiten Dominique Bouhours (1628–1702), der in seinem Traktat *De la manière de bien penser dans les ouvrages de l'esprit* (1686) gegen den affektierten Geschmack des Barock, dessen Ursprung er vor allem in Italien sah, polemisierte und zu dem Schluß kam: »Die italienischen Dichter sind nicht natürlich; sie schminken alles.« Das Urteil des Bouhours, das außer auf die italienischen Barockdichter vor allem auf Tasso zielte, rief zahlreiche italienische Kritiker mit mehr oder weniger apologetischen Stellungnahmen auf den Plan, so etwa den GIAN GIUSEPPE FELICE ORSI (1652–1733), der in seinen *Considerazioni sopra un famoso libro francese, intitolato ›La manière de bien penser‹* (1703) auf die klassizistischen Schreibweisen und die Erneuerungstendenzen der italienischen Literatur der Gegenwart hinwies, ohne dabei den maßvollen Einsatz der Metapher und der erfinderischen Phantasie zu verwerfen. Der Jesuit CAMILLO ETTORI (1631–1700) machte sich in seinem *Buon gusto ne' componimenti retorici* (1696) zum Anwalt eines ungezwungenen, natürlichen und klaren Stils, wobei er jedoch wie Orsi den Gebrauch von Metaphern und fiktiven Elementen billigte. Diese für den Beginn des 18. Jahrhunderts und vor allem für Oberitalien typische ideologische Ambivalenz, die das rationalistische Erneuerungsbedürfnis mit dem Festhalten an nicht wenigen Elementen des barocken Stils verband, kam besonders deutlich zum Ausdruck im Werk des TOMMASO CEVA (1648–1736/37), Jesuit wie Ettori, der in seiner Gedächtnisschrift auf den oben erwähnten De Lemene (*Memorie d'alcune virtù del signor conte*

428

Francesco De Lemene con alcune riflessioni su le sue poesie, 1706; erweiterte Auflage 1718) einerseits den Marinismus verwarf und sich für Natürlichkeit und guten Geschmack aussprach, andererseits den Erfindungsreichtum und die Bilderfülle der irrealen Phantasie als authentische dichterische Elemente anerkannte und so zu der für die Ästhetik des 18. Jahrhunderts aufschlußreichen Definition der Dichtung als »Traum, geträumt im Beisein der Vernunft« gelangte. In Süditalien beschäftigte man sich indes mit der Philosophie des Cartesianismus, so etwa TOMMASO CORNELIO (1614–1686), FRANCESCO D'ANDREA (1625–1698) und LIONARDO DI CAPUA (1617–1695), diskutierte man die antiaristotelischen Thesen des Epikurismus oder den daraus hervorgegangenen Atomismus des Pariser Mathematikprofessors (und Lehrers von Molière) Pierre Gassendi (1592–1655), dessen Lehren ebenso wie die des Cartesianismus vor allem in Neapel verbreitet waren. Hier entfaltete auch die 1682 gegründete »Accademia degli Investiganti« ihr wissenschaftliches Programm, bemühten sich Philosophen und Juristen wie D'Andrea, Aulisio und Biscardi auch um eine Reform der Rechtswissenschaften.

All diese auf der Vernunft aufbauenden Initiativen der Reform und der Neuordnung erzeugten nach und nach in Italien ein rationalistisches Klima, dem sich auch der Literaturbetrieb immer weniger entziehen konnte. Dabei kam es zu einer bemerkenswerten Symbiose zwischen Klassizismus und Rationalismus, derzufolge jetzt die klassizistischen Autoren nicht mehr wegen ihrer Orientierung an antiken Traditionen als Vorbilder gewürdigt werden, sondern weil sie in ihrem klassizistischen Streben nach Klarheit und Ordnung den Regeln der Vernunft entsprachen. Diese gilt nun als das übergeordnete dichtungstheoretische Prinzip, in dem zugleich alle Regeln der klassischen Poetik konvergieren. Einer der rationalistischen Kritiker, der einen besonders starken und direkten Einfluß auf die literarische Geschmacksentwicklung ausübte, war der Cartesianer GREGORIO CALOPRESE (1650–1714), der Lehrer Gravinas und Metastasios, der die Überwindung der verbreiteten rein rhetorischen Analyse der Dichtung forderte und, ausgehend vor allem von Descartes' *Traité des passions de l'âme*, sich u. a. in den gemeinsam mit Aurelio Severino und Sartorio Quattromani verfaßten *Sposizioni sopra le Rime del Casa* (1694) um eine ausgewogene Anwendung affektiver und rationaler Kategorien bei der Beschreibung des sprachlichen Kunstwerks bemühte. In dieses geistige Klima einer umfassenden kulturellen und wissenschaftlichen Erneuerung fallen auch Leben und Werke einiger bedeutender Autoren, die an der Gründung der »Arcadia« beteiligt waren und deren Ideologie entscheidend prägten, allen vorweg der umfassend gebildete GIAN VINCENZO GRAVINA (1664–1718), der

429

durch seinen Lehrer Caloprese mit dem Cartesianismus bestens vertraut war. Zu seinen Lektüren gehörten neuere Philosophen wie Telesio, Gassendi und Descartes ebenso wie Platon und die Neuplatoniker, die Texte der italienischen Literatur ebenso wie die der griechischen und lateinischen Klassiker; zugleich war Gravina auch ein vorzüglicher Jurist und hatte ab 1699 Lehrstühle für bürgerliches Recht und für Kirchenrecht inne. Seine von religiösen Konnotationen durchsetzte Dichtungstheorie, die in ihrer rationalistischen und ethischen Strenge Sympathien und Übereinstimmungen mit dem Rigorismus der jansenistischen Lehre erkennen ließ, zielt außer auf die Beseitigung barocker Geschmacklosigkeiten vor allem auf eine Neudefinition des Dichters, der nach Gravina ein von Gott Erleuchteter ist und beauftragt, sein besonderes Wissen an das Volk weiterzugeben. Eine Dichtung ist für Gravina ein Gefäß, das Wahrheit und Weisheit enthält und dadurch zur Betrachtung des Göttlichen anleitet: Darin liegt der Nutzen und die Wirksamkeit der Dichtung, die durch ihren Wahrheitsgehalt auch eine Regulierung des gesellschaftlichen Lebens bewirken kann. Umgekehrt aber wären Wahrheit und Weisheit für den Menschen unerreichbar, wenn nicht die Phantasie des Dichters die in den Erscheinungen der Welt enthaltenen göttlichen Ideen aufgreifen und ihnen mit Hilfe formaler Mittel in einem Kunstwerk Gestalt verleihen würde. Von seinen dichtungstheoretischen Überzeugungen hatte Gravina bereits in seiner *Hydra mistica, sive de corrupta morali doctrina* (1691) gehandelt, einer Schrift, die gegen die Kasuistik der Jesuiten und gegen quietistische Tendenzen, zum Teil mit jansenistischen Argumenten, Stellung nahm, aber auch vom Wahrheitsgehalt der antiken Dichtung handelte und die Erneuerung des Klassizismus im Zeichen des Rationalismus forderte. In der Würdigung einer Dichtung Guidis (*Discorso sopra l'›Endimione‹ di Alessandro Guidi*, 1692) und vor allem in seiner berühmten *Ragion poetica* (1708; ein wichtiger Teil daraus war bereits 1696 unter dem Titel *Delle antiche favole* erschienen) legte er dann seine Gedanken zur Dichtung ausführlich dar, die sich in der Grundthese zusammenfassen lassen, daß die dichterische Phantasie diejenige menschliche Fähigkeit sei, welche durch ihre bedeutungsvollen sprachlichen Gestaltungen den Weg von den sinnlich erfahrenen Erscheinungen zur »ewigen Idee der Natur«, d.h. zur göttlichen Wahrheit aufzeigen könne und müsse. Für diese ethische und erzieherische Aufgabe der Dichtung erschien ihm unter den literarischen Gattungen vor allem die feierliche und ernste Tragödie geeignet, die dem Menschen suggestive Verhaltensbeispiele vor Augen führen könne. Aus diesem Grund legte Gravina in einem späteren Traktat *Della tragedia* (1715) nochmals seine dramaturgischen Thesen nieder und versuchte, sie in fünf Mustertragödien um antike

Gestalten *(Palamede, Andromaca, Appio Claudio, Caracalla und Servio Tullio)* darzustellen; doch fehlt diesen programmatischen und moralisch strengen Bühnenstücken jede dichterische Überzeugungskraft.

Zu den bekannten Gestalten der Entstehungszeit der »Arcadia« gehört auch deren späterer erster Sekretär, der Erzpriester und Literat GIOVANNI MARIO CRESCIMBENI (1663–1728), der sich als Geschichtsschreiber der italienischen Literatur hervortat *(Istoria della volgar poesia,* 1698; *Commentari della volgar poesia,* 1702–11; *Bellezze della volgar poesia,* 1712), die Geschichte der »Arcadia« romanhaft und phantasievoll nacherzählte *(L'Arcadia,* 1711), Lyrik schrieb *(Rime,* 1723) und später auch die Dichtungen der »Arcadia« herausgab *(Rime degli Arcadi,* 1716–22; *Prose degli Arcadi,* 1718). Von weitaus geringerer geistiger Statur als Gravina, zeigte er keinerlei Neigung zu dessen moralischem und dichtungstheoretischem Rigorismus, sondern öffnete sich in pragmatischer Grundhaltung den Forderungen des herrschenden Geschmacks, was u. a. in den disponiblen, kompromißbereiten Formulierungen seiner *Bellezze della volgar poesia* zum Ausdruck kommt, mit denen er der dichterischen Phantasie in bezug auf Erfahrungswelt und Wahrheitsgehalt bequeme Freiheiten einräumte.– Von großem Einfluß war die Theorie des Philosophen und Juristen LUDOVICO ANTONIO MURATORI (1672–1750), der sich 1703 mit seinem Traktat *Della perfetta poesia italiana* (gedruckt 1706) in die Diskussion einschaltete, 1708 und 1715 die beiden Teile seiner *Riflessioni sopra il buon gusto nelle scienze e nelle arti* und 1711 seine *Osservazioni sulle ‹Rime› di Petrarca*« veröffentlichte. Kernpunkt der Dichtungstheorie Muratoris ist der Gedanke, daß die »Wahrheit« der Dichtung nicht in ihrem theologischen oder ideologischen Gehalt liege, sondern vor allem in den authentisch dargestellten Gefühlen, die sich in ihrer Unmittelbarkeit selbst rechtfertigten. Damit war die Theorie Gravinas in einem entscheidenden Punkt modifiziert, und zugleich dem emotionalen Überschwang barocker oder barockhafter Dichtungsrichtungen wenn nicht Tür und Tor, so doch ein breiter Zugang verschafft. Insgesamt war jedoch Muratoris Literaturkritik durch ein ausgewogenes Verhältnis zwischen der Respektierung der Regeln und des guten Geschmacks einerseits und dem kreativen Walten der dichterischen Phantasie andererseits, also zwischen Norm und Freiheit, gekennzeichnet. Auch forderte Muratori eine angemessene Bewertung der Dichtung nach ihren eigenen Gesetzen statt nach äußerlichen moralischen oder rhetorischen Gesichtspunkten. 1703 publizierte er seine Schrift *Primi disegni della repubblica letteraria d'Italia,* in der er den kühnen Vorschlag unterbreitete, eine zentrale Einrichtung bzw. eine »Literarische Republik« zu schaffen, die alle Intellektuellen Italiens aufnehmen sollte und deren Aufgabe es wäre, vor allem durch Verwertung ausländischer Reformvorschläge »die Künste und Wissenschaften konkret zu vervollkommnen, mißbräuchliche Verfahren zu korrigieren und die richtigen Methoden zu lehren«.

Neben SCIPIONE MAFFEI (1675–1755; vgl. S. 442 und 451), der sich als Literaturkritiker zu Cor- neilles Theater und zur Lyrik Maggis äußerte, und vielen anderen schaltete sich auch der europäisch orientierte Paduaner ANTONIO CONTI (1677–1749), der lange in Paris und in England lebte, bevor er 1726 nach Italien zurückkehrte, mit beachtlichen Beiträgen in die theoretische Diskussion ein. Daneben verfaßte Conti mehrere Tragödien über Themen der römischen Geschichte. In Kenntnis weiter Bereiche der französischen und englischen Kultur beschäftigte auch er sich in langen Jahren mit der seine Zeitgenossen bewegenden Problematik von Realität und Erfahrung einerseits und Phantasie und künstlerischem Schaffen andererseits. Dabei ging er in vielen Punkten von der Theorie Gravinas aus, so vor allem in seiner um 1713/14 begonnenen *Dissertazione sopra la Ragion poetica del Gravina*. Im Unterschied zu diesem jedoch, der in seiner Theorie Wissenschaft und Dichtung unter dem übergreifenden Gesichtspunkt der Wahrheit subsumierte, zog Conti eine Trennlinie zwischen dem Forschen des Wissenschaftlers und dem affektiven, gefühlsbedingten Schaffen des Künstlers.

Mehr Satiren auf zeitgenössisches Dichten denn seriöse, ideologisch begründete Literaturkritik stellen dagegen die Einlassungen des Bologneser PIER JACOPO MARTELLO (1665–1727) dar, der auch als Autor wenig gelungener klassischer Tragödien auftrat (in denen er einen vierzehnsilbigen Vers verwendete, der nach ihm »verso martelliano« genannt wurde). Martello machte sich gern über die Italiener und deren Frankophilie lustig und parodierte u. a. in seinen *Sermoni della Poetica* (1709), in seinem *L'impostore. Dialogo sopra la tragedia antica e moderna* (1714) und in den sieben Satiren von *Il segretario Cliternate al baron di Corvara* (1717) zeitgenössische Autoren, darunter auch Gravina und Maffei, wobei er seiner Vorliebe für das sinnliche Vergnügen eines ideologiefreien, gefälligen Dichtens vielfachen Ausdruck gab. Mit PIETRO CALEPIO (1693–1762) schließlich, dessen Lebenszeit bereits über die Mitte des 18. Jahrhunderts hinausreicht, wird die rationalistische Ära der »Arcadia« durch den heraufkommenden Sensualismus (it. »sensismo«) durchbrochen. Calepio, der intensive Beziehungen zur deutsch-schweizerischen Kultur seiner Zeit unterhielt und sich auch mit französischer Literatur beschäftigte, vor allem in seinem *Paragone della poesia tragica d'Italia con quella di Francia* (1732 von Bodmer in Zürich veröffentlicht), betonte wie Martello das affektive Moment der Dichtung, deren wesentliches Merkmal nicht die Ratio, sondern das durch die Sinne vermittelte Ergötzen sei.

2. Entstehung und Programm der »Arcadia«

Die literarische Republik der »Arcadia« ging aus der 1674 von Maria Christina von Schweden gegründeten »Accademia Reale« hervor. Die Tochter Gustav Adolfs hatte nach ihrer Abdankung als Königin und nach ihrer Konversion zum Katholizismus in Rom seit vielen Jahren als hochgebildete »schwedische Minerva« und als großzügige Mäzenin des kulturellen Lebens in ihrem mondänen Salon eine große Zahl der bedeutendsten Gelehrten und Dichter um sich versammelt, darunter nicht wenige Kleriker. Mitglieder der Akademie waren Guidi, Menzini, Crescimbeni, Filicaia, die Kardinäle Noris (der spätere Klemens XI.) und Albani sowie weitere Persönlichkeiten von Rang. Nach dem Tod der Maria Christina 1689 ergab sich die Notwendigkeit, die von ihr gegründete kulturelle Einrichtung formal zu konsolidieren, und so konstituierte sich am 5. Oktober 1690 die Gründungsversammlung der Akademie, die vierzehn Mitglieder hatte, darunter Crescimbeni, Gravina, Vincenzo Leonio, Giambattista Zappi und Agostino Maria Taja. Der neue Name der Akademie soll von Taja angeregt worden sein, der bei Anhörung von Gedichten seiner Freunde den Eindruck geäußert haben soll, daß mit solchen Dichtungen das »Arkadien« des klassischen Griechenlands wiedererstanden sei. Nach und nach gesellten sich zu den vierzehn Gründungsmitgliedern der »Arcadia« viele weitere Persönlichkeiten wie Redi, Filicaia, Menzini, Salvini, Guidi, De Lemene, Magalotti, Zeno, Maffei und Muratori, von denen ein jeder seine eigenen Ideen und Vorschläge in die Runde einbrachte, welche von Anfang an Vertreter aller Gegenden Italiens in sich aufnahm und damit ihren überregionalen und nationalen Charakter betonte. Die Mitglieder der »Arcadia« legten ihre Namen ab und übernahmen symbolisch die der Hirten Arkadiens; symbolisch teilte man die Landstriche Arkadiens und später auch Böotiens und Thessaliens unter sich auf und betrachtete als Oberhirten der Republik, als »Gran Pastore dei Pastori« das Jesuskind, »Gesù Bambino«, dem zuerst Hirten gehuldigt hatten. Als Symbol der »Arcadia« fungierte die mit Lorbeer und Pinie umwundene Hirtenflöte. 1696 wurden die von Gravina auf zwölf Tafeln lateinisch niedergelegten Statuten der Akademie gebilligt, die sich als literarische Republik mit einem wählbaren Präsidenten, einem Hauptsekretär (»Custode generale«) und zwei stellvertretenden Sekretären (»Vicecustodi«) etablierte und auf die Einhaltung bestimmter Umgangsformen und Zeremonien großen Wert legte. Wegen der rasch wachsenden Zahl der Mitglieder gründete die »Arcadia« alsbald Kolonien in verschiedenen Gegenden Italiens, so in Arezzo, Bologna, Venedig, Macerata und anderswo und erreichte rasch einen großen Einfluß in allen Ge-

433

genden Italiens. Ziel der »Arcadia« war der Kampf gegen den schlechten Geschmack, oder wie Crescimbeni, ihr erster »Custode generale«, formulierte: »den schlechten Geschmack ausrotten, und dafür sorgen, daß er nicht wieder aufleben kann, indem man ihn ständig aufspürt, wo immer er sich auch einnisten oder verstecken könnte ...«.

Darüber allerdings, wie, d. h. mit welchen literarischen Mitteln dieses Ziel zu erreichen sei, gingen die Meinungen polemisch auseinander. Crescimbeni und die Mehrzahl der Mitglieder sahen den literarisch vorbildlichen Ausdruck, also die offizielle exemplarische Schreibweise der »Arcadia«, in einem Dichten verwirklicht, das sich an den Motiven des Hirtenlebens inspirieren und vor allem durch die Grundprinzipien der Natürlichkeit und der Einfachheit den marinistischen oder anderen verderbten Stilrichtungen entgegenwirken sollte. Unschuld und Einfalt des Dichtens sollten verbunden sein mit Anmut und Zucht des sprachlichen Ausdrucks, mit harmonischer Schönheit und gefälliger Lieblichkeit der Bilder und Motive. Zu meiden waren sowohl das Ländlich-Grobe und Vulgäre wie auch andererseits das Epische und Heroische der klassischen Tradition; damit mußte das neue Dichten der »Arcadia« fast zwangsläufig in die Bahnen einer mehr oder weniger petrarkisierenden und platonisierenden Lyrik einschwenken. Männer vom Tiefgang Gravinas konnten sich allerdings damit nicht zufrieden geben. Ihn und seine wenigen Anhänger störten vor allem die oberflächliche Liebesthematik des Hirtenlebens und das Außerachtlassen der beispielhaften klassischen und heroischen Dichtungen von Homer bis Vergil. So kam es 1711 zu einer Spaltung der Mitglieder der »Arcadia«, deren kleinerer Teil um Gravina die »Accademia Quirina« gründete, die jedoch nur wenige Jahre Bestand hatte. Mit dem Auszug dieser Minderheit war jedenfalls der Sieg des gefälligeren Programms besiegelt, und die lyrische Produktion der Arkadier entwickelte sich nun ungehemmt in die Richtung eines anakreontisch-petrarkistischen Dichtens, das sich zwar formal klassizistischer Elemente bediente, in Geist und Inhalt jedoch weit von der Klassik entfernt war. Gerade in seiner Gefälligkeit und Anmut kam das Dichten der Arkadier, wie sein Erfolg belegte, dem Geschmack des italienischen Publikums in der ersten Hälfte des 18. Jahrhunderts entgegen; damit aber war wiederum, was Gravina und andere sahen, auch der eigentliche Reformansatz weitgehend in Frage gestellt. Trotz gewisser Zugeständnisse an das Publikum kann jedoch die Dichtung der Arkadier nicht als pastorale Spielerei abgetan oder gar in die Nähe barocker Ausdrucksweisen gerückt werden; vielmehr blieb die große Mehrheit der Arkadier in ihren Dichtungen den Prinzipien der Klarheit, der Einfachheit, der Harmonie und des vernünftigen Maßes verpflichtet. Darin und in ihren überregionalen, kulturpolitischen Initiativen, die die politische Einigung Italiens präludierten, war die literarische Republik der «Arcadia« die bis dahin bedeutendste Hervorbringung des Rationalismus auf italienischem Boden.

3. Die Dichter der »Arcadia«

Die »Arcadia« entfaltete ihr Programm in geographisch weit gestreuten, vielfältig verzweigten dichterischen Aktivitäten, die schon wegen der unterschiedlichen regionalen Einflüsse auf die einzelnen arkadischen Zentren und wegen der verschiedenen Bildungsvoraussetzungen der Mitglieder zu divergierenden Ergebnissen in der Dichtung und natürlich zu polemischen Auseinandersetzungen führten, so z. B. zwischen Anhängern und Feinden Crescimbenis, Metastasios und anderer. Mit dem Fortschreiten der Aufklärung im Laufe des Jahrhunderts erweiterte die »Arcadia« ihre Inhalte vor allem durch Aufnahme von Themen aus dem philosophisch-wissenschaftlichen Bereich und nahm zudem wichtige Anregungen in sich auf wie die des Sensualismus, des Rokoko, und später des Neoklassizismus, der englischen Grabeslyrik eines Thomas Gray und Edward Young, der naturhaften Lyrik »Ossians« (vgl. S. 454) und der idyllisch-empfindsamen Schäferdichtung eines Salomon Geßner (1730–1788). Der Kampf der »Arcadia« gegen den schlechten Geschmack wurde zunächst jedenfalls hauptsächlich von Lyrikern geführt und stand im Zeichen Petrarcas. Als bedeutendster und zugleich repräsentativster Vertreter der arkadischen Lyrik wird gemeinhin der Mathematiker, Wissenschaftler und Astronom EUSTACHIO MANFREDI (1674–1739) angesehen, eines der aktivsten Mitglieder der 1698 gegründeten arkadischen Kolonie von Bologna, der »Colonia Renia«, welcher neben den arkadischen Grundsätzen vor allem Petrarca und darüber hinaus Dante, den Stilnovisten und den Lyrikern des Cinquecento verpflichtet war. Die Ergebnisse seines (zeitlich begrenzten) lyrischen Schaffens, gesammelt in seinen Rime von 1713, gelten als Beispiele hochkonzentrierter Kunstfertigkeit und einer maßvollen, ausgewogenen Petrarca-Nachfolge im Rahmen der Zielsetzungen der »Arcadia«. Auch FRANCESCO MARIA ZANOTTI (1692–1777), sein Bruder GIAMPIETRO ZANOTTI (1674–1765), FERDINANDO ANTONIO GHEDINI (1684–1767), PIER IACOPO MARTELLO (1665–1727), DOMENICO LAZZARINI (1668–1734) und andere reimten mehr oder weniger gefällig gemäß den arkadischen Grundprinzipien und in der Nachfolge des poeta laureatus; BIAGIO SCHIAVO (1675 bis 1750) schrieb mit seinem Filalete (1738) den wichtigsten theoretischen Text dieses arkadischen Petrarkismus. Herbere Töne erklangen in der von autobiographischen und moralischen Themen beherrschten Lyrik der PETRO-NILLA PAOLINI MASSIMI (1663–1726), eines der ältesten Mitglieder der römischen Akademie, deren Verse oft einen schmerzlichen und zugleich männlichen Ausdruck gewinnen, oder in den ebenfalls autobiographisch getönten Dichtungen der FAUSTINA MARIA ZAPPI (1680–1745), die sich in oft heroischen Versen mit den Widrigkeiten und Schicksalsschlägen ihres Lebens auseinandersetzte und schon dadurch einen authentischeren Eindruck hervorruft. Vom Standard der arkadischen Petrarkisten wichen ebenfalls ab der sensible und hochbegabte GIAMBATTISTA FELICE ZAPPI (1667–1719), Gründungsmitglied der »Arcadia«, der vor allem durch die Erlesenheit und Kunstfertigkeit seiner lyrischen Miniaturen auf Gegenstände oder Tiere und durch elegische Passagen von naturhaftem Schmelz hervorragte; sowie der klassisch gebildete PAOLO ROLLI (1687–1765). Dieser, Schüler und Anhänger Gravinas, lebte als Lehrer der Söhne Georgs II. und anderer Adliger von 1716–44 in England, übersetzte hier Miltons *Paradise Lost* und schrieb u. a. eine Reihe von Melodramen, von denen einige durch G. F. Haendel vertont wurden. Eine erste Gedichtsammlung Rollis erschien 1717 *(Rime);* darauf folgten *Canzonette e cantate* (1727); das gesamte dichterische Werk wurde 1753 in drei Bänden unter dem Titel *De' poetici componimenti* veröffentlicht. Rollis Lyrik ist neben den üblichen Themen der »Arcadia« vor allem der weiblichen Schönheit gewidmet und überragt durch ungewöhnliche Musikalität, anakreontische Feinheit und hohe bildhafte und malerische Gestaltungskraft bei weitem das durchschnittliche Niveau der meisten arkadischen Reimwerke. Noch vor Metastasio überwand Rolli die Schemata des pastoralen Petrarkismus und verlieh der arkadischen Lyrik eine neue Würde und einen neuen Anspruch. Damit ist Rolli zugleich die wichtigste Übergangsfigur der italienischen Lyrik zwischen »Arcadia« und Rokoko.

Die bukolisch-idyllische Hirten- und Liebesdichtung der Arkadier mit ihren weichen, sentimentalen, oft schmachtenden Tönen und ihrem starken liedhaften Einschlag bot eine günstige Voraussetzung für die Erneuerung und Weiterentwicklung des Musikdramas bzw. Melodramas, einer literarischen Gattung, die in den letzten Jahrzehnten ziemlich heruntergekommen war. Auch in den Kreisen der Arkadier bestanden zunächst erhebliche Vorbehalte gegenüber dieser Mischgattung, die auf der Wende zum 18. Jahrhundert vor allem durch eine starke Verschiebung des Gleichgewichts zwischen Sprache und Musik zugunsten der musikalischen Elemente aus den Fugen einer ausgewogenen Kunstform geraten war, und die statt gehaltvoller und sensibler dichterischer Texte mehr oder weniger dürftige sprachliche Substrate als Vehikel des musikalischen Vortrags verwendete. Der Venezianer APOSTOLO ZENO (1668–1750), früh in die »Arcadia« aufgenommen und etwa seit 1695 als Librettist tätig, war der erste, der sich der Reform des Melodramas verschrieb. In einer Anzahl von Stücken mit klassischen Themen (*Andromaca, Temistocle, Merope, Ifigenia* und andere) versuchte er, den Text zu reformieren, ihn von Übertreibungen und Unwahrscheinlichkeiten zu säubern und ihn stilistisch wie inhaltlich nach rationalen Gesichtspunkten zu gestalten. Doch fehlte Zeno hierzu das dichterische Talent, so daß seinen Stücken, die stark unter dem Einfluß des französischen Theaters standen, keine größere Wirkung beschieden war. Neben Zeno plädierte vor allem PIER IACOPO MARTELLO (1665–1727; vgl. S. 432), Dichter eines beachtlichen *Canzoniere* (1710), in seinem theoretischen Dialog *Sopra la tragedia antica e moderna* (1714) für einen klaren, metrisch wohlgeformten und nach Rezitativen, Arien bzw. Arietten und Liedern (»canzonette«) durchstrukturierten Text.

Es war jedoch kein anderer als der Adoptivsohn Gravinas, der gebildete und hochsensible PIETRO METASTASIO (1698–1782), der das arkadische Melodrama mit neuem Geist erfüllte und zu einem künstlerischen Höhepunkt führte. Der junge Pietro Trapassi war in Rom geboren und verbrachte seine Kindheit unter der Obhut des Kardinals Pietro Ottoboni, bevor ihn 1708 der Abt Gian Vincenzo Gravina adoptierte. Gravina gewährte dem Sohn eines bescheidenen Händlers aus Assisi eine überaus sorgfältige Erziehung und verlieh dem Adoptivsohn den Namen Metastasio, die gräzisierende Übersetzung seines bürgerlichen Namens. Seine Jugend verbrachte Metastasio zum Teil mit Gravina in Neapel, zum Teil auch in Scalèa in Kalabrien unter der Obhut des mit Gravina verwandten Abtes Gregorio Calaprese, der den Zögling u.a. mit der damals vielbeachteten Philosophie des René Descartes bekannt machte. Die Lehren des »ingegnoso Renato« waren eine der wichtigsten Bildungsgrundlagen für den jungen Metastasio, der insbesondere in Descartes' Traktat über die Leidenschaften der Seele (*Les passions de l'âme,* 1650) eine Kasuistik der elementaren menschlichen Leidenschaften fand, die sich für die psychologische Gestaltung seiner Bühnenhelden als nützlich erwies. Früh entwickelte der junge Metastasio ein beachtliches Talent zum Improvisieren von Gedichten über die verschiedensten Themen, eine Neigung, die Gravina aufs schärfste als eine unnütze Vergeudung seines Talents verdammte. Bis zum Tode Gravinas blieb so Metastasio unter der strengen Zucht des Ziehvaters, der ihn unermüdlich zum Studium der großen italienischen und antiken, insbesondere der griechischen Autoren, und zur Nachahmung ihrer an strengen Kunstregeln orientierten Werke anhielt. Der Tod Gravinas (1718) erfüllte den Zögling mit tiefem Schmerz, vermittelte ihm jedoch zugleich ein Gefühl der Befreiung aus der starren Disziplin des großen Lehrmeisters und dessen geradezu kulthafter Verehrung der Antike. Dankbar schreibt er zum Ruhm des Verstorbenen das Terzinengedicht *La strada della gloria* und tritt noch im gleichen Jahr in die »Arcadia« ein. Nicht zuletzt infolge von Reibereien mit den Feinden Gravinas in der Dichterrepublik begibt er sich jedoch bereits 1719 nach Neapel, wo er unter der Protektion der schönen und berühmten Schauspielerin und Sängerin Marianna Benti Bulgarelli (auch »la Romanina« genannt) rasch zum Dichter der aristokratischen Salons avanciert. Seine Bühnenproduktion hatte Metastasio schon 1712 mit der Tragödie *Giustino* eröffnet, die eine aus Trissinos *Italia liberata dai goti* (vgl. S. 296) übernommene Liebesgeschichte zwischen Giustino und Sofia zu gestalten versucht, die nach einigen Wechselfällen vor allem durch das Eingreifen des platonischen Sehers Cleone (ein Sprachrohr der Ideologie Gravinas) ein glückliches Ende findet: ein erster Beleg für Metastasios grundsätzlich optimistische Sicht der Realität und der Glücksmöglichkeiten des Menschen. Etwa zur gleichen Zeit entstanden das episch-idyllische Oktavengedicht *Il convito degli dei* (1712), die mythologische Idylle *Il ratto d'Europa* (1717) in Elf- und Siebensilblern und einige kleinere Dichtungen, welche Werke zusammen mit der Tragödie 1717 in Neapel in einem Band veröffentlicht wurden. In den zwanziger Jahren festigte Metastasio in Neapel seinen Ruf als mondäner Dichter aristokratischer Salons mit verschiedenen Gelegenheitsdichtungen, darunter auch mehrere zur Vertonung bestimmte Bühnenspiele wie *Endimione* (1720), *Gli Orti Esperidi* (1721) sowie *Angelica* und *Galatea* aus dem folgenden Jahr, in denen seine Neigung zu heiterer Sinnlichkeit, zur Darstellung wechselvoller, launischer Liebesbeziehungen und seine Neugier für die Eigenarten der weiblichen Psyche hervortreten.

Als Künstler entschied sich Metastasio indes für das Melodrama, das damals im Mittelpunkt polemischer Auseinandersetzungen stand. Formal hielt er sich dabei im wesentlichen an das Schema der Melodramen Zenos, wonach die dreiaktigen Werke hauptsächlich durch den Wechsel von Rezitativen (d. h. darstellenden Passagen in Elf- oder Siebensilblern) mit in verschiedenen Metren verfaßten Arien bzw. Kurzarien untergliedert wurden, die dem sentimentalen Geschehen auf der Bühne einen pathetischen, dramatisch gesteigerten, oder lyrisch überhöhten zusammenfassenden Ausdruck verliehen. Auch in bezug auf die dramaturgischen Grundregeln folgte Metastasio der Vorgabe Zenos, wonach von den drei Einheiten der Zeit, des Ortes und der Handlung vor allem die letztere zu beachten war. Im Unterschied zu Zeno aber verfügte Metastasio nicht nur über Inspiration und dichterisches Ausdrucksvermögen, sondern auch über eine gute

438

musikalische Ausbildung, die er vor allem von Niccolò Porpora empfangen hatte, sowie über klare Vorstellungen bezüglich der Wechselwirkung von Text und Musik im Melodrama und bezüglich der künstlerischen Einheit des Gesamtwerkes. Danach sollte der Text stets seine Eigenständigkeit gegenüber der Musik bewahren, welcher die klangliche Begleitung und Kommentierung des Geschehens zukam, die aber nie die Sprache als tragende Sinnstruktur verdrängen sollte. Das erste Melodrama Metastasios war die in Neapel uraufgeführte, von Domenico Sarro vertonte *Didone abbandonata* (1724), die auf Betreiben der Bulgarelli geschrieben wurde, welche am Text mitarbeitete und die Hauptrolle sang. Die mit Liebesbeziehungen zwischen Dido und Aeneas und weiteren Gestalten eingefädelte Handlung ist klar und rational aufgebaut; doch zeigt das Werk in seinem Ablauf erhebliche Unebenheiten in einzelnen Tonlagen und im Stil. Das Werk in-spiriert sich am vierten Buch der Vergilschen *Aeneis* und an der siebten *Heroide* Ovids, aber auch an späteren künstlerischen Bearbeitungen des bekannten Stoffes. Trotz des traditionell vorgegebenen Handlungsgefüges und des unvermeidlichen tragischen Schlusses trägt die *Didone* schon viele typische Züge der melodramatischen Kunst Metastasios, dem hier zum ersten Mal in Dido und Aeneas die Gestaltung zweier lebendiger Persönlichkeiten gelingt. Mit diesem Stück fand die neapolitanische Periode Metastasios und seine unbeschwerte Jugendzeit einen glücklichen Abschluß. Während die *Didone* an mehreren Theatern Italiens mit großem Erfolg aufgeführt wurde, schrieb Metastasio ein weiteres Melodrama mit dem Titel *Siroe,* das 1726 mit der Musik von Leonardo da Vinci in Venedig dem Publikum vorgestellt wurde.

1727 kehrt er mit seiner Geliebten und Gönnerin nach Rom zurück, wo er bis 1730 bleibt. In diesen Jahren entstehen die in Rom aufgeführten Melodramen *Catone in Utica* und *Ezio* (1728), *Semiramide riconosciuta* und *Alessandro nelle Indie* (1729) sowie *Artaserse* (1730); allesamt Stücke, die neben ihrer Vorliebe für die antike Kultur eine ausgeprägte Tendenz zu feierlichen und getragenen Tönen und einen deutlichen Fortschritt in der Harmonisierung der einzelnen thematischen und strukturellen Elemente aufweisen. 1729 erreichte Metastasio die Einladung, nach Wien zu gehen, um am dortigen Hofe die Nachfolge Apostolo Zenos als kaiserlicher Hofdichter anzutreten; Zeno selbst hatte ihn Kaiser Karl VI. als Nachfolger vorgeschlagen. Schweren Herzens verließ der Künstler Rom und seine Bulgarelli (die 1734 starb und ihn zum Gesamterben einsetzte; ein Erbe, das Metastasio zugunsten des Ehemanns Giuseppe Bulgarelli ausschlug). Doch in Wien gewann er alsbald die Protektion der Marianna Pignatelli Belmonte, Gräfin von Althann, der er viele Jahre lang freundschaftlich verbunden blieb, und am Hof und bei den Monarchen Karl VI. (bis 1740) und dessen Tochter Maria Theresia (bis 1780) fand er viel Verständnis und eine großzügige finanzielle Förderung. Dies galt vor allem für die Zeit bis zum Tod Karls VI., und zu Recht wird das Jahrzent von 1730–1740 als Höhepunkt seiner künstlerischen Karriere angesehen. In diesen Jahren entstehen (meist im kaiserlichen Auftrag) die als Meisterwerke gerühmten Melodramen *Demetrio* (1731), *Olimpiade* und *Demofoonte* (beide 1733) sowie, nach der weniger gelungenen *Issipile* (1731), *Adriano in Siria* (1732). Es folgen *La clemenza di Tito* (1734), publikumswirksames Idealbild eines gütigen Herrschers, *Achille in Sciro* (1736), eine Dramatisierung des zwischen Liebe und kriegerischen Pflichten schwankenden Achilles, *Ciro riconosciuto* und *Temistocle* (beide ebenfalls 1736), Verherrlichungen der heroischen Tugendhaftigkeit ihrer Protagonisten, und die *Zenobia* (1740), ein Lobpreis der ehelichen Liebe. Ein ungewöhnliches und in mancherlei Hinsicht atypisches Werk war der 1740 geschriebene und erst 1750 in Dresden uraufgeführte *Attilio Regolo,* der die berühmte Geschichte des gleichnamigen römischen Konsuls dramatisiert, welcher die Rückkehr in die karthagische Gefangenschaft (mit der Aussicht des sicheren Todes) dem Abschluß eines unwürdigen Friedens vorzog. Mit dem tragischen Tod des Helden gab hier Metastasio seine bis dahin verfolgte Praxis des glücklichen Ausgangs auf und näherte sich zugleich der strengen, heroischen und paradigmatischen Konzeption des Tragischen an, die ihm sein Lehrmeister Gravina nahegelegt hatte: Der hochgerühmte *Regolo* erscheint wie eine Parabel unerschütterlicher Tugend, und zugleich tritt das für die meisten bisherigen Melodramen Metastasios typische Moment des Pathetischen und Sentimentalen spürbar zurück.

Von geringerem künstlerischem Wert sind dagegen die sakralen Bühnenspiele des Wiener Hofdichters wie *Giuseppe riconosciuto* (1733), *Betulia liberata* (1734) und *Gioas re di Giuda* (1735), ebenso wie die vierunddreißig Kantaten, die zum größten Teil in Wien geschrieben wurden. Gleiches gilt von seinen Sonetten, von denen nur eines berühmt wurde *(Sogni e favole io fingo...),* weil es einen Grundgedanken der Poetik Metastasios umkreist, nämlich den, das Theater nicht als Darstellung des Lebens, sondern das Leben als ein Theater voll wunderbarer Handlungen zu konzipieren. Einzelheiten seiner kunsttheoretischen Überlegungen legte er in späteren Jahren in drei Traktaten nieder, in dem *Estratto della ›Poetica‹ d'Aristotile e considerazioni sulla medesima* (1773 beendet, doch vom Autor nicht veröffentlicht), in den *Osservazioni sul teatro greco* (postum 1795) und in den *Note all'›Arte poetica‹ di Orazio,* an denen er von 1749 bis 1773 arbeitete; insgesamt eine rückgewandte, konservative Kunsttheorie, die neben den be-

440

kannten Lehrsätzen der Antike vor allem dem Prinzip der Nachahmung und der Unterscheidung von Nachahmung und Kopie große Beachtung schenkt. Von *Attilio Regolo* an steht Metastasios Kunst im Zeichen eines langsamen, aber stetigen Niedergangs, der in langen Schaffenspausen und in der Wiederholung der alten Stoffe und Motive zum Ausdruck kommt. Über sechs Jahre vergehen, bevor er nach der *Ipermestra* und dem *Antigono* (beide 1744) in dem *Re pastore* (1751) erneut seinen patriarchalischen und rückständigen Herrscheridealen Ausdruck verleiht. Danach entstanden noch die heroisch-abstrakten Stücke *L'eroe cinese* (1752), *Nitteti* und *Il trionfo di Clelia* (beide 1756), *Romolo ed Ersilia* (1765) und schließlich sein letztes Melodrama *Ruggero ovvero l'eroica gratitudine* (1771), eine matte Wiederaufbereitung alter Motive aus der *Olimpiade.*

Metastasios Lebensideal war die alle Leidenschaften überwindende innere Ruhe und Ausgeglichenheit, ein Ideal, das letztlich auf den Prinzipien des ihm von Gravina eingeflößten Rationalismus beruhte. Es setzte die äußere Stabilität der gesellschaftlichen und politischen Verhältnisse und eine wirtschaftliche Geborgenheit voraus, die er zeitlebens am Hof der Monarchen suchte und fand. Alles, was auf Veränderung, Erneuerung oder Umsturz deutete, war ihm zutiefst zuwider. Dementsprechend ablehnend stand er dem Gedankengut der Aufklärung gegenüber, das zu seinen Lebzeiten auch in Italien immer stärkere Verbreitung erfuhr. Fern lag ihm aber auch das Denken und Empfinden der Frühromantik, denn es bedrohte ebenso wie die aufklärerischen Ideen das bestehende politische System. Der Hof war ihm Zufluchtsort vor der Unruhe der Zeit, und er verstand es ein Leben lang, sich als Höfling anzupassen, auch wenn er gegenüber dem oberflächlichen und eitlen Treiben der höfisch-aristokratischen Gesellschaft eine kritische Distanz bewahrte. Metastasios im Grunde einförmiges Theater mit seinem starren Tugendbegriff und immer gleichen, oft schablonenhaften Protagonisten, in dem fast alles einen glücklichen Ausgang findet, mit Handlungen, die weit abliegen von der überraschenden, widersprüchlichen Vielfalt des Lebens, kennt keine in die Zukunft weisenden Perspektiven. Es ist in seiner Gesamtheit ein Spiegel der Vergangenheit, rückgewandter Ausdruck der alten monarchischen Welt, des »ancien régime«, das nun langsam zu Ende geht. Mit seiner Dialektik von Traum und Wirklichkeit, seiner Tendenz, Träume als Leben auf die Bühne zu stellen, mit seiner Gestaltung des Sentimentalen (das etwa gleichzeitig in der von ihm hochgeschätzten »comédie larmoyante« einen bedeutsamen Ausdruck erfuhr), und nicht zuletzt als Reformer und Meister des Melodramas fand Metastasio dennoch in ganz Europa Anerkennung. Rousseau nannte ihn den »einzigen Dichter des Herzens«, Voltaire und Stendhal schätzten ihn, und Leopardi, der seinen lyrischen Stil bewunderte, sah in ihm den einzigen wirklichen Dichter Italiens nach Tasso. Er war jedenfalls der letzte italienische Dichter der alten aristokratisch geprägten Lebenswelt, die mit der Französischen Revolution in Scherben ging.

Neben dem Höhenflug des Melodramas und den herausragenden Leistungen Metastasios in dieser Gattung gibt es für die Tragödie und die Komödie kaum Bemerkenswertes zu vermelden. Die Diskussionen um die Tragödie richteten sich vor allem auf das klassische französische Theater, dessen Leistungen man einerseits bewunderte, dessen Rationalismus und rigorose Regelhaftigkeit man jedoch andererseits immer wieder kritisierte; daneben auch auf die großen Tragödien Shakespeares und die italienischen Tragödien des Seicento. Außer durch den großen Lehrmeister Gravina wurde diese Diskussion vor allem durch Martello, Calepio, Conti und Maffei belebt, auf deren Ideen bereits kurz hingewiesen wurde (vgl. S. 432). Der letztere verdient besonders hervorgehoben zu werden, weil er es fertigbrachte, neben vielen theoretischen Schriften, darunter sein wichtiges *Teatro italiano ossia scelta di dodici tragedie per uso della scena, premessa una storia del teatro e difesa di esso* (1723), auch eine wirklich lebendige und gelungene Tragödie zu schreiben. Gemeint ist die *Merope*, die, 1713 in Modena uraufgeführt, in kürzester Zeit in Dutzenden von Ausgaben verbreitet und in mehrere Sprachen übersetzt wurde. Das erfolgreiche fünfaktige Stück, dessen Handlung sich im wesentlichen um die Mutterliebe der Merope dreht und das auch die zeittypischen Tiraden gegen die Tyrannen enthält, war u. a. Anlaß für eine lange Polemik Maffeis mit Voltaire, der ebenfalls eine *Mérope* schrieb (1736). Auch Martello wetterte mit seinem satirischen Bühnenstück *Il Femia sentenziato* (1724) gegen Maffeis Tragödienkonzeption. Dennoch kann Maffeis *Merope* als die erfolgreichste italienische Tragödie des 18. Jahrhunderts vor Alfieri gelten.

Die »Commedia dell'arte« war zu Beginn des 18. Jahrhunderts inhaltlich und spielerisch ausgezehrt und zu Lächerlichkeit und Vulgarität verkommen. Obwohl sie nicht die bevorzugte Literaturgattung der Arkadier war, bemühten sich viele von ihnen, auch die Komödie zu reformieren, ihr wieder Natürlichkeit und Anmut zu verleihen, ihre Sprache zu reinigen und ihre Moral zu heben. Die vielfältigen Bemühungen blieben jedoch entweder im Theoretischen stecken, wobei man sich an den großen Komödien des Cinquecento und der französischen Bühne orientierte, oder führten in der Praxis zu ziemlich mittelmäßigen Ergebnissen. Relativ schwungvoll in ihren karikierenden und parodierenden Tendenzen, wenngleich stark literarisch geprägt, waren die Komödien des Martello wie *Piato dell'H* (eine Satire auf die von den Mitgliedern der »Crusca« beabsichtigte Eliminierung

442

des Buchstabens »H«), *Rima vendicata* (eine Apologie des Reims), *Euripide lacerato*, *A re malvagio consiglier peggiore*, *Starnuto d'Ercole*, *Che bei pazzi* und die erwähnte auf Maffei zielende Satire *Il Femia sentenziato* (Femia = Maffei). Literarisch geprägt und mehr für die Lektüre als für die Bühne konzipiert waren neben Martellos Stücken auch Maffeis Komödien *Le cerimonie* und *Il Raguet* sowie die des Veroneser Jesuiten GIULIO CESARE BECELLI (1686–1750), der auch durch seine Verteidigungsschrift zugunsten der neuen italienischen Dichtung *Della novella poesia* (1712) bekannt wurde. Der Senese GIROLAMO GIGLI (1660–1722), der in mehreren Schriften die Überlegenheit seines Dialekts vor dem Florentinischen zu erhärten suchte, schrieb einige bissige zeitkritische Komödien, die bekanntesten davon der *Don Pilone* und *La sorellina di Don Pilone*, Satiren auf falsche Frömmigkeit und den Geiz der Frauen. Auch der literarisch vielseitige, zeitkritisch orientierte Florentiner GIOVAN BATTISTA FAGIUOLI (1660 bis 1742), zu seinen Lebzeiten berühmt, dann rasch vergessen, brachte neben Lyrik, Spottgedichten, Musikdramen und Bühnenszenarien bzw. Intermezzi auch 19 Komödien hervor, darunter *Il cicisbeo sconsolato*, *Amanti senza verdersi* und *Il cavalier parigino*. Seine volksnahe natürliche Sprache fand später bei Giusti und vor allem bei Goldoni Anklang. Dem regionalen Ambiente entstammten schließlich auch die Komödien des um Natürlichkeit und Wahrscheinlichkeit bemühten Senesen IACOPO ANGELO NELLI (1673–1767), die sich allerdings stark an Molière anlehnen und vielfach eine oder mehrere Molière-Komödien oder auch andere Quellen ausbeuten bzw. kontaminieren. Von seinen zahlreichen, insgesamt wenig bedeutenden, oft provinziell anmutenden Komödien seien hier beispielsweise *La dottoressa preziosa*, *Il tormentator di sé stesso*, *La moglie in calzoni* und *Il geloso disinvolto ovvero il geloso in maschera* genannt. Als seine relativ besten Stücke gelten *La serva padrona*, *Le serve al forno* und *La suocera e la nuora*, die ihn nach Meinung einiger Kritiker als Vorläufer Goldonis erscheinen lassen.

III. VON DER »ARCADIA« ZUR AUFKLÄRUNG

1. *Philosophisches, historiographisches und wissenschaftliches Schrifttum*

Unter denen, die im Zeitalter der »Arcadia« das philosophische und wissenschaftliche Denken beförderten, ragt die Gestalt Vicos heraus, der vor allem in seiner *Scienza Nuova*, dem systematischen Entwurf einer neuen Wissenschaft, Grundgegebenheiten des Daseins wie Natur, Mensch und Geschichte und dazu viele andere Gesichtspunkte wie etwa die Entstehung und Funktion der Kultur und der Dichtung neu durchdachte und in einen letztlich fortschrittsbejahenden Gesamtzusammenhang stellte. Obwohl Kind seiner Zeit und eng mit den geschichtlichen Gegebenheiten seiner Epoche verknüpft, legte sein Denken nicht nur Grundlagen der Aufklärung in Italien, sondern präludierte darüber hinaus auch Gedanken und Motive der romantischen Epoche – eine Tatsache, die immer wieder zu Mythisierungen seiner Gestalt Anlaß gab. GIAMBATTISTA VICO (1668–1744) kam in Neapel als Sohn eines ärmlichen Buchhändlers bäuerlicher Herkunft zur Welt. Der junge Vico, der nur sporadisch einige Schulen besuchte und auch keine bedeutenden Lehrer hatte, eignete sich nach und nach als Autodidakt ein umfangreiches Wissen an. Von 1686 bis 1695 war Vico in Vatolla (Cilento) Hauslehrer der Kinder des Marchese Domenico Rocca. In neun ruhigen, studienreichen Jahren, doch in ständigem Kontakt mit den Intellektuellen Neapels, hatte er auf diese Weise Gelegenheit, sein Wissen zu vertiefen und die Grundlagen seines Denkens zu legen. In dieser Zeit studierte Vico die Schriften mehr oder weniger fortschrittlich gesonnener Zeitgenossen wie Tommaso Cornelio, Francesco D'Andrea, Leonardo Di Capua, Camillo Colonna und anderer, viele davon Mitglieder der 1682 gegründeten »Accademia degli Investiganti«. Durch diese Gelehrten und durch eigenes Studium der philosophischen Texte wurde er mit den wichtigsten Denkimpulsen seiner Zeit vertraut: Mit dem Rationalismus des Descartes, dem u. a. durch die »Investiganti« weitergeführten Empirismus Bacons und Galileis, dem in der Philosophie Gassendis wiederauferstandenen Atomismus Demokrits und Epikurs und mit dem neuplatonischen Denken eines Telesio, eines Bruno und eines Campanella. Impulse, die sich in ihm wie in vielen Intellektuellen der Zeit zu einem eklektischen, aufklärerischen und daher von der Kirche befeindeten Skeptizismus verbanden. Daneben widmete Vico sich umfangreichen Studien der lateinischen und italienischen Literatur, insbesondere den klassischen

Autoren beider Literaturen. 1699 erhielt er den Lehrstuhl für Rhetorik an der Universität Neapel, was ihm die Möglichkeit eröffnete, eine Familie zu gründen; er heiratete die Analphabetin Teresa Caterina Destito, mit der er acht Kinder hatte. In späteren Jahren beschäftigte sich Vico, der 1710 unter dem Namen Lanfilo Terio in die »Arcadia« aufgenommen worden war, intensiv mit Fragen des Völkerrechts und der Rechtsphilosophie und schöpfte hier insbesondere aus den Schriften des Historikers und Begründers des Völkerrechts Hugo Grotius, dessen *De iure belli ac pacis* er 1716 zu kommentieren begann. 1723 bewarb er sich um den Lehrstuhl für Römisches Recht an seiner Universität, zog jedoch seine Bewerbung nach der Probevorlesung zurück. Von seinen zahlreichen kleineren Schriften sei wenigstens die wissenschaftskritische Studie *De nostri temporis studiorum ratione* von 1708 erwähnt (die siebte und wichtigste der lateinischen Eröffnungsreden, die er jeweils zu Beginn eines akademischen Jahres vortrug; meist als *Orazioni inaugurali* zitiert). In ihr entwarf Vico wichtige wis- senschaftstheoretische und methodische Grundlagen seiner späteren Geschichtsphilosophie, wobei er ältere Bildungspositionen wie den Neuplatonismus und insbesondere den Cartesianismus überwand und eine eigene empirisch-synthetische Methode entwickelte, deren Hauptinstrument nicht die Ratio des Descartes, sondern der »senso comune«, der gesunde Menschenverstand war, also eine Fähigkeit, die jedem Menschen, jeder Gesellschaft und jeder Nation gegeben ist. An die Stelle des rationalen Schlußfolgerns und der abstrakten Wahrheiten trat damit bei Vico das Praktische, das Konkrete, das tatsächlich Geschehene und Erfahrbare in den Mittelpunkt des Blickes, d. h. die Geschichte mit ihrer eigenen, empirisch erfahrbaren »Wahrheit«, die Vico als »verosimile«, als Wahrscheinlichkeit konzipierte.

1725 veröffentlichte Vico unter dem Titel *Principi di una Scienza nuova dintorno alla natura delle nazioni* die erste Fassung seines Hauptwerkes, meist als *Scienza nuova prima* zitiert, das er dann unermüdlich durch neue Fassungen, Korrekturen und Ergänzungen bearbeitete, bis endlich 1744, einige Monate nach seinem Tod, die stark erweiterte endgültige Fassung, die sogenannte *Scienza nuova terza* unter dem Titel *Principi di Scienza nuova di G. Vico dintorno alla comune natura delle nazioni* erscheinen konnte. Hauptziel des Werkes ist es, die universal gültigen und ewigen Gesetze auszumachen, nach denen die Geschichte abläuft, nach denen sich Aufstieg, Blüte, Verfall und Niedergang der Völker vollziehen. Vico möchte damit das archetypische Grundschema der Geschichte rekonstruieren, nach dem sich alles menschliche Handeln in der Zeit verwirklicht: die »storia ideal eterna, sopra la quale corrono in tempo le storie di tutte le nazioni«. Dabei geht Vico von dem Grundgedanken aus, daß die Prinzipien des Geschichtsverlaufs im menschlichen Geist aufzufinden sein müssen, da die Geschichte selbst ein Machwerk des Menschen sei. Zwar sei die Natur als Schöpfung Gottes für den Menschen unerforschlich, aber die geschichtlichen Ereignisse als Hervorbringungen des Menschen seien für diesen zwangsläufig erkennbar. Im ersten Buch seines Werkes mit dem Titel *Dello stabilimento de' principi* entwickelt Vico die »universalen und ewigen Prinzipien« jeder Wissenschaft und erörtert eingehend die Chronologie der älteren Geschichte von der Sintflut bis zum Zweiten Punischen Krieg. Das zweite Buch *(Della sapienza poetica),* das dem Umfang nach die Hälfte des Gesamtwerks ausmacht, behandelt die Entstehung der Kultur (Religion, Moral, Kosmologie, Wirtschaft, Politik etc.) in der Frühzeit der Menschheitsgeschichte; dabei kennzeichnet Vico das gefühlsbestimmte, alogische und bilderreiche Denken der frühen Menschheit als »dichterisches Wissen« und sieht somit einen gemeinsamen (religiösen) Ursprung von Dichten und Denken bzw. Wissen: »la sapienza poetica … fu la prima sapienza della gentilità«. Daran anschließend erörtert das dritte Buch *Della discoverta del vero Omero* die alten Dichter, insbesondere Homer, den Vico nicht als historische Gestalt, sondern als eine mythische Personifikation versteht; die ihm zugeschriebenen Werke rühmt er als Spiegel archaischen Bewußtseins ebenso wie als Höchstleistungen der Poesie. Buch IV *Del corso che fanno le nazioni* behandelt das Schicksal einzelner Nationen gemäß den Grundgesetzen des geschichtlichen Verlaufs, der sich für Vico in drei Hauptepochen (»nature«) vollzieht, nämlich in der Aufeinanderfolge von »natura poetica« oder »divina«, »natura eroica« und »natura umana«, der vernunftgeprägten und zivilisierten Entwicklungsstufe gesellschaftlichen Lebens. Das fünfte und letzte Buch behandelt schließlich unter dem Titel *Del ricorso delle cose umane* die Vorstellung der zyklischen Wiederkehr der geschichtlichen Phasen und des möglichen Rückfalls der Menschheit in überwundene Entwicklungsstadien; in diesem Sinne interpretiert Vico das Mittelalter gegenüber der Antike im wesentlichen als einen Rückfall in die Barbarei, und etwa Dante als Dichter eines barbarischen Zeitalters.

Trotz seiner oft dunklen, widersprüchlichen oder fragmentarischen Darstellungsweise und trotz ihrer teilweise dilettantischen, vereinfachenden Perspektiven war Vicos *Scienza nuova* der wichtigste der innovatorischen Denkanstöße, die in Italien die Epoche der Aufklärung einläuteten. Der Grundgedanke Vicos einer zyklischen Wiederkehr im geschichtlichen Leben der Völker und seine Idee, die Archetypen des geschichtlichen Prozesses aus den Bedürfnissen und Eigenarten der Menschennatur heraus zu bestimmen, zeitigten eine unüberschaubare, bis heute anhaltende Nachwirkung, weit über die Bereiche der Historiographie und der Rechtsgeschichte hinaus. Herder, Goethe, Hegel, Nietzsche, Spengler und viele andere knüpften an die Thesen seiner Geschichtsphilosophie an. Auch seine Gedanken über den Primat der Religion in der Geschichte, »der Religion einer vorhersehenden Gottheit, welche die geistige Einheit ist, die diese Welt der Nationen formt und mit Leben erfüllt«, ferner seine Ausführungen über die Dichtung, über Homer und viele andere seiner Ideen fanden ein breitgefächertes Echo. Einige schmähten ihn als provinziellen und beschränkten Gelehrten; andere wie Hamann oder Jacobi begegneten seiner *Neuen Wissenschaft* mit Gleichgültigkeit; wieder andere wie etwa Michelet rühmten ihn als titanischen, weit vorausschauenden und von seiner Zeit isolierten Philosophen und trugen so zur Entstehung eines Vico-Mythos bei, der über Bertrando Spaventa und Francesco de Sanctis bis in unser Jahrhundert hinein lebendig blieb und in Benedetto Croce einen Höhepunkt fand, der Vico zum Vorläufer seines Neoidealismus erklärte. Vico findet bis heute eine vielfach schwankende, kontroverse Beurteilung; auch erscheinen einzelne Aspekte seines Werkes als noch nicht hinreichend erforscht. Von größter Bedeutung für die Kenntnis der Persönlichkeit und der Motivationen Vicos ist seine 1725 verfaßte, zuerst 1728 und dann 1731 mit einer *Aggiunta* publizierte Autobiographie, die *Vita di Giambattista Vico scritta da se medesimo*, in der er in der dritten Person von seinem Leben erzählt, seine Stellung in der damaligen Literatenszene bestimmt und die Grundzüge und Systematik seines Denkens darlegt. Nicht wenige Seiten darin sind der Entstehung seines großen Werkes gewidmet, das er, überzeugt von der Originalität seines Denkens, allen äußeren und inneren Widrigkeiten zum Trotz, im Kampf gegen eine weithin gleichgültige Umwelt, gegen Krankheit und familiäre Schwierigkeiten, sozusagen »unter dem Lärmen seiner Kinder« mit unermüdlicher Konzentration zu seinem Abschluß führte.

Ebenfalls aus dem kulturellen Kontext Neapels und aus ähnlichen Bildungsvoraussetzungen wie Vico empfing der in Ischitella bei Foggia geborene Jurist und Historiker PIETRO GIANNONE (1676–1748) seine entscheidende Prägung, dem es jedoch nicht auf die Nachzeichnung eines idealen und archetypischen Geschichtsverlaufs ankam, sondern auf den entschlossenen Kampf gegen überaltete feudalistische Strukturen und insbesondere auch gegen die traditionellen Machtansprüche der Kirche. Mit achtzehn Jahren kam der junge Giannone nach Neapel und wurde mit den aufklärerisch und vielfach dezidiert antikurial gesonnenen Intellektuellen dieser Stadt bekannt. Wichtigste Lehrer waren der Jurist Domenico Aulisio und der von Mabillon beeinflußte Francesco d'Andrea; wichtige Lektüren waren u. a. Descartes und Gassendi. Sein auf Reform der juristischen, staatlichen und gesellschaftlichen Strukturen gerichtetes und von einem rationalen, aber keineswegs irreligiösen Fortschrittsglauben getragenes Denken fand einen ersten kohärenten Ausdruck in seiner ehrgeizigen, als etwas »ganz Neues« intendierten *Istoria civile del Regno di Napoli* (1723), die in ihren vierzig Büchern die Geschichte Neapels vom Zeitalter der Römer bis zur Gegenwart darstellte und dabei Regierungsformen, Verwaltung und Gesetze, weltliche und kirchliche Institutionen, Bildungswesen und Sitten einer rationalen Analyse und zugleich juristischen Überprüfung unterzog. Leitmotiv bei alledem war das Auffinden einer optimalen Regierungsform; ein weiteres zentrales Motiv Giannones war die Untersuchung der Umstände, die nach und nach die Kirche unter Überschreitung ihrer Zuständigkeiten zu immer größeren praktisch-gesellschaftlichen Privilegien und schließlich zu politischer Macht gelangen ließen. Diesen kurialen Bestrebungen gegenüber proklamierte Giannone die politische Autonomie des Königreichs und wies der Kirche rein geistliche Befugnisse zu. So rief denn auch die *Istoria* als ein typisches und zugleich bedeutendes Zeugnis des fortschrittsorientierten, antikurialen Denkens der neapolitanischen Intellektuellen bei ihrem Erscheinen entschiedene Reaktionen hervor: Die Bürger der Stadt dankten ihm überschwenglich und wählten ihn zum »avvocato ordinario«, während Mönche und andere Kirchenleute ihn anprangerten und schließlich sogar gegen ihn Anklage erhoben. Giannone wurde exkommuniziert, weigerte sich aber, seinem katholischen Glauben abzuschwören und schrieb statt dessen eine *Apologia dell'Istoria civile* (die postum 1755 erschien). Um den ständigen Verfolgungen des Klerus zu entgehen, ging er nach Wien, wo er noch im Juni 1723 eintraf. Hier trat er in Kontakt zu den zahlreichen antiklerikalen, deistischen oder freigeistigen Intellektuellen der Stadt, unter denen sich auch eine ansehnliche Schar von Italienern befand. In Wien gewann er auch Zugang zu den meisten Texten der (weithin geheimen bzw. unterdrückten) antiklerikalen, deistischen und freidenkerischen Literatur Europas, insbesondere Frankreichs und Hollands. Diese Lektüren und das Studium von Descartes, Gassendi, Spinoza, Malebranche und der englischen Deisten führten zu einer Vertiefung und Systematisierung seines antiklerikalen Denkens. Deren wichtigstes Ergebnis war die Schrift *Il Triregno* (ab 1731 entstanden, postum 1895 veröffentlicht), eine rationalistische und materialistische Darstellung der Menschheitsgeschichte unter dem dominierenden Gesichtspunkt des Niedergangs der Kirche. *Il Triregno* teilt das Dasein der Menschheit ideell wie auch teilweise chronologisch in drei Phasen ein: 1. In das irdische Reich (»regno

terreno«), die Epoche der Herrschaft des von Gott auserwählten Juden-
volks über die anderen Völker der Erde; eine immanent und materialistisch
konzipierte Epoche, in der das Leben als mit dem leiblichen Tode beendet
galt; 2. in das himmlische Reich (»regno celeste«), gekennzeichnet durch
die Überzeugung, daß gemäß der Verkündigung Christi der Mensch nach
einem christlichen Erdenleben und nach seiner Auferstehung das ewige
Leben im Jenseits genießt; und schließlich 3. in das päpstliche Reich (»regno papale«), die Epoche, in der die Kirche zu einer weltlichen Einrichtung verfallen ist, die durch eine eigene, dem staatlichen und gesellschaftlichen Recht entgegengesetzte Gesetzgebung versucht, ihre weltliche
Stellung zu behaupten und auszubauen. Gegen diesen weltlichen Verfall
der Kirche und gegen die Anmaßung, mit der sie und die Päpste auf das
Gewissen und die natürliche Denk- und Redefreiheit der Gläubigen
Gewalt ausüben, wendet sich die Stoßrichtung der Schrift, die bei aller polemischen Schärfe und trotz einzelner Anleihen an protestantische Gedankengänge auf der Grundlage des traditionellen katholischen Glaubens
verbleibt.

1734 versuchte Giannone, nach Italien zurückzukehren, ging zunächst
nach Venedig, dann nach Modena und Mailand, und floh von dort zurück
nach Genf. Als er sich 1736 erneut ins Piemont wagte, wurde er verhaftet,
zunächst im Kastell von Miolans, dann in Turin, in Ceva und schließlich
erneut in Turin eingekerkert, wo er auch starb. In der Einsamkeit seiner
Kerkerhaft entstand 1736/37 seine Autobiographie *Vita di Pietro Giannone*, sein literarisch ansprechendstes Werk, wichtig für das Verständnis
seiner geistigen Entwicklung und seiner Persönlichkeit, eine nüchterne und
zugleich eindrucksvolle Überprüfung seines materialistischen Denkansat-
zes und seiner Position als Jurist und Historiker.

Unter den Gelehrten Oberitaliens, die sich an der Schwelle zum 18. Jahrhundert bemühten, die durch die Gegenreformation geförderten provinziellen, konservativen und konformistischen Haltungen zu durchbrechen
und das Denken auf eine rationale und konkrete Betrachtung der Lebenswelt mit dem Ziel einer Erneuerung der gesellschaftlichen Verhältnisse hinzuführen, war der in Vignola bei Modena geborene LUDOVICO ANTONIO
MURATORI (1672–1750) eine der herausragenden Gestalten. Im Unterschied zum literarisch weniger motivierten Giannone galten seine Interessen nicht nur der Philosophie, dem Recht und der Geschichte, sondern in
hohem Maße auch der Literatur und der Dichtungstheorie. Von letzterer
und einigen seiner theoretischen Schriften ist bereits (S. 431 f.) die Rede
gewesen. Muratori hatte erste Bildungseindrücke in den zum Teil noch
marinistisch orientierten literarischen Kreisen Modenas empfangen; sein

wichtigster Lehrer in Modena war der gebildete Benediktiner Benedetto Bacchini, der u. a. von Gassendi, Pascal und Mabillon beeinflußt war und der ihm den Weg zu vielseitigen Studien der Geschichte, der Philosophie und der Theologie ebnete. 1695 ging er als »Dottore« der ambrosianischen Bibliothek nach Mailand. Hier traf er einige der Autoren, die er zuvor gelesen hatte, Maggi, Lemene und Ceva, mit denen er Freundschaft schloß, wodurch sich seine literarischen Interessen vertieften. Diese fanden einen ersten konkreten Ausdruck in der *Vita di C. M. Maggi,* die er 1700 veröffentlichte; im gleichen Jahr wurde er von Rinaldo I. als Bibliothekar nach Modena berufen. Muratoris Denken war stets um Konkretheit, gesellschaftlichen Nutzen und den Fortschritt des Gemeinwesens bemüht; im Unterschied zu Giannone aber vermochte er, die Vernunft mit dem katholischen Dogma zu versöhnen und der Theologie den Primat unter den menschlichen Wissenschaften einzuräumen. Zur Mäßigung in religiösen Fragen rief u. a. seine Schrift *De ingeniorum moderatione in religionis negotio* (1710) auf, nachdem er bereits zuvor in seiner *Lettera esortatoria ai capi, maestri, lettori ed altri ministri degli ordini religiosi d'Italia* (1706) zu einer Reform der Klosterschulen bzw. des kirchlichen Unterrichts aufgerufen und dabei u. a. die Nützlichkeit literarischer Studien auch für das religiöse Denken dargelegt hatte. Großen Ruhm erlangte Muratori auch als gewissenhafter Erforscher der italienischen Geschichte, so zuerst durch seine juristisch-historische Untersuchung *Piena esposizione dei diritti imperiali ed estensi sopra la città di Comacchio* (1712), in der er den Fürsten von Este gegen die Ansprüche des Kirchenstaats das Recht auf Comacchio und Ferrara zusprach, zugleich aber auch für die Unterscheidung zwischen geistlichem und politischem Handeln der Kirche sowie für die Anwendung der Vernunft in allen öffentlichen Angelegenheiten plädierte und den vernünftigen und gerechten Fürsten das Recht auf Erhaltung ihrer Staaten zusprach. Neben vielen aufklärerischen Axiomen ist in dieser Schrift auch die Einsicht formuliert, daß die Wahrheit nie in den Geruch der Ketzerei kommen kann. 1717 folgten die *Antiquità estensi ed italiane,* eine detaillierte Nachzeichnung von fast sieben Jahrhunderten Geschichte des Fürstenhauses von Este, in der Muratori zugleich mit weitverbreiteten Vorurteilen über die angebliche Barbarei germanischer Stämme in Italien aufräumt und zu einer Neubewertung des Mittelalters gelangt. Zu seinen bedeutendsten Werken gehören eine Reihe von Kompendien bzw. Lexika, die er in Zusammenarbeit mit Gelehrten aus allen Teilen Italiens verfaßte, so seine *Rerum italicarum scriptores* in siebenundzwanzig Bänden (1723–38) und einem weiteren Band von 1751, die erste wissenschaftliche und kritische Sammlung des italienischen Schrifttums von etwa 500 bis 1500, und seine sechsbändigen *Antiquitates italicae medii aevi* (1738–42), eine sorgfältige und klare Gesamtdarstellung des Mittelalters in Italien mit allen seinen Lebensbereichen (Rechtsprechung, Wissenschaft, Wirtschaft, Ackerbau, Sprache, Kriegswesen, Religion usw.). Es folgten 1739–43 eine nicht minder gewissenhafte Sammlung alter Inschriften, der *Novus thesaurus veterum inscriptionum,* und vor allem die umfangreichen, um Objektivität und Wahrheit bemühten *Annali d'Italia* (1744, erweiterte Fassung 1749), eine Gesamtdarstellung der italienischen Geschichte vom Beginn der volkssprachlichen Ära bis zur Gegenwart, mit denen Muratori ältere kirchliche und tendenziöse Annalen wie etwa die des Cesare Baronio zu korrigieren versuchte und in denen er erneut für eine rationale Betrachtung des Mittelalters (und eine positive Bewertung der Goten und Langobarden), für die Ächtung von Staatsräson und Gewalt, für die Trennung von Kirche und Staat, für die gemäßigte Monarchie und das Völkerrecht plädierte, stets getragen von der Überzeugung eines unaufhaltsamen Fortschritts der Menschheit. Von seinen zahlreichen Schriften sei noch die Abhandlung *Dei difetti della giurisprudenza* (1742–43) erwähnt, eine scharfe Kritik der Mängel und organisatorischen Mißstände des Rechtswesens, sowie die als eine Art Summe seines Denkens in den letzten Lebensmonaten verfaßte Schrift *Della pubblica felicità* (1749), die unter Zusammenfassung früherer Überlegungen noch einmal das zentrale Thema Muratoris umkreist: das durch eine gerechte Regierung zu erstrebende und zu erhaltende Gemeinwohl, verstanden als Wohlergehen aller Gesellschaftsschichten, auf dem allein sich Frieden und Glück der Völker gründe.

Zu den Wegbereitern der Aufklärung in Italien zählt nicht zuletzt der schon mehrfach erwähnte SCIPIONE MAFFEI (1675–1755). Aus adliger Familie Veronas stammend, u. a. von den Jesuiten in Parma erzogen, entwickelte er frühzeitig breitgefächerte Interessen, darunter solche für klassische Literatur, für das Theater, die Literaturtheorie (vgl. S. 432, 442), für Paläographie, Numismatik, Archäologie und Geschichte; Neigungen, denen eine Vielzahl bedeutsamer, teilweise auch etwas dilettantischer Schriften entsprang. Seit 1698 Mitglied der römischen »Arcadia«, nahm Maffei an öffentlichen Diskussionen regen Anteil und brachte 1710 (zwei Jahrzehnte nach dem *Giornale de' letterati* des Benedetto Bacchini) zusammen mit A. Zeno und A. Vallisnieri das *Giornale de' letterati italiani* heraus, ein Forum für die öffentliche Diskussion und den Meinungsaustausch der Intellektuellen, dessen programmatisch bedeutsame Einleitung er selbst schrieb. 1737, nachdem das *Giornale* in die Krise geraten war, ergriff Maffei erneut mit der Gründung der *Osservazioni letterarie* eine wichtige journalistische Initiative. Seiner historisch-archeologischen Neugierde entsprangen Untersuchungen zur Geschichte seiner Heimatstadt, so etwa *Della antica condizione di Verona* (1719) und vor allem *Verona illustrata* (1732), mit Abstand das gelungenste Werk des Historiographen Maffei, eine Darstellung der Geschichte Veronas seit den Zeiten Karls des Großen mit einer Beschreibung aller wichtigen Kulturdenkmäler der Stadt; ferner eine Untersuchung über die Urkunden des Mittelalters: *Istoria diplomatica* (1727), und in hohem Alter noch das *Museum Veronense* (1749), eine weitere Arbeit zur Kulturgeschichte der Stadt. Zwischen 1732 und 1736 durchreiste Maffei weite Teile Europas: die Schweiz, Holland, England, vor allem Frankreich, wo er sich u. a. über die langanhaltende, durch die Revolte Richers neu entfachte Krise des Jansenismus informierte. Seine archäologischen Studien über Frankreich faßte er etwas eilig in seinen *Galliae antiquitates quaedam selectae et in plures epistulas distributae* (1733) zusammen. Maffei konnte sich nicht enthalten, in die teilweise leidenschaftlich geführten religiösen Diskussionen um Gnade und freien Willensentscheid bzw. Prädestination einzugreifen; er tat dies mit seiner *Istoria teologica delle dottrine e delle opinioni corse nei primi cinque secoli della Chiesa in proposito della divina grazia, del libero arbitrio e della predestinazione* (1742), dem Versuch einer Klärung der Diskussion durch Darstellung ihres geschichtlichen Verlaufs. Im politischen Bereich rückte Maffei 1736 mit seinem *Consiglio politico* (1797 veröffentlicht) der Regierung der niedergehenden venezianischen Republik das demokratische Modell Englands und seiner bürgerlichen Freiheiten (die kurz zuvor Voltaire in seinen *Lettres philosophiques* als Vorbild für Europa gerühmt hatte) vor Augen. In die Diskussion um Geldgeschäfte und Kapitalzins griff er 1744 mit seiner Schrift *Dell'impiego del denaro* ein, in der er das Ausleihen des Geldes zu einem gerechten Zins befürwortete. Sein unermüdlicher aufklärerischer Eifer veranlaßte ihn noch in seinen letzten Jahren, mit seinen Schriften *L'arte magica dileguata* (1749) und *L'arte magica anichilata* (1754) dem nach wie vor verbreiteten Glauben an Zauberei und Magie den Kampf anzusagen.

2. Die Aufklärung in Italien: Ideen, Zentren und Reformer

Die außerordentlich komplexe, in erster Linie vom Bürgertum getragene Bewegung der Aufklärung, die, wie ihre Bezeichnung im Französischen und Italienischen – »Les lumières« bzw. »Illuminismo« – verdeutlicht, von der Grundvorstellung ausging, die Menschheit aus der Finsternis zum Licht zu führen, setzte gegen Ende des 17. Jahrhunderts ein, erreichte im 18. Jahrhundert in Mitteleuropa ihre größte Entfaltung und wirkte dann weit in das 19. Jahrhundert hinein. Sie entwickelte ihre Ideen aus einer Vielzahl geistes- und kulturgeschichtlicher Quellen: Die reformerischen Ansätze des Humanismus und der Renaissance, die Schriften von Grotius und Spinoza, die Philosophie der englischen Deisten des 17. Jahrhunderts (Hobbes, Locke), die naturwissenschaftliche empirische Forschung eines Galilei, Kepler, Newton und vieler nachfolgender Wissenschaftler, einzelne Anstöße aus Reformation und Gegenreformation, der frühe Rationalismus eines Descartes und Leibniz, Erkenntnisse und Beobachtungen aus den neu entdeckten Teilen der Welt und manches andere trugen dazu bei, daß sich nun eine entschlossene und aufs Ganze gesehen optimistische Erneuerungsbewegung herausbildete, die das wesentliche Merkmal des Menschen in seiner Vernunft sah und die im Vertrauen auf die Vernünftigkeit aller Menschen den allgemeinen Fortschritt der Menschheit und den »Ausgang des Menschen aus seiner selbstverschuldeten Unmündigkeit« (Kant) auf ihre Fahnen geschrieben hatte. Dabei hatte der Vernunftglaube der Aufklärung des 18. Jahrhunderts nur noch wenig zu tun mit dem Vernunftbegriff des frühen Rationalismus. Während Descartes oder Leibniz die Vernunft metaphysisch konzipierten als oberstes Instrument zur Erkenntnis der einen unveränderlichen Wahrheit der Ideen, betrachteten die Aufklärer die Vernunft als Erkenntnisinstrument der sinnlichen Welt, als ein begrenzt anwendbares Werkzeug zur experimentierenden, empirischen Analyse der konkreten Dinge und Fakten. Die Vernunft der Aufklärung war also eine kritische Fähigkeit, die stets ihre eigenen Möglichkeiten reflektierte und im Unterschied zur Metaphysik ein begrenztes, dafür aber konkretes Wissen zu gewinnen suchte. Eine besonders profilierte Ausprägung gewann aufklärerisches Denken (unter starkem englischem Einfluß) bekanntlich in Frankreich, wo ab 1751 die große *Encyclopédie* von Diderot und d'Alembert erschien und neben diesen u. a. Voltaire, Turgot, Lamettrie, Helvetius, d'Holbach, Montesquieu und teilweise auch Rousseau im Namen der Vernunft schrieben und stritten. Aus Frankreich empfingen die europäischen Nationen die meisten ihrer aufklärerischen Ideen und Vorbilder, so auch Italien, das sich allerdings ebenso wie andere Länder gern auf autochthone aufklärerische Entwicklungen beruft.

Auf der Grundlage der rationalistischen Tendenzen der »Arcadia«, die der Aufklärung in Italien den Weg ebneten, erlebte die Halbinsel schon in den ersten Jahrzehnten des 18. Jahrhunderts einen lebhaften aufklärerischen Gedankenaustausch. Dem folgte in den von Habsburg besetzten nördlichen Gebieten eine Anzahl konkreter Reformmaßnahmen in vielen Bereichen (Verwaltung, Wirtschaft, Finanzwesen etc.), initiiert oder gefördert durch die Maßnahmen der österreichischen Verwaltung, insbesondere unter Maria Theresia (1740–80); während gegen Ende der autoritären Regierung Josephs II. (1780–90) die Zusammenarbeit zwischen italienischen Aufklärern und dem Wiener Hof spürbar erlahmt und von wachsenden politisch-nationalen Spannungen behindert wird. Gerne stellen die Italiener heraus, daß diese jahrzehntelange Zusammenarbeit mit dem Hause Habsburg die Autonomie der lombardischen Kultur nicht berührt habe. Tatsache ist, daß ziemlich genau in der Jahrhundertmitte, in dem Jahrzehnt von 1750 bis 1760, die reformerischen Initiativen in Italien sich deutlich verlangsamen und vielfach epigonenhaften bzw. konservativen Haltungen Platz machen; während von den sechziger Jahren an der italienische »Illuminismo« mit Pietro Verri, Cesare Beccaria und anderen seine Höhepunkte erreicht. Trotz ihrer programmatisch kosmopolitischen und übernationalen Zielsetzungen hatte die Aufklärung in den meisten europäischen Ländern, so auch in Italien, ein eigenes Gesicht und nahm einen eigenen Verlauf. Dies schon deswegen, weil aufklärerisches Handeln sich nur an konkreten Dingen bewähren konnte, die gesellschaftliche Wirklichkeit aber in jedem Land eine andere war und ist. Darüber hinaus liegen Besonderheiten des italienischen »Illuminismo« in der schon erwähnten Kontinuität zwischen der »Arcadia« in der ersten und der Aufklärung in der zweiten Jahrhunderthälfte sowie in einer starken geographischen Aufsplitterung, die in den einzelnen Kulturzentren und Regionen, von denen im folgenden kurz die Rede sein wird, zu unterschiedlichen innovatorischen Entwicklungen und Resultaten führte.

Für den geistesgeschichtlichen Aspekt der Aufklärung in Italien ist in Betracht zu ziehen, daß in der zweiten Jahrhunderthälfte das illuministische Denken stark mit klassizistischen, neoklassizistischen und schließlich mit frühromantischen Tendenzen durchsetzt wurde. Der Klassizismus stimmte ja formal mit den Prinzipien der rationalen Klarheit überein, kolportierte allerdings gleichzeitig den diesen entgegenstehenden konventionellen rhetorischen Aufwand. Die neoklassizistischen Tendenzen, die (im Jahrhundert Winckelmanns) nicht unerheblich durch die archäologischen Entdeckungen in Herculaneum, Pompeii und anderswo gefördert wurden, waren andererseits stark durchsetzt mit exotischen, sentimentalen und nostalgischen Strömungen, die u. a. in der Philosophie des französischen und englischen Sensualismus (Condillac, Shaftesbury, Burke) einen Nährboden fanden. Aus solchen sentimentalen Einstellungen, aus der nostalgischen Betrachtung der Ruinen, angeregt durch die Nacht- und Grabespoesie eines Gray und eines Young, inspiriert auch durch die wilden Lieder »Ossians« (vgl. S. 473 und 533) und durch Gedanken Vicos und Rousseaus (um nur einiges zu nennen) entfaltete sich langsam der italienische »Preromanticismo«.

Die Entwicklung der Aufklärung in der wirtschaftlich und kulturell
führenden Lombardei ist eng mit den Namen der Gebrüder Verri und dem
des Cesare Beccaria verbunden. Schon seit dem Winter 1761/62 traf sich
im Haus des Pietro Verri, Sohn eines Juristen und hohen Regierungsbeam-
ten, ein Kreis junger Leute, vornehmlich aus angesehenen Patrizierfami-
lien. Halb scherzhaft, halb programmatisch gab man dem Diskussionskreis
den Namen »Accademia dei Pugni« (etwa: »Akademie der Fäuste«), um
damit anzudeuten, daß man sich ernsthaft und streitbar in die öffentliche
Diskussion einlassen bzw. wichtige politische und gesellschaftliche Themen in diese einführen wollte; aber auch um die antiakademische, gegen
»Pedanten« und »Schwätzer« gerichtete Stoßrichtung der Argumentation
kundzutun. In der gleichen Absicht gaben die jungen Mitglieder der »Akademie der Fäuste« ab Juni 1764 eine alle zehn Tage erscheinende Zeitschrift mit dem Titel *Caffè* heraus, deren meist kurze Beiträge in lebhaftem, polemischem oder auch provokatorischem Stil die Probleme der
unterschiedlichsten Lebensgebiete behandelten (Handel, Wirtschaft, Medizin, öffentliche Sitten, Verwaltung, Kunst, Literatur usw). Die thematische
Vielfalt der Beiträge erhielt jedoch ihre ideologische Einheit und Überzeugungskraft durch den stets erkennbaren Reformwillen ihrer Verfasser,
durch den übereinstimmenden Vorsatz, sich an der Realität der Fakten und
Probleme zu orientieren und den Leuten auf allen Gebieten »verità utili«,
nützliche Wahrheiten, zu präsentieren, um dadurch die Reform der Gesellschaft voranzutreiben. *Il Caffè* erschien bis Mai 1766. Neben den Gebrü-
dern Verri und Beccaria, von denen noch zu handeln sein wird, waren im
Caffè die meisten Mitglieder der »Accademia dei Pugni« mit den unterschiedlichsten Beiträgen vertreten. Der Abt Alfonso Longo (1738–1804)
schrieb über das juristische Problem des Fideikommiß; Pietro Francesco
Secchi Commeno (1734–1816) über das Theater und über die Trägheit
»unnützer Menschen«; Luigi Lambertenghi (1739–1813) über die Post und
über Ursprung und Modalitäten des Bestattungswesens; Carlo Sebastiano
Franci (18. Jahrhundert) über Ackerbau, Handel und Manufakturen; Giuseppe Visconti di Saliceto (1731–1803) über das Klima von Mailand; und
der Dichter Giuseppe Colpani (1738–1822) publizierte sieben *Dialoghi dei
morti* über aktuelle Fragen. Zu den Beiträgern des *Caffè* gehörten auch
weitere Intellektuelle, die dem Kreis um Verri ursprünglich nicht angehörten, so etwa der Mathematiker Paolo Frisi (1728–1784) und der berühmte
Gian Rinaldo Carli (1720–1795), der im *Caffè* den Artikel *Della patria
degli italiani* veröffentlichte, dem später so große Beachtung zuteil werden
sollte.

Der wichtigste, vielseitigste und energischste unter den Köpfen der lombardischen Aufklärung war PIETRO VERRI (1728–1797), der nach frühen Essays über literarische und galante Themen dann in seiner Zeitschrift sich vor allem über wirtschaftliche, juristische und moralische Fragen ausließ. In der ersten Nummer seiner Zeitschrift publizierte er seine *Storia naturale del Caffè;* danach die (zuvor in Wien geschriebenen) *Elementi di commercio* und weitere Arbeiten über wirtschaftliche Themen, vor allem die bedeutenden *Considerazioni sul commercio dello Stato di Milano* (1761–63). Eine seiner reifsten Schriften waren die stark von Rousseau beeinflußten *Meditazioni sulla felicità* (1763), die später noch einmal überarbeitet unter dem Titel *Discorso sulla felicità* erschienen. Weitere Beiträge Verris zu seiner Zeitschrift waren etwa die *Considerazioni sul lusso; Il ›Tu‹, ›Voi‹ e ›Lei‹* (eine Schrift gegen die gespreizten Umgangsformen der Adligen); seine Aufsätze *Ai giovani d'ingegno che temono i pedanti* und *Su i parolai* mit Ermahnungen an die Jugend, sich nicht an Pedanten und Schwätzern, sondern an den Realitäten zu orientieren, sowie nicht zuletzt seine lebendigen und kritischen *Pensieri sullo spirito della letteratura d'Italia.* Auch außerhalb seiner Zeitschrift, die sicher sein wichtigstes Lebenswerk war, hat Verri, der wie sein Vater die höhere Verwaltungslaufbahn einschlug (1764) und es schließlich bis zum geheimen Staatsrat brachte, über ähnliche Themen, vor allem auch historische, publiziert. In den folgenden Jahren entstanden seine *Osservazioni sulla tortura* (1768), seine *Meditazioni sull'economia politica* (1771), ein *Discorso sull'indole del piacere e del dolore* (1773) und seine *Storia di Milano* (1783). 1777 schrieb Verri die menschlich besonders ergreifenden *Ricordi a mia figlia* mit Ratschlägen zur Erziehung seiner Tochter Teresa, die in diesem Jahr geboren worden war. Noch in den letzten Monaten seines Lebens verfaßte er eine *Storia della invasione dei francesi e repubblicani nel Milanese nel 1796.*

Weit weniger bedeutend als Pietro Verri, sowohl in seiner Gesamterscheinung auch in bezug auf die Aufklärung in Oberitalien, war dessen Bruder ALESSANDRO VERRI (1741–1816). Dreizehn Jahre jünger als der berühmte Bruder, fühlte er sich durch Veranlagung und Sensibilität weit mehr von klassizistischen und präromantischen Motiven angezogen als von der nüchternen Vernunft, an deren alleiniger Gültigkeit er früh Zweifel entwickelte. Nach einem frühen, sehr mittelmäßigen *Saggio sulla storia d'Italia* debütierte auch der junge Alessandro, Mitglied der »Accademia dei Pugni«, literarisch im *Caffè* mit einigen Beiträgen über aufklärerische Themen. Damit war jedoch sein illuministisches Engagement im wesentlichen beendet; später schrieb er über Literatur, übersetzte Shakespeares *Hamlet* und *Othello,* schrieb selbst zwei Tragödien, die *Pantea* und die *Congiura di Milano,* die er 1779 unter dem Titel *Tentativi drammatici* veröffentlichte.

456

Nach einer Reise nach Paris mit Beccaria brachte ihm ein längerer Aufenthalt in Rom die klassische Antike und die nostalgischen Stimmungsbilder der Ruinen näher. In zunehmend konservativer und klassizistischer Einstellung wandte er sich literarisch vor allem der Evokation der griechischen und römischen Antike zu. Davon zeugen u. a. seine historischen Romane: *Le avventure di Saffo poetessa di Mitilene* (1782); das beim Publikum seiner Zeit sehr erfolgreiche zweiteilige Romanwerk *Le notti romane al sepolcro degli Scipioni* (1792 und 1804; ein dritter Teil wurde erst 1967 veröffentlicht), das neoklassizistische Züge mit sentimentalen Haltungen im Stil Younghs oder Ossians vereint und auf einzelne Stimmungslagen Foscolos und Leopardis vorausweist; und schließlich ein weiterer, weniger erfolgreicher Roman mit dem Titel *La vita di Erostrato* (1815). Von Bedeutung ist seine umfangreiche Korrespondenz mit dem Bruder Pietro.

Der bedeutendste lombardische Reformer neben Pietro Verri war CESARE BECCARIA (1738–1794). Dieser hatte in Parma und Pavia studiert und war 1756 nach Mailand zurückgekehrt, wo er an der Gründung der »Accademia dei Trasformati« beteiligt war. Ab 1760 begann er, sich in ausgedehnten Lektüren mit den Ideen der französischen und englischen Aufklärer vertraut zu machen. Die »Accademia dei Pugni«, deren Mitglied er wurde, bot ihm willkommene Gelegenheit, seinen bis dahin etwas müßiggängerischen Lebenswandel aufzugeben und aktiv zu werden. Er veröffentlichte zunächst eine Schrift über die Reform des Geldwesens: *Del disordine e de' remedi delle monete nello Stato di Milano nel 1762* (1762), und kurz darauf eine bahnbrechende Studie über das Strafrecht und den Strafvollzug: *Dei delitti e delle pene* (1764), die in Italien und im Ausland ein sofortiges ungeheures Echo auslöste. Die in ihrer Argumentation originelle und rationale, durch ihr Mitgefühl mit den Strafgefangenen bewegende Schrift plädiert u. a. für eine klare und unzweideutige Gesetzgebung, für Versachlichung und Objektivierung des Verhörs, Unterlassung jeglicher Gewaltanwendung und insbesondere der Folter, Ersetzung der Todesstrafe durch lebenslängliche Zwangsarbeit und eine generelle Humanisierung des Strafvollzugs – alles in allem ein warmes und überzeugendes Plädoyer für die Beachtung der elementaren Menschenrechte im Justizwesen. Im *Caffè* publizierte Beccaria insgesamt sieben Aufsätze, darunter den *Frammento sulla natura dello stile,* der 1770 in erweiterter, doch unvollständiger Fassung als *Ricerche intorno alla natura dello stile* veröffentlicht wurde; eine Schrift, die mit Blick auf Condillac und dessen sensualistische Lehren die psychologischen Grundlagen von Stil und Rhetorik untersuchte. Eine Reise nach Paris (1766) gab Beccaria Gelegenheit, viele der von ihm studierten Aufklärer persönlich kennenzulernen, so Diderot, d'Alembert, von

Holbach, Condorcet und Morellet. Die Reise erfolgte gemeinsam mit Alessandro Verri, jedoch brach er bald darauf seine Beziehungen zu diesem und zu Pietro ab. Vom Wiener Hof wurde ihm 1768 ein Lehrstuhl für Wirtschaftspolitik eingerichtet; aus dem Lehrbetrieb ging u. a. die Schrift *Elementi di economia pubblica* (postum 1804) hervor. In späteren Jahren hatte er hohe und höchste Regierungsämter inne, was seinen reformerischen Impetus etwas erlahmen ließ.

Im Vergleich zur Lombardei vollzog sich der Prozeß der Aufklärung in so gut wie allen anderen Regionen Italiens weniger intensiv und daher oft auch erheblich langsamer. So zum Beispiel im Piemont, wo zwar unter Vittorio Amedeo II. (1684–1730) einige Reformen durchgeführt wurden, die sich jedoch lediglich auf den Militär- und Verwaltungsapparat bezogen; auch seine Nachfolger Carlo Emanuele III. (1730–1773) und Vittorio Amedeo III. (1773–1796) ließen die alten gesellschaftlichen Strukturen, d. h. insbesondere die Privilegien des Feudaladels, unangetastet. Das hatte neben anderem zur Folge, daß im Piemont ein starkes aufgeklärtes Bürgertum fehlte, das die Reformen hätte voranbringen können. Diejenigen, die dennoch für Reformen eintraten, mußten entweder im Untergrund arbeiten oder aber außer Landes gehen. Letzteres tat denn auch der wohl bedeutendste unter den piemontesischen Aufklärern, CARLO DENINA (1731–1813), der zunächst mit literarischen Themen bekannt geworden war, so mit seinem *Discorso sopra le vicende di ogni letteratura* (1760) und mit seinem *Saggio sulla letteratura italiana* (1762). Später zeigte Denina immer deutlicher eine gesellschaftskritische Einstellung, so daß er schon früh am Hof verdächtigt wurde. Berühmt wurde Denina durch seine dreibändige Geschichte der italienischen Revolutionen, *Delle rivoluzioni d'Italia* (1769–70), die in ihren abschließenden Kapiteln über die Verhältnisse in Italien klare reformerische Forderungen formulierte. Als Denina dann noch versuchte, eine seiner Schriften entgegen bestehenden Verboten außerhalb des Landes in Florenz drucken zu lassen, wurde ihm sein Turiner Lehrstuhl für die Rhetorik des Italienischen entzogen, und er mußte das Land verlassen. Er ging auf Einladung Friedrichs II. an den preußischen Hof, wo er neben einem Essay über Leben und Regierungszeit Friedrichs II. (1788) und einigem anderen auch seine *Considérations d'un Italien sur l'Italie* (1794) schrieb. – Von den bedeutenden piemontesischen Reformern neben Denina sollen der über Grundbesitz, Wirtschaftsfragen und Geldwesen schreibende Giambattista Vasco (1733–1796) sowie dessen Bruder Dalmazzo Francesco Vasco (1732–1794) wenigstens noch erwähnt werden.

Auch in Venedig, wo die alten oligarchischen Strukturen erhalten geblieben waren, konnten sich aufklärerische Ideen nur schwer durchsetzen.

458

Hier schrieben im neuen Geist u. a. Gianmaria Ortes (1713–1790) über volkswirtschaftliche und bevölkerungspolitische Probleme und Francesco Griselini (1717–1787) über Fragen der Landwirtschaft und des Handwerks.

In der Toskana dagegen waren einige Reformvorschläge durch den Großherzog Pietro Leopoldo (1765–1790) aufgegriffen worden, der durch Einführung der Handelsfreiheit, Vereinheitlichung der Steuern, Neuordnung des Grundbesitzes u. a. m. Verwaltung und Wirtschaft zu reformieren suchte. Wichtige Mitarbeiter des Großherzogs bei der Modernisierung des Landes waren Pompeo Neri (1706–1776), der unter Maria Theresia bereits in der Lombardei das Grundbuchwesen reformiert hatte, Francesco Maria Gianni (1728–1801), der über Regierungsformen und Despotismus nachdachte, und Giovanni Fabbroni (1752–1822), der über Landwirtschaft schrieb und einen *Discorso* über die Möglichkeiten verfaßte, die Bürger zum Eheschluß zu ermutigen (1788).

In Neapel schließlich, um wenigstens noch einen kurzen Blick auf den Süden zu werfen, war die Entwicklung zwiespältig: Einerseits gab es aus dem Lager der Intellektuellen nicht wenige engagierte Reformvorschläge, andererseits blieben jedoch Stadt und Umland in wirtschaftlicher Hinsicht auch aufgrund der schon traditionellen Entvölkerung der Provinz und Überbevölkerung der Stadt weit hinter der Entwicklung der nördlichen Regionen Italiens zurück. Auch der alte Feudaladel bestand, obwohl den französischen und den spanischen Besatzungsmächten unterworfen, praktisch unangetastet weiter und sorgte für die Konservierung der alten Verhältnisse. Auch hier fehlte ein aktives und selbstbewußtes Bürgertum als wirtschaftlich und gesellschaftlich tragende Mittelschicht mit der Folge, daß sich die Region das ganze Jahrhundert hindurch bis zur Besetzung durch die Franzosen (1799) auf einer absteigenden Linie bewegte. Die Aufklärung, soweit sie hier Fuß fassen konnte, war im wesentlichen getragen durch eine Anzahl individueller, meist bemerkenswerter Initiativen, unter denen an erster Stelle das Lebenswerk des in Castiglione bei Salerno geborenen ANTONIO GENOVESI (1713–1769) zu erwähnen ist, der zuerst Literatur, Rhetorik und Philosophie studierte, 1737 zum Priester geweiht wurde, später an der Universität Neapel die Lehrstühle für Metaphysik und Ethik innehatte, sich schließlich aber vor allem für wirtschaftliche und gesellschaftliche Fragen interessierte. Von seinen zahlreichen Schriften, die einem immer stärker antikonformen und teilweise deistischen Denken entsprangen, sei der *Discorso sopra il vero fine delle lettere e delle scienze* (1754) genannt, mit dem Genovesi in echt aufklärerischer Perspektive versuchte, die Welt der Literatur und Wissenschaft einerseits und die der Wirtschaft und der Arbeit andererseits zusammenzuführen. Er beschäftigte sich eingehend mit den französischen, englischen und spanischen Wirtschaftstheoretikern und übernahm 1754 einen eigens für ihn geschaffenen Lehrstuhl für Handel und Handwerk. Neben *Meditazioni filosofiche sulla religione e sulla morale* (1758), neben *Lettere academiche* über die Frage, ob die Ungebildeten glücklicher seien als die Akademiker (1764) und vielen anderen Schriften veröffentlichte er zwischen 1765 und 1767 seine wichtigen *Lezioni di commercio o sia d'economia civile*, in denen er Verbesserungsvorschläge für Landwirtschaft, Handel, Industrie und Handwerk entwickelte, eine klare Gesetzgebung und Schulen mit konkreten, lebensnahen Lehrprogrammen forderte und meridionalem Fatalismus und Schlendrian eine deutliche Absage erteilte. Auch in die Diskussion von Erziehungsfragen schaltete sich Genovesi in seinen späten Jahren mit mehreren Schriften ein.

Im skeptizistischen und materialistischen Denken des in Chieti geborenen FERDINANDO GALIANI (1728–1787) begegneten sich in ungewöhnlicher Weise kosmopolitische Perspektiven mit der Sorge um konkrete Verbesserung der gesellschaftlichen und wirtschaftlichen Verhältnisse Neapels. Galiani, ein scharfsinniger Geist, der auch eine überaus gewandte Feder führte, überzeugter Aufklärer, doch allen rationalistischen Extremen abhold und in nicht wenigen Punkten auf konservativen Positionen verharrend, schrieb schon als kaum Zwanzigjähriger die Abhandlung *Sullo stato della moneta ai tempi della guerra troiana* und publizierte wenig später seine Schrift *Della moneta* (anonym 1751), in der sein reformerisches Anliegen ebenso wie die Ausgewogenheit seines Urteils bereits klar zutage treten und in der er neben der Erörterung finanztechnischer Fragen für die Erhaltung des aufgeklärten Absolutismus eintritt. Das Galiani prägende Erlebnis war ein fast zehnjähriger Aufenthalt als Sekretär des neapolitanischen Botschafters in Paris (1759–69), wo der weltgewandte und beredte Abt (Galiani hatte 1745 die niederen Weihen erhalten) sich mit Diderot, d'Alembert, von Holbach, Helvetius, Friedrich Melchior Grimm, mit Madame d'Epinay und vielen anderen anfreundete. Den etwas zwiespältigen, stets zu Scherzen und wortreichen Auslassungen aufgelegten Galiani nannte Grimm »einen Platon mit der Lebendigkeit einer Harlekinsmaske« und Diderot »einen Harlekin mit Machiavellikopf«. In den Pariser Jahren entstand der größte Teil seiner berühmten *Dialogues sur le commerce des bleds,* die 1770 von Madame d'Epinay und Diderot veröffentlicht wurden. In den acht überaus lebendigen und auch literarisch anspruchsvollen Dialogen dieser Schrift behandelte Galiani in lockerer Form eine Reihe von Fragen des Getreidehandels (ein derzeit vieldiskutiertes Thema) und entwickelte als Grundthese die Notwendigkeit einer flexiblen, auf den unterschiedlichen Stand der jeweiligen Volkswirtschaft (z. B. auf die Frankreichs oder Neapels) abgestimmten Wirtschaftspolitik. Von Galiani stammen ferner eine (gemeinsam mit Giambattista Lorenzi verfaßte) Komödie *Il Socrate immaginario* (1777) und die Studie *Del dialetto napoletano* (1779).

Von großer Bedeutung für den Gang der Reformen im Süden war die 1784 auf den Index gesetzte *Scienza della legislazione* des GAETANO FILANGIERI (1753–1788), die in acht Bänden zwischen 1780 und 1791 erschien. Die umfangreiche Studie, in der Gedanken der gesamten europäischen Aufklärung zusammenströmen, entwickelt tiefschürfende Betrachtungen über eine moderne und gerechte Gesetzgebung, die nach Filangieri nur zu verwirklichen ist, wenn die naturgegebenen Ansprüche der Individuen mit dem Gesamtwohl der Gesellschaft in Einklang gebracht werden können. Richtungweisend waren auch die *Saggi politici* (1783–85, 2. Auflage 1791–92) des im Oktober 1799 nach erfolgloser Verteidigung der Republik Neapel gewaltsam ums Leben gekommenen Juristen FRANCESCO MARIO PAGANO (1748–1799), in denen dieser, teilweise auf Vico aufbauend, Entstehung und Untergang der Nationen untersuchte, sich für eine freie Ausübung des Naturrechts aussprach und den Niedergang des Despotismus in eine zweite Barbarei voraussagte. Pagano schrieb auch realitätsnah über den Fischhandel in Neapel und über Fragen des Strafrechts und Strafvollzugs. Wenigstens kurz erinnert sei noch an den belesenen Marchese Giuseppe Palmieri (1721–1793), der sich über Probleme des Ackerbaus und der Landverteilung Gedanken machte und mit seinen *Riflessioni critiche sull'arte della guerra* (1761) europaweite Beachtung fand, sowie an den von den Thesen des Sensualismus beeinflußten Melchiorre Delfico (1774–1835), dem die Verbesserung der Lebensbedingungen der Landbevölkerung und die Liberalisierung des Handelswesens im Königreich angelegen waren.

3. *Die Literatur der Aufklärung*

Bei aller geistes- und gesellschaftsgeschichtlichen Bedeutung bietet die Literatur der Aufklärung unter dichterischem bzw. sprachkünstlerischem Gesichtspunkt kaum Höhepunkte. Dies ist nicht verwunderlich in einer Epoche, die das Gefühl der Vernunft, das Wort der Sache, den rhetorischen Schmuck der Idee grundsätzlich unterordnete und die alles Denken und Wahrnehmen unter den dominierenden Gesichtspunkt des gesellschaftlichen Nutzens stellte. Die im folgenden kurz dargestellten Werke derjenigen italienischen Aufklärer, die sich neben meist vielseitigen Interessen und

Tätigkeiten auch dem im engeren Sinne literarischen, d. h. belletristischen Bereich widmeten, tragen allesamt mehr oder minder das Siegel dieser Prioritäten, selbst wenn im einzelnen hier und dort traditionelle Strukturmuster und Stillagen und persönliche oder sentimentale Neigungen erkennbar sind. Die wenigen literarisch herausragenden Autoren der zweiten Jahrhunderthälfte wie Parini, Goldoni und Alfieri gehören nicht mehr in den engeren Kreis der italienischen Aufklärer und bieten Merkmale, die zum Teil weit über deren Ideologie hinausweisen. Von ihnen soll daher weiter unten in gesonderten Kapiteln die Rede sein.

Die Zeichen des antitraditionellen, innovatorischen Denkens der Aufklärung sind erkennbar in den Schriften des weitgereisten Venezianers FRANCESCO ALGAROTTI (1712–1764), der in seinem in popularisierender Absicht geschriebenen *Newtonianismo per le dame* (1737; 1738 überarbeitet unter dem Titel *Dialoghi sopra l'ottica newtoniana*) im Namen der neuen Wissenschaft Newtons gegen die ältere Philosophie des Descartes und zugleich gegen arkadische Galanterie, gegen Pedantentum und akademische Attitüden polemisierte und dabei die Aufmerksamkeit auf die europäische Kulturentwicklung richtete, die er im Vergleich zu Italien als wesentlich fortschrittlicher empfand. Das Werk war Fontenelle gewidmet, an dessen *Entretiens sur la pluralité des mondes* (1686) Algarotti sich inspirierte. Algarotti, der trotz seines starken aufklärerischen Impulses von den Ideen der »Arcadia« und stilistisch vielfach von klassischen Vorbildern beeinflußt blieb, verfaßte eine große Anzahl von Abhandlungen über praktische Fragen wie Handel, Gesetzgebung, Architektur, über das Genie, den Einfluß des Klimas auf den Charakter der Völker u. a. m. Neben seinem in acht Briefen an Lord Harvey und weiteren vier Briefen an Scipione Maffei verfaßten Reisebericht *Viaggi in Russia* (1739) schrieb er u. a. den erotischgalanten, antipetrarkistisch gestimmten Roman *Il congresso di Citera* (1745), eine Nachahmung von Montesquieus *Temple de Gnide* (1725), sowie einige historische und sprach- bzw. literaturkritische Studien (*Saggio sopra la lingua francese, Saggio sopra la necessità di scrivere nella propria lingua*, beide 1750; *Saggio sopra la rima*, 1752).

Auf literaturgeschichtlichem Gebiet erschienen in dieser Zeit zwei materialreiche Arbeiten, nämlich das sechsbändige bibliographische Nachschlagewerk des Giammaria Mazzuchelli (1707–1765) mit dem Titel *Scrittori d'Italia*, das 1753–63 veröffentlicht wurde und beim Buchstaben B abbricht; sowie die methodisch und inhaltlich bedeutsamere *Storia della letteratura italiana* des Girolamo Tiraboschi (1731–1794), die in erster Auflage 1772–82 und in zweiter überarbeiteter Fassung von 1787–94 erschien. Stärker als in diesen beiden Werken sind jedoch methodische Fortschritte

462

und neues realitätsbezogenes Denken in den Arbeiten zur Literaturkritik und Poetik wirksam, in denen sich eine entschiedene Loslösung von den Prinzipien der »Arcadia«, eine objektivere Betrachtung des künstlerischen Schaffensprozesses und die Einarbeitung neuer philosophischer Strömungen, allen vorweg der des Sensualismus, kundtut. Einer der wichtigsten Anstöße für Literaturkritik und Poetik ging von dem in Mantua geborenen Jesuiten und späteren Rhetorikprofessor SAVERIO BETTINELLI (1718–1808) aus, einem kritischen und vielseitigen Geist, der außer durch seine überwiegend »berneske« Lyrik und einige Theaterstücke vor allem durch seine *Lettere Virgiliane* Berühmtheit erlangte, die 1757 als Zugabe in der Anthologie *Versi sciolti di tre eccellenti moderni autori* veröffentlicht wurden (die drei exzellenten Lyriker sind Bettinelli selbst, Algarotti und Frugoni). In diesen fiktiven *Dieci lettere di Publio Virgilio Marone scritte dagli Elisi all'Arcadia di Roma sopra gli abusi introdotti nella poesia italiana* unterzieht Vergil alias Bettinelli die gesamte italienische Literatur von ihren Anfängen an einer strengen, rationalistischen, oft allerdings auch persönlich gefärbten Kritik. Dante und Petrarca, Ariosto, Tasso oder die «Arcadia» werden mit wechselnden, im wesentlichen illuministischen Begründungen abgeurteilt; wobei allem aufklärerischen Eifer zum Trotz eine starke Bindung Bettinellis an das Ideal des klassisch Schönen und Vollkommenen nicht zu übersehen ist. Der als schwach bewerteten italienischen Literatur stellt Bettinelli als Vorbild die lateinische sowie auch die französische Literatur des 17. und 18. Jahrhunderts gegenüber. Mit seinem innovatorischen Schwung war Bettinelli der Gruppe des *Caffè* ein willkommener Mitstreiter; für diese Zeitschrift bereitete er auch die *Lettere sopra vari argomenti di letteratura scritte da un inglese ad un veneziano* vor (meist kurz als *Lettere inglesi* zitiert), die jedoch 1767 anderswo publiziert werden mußten. In den *Lettere inglesi* wird erneut die italienische Literatur rezensiert, diesmal allerdings nicht unter dem Gesichtspunkt der Klassik, sondern aus der Perspektive eines aufgeklärten Engländers; doch enthält diese Schrift gegenüber den *Lettere virgiliane* nur wenig Neues. Wie bei vielen Intellektuellen der Epoche mischten sich auch bei Bettinelli rationalistische Thesen und Vorstellungen mit Gedanken über die naturhaften Impulse des Menschen, über Gefühl und Sensibilität. Diese Verknüpfung von rationalen und irrationalen Motiven wurde besonders deutlich in Bettinellis Schrift *Dell'entusiasmo delle belle arti* (1769), in der er über die Bedeutung des natürlichen Talents und die Funktion der Phantasie und des Traums im künstlerischen Schaffensprozeß nachdenkt, und, unter deutlichem Einfluß sensualistischer Ideen, naturgegebene Sensibilität mit rationalistischem Kalkül in der Kunst zu versöhnen sucht. Auch in seiner späteren *Dissertazione accademica so-*

pra Dante (1800) läßt er neben der rationalen Planung und Regelmäßigkeit des künstlerischen Entwurfs die freie Einbildungskraft und die schöpferische Begeisterung als Entstehungsgründe des Kunstwerks gelten. Von den zahlreichen Schriften Bettinellis, von denen nicht wenige auch dem Zeitgeschmack der Galanterie huldigten, sei noch die an der Geschichtsschreibung Voltaires sich orientierende Studie *Del Risorgimento d'Italia negli studi, nelle arti e nei costumi dopo il Mille* (1775) genannt, worin Bettinelli die kühne These vertrat, daß die eigentliche Renaissance der italienischen Kultur bereits kurz nach dem Jahr 1000 erfolgte, diese dann ihren Höhepunkt im Cinquecento erreichte, um von da an langsam zu zerfallen. Die späteren Werke Bettinellis bringen kaum noch Wesentliches; so stellt etwa sein *Discorso sopra la poesia italiana* (1781) ausschließlich auf das unzulängliche Kriterium der Eleganz ab.

Im Rahmen der hier angesprochenen sensualistischen bzw. psychologisierenden Strömungen, die u. a. in Verris *Discorso sull'indole del piacere e del dolore* (1773) einen relevanten Ausdruck fanden, sind auch die poetologischen und kunsttheoretischen Überlegungen des weitgehend Vico verpflichteten FRANCESCO MARIO PAGANO (1748–1799) zu erwähnen, der in seinem *Discorso sull'origine della poesia* (1783) und in *Del gusto e delle belle arti* (1785) ähnlich wie Bettinelli die Empfindung des Schönen in der Kunst auf das sinnliche Wohlgefallen zurückführt; eine Konzeption allerdings, die nichts mehr mit dem verspielten Hedonismus der »Arcadia« zu tun hat, sondern den Sinnengenuß als elementaren Ausdruck der Existenz eines Menschen und seines Selbstgefühls betrachtet.

Weit über den kunsttheoretischen Bereich hinaus reichte dagegen die rege schriftstellerische Tätigkeit des Turiners GIUSEPPE BARETTI (1719–1789), der lange Jahre, zuerst von 1751–60, dann – nach Reisen durch Portugal, Spanien und Frankreich – von 1763 bis zu seinem Tod in London lebte und dort mancherlei Beziehungen, darunter auch zu dem klassizistischen und konservativen Schriftsteller Samuel Johnson, anknüpfte. Nach seinen teilweise im Stil Bernis geschriebenen *Piacevoli poesie* (1750) publizierte er mehrere Arbeiten in englischer Sprache: *A Dissertation upon Italian Poetry*, 1750; *Remarks on the Italian Language and Writers*, 1753; *A History of the Italian Tongue*, 1757; und neben anderem das bedeutende, auf einem älteren Wörterbuch von Ferdinando Altieri aufbauende *Dictionary of the English and Italian Languages*, 1760. 1762/63 trat er mit einem ersten italienischen Prosawerk, seinen zweibändigen *Lettere familiari a' suoi tre fratelli* (1762/63), hervor, ein Werk, das jedoch in Stil und Ideen noch weitgehend alten literarischen Mustern verpflichtet war. Das herausragende literarisch-kritische Werk Barettis, in dem dieser auch zu seinem

464

ungewöhnlichen, an französischen und englischen Vorbildern geschulten Stil fand, war die berühmte *Frusta letteraria (Die literarische Geißel)*, ein bibliographisches Bulletin, in dem der Turiner die literarischen Erscheinungen und Aktivitäten der Zeit rezensierte und die Fehlleistungen der Zeitgenossen auf diesem Gebiet mit unerhörter Wucht und Schärfe geißelte. Die *Frusta letteraria* erschien vierzehntägig zunächst vom 1. Oktober 1763 bis zum 15. Januar 1765 mit insgesamt 25 Nummern in Venedig; sodann, nachdem die venezianische Zensur eine Fortsetzung untersagt hatte, mit weiteren acht inhaltlich weniger bedeutenden, weil ausschließlich der Polemik mit Pater Appiano Buonafede gewidmeten Nummern vom 19. April bis 15. Juli 1765 in Ancona. Unter dem Decknamen des Aristarco Scannabue, einer Art »Karikatur der moralischen Veranlagung und des literarischen Geschmacks Barettis« (A. Momigliano) kämpfte dieser mit aggressivem Humor, deformierender Parodie und polemischer Schärfe gegen stilistische Schwächen, inhaltliche Hohlheiten, müßiggängerische Futilitäten und pedantische Spielereien der zeitgenössischen italienischen Literaturproduktion, mit einer besonders sarkastischen Spitze gegen die galante, pastorale oder verspielte, auf Nachahmung und Konvention beruhende Literatur der »Arcadia« und ihrer Nachläufer. Im Zusammenhang mit der Verdammung der »Arcadia«, die für Baretti so etwas war wie der absolute Gegenpol der guten Literatur, und mit der Ächtung von Imitation und Konvention, erhob Baretti-Scannabue unermüdlich die Forderung nach einer kraftvollen, sachbezogenen und daher realistischen und aktuellen Literatur, die zwar um stilistische Gestaltung bemüht sein sollte, diese jedoch einer natürlichen und klaren Darbietung des Stoffes unterzuordnen habe. Bei aller sarkastischen Schärfe war die »Revolte« Barettis im wesentlichen eine innerliterarische Angelegenheit und vollzog sich auch letztlich im Rahmen einer konservativen Ideologie. Die Grenzen Barettis werden allenthalben spürbar, so etwa in der mangelnden Präzisierung seiner Vorstellungen vom »gesunden Menschenverstand« und der von ihm oft berufenen »Natürlichkeit«, ferner in seiner allzu aufdringlichen Moral und in einem zu eng gefaßten Dichtungsbegriff. Diese Grenzen brachten denn auch Baretti dazu, neben einer gerechten Beurteilung Shakespeares, Ariostos, Cellinis, Metastasios, Parinis und anderer etwa die »modernen Komödien« Goldonis aus moralischen und sprachlichen Gründen zu verdammen, Beccaria, Verri und andere Mitglieder des *Caffè* anzufeinden oder einzelne literarische Formen wie etwa den freien Vers abzulehnen. Dies alles schmälert indes nicht das Verdienst der *Frusta letteraria*, einen gewichtigen Beitrag zu einer literarischen und gesellschaftlichen Erneuerung der damaligen Zeit geleistet zu haben. Zeugnis sowohl der Belesenheit Barettis als auch seiner in vielen Punkten konservativen und klassizistischen Orientierungen war schließlich der späte *Discours sur Shakespeare et sur monsieur de Voltaire«* (1777), eine seiner besten Schriften, in der er einerseits geschickt und lebhaft gegen die Auswüchse und Irrtümer der rationalistischen Kritik, und insbesondere derjenigen Voltaires, polemisiert, andererseits aber zu einem vertieften Verständnis Shakespeares findet, den er als freies, spontan schaffendes Naturtalent, als intimen Kenner des menschlichen Herzens und als überragenden Genius würdigt – Bewertungen, die auf das Shakespeare-Bild der romantischen Generation vorausweisen.

4. Die Gebrüder Gozzi. Ein Blick auf Theater, Memoiren und Reiseberichte der Zeit

Obwohl nicht mehr der aufklärerischen Ideologie im engeren Sinne verpflichtet und als Schriftsteller keineswegs herausragend, haben die Gebrüder Gozzi dennoch einige wichtige und zum Teil auch originelle Akzente in der literarischen Szene ihrer Zeit gesetzt. Der in Venedig als erstes von elf Kindern des Grafen Iacopo Antonio Gozzi geborene GASPARO GOZZI (1713–1786) brachte nach mehreren literarischen Versuchen 1750 den ersten Band seiner *Lettere diverse* (ein zweiter Band folgte zwei Jahre später) und 1751 seine *Rime piacevoli d'un moderno autore* heraus, Werke, die seine experimentierende Phase abschlossen und ihn als vielseitigen und begabten Literaten mit deutlich traditioneller bzw. klassizistischer Einstellung auswiesen. Bekannter wurde Gasparo indes durch seine wiederum konservativ orientierte Schrift *Giudizio degli antichi poeti sopra la moderna censura di Dante attribuita ingiustamente a Virgilio* (1758), meist kurz als *Difesa di Dante* zitiert, mit der er den großen Florentiner gegen die *Lettere virgiliane* Bettinellis verteidigte. Der Studie gelangen einige gute Beobachtungen zu Inhalt, Wirklichkeitsdarstellung und Sprache der *Commedia;* sie blieb jedoch von einer tieferen Würdigung der Größe Dantes wie auch von dem Niveau der Literaturkritik Bettinellis weit entfernt. Hervorzuheben ist das journalistische Engagement Gasparos, der zwischen 1760 und 1762 mit frischer Feder eine große Zahl von Beiträgen für die »Gazzeta Veneta«, den »Mondo Morale« und den »Osservatore Veneto« schrieb. In sorgfältiger, an klassischen Vorbildern, aber auch an neueren englischen und französischen Autoren geschulter Prosa kommentierte Gozzi in diesen Zeitungen aus der Perspektive des distanzierten, oft ironischen und amüsierten Beobachters das Geschehen in seiner Heimatstadt Venedig, die zahllosen kleinen und doch signifikanten Vorfälle und Ver-

466

wicklungen aus dem Leben des Bürgertums und dem konkreten Alltag der Lagunenstadt, wobei er seine Stärken vor allem in den kürzeren, skizzenhaften Beiträgen entfaltete. Aus den sechziger Jahren, in denen Gasparos literarische Karriere ihren Höhepunkt erreichte, stammen auch die (wie schon das gleichnamige Werk des Chiabrera) in freien Elfsilblern geschriebenen *Sermoni* (zwölf davon 1763 und weitere sieben in den folgenden Jahren publiziert). Das große Vorbild hierfür waren die Satiren des Horaz; doch gelang es Gasparo, in Anlehnung an den Römer in seinen bald ironisch-bizarren, bald moralisierenden, bald kontemplativen *Strafpredigten* eine geradezu ideale Ausdrucksform für seine gesellschaftskritische, doch stets zum Fragmentarischen neigende Schreibweise zu finden. In seinen späteren Jahren war Gozzi, der sein Leben lang mit materiellen Nöten zu kämpfen hatte und im Sommer 1777 einen Selbstmordversuch unternahm, menschlich und schriftstellerisch erschöpft; literarisch Relevantes ist in dieser Zeit nicht mehr zustande gekommen.

Weit konservativer und zugleich realitätsferner als der dem aktuellen Zeitgeschehen aufgeschlossene Gasparo war dessen Bruder CARLO GOZZI (1720–1806), dem seine adlige Herkunft und eine enge, traditionelle Bildung nicht erlaubten, die Bedeutung der innovativen Tendenzen der Zeit im Leben und in der Literatur zu erkennen, und dessen Grundhaltung daher die eines der guten alten Zeit nachtrauernden, alles Neue bekämpfenden, moralisierenden und nörgelnden Reaktionärs war. Nach Jugendjahren mit konventioneller Erziehung und Ausbildung absolvierte der als sechstes Kind geborene Carlo ab 1741 einen dreijährigen, an Abenteuern und Liebesaffären reichen Militärdienst in Dalmatien, bevor er, 1744 nach Venedig zurückgekehrt, in langanhaltende Streitereien und Rechtshändel um den heruntergekommenen Familienbesitz verwickelt wurde. 1747 trat Carlo in die konservative »Accademia dei Granelleschi« ein. Sein Überleben in der Literaturgeschichte verdankt er in erster Linie dem Streit mit Carlo Goldoni. Diese jahrelange, überaus heftige Polemik, die sich zum Teil auch gegen Pietro Chiari (vgl. S. 469, 481) richtete, begann Carlo 1757 mit dem Almanach *La tartana degli influssi invisibili per l'anno bisestile 1756*, in dem er Goldoni und Chiari angriff; darauf antwortete Goldoni mit dem Gedicht *La tavola rotonda* (1758). Es folgten weitere Angriffe Gozzis, u. a. in *Il teatro comico all'Osteria del Pellegrino* (1758) und in *I sudori d'Imeneo* (1759); auch in späteren Werken, so etwa in seinem *Ragionamento ingenuo e storia sincera dell'origine delle mie dieci fiabe teatrali* (1772) und noch in seinen späten autobiographischen *Memorie inutili* (1797/98) kam er wiederholt auf dieses Thema zurück. Gozzi plädierte für die Erhaltung der althergebrachten Struktur der »Commedia dell'arte« und wirft Goldoni bzw.

467

dessen »modernem« Theater modische Erneuerungssucht, moralische Verderbnis, liederliche, vulgäre und zu realitätsnahe Thematik, unsittliche und unreife Charaktere, Verwahrlosung des Stils bzw. der Bühnensprache und generell eine zu große Nähe und Sympathie zum Volk vor – eine an Argumenten arme, rein negative Kritik, hinter der die Klassenangst des reaktionären Adligen vor den tiefgreifenden Umwälzungen seiner Zeit sichtbar wird. Solche Ängste und ein zu enger Horizont veranlaßten Gozzi auch, etwa in den *Ragionamenti* den Beitrag der Kunst und der Bühne zur Erziehung und Bildung des Volkes ironisch in Abrede zu stellen. Statt dessen sollte die Kunst in freien Phantasieräumen schwelgen und ein moralisch einwandfreies, von der rauhen Wirklichkeit oder von innovativen Tendenzen unbehelligtes Genießen bescheren.

Aus solchen und ähnlichen Intentionen heraus schrieb Carlo Gozzi von 1761–65 für die Schauspieltruppe des Antonio Sacchi zehn Märchenstücke fürs Theater: *L'amore delle tre melarance, Il corvo, Il re Cervo, Turandot, La donna serpente, La Zobeide, I pitocchi fortunati, Il mostro turchino, L'augellino belverde* und *Zeim re dei geni*. Die Stücke schöpfen ihre Stoffe aus den Novellen Bandellos, aus mündlich tradierten Märchen oder auch aus französischen Novellensammlungen und möchten mit ihren weltabgewandten, märchenhaften Handlungen voll tragischer, komischer oder zauberhafter Wechselfälle dem Publikum einen unbeschwerten Genuß bescheren. Die als Theatervorlagen eher schwachen und oft sinndunklen, bei aller Zauberhaftigkeit einzelner Motive insgesamt einfühlungsarm komponierten Stücke erfuhren wegen der Exotik ihrer Stoffe (China, Orient etc.) und der pathetischen Wirkung einzelner lyrischer Szenen in ganz Europa und insbesondere bei den Romantikern große Beachtung, beeindruckten u. a. die Gebrüder Schlegel, Schiller, Goethe, E. T. A. Hoffmann und Wagner und inspirierten darüber hinaus auch einige Musiker wie Busoni, Prokofjew, Puccini und Casella. Neben einigen unbedeutenden, ebenfalls für Sacchi komponierten Tragikomödien und einigen am spanischen Theater (Calderón, Tirso de Molina, Agostino Moreto) inspirierten sogenannten »drammi spagnoli« sowie kleineren Szenarien schrieb Carlo Gozzi etwa gleichzeitig auch seine 1772 veröffentlichte *Marfisa bizzarra*, ein heroikomisches Gedicht in zwölf Gesängen mit einer recht schwachen Handlung um Marfisa, Schwester des Ruggiero, die schließlich aus Liebeskummer schwindsüchtig wird, und weiteren einschlägigen Requisiten aus der Klamottenkiste der alten Ritterromane, mit merkwürdig verzerrten, marionettenartigen und dekadenten Gestalten und vielen ungewollt grotesken Szenen. Ein Werk, das von seinem Autor indes als Hommage an »unsere alten gefälligen, mir unendlich sympathischen und teuren Dichter« gedacht war,

468

deren Stil er nachahmen möchte. Mit dem 1772 veröffentlichten Drama *Le droghe d'amore* löste Gozzi, der seit 1771 Freund der zur Truppe Sacchis gehörenden Schauspielerin Teodora Ricci war, einen folgenschweren Skandal um den venezianischen Senatssekretär Pietro Antonio Gratarol aus, in den mit anderen auch seine Freundin verwickelt wurde. In den wohl um 1784 begonnenen *Memorie inutili della vita di Carlo Gozzi scritte da lui medesimo e pubblicate per umiltà* (1797/98) schließlich erzählte Gozzi aus seinem Leben. Doch entsprang auch dieses Werk in erster Linie dem polemischen Anliegen, sich in der Affäre Gratarol (dieser mußte außer Landes fliehen und wurde in Abwesenheit zum Tode verurteilt) zu entlasten. Neben anderen persönlichen Reibereien ist auch der Auseinandersetzung mit Goldoni erneut breiter Raum gewidmet; auf den von Polemik freien Seiten erweist er sich als lebendiger Erzähler mit bildlicher Darstellungskraft.

Was das italienische Theater der zweiten Hälfte des 18. Jahrhunderts angeht, so wird die Szene von den überragenden Gestalten Goldonis und Alfieris beherrscht, von denen in gesonderten Kapiteln zu handeln sein wird. Neben ihnen gibt es kaum etwas von nur annähernd vergleichbarem künstlerischen Rang. Einen Hinweis verdient der in Polemiken mit Goldoni und dann mit Carlo Gozzi verwickelte Jesuit und Rhetoriklehrer PIETRO CHIARI (1711–1785), der, als Künstler wenig bedeutend, sich in der Auseinandersetzung mit den Großen und in ihrer Nachahmung geschickt emporrankte und es verstand, sich rasch anzupassen und den Geschmack des großen Publikums zu treffen. Aus Fieldings *Tom Jones* gewann Chiari die Stoffe seiner Komödientrilogie mit den Teilen *L'orfano perseguitato, L'orfano ramingo* und *L'orfano riconosciuto;* aus Marivaux stammen die Stoffe von *La Marianna o sia l'orfana* und *La Marianna o sia l'orfana riconosciuta;* in Anlehnung an Goldonis *Molière* schrieb er seinen ziemlich banalen *Molière, marito geloso* (1753). Auf die *Pamela* Goldonis replizierte er mit seiner *Pamela maritata* (1753), auf Goldonis *Filosofo inglese* mit seinem *Filosofo veneziano;* Goldonis Komödien ahmte er mit klassischen Stoffen in seinem *Plauto,* seinem *Diogene nella botte* und anderen Stücken ebenso nach wie dessen Zugeständnisse an den Geschmack des Exotischen, dem er seinerseits etwa mit *La schiava cinese* (1753) und *Le sorelle cinesi* huldigte. Chiari, der sich um die Form seiner Werke wenig kümmerte, aber einen ausgeprägten Sinn für die Geschmacksrichtungen seiner Zeit und deren Modethemen hatte, darunter auch die Forderung nach Emanzipation der Frauen publikumswirksam behandelte, schrieb auch Romane, als ersten *La filosofessa italiana* (1753) mit einer turbulenten Handlung voller Abenteuer, Duelle und Verkleidungsszenen, dessen Schemata dann noch in einer Reihe weiterer, ziemlich wertloser Romanwerke durchgespielt wurden.

Unzulänglich war auch der Versuch des Klerikers und Vielschreibers APPIANO BUONAFEDE (1716–1793), zeitweise Lehrer von Ferdinando Galiani, mit seinem in der *Frusta letteraria* publizierten *Saggio di commedie filosofiche*, gegen den Baretti aufs heftigste polemisierte (vgl. S. 465), das Theater zu reformieren. Auf dem Gebiet des Melodramas engagierte sich mit mehr Glück und im wesentlichen in den Fußstapfen Metastasios der in Livorno geborene, in Neapel, Paris und Wien schaffende RANIERI DE' CALZABIGI (1714–1795), der 1761 in Wien Christoph Willibald Gluck begegnete und für diesen die Libretti dreier Reformopern schrieb *(Orfeo ed Euridice, Alceste, Paris ed Helena)*. Ebenfalls als Librettist trat neben GIAMBATTISTA CASTI (vgl. S. 472) der Priester und Abenteurer LORENZO DA PONTE (1749 bis 1838) hervor, der 1779 aus Venedig verbannt wurde und dann in Dresden und Wien als Theaterdichter tätig war. Von ihm stammen u. a. die dilettantisch-genialen Texte zu Mozarts Opern *Le nozze di Figaro, Don Giovanni* und *Così fan tutte*.

Aus der vielfältigen, hier und da bereits angesprochenen autobiographischen Literatur der Epoche seien neben den *Memorie inutili* Carlo Gozzis noch die berühmten *Mémoires pour servir à l'histoire de ma vie* (geschrieben 1806/07) des GIUSEPPE GORANI (1740–1819), die zwischen 1810 und 1813 verfaßten *Memorie* des FILIPPO MAZZEI (1730–1816), der am amerikanischen Unabhängigkeitskrieg teilnahm, und die im wesentlichen zwischen 1823 und 1827 in den USA entstandenen *Memorie* des Lorenzo Da Ponte erwähnt. Eine Sonderstellung nimmt in diesem Bereich die meist als *Mémoires* zitierte, von 1791–98 auf Schloß Dux in Böhmen geschriebene *Histoire de ma vie* des Priesters, Abenteurers und Geschäftemachers GIACOMO CASANOVA (1725–1798) ein, in der dieser die Geschichte seines bewegten Lebens bis zum Jahre 1774 nacherzählte. Als Sprache wählte Casanova das Französische mit der Begründung, daß dieses Idiom weiter verbreitet sei als das Italienische, sicher aber auch mit dem Hintergedanken, nur damit sein Zielpublikum der Libertins und Abenteurer in ganz Europa erreichen zu können. Obwohl von nur geringen literarischen und stilistischen Qualitäten, ragt der Bericht des Venezianers durch unerhörte Unmittelbarkeit und Frische aus der Masse der autobiographischen Literatur heraus; mit seinen unzähligen freizügigen, oft lasziven und obszönen, von immer gleichem mondänem Hedonismus geprägten Episoden vermittelt dieser Lebensbericht zugleich ein bemerkenswert lebendiges Bild der europäischen Gesellschaft und insbesondere des gehobenen Bürgertums jener Epoche.

Vielfältig wie die Literatur der Memoiren präsentiert sich in der zweiten Hälfte des 18. Jahrhunderts auch die der Reiseberichte. Beide Literaturgat-

470

tungen wurden auch von den großen Autoren gepflegt, die durch ihre Leistungen auf anderen Gebieten herausragten, angefangen mit Vico, Giannone und Algarotti über Carlo Gozzi und Alfieri bis hin zu Goldoni und Bertola; diese Autoren und ihre Werke werden jeweils an der gegebenen Stelle behandelt. Was die Reiseberichte angeht, so sei hier noch kurz auf einige weniger bekannte Schriftsteller hingewiesen, deren Berichte oder Briefe sich inhaltlich oder stilistisch vom Wust der Reiseliteratur abheben. Aufs Ganze gesehen fällt auf, daß die seriösen Reiseberichte der Epoche einerseits von einem konkreten, oft detailbesessenen aufklärerischen und kosmopolitischen Interesse an europäischen und außereuropäischen Kulturen getragen sind, andererseits aber auch Einstellungen erkennen lassen, die als frühromantisch einzuordnen wären. Ein reges Interesse und viel Sympathie für Deutschland entwickelte der in Bologna geborene GIOVANNI LUDOVICO BIANCONI (1717–1781), ein Freund des Scipione Maffei, der in seinen *Lettere sopra alcune particolarità della Baviera ed altri paesi della Germania* (1763) vorurteilslos und aufgeschlossen, manchmal auch voller Bewunderung, über einige Gegenden Deutschlands und den Lebenswandel ihrer Bewohner, auch der protestantischen, berichtete. VINCENZO MARTINELLI (1702–1785) und LUIGI ANGIOLINI (1750–1823) berichteten nicht weniger aufmerksam über England. Der erste, der lange Jahre als Italienischlehrer in London zubrachte, ein Konservativer, der nicht allen Ideen der Aufklärung hold war, verfaßte nach seinen didaktischen *Lettere familiari e critiche* (1758) eine *Istoria d'Inghilterra* (1763), die er nach und nach zu einer detailreichen und gewandt dargestellten *Istoria del governo d'Inghilterra e delle sue colonie in India e nell'America Settentrionale* (1776) ausbaute. Der zweite, fast fünfzig Jahre jünger, Diplomat und Politiker, bereiste England, Schottland, Holland, Belgien und Frankreich und schrieb am Vorabend der großen Revolution seine *Lettere sopra l'Inghilterra, la Scozia e l'Olanda* (1790 anonym erschienen, ohne den auf Holland bezogenen Teil, der wahrscheinlich nie geschrieben wurde). Die Schrift richtet ihr Hauptaugenmerk auf die gesellschaftlichen, wirtschaftlichen und politischen Verhältnisse Europas, verzichtet weitgehend auf landläufige Beschreibungen und bemüht sich statt dessen um möglichst vollständige Dokumentationen und Informationen; bei aller Trockenheit vieler Seiten läßt sie aber auch eine romantische Begeisterung für das Freiheitsideal, für Ossian und die Volkspoesie, für die Geschichte des Mittelalters und Ähnliches durchblicken.

Zahlreiche Reisen unternahm auch der naturwissenschaftlich und literarisch-humanistisch interessierte LAZZARO SPALLANZANI (1729–1799), der aus der Perspektive des empirischen Wissenschaftlers, des »filosofo di

471

natura«, 1792 seinen detailreichen und sorgfältigen, in klarer Sprache abgefaßten Bericht *Viaggi alle due Sicilie e in alcune parti dell'Appennino* vorlegte. Eine stärkere Zuwendung zu gesellschaftskritischen und politischen Fragen zeigte demgegenüber der ebenfalls wissenschaftlich gebildete, vor allem an Mineralogie interessierte Augustinerabt ALBERTO FORTIS (1741–1803), der vor allem die dalmatischen Küsten- und Insellandschaften bereiste und 1771 seinen *Saggio d'osservazioni sopra l'isola di Cherso ed Osero* veröffentlichte, aus dem dann 1774 sein wichtigstes Werk, der berühmte *Viaggio in Dalmazia* hervorging, der mit seiner sensiblen und zugleich konkreten Würdigung fremder Kulturen (u. a. der der Morlaken) zu den bedeutendsten Zeugnissen der aufklärerischen Reiseliteratur zählt.

Über England und Süditalien berichtete der vielseitige, auch philosophisch und astronomisch interessierte Wissenschaftler und Dichtungstheoretiker CARLO CASTONE DELLA TORRE DI REZZONICO (1742–1796) in seinem *Giornale del viaggio d'Inghilterra negli anni 1787 e 1788* und in seinem *Viaggio della Sicilia e del Regno di Napoli* (1793/94), während der Wirtschaftswissenschaftler SAVERIO SCROFANI (1756–1835) in seinem auch literarisch beachtlichen *Viaggio in Grecia fatto nell'anno 1794–1795* (1799) antiken Ruhm und zeitgenössische Erscheinung Griechenlands zu würdigen versuchte. Weite Teile Europas, darunter Deutschland, Dänemark, Schweden und Rußland, bereiste der Libertin, Dichter und Librettist GIAMBATTISTA CASTI (1724–1803). In seinem Oktavengedicht *Poema tartaro* von 1783 gab er Eindrücke seiner beiden Rußlandreisen (zwischen 1776 und 1779) und seine Erlebnisse am Hofe Katharinas II. wieder; über seine 1788/89 erfolgte Reise nach Konstantinopel berichtete er in seiner *Relazione di un viaggio a Costantinopoli* (1802). Castis vielleicht bemerkenswertestes Werk war das 1802 in Paris fertiggestellte Sextinengedicht *Gli animali parlanti*, das im Gewand der Tierfabel Ereignisse der jüngsten französischen Geschichte und den Untergang des »Ancien Régime« glossierte.

5. Die Lyrik der Epoche

Abgesehen von den Dichtungen Parinis, Alfieris und einigen Versen Bertolas steht die durchschnittliche Lyrik der zweiten Jahrhunderthälfte zunächst noch weithin im Zeichen der sentimental-verspielten, selbstgenügsamen Manier der »Arcadia«. Diese lieferte nach wie vor für die meisten Lyriker den Grundbestand an Themen, Motiven und Ausdrucksweisen, der dann gegen die Wende zum 19. Jahrhundert hin immer stärker mit neoklassizistischen, sensualistischen und schließlich vor- oder frühro-

472

mantischen Tendenzen und Haltungen durchsetzt wurde. Demgegenüber fanden konkret illuministische Zielsetzungen und Perspektiven nur zögerlich und in begrenztem Umfang Einlaß in die Lyrik. Die ideelle und thematische Dürftigkeit und teilweise auch Hohlheit der arkadischen Dichtungsart war die Voraussetzung für eine starke Bereitschaft der meisten Lyriker, sich durch Aufnahme neuer Motive und Geschmacksrichtungen aus dem Ausland aufzufrischen, so durch die schon erwähnte Nacht- und Grabeslyrik der Young, Gray, Hervey, durch die Schauermotive der einschlägigen Romane und Dramen eines François Thomas de Baculard d'Arnaud und durch die naturnahen Töne der sentimentalen, schwermütigen Lieder im Stile Ossians. Anders als die sachbezogenen, vernunftbetonten und letztlich unlyrischen Ideen der europäischen Aufklärer fanden solche Stoffe und Motive neben den weiterverfolgten traditionellen Inhalten eine sehr viel breitere Aufnahme bei all denen, die sich an Gedichten versuchten.

Ein gutes Beispiel für die Bindung an alte Strukturen und die mühsame oder nur oberflächliche Anpassung an die neue Ideologie ist der bereits erwähnte Gelegenheitsdichter CARLO INNOCENZO FRUGONI (1692–1768), der zunächst Priester und Rhetoriklehrer, später (ab 1749) Hofpoet in Parma war und bei vielen Zeitgenossen, insbesondere bei den Vertretern der späten, dekadenten »Arcadia«, als non plus ultra arkadischen Dichtens galt. Er war einer der bekanntesten und zugleich der vielleicht gezierteste und gekünsteltste der Arkadier, der eine Vielzahl von galanten, inhaltlich hohlen Gelegenheitsdichtungen produzierte, die von vielen nachgeahmt wurden. Obwohl Frugoni, der mit allen metrischen Gattungen und Stillagen vertraut war, auch mit den Strömungen der neuen aufklärerischen Mentalität konfrontiert wurde, blieb er dennoch bis an sein Lebensende der erotisch-galanten, anakreontisch-verspielten Manier der zurückliegenden Epoche verpflichtet – eine Stilrichtung, die durch ihn und ähnliche Modedichter befördert, um die Mitte des Settecento in den literarischen Texten des Rokoko eine tändelnde Fortsetzung fand. Konservativ war auch die Einstellung des streng katholischen ALFONSO VARANO (1705–1788), der einige religiöse Dramen schrieb, vor allem aber durch seine zwölf in Terzinen verfaßten *Visioni sacre e morali* (1749–66) düsteren und eschatologischen Inhalts bekannt wurde, die stilistisch der arkadischen Tradition verbunden blieben und sogar thematisch in ihrer (allerdings schwerfälligen und eher äußerlichen) Nachahmung Dantes mit der «Arcadia» konform gingen, deren Mitglieder gerade um diese Zeit den Dantekult forderten und förderten. Ja selbst der bis fast in die Mitte des 19. Jahrhunderts lebende Venezianer IACOPO VITTORELLI (1749–1835), der neben moralisierenden und burlesken Dichtungen 1784 in seinen *Rime* sein bestes Werk, die *Anacreon-tiche ad Irene* veröffentlichte, blieb zumindest thematisch der «Arcadia« verpflichtet, weswegen er auch vielfach als der letzte Arkadier eingeordnet wird. Formal ging Vittorelli allerdings zum Teil andere Wege und war insbesondere neoklassizistisch beeinflußt.

Von größerer geistiger Spannweite und den neuen europäischen Strömungen wesentlich aufgeschlossener war dagegen der in Rimini geborene Abt und Geschichtsprofessor AURELIO DE' GIORGI BERTOLA (1753–1798), in dessen umfangreichem literarischem und wissenschaftlichem Werk nahezu alle wichtigen Geistesströmungen zwischen «Arcadia« und Frühromantik zusammenlaufen und der zugleich ein wichtiger Vermittler der deutschsprachigen Kultur in Italien war. Von seiner Beschäftigung mit deutscher Literatur zeugte seine *Idea della poesia alemanna* (1779), die er 1784 in erweiterter Fassung mit dem Titel *Idea della bella letteratura alemanna* vorlegte (die u. a. eine Versübersetzung der *Idyllen* Salomon Gessners enthielt). Er bereiste 1787 die Schweiz und Süddeutschland und berichtete hierüber literarisch anspruchsvoll in den 46 Briefen seines *Viaggio sul Reno e ne' suoi contorni fatto nell'autunno del* 1787 (1795). Von seinen theoretischen Schriften seien noch genannt der *Saggio sopra la favola* (1788), der *Elogio di Gessner* (1789), eine sensible Würdigung der antikisierenden Idyllen des schweizerischen Rokoko-Dichters, und den 1787 vorgetragenen *Saggio sopra la grazia nelle lettere e nelle arti* (postum 1822). Bertola war Arkadier und trug als solcher den Namen Ticofilo Cimerio. In seinem lyrischen Werk (*Notti clementine,* 1774; *Versi e prose,* 1776; *Nuove poesie campestri e marittime,* 1779; *Poesie di Ticofilo Cimerio,* 1782; *Favole,* 1783) erweist er sich indes als ein auf Erneuerung bedachter Autor: Hier fließen ältere Stilrichtungen wie die der »Arcadia« oder Metastasios mit den Anregungen Youngs, Geßners, Rousseaus, der Ossianschen Lyrik und anderem zusammen; Haltungen des Sensualismus, des Hedonismus, des verspielten Rokoko und der Frühromantik überlagern sich in einer experimentierenden und oft inkohärenten Mischung, in welcher der Lyriker Bertola zugleich seine Grenzen fand.

Die zweite Jahrhunderthälfte ist, wie schon angedeutet, auch die Zeit des aufkommenden Neoklassizismus. Johann Joachim Winckelmann hatte seit der Jahrhundertmitte in verschiedenen Werken, dann 1764 in seiner *Geschichte der Kunst des Altertums,* die schon 1779 in italienischer Übersetzung erschien, der gebildeten Welt die klassisch-antiken Ideale der stillen Größe, der wohlproportionierten Schönheit und des harmonischen Gleichgewichts vor Augen geführt. Allenthalben erfolgten Grabungen, erschienen Dokumentationen über die antiken Denkmäler (so z. B. 1757 der erste Band der *Antichità di Ercolano*). Einer der ersten, der die »Arcadia«

474

hinter sich ließ und sich ganz dem neoklassizistischen Ideal der vollendeten Formen und der aristokratischen Eleganz verschrieb, war der Bologneser Historiker und Politiker LUDOVICO SAVIOLI FONTANA (1729–1804), der in seinen *Amori* (zuerst 1758 als *Rime,* dann 1765 in zweiter, vermehrter Ausgabe) in anmutigen und frischen Gedichten sich metrisch und rhetorisch an die elegische und erotische Dichtung der lateinischen Antike anlehnte. Eine große Schar von Versemachern mühte sich neben und nach ihm in der neoklassizistischen Manier, verfiel dabei aber häufig mangels Inspiration und Talent der formalen Starre und dem Schematismus. Das Vorbild des Horaz war u. a. wirksam in den *Versi* (1802) des Grafen FRANCESCO CASSOLI (1749–1812) und bei GIOVANNI FANTONI (1755–1807), während der Universitätssekretär und Griechischlehrer ANGELO MAZZA (1741–1817) seine neoklassizistischen Dichtungen, darunter vor allem Sonette, Hymnen und Oden, durch thematische Anregungen aus den von ihm übersetzten oder nachgeahmten englischen Autoren (Gray, Thomson, Parnell, Mason, Dryden, Pope und andere) auflockerte. Trotz seiner Neigung zu lexikalischen Experimenten und Kühnheiten war Mazza sehr um die innere Ausgeglichenheit seiner Verse bemüht, so daß der von ihm bewunderte Freund Cesarotti ihn als »Dichter der Harmonie« bezeichnete. Außerdem gebührt ihm das schon von Foscolo anerkannte Verdienst, die frühromantische englische Lyrik in Italien bekannt gemacht zu haben. Frühromantische Elemente erscheinen ebenfalls in der Lyrik des gebildeten Aristokraten IPPOLITO PINDEMONTE (1753–1828), der sich in vielen Gattungen, darunter auch in Roman und Tragödie versuchte. In seiner Lyrik spielen die Motive der Nacht, der Friedhöfe und vor allem der Melancholie, die der Dichter mit dem griechischen Ausdruck »leucolìa« benannte, eine signifikante Rolle. Typisch für die neuen Gefühlsrichtungen sind Texte wie die *Elegia scritta in un cimitero campestre.* Seine frühen *Poesie campestri* (1788) thematisieren vor allem die ländliche Einsamkeit und Stille und dokumentieren im wesentlichen die zeittypische Verschmelzung neoklassizistischer und frühromantischer Tendenzen. Sein Gedicht *I cimiteri* brach Pindemonte 1806 ab, als Foscolo gleichzeitig eine ähnliche Dichtung (*Dei sepolcri;* 1807) verfaßte. 1817 erschien der Band *Prose e poesie campestri,* in dem die »ländlichen Gedichte« von 1788 enthalten waren. Nach den *Sermoni* (1819) brachte Pindemonte noch eine Übersetzung der Homerschen *Odyssee* heraus (1822), die heute vielleicht als sein gelungenstes Werk gelten kann (zu Pindemonte, dessen Werk weit ins 19. Jahrhundert hineinragt, vgl. auch S. 519). Sein älterer Bruder GIOVANNI PINDEMONTE (1751–1812) widmete sich dagegen, inspiriert durch die große Revolution, der patriotischen Lyrik.

Konkrete aufklärerische Ideen fanden Einlaß in eine umfangreiche lehrhafte Dichtung, die von einer Schar meist mediokrer, oft unbedeutender Autoren hervorgebracht wurde. Über Fragen des Ackerbaus, der Perlenzucht, des Seidenwurms, der Obsterzeugung und andere praktische Fragen dichteten u.a. GIROLAMO BARUFFALDI (1675–1755), GIOVANNI BATTISTA SPOLVERINI (1695–1762), GIAMBATTISTA ROBERTI (1719–86) und BARTOLOMEO RENZI (1732–1822); während der zur Gruppe des *Caffè* gehörende GIUSEPPE COLPANI (vgl. S. 455), Freund der Verri und des Beccaria, wissenschaftliche, philosophische und gesellschaftskritische Ideen in metrischer Form zu popularisieren suchte. LORENZO MASCHERONI (1750–1800), Professor für Rhetorik, Philosophie und Mathematik in Bergamo und dann für Algebra und Geometrie in Pavia, Verfasser zahlreicher religiöser Dichtungen, beschrieb in seinem Lehrgedicht *L'invito a Lesbia Cidonia* (1793) in lebendigen »endecasillabi sciolti« und stilistisch elegant die historischen, naturwissenschaftlichen und anatomischen Einrichtungen und Sammlungen sowie die Bibliothek der Universität Pavia (in der Absicht, die Gräfin Paolina Secco Suardi Grismondi, als Dichterin unter dem Pseudonym Lesbia Cidonia bekannt, zu einem Besuch in Pavia anzuregen). Im Rahmen solcher aufklärerisch-didaktischen Bestrebungen erfuhr auch die alte Gattung der Fabel eine Wiederbelebung. Auf die belehrenden und erzieherischen Möglichkeiten dieser Kleingattung besannen sich u.a. LORENZO PIGNOTTI (1739–1812) in seinen *Favole e novelle* (1782) und LUIGI FIACCHI, genannt CLASIO (1754–1825), in seinen *Favole* von 1785, die 1802 und 1807 vermehrt aufgelegt wurden. Dem satirischen Muster der äsopischen Fabeln und teilweise auch denen La Fontaines folgten die *Animali parlanti* (1802) des schon erwähnten vielseitigen GIOVAN BATTISTA CASTI (vgl. S. 472), der 1769 auch erotisch-galante *Poesie liriche* veröffentlicht hatte.

Das Kapitel über die Lyrik sei abgeschlossen mit dem Hinweis auf drei bedeutende Dialektdichter. Der Adlige CARL'ANTONIO TANZI (1710–62), bis zu seinem Tod Sekretär der 1743 wiedererstandenen Mailänder »Accademia dei Trasformati«, schrieb in Mailänder Dialekt und in Toskanisch bzw. in der Hochsprache Dichtungen, die von seinen Freunden postum in Auswahl herausgegeben wurden (*Alcune poesie milanesi e toscane*, 1766). Neben ernsten Gedichten (darunter das an eine Nonne gerichtete *Par ona monega*) schrieb er auch satirisch-kritische und gutmütig-heitere Verse auf den dünkelhaften, dekadenten Mailänder Adel, ähnlich wie sein Freund Parini, der Tanzi im Vorwort des erwähnten Bandes ein warmes Denkmal setzte. Ebenfalls dem Mailänder Ambiente gehörte an DOMENICO BALESTRIERI (1714–1780), Mitglied der »Trasformati« wie Tanzi. Nach den *Lagrime in morte d'un gatto* (1741), einer Satire auf die ausufernde Mode der Gedichtsammlungen, schrieb er in Mundart seine *Rimm milanes* (1744), sein lebendigstes, bis heute gelesenes Buch. Etwa siebzehn Jahre verwandte er darauf, die *Gerusalemme liberata* Tassos in Mailänder Dialekt zu übertragen (1772). Noch zu seinen Lebzeiten erschienen seine Gedichte gesammelt in den sechs Bänden der *Rime toscane e milanesi* (1774–79). Der Palermitaner GIOVANNI MELI (1740–1815), Mitglied der dortigen »Accademia del Buon Gusto«, schrieb in seiner Mundart zahlreiche Dichtungen im satirischen oder bernesken Stil, viele davon zu gesellschaftlichen oder politischen Ereignissen seiner Zeit. 1787, als er zum Chemieprofessor der »Accademia degli Studi« ernannt worden war, besorgte er eine fünfbändige Gesamtausgabe seiner Dichtungen unter dem Titel *Poesie siciliane,* der 1814 eine erweiterte sechsbändige Neuauflage folgte. Mit seinem *Don Chisciotti e Sanciu Panza* (1787) versuchte Meli eine heroikomische Nachgestaltung des Cervantinischen Stoffes im Dialekt seiner Heimatstadt. Bekannt wurden zu seiner Zeit die Satiren *L'origini di lu munnu* (1767), *La villeggiatura* und *Cuntru li cirimonii e lu galateu* (1770), die *Egloga in lodi di lu gattu* (1774) und anderes dieser Art; zu seinen besten Werken gehört die metrisch aufwendige pastorale Dichtung *La buccolica* (erste Fassung 1787, eine zweite überarbeitete folgte 1814), die durch ein ungewöhnliches Naturgefühl und eine hochsensible Gestaltung träumerisch-idyllischer Landschaften auffällt und als gelungenes Beispiel der italienischen Rokoko-Dichtung gelten kann.

IV. GOLDONI UND DIE ENTSTEHUNG EINER NEUEN KOMÖDIE

1. *Persönlichkeit und Werke*

»Aber auch so eine Lust habe ich noch nie erlebt, als das Volk laut werden ließ, sich und die Seinigen so natürlich vorstellen zu sehen. Ein Gelächter und Gejauchze von Anfang bis zu Ende. Ich muß aber auch gestehen, daß die Schauspieler es vortrefflich machten. Sie hatten sich nach der Anlage der Charaktere in die verschiedenen Stimmen geteilt, welche unter dem Volke gewöhnlich vorkommen...« Dies notierte Goethe am 10. Oktober 1786 im Tagebuch seiner *Italienischen Reise,* nachdem er Gelegenheit hatte, in Venedig einer Aufführung von Goldonis *Baruffe Chiozzotte* (von ihm selbst mit *Die Rauf- und Schreihändel von Chiozzia* übersetzt) beizuwohnen; zu einer Zeit also, zu der Goldoni bereits im fernen Paris und Versailles sein Auskommen suchte. Nicht immer hatten Goldonis Stücke derart lebhaften Beifall gefunden; während vor allem das Volk applaudierte, hatten nicht wenige Zeitgenossen ihn angefeindet, sein neues Theaterprogramm benörgelt oder ihn sogar, wie etwa der verbissene Carlo Gozzi, als Federwichser (»logoratore di penna«), als trivialen und unmoralischen Schreiberling geschmäht. Auch später war die Beurteilung Goldonis durch die Kritik lange Zeit schwankend. Erst Francesco De Sanctis, der Vater der italienischen Literaturhistoriographie, brach den Bann und räumte ihm in seiner Literaturgeschichte (1870) einen nie wieder angefochtenen Ehrenplatz ein: »Die neue Literatur findet ihre erste Verwirklichung in der Komödie Goldonis, die sich als eine Wiederherstellung des Wahren und des Natürlichen in der Kunst ankündigt.« Von da an gelangte Goldoni zu einer immer angemesseneren Beurteilung durch die Kritik und zu einer wachsenden Beliebtheit beim Publikum.

CARLO GOLDONI (1707–1793), der größte Komödiendichter der italienischen Literatur, Autor von rund 140 Komödien, etwa 60 Szenarien für Stegreifkomödien, von fast ebenso vielen Libretti für Singspiele und Buffo-Opern, Verfasser von zahlreichen Intermezzi, Tragikomödien, Dramen und einiger Farcen, wurde am 25.2.1707 in Venedig als Sohn einer bürgerlichen, vormals reichen Familie geboren, »in einem großen und schönen Hause, zwischen dem ›Ponte Nomboli‹ und dem ›Ponte Onesta Donna‹ an der Ecke zur ›Ca’ cent’anni‹ gelegen«, wie er später in seinen Memoiren sagt. Die zwischen 1784 und 1787 in Paris in französischer Sprache verfaßten *Mémoires pour servir à l’histoire de sa vie et à celle de son théâtre* sind die wichtigste Quelle für eine nähere Kenntnis des Menschen und Künstlers Goldoni. Aus ihnen geht u. a. hervor, daß der Großvater in seinem Hause Theaterstücke aufführte und auch der Vater ein Theaterliebhaber war, so daß die Leidenschaft für die Bühne dem jungen Carlo im Blute liegen mußte: Schon mit acht Jahren schreibt er einen ersten Komödienentwurf. Carlo verbringt seine Kindheit in Venedig und begibt sich dann 1719 nach Perugia zu seinem Vater, der dort als Mediziner tätig war. In Perugia studiert er Grammatik und Rhetorik bei den Jesuiten; später hört er in Rimini Philosophie bei den Dominikanern und liest nebenbei Plautus, Terenz, Aristophanes und Menandros. Der Vortrag seiner thomistischen Lehrer langweilt ihn derart, daß er eines Tages im Juni 1721, vierzehnjährig, mit einer in Rimini gastierenden Komödiantentruppe zu Schiff nach Venedig flieht. 1723–25 müht er sich um weltliches und kirchliches Recht im berühmten »Collegio Ghislieri« in Pavia, doch macht er sich durch eine wohl in Sonetten verfaßte Satire auf die Mädchen der Stadt, *Il Colosso,* unbeliebt und wird aus dem Collegio ausgestoßen. Erst Jahre später, nachdem er einige kleinere Ämter in Justiz und Verwaltung innegehabt hatte, konnte er sein Rechtsstudium in Padua mit der »laurea« abschließen (1731). Im folgenden Jahr, er war gerade zum »avvocato veneto« ernannt worden, schrieb er eine Farce für zwei Personen, *Il gondoliere veneziano ossia gli sdegni amorosi* (1732), in der sich bereits Goldonis Vorliebe für die Darstellung des venezianischen Volkes und seiner Lebensart ankündigt. 1733 begann der junge Goldoni ein abenteuerliches, von einigen Liebesaffären und einer ständigen Theaterleidenschaft begleitetes Wanderleben, das ihn u. a. nach Vicenza, Verona, Brescia, Bergamo und Mailand führte. In Mailand verbrennt er seine lyrische Tragödie *Amalasunta* (1733), weil sie in einer privaten Lesung keinen Anklang gefunden hatte. Dieses Stück eröffnete eine lang- anhaltende, neben den Komödien herlaufende Produktion von Tragödien bzw. Tragikomödien, die im folgenden Jahr mit dem *Belisario* weitergeführt wurde und erst 1761 versiegte. Nach seiner vagabundierenden Phase kehrt er zunächst nach Venedig zurück, führt dort mit Giuseppe Imer den *Belisario* auf und zieht dann mit dessen Truppe durchs Land, zunächst nach Padua und Udine, dann nach Genua. Dort heiratet er im August 1736 die neunzehnjährige Nicoletta Connio, Tochter eines genuesischen Notars, und beginnt eine bürgerliche Existenz als Direktor des venezianischen Theaters San Giovanni Crisostomo (1737–1741). Von 1741 bis 1743 war er in seiner Heimatstadt Konsul der Republik Genua; 1744 übernahm er die Direktion des Theaters von Rimini (während der österreichischen Besetzung); und ab 1745 versuchte er sich noch einmal etwa drei Jahre lang als Rechtsanwalt in Pisa. Dann aber, nach Venedig zurückgekehrt, widmete er sich ausschließlich seinen Theaterinteressen.

Goldoni wuchs in Venedig auf und empfing dort seine entscheidenden Bildungserlebnisse, zu einer Zeit, in der der wirtschaftliche und militärische Niedergang der »Serenissima«, der früheren adriatischen Großmacht, seinen Tiefpunkt erreichte, der Adel sich als unfähig erwies, den Staat zu erneuern, und gleichzeitig das Bürgertum außerstande war, sich als neue politisch führende Klasse zu etablieren und eine konsequente Politik zu verfolgen. Vielleicht hat die einerseits liberale und kosmopolitische, andererseits vom Bewußtsein der Krise und des Niedergangs geprägte Atmosphäre der Lagunenstadt auch die Entfaltung einiger Charakterzüge des Bürgers Goldoni mitgeprägt: Seine auffallende Lauheit in bezug auf Gefühle und Überzeugungen, die Abwesenheit ernsthafter und kontinuierlicher Interessen in Politik und Religion und ein nicht nur in liberalem Denken, sondern auch in ideologischer Beliebigkeit verwurzelter Zynismus. Ideologisch disponibel, gesellschaftlich ohne ernstes Engagement, oberflächlich einigen aufklärerischen Themen zugetan, kannte Goldoni nur ein Interesse: das Theater, vor allem das Lustspiel, und die wirklichkeitsnahe und psychologisch wahre Nachzeichnung menschlicher Charaktere, vorzugsweise aus dem Raum seiner Heimat.

Schon 1734 hatte er durch die Truppe des Giuseppe Imer die Tragikomödie *Belisario* am Theater San Samuele in Venedig spielen lassen; 1738 wurde dort seine erste Komödie, *Momolo cortesan,* aufgeführt (für die er indes nur die Titelrolle schriftlich festgelegt hatte, während alles übrige der Improvisation der Schauspieler überlassen blieb); 1742/43 entstand die erste vollständig von ihm verfaßte Komödie, *La donna di garbo.* 1745 wurde er mit dem Namen »Polisseno Fegeio« unter die Arkadier der »Colonia Alfea di Pisa« aufgenommen. Im Herbst des gleichen Jahres verfaßte er für Antonio Sacchi die Komödie *Il servitore di due padroni,* die wahrscheinlich im folgenden Jahr in Mailand uraufgeführt wurde. Mit dieser »commedia giocosa« ließ Goldoni (vor Beginn seiner eigentlichen Theaterreform) noch einmal in exemplarischer Weise die alte »Commedia dell'arte« auferstehen, deren Zeit nun endgültig abgelaufen war. Auf der Grundlage eines »canovaccio«, einer nur skizzierten Handlung, ließ er der mimischen Akrobatik und der gewitzten Improvisationskunst der Schauspieler freien Lauf, die in den altbekannten Masken als Truffaldino, Pantalone, Brighella, Smeraldina usw. auftraten – all dies jedoch, wie der Autor einleitend unterstreicht, frei von den in der »Commedia dell'arte« üblichen mimischen und sprachlichen Grobheiten. Im September 1747 verpflichtete er sich vertraglich als Komödienschreiber für Girolamo Medebach und dessen Truppe am Theater Sant'Angelo, wo zunächst *La vedova scaltra, La putta onorata* und *La buona moglie* aufgeführt wurden. Das Jahr 1747 kann damit als der eigentliche Beginn der Theaterkarriere Goldonis angesehen werden, der im April 1748 seine Rechtsanwaltspraxis in Pisa für immer aufgab. In den folgenden Jahren steigert Goldoni seine Produktion ganz erheblich; allein 1750/51 schreibt er nicht weniger als sechzehn neue Komödien – darunter einige seiner besten und signifikantesten wie die programmatische Manifest-Komödie *Il teatro comico, La bottega del caffè, Il bugiardo* und *La Pamela,* die erste ganz ohne Masken konzipierte Komödie – sowie auch den autobiographischen *Avventuriero onorato* (1751), in dem Goldoni sich als Arzt, Rechtsanwalt, Richter und Komödienautor darstellt. 1752/53 wechselt er zum Theater San Luca über, das im Besitz der adligen Familie Vendramin war. Die Stücke des nunmehr renommierten Autors werden jetzt an allen Theatern der Stadt, und, nach einem siebenmonatigen Aufenthalt Goldonis in Rom (1758/59) und nach Überwindung zunächst erheblicher Schwierigkeiten bei Schauspielern und Publikum, auch an römischen Bühnen aufgeführt.

Der ständig wachsende Erfolg Goldonis erregte indes auch den Neid seiner Rivalen, sodaß sich Goldoni schon vor Ablauf der vierziger Jahre mit Widersachern herumschlagen mußte, zunächst mit dem Komödienschreiber PIETRO CHIARI (vgl. S. 469), dem Abt aus Brescia, der 1749 seine Karriere als Komödiendichter am Theater San Samuele begonnen und mit seinem *Avventuriero alla moda* Goldoni angegriffen hatte. Auf die zuerst 1748 und dann erneut 1749 mit Erfolg aufgeführte *Vedova scaltra* (in der Titelrolle fungierte Teodora Raffi, die Frau des Theaterdirektors Medebach) replizierte Chiari im gleichen Jahr mit seiner *Scuola delle vedove*, in der er Goldonis Stück mangelnde Natürlichkeit der Sprache und der Charaktere vorwarf. Goldoni, der sein Stück als Beginn seines Reformprogramms und den anhaltenden Erfolg der Aufführungen als Bestätigung seiner Reform verstand, antwortete darauf mit einem *Prologo apologetico*, der Goldonis Überwindung platter Realismuskonzepte und anderer älterer Theaterpraktiken erkennen läßt. Der Streit zwischen Chiari und Goldoni und ihren Anhängern zog sich jahrelang hin und erreichte einen Höhepunkt 1753/54, zu einer Zeit also, in der bereits erste Sammlungen von Goldonis Komödien bei dem Verleger Bettinelli in Venedig erschienen waren (1750–53) und gerade eine weitere Werkausgabe, die *Opere drammatiche giocose di Goldoni*. bei dem Verleger Paperini in Florenz herauskam (ab 1753). 1757 griff dann CARLO GOZZI (vgl. S. 467 ff.) mit seiner *Tartana degli influssi per l'anno bisestile 1756* Goldoni scharf an, warf ihm Mangel an dichterischer Inspiration, an sprachlich-stilistischer Disziplin und an moralischer Gesinnung vor und forderte eine Rückkehr zu den Strukturen der »Commedia dell'arte«. Auch diese Polemik erstreckte sich über mehrere Jahre und flammte dann 1761 erneut auf, als Gozzi am San Samuele durch Antonio Sacchi und dessen Truppe, die durch Goldonis Reformbemühungen und die Erfolge Chiaris in Not gekommen waren, sein satirisches Stück *L'amore delle tre melarance* aufführen ließ in der erklärten Absicht, sowohl Goldoni wie auch Chiari lächerlich zu machen. Nicht lange danach schlug GIUSEPPE BARETTI in seiner *Frusta letteraria* (Oktober 1763 bis Januar 1765) in die Kerbe Gozzis und prangerte Goldoni als unmoralischen, den Geschmack des Publikums pervertierenden, sprachlich barbarischen Schreiber ohne literarische Kenntnisse und ohne künstlerische Berufung an (vgl. dazu S. 464 ff.).

Große Erfolge Goldonis in langen Jahren unermüdlicher Bühnentätigkeit waren die Aufführungen der *Locandiera* und der *Sposa persiana* am Theater Sant'Angelo (1752/53), der *Massère* und des *Campiello* am San Luca (1755/56), der triumphale Erfolg der *Buona figliola* mit der Musik von N. Piccinni in Rom (1760) oder die Aufführung der *Rusteghi* im gleichen Jahr wiederum am San Luca, um nur einige zu nennen. 1760 ist auch insofern ein Höhepunkt auf Goldonis Weg, als ihn im Juli dieses Jahres das Lobgedicht Voltaires erreicht, in welchem dieser ihn gegenüber seinen Kritikern verteidigt und zum Schluß ein schmeichelhaftes Urteil ausspricht, zugleich ein schönes Kompliment für Goldonis Bemühen, nach der Natur zu arbeiten:

> Aux critiques, au rivaux,
> La nature a dit sans feinte:
> Tout auteur a ses défauts,
> Mais ce Goldoni m'a peinte.

Im August 1761 erreicht ihn eine Einladung der »Comédie Italienne« nach Paris; er führt im Herbst des Jahres noch die drei *Villeggiature*, im Februar/März 1762 noch *Sior Todero brontolon*, *Le baruffe chiozzotte* und *Una delle ultime sere di carnevale* auf und macht sich dann, nachdem seine Situation in Venedig trotz großer Erfolge immer schwieriger geworden war und ihm auch Freunde und Gönner keine weiteren Aufträge verschaffen konnten, im April mit Frau und Enkel Antonio auf den Weg nach Paris, wo er im August ankommt. Hier sind Schauspieler und Publikum noch ganz auf die Form der Stegreifkomödie, der »Commedia dell'arte« eingestellt und kümmern sich wenig um die Reformideen Goldonis. In geschickter Anpassung an den dort herrschenden Geschmack schreibt der alte Routinier perfekte Stücke, die auf der Pariser Bühne große Erfolge erringen, wie z. B. *Les amours d'Arlequin et de Camille*, *La jalousie d'Arlequin*, *Les inquiétudes de Camille* (alle 1762/63), später *Le bourru bienfaisant* (1771), *L'avare fastueux* (1776) und manches andere. Doch sind so gut wie alle Bühnenwerke seiner Pariser Zeit im wesentlichen Reproduktionen früherer Themen und Techniken und fügen der Kunst Goldonis keine neuen Höhepunkte hinzu. Wichtigstes Werk des Künstlers in seinem letzten Lebensjahrzehnt war die Abfassung der erwähnten Memoiren. Goldoni, der sich auch als Italienischlehrer der Schwestern Ludwigs XVI. ein Zubrot verdiente, erhielt ab 1769 eine königliche Pension, die ihm jedoch 1792, in den Revolutionswirren, von der gesetzgebenden Versammlung gestrichen wurde. Er starb, krank und verarmt, am 6. Februar 1793; zu seinem Gedächtnis fand vier Monate später eine Aufführung des *Bourru bienfaisant* statt.

2. Theaterreform und Theaterkunst

Goldonis Theaterproduktion und die Entwicklung seiner Kunst nahmen ihren Anfang in den sogenannten *Intermezzi*, kurzen Einaktern, die er, wie er später in seinen Memoiren darlegte, bewußt als Komödienskizzen schrieb, als Einübung in die hohe Kunst publikumswirksamer komischer Effekte, origineller Charaktere und wirklichkeitsnaher, detailgetreuer Milieubilder; und dies stets mit dem Hintergedanken, diese Skizzen später einmal in großen Komödien voll zu entfalten. 1729 und 1730 entstanden in Feltre die beiden ersten Intermezzi (zugleich die beiden ersten Stücke Goldonis überhaupt) *Il buon padre* und *La cantatrice;* darauf folgten viele weitere, oft sehr erfolgreiche Einakter wie z. B. *Il gondoliere veneziano ossia gli sdegni amorosi* (1732), *La pupilla* und *La birba* (1734/35), *La bottega del caffè* und *L'Amante cabala* (1736), und viele andere. Eine zweite wichtige Einübung in die Kunst der Komödie stellte die Tragikomödie dar, mit der sich Goldoni seit der Abfassung der (von ihm später verbrannten) *Amalasunta* (1733) knapp drei Jahrzehnte lang als Autor, Theoretiker und Schauspieler befaßte. An der Beschäftigung mit der Tragikomödie konnte der junge Goldoni schon deswegen nicht vorbei, weil in dieser Bühnengattung und im damit verwandten Melodrama bereits zuvor durch einzelne Autoren der »Arcadia«, insbesondere durch Apostolo Zeno, Scipione Maffei und den weniger bekannten Gravina-Schüler Domenico Lazzarini, wichtige Reformversuche durchgeführt worden waren; viele davon übrigens in Venedig. Goldoni, der diese Autoren studiert und dazu auch mancherlei theoretische Abhandlungen wie z. B. die von ihm mehrfach zitierten *Réflexions sur la poétique* des Jesuiten René Rapin gelesen hatte, fand in der Tragikomödie noch am ehesten die Reformideale verwirklicht, die ihm schon als jungem Theaterautor für die Erneuerung der Komödie vor Augen standen. Die wesentlichen Reformelemente der Tragikomödie bzw. des Melodramas im Stil Zenos (vgl. dazu S. 437) waren die Beseitigung der Masken und die Vereinfachung der Intrige, in Verbindung mit einer stärkeren Beachtung der drei Einheiten des Ortes, der Zeit und der Handlung. Diese Elemente wurden von Goldoni in origineller Weise aufgegriffen; wobei in seinen Tragikomödien neben dem Streben nach Natürlichkeit auch eine Verfeinerung der Chararakterdarstellung, insbesondere bei weiblichen Personen, zu beobachten ist, letzeres vor allem in der *Rosmunda* und im *Don Giovanni Tenorio*. Ein schönes Beispiel für Goldonis Handhabung der Tragikomödie ist das letztgenannte Stück, in dem er nicht nur auf Masken, sondern auch auf schwülstige und phantastische Elemente verzichtet.

Neben der Gestaltung scharf beobachteter Charaktere und Milieus war für Goldoni von Anfang an die Läuterung der Sitten ein zentrales Anliegen. Schon der Siebzehnjährige nahm bei der Lektüre der *Mandragola* Machiavellis, die »mich als erste Charakterkomödie, die mir unter die Augen kam, in Entzücken versetzte« (so Goldoni später in seinen *Mémoires*), erheblichen Anstoß an der »skandalösen Intrige« und der »Schlüpfrigkeit« des Stücks, wohinter letztlich ein recht kleinbürgerliches Moralempfinden durchschimmert. Für ihn war Molière der erste, dem »die Ehre vorbehalten blieb, die komische Bühne zu adeln und nützlich zu machen, indem sie Laster und Lächerlichkeiten dem Gespött überantwortete und damit korrigierte«. Auch in dem berühmten Vorwort der ersten Ausgabe seiner Komödien von 1750 (bei Bettinelli) nennt er die Bekämpfung des Lasters (»correggere il vizio«) »das oberste, althergebrachte und edelste Ziel der Komödie«. Hauptgegenstand der Kritik Goldonis und seiner reformerischen Initiativen war die um die Mitte des 16. Jahrhunderts in Oberitalien entstandene, nun aber völlig herabgekommene Stegreifkomödie mit festen Rollen und Masken, die »Commedia dell'arte«, die ihre italienische Bezeichnung vielleicht der Kunstfertigkeit des improvisierten Spiels, vielleicht aber auch dem Status der improvisierenden Berufsschauspieler verdankte (vgl. dazu S. 396 f.). Die von ihm immer wieder beanstandeten »plumpen Harlekinaden, häßlichen und skandalösen Liebschaften und Phrasendreschereien, die schlecht erfundenen und noch schlechter durchgeführten Intrigen, ohne Sittlichkeit und ohne Ordnung«, die nur das »Gelächter der unwissenden Plebs« erregen konnten, ließen ihn zwangsläufig sein »eigenes System« entwickeln, wobei er sich, wie er im gleichen Vorwort bekennt, weniger auf das Studium älterer oder neuerer Theaterautoren als vielmehr auf die Lektüre zweier großer Bücher stützte, das Buch der Welt und das Buch des Theaters. Im »Buch der Welt« studierte er die Vielfalt menschlicher Charaktere, eingebettet in ihre natürliche Umgebung (»ambienti«); die Erscheinungsformen, Stärke und Auswirkungen der menschlichen Leidenschaften; einzelne denkwürdige Begebenheiten und die herrschenden Sitten mit besonderem Blick auf »die Laster und Schwächen, die in unserer Epoche und in unserer Nation am häufigsten sind und die die Mißbilligung und Verachtung der Gebildeten verdienen«. Im »Buch des Theaters« lernte er dagegen, »in welchen Schattierungen (»con quali colori«) die Charaktere, Leidenschaften und Ereignisse, die man im Buch der Welt erfahren kann, auf der Bühne dargestellt werden müssen«, wie man ihnen klare Umrisse verleiht und durch welche Abtönungen (»tinte«) sie den empfindsamen Augen der Zuschauer angenehm werden. »Kurzum, vom Theater lerne ich das zu erkennen, was am besten geeignet ist, Eindruck auf die Gemüter zu machen, Erstaunen oder Lachen zu wecken.«

Die empirisch begründete Theaterkonzeption Goldonis hat ihren eigentlichen Angelpunkt in der Beobachtung der Natur (»La natura è una universale e sicura maestra a chi l'osserva«), also in der Beobachtung und künstlerischen Vermittlung einzelner »ambienti«, d. h. scharf erfaßter, ausgegrenzter Lebensbereiche, nicht nur des Veneto, sondern auch ganz Italiens. Das Volk steht im Brennpunkt des Blicks, es liefert das meiste »Material« und ist insofern wichtigstes konstituierendes Element; es bleibt jedoch zugleich stets als Hauptadressat angesprochen und insofern auch das wichtigste rezeptive Element seines Theaters. Durch die Öffnung zum Volk gewinnt Goldonis Bühne zugleich universalen, allgemeingültigen Charakter und hebt sich somit auch in diesem Punkt von der regionalen, eklektischen und oft aristokratisch getönten Komödie der »Arcadia« deutlich ab. Die Bemühungen Goldonis richteten sich nicht zuletzt auf eine Reform der Bühnensprache. Die bereits in der »Commedia dell'arte« verwendeten Dialektelemente dienen wie dort so auch bei Goldoni nicht zur Reproduktion einer Mundart, sondern als Elemente einer stilisierten Bühnensprache, einer künstlerischen Koine, die aber allen verständlich sein soll. So verwendet er z. B. lombardische und venetische Dialektformen nicht um der Dialekte willen, sondern, wie er selbst sagt, im Hinblick auf das bessere Verständnis seiner zahlreichen Zuschauer in der Lombardei und in der Heimatstadt (davon unbeschadet war und blieb das Venezianische seine Muttersprache und als solche sein sensibelstes Ausdrucksmittel). Er ist stets um einen »italiano stile« bemüht, den »alle Welt verstehen kann«, d. h. um eine überregionale und nationale, allgemeinverständliche Kunstsprache der Komödienbühne; und aus diesem Grund erklärte Goldoni z. B. schwierige Dialektwörter seiner ersten Komödien durch Anmerkungen. »Einfach und natürlich« solle der Stil der Komödie sein, nicht »akademisch oder gehoben«. Mit Nachdruck weist er jedes puristische Ansinnen, etwa die Orientierung an einer toskanischen, schriftsprachlichen Norm im Sinne der »Accademia della Crusca«, von sich und argumentiert schlagend, daß seine Komödie nicht schreibende, sondern redende Leute nachahme und daß er sich daher an den »linguaggio più comune, rispetto all'universale italiano« zu halten habe. Grundsätzlich aber gilt auch in bezug auf die Bühnensprache: nicht diese, sondern Charakteranalyse und Charakterdarstellung sind in Goldonis Augen die zentralen Bereiche seiner Theaterreform: »La lingua non fa la commedia, ma il carattere« (»Nicht die Sprache macht die Komödie, sondern die Gestaltung der Charaktere«). Man kann sich vorstellen, daß die Durchsetzung aller Programmpunkte seiner wohlbegründeten, aber auch weitreichenden Theaterreform Goldoni nicht leicht fiel. Allzusehr waren Publikum, Spieler und Regisseure an den Stil der »Commedia dell'arte« gewöhnt, als daß sich umgehend ein Wandel in Geschmack und Darstellungskunst einstellen konnte. Goldoni wußte, daß die Reform Zeit brauchte und versuchte als Bühnenautor von feinem Instinkt, den Übergang durch mancherlei Zugeständnisse an Figuren und Improvisationskunst der Stegreifkomödie weicher und akzeptabler zu machen. Viele ältere Kritiker (als erster dezidiert De Sanctis) haben deshalb Goldoni mangelnde Kühnheit und Entschlossenheit bei der Verwirklichung seiner Reform vorgeworfen. Doch dieser wußte, was er tat. Neben verschiedenen Zugeständnissen betrieb er vor allem eine intensive Propaganda für seine Komödienkunst, indem er Zielsetzungen und methodische Prinzipien seiner Bühne in einem jahrelangen, intensiven Dialog mit seinen Lesern/Zuschauern verdeutlichte und kommentierte. Dies geschah in den von Goldoni über Jahrzehnte hinweg verfaßten *Prefazioni (Vorworte)* und den unter dem Titel *L'Autore a chi legge* seinen Stücken vorangestellten Widmungsbriefen an den Leser, in denen er nicht nur seine Theaterreform erläutert und von seiner Arbeit und seinen Erfahrungen als Schauspieler, Regisseur und Theaterdirektor erzählt, sondern auch eine große Anzahl aufschlußreicher Anekdoten und Ereignisse aus seinem Privatleben preisgibt. In ihrer Gesamtheit stellen diese kleinen, im lockeren Gesprächston plaudernden, stets freundlich um die Solidarität des Lesers bemühten Texte neben den französisch geschriebenen *Mémoires* die zweite große autobiographische Quelle unserer Kenntnisse des Venezianers dar, so daß die italienische Kritik für sie auch den Ausdruck *Memorie italiane (Italienische Memoiren)* verwenden konnte. In diesem so bedeutenden »Prätext« zum künstlerischen Text seiner Komödien ging es Goldoni allerdings auch darum, sich als literarischen Autor in die Geschichte der italienischen Literatur einzubringen, sich als Produzent schriftlich fixierter und gedruckter, somit stets nachlesbarer literarischer Werke (und nicht etwa als Erfinder nur gespielter, ständig veränderter Szenarien) zu präsentieren. Nicht zuletzt lag ihm auch mit Blick auf die nicht seltenen Raubdrucke und Plagiate seiner Stücke daran, seine literarische Urheberschaft und die von ihm gewollte, authentische Form seiner Komödien immer wieder unanfechtbar zu dokumentieren. All dies erklärt das lebenslange, fieberhafte Bemühen Goldonis, seine zahlreichen Werke in immer vollständigeren und textlich sorgfältigeren Ausgaben herauszubringen.

Goldoni wäre nicht Goldoni, wenn er seine Theorien und Maximen nur in Vorworten und Widmungsbriefen dargestellt hätte. Als echter Komödiant hat er auch auf den Brettern vorgeführt, wie seine Zielsetzungen in

Bühnenpraxis umzusetzen wären. In seinem *Teatro comico* (1750), einem gespielten Manifest, von ihm selbst als Vorwort und Einleitung seiner Komödien konzipiert und als solche seinen Werkausgaben vorangestellt, macht er dem Zuschauer in einer dreiaktigen Komödie vor, was auf der Bühne zu suchen, was zu meiden sei. In diesem Spiel über das Komödienspielen distanziert sich Goldoni, dem stets die »Reputation des italienischen Theaters« angelegen war, u. a. von der französischen Komödie, die sich darauf beschränke, mit »einem einzigen Charakter«, »einer einzigen Leidenschaft« in einer geschickt geführten, episodenreichen, doch wenig originellen Handlung das Schauspiel aufzubauen. »Unsere italienischen Autoren verlangen mehr. Sie wollen, daß der Hauptcharakter stark, originell und überzeugend sei; daß fast alle übrigen Personen, die die Episoden gestalten, ebenfalls Charaktere sind; daß die Handlung nicht allzuviele Zwischenfälle und Überraschungen enthält. Sie wollen, daß in den Witzen und Schlagfertigkeiten auch Moral enthalten sei…« Auch der freche und lärmende Harlekin aus der abgeleierten »Commedia dell'arte« wird belehrt: »Nicht so, Herr Harlekin, nicht so. Auch in den kleinen Szenen kann der witzige Komödiant (»l'uomo di garbo«) glänzen. Was mit Anmut gespielt und gesagt wird, wirkt doppelt, und je kürzer die Szenen sind, desto mehr gefallen sie. Der Harlekin muß wenig sprechen, aber zur rechten Zeit…«

So wertvoll diese Ratschläge waren, so wenig wurden sie vielerorts, vor allem im europäischen Ausland, zunächst befolgt. Zum Glück hat Goldoni nicht mehr erfahren, welches Schicksal seinen schon zu Lebzeiten in viele Sprachen mehr oder weniger treu übersetzten Komödien im Ausland widerfuhr. Da die meisten seiner Stücke durch ziehende Resttruppen der alten »Commedia dell'arte« ins Ausland exportiert und dort aufgeführt wurden, durch Schauspieler, die ihr altes Spiel liebten und denen nichts an der Reform Goldonis lag, kam es weithin zu einer Rückbildung der reformierten Komödie zum hergebrachten Stegreifspiel. Die sorgfältig geschriebenen Texte Goldonis wurden in willkürlichen Bearbeitungen auf einfache Szenarien reduziert, nach denen dann das altgewohnte Spiel mit grober Mimik und lockeren Späßen improvisiert wurde; es geschah also genau das, was Goldoni mit seiner Reform beseitigen wollte. Und so kam es auch, daß der Name des Reformators Goldoni in weiten Teilen Europas zunächst mit klamaukartigen Komödien der alten Art identifiziert wurde… Erst in unserem Jahrhundert begann man in Italien mit kritisch-historischen Inszenierungen der Komödien Goldonis, die sich gewissenhaft an die Originaltexte hielten, so etwa die Aufführung des *Ventaglio* durch Renato Simoni 1936 in Venedig, der *Locandiera* durch Luchino Visconti und die »Compa-

487

gnia stabile di Roma« 1952 ebenfalls in Venedig, oder der eingangs erwähnten *Baruffe Chiozzotte* durch Giorgio Strehler und sein »Piccolo Teatro« 1964 in Mailand. Wer die großen Charakterkomödien Goldonis in ihrer authentischen, vom Autor gewollten Form vor Augen hat, kann nicht umhin, das Urteil zu bestätigen, das der größte italienische Bühnenautor nach Goldoni, Luigi Pirandello, bereits 1922 fällte: »Als diese unerhört frische Darstellung des Lebens auf den mumifizierten Bühnen des italienischen Theaters ihren Einzug hielt und ihnen ihren Atem, ihre Wärme und ihre Dynamik zurückgab, sprach man von einer Reform. Es war aber die Geburt des neuen Theaters...«

V. GIUSEPPE PARINI

1. *Leben und Werke*

Wie Goldoni Venedig und dem Veneto, so war Parini durch Herkunft, Sprache und Wesen Mailand und seiner Region verbunden. Wollte Goldoni in einem nur lockeren theoretischen Rahmen vor allem durch sein Spiel, die ironische Schilderung authentischer Charaktere und das Lachen der Zuschauer die Sitten seiner Zeitgenossen korrigieren und damit seiner Gesellschaft Unterhaltung und Nutzen bieten, so wird durch Parini von früh an die Funktion der Dichtkunst und ihr gesellschaftlicher Nutzen in konkreten gesellschaftsbezogenen und wirkungsästhetischen Analysen einer Dichtungslehre thematisiert, die sich in einer ausgewogenen Mitte zwischen arkadisch-klassizistischem Kunstideal und humanitärer, gesamtgesellschaftlicher Verantwortung ansiedelt. Und während Goldoni von den Gedanken der Aufklärung allenfalls gestreift wurde, nimmt Parini, trotz gewichtiger Differenzen mit tonangebenden Aufklärern Oberitaliens wie Beccaria oder Pietro Verri, den Impetus der aufklärerischen Ideen seiner Epoche voll in sich auf und setzt ihn künstlerisch um in eine ironische, reflektierte Balance« zwischen ästhetischem Formstreben und gesellschaftlich-moralischem Engagement. Diese Verbindung von arkadisch-klassizistischem Raffinement mit tief empfundenem, weil aus harten Lebenserfahrungen gespeistem aufklärerischem Reformbedürfnis war der Hauptgrund dafür, daß man Parini als »ideologisches Zentrum der italienischen Aufklärung und als ihren größten Interpreten im Bereich der Dichtkunst« (G. Petrocchi) einordnen konnte.

GIUSEPPE PARINI (1729–1799) wurde am 23.5.1729 in Bosisio, nicht weit vom Lago di Pusiano in der Brianza geboren, für welche Gegend der Dichter bisweilen auch die lateinische Bezeichnung »Eupilis« gebraucht. Sein Vater, Francesco Maria Parino (so der eigentliche Familienname), war ein bescheidener Seidenhändler. Ende 1739 kam der zehnjährige Giuseppe in Begleitung eines Priesters nach Mailand zu seiner Großtante Anna Maria Parino, die ihm bei ihrem Tod 1740 eine kleine jährliche Rente vermachte, unter der Bedingung, daß er Priester werde und ihr täglich eine Messe zelebriere. So geschah es, daß Giuseppe im Juni 1754 zum Priester geweiht wurde, nachdem er zuvor über zehn Jahre lang, von 1740 bis 1751/52, in auffallender Lustlosigkeit und unter Wiederholung mehrerer Klassen in den von den Barnabiten geleiteten »Scuole Arcimbolde« in Mailand Grammatik und Theologie studiert hatte. Die Interessen des jungen Parini lagen nun einmal auf einem ganz anderen Gebiet, nämlich dem der Dichtkunst, der er, wie man vermuten kann, schon während seiner Schulzeit alle Energie widmete. Eine erste Probe seiner Kunst legte er schon 1752 unter dem Titel *Alcune poesie di Ripano Eupilino* (mit anagrammatischer Verformung des Familiennamens und Anspielung auf seine Heimat) vor. Das Büchlein enthält vierundneunzig Gedichte, aufgeteilt in *Poesie serie* und *Poesie piacevoli,* und ist ein sprachlich wie inhaltlich ziemlich schwaches Imitat arkadischer Themen und Stillagen, durch die hindurch die traditionellen Bildungsgrundlagen (Petrarca, lateinische Lyriker, Anakreontik usw.) hörbar werden. Überaus stark ist daneben, vor allem in den *Poesie piacevoli,* die Anlehnung an Berni und das »genere bernesco«. Die wenig bedeutende Publikation wies immerhin Parini als einen gebildeten Literaten aus, so daß er 1753 in die »Accademia dei Trasformati« und in die der »Ipocondriaci di Reggio Emilia« aufgenommen wurde. Ferner fand er, unmittelbar nach seiner Priesterweihe, Zugang zum Haus der Herzöge Serbelloni, wo er etwa sechs Jahre als Erzieher tätig war. Auch danach verblieb er dort aufgrund seiner ausgezeichneten Beziehungen zur Herzogin Maria Vittoria, die eine Liebhaberin der französischen Kultur war und in ihrem Hause mehrere Adlige und Intellektuelle, darunter ihren Intimus Pietro Verri, beherbergte. Zum Eklat kam es im Oktober 1762, als die Herzogin ein Mädchen ihrer Umgebung, Tochter des Musikers Sammartino, ohrfeigte und Parini aus Protest dagegen seinen Abschied nahm.

Im Hause Serbelloni hatte Parini Gelegenheit, aus der Nähe die ihm in Denken und Lebensstil fremde Adelsschicht zu studieren, der er später, vor allem in seinem großen Epos, so manchen ironischen und sarkastischen Hieb versetzen sollte. Im herzoglichen Hause entstehen bereits die drei ersten seiner Oden (dazu sogleich) und neben einigen Terzinensatiren und

Prosaschriften auch ein *Dialogo sopra la nobiltà,* ein für Parinis ideologische Entwicklung aufschlußreiches Werk, mit dem er sich in die aufklärerische, vor allem von Frankreich (Voltaire, Montesquieu) ausgehende Kritik am Adelsstand einschaltete. In der Form eines fiktiven Dialogs zwischen einem Dichter und einem herabgekommenen Adligen, die sich nach ihrem Tod im gleichen Grab wiederfinden, greift Parini die überall in Europa wach werdenden Zweifel an der Legitimation des Adelsstandes sowie auch die traditionelle moralisierende Kritik an den Lastern dieses Standes auf, wandelt sie jedoch in einer für ihn typischen, zurückhaltenden und versöhnungsbereiten Weise ab. Er verdammt daher keineswegs wie etwa Voltaire die Adligen generell als Räuber und Usurpatoren, sondern unterscheidet zwischen räuberischen, blutrünstigen oder charakterlosen Adligen und den klugen, gerechten und großherzigen Vertretern dieses Standes. Dieser Hinweis auf die soziale Tugendhaftigkeit einzelner Adliger ist einerseits als erzieherischer Wink zu verstehen, der gesamte Adel möge in diesen Zustand zurückkehren, andererseits als Rücksichtnahme Parinis auf seine zahlreichen adligen Bekannten, nicht zuletzt auf seine Freunde in der »Accademia dei Trasformati« und auf seinen Gönner, den Grafen K. J. von Firmian.

Parini war sein ganzes Leben lang in Geldnot. Besonders drückend war diese, als er das Haus Serbelloni verließ, und zusätzlich noch die alternde Mutter zu versorgen hatte. Der von aufgeklärten Patriziern unterstützte Druck des *Mattino* (1763), des ersten Teils seines Epos, brachte nur wenig ein, und so mußte er verschiedenen Tätigkeiten nachgehen, etwa als Hauslehrer des jungen Carlo, Sohn des Grafen Imbonati, als Redakteur oder als Theaterautor. 1768 zum Bühnendichter des »Teatro Ducale« ernannt, schrieb er für höfische Anlässe mehrere Stücke, darunter auch das von Mozart intonierte Melodrama *Ascanio in Alba* (1771). Ein Jahr lang (1769) redigierte er die »Gazzetta di Milano«, das offizielle Organ der österreichischen Regierung in der Lombardei. Im gleichen Jahr erhielt er eine Anstellung als Professor für Rhetorik und Schöne Literatur an den »Scuole Palatine«, nachdem er zuvor einen Ruf auf den Lehrstuhl für Rhetorik und Logik an der Universität Parma abgelehnt hatte, weil er in Mailand bleiben wollte. Auch ein kirchliches Benifiz in Vaprio (1772) und eine von Papst Pius VI. gewährte Pension (1776) konnten seine wirtschaftliche Notlage nicht grundlegend bessern. Erst sehr viel später (1791) wurde er zum Superintendant der inzwischen nach Brera verlegten »Scuole Palatine« ernannt. Neben seinen finanziellen Sorgen hatte Parini aber auch einige politische Krisen durchzustehen. So, als er nach dem Tod Maria Theresias im September 1780 den offiziellen Auftrag erhielt, ein Lobgedicht auf die verstorbene Kaiserin zu verfassen, diesen zunächst auch annahm, dann aber, in einem Klima sich rasch verschlechternder Beziehungen zwischen Wien und Mailand, diesen auszuführen nicht mehr bereit war, und dafür sogar gesundheitliche Gründe vorschob. Oder etwa, als er 1786 in seiner Ode *La tempestas* die chaotischen Reformen Josephs II. kritisierte, die wie ein *Sturm* die gesamte Verwaltungsstruktur der Lombardei durcheinanderwirbelten und den Wegfall zahlreicher Ämter nach sich zogen, so daß auch Parini um sein Lehreramt in Brera fürchten mußte. Der größte Sturm brach indes mit der Französischen Revolution herein, die der Dichter zunächst mit Optimismus und Hoffnung beobachtete, von deren blutigem Verlauf unter der Schreckensherrschaft der »Terreur« er sich dann jedoch deutlich distanzierte. »Frankreich stürzt sich in seinen Untergang und schändet damit eine der edelsten Sachen, die je der Menschheit aufgegeben wurden«, schrieb er 1794 an einen Freund. Als die Franzosen unter der Führung Massénas im Mai 1796 in Mailand einrückten, war er sogleich bereit, zum Wohl seiner Stadt und zur Demokratisierung des öffentlichen Lebens in der neuen Stadtverwaltung mitzuarbeiten. Für kurze Zeit war er Mitglied einer Kommission, die vorwiegend mit Fragen der Religion und des Unterrichtswesens befaßt war. Doch schon bald war er mit der französischen Regie nicht mehr einverstanden und versuchte, der Unfreiheit und der politischen Gleichschaltung der Verwaltung entgegenzuwirken. Die Folge war, daß er mit weiteren sechs Mitarbeitern suspendiert wurde; worauf sich Parini enttäuscht und sorgenvoll aus dem politischen Leben weitgehend zurückzog. Als am 28. April 1799 die »Cisalpinische Republik« in Mailand ihr wenig rühmliches Ende fand und die österreichisch-russischen Heere unter Verwüstungen und Schindereien wieder in die Stadt einzogen und mit ihnen eine neue Ära der Unterdrückung und der Reaktion, ließ sich der müde, desillusionierte und kranke Dichter herab, den neuen (alten) Herren mit einem Gedicht zu huldigen, wohl weniger aus Überzeugung, als vielmehr in dem Wunsch, von ihnen in Ruhe gelassen zu werden. Er schrieb das Sonett *Predàro i filistei l'arca di Dio* am 15. August, wenige Stunden vor seinem Tode, der ihn im Kreis seiner Freunde ereilte. Ein schönes Selbstporträt und ein Bekenntnis zu seinen Idealen hatte der Dichter bereits vier Jahre zuvor in der Ode *Alla Musa* (1795) der Nachwelt hinterlassen.

2. Schriften zur Dichtung und zur Sprache

Die erste organische und reflektierte Darstellung seiner Auffassungen über die Dichtung war der *Discorso sopra la poesia,* den Parini wahrscheinlich 1761 den »Trasformati« vortrug. In seinem Vortrag, der keine grundsätzlich neuen Ideen entwickelt, sondern eher die für ihn typische Verbindung traditioneller klassischer Prinzipien mit den Ideen der Gegenwart vollzieht, theoretisiert Parini seine schon in den Oden sichtbar werdende Absage an die »Arcadia« und die Hinwendung zu aufklärerischen Ideen. Er beginnt mit einem Bekenntnis zur Vernunft und zum guten Geschmack und wendet sich dann vor allem der antiken Lehre von der Kunst als Nachahmung der Natur zu: Durch eine vollkommene, d. h. schöne und zugleich wahre Nachahmung der Wirklichkeit bereite auch die schöne Literatur (neben anderen nützlichen Künsten) dem Menschen Genuß und Nutzen. Der Horazsche Gedanke des »utile miscere dulci« wird indes von Parini eingebunden in die zu seiner Zeit vor allem durch die Schriften von Jean Baptiste Dubos und Etienne Bonnot de Condillac in Italien weit verbreiteten Ideen des Sensualismus (it. »sensismo«), demzufolge alle geistigen Fähigkeiten, Wahrnehmungen und Erkenntnisse aus sinnlichen Empfindungen abzuleiten sind. In diesem Sinne errege die Dichtung, durch die Nachahmung von Natur, von Sachen oder Gefühlen, Genuß und Ergötzen im menschlichen Herzen, das ständig zwischen Freude und Schmerz schwanke. Die Dichtkunst könne auch mit der Erregung von Gefühlen und Leidenschaften in der Seele des Menschen diesen dazu bringen, »das Laster zu verabscheuen, indem sie dessen Häßlichkeit ausmalt, und die Tugend zu lieben, indem sie deren Schönheit nachahmt«. Diesem in einem Amalgam klassischer, sensualistischer und hedonistischer Gedanken geführten Nachweis des gesellschaftlichen Nutzens der Dichtung könnte man noch den 1762 ebenfalls in der Akademie der »Trasformati« vorgetragenen *Discorso sopra la carità* zur Seite stellen, in dem Parini im Rahmen seiner aufgeklärten Dichtungstheorie den Gedanken entwickelt, daß Künstler und Gelehrte »das Licht des Menschengeschlechts« seien und daher den gesellschaftlichen Auftrag hätten, zum Wohl der Gemeinschaft und für die Unterstützung der Tugend zu schreiben.

Diesen Gedanken hat Parini in den folgenden Jahren wenig Neues hinzugefügt. In seiner im Dezember 1769 anläßlich seiner Berufung als Rhetorik- und Literaturlehrer gehaltenen, überaus engagierten und optimistischen Eröffnungsrede *(Discorso recitato nell'aprimento della nuova cattedra)* drückt er nach rhetorischen Huldigungen an Maria Theresia die Überzeugung aus, daß das Studium der Literatur nicht nur im Rahmen der

492

Schulpädagogik, sondern auch gesamtgesellschaftlich von hohem Nutzen sei. Er verteidigt den Primat der Literatur vor den anderen Künsten und unterstreicht, daß sie, solange sie nur »den universalen Prinzipien des guten Geschmacks«, und das heißt letztlich der Natur, folge, die Öde des Lebens vertreibe, im Menschen den Sinn für das Schöne wecke und ihm Beispiele und Vorbilder von erlesener Originalität vor Augen führe. Wahrscheinlich von 1773 ist die Einlassung *Sul decadimento delle belle lettere e delle belle arti*, in der Parini der schon in seinem ersten *Discorso* geäußerten Sorge über den Verfall des gegenwärtigen Literatur- und Kunstunterrichts nachgeht und als Abhilfe eine Reform des Schulunterrichts vorschlägt. Wichtiger ist der zwischen 1773 und 77, in einer Zeit intensiver Beschäftigung mit gesellschaftlichen und didaktischen Problemen verfaßte, unvollendete (und erst postum veröffentlichte) Traktat *Dei principi generali e particolari delle belle lettere applicati alle belle arti*. Hier greift Parini weitgehend auf frühere, vor allem im *Discorso sopra la poesia* geäußerte Gedankengänge zurück und behandelt zunächst die Grundprinzipien der Künste insgesamt, sodann die der schönen Literatur, der Parini wiederum den Vorrang einräumt und als »Königin und Herrscherin über alle schönen Künste« würdigt. Kunst entspringe einem ursprünglichen, naturhaften Bedürfnis des Menschen, nämlich dem Bedürfnis nach Ergötzen, das sich oft mit praktischen Bedürfnissen verbinde. Durch ein ausgewogenes Gleichgewicht zwischen Ergötzen und Nutzen gelange die Dichtung dazu, auf den Menschen Wirkung zu tun, sein »Interesse« zu wecken. Als weitere Grundmerkmale der Künste und der Dichtung führt Parini Vielfalt (»varietà«) und Einheit (»unità«) an, sowie schließlich, mit Bezug auf die antiken Lehren des Horaz, Cicero und Quintilian, Proportionalität, Ordnung, Klarheit, Leichtigkeit und Angemessenheit.

Der bedeutendere Teil der *Principi* ist derjenige, der sich mit der Entwicklung der italienischen Sprache befaßt. Schon 1756 hatte Parini in der Sprachenfrage interveniert und sich zusammen mit Domenico Soresi gegen den Servitenpater Alessandro Bandiera gewandt, der in einer übertriebenen puristischen Strenge das Toskanische als Sprachnorm einforderte. 1760 beteiligte Parini sich erneut mit anderen »Trasformati« an einer Polemik mit dem Mailänder Pater Paolo Onofrio Branda, der ähnlich wie Bandiera eine florentinische Lösung der Sprachenfrage vertrat und vor allem den Mailänder Dialekt und seine Verwendung als Dichtersprache verächtlich gemacht hatte. Parini verteidigt die Verwendung der Dialekte und betont, daß es keine guten oder schlechten Dialekte gäbe, da sie alle einem konkreten gesellschaftlichen Bedürfnis nach Kommunikation entsprungen seien. Er erkennt die in historischen und politischen Entwicklungen begründete

Vorrangstellung des Toskanischen und seine besondere Eignung als Schrift- und Literatursprache Italiens an, möchte jedoch diesen Dialekt keineswegs unkritisch verwendet, sondern in seinen Schwächen korrigiert und den Leitprinzipien der Vernunft und der Schönheit untergeordnet wissen. In den *Principi* skizzierte Parini sodann die Hauptstadien der Entwicklung des Toskanischen zur »lingua nobile italiana«, d. h. zur gehobenen Schriftsprache Italiens. Das Toskanische, zunächst nur in der Liebeslyrik und in den Chroniken verwendet, habe mit Dante, Petrarca und Boccaccio eine beispielhafte Höhe gewonnen. Dabei wird Petrarca wegen seines geschmeidigen und eleganten Stils noch etwas höher eingestuft als der strenge Dante, während andererseits Boccaccio, abgesehen von seinen Obszönitäten und Respektlosigkeiten, als großes Vorbild des Erzählens, aber auch der stilistischen Vielfalt dargestellt wird. Nach dem Höhenflug des 14. war es das 16. Jahrhundert, das für die Sprache wichtige Entwicklungen brachte: Machiavelli, Bembo und viele andere, ja sogar Cellini und Berni werden als Förderer der »volgar lingua« gewürdigt. Tasso wird ein Denkmal gesetzt als »Fürst der italienischen Epik« und als »edelstes Modell« der italienischen Dichtersprache. Parini würdigt sodann die nach dem sprachlichen Niedergang im 17. Jahrhundert gegen das Jahrhundertende einsetzende regulierende und sprachfördernde Arbeit der »Arcadia« und der verschiedenen Akademien, allen vorweg der »Crusca«. Zu erlernen aber sei die edle Literatursprache durch das Studium der guten Autoren und der Grammatiker... Gegenüber den früheren toleranteren Ansichten Parinis veranschaulicht dieser Traktat aus den siebziger Jahren eine deutliche Hinwendung zur klassischen Tradition und zur Etablierung einer recht streng konzipierten florentinischen Norm. In der Tat belegt nicht nur Parinis Theorie, sondern auch seine konkrete sprachstilistische Arbeit an den *Oden* und am *Giorno* eine immer engere Anlehnung an Sprache und Stil der Klassiker.

3. *Die Oden und das Epos »Il Giorno«*

Die Oden, meist umfangreiche Gedichte in Strophen unterschiedlicher Bauart, in einem Zeitraum von fast vierzig Jahren bei mancherlei Gelegenheiten, zum Teil auch als Huldigungen oder Auftragsarbeiten entstanden, stellen neben dem großen Versepos die bedeutendste künstlerische Leistung Parinis dar. In ihrer Entstehung und in ihren thematischen und stilistischen Entwicklungen spiegeln sie die Verfeinerung der Sprachkunst des Lyrikers, den ideologischen Weg des Aufklärers, aber auch den Reifeprozeß des Menschen Parini wider. Ihrer Entstehungsgeschichte nach könnte man die Oden Parinis in zwei Phasen einteilen: eine erste, die von 1757/58 bis 1765 reicht, und eine zweite, die nach einer durch theoretische Arbeiten, Lehrverpflichtungen und anderes bedingten Unterbrechung 1777 einsetzt und 1795 mit dem Gedicht *Alla Musa* endet. Die ersten drei Oden entstehen bereits im Hause Serbelloni: *La vita rustica* (1757/58) besingt die Schönheiten und gesundheitlichen Vorzüge des Landlebens und ruft zu frohem Genuß der rasch hinschwindenden Lebenszeit auf; *La salubrità dell'aria* (1759) entwickelt den Kontrast zwischen der gesunden Landluft und dem ungesunden Gestank und den verschmutzten Straßen von Mailand, mit schon reformerisch motivierter Kritik an den unerträglichen Lebensbedingungen in der Großstadt; während er, wahrscheinlich 1761, mit *L'impostura* eine überaus bissige, zeitkritische Satire auf die »verehrungswürdige Heuchelei«, die »einzige Lehrmeisterin der Menschen« schrieb. Aufklärerisch und zeitkritisch motiviert ist auch die wahrscheinlich 1762 oder 1769 entstandene Ode *La musica* (auch unter dem Titel *L'evirazione* geführt), in der Parini gegen die Unsitte polemisiert, durch Kastration aus Knaben gute Sänger zu machen. Als Glückwunschgedicht auf die Genesung seines Schülers Carlo Imbonati schrieb der Erzieher Parini das (sehr unterschiedlich beurteilte) Gedicht *L'educazione* (1764), in dem er auch seine erzieherischen Konzepte darlegte, die im wesentlichen auf einem tugendhaften Gleichgewicht von Körper und Geist basierten. Mit aufklärerischem Stolz besang er ein Jahr später in *L'innesto del vaiuolo* den Fortschritt der Pockenimpfung und den Mut eines »Trasformato«, diese Methode in der Lombardei zu verbreiten. In *Il bisogno,* ebenfalls 1765 oder 1766 entstanden, malt Parini aus gleichem reformerischem Engagement in grellen Farben das Elend des in unwürdigen Umständen dahinvegetierenden Volkes, das aus Not gezwungen sei, die Tugend zu vernachlässigen und auch widerrechtliche Dinge zu tun, und plädiert anschließend für eine mildere Rechtsprechung gegenüber den Armen.

Nach einer Pause von fast zwölf Jahren entsteht 1777 anläßlich der »Laurea« einer jungen adligen Dame die Glückwunschode *La laurea,* die eine Erwähnung verdient, weil darin das aufklärerische Thema der Gleichheit der Geschlechter, und zwar zum letzten Mal, von Parini angesprochen wird. Künstlerisch anspruchsvoller ist das Gedicht *La recita dei versi* von 1783/84, das gegen die Unsitte des Gedichtezitierens bei Tisch polemisiert und bei dieser Gelegenheit auch einige poetasternde Zeitgenossen schmäht. Nach Inhalt und stilistischem Ausdruck bedeutsam ist die Ode *La caduta* (1785), in der Parini ausgehend von einem fiktiven, aber realistisch und witzig geschilderten Unfall (Sturz des alternden Dichters auf der winterlich

495

vereisten Straße), das Ideal des »buon cittadino« ironisch umkreist, dabei jedoch zugleich seine Kritik am Unverständnis der Zeitgenossen gegenüber seiner Dichterfunktion durchblicken läßt. Mit zum Besten Parinis gehören drei dem Thema der Liebe gewidmeten Oden aus den Jahren 1787, 1790 und 1793: *Il pericolo, Il dono* und *Il messaggio«*, von der Kritik auch als »Galante Oden« eingeordnet; persönlich und intimistisch getönte Gedichte auf erotische Episoden im Leben des nunmehr gealterten Dichters, dargestellt mit der Raffinesse und Galanterie eines ausgereiften, virtuosen Stils und dargeboten im dekorativen Schmuck mythologischer Bilder. So gestaltet *Il pericolo* die »Gefahr«, die ihm in Gestalt der schönen Venezianerin Cecilia Renier Tron entgegengetreten war und der er zu erliegen drohte, nachdem er zuvor so vielen Mailänder Damen entkommen war… *Il dono* ist eine galante und sensible Danksagung an die Marquise Paola Castiglioni Litta, welche Parini die 1787–89 erschienene Pariser Ausgabe der Tragödien Alfieris geschenkt hatte. *Il messaggio* schließlich, ein weiteres Dankgedicht, von Foscolo als die »vielleicht schönste« aller Oden Parinis eingestuft, huldigt in vollendeter metrischer Form und unter Aufbietung aller stilistischen und mythologischen Raffinessen in klassizistischer Manier der Schönheit der jungen Gräfin Maria di Castelbarco, Schwester der genannten Marquise. Die Ode, die vor allem in der Wortwahl und in der Beschreibung der weiblichen Schönheit auch arkadische Elemente aufweist, enthält eine heftige Absage an das »dumme Volk« und eine erneute Besinnung auf den dichterischen Genius, der dem Dichter gebietet, Macht und Reichtümer der Welt zu verachten, denn ihn werden andere Dinge glücklich machen:

> Ma di natura i liberi
> doni ed affetti, e il grato
> de la beltà spettacolo
> te renderan beato

Weniger gelungen und daher auch oft als »odi minori« eingestuft sind die Gedichte *In morte del maestro Sacchini* (1786), *La magistratura* (1788) und *La gratitudine* von 1790/91. Als einer der Höhepunkte unter den späteren Oden entsteht sodann *Alla Musa* im Frühjahr 1795 anläßlich der Hochzeit des Marchese Febo D'Adda, eines früheren Privatschülers des Dichters, der selbst den Musen zugetan war. Das äußerst kunstvolle, in sapphischen Strophen (je drei Elfsilbler und ein Fünfsilbler mit alternierendem Reim) verfaßte und zutiefst vom Geist der Klassik geprägte Gedicht ist eine Hymne auf die Kunst des Dichtens, eine Synthese seiner Zielsetzungen als

496

Dichter und ein Testament seiner politisch-gesellschaftlichen Ideale zugleich. Parini präzisiert erneut die Funktion des Dichters, »dem der Himmel gemäßigten Sinn, reine Gefühle und einen einfachen Lebenswandel« verleiht, formuliert seine Absage an den »unnützen Müßiggang der Großen« und an den »Lärm der Städte«, und bekennt sich leidenschaftlich zu seinen Idealen des Naturhaften, Wahren und Schönen. All diese Themen werden in einem reflektierten Gleichgewicht zwischen künstlerischem Anspruch und moralischer Verantwortung in der Form eines Zwiegesprächs mit der Muse dargeboten: Ein von klassizistischen, sensualistischen, idyllischen und epikureischen Zügen geprägtes Vermächtnis also und zugleich ein Selbstporträt von »Parini, dem italischen Schwan, der den Guten Freund ist und das gemeine böse Volk zutiefst verachtet« (so die Schlußverse des Gedichts).

In ihrer Gesamtheit lassen die Oden eine kontinuierliche Entwicklung Parinis von anfänglichen arkadisch-klassizistischen Einstellungen über ein aufklärerisches, reformerisches und erzieherisches Engagement in den mittleren Jahren zu einem abgeklärten, teilweise desillusionierten Rückzug des alternden Dichters auf künstlerische und persönliche Themen erkennen, verbunden mit einer zunehmenden neoklassizistischen Tendenz. Am Ende seines Lebens steht die Besinnung auf das Kunstschöne als Trösterin des Lebens, auf die großen Themen der Liebe und der Freundschaft und auf die Unausweichlichkeit des Todes.

Das in Elfsilblern verfaßte Epos *Il Giorno (Der Tag)*, ursprünglich in drei Teilen *(Il Mattino, Il Mezzogiorno, La Sera)* geplant, wurde ohne große Änderungen in der grundsätzlichen Konzeption später auf vier Teile erweitert. *Il Mattino* erschien im März 1763, *Il Mezzogiorno* im Juli 1765. Von dem dritten, postum veröffentlichten Teil mit dem Titel *Il Vespro*, an dem der Dichter von etwa 1766 bis in die neunziger Jahre arbeitete, lagen bei seinem Tode etwa 500 Verse vor, wovon einige auch überarbeitete Passagen aus dem *Mezzogiorno* waren. Die Abfassung des vierten, ebenfalls unvollendeten Teils *La Notte* mit 673 Versen fällt in die neunziger Jahre, zusammen mit weiteren Arbeiten am *Vespro* und Überarbeitungen des ersten und vor allem des zweiten Teils. Die extrem komplizierte Entstehungsgeschichte des Epos, an dem Parini unermüdlich arbeitete und das bis zu seinem Tode ein »work in progress« blieb, ist erst durch die textkritische Ausgabe von Dante Isella (1969) aufgeklärt worden. Zu den literarischen Anregungen, die Parini für sein Werk empfangen konnte, gehören mit großer Wahrscheinlichkeit Popes heroisch-komisches Versepos *The Rape of the Lock* (1712) und Boileaus *Le lutrin* (1774–83), ferner Giambattista Robertis Oktavengedicht *La moda* (1746) und anderes; doch hat

Parini alle eventuellen Anleihen mit kritischer Selbständigkeit rezipiert und in seinem Text umgesetzt. Gegenstand seiner teils bissigen, teils moralisierenden, teils genüßlich ausmalenden Satire auf den Müßiggang des Adels der damaligen Zeit ist die Schilderung eines typischen Tagesverlaufs aus dem Leben eines Mailänder Adligen, des »Giovin Signore«, der als eitle, hohle und nichtsnutzige Hauptperson im Mittelpunkt der Handlung steht. Morgens, nach spätem und mühsamem Erwachen, wird der junge Geck sorgfältig frisiert, gepudert und gekleidet; er schlürft blasiert und angeödet seine Schokolade, schickt schließlich eine Botschaft an seine angebetete Dame. Mit dieser finden wir ihn im *Mezzogiorno* am Mittagstisch, wo er zusammen mit deren langweiligem Ehemann und anderen Tischgästen eine ebenso frivole wie dümmliche Konversation entfaltet. Nachmittags zeigt sich »Giovin Signore« mit seiner Angebeteten in einer schönen Karosse auf dem Corso, mit vielen anderen seines Standes, während die Nacht ihn wichtigen Beschäftigungen und zuletzt, bis in die frühen Morgenstunden, in einer »aula beata« dem leidenschaftlichen Spiel hingegeben sieht.

Hauptmovens des Autors ist ohne Zweifel die moralisierende Kritik an einem Stand, der auf Kosten der Allgemeinheit eitel und unnütz dahinlebte und sich futilem oder unmoralischem Zeitvertreib hingab. Schon zu Beginn des *Mattino* wird der Kontrast zwischen dem Müßiggang des Adels und der fleißigen Geschäftigkeit des Volkes in unvergeßlichen Szenen voll beißendem Sarkasmus herausgearbeitet, um dann in einem Crescendo der Ironie in vielen weiteren, realistischen und detaillierten Szenen ausgemalt und vertieft zu werden. Der »Giovin Signore« gerät somit zur exemplarischen Karikatur eines Standes, der ein hohles, einförmiges und nutzloses Leben führt, das keinerlei Verpflichtungen, Zielsetzungen und Ideale kennt. Eines der Kernstücke der Parinischen Standessatire ist der »cicisbeismo«, d.h. die unter Adligen als standesgemäß erachtete Gewohnheit, sich unter den verheirateten Frauen der Gesellschaft eine verwandte Seele zu suchen und ihr den Hof zu machen – für Parini eine der deutlichsten Offenbarungen der moralischen Korruption des Adelsstandes und das genaue Gegenteil seiner Vorstellungen von einer gesunden, in Ehe und Familie verwirklichten Moral. Eine weitere Spitze Parinis richtet sich gegen die letztlich auf Dummheit und kultureller Genügsamkeit beruhende Gallophilie der Adligen, gegen ihre süffisante Gewohnheit also, nur französische Modeliteratur, meist der galanten Art, zu lesen. Auch außerhalb der eigentlichen Standeskritik liegende zeitkritische Themen werden von Parini aufgegriffen; so verurteilt er z.B. mit großem Ernst die unmenschlichen Greuel der Konquistadoren in Amerika. Im *Mezzogiorno* erfährt die Handlung durch die Aufnahme weiterer Personen eine gewisse Erweite-

498

rung und Variation, während gleichzeitig die Hauptfiguren in ihren kapriziösen, perversen oder lächerlichen Zügen vertieft werden. Gegenstand der Satire sind jetzt neben anderen ein junger Kavalier, dessen verheiratete Geliebte und deren ebenso netter wie läppischer Ehemann, »il marito gentil«, dem eine der schönsten und kunstvollsten Kleinkarikaturen des Epos gewidmet ist (*Mezzogiorno*, V. 50–66): Stumpfsinnig lächelnd harrt er am Tisch der Herbeikunft seiner Frau und ihres Kavaliers und verspürt nichts anderes als ein animalisches Hungergefühl. Wenn aber, fügt Parini ironisch hinzu, ein solcher Ehemann noch irgendeine edle Seelenregung verspürt, dann geht er an einen anderen Tisch und setzt sich neben eine Dame, deren Ehemann ebenfalls anderswo neben einer Dame sitzt, deren Gemahl wiederum anderenorts die Nähe einer Angebeteten sucht und so weiter: So fügen sich »immer neue Glieder in die unendliche Kette/ in der Amor im Wechsel die Seelen betört« (V. 64–66). Eine weitere berühmt gewordene Episode ist die Karikatur der Hundeliebhaberei der lombardischen Damen (V. 645–697). Unter Tränen berichtet die Dame des »Gentil Signore«, wie einmal ihre »vergine cuccia«, ihr schönes Hündlein, in den »gemeinen Fuß des Dieners« biß und dieser das Tierchen abschüttelte, so daß es sich wimmernd dreimal überschlug, worauf sofort der »ruchlose Diener« unter Schimpf davongejagt wurde und Gott sei Dank nirgendwo mehr Arbeit fand, weil alle Damen den »Urheber der grausamen Missetat haßten« – eine der künstlerisch aufwendigsten und zugleich sozialkritisch dezidiertesten Passagen des Gedichts.

Parinis schönes und vielschichtiges Gedicht nimmt viele Stimmungen und Tonlagen in sich auf, Arkadisches und Berneskes, Idyllisches und Moralisches, klassische Strenge und zarte, verspielte Rokoko-Szenen in der Manier Watteaus, beißende Gesellschaftskritik und sensualistische Motive von raffiniertem Sinnengenuß. Diese Vielfalt bleibt indes stets gebändigt durch einen einheitlichen, durchlaufend starken Stil, der wesentliche Elemente seines unverwechselbaren Klangs aus der artistischen Verwendung des Hyperbatons (Veränderung der normalen Wortstellung) und aus der wohldosiert und konsequent verwendeten Gedankenfigur einer stets treffenden Ironie gewinnt. Die überwältigende Wirkung des Gedichts, das schon von den meisten Zeitgenossen wohlwollend aufgenommen wurde, beruht nicht zuletzt auch darauf, daß sein Autor nie als hassender oder verachtender Richter oder als unversöhnlicher, fanatischer Moralprediger auftritt: Versöhnung und Mitgefühl sind dem Autor immer gewärtig, und bei nicht wenigen Szenen hedonistischer Sinnenfreude, mit denen Parini die morbide Genußsucht einer untergehenden Adelswelt geißelt, ist er gleichsam ein stiller Mitgenießer gewesen. So kann man Parini auch keine im engeren Sinne aufklärerische (noch irgendeine andere) Ideologie unterstellen, vielmehr artikulierte sich sein durchaus ernstes staatsbürgerliches Engagement im wesentlichen im Rahmen eines klassisch fundierten, moralisch sensiblen Humanismus traditioneller Prägung, mit dem übergeordneten Ideal eines Gleichgewichts zwischen Natur und Kunst, zwischen Sinnenfreude und Tugendhaftigkeit.

Nach seinem Tod war es vor allem der Freund und erste Herausgeber seiner Werke, Francesco Reina, der in einer der Werkausgabe vorangestellten glorifizierenden *Vita* Parini als heroisch-vaterländischen Dichter feierte und damit ein Parinibild schuf, das mit unterschiedlichen Akzenten von Alfieri, Foscolo und andern weitertradiert wurde. Leopardi sah in Parini den »Vergil des neuen Italien«. Carducci versuchte später, im Kontext positivistischer Untersuchungen, die Bewertung Parinis zu entmythisieren, gelangte aber auch seinerseits zu einer überzogenen Einschätzung der politisch-gesellschaftlichen Bedeutung seines Werks. Eine nüchterne Beurteilung bahnte sich erst mit Croce an, der Parini ganz in die Literaturgeschichte zurückholte und ihn – sicherlich zu einseitig – als Dichter der »Arcadia« einordnete.

VI. VITTORIO ALFIERI

1. *Leben und Werke*

»J'ai été toujours un tissu d'inconséquences, et j'ai réuni dans mon caractère tous les contrastes possibles«, liest man in Alfieris 1773 begonnener *Esquisse du jugement universelle*. In der Tat sind Alfieris Leben und Werke, die sich wie die Parinis auf der Wende von der alten zu einer neuen Gesellschaftsordnung präsentieren, gekennzeichnet durch mehr oder weniger scharfe Kontraste und Widersprüche. Einerseits nach Herkunft, Bildung und Lebensführung noch eng den alten Strukturen des Adelsstandes verbunden, kämpft er andererseits gegen Absolutismus und Tyrannei eben dieser Schicht; einerseits dem Glauben an die aufklärerische Vernunft verpflichtet, erliegt er andererseits dem Reiz frühromantischer Gefühlsstimmungen, wie sie sich etwa im lyrischen Stil Ossians oder in den heftigen Gefühlsausbrüchen des »Sturm und Drang« artikulierten; einerseits von optimistischen Zielsetzungen einer freieren, menschlicheren Gesellschaft und der Idee demokratischen Fortschritts getragen, entwickelt er andererseits einen heroischen, starren und ausweglosen Individualismus sowie einen tiefen Pessimismus, der bereits auf Leopardi vorausweisen kann. VITTORIO ALFIERI (1749–1803) wurde am 16.1.1749 in Asti als Sohn des Grafen Antonio Alfieri di Cortemilia und einer Monica Maillard di Tournon (Witwe des Marquis von Cacherano) geboren. Die Tatsache, daß der Vater noch im Jahr der Geburt starb und die Mutter eine neue Ehe einging, hat mit Sicherheit die Entwicklung des überaus verschlossenen und wechselhaften Charakters des jungen Alfieri beeinflußt. Ab 1758 besuchte er die Militärakademie in Turin und wurde im Mai 1766 zum Fähnrich des Regiments von Asti ernannt. Noch im gleichen Jahr setzt bereits die lange Reihe seiner ausgedehnten Reisen ein, die ihn zunächst durch die Städte Italiens, dann nach und nach durch den größeren Teil Europas, u. a. nach Portugal, Dänemark, Schweden, Finnland und Rußland (Petersburg) führen. Mehrfach ist er auch in Deutschland (Dresden, Berlin). Im Januar 1768 wird er in Versailles Ludwig XV. vorgestellt. Paris erscheint ihm häßlich und als »stinkende Kloake«, London dagegen als eine saubere und wohlhabende Stadt, das demokratische England insgesamt als »ein freies und glückliches Land«. Wichtige Bildungserlebnisse des jungen Alfieri waren die Lektüre der französischen Aufklärer, allen vorweg Montesquieus, Helvetius', Voltaires und Rousseaus sowie der lateinischen Klassiker, darunter auch des Plutarch. Über sein bewegtes, kosmopolitisch geprägtes Leben, das nicht zuletzt wegen seiner zahlreichen, teils abenteuerlichen, teils tragischen Liebesaffären einige romantische Glanzlichter bekam, hat Alfieri selbst in seiner vielbeachteten *Vita* berichtet, an der er von 1790 bis wenige Monate vor seinem Tod schrieb; doch kann diese Darstellung wegen ihrer unverkennbaren Tendenzen zur Verformung und Stilisierung der Ereignisse nur mit Vorsicht gelesen werden. Einige Aufschlüsse über seine Persönlichkeit gewähren auch die im Herbst 1774 französisch begonnenen, dann italienisch verfaßten *Giornali*, ereignisarme, aber gedankenreiche intime Tagebücher, in denen Alfieri den Alltag seines Aristokratenlebens bis zum 3. Juni 1777 aufzeichnete. 1768 hatte er in Holland seine erste Liebesaffäre mit einer adligen Dame; 1771 ereignete sich sein zweiter großer »intoppo amoroso« in Gestalt der schönen Penelope Pitt, Gattin des Visconte Edward Ligonier, mit der ihn eine heftige (und aufsehenerregende) Leidenschaft verband, die jedoch bald in einem Duell mit dem Gemahl und mit der Entdeckung der Untreue der Geliebten endete. 1773–75 beschäftigte ihn die Beziehung zu Gabriella Falletti di Villafalletto, Frau des Marquis Turinetti di Prié, einer schon älteren Dame von nicht sonderlich gutem Ruf. Bedeutsam und in gewisser Weise prägend war für Alfieri dagegen die Begegnung mit Luise von Stolberg-Gedern, Gräfin von Albany und Gemahlin des englischen Kronpretendenten Charles Edward Stuart, die er im Oktober 1777 in Florenz kennenlernte. Sie war die große Liebe seines Lebens. Nachdem sie von ihrem Mann geschieden war, zogen beide 1787 nach Paris, wo die Gräfin einen renommierten Salon führte, in dem der Maler David, der Komödienautor Beaumarchais, der Baron De Staël und seine Gemahlin, der Kritiker La Harpe, und neben vielen anderen auch die Dichter-Brüder Joseph Marie und André Chénier verkehrten, von denen vor allem der letztere und berühmtere Alfieri persönlich zugetan war.

Alfieris Jugend, seine Zeit als müßiggängerischer und gelangweilter Aristokrat, der sich mit Reisen und flüchtigen Liebschaften zerstreute, war, wie auch die *Vita* belegt, 1775 im wesentlichen abgeschlossen. In diesem Jahr brach er die demütigende Beziehung zu Gabriella Falletti ab und entschloß sich, »autor tragico« zu werden: Er entwarf seine ersten Tragödien in französischer Sprache, schrieb seine schon 1774 begonnene *Cleopatra* zuende und ließ sie in Turin aufführen. Die Zeit von 1775 bis zum Revolutionsjahr 1789 kann als seine reife Periode gelten, in der seine relevantesten Werke, vor allem die politischen Traktate und die großen Tragödien, entstanden; während die Jahre von der Revolution bis zum Tode dichterisch und ideologisch durch Stillstand oder gar Rückentwicklungen gekennzeichnet sind. Alfieris Entschluß, ein Tragödienautor zu werden, stieß auf größte Schwierigkeiten, da er als Piemontese kaum Italienisch konnte. So begab er sich 1776 in die Toskana, um dort ein gutes Toskanisch zu hören und zu sprechen. Gleichzeitig las er italienische Klassiker (Tasso, Ariosto, Petrarca, Dante), dazu französisches Theater in italienischen Übersetzungen, die Stücke Senecas sowie einige griechische Tragödien in lateinischen oder französischen Übertragungen. Als Beispiele für den Gebrauch des »verso sciolto«, des freien Elfsilblers, der ihm für seine Stücke vorschwebte, gefiel ihm am besten die Übersetzung der *Thebais* des Statius durch C. Bentivoglio und die des *Ossian* durch M. Cesarotti. Eine wichtige Entscheidung traf Alfieri auch 1778, als er alle seine Güter gegen eine jährliche Pension der Schwester Giulia vermachte, um so frei und fern von der Heimat leben zu können. In die reife Phase Alfieris (1776–89) fielen wenige, aber intensiv gelebte menschliche Beziehungen, so die Liebe zu seiner Mutter, die Verbindung mit der Gräfin von Albany und einige Männerfreundschaften, darunter vor allem die sehr enge mit Francesco Gori Gandellini, der ihm in Siena begegnete und ihm u. a. die *Istorie fiorentine* Machiavellis als Stoffquelle für die geplante Tragödie *La congiura de' Pazzi* vorschlug. Hier im freiheitlich-republikanisch gesonnenen Freundeskreis Sienas, der sich im Salon der Teresa Regoli Mocenni und anderswo traf, entstand auch Alfieris erste politische Schrift *De la tirannide* (1777), in der er den Grundgedanken seiner politischen Einstellung, den heroischen Kampf des freiheitlichen Individuums gegen die Tyrannis, entwickelt. Nahezu seine gesamte, von 1775 bis etwa 1789 reichende Tragödienproduktion wird diesem Leitmotiv, und dazu einem weiteren wichtigen Motiv, nämlich dem des Todes, verpflichtet sein. Sowohl die Erfahrungen seiner Reisen als auch sein Ideal einer utopischen, gegen den Tyrannen, also gegen die etablierten Monarchien zu erkämpfenden Freiheit des Individuums, brachten Alfieri dazu, als ein gesellschaftlich Entwurzelter zu leben, der, seiner eigenen Klasse entfremdet, nicht bereit war, sich in die dekorative Funktion des Adels an den Höfen zu schicken oder wie andere aufklärerisch gesonnene Adelige gemeinsam mit dem Bürgertum an gesellschaftlichen Reformen zu arbeiten. Im August 1792 flieht Alfieri aus dem von der Revolution geschüttelten Paris und begibt sich nach Florenz, wo er nun für den Rest seines Lebens bleibt. In diesen späten Jahren, in denen er noch einige Satiren schreibt, einen zweiten Band seiner *Rime* (1797/99) auf den Weg bringt (ein erster war bereits 1789 erschienen) und zuletzt noch sechs Komödien verfaßt (1801/02), verspinnt sich der vereinsamende Dichter zunehmend in einen realitätsfernen, auch durch seine Plutarchlektüren gespeisten Traum von Ruhm und Freiheit, vom heroischen Kampf großer Individuen, und vollzieht gleichzeitig eine reaktionäre Rückwendung in eine vermeintlich glorreiche geschichtliche Vergangenheit.

2. *Theoretische Schriften*

Nach dem wenig bedeutenden, ironisch-sarkastischen Scherzgedicht *Esquisse du jugement universel* (1773), in dem in karikierender, grotesker Manier und mondäner Freizügigkeit ohne moralische oder ideologische Tiefe eine Reihe von Charakteren, darunter auch der Autor selbst, im Jüngsten Gericht von Gottvater, seinem Sohn und der Jungfrau Maria verhört werden, stellen die theoretischen Schriften die erste relevante Kundgabe der politischen und künstlerischen Vorstellungen Alfieris dar. Gemeint sind der 1778 in Siena verfaßte, 1787 in Paris überarbeitete Traktat *Della tirannide* und der im Folgejahr begonnene, aber erst 1786 abgeschlossene Traktat *Del principe e delle lettere*. Die Schrift *Della tirannide* ist ganz dem Freiheitsideal gewidmet; hier analysiert und definiert Alfieri den Tyrannen und die Regierungsform der Tyrannei, welche auf der wechselseitigen Furcht des Unterdrückten und des Unterdrückers und auf militärischer, gesetzloser Gewalt aufbaue. Aus der Furcht aller vor der Willkürherrschaft des Tyrannen entstehe aber die Feigheit der meisten. Das zweite Buch untersucht sodann Möglichkeiten, die Tyrannei zu ertragen oder abzuschütteln. Die einzige Möglichkeit des freien Mannes, frei zu bleiben, sei, sich dem Tyrannen fernzuhalten, sich seiner Macht, aber auch seinen Ehrungen und Schmeicheleien zu entziehen. Die meisten Gedanken der Schrift beruhen auf den bekannten Theorien der Aufklärer, auf Montesquieu, Helvetius und Voltaire, von denen allerdings Alfieri nur das rezipiert, was in seine kompromißlose und simplizistische antimonarchistische Konzeption paßt. So muß auffallen, daß er die Unterscheidung Montesquieus zwischen Monarchie, d. h. der Regierung eines Einzelnen auf der Grundlage bestehender Gesetze, und Despotismus, der gesetzlosen Willkürherrschaft eines Einzelnen, nicht aufgreift, und ebensowenig die Vorschläge Voltaires, mit den Monarchen unter gewissen Bedingungen zusammenzuarbeiten. Für Alfieri ist jeder Typ von Monarchie eine Tyrannei. Ihr wird das weltentrückte Traumideal der Freiheit entgegengestellt, einer Freiheit allerdings, die nicht die Freiheit des Volkes oder des Gemeinwesens ist, sondern stets die Freiheit eines Einzelnen, der sie im zwangsläufigen Konflikt nur dadurch erhalten kann, daß er sich entzieht oder aber – wie die Tragödien immer wieder vorführen – im heroischen, meist scheiternden und mit dem Leben bezahlten Alleingang den Tyrannen zu ermorden trachtet.

In der zweiten, inhaltlich wie stilistisch schwächeren Schrift *Del principe e delle lettere* geht Alfieri der Frage nach, ob die Fürsten die Dichter schützen sollen, oder besser, ob diese es zulassen sollen, von jenen protegiert zu werden. Alfieri erörtert die unterschiedlichen Interessenlagen der beiden Gruppen: Die Dichter wollen mit ihren Werken Erkenntnis, Wahrheit und Ergötzen unter die Menschen bringen – der Fürst denkt dagegen nur an seine Macht. Das Hauptgewicht liegt daher auf dem zweiten Buch der Schrift, das für die Unabhängigkeit der Dichter plädiert und zu dem Schluß kommt, daß die wirklich großen Dichter nicht in einer Tyrannei, sondern in einer Republik gedeihen. Auch die Hofdichter Vergil und Ariost hätten noch Bedeutenderes geleistet, wären sie nicht Höflinge gewesen. Der Lohn der freien, nicht protegierten Dichter aber sei der Ruhm. Das dritte Buch fügt dem noch Beispiele für unabhängige Schriftsteller in der Antike hinzu und eine Mahnung, Italien von den Barbaren und Besatzern zu befreien. Der interessanteste Aspekt des Traktats liegt also in dem Versuch, die Stellung des Schriftstellers in der Gesellschaft und insbesondere in bezug auf die politische Macht zu definieren. Dabei lehnt Alfieri den traditionellen Typ des höfischen Dichters ebenso ab wie den zu seiner Zeit schon vorhandenen Typ des bürgerlichen, gesellschaftlich und ökonomisch mehr oder weniger integrierten, weil von seiner eigenen Arbeit lebenden Intellektuellen. Jede gesellschaftliche und politische Bindung ablehnend, träumt Alfieri

504

dem Ideal eines »freien« Schriftstellers nach, der, auf welche Weise auch immer wirtschaftlich unabhängig, sich in den Elfenbeinturm ästhetischer Empfindungen (Alfieri betont sehr stark die Bedeutung der Gefühle für die Dichtung) zurückzieht und allenfalls noch mit anderen isolierten Dichtern kommuniziert. Damit aber zeigt dieser Traktat noch stärker als der frühere die Grenzen seiner Konzeption auf: Seine Freiheit ist die Freiheit dessen, der sich aus Geschichte und Gesellschaft herausstellt und sich jedem Fortschritt versagt; die von ihm vorgeschlagene ideale politische Haltung ist letztlich ein individueller, irrationaler und reaktionärer Rückzug in eine allseits unverbindliche heroische Einsamkeit.

Von relativ geringer Bedeutung sind dagegen die beiden Traktate *Panegirico di Plinio a Traiano* und *La virtù sconosciuta*. Das erste Werk, 1785 in Pisa geschrieben und zwei Jahre später in Paris gedruckt, gibt sich als vom Dichter aufgefundene und übersetzte Lobrede (»panegyrikos«) des Plinius auf Trajan. In dieser fordert Plinius den Kaiser auf, zu seinem wahren Ruhm den Römern die Freiheit zurückzugeben und die alte Republik wieder herzustellen; dabei werden im wesentlichen die aus der *Tirannide* bekannten Gedanken um Ruhm, Freiheit, Demokratie und Despotentum wieder aufgegriffen. Die zweite Schrift, 1786 in Pisa entstanden, ist ein fiktiver Dialog zwischen dem Autor und dem eben verstorbenen Freund Francesco Gori Gandellini, der in sehr persönlicher Form die Themen des zeitlichen Ruhmes und Verdienstes, der Menschlichkeit und der Würde reflektiert und dabei erstaunlicherweise auch einmal die selbstkritische Frage aufwirft, ob es nicht vielleicht besser wäre, die sterile Isolierung aufzugeben und mit den Zeitgenossen in Dialog zu treten. Francesco jedenfalls gibt seinem Freund Vittorio den Rat, fleißig an seinen Tragödien weiterzuarbeiten.

3. *Die Tragödien und die »Rime«*

Dem leidenschaftlichen Charakter Alfieris und seinem Drang, starke Empfindungen (»forte sentire«) im moralischen und politischen Verhalten des Menschen in großherzigen und aufrüttelnden Werken darzustellen und damit die Zeitgenossen zu ebenso starkem Fühlen und Wollen in ihrem Leben anzuregen, entsprach von allen literarischen Gattungen zweifellos am besten die der Tragödie. Für ihre Verwendung hatte Alfieri die antiken Beispiele, das französische Theater des 17. und 18. Jahrhunderts (hier insbesondere Voltaires) und das englische elisabethanische Theater vor Augen. Dabei kam es ihm allerdings weniger auf eine peinliche Einhaltung der aristotelischen Einheiten oder anderer dramaturgischer Regeln an, noch war er bereit, sich auf eine erneute diesbezügliche Diskussion einzulassen. Vielmehr war es sein ausschließliches Ziel, den leidenschaftlichen Kampf eines freien Menschen gegen den Tyrannen darzustellen, das Fühlen eines freiheitsliebenden Individuums, das sich selbst im heroischen Untergang seiner moralischen Überlegenheit bewußt bleibt. Diese relativ starre, vorgefaßte Zielsetzung hatte zur Folge, daß die Tragödien Alfieris in der Mehrzahl ziemlich homogen und in gewisser Weise schematisch strukturiert sind, und daß sich weder in ihrer zeitlichen Aufeinanderfolge noch innerhalb der Handlungsführung der einzelnen Stücke nennenswerte Entwicklungen feststellen lassen. In der Tragödie Alfieris gibt es keinen langsamen, graduierenden Aufbau der Psychologie der Protagonisten, keine nach und nach entfalteten, etwa durch retardierende Momente verstärkten Gefühle und Leidenschaften. Vielmehr sind die Helden Alfieris von der ersten Szene an im vollen und bewußten Besitz ihres Fühlens und Wollens, unerbittlich und unerschütterlich zum Kampf entschlossen. Ein schönes Beispiel für die Bipolarität der Handlungs- und Personenkonstellationen und die Statik ihrer Psychologie ist die frühe, zeitgleich mit der Theorieschrift *Della tirannide* entstandene Modelltragödie *Virginia* (1777), die der Autor als eine vollkommene Tragödie ansah, obwohl sie beim zeitgenössischen Publikum keinen Anklang fand. Der »Tyrann« Appius Claudius (Alfieri folgt einer Episode des Titus Livius) begehrt die junge Virginia, ein Mädchen aus dem Volke, und versucht, ihrer habhaft zu werden. Um dies zu verhindern, tötet der brave Vater Virginio seine Tochter mit deren ausdrücklicher Zustimmung, nachdem sich zuvor schon der Verlobte Virginias, der Tyrannenhasser Icario, getötet hatte. Aufgerüttelt durch die Todesfälle, beginnt das Volk, sich gegen den Tyrannen aufzulehnen. Auf der einen Seite also der böse Tyrann (und sein böser Minister Marco), auf der anderen Seite die freiheitsliebenden, moralisch unantastbaren Plebeier. Sowohl Virginia als auch ihr Vater und ihr Geliebter sind sich vom ersten Augenblick an ihres Fühlens, Wollens und Handelns sicher. Mit dieser bisweilen etwas melodramatischen, aber von flammenden Gefühlen getragenen Kontrapunktik kann die Tragödie wie eine versifizierte Bühnenfassung der *Tirannide* gelten. Und gerade diese schematische Programmatik und die explosive Gefühlsintensität des Stückes brachte denn auch später, im Zeitalter des »Risorgimento«, des nationalen Befreiungskampfes, das Publikum dazu, das Stück in vereinfachender, politischer Deutung als eine Hymne auf die Freiheit und seinen Autor als den Dichter der Freiheit schlechthin zu feiern.

Das gleiche Schema der Freiheitstragödie finden wir in den meisten anderen Stücken Alfieris wieder, so etwa in *La congiura de' Pazzi*, das 1777 nach dem achten Buch der *Istorie fiorentine* Machiavellis konzipiert, 1778 in Prosa niedergeschrieben und 1779–1781 in Versform gefaßt wurde. Auf der einen Seite stehen die Verschwörer, der junge leidenschaftliche Raimondo de' Pazzi, der klügere und besonnenere Guglielmo, sein Vater, und der Erzbischof von Pisa, Salviati; auf der anderen die »Tyrannen« Giuliano und Lorenzo de' Medici. Der Kampf zwischen den schroff und unversöhnlich konfrontierten Parteien endet, wie bei Machiavelli berichtet, mit der Ermordung Giulianos und dem Tod Raimondos und Salviatis. Kaum erfolgreicher als die wenig gelungene *Congiura* war die um die gleiche Zeit (1776–82) entstandene Tragödie *Don Garzia*, in deren Mittelpunkt wieder Mitglieder der Familie der Medici stehen, nämlich der »Tyrann« Cosimo und seine drei höchst unterschiedlichen Söhne Diego, Piero und Garzia, von denen der letzte den Typ des freien Menschen verkörpert und im Verlauf einer komplizierten und nicht sonderlich geschickt geführten Handlung dann auch den Tod erleidet. Auch ein weiteres Stück mit einem (wohl der Gräfin von Albany zuliebe gewählten) Stoff aus der neueren Geschichte, die zwischen 1778 und 1782 entstandene *Maria Stuarda*, gehört zu den schwächeren Produktionen Alfieris. Seine Vorliebe und seine Stärke lagen offenkundig im Bereich der klassischen, antiken oder biblischen Stoffe. Auf deren Grundlage entstehen im Laufe der Jahre, etwa ab 1776 (abgesehen von der schon 1774 begonnenen *Cleopatra*) Stücke wie *Polinice, Antigone, Agamennone, Oreste, Ottavia, Timoleone, Merope, Saul, Agide, Sofonisba, Mirra, Bruto I, Bruto II* und andere. Tragödien von unterschiedlicher Qualität, die allesamt mit nur wenigen thematischen und dramaturgischen Variationen den Grundkonflikt Freiheitsheld(in) – Tyrann umspielen. Die besten Stücke gelingen Alfieri in der Regel dann, wenn sich der Brennpunkt des dramatischen Geschehens aus dem Bereich der Politik in den der Gefühle und des Herzens verlagert: So entstanden einige auch heute noch aufführbare Stücke wie *Antigone, Oreste, Saul* und *Mirra*. Ein Glücksfall war auch die Tragödie *Agamennone* (1776–81), in der Alfieri den bekannten Mythenstoff in bemerkenswert selbständiger Weise gestaltete, in sensibler psychologischer Vertiefung differenzierte und abgerundete Charaktere (Agamemnon, Ägyst, Klytemnestra, Elektra) auf die Bühne stellte – sicherlich eines seiner überzeugendsten Stücke.

Verglichen mit den dramatischen Werken Alfieris tragen seine *Rime* das Gepräge einer Nebenbeschäftigung, die nach ersten wenig bedeutenden Versuchen um 1776 ernsthaft einsetzt und bis 1798 andauert, sich also insgesamt fast über ein Vierteljahrhundert erstreckt. So entstand eine große Anzahl von Gedichten, die vor allem in zweifacher Hinsicht von Interesse sind: einmal als Beleg für die Gefühle, Haltungen und Ideale des Autors im Wandel der Zeit; zum anderen als Ausweis einer unermüdlichen andauernden Stilübung, die nicht zuletzt den Versen seiner Tragödien zugute kam. Die zwischen 1776 und 1788 geschriebenen Gedichte hatte Alfieri bereits 1789 in Kehl in einer ersten Ausgabe: *Rime di Vittorio Alfieri da Asti* drukken lassen; sie enthielt rund 240 Dichtungen, darunter 188 Sonette und 45 Epigramme. 1798/99 bereitete Alfieri einen zweiten Gedichtband vor, der u. a. etwa 70 Sonette und etwa 40 Epigramme enthalten sollte, die zwischen 1789 und 1798 geschrieben wurden. Diese Ausgabe ist nie erschienen, doch wurde sie von Francesco Tassi, dem Sekretär des Dichters, für eine postume Ausgabe der Lyrik Alfieris genutzt, die 1804 in Florenz erschien (mit dem Titel des ersten Bandes von 1789).

Nach einem ersten autobiographischen Sonett Alfieris von 1771 (über die Beziehung zu einer Dame, die ihm in Holland begegnet war) und weiteren Gedichten mit teilweise moralisierenden Themen setzt die lyrische Produktion Alfieris um 1776/77 voll ein. Auf einige Sonette mit mythologischen Themen, dargeboten in traditionellen, zwischen Barock und »Arcadia« angesiedelten Tonlagen, folgen Liebessonette in einem rokokohaft verspielten petrarkistischen Stil, u. a. auf die Marquise Amoretti d'Ozà, später ernsthaftere und gewichtigere auf die Gräfin von Albany und andere Damen. Dazwischen immer wieder Satirisches, Ironisches, Mythologisches, bisweilen auch ganz Perönliches und Originelles wie etwa das Sonett auf eine Regennacht in Pisa (Nr. 89). Bemerkenswert ist immer wieder die Schärfe der Alfierischen Satire, so etwa in der bösen Karikatur des fetten und verliebten Fra Ciacco (Nr. 14), der inmitten einer vornehmen Tischrunde aus geiler Unachtsamkeit auf seinen Hintern fällt und dabei den versammelten Damen seine schönsten Teile zeigt. Auffallend auch die ständige Präsenz des (u. a. von Montaigne inspirierten) Todesmotivs, etwa im Sonett Nr. 18:

> Bieca, o Morte, minacci? e in atto orrenda,
> l'adunca falce a me brandisci inante?

bisweilen verschlungen mit dem Motiv der Liebe bzw. der geliebten Frau wie im bekannten 72. Sonett:

> Te chiamo a nome il dì ben mille volte;
> ed in tua vece, Morte a me risponde...

Etwa von der Mitte der achtziger Jahre an nimmt die weithin mittelmäßige Lyrik Alfieris einen gewissen Aufschwung und konkretisiert sich u. a. in einigen bemerkenswerten moralisierenden Dichtungen, wie etwa in dem großen, wiederum vom Todesmotiv durchwebten Mahngedicht an Friedrich II. von Preußen, den »gran prusso tiranno« (Sonett Nr. 162). Der zweite, nach 1789 geschriebene Teil seiner *Rime* macht deutlich, daß der Dichter eigentlich nichts mehr, jedenfalls nichts Positives mehr zu sagen hat. Desillusion, Müdigkeit und Skeptizismus sind die vorherrschenden Tonlagen dieser Gedichte. Er, der 1789 die ersten maßvollen Reforminitiativen in Paris mit Optimismus verfolgt hatte, wandte sich voller Abscheu und Schrecken ab, als die Revolution zu einer blutigen Volkserhebung mit dem Ziel einer radikalen Beseitigung von Monarchie und Aristokratie wurde. Diese Entwicklungen paßten nicht in seine aristokratische und individualistische Freiheitsideologie, die, bereits seit langem in der Krise, nun ihren Todesstoß erhielt.

Ähnlich desillusionierte und resignierende Haltungen prägen auch Inhalt und Stil der späten *Satire,* insgesamt 17 zwischen 1786 und 1797 geschriebene Dichtungen, die die zunehmend reaktionäre und isolierte Position des späten Alfieris widerspiegeln: Der Alfieri dieser Jahre lacht nicht und kann niemanden zum Lachen bringen, seine Satire ist schwerfällig, ohne Schwung und neigt zur sarkastischen, verzerrenden Karikatur. In seiner zornigen Polemik gegen nahezu alle gesellschaftlichen Instanzen zeigt er sich jedem Fortschrittsgedanken abhold und verweigert sich, nunmehr ohne Ideale, in heroisch durchgehaltener aristokratischer Distanz, jeder Entwicklung der zunehmend verbürgerlichten Gesellschaft. Müde, desillusioniert, unproduktiv, mit sich selbst und der Welt unzufrieden, zieht sich der Dichter zurück, schreibt nur noch wenig, übersetzt hauptsächlich aus dem Lateinischen und studiert das Griechische. Als 1799 die verhaßten Franzosen Florenz besetzten, zog er sich freiwillig ins Exil zurück. Als dann die Franzosen von Österreichern und Russen vertrieben wurden, feierte er diese als Verteidiger der alten Ordnung, mußte aber nach der Schlacht bei Marengo (1800) erleben, daß die Franzosen erneut Italien besetzten. Seinem erbitterten Franzosenhaß entsprang auch der zwischen 1793 und 1798 geschriebene *Misogallo (Franzosenhasser),* ein künstlerisch wenig bedeutsames, fünfteiliges Werkchen in Prosa und Versen, das neben vielen liebgewordenen Gedanken des Autors und seinem Haß auf alles Französische in besonders explosiver Weise den Gedanken der nationalen Befreiung artikuliert und den Wiederaufstieg Italiens zu neuer Größe vorhersagt. Verständlich, daß man dem unbedeutenden Text im Zeitalter des »Risorgimento« kritiklos große Beachtung zollte und Alfieri als großen vaterländischen Propheten verehrte.

509

DAS NEUNZEHNTE JAHRHUNDERT (»OTTOCENTO«)

I. BLICK AUF DIE ZEIT

Nach dem Ende der großen Französischen Revolution und nach Vertreibung der Österreicher aus der Lombardei (1796) errichtete Napoleon in Italien eine Reihe abhängiger Republiken, deren wichtigste die »zisalpinische« war, die seit 1802 als »Italienische Republik« die Lombardei, Modena und die Romagna umfaßte. Nur wenige Monate nach seiner Erhebung zum Kaiser machte Napoleon daraus im März 1805 das »Königreich Italien« und ließ sich in Mailand als dessen König krönen. Bereits 1802 hatte er Piemont und 1805 Parma-Piacenza und Genua Frankreich einverleibt; 1807 geriet die Toskana, 1809, nach Verschleppung des Papstes Pius VII. nach Fontainebleau, der Kirchenstaat unter französische Herrschaft; Rom wurde zur reichsfreien Stadt. Venetien wurde 1805 dem »Königreich Italien« zugeschlagen, 1806 wurden die Bourbonen aus dem Königreich Neapel vertrieben, das zunächst an Napoleons Bruder Joseph, 1808 an seinen Schwager J. Murat kam. Nach dem Zusammenbruch der Herrschaft Napoleons in Italien (1814/15) stellte der Wiener Kongreß (1815) die alten Machtverhältnisse auf der Grundlage des Aachener Friedens (1748) wieder her. Der Kirchenstaat, die Königreiche beider Sizilien und Sardiniens sowie das Großherzogtum Toskana wurden restituiert. Venedig wurde mit Mailand zum Königreich Lombardo-Veneto unter österreichischer Herrschaft vereint. Modena fiel wieder der Nebenlinie Habsburg-Este zu; die Exkaiserin Marie-Louise erhielt Parma. Das Land bot somit das Bild einer weitgehenden territorialen Zersplitterung und einer tiefen politischen Ohnmacht, was den österreichischen Staatskanzler Metternich veranlaßte, Italien lediglich als »einen geographischen Begriff« zu verstehen. Die eigentliche Führungsmacht auf italienischem Boden war Österreich; der einzige unabhängige italienische Staat war das Königreich Piemont-Sardinien, das durch die Angliederung Liguriens und Genuas gestärkt wurde.

In dieser Situation und vor dem Hintergrund weitreichender Reformen des 18. Jahrhunderts und der Neuorganisation von Verwaltung, Verfassung, Justiz und Verkehrswesen in der Napoleonischen Ära erwuchs im Adel und im gehobenen Bürgertum (vor allem Oberitaliens) rasch der Wunsch nach nationaler Unabhängigkeit. Die ersten Aktionen der zur Be-

510

kämpfung der Fremdherrschaft gegründeten Geheimbünde waren wirkungslos. Dies galt auch für die wichtigste Organisation, die um 1808 in Süditalien gegründete »Carboneria«. Zu offenem Widerstand gegen die Besatzer kam es unter dem Eindruck der spanischen Revolution von 1820 und der französischen Julirevolution von 1830, was die Gewährung von Verfassungen für das Königreich beider Sizilien und das Königreich Sardinien zur Folge hatte. Doch fehlte den Aufständischen die Unterstützung breiterer Volksschichten, so daß mit Hilfe der Österreicher oder Franzosen alle Aufstände niedergeschlagen wurden. 1831 gründete Giuseppe Mazzini die nationale Organisation der »Giovine Italia«, doch trug auch dies wenig dazu bei, das Volk für die nationale Sache zu gewinnen. Hinderlich war auch das Fehlen einheitlicher Vorstellungen in bezug auf die Herstellung der nationalen Einheit: Während der Demokrat Mazzini eine geeinigte italienische Republik anstrebte, verfolgte der piemontesische Minister Camillo Benso di Cavour Pläne für ein vereinigtes Königreich unter dem König von Piemont-Sardinien, und wiederum andere Vorstellungen für die Vereinigung Italiens hegte die Kurie unter Pius IX. (zu einzelnen Vorschlägen in bezug auf die Herstellung der nationalen Einheit vgl. S. 579 ff.).

Die Französische Revolution von 1848 brachte auch in Italien die Dinge erneut in Bewegung und führte im März zum Aufstand im Königreich Lombardo-Venetien. Auch dieser Befreiungskampf scheiterte jedoch nach anfänglichen großen Erfolgen, nicht zuletzt wegen der Uneinigkeit der politischen Führung und der immer noch fehlenden Unterstützung durch das Volk. In einer hoffnungslos erscheinenden Situation wurde Piemont-Sardinien, der einzige Staat, in dem die Verfassung bestehen blieb, zum Zufluchtsort der politisch Verfolgten und liberalen Intellektuellen aus allen Teilen Italiens. Erst 1859 konnten die Österreicher im »Lombardischen Krieg« bei Magenta und Solferino geschlagen und aus der Lombardei vertrieben werden. Nach und nach wurden die Herrscher von Toskana, Parma und Modena aus ihren Ländern verjagt und die Romagna von der päpstlichen Herrschaft befreit. Im Mai 1859 landet Giuseppe Garibaldi mit seiner »Spedizione dei Mille« auf Sizilien und erobert im Sommer des folgenden Jahres mit geheimer Unterstützung Cavours, zuletzt mit offener Mitwirkung piemontesischer Truppen das Königreich Neapel-Sizilien. In der Folge sprachen sich die meisten Gebiete Italiens in Volksabstimmungen für eine Angliederung an Piemont-Sardinien aus. Am 18.2.1860 fand eine erste Versammlung des neuen italienischen Parlaments in Turin statt; am 17.3.1861 nahm Viktor Emanuel II. den Titel eines »Königs von Italien« an. Hauptstadt war zunächst Turin, ab 1865 Florenz und dann Rom, das 1870, nach der Niederlage Frankreichs im deutsch-französischen Krieg und nach Abzug der französischen Truppen aus der ewigen Stadt, von den Patrioten besetzt werden konnte.

Das endlich vereinte, in vielen Bereichen zurückgebliebene Italien wurde in den ersten Jahrzehnten seiner Existenz mit einer Fülle schwerster wirtschaftlicher, gesellschaftlicher und innenpolitischer Probleme belastet. Wichtigste Aufgaben waren die innere Integration des Landes, der Aufbau eines liberalen Staates und eines funktionsfähigen Parlaments, die Beseitigung der alten Schuldenlasten, der Ausgleich des wirtschaftlichen Nord-Süd-Gefälles und der Ausbau der Industrie, des Handels und der Verkehrswege, um so wirtschaftlich und politisch wieder den Anschluß an die Entwicklung der europäischen Nationen zu finden. Von größter Bedeutung war dabei auch die Reform und Vereinheitlichung des Justiz- und des Bildungswesens. In dem Land, dessen Bevölkerung 1861 zu 78% aus Analphabeten bestand, wurde 1877 durch das Gesetz des Schulministers M. Coppino die allgemeine Schulpflicht (wenn auch nur für die ersten beiden Volksschuljahre) eingeführt. Die hartumkämpfte, bescheidene Wahlreform von 1881/82 hielt zwar grundsätzlich an den Kriterien Besitz und Bildung als Voraussetzungen für die Zulassung zur Wahl fest, erhöhte jedoch durch Absenkung der Mindestanforderungen in beiden Kriterien die Zahl der Wahlberechtigten von 600 000 auf knapp 3 Millionen, d. h. von 2,2% auf knapp 7% der Bevölkerung. Das wichtigste innenpolitische Problem bestand in dem Fehlen stabiler Parteien und der daraus resultierenden Instabilität der Regierungen, was den Ministerpräsidenten Agostino Depretis veranlaßte, 1882 sein Programm des »Trasformismo« zu entwickeln, das Linke und Rechte zu einer »neuen, großen, nationalen Partei« zusammenschließen sollte. Eine der wenigen Übereinstimmungen der zerstrittenen Parteien und der rasch wechselnden Kabinette bestand darin, daß man sich um die sozialen Probleme des Staates nicht kümmerte. Obwohl vor allem die Landarbeiter des Südens größter wirtschaftlicher Not ausgesetzt waren, kam es hauptsächlich im Norden und in der Mitte Italiens, wo die Arbeiterschaft besser organisiert war, zu zahlreichen Erhebungen und Streiks (allein 1890 wurden 139 gezählt). All diese Streiks und Protestaktionen wurden von Ministerpräsident Francesco Crispi mit harter Hand unterdrückt, der das Land mit einer Welle von Verhaftungen und Verurteilungen überzog, die hauptsächlich auf den verbotenen, doch weiterhin im Untergrund tätigen »partito operaio« zielte. Mit gleicher Härte unterdrückte Crispi die Aufstände der ersten »Fasci siciliani« (1892/93), in denen sich Arbeiter aus Landwirtschaft und Schwefelgruben zusammentaten, und erklärte den Ausnahmezustand auf Sizilien.

Schon in seiner ersten Stunde empfand der junge Nationalstaat das Bedürfnis, auch in der Außen- und Kolonialpolitik sich in den Kreis der europäischen Großmächte einzureihen. Ein erster Schritt zur außenpolitischen Etablierung war der Abschluß des »Dreibundes« (1882) mit Deutschland und Österreich. Die von Italien in der »Ära Crispi« (1887–1896) verfolgte koloniale Außenpolitik war jedoch zum Scheitern verurteilt. Nach vergeblichen Versuchen, in Nordafrika (Tunis) eine Kolonie zu gründen, konzentrierte der dem Imperialismus und Kolonialismus verschriebene, autoritäre Crispi seit 1888 seine Aufmerksamkeit auf Ostafrika, wo Italien 1881 Assab und 1885 Massaua besetzt hatte. Den italienischen Träumen von einem großen ostafrikanischen Kolonialreich wurden indes nach anfänglichen kleineren Erfolgen durch die verlustreiche Niederlage bei Adua (1896) ein jähes Ende gesetzt, worauf Crispi noch im gleichen Jahr zurücktrat.

Das politisch und gesellschaftlich extrem bewegte Jahrhundert führte in Italien zur Konsolidierung des Bürgertums als der gesellschaftlich dominierenden Klasse, die im Besitz der Produktionsmittel war und damit wirtschaftliche und politische Macht auf sich vereinte, sowie zur Entwicklung eines besitzlosen, immer zahlreicheren Proletariats, das sein einziges Gut, seine Arbeitskraft, in der in der zweiten Jahrhunderthälfte beginnenden Massen- und Industriegesellschaft nur unter schwierigsten Bedingungen verwerten konnte und im wesentlichen einer rücksichtslosen Ausbeutung ausgesetzt war.

Die in kultureller Hinsicht nicht minder bewegte und facettenreiche Epoche umfaßte ein breites Spektrum unterschiedlicher künstlerischer Einstellungen und Programme, das von der späten »Arcadia«, von Rokoko und Neoklassizismus über romantische, historisierende, patriotische, über realistische, veristische und naturalistische Kunstrichtungen hinweg bis zu den spätromantisch-dekadenten, unangepaßten Haltungen der »Scapigliatura« und den Audrucksformen eines übersteigerten, mystifizierenden Ästhetizismus des »fin-de-siècle« an der Wende zum 20. Jahrhundert reichte.

II. DIE JAHRHUNDERTWENDE ZWISCHEN NEOKLASSIZISMUS UND FRÜHROMANTIK

Neben Tendenzen des Rokoko, die sich weniger in der Literatur (hier noch am ehesten in der Lyrik) als vielmehr in den bildenden Künsten sowie im Kunsthandwerk auswirkten, bestand das geistige Patrimonium des Settecento vor allem in den aufklärerischen, fortschrittsorientierten Ideen einerseits und der vielfältig ausgeformten, im Schönheitsideal der römischen und dann zunehmend auch der griechischen Antike verankerten neoklassizistischen Ästhetik andererseits. Die Nachahmung der Klassik hat in außerordentlichem Maße die Literatur des ganzen Settecento geprägt, von der »Arcadia« über Metastasio und andere bis hin zu den großen Autoren des Jahrhundertendes, Parini und Alfieri. Diese beiden können zugleich einen grundsätzlichen Konflikt veranschaulichen, der mit einer gewissen Zwangsläufigkeit zwischen aufklärerischen und neoklassizistischen Haltungen auftrat, dies nicht zuletzt dann, wenn beide Tendenzen in ein und demselben Autor wirksam waren: Der Aufklärer schaute in die Zukunft und auf das Wohl des Gemeinwesens, der Neoklassizist auf ein Ideal der Vergangenheit, auf persönliche Muße und individuellen Kunstgenuß. Der erste möchte mit gesellschaftsbezogener Kunst und Literatur zum Nutzen der Gemeinschaft wirken, der zweite mit einer sich autonom setzenden Kunst subjektives Gefallen erregen. Solchen Spannungen zum Trotz verdichten sich gegen Ende des 18. und während der beiden ersten Jahrzehnte des 19. Jahrhunderts die an der Antike orientierten Geschmacksrichtungen und begründen für Italien in Literatur, Kunst und Architektur die Epoche des »Neoclassicismo«. Dieser war außer durch frühere literarische Entwicklungen auch durch die im 18. Jahrhundert verstärkt einsetzenden Grabungen (Pompeji, Herculanum) und durch Restaurierung antiker Bauwerke (z. B. des Kolosseums), auch durch zwei ins Italienische übertragene Publikationen, nämlich J. J. Winckelmanns *Geschichte der Kunst des Altertums* (1764) und G. E. Lessings *Laokoon* (1766) vorbereitet worden. Alfieri, Monti und Pindemonte für die Literatur, Andrea Appiani für die Malerei, Antonio Canova für die bildende Kunst, und Giuseppe Valadier für die Architektur waren die Kronzeugen der neoklassizistischen Ästhetik. Dabei kamen die mythologisch- allegorische Themen gestaltende Malweise Appianis, Hofmaler Napoleons I., der durch Barockelemente belebte klassizistische Stil Canovas und die an der römischen Architektur angelehnte Bauweise Valadiers dem Prunk- und Repräsentationsbedürfnis der napoleonischen Ära entgegen.

Obwohl vielfach durch reaktionäre Tendenzen gekennzeichnet, war der Neoklassizismus andererseits zugleich ein günstiger Ausgangspunkt für die etwa zu Beginn des neuen Jahrhunderts in Italien wirksam werdenden Strömungen der Romantik. Die Neoklassizisten hatten viel und gut übersetzt, in erster Linie römische und griechische Literatur. Zugleich hatte sich aber ihre Neugierde immer stärker auf die modernen »Klassiker«, auf die großen Dichter der anderen europäischen Nationen, gerichtet, eine Tendenz, die von Cesarotti, Monti, Pindemonte, etwas später von Foscolo, Leopardi und anderen nachhaltig gefördert wurde. Die große Literatur der

Franzosen, Engländer und Deutschen vom Mittelalter bis zur damaligen Gegenwart, von den Romanen Chrétiens bis Voltaire, von Shakespeare bis Walter Scott, vom Nibelungenlied bis zur Weimarer Klassik gewannen nun eine Beachtung, die bruchlos hinüberführte in das Erkenntnisinteresse der Romantik an der Geschichte der Völker, am Mittelalter, an den alten nationalen Texten und ihrer Überlieferung. Von Bedeutung war auch, daß man seit Parini dazu überging, ästhetische Fragen in einer die einzelnen Künste und Gattungen übergreifenden Gesamtsicht zu diskutieren, eine Tendenz, die in der Romantik in der Nivellierung der Gattungsgrenzen und in der Programmatik des Gesamtkunstwerks eine Fortsetzung fand.

1. *Vincenzo Monti*

Mit seinem herausragenden Formgefühl Hauptvertreter des »Neoclassicismo«, war VINCENZO MONTI (1754–1828) durch sein ungewöhnliches sprachkünstlerisches Geschick des Nachahmens und Assimilierens zugleich ein Mann vieler Richtungen und insofern eine typische Gestalt des Übergangs zwischen Klassizismus und Romantik. Elemente der antiken wie der italienischen Klassik von Dante bis Tasso mischen sich bei ihm mit den Tonlagen der »Arcadia« und der anakreontischen Idylle, mit erotischen Rokokomotiven, biblisch-visionären oder gar dantesk-apokalyptischen Szenen, mit meditierender oder schaudernder Grabespoesie, Wertherscher Melancholie oder naturhaften Stimmungen in einem Werk, das insgesamt als Ausweis einer hohen präromantischen Sensibilität gelten kann. Monti wurde am 19.2.1754 in Alfonsine nicht weit von Ravenna geboren. Zunächst von einem Priester, dann in einem Seminar in Faenza unterrichtet, studierte er später Jura, dann Medizin in Ferrara, brach aber beides ab, um sich früh einer stark empfundenen dichterischen Berufung hinzugeben. Seine literarischen Anfänge standen im Zeichen der »Arcadia«, in die er unter dem Namen Antonide Saturniano aufgenommen wurde. 1776 entstand das vielbeachtete biblische Gedicht *La visione di Ezechiello*. Dieser und andere frühe literarische Erfolge veranlaßten ihn, 1778 nach Rom zu gehen, wo er mit kurzen Unterbrechungen bis 1797 blieb. Hier wurde er Sekretär im Hause der Braschi Onesti, einer mit Papst Pius VI. verwandten Familie. Monti genoß die Protektion des Papstes, wurde offizieller Dichter der römischen Kurie und publizierte in rascher Folge lyrische Dichtungen: Die Lyriksammlung *Saggio di poesie* (1779), im gleichen Jahr eine *Prosopopea di Pericle* auf die Entdeckung einer Perikles-Büste, das religiöse Gedicht *Il pellegrino apostolico* (1782) und einige Huldigungsgedichte wie *La bellezza dell'universo* (1781) anläßlich einer Hochzeit im Hause Braschi, oder die 1784 begonnene, nie ganz zu Ende geführte *Feroniade*, ein mythologisches Gedicht in drei Gesängen um die Nymphe Feronia zum Lobe Pius VI., der damals gerade die pontinischen Sümpfe austrocknen ließ. Von programmatischer Bedeutung waren seine 1780/81 entstandenen *Riflessioni sulla poesia lirica*, in denen er unter Würdigung der großen antiken Vorbilder seine Sympathie für die modernen Autoren artikuliert, die vielen neuen Erfahrungen des Menschen Ausdruck verliehen hätten, und zugleich sein Interesse an den ausländischen Autoren bekundet, deren Schönheiten in Italien noch fast unbekannt seien. Monti schlug damit in seinen *Riflessioni* eine Brücke zwischen Antike und Moderne, zwischen Italien und Europa; ein Brückenschlag, in dem sich die Vermittlerrolle ankündigt, die er in den kommenden Jahrzehnten spielen sollte.

Unter dem Eindruck der erfolgreichen Tragödien Alfieris schrieb Monti drei Tragödien im klassizistisch-rhetorischen Stil, zwei davon, der *Aristodemo* (1786) und der *Gaio Gracco* (1788), nach klassischen griechischen Vorlagen, eine, den *Galeotto Manfredi* (1788), nach einem neueren Stoff aus den *Istorie fiorentine* Machiavellis. Nachdem sich 1783/84 Heiratsabsichten in bezug auf Charlotte Stewart, die ihm in Florenz begegnet war, zerschlagen hatten, heiratete er im Juli 1791 die schöne Teresa Pikler. 1793 tritt er als Sekretär in den Dienst des Herzogs Luigi Braschi. Beim Ausbruch der Französischen Revolution steht der Hofdichter Monti selbstverständlich auf seiten der Konservativen. Als am 13. Januar 1793 der Agent der französischen Revolutionsregierung, Nicolas-Jean Hugon, genannt Bassville, in Rom durch den Pöbel umgebracht wurde, den Reaktionäre und französische Emigranten zwecks Verhinderung seiner Mission gegen ihn aufgehetzt hatten, schrieb Monti ein großes visionäres Jenseitsgedicht in vier Gesängen, *La Bassvilliana*, das in Metrik (Verwendung der Terzine), Stil und prophetischem Ton Dante nachempfunden war. Der armen Seele des Bassville werden auf ihrem Bußgang durch das Jenseits alle Geschehnisse des revolutionären und atheistischen Frankreich aus monarchistischer und papsttreuer Perspektive als schlimmste Sünden dargestellt; dabei wird etwa die Tötung Ludwig XVI. als Martyrium einer unschuldigen Seele angeprangert. Bassville erhält die Vergebung des Königs, dessen Seele natürlich im Himmel sitzt, und dazu die Gewißheit, daß die Gebete Pius' VI. alle Ungläubigen aus Frankreich vertreiben werden. Nicht nur die Königsmörder harrten der sicheren Bestrafung, sondern auch die Schriftsteller, die die Revolution vorbereitet hatten, unter ihnen Voltaire und Diderot – während in bezug auf Rousseau Monti seine Sympathien nicht verhehlen kann. Das Gedicht, dessen letzter Teil im August 1793 erschien, wurde von der antifranzösischen Reaktion in Italien begeistert aufgenommen und erlebte in wenigen Monaten viele Auflagen. Doch hielt es sein Autor in Anbetracht der sich einstellenden Erfolge des französischen Revolutionsheers für nicht geraten, in der Beschreibung der Jenseitsvision fortzufahren... Statt dessen verfaßte er 1793 noch ein unpolitisches Gedicht, die *Musogonia*, mit einem rein mythologischen und daher ungefährlichen Thema.

Nachdem Monti 1797 mit den Braschi gebrochen hatte, verließ er Rom und ging, nach Zwischenaufenthalten in Florenz und Bologna, nach Mailand, wo es ihm trotz seiner antirevolutionären Vergangenheit gelang, sich im öffentlichen Leben der zisalpinischen Republik zu etablieren. Mit Gedichten wie *Prometeo*, *Il fanatismo*, *Per il congresso di Udine*, *La pace di Campoformio* und anderen begann er noch im gleichen Jahr, die französischen Siege und den Aufstieg Napoleons zu besingen. Dabei zeigte er, der keine selbständige politische Überzeugung vertrat und auch kein Gespür für die Bedeutung der politischen Vorgänge um sich herum hatte, jetzt beim Lobpreis Napoleons und der Republik den gleichen exhibitionistischen Eifer wie zuvor in seiner reaktionären monarchischen Phase. 1799 mußte er für einige Zeit vor den heranrückenden Österreichern und Russen nach Paris fliehen. Nachdem jedoch die napoleonische Ordnung wieder hergestellt, die zisalpinische Republik in die italienische und diese in das Königreich Italien umgewandelt worden waren, genoß er in vollen Zügen seine neue Position und die reichen Ehrungen, die ihm Napoleon zuteil werden ließ: 1800 wurde er Professor für Eloquenz an der Universität Pavia, wenig später (1804) zum offiziellen Dichter der italienischen Regierung und gleichzeitig zum Minister für die Beziehungen zwischen bildenden Künsten und Literatur ernannt; 1805 wird er offizieller Geschichtsschreiber des Königreichs Italien.

In immer neuen, formal makellosen, inhaltlich hohlen Dichtungen wie *Il bardo della selva nera* (1806), *La jerogamia di Creta* (1810) oder in dem Melodrama *I pittagorici* (1808) und vielen anderen besingt er den Ruhm Napoleons. Selbst die *Mascheroniana*, ein Terzinengedicht in 5 Gesängen (von denen 1801 nur die ersten drei veröffentlicht wurden) auf den 1800 in Paris verstorbenen Luigi Mascheroni, in welchem man authentischere Töne wahrzunehmen glaubte, ist doch in erster Linie ein Preisgedicht auf Napoleon, den großen Friedensstifter und Schöpfer einer neuen Weltordnung. Einzig seine recht freie, aber rhetorisch-stilistisch bemühte Übersetzung der *Ilias* des Homer, die er unter Zuhilfenahme lateinischer und italienischer Übersetzungen fertigstellte (1810), ragt als unabhängige schöpferische Leistung von hohem sprachkünstlerischen Rang aus dem Schwulst opportunistischer Lobhudeleien heraus.

Auch nach dem Untergang Napoleons und dem Einzug der Österreicher in Mailand (1815) blieb Monti in dieser Stadt. Er versuchte eine erneute politische Kehrtwendung, indem er nun in Gedichten wie *Il mistico omaggio* (1815) und *Il ritorno d'Astrea* dem Erzherzog Johann und Kaiser Franz I. huldigte. Ein derart offenkundiger Opportunismus brachte ihm indes Mißtrauen, Spott und Verachtung der Zeitgenossen ein. Die allgemeine Ächtung, dazu Unglück in der Familie und schließlich auch Krankheiten ließen Montis letzte Jahre zur dunkelsten Zeit seines Lebens werden. Bis zuletzt aber blieb er seiner klassischen Inspiration treu, wie es die Idylle *Le nozze di Cadmo e d'Ermione* von 1825 belegt; und im gleichen Jahr verteidigte er in seinem *Sermone sulla mitologia* sein neoklassizistisches Credo und den Kult der Antike gegenüber den aufmüpfigen Ideen der Romantiker. Leopardi, der wie viele spätere Autoren von Monti lernte, nannte ihn, der reich an formalem Können und künstlerischer Phantasie, aber arm an Gefühlen und echten Überzeugungen war, einen »wirklichen Dichter des Ohres und der Einbildungskraft, aber in keiner Weise des Herzens«.

2. *Ippolito Pindemonte und andere*

Eines der schönsten Dokumente des neoklassizistischen Geschmacks war die 1812 von dem Drucker Bodoni anläßlich der Hochzeit von Montis Tochter Costanza mit Giulio Perticari herausgebrachte Gedichtsammlung *A gli Dei consenti. Inni*, die wie der Titel andeutet überwiegend Hymnen mythologischen Inhalts enthielt. Außer Monti schrieben für den Band sein Schwiegersohn GIULIO PERTICARI (1779–1822), der später mit Schriften über die Prosa des Trecento und über Dantes *De vulgari eloquentia* hervortrat, sowie, neben weiteren meist weniger bedeutenden Autoren, auch CESARE ARICI (1782–1836). Arici, seines Zeichens Professor für Eloquenz und dann für Latein und Geschichte in Brescia, verfaßte eine Reihe von Lehrgedichten im klassizistischen Stil über Olivenanbau, Viehzucht, den Ursprung der Quellen und anderes; 1828 veröffentlichte er (unter dem Einfluß Manzonis) seine *Versi sacri*, die heidnische Mythen mit christlichem Gedankengut zu verschmelzen suchen. Als recht strenger Anhänger der neoklassizistischen Richtung trat ANGELO MARIA RICCI (1776–1850) auf, der neben Lehrgedichten und zwei Versepen (*L'Italiade*, 1819 und *San Benedetto*, 1824) in seinen recht steifen *Poesie sacre* (1840) ebenfalls antikarkadische Motive und Themen mit christlichen Inhalten verband.

Unter weiteren mittelmäßigen Vertretern des Neoklassizismus, zu denen auch die Prosaautoren Vincenzo Cuoco, Pietro Colletta und Francesco Lomonaco zu rechnen wären, ragt der belesene und weitgereiste Veroneser Aristokrat IPPOLITO PINDEMONTE (1753–1828) hervor, dessen vielgestaltiges Werk sich zeitlich und inhaltlich als Übergang und Wendepunkt zwischen den beiden Jahrhunderten präsentiert. Es vereint arkadisch-klassizistisches Formgefühl, die Stimmungen der Grabespoesie und der naturhaften Lyrik im Stile Ossians mit den intensiven Gefühlslagen einer höchst sensibel und zugleich aristokratisch artikulierten Melancholie und wurde damit zu einem wichtigen Bindeglied zwischen neoklassizistisch-frühromantischer Sensibilität und der mit Foscolo einsetzenden eigentlichen Romantik. Pindemonte, der mit zahlreichen Autoren seiner Zeit, mit Parini, Alfieri, Bertola, Foscolo, André Chénier und anderen befreundet war, versuchte sich in vielen Gattungen: Er schrieb neben Gedichten unterschiedlichster Art einige Tragödien (*Ulisse*, 1777; *Arminio*, 1804), einen Prosaroman (*Abaritte, storia verissima*, 1790), Verserzählungen, Episteln und manches andere. 1806 arbeitete er an einem Gedicht über die Gräber, *I cimiteri*, das er jedoch schon am Ende des ersten Gesangs abbrach, als er erfuhr, daß »ein Schriftsteller von nicht gewöhnlichem Geist«, nämlich Foscolo, noch im gleichen Jahr eine ihm gewidmete Dichtung mit dem Titel *Dei sepolcri* fertiggestellt hatte (vgl. S. 526 f.). Zum Besten, was Pindemonte hinterließ, gehören die *Prose e Poesie campestri* (1817; die *Poesie campestri* waren bereits 1788 veröffentlicht worden), in denen sich am deutlichsten die feinen Abschattierungen seines lyrischen Empfindens und jene subtile Melancholie offenbaren, die er mit dem griechischen Ausdruck »leucolía« bezeichnete (von ihm mit »weiße Melancholie« übersetzt). Zu den bedeutendsten Werken Pindemontes gehören auch seine *Epistole* (1804), verfaßt in seinem Lieblingsmetrum, dem »endecasillabo«; und nicht zuletzt seine Übersetzung der *Odyssee*, die zwar rhetorisch weniger glänzend ist als die Montische *Ilias*, dafür aber wesentlich präziser ihrer Vorlage folgt und zugleich vom unverwechselbaren Schmelz seiner Melancholie geprägt ist.

III. UGO FOSCOLO. SYNTHESE UND ÜBERGANG

Che stai? Già il secol l'orma ultima lascia;
Dove del tempo son le leggi rotte
Precipita, portando entro la notte
Quattro tuoi lustri, e obblio freddo li fascia.

Che se vita è l'error, l'ira, e l'ambascia,
Troppo hai del viver tuo ore prodotte;
Or meglio vivi, e con fatiche dotte
A chi diratti antico esempi lascia.

Figlio infelice e disperato amante,
E senza patria, à tutti aspro e a te stesso,
Giovine d'anni e rugoso in sembiante,

Che stai? Breve è la vita e lunga l'arte;
A chi altamente oprar non è concesso
Fama tentino almen libere carte.

Diese in ein geschliffenes, von bedeutungsschweren Reminiszenzen an Dante, Petrarca, Parini und andere Vorbilder durchwirktes Sonett gefügte Selbstreflexion läßt vor dem Leser die Umrisse einer großen, von extremen Spannungen beherrschten Künstlerpersönlichkeit entstehen. Das selbstgrüblerische Befragen des eigenen Tuns, die Furcht vor dem allzu raschen Dahinschwinden der Zeit in Verbindung mit dem Wissen um den zeitraubenden Anspruch vollendeter Kunst, das Bewußtsein auch, an einer bedeutsamen Zeitenwende zu stehen (um die sich in der Tat seine Lebenszeit zu fast gleichen Teilen herumgruppieren wird), waren wichtige Motive im Leben und Dichten Ugo Foscolos. Aber auch die großen negativen Erfahrungen seiner bisherigen Existenz sind in diesen Ende 1799, vielleicht im letzten Monat des Jahrhunderts geschriebenen (und später sicherlich noch überarbeiteten) Text eingegangen: Die Verunsicherung des durch den Tod des Vaters mit zehn Jahren verwaisten Knaben, die Verzweiflungen des unglücklichen Liebhabers, das Umherirren des Heimatlosen (»error«, »senza patria«), aber auch das Wissen um die schädliche Neigung zu Gefühlsaufwallungen und zum Zorn (»ira«), eine sich immer wieder einstellende Resignation und Angst (»ambascia«), das Bewußtsein seines eigenen schwierigen Wesens sich selbst und anderen gegenüber, und das Gefühl, weit über seine Jahre hinaus gereift und gealtert zu sein – das alles mündet schließlich ein in die schwermütige, mit ihrem schicksalhaften Gewicht ganz ans Ende der Sonettklimax gestellten Einsicht des jungen, gerade einundzwanzigjährigen Verfassers (von dessen Lebenszeit soeben »vier Lustren« verstrichen sind): Daß er durch praktisches Handeln in Politik und Gesellschaft nichts bewegen könne und daß daher der im Kältegefühl einer möglichen Bedeutungslosigkeit seiner Existenz glühend erstrebte Ruhm durch literarische Arbeiten erworben werden müsse.

1. *Leben*

UGO FOSCOLO (1778–1827) wurde auf Zante, heute Sakinthos, einer der Ionischen Inseln, als Sohn eines Arztes venezianischer Herkunft und der Griechin Diamantina Spathis geboren. Ab 1785 lebte er bis zum Tode seines Vaters (1788) in Spalato (dem heutigen Split, das damals ebenso wie Zante unter venezianischer Herrschaft stand), wo er in einem Seminar ersten Unterricht empfing und neben anderem auch Altgriechisch lernte. Danach verbrachte er einige Jahre bei einer Tante an seinem Geburtsort (1789–93) und gelangte so erst 1793 nach Italien, als er zu seiner in Venedig lebenden Mutter zog. Eine der wichtigsten Aufgaben war es damals für ihn, die italienische Sprache zu erlernen. »Als ich von Griechenland nach Italien kam, war ich kaum berührt von der lateinischen Sprache und wußte von der toskanischen überhaupt nichts«, sagte der Dichter später von sich. Dies war sicherlich eine Untertreibung, denn schon im folgenden Jahr unternahm der junge Foscolo seine ersten dichterischen Versuche in der italienischen Sprache und übergab einem Freund ebenfalls griechischer Abstammung, Costantino Naranzi, ein Heft mit Hymnen, Elegien, Liedern und anakreontischen Dichtungen, die bereits eine geschmeidige und sensible Beherrschung der italienischen Literatursprache belegen. Er verkehrte in diesen Jahren mit jungen, revolutionär gesonnenen Leuten. In Venedig und an der Universität Padua knüpfte er Kontakte zu Ippolito Pindemonte, Aurelio De' Giorgi Bertola, Saverio Bettinelli, Melchiorre Cesarotti und anderen Intellektuellen. Wegen seiner revolutionär-jakobinischen Gesinnung mußte er 1796 vor der venezianischen Regierung auf die Euganeischen Hügel fliehen. Im Januar 1797 ließ er seine erste, in Alfieris Manier den Kampf gegen die Tyrannen proklamierende Tragödie, den *Tieste*, im Theater Sant'Angelo in Venedig aufführen. Im Mai des gleichen Jahres floh er vor der Inquisition nach Bologna; dort schrieb er sich in das Korps der »Cacciatori a cavallo« ein und verfaßte die Ode *A Bonaparte liberatore*. Für kurze Zeit kehrte er in das »befreite« Venedig zurück und übernahm unter der republikanischen Regierung einige Ämter. Es entstand die Ode *Ai novelli republicani*. Nach dem Frieden von Campoformio (17.10.1797), der Venetien links der Etsch an Österreich auslieferte und damit im Herzen des Patrioten und Republikaners Foscolo große Bitterkeit hervorrief, verließ dieser für immer die nun von Tyrannen beherrschte Lagunenstadt. In Mailand, wo er 1798 Parini und Monti kennenlernte, gab er sich einer regen journalistischen und politischen Tätigkeit hin. Zusammen mit Pietro Custodi, Melchiorre Gioia und anderen schrieb er für den »Monitore italiano« und den »Genio democratico«. Schon im Herbst des gleichen Jahres betrieb er in Bologna die Publikation seines Briefromans, der *Ultime lettere di Jacopo Ortis*, jedoch unterbrach das Herannahen des austro-russischen Heeres dieses Vorhaben. Obwohl sich sein politisches Denken im Lauf der Jahre von anfänglich stürmischem Jakobinertum zu einem eher nüchternen, die Interessen Italiens reflektierenden Nationalismus gewandelt hatte, kämpfte er an der Seite der Franzosen gegen die Despoten, wurde 1799 in Cento verletzt und beteiligte sich dann unter dem General Masséna an der Verteidigung Genuas. 1804–06 war er Mitglied der italienischen Division, Teil des französischen Heeres, das Napoleon am Ärmelkanal gegen England zusammenzog. Obwohl er seine Absichten, im Heer Karriere zu machen, wegen Spannungen mit dem französischen Marschall Joachim Murat und anderen Vorgesetzten endgültig aufgeben mußte, führte er, im März 1806 nach Italien zurückgekehrt, das unruhige Wanderleben eines napoleonischen Offiziers bis zum Sturz des italienischen Königreichs (1814/15) weiter.

Der »napoleonische«, abenteuerliche Lebensabschnitt Foscolos war überaus reich an Liebesaffären, doch nicht minder reich an literarischen Hervorbringungen. 1802 erschien die *Orazione a Bonaparte pel congresso di Lione*, die Foscolo die folgenschwere Feindschaft Murats einbrachte, und zugleich die erste vollständige Ausgabe der *Ultime lettere di Jacopo Ortis*. 1803 erschienen in Mailand die *Poesie* mit zwei Oden und zwölf Sonetten; 1807 die *Sepolcri* und einige philologische Arbeiten. 1808 wurde er zum Professor für Eloquenz an die Universität Pavia berufen. Dort hielt er jedoch nur einige wenige Vorlesungen – denn schon Ende des Jahres wurde der Lehrstuhl eingezogen. 1812/13 war er in Florenz, verkehrte im Salon der Herzogin von Albany und führte eine Beziehung mit der Seneser Edeldame Quirina Mocenni Magiotti; in die gleiche Zeit fällt der Beginn der Arbeiten an den *Grazie*, die Abfassung der Tragödie *Ricciarda* und die Veröffentlichung seiner Übersetzung von Sternes *Sentimental Journey through France and Italy*. Nach dem Niedergang Napoleons und des Königreichs Italien ging er im März 1815 in die Schweiz, lebte in Zürich und Hottingen, und zog dann im September 1816 nach London, wo er zunächst Gast von Lord Holland war. Schnell knüpfte er wichtige Beziehungen, darunter die Freundschaft zu dem Dichter William Stuart Rose; literarische Publikationen und journalistische Beiträge, vor allem im »New Monthly Magazine«, verschafften dem italienischen Dichter Ansehen und Wohlstand. Es entstanden u. a. die wichtigen *Saggi sulla letteratura italiana contemporanea* (1818). 1822 begegnete er seiner Tochter Floriana wieder, die siebzehn Jahre zuvor aus seiner Beziehung zu der Engländerin Fanny Hamilton hervorgegangen war, und richtete sich mit ihr komfortabel in einer eigens erbauten kleinen Villa (von ihm »Digamma Cottage« genannt) im vornehmen Viertel St. John's Wood ein. Der Traum währte nur kurz. Trotz angestrengter literarischer und journalistischer Tätigkeit (Mitarbeit an der »European Review«, dann am »London Magazine« und an der »Retrospective Review«) konnte er seine Schulden nicht bezahlen. Von Gläubigern gejagt, mußte er sich verstecken, wurde dann doch erwischt und Ende 1824 in den Schuldenkerker geworfen; darauf war er gezwungen, seine schöne Villa aufzugeben und in verschiedenen Elendsquartieren Londons zu leben. Schwerkrank, zog er sich schließlich mit seiner Tochter in das Dorf Turnham Green zurück und starb dort, noch nicht fünfzigjährig, am 10. September 1827.

2. *Persönlichkeit und Werke*

Das abenteuerliche und emotional aufgewühlte Leben Foscolos hatte eines seiner Gravitationszentren in der Begegnung mit Frauen. Nicht wenige waren es, die der Dichter in unterschiedlichen, oft unglücklichen Beziehungen liebte: Angefangen mit der erfahrenen Isabella Albrizzi Teotochi, Freundin von Alfieri, Canova, Pindemonte und anderen, über Teresa Pikler (Montis Frau), Isabella Roncioni, Antonietta Fagnani Arese, auf deren Wiedergenesung er eine Ode schrieb, Marzia Martinengo, Cornelia Rossi Marinetti, Eleonora Nencini, Maddalena Begnami und andere bis hin zu Quirina Mocenni Magiotti, deren Briefe sein Schweizer Exil versüßten, und zur jungen Carolina Russel in London, seiner »Callirhoe«, die ihn abwies und der er dennoch oder gerade deswegen sein einziges Gedicht in englischer Sprache widmete. Die meisten dieser Beziehungen hinterließen bei Foscolo Enttäuschung oder gar Verbitterung – so lange, bis er sich von einer neuen Leidenschaft hinreißen ließ. Ein weiterer Mittelpunkt seines stark von Gefühlen geprägten Lebens waren seine in der Richtung Alfieris sich entfaltenden Illusionen um brüderliche Freiheit, Größe des Vaterlandes und patriotisches Heroentum, in Verbindung mit dem Kult des großen heroischen Individuums, ein Bereich, in dem Foscolo sich kaum weniger leidenschaftlich engagierte als in seinen Herzensaffären. Nur als Dichter, als Sprachkünstler, zeigte Foscolo jene Disziplin, die ihn befähigte, auch über längere Zeiträume hinweg seine Werke in zäher Kleinarbeit zu vervollkommnen.

Schon das erste herausragende Werk Foscolos, die *Ultime lettere di Jacopo Ortis*, zeigt beides, die leidenschaftlich aufgewühlte, unbeständige und hochsensible Natur des Menschen und den unverbrüchlichen, zu immer neuen Überarbeitungen zwingenden Anspruch des Künstlers Foscolo. Bereits 1798 hatte Foscolo in Bologna eine erste Fassung des Briefromans zu drucken begonnen (eine Fassung, die ihrerseits vielleicht auf einen früheren, von ihm erwähnten Entwurf mit dem Titel *Laura, lettere* zurückgeht). Beim Herannahen der austro-russischen Heere unterbrach Foscolo nach dem 45. Brief die Publikation des Werkes, das jedoch von einem gewissen Angelo Sassoli fortgesetzt und noch im gleichen Jahr unter dem Titel *Vera storia di due amanti infelici* veröffentlicht wurde. Erst 1802 brachte dann Foscolo eine erste vollständige Fassung des Briefromans in zwei Teilen mit dem Titel *Ultime lettere di Jacopo Ortis* heraus. 1816 und 1817 besorgte er zwei weitere Fassungen mit teilweise signifikanten Veränderungen, auch hinsichtlich der Datierung der Briefe. Das Werk, das nach herrschender Meinung einen seiner Inspirationskerne in Foscolos unglücklicher Liebe zu Teresa Pikler, der Frau Montis, hat, besteht in seiner endgültigen Form aus Briefen des Jacopo Ortis, geschrieben zwischen dem 11. Oktober 1797 und dem 24. März 1799, und erzählend-kommentierenden Zwischentexten des Briefempfängers Lorenzo Alderani. Angeregt vor allem durch Goethes *Leiden des jungen Werther*, Rousseaus *Nouvelle Héloïse* und Richardsons *Pamela*, wohl auch unter dem Eindruck des Selbstmords eines Paduanischen Studenten mit Namen Girolamo Ortis, gestaltet es weitgehend autobiographisch politische und sentimentale Erfahrungen seines Verfassers am Beispiel der hoffnungslosen Liebe des Jacopo Ortis. Dieser flieht nach dem Vertrag von Campoformio, innerlich rebellierend, auf die Euganeischen Hügel und verliebt sich dort in eine gewisse Teresa, die indes für ihn unereichbar bleiben muß, weil sie Odoardo, einem gefühlskalten und steifen Bourgeois, versprochen ist. Zwischen Jacopo und Teresa, zwei verwandten Seelen, entstehen zarte Bande harmonisierender Gefühle, Annäherungen, die in der berühmten Kußepisode (Brief vom 18. Mai 1798), für Jacopo ein Augenblick schwindelnden Glücks, gipfeln. Doch die Rückkehr Odoardos macht alle Hoffnungen zunichte. Verzweifelt flieht Jacopo von den Euganeischen Hügeln und irrt, der Liebe und der Heimat beraubt, durch Italien, immer tiefer in Verweigerung, Pessimismus und Depressionen absinkend, immer wieder sein glückloses Schicksal, das Mißgeschick des Vaterlandes, die Ungerechtigkeit der Menschen und des Lebens anklagend. Nach einem Besuch bei Parini in Mailand, der vergeblich den jungen Mann zu einer besonneneren Haltung ermahnt, nach Besichtigung der Urne Dantes in Ravenna, der wie er ein heimatloser Exilant war, kehrt Jacopo schließlich in tiefster Verzweiflung an den Ort seiner Liebe zurück. Nachdem er die inzwischen verheiratete Teresa nochmals gesehen hat, nimmt er, nunmehr völlig überzeugt, daß seinem Leben weder Glück noch Sinn beschieden sind, Abschied von der Mutter und erdolcht sich. Die letzten Briefe, die Ortis schreibt, stellen eine hochemotionale Lebensbeichte dar, deren ständig anschwellendes Pathos in der Selbstmordszene des Endes einen dramatischen Höhepunkt und zugleich seine Auflösung findet.

Mit alledem ist der *Ortis* ein Werk, das die Gefühlslagen und Stimmungskurven des Lebenswegs Foscolos mit großer Unmittelbarkeit widerspiegelt. Insofern kann der Briefroman als eine Autobiographie Foscolos verstanden werden, die aber trotz ihrer vor allem durch die Briefform bewirkten Unmittelbarkeit keineswegs auf einen Fächer rhetorischer und stilistischer Kunstmittel verzichtet, die mit unauffälliger Raffinesse angewandt werden: Ein vielfältiger Wechsel von lyrischen, pathetischen, moralisierenden, bald rhetorisch-eloquenten, bald dramatisch-anklagenden Passagen, dargeboten in einer Skala von Tonlagen, die von introvertierter Glückseligkeit bis zur zügellosen Revolte reichen – und das Ganze eingespannt in eine fein graduierende Kontrapunktik zwischen den pathetischen Briefen des Ortis und der betroffen erzählenden Prosa ihres Empfängers in den kommentierenden Zwischentexten.

Das ebenso suggestive wie widersprüchliche Werk, das traditionelle und moderne Tendenzen, Persönlichstes und Nationales vereint, auch bereits das Naturgefühl der Romantik artikuliert, indem es die Natur bald als beseelte, heilende Kraft, bald als gefühlskalte zerstörerische Gewalt gestaltet; das mit seinem Helden, dem bürgerlichen Ortis, die neue Thematik des Bürgertums in die italienische Literatur einbringt und zugleich die politischen Verhältnisse Italiens widerspiegelt, rief bei seinem Erscheinen viel Zustimmung, aber auch Ablehnung hervor. Natürlich warf man Foscolo Nachahmung Goethes vor (welchem Foscolo 1802 ein Exemplar seines Werkes geschickt hatte). Sehr weit in diese Richtung ging bereits Stendhal, der den *Ortis* als eine plumpe Kopie des *Werther* einstufte. Daß dieses Urteil nicht zutreffend ist, wußten bereits viele Zeitgenossen, allen voran der Kritiker Cesarotti, der das Werk bei seinem Erscheinen rühmte. Alles in allem war der *Ortis*, der alsbald in viele europäische Sprachen übersetzt wurde, einer der Schlüsseltexte der neuen romantischen Sensibilität und zugleich ein Inspirationsquell für die Kämpfer des Risorgimento, die, wie Mazzini, gerade in der im Roman gestalteten resignierenden Verbindung von persönlichem und nationalem Scheitern den Ansporn fanden, für die Einheit der Nation zu kämpfen.

Nach den frühesten, in dem Heftchen von 1794 zusammengestellten, in Ton und Thematik noch vielfach abhängigen Versen und den heute meist als *Versi giovanili* eingeordneten Dichtungen der Jahre 1794–99, die bereits deutliche Fortschritte in Richtung auf einen originellen Stil aufweisen, waren die *Poesie* der erste unübersehbare Nachweis von Foscolos überragender lyrischer Begabung. Die von ihm besorgte Ausgabe von 1803 enthielt zwei Oden und zwölf Sonette. Die erste Ode richtete sich an eine vom Pferd gestürzte Freundin, *A Luigia Pallavicini caduta dal cavallo* (1800) und blieb zum Teil noch in traditionellen Galanterien stecken. Die zweite, *All'amica risanata*, entstanden im April 1802, besang die wiedergenesene Antonietta Fagnani Arese, die Mailänder Liebe des Dichters, in einem bereits unverwechselbaren, persönlichen Stil, dessen rhythmisch und syntaktisch verfeinerter, melodischer Duktus auf den späteren Höhepunkt der *Grazie* vorausweist. Auch die Sonette des Bandes sind von unterschiedlicher Qualität. Vor allem die späten, 1802/03 entstandenen, zeigen Foscolo im sicheren Besitz seiner stilistischen Ausdrucksmittel: So der wehmütige Abgesang auf die für immer verlassene Heimat Zante »Né più mai toccherò le sacre sponde/ Ove il mio corpo fanciulletto giacque/ Zacinta mia...« (1802/03); der die poetische Inspiration reflektierende Anruf an die Muse: »Pur tu copia versavi alma di canto/ Su le mie labbra un tempo...« (1803); der bewegte Nachruf auf den im Dezember 1801 wegen Schulden freiwillig aus dem Leben geschiedenen Bruder Giovanni Dionigi sowie vor allem das zuletzt komponierte, an den Beginn gesetzte Sonett an den Abend, den der von Leidenschaften durchwühlte Dichter als friedvollen Ruhepunkt herbeisehnt (»Forse perché della fatal quiete«). In diesen Texten gelingt es Foscolo, seine Leidenschaften und Ideale und die Unruhe widersprüchlichster Gefühle in der engen metrischen Vorgabe der Sonettform zu bändigen und zugleich jeder Dichtung eine dem Thema sich anschmiegende eigene Tonart zu verleihen.

Im Frühjahr 1807 veröffentlichte Foscolo ein 295 Verse (»endecasillabi sciolti«) umfassendes Gedicht mit dem Titel *Dei Sepolcri*, das wegen seiner schwierigen Sprache und gewundenen Argumentation nicht leicht zu verstehen ist. Der thematische Anlaß war ein Edikt Napoleons, das vorschrieb, die Toten aus hygienischen Gründen in Massengräbern außerhalb der Siedlungen zu bestatten – ein Thema, das Foscolo bereits mit seinem

Freund Pindemonte diskutiert hatte, dem er auch das Gedicht widmete (Pindemonte hatte 1806 das gleiche Thema in seinem Gedicht *I cimiteri* aufgegriffen, das er jedoch abbrach, als er von den *Sepolcri* des Freundes erfuhr). Foscolo, der an kein Leben nach dem Tod glaubte, plädiert in seiner Dichtung gleichwohl für die Beibehaltung individueller Gräber, um so der Nachwelt das Angedenken an die Tugenden und Verdienste der großen Persönlichkeiten zu ermöglichen. Allerdings seien ja, so der Dichter, gegenwärtig in Italien alle Tugenden, und insbesondere die patriotischen, erloschen, so daß auch die Einrichtung individueller Gräber zur Zeit nur ein »unnützer Pomp« sei. Aus früheren besseren Zeiten aber habe Italien die Grabstätten bedeutender Männer aufzuweisen, so etwa die Gräber von Santa Croce in Florenz, wo das italienische Volk die Größe Machiavellis, Michelangelos, Galileis, Alfieris würdigen und sich an ihren Gebeinen für ein zukünftiges Handeln aufrichten könne: »e l'ossa fremono amor di patria« (V. 196 f.). Der letzte Teil des Gedichts handelt von dem Totenkult im antiken Griechenland und der Unsterblichkeit der ruhmreichen griechischen Heroen.

Das wegen seiner dunklen Sprache und mythologischen Überfrachtung kritisierte und wegen seiner ethischen Positionen auch konfessionell angefochtene Werk hatte gleichwohl eine unerhörte Wirkung als Klage auf die politische Lethargie der Zeitgenossen und als Aufruf zu patriotischem Handeln. In diesem Sinne lasen es Mazzini, Cattaneo, De Sanctis, der auch den poetischen Wert des Textes ins Licht rückte, und viele andere Intellektuelle. Die *Sepolcri* wurden damit einer der Basistexte des italienischen Risorgimento.

Schon früh hatte Foscolo die Idee einer großen Dichtung mit dem Titel *Le Grazie*, doch begann er erst 1812/13 in Florenz mit der Niederschrift, an der er dann in den folgenden Jahren mit Unterbrechungen immer wieder arbeitete, so 1814/1815 in Mailand, und zuletzt noch in England, wo er 1822 auch seine *Dissertazione su un antico inno alle Grazie* schrieb, einen von mehreren Texten, mit denen der Dichter Struktur und Symbolik seines Werkes zu erläutern suchte. Dieses wurde indes nie fertiggestellt und vom Dichter auch nur teilweise publiziert; eine erste (vorläufige) Gesamtausgabe durch F. S. Orlandini erschien erst 1848 in Florenz. Die Textgestalt des schwierigen Werkes ist daher nicht unproblematisch, zumal eine kritische Ausgabe bis heute nicht vorliegt. Das wiederum in »endecasillabi sciolti« verfaßte, Antonio Canova gewidmete Gedicht ist in drei Hymnen gegliedert, die respektive der Venus, der Vesta und der Pallade (Pallas Athene) zugeeignet sind. Angeregt von Canovas Arbeiten an den *Drei Grazien* möchte auch der Dichter mit seinen Mitteln den Grazien ein

Denkmal errichten, durch welche die drei himmlischen Gaben »Schönheit, Geist und Tugend« in die Welt gekommen seien. Und so beginnt die Dichtung mit dem Mythos der Venus, die als Fruchtbarkeit spendende Göttin, voller Mitleid mit den in Unglück und dumpfer Qual lebenden frühen Menschen, diesen die drei Grazien beschert: Sie läßt diese auf einer Muschel in der Nähe von »Zacinto«, der Heimat des Dichters, aus dem Meer aufsteigen, und mit ihrem Erscheinen wandelt sich schlagartig die rauhe kriegerische Welt in eine friedliche und kultivierte, in der nun Schönheit und Harmonie ihren Einzug halten... So wenig konsistent in sich betrachtet die mythologisch-symbolische Handlung des Gedichts ist, so überwältigend ist die sprachlich-musikalische Durchstrukturierung der einzelnen Teile. Bilder der fernsten Vergangenheit wechseln mit solchen der unmittelbaren Gegenwart, weit entfernte Bereiche werden in einer einzigartigen Symbiose zusammengezogen, die in der Intensität ihrer sprachlichen, malerischen und musikalischen Effekte letztlich eine glorifizierende Kontemplation der Schönheit und der Harmonie in Kunst und Literatur ist. Nahezu übereinstimmend sieht die Kritik in dieser Dichtung den Höhepunkt der lyrischen Gestaltungskraft Foscolos, der hier im raffinierten Wechsel der Szenen, Mythen, Bilder, der malerischen und musikalischen Effekte, in der gefeilten Form der Verse, dem gefügigen Faltenwurf der Syntax, den sensiblen Entscheidungen im lexikalischen Bereich, in einer immer wieder erneuerten, intensiven, schönheitstrunkenen Inspiration und mit einer alles überspringenden, souverän waltenden Phantasie sein künstlerisches Credo, den Inbegriff seines Kunstschönen und seiner Schönheitskunst zu gestalten suchte.

Hand in Hand mit dem Ringen um die vollendete dichterische Form ging in allen Epochen seines Lebens ein intensives theoretisches und kritisches Bemühen, das in einer großen Zahl von Schriften zu gesellschaftlichen, politischen, kulturellen und literarischen Themen zum Ausdruck kam. Erwähnt seien seine 1809 in Padua gehaltenen Vorträge: Die Antrittsvorlesung *Dell'origine e dell'ufficio della letteratura*, zwei Lesungen *Su la letteratura e la lingua*, drei weitere mit dem Thema *Della morale letteraria*, und ein Schlußvortrag zur Erlangung der »Laurea« im Fach Jurisprudenz, *Sull'origine e i limiti della giustizia*. Diese Vorträge waren der erste systematische Versuch Foscolos, seine Ideen im literarischen und gesellschaftlich-geschichtlichen Bereich zu ordnen und darzustellen. Sie machen indes deutlich, daß das Denken des Dichters zu diesem Zeitpunkt noch unausgereift und unsystematisch war und sich noch nicht wie gewünscht auf eine Synthese weniger Grundprinzipien, d.h. auf eine Theorie, zurückführen ließ. Mutatis mutandis gilt dies auch für den früheren *Saggio di novelle* von

1803, in dem Foscolo für die Kunst des Erzählens plädierte. Von einigem Gewicht waren später seine literaturkritischen Arbeiten aus der Londoner Zeit, von denen einige große Beachtung fanden. So z. B. sein *Essay on the Present Literature of Italy*, der 1818 unter dem Namen des englischen Kritikers John Cam Hobhouse erschien. Darin versuchte der Dichter, ein Panorama der italienischen Literatur der damaligen Gegenwart zu skizzieren und sich mit einem Selbstporträt in diese Darstellung einzuordnen. 1821 erschienen seine *Essays on Petrarch*, 1823 *A Parallel between Dante and Petrarch*. Vom gleichen Jahr an entstanden, zunächst in Form von Lesungen, seine *Epoche della lingua italiana,* das ehrgeizige Projekt, die Spach- und Literaturentwicklung Italiens synoptisch darzustellen. 1825 wurde der *Discorso storico sul testo del ›Decamerone‹* und der *Discorso sul testo del poema di Dante* fertiggestellt; der letztere als Teil umfangreicher Arbeiten zu Dante, zu denen auch eine kommentierte Ausgabe des *Inferno* gehörte, die Foscolo kurz vor seinem Tode dem Buchhändler Pickering übergab. In den letzten Jahren verfaßte Foscolo auch die politischen Schriften *Storia della costituzione democratica di Venezia* und *Sulle donne italiane* (1826) sowie die wichtige, als Einleitung seiner Ausgabe der *Divina Commedia* geplante *Lettera apologetica* (1824/25), in der er seinen Standpunkt als Dichter und Staatsbürger verteidigt.

Foscolo war ein ungewöhnlich sensibler und reflektierter Übersetzer. Fast drei Jahrzehnte lang, bis in seine Londoner Zeit, setzt er sich mit Homer auseinander. Kurz nach Erscheinen der *Sepolcri* veröffentlichte er sein *Esperimento di traduzione della ›Iliade‹ di Omero*, d. h. die Übertragung des ersten Gesangs des Epos, die sich u. a. auf die früheren Versionen Annibale Caros und Montis stützte. Später belegten sein Artikel *Sulla traduzione dell'›Odissea‹* und andere Publikationen seine anhaltenden Bemühungen als Homer-Übersetzer, die zugleich eine wichtige Stilübung für seine eigene dichterische Ausdrucksfähigkeit waren. Daneben übertrug er mehrere Oden Anakreons, ferner einzelne Texte von Sappho, Horaz, Lukrez, Catull und anderen antiken Autoren.

Von nachhaltiger Wirkung auf den Künstler und Menschen Foscolo war die Begegnung mit dem englischen Erzähler Laurence Sterne (1713–1768), dessen *Life and Opinions of Tristram Shandy* ebenso wie die Bücher der übrigen englischen Humoristen zu den Lieblingslektüren Foscolos zählte. 1805 hatte er bereits seine Übersetzung der *Sentimental Journey through France and Italy* mehr oder weniger fertiggestellt, die dann 1813 zusammen mit einer ganz vom Geist Sternes geprägten, ironisch-autobiographischen *Notizia intorno a Didimo Chierico* (Pseudonym und alter ego des Verfassers) erschien. Auch andere der insgesamt wenigen satirischen

Schriften Foscolos, wie z. B. der lateinische *Didymi Clerici Hugonis Foscoli prophetae minimi Hypercalypseos liber singularis* (eine 1815 in Zürich publizierte Satire auf die italienischen Literaten, die die französische Herrschaft gerühmt hatten; oft auch als *Ipercalisse* zitiert), aber auch so manche satirisch-kritische Seite aus den *Lettere scritte dall'Inghilterra* (1817) sind unübersehbar vom Humor Sternes geprägt. Sterne war es, der dem oft unglücklichen, in Leidenschaften verstrickten Italiener die lachende Seite des Lebens zeigte, die diesem bis dahin entgangen war; der ihm zeigte, wie man psychologische Fakten humorvoll und doch scharf und kontrastreich beschreiben kann und ihm zugleich half, rhetorischen Ballast und allzu feierliches Pathos, die Reste seines Jugendstils, abzuwerfen.

IV. DIE ITALIENISCHE ROMANTIK. ENTSTEHUNG, IDEEN, TENDENZEN

1. *Die Romantik in Europa*

Was heißt überhaupt »Romantik«? Das Adjektiv »romantisch« geht zurück auf das altfranzösische »romanz«, das zunächst »Dichtung in der Volkssprache«, dann »Roman« bedeutete. Mit »romantisch« bzw. seinen englischen und französischen Entsprechungen bezeichnete man zunächst in eher pejorativem Sinne das »Romanhafte«, »Unwirkliche«, »Fabulöse« etc. In dieser Bedeutung ist ab 1650 in England »romantic«, ab 1694 in Frankreich »romantique«, ab 1698 in Deutschland »romantisch« belegt. Zu dem ursprünglichen Bedeutungskern des »Romanhaften« traten alsbald die Bedeutungskomponenten des Pathetischen und des Malerischen hinzu und speziell die der wilden, unberührten Natur mit ihren teils lieblichen, teils furchterregenden Stimmungen. Spätestens seit Jean-Jacques Rousseau (1712–1778), der mit »romantique« die Einheit landschaftlicher und seelischer Qualitäten ausdrückte, gewinnt das Wort ein positives Bedeutungsfeld und wird sodann bei den Begründern der Romantik zum übergeordneten Begriff einer neuen Epoche.

Die europäische Romantik ist ein Phänomen von ungewöhnlicher Komplexität, Vielfalt, ja sogar Widersprüchlichkeit und ist aus diesem Grund kaum zu definieren, geschweige denn auf eine einfache Formel zu bringen. Aufs Ganze gesehen stellt sie eine radikale Richtungsänderung in der Geschichte der Sensibilität und des Geschmacks dar, zugleich aber auch eine revolutionäre Neuorientierung im Bereich der Lebensgewohnheiten, der gesellschaftlichen Ordnung und der politischen Zielsetzungen. Die wichtigsten Grundlagen der Romantik stammen aus der vorangegangenen Epoche der Aufklärung und aus den Erfahrungen der Französischen Revolution: durch sie waren der Absolutismus und die alte Ständegesellschaft erschüttert, die Bedingtheit und Gebrechlichkeit traditioneller Normen in allen Bereichen der Lebenswelt offenkundig geworden. Das Prinzip der freien menschlichen Vernunft war als oberste Richtschnur, das freie, mit Rechten und Pflichten versehene Individuum als tragende gesellschaftliche Instanz anerkannt worden. Im Unterschied zur landläufigen Meinung und trotz anderslautender, leidenschaftlicher Bekundungen einzelner Künstler wandte sich die Romantik keineswegs gegen das Vernunftprinzip der Aufklärung. Vielmehr ergänzte sie vernunftorientiertes Denken durch ein vertieftes Verständnis der Geschichte, durch eine gerechtere, nicht mehr rein negative Bewertung der Vergangenheit, deren einzelne Epochen nun als Entwicklungsstufen eines gesamtheitlichen Fortschritts auf die Gegenwart und Zukunft hin interpretiert werden. Diese Tendenz der Romantik, in der Vielfalt geschichtlicher Vorgänge den roten Faden einer Ordnung, eines harmonischen Kräftespiels, ja eines providentiellen Fortschritts zu erkennen, führte zwangsläufig zur Wiederentdeckung alter Epochen wie z. B. des Mittelalters, zur Neubewertung alter Traditionen, der Religion und der religiösen Werte gegenüber dem Atheismus bzw. Deismus der Aufklärer, und damit auch zur Betonung des Gefühls und der freien Phantasie gegenüber der strengen Vernunft und der Kälte des Intellekts. Nicht zuletzt zog die Besinnung der Romantik auf die Geschichte der einzelnen Völker, im Unterschied zum gleichsam übernationalen, kosmopolitischen Denken der Aufklärung, eine Wiederbelebung des Nationalismus nach sich. Damit wird bereits deutlich, daß die Romantik auch restaurative Tendenzen förderte: Die Idee der Nation und die Dogmen der Religion werden wieder zu Fundamenten für das sittliche Verhalten des Einzelnen wie für das Leben der Gesellschaft. In restaurativem, religiösem bzw. katholischem Denken gewinnt die Romantik auch in der christlichen Lehre und in den Texten der Bibel Begründungen für ihre Forderung nach mehr Freiheit, Gleichheit und Gerechtigkeit für alle Schichten der Gesellschaft – während sich die Aufklärung nur an wenige aufgeklärte Intellektuelle gerichtet, die Gefühle und Leidenschaften des Bürgertums und erst recht die Bedürfnisse des stummen Volkes kaum beachtet hatte. Die Romantik schuf – trotz einiger teils reaktionärer, teils nostalgischer Tendenzen wie z. B. die Respektierung der historischen Bindung von Thron und Altar, die Konservierung einzelner feudaler Strukturen und eine gelegentlich zutage tretende religiöse Intoleranz – insgesamt einen weiten Raum für einen gemäßigten Liberalismus, in dem sich ein reiches Spektrum unterschiedlichster Theorien und Entwürfe entfalten konnte. Hierzu gehören auch wichtige Theorien bzw. Utopien der Gesellschaftsreform und des wirtschaftlichen Fortschritts, denen zum Teil erhebliche, bis heute andauernde Nachwirkungen beschieden waren. Erinnert sei etwa an die sozialreformerischen, frühsozialistischen Doktrinen der Saint-Simonisten, die in Frankreich um 1820 ihre größte Ausstrahlung entfalteten. Graf Henri de Saint-Simon (1760–1825) sah die geschichtlich-gesellschaftliche Entwicklung analog zum naturwissenschaftlichen Bereich von strengen, exakt beschreibbaren Gesetzen beherrscht und bestimmt von der providentiellen Fügung einer universalen Harmonie, die die Geschichte in zyklischem Fortschreiten zum »Goldenen Zeitalter der Menschheit« emporführt. Diese utopistische und optimistische, auf dem Gedanken der göttlichen Vorsehung beruhende Konzeption hatte eine ihrer Besonderheiten darin, den Künstlern und Dichtern, zusammen mit den Gelehrten und Industriellen, die Führung der Gesellschaft auf ihrem Weg in die allgemeine Prosperität anzuvertrauen. Damit war zugleich die Idee der Kunstavantgarde geboren, die später in Italien mit Marinetti ihre erste konkrete und prototypische Verwirklichung finden wird (vgl. S. 666 ff.). Erinnert sei ferner an Charles Fourier (1772–1837) und seine Schüler, die um 1840 ihre größte Wirkung erzielten. Sie entwarfen das umfassende, wiederum auf der Grundvorstellung universaler Harmonie aufbauende System eines utopischen Sozialismus, der sich in der föderativen Organisation kleiner autarker Gemeinwesen, der »phalanstères«, verwirklichen sollte; Ideen, die u. a. für die Entstehung der Genossenschaftsbewegung von großem Einfluß waren. Neben weiteren, z. T. anarchistischen und extremistischen Theorien und Programmen muß aber auch der Frühkommunismus als typisches Produkt romantischen Denkens angesehen werden. Der junge Marx stand zunächst stark unter dem Einfluß Saint-Simons, kannte aber auch die utopischen Entwürfe von Fourier, Cabet und Leroux sowie die Theorien des Anarchisten Proudhon. In diesem Sinn konnte man sagen, daß sich der Marxismus aus dem Saint-Simonismus, der Kommunismus-Anarchismus aus dem Fourierismus heraus entwickelt habe (D. D. Egbert). In gesamteuropäischer Perspektive bleibt somit festzustellen, daß in der romantischen Epoche eine Vielfalt sozialreformerischer, innovativer und revolutionärer Ideen und Zielsetzungen zusammenströmen, die ihre konkreten Auswirkungen in einer Reihe wichtiger ideologischer und politischer Entwicklungen finden. Dazu gehören nicht zuletzt die großen Revolutionen von 1830 und 1848, die Verwirklichung der nationalen Einheit in Italien, Deutschland und einigen Balkanländern, die Entfaltung der Demokratie in Frankreich und England und die zunehmende Isolierung bzw. Abschaffung absolutistischer und autokratischer Strukturen in ganz Europa.

Was den engeren Bereich von Kunst und Dichtung angeht, so tritt hier die Opposition der Romantik zur vorhergehenden Aufklärung wesentlich schärfer zutage als auf anderen Feldern, in denen gerade in bezug auf das 18. Jahrhundert eine gewisse Kontinuität gewahrt bleibt. Kunst und Literatur wenden sich mit aller Entschiedenheit gegen den aufklärerischen Rationalismus französischer Prägung wie auch gegen die formalistischen und intellektualistischen Tendenzen des Neoklassizismus. Oberste Postulate sind jetzt der Vorrang des Gefühls, die Freiheit und Regellosigkeit der Phantasie und die natürliche bzw. naturnachahmende Spontaneität. All diese Ideen waren nicht ganz neu und die Romantiker konnten sich bei fast allen ihren Forderungen auf Vorläufer und Vorbilder beziehen. So z. B. auf das Konzept der ursprünglichen, gefühlsbestimmten Poesie, das bereits Giambattista Vico vertreten hatte (vgl. S. 444 ff.); oder auf die englischen Lyriker des 18. Jahrhunderts mit ihrer Nacht-, Todes- und Grabeslyrik, vor allem auf Thomas Gray (1716–1771) und Edward Young (1683–1765); oder auf die damals vielgerühmten Lieder *Ossians*, die James Macpherson (1736–1796) unter dem Titel *Fragments of ancient poetry* 1760 veröffentlichte und die alsbald in viele Sprachen und durch M. Cesarotti auch ins Italienische übertragen wurden (vgl. S. 435 und 454). Ein Vorläufer war natürlich auch Rousseau, nach dessen Naturphilosophie alle Gefühle und Leidenschaften gut sind. Ähnliche Formen des Naturismus fanden sich dann bei Friedrich Gottlieb Klopstock (1724–1803) und Heinrich von Kleist (1777–1811). Bahnbrechend waren schließlich die Impulse, die vom deutschen »Sturm und Drang« ausgingen: Ablehnung des aufklärerischen Verstandeskults und Plädoyer für die ungezügelte Irrationalität authentischer Leidenschaften, für eine durch keine Regulierungen eingeengte Phantasie und die freie Entfaltung des Genies als höchster Ausprägung eines ungehemmten und unbegrenzten Subjektivismus. Theoretische Begründer der Romantik waren in Deutschland besonders früh am Werk: Johann Georg Hamann (1730–1788) und Johann Gottfried Herder (1744–1803) propagierten die Qualitäten der ursprünglichen und volkstümlichen Kunst, die Bevorzugung der »Naturpoesie«, der Volkslieder und ähnlicher Texte vor der Kunstdichtung und tragen damit entscheidend zur Geschmackswende bei. Schon 1798 kann Friedrich Schlegel (1772–1829) romantische Poesie definieren als »eine progressive Universalpoesie«, deren Bestimmung es sei, »die Poesie lebendig und gesellig und das Leben und die Gesellschaft poetisch zu machen«. Die hier formulierte Symbiose von Kunst und gesellschaftlichem Leben wird in den folgenden Jahrzehnten vielfach variiert in zahlreichen kunsttheoretischen Kundgaben nachklingen, bis hin zu den futuristischen, noch aus dem Geist der Spätromantik schöpfenden Manifesten Marinettis am Vorabend des ersten Weltkriegs (vgl. S. 667 ff.). Die Romantiker forderten eine neue, »moderne« Kunst, die einen weiten Leserkreis anspricht, und nicht nur eine kleine Schar von akademischen und pedantischen Literaten, eine Kunst, die neue Themen behandelt, wie z. B. solche aus der nationalen Geschichte oder aus dem zeitgenössischen Leben des Volkes. Von daher die Vorliebe der romantischen Dichter für historische Tragödien und Romane mit Stoffen etwa aus dem Mittelalter und der Renaissance oder für psychologische bzw. bürgerliche Romane und Dramen mit Stoffen aus der Gegenwart. Von daher auch die Ablehnung der konventionellen und klischeehaften Verwendung der Mythologie und der damit verbundenen gelehrt-preziösen Sprache in der Dichtung, die Ablehnung der aristotelisch-klassizistischen Ästhetik und Poetik mit ihren gattungstheoretischen, stilistischen und dramaturgischen Regeln und Einteilungen und insbesondere die Ablehnung der aristotelischen Einheiten des Ortes, der Zeit und der Handlung, deren Durchbrechung etwa in Victor Hugos Bühnenstücken spektakulär vorgeführt wurde. Bevorzugt werden nun Werke mit freier Struktur, starken Ton- und Stilkontrasten und mit einer Mischung tragischer und komischer Gattungsmerkmale. In thematischer Hinsicht wendet sich das Interesse häufig zurück auf die Geschichte, auf die literarischen Zeugnisse ältester Zeiten, auf Volkskunst, Volkslieder und die frühe nationale Epik der Völker (auf das althochdeutsche Nibelungenlied, das altfranzösische Rolandslied, den altspanischen *Cid* usw.), aber auch auf die Entdeckung der alten orientalischen Literaturen und nicht zuletzt auf die Erforschung des »dunklen« Mittelalters.

2. *Romantik und Risorgimento in Italien*

Die für die Romantik grundlegende Verbindung von Kunst und Leben hatte zur Folge, daß Literatur nunmehr als »soziales«, d. h. gesamtgesellschaftliches Phänomen gesehen und erlebt wurde. In Italien jedoch, wo sich die Ideen der Romantik relativ spät durchsetzten, erhielt diese Bindung zwischen Literatur und Gesellschaft eine besondere, politisch relevante Profilierung: Der italienische »Romanticismo« geht zeitlich und ideell Hand in Hand mit dem sogenannten Risorgimento, der nationalen Einigungsbewegung Italiens, die unter maßgeblicher ideologischer und aktionistischer Unterstützung durch romantische Künstler und Intellektuelle in der zweiten Hälfte des Jahrhunderts zur politischen Einheit des Landes führt. Für einige Jahrzehnte ließen sich Literatur und Politik in Italien kaum voneinander trennen, und insbesondere der Lyrik der Epoche fiel die Aufgabe zu, als Vehikel politischer Motive, Zielsetzungen und Leidenschaften zu dienen, was ihrer Qualität mehr als einmal Abbruch tat. Im Unterschied zum bereits relativ emanzipierten Bürgertum in Frankreich und Deutschland verharrte das italienische Bürgertum noch mehr oder weniger lethargisch in den alten Verhältnissen und war gerade erst dabei, sich seiner neuen Rolle als wirtschaftlich führender Schicht und seiner Möglichkeiten zu einer gesellschaftlichen Innovation bewußt zu werden. Der Zusammenbruch der napoleonischen Ordnung hatte für Italien keine Freiheit gebracht, sondern gerade im Norden, wo das politische Bewußtsein der Bürger am weitesten entwickelt war, die drückende Fremdherrschaft der Österreicher ausgedehnt.

Obwohl viele der oben erwähnten romantischen Ideen auch in Italien kursierten, bedurfte es daher eines Anstoßes von außen, um eine wirklich umfassende und tiefgreifende Auseinandersetzung über Kunst und Politik, über den gleichermaßen heruntergekommenen Zustand von Literatur und Nation herbeizuführen. Das polemische Feuer, aus dessen Asche Romantik und Risorgimento in Italien hervorgingen, wurde von einer französischen Schriftstellerin, der Baronin Anne Louise Germaine de Staël-Holstein (1766–1817), gezündet, die bereits mit ihrer Schrift *De l'Allemagne* (1813) die deutsche Romantik in Frankreich und anderswo bekannt gemacht hatte, die in Italien jedoch vor allem als Verfasserin des Romans *Corinne ou de l'Italie* (1807), einem Bekenntnis zu den Schönheiten Italiens, in Erinnerung geblieben war. Im Januar 1816 veröffentlichte sie in der Mailänder Wochenschrift »Biblioteca Italiana«, einem von den Österreichern eingesetzten und finanzierten Organ zur kulturellen und politischen Gleichschaltung der italienischen Intellektuellen, den Aufsatz: *De l'esprit des traductions*, dessen italienische Fassung mit *Sulla maniera e l'utilità delle traduzioni* betitelt war. In diesem Artikel forderte die Autorin die Italiener auf, die großen Literaturen jenseits der Alpen zu lesen und zu studieren, um sich so von der eigenen veralteten, sterilen und pedantischen Gelehrsamkeit, von der abgedroschenen klassizistischen Poetik und der weitverbreiteten archaisch-gestelzten Dichtersprache zu befreien, die so weit von der lebendigen Sprache des Volkes entfernt sei. Sicherlich war die Kritik der Madame de Staël im Hinblick auf in Italien bereits schreibende »moderne« Autoren wie Foscolo, Manzoni und Leopardi sowie im Hinblick auf die beachtlichen Übersetzungsleistungen der Neoklassizisten nicht in allen Punkten gleich begründet – aber insgesamt, als Forderung,

535

den Anschluß an die europäische Kultur zu gewinnen und die Literatur zu »modernisieren«, war sie nur allzu berechtigt und traf den neuralgischen Punkt der damaligen kulturellen Situation Italiens. Der Artikel löste eine heftige Polemik aus, die sich zunächst gegen die Verfasserin richtete, dann aber zu einem allgemeinen Streit zwischen »Traditionalisten« und »Modernen«, zwischen Neoklassizisten und Romantikern auswuchs, der an die französische »Querelle des anciens et des modernes« aus der zweiten Hälfte des 17. Jahrhunderts erinnern kann. In oft scharfen und teilweise auch anzüglichen Reaktionen warfen konservative Autoren Madame de Staël vor, die italienischen Verhältnisse nicht genügend zu kennen und daher den ungebrochenen Glanz der italienischen Literatur nicht würdigen zu können. Unter den ablehnenden Stellungnahmen ist die gemäßigte des konservativen Pietro Giordani (1747–1848) zu erwähnen, der einer der Redakteure der »Biblioteca italiana« war. Er stimmte einigen Gedanken der Französin zu, so z. B. ihrer negativen Beurteilung des zeitgenössischen Theaters oder ihrer Absage an die alte Mythologie – lehnte aber doch die »Nachahmung« fremder Literaturen aus verschiedenen Gründen ab, u. a. weil es nicht möglich sei, die Ideen und Motive der nordischen Literaturen mit dem traditionellen Gut der italienischen Dichtung zu verschmelzen. Eine solche Mischung könne die Situation nur verschlechtern. Um der eigenen Literatur aufzuhelfen, reiche es vollkommen aus, den »fondo paterno«, d. h. das eigene literarische Patrimonium, neu aufzuarbeiten. Worauf die Autorin im Juni des gleichen Jahres in einer *Lettera ai signori compilatori* replizierte, daß ausländische Autoren lesen und übersetzen nicht hieße, sie sklavisch nachzuahmen, und dabei erneut forderte, daß die sterile und isolierte italienische Literatur den Anschluß an die europäische Entwicklung gewinnen müsse.

Einer der konservativen Eiferer, der wie viele andere durch die Anregungen der Madame de Staël die Ehre der Nation angetastet sah, war Carlo Giuseppe Londonio (1780–1845), der 1817 in seinen *Cenni critici sulla poesia romantica* (dem 1818 ein *Appendice* folgte) im übelsten Nationaljargon »für immer die Überlegenheit der italienischen Dichtung über die der anderen Nationen« reklamierte. Viele Intellektuelle ließen sich zu Ähnlichem hinreißen, und selbst der alte Monti, dem man übrigens die Direktion der »Biblioteca« vergeblich angetragen hatte, sah sich noch 1825 veranlaßt, in seinem *Sermone sulla mitologia* (vgl. S. 518) für die konservative, mythologisierende Dichtungsart eine Lanze zu brechen.

Aber die Ideen der Madame de Staël waren auch auf fruchtbaren Boden gefallen. Viele der italienischen Intellektuellen hatten ein klares Bewußtsein von der stagnierenden kulturellen Situation des Landes und stellten dar-

536

über hinaus einen als besonders schmachvoll empfundenen Zusammenhang zwischen literarischem und politischem Niedergang her. So trat den Traditionalisten eine kleine, aber engagierte und ständig anwachsende Gruppe von »Romantikern« entgegen, die ihre Auffassungen in einer Reihe mehr oder weniger programmatischer Publikationen artikulierten. Der zeitlich erste bedeutende Diskussionsbeitrag von romantischer Seite war die im Juni 1816 in Mailand erschienene Schrift *Intorno all'ingiustizia di alcuni giudizi letterari italiani. Discorso di Lodovico Arborio Gattinara di Breme figlio.* Ihr Verfasser war der adlige Priester LUDOVICO DI BREME (Lodovico Pietro Arborio Gattinara Marchese di Breme; 1780–1820), ein gebildeter und belesener Mann, dessen geistige Überlegenheit Stendhal rühmte und der mit bedeutenden europäischen Intellektuellen, darunter auch Madame de Staël und August Wilhelm Schlegel, in Verbindung stand, dessen 1809 gehaltene *Vorlesungen über dramatische Kunst und Literatur* 1817 in italienischer Übersetzung erschienen waren. Di Breme räumte zunächst mit den unqualifizierten Vorwürfen der Klassizisten auf, insbesondere mit dem Unfug, die Einlassung der Baronin de Staël als Schändung der Nation zu betrachten, und versuchte sodann, die Romantik als fortschrittliche europäische Kulturtheorie ideell zu begründen und zu beschreiben, wobei er die Romantik vor allem als gesellschaftliche und politische und erst in zweiter Linie als literarische Aufgabe konzipierte. Im Ton versöhnlich, lehnte Di Breme für die Literatur jeden Kompromiß zwischen Klassizismus und Moderne ab und forderte die Befreiung von den Zwängen der Tradition auch für die Literatursprache, die in völliger Freiheit je nach Bedarf ihr Material überall, auch in den Dialekten, gewinnen könne.

Die zweite romantische Schrift waren die im September 1816 wiederum in Mailand erschienenen *Avventure letterarie di un giorno, o consigli di un galantuomo a vari scrittori* des PIETRO BORSIERI (1788–1852), eine schwungvolle, offensichtlich von Sterne inspirierte Satire auf das Mailänder klassizistische Milieu, mit vielen feinen Hieben auf die Rückständigkeit und Lächerlichkeit seiner Vertreter und der von ihnen geführten Diskussionen. Programmatisch wichtig darin ist neben dem Plädoyer für die Vorschläge der Madame de Staël, und zwar insbesondere in bezug auf die Übersetzung moderner Literaturen, die Forderung Borsieris, sich um die gesprochene Sprache und um die Dialekte zu kümmern, die nun in die neue, volkstümliche Literatursprache ihren Einzug halten müßten.

Die dritte Einlassung zugunsten der Romantik erfolgte im Dezember 1816 und stammte von GIOVANNI BERCHET (1783–1851). Sie trug den Titel *Sul ›Cacciatore feroce‹ e sulla ›Eleonora‹ di Goffredo Augusto Bürger. Lettera semiseria di Grisostomo al suo figliuolo.* Es handelt sich dabei um einen fiktiven Brief, in dem der fiktive Vater Grisostomo seinem Sohn in familiärem Ton das Wesen der neuen romantischen Dichtung erklärt, und seine Aussagen, wie bereits im Titel angedeutet, am Beispiel zweier lyrischer Dichtungen Gottfried August Bürgers (1747–1794), nämlich den Balladen *Lenore* und *Der wilde Jäger*, verdeutlicht. Grisostomo geht dabei von einer Prosaübersetzung der beiden Dichtungen aus, möchte er doch u. a. darlegen, daß es in der neuen Dichtungsart für die Autoren wie für ihre Leser darauf ankomme, die Aufmerksamkeit von den formalen Elementen weg auf den Inhalt zu verlagern. Inhaltlich aber müsse die Dichtung volkstümlich, von universaler Gültigkeit, frei und moralisch vorbildlich sein, und zwar sowohl für den einzelnen wie auch für die Gesellschaft. Die wenigen Axiome des Grisostomo werden in einfacher Sprache ohne theoretische Vertiefungen dargeboten, und die Gegenpositionen des Klassizismus, Formalismus und der höfisch-elitären Kultur werden dabei oft satirisch ad absurdum geführt. Immer wieder führen die Betrachtungen auf die zentrale Rolle zurück, die das Volk beim Schreiben und Lesen der neuen Dichtung spielt. Die *Lettera semiseria* Berchets fand in Italien sofort große Verbreitung, nicht zuletzt wegen ihrer leicht verständlichen und maßvollen Sprache. Sie brachte ihrem Verfasser große Anerkennung ein und ließ ihn in den Augen der meisten als der führende Kopf der italienischen Romantik erscheinen, eine Rolle, die ihm auch De Sanctis, der selbst noch der späteren romantischen Bewegung angehörte, bestätigte: »Er war der erste, der die Ideen in volkstümlicher Form, geläufiger Sprache und mit so großer Mäßigung darlegte.«

Schon in den ersten Jahren der Diskussion zeichneten sich in der Gruppe der Romantiker zwei ideologische Hauptrichtungen ab: Ein katholisch-liberal gesonnener Kreis bildete sich um Manzoni, Berchet, Giovanni Torti (1774–1852) und Ermes Visconti (1784–1841), welch letzterer in seinen *Idee elementari* (1818) den christlichen Charakter der neuen Literatur gegenüber dem mythologisch-heidnischen der klassizistischen Literatur hervorgehoben hatte. Dieser Gruppierung stand ein Kreis mit profaner bzw. deistischer Orientierung gegenüber, dem u. a. Di Breme, Borsieri und Pellico angehörten. Die Romantiker konnten sich vorübergehend, nämlich von September 1818 bis Oktober 1819, in einer eigenen Zeitschrift, dem Mailänder »Conciliatore«, artikulieren. Chefredakteur dieses wichtigen Organs war der eben erwähnte SILVIO PELLICO (1789–1854; vgl. dazu S. 542 ff. und 548); zu den Mitarbeitern zählten die meisten der oben genannten Intellektuellen. Sie alle wurden beraten und unterstützt durch Alessandro Manzoni, der sich jedoch stets im Hintergrund hielt. Da der »Conciliatore« keineswegs nur der Diskussion ästhetisch-literarischer Fragen diente, sondern verdeckt zugleich anti-österreichische und nationale Tendenzen vertrat, wurde das Blatt von Anfang an durch die Zensur behindert und schließlich im Herbst 1819 durch die österreichische Polizei unterdrückt. Wenig später, in den Prozessen des Jahres 1821, wurde die Gruppe um den »Conciliatore« gewaltsam zerstreut und teilweise zu Exil, Kerker oder Galeere verurteilt. Exil und harte Bestrafungen haben die Schicksale und die Biographien zahlreicher italienischer Romantiker geprägt, wovon auch das diesbezügliche Kapitel IV, 3 (vgl. S. 547 ff.) Zeugnis ablegt.

Soweit die Schriften der lombardischen Romantiker ästhetische, literarische oder kulturelle Fragen behandeln, muß der gemäßigte, versöhnliche Ton auffallen, mit dem die Italiener diese Probleme angehen (vgl. auch den Titel ihres Organs »Conciliatore«, zu deutsch »Versöhner«): Sie vermeiden polemische Schärfe und den Bruch mit der Tradition, würdigen insbesondere die Verbindungen der Gegenwart zur Kultur des 18. Jahrhunderts und beziehen sich laufend auf die Vorbilder der Klassiker Dante, Petrarca, Ariosto und Tasso. Nur eine Epoche der italienischen Kultur erfährt ihre entschiedene Ablehnung: der Humanismus des 15. Jahrhunderts, den sie als eine von Byzanz importierte Mode von Sophisten, Grammatiktüftlern und Pedanten abtun. Dieses »antihumanistische« Motiv durchzieht wie ein roter Faden die Schriften der Gruppe und kann daher als ein weiteres Merkmal der italienischen Romantik gelten. Zu den Autoren, die sich im Lauf der Jahre mit theoretischen oder programmatischen Schriften unterschiedlicher Argumentation und Stringenz in die Debatte einschalteten, gehörten Giandomenico Romagnosi (1761–1835), Giuseppe Pecchio (1785–1835), Giuseppe Montani (1789–1833), Carlo Tedaldi Fores (1793–1829), Giovita Scalvini (1791–1843), der junge Niccolò Tommaseo (1802–1874) und viele andere. Nicht wenige dieser »Theoretiker« der Romantik lassen allerdings den Eindruck aufkommen, daß sie sich kaum über die großen geistesgeschichtlichen Grundideen und Motive im klaren waren, die den ungeheuren geistigen, kulturellen und gesellschaftlichen Wandel ihrer Zeit in Gang gebracht hatten. Außer der immer wiederkehrenden Polemik gegen Klassizismus und Mythologie, gegen alte Rhetorik und aristotelische Regeln, außer der Forderung nach mehr Gefühl, religiösem Pathos, Volkstümlichkeit und erzieherischem Gehalt der Dichtung usw. war es vor allem der Gedanke des notwendigen Anschlusses Italiens an die europäische Entwicklung, der durch die meisten dieser Schriften geistert und in der Folge stärkste Beachtung in der kulturellen und politischen Diskussion des Landes fand.

Die romantische Bewegung in Italien, ihre Verbreitung und ihre intensive Einwirkung auf das öffentliche Leben lassen sich nur voll würdigen, wenn man berücksichtigt, daß sie zusammenfällt mit den aufwühlenden Ereignissen der einsetzenden nationalen Freiheitskämpfe, des Risorgimento. Das romantische Schrifttum Italiens stellte seine »Modernität« auch dadurch unter Beweis, daß es sich bemühte, die politischen Ansprüche und Hoffnungen des Volkes zu artikulieren und die dramatischen Wechselfälle des Freiheitskampfes darzustellen und zu kommentieren. Die romantische Literatur Italiens ist durchdrungen vom ständigen Bezug zum Tagesgeschehen, mit der Folge, daß schöne Literatur und politische Literatur für einige Zeit untrennbar werden.

3. *Die Literatur der Epoche*

Die Epoche der Romantik und des Risorgimento brachte in Italien ein umfangreiches politisches, gesellschaftskritisches und philosophisches Schrifttum hervor, das für Politik, Rechtswesen, Wirtschaftstheorie, für Historiographie und auch für die Literaturgeschichtsschreibung wichtige neue Anstöße entwickelte. Im politischen Bereich war es vor allem der unermüdliche GIUSEPPE MAZZINI (1805–1872), der rastlos in Wort und Tat für ein vereinigtes demokratisches Italien und die notwendigen gesellschaftlichen Reformen kämpfte; in romantischer Überzeugung hob er die führende und erzieherische Funktion der Kunst und der Literatur für die Gestaltung des gesellschaftlichen und politischen Handelns hervor. Neben und nach ihm waren es vor allem VINCENZO GIOBERTI (1801–1852) und CARLO CATTANEO (1801–1869), die sich auf hohem theoretischen Niveau (und teilweise auch mit Taten) für die politische Einigung des Landes und seine moralische Erneuerung einsetzten. Meilensteine für die Erneuerung der Historiographie waren die Gründung einer ersten »Deputazione della storia patria« 1833 in Turin und die Einrichtung eines »Archivio storico italiano« durch Giampietro Vieusseux (1779–1863) und Gino Capponi (1792–1876) 1841 in Florenz. Wichtige, teilweise auch volkstümliche historiographische Darstellungen, vor allem aus der nationalen Geschichte, kamen aus den Federn von Carlo Troya (1784–1858), Cesare Cantù (1804–95), Michele Amari (1806–1889), Luigi Tosti (1811–1897), Cesare Balbo (1789 bis 1853), Giuseppe La Farina (1815–1863), Giuseppe Ferrari (1811–1876), Gino Capponi und anderen; Capponis späte, 1875 publizierte *Storia della repubblica di Firenze* war zugleich der wohl letzte (italienische) Versuch, Geschichte mit literarischem Anspruch zu schreiben. Eine besondere Stellung nahm der literarisch gebildete Wirtschaftswissenschaftler Giuseppe Pecchio (1785–1835) ein, der neben wirtschafts- und finanztheoretischen

540

Abhandlungen auch Literaturkritik schrieb und sich u. a. über den Zusammenhang von wissenschaftlich-literarischer und wirtschaftlicher Produktion Gedanken machte. Die Literaturgeschichtsschreibung erfuhr ihre grundlegende Erneuerung durch die wegweisenden Arbeiten von Francesco De Sanctis (1817–1883), vor allem durch seine 1870/71 veröffentlichte *Storia della letteratura italiana.*

Was die literarisch-kunstsprachlichen Hervorbringungen der Romantiker angeht, so gilt, daß abgesehen von den beiden Koryphäen Manzoni und Leopardi große künstlerische Leistungen selten zu finden sind. Auffallend ist, daß auch einige der theoretisch bedeutsamen Autoren, wie etwa die oben erwähnten Pietro Borsieri und Ludovico Di Breme, kaum literarische Werke, geschweige denn Kunstwerke von Rang, hervorgebracht haben. Von Borsieri ist neben einigen unbedeutenden Fragmenten nichts überliefert; Di Breme schrieb zwei heute verlorene sentimentale Dramen und ein unbedeutendes Romanfragment. Soweit literarische Werke vorliegen, macht der in ihnen häufig aktualisierte Bezug zum vergänglichen politischen Tagesgeschehen, ein starkes, oft populistisch oder gar primitiv artikuliertes nationales Pathos und eine effekthaschende, nicht selten hohl klingende Rhetorik viele von ihnen schwer lesbar. Als bedeutendsten Dichter der Epoche nennt die italienische Kritik jedenfalls ziemlich übereinstimmend GIOVANNI BERCHET (1783–1851), in dessen Werk nationale Leidenschaft, formale Innovationsfreude und volkstümliche Unmittelbarkeit des öfteren zu einer akzeptablen Synthese zusammenfinden. Der in Mailand geborene Dichter, zunächst Angestellter in der Senatskanzlei des italienischen Königreichs, schrieb sich 1820 in den Bund der »Carbonari« ein und mußte bereits im nächsten Jahr, um seiner Verhaftung zu entgehen, über die Schweiz nach Paris flüchten. Nach langen, bewegten Jahren des Exils, in Belgien, Frankreich und England und nach ausgedehnten Reisen, auch durch Deutschland, kehrte er 1845 nach Oberitalien zurück, wo er bis zu seinem Tod noch einige bescheidene politische Ämter innehatte. Berchet hat viel übersetzt; er übertrug u. a. Werke von Thomas Gray, Oliver Goldsmith, Gottfried August Bürger, wahrscheinlich auch von Schiller, Goethe und Fénélon und legte 1837 noch eine Übertragung altspanischer Romanzen vor. Berchet, der Verfasser der *Lettera semiseria* (vgl. S. 537 f.), sah seine oberste Verpflichtung darin, die zeitgenössische romantische Literatur des Auslands in Italien zu verbreiten. Seine literarischen Anfänge standen im Schatten seines Freundes Foscolo; unter dessen Einfluß entstanden die frühen *Frammenti di un poemetto sul lago di Como* und das Gedicht *I Visconti* (beide 1815). Nach einigen unvollendeten Versuchen mit historischen Stoffen schrieb er 1819/20 sein erstes bedeutendes Werk, die *Profughi di Parga,* das seinen Stoff aus dem aktuellen politischen Tagesgeschehen schöpfte. Im geschmeidigen und zugleich pathetischen Wechsel von Elf-, Zehn- und Sechssilblern dramatisiert das Gedicht in 554 Versen das Schicksal der Bürger von Parga, einem Städtchen am Epirus, die in ihrem verzweifelten Kampf gegen die mächtigen und grausamen Türken 1819 von den Engländern schmählich im Stich gelassen wurden und daher ihre Heimat verlassen mußten – eine patriotische Dichtung somit, die die Heldenhaftigkeit und Würde der unterliegenden Freiheitskämpfer unterstreicht. Volkstümlicher Ton und liedhafte, melodische Effekte im Rahmen einer insgesamt melodramatischen Strukturierung sowie eine deutliche Bevorzugung weiblicher Protagonisten kennzeichnen die sechs Romanzen Berchets, die 1824 und 1826 publiziert wurden (*Giulia, Matilde, Il rimorso, Il romito del Cenisio, Clarina* und *Il trovatore*), denen 1829 eine weitere mit dem Titel *Le fantasie* folgte. Dieses Polymetrum gestaltet in 752 Versen ein Kapitel aus der nationalen Geschichte, nämlich den Kampf der lombardischen Kommunen gegen Barbarossa, als Folie für eine patriotische, wiederum melodramatisch getönte Dichtung, die die Zeitgenossen unverhohlen zum Kampf gegen die Fremdherrschaft in Italien aufruft – als eigentliches gesellschaftliches Ziel jedoch keineswegs die Revolution, sondern das friedliche Miteinander der Bürger im Auge hat. Auch in diesem Gedicht finden sich viele leidenschaftlich an das Nationalgefühl appellierende Strophen, die indes für den modernen Leser bisweilen eine ungewollte Komik entfalten, so etwa wenn in den Versen 89 bis 96 den feigen Lombarden, die sich vor dem Kampf gegen den »irto, increscioso alemanno« drücken wollen, die ewige Verachtung der lombardischen Mädchen und die lebenslange Ehelosigkeit angedroht wird.

Literarisch Bedeutsames kam aus der Feder des kleinbürgerlichen SILVIO PELLICO (1789–1854), der sich schon in jungen Jahren als Hauptredakteur des »Conciliatore« hervorgetan hatte. Er war das Arbeitstier der Redaktion, galt daher aber auch den Österreichern als der Hauptverantwortliche für die antiösterreichischen Tendenzen des Blattes. Da er auch Mitglied der »Carboneria« war, wurde er schon 1820 verhaftet und eingekerkert, zeitweise in den Bleikammern Venedigs. 1822 zum Tode verurteilt, sodann durch kaiserlichen Erlaß zu 15 Jahren strenger Kerkerhaft in der mährischen Festung Spielberg begnadigt, büßte er dort bis 1830 neun lange Jahre, bevor ihm der Rest der Strafe erlassen wurde. Pellico, ein enger Freund Foscolos, ist vor allem als Theaterautor hervorgetreten. Nach zwei wenig bedeutenden, noch regelstrengen Tragödienversuchen (*Turno* und *Laodamia*, um 1810/12) hatte er mit seiner im August 1815 in Mailand uraufgeführten romantischen Tragödie *Francesca da Rimini* (mit der berühmten Schauspielerin Carlotta Marchionni in der Titelrolle) einen Riesenerfolg beim italienischen Publikum und fand die Anerkennung der in- und ausländischen Kritik, u. a. die Stendhals und Byrons. Im Laufe der folgenden Jahre, in denen Pellico sich immer stärker der europäischen Kultur öffnete und sich u. a. an Shakespeare, Calderón de la Barca und Schiller inspirierte, schrieb er noch neun weitere Stücke, und zwar: *Eufemio da Messina* (1820); *Ester d'Engaddi* und *Iginia d'Asti*, 1821 in den Bleikammern entstanden und 1831 veröffentlicht; *Leoniero da Dertona*, geschrieben im Spielberg; *Gismonda da Mandrisio* und *Erodiade* (beide 1830); *Boezio* 1831; *Tommaso Moro* (1833) und *Corradino* (1834). Erst der Mißerfolg des letztgenannten Stückes ließ ihn für immer der Bühne entsagen. Pellicos Stücke dramatisieren, ganz im Sinne der neuen romantischen Sensibilität, historische bzw. mittelalterliche Stoffe im pathetisch-sentimentalen Stil; in ihrer Gesamtheit veranschaulichen sie deutlich den Übergang von der höfischen, regelkonformen Tragödie zum sentimentalen, kleinbürgerlichen Drama. In keinem seiner Stücke allerdings hat Pellico den Erfolg seiner *Francesca da Rimini* wiederholen können, deren Titelheldin auch vielleicht seine einzige wirklich vollendete Bühnengestalt war.

Pellicos Lyrik stand im Zeichen Byrons, der ab 1816 durch Italien reiste, zeitweise in Mailand lebte, mit Monti und dem Kreis um Di Breme verkehrte und literarisch als das Maß aller Dinge galt. Pellico nannte ihn den »originellsten und schöpferischsten Genius seit Shakespeare«. Er übersetzte zunächst dessen romantisches Drama *Manfred*. Später schrieb er nach dem Vorbild Byrons epische bzw. erzählende Gedichte, die der mittelalterlichen Form der »Romanze« ähnlich waren, die er aber *Cantiche* nannte. Nach und nach schrieb er ein gutes Dutzend solcher Kantiken in freien Versen (»versi sciolti«), darunter die 1830 veröffentlichten *Tancreda, Rosilde, Eligi e Valafrido, Adello*; sowie die 1837 unter dem Titel *Poesie diverse* zusammen mit vermischten Gedichten überwiegend moralisch-religiösen Inhalts herausgegebenen sieben neuen Kantiken *Rafaella, Ebelino, Ildegarde, I saluzzesi, Aroldo e Clara, Roccello* und *La morte di Dante*, in denen ein sentimentales, bisweilen auch kitschiges Mittelalter romantische Urstände feiert.

Wenige, aber inhaltlich denkwürdige und formal geschliffene Gedichte hinterließ der frühverstorbene GIOVITA SCALVINI (1791–1843), ein feinsinniger Kritiker und aufmerksamer Beobachter der Zeitläufe, der in Italien zuerst durch seinen 1829 im Pariser Exil verfaßten und 1831 in der Schweiz veröffentlichten Essay *Dei ›Promessi sposi‹ di A. Manzoni* bekannt wurde, in dem er ideenreich Manzonis Werk in den Gesamtzusammenhang der romantischen Kunstdiskussion stellte. Scalvini hatte zunächst Jura in Bologna studiert, war dann 1817/18 Mitarbeiter und Redakteur der »Biblioteca italiana«, was er jedoch wegen seiner politischen Überzeugungen aufgeben mußte. Nachdem er sich einige Zeit als Hauslehrer durchgeschlagen hatte, wurde er 1821 eingekerkert und im folgenden Jahr zum Exil verurteilt, das er in der Schweiz, England, Frankreich und Belgien zubrachte. Im Gefolge einer Amnestie konnte er 1839 nach Italien zurückkehren, bevor er, knapp vier Jahre später, in Brescia an Schwindsucht starb. Trotz politischer Verfolgung und bitterer Armut nahm Scalvini weite kulturgeschichtliche Entwicklungen in sich auf, rezipierte insbesondere Teile der deutschen Kultur, war ein Verehrer Winckelmanns und von dessen Lehre des antiken Kunstschönen, übersetzte 1835 Goethes *Faust* in Verse und Prosa und führte kunstkritisch bedeutsame Notiz- und Tagebücher, wie z. B. von 1818–22 das aufschlußreiche *Sciocchezzaio* (*Buch der Dummheiten*). Ein großer Teil der Werke Scalvinis wurde erst 1860 durch Niccolò Tommaseo publiziert; viele seiner Schriften sind bis heute unveröffentlicht. In sorgfältiger Kleinarbeit und mit zahlreichen Varianten entstand ab 1822 das Gedicht *Il fuoruscito* (von Tommaseo unter dem Titel *L'esule* veröffentlicht), das vor allem die geschichtliche Situation des Vaterlandes analysiert, und etwas später das große Fragment *Ultimo carme* mit stärker autobiographischen und auch bitteren Akzenten. Obwohl von schlimmen persönlichen Erfahrungen geprägt, wirken Scalvinis Strophen inhaltlich wie strukturell äußerst diszipliniert. Formal kontrolliert und oft vollendet, wird in ihnen das romantisch-patriotische Pathos abgelöst durch das Bedürfnis nach Analyse der historisch-politischen Umstände, und das mythologische und klassizistische Bildergerümpel verschwindet unter dem Druck eines vehementen politischen und gesellschaftlichen Engagements; wie etwa in den folgenden Versen aus dem *Esule* (V. 171–178), die das Volk aufrufen, dem siechen Vaterland aufzuhelfen:

> L'Italia mai non leverà l'infermo
> finaco da terra senza il poderoso
> braccio della sua plebe. O venerando
> popolo, un tempo e di consiglio e d'opre
> possente, ed or sì dechinato e stanco;
> quando sarà che alteramente il collo
> erga, e nel sole che dal ciel t'arride
> purghi lo sguardo ?

Ein beachtliches lyrisches Werk brachte auch der aus einer patriotisch gesonnenen Familie Neapels stammende ALESSANDRO POERIO (1802–1848) hervor, der ähnlich wie Scalvini sein Leben ganz dem nationalen Befreiungskampf widmete und ebenfalls stark von deutscher Kultur beeinflußt war. Schon 1821 kämpfte er gegen die Österreicher bei Rieti. Später lebte er mit dem Vater Giuseppe im Exil in Frankreich und Deutschland und besuchte dort 1825/26 einige Universitäten, darunter die von Göttingen. In Weimar begegnete er Goethe, dessen *Iphigenie in Tauris* er übersetzte. Über all diese Erlebnisse hat er später in seinem *Viaggio di Germania* (1917 von Croce veröffentlicht) berichtet. Nach Italien zurückgekehrt, lebte er bis 1831 in Florenz und ging dann nach Frankreich, wo er mit französischen Schriftstellern und mit Niccolò Tommaseo Freundschaft schloß. Als er endlich mit Erlaubnis der bourbonischen Herrschaft in seine Vaterstadt zurückkehren konnte, lernte er dort Leopardi kennen, der neben Tommaseo sein wichtigster Freund wurde. Eine Zeitlang übte er den Advokatenberuf aus, ohne sein politisches Engagement aufzugeben. Obwohl ziemlich krank und, wie glaubhaft berichtet wird, nahezu blind, schrieb er sich 1848 in das Heer des Guglielmo Pepe ein, das Venedig gegen die Österreicher verteidigte, und wurde im Kampf tödlich verletzt.

Der selbstkritische, von Zweifeln und melancholischen Stimmungen geprägte Dichter hat nur einen Bruchteil seines insgesamt viele hundert Seiten umfassenden lyrischen Werks selbst veröffentlicht (gut 90 Seiten in einer schmalen Pariser Ausgabe von 1843), so daß er seinen Zeitgenossen zwar als Held des Risorgimento, aber kaum als Lyriker bekannt wurde. Poerio hatte nur wenige Vorbilder: Dante, Petrarca, Goethe, Leopardi, Tommaseo – und die Bibel, aus der er häufig übersetzte. In Leben und Schreiben kannte Poerio nur eine Gewißheit, nämlich das Recht auf nationale Befreiung und Unabhängigkeit. Allen arkadischen Spielereien und Tändeleien im Stil Marinos abhold (die gerade in Neapel noch gepflegt wurden), galt sein Bemühen einer ausdrucksstarken, gedankenklaren und moralisch engagierten Lyrik ohne überflüssigen rhetorischen Schmuck – Ziele, die er nicht in allen seinen mühsam, mit zahlreichen Korrekturen und Varianten erarbeiteten Gedichten erreichen konnte.

Die vielleicht heroischste Dichtergestalt des Risorgimento, deren Leben zeitgleich mit der römischen Republik in den vierziger Jahren ein verfrühtes Ende nahm, war der Genuese GOFFREDO MAMELI (1827–1849), der ab 1847 in enger Zusammenarbeit mit Giuseppe Mazzini intensiv am Aufbau der demokratischen Bewegung in Genua und andernorts mitwirkte, im Sommer des folgenden Jahres mit Garibaldi bei Palestrina gegen das neapolitanische Heer kämpfte und sodann die Republik Rom gegen die anrückenden Franzosen verteidigte, wobei er am 3. Juni verwundet wurde und drei Tage später seinen Verletzungen erlag. Mameli kannte viele Autoren der modernen europäischen Lyrik, darunter auch Byron, Hugo, Lamartine, stand aber zunächst auch unter dem Einfluß des Modedichters GIOVANNI PRATI (1814–1884), der durch seine (nicht sonderlich bedeutsamen) *Canti lirici* (1840), dann vor allem durch die psychologisch schwache, tränenreiche und pathetische Novelle *Edmenegarda* (1841) sowie durch weitere rasch geschriebene Lyrikbände ohne Tiefgang in Italien eine ungeheure Popularität erreicht hatte. Dementsprechend konventionell und unselbständig waren die frühen Gedichte Mamelis, unter denen nur wenige, wie etwa das über Schönheit und Schmerz meditierende *Un'idea* oder etwa *Ad un angelo. Epitalamio*, authentische Züge aufweisen. Ab 1847/48 vollzog Mameli mit seinem Dichten eine entscheidende Wende, indem er jetzt intensiv versuchte, seine Lieder in den Dienst der demokratischen Sache zu stellen: Anstelle der bisherigen, die persönlichen Stimmungslagen seines meditierenden Ichs artikulierenden Gedichte sollten nun choral aufgebaute, leidenschaftliche Hymnen die nationalen Zielsetzungen mitreißend propagieren und gemäß dem von Rousseau übernommenen Ideal »le beau mis en action« zu politischem Handeln aufrufen. Auf diese Weise entstanden in den letzten Lebensmonaten einige wenige, berühmt gewordene Hymnen, die nicht mehr für die stille Lektüre, sondern für den öffentlichen Vortrag bzw. für den Gesang konzipiert waren: So etwa das Gedankengut Mazzinis wie Manzonis enthaltende *Ai fratelli Bandiera*; die trotz deutlicher poetischer Schwächen gern zitierten *Fratelli d'Italia*, ein Text, der echte politische Leidenschaft, in seinem rhetorisch-formalen Schwulst aber auch eine große Distanz zum Volk erkennen läßt; und der ebenfalls berühmte, von Verdi vertonte *Inno militare*, den Mameli in seinen letzten Tagen schrieb.

Wie viele italienische Intellektuelle seiner Zeit verbrachte auch GABRIELE ROSSETTI (1783–1853) einen großen Teil seines Lebens im Exil. Unter der französischen Regierung hatte er in Neapel einige Ämter inne, darunter das eines Museumskonservators; 1805 ernannte ihn Murat zum Regierungssekretär in Rom in der Sektion Öffentliches Bildungswesen. Seit 1812 Mitglied der »Carboneria«, nahm er 1820/21 in Neapel aktiv am politischen Kampf teil, mußte aber bei der Rückkehr der Bourbonen 1821 nach Malta flüchten. Von dort ging er nach London, wo er bis an sein Lebensende blieb. Rossetti, der lange Jahre Professor für Italienisch am King's College war, hatte bereits 1806 einen Band *Poesie* herausgebracht. Danach schrieb er einen umfangreichen analytischen Kommentar zu Dantes *Commedia* sowie einige Schriften zu theologischen bzw. konfessionellen Themen wie z. B. den Essay *Sullo spirito antipapale che produsse la Riforma* (1832). Der entschiedene Kampf gegen die katholische Kirche und die weltliche Politik der Kurie war zusammen mit dem vaterländischen Kampf das Hauptmotiv seines Lebens und Denkens und brachte ihn dazu, in England zum protestan-

546

tischen Glauben zu konvertieren. Beide Tendenzen, das patriotische Anliegen und die antikuriale Einstellung sind auch die dominierenden Motive seiner Lyrik. 1833 hatte er einen gewichtigen Band mit Psalmendichtungen, *Iddio e l'uomo*, vorgelegt. Mit seinem *Veggente in solitudine* (1846) und *L'arpa evangelica* (1850) versuchte er, die italienische Literatur um eine religiöse Hymnendichtung zu bereichern, die nach seiner Meinung durch die katholische Kultur nicht hervorgebracht werden konnte. Zwischendurch war eine weitere Gedichtsammlung erschienen (*Versi*, 1847). Rossettis Lyrik zieht aus der Mischung von patriotischer und religiöser Leidenschaft ihre wichtigsten poetischen Effekte und gewinnt hierdurch, in Verbindung mit der hohen Musikalität seiner Verse (»lirica e musica è lo stesso«, so die Überzeugung des Autors) eine beachtliche Eigenständigkeit.

Weniger zeittypisch verlief die literarische Karriere des Venezianers LUIGI ARMINIO CARRER (1801–1850), der nach mehreren Tragödienversuchen dazu kam, Lyrik zu schreiben. Auch er versuchte, seine vor allem von Byron inspirierten Verse in den Dienst der Revolution zu stellen. Er veröffentlichte 1819 und 1831 Sammlungen seiner Gedichte, die er dann 1845 nochmals in der Gesamtausgabe der *Poesie edite e inedite* vorlegte. 1826 erschien sein *Clotaldo*, ein Gedicht in drei Gesängen und freien Versen, die gefühlvolle und teilweise kitschige Geschichte eines gefangenen, unglücklich liebenden Prinzen, die wohl wegen ihrer teils unheimlichen, teils volkstümlichen Motive beim Publikum als typisch »romantische« Dichtung Anklang fand. Vielleicht das bedeutendste aus Carrers lyrischer Feder waren die *Ballate* von 1843, in denen er, inspiriert von der spanischen Romanzendichtung, von Victor Hugo und anderen Lyrikern, vor allem aber von Byron, eine neue Form der Ballade versuchte. Der Band kann als eines der wichtigsten literarischen Zeugnisse des italienischen Byron-Kults gelten. Nach dem Scheitern der Revolution von 1848 allerdings gab Carrer, der auch als Herausgeber und Literaturkritiker tätig war und an großen lexikalischen Werken mitarbeitete, sein Revoluzzertum auf und zog sich auf reaktionäre, österreichfreundliche Positionen zurück.

4. *Autobiographisches Schrifttum und Dialektliteratur*

Die denkwürdigen Schicksale vieler Intellektueller, von denen hier nur einige kurz dargestellt wurden, spiegeln sich in menschlich oft ergreifender Weise in einer umfangreichen, qualitativ unterschiedlichen Memoiren- und Tagebuchliteratur wider, in der wichtige Lineaturen der Epoche einen höchst persönlichen, aber auch ungemein authentischen Ausdruck finden.

So beschrieb SILVIO PELLICO in *Le mie prigioni* (1832) seine neunjährige Kerkerhaft in der Festung Spielberg. Obwohl das Werk in erster Linie der Bewußtwerdung der eigenen inneren Entwicklung dienen sollte und in der einfachen, einleitend geäußerten Absicht geschrieben war, »den einen oder anderen Unglücklichen durch die Darlegung der Leiden zu trösten, die ich erleiden mußte«, hatte es gerade wegen seines bescheidenen Tons und seiner zutiefst christlichen Gesinnung eine große Wirkung auf die Zeitgenossen und wurde weit über Italien hinaus als eine unerhört starke Anklage gegen die Österreicher und ihr repressives Polizeisystem empfunden. Darüber hinaus sind *Le mie prigioni* ein Erinnerungsbuch, das bis heute eine fesselnde Lektüre und von großem psychologischen Interesse ist.

Weniger weich und weniger kompliziert berichtete der Neapolitaner LUIGI SETTEMBRINI (1813–1877) in nüchternem Ton und zugleich in lebendiger realistischer Darstellung in seinen *Ricordanze della mia vita* (postum erschienen 1879) über zehn Jahre Strafarbeit auf der Insel Santo Stefano (1849–59). Mit seiner volkstümlichen und einfachen Ausdrucksweise fand auch dieses aus ernsthaftem moralischen Anliegen geschriebene Werk ein breites Leserpublikum.

In seinen Fragment gebliebenen Memoiren *I miei ricordi* (postum 1867) berichtete der Politiker und Romanautor MASSIMO D'AZEGLIO (1798–1866) über die Ereignisse des Risorgimento bis zum Jahre 1846. Als beweglicher und phantasiereicher Autor gab D'Azeglio seinem Werk viele erzählerische Akzente, schrieb aber vor allem aus einer dezidiert belehrenden und erzieherischen Absicht, deren Bestreben es war, bestimmte Grundideen zu popularisieren. Dazu gehört u. a. auch der Gedanke, daß der Fortschritt der Menschheit nicht in der Entwicklung von Dampfmaschinen liege, sondern in dem wachsenden Gewicht des Gerechtigkeits- und Wahrheitssinns.

Neben vielen anderen schrieb auch der aus Livorno stammende Patriot CARLO BINI (1806–1842) politische Memoiren. In seinem *Manoscritto di un prigioniero* (1833) reflektierte er tiefgründig über die mit dem Freund Guerrazzi und anderen gemachte Erfahrung des Kerkers von Portoferraio und hob dabei die großen gesellschaftlichen und sittlichen Ideale der Freiheitskämpfer hervor und ihre stolze Entschlossenheit, notfalls in den Tod zu gehen. Abgesehen von solchen persönlichen Erlebnissen waren es insbesondere die militärischen Unternehmungen, vor allem die Garibaldis, die viele Zeitgenossen zu Erinnerungsbüchern anregten.

Einen besonderen und wichtigen Zweig der romantischen Literatur stellt die Mundartdichtung dar. Zu den großen Ideen der Romantik gehörte ja an erster Stelle die Forderung nach einer unmittelbaren und realistischen Wiedergabe des gesellschaftlichen Lebens, die besonders dem einfachen Volk ihre Aufmerksamkeit schenken sollte. Was aber war realistischer und volksnäher als eine Darstellung in der Mundart, die als Sprache des Volkes schon für sich und in der Weise ihres Zugriffs auf Wirklichkeit, sodann zwangsläufig auch in der Wahl der bevorzugten Themen nicht anders als volksnah und realistisch sein konnte? Und während die Dichter in der Hochsprache, wie selbst bei den leidenschaftlichsten Patrioten zu beobachten war, nie ganz den rhetorischen Muff arkadisch-klassizistischer Gewohnheiten abschütteln konnten (und damit oft wider Willen eine deutliche Distanz zum Volk aufwiesen), fiel es den Dichtern in der Mundart ganz leicht, etablierte Normen und traditionelle Ausdruckszwänge zu überwinden und mit größter Unmittelbarkeit und Wahrhaftigkeit, in Scherz oder Ernst zur Sache zu kommen. Andererseits schloß die Verwendung des Dialekts in glücklicher Weise die Wahl bestimmter, literarisch überstrapazierter Stoffe aus, denn es war kaum möglich, in der Mundart etwa eine psychologisierende Nabelschau zu halten oder über freischwebende mythologische Bezüge zu sinnieren. Sache der Dialektdichtung war somit das konkrete gesellschaftliche Leben, mit einer kritischen Stoßrichtung gegen die oberen und einer verständnisvollen, oft mitleidigen Zuwendung an die unteren Schichten der Gesellschaft, den »popolo«.

All dies läßt sich beispielhaft beobachten am Werk des Mailänders CARLO PORTA (1775–1821), der in der Mundart seiner Vaterstadt schrieb. Porta, dessen reife Lebensjahre durch den Kampf zwischen Franzosen und Österreichern um Oberitalien überschattet wurden, versuchte sich zwischen 1800 und 1804 als Schauspieler und hatte danach verschiedene Verwaltungsämter in Politik, Kirche und Theater inne. Er war ein bekannter Literat seiner Zeit, ein Freund Manzonis, der in seinem Haus im Kreis der sogenannten »cameretta« liberal-patriotisch gesonnene Intellektuelle und Literaten um sich versammelte, darunter Cattaneo, Torti, Cherubini, und Grossi. Bis zu seinem frühen, durch ein Rheumaleiden verursachten Tod stand Porta den Romantikern um den »Conciliatore« nahe und setzte sich u. a. in dem Oktavengedicht *El Romanticism* und in *Meneghin classegh* für romantische Zielsetzungen ein. Zwischen 1801 und 1807 übersetzte er den ersten Gesang und weitere Bruchstücke des Danteschen *Inferno* in Mundart – gleichsam eine Vorübung für seine eigene dialektsprachliche Dichtung, die etwa ab 1812 voll einsetzt. Eines seiner ersten typischen Gedichte sind die *Desgrazzi de Giovannin Bongee* (1812), die Geschichte eines kleinen, feigen Mannes, der von der Verwaltung und den Besatzer-Soldaten malträtiert wird und als Sündenbock alle Ohrfeigen einstecken muß.

Zwei Jahre später folgten »weitere Mißgeschicke« des unheldischen Helden: *Olter desgrazzi de Giovannin Bongee.* Mit Verständnis, Interesse und solidarischer Anteilnahme wandte sich Porta den kleinen Leuten zu, insbesondere denen, die verachtet, verarmt und getreten im Schatten der Gesellschaft lebten. So entstand 1814 das berühmte Oktavengedicht *La Ninetta del Verzee*, in dem eine Prostituierte in ihrem Gergo zynisch erzählt, wie sie verführt und ausgebeutet wurde, um dann von ihrem Liebhaber ins Elend gestoßen zu werden. In dem 1816, im Zenit der Kreativität Portas entstandenen *Lament del Marchionn di gamb avert* ersteht vor uns das Leben eines armen, verkrüppelten Musikers, dessen leidenschaftliche Liebe zu einer charakterlosen Frau ihn in Unglück und Elend stürzt. Diese und andere Geschichten von kleinen Leuten werden vorurteilslos, ohne Spott und Verachtung, in erstaunlicher Milieu- und Detailtreue und in größter sprachlicher Unmittelbarkeit erzählt; aus ihnen allen spricht die Liebe des Autors zum Volk, sein Mitgefühl insbesondere zu den Gescheiterten und Marginalisierten. Demgegenüber wird das etablierte Bürgertum häufig zur Zielscheibe seines Spottes und seiner Kritik; insbesondere sein Mangel an Bildung, seine Gewinnsucht und sein Krämergeist werden dabei angeprangert. Portas gesellschaftskritische Spitze richtet sich aber auch gegen den Klerus, der ihm viele stoffliche Vorlagen liefert: In einigen Gedichten erzählt er eher humorvoll-spöttisch Priestergeschichten und Legenden des Mittelalters nach; so etwa in *Fraa Zenever*, *On miracol* und in *Fraa Diodatt*. In anderen aber, wie etwa in den späten *La nomina del cappellan*, *La preghiera* und *La guerra di pret* (alle 1819/20) richtet er die volle, wiederum in realistischen und detailgetreuen Gemälden entfaltete Wucht und Schärfe seiner Satire gegen die herabgekommenen, heuchlerischen und reaktionären Teile der Priesterschaft.

Wie bei seinem Freund Manzoni, so spricht auch aus den Texten Portas eine große Toleranz und Liebe gegenüber dem einfachen Volk, ein intensives Wahrheitsbedürfnis und ein waches soziales Gewissen. Mit seinen bald komisch-schrulligen, bald beißend satirischen Texten und mit dem authentischen Instrument des Dialekts öffnete er sezierende, kritische Durchblicke in unbeachtete oder verdeckte Tiefen des gesellschaftlichen Lebens.

Auch für den Römer GIUSEPPE GIOACCHINO BELLI (1791–1863) war der Dialekt der Heimatstadt, genauer gesagt die Sprache der untersten römischen Plebs, ein wirksames, weil virtuos gehandhabtes Instrument, Lebensbereiche des niederen Volks zu erschließen und darzustellen. Das Leben des aus streng katholischer und papsttreuer Familie stammenden Belli ist eng verflochten mit den politischen Geschicken der Stadt und des Papsttums, von der Errichtung der Ersten Republik (1798) über Napoleons Aufhebung der weltlichen Macht des Papstes (1809), die kurzlebige Zweite Republik von 1849 und die erneute Wiederherstellung des politischen

Papsttums bis zum Vorabend der Einigung Italiens. Belli führte dennoch als Angestellter der Kurie, insbesondere während seiner Ehe mit einer reichen Witwe (1816–37), ein sorgenfreies Leben mit viel Zeit für Reisen und Nebenbeschäftigungen. 1813 zum Sekretär der soeben unter seiner Mitwirkung gegründeten »Accademia tiberina« bestellt, war er mit nur einer längeren Unterbrechung (1828–38) viele Jahre dort tätig, bevor er schließlich 1850 zum Präsident der Akademie gewählt wurde, die wegen ihrer kulturellen und literarischen Kontakte für ihn von Bedeutung war. Erst im Alter von vierzig Jahren fand Belli zu seiner literarischen Berufung. Nach kleineren literarischen Versuchen in der Hochsprache und im Dialekt setzte etwa ab 1827 die Abfassung seiner Sonette in römischer Mundart ein – eine Produktion, die zwischen 1830 und 1836 mit bis zu zwölf Sonetten täglich (und 1867 Sonetten in sieben Jahren) ein rasantes Tempo annahm, dann mit kleineren Unterbrechungen bis 1847 anhielt, um schließlich, nach einer weiteren Pause, zwei Jahre später mit einem letzten Sonett auszuklingen. Das rund 2300 Gedichte umfassende Korpus der *Sonetti* gelangte allerdings mit Ausnahme einiger, meist ohne Wissen des Autors veröffentlichter Sonette erst in der postumen, unvollständigen Ausgabe von Citta di Castello (1886–89) an die Öffentlichkeit; eine vollständige Ausgabe durch G. Vigolo erschien erst 1952. Schon 1837 nach dem Tod seiner Frau und dann nochmals 1849 hatte er verfügt, diese Dichtungen den Flammen zu übergeben. Hauptgrund dafür war das Wissen des Autors um die unerhört denunzierende und subversive Kraft, die von diesen Gedichten in der Sprache des einfachen Volks ausging. Ziel der manchmal komisch-karikierenden, überwiegend aber beißenden und scharf zupackenden Satire Bellis ist die gesamte Lebenswelt des damaligen Rom, die in ihren einzelnen Bereichen und gesellschaftlichen Schichten schonungslos in treffsicherer, oft zornbebender Mundart, sozusagen von unten her aus der Perspektive des Volks, dar- und bloßgestellt wird. Papst und Priester, Adlige und Bürger, Handwerker, Wirte, Gauner, Dirnen, Priester, Bauern und Fremde, das ganze farbige Treiben Roms wird in kleinen Szenen, Dialogen oder Porträts mit scharfem, fast immer ätzendem Strich nachgezeichnet. Sonett um Sonett fügt sich so mit immer neuen, sich vielfach spiegelnden und kontrastierenden Miniaturbildchen zu einem gewaltigen Mosaik des barocken, kulturell und gesellschaftlich rückständigen Rom Gregors XVI. zusammen. So entstand eine beeindruckende »comédie humaine« mit allerdings überwiegend tragischen und dramatischen Akzenten, in der das heuchlerische und weltliche Treiben der Kleriker, die Hohlheit der von ihnen verwalteten, zu äußerlichen Kalenderfesten und abergläubischen Riten herabgekommenen religiösen Ereignisse, Egoismus und Sittenverderbnis von Adel und Bür-

gertum, oder auch politische Exzesse wie die der Jakobinerpartei angeprangert werden. Gegen die Untugenden des Papstes und die Verkommenheit des Klerus richten sich zahlreiche Sonette wie etwa *Er papa*, *Le
maschere ecclesiastiche* und *La canonizzazione*. Mit feinem Einfühlungs-
vermögen und besonderer Detailtreue wird die Welt der unteren Volksschichten nachgezeichnet mit ihrem Elend und ihren Lastern, aber auch
mit ihren hellen Seiten eines solidarischen Zusammenlebens. Wohl die ein-
fühlsamsten Gedichte widmet Belli, der ein zärtlicher Vater war, dem Fa-
milienleben der »umili«, so etwa *La famija poverella*, *La bona famija*, *La
povera moje*, *La moje der giucatore*, *La madre poverella*, und viele andere
Texte dieser Art. Schon diese wenigen Titel lassen erkennen, daß Belli besonders an Frauengestalten interessiert war, deren Gespräche er mit größter Sorgfalt nach dem Leben zu kopieren suchte. Daneben gibt es nicht wenige Texte, die in geradezu verzweifeltem Pessimismus das Menschsein
grundsätzlich in Frage stellen, wie etwa das gern zitierte *Er caffettiere filosofo*, demzufolge die Menschen von ihrem Schicksal zermahlen werden wie
die Körner in der Kaffeemühle, um dann in den Schlund des Todes zu fallen; oder das Gedicht *La vita dell'omo*, das Geburt und Tod in eine depri-
mierend kurze Spanne von Leiden und Unannehmlichkeiten zusammenschließt. Nicht selten auch wendet sich Belli mit heftiger Schärfe gegen
überkommene Anschauungen und schreckt nicht davor zurück, die christliche Religion selbst in Frage zu stellen wie in dem Sonett *Li du'ggener'
umani*, das in unerhörter blasphemischer Ironie die Menschheit in zwei
»gottgegebene« Klassen aufteilt, so daß selbst die Erlösungstat Christi nach
dem Zweiklassensystem erfolgen mußte:

> Noi, se sa, ar monno semo ussciti fori
> impastati de mmerda e dde monnezza.
> Er merito, er decoro e la grannezza
> sò tutto marcanzia de li siggnori.

Bellis großes künstlerisches Vermögen erweist sich in der Genauigkeit,
mit der er die Lautstruktur des gesprochenen Dialekts aufnimmt und in
schriftliche Form überträgt, ebenso wie in der unerhörten Wendigkeit, mit
der er die einfache Sprache der »umili« phonisch, lexikalisch und syntaktisch für seine Ziele einsetzt. Die Farbigkeit des mundartlichen Wortschatzes wird dabei wirkungsvoll unterstützt durch die hohe Musikalität des
Dialekts und nicht zuletzt durch die der Sprache des Volkes eigene Treff-
sicherheit und Schlagfertigkeit des Ausdrucks und führt so zu unvergeßlichen Texten, neben denen alles andere aus der Feder Bellis (einige Ge-

dichte in der Hochsprache, einige Tagebücher, ein *Zibaldone* mit philosophischen und sprachwissenschaftlichen Gedanken) zurücktritt. Man mußte nach Porta und Belli lange warten, bevor schließlich Gadda und nach ihm Pasolini einen ähnlich engagierten und literarisch anspruchsvollen Gebrauch von der Mundart des niederen Volkes machten.

Schon von den dreißiger Jahren an lassen sich bei Belli ängstliche und reaktionäre Stimmungen beobachten, die ihn dazu brachten, schon früh seine explosiven Dichtungen zu verdammen. Nach dem Scheitern der Revolution von 1848 und der Zweiten römischen Republik von 1849 und der Wiedereinsetzung des politischen Papsttums findet er nicht mehr den Mut, der Stimme des Volkes Ausdruck zu verleihen. Verständnislos stand er den Entwicklungen des Risorgimento, den demokratischen Bestrebungen Mazzinis, und den aus Frankreich herüberwehenden frühsozialistischen und frühkommunistischen Ideen eines Saint-Simon oder eines Proudhon gegenüber. Ängstlich darauf bedacht, seinen durch die heimliche Publikation einiger Sonette bereits kursierenden Ruf als Rebell zu unterdrücken und sich selbst und seinen Kindern materielles Wohlergehen zu sichern, redete er als alternder Reaktionär dem Konformismus und der Restauration das sterile, dichterisch längst erschlaffte Wort.

V. ALESSANDRO MANZONI

Manzoni und Leopardi sind die beiden Koryphäen des italienischen Ottocento, die trotz Foscolo am Beginn und Verga am Ende des Jahrhunderts eine absolut herausragende Stellung einnehmen. Der eine repräsentiert einen Gipfel in der Entwicklung der Prosa, der andere eine nie überstiegene Höhe lyrischen Ausdrucks, und beide zählen durch ihre starke Wirkung über Italien hinaus zu den bekanntesten Autoren der Weltliteratur. Beide haben ihre geistigen Wurzeln in dem französisch geprägten »Illuminismo« des späten Settecento, und beide nahmen in ihrer Jugend die neuen Ideen der Romantik und deren neue Dichtungslehren voll in sich auf. Aber während Manzoni in dem kulturell aufgeschlossenen und aktiven Ambiente der Lombardei in einem fast neunzigjährigen Leben diese Anregungen zu einem anteilnehmenden, dem Volk zugewandten liberalen Katholizismus bürgerlicher Prägung entwickelte, führte der Weg des anderthalb Dekaden jüngeren Leopardi in kurzen neununddreißig Lebensjahren aus der sterilen und reaktionären Enge seines Elternhauses in ständiger Einsamkeit und wachsender Lebensangst zu einer lichtlosen, materialistischen Weltsicht und in die bodenlose Tiefe eines kosmisch konzipierten Pessimismus. In Kunstwerken von herausragender Qualität erfüllen beide die neuen dichtungstheoretischen Vorgaben der Romantik: Manzoni verwirklicht die Forderung nach Volkstümlichkeit mit einer neuen volksnahen und »kommunikativen« Prosa, die sich mit Wärme und Güte der Geschicke der kleinen Leute annimmt; Leopardi folgt dem Ruf der Romantik nach dem aus der Seele quellenden, authentischen Gefühl und gelangt zu einem extrem verdichteten, hochpathetischen Ausdruck des in sich kreisenden lyrischen Ichs. Beide konkretisieren somit divergierende Tendenzen der Romantik in extrem gegensätzlichen Werken: Leopardis Ich-Dichtungen tragen den Stempel des Weltschmerzes und des hoffnungslos Endgültigen, des für immer Abgeschlossenen; aus der figurenreichen Prosa Manzonis führen dagegen Wege in eine zukünftige, realisierbare gesellschaftliche Lebenswelt. Der Lebensbogen Manzonis, von dem hier zuerst die Rede ist, reicht in fast neunzig Jahren von der Epoche des »Ancien régime« über die napoleonische Ära, Restauration und Risorgimento bis zur Herstellung der nationalen Einheit Italiens und bis an den Vorabend der Regierungszeit Umbertos I. (1879–1900).

1. *Die frühen Jahre und die Suche nach dem Weg*

ALESSANDRO MANZONI (1785–1873) wird am 15. März 1785 in Mailand als Sohn des 49jährigen Grafen Pietro Manzoni und seiner zweiten, gerade 23jährigen Ehefrau Giulia Beccaria (Tochter des berühmten Juristen und Aufklärers Cesare Beccaria; vgl. S. 457f.) geboren, entstammte aber in Wirklichkeit der den Zeitgenossen wohlbekannten Beziehung Giulias mit Giovanni Verri, einem Bruder Alessandro und Pietro Verris. Seine außereheliche Zeugung, mehr noch der Klatsch der Zeitgenossen, die seine Geburt als Skandal bewerteten, sowie die furchtbaren Streitereien zwischen dem steifen (und wie böse Zungen behaupteten eheuntauglichen) Grafen und seiner lebenslustigen jungen Frau, denen er in seinen ersten Jahren ausgesetzt war, müssen auf die Psyche des kleinen Alessandro eine erhebliche Wirkung ausgeübt haben. Von ängstlichem und sensiblem Naturell, litt er zeit seines Lebens unter einer latenten Nervenschwäche, die in der Krise vom April 1810 voll durchbrach und sich dann immer wieder in Angstzuständen, Schwächeanfällen und in einer unüberwindlichen Abneigung gegen Menschenansammlungen und Massen äußerte. 1792 trennte sich Giulia legal von ihrem ältlichen Gemahl und lebte ab 1795, zuerst in England, dann in Paris, mit dem Grafen Carlo Imbonati zusammen. Eine erste konventionelle, scholastisch-religiöse Erziehung erfuhr Alessandro durch die »Padri somaschi«, zuerst in Merate, dann in Lugano. Von Herbst 1798 bis 1801 besucht er das von den Barnabiten geführte (und vorübergehend ausgelagerte) »Collegio dei Nobili« in Mailand (später »Longone« genannt); dann beginnt er ein eigenes Leben im väterlichen Hause. In dem politisch wie kulturell bewegten Ambiente der lombardischen Metropole knüpft er Kontakte zu zahlreichen Intellektuellen und Literaten, so etwa zu den aus Neapel geflüchteten Patrioten Francesco Lomonaco (1772–1810) und Vincenzo Cuoco (1770–1823) sowie zu Monti und Foscolo. Gleichzeitig beginnt er, Gedichte zu schreiben: Nach dem Frieden von Lunéville (9.2.1781) entstehen *Del trionfo della libertà*, *Autoritratto* und wahrscheinlich auch *Qual su le cinzie cime*; im nächsten Jahr schreibt er die Sonette *A Francesco Lomonaco*, *Alla musa* und *Alla sua donna*, etwas später eine Fragment gebliebene Ode auf die Musen sowie vier *Sermoni*. Die meisten Texte dieser literarischen Vorbereitungsphase von 1801 bis etwa 1804 sind wenig bedeutend und in ihrem steifen, konventionellen Ausdruck klassizistischen oder petrarkistischen Mustern verpflichtet (mit deutlichen Anlehnungen an Parini, Alfieri, Monti und Foscolo). Als im März 1805 der Graf Imbonati stirbt, geht Alessandro nach Paris zu seiner Mutter und schreibt dort das Gedicht *In morte di Carlo Imbonati*, das 1806 gedruckt wird. Das Gedicht gestaltet in Dialogform die Begegnung Alessandros mit dem Geist des Verstorbenen, der als »Tempel« und »Beispiel« höchster Tugend gefeiert wird. Der nächtlich erscheinende Geist mahnt u. a. die folgenden anspruchsvollen, später häufig in italienischen Schulbüchern zitierten Tugendregeln an:

> Sentir ... e meditar, di poco
> esser contento: da la mèta mai
> non torcer gli occhi, conservar la mano
> pura e la mente: de le umane cose
> tanto sperimentar, quanto di basti
> per non curarle...

Tatsache ist, daß der junge Manzoni in diesem Gedicht Carlo Imbonati (den er als Lebenden nie gesehen hatte) als eine Doppelung seiner selbst aufbaut, in welcher er sich selbst und die eigene elitäre Moral mit narzisstischem Wohlgefallen widerspiegelt. Der für Manzonis Entwicklung aufschlußreiche Text muß daher in erster Linie als Ausdruck einer in Distanz vom gesellschaftlichen Leben sich bewegenden moralischen Selbstbeweihräucherung und als Emblem einer für Manzoni typischen ethischen Selbstgenügsamkeit verstanden werden, als eine Hymne auf elitäre, aber passive Tugenden, die sich des Einsatzes im Leben enthalten.

Von großer Bedeutung während seines Pariser Aufenthalts wurde für den jungen Dichter die Begegnung mit den französischen Intellektuellen, den »idéologues«, die, durch die Herrschaft Napoleons aus dem politischen Leben verdrängt, teils in der Stille der Salons resignierend ihren revolutionären Vorstellungen nachhingen, teils aufgeschlossen und kreativ den Gang der gesellschaftlichen Entwicklung diskutierten. Aus dem Kreis der »idéologues«, dem u. a. Tracy, Cabanis und Garat angehörten, war für Manzoni der weitaus wichtigste der Kritiker, Historiker und Italianist Claude Fauriel (1772–1844), der eine Zeitlang geradezu als sein geistiger Mentor fungierte. Unter dem Einfluß Fauriels entwickelte Manzoni ein neues Dichtungskonzept, befreite sich nach und nach aus den Fesseln neoklassizistischer Theoreme und Attitüden, gewann einen Einblick in die mittelalterlichen und europäischen Grundlagen der italienischen Kultur und insgesamt ein neues, romantisch-vaterländisches Verhältnis zu Italien, und reflektierte nicht zuletzt auch den Erziehungsauftrag der Literatur neu und das Verhältnis der Dichtungssprache zur Sprache des Volkes. Man kann sagen, daß die 1801 beginnenden literarischen Lehrjahre Manzonis, die der Suche nach der eigenen Identität und einer originellen und emanzipierten Schreibweise gewidmet waren, 1809 im Zeichen Fauriels mit einer tiefgreifenden Neuorientierung ihr Ende finden. Jedenfalls markiert das unvollendete Gedicht *A Parteneide*, 1809/10 lustlos geschrieben und dann verworfen, seinen letzten Tribut an die nunmehr als öde und unerträglich empfundene neoklassizistische Manier und zugleich seinen endgültigen Abschied davon.

Im Februar 1807 kehrt Manzoni mit seiner Mutter nach Italien zurück; im März stirbt sein Vater, der ihn zum Universalerben eingesetzt hatte; im Oktober begegnet er in Mailand der sechzehnjährigen Enrichetta Blondel aus calvinistischer Familie, die er im Februar des folgenden Jahres nach calvinistischem Ritus heiratet; und schon im Dezember wird ihm eine Tochter geboren. Doch brachte die glückliche Geburt des Kindes eine gewisse Unruhe, ja sogar eine leichte Gereiztheit in das Leben der jungen Eheleute: In welchem Glauben sollte die Tochter getauft werden? Nach langem Schwanken entschied sich Alessandro für eine katholische Taufe, und Enrichetta konvertierte nach langer Überlegung zum katholischen Glauben; auch die Eheschließung wurde im Februar 1810 nach katholischem Ritus nachvollzogen. Die in diesen Vorgängen zum Ausdruck kommende innere Unruhe des Dichters erreicht ihren Höhepunkt kurz darauf im April des gleichen Jahres, als während der Feierlichkeiten der Hochzeit Napoleons

556

mit Maria Luisa von Österreich die Eheleute in Paris von den Massen getrennt werden. Vergeblich sucht Alessandro seine Frau in den Straßen und Gäßchen um den Louvre und erleidet, von Angst gepeinigt, eine schwere Nervenkrise. Schließlich flüchtet er sich in die Kirche St. Roch und bittet Gott, ihm seine Frau wiederzugeben. Mit dieser von der Kritik vielfach als wundersame »Bekehrung« hochstilisierten Episode war die Hinwendung Manzonis zum christlichen Glauben besiegelt, die jedoch als Ergebnis einer langen inneren Entwicklung verstanden werden muß. Von früh an stand Manzoni stark unter dem Einfluß der glaubensstrengen Jansenisten; und jansenistischer Rigorismus brachte ihn nach dem Erlebnis von St. Roch dazu, alle seine Jugendwerke als nicht glaubensgemäß zu verwerfen. Nach dieser »Zäsur« begann Manzoni mit der Abfassung seiner engagiert christlichen Hymnen. Der Ehe mit Enrichetta, der »engelhaften Gemahlin«, entspringen weitere neun Kinder, von denen zwei im frühesten Alter sterben und nur zwei, Enrico und Vittoria, den Vater überleben. Im Dezember 1833 stirbt Enrichetta, erschöpft von den vielen Geburten und von zahlreichen Aderlässen.

2. Lyrik, Tragödien und theoretische Schriften

Im April 1814 wird Napoleon zur Abdankung gezwungen, und die Franzosen verlassen Mailand. Der von diesen eingesetzte Finanzminister Giuseppe Prina wird buchstäblich vor den Augen der entsetzten Eheleute Manzoni von der Menschenmenge massakriert – wieder ein Schockerlebnis für Alessandro. Kurz darauf schreibt dieser das antinapoleonische Gedicht *Aprile 1814*, in Inhalt und herkömmlicher Rhetorik ähnlich mittelmäßig wie das Fragment *Il proclama di Rimini* vom April 1815, das neuen politischen Hoffnungen Ausdruck verleihen wollte. An Bedeutendem entstehen ab 1812 die ersten vier *Inni Sacri*: *La Risurrezione* (1812), *Il nome di Maria* (1812/13), *Il Natale* (1813) und *La Passione* (1814/15), die schon 1815 erscheinen. Diese Hymnen entsprangen dem u. a. von den französischen Predigern des 17. Jahrhunderts (Nicole, Bossuet, Bourdaloue und Massillon) sowie von Racines *Hymnes du bréviaire romain* inspirierten Wunsch, die wichtigsten Feste des liturgischen Kirchenjahrs als Zeichen der immerwährenden Präsenz des christlichen Erlösungswerks in der Welt zu feiern. Die sieben Jahre später erscheinende und in drei Fassungen (1817/1819/1822) erarbeitete fünfte Hymne, *La Pentecosta*, entsteht dagegen in einer veränderten zeitgeschichtlichen Situation, in der sich die Kirche immer stärker zum Bollwerk der Restauration und der Reaktion entwickelte – ein Faktum, das den Katholiken Manzoni, der bisher Gott und die gottgestiftete Institution der Kirche stets auf der Seite der nationalen Freiheitskämpfer gesehen hatte, in innere Konflikte bringen mußte. Dennoch ist die *Pentecosta* in ihrer dritten Fassung die weitaus bedeutendste der Hymnen und zählt zu den besten lyrischen Hervorbringungen Manzonis überhaupt. In feierlicher, rhythmisch bewegter und zugleich präziser Sprache, die sich am Text der Evangelien orientiert, besingt das Gedicht die Ausgießung des Heiligen Geistes, die Entstehung der Kirche aus dem Abendmahl, den Siegeszug der Kirche über die Erde und den Triumph des christlichen Glaubens im Glanz des himmlischen Paradieses. Das Ganze wird getragen von einem Gefühl der Brüderlichkeit und der unerschütterlichen Zuversicht in die Wahrheit und Wirksamkeit der christlichen Ideale und die Güte der göttlichen Vorsehung. Das Pfingstgedicht markiert in poetisch ausgereifter Form Höhe- und Schlußpunkt der geistlichen und ideologischen Entwicklung Manzonis. Es fixiert literarisch jenen Glaubensstandpunkt des Dichters, den dieser etwa zeitgleich auch in seinen *Osservazioni sulla morale cattolica* (1819) theoretisch umschrieb, und von dem aus nun die Charakterzüge und Motive seiner Tragödienhelden sowie auch später die Geschicke Renzos und Lucias gestaltet werden.

Obwohl ursprünglich ein Kranz von zwölf Hymnen geplant war, schrieb Manzoni nicht mehr als diese fünf oder allenfalls fünfeinhalb Hymnen, wenn man noch das Fragment *Ognissanti* hinzuzählt. Neben und nach den Hymnen entstanden zwei Oden: *Marzo 1821*, mit Bezug auf die Aktivitäten der Turiner »Carbonari« im gleichen Jahr (das Gedicht diente Berchet als rhythmische Vorlage für sein *Giuramento di Pontida*) und *Cinque Maggio*, ein rasch am Tag nach Napoleons Tod verfaßtes Gedicht, das die einzigartige Karriere des stolzen Korsen, der niemand über sich anerkannt hatte, sub specie aeternitatis als Teil einer von der göttlichen Vorsehung gelenkten Geschichte begreift und unter das letztendliche Wirken der göttlichen Gnade stellt. Beide Gedichte erreichen nicht die Höhe von *La Pentecosta*.

Die in den Hymnen und in der *Morale Cattolica* vergewisserten Glaubensinhalte entfaltete Manzoni gestalthaft und in dramatischer Schürzung in seinen Tragödien. Dies galt allerdings noch nicht für die im Februar 1816 begonnene, sich an Schillers *Wallenstein* orientierende erste Fassung des *Conte di Carmagnola*, in der es dem Dichter lediglich auf die Demonstration einer historischen These ankam, nämlich auf die Darstellung der Unschuld des Francesco di Bartolomeo Bussone, Grafen von Carmagnola, der zu Unrecht von Venedig des Verrats angeklagt und zu Tod gebracht wurde. Demgegenüber verschiebt die 1820 erschienene endgültige Fassung des *Conte*, in Versen von lyrischer Kraft und verhaltener Musikalität, alles Gewicht auf das Verhalten des Helden in den Stunden vor seinem Tod, auf sein Sichfügen in den Ratschluß Gottes, das Erlangen des inneren Friedens und der Heilsgewißheit, sowie auf das Verzeihen, das er schließlich seinen Verfolgern und Henkern gewähren kann – eine Tragödie somit von höchstem ethisch-religiösem Anspruch. Diesen Anspruch erhebt auch Manzonis zweite, 1822 veröffentlichte Tragödie *Adelchi*, in der der geschichtliche Stoff einen noch breiteren Raum einnimmt. Nach dem Vorbild Schillers, der seinem *Wallenstein* eine Darstellung des Dreißigjährigen Krieges vorangeschickt hatte, legte Manzoni seiner Ausgabe einen *Discorso sopra alcuni punti della storia langobardica in Italia* bei, in dem er nicht nur zu den geschichtlichen Vorgängen zwischen Franken, Langobarden und »Latini« Stellung nimmt, sondern auch in nationaler Perspektive das Schicksal der von zwei fremden Völkern unterdrückten Einwohner Italiens reflektiert. Dabei ließ er sich u. a. von der Absicht tragen, die stummen, anonymen und leidenden Volksmassen ins Licht der historiographischen Darstellung zu ziehen und unternahm zugleich den Versuch, das Papsttum von dem Vorwurf zu entlasten, den politischen Einigungsprozeß Italiens behindert zu haben. Die Geschichte wird im Stück, wie die vorangestellten *Notizie storiche* andeuten, künstlerisch frei behandelt. Die Handlung spielt im 8. Jahrhundert um den Langobardenkönig Desiderio, seinen Sohn Adelchi und seine Tochter Ermengarda, Gemahlin Karls des Großen, die von diesem verschmäht wird, was zum Krieg führt. Auch hier gibt es die typische Wende vom Historischen zum Ethisch-Religiösen: Nachdem die Langobarden von den Franken besiegt sind, kommen im vierten und fünften Akt Ermengarda und Adelchi zu Tode. In den Stunden davor reflektieren sie ihr Schicksal im Licht des christlichen Glaubens und finden ihren inneren Frieden. Adelchi, der tapfere Held, kann sogar, tödlich verwundet, aus überlegener Einsicht und christlichem Ethos seinen Vater noch ermahnen, sich der göttlichen Fügung anzuvertrauen.

Der Bühnenerfolg des *Adelchi* war, ebenso wie der des *Conte*, ein höchst mäßiger. Beide Stücke wurden nur selten aufgeführt, denn beide sind zum Lesen und Meditieren geeignet und nicht zum Spiel auf der Bühne. Allerdings ist auch die Lektüre für den heutigen Leser mühsam, nicht zuletzt wegen der hochstilisierten Sprache dieser Verse, die noch weit von dem Ideal einer volkstümlichen Verständlichkeit entfernt ist.

Daß Manzoni überhaupt zur Gattung der Tragödie griff, war im übrigen keineswegs selbstverständlich. Der Tragödie haftete immer noch der Makel des augustinischen Vorurteils an, daß das Theater unmoralisch sei, eine Einschätzung, die die französischen Moralisten des 17. Jahrhunderts wie Nicole oder Bossuet erneuert hatten, indem sie die Tragödie für »von Natur aus unmoralisch« erklärten. Demgegenüber hielt die neuere romantische Bühnentheorie, die Manzoni zum Teil aus der Korrespondenz mit Fauriel bekannt wurde, das Theater für erzieherisch bedeutsam und daher für nützlich; Gesichtspunkte, die er auch durch eigene Lektüre von Lessing, Schiller, A.W. Schlegel, Madame de Staël und anderen bestätigt fand. So setzte Manzoni der angeblich unmoralischen aristotelisch-klassischen Tragödie das Konzept des »dramma onesto« entgegen, das lehrreich und nützlich sei, weil in ihm künstlerische und sittliche Vollkommenheit, Schönheit und Moral zusammenfallen. An mehreren Stellen hat Manzoni hiervon gehandelt, so im Vorwort des *Conte di Carmagnola*, in den *Osservazioni* und in der *Lettre à Monsieur Chauvet*. Dieser Brief war die 1823, zwei Jahre nach ihrer Abfassung publizierte Reaktion Manzonis auf eine umfangreiche Rezension des *Conte di Carmagnola* durch den Dichter Victor Chauvet vom Mai 1820, in der dieser die im Stück praktizierte romantische Dramaturgie und die Vernachlässigung der aristotelischen Einheiten kritisiert hatte. Mit bemerkenswerter theoretischer Klarheit verteidigt Manzoni die Theaterkonzeption der Romantiker und findet klärende Worte zum Verhältnis von geschichtlicher und moralischer Wahrheit, zu welcher die Dichtung über die Fakten hinaus vordringt und damit das Verstehen von Geschichte vervollständigt.

Hauptanliegen des 1819 veröffentlichten ersten Teils der *Osservazioni sulla morale cattolica* (ein zweiter Teil blieb unvollendet und unveröffentlicht) war indes kein dramaturgisches, sondern ein apologetisches: Apologie des katholischen Geschichtsbildes und des Katholizismus überhaupt. Bezugnehmend auf die ein Jahr zuvor erschienene *Histoire des républiques italiennes du Moyen-Age* des Genfer Calvinisten Jean-Charles-Léonard Simonde de Sismondi und unter strenger Leitung seines geistlichen Direktors Monsignore Tosi versuchte Manzoni, die katholische Geschichtsinterpretation unter dem Gesichtspunkt der Glaubensoffenbarung zu rechtfertigen gemäß dem Grundsatz: »Alles erklärt sich mit dem Evangelium, alles bestätigt das Evangelium.« Dabei bekennt sich Manzoni jedoch zum Prinzip der Vernunft und zu den Errungenschaften der Aufklärung und weist zugleich den Vorwurf zurück, daß die katholische Kirche Aufklärung und Fortschritt der Gesellschaft verhindert habe. So wurden die *Osservazioni* für Manzoni zu einer wichtigen Aufarbeitung und Klärung des eigenen Standpunkts, bei der die weltlichen Lehren der französischen Moralisten ebenso mitwirkten wie die Glaubenssätze der katholischen Orthodoxie.

Die u. a. in der *Lettre* angesprochene Übereinstimmung zwischen historischer Wahrheit und Wahrheit der dichterischen Fiktion wird nun auch für den historischen Roman gefordert, den Manzoni in Briefen von 1821

560

definiert als »Darstellung eines gegebenen Gesellschaftszustandes mittels Fakten und Charaktere, die der Realität so ähnlich sind, daß man sie für ein echtes Stück Geschichtsschreibung halten könnte, das man soeben entdeckt hätte« (womit zugleich das Grundmuster seines großen Romans umschrieben ist); oder, auf eine kurze Formel gebracht, als »Beschreibung einer Epoche mittels einer erfundenen Fabel«. In dem 1828 konzipierten, erst 1850 veröffentlichten Aufsatz *Del romanzo storico e, in genere, de' componimenti misti di storia e d'invenzione* kam der Dichter, der seit 1821 bereits an seinem Roman arbeitete und 1827 dessen zweite Fassung veröffentlicht hatte, auf diese Fragen zurück und wandte sich insbesondere gegen eine Vermischung von geschichtlichen und erfundenen Fakten im historischen Roman. Die Mischung zweier unterschiedlicher Seinsebenen mußte nach seiner Meinung zu unerträglichen Stilbrüchen und zu Disharmonien in der Erzählhaltung führen. Damit wollte sich der Dichter vom Geschichtsroman älterer Machart abgrenzen, obwohl andererseits seine Kritik zum Teil auch ihn selbst treffen mußte, da er in seinem Roman ebenfalls Historisches und Erfundenes vermischte. Gleichzeitig distanzierte er sich auch von anderen traditionellen und abgestandenen Formen der Bukolik, der Epik und der Tragödie. Die Schrift verkörpert einen entscheidenden Moment in der Neuorientierung des Dichters und der Neudefinierung seiner literarischen Arbeit, nicht zuletzt auch deswegen, weil diesem Augenblick grundsätzliche Zweifel an Sinn und Möglichkeit literarischen Arbeitens vorangegangen waren. Sie begründete gegenüber solchen Zweifeln erneut die Legitimation einer Schreibweise, die »dem Grund der Dinge, dem gemeinsamen Empfinden der Menschen und den wesentlichen Befindlichkeiten der Gesellschaft« Rechnung tragen sollte.

3. Die »Promessi Sposi«

Am 24. April 1821 begann Manzoni mit der Arbeit an der ersten Fassung seines Romans, die den Titel *Fermo e Lucia* bekam und am 7. September 1823 fertiggestellt wurde. Die in mehreren, kaum verbundenen Erzählblöcken locker, umschweifig und mit vielen Wiederholungen dargebotene Geschichte eines lombardischen Paares aus dem 17. Jahrhundert, die sich in der Form des Titels an bekannte Romane wie *Paul et Virginie* von Bernardin de Saint-Pierre oder Goethes *Hermann und Dorothea* anlehnte, war in einem sprachlich wie stilistisch wenig befriedigenden Gemisch von literatursprachlichen, umgangssprachlichen, lombardischen und fremdsprachlichen Elementen (vor allem Gallizismen und Latinismen) verfaßt. Dies war auch nicht weiter verwunderlich, denn es gab zu dieser Zeit in Italien noch keine volksnahe gesamtitalienische Literatursprache, ebenso wie ein größeres homogenes Leserpublikum gerade erst im Entstehen begriffen war. Der Autor, der nie an eine Veröffentlichung dieser Fassung dachte, begann daher bereits unmittelbar nach deren Fertigstellung mit ihrer Überarbeitung, wobei er auch die Vorschläge seiner Freunde Fauriel und Ermes Visconti nutzte. So entsteht die 1827 in drei Bänden gedruckte zweite Fassung, die sogenannte *Ventisettana*, die nun den endgültigen Titel *I Promessi Sposi. Storia Milanese del secolo XVII scoperta e rifatta da Alessandro Manzoni* trägt. Diese Fassung hatte sofort einen großen Publikumserfolg mit vielen Auflagen. Sie erntete noch im Erscheinungsjahr höchstes Lob von Goethe, der feststellte, »daß Manzonis Roman alles überflügelt, was wir in dieser Art kennen«; der allerdings auch »ein Übergewicht der Geschichte« im Roman tadelte und beobachtete, daß »Herr Manzoni mit einemmal den Rock des Poeten auszieht und eine ganze Weile als nackter Historiker dasteht«. In der *Ventisettana* nahm sich Manzoni das Toskanische als literarisch wichtigsten und nach seiner Meinung zugleich schönsten italienischen Dialekt zum Vorbild, verzichtete jedoch nicht konsequent auf lombardische und archaisierende Elemente. Wiederum war der Autor nicht zufrieden und unterzog sein Werk einer erneuten sorgfältigen sprachlichen Korrektur, die sich zum Ziel setzte, als Romansprache konsequent das von Gebildeten gesprochene Florentinische der Gegenwart zu verwenden, unter völligem Verzicht auf Lombardismen und Archaismen. Mit dieser langjährigen, nach Unterbrechungen (1833 und 1834) vor allem von 1837 bis 1840 intensiv betriebenen sprachlich-stilistischen Revision, die von Freunden und von einer Florentinerin, Emilia Luti, unterstützt wurde, schenkte Manzoni Italien nicht mehr und nicht weniger als ein Muster der bisher entbehrten volksnahen, homogenen, gesamtitalienischen Literatursprache. Insofern war und ist die endgültige, 1840–42 (mit Illustrationen von Francesco Gonin) veröffentlichte Fassung des Romans, die sogenannte *Quarantana*, der Prototyp der modernen, sich an ein neues bürgerliches Leserpublikum richtenden italienischen Prosaliteratur.

Der umfangreiche Roman erzählt in achtunddreißig Kapiteln die Geschichte der Verlobten Renzo (früher Fermo) und Lucia, einfacher Leute aus der Gegend um Lecco, deren Heirat durch die Machenschaften des finsteren Don Rodrigo zunächst verhindert wird, und die dann, nach langer Trennung und nach zahlreichen Prüfungen und Abenteuern schließlich, von einer unsichtbaren Macht – der Vorsehung – geführt, wieder zueinander finden. Das letzte Kapitel erzählt vom endlich vollzogenen Eheschluß, vom Kauf einer Seidenspinnerei im Bergamaskischen, von der wirtschaftlichen Blüte dieses Betriebs und von der Geburt einer ersten Tochter. Der Roman endet somit im Zeichen bürgerlichen Glücks und wirtschaftlicher Prosperität, die beide mit Gottes Fügung erreicht werden. Für die Darbietung des Stoffs bediente sich Manzoni eines bekannten Kunstgriffs, indem er vorgab, die Geschichte der *Verlobten* zufällig in einer alten anonymen Chronik des 17. Jahrhunderts gefunden zu haben, deren Stil aber so fürchterlich sei, daß er sie in überarbeiteter, zeitgemäßer Sprache nacherzählen wolle. Durch diese Fiktion schafft Manzoni einerseits Distanz zum Erzählten, indem er die Urheberschaft einem Unbekannten zuschiebt; andererseits gewinnt er aus der Allwissenheit der auktorialen Erzählhaltung die Freiheit, sich nach Belieben in die Handlung einzuschalten und den Leser anzusprechen. Im Spiel zwischen Distanz und Nähe setzt der Autor immer wieder ironische oder untergründige Akzente, die nicht zuletzt auch auf die Aktualität des angeblichen Chronikstoffs für die Gegenwart anspielen, so etwa, wenn er im achten Kapitel sagt: »So geht es häufig zu im Leben... ich wollte sagen, so ging es zu im 17. Jahrhundert.«

Selbstverständlich muß man Manzonis nacherzählte Chronik auch im Zusammenhang mit den historischen Romanen Walter Scotts sehen, die etwa ab 1814, dem Erscheinungsjahr von *Waverley*, in ganz Europa gelesen und nachempfunden wurden und deren Nachahmung in Italien in den zwanziger Jahren, also in der Entstehungszeit von Manzonis Werk, einsetzte. Aber nur auf den ersten Blick kann es als historischer Roman im traditionellen Sinne erscheinen. Vielmehr erweist gerade der Vergleich mit den damals gängigen historisierenden Darstellungen die Einmaligkeit und das innovative Gewicht von Manzonis Roman, der in allen wesentlichen strukturellen und inhaltlichen Punkten gegen den Trend der herrschenden Mode, also gegen den Strich historisierender Schreibweisen gerichtet ist. Die *Promessi Sposi* waren zu ihrer Zeit ein Antiroman. Das zeigt bereits die Wahl des Stoffes: Nicht das in Mode gekommene, heldenhafte und verklärte Mittelalter dient als Vorlage, sondern das für Italien besonders finstere und trostlose 17. Jahrhundert, in dem das Land politisch, wirtschaftlich und kulturell darniederlag. Die Personen Manzonis sind keine Heroen oder Fürsten, die von oben herab auf das Geschehen schauen, sondern überwiegend kleine Leute aus den niederen und niedersten Schichten, deren Blicke von unten nach oben gerichtet sind. Die Handlung wird eben nicht romanhaft und in einer leserfreundlichen künstlichen Einheit aufgebaut, sondern rinnt scheinbar ungeordnet in einer Vielzahl einzelner Handlungsstränge und kleiner, aber unerhört lebensnaher und daher wahrer Episoden und Begebenheiten daher, in deren schwer überschaubarem Verlauf erst nach und nach ein ordnendes Prinzip, die göttliche Vorsehung,

563

zu erahnen ist. Nicht heldenhaftes, sentimentales oder pathetisches Geschehen wird dargestellt, sondern das Leben in seiner vollen Komplexität und vor allem in seiner prallen Mittelmäßigkeit. Auch die Landschaften des Comer Sees und der Lombardei werden nie im romantischen Sinne malerisch und gefühlserregend dargestellt, sondern eher nüchtern, topographisch exakt und mit feinsten Lineaturen, die den natürlichen Eindruck der Landschaft voll herausarbeiten. Das Nicht-Romanhafte wird somit zum Grundelement des Romans, und dies erklärt einen Teil der Mißverständnisse und Ablehnungen, die er hervorrief. Die Kunst Manzonis zielte darauf, seine unheldische, gewöhnliche Geschichte so fein zu erfinden, daß sie die Echtheit und Wahrheit einer historischen Begebenheit erreichte, und ihr darüber hinaus noch jenes Mehr an sittlicher und ethischer Wahrheit zu verleihen, das nur verantwortliches Schreiben vermitteln kann. In einer denkwürdig unauffälligen Weise trifft der Roman eine große Zahl subtilster Entscheidungen, gestaltet unvergeßliche Bilder von Landschaften und Ambienti, entwickelt vor allem eine feine Psychologie, die nicht nur einzelne Personen lebensnah zeichnet, sondern auch vorzugsweise die niederen Schichten des Volkes in unvergeßlichen Tableaus darstellt. Viele Sätze aus dem bis heute bekanntesten und volkstümlichsten Roman Italiens sind sprichwörtlich geworden, viele seiner Personen zu bekannten, häufig zitierten Typen, so etwa der fürchterliche Rechtsverdreher Dottor Azzecagarbugli (soviel wie: »Verwirrungsstifter«) zum Prototyp eines Winkeladvokaten, der weiche, hasenherzige Priester Don Abbondio zur Symbolfigur der Ängstlichkeit; und nach der Haushälterin Don Abbondios wird noch heute eine Pfarrersköchin als »Perpetua« bezeichnet.

Neben vielen anderen Elementen, wie z. B. Motiven des Schauerromans und dem durch die sentimentalen Romane Samuel Richardsons in Mode gekommenen Motiv der verfolgten Unschuld, vereint das Werk auch Züge des Erziehungsromans in sich. Es ist vor allem Renzo, dessen langer Weg durch Entbehrungen und Prüfungen hindurch zur charakterlichen Reife und dann schließlich zum ersehnten Glück auch in seinem äußeren, topographischen Iter sinnfällig wird. Nach dem Scheitern der Hochzeit führt ihn dieser Weg aus der lieblichen Heimat am Comer See in das vom Aufstand erschütterte Mailand, wo er als politisch Verdächtiger gefangengenommen, dann vom Volk befreit wird. Von dort flieht er in Richtung Bergamo, überquert die Adda, findet schließlich unter falschem Namen Arbeit im Bergamaskischen. Erneut führt ihn sein Weg nach Mailand, in die Hölle der jetzt von der Pest verwüsteten Großstadt – der eigentliche »descensus ad inferos« seines Entwicklungsganges und Tiefpunkt in der Topographie seiner Erfahrungen (Kap. 34 und 35). Erst nach all diesen Leiden und Umwegen kommt es zu einem bewegenden Wiedersehen mit Lucia (Kap. 36). So durchläuft Renzo einzelne Etappen einer charakterlichen, politisch-gesellschaftlichen und ethisch-religiösen Erziehung, mit deutlichem Akzent auf dem Pragmatischen: »Ich habe gelernt, ... mich nicht in Tumulte einzumischen; ich habe gerlernt, nicht auf dem Platz Volksreden zu halten; ich habe gelernt, achtzugeben, mit wem ich spreche; ich habe gelernt, nicht zu tief ins Glas zu schauen; ich habe gelernt, nicht den Türklopfer in die Hand zu nehmen, wenn in der Nähe aufgeregte Leute sind...«, bekennt Renzo im letzten Kapitel. Erst nach Bewältigung langer Wegstrecken gewinnt der Protagonist die eigene volle Identität und gelangt zur Erfüllung seiner Wünsche. Demgegenüber ist die Gestalt Lucias statisch konzipiert, sie wird als Gewordene und nicht als Werdende dargestellt, und Gleiches gilt auch von den meisten anderen Figuren, etwa von dem Angsthasen Don Abbondio, der Äbtissin Gertrude und dem kämpferischen Kapuziner Cristoforo. Eine gewisse Ausnahme macht davon die düstere Gestalt des Innominato, der, als Inbegriff des Bösen gefürchtet, durch sein Gewissen und auch durch die Begegnung mit der demütig-frommen Lucia dazu gebracht wird, im Gespräch mit Kardinal Federigo Borromeo, einem der Höhepunkte des Romans (Kap. 23), sich zu bekehren.

Manzonis Roman will kein Liebesroman, nicht die Geschichte eines Paares sein. Das zeigt sich schon daran, daß in vielen Kapiteln von diesem Paar nicht oder nur am Rande die Rede ist. Lange Kapitel sind der Schilderung politischer und gesellschaftlicher Zustände in und um Mailand gewidmet. In diesem Sinne dienen die beiden Titelfiguren und ihre Mit- und Gegenspieler in erster Linie als Exponenten eines überaus detailgetreuen zeitgeschichtlichen Panoramas, das jedoch nicht nur vergangene und negative Zustände schildert, sondern zugleich auch Projektionen auf eine bessere künftige Gesellschaft hin entwickelt. Vor allem der Verlauf der Handlung und die Schlußszenen des Romans verdeutlichen, daß am Beispiel des angehenden Unternehmers Renzo der Entwurf einer ohne Revolution zu erreichenden neuen bürgerlichen Gesellschaft vor Augen gerückt wird, deren Säulen einerseits ein besonnener liberaler Katholizismus und andererseits ein auf liberaler Wirtschaftsordnung aufbauendes freies Unternehmertum sein sollen. Und damit schließt sich der Kreis zum Entstehungsmoment des Romans: Manzoni begann sein Werk in einem Augenblick, als nach dem Verbot des fortschrittlichen »Conciliatore« (1819) die einzelnen Mitglieder dieser Gruppe in aufsehenerregenden Prozessen zu Exil oder zu österreichischem Kerker verurteilt wurden. Er, der sich stets ängstlich (oder klug?) zurückgehalten hatte, versuchte nun, in vorsichtiger Solidarität mit seinen Freunden aus dieser Gruppe, mit einem Erzählwerk einen

Weg aus den negativen Erfahrungen der Revolution und aus der Unterdrückung der Restauration heraus in eine neue Gesellschaft aufzuzeigen. Welche Schwierigkeiten er mit einem solchen künstlerischen Versuch auf sich genommen hatte, ist Manzoni wahrscheinlich erst nach und nach deutlich geworden. Seine reformerischen Zielvorstellungen implizierten das Zusammenwirken von historischen, literarischen und moralisch-religiösen Ideen, die sich zwar theoretisch gegenseitig ergänzten, ja sogar bedingten, bei der konkreten Umsetzung in ein Kunstwerk aber zwangsläufig miteinander kollidieren mußten. Daraus resultierte die immer wieder, auch noch von der heutigen Forschung kritisierte uneinheitliche Struktur des Romans. Probleme dieser Art waren wahrscheinlich der Grund dafür, daß Manzoni nach der *Quarantana* zwar noch manches schrieb, aber keinen historischen Roman mehr.

4. *Schriften zur Geschichte und zur Sprache. Das Alter*

Das große Interesse Manzonis an der Geschichte kam auch in der *Storia della colonna infame* zum Ausdruck, dem Bericht eines grausigen Justizirrtums ebenfalls aus dem 17. Jahrhundert, der zunächst als eine unter vielen Abschweifungen im fünften Kapitel des vierten Teils von *Fermo e Lucia* vorgesehen war, dann aber aus dem Roman verbannt und in der Ausgabe von 1840 als dessen Anhang erschien. Auf der Grundlage eigener Recherchen suchte Manzoni in dieser Schrift die Vorgänge zu rekonstruieren, die 1630 dazu führten, daß Unschuldige, die verdächtigt wurden, die Pest verbreitet zu haben (d. h. sogenannte »untori« zu sein), von Mailänder Richtern verurteilt und auf grausamste Weise zu Tode gebracht wurden; worauf dann der Senat noch zur Erinnerung an die vermeintliche Untat und zur Abschreckung der Bürger eine Schandsäule (»colonna infame«) an der Stelle des zerstörten Hauses eines der Angeklagten errichten ließ.

Eine weitere bedeutsame historische Arbeit war auch der Essay *La rivoluzione francese del 1789 e la rivoluzione italiana del 1859*, der kluge Beobachtungen zur Französischen Revolution enthält, wenn auch deren Vergleich mit dem italienischen Risorgimento ziemlich allgemein ausfällt. Die Arbeit wurde 1862–64 in Angriff genommen, aber nie zu Ende geführt; nur der erste, überwiegend Frankreich gewidmete Teil wurde nahezu fertiggestellt. Auf die Darstellung der italienischen Revolution kam Manzoni 1872/73 in seinem Essay *Dell'indipendenza dell'Italia* zurück, den er auf Einladung der Stadt Turin schrieb.

Neben historischen, ethischen und religiösen Fragen, die in kleineren

Schriften und Briefen behandelt wurden, war es vor allem das Problem der italienischen Sprache, das den alternden Dichter beschäftigte. Für die Endfassung seines Romans hatte er sich ja das von den Gebildeten gesprochene Florentinische der Gegenwart zum Vorbild genommen und zugleich als Modell für eine allgemeine bürgerliche Nationalsprache vorgeschlagen. Maßgebend für diese Sprache waren also nicht mehr literarische (oder geschichtliche) Normen, sondern der zeitgenössische Sprachgebrauch einer bestimmten Schicht in einer bestimmten Stadt. Dadurch wurden aber sowohl geographisch andere Provinzen Italiens wie auch gesellschaftlich andere Schichten der Bevölkerung von der Bildung der Nationalsprache ausgeschlossen; Entscheidungen, an denen dann auch später Graziadio Isaia Ascoli im Vorwort seines *Archivio glottologico italiano* (1873) heftige Kritik übte. Über diesen als Entscheidungskriterium konzipierten »uso«, den »Sprachgebrauch«, hat Manzoni mehrfach geschrieben, so etwa in dem (unveröffentlichten) Aufsatz *Sentir messa* der von den unterschiedlichen Redeweisen, nämlich klassisch-literarisch: »udir messa« oder zeitgenössisch: »sentir messa«, ausgeht und daran den »uso« erläutert. Weitere linguistische Fragen, u. a. die Bedeutung von Analogie und Etymologie für die innere Sprachentwicklung, behandelte Manzoni in seiner Schrift *Della lingua italiana*, die er 1830–35 in erster und zweiter, 1837–40 in dritter und vierter, und 1855–59 in einer fünften Fassung ausarbeitete. In ihren späteren Fassungen entwickelte diese Studie bereits einige moderne Gedanken, so z. B. über die Arbitrarität des sprachlichen Zeichens oder über die Unterscheidung von Synchronie und Diachronie in der Sprachwissenschaft. 1862 wurde er zum Vorsitzenden der Kommission zur Vereinheitlichung der Sprache ernannt; 1868 legte er seine öffentliche Abhandlung *Dell'unità della lingua e dei mezzi di diffonderla* dem Minister für öffentliche Bildung vor. Von der *Questione della lingua* (der Sprachenfrage), und ihrer »florentinischen« Lösung handelte er immer wieder, so etwa in seiner »Lettera a Giacinto Carena« (1847), in seiner *Lettera intorno al libro ›De vulgari eloquentia‹ di Dante Alighieri* (1868), in der *Lettera intorno al Vocabolario* (gemeint ist das Wörterbuch der »Accademia della Crusca«) aus dem gleichen Jahr, oder etwa in einem weiteren Brief an den Marchese Alfonso della Valle di Casanova (1871), in dem er noch einmal auf die sprachliche Revision seines Romans zurückkommt.

Manzoni war ein bescheiden auftretender Mann von gewöhnlicher Statur, mit einem länglichen, von Pockennarben gezeichneten, etwas dunklen Gesicht, sprach leise und fast ängstlich, stotterte dabei oft, strahlte aber eine große Güte und Wärme aus. Er verbrachte den größten Teil seines Lebens in seinem großen Haus in der Via del Morone, von wo er sich des öfteren nach Brusuglio in die von Imbonati geerbte Villa zurückzog. Nach dem Tod der ersten Frau wurde Manzonis bis dahin behagliches Leben beschwerlicher. Wirtschaftlich hatten ihm seine literarischen Erfolge nicht allzuviel eingebracht, so daß es oft knapp zuging. Die finanzielle Situation wurde zeitweise noch durch zwei mißratene Söhne erschwert, von denen einer wegen seiner Spielschulden sogar ins Gefängnis geriet und vom Vater freigekauft werden mußte. Eine gewisse Erleichterung verschaffte eine Leibrente, die ihm König Viktor Emanuel ab 1859 gewährte. Als Erzieher der eigenen Kinder soll Manzoni ziemlich untauglich gewesen sein und unfähig, diesen einen Beruf bzw. eine Existenz zu verschaffen. Trotz einiger ehrenvoller Ämter (darunter auch die Ernennung zum Senator des Königreichs, 1860) zog er sich immer stärker vom öffentlichen Leben zurück. Gläubigkeit, verhaltene Ironie und eine leise Trauer waren die Hauptzüge seines Alters; in zahlreichen Gesprächen im Freundeskreis zeigte er bis in die letzten Jahre ein erstaunliches Gedächtnis und eine ungewöhnliche Zitierfähigkeit. Er überlebte seine beiden Frauen und alle seine Kinder bis auf zwei, und starb am 22. Mai 1873 an den Folgen einer Kopfverletzung, die er sich durch einen Sturz beim Verlassen einer Kirche zugezogen hatte.

VI. GIACOMO LEOPARDI

1. *Jugend, Studium und erste Liebe*

»Tretet ein in einen Garten mit Pflanzen, Kräutern, Blumen. Sei er so prächtig wie ihr wollt. Sei es in der milden Jahreszeit. Ihr könnt euren Blick nirgendwo hinwenden, ohne auf Leiden zu stoßen. Diese gesamte Familie von Gewächsen ist in einem Zustand des Leidens, das eine Wesen mehr, das andere weniger... Das Schauspiel einer so großen Lebensfülle beim Anblick dieses Gartens erheitert unsere Seele, und daher erscheint uns dieser wie ein Ort der Freude. Aber in Wahrheit ist dieses Leben traurig und unglücklich, jeder Garten ist gleichsam ein großes Krankenhaus (ein wesentlich beklagenswerterer Ort als ein Friedhof), und wenn diese pflanzlichen Wesen fühlen könnten, so wäre für sie mit Sicherheit das Nichtdasein besser als das Dasein.« Welche Erfahrungen muß ein junger Mensch gemacht haben, um im Alter von knapp 27 Jahren Sätze wie diese zu schreiben, die die Lebensmüdigkeit und den sensualistisch-materialistischen Pessimismus des Frühgereiften kundtun? Giacomo wurde am 29. Juni 1798 in Recanati als Sohn des Grafen Monaldo und der Marquise Adelaide Antici in die strenge und gefühlsarme Atmosphäre eines Elternhauses hineingeboren, in dem die lebenstüchtige, aber kalte und despotische Mutter das Sagen hatte. Sie übernahm auch die Sorge für das wirtschaftliche Wohlergehen der Familie und, von einem Gehilfen unterstützt, die Verwaltung der herabgekommenen Familiengüter, für welches Amt sich ihr Gemahl als untauglich erwiesen hatte. Monaldo, ein typischer Vertreter des Landadels im ausgehenden 18. Jahrhundert, politisch konservativ und reaktionär, war ein charakterlich eher weicher Mann, der sich dem Studium der (traditionellen) Literatur verschrieben hatte und seine reiche Bibliothek über alles liebte. Ihm wurde die Erziehung Giacomos und seiner Geschwister Carlo, Paolina, Luigi und Pier Francesco übertragen, die er denn auch im konservativen und streng kirchlichen Sinne durchführte. Er wurde dabei unterstützt von einigen mittelmäßigen Geistlichen, die scholastische und jesuitische Lehrinhalte beisteuerten, aber der eigentliche Erzieher Giacomos blieb der Vater. Die drückende Atmosphäre des Elternhauses wurde durch starke, nach außen bedeckt gehaltene Spannungen zwischen den allzu unterschiedlichen Eheleuten nicht freundlicher, so daß schon früh Fluchtgedanken in Giacomo wach wurden.

In frühestem Alter beginnt er, sich unabhängig von seinen Lehrern selbständig auszubilden. Eine erste, doch höchst intensive Phase seiner autodidaktischen Studien setzt bereits 1809 ein, also bei dem gerade Elfjährigen, und reicht bis zum Jahre 1816, wo sie mit einer philologischen Meisterleistung, der gelungenen Übersetzung des zweiten Buches der *Aeneis*, einen Abschluß findet. In diesen sieben Jahren eines nach seinen Worten »verrückten und verzweifelten« Studiums, zugebracht in der Bibliothek des Vaters und in einigen weiteren Bibliotheken Recanatis, legte der junge Leopardi die Grundlagen einer ungewöhnlich reichen und intensiven Bildung, die neben einer gründlichen Kenntnis der römischen Antike auch die der griechischen Sprache und Literatur einschloß (1813 hatte er ohne Lehrer mit dem Studium des Griechischen begonnen). Zu den ersten dichterischen Versuchen gehört das Sonett *La morte di Ettore* (1809), das er unter dem Eindruck der Homerlektüre schreibt; 1811 verfaßte er das Gedicht *L'arte poetica di Orazio travestita, ed esposta in ottava rima* und eine Tragödie in drei Akten, *La virtù indiana*. Indes geht die Phase der frühesten Knabenarbeiten, zu denen auch Verse und Prosa in lateinischer Sprache und manches andere gehören, bereits 1811 zu Ende. Danach entsteht Reiferes, so die *Epigrammi*, die Tragödie *Pompeo in Egitto* und eine philosophische Abhandlung, die *Dissertazioni filosofiche* (alle drei Werke von 1812), sowie weitere philosophisch-wissenschaftliche Schriften. Mit dem Studium des

Griechischen beginnt 1813 der intensivste Abschnitt seiner klassisch-philologischen Aktivitäten, aus denen nun Übersetzungen lateinischer Autoren, Werkkommentare und philologische Schriften in lateinischer oder italienischer Sprache hervorgehen. Die *Scherzi epigrammatici* von 1814 waren eine seiner ersten Übersetzungen aus dem Griechischen. Im folgenden Jahr verfaßt er den *Saggio sopra gli errori popolari degli antichi*, der, noch auf dem Boden der christlich-aufklärerischen Ideologie und der Identität der Vernunft- und der Glaubenswahrheiten operierend, den Fortschritt der von Irrtümern behinderten Wahrheitssuche der Menschheit von der Antike bis zur Gegenwart ins Auge faßt. Er kommt zu dem Schluß, daß gewiß die Antike nicht frei von den gröbsten Irrtümern gewesen sei, daß ihr darin aber die Menschen der Gegenwart nicht nachstünden: »So werden die Zeitalter im Geist des Gelehrten vergleichbar, und man versteht, daß der Mensch immer aus den gleichen Elementen zusammengesetzt war.« 1815 übersetzt Leopardi auch die Idyllen des griechischen Dichters Moschos (um 150 v. Chr.) und den *Froschmäusekrieg*, die unter Homers Namen überlieferte *Batrachomyomachia* (wohl 5. Jh. v. Chr.), von der er dann 1821/22 und 1826 zwei weitere Übersetzungen vorlegt. 1816 schreibt er einen *Discorso* über Leben und Werke des Marcus Cornelius Fronto (100–170 n. Chr.) und übersetzt dessen Werke, die Angelo Mai, Kustode der Biblioteca Vaticana, entdeckt und herausgegeben hatte. Neben weiteren Arbeiten (u. a. an der unvollendeten Tragödie *Maria Antonietta*) verfaßt er zwei anakreontische Gedichte in griechischer Sprache und veröffentlicht eine Übersetzung des ersten Buches der *Odyssee*, den *Saggio di traduzione dell'Odissea*. Im gleichen Jahr entstehen philologisch-historische Schriften, die erwähnte Übersetzung des zweiten Buchs der Aeneis und einige bedeutende Gedichte wie *Le rimembranze*, *L'inno a Nettuno* und die stark von Dante inspirierte Cantica *Appressamento della morte*. Eine etwa gleichzeitig verfaßte *Lettera ai compilatori della ›Biblioteca italiana‹*, die zu dem dort publizierten Aufsatz der Madame de Staël Stellung nahm (vgl. S. 535 ff.), wurde nie veröffentlicht.

Mitten in reger philologischer Tätigkeit beginnt er 1817 auf Anraten seines Freundes Pietro Giordani, ein Tagebuch zu schreiben, den *Zibaldone*, den er bis 1830, besonders intensiv aber in den Jahren 1820–22 führen wird und der wohl als das aufschlußreichste Dokument seiner Gefühls- und Gedankenwelt gelten kann. Ende 1817 begegnet er Gertrude Cassi Lazzari, der 26jährigen Kusine des Vaters, seiner ersten Liebe, welche ihre Spuren im *Diario del primo amore*, in der *Elegia I* und der *Elegia II* hinterläßt. Erst 1818 darf der Zwanzigjährige zum ersten Mal mit Erlaubnis des Vaters das Elternhaus in Begleitung eines Freundes zu einem kurzen Ausflug nach

Macerata verlassen. In den »Käfig« zurückgekehrt, schmiedet er Flucht-pläne und bereitet im Juli 1819 die Flucht aus der »maledetta casa« vor, was der Vater jedoch rechtzeitig bemerkt und verhindert. Diese Ereignisse lö-sen eine Krise aus, die den jungen Dichter in tiefe Depressionen stürzt. Dazu trägt auch eine jetzt zutage tretende Augenkrankheit bei, die ihn zeitweise am Lesen hindert und an der er sein Leben lang leiden wird. Den-noch entstehen in diesem Jahr zwei seiner schönsten Gedichte, nämlich die Idyllen *Alla luna* und *L'infinito,* die später in sein Hauptwerk der *Canti* aufgenommen werden.

2. *Leopardi in seiner Zeit. Die »Operette morali«*

Leopardi hat sich in seiner Epoche nicht wohl gefühlt. Immer wieder spricht er abfällig von seiner Zeit als dem »vil secol mio«, dem »secol su-perbo e sciocco« oder gar als einem »secol di fango«, einem »Jahrhundert aus Dreck«. Eine der Hauptreibungsflächen mit seinen Zeitgenossen lag zunächst im poetologischen Bereich und betraf die Auseinandersetzung mit der neuen Dichtungskonzeption der Romantiker. Schon in der er-wähnten *Lettera ai compilatori* war sichtbar geworden, daß Leopardi an den Prinzipien klassischen Dichtens festhalten möchte; doch erst im 1818 verfaßten *Dialogo di un italiano intorno alla poesia romantica* kam es, in Auseinandersetzung vor allem mit Di Breme, zu einer klaren Abgrenzung von den romantischen Theorien und zum programmatischen Entwurf ei-ner eigenen Dichtungslehre. Ausgangspunkt Leopardis ist das weniger hi-storisch als vielmehr mythisch konzipierte Paradigma eines kindlich-nai-ven Glückszustands der Antike. Aufgabe der Dichtung damals wie heute sei es, nicht andere Dichter, sondern allein die Natur, »la natura schietta e inviolata«, nachzuahmen, und zwar aus der Unmittelbarkeit einer kind-lichen Wahrnehmung heraus. Nur so könne wahres Ergötzen (»diletto«) entstehen, und zugleich seien mit dieser Anlehnung an die wahre, unver-fälschte Natur auch die Regeln des guten Geschmacks gewahrt, die jetzt durch eine weitverbreitete ästhetische Unempfindsamkeit so stark mißach-tet würden. Abzulehnen seien alle intellektualistischen und rhetorischen Spielereien; nur eine klare, gefühlsstarke und suggestive Sprache könne die Phantasie des Lesers wecken. Zu alledem freilich bedürfe es eines »langen und vertieften Studiums der antiken Dichter«. Selbst einige von den Ro-mantikern beanspruchte Kategorien wie das »Pathetische« und das »Senti-mentale« seien bereits von den antiken Dichtern, und zwar im engen Um-gang mit der Natur, verwirklicht worden.

Mit der Literatur und den Dichtungstheorien seiner Zeit setzt sich Leopardi mehrfach, so auch in dem unvollendeten Traktat *Della condizione presente delle lettere italiane* auseinander, wo er u. a. die Einführung neuer literarischer Gattungen bzw. die Reform der vorhandenen alten fordert, und dies wiederum im Zeichen der Ursprünglichkeit der Antike, »jenes Ursprünglichen (»primitivo«), das bei den Griechen das Ganze belebt und vergöttlicht«.

All diese poetologischen und ästhetischen Erörterungen mußten sich in einer für Leopardi zwangsläufigen Weise zu einer umfassenden philosophischen Fragestellung ergänzen und ausweiten. Schon Anfang der zwanziger Jahre setzte sich bei ihm die Überzeugung durch, daß das Schöne und das Wahre aufs engste miteinander verbunden seien: »Es ist ebenso wunderbar wie wahr, daß die Dichtung, die gemäß ihrer Natur und Eigenschaft das Schöne sucht, und die Philosophie, die im wesentlichen das Wahre sucht, das heißt die dem Schönen am stärksten entgegengesetzte Sache, untereinander wesensverwandte Fähigkeiten sind; und dies in dem Maße, daß der wahre Dichter im höchsten Maße veranlagt ist, ein großer Philosoph zu sein, und der wahre Philosoph, ein großer Dichter zu sein; ja daß weder der eine noch der andere in seinem Genre vollkommen sein kann, wenn er nicht mehr als nur durchschnittlich an dem anderen Genre Anteil hat...« (Zibaldone 3382–83; Eintrag vom 8. September 1823). Zum Idealismus solcher Überlegungen gehörte auch der von Leopardi zunächst gehegte Traum, daß die im Rückgriff auf das naturhaft-ursprüngliche Dichtungsideal der Antike erneuerte und vitalisierte Literatur der Moderne zu einer Erneuerung der Menschen in seiner Gegenwart führen könne. Ausgelöst durch die Krise von 1819 wurde ihm indes bald deutlich, daß jener verklärte Glückszustand der Antike für immer verloren, daß keine Literatur der Gegenwart die ursprüngliche »Kindlichkeit« der alten Dichter wiedergewinnen und damit auf die Gesellschaft einwirken könne. Nach und nach vollzieht Leopardi eine schmerzhafte Wende von seinem anfänglichen Idealismus zu einem sich rasch vertiefenden materialistischen Pessimismus, der auch das Verhältnis von Ursache und Wirkung umkehrt: Die Literatur ist, wie er jetzt einsieht, nicht imstande, die nach seiner Meinung von der ratio und der Zivilisation in der Geschichte angerichteten Schäden zu beseitigen; es sind im Gegenteil diese unheilbaren, konkret vorhandenen gesellschaftlichen Fehlentwicklungen, die die Literatur zwingen, die negativen Zustände widerzuspiegeln, unter Zerstörung der schöpferischen Phantasie und Einbildungskraft. So vermag nun die ästhetische Reflexion dem jungen Leopardi keinerlei Hoffnung mehr zu bieten. Sein Blick wendet sich vom Ästhetischen auf das Gesamtgesellschaftliche und nimmt mit rücksichtsloser Schärfe die zeitgenössische, ihm so widerwärtige, weil weit von seinen Idealen entfernte Wirklichkeit wahr. Zugleich gewahrt er sich selbst mit verzweifelter Klarsicht als ein kranker und hoffnungsloser Dichter, als ein unheilbar in seiner Zeit Entfremdeter, als ein Verdammter; und diese Verzweiflung macht sich schon auf den ersten Blättern seines Tagebuchs in einer Klimax von Negationen Luft: »Alles ist nichtig in der Welt, auch meine Verzweiflung ... Ich Elender, nichtig und ein Nichts ist auch dieser mein Schmerz, der nach einer gewissen Zeit vergangen und vernichtet sein wird, um mich in einer kosmischen Leere und in einer schrecklichen Gleichgültigkeit zurückzulassen, die mich unfähig machen wird, Schmerz zu empfinden« (*Zibaldone* 72; nicht näher datierter Eintrag von Juli/August 1817).

Aus der Unzufriedenheit mit der Gesellschaft seiner Zeit und dem tiefgreifenden Pessimismus seiner Weltanschauung, der sich rasch von einem anfänglich historischen zu einem kosmischen ausweitet, entstanden auch die *Operette morali*, geschrieben »um sich an der Welt und fast auch an der Tugend zu rächen«, wie ihr Autor im September 1820 dem Freund Giordani schreibt. Es handelt sich um vierundzwanzig kleine Prosastücke und Dialoge, von denen vierzehn 1824 und der Rest zwischen 1825 und 1832 verfaßt wurden. Leopardi besorgte insgesamt drei Ausgaben: eine erste 1827 mit zwanzig Texten, eine zweite vermehrte und veränderte 1834 und die definitive in Neapel 1836, von der indes nur der erste Band erscheinen konnte, weil der zweite von der bourbonischen Regierung verboten wurde (das vollständige Werk erschien erst 1845). Mit den *Operette* wollte Leopardi nach dem Muster der Dialoge Lukians nicht nur amüsante Satiren schreiben, sondern auch die Gebrechen seiner Zeit geißeln: Über die Unterhaltung hinaus sollten diese Satiren gesellschaftlich nützlich sein, imstande, »sein armes Vaterland und Jahrhundert aufzurütteln«. Mit einer Schar ausgewählter, symbolhaft-emblematischer Figuren, die teils der Literatur, teils dem Mythos, teils der Geschichte entstammen, werden die Schwächen der Zeit und der Zeitgenossen kritisiert, falsche Moral enttarnt, gutgläubiger Optimismus parodiert und verlogene Ideologien bloßgestellt, aber stets so, daß die »miseria hominis«, das Elend des Menschengeschlechts, das unausweichliche, schicksalhafte Unglück einer jeden menschlichen Existenz im Mittelpunkt bleibt. Gleich das erste Werkchen, die *Storia del genere umano*, eröffnet in kosmischer Perspektive das große Thema der von Unglück und Tod bedrohten Menschheit. Im *Dialogo della moda e della morte* treten die beiden Schwestern »moda« und »morte«, d. h. Mode und Tod auf, die Töchter der Vergänglichkeit, und stellen ironisch fest, daß sie das gleiche Ziel haben, nämlich beständig die Welt zu erneuern, nur daß die Mode sich an Kleidung und Frisuren, der Tod dagegen an die Leiber der Personen halte. Auch der *Dialogo di Malambruno e di Farfarello* und der *Dialogo della natura* etwa verfolgen das Thema des dem Menschen unerreichbaren Glücks. Der *Dialogo di Torquato Tasso e del suo Genio familiare* steht im Zeichen der Gewissensqualen Tassos und seiner Fragen nach dem Sinn des Lebens; der hochpoetische *Dialogo di Cristoforo Colombo e di Pietro Gutierrez* entfaltet im nächtlichen Zwiegespräch auf dem Schiff inmitten der Unendlichkeit des Ozeans Grenzfragen um Leben und Tod; der *Elogio degli uccelli* stellt den Frohsinn und das fröhliche Zwitschern der Vögel dem Lachen der Menschen gegenüber, das nur Ausdruck einer vorübergehenden geistigen Verwirrung sei; in *Il Parini ovvero della gloria* handelt der Autor von der Vergänglichkeit des irdischen, insbesondere des dichterischen Ruhms und ruft dazu auf, das Schicksal, wie auch immer es beschaffen sei, mit Großmut (»con animo forte e grande«) zu ertragen. Und so geht es immer weiter, in der beabsichtigten Mischung von Dichtung und Philosophie, des Schönen und des Wahren, durchwirkt von kompromißlosem Pessimismus und beißender, oft grotesker Ironie. Diese zeigt sich etwa, wenn im *Dialogo della natura e di un'anima* die Natur einleitend zur Seele sagt: »Lebe, sei groß und unglücklich« – und die Seele am Schluß die Natur bittet, ihren Tod »so rasch wie möglich herbeizuführen«; oder wenn im *Dialogo di un Fisico e di un Metafisico* ausgeführt wird, daß die Menschen nur irrtümlicherweise den Wunsch haben können, im Leben zu verbleiben. Gerade am Beispiel des Naturbegriffs läßt sich die innere Entwicklung Leopardis nachvollziehen, indem aus der anfänglich idealen und idyllischen Natur in einem späteren Stadium eine kalt und ungerührt waltende und schließlich eine böse, lebenszerstörende Macht wird. Die einzelnen Texte bezeugen somit in ihrer zeitlichen Aufeinanderfolge das bedrohliche Heranwachsen eines absoluten und kosmischen, das Leben insgesamt verneinenden Pessimismus in der Seele des Autors. Die Veröffentlichung der *Operette* löste denn auch harsche Reaktionen aus, und selbst der alte Graf Monaldo legte seinem Sohn nahe, einige Stellen des Werkes zu überarbeiten, das 1850 von der kirchlichen Zensur auf den Index gesetzt wurde.

3. *Die »Canti« und das Ende des Wegs*

Die *Canti* repräsentieren nicht nur das wichtigste lyrische Werk des italienischen Ottocento und eine Höchstleistung der Weltlyrik, sondern in ihrer Verbindung philosophischer, anthropologischer und ästhetischer Motive zugleich den kühnen und einsamen Weg ihres Autors mit all seinen Krisen und Verzweiflungen von etwa 1819 an. Dieser Weg führte in eine Negativität, die den Dichter seiner patriotisch hochgestimmten und fortschrittsgläubigen Epoche vollends entfremdete, ihm zugleich aber eine große Aktualität für das nachfolgende 20. Jahrhundert sicherte. Eine erste Auflage seines Werkes besorgte der Autor 1831 in Florenz, eine zweite 1835 in Neapel; die definitive, 41 Texte umfassende und »nach den letzten Absichten« des Autors von dem Freund Antonio Ranieri besorgte Ausgabe erschien 1845 in Florenz. Eine von dem Dichter noch vorbereitete Pariser Ausgabe erschien dagegen nicht mehr. In der definitiven Fassung sind die zwischen 1816 und 1836, also in einem Zeitraum von zwei Jahrzehnten entstandenen Texte nicht nach chronologischen, sondern nach thematischen und ästhetischen Kriterien angeordnet. Auf diese Weise entstanden einzelne, in sich mehr oder weniger kohärente Gruppierungen oder »Zyklen«, die als unwiederholbare Momente eines Bewußtseins zu würdigen sind, jedoch erst im Zusammenhang der übergreifenden Gesamtentwicklung des Dichters und Philosophen ihren eigentlichen Ort und ihre volle thematische und ästhetische Schlüssigkeit finden. Ein relativ frühes, stark von politisch-vaterländischen Motiven geprägtes Stadium verkörpern die im Herbst 1818 entstandenen Gedichte *All'Italia* und *Sopra il monumento di Dante che si preparava in Firenze*, die, noch unter dem Einfluß Alfieris und der Neoklassizisten, mit hoher Rhetorik die Geschicke Italiens beklagen. Als Zyklus erkennbar ist eine zwischen 1819 und 1821 entstandene Gruppe von Gedichten, wegen ihrer idyllischen (oder scheinbar idyllischen) Themen *Idilli* genannt. Dazu gehören *L'infinito*, *Alla luna*, *La sera del dì di festa*, *La vita solitaria* und *Il sogno* (sowie auch das Fragment XXXVII). Inhalt dieser Idyllen sind indes kaum ländliche Szenen von heiterem und beschwingtem Lebensgenuß, vielmehr sind sie alle durchdrungen von ernster Meditation und bohrenden Fragen nach dem Sinn des Lebens und des ganzen Kosmos. Ein berühmtes Beispiel hierfür ist das in allen Lyrik-Anthologien geführte *L'infinito* von 1819, in dem zeitliche und räumliche Nähe und Ferne, das bewegte, geräuschhafte Leben der umgebenden vergänglichen Natur und die unbewegte Ruhe des zeitlosen und unendlichen Weltalls sich im Geist des meditierenden und erschaudernden Dichters zum lyrischen Glücksmoment eines ins Übermenschliche gesteigerten Empfindens und Denkens verdichten, das in der grenzenlosen Weite des Kosmos zu versinken scheint:

> ... Così tra questa
> Immensità s'annega il pensier mio:
> E il naufragar m'è dolce in questo mare.

575

Das reimlose, traditionelle metrische Formen überwindende und in seinem lautlichen und gedanklichen Duktus sowie seinen zahlreichen Zeilensprüngen hochmusikalische Gedicht belegt in seinen Hauptmotiven zugleich die Nähe des jungen Leopardi zum Empfinden der Romantik, von der er sich in theoretischen Auslassungen indes wiederholt distanzierte. Dunklere, teilweise schon in früheren Texten präludierte Motive tauchen in der Kanzone *Ad Angelo Mai* (1820) auf, die bereits den geschichtlichen Pessimismus, die ekelerregende Gegenwart (»questo secol morto, al quale incombe/tanta nebbia di tedio«), die Hoffnungslosigkeit der Zukunft, die Untauglichkeit der Wissenschaft usw. mit herben Akzenten thematisiert und dabei erneut die große Vergangenheit Italiens, vor allem in Gestalt von Petrarca und Tasso, heraufbeschwört. Einen entscheidenden Schritt in die Richtung der Desillusion tut auch der *Bruto minore* (1821). Auch diese Kanzone kontrastiert die Epoche der alten »italica virtute« mit der gemeinen und feigen Gegenwart. Dem glücklichen Zeitalter der unverdorbenen Natur wird das ruchlose Treiben (»empio costume«) der Vernunft gegenübergestellt, die den ursprünglichen Glückszustand zerstörte und das Leben jämmerlich und dürftig machte. Auch der Blick in die Zukunft gewährt keine Hoffnung:

> ... In peggio
> Precipitano i tempi; e mal s'affida
> A putridi nepoti
> L'onor d'egregie menti e la suprema
> De' miseri vendetta ...

So aber bleibt dem revoltierenden Individuum nichts anderes übrig, als in heroischem Entschluß sich selbst zu töten und damit das unwerte Leben zurückzugeben. – Das Motiv des Selbstmordes bzw. der Lebensverweigerung zieht sich wie ein roter Faden durch die meisten der späteren *Canti*. Einen ergreifenden Ausdruck erreicht es in dem *Ultimo canto di Saffo* (1821), wo die Selbsttötung zum einzigen Mittel erhoben wird, sich einem zufällig auferlegten, unerträglichen Schicksal zu entziehen:

> Morremmo. Il velo indegno a terra sparto,
> Rifuggirà l'ignudo animo a Dite,
> E il crudo fallo emenderà del cieco
> Dispensator de' casi ...

Der quälende, nur durch flüchtige Augenblicke imaginären Glücks in erträumten Liebesbeziehungen oder ländlichen Idyllen dann und wann erhellte Weg Leopardis in den Pessimismus erreicht seinen wohl tiefsten Punkt in dem kurzen, nur sechzehn Verse umfassenden Gedicht *A se stesso* (zwischen 1833 und 1835), Ausdruck der absoluten Verzweiflung und Verweigerung. Hier gewinnt der zunächst gesellschaftsbezogene Pessimismus kosmische Dimensionen und die Revolte gegen die unerträgliche Lebenswelt titanische Ausmaße. Der in seiner absoluten Illusionslosigkeit nur noch zu sich selbst sprechende Dichter erreicht mit diesem Gedicht (das den sogenannten Aspasia-Zyklus abschließt) eine der radikalsten Negationen, die das 19. Jahrhundert je hervorgebracht hat:

> Or poserai per sempre,
> Stanco mio cor. Perì l'inganno supremo,
> Ch'eterno io mi credei. Perì. Ben sento,
> In noi di cari inganni,
> Non che la speme, il desiderio è spento.
> Posa per sempre. Assai
> Palpitasti. Non val cosa nessuna
> I moti tuoi, né di sospiri è degna
> La terra. Amaro e noia
> La vita, altro mai nulla; e fango è il mondo.
> T'acqueta ormai. Dispera
> L'ultima volta. Al gener nostro il fato
> Non donò che il morire. Omai disprezza
> Te, la natura, il brutto
> Poter che, ascoso, a comun danno impera,
> E l'infinita vanità del tutto.

Hier werden nun alle Lebensbereiche: das eigene müde Herz, die persönlichen Illusionen (»cari inganni«), Religion und Unsterblichkeitsglaube (»inganno estremo«), die geschichtliche Welt (»mondo«), und vor allem die rohe Natur (»il brutto poter«) in der heroisch-verächtlichen Absage der Schlußzeile, in der »unendlichen Nichtigkeit von allem« zusammengefaßt und für immer abgeurteilt; und der Tod ist die einzige Gewißheit, die aus dem totalen Nichts herausragt.

Es war dies nicht das letzte Gedicht, wohl aber das letzte Wort Leopardis. Positives oder gar Tröstliches wird auch in den wenigen später entstandenen *Canti* nicht mehr formuliert. Das gilt auch für eine seiner letzten und zugleich schönsten und inhaltsschwersten Dichtungen, das in freien Strophen mit elf- oder siebensilbigen Versen verfaßte Gedicht *La ginestra o il fiore del deserto*. Im Hinblick auf die Nichtigkeiten und Bedrohungen

577

eines nicht lebenswerten Lebens entwickelt hier der Dichter zwar den Gedanken einer Solidarisierung der »umana compagnia« im heroischen Kampf gegen das blinde Schicksal und die ruchlos zerstörende Natur. Doch werden alle negativen Motive in gesteigerter Form wiederholt: den sarkastischen Spott auf den Fortschritt von Geschichte und Wissenschaft, auf die Mittelmäßigkeit der Gegenwart, auf die Trugbilder der Freiheit und der Vernunft, und die Anprangerung der grausamen und vernichtenden Natur, der »Stiefmutter« der Menschheit. Eben diese unbarmherzige Natur vertrieb auch den an Wassersucht, Asthma und anderem leidenden Dichter aus Neapel, wo er sich des milden Klimas wegen hinbegeben hatte, als nämlich dort 1836 eine Cholera-Epidemie ausbrach. Im April dieses Jahres flüchtete er, begleitet von dem Freund Antonio Ranieri und dessen Schwester Paolina, in die Villa Ferrigni am Fuße des Vesuvs. Im Feburar 1837 in die Stadt zurückgekehrt, starb er dort im Beisein der beiden am 14. Juni und wurde in der Kirche San Vitale an der Straße nach Pozzuoli bestattet.

Leopardis Dichten und Denken läßt keine Hoffnung offen und weist keine Wege in eine erneuerte, bessere gesellschaftliche Zukunft. Leopardi steht für eine Welt, die zu Ende geht. Was ihm blieb, war der heroische Widerstand gegen Natur und Schicksal – und der Tod. Nach und neben dem Ideal der Antike anerkannte er nur das Cinquecento als »wahres und einziges Goldenes Zeitalter« und zugleich als »Gipfel unserer Literatur«. Er paßte nicht in seine Zeit und war sich dessen schon früh bewußt. »Gehen Sie davon aus, daß meine Philosophie (wenn Sie sie mit diesem Namen beehren wollen) nicht von der Art ist, die in diesem Jahrhundert geschätzt wird und Gefallen findet«, schrieb er im März 1826 an Giampietro Vieusseux, der ihn eingeladen hatte, an der *Antologia* mitzuarbeiten. Dennoch hat sein Dichten und seine Lebensphilosophie eine unerhörte Nachfolge gefunden. Mit seinem bohrenden Pessimismus und dem tragenden Motiv der »noia« und des »tedio«, des angeödeten Lebensüberdrusses und des Ekels, begründete er maßgeblich eine breite Strömung pessimistischen Denkens, das in Schopenhauer und Nietzsche die philosophisch wohl bedeutsamsten Ausprägungen erreichte, doch darüber hinaus von zahlreichen Dichtern und Intellektuellen des 19. Jahrhunderts von Byron über Flaubert bis zu Maupassant, Svevo und anderen in vielfältigen Themen und Einzelmotiven eines unheilbaren »ennui« und einer resignierenden Lebensuntauglichkeit aufgegriffen und weiterentwickelt wurde. Über die dekadente Fin-de-siècle-Stimmung der Jahrhundertwende hinweg strömte diese Haltung auf breiter Grundlage in die Literatur des zwanzigsten Jahrhunderts ein, in die Negativität der Moderne, um dort etwa in Pirandellos *Uno, nessuno e centomila*, in Sartres *Der Ekel* oder in Moravias *La noia* bedeutsame, epochentypische Gestaltungen

578

zu finden. Als Lyriker ist Leopardi ein leuchtender Stern, dessen Glanz bis heute unvermindert strahlt. Sein Freund Giordani und nach ihm De Sanctis waren die ersten Italiener, Sainte-Beuve und Schopenhauer unter den ersten Ausländern, die ihn bewunderten und seinen anhaltenden literarischen Ruhm begründeten.

VII. INTELLEKTUELLE UND SCAPIGLIATI

1. Die Intellektuellen in der neuen Gesellschaft

Während sich die italienischen Intellektuellen des 18. Jahrhunderts in aufklärerischem Engagement den einzelnen Aspekten des Fortschritts der Menschheit in einer im wesentlichen kosmopolitischen Orientierung widmeten, wandten sich im 19. Jahrhundert mit dem Erwachen des Nationalismus und im Zuge eines immer zuversichtlicher und entschlossener geführten Kampfes um die politische Befreiung und Einigung des Landes immer mehr Intellektuelle den aktuellen Fragen der Landespolitik und den Ereignissen des nationalen Befreiungskampfes zu. Das ganze Jahrhundert hindurch gab es jedoch neben den politisch interessierten Literaten eine ungewöhnlich große Schar von politischen Schriftstellern, die sich theoretisch oder aktiv in die nationale Politik einließen. Zu ihnen gehören neben den älteren Melchiorre Gioia (1767–1829), Vincenzo Cuoco (1770–1823) und Raffaello Lambruschini (1788–1873) etwa Angelo Brofferio (1801–1866), Atto Vannucci (1810–1883), Cesare Correnti (1815–1888), Ruggiero Bonghi (1826–1895) und viele andere. Auch die Geschichtsschreibung wandte sich in den Werken von Carlo Troya (1784–1858), Cesare Balbo (1789–1853), Gino Capponi (1792–1876), Giuseppe Ferrari (1811–1876), Carlo Pisacane (1818–1857) und anderen verstärkt der nationalen Geschichte Italiens zu, mit direktem oder indirektem Bezug zum aktuellen politischen Geschehen.

Das Spezifische der Epoche wird jedoch vor allem darin sichtbar, daß politische Schriftsteller nicht nur über Politik, sondern zugleich mit großem nationalen Engagement auch über die italienische Kultur, über Literatur und die schönen Künste, über Theologie, Philosophie und einzelne Wissenschaften schrieben, welche Bereiche gerade von den bedeutenderen Geistern als die tragfähigen Säulen des jungen Nationalbewußtseins und der politisch-gesellschaftlichen Erneuerung Italiens erkannt und propagiert wurden. Vor allem drei Schriftsteller waren es, die um die Jahrhundertmitte im Rückgriff auf die große Vergangenheit des Landes, dabei allerdings mit unterschiedlichen politischen Orientierungen und Akzenten, die Grundlagen für ein neues Nationalbewußtsein und für eine neue politische Kultur in Italien gelegt haben, nämlich Giuseppe Mazzini, Vincenzo Gioberti und Carlo Cattaneo. GIUSEPPE MAZZINI (1805–1872; vgl. auch S. 511 und 540), ein von frühen jansenistischen Einflüssen geprägter, vielseitig gebildeter Genuese, der in seiner Heimatstadt Philosophie, Literatur und Medizin studierte und schließlich in den Rechtswissenschaften seine Laurea machte, begann seine schriftstellerische Karriere mit literaturkritischen Beiträgen im »Indicatore Genovese« und im »Indicatore Livornese«, bevor er schon kurz darauf (1830) wegen seiner Kontakte zur »Carboneria« festgenommen und zu Festungshaft verurteilt wurde. Ab 1831 lebte er im europäischen Exil, dann und wann heimlich oder unter Decknamen nach Italien zurückkehrend, um wichtige Zusammenkünfte oder militärische Aktionen zu organisieren, unermüdlich mit fast religiösem Eifer um sein Ideal eines geeinten demokratischen Italiens kämpfend. 1831 gründete er in Marseille die »Giovine Italia«, 1834 von der Schweiz aus die »Giovine Europa«, 1848 in Paris die »Associazione nazionale italiana«, 1850 in London den »Comitato democratico europeo«. Von London aus organisierte er auch laufend Aufstände in Italien, so den von Mailand 1853 und den von Genua 1857. In zahlreichen, flammenden Appellen rief er gleichzeitig die Italiener zum Kampf für die Republik auf. Seine bedeutsamen Untersuchungen zur italienischen und europäischen Literatur, darunter auch zu Schiller, Goethe, Lessing sowie vor allem seine Schriften *Sopra alcune tendenze della letteratura europea nel XIX. secolo* und *D'una letteratura europea* (beide 1829), beruhten auf einem utilitaristischen und romantischen Kunstkonzept, nämlich auf der Überzeugung, daß Kunst und Literatur als höchster Ausdruck menschlichen Denkens am ehesten geeignet seien, die Menschen zu einem friedvollen, gesamteuropäisch orientierten, demokratischen Zusammenleben zu erziehen. Kunst war in diesem Sinne für Mazzini stets eine religiöse Mission: »L'art peuple; l'art prêtre; l'art religion; voilà ce que nous cherchons«, lautet einer seiner programmatischen Sätze, und ein anderer: »L'arte, ispirata al sentimento del collettivo, è sacerdozio d'educazione alle generazioni che sorgono« (»Die Kunst, die sich am Gefühl des Kollektivs inspiriert, hat eine priesterliche Erziehungsaufgabe in bezug auf die künftigen Generationen«); oder noch dezidierter: »Dichtkunst ist das Bewußtsein einer künftigen Welt«. Mazzinis Utopie von einem geeinten demokratischen Italien ging indes nicht in Erfüllung, statt dessen mußte er die Gründung der Monarchie unter Führung Cavours und des Hauses Savoyen erleben. Unermüdlich für sein demokratisches Ideal weiterkämpfend und daher auch politisch weiter verfolgt, starb er schließlich im März 1872 in Pisa, wo er sich unter dem Decknamen Joseph Brown aufhielt.

Schon in den vierziger Jahren, insbesondere nach dem tragischen Scheitern des Aufstands der Brüder Bandiera (1844), und nach der blutigen Niederschlagung des Mailänder Aufstands von 1853 begann der Stern von Mazzinis Popularität zu sinken. Großen Zulauf erhielt nach diesen Ereignissen der gemäßigte Block, der seinen bedeutendsten Vertreter in dem vielseitig gebildeten Turiner Abt und Hofkaplan VINCENZO GIOBERTI (1801–1852) hatte und seine politischen Ziele nicht durch Revolution, sondern durch Evolution und Reformen zu erreichen suchte. Gioberti, im Unterschied zum antikurialen Mazzini treuer Anhänger des Papsttums, allem Rationalismus abgeneigt, den Ideen des Übernatürlichen und der Offenbarung zugetan und daher auch in seinem politischen Denken oft weltfremden Träumen erlegen, hatte zunächst in seiner Schrift *Del primato morale e civile degli italiani* (1843) die Utopie einer Föderation der italienischen Staaten unter Vorsitz des Papstes und unter Ausschluß Österreichs entworfen, bevor dann der Krieg von 1848/49 solchen Ideen ein schmerzliches Ende setzte. In einer weiteren der insgesamt wichtigsten seiner Schriften, *Il rinnovamento civile d'Italia* (1851), während seines zweiten Pariser Exils (1849–52) geschrieben, schlug er demgegenüber die Errichtung eines italienischen Einheitsstaates nach Vertreibung der Österreicher unter der Führung Piemonts und des italienischen Volkes (»plebe«) als der politisch aktivsten und kreativsten Schicht vor; insgesamt ein recht konkretes, realitätsnahes und ideenreiches Programm, das u. a. von Cavour studiert wurde und praktisch als Ausgangsbasis für den in den folgenden Jahren erkämpften Nationalstaat dienen konnte.

Der Mailänder CARLO CATTANEO (1801–1869) schuf sich zuerst durch das von ihm 1839 gegründete und bis 1845 (und später nochmals von 1859–62) herausgegebene »Politecnico« ein wichtiges Organ der gesellschaftspolitischen und kulturellen Einflußnahme auf seine Zeitgenossen. Das »Politecnico« wollte sich, wie die erste Nummer kundtut, »zum Interpreten und Mittler zwischen den Betrachtungen einiger weniger und den Gewohnheiten der vielen« machen, verfolgte also eine zugleich aufklärerische und romantische Zielsetzung. Die Betonung lag auf den Naturwissenschaften, insbesondere auf den angewandten, und damit auf dem gesellschaftlichen Fortschritt. Aus seiner wissenschaftlichen, überregionalen und europäischen Blickrichtung heraus gelangte Cattaneo zu einer kritischen Bewertung einzelner Tendenzen der romantischen Kunst wie Ästhetizismus, Mystizismus, Verklärung des Mittelalters, Überschwang der Phantasie und stilistischer Manierismus. Demgegenüber forderte er eine »männliche« Kunst, die alles in sich vereinen sollte, das Wahre und das Wunderbare, die Realitäten und die Visionen, eine Kunst also, die den romantischen Totalitätsanspruch aufrecht erhielt. Cattaneo, der eine große Zahl gelehrter Schriften zu Naturwissenschaft, Kunst, Geschichte, Wirtschaft und zu praktischen Fragen der Gegenwart vorlegte, nahm auch zur Frage der Nationalsprache Stellung und forderte auf den Spuren Dantes (und im Sinne von dessen *De vulgari eloquentia*) die Bildung einer »lingua comune« aus geeigneten Elementen des Toskanischen und der anderen Dialekte; mit dem Blick auf die sprachliche Vielfalt der Halbinsel formulierte er als einer der ersten (und vor G. I. Ascoli) eine Substrattheorie. In politischer Hinsicht hing Cattaneo zunächst dem föderalistischen Gedanken an: Das Lombardo-Veneto, seine Heimat, sollte zunächst im Rahmen einer habsburgischen Staatenföderation eine relative Unabhängigkeit finden, um dann später in einem italienischen Staatenbund völlig frei zu sein, weswegen sich Cattaneo auch von allen konspirativen Handlungen fernhielt. Später vollzog er jedoch eine Wende zu rein republikanischen Zielsetzungen, für die er jetzt auch die Revolution akzeptierte, und war daher nach dem Scheitern der republikanischen Ideen ebenso enttäuscht wie Mazzini, mit dem er in späten Jahren Freundschaft schloß.

2. *Die Scapigliatura*

Nach jahrzehntelangem patriotischem Eifer und politischem Aktionismus breitete sich in Italien etwa ab 1860 ein Klima zunehmender Desillusion und der Verunsicherung aus. Der lange Prozess des Risorgimento war zu diesem Zeitpunkt im wesentlichen abgeschlossen (auch wenn noch einzelne Kampfhandlungen folgten), und die Intellektuellen waren sich dessen bewußt. Sie sahen sich nun ihrer patriotischen Aufgabe und ihrer Funktion als Wortführer des nationalen Anliegens entledigt und standen einer veränderten, krisengeschüttelten Gesellschaft mit einem erstarkenden Bürgertum und einem rasch anwachsenden Proletariat gegenüber, in der unterzukommen ihnen immer schwerer fiel. Die Folge davon war, daß viele von ihnen sich in der neuen italienischen Gesellschaft als Entwurzelte, Marginalisierte, als Verfremdete oder Verfemte, als »maudits« empfanden. Die Gründe für das nach und nach alle gesellschaftlichen Schichten ergreifende Unbehagen reichten jedoch tiefer und lagen sowohl im ideologischen als auch im sozialen und wirtschaftlichen Bereich. Die großen vaterländischen und religiösen Ideale aus der Phase der patriotischen Begeisterung ließen sich nicht weiter bewahren, sondern mußten einer jähen und tiefen Ernüchterung Platz machen. Kaum nämlich war der neue Einheitsstaat in seinen wesentlichen Elementen hergestellt, sah man sich mit den schwersten gesellschaftlichen und ökonomischen Problemen konfrontiert. Die bitterste Erkenntnis war die einer ungeheuren gesellschaftlichen, wirtschaftlichen und kulturellen Rückständigkeit Italiens (vgl. S. 512). Die Entwicklung zur modernen kapitalistischen Industriegesellschaft kam auf der Halbinsel nur mühsam und nur in einigen Regionen des Nordens voran. Aber selbst dort, wo diese Entwicklung stattfand, schuf sie, u. a. durch das Aufkommen des Proletariats, neue Probleme; sie zerstörte alte Strukturen und Werte, an deren Stelle nur schwer etwas Neues zu setzen war. Der weitaus größere Teil des Landes und fast die gesamte Landbevölkerung lebte in einer entsetzlichen Armut und Rückständigkeit, die wiederholt zu Aufständen führte. Auch eine Linksregierung, die 1876 an die Macht kam, brachte keine Besserung, und die nachfolgende Ära Crispi (1887–96) war innenpolitisch durch ein strenges, »preußisches« Regime und durch rücksichtslose Unterdrückkung der Volksbewegungen gekennzeichnet (vgl. S. 512).

Eine Schar von überwiegend norditalienischen Schriftstellern war es, die Desillusion und Verunsicherung am deutlichsten artikulierten, ja die zum Teil mit rücksichtsloser Schärfe die sozialen Mißstände denunzierten. Ihre nur locker zusammenhängende Gruppe ging unter dem Namen »Scapigliatura« in die Literaturgeschichte ein. Der Ausdruck »Scapigliatura«, Sammelbegriff für eine Schar von »Scapigliati« (wörtlich: »Zerzauste«), leitete sich her von dem Roman *La scapigliatura e il 6 febbraio. Un dramma in famiglia: romanzo contemporaneo* (Mailand 1862), einer Art Gesellschaftsroman, in dem Cletto Arrighi das antibürgerliche, unangepaßte und provozierende Treiben der jungen Künstler und Literaten von Mailand, also die Mailänder Künstlerbohème, vor dem Hintergrund der Arbeiterrevolte von 1853 beschrieben hatte. Dabei ließ er sich u. a. von dem 1851 erschienenen Roman *Scènes de la vie de bohème* des Henry Mürger inspirieren. Die »Scapigliati«, die meisten von ihnen der Mailänder und Turiner Künstlerszene angehörend, entwickelten keinerlei konkrete Kunstprogrammatik oder kohärente kunsttheoretische bzw. poetologische Grundlagen. Schon aus diesem Grunde kann man die »Scapigliatura« nicht als Künstlerschule und erst recht nicht als »Avantgarde« bezeichnen. Der gemeinsame Nenner, der die »Scapigliati« verband, war der des Protestes und der Reaktion gegen die als steif und akademisch angeprangerte Kunsttradition Italiens, als deren wichtigste Exponenten ihnen Manzoni und Verdi erschienen, und gegen das zunehmend erstarkende Bürgertum mit seinen als behäbig, rückständig und unmoralisch empfundenen Lebensformen. Ein großer Teil dieses Protests wurde durch eine demonstrativ unangepaßte, provozierende oder bohèmehafte Lebensführung vorgetragen oder machte sich in spektakulären Aktionen Luft, in denen die »Scapigliati« als Bürgerschreck auftraten. Soweit sich die »Scapigliati« in literarischen Texten artikulierten, verlief ihre Reaktion gegen Kunsttradition und bürgerliche Gesellschaft im wesentlichen in zwei Hauptrichtungen: Die erste davon zielte auf eine Steigerung der subjektiven und der formal-stilistischen Elemente des Textes. Exzentrischer Individualismus in Inhalt, Stil und Metrik, Betonung der freien Kreativität der Phantasie, nicht-konforme, ausgefallene Themen, auch aus dem makabren, pathologischen und magischen Bereich, Wiedergabe von seltenen Sinneseindrücken oder von Grenzerfahrungen, dekadente Stimmungen, morbide Erotik, Lockerung oder Auflösung traditioneller literarischer Formen und Erweiterung und Bereicherung der als zu eng empfundenen Literatursprache Manzonis sind einige Merkmale dieser Tendenz. Die andere Richtung der »Zerzausten« artikulierte ihren Protest nicht in Beschreibungen exzentrischer Gefühle oder morbider Schönheiten, sondern konzentrierte sich in denunzierender Absicht auf eine möglichst realitäts- und detailgetreue Wiedergabe der gesellschaftlichen Zustände ihrer Zeit. Vor allem mit Prosatexten versuchte man in diesem Sinne eine dokumentarische, »realistische« Beschreibung der gesellschaftlichen Wirklichkeit, die die einzelnen gesellschaftlichen Schichten nicht nur in ihrem Ambiente, sondern auch in ihrem Sprachverhalten ungeschminkt darstellen sollte. (Nicht zufällig begann man damals in Italien den Begriff »Realismus« zu diskutieren, der zunächst eine rein polemische Bedeutung hatte, bevor er etwa ab Mitte der siebziger Jahre eine literaturtheoretische Akzeptanz und Konkretisierung erfuhr). Zu beachten ist, daß beide Tendenzen nicht voneinander zu trennen sind, und sich oft im Werk ein und desselben Autors überlagern.

Hiermit wird zugleich deutlich, daß die »Scapigliatura« in ihrer Gesamtheit ein wichtiges literaturgeschichtliches Bindeglied zwischen der Romantik und den literarischen Richtungen des Jahrhundertendes darstellt. Mit dem ersten ihrer obengenannten Hauptstränge schlägt sie eine Brücke zwischen Romantik und Symbolismus bzw. Dekadenz, mit dem zweiten Strang eine Verbindung zwischen Romantik und den späteren realistischen Prosaformen, also zu Naturalismus und Verismus.

Zur Mailänder »Scapigliatura« gehörten neben dem schon erwähnten Cletto Arrighi als wichtigste Autoren Giuseppe Rovani, Emilio Praga, Iginio Ugo Tarchetti, Arrigo Boito, Carlo Dossi und für kurze Zeit auch der junge Verga. Zur weniger ausgeprägten Piemontesischen »Scapigliatura« (mit den Zentren Turin und Genua) rechnet man u. a. Giovanni Faldella und Achille Giovanni Cagna. Ein Nachfahre der lombardischen »Scapigliatura«, auch als Repräsentant einer »seconda scapigliatura lombarda« eingeordnet, war Gian Piero Lucini, der mit seinen Lebensdaten (1867–1914) jedoch bereits in eine andere Epoche weist. Kennzeichnend für die meisten »Scapigliati« war ihre starke Orientierung an der Literatur des europäischen Auslands. Zu ihren wichtigsten Vorbildern zählten die dämonisch-phantastischen Werke E. T. A. Hoffmanns und Jean Pauls; letzterer war damals in Italien besonders populär und fungierte geradezu als Paradigma für die Erzähler der »Scapigliatura«. Große Beachtung fanden Sterne und Poe, Dickens und Thackeray. Auch der junge Heine wurde bewundert und nachgeahmt, und aus der französischen Literatur neben Musset und Nerval vor allem Baudelaire mit der Stadtpoesie und der lasziven Erotik seiner *Blumen des Bösen,* und nicht zuletzt Victor Hugo, der als der große demokratische Dramaturg, Lyriker und Romancier galt. Stark beachtet wurden auch die Romane Zolas sowie die französische Trivialliteratur der Epoche, die Liebes- und Abenteuerromane von Alexandre Dumas Vater, Paul de Kock, Eugène Sue und George Sand, um nur die wichtigsten zu nennen. Hauptvermittler zwischen der europäischen Literatur und Italien bzw. den italienischen Intellektuellen war übrigens zu dieser Zeit Eugenio Camerini (1811–1875), ein unermüdlicher Publizist und Kritiker, der viele ausländische Werke in Italien vorstellte und verbreiten half.

Der vielleicht typischste Vertreter der Mailänder »Scapigliatura« war CLETTO ARRIGHI (1830–1906; der Name ist eine anagrammatische Form von Carlo Righetti), der neben dem schon erwähnten Roman noch zahlreiche Komödien, Prosawerke und kritische Beiträge schrieb. Sein gesamtes Werk war in einer ungewöhnlich kohärenten und entschiedenen Weise der Revolte gegen die Tradition verschrieben. Beispielhaft dafür war etwa die respektlose Parodie Manzonis mit dem Titel *Gli sposi non promessi: parafrasi contrapposta ai ›Promessi sposi‹* (1863). In seiner *Cronaca grigia* (1862–82) erregte er mit ironischen, bissigen und skandalträchtigen Beiträgen über das Leben in Mailand und über die Mailänder Parlamentarier immer wieder großes Aufsehen. Später ließ er sich dann im Fahrwasser von Zola, Dumas, Sue und anderen auch zu trivialen Produktionen herab, so etwa in *Nanà a Milano* (1880), *La canaglia felice* (1885) und in der Komödie *La sciora di Cameli* (1884), einer Nachahmung der bekannten *Kameliendame* von Dumas Sohn in Mailänder Dialekt.

Auch GIUSEPPE ROVANI (1818–1874) zählte zu den ersten Mailänder »Scapigliati«, in deren Kreis er als Genie und Meister gefeiert wurde. Doch hat neuere Kritik seit Croce diesen Mythos zerstört und nachgewiesen, daß

Rovani, der einige Romane hinterließ, für seine Gruppe weder bedeutsame literarische Leistungen noch theoretisch relevante Beiträge und Orientierungen, etwa in bezug auf das damals gern diskutierte Thema der Affinität der Künste, beigesteuert hat.

Die Ablehnung heimischer Traditionen und die Nachahmung ausländischer Autoren in literarischen Werken wie in der Lebensführung verkörperte in auffallender Weise der jung verstorbene Lyriker und Maler EMILIO PRAGA (1839–1875). Praga veranschaulicht zugleich in Leben und Werk den unwiderstehlichen Drang der »Scapigliati« zur Revolte und die letztliche Wirkungslosigkeit und Ausweglosigkeit dieses Protests. Er hielt nichts von den großen italienischen Dichtern und bewunderte und imitierte statt dessen die ausländischen Autoren: Baudelaire, dessen *Blumen des Bösen* bereits 1858 in Paris seine Aufmerksamkeit erregt hatten, Poe, Musset, Heine, von dem ihm der Kopf schwirrte und Hugo, den er als »unser aller Vater« rühmte. 1859 hatte Praga einige seiner Bilder ausgestellt und 1862 seinen ersten Lyrikband *Tavolozza* mit überwiegend beschaulichen, idyllischen Motiven vorgelegt, der ihm großen Ruhm einbrachte. Gemeinsam mit Boito unternahm Praga auch einige Theaterversuche, denen jedoch kein Erfolg beschieden war. Nach dem Tod des Vaters geriet Praga in große wirtschaftliche Not, ein Umstand, der seine Neigung zum Alkohol verstärkte und ihn in das elende und verkommene Leben eines Entwurzelten absinken ließ. Zeugnis davon legen seine nachfolgenden Gedichtbände ab: *Penombre* von 1864, *Fiabe e leggende* von 1867 und die späten, in dem Band *Trasparenze* postum veröffentlichten Gedichte. Hier erscheinen die von Baudelaire bekannten Motive und Stimmungen des »poète maudit«, die nun auch zu Hauptmotiven der sogenannten *scapigliatura maudite* werden: Krankheit, Alkohol, Neurosen, Halluzinationen, Rauschzustände, laszive Erotik, nudités, Wollust und Todesschauer – und zwischendurch immer wieder Ironisches, Ketzerisches und Widerborstiges gegen Tradition und etabliertes Bürgertum. Der literarisch wichtigere ist somit der »zweite Praga« nach *Tavolozza*, der dann in seinen späten Gedichten eine nochmalige Weiterentwicklung über die anfänglichen Haltungen der »Scapigliati« hinaus zur literarischen Dekadenz vollzieht. Bruch mit der Tradition und ständige innovatorische Suche kennzeichnen auch den lyrischen Stil Pragas: Ungewöhnlicher und provozierender Wortschatz, Einschübe gesprochener Passagen und Dialogpartien, Auflösung der Syntax und vor allem ein unermüdliches Experimentieren mit den metrischen Formen. Der Dichter, der in seinem Lebenswandel und im Alkoholkonsum das Vorbild Baudelaire auf unglückliche Weise nachahmte, starb, körperlich und geistig völlig heruntergekommen, im Alter von 36 Jahren. Er hinterließ u. a. einen unvollendeten Roman *Memorie del presbiterio – scene di provincia*, dessen Schreibweise im Unterschied zu seiner Lyrik eher dokumentarischen, naturalistischen und veristischen Tendenzen folgte.

Gehörte das literarische Engagement Pragas eindeutig der Lyrik, so das des IGINIO UGO TARCHETTI (1839–1869) ebenso eindeutig der Prosa. Tarchetti hatte den Vornamen Ugo zu Ehren Ugo Foscolos übernommen, den Camerini als einen der Urväter der »Scapigliatura« gepriesen hatte. Obwohl aus gutsituierter Familie stammend, hatte er freiwillig die Lebensform der Künstlerbohème bzw. des intellektuellen Proletariats gewählt und hielt sich notdürftig mit journalistischen und literarischen Publikationen über Wasser, bevor er, gesundheitlich völlig ausgezehrt, im Alter von nur dreißig Jahren seine Karriere abschloß. Tarchetti hatte zunächst den Roman *Paolina* (1865) vorgelegt, die Geschichte eines armen, tugendhaften Mädchens, das von einem charakterlosen Adligen verführt wird; ein Werk, das nur andeutungsweise Sozialkritik artikuliert und auch keine dokumentarisch-realistischen Erzählstrukturen oder konkretere gesellschaftskritische Motive entwickelt. In den Erzählungen der *Racconti fantastici* (1869) und denen von *Amore nell'arte* (1869) folgte Tarchetti Anregungen von Hoffmann, Poe, Nerval und Gautier, ohne jedoch seine Vorbilder auch nur annähernd zu erreichen. Inhaltlich drehen sich die meisten dieser Geschichten um pathologische bzw. psychologische Grenzfälle, wie sie auch in den Roman *Storia di una gamba* (1869) eingingen. Auch sein vielleicht bekanntester, nicht ganz vollendeter Roman *Fosca* (1869), den sein Freund Salvatore Farina zu Ende brachte, stellt einen pathologischen Fall in den Mittelpunkt, nämlich die junge neurotische, hysterische und extrem häßliche Fosca, die an ihrer Liebe zu Giorgio zugrunde geht. Dabei hatte Tarchetti wohl vor allem die dokumentarische Darstellungsweise der *Germinie Lacerteux* von Edmond und Jules de Goncourt vor Augen. Doch blieb er auch in diesem Fall weit hinter seinen Vorbildern zurück, sank inhaltlich immer wieder in seichtes Feuilleton ab und schrieb einen sprachlich uneinheitlichen, oft schlampigen Stil. Schließlich handelte noch der ebenfalls unvollendete, antimilitaristische Roman mit dem symptomatischen Titel *Una nobile follia; drammi della vita militare* (1866) von dem pathologischen Fall eines Doppelgängers, der als Geistesgestörter unverstanden unter den Menschen lebt, von sublimen Idealen träumt und eine neue, bessere Welt schaffen will.

Wie viele andere Intellektuelle gehörte auch ARRIGO BOITO (1842–1918) nur vorübergehend der »Scapigliatura« an. Erst nach langen Reisen durch Europa trat er 1862 in deren Kreis ein und arbeitete u. a. mit Emilio Praga zusammen. Aber schon 1875, nach dem triumphalen Erfolg seines *Mefistofele*, gehörte er als erfolgreicher Opernautor und später auch als Senator dem Mailänder Establishment an. In den folgenden Jahren wurde er vor allem als Librettist Verdis sowie durch seine langjährige, von 1887 bis 1898 andauernde und 1904 wieder erneuerte Beziehung zu Eleonora Duse bekannt. Als »scapigliato« machte sich Boito vorübergehend die Haltungen und Motive seiner zerzausten Freunde zu eigen: er wetterte gegen das grobe und materialistische Bürgertum und schrieb Gedichte mit bizarren, extravaganten Motiven und verfremdeten, ungewöhnlichen Rhythmen und Klängen (später gesammelt in seinem *Libro dei versi*, 1877). Er schrieb drei Novellen, die einerseits die Vorliebe für die Schilderung morbider und krankhafter Zustände belegen – wie vor allem der *Alfier nero* (1867), die Geschichte eines an unheilbarer Schwindsucht dahinsiechenden Kranken – und die andererseits esoterische oder zeitlich-räumlich entrückte Ambienti bevorzugen, wie etwa das chinesische Milieu von *Trapezio* (1873/74) oder die irreale mittelalterlich-ritterliche Szenerie der Novelle *Iberia* (1868).

Der im Kanonendonner der Schlacht von Novara geborene CARLO ALBERTO PISANI DOSSI (1849–1910) war der Aristokrat unter den »Scapigliati«: Aus adliger und reicher Familie stammend, verlief sein Leben stets in gehobenen Bahnen. Er war zunächst Ministerialbeamter, dann lange Zeit persönlicher Mitarbeiter Crispis, ab 1887 Konsul in Bogotà und Athen; nach dem Tod Crispis (1901) zog er sich ins Privatleben zurück, um sich in seinen letzten Lebensjahren vor allem archäologischen Studien zu widmen. Der extrem frühreife Dossi, körperlich gebrechlich und von ungewöhnlicher, fast krankhafter Sensibilität, begann schon im Kindesalter zu schreiben und publizierte mit sechzehn Jahren seine ersten Werke, zwei Erzählungen. Schon im Alter von etwa zwanzig Jahren, d. h. mit den Prosabänden *L'altrieri – nero su bianco* (1868) und der *Vita di Alberto Pisani scritta da Carlo Dossi* (1870) hatte er seine volle literarische Reife erreicht und seine Erfahrungen und Möglichkeiten als Schriftsteller voll ausgeschöpft: Alle nachfolgenden literarischen Arbeiten waren mehr oder weniger Wiederholungen oder gar Rückschritte. Nach den beiden genannten Werken, die die Kritik einmütig als Dossis beste Leistungen würdigte, publizierte dieser neben dem Roman *La colonia felice. Utopia* (1874) noch einige Sammlungen von Novellen und Kurzgeschichten (»bozzetti«), darunter *Il regno dei cieli* (1873), *La desinenza in A, ritratti umani* (1878), *Goccie d'inchiostro* (1880) und die *Amori* von 1887; mit diesem Jahr ist seine literarische Produktion abgeschlossen. Seine kunstkritischen Aufsätze sammelte er in *Fricassea critica di arte, storia e letteratura* (1906); postum erschien noch eine unvollendete Rovani-Biographie, die *Rovaniana* (1940) sowie die aufschlußreichen *Note azzurre* (Teilausgabe 1912; in erweiterter Auswahl 1964), eine Art Zibaldone mit numerierten Eintragungen von 1870 bis 1907.

L'altrieri ist ein autobiographischer Kindheitsroman, der die Erinnerungen des Achtzehnjährigen an seine gerade erst zurückliegenden Kinderjahre mit feiner, noch der Kindheit nahestehenden Sensibilität gestaltet; und auch die zwei Jahre später erscheinende *Vita di Alberto Pisani* ist in gewissem Sinne eine autobiographische Fortführung von *L'altrieri* in die Gefühlswelt des Jünglingsalters. Beide Werke sind inhaltlich wie formal-stilistisch Dokumente einer entschiedenen Frontstellung gegen die durch Manzoni geprägten Prosakonventionen. Grundkategorie von Dossis Poetik ist ein vor allem an Jean Paul sich inspirierender »umorismo«, ein ironisch-abgründiger Humor, der vertraute Inhalte und gewohnte gedankliche und sprachliche Fügungen zersetzt und deren einzelne Elemente in unerwartete, verblüffende Anordnungen und Umgebungen einfügt, in denen sie eine neue, aufrüttelnde Expressivität entfalten. Ein humoristischer Schriftsteller war in diesem Sinne für Dossi immer »ein Umstürzler, ein Revolutionär« und darauf aus, durch Zersetzung, Verschiebung und Verfremdung »die unbekannte Seite der Dinge« aufzuzeigen und zugleich die Erzählsprache von den Fesseln der Tradition zu befreien. Entschiedenes Anliegen Dossis war somit auch eine Verjüngung und Bereicherung der Sprache, bewirkt durch die freie Aufnahme von gelehrten wie volkstümlichen, zeitgenössischen wie archaischen, von ausländischen wie von dialektalen Elementen. Nicht zuletzt sollten auch Wortneuschöpfungen zur Sprachinnovation beitragen, die von Dossi u. a. durch eine eigenwillige Orthographie unterstrichen wurde. Dossis Protest blieb also rein innerliterarisch (und damit gesellschaftlich wirkungslos), und wurde von ihm weder in seiner Lebensführung noch in seinen Beziehungen zur Gesellschaft umgesetzt. Als Bohème wollte er nicht leben, und ebensowenig sich mit den Mächtigen seiner Zeit anlegen. Seine für den Leser unbequeme, experimentierende Kunst war exklusiv, für die »happy few« geschrieben, und er war sich dessen voll bewußt. Er war eben, wie er selbst gerne betonte, ein Aristokrat.

Wie man sah, hat die »Scapigliatura« alles in allem nur wenige bedeutende, aber keine herausragenden literarischen Werke hevorgebracht. Ihre literaturgeschichtliche Bedeutung liegt in erster Linie in ihrem Brückenschlag zwischen der Romantik und den Entwicklungen des Jahrhundertendes sowie in ihrer Vermittlerfunktion in bezug auf die Literaturen des Auslands. Eine Kunstavantgarde im konkreten Sinne ist die »Scapigliatura« trotz einiger innovativer Tendenzen zu keinem Zeitpunkt gewesen. Eine erste Avantgarde, zugleich Prototyp der modernen Kunstavantgarde, wird erst 1908/09 durch Marinetti und seine Freunde ins Leben gerufen.

VIII. ENTWICKLUNGEN DER PROSA: VOM HISTORISCHEN ROMAN ZUM TAUGENICHTS PINOCCHIO

1. *Die Krise des historischen Romans*

Der große Erfolg der Romane Walter Scotts war der Hauptgrund für die außerordentliche Popularität des historischen Romans in Italien gewesen. Schon vor und neben Manzoni, dessen großes Prosawerk der vielbewunderte und vielimitierte italienische Prototyp dieser Romangattung werden sollte, hatten sich zahlreiche italienische Romanschriftsteller diesem bei Gebildeten und weniger Gebildeten so beliebten historischen Roman zugewandt und in dieser Form zunächst meist Stoffe der älteren, dann auch der neueren Geschichte behandelt. Bereits 1827, im Erscheinungsjahr von *Fermo e Lucia*, der ersten Fassung der *Promessi Sposi*, erschienen beispielsweise *Il castello di Trezzo*, dessen Handlung im späten 14. Jahrhundert spielt, von Giovan Battista Bazzoni, und die *Sibilla Odaleta* des Carlo Varese, mit einem Stoff aus der Zeit Karls VIII., beide in offenkundiger Nachahmung Scotts geschrieben. Ab 1827 erscheinen dann in rascher Folge immer mehr historische Romane, deren Zahl sich bald nicht mehr überschauen läßt. 1829 erscheint ein zweiter Roman Bazzonis, *Falco della Rupe o la guerra di Musso*; und dann folgen in rasantem Tempo viele weitere Geschichtsromane, etwa aus der Feder von Defendente Sacchi, Davide Bertolotti, Giovanni Rosini, Antonio Bresciani, Antonio Ranieri (dem Freund Leopardis), und vielen anderen, unter denen etwa der *Marco Visconti* (1834) des Tommaso Grossi, *Il Duca d'Atene* (1837) des vielseitigen Gelehrten Niccolò Tommaseo und die *Margherita Pusterla* (1838) des Historiographen Cesare Cantù durch einige, wenn auch bescheidene Qualitäten hervorragen. Nur mäßig gelungen waren auch die historisierenden Romanversuche von Massimo d'Azeglio, des Schwiegersohns Mazzonis, der seinen *Ettore Fieramosca o la Disfida di Barletta* (1833) und den *Nicolò de' Lapi* (1841) eilig hinschrieb und dabei die historische Wahrheit des Geschehens oft genug durch freie Erfindungen entstellte. Weite Verbreitung erfuhren zu ihrer Zeit die historisierenden Romanwerke des Vielschreibers Francesco Domenico Guerrazzi so z. B. *La battaglia di Benevento* (1827/28 in vier Bänden), *L'assedio di Firenze* (1836 in fünf Bänden), oder die *Beatrice Cenci* (1853). Die Beliebtheit dieser Romane beruhte zum Teil auf dem Umstand, daß sie im konkreten Hinblick auf einzelne Etappen des Risorgimento geschrieben wurden, gleichsam als Aufruf an die Patrioten zum Kampf gegen die Ausländer. Heute sind Guerrazzis Romane mit ihren unüberschaubaren Handlungen, ihrer Vorliebe für Szenen der Gewalt, ihrer schwülstigen Rhetorik und ihren zahlreichen Gemeinplätzen unlesbar geworden, dies nicht zuletzt auch wegen ihres heterogenen Stils, der rhetorische und literarische Elemente (vor allem aus Alfieri und Foscolo) mit populären und vulgären Sprachebenen mischt.

Den Niedergang des historischen Romans in Italien verdeutlicht neben anderen auch der der »Scapigliatura« angehörende Giuseppe Rovani (vgl. S. 585 f.), der mit seinem zyklisch angelegten historischen Roman *Cento anni* (1857/58) den Versuch unternahm, das politische und gesellschaftliche Geschehen von 1750 bis 1849, also fast bis zur Gegenwart, nachzuzeichnen, und sich dabei vor allem Eugène Sue und Balzac zum Vorbild nahm. Doch weist auch dieses durchaus engagiert geschriebene, einige gute Seiten enthaltende Werk, das sich u. a. eine Erneuerung des historischen Romans zum Ziel gesetzt hatte, schwerwiegende strukturelle und sprachliche Mängel sowie stilistische Unausgewogenheiten auf. Rovanis Gefallen an der Geschichte beruhte vor allem auf einem begrenzten, antiquarischen Interesse für die unbekannten oder vergessenen Winkel und Nischen des historischen Geschehens, und daher gelang es ihm auch nicht, Geschichte überzeugend für seine Gegenwart aufzuarbeiten. Auch Rovanis *La Libia d'oro* (1868), eine Art Fortsetzung der *Cento anni*, zeigt im wesentlichen die gleichen Schwächen. Die im Vorwort zu diesem Roman von Rovani selbst mitgeteilte Beobachtung: »Seit mehreren Jahren... scheint der historische Roman fast von der Erdoberfläche verschwunden zu sein«, kann daher als eine vereinfachende, aber für die damalige Situation des historischen Romans in Italien gültige Feststellung gelten. Der einzige, dem es gelang, die abgenutzte Form dieses Romantyps mit neuem Leben zu erfüllen und gleichzeitig zu erweitern, war der Lombarde Ippolito Nievo, der Strukturen des historischen Romans, des Zyklenromans sowie der Erinnerungs- und Bekenntnisliteratur auf eine glückliche und publikumswirksame Weise miteinander verschmolz.

2. *Ippolito Nievo*

Der frühreife und allzu früh auf tragische Weise aus dem Leben geschiedene IPPOLITO NIEVO (1831–1861) schrieb als gerade 26jähriger mit seinen *Confessioni di un italiano* den schönsten italienischen Roman zwischen den *Promessi Sposi* und Verga. Nievo, in Padua geboren, hatte nach dem Schulbesuch in Verona, Mantua und Cremona ab 1850 in Pavia und in der Heimatstadt Jura studiert. Schon im gleichen Jahr begann er, seine schriftstellerische Feder mit Briefen an seine Geliebte Matilde Ferrari zu üben, Briefe, deren sentimentale Stimmungen den Einfluß von Foscolos *Ortis* und von Rousseaus *Nouvelle Héloise* verraten. Schon im folgenden Jahr schreibt er die Romanskizze *Antiafrodisiaco per l'amor platonico*, eine humorvolle Satire auf seine (mehr literarische) Liebe zu eben dieser Matilde Ferrari, mit der er inzwischen gebrochen hatte. Die Erzählung, von Foscolo, Rousseau und vor allem von der satirischen Prosa Sternes beeinflußt, öffnet sich in ihrem zweiten Teil bereits politischen und gesellschaftlichen Themen der Gegenwart. Sein offizielles Debüt in der literarischen Welt machte Nievo jedoch mit seinen *Versi* (1854), einer Gedichtsammlung, die sich stark an den Satiren des Giuseppe Giusti (1809–1850) orientiert, und daher wie diese literarische Stillagen mit volkstümlichen Ausdrucksweisen kontrastiert. Ein zweiter Band *Versi* von 1855 folgt bereits anderen Vorbildern, nämlich Dante, Foscolo, Leopardi und Manzoni, bemüht sich um einen einheitlichen, literarisch-gehobenen Stil und ahmt vorzugsweise die freien Strophen Leopardis nach. Ein dritter Lyrikband erschien 1858 unter dem Titel *Le lucciole;* aus ihm sind besonders die satirischen Genrebildchen der *Bozzetti veneziani* erwähnenswert. Am bekanntesten wurden indes seine *Amori garibaldini*, Gedichte, die er während des Feldzugs Garibaldis von 1859 schrieb und 1860 veröffentlichte. In ihnen wird u. a. die Lektüre des jungen Heine spürbar, den Nievo inzwischen, neben Sappho, Hugo und Lermontow übersetzt hatte.

Nievo, der nebenbei eine intensive Tätigkeit als Publizist ausübte und auch theoretische Abhandlungen verfaßte (darunter die *Studi sulla poesia popolare e civile massimamente in Italia* von 1854), legte in seinen letzten Lebensjahren eine erstaunliche literarische Produktion vor. 1855 hatte er bereits seinen Roman *Angelo di bontà. Storia del secolo passato* über einen Stoff aus dem Venedig des 18. Jahrhunderts geschrieben, den er 1856 veröffentlichte. 1855 eröffnete er mit der Erzählung *La nostra famiglia di campagna* eine Serie von Novellen über das Leben der armen Landbevölkerung, die er in dem Sammelband *Novelliere campagnuolo* zu veröffentlichen gedachte. Das Werk entstand zu einem Zeitpunkt, in dem gerade unter dem Einfluß George Sands die Mode einer mehr oder weniger sozialkritischen, oft auch nur sentimentalen oder idyllischen »letteratura campagnuola« durch Giulio Carcano, Caterina Percoto und andere in Italien eingeführt wurde. Die beste Novelle des Erzählbandes, mit dem Nievo wohl vor allem die *Novelle campagnuole* des Mailänders Carcano übertreffen wollte, ist *Il Varmo*, die Geschichte zweier Bauernkinder, der Favitta und des Sgricciolo, die an den Ufern des gleichnamigen Flusses im Friaul spielt und bereits auf die ersten Kapitel der *Confessioni* und auf deren Hauptgestalten Pisana und Carlino vorausweist. Nach und neben mehreren Theatertexten (darunter die unveröffentlichten Stücke *Emanuele*, 1852; *Gli ultimi anni di Galileo Galilei*, 1854; *I beffeggiatori*, 1855; *Le invasioni moderne*, 1857; und die Verstragödien *I Capuani* und *Spartaco*) entstand 1857 auch der satirische Roman *Le disgrazie del Numero Due*, der 1860 unter dem Titel *Il barone di Nicastro* erschien. Ein weiterer Roman, *Il conte pecoraio. Storia del nostro secolo* wurde noch 1857 publiziert. Sicherlich aber wären die meisten dieser kleineren Werke heute vergessen, hätte nicht Nievo noch im Dezember des gleichen Jahres mit der Abfassung seines opus magnum begonnen, das bereits im August 1858 abgeschlossen wurde.

In den *Confessioni di un italiano* zeichnet ein achtzigjähriger Ich-Erzähler in erinnerndem Rückblick die Geschichte seines Lebens nach, die in die Ereignisse des wechselvollen Zeitgeschehens von der Mitte des 18. bis zur Mitte des 19. Jahrhunderts eingebettet wird. Der früh verwaiste Carlo Altoviti verbringt seine Kindheit auf dem Schloß Fratta in der Nähe von Portogruaro im Friaulischen bei seiner Tante, Frau des Grafen von Fratta. Dort, wo im einförmigen Alltag die Zeit stillzustehen scheint, verliebt sich Carlo in die kleine Grafentochter Pisana, seine Kusine: Die Beziehung Carlos zu dieser flatterhaften, despotischen und unberechenbaren Person wird zu einem der großen Leitmotive des Romans. Nachdem die vorrückenden napoleonischen Truppen Schloß und Ländereien von Fratta verwüstet haben, geht Carlo zunächst nach Venedig, wo er seinem verschollenen Vater begegnet, und kämpft dann als Republikaner zuerst in der Lagunenstadt und dann an den verschiedensten Orten Italiens für die Befreiung des Vaterlandes. Als er schließlich beim Aufstand gegen die Bourbonen 1820 in Neapel verwundet, gefangen und zu Zwangsarbeit verurteilt wird, dabei auch noch sein Augenlicht verliert, taucht auf wunderbare Weise Pisana auf und befreit ihren Carlo. Beide gehen ins Exil nach London. Dort sorgt Pisana in rührender Weise für ihr gemeinsames Überleben, indem sie sogar als Bettlerin auf die Straße geht. Ihr Ex-Geliebter, der Doktor Lucilio, ebenfalls dort im Exil, vermag durch eine glückliche Operation Carlo wieder sehend zu machen. Später wird Carlo Altoviti, der aus der Ehe mit der sanften Aquilina Provedoni zwei Söhne hat, von schweren Schicksalsschlägen getroffen: Nach dem Tod der erkrankten Pisana fällt zunächst der Sohn Donato, der sich u. a. bei den Aufständen in der Romagna ausgezeichnet hatte, und später auch Lucilio, der zuletzt im fernen Brasilien für die Freiheit kämpfte. Nach vielen Höhen und Tiefen zieht sich Carlo schließlich, alt geworden und vereinsamt, in seinen letzten Jahren nach Venedig, dem

Stammsitz der Altoviti, zurück und erzählt nun, »am Rande des Grabes« stehend, sein Leben. Der Roman wurde postum 1867 durch den Verleger E. Foà Fusinato unter dem Titel *Le confessioni di un ottuagenario* herausgebracht, um dem Verdacht einer politischen Zielsetzung des Werkes zu begegnen. Erst 1931 erschien eine kritische Ausgabe von F. Palazzi mit dem ursprünglichen Titel.

Als besonders gelungen erschienen der Kritik die ersten Kapitel des Buches, die die frühen Kinderjahre Carlos und seiner Pisana auf dem Schloß Fratta gefühlvoll und in verklärter, »romantischer« Perspektive erzählen, mit feiner, an Manzoni erinnernder Sensibilität auch für die Landschaften und Ambienti des Friaul. Aber diese vergleichsweise lyrischen und inhaltlich ruhigeren Kapitel enthalten nicht den eigentlichen Nievo. Erst im mittleren Teil des Buches gelangt der Autor dazu, im bewegten Geschehen des persönlichen wie des kollektiven Lebens seine moralisch-ethischen und politisch-nationalen Motive und Perspektiven voll zu entfalten. Erst jetzt entwickelt sich das Werk zu dem, was es sein sollte: zu einem farbigen Gemälde des nationalen Aufstandes, zu einem großen Nationalepos, das die Italiener ermutigen soll, die letzten noch nötigen Schritte zu tun, um das bereits nahegerückte große Ziel zu erreichen. Der Roman beginnt mit dem berühmt gewordenen Satz Altovitis: »Ich wurde als Venezianer am 18. Oktober 1775, am Tag des Evangelisten Lukas, geboren; und ich werde mit Gottes Hilfe als Italiener dann sterben, wenn es jene Vorsehung will, die geheimnisvoll die Welt regiert.« Neben der providentiellen und zukunftsgläubigen Perspektive ist damit zugleich die nationale Blickrichtung des Erzählers präludiert: Als Venezianer geboren, möchte er als Italiener in einem geeinten Vaterland sterben. Noch bedeutsamer aber ist die Rolle, die von den ersten Sätzen an der Zeit als dem eigentlichen Movens aller Entwicklungen zugewiesen wird. Zeit ist in Nievos Roman nicht nur das Kontinuum, in dem sich das Geschehen abspielt; Zeit ist vielmehr die große belehrende und prägende Kraft der Geschichte, die Nationen und Individuen formt. An der gleichen Stelle heißt es weiter: »Dies ist die Moral meiner Lebensgeschichte (›la morale della mia vita‹). Und da diese Moral nicht durch mich, sondern durch die Zeit bewirkt wurde, kam es mir in den Sinn, daß eine unbefangene Beschreibung dieser Wirkung der Zeit auf das Leben eines Menschen auch denen von einigem Nutzen sein könnte, die durch andere Zeiten dazu bestimmt sind, die weniger unvollkommenen Folgeentwicklungen jener ersten zeitlichen Einflüsse zu erleben.«

Nievo hat viele Elemente in seinen Roman aufgenommen, traditionelle wie innovatorische. Unkonventionell war vor allem die Wahl eines »Italieners« als Erzähler in der Ichform, die vor allem die Authentizität des Lebensberichts Altovitis unterstreicht. Nicht als neu, aber dennoch als unüblich bzw. vom Vorbild Manzonis abweichend, konnte das Herangehen der historischen Darstellung bis an die Gegenwart gelten; doch hatten vor und neben Nievo auch schon andere (z. B. Rovani) Ähnliches versucht. Andererseits enthielt der Roman viele traditionelle Elemente, solche aus dem historischen Roman, aus der Erinnerungs- und Bekenntnisliteratur, aus dem Abenteuer- und sogar aus dem Pikaro-Roman (das pikareske Motiv des Hungers spielt z. B. auf dem Feldzug gegen die Bourbonen eine große Rolle) und nicht zuletzt aus dem Bildungs- bzw. Erziehungsroman. In einem ungeheuer detailreichen, bewegten Fresko wird so das politische und gesellschaftliche Geschehen in Italien und das individuelle Leben Carlo Altovitis von 1775 bis 1855 dargestellt, und zwar in der Weise, daß die persönlichen Erlebnisse und Erfahrungen des bescheidenen, unheldischen Helden stets exemplarisch stehen für das Schicksal Tausender seiner Zeitgenossen. Altoviti ist das Paradigma eines Patrioten seiner Generation und eines werdenden Italieners. In freier, fragmentarischer Aufeinanderfolge reihen sich individuelle und kollektive Erlebnisse aneinander und umspannen nach und nach einen zeitlichen Bogen von 1775 bis 1855, d. h. vom Zerfall der alten, feudal-patriarchalischen Ordnung bis zu den Befreiungstaten Garibaldis und Mazzinis (den beiden Idolen Nievos) und damit bis an den Vorabend der nationalen Einheit Italiens. Die lockere Aufeinanderfolge der Ereignisse erhält ihre innere Einheit durch eine beständig durchgehaltene, beseelte und humorvolle Wärme des Erzählers, der sich liebevoll, oft auch sehnsuchtsvoll, in vergangene Zeiten versenkt und aus einem unauffälligen, doch gleichbleibenden patriotischen und erzieherischen Engagement schreibt. Einheit stiftet auch der relativ homogene Stil, dessen tempi allerdings stark wechseln, je nachdem ob von rasanten Ereignisfolgen oder von besonnener Reflexion die Rede ist. Sehnsuchtsvolles Versenken, patriotisches Empfinden, bedachtsames Urteilen und eine stets gegenwärtige, feine Ironie, die nicht Distanz, sondern Verständnis konnotiert, sind die Hauptkomponenten dieses großen Romans, der für eine breite Leserschaft geschrieben und als Lehrstück der Nation gedacht war. Moralische Erneuerung, Eintracht und Erziehung (»miglioramento morale, concordia, educazione«): dies waren die Maximen, denen sich der blutjunge Autor verschrieben hatte. Dazu tritt leitmotivisch der Gedanke der »speranza«, der Hoffnung, die dann auch im Roman das letzte Wort hat, trotz aller Schicksalsschläge und Enttäuschungen: die Zuversicht auf die Vollendung des nationalen wie des persönlichen Lebens.

Eine solche Vollendung des Lebenswegs war indes nur dem Protagonisten Carlo Altoviti, nicht aber dessen Schöpfer Ippolito Nievo beschieden.

Als Nievo, der in verantwortlicher Stellung an verschiedenen Feldzügen, u. a. 1860 am berühmten »Zug der Tausend« teilgenommen hatte, am 4. März des folgenden Jahres an Bord des Dampfschiffes »Ercole« von Palermo aufs Festland zurückkehren wollte, wurde das Schiff in der Nacht vom Sturm überrascht und ging unter. Später hat einer der Nachfahren Ippolito Nievos, Stanislao Nievo, in dem Roman *Il prato in fondo al mare* (1974) den Untergang seines Ahnen beschrieben.

3. *Verga und der Verismus*

Etwa vom Zeitpunkt der Fertigstellung des großen, spätromantischen Romanwerks Nievos bis in die Mitte der siebziger Jahre vollzog sich in Italien, begleitet von der jetzt einsetzenden politischen und gesellschaftlichen Ernüchterung und dem immer schärfer aufbrechenden Gegensatz zwischen dem fortschrittlichen, relativ wohlhabenden Norden und dem rückständigen, immer stärker verarmenden Süden (vgl. S. 512) ein mühsamer, vielfach retardierter Übergang von romantischer bzw. spätromantischer Sensibilität zu einem neuen Realitätsbewußtsein. Das neue Interesse an den gesellschaftlichen Gegebenheiten, besonders an den Lebensbedingungen des Kleinbürgertums und der Landbevölkerung, wurde außer durch die krisenreiche und gehemmte wirtschaftliche Entwicklung des Landes maßgeblich durch Einflüsse der europäischen Literatur, insbesondere der französischen (Goncourt, Sue, Sand, Zola) geweckt und artikulierte sich in Italien in meist nur vorsichtig sozialkritischen Romanen oder in christlich inspirierter Volksliteratur. Seinen literarisch relevantesten Ausdruck gewann das neue sozialkritische Bewußtsein jedoch in den Werken des sogenannten Verismus. Dessen Urheber, der selbst sozial eher gleichgültige GIOVANNI VERGA (1840–1922) war es, der durch die erfolgreichen Werke seiner reifen Phase wohl am stärksten zu dieser Themen- und Tendenzwende des Literaturbetriebs beitrug und die Aufmerksamkeit weiter Kreise auf die elenden Lebensbedingungen der unteren Bevölkerungsschichten lenkte. Zugleich spiegelt sich in seiner eigenen Entwicklung als Schriftsteller, wenn auch in eigenwilliger Weise, der schwierige Übergang von spätromantischen und dekadenten Strukturen zu einer um konkrete Wiedergabe gesellschaftlicher Realitäten bemühten Literatur.

Verga, in Catania als Sohn eines adligen Grundbesitzers geboren und dort provinziell erzogen, entdeckte schon sehr früh seine schriftstellerischen Interessen: Schon mit sechzehn Jahren schrieb er den patriotischen Roman *Amore e patria* mit einer Episode aus dem Unabhängigkeitskrieg der Vereinigten Staaten, der unveröffentlicht blieb, und bereits 1859/60 den Roman *I carbonari della montagna* über den Befreiungskampf der »Carboneria« in Kalabrien, den er 1861, als er seine Rechtsstudien an der Universität Catania aufgab, mit den Geldern publizierte, die für seine Laurea bestimmt waren. 1863 publizierte er in der florentinischen Zeitschrift »Nuova Europa« den Roman *Sulle lagune*, der vom Kampf der Venezianer gegen das österreichische Joch handelt, und schon drei Jahre später erschien in Turin *Una peccatrice*, der Roman einer leidenschaftlichen Liebe, die mit den gesellschaftlichen Konventionen in Konflikt gerät. Die Reise nach Florenz (1865) und der nachfolgende längere Aufenthalt dort (von 1869 bis 1872) markieren einen ersten wichtigen Lebensabschnitt Vergas, in dem dieser seine jugendlichen und provinziellen Einstellungen überwand und sein Selbstbewußtsein als Schriftsteller festigte.

Im noch von spätromantischen Tendenzen geprägten literarischen Ambiente der Stadt wurde für den jungen Autor vor allem die Beziehung zu dem Lyriker und Journalisten FRANCESCO DALL'ONGARO (1808–1873) wichtig, der nach seiner Beteiligung an den Kämpfen von 1848 ins Ausland gehen mußte und sich nach seiner Rückkehr 1859 in Florenz niedergelassen hatte. Dall'Ongaro hatte sich neben einigen Dramenversuchen vor allem der volkstümlichen Lyrik und dem Volkslied gewidmet und 1851 seine *Nuovi canti popolari accomodati alla musica*, vertonte Nachahmungen volkstümlicher Lyrik, herausgebracht. Über Dall'Ongaro wiederum kam Verga mit dessen Freundin, der Erzählerin CATERINA PERCOTO (1812–1887) in Kontakt, einer Vertreterin der »narrativa campagnuola« (vgl. S. 592) und aus diesem Grund oft als die »George Sand Italiens« bezeichnet – ein Titel, der indes auch auf LUIGIA CODEMO (1828–1898) angewandt wurde, die u. a. eine Biographie der Sand schrieb). Von Dall'Ongaro ermuntert, schrieb Verga in Florenz die *Storia di una capinera*, die 1871 mit einem Vorwort des Freundes (in der Form eines Briefes an Caterina Percoto) erschien. Der Briefroman erzählt die rührselige Geschichte des von der bösen Stiefmutter zum Klosterleben verdammten Mädchens Maria, das wegen einer Epidemie kurze Zeit in Freiheit leben darf, sich in einen Nino verliebt, dann zurück ins Kloster muß, wo sie von der Hochzeit Ninos mit einer anderen erfährt und vor Kummer stirbt. Der sentimentale Roman machte großen Eindruck auf die Zeitgenossen; ihm verdankte Verga einen guten Teil seines frühen Ruhms.

Überaus wichtig war für Verga der lange Lebensabschnitt in Mailand (1872–93), damals das wirtschaftlich und kulturell dynamischste Zentrum Italiens, in dem er zum ersten Mal den vielfältigen Strömungen der europäischen Kultur begegnete. Hier in Mailand, musikalisch damals von Wagner und mehr noch von Verdi beherrscht, verkehrte er in den Kreisen der

»Scapigliati« und las viele europäische Autoren, darunter Balzac, Flaubert, die Gebrüder Goncourt und Zola (eine Menge französischer Feuilleton- und Unterhaltungsromane von Dumas Vater, Sue, Sand, Feuillet und anderen hatte Verga bereits in früheren Jahren konsumiert). In Mailand erlebte der Schriftsteller zum ersten Mal hautnah die Krise der romantischen und patriotischen Ideale und gewann, als Sohn eines südlichen Landbesitzers, ein klares Bewußtsein seiner Distanz zum materialistischen, positivistisch eingestellten Bürgertum des sich industrialisierenden Nordens. Beides löste in Verga pessimistische, antibürgerliche und zum Teil auch reaktionäre Haltungen aus, die ihn zeitweise dazu brachten, der bürgerlich-städtischen Welt eines industrialisierten und demokratischen Italiens (»Italia parlamentare ed industriale« nannte Verga es später) das freilich nicht realisierbare Ideal einer von der Zivilisation unberührten, archaisch-ländlichen Gesellschaft des Südens gegenüberzustellen und davon zu erzählen. Literarisch bedeutete dies, daß Verga in seiner Mailänder Zeit den Übergang von seiner sentimentalen und mondänen Produktion zu den neuen Themen und Erzähltechniken des Verismus vollzog, wozu die Anwesenheit Luigi Capuanas in Mailand maßgeblich beitrug.

1873 erscheint *Eva*, mondäner Roman um eine von vielen Männern umschwärmte Ballerina. Im gleichen Jahr entsteht *Tigre reale*, die sentimentale Geschichte der Liebschaften eines jungen, charakterschwachen Diplomaten und Lebemanns, die Verga 1875 publiziert, zusammen mit *Eros*, dem Roman der Liebschaften eines anderen Lebemanns, des jungen Marchese Alberto Alberti... Etwa vom Erscheinen der Novelle *Nedda. Bozzetto siciliano* (1874) an vollzieht Verga, mit Unterbrechungen und Rückfällen, eine mühsame Wende zur veristischen Schreibweise. Thema der Novelle ist, wie ihr Untertitel andeutet, die ländliche Welt Siziliens, und zwar die des untersten Landproletariats, und der Untergang der elenden und verlassenen Landarbeiterin Nedda. Auch sprachlich deutet sich der Wandel an: In die florentinisch-literarische Sprache des Erzählers werden zum ersten Mal, wenn auch noch zögerlich und schwankend, volkstümliche und antiliterarische Elemente, vor allem in den gesprochenen Partien, aufgenommen. Entscheidende Fortschritte auf dem Weg zu einer veristischen Darstellung südlich-ländlicher Ambienti macht Verga dann mit den Novellen der 1880 publizierten Sammlung *Vita dei campi*, um dann mit dem Roman *I Malavoglia* (1881), seinem künstlerisch reifsten und bedeutendsten Werk, den besten veristischen Roman Italiens zu schreiben. Der Zeitraum zwischen 1880 und 1889 war der literarisch fruchtbarste in Vergas Leben, wozu auch Reisen nach Paris und London sowie seine Kontakte zu Zola, Edmond de Goncourt, Maupassant und anderen beitrugen.

Mit seiner endgültigen Rückkehr nach Catania im Jahr 1893 war der kreative Teil seiner künstlerischen Laufbahn und der bessere Teil seines Lebens zu Ende gegangen. Seine Produktion wird langsamer, ist jahrzehntelang ohne neue Ideen und stagniert schließlich ganz. 1894 kommt noch der Erzählband *Don Candeloro e C.i.* heraus, ab 1896 arbeitet er über zwei Jahrzehnte lang ohne wesentliche Fortschritte an seiner *Duchessa di Leyra*; zwischendurch besorgt er ein paar Theaterstücke und Dramatisierungen, meistens aus den Stoffen seiner früheren Novellen. 1906 erscheint der Roman *Dal tuo al mio*. Zunehmend versinkt Verga in provinziellen Attitüden, in Kleinkariertheit und Knausrigkeit, die durch finanzielle Sorgen noch gesteigert werden. Aufsehen erregten seine wiederholten gerichtlichen Auseinandersetzungen um Honorare und Lizenzen mit Mascagni, der 1889 seine Oper aus dem Stoff der *Cavalleria rusticana* komponiert hatte. Vergas lichtloser Skeptizismus und Pessimismus wurde u. a. dadurch vertieft, daß er nach und nach in allen Schichten der kapitalistischen Gesellschaft die gleichen Mechanismen der Gewinnsucht, des Egoismus und der Verfremdung als eine ewig fortbestehende, unveränderbare gesellschaftliche Realität zu erkennen glaubte. Zunehmend starr, autoritär und antidemokratisch, ohne ein Herz für die Not der armen Bevölkerung und politisch in voller Übereinstimmung mit dem rücksichtslosen Regime Crispis, erklärt er sich am Vorabend des Ersten Weltkriegs zum »Nationalisten« und schließt sich wenig später antipazifistischen Strömungen an, die für den Eintritt Italiens in den Krieg plädieren. 1920 noch zum Senator ernannt, starb er am 24. Januar 1922 an einer Gehirnthrombose.

Welches sind die Prinzipien der veristischen Poetik, die Verga von der Mitte der siebziger Jahre an entwickelt? Verga war stets ein schwacher Theoretiker, der nur selten und dann meist wenig kohärent und mit mangelnder gedanklicher und begrifflicher Schärfe über seine schriftstellerischen Ziele schrieb. Einige sporadische Überlegungen zu seinem neuen Programm findet man in seiner Korrespondenz von Mitte 1875 bis Mitte 1881, also bis einige Monate nach dem Erscheinen der *Malavoglia*. Das meiste, was danach kommt, besteht entweder in der Wiederholung der bekannten Prinzipien oder bezieht sich auf weniger interessante Details seiner Arbeit. Der Begriff »Verismo« leitet sich von dem Adjektiv »vero« (wahr, echt) her, und in diesem Sinne hieß veristisches Erzählen für Verga zunächst einmal soviel wie wahre, einfache, authentische Wiedergabe der Wirklichkeit. »Ich habe immer versucht, wahr zu sein (»essere vero«), ohne Realist, Romantiker, oder irgend etwas anderes sein zu wollen...« lautet ein typischer Satz aus einem Brief an Cameroni vom 18. 7. 1878. Die wahrheitsgemäße und direkte Darstellung einer Wirklichkeit (»la vera e diretta descrizione del soggetto«) muß nach Verga einerseits auf einer »osserva-zione coscienziosa«, auf einer gewissenhaften Beobachtung beruhen, an-dererseits beim Leser die vollkommene Illusion der Wirklichkeit (»la com-pleta illusione della realtà«) erwecken; sie muß damit den Anschein des tatsächlich Vorgefallenen (»l'impronta di cosa avvenuta«) an sich tragen. Dazu gehört auch, daß der Stil des Künstlers ein völlig unpersönlicher sein muß, daß der Schriftsteller in seinem Werk nicht erscheinen darf. »Die Hand des Schriftstellers« soll »absolut unsichtbar« sein, formuliert Verga als Ziel seiner Kunst in einem Brief an Salvatore Farina vom März 1880 (der als Einleitung zu der »veristischen« Novelle *L'amante di Gramigna* dient) und fügt hinzu: »und dann wird der Roman den Anschein eines wirklich vorgefallenen Ereignisses haben, das Kunstwerk wird so aussehen, als sei es aus sich selbst heraus entstanden...« Eine solche realitätsnahe und auf skrupulöser Beobachtung beruhende Beschreibung muß indes, wie uns ein weiterer Brief vom Mai 1878 belehrt, keineswegs aus nächster Nähe zu erfolgen, sondern aus »einer gewissen Distanz«. Mit anderen Worten: Verga konzipierte die veristische Darstellung nicht als unmittelbare proto-kollartige Wiedergabe, sondern als geistige Rekonstruktion (»ricostruzione intellettuale«) von Wirklichkeiten. Tatsächlich sind die meisten Beschrei-bungen des ländlichen Sizilien und der Lebensverhältnisse des dortigen Proletariats in Florenz oder Mailand, das heißt aus der komfortablen Di-stanz des wohlhabenden Bürgers Verga entstanden. Was die begriffliche Substanz seiner Theorie angeht, so ist auffallend, daß die meisten tragenden Konzepte wie Wahrheit und Einfachheit, sorgfältige Beobachtung, Unper-sönlichkeit des Stils und Unsichtbarkeit des Autors in seinem Werk, zuvor von französischen Autoren wie Flaubert, Edmond de Goncourt, Maupas-sant und Zola in zum Teil ganz ähnlichen Formulierungen erörtert wurden. Man steht damit vor einer ziemlich breiten Rezeption französischer Prosa-Theorie durch Verga, ohne daß dieser mit deren einzelnen Begriffen beson-ders sorgfältig umgegangen wäre.

Seine neuen darstellungstechnischen Ziele hat Verga zunächst in Novel-len umzusetzen versucht. Nach ersten veristischen Ansätzen in der No-velle *Nedda* (1874) und nach einem ersten Erzählband *Primavera e altri racconti* (1876), der in dieser Hinsicht wenig Relevantes enthält, war es dann die zweite Novellensammlung *Vita dei campi* von 1880, mit der Verga den entscheidenden Schritt zum Verismus vollzog. Als gelungene Beispiele veristischen Erzählens aus diesem Band werden gerne die Novellen *La lupa*, *Rosso Malpelo*, *Jeli il pastore* und *L'amante di Gramigna* zitiert. Es folgten die mehr oder weniger in veristischer Manier verfaßten Novellen-bände *Novelle rusticane* und *Per le vie* von 1883, *Drammi intimi* (1884)

600

und *Vagabondaggio* (1887); die Erzählungen aus *I ricordi del Capitano d'Arce* und aus *Don Candeloro e C.i.* von 1891 und 1894 gehören dagegen bereits der Spätphase Vergas an. Es war jedoch neben vielen Novellenbeispielen vor allem der Roman *I Malavoglia*, von 1875 bis 1880 geschrieben und im Februar 1881 publiziert, in dem Verga sein veristisches Programm überzeugend umsetzte und zugleich seine größte künstlerische Reife erreichte. Es ist die Geschichte der Familie Toscano, genannt die *Malavoglia*, in dem Dorf Aci Trezza (in der Nähe von Catania), deren Oberhaupt der alte Fischer Ntoni ist. Zur Familie gehören sein Sohn Bastianazzo, dessen Frau, »La Longa« genannt, und deren fünf Kinder Ntoni, Luca, Mena, Alessi und Lia. Die Familie, die in bitterster Not lebt, versucht u. a. durch den Verkauf einer Schiffsladung Lupinen ihr karges Einkommen zu verbessern; doch das Schiff »La Provvidenza«, mit dem Bastianazzo und ein Gefährte unterwegs ist, geht mitsamt seiner Besatzung unter. Durch eine Serie immer neuer Unglücksfälle verarmt die Familie vollends und ist schließlich gezwungen, ihr Häuschen zu verkaufen. Luca wird Soldat und fällt in der Schlacht von Lissa; Menas Heirat kann nicht stattfinden; der junge Ntoni kommt wegen Totschlags in den Kerker; La Longa stirbt an Cholera, und der Großvater Ntoni siecht kraftlos und apathisch dahin. In beeindruckender Nüchternheit und Detailschärfe werden Landschaft und Meer, Ambienti und Interieurs beschrieben. Der Autor bleibt programmgemäß unsichtbar; das ganze Geschehen wird von den handelnden Personen getragen. Realitätsnähe und Authentizität des beschriebenen sizilianischen Milieus wird nachhaltig erhöht durch eine getreue Reproduktion der zu dieser Welt gehörenden Sprache, Redewendungen und Namen. Die Personen des Romans sprechen so, wie es die Fischer von Aci Trezza wirklich tun; und zur Steigerung der Volkstümlichkeit, des Lokalkolorits und der szenischen Wirkung bedient sich Verga zusätzlich des Prinzips der »coralità«, des choralen Darstellungsprinzips, indem er eine Vielzahl von Stimmen in chorartig aufgebauten Gruppenszenen mehr oder weniger simultan sprechen läßt.

Neben den genannten darstellerischen Absichten verfolgte Verga mit seinem Roman auch ein sozialkritisches bzw. psychoanalytisches Anliegen. Darauf hat er im Vorwort hingewiesen: Er versteht den Roman als »ernsthafte und leidenschaftslose Untersuchung« der Verwirrungen, die das Streben nach materiellem Wohlstand in den untersten Bevölkerungsschichten (wie z. B. bei den Fischern von Aci Trezza) auslösen kann. Die Jagd nach materiellem Gewinn, das Gewinnfieber (»la febbre«), war ja für Verga das gemeinsame negative Kriterium aller Gesellschaftsschichten und zugleich Hauptmovens des von ihm negativ beurteilten materiellen Fort-

601

schritts. In den *Malavoglia* wollte er auf einer untersten gesellschaftlichen Ebene die psychologischen Gegebenheiten analysieren, die das Streben nach materiellem Gewinn hervorrufen. Dabei war er der Überzeugung, daß »der Mechanismus der Leidenschaften in jenen unteren Schichten weniger kompliziert ist und sich daher mit größerer Genauigkeit beobachten läßt«. Eine erstaunliche Behauptung, die belegt, daß Verga auch auf dem Gebiet der Psychologie kein großer Kenner war. Wahrscheinlich hatte er sich eine klassenspezifische, mechanistische Vorstellung positivistischer Provenienz zu eigen gemacht, derzufolge kleine Leute eben nur ein kleines Seelenleben haben, die komplexen und tiefen Leidenschaften dagegen das Monopol höherer Gesellschaftsschichten sind; eine Vorstellung, die auch die logischen und rationalen Kräfte gegenüber dem Instinkt und dem Unbewußten offensichtlich stark überbewertet. Wie dem auch sei, in Vergas Augen waren alle Schichten in ihrem Streben nach materiellem Wohlstand zum Scheitern verurteilt; alle, die es versuchten, endeten früher oder später als Besiegte, als »vinti«. Schon früh, nämlich 1878, entwickelte daher Verga die Idee, dieses gesamtgesellschaftliche Motiv des Scheiterns in einem Romanzyklus (mit Blick auf Balzacs *Comédie Humaine* und Zolas *Rougon-Macquart*) darzustellen, dessen einzelne Werke jeweils einer spezifischen gesellschaftlichen Klasse gewidmet sein sollten. Für das Projekt verwendete er zunächst den Titel *La marea*, dann sehr bald den endgültigen Titel *I vinti*; es sollte fünf Romane umfassen, nämlich *I Malavoglia*, *Mastro don Gesualdo*, *La Duchessa di Leyra*, *L'onorevole Scipioni* und *L'uomo di lusso*, die die einzelnen Schichten der Gesellschaft nacheinander in aufsteigender Linie zu behandeln hatten. Davon wurde nach den *Malavoglia* nur noch der zweite vollendet, nämlich der 1889 erschienene *Mastro don Gesualdo*. Dieser setzt die Grundthematik des ersten Romans mit im wesentlichen gleichen Erzähltechniken auf der Ebene des Land- bzw. Provinzadels, freilich des dekadenten, auch wirtschaftlich heruntergekommenen sizilianischen Adels fort. Die Thematik des Geldes wird u. a. am Beispiel der Tochter Bianca aufgerollt, die zwar adelig, aber arm ist und daher nicht standesgemäß verheiratet werden kann. Man gibt sie an den neureichen Emporkömmling Don Gesualdo, dessen Stern indes unter dem Druck der politischen Ereignisse, insbesondere nach den Unruhen von 1848, zu sinken beginnt... Der Roman, der damit zugleich auch als Drama des verfehlten gesellschaftlichen Aufstiegs gelten kann, erhielt im Unterschied zu den zunächst zögerlich akzeptierten *Malavoglia* sogleich die begeisterte Zustimmung der Kritik und des Publikums und gilt seither zusammen mit den *Malavoglia* als Meisterwerk Vergas und als einer der besten Romane des Jahrhunderts. Der erste Roman wurde von Luchino Visconti in *La terra trema* (1948) verfilmt; der zweite erfuhr 1936 eine Bühnenbearbeitung durch A. G. Bragaglia und 1963 eine Fernsehfassung durch G. Vaccari. Von dem dritten Roman des Zyklus, der *Duchessa di Leyra*, die im gehobenen Stadtadel spielen sollte, sind nur wenig mehr als ein Kapitel überliefert.

4. Capuana, De Roberto und Matilde Serao

Mehr über den Verismus erfährt man bei LUIGI CAPUANA (1839–1915), der als der eigentliche Theoretiker und Vorkämpfer dieser Richtung gilt. Der aus Mineo bei Catania stammende, als Kritiker wie als Schriftsteller gleich vielseitige und produktive Sizilianer, Grundbesitzersohn wie Verga, mehrfach Bürgermeister seines Städtchens, später Professor für italienische Literatur in Rom und dann für Rhetorik und Stilistik in Catania, ging 1864 nach Florenz und begann hier seine journalistische Karriere mit der Herausgabe einiger Zeitschriften. 1877 ging er auf Einladung des Arztes, Literaturkritikers und Hegelianers Camillo De Meis (1817–1891) nach Mailand, wo er seinen Freund Verga traf und dessen wichtigster literarischer Mentor wurde. In den folgenden Jahren agierte Capuana als überzeugter Anhänger des französischen Naturalismus und war damit einer der ersten, der diesen in Italien bekanntmachte und gegen vielfältige traditionelle Vorurteile verteidigte. Der französische Naturalismus und insbesondere Zola erschienen Capuana als Vorbild einer modernen Prosakunst der Zukunft, die positivistische, materialistische und biologische Grundlagen haben sollte. Im Zusammenhang damit betrachtete Capuana auch die Entwicklung der literarischen Gattungen und plädierte für den Roman als der den modernen Entwicklungen einzig angemessenen Gattung; dies auch mit Bezug auf Hegel, der ja in seiner »Ästhetik« den Roman als das »moderne bürgerliche Epos« bezeichnet hatte. Der veristische Roman wurde von Capuana konzipiert als eine ebenbürtige italienische Variante und Weiterentwicklung dieser naturalistischen Tendenzen. Als größten Vertreter des Verismus feierte er Verga, den er noch über Zola stellte und den er als Meister des unpersönlichen Stils und als ersten italienischen Schriftsteller nach Manzoni würdigte, dessen Romane neben denen des Auslands bestehen könnten. Die Überlegungen und Aufsätze dieser Jahre sammelte Capuana in seinen *Studi sulla letteratura contemporanea*, die 1880 und 1882 in zwei Bänden erschienen; wenig später erschien der Band *Per l'arte* (1885), der ebenfalls den Naturalismus verteidigt und den Stil Vergas lobt. Bald darauf jedoch begannen sich die Ansichten des Kritikers Capuana zu wandeln. An die Stelle des innovativen Impulses, der sich auf eine materialistische, empirisch begründete und daher »wahre« Prosakunst mit wissenschaftlichem Anspruch richtete, trat bei Capuana von der zweiten Hälfte der achtziger Jahre an zunehmend der Gedanke der Form als des tragenden Elements aller Kunst in den Vordergrund. Das bedeutete eine Rückwendung von innovativen zu traditionellen Positionen und zugleich eine Rehabilitierung des zuvor kritisierten Manzoni, der nun wieder als Autor der *Promessi Sposi* gewürdigt wird. Die Aufsatzsammlungen *Libro e teatro* (1892), *Gli ›ismi‹ contemporanei* (1898) und die *Cronache letterarie* von 1899 gehören in diese angepaßte Spätphase Capuanas: Sie enthalten neben einigen wichtigen Beiträgen zum Verismus, zu De Roberto und zum frühen D'Annunzio eine Menge wenig bedeutender Literaturkritik, die das Erlahmen seines innovatorischen Schwungs belegt.

Das erste bedeutende Werk des Schriftstellers Capuana war (nach den noch stark dem psychologisierenden und sentimentalen Genre eines Dumas Sohn verpflichteten Erzählungen der *Profili di donne* von 1877) der ganz in der Nachahmung naturalistischer Vorbilder geschriebene und Emile Zola gewidmete innovatorische Roman *Giacinta*. Dieser löste bei seinem Erscheinen 1879 einen Skandalerfolg aus, so daß die erste Auflage innerhalb weniger Monate ausverkauft war; 1886 und 1889 folgten stilistisch überarbeitete Neuauflagen. *Giacinta* versteht sich als literarisch-wissenschaftliche Studie eines psychologischen Grenzfalls: Die Protagonistin Giacinta, in frühester Kindheit vergewaltigt, leidet unter einem obsessionellen Scham- und Schuldkomplex. Sie wagt daher nicht, den jungen Andrea, den sie liebt, zu heiraten, da sie von ihm als Ehemann Vorwürfe befürchtet, und geht statt dessen eine Scheinehe mit einem kümmerlichen Grafen ein, um daneben eine glückliche Beziehung mit ihrem Geliebten führen zu können. Die Studie eines pathologischen Falles also, deren Wissenschaftlichkeit Capuana u. a. dadurch zu unterstreichen sucht, daß zu einem gewissen Zeitpunkt der Doktor Follini auftritt, der die leidende Heldin rationalen und positivistischen Analysen unterzieht. Obwohl in vielen Punkten Zola folgend, verzichtet der Roman doch auf die bei diesem wichtigen Milieubeschreibungen und stellt ganz das Seelenleben der Giacinta in den Mittelpunkt. Die an sich geforderte Unpersönlichkeit wird in dem strukturell unausgeglichenen Roman kaum erreicht, da die objektiv und »veristisch« beschreibenden Passagen immer wieder von dramatischen und sentimentalen Seelenkrisen Giacintas unterbrochen werden. Nach seiner *Giacinta* hat Capuana zahlreiche Novellen verfaßt, die in den Sammlungen *Le appassionate* (1893) und *Le paesane* (1894) zusammengefaßt wurden. Die Novellen des letzteren Bandes sind dem ländlich-sizilianischen Ambiente und der veristischen Manier verpflichtet, die des früheren erzählen dagegen überwiegend von sentimentalen, psychopathologischen und daher meist unlösbaren Liebesverstrikkungen, die fast alle einen tragischen Ausgang nehmen. Capuana war ein sehr vielseitiger Schriftsteller: Er schrieb Theaterstücke, ein Reihe von Kinderbüchern, dazu Erinnerungen seiner eigenen Kindheit, er versuchte sich in freien Prosarhythmen (*Semiritmi*, 1888) und verfaßte Schriften über Probleme des italienischen Südens. Ähnlich wie Verga interessierte er sich für die Photographie und benutzte diese auch zur Dokumentation seiner Arbeiten. 1890 erschien der Roman *Profumo*, der noch einmal einen pathologischen Fall, nämlich die abnormen sexuellen Beziehungen eines Ehepaars, aufrollt, andererseits bereits deutlich die Anpassung Capuanas an Ideologie und Bedürfnisse des Bürgertums verrät: Durch das wunderbare Eingreifen des Doktors Mola (der keine analytische Funktion mehr hat, sondern nur noch eine therapeutische) wird der impotente Ehemann geheilt, die Ehegatten versöhnen sich und alles findet ein frohes Ende. 1901 erschien *Il marchese di Roccaverdina*, ein Roman, der sich vor allem Vergas *Mastro don Gesualdo* zum Vorbild nahm und allgemein als bestes Werk Capuanas eingestuft wird. Er handelt vom konfliktreichen Seelenleben des Marchese, der seine Beziehung zu Agrippina Solmo, einer jungen Bäuerin, bedeckt halten möchte und sie daher zwingt, mit seinem Faktotum Rocco Criscione eine Scheinehe einzugehen. Dennoch tötet der Marchese, von wachsender Eifersucht gequält, schließlich seinen Rivalen, verwickelt sich in weitere Schuld und findet schließlich, von seinen Gewissensqualen in den Wahnsinn getrieben, den Tod. Allerdings werden diese Gewissensqualen dadurch wieder entwertet, daß Capuana den Wahnsinn seines Helden zugleich als eine erbliche Veranlagung der Familie Roccaverdina darstellt... Der *Marchese di Roccaverdina* weist eine bei Capuana eher seltene stilistische Sorgfalt auf und ein ausgewogenes Gleichgewicht zwischen der veristischen Beschreibung des sizilianischen Ambientes und der vertieften Analyse des Seelenlebens des Protagonisten. Überzeugender als der unheldische Held des Romans sind indes, wie des öfteren bei Capuana, die weiblichen Protagonisten, hier vor allem die Agrippina, die zu den bekanntesten Frauengestalten der italienischen Literatur zählt.

Zu den jungen Autoren, die von Capuana gefördert wurden, gehörte auch der in Neapel geborene, in Catania aufgewachsene Journalist und Schriftsteller FEDERICO DE ROBERTO (1861–1927), der zeitweise auch an der von Capuana herausgegebenen »Fanfulla della Domenica« mitarbeitete. De Roberto war als Autor schon zu seinen Lebzeiten völlig vergessen, und er wäre es auch heute noch, hätte er nicht einen wirklich guten Roman, *I Viceré*, geschrieben und wäre dieser Roman nicht durch eine sorgfältige

Neuausgabe von Luigi Russo 1950 wieder ins Gedächtnis der Kritik zurückgerufen worden. De Robertos literarische Rehabilitierung erfolgte also nach dem Zweiten Weltkrieg; seither gilt sein Roman als wichtiges Dokument des Verismus. De Roberto stand zwar einerseits den Maximen des Verismus nahe, engagierte sich aber andererseits noch weniger als Verga und Capuana für die unteren Schichten der Gesellschaft, denen er stets mit großer Distanz gegenüberstand. Sein literarisches Interesse galt exklusiv dem Adel, und zwar dem dekadenten, parasitenhaften Adel sowie dem wohlhabenden Bürgertum des zeitgenössischen Sizilien. Dies belegte bereits seine 1887 publizierte Novellensammlung *La Sorte*, und hierin insbesondere die Novelle *La disdetta*, die als eine der besten des Bandes gilt. 1889 legte De Roberto den psychologischen Roman *Ermanno Raeli* vor, ein »roman intime«, der nicht nur von Dumas Sohn, sondern vor allem von Paul Bourget beeinflußt war, den der Verfasser 1887 in Sizilien kennengelernt hatte. Mit diesem autobiographischen Roman versuchte De Roberto, in der Gestalt des neurotischen, kontaktarmen und sexuell verklemmten Ermanno, der seine Erlebnisse erzählt, eigene Jugenderfahrungen zu analysieren und Sexualität und Liebe als Frustration und Illusion zu enthüllen.

Wiederum autobiographische Bezüge, wenn auch weniger unmittelbare, enthielt der das Thema der Illusion aufgreifende, 1891 erschienene Roman *L'illusione*, der die persönlichen Erfahrungen seines männlichen Verfassers – mit Blick auf das große Vorbild der Emma Bovary – am Beispiel der weiblichen Heldin Teresa und ihrer Liebeserlebnisse zu analysieren und zu objektivieren sucht. Der Roman war zugleich der erste Teil einer Trilogie, die dem Niedergang der sizilianischen Adelsfamilie der Uzeda di Francalanza und dem großen Thema der Desillusion im privaten und gesellschaftlichen Leben gewidmet war. Deren zweiter, weitaus bedeutenderer Teil, *I Viceré*, erschien 1894 und wurde jahrzehntelang kaum beachtet. Der Roman spielt in der Zeit von 1850–1880 und berichtet aus der Perspektive des allwissenden Erzählers von den schmutzigen Machenschaften und den inneren Auseinandersetzungen der sizilianischen Adelsfamilie, deren einzelne, charakterlich, ideologisch und wirtschaftlich gleichermaßen herabgekommene Mitglieder nur noch ein Ziel kennen: das der rücksichtslosen Bereicherung auf Kosten anderer. In einer weniger psychologisierenden als vielmehr die Figuren von außen, von ihrem Auftreten, Handeln und Reden her erfassenden Darstellung möchte der Verfasser in der Perspektive seines starren Skeptizismus und lichtlosen Pessimismus am Beispiel der adligen Parasiten zugleich die verborgenen, unveränderlichen Grundmotive aufdecken, die das geschichtliche Leben bestimmen: Egoismus, Gewinnsucht und Ausbeutung. In der berühmten Schlußtirade des Romans aus dem

606

Munde des enterbten Consalvo fallen die Sätze: »Eine Zeitlang rührte unsere Macht vom König, jetzt rührt sie vom Volke her... Der Unterschied ist mehr ein äußerlicher als ein tatsächlicher... Die Geschichte ist eine einzige monotone Wiederholung; die Menschen waren, sind und werden immer die gleichen sein. Die äußeren Bedingungen ändern sich; gewiß, zwischen dem noch fast feudalen Sizilien vor 1860 und dem heutigen scheint ein Abgrund zu liegen; aber der Unterschied ist in Wirklichkeit ein rein äußerlicher...« – Sätze, die zugleich verdeutlichen, daß man die immobilistische und skeptische Perspektive des Romanautors auch als Protest gegen die offizielle Fortschrittsgläubigkeit und den bürgerlichen Optimismus seiner Zeit zu verstehen hat. Der dritte Teil der Trilogie, *L'imperio*, liegt nur in einer ersten, unvollendeten Niederschrift vor, die 1929 veröffentlicht wurde. Dieser Roman sollte mit einer Darstellung des parlamentarischen Lebens und seiner Hintergründe die Familiengeschichte der Uzeda und das große Thema der gesellschaftlichen Illusionen und Desillusionen auf der politisch-parlamentarischen Ebene abschließen.

Nicht reflektierendes Analysieren und erzählerisches Gestalten, sondern direktes Zuschauen und unmittelbares, farben- und detailreiches Beschreiben war die Stärke der in Neapel aufgewachsenen MATILDE SERAO (1856–1927), die sich als Mitarbeiterin, Redakteurin und Verlegerin mehrerer Zeitschriften in Rom und später in Neapel einen Namen machte und sich mit ihrem erfolgreichen Journalismus zugleich ein breites Publikum für ihre zahlreichen Novellen und Romane recht unterschiedlicher Qualität schuf. Ihr Ruf als Schriftstellerin wurde außer durch Freundschaften mit Verga, D'Annunzio und anderen Autoren auch durch ihre Ehe mit dem Verleger und Journalisten Edoardo Scarfoglio (ab 1885) gefördert, der damals einer der bekanntesten Publizisten Italiens war. Schon ihr zweiter Roman *Fantasia* (1883), die Geschichte einer egoistischen und abstoßenden Frau, dokumentiert grundsätzliche Einstellungen der frühen Serao: ihren ungewöhnlich farbigen, visuell-vordergründigen Realismus, ihre Vorliebe für naturalistisch-veristische Rekonstruktionen überwiegend volkstümlicher Ambienti und eine das Prinzip der unpersönlichen Darstellung durchbrechende Neigung zu rührenden Szenen und zum lesergefälligen Moralisieren. Im nächsten Jahr erschien neben der umfangreichen Erzählung *La virtù di Checchina* mit Szenen aus dem kläglichen und zutiefst resignierten Leben des Kleinbürgertums, der Roman *Il ventre di Napoli* (mit einer Titelreplik auf Zolas *Le ventre de Paris* von 1873), der Örtlichkeiten und Milieus der geliebten Stadt in wohlkolorierter Anschaulichkeit erstehen läßt und damit zugleich das menschenunwürdige Elend des Proletariats und des Kleinbürgertums sozialkritisch vor Augen führt. 1885 erscheinen *La con-*

quista di Roma und *Il romanzo della fanciulla*. 1890 folgt ein weiterer Roman mit dem ironischen Titel *Il paese di Cucagna (Das Schlaraffenland)*, wie viele Romane der Serao zuvor als Fortsetzungsroman in einer Zeitschrift veröffentlicht, eine erneute, eindringliche Darstellung des Volkes von Neapel und seiner jämmerlichen Lebensbedingungen in einer Realität, die das krasse Gegenteil eines Schlaraffenlandes war (und ist). Damit war die literarisch relevante Phase der Serao im wesentlichen abgeschlossen; in späteren Jahren hat sie vor allem sentimentale und psychologisierende Liebesromane im Stile Paul Bourgets verfaßt, die deutlich in die Ära der Dekadenz und des Ästhetizismus hinüberweisen.

Es versteht sich von selbst, daß der Verismus als innovativer Erzählstil eine breite Spur in der Prosa vor und nach der Jahrhundertwende hinterließ. Zahlreiche spätere, in den folgenden Kapiteln besprochene Autoren und Werke sind mehr oder minder stark von Verga beeinflußt. Dazu gehören so originelle und bedeutsame Varianten der veristischen Darstellung wie etwa diejenige Tozzis, von dessen naturalistisch und veristisch beeinflußter Prosa noch die Rede sein wird (vgl. S. 654 ff.). Aber auch als literarische Mode ohne stringente erzähltechnische Implikationen hat der Verismus eine breite Nachfolge gefunden. Von den zahlreichen kleineren, hier nicht zu behandelnden Autoren, die eine lockere, meist nur thematische Beziehung zum Verismus aufweisen, sei abschließend wenigstens noch MARIO PRATESI (1842–1921) erwähnt, zeitweise Sekretär N. Tommaseos, der neben mehreren Novellenbänden und Prosawerken auch zwei veristisch getönte, im Senesischen spielende Romane vorlegte, nämlich *L'eredità* (1889) und *Il mondo di Dolcetta* (1895): Der erste beschreibt in krudem, gefühllosen Stil das wilde und rohe bäuerliche Leben; der zweite kontrastiert ein wenig simplizistisch am Beispiel einer unglücklichen Liebe die moralische Aufrichtigkeit der Landbevölkerung mit dem Verfall der Sitten in der Stadt.

5. *Der Verismus auf der Bühne*

Allgemein gilt, daß die Gestaltungsprinzipien des Verismus zuerst in der Prosa erprobt und verwirklicht wurden. Erst nach dem Durchbruch des Verismus in Novelle und Roman wurde die veristische Poetik in einer Anzahl qualitativ unterschiedlicher Bühnenstücke in der Schriftsprache oder im Dialekt auch auf der Bühne angewendet, wobei jedoch diese Versuche in der Regel mehr einem Bedürfnis nach Verbreitung und Popularisierung der veristischen Themen als stringenten dramaturgischen und stilistischen Überlegungen entsprangen. Auch Verga, der von jungen Jahren an Interesse für das Theater zeigte, verfaßte veristische Bühnenstücke erst nachdem er mit seiner veristischen Prosa erfolgreich und der Verismus als neue literarische Tendenz akzeptiert war. Nach einer ersten, schon 1865 geschriebenen, nie publizierten (und verlorengegangenen) Komödie mit dem Titel *I nuovi tartufi* schrieb er wahrscheinlich 1869, nicht lange nach Fertigstellung des Romans *Una peccatrice* (1866), das Stück *Rose caduche*, das im wesentlichen die Thematik des genannten Romans auf die Bühne überträgt. Der noch sehr unselbständige frühe und nie aufgeführte Theaterversuch lehnte sich eng an die *Kameliendame* von Dumas Sohn an (dessen Blumenmetapher im Titel ebenfalls von Verga übernommen wurde). Erst später versuchte Verga, dem das Theater als eine gegenüber der Prosa grundsätzlich eingeengte Ausdrucksform erschien und der die dramaturgischen Regeln, das Handeln der Schauspieler und die Anwesenheit unterschiedlicher Zuschauergrupen als Hemmnisse für eine volle Entfaltung seiner veristischen Kunst betrachtete, seine Darstellungsprinzipien auch im Theater zu entfalten. Sein erstes veristisches Bühnenstück war der Einakter *Cavalleria rusticana*, verfaßt auf der Grundlage der gleichnamigen Novelle aus der Sammlung *Vita dei campi* (1880). Das im Januar 1884 in Turin aufgeführte Stück (mit Eleonora Duse in der Rolle der Santuzza) wurde vom Publikum freundlich aufgenommen und war sicherlich ein Anstoß für die Entwicklung eines realistischen Theaters; andererseits gelang es dem Einakter nicht überzeugend, die archaische Welt des bäuerlichen Siziliens in der gewünschten Unmittelbarkeit auf die bürgerliche Bühne zu verpflanzen. Noch weniger Erfolg hatte Verga mit dem zweiaktigen Drama *In portineria*, das den Stoff der Novelle *Il canarino del n. 15* aus der Sammlung *Per le vie* (1883) verarbeitete und im Mai 1885 am Theater Manzoni in Mailand ohne Resonanz aufgeführt wurde. Darauf folgte die in zwei Akten aufgebaute Theaterversion der Novelle *La lupa* (aus der Sammlung *Vita dei campi*), die unter gleichem Titel im Januar 1896 in Turin inszeniert wurde. Das Stück erntete, vor allem nach dem ersten Akt, lebhaften Beifall; spätere Aufführungen in Mailand und Rom fanden jedoch weniger Anklang. Auch in diesem Stück war die dramaturgische Umsetzung des veristischen Novellenstoffes aus dem ländlichen Milieu Siziliens nur teilweise geglückt. Obwohl Verga langsam das Interesse am Theater verlor, versuchte er sich später noch mit zwei sogenannten »bozzetti«, d. h. kurzen Theaterszenen: *La caccia al lupo* und *La caccia alla volpe*, beide 1901 geschrieben, die erste auf der Grundlage einer Novelle von 1897, die zweite direkt fürs Theater konzipiert. Beide Stücke gestalten im Muster des klassischen Beziehungsdreiecks das »Spiel der Liebe und des Zufalls« in engen, geschlossenen Interieurs (sozusagen hinter verschlossenen Türen), wobei das erste in bäuerlichem, das zweite in bürgerlichem Milieu spielt.

Das letzte Bühnenstück Vergas war das direkt für das Theater geschriebene Drama *Dal tuo al mio* in drei Akten, das im November 1903 ebenfalls am Manzoni in Mailand über die Bretter ging. Das Werk versucht in synthetischer Perspektive die Verbindung sizilianischer Ambienti mit der Analyse zeitgenössischer sozialer Probleme und bezieht verschiedene Bevölkerungsschichten wie Aristokratie, Kleinbürgertum und Arbeiterklasse sowie die sozialen Revolten von den »Fasci siciliani« bis zu den Aufständen des Jahre 1898 mit in die Darstellung ein. Bei alledem ist das Drama geprägt von dem zukunftslosen gesellschaftlichen Pessimismus und den reaktionären Einstellungen Vergas sowie von seiner allzu deutlichen Absicht, die Kämpfe der Arbeiterbewegung zu verurteilen.

Auch Luigi Capuana bemühte sich theoretisch und praktisch um eine inhaltliche wie formale Erneuerung des Theaters und um die Entwicklung eines italienischen Nationaltheaters, kam jedoch erst zwischen 1870 und 1880 dazu, veristische Prinzipien auch auf der Bühne anzuwenden. Er schrieb einige veristische Stücke in der Schriftsprache, darunter *Giacinta* (1888), eine Bühnenbearbeitung des oben besprochenen Romans, *Serena* (1899) und *Castigo* (1901). Weitaus mehr Stücke schrieb er in sizilianischem Dialekt, da er der Ansicht war, daß der Weg zu einem echten Nationaltheater über die Dialektbühne führen müsse. Capuana hat an verschiedenen Stellen diese Gedanken vorgetragen und für die Entwicklung des Dialekttheaters plädiert, so z. B. im Vorwort seines Bandes *Teatro dialettale siciliano* von 1911. Von dem in Theatersachen und in seiner Beziehung zum Publikum sehr verunsicherten Federico De Roberto liegen ebenfalls einige veristische Bühnenversuche vor, darunter als vielleicht bester der 1899 publizierte Einakter *Il rosario* um eine autoritäre Mutter und die vier von ihr unterdrückten Töchter. Das Stück wurde 1912 am Manzoni in Mailand aufgeführt und vom Publikum schlecht, von der Kritik weitaus positiver aufgenommen; 1919 folgte eine Aufführung in sizilianischem Dialekt.

Sieht man von dem hier nicht darzustellenden Dialekttheater ab, so kann im Hinblick auf die insgesamt mittelmäßige und wenig relevante veristische Bühnenproduktion in der Schriftsprache gesagt werden, daß das italienische veristische Theater nicht über das von Verga Erreichte hinausgekommen ist. Dessen in bescheidenem Maße innovatives Theater bleibt damit der einzige experimentierende Entwicklungsstrang im Bereich der Bühnenkunst jener Epoche, und bildet insofern zugleich eine gewisse Überleitung zu den nachfolgenden dekadenten Theaterformen eines D'Annunzio und anderer und zu der tiefgreifenden Erneuerung des Theaters durch den alles überragenden Pirandello.

610

6. Regionalliteratur, Trivialromane und Jugendbücher

Der Verismus hat der Entwicklung der italienischen Literatur wichtige Anstöße gegeben. Direkt und indirekt trug er zu einer weiteren Öffnung der italienischen Kultur gegenüber dem Ausland bei, führte zu einer genaueren Überprüfung der erzähltechnischen und stilistischen Möglichkeiten der Prosa und weckte oder schärfte mit seiner Bevorzugung volksnaher Themen das soziale Gewissen der wohlhabenden Schichten und den sozialkritischen Blick vieler Künstler. Zugleich stärkten die großen Werke der Veristen das gesellschaftliche Prestige der Gattung Roman, die sich immer deutlicher als führende Gattung der modernen Literatur etablierte und längst nicht mehr nur bei den Gebildeten, sondern zunehmend auch in den unteren Schichten der Gesellschaft ein immer größeres Leserpublikum fand. Durch seine programmatische Ausrichtung auf das Leben des einfachen Volkes führte der Verismus nicht zuletzt zu einer Belebung der regionalen, volkstümlichen oder trivialen Prosa und darüber hinaus auch des Dialektromans und des Dialekttheaters.

Bei den meisten der kleineren Autoren, die im Kielwasser des Verismus schreiben, beobachtet man daher die zeittypische Mischung von veristischen Motiven (in der Nachfolge Vergas) und Erzähltechniken mit naturalistischen und regionalen Themen und Darstellungstendenzen. Dies gilt zum Beispiel für den Kalabresen NICOLA MISASI (1850–1923), für den aus den Abruzzen stammenden DOMENICO CIAMPOLI (1852–1929) oder den Neapolitaner AMILCARE LAURIA (1854–1932); weitere Nachläufer des Verismus waren etwa die Sizilianer EMANUELE NAVARRO DELLA MIRAGLIA (1838–1919), GIROLAMO RAGUSA-MOLETI (1851–1917) und GAETANO CARLO CHELLI (1847–1904), der nicht wie die meisten die Landbevölkerung des Südens, sondern das römische Kleinbürgertum zum Gegenstand seiner Verga und Zola gleichermaßen nacheifernden Romane machte. Zu dem breiten Strom realistisch-naturalistischer und regionaler Spielarten der Prosa gehörte auch etwa der »realismo popolare« des Mailänders EMILIO DE MARCHI (1851–1901), der sein Hauptaugenmerk auf das ärmliche Leben der kleinen Leute seiner Heimatstadt richtete und dabei stets detailfreudigen Realismus mit warmer, christlicher Anteilnahme verband. Von ihm stammen neben mehreren Novellensammlungen auch Romane, darunter *Il cappello del prete* (1887), der volkstümlich-realistische Darstellung mit Strukturen des Kriminalromans verbindet, und *Demetrio Pianelli* (1890), mit milieugetreuen Schilderungen des schuldengeplagten Kleinbürgertums von Mailand. Ein erzieherischer Anspruch, wenn auch auf unterster Ebene, kennzeichnet dagegen die triviale Prosa von EDMONDO DE AMICIS (1846 bis

1908), der zunächst mit dem Band *La vita militare* (1868/69), einer der bürgerlichen Ideologie total angepaßten, gängige Meinungen kolportierenden Darstellung des Soldatenlebens, und dann mit dem wiederum extrem konformistischen, mit sicherem Instinkt alle erzieherischen, gesellschaftlichen und politischen Klischees der Zeit vereinenden Jugendbuch *Cuore* (1886) ungeheure Publikumserfolge erzielte. Einen besonderen Typ volkstümlicher, jugendnaher und zugleich realistischer und gesellschaftlich engagierter Prosa kreierte der konservative, toskanischen Traditionen verbundene Florentiner CARLO LORENZINI (1826–1890), bekannter unter dem Pseudonym CARLO COLLODI (nach dem bei Pistoia gelegenen Geburtsort seiner Mutter), der als Journalist wie als Prosaautor eine starke Neigung zu Satire und Karikatur zeigte. Diese verleiht auch seinen dem einfachen Volk von Florenz und vor allem den Jugendlichen der Stadt gewidmeten Erzählbänden wie *Macchiette: Racconti* (1880), *Storie allegre* und *Occhi e nasi. Ricordi dal vero* (beide 1881) ihren unverwechselbaren Akzent. Collodi fand ein besonderes Interesse an der Welt der Kutscher, Säufer und Straßenjungen seiner Stadt, welche er mit scharf konturiertem, pikareskem Realismus schilderte. Er wandte sich in frühen Jahren als einer der ersten Literaten mit seinem Roman *Un romanzo in vapore. Da Firenze a Livorno* der neuen Welt der Eisenbahn zu und wandelte mit dem unvollendeten, 1857 teilweise publizierten Roman *I misteri di Firenze* auf den Spuren Eugène Sues und dessen *Mystères de Paris* (1842/43). Nach einer Übersetzung der Feenmärchen Perraults (*I racconti delle fate*, 1875) eröffnete Collodi 1876 mit seinem Erzählwerk *Giannettino*, einer Mischform von Jugendbuch und Schulbuch, eine Reihe höchst erfolgreicher, weil ebenso amüsanter wie lehrreicher Jugendbücher. Die Gestalt des unangepaßten Giannettino präludierte bereits den querköpfigen Taugenichts Pinocchio, der dann in dem Roman *Le avventure di Pinocchio* (1883; schon ab Juli 1881 im »Giornale per i bambini« unter dem Titel *Storia di un burattino* veröffentlicht) das Licht der Welt erblickte. Die überaus phantasiereiche, zugleich auch erzieherisch, moralisch und sozialkritisch engagierte Geschichte der aufmüpfigen Gliederpuppe Pinocchio, einer Pikaro-Gestalt, die nach tausend wundersamen und chaotischen Abenteuern sich endlich in einen normalen und braven Jungen verwandelt, hatte sofort einen ungewöhnlichen, bis heute andauernden Erfolg, der durch eine große Anzahl illustrierter Ausgaben sowie durch mehrere Verfilmungen, insbesondere durch die von Walt Disney (1940), gefördert wurde.

IX. FIN-DE-SIÈCLE: ULTRAKLASSIZISMUS, ÄSTHETIZISMUS UND DEKADENZ

1. Wiedergeburt der Klassik im Zeichen des nationalen Mythos: Carducci

Der bei Lucca geborene GIOSUE CARDUCCI (1835–1907) empfing alle entscheidenden Bildungsimpulse aus der Tradition der Toskana und gilt daher als authentischer Repräsentant der klassischen toskanischen Kultur. Carducci gehörte zu jener Generation von Intellektuellen, die schon wegen ihrer späten Geburt nicht mehr an den großen Ereignissen des Risorgimento, etwa an den Kämpfen von 1848, aktiv teilnehmen konnten und akzeptieren mußten, daß alle Entscheidungen und Maßnahmen um das künftige Geschick des Vaterlandes nunmehr den Politikern und Diplomaten überlassen blieben. Das Nationalgefühl und der patriotische Eifer dieser Gruppen richtete sich daher auf die glorreiche kulturelle Vergangenheit Italiens, und insbesondere auf die nationale Literatur, die man ähnlich wie Gioberti als spezifische Hervorbringung des Nationalgeistes interpretierte. Große Autoren wie Dante, Petrarca, Leopardi, Alfieri und Foscolo wurden zu heiligen Aposteln der italienischen Nation und eines mit religiöser Inbrunst und in enthusiastischen, rhetorisch hochgespannten Formeln sich artikulierenden Nationalgefühls. Diese fast religiöse Verehrung und Verabsolutierung der autochthonen Kulturleistungen beinhaltete zwangsläufig den Bruch mit der Romantik, die zwar einerseits auch das Nationalgefühl gefördert, andererseits aber stets den Blick auf Europa gerichtet und die verschiedenen Kultureinflüsse des Auslands gerne aufgenommen hatte. Carduccis literarische Jugend steht im Zeichen eines aggressiven, unversöhnlichen Nationalismus und eines sich fanatisch gebenden Hasses auf alles, was nicht italienisch war: »... ich fühle mich groß, eben weil ich erglühe in einer riesengroßen, unendlichen und übermenschlichen Verachtung für alles, was ausländisch ist«, liest man in einem Brief von 1853. Und in einem an Chiarini gerichteten Brief vom Mai 1856 bekennt er, daß »der Einbruch der Fremden in die Literatur« ihm noch schlimmer erscheine als »der bewaffnete Einfall der Fremden ins Land«. In diesen Attitüden eines überzogenen nationalen Klassizismus, der die italienische und die antikrömische Klassik als heiliges kulturelles Patrimonium der Nation feierte und zugleich als das alleinige Vorbild für Literatur propagierte, wurde der junge Carducci entscheidend beeinflußt und bestärkt durch den Zirkel der »Amici pedanti«, der sich 1856 konstituierte und in dem Carducci bald eine führende Rolle einnahm. Dieser Kreis ultraklassizistischer Konservativer, dem neben Carducci u. a. Chiarini, Targioni Tozzetti und Gargani angehörten, propagierte mit aggressiven Tönen die Abwehr aller Fremdeinflüsse, die Ablehnung der Romantik und aller innovativen, kompromißbereiten oder experimentierenden Kunstrichtungen. Auch Manzoni und seine Nachfolger wurden wegen des von ihnen eingeschlagenen stilistischen und sprachlichen Mittelwegs heftig befehdet (erst sehr viel später fand Carducci wieder anerkennende Worte für den großen Erzähler). Erst recht wurden der Klassik abgewandte, experimentierende Richtungen wie »Scapigliatura« und Verismus aufs schärfste verurteilt. Dieser ultraklassizistischen Einstellung mußte zwangsläufig auch der Roman als ein Erzübel erscheinen, der seine Vitalität als moderne Kunstgattung durch die Aufnahme epischer, dramatischer und lyrischer Elemente längst unter Beweis gestellt, damit aber in der Optik der »Amici pedanti« die großen klassischen Gattungen der Epik, Dramatik und Lyrik ausgezehrt und geschwächt hatte. Hinter solchen Ansichten verbarg sich auf Seiten Carduccis eine lebenslängliche Abneigung gegen die Prosa, die umso stärker war, als sich unter den großen Prosaschriftstellern seiner Zeit besonders viele Ausländer befanden.

Carducci war also ein Lyriker, einer von hohen Gnaden und ein patriotischer noch dazu, der nur unter den großen Koryphäen der italienischen und römischen Vergangenheit seine Vorbilder finden konnte. 1857, als er Rhetoriklehrer am Gymnasium von San Miniato war, publizierte er seinen ersten, den »Autoren und Lehrmeistern« Giacomo Leopardi und Pietro Giordani gewidmeten Lyrikband, die *Rime di San Miniato*, die dann Bestandteil einer Sammlung von Jugendgedichten, der *Juvenilia* wurden, die der Autor in mehreren Ausgaben von 1868, 1871 und 1880 bis hin zur definitiven von 1891, inhaltlich und stilistisch überarbeitete. Leitmotiv dieser in sechs Bücher aufgeteilten Dichtungen ist die Huldigung der italienischen und lateinischen Klassiker, denen sich der Dichter als ergebener, lernbegieriger Schüler, als »Schildträger der Klassiker«, nähert. Sein Hauptanliegen ist dabei, die Gedichtformen und die Metrik der antiken Vorbilder möglichst treu und vollständig nachzuahmen. Diese formale Entscheidung hatte dann freilich, wie die Texte belegen, auch inhaltliche Konsequenzen, indem überwiegend konventionelle, traditionelle Themen behandelt wurden und damit der Weg für eine freie, kreative Dichtung modernen Zuschnitts verbaut war. Mit den Versen seiner *Juvenilia* hatte Carducci bereits alle wesentlichen formalen, stilistischen und affektiven Einstellungen gefunden, denen er nun ein Leben lang als Lyriker treu blieb. Zugleich stellen die *Juvenilia* den Höhepunkt seines kompromißlosen Klassizismus dar, der auf der sprachlichen Ebene von puristischen und archaisierenden Ten-

614

denzen begleitet wurde. In das Lob der großen Autoren mischt sich immer wieder die Bewunderung der Macht, Würde und Tugendhaftigkeit des antiken Rom, welche Merkmale für den Dichter in aller Regel Anlaß sind, das eigene kümmerliche Zeitalter zu geißeln, das auch er, ähnlich wie Foscolo, wenngleich mit anderen Akzenten, ein »gemeines Jahrhundert« (»secoletto vil«) nennt. So verstand sich Carducci einerseits als der Sänger und Seher, der der orientierungsbedürftigen italienischen Gesellschaft um und nach 1860 den Weg zu den Idealen der großen nationalen Vergangenheit weisen wollte, andererseits stand er dem gegenwärtigen Zustand seiner Nation in Protest und Revolte gegenüber, was z. B. in dem zeitkritischen und antiklerikalen Gedicht *Inno a Satana*, 1863 unter dem Pseudonym Enotrio Romano veröffentlicht, zum Ausdruck kam. Nach den *Levia gravia* (1868) erschien 1877, und damit bereits in der wichtigsten Schaffensphase Carduccis, die erste Ausgabe der *Odi barbare*, der 1882 die *Nuovi odi barbare*, 1889 die *Terzi odi barbare* und dann schließlich die definitive Gesamtausgabe von 1893 folgten. Konkreter als zuvor versuchte Carducci in den *Barbarischen Oden*, die Schemata und Rhythmen der griechisch-lateinischen Metrik mit ihrem auf der Unterscheidung von Längen und Kürzen beruhenden quantitativen System in die Strukturen der auf Silbenzahl und Akzenten aufbauenden italienischen Metrik zu überführen. Dies geschieht in der im *Preludio* bekundeten Absicht, den abgeleierten Gedichten der Romantiker und Spätromantiker kraftvolle, klar profilierte Strophen entgegenzusetzen; ausdrücklich wird die Überlegenheit der antiken Metrik in dem Gedicht *Ragioni metriche* thematisiert. Die Oden sind in zwei Bücher eingeteilt, deren erstes vor allem der Evokation geschichtlicher, mythischer und heroischer Augenblicke der Antike sowie der Huldigung ihrer großen Dichter gewidmet ist; während das zweite Buch mehr private Erlebnisse und Erinnerungen, Gedichte an geliebte Frauengestalten (Egle, Lalage und Dafne) und Meditationen über Zeitlichkeit und Tod enthält. Diese Texte und einige weitere Gedichte auf die Natur, die Jahreszeiten und die toskanischen Landschaften gehören zu den besten Zeugnissen seiner schwer zugänglichen Dichtkunst. Mit den *Barbarischen Oden* wurde Carducci berühmt und zum führenden Dichter und »poeta-vates« des umbertinischen Italiens. Das Werk erteilte bedeutenden Dichtern wie Pascoli und D'Annunzio wichtige Lektionen in Metrik und enthält in seinem zweiten, intimistischen und gefühlsweicheren Teil viele lebendige Dichtungen, die auch dem heutigen Leser noch gefallen können.

Mit der Sammlung *Giambi ed epodi* von 1882, in der Carducci dreißig zwischen 1867 und 1879 entstandene Texte in zwei Büchern zusammengestellt hatte, verfolgte der Dichter erneut das Ziel, mit der Schlagkraft seiner formstarken Muse die Schwächen und Heucheleien der Gegenwart zu brandmarken. Wie der Titel andeutet, unternahmen es auch diese Gedichte, antike Dichtungsformen, nämlich die in Jamben und Epoden geschriebene griechische und römische Satire, zu neuem Leben in der italienischen Sprache zu erwecken. Inhaltlich wendet sich der Band vor allem politischen Fragen der Gegenwart zu: Er polemisiert gegen die weltliche Macht des Papstes, richtet heftige Invektiven gegen Pius IX. und den papstfreundlichen Napoleon III., huldigt andererseits den in Kämpfen um die Befreiung Roms Gefallenen und setzt dem großen Giuseppe Mazzini in zwei schönen Gedichten ein strahlendes, charismatisch überhöhtes Denkmal. Ein politisches, engagiertes Buch mithin, das in der Entwicklung Carduccis den Punkt markiert, an dem seine zeitentrückte, klassizistische Kunst sich am stärksten den Realitäten der Gegenwart annäherte.

Die nur fünf Jahre später in den neun Büchern der *Rime nove* zusammengefaßten, zu verschiedenen Zeiten entstandenen, metrisch wiederum ein weites klassizistisches Spektrum entfaltenden 105 Gedichte schöpfen zum einen erneut aus literarischen und historischen Inspirationsquellen, d. h. aus der Bewunderung der großen Autoren von Homer bis Ariosto oder aus der Begeisterung über die herausragenden Taten und Ereignisse der Geschichte, wenden sich aber zum anderen auch naturnahen, idyllischen Motiven der Landschaft, der Jahreszeiten und der Stunden des Tages zu. Zu diesen Texten zählt auch das schöne Sonett *Traversando la maremma toscana*, in dem die Konturen der Landschaft mit der Meditation über das eigene Leben verschmelzen; andere Gedichte haben persönliche Erlebnisse, wie etwa den Tod des dreijährigen Sohnes Dante, zum Gegenstand. Zwölf Sonette werden unter dem Titel *Ça ira* der Französischen Revolution gewidmet (Buch VII), während das vorletzte Buch die Übertragungen deutscher Gedichte von Goethe, August von Platen und Heine enthält. – Mit den 1899 veröffentlichten *Rime e ritmi,* die 29 aus den beiden vorangehenden Jahren stammende Gedichte vereinen, schließt dann die dichterische Produktion Carduccis ab. Noch einmal werden die großen Motive seiner Lyrik aufgegriffen: Vaterlandsliebe, Beschwörung der großen Vergangenheit, Huldigung großer Persönlichkeiten, Natur und Landschaft (z. B. in *Mezzogiorno alpino*) und die Liebe (*Ad Annie*); aber zugleich erhält der Band einen unüberhörbaren elegischen und melancholischen Akzent durch die ständige Reflexion des Todes und durch den Gedanken an das Ende der eigenen, sich nunmehr erschöpfenden Kunst.

Carducci lebte als angesehener Bürger, dem Ämter und Ehrungen zuteil wurden. Mit 25 Jahren auf den Lehrstuhl für Rhetorik in Bologna berufen, wurde er 1890 zum Senator gewählt und erhielt 1906, kurz vor seinem Tod,

616

den Nobelpreis für Literatur. Als Lyriker war er ein begnadeter, hochsensibler Künstler, dessen Werke jedoch nicht nur mit ihren komplizierten metrischen Formen, sondern auch in sprachlicher und thematisch-ideologischer Hinsicht dem modernen Leser erhebliche Verständnisschwierigkeiten bereiten. Carducci ist uns heute weitgehend fremd geworden. Dazu hat nicht nur die klassizistische Starre und eine gewisse Eintönigkeit seiner Dichtung beigetragen, sondern letztendlich auch die von ihm vollzogene politische und ideologische Entwicklung. Nachdem er sich in den sechziger Jahren lautstark als Republikaner und Demokrat bekannt und noch 1876 für die Republikaner kandidiert hatte, diente er sich schon kurz darauf, nach einer Begegnung mit der königlichen Familie in Bologna (1878), der Monarchie an: Er schrieb eine Ode auf die Königin Margherita von Savoyen und wurde alsbald zum überzeugten Monarchisten, der später auch die Großmacht- und Kolonialpolitik Crispis, selbst nach der Niederlage von Adua, rückhaltlos unterstützte.

2. *Fogazzaro zwischen Naturalismus und Mystizismus*

Normalität und pathologische Verfremdung, Sinnenlust und Religiosität, politisch-gesellschaftlicher Ehrgeiz und introvertierte, grübelnde Intimität, heroisches Kraftgefühl und frustrierte Resignation, mystifizierender Spiritualismus und katholische Orthodoxie, selbstgenügsamer Ästhetizismus und ostentatives, glaubenskämpferisches Märtyrertum sind einige der leitmotivischen Kontrapunkte der zutiefst autobiographischen, weil aus persönlichen Seelenzwängen und Frustrationen hervorgegangenen Prosa des Vicentiners ANTONIO FOGAZZARO (1842–1911). Dieser stellt sich damit als typischer Repräsentant des Fin-de-siècle dar als einer Epoche vielfältig gebrochener und vermischter Gefühle und Kraftfelder. Auch erzählerisch-darstellungstechnisch erscheint Fogazzaro als eine Figur des Übergangs, indem er einerseits auf den Spuren des Naturalismus und Verismus aristokratische, bürgerliche oder provinziell-ländliche Ambienti mit wenigstens annähernder Realitätstreue nachzeichnet, sich dabei auch, ähnlich wie die Veristen, bisweilen der choralen Darstellung, des Dialekts und der umgangssprachlichen Dialogpartien bedient; andererseits sich aber allzu gerne im Reich schwärmerischer Gefühle und Emotionen bewegt, in denen seine geheimsten Bedürfnisse kaum verhüllt einen Ausdruck suchen. »Alles, was aus meiner Feder hervorgegangen ist, trägt, ich darf es wohl bekennen, ganz stark die Farbe meines Herzbluts«, bekannte Fogazzaro 1898 in seiner Rede *Le grand poète de l'avenir* und unterstrich damit in reifem Alter sowohl den autobiographischen als auch den spätromantischen Einschlag seiner Werke. Nach dem Studium der Jurisprudenz in Padua und Turin heiratete Fogazzaro 1866 die reiche, strenge und reservierte Gräfin Margherita di Valmarana, die sich um alle Familienangelegenheiten kümmerte, nicht jedoch um die kulturellen und literarischen Interessen ihres Ehemanns. 1869 ließ dieser sich in Vicenza nieder, und hielt 1872 in der dortigen »Accademia olimpica« einen Vortrag *Sull'avvenire del romanzo in Italia*, in dem er den Roman als die geeignete Gattung der modernen Literatur und als die für das breitere Publikum wirksamste Form der Ideenvermittlung propagierte und u. a. feststellte, daß in Italien die Stelle des psychologisierenden Gesellschaftsromans noch vakant sei. 1874 veröffentlichte er die sentimentale Versnovelle *Miranda*, zwei Jahre später die ebenfalls spätromantische Züge tragenden Gedichte der Sammlung *Valsolda* (nach einem Ort am Luganer See, der Heimat seiner Mutter). 1881 eröffnete er dann mit *Malombra* die Reihe der großen Romane, denen er seinen schriftstellerischen Ruhm verdankt.

Der junge verwaiste Schriftsteller Corrado Silla wird von dem Grafen Cesare d'Ormengo auf dessen Schloß am See eingeladen, da er dem Grafen bei der Abfassung einer politischen Studie helfen soll. Im Schloß begegnet Silla der jungen, schönen und empfindsamen Marina di Malombra, der Nichte des Grafen. Diese hat ein Schriftstück von Cecilia, einer ihrer Ahninnen, gefunden, welche von ihrem Mann, einem der Grafen d'Ormengo, wegen ehelicher Verfehlungen auf dieses Schloß verbannt wurde. Marina hält sich nun für die Reinkarnation der Cecilia und Silla für die von Renato, dem Geliebten der Cecilia. Silla schwankt zwischen seiner sinnlichen Leidenschaft für Marina und seiner keuschen Zuneigung zu Edith, einem braven deutschen Mädchen. Er erliegt schließlich den Verlockungen Marinas, die jedoch dem Wahnsinn verfällt, den Tod ihres Onkels herbeiführt und ihren Liebhaber Silla eigenhändig tötet, bevor sie – wie schon früher Cecilia – in einer Felsenschlucht am See verschwindet. Der spätromantisch getönte Roman mischt auf diese Weise mysteriöse und ergründliche Begebenheiten mit realitätstreuen, gut beobachteten Landschaften und Interieurs, und greift dazu sowohl in der Lebensuntauglichkeit des Protagonisten Silla wie auch in seinen phantastischen und irrealen Episoden typische Motive der »Scapigliatura« auf. Naturereignisse werden ganz im romantischen Sinne als Spiegelungen oder als Determinanten seelischer Zustände geschildert. Der Roman verarbeitet offensichtlich Jugenderfahrungen seines Autors wie sexuelle Probleme, religiöse Krisen, Neigungen zum Okkultismus, Frustrationen und Selbstzweifel und ist um die kapriziöse und verführerische Marina herum aufgebaut, welcher die Gestalt der

Edith als Beispiel tugendhafter Liebe entgegengesetzt wird. Diesen »dramatischen« Zentralgestalten, zu denen auch der Graf Cesare d'Ormengo gehört, stellt Foscolo realistischere, zum Teil komische Nebengestalten zur Seite (wie zum Beispiel Ediths Vater, den deutschen Sekretär Steinegge), und verwirklicht damit eine Grundstruktur, die sich in späteren Romanen wiederholen wird.

Das große Thema der Liebe wird in dem Roman *Daniele Cortis* (1885) aufgegriffen, diesmal aber verbunden mit dem der nationalen Politik und des gesellschaftlichen Engagements. Der junge, politisch ambitionierte Cortis liebt in »unmöglicher« Liebe seine Kusine Elena, Frau des sizilianischen Barons von Santa Giulia, der sich später als sein eigener Vater herausstellt. Beide üben heroischen Verzicht; Elena folgt ihrem Gemahl nach Amerika, während Cortis nun mit pathetischem Elan sich dem Kampf gegen die politischen und gesellschaftlichen Mißstände Italiens widmet. Vor allem gegen Ende des Romans gewinnt Cortis mehr und mehr die Konturen eines Übermenschen, der die Vision der gesellschaftlichen Zukunft in sich trägt: einen »großen Weg zur gesellschaftlichen Erneuerung auf christlicher und demokratischer Grundlage, und vorne auf diesem Weg, vor allen andern, Italien«. Der Roman, der auf diese Weise mit zeitlichem Vorsprung vor D'Annunzio den Mythos des Übermenschen gestaltet, fand beim Publikum, ähnlich wie *Malombra*, eine gute Aufnahme, die sich allerdings auf den erotischen Teil des Romans bezog, während dessen politische Aussagen folgenlos blieben. Später haben Croce und viele nachfolgende Kritiker den Roman negativ beurteilt.

Schmachtenden Sublimierungen der Liebe ging Fogazzaro dann nochmals in seinem Roman *Il mistero del poeta* (1888) nach, dessen sentimentale und künstliche Leidenschaften indes kaum Beachtung verdienen; doch fand auch dieser Roman beim damaligen Publikum großes Gefallen, wurde rasch ins Französische übersetzt und begründete den Ruhm seines Autors im europäischen Ausland.

Aus der dezidierten Absicht, etwas Neues und Besseres zu machen, entstand der 1895 publizierte Roman *Piccolo mondo antico*, an dem Fogazzaro seit 1884 gearbeitet hatte. Die Handlung spielt zwischen 1849 und 1859, also in der Zeit des Risorgimento, in Oria bei Valsolda am Luganer See. Der junge Adlige Franco Maironi, zutiefst gläubig und daher weich und nachgiebig, heiratet gegen den Willen seiner Großmutter, der Marchesa Orsola, die junge, bürgerliche Luisa Rigey, die, dem Glauben entfremdet, einen fordernden Charakter und ein sehr entschiedenes Gerechtigkeitsempfinden hat. Beide haben ein Kind, Maria, auch Ombretta genannt. Der charakterliche Gegensatz zwischen den beiden Gatten, zentrales Motiv des

619

Romans, bricht in aller Deutlichkeit auf, als die böse Großmutter Franco enterbt, indem sie das diesen begünstigende Testament ihres Mannes vernichtet, mit der Folge, daß die junge Familie in finanzielle Not gerät. Während Franco nachgibt, um die Ehre der Maironi nicht zu beschmutzen, fordert Luisa ihr Recht. Doch während der entscheidenden Auseinandersetzung, in der sie der Marchesa entgegentritt, ertrinkt die kleine Maria im See. Von da an verliert Luisa alles Interesse an ihrer Umgebung und versucht lediglich, mit ihrer Tochter durch spiritistische Praktiken weiter in Verbindung zu bleiben, während Franco in Turin Arbeit sucht. Nach dreijähriger Trennung finden endlich Franco und Luisa auf einer Insel im Lago Maggiore wieder zueinander und versöhnen sich. Gerade in dem Augenblick, in dem Luisa die Gewißheit hat, wieder Mutter zu werden, stirbt ihr Onkel, Piero Barrera, der gute Geist der jungen Familie, zugleich aber auch Symbol der guten alten Zeit, eben des »mondo antico«. Offensichtlich wollte Fogazzaro mit diesem Tableau aus den Jahren der Freiheitskämpfe seinen Lesern eine Zeit vor Augen halten, die er gegenüber der Realität des Jahrhundertendes als wesentlich aufrichtiger, tugendhafter und damit als gesellschaftliches Ideal empfand. Dieser Zielsetzung dient vor allem die Überfigur des Onkels Piero, der Tugenden wie Weisheit, Gläubigkeit, Güte und Edelmut in sich vereint, während Franco und Luisa eher als Figuren des Übergangs zu einer neuen Epoche konzipiert sind. Obwohl die »ideologischen« Figuren im Mittelpunkt der Handlung stehen, enthält der Roman auch viele Beschreibungen der Gesellschaft der »alten Welt« und viele frische, oft humorvolle Szenen aus dem Provinzleben. Der Roman hatte einen sofortigen, riesigen Erfolg im Verkauf und in der Kritik und übertraf damit sogar noch die fast gleichzeitig erschienenen *Vergini delle rocce* von D'Annunzio. Sogleich in viele Sprachen übersetzt, machte der Roman Fogazzaro weltweit bekannt und brachte ihm im folgenden Jahr seine Ernennung zum Senator ein. Selbst der gestrenge Croce sah in diesem Roman ein künstlerisch gelungenes Werk.

Piero Maironi, der Sohn Luisas und Francos und ebenso edelmütig wie dieser, war dann die Zentralfigur des unmittelbar nach dem großen Erfolg begonnenen Romans *Piccolo mondo moderno* (1901). Piero, der den Namen des in seiner Geburtstunde gestorbenen tugendhaften Onkels trägt, begegnet heißer, verführerischer Sinnlichkeit in Gestalt der faszinierenden Jeanne Dessalle, die zugleich als Exponentin des raffinierten, kosmopolitischen Großbürgertums atheistischer Prägung konzipiert ist. Piero ist verheiratet mit einer geisteskranken Frau, Jeanne mit einem unwürdigen Ehemann. Lange entzieht sich Piero den sinnlichen Versuchungen durch Sublimierung seiner Gefühle und Emotionen, die ein wichtiges Thema des

620

Romans darstellen. In der Nacht, die beide endlich zusammenführen soll, erhält Piero die Nachricht vom bevorstehenden Ableben seiner kranken Frau, was ihn zum völligen Verzicht veranlaßt und zu dem Entschluß, Mönch zu werden.

Davon ist dann in dem Roman *Il santo* (1905) die Rede, der die Geschichte von Piero und Jeanne fortsetzt und in dem nun die Thematik der Religiosität und der Glaubensfindung ganz in den Vordergrund tritt. Jeanne gelingt es, Piero in einem Kloster wiederzufinden, doch dieser hat längst allem weltlichen Wesen entsagt. Durch seine Glaubensinbrunst, durch gute Taten und durch einige wunderbare Heilungen ist Piero in den Ruf eines Heiligen gekommen und wird vom Volk »il santo« genannt, was nun allerdings sowohl bei den weltlichen wie bei den kirchlichen Autoritäten Anstoß erregt. Piero muß sich in Rom verstecken und wird dort beim Papst vorstellig (eine der wichtigsten Szenen des Romans), um diesem demütig die Wiederherstellung der ursprünglichen Reinheit der Kirche anzutragen. Nach vielen weiteren guten Taten bekehrt er schließlich noch in der Stunde seines Todes die Atheistin Jeanne zum Christentum. Als vierter und letzter Roman dieser Folge erzählt schließlich *Leila* (1910) nochmals von der jetzt frommen Jeanne und der Liebe eines Schülers des heiligen Piero zu einer jungen Frau. Auch *Il santo* hatte einen großen Erfolg beim Publikum und wurde rasch in viele Sprachen übersetzt. Zurückhaltender war das Urteil der Kritik, und negativ das des katholischen Klerus, was dazu führte, daß das Buch 1906 auf den Index gesetzt wurde (ebenso wie kurz nach dem Tode des Verfassers auch der Roman *Leila*). Fogazzaro, der in seinen religiösen Vorstellungen und Reformmotiven u. a. von den Religionsphilosophen Auguste Gratry und Antonio Rosmini beeinflußt war, unterwarf sich darauf der Kirche, was aber erneute Diskussionen entfachte, da viele seine Unterwerfung als unvereinbar mit seinen öffentlichen Ämtern empfanden; doch kam all dies letztlich dem Erfolg des Buches und der ganzen Tetralogie zugute.

3. *Formvollendung und Dekadenz im Werk Gabriele D'Annunzios*

Rittlings über den Jahrhunderten sitzt der Ästhet und Übermensch GABRIELE D'ANNUNZIO (1863–1938), dessen Lebenszeit jeweils über ein Drittel des alten und des neuen Jahrhunderts umfaßt und dessen Werk in ungefährem Gleichgewicht traditionelle und innovatorische Züge vereint. Eine der auffallendsten Persönlichkeiten der Jahrhundertwende überhaupt, gehen mit ihr Kunst und Leben eine originelle, u. a. Marinettis Arte-Vita-

Symbiose präludierende Synthese ein, die einerseits Kunst als einzige authentische Aktion, andererseits die Aktion als einzigmögliche Sublimierung des Kunstwerks konzipiert. In Pescara geboren, erhielt D'Annunzio eine ausgezeichnete Bildung auf dem »Collegio Cicognini« in Prato und erwarb früh eine ungewöhnliche Meisterschaft im Gebrauch des Toskanischen. 1881 ging er studienhalber nach Rom und fand dort in literarischen Kreisen Aufnahme, und zwar umso leichter, als G. Chiarini seinem schon 1879 vorgelegten ersten Lyrikband *Primo vere* eine wohlwollende Besprechung gewidmet hatte. Er wird Mitarbeiter und später Direktor der »Cronaca bizantina« des Verlegers Sommaruga, Redaktionsmitglied der mondänen »Tribuna« und entwickelt sich bald, insbesondere nach der Publikation von *Canto novo* und *Terra vergine* (1882), zu einem gefeierten und bewunderten Literaten der einschlägigen aristokratischen Zirkel Roms.

Der römische Lebensabschnitt (1881–91) war reich an Ereignissen, Liebschaften und Abenteuern aller Art: Heirat mit der Herzogin Maria Hardouin di Gallese, Scheidung von dieser, die Beziehung zu Barbara Leoni, das Duell mit Carlo Magnico, Kriegsdienst bei der Kavallerie und anderes mehr. Es war zugleich eine Periode intensiver Lektüre und ständigen stilistischen Experimentierens, aus der der frühreife Literat als ein ungewöhnlich gewandter Sprachkünstler hervorging, der sein Instrument, die toskanische Sprache, mit allen Registern der rhetorischen, metrischen und stilistischen Möglichkeiten zum Klingen brachte wie kaum ein anderer. Noch zu Lebzeiten Carduccis, dessen Stern nun im Sinken begriffen war, wurde er zum unbestrittenen literarischen Führer einer Künstlergeneration, die ihren Frust über den wenig rühmlichen Ausgang des Risorgimento durch neue glänzende Waffentaten überwinden wollte und dies mit ultranationalistischer, überspannter Rhetorik bekundete. Schon 1888 hatte D'Annunzio in der Prosa seiner *Armata d'Italia* Proben seines überspannten Nationalismus geliefert mit Sätzen wie »Italien wird eine große Seemacht sein oder gar nichts«; in den folgenden Jahren wurde er zum nationalen Barden, der seine Vision einer ruhmreichen, die Größe des römischen Imperiums erneuernden Nation verkündete, der mit feurigen Parolen seine Landsleute in den Krieg trieb und dem Faschismus propagandistisch und aktionistisch den Weg bereitete. Nach einer Zeit in Neapel als Mitarbeiter am »Corriere di Napoli« und am »Mattino« (1891–93), die beherrscht ist von der intensiven und bewegten Beziehung zur Fürstin Maria Gravina Cruyllas (die ihm zu den drei Kindern aus seiner ersten Ehe zwei weitere, Gabriele und Renata, die »Sirenetta«, schenkte), lebt er eine Zeit bei seinem Freund, dem Maler Francesco Paolo Michetti in Francavilla al Mare, bevor er sich, nach einer Griechenlandreise (1895), nach seiner Wahl

622

zum Abgeordneten (1897) und seinem spektakulären Einzug ins Parlament als Abgeordneter der extremen Linken (1900) in seine prunkvolle Villa »Capponcina« bei Settignano zurückzieht. Dort residiert er nach seinen eigenen Worten wie ein »römischer Herrscher«, wie ein »Renaissancefürst«.

Hochverschuldet, flüchtet er 1910 vor seinen Gläubigern nach Frankreich, zunächst nach Paris, wo er als Autor des inzwischen ins Französische übersetzten Romans *L'innocente* (1891) gefeiert wurde, geht dann nach Arcachon am Atlantik zu seinem Freund Adolphe Brémond, und 1914 erneut nach Paris. Einen Ruf nach Bologna auf den Lehrstuhl für italienische Literatur, den zuletzt Pascoli, und vor diesem Carducci innegehabt hatte, schlug er aus mit den Worten: »Die Ehre ist groß – aber meine Freiheitsliebe ist noch größer«. 1915 nach Italien zurückgekehrt, ruft er in seiner *Orazione per la sagra dei Mille* und in weiteren Reden zur Teilnahme am Krieg auf; diese Reden erscheinen noch im gleichen Jahr in dem Sammelband *Per la più grande Italia* (spätere politische Reden erscheinen gesammelt in den Bänden *L'urna inesausta*, 1931 und *Teneo te Africa*, 1936).

Nach dem Eintritt Italiens in den Weltkrieg kämpft er zu Lande, zur See und in der Luft; zu seinen spektakulärsten Einsätzen zählten die Bombardierung von Pola und seine Flüge über dem feindlichen Wien, wo er Flugblätter mit den Farben Italiens abwirft. Seine kriegerischen Umtriebe brachten ihm 1916 den Verlust des rechten Auges ein. Nach dem Waffenstillstand machte D' Annunzio 1919 erneut Schlagzeilen mit seinem Marsch auf Fiume (die berühmte »marcia di Ronchi«, ein Modell für den faschistischen Marsch auf Rom), das er mit wenigen Hundert Soldaten besetzte und jahrelang als selbsternannter Gouverneur regierte. Von der Regierung Giolitti zur Machtübergabe gezwungen, verließ er im Januar 1921 als letzter Fiume und ließ sich in der Villa Cargnacco in Gardone Riviera nieder, die er zu einem Nationalmuseum der Italiener, zum berühmten »Vittoriale degli italiani«, umfunktionierte. Hier lebte er zwischen persönlichen Reliquien, Erinnerungsstücken und Souvenirs, zwischen Ansammlungen von Kunst und Kitsch aller Art; er, der in seinen späten Jahren immerhin erkannte, daß der Faschismus ein nicht zu akzeptierendes, vulgäres Übergewicht des Aktionismus über die Kunst mit sich brachte, und der als einen seiner letzten Texte ein Gedicht gegen Hitler verfaßte. Dem mit zahlreichen Tapferkeitsmedaillen und Auszeichnungen Geehrten verlieh Mussolini nach der Annektion Fiumes den Titel eines »Fürsten von Montenevoso«; Monate vor seinem Tode wurde er noch zum Präsidenten der »Accademia d'Italia« ernannt.

Der literarische Weg D'Annunzios begann mit *Primo vere* (1879), einem Gedichtband, der vor allem von Carducci und dessen barbarischen Oden, aber auch von spätromantischen Autoren und den veristischen Gedichten des damals sehr bekannten schriftstellernden Bibliothekars LORENZO STECCHETTI (Olindo Guerrini, 1845–1916) beeinflußt war. Gleiche Einflüsse weisen auch noch viele Gedichte von *Canto novo* (1882) auf, doch erreicht D'Annunzio bereits mit diesem Werk einen ersten Höhepunkt seines lyrischen Schaffens. Mit seiner formalen Gewandtheit, seinen Landschaften und Frauengestalten, mit seinem Bilderreichtum, den Stimmungsmomenten einer naturnahen Kontemplation und den Motiven der inneren Einkehr enthält dieser Band bereits das meiste von dem, was später seine Lyrik berühmt machte. Auf die erotisch-lasziven, an Baudelaires *Blumen des Bösen* erinnernden Gedichte von *Intermezzo di rime* (1883), in denen sich die Desillusionen des römischen Lebensabschnitts widerspiegeln, folgen 1886 die preziösen Texte von *Isaotta Guttadàuro ed altre poesie*, Gedichte, die 1890 in zwei getrennten Sammlungen: *L'Isottèo* und *La Chimera*, doch in einem Band und in revidierter und erweiterter Fassung erscheinen. Auch diese Texte bezeugen die sprachkünstlerische Beweglichkeit ihres Autors, sein ständiges Experimentieren mit Formen und Stillagen. Während die erste Fassung u. a. noch Reflexe der glücklichen Phase der Beziehung zu Maria di Gallese enthält, ist die zweite, stark veränderte und im zweiten Teil durch viele neue Texte erweiterte Ausgabe ganz der an den französischen »Parnassiens« und deren Prinzip des »L'art pour l'art« orientierten kompromißlosen Verwirklichung des Künstschönen und Erlesenen gewidmet (das D'Annunzio in der italienischen Literatur vor allem bei den Stilnovisten, bei Petrarca und den Renaissanceautoren verwirklicht sieht), und wird damit zum Dokument eines sich rein formal und literarisch begründenden Hedonismus. Mit den erotischen Dichtungen seiner *Elegie romane* (1892) lehnte sich D'Annunzio zumindest im Titel und im Metrum an die gleichnamige Dichtung Goethes an. 1893 erschienen, zusammen mit einem Neudruck der *Odi navali*, die fünf Gedichtfolgen des *Poema paradisiaco*, in denen der Autor die Überwindung dekadenter Stimmungen, gebrochener Gefühlswelten und morbider Seelenhaltungen thematisiert. In wiederum vollendeter Sprache und kunstvollen metrischen Formen, aber diesmal in einem wärmeren, gesprächsartigen Ton und mit sehnsuchtsvoller, schmachtender Musikalität versucht der Autor eine Rückkehr zu echten Gefühlen, zur Unschuld, zur freundschaftlichen Liebe und, so vor allem in dem berühmten Gedicht *La consolazione*, eine nostalgisch-reuevolle Rückwendung zur Heimat, zur Mutter und zu den Schwestern. Mit diesen melancholischen, musikalischen und gefühlsdämmrigen Gedichten, die an Verlaine und Maeterlinck erinnern, schuf D'Annunzio zugleich eine der großen Inspirationsquellen der späteren »Crepuscolari«

(vgl. S. 658 ff.). Den unbestrittenen Höhepunkt seiner lyrischen Kunst erreichte D'Annunzio mit seinen *Lobgesängen*, den *Laudi del cielo del mare della terra e degli eroi*, an denen er seit 1899 schrieb. Das Werk sollte insgesamt sieben Bücher umfassen und damit der Zahl der sieben Göttinnen der Pléiade entsprechen. 1903 erschienen die ersten drei Bücher *Maia, Elettra* und *Alcyone*, 1912 das vierte Buch *Merope* mit dem Untertitel *Canzone della gesta d'oltremare*; nicht mehr organisch dazugehörend, wurde später noch ein fünftes, der *Asterope* zugeordnetes Buch unter dem Titel *Canti della guerra latina* zusammengestellt. Von den beiden letzten, der Taygete und der Kelaino zugedachten Teilen ist dagegen nichts überliefert. Das erste, Maia, der Göttin der Schöpferkraft gewidmete Buch besingt in dem 8000 Verse umfassenden hymnischen Gedicht *Laus vitae* in dionysischem Überschwang die panische Naturhaftigkeit und die Mythen und Heroen der heidnischen Antike unter dem Leitgedanken »Il gran Pan non è morto!«. Das zweite, der Elektra gewidmete Buch preist, teilweise mit metrischen Neuerungen wie etwa dem aus der altfranzösischen Epik übernommenen Zehnsilbler, in ekstatischen Tönen die großen Heroen der Nation und ihre glorreichen Werke; in dem Abschnitt »Le città del silenzio« evozieren 25 formvollendete Gedichte (meist Sonette) mit lebendigen historisch-geographischen Beschreibungen den dekadenten Reiz der kleineren italienischen Städte (darunter Ferrara, Pisa, Ravenna, Prato, Perugia), die vom Puls der modernen Zeit (noch) nicht erfaßt wurden. Das dritte Buch *Alcyone* ist das berümteste der *Laudi* und zugleich nach dem Urteil G. Continis und anderer die »summa poetica« D'Annunzios. In 88 Gedichten mit unterschiedlichen Formen und Metren gelingen dem Künstler einzigartige Gestaltungen der Landschaften der Toskana, ihrer Flüsse, Meeresküsten und Örtlichkeiten, dies alles in einer musikalischen Synthese naturnaher, gestalthafter Anschaulichkeit, glühender Einbildungskraft und eines lebendigen, mythisch vertieften Geschichtsbewußtseins. Hier finden sich seine berühmtesten und am häufigsten zitierten Gedichte wie *La sera fiesolana, Furit aestus, La pioggia nel pineto, L'oleandro, L'onda, Undulna*, und viele andere; Texte, die zugleich den Wahn des Übermenschen und nationalistische Überspanntheiten überwinden und so bis heute lebendig bleiben konnten. An den Höchstleistungen der *Laudi* kam kein Lyriker nach D'Annunzio vorbei; sie sind, in Bewunderung oder Ablehnung, zu einem Maßstab der italienischen Lyrik unseres Jahrhunderts geworden.

Stand das Debüt des Lyrikers D'Annunzio im Zeichen Carduccis, so das des Prosaautors im Zeichen Vergas. Der erste Novellenband *Terra vergine* (1882) zeigt in seiner veristischen Unmittelbarkeit den deutlichen Einfluß der *Vita dei campi* und der *Novelle rusticane*, und auch die Erzählungen der beiden nachfolgenden Sammlungen, *Libro delle vergini* (1884) und *San Pantaleone* (1886), die später in dem Band *Novelle della Pescara* (1902) zusammengefaßt wurden, orientieren sich an Verga und zunehmend auch an den französischen Naturalisten. Deren mehr oder weniger ernstgemeintes humanes oder sozialkritisches Engagement allerdings findet bei D'Annunzio keinerlei Fortsetzung, der in diesen an den Ufern der Pescara spielenden Erzählungen eiskalt und ohne die geringste Anteilnahme über meistens grausame, entsetzliche oder abnorme Ereignisse um Menschen und Tiere berichtet und damit seine Heimat, die Abruzzen, als ein barbarisches, von dunklen Instinkten, Leidenschaften und finsterstem Aberglauben beherrschtes Land vor Augen führt. Unter dem Einfluß von J.-K. Huysmans' *A rebours* (1884), dem Prototyp des dekadenten symbolistischen Romans Frankreichs, enstand dann der im Ambiente römischer Salons der Liberty-Epoche (»Jugendstil«) spielende erste Roman *Il piacere* (1889), der für Italien den Übergang vom Naturalismus zur Dekadenz einleitete. Die gefühlsschwülstige, laszive Dreiecksgeschichte um den Grafen Andrea Sperelli, die schöne, aber spröde Elena Muti und die unschuldige Maria Bandinelli Ferres, in die auch viel Autobiographisches aus der römischen Zeit des Autors eingegangen ist, findet bis heute als Basistext des italienischen »decadentismo« große Beachtung. Im Schatten Dostojewskijs und Tolstois stehen dagegen die Romane *Giovanni Episcopo* (1891), das Geständnis eines Verbrechens, und *L'innocente* (1891), die stilistisch einfach, mit moralischen Ansprüchen und mit einem Hauch menschlicher Güte erzählte Geschichte einer ehelichen Verfehlung und der anschließenden Tötung eines »Unschuldigen«, nämlich des unehelichen Kindes. Der letztere Roman erschien schon 1893 in französischer Übersetzung und wurde noch vor der Jahrhundertwende in viele Sprachen übersetzt; er war wohl der am meisten gelesene Roman des Pescaresen. Nietzsches Lehre vom Übermenschen und damit verbunden die Heroisierung des Gegensatzes zwischen Mann und Frau als Grundkonflikt zwischen Machtstreben und sinnlicher Begierde stehen zusammen mit weiteren dekadenten Motiven im Mittelpunkt des stilistisch wiederum aufwendigen Romans *Trionfo della morte* (1893), Geschichte der wollüstigen, jede Willensregung lähmenden Umgarnung des Giorgio Aurispa durch die superschöne sinnliche Ippolita Sanzio. Noch mehr Nietzsche, Übermenschentum und Rassistisches findet sich in dem heute wohl unlesbaren *Le vergini delle rocce* (1895), in dem sich ein antidemokratischer und imperialistisch gesonnener Adliger den Kopf darüber zerbricht, welche von drei jungfräulichen Schwestern einer adligen Familie die Ehre haben soll, den künftigen Herrscher Italiens mit den dazu erforderlichen Eigenschaften eines Übermenschen zu gebären. Der Eleo-

626

nora Duse gewidmet und von ihr inspiriert ist der Roman *Il fuoco* (1900), der mit autobiographischem Bezug auf D'Annunzios venezianische Jahre (ab 1895) und seine lange Beziehung zur Duse von der Liebe zwischen dem Intellektuellen Stelio Effrena (D'Annunzio) und der alternden Schauspielerin Foscarina (Eleonora Duse) erzählt und vor dem Hintergrund des dionysischen und dekadenten, auch äußerlich zerfallenden Venedigs das Verhältnis von Kunst und Schönheit (und dabei auch die Musiktheorien Wagners und Nietzsches) thematisiert. Eine suggestive Prosa, die sich wie eine Allegorie auf Schönheit und Tod liest und von der viele spätere Werke, darunter auch Thomas Manns *Tod in Venedig*, profitiert haben. Der letzte Roman D'Annunzios *Forse che sì, forse che no* (1910) handelt dagegen von den Abenteuern des Autofahrens und der Fliegerei, aufregend gewürzt mit Motiven der Eifersucht, des Inzests, des Wahnsinns und des Selbstmords, und doch alles dekadent eingestimmt in einen tiefgreifenden Lebensüberdruß, demzufolge die ganze Welt wie »eine immense Kloake« erscheint – ein Werk, das trotz seiner kitschigen Motive einen besonders gelungenen, oft lyrischen Stil aufweist.

Die zahlreichen Theaterstücke D'Annunzios sind heute fast alle, und nicht zu Unrecht, in Vergessenheit geraten, da sie inhaltlich und ideologisch seiner Prosa und seiner Lyrik nichts Neues hinzufügen und poetisch wenig überzeugend sind. Immerhin bot sich dem Autor mit seinen Bühnenstükken die Möglichkeit, aus seiner aristokratischen Isolierung und seinem künstlerischen Elfenbeinturm herauszukommen und in Kontakt mit der Masse zu treten, die ihm zwar stets unheimlich und fremd blieb, deren Beifall er dennoch zur Befriedigung seiner Ruhmsucht und Eitelkeit benötigte. Die Theaterproduktion setzte ein mit *Sogno di un mattino di primavera* (1897) und *Sogno di un tramonto d'autunno* (1898), die in Paris mit Eleonora Duse bzw. mit Sarah Bernhardt aufgeführt wurden; es folgten wenig bedeutende Stücke wie *La città morta* (1898), *La Gioconda* und *La gloria* (1899). 1901 wurde die Tragödie *Francesca da Rimini* mit der Duse in Rom aufgeführt, deren mittelalterlicher Stoff in der archaischen Sprache des Trecento dargeboten wird. Danach entstand das vielleicht volkstümlichste Stück, die Tragödie *La figlia di Iorio* (1904), mit einer im ländlichen Ambiente der Abruzzen spielenden Intrige um Wollust, Eifersucht und Vatermord. Die Reihe der Bühnenstücke wurde fortgesetzt mit *La fiaccola sotto il moccio* (1905), einem weiteren Drama aus den Abruzzen, mit *Più che l'amore* (1906), *La nave* (1907) und *Fedra* (1909), worauf noch eine Reihe von Stücken in französischer Sprache folgte, von denen *Le martyre de Saint-Sébastien* (1911) von Debussy vertont wurde.

Das Theater D'Annunzios zeigt besonders deutlich die Schwächen, die

627

seinem Werk insgesamt angelastet werden: psychologischer Dilettantismus (einer der Vorwürfe Croces), exaltierte sentimentale oder nationalistische Rhetorik bei gleichzeitiger inhaltlicher Hohlheit, Abwesenheit authentischer und geschichtsnaher Überzeugungen, moralische Beliebigkeit, und nicht zuletzt eine ideologische Oberflächlichkeit, die nationalistische, imperialistische und rassistische Theorien ebenso wie die Gedanken Nietzsches oder Wagners immer nur annähernd und fragmentarisch rezipierte. Trotz solcher vor allem »weltanschaulicher« Einwände wird der Sprachkünstler D'Annunzio immer zu den großen Autoren des italienischen Ottocento/Novecento gehören. Sein umfangreiches und vielfältiges, hohe Ansprüche erhebendes Werk enthält einfach zu viele gelungene, denkwürdige und suggestive Seiten, die ihre Wirkung auf den Leser auch in Zukunft nicht verfehlen werden. Dies gilt nicht nur für die vollendeten Kunstproben seiner geschliffenen Lyrik und für seine besten, mitteleuropäisches Fin-de-siècle dokumentierenden Romane, sondern auch für die Erzählungen aus seiner Heimat, die den Leser in ihrer kalten Schroffheit provozieren und die dennoch, oder gerade deswegen, unvergeßlich bleiben.

DAS ZWANZIGSTE JAHRHUNDERT (»NOVECENTO«)

I. JAHRHUNDERTWENDE, JAHRHUNDERTBEGINN

1. Versunkene Ideale und fehlende Orientierungen: Die italienische Gesellschaft um 1900

Mit der verheerenden Niederlage bei Adua (1896) waren die Kolonial- und Großmachtpläne Italiens vorerst gegenstandslos geworden. Zugleich ging damit das Regime des Imperialisten Francesco Crispi zu Ende, der seit 1887 das Land innenpolitisch trotz einiger Reformen autoritär und mit preußischer Strenge regiert und wiederholte Protestbewegungen der notleidenden Bevölkerung sowie oppositionelle frühsozialistische, radikale oder anarchische Regungen mit harter Hand unterdrückt hatte. Während der repressiven »demokratischen Diktatur« Crispis hatten auch Sozialisten und Katholiken es gleichermaßen schwer, sich politisch zu artikulieren. Filippo Turati (1857–1932) hatte trotz aller Repressionen den Zusammenschluß sozialistischer Gruppen mit Hilfe seiner »Lega socialista« sowie seiner Zeitschrift »Critica sociale« (ab 1891) vorangetrieben, was im Herbst 1893 zur Gründung des Partito Socialista Italiano führte, dessen Hauptforderung die Sozialisierung der Produktionsmittel war. Demgegenüber gelang es den Katholiken wegen der restriktiven Haltung des Papstes nicht, sich in einer bürgerlichen politischen Partei zu organisieren. Immerhin gab es eine sozialpolitische Dachorganisation der Katholiken, die »Opera dei Congressi« (nach dem Vorbild des deutschen Katholikentages), deren 1884 errichtete Sektion für christliche Soziallehre in strenger Unterordnung unter den Papst versuchen sollte, für die neuen sozialen Probleme der entstehenden Industriegesellschaft katholische Lösungen zu entwickeln und damit insbesondere dem Sozialismus entgegenzuwirken. Doch fanden die Katholiken auch in den folgenden Jahren keinen Zugang zu einer bürgerlich-liberalen Politik und verblieben bis über den Ersten Weltkrieg hinaus politisch in einer Ghetto-Situation.

Die nachfolgende Regierung Di Rudini brachte innenpolitisch keine wesentlichen Fortschritte, da es der regierenden Klasse des Großbürgertums und des grundbesitzenden Adels nicht gelang, mit auch nur einer der vorhandenen Oppositionen zu kooperieren. Im industrialisierten Norden intensivierten sich die Streikbewegungen, im agrarischen Süden die Agitationen der Landarbeiter, und gleichzeitig nahmen die Aktivitäten der Anarchisten in einem Maße zu, das vor allem im Bürgertum Furcht und Schrekken erregte. Die gesellschaftlichen Spannungen milderten sich erst unter Giovanni Giolitti, der u. a. für eine Einbindung der Arbeiterorganisationen ins politische System plädierte. Die Regierung Zanardelli (1901–1903), in der Giolitti Innenminister (und der eigentliche Kopf des Kabinetts) war, garantierte den Arbeitern das Streikrecht mit der Folge, daß die Streiks weiter zunahmen, mit denen die Arbeiterschaft nunmehr legitim ihre Forderungen unterstreichen konnte.

Zur relativen innenpolitischen Entspannung trug auch ein unerwarteter wirtschaftlicher Aufschwung bei, von dem allerdings fast ausschließlich der Norden profitierte, wo es zur Gründung von großen Industrieunternehmen (darunter 1899 auch das Fiat-Werk) kam. Die relativ späten Gründungsdaten dieser Industrien im Norden wie auch die Tatsache, daß gleichzeitig der von Erdbebenkatastrophen zusätzlich belastete Süden noch weiter zurückfiel, belegten indes erneut im europäischen Vergleich die Rückständigkeit Italiens und seine besondere Problematik auf wirtschaftlichem Gebiet.

Die nachfolgende eigentliche Ära Giolitti (1903–14) war gekennzeichnet durch ein Primat der Innenpolitik und den Versuch, den liberalen Staat durch Integration der Sozialisten, der bürgerlichen Radikalen und der kooperationsbereiten katholischen Organisationen zu festigen und auf diese Weise den Übergang vom Staat einer Elite zu einem Staat des Volkes zu vollziehen. Der nüchterne und pragmatische Giovanni Giolitti appellierte an die politische Entwicklungs-, Kompromiß- und Anpassungsfähigkeit aller verantwortlichen Gruppierungen und gab damit dem alten, von Agostino Depretis in den achtziger Jahren in die politische Diskussion eingeführten Schlagwort des »trasformismo« eine neue staatsbürgerliche Bedeutung. Doch erwies sich die Zusammenarbeit mit den Sozialisten, nicht zuletzt wegen anhaltender Flügelkämpfe in dieser Partei, als überaus schwierig. Den Katholiken war es nach wie vor verwehrt, sich in einer Partei zu organisieren. Die Gründung einer demokratischen Partei, der Lega democratico-nazionale des Priesters Romolo Murri, wurde durch Pius X., den Nachfolger Leos XIII., unterdrückt. Erst 1913 gelang den Katholiken der teilweise Eintritt ins politische Leben durch den Patto Gentiloni, demzufolge die Stimmen der Katholiken den liberalen Kandidaten zugesagt wurden, die sich ihrerseits verpflichteten, katholische Forderungen zu vertreten: eine neue Variante des damals in vielen Spielarten praktizierten »trasformismo«.

630

Höhepunkt einer Reihe von Reformen Giolittis war die Erweiterung des Wahlrechts durch das Wahlgesetz von 1912, das die Restriktionen von 1882, die das Volk praktisch ausgeschlossen hatten, weitgehend aufhob und allen Männern über 30 das Wahlrecht bescherte. Damit erhöhte sich die Zahl der Wahlberechtigten auf etwa 24 % der Gesamtbevölkerung. Es gab aber keine funktionierende Partei und so gut wie keine politischen Organisationen, die imstande gewesen wären, das neue Wählerpotential zu betreuen und das politische Leben auf den unteren volksnahen Ebenen zu organisieren. Dies galt wiederum vor allem für den Süden, dessen ländliches Subproletariat kaum von den Neuerungen Giolittis profitierte und damit in besonderem Maße manipulierbar blieb (wovon später der entstehende Faschismus profitierte). Unter dem oligarchischen Regierungssystem der herrschenden liberalen Koalition und unter einer dünnen politisch aktiven Oberschicht verharrte so der größere Teil der Bevölkerung, vor allem Kleinbürgertum, Arbeiterproletariat und Subproletariat, in einer erschreckenden, durch den völligen Mangel an staatsbürgerlicher Erfahrung und den immer noch weitverbreiteten Analphabetismus vertieften politischen Unmündigkeit und gesellschaftlichen Orientierungslosigkeit.

2. Auf der Suche nach neuen Konzepten: Die Intellektuellen, die Literaturkritik und die literarischen Zeitschriften

Ein tiefgreifender Mangel an Orientierungen und eine innere Verunsicherung kennzeichneten aber auch das Leben der Intellektuellen und den Bereich der Literatur und der Literaturkritik. Denn zum einen waren die alten patriotischen und kulturellen Ideale aus der Zeit der Romantik und des Risorgimento, an denen sich Generationen orientiert hatten, für immer versunken, zum anderen wurden jetzt auch die etwa bis zum Jahrhundertende für Wissenschaft und Literaturkritik tragenden Grundlagen des Positivismus immer stärker in Frage gestellt. In dem überaus komplexen, von zahlreichen klassenspezifischen, parteipolitischen und ökonomischen Konflikten durchsetzten und zusätzlich durch den Nord-Süd-Konflikt erschwerten Übergangsprozeß von der Politik einiger weniger (nämlich einer aristokratisch-bürgerlichen Elite) zu einer Politik der Massen und für die Massen erwuchs den meisten Intellektuellen das Bewußtsein, daß eine grundlegende Erneuerung der alten aufklärerisch-positivistischen Kultur erforderlich sei. Die verspätete (und nur partiell verwirklichte) Entwicklung Italiens zu einem kapitalistischen Staat, der nach außen expansionistisch und nach innen protektionistisch auftrat, stellte vor allem das durch die Industrialisierung erstarkte Bürgertum vor die ideologische Aufgabe, die Massen anzusprechen und in das politische Gefüge möglichst konfliktfrei einzuordnen (doch war es erst der Faschismus, der die Massen wirklich erreichte und in sein politisches Programm zu integrieren wußte). In dieser Krise des politischen, ideologischen und kulturellen Umbruchs bejahten die meisten jungen Intellektuellen und Schriftsteller ihre gesellschaftliche Funktion und die Notwendigkeit ihres Engagements. Doch was an die Stelle der alten illuministisch-positivistischen oder auch romantisch-patriotischen Kulturgüter zu setzen sei und mit welchen ideologischen und politischen Programmen man in die konfusen gesellschaftlichen Umwälzungen ordnend eingreifen könne, blieb den meisten von ihnen schleierhaft. Die Rolle des Schriftstellers (und der Literatur) in der neuen, teilkapitalistischen und nationalistischen Gesellschaft zu definieren und Wege zu neuen tragfähigen Kulturalternativen zu weisen, war das Hauptanliegen der jungen Schriftsteller und Kritiker, von denen allerdings viele wegen ihrer tiefgreifenden Verunsicherung und Manipulierbarkeit im ideologischen Kraftfeld des nationalistischen und protektionistischen Bürgertums verblieben.

Der erste, dem es gelang, in der allgemeinen Verwirrung neue theoretische Grundlagen für Literatur und Kunst und ihren Bezug zur Gesellschaft zu legen, war BENEDETTO CROCE (1866–1952). Er kam, schrieb und schuf ein System und wurde damit zum unbestrittenen Mentor der italienischen Kultur in der ersten Jahrhunderthälfte. 1902 veröffentlichte er seine grundlegende *Estetica come scienza dell'espressione e linguistica generale* als ersten der vier Bände der *Filosofia della scienza dello spirito*. Ab 1903 gab er die Zeitschrift »La critica« (ab 1945 »Quaderni della critica«) heraus, die er zum größten Teil selbst schrieb. 1905 erscheinen die *Lineamenti d'una logica del concetto puro*, 1909 die *Filosofia della pratica*, im gleichen Jahr eine stark überarbeitete Fassung der *Lineamenti* mit dem Titel *Logica come scienza del concetto puro;* 1912 folgt *Teoria e storia della storiografia*, 1914 eine zweibändige Sammlung literaturkritischer Beiträge unter dem Titel *Letteratura della nuova Italia*, 1923 *Poesia e non poesia* mit weiteren Beiträgen zur europäischen Literatur. Schon im ersten Jahrzehnt des Jahrhunderts hatte Croce alle wesentlichen Grundlagen seiner Theorie gelegt, ja er selbst erklärte schon 1908 sein System für abgeschlossen. Das hinderte ihn aber nicht daran, mit zahlreichen bedeutenden Publikationen bis zu seinem Tod seine Grundthesen zur Ästhetik, Philosophie und Historiographie kritisch zu überprüfen. Croce, der sich in seinen frühen Jahren, angeregt auch durch die Bekanntschaft mit Antonio Labriola (1843–1904), dem bedeutendsten italienischen Marxisten seiner Zeit, intensiv mit der Lehre von Marx und Engels auseinandergesetzt hatte, wandte sich später ganz vom

632

Marxismus ab, den er schließlich als »toten Hund« bezeichnete. Seine konkreten Interessen als Geschichtsschreiber und Literaturgeschichtsschreiber führten ihn zwangsläufig dazu, zunächst die philosophischen Grundlagen seines Systems zu klären, wobei für ihn vor allem die Lektüre Hegels und Vicos wichtig wurde.

Seine zentralen Thesen zur Kunst hat Croce 1913 in den vier Lektionen seines *Breviario di estetica* selbst zusammengefaßt. Kunst wird hier definiert als »Intuition«, womit Croce den idealistischen, unbegrifflichen und individuellen Charakter der Kunst hervorhebt. Nicht der Begriff, sondern das »Gefühl« und der »Seelenzustand« verleihen der künstlerischen Intuition Einheit und Kohärenz. Die von den traditionellen und landläufigen ästhetischen Theorien praktizierten Unterscheidungen wie die zwischen Form und Inhalt, Ausdruck und Intuition bzw. Schönheit und Intuition verwirft Croce als der Ganzheitlichkeit des künstlerischen Aktes unangemessene. Mit der These der Einheit von Inhalt und Form, Intuition und Ausdruck, die er als eine apriorische Synthese (im Sinne Kants) versteht, griff Croce praktisch das von De Sanctis entwickelte Konzept der künstlerischen Form wieder auf. Da das Kunstwerk für Croce ein einmaliges und individuelles Gebilde darstellt, ist für ihn folgerichtig die traditionelle Theorie der literarischen Gattungen sowie die konventionelle Einteilung der Künste unter Ordnungsbegriffe ästhetisch nicht begründbar und daher gegenstandslos: Jedes künstlerische Werk ist einzigartig und nicht klassifizierbar. Von daher auch die Ablehnung der Literaturgeschichtsschreibung, an deren Stelle Croce eine Reihe von »monografie caratterizzanti«, d. h. von exemplarischen Künstlermonographien zu setzen gedachte. In philosophischer Hinsicht betonte Croce die Autonomie des Kunstwerks: Die künstlerische Intuition stehe vor dem logischen oder begrifflichen Erkennen, und dieses wiederum vor dem Handeln (dessen ökonomische oder zweckgerichtete Aktivitäten wiederum dem moralischen Verhalten vorauslägen). Auch die Sprache hat bei Croce einen intuitiven Ursprung. Das eigentliche Anliegen der Kunstkritik besteht ihmzufolge darin, das Vorhandensein oder Nichtvorhandensein einer echten Intuition auszumachen und dementsprechend zwischen Kunst als »reinem Ausdruck« und Nichtkunst, also zwischen Dichtung und Nichtdichtung, zwischen dem Schönen und dem Nichtschönen zu unterscheiden. Dabei soll Kunstkritik stets die Geschichte und Philosophie der Kunst in sich einschließen.

Der zweite Hauptvertreter des italienischen Idealismus neben Croce war der ebenfalls maßgeblich durch Hegel beeinflußte Philosoph GIOVANNI GENTILE (1875–1944), der zu Jahrhundertbeginn eng mit dem befreundeten Croce zusammenarbeitete und auch in dessen Zeitschrift »La critica«

633

publizierte. Seine Philosophie des sogenannten »Aktualismus« konzipierte den Geist als eine freie, Subjekt und Objekt verbindende schöpferische Tätigkeit und gelangte von da aus zur Annahme einer Koinzidenz von Tun und Denken. Für Gentile verwandelt sich das Tätigsein in Denken, d. h. jede konkrete Handlung wird in die Synthese des Denkens überführt, das sich damit als »reiner Akt«, als »atto puro« darstellt und die eigentliche bewegende Kraft des Lebens ist. Eine solche Philosophie des »atto puro« interpretierte alle Lebensvorgänge als subjektiven Ausdruck des Geistes, hob die Unterscheidung zwischen Denken und Wirklichkeit auf und konzipierte Kultur und Geschichte, Vergangenheit und Gegenwart als Entfaltungen des ununterbrochen wirkenden, vitalen Geistes. Grundzüge dieser Philosophie entwickelte Gentile bereits in seinem 1911 in Palermo gehaltenen Vortrag *L'atto del pensare come atto puro*, dann ausführlicher in seiner *Teoria generale dello spirito come atto puro* (1916). Seine Gedanken über die Erziehung, die in seiner Philosophie einen breiten Raum einnehmen, hatte er 1913 in seinem *Sommario di pedagogia* zusammengefaßt. Als Gentile mehr und mehr ins Fahrwasser eines militanten Idealismus geriet und vor allem unter diesem Aspekt begeistert von den jungen Intellektuellen aufgenommen wurde, kam es bereits 1913 zum Zerwürfnis mit Croce. Gentile profilierte sich nun als vehementer Interventist und Nationalist und predigte den Krieg als vitalen Ausdruck der Überlegenheit des italienischen Geistes. Seit 1922 Unterrichtsminister Mussolinis, seit 1923 Mitglied der faschistischen Partei, entwickelte er sich zum offiziellen Ideologen und zum Dirigenten der Kulturpolitik des Regimes. Sein *Manifesto degli intellettuali fascisti* von 1925 führte zum endgültigen Bruch mit Croce. Viele seiner politischen Schriften erschienen noch im gleichen Jahr in dem Band *Che cos'è il fascismo. Discorsi e polemiche.* 1944 wurde Gentile in Florenz durch Partisanen ermordet.

Gegenüber der nationalistischen Philosophie Gentiles, die heute wie ein gewaltiger rhetorischer Bau auf letztendlich provinziellen und rückständigen Grundlagen erscheint, konzipierte Croce seinen Entwurf als eine »allgemeine Methodenlehre«, die in philosophischer Hinsicht weitreichende, hier nicht darzustellende Folgerungen impliziert. Auf dem Felde der Ästhetik und der Literaturkritik fand seine Lehre als ersehnte Neuorientierung rasch größte Beachtung. Aber trotz des unbestreitbaren Einflusses, den Croce mit seiner *Estetica* und mit seiner Zeitschrift »La critica« vom Beginn des Jahrhunderts an auf die Intellektuellen ausübte, vermochten sich viele von ihnen nicht mit seinem neoidealistischen System anzufreunden, das erhaben und anspruchsvoll daherkam, weit von den praktischen und alltäglichen Problemen der Künstler entfernt war und letztlich auf den klassischen Prinzipien des Maßes, der Ordnung und des rationalen, diszi-plinierten Denkens gründete. Verständlicherweise konnten sich gerade die jüngeren, kreativen und innovativen Schriftsteller mit ihren oft irrationalen Bedürfnissen nach »Befreiung«, Experiment, Erneuerung und nach mehr oder weniger radikalem Umbruch sich mit dem olympischen System Cro-ces nicht identifizieren und versuchten daher, sich außerhalb davon in eige-nen Organen zu artikulieren. Dies geschah in einer Reihe von meist kurzle-bigen Zeitschriften, deren erste der LEONARDO war, der von Januar 1903 bis August 1907 von Giovanni Papini und Giuseppe Prezzolini in Florenz herausgegeben wurde. Das der ersten Nummer vorangestellte »Syntheti-sche Programm« der jungen Herausgeber spiegelt indes den ernsthaften Wunsch nach Erneuerung ebenso wider wie eine tiefgreifende, rhetorisch kaum verdeckte Unsicherheit in bezug auf das, was denn nun eigentlich zu tun sei: »Eine Gruppe junger Leute, die Befreiung ersehnt, Universalität will, nach einem höheren geistigen Leben strebt, hat sich in Florenz unter dem symbolischen Eröffnungsnamen des »Leonardo« versammelt, um die eigene Existenz zu intensivieren, das eigene Denken zu erhöhen und die ei-gene Kunst zu verherrlichen... Was die Kunst angeht, so lieben sie diese als ideale Transfiguration des Lebens und bekämpfen ihre niederen For-men, sie streben nach Schönheit als einer suggestiven Gestaltung und als Offenbarung eines tiefen und erhabenen Lebens...«. Solche Sätze belegen zwar die stark ästhetizistische, irrationale Tendenz der Herausgeber, ent-halten aber darüber hinaus, abgesehen von der Ablehnung naturalistischer und veristischer Kunstrichtungen, kaum etwas Konkretes. Die wohl be-deutendsten Beiträge der nachfolgenden Nummern waren die des Philoso-phen Giovanni Vailati, der über die Beziehung von Wissenschaft und Phi-losophie schrieb und viele wichtige ausländische Philosophen wie Charles Sanders Peirce, Bertrand Russell, George Moore, Ernst Schröder u.a. in Italien bekannt machte. Demgegenüber trifteten Papini und Prezzolini un-ter dem maßgeblichen Einfluß D'Annunzios immer stärker in irrationales und nationalistisches Denken ab, polemisierten heftig gegen den Sozialis-mus und gegen das dekadente Bürgertum (das in ihren Augen unfähig war, den Klassenkampf gegen das Proletariat zu führen), und plädierten aus ei-ner tiefen Verachtung der Demokratie heraus immer entschiedener für Na-tionalismus und Imperialismus. Eben diese Überzeugungen brachten Pa-pini und Prezzolini dazu, mit der nationalistischen Zeitschrift IL REGNO zu kooperieren, die 1903 von Enrico Corradini gegründet worden war, der darin einschlägige antisozialistische und nationalistische Thesen pro-pagierte. Ähnliche Thesen wie der »Regno« vertrat auch die Zeitschrift HERMES (Januar 1904 – Juli 1906), die mit einem klaren Bekenntnis zu

Atheismus und Nationalismus im Sinne D'Annunzios (»wir sind Heiden und D'Annunzianer«) von Giuseppe Antonio Borgese gegründet worden war, der, zeitweise auch stark von Croce beeinflußt, in späteren Jahren sich sowohl von diesem als auch von D'Annunzio distanzierte.

Weitaus bedeutender als der »Hermes« war die Wochenschrift VOCE in ihrer ersten, im Dezember 1908 auf eine Initiative von Prezzolini gegründeten und drei Jahre lang bestehenden Form (die »erste Voce«), die, weit entfernt von der hohlen Rhetorik des »Leonardo« und des »Regno«, zunächst einen gemäßigten, kritisch-konstruktiven und ernsthaft reformwilligen Kurs verfolgte. Das Organ widmete sich in erster Linie einer vertieften Analyse der aktuellen Probleme der italienischen Gesellschaft mit dem erklärten Ziel, die »deutliche, in Italien bestehende Kluft zwischen Politik und Kultur« zu überwinden und bei dieser Aufgabe den Intellektuellen eine neue Funktion zuzuweisen. Die ideologisch und politisch bedeutendste Gestalt der ersten »Voce« war der demokratische und gemäßigte Gaetano Salvemini (1873–1957), der zunächst auch Prezzolini unter seinen Einfluß brachte und sich für die Probleme des Südens, für das allgemeine Wahlrecht, und gegen den Libyenfeldzug einsetzte. Nach der Okkupation Libyens (Oktober 1911) jedoch änderte Prezzolini seine Haltung und schloß sich politisch dem kriegswilligen, imperialistisch gesonnenen Bürgertum an. Er verdrängte Salvemini aus der »Voce«, der daraufhin in der eigenen Zeitschrift L'UNITÀ (1911–1920) seine gegen Giolitti gerichteten Zielsetzungen artikulierte.

Nach dem Abgang Salveminis verließen nach und nach Giovanni Amendola, Scipio Slataper, und schließlich auch Giovanni Boine die »Voce«, der besonders scharf gegen die von Prezzolini vollzogene Umfunktionierung der inzwischen vierzehntägig erscheinenden Zeitschrift zu einem Organ der militärischen Propaganda protestierte. Die neue Serie der »Voce«, die ab Januar 1914 bis Dezember 1916 erschien, die »zweite Voce«, auch »Voce bianca« genannt, stellte sich in ihrem ersten Band unverblümt als »rivista dell'idealismo militante« vor und war das alleinige Werk Prezzolinis. Dieser übergab Ende 1914 die Redaktion an Giuseppe De Robertis und arbeitete nun vor allem für Mussolinis Zeitschrift POPOLO D'ITALIA. Inzwischen hatte auch Giovanni Papini, zeitweiliger Redakteur der »Voce«, zusammen mit Ardengo Soffici eine eigene Zeitschrift, die LACERBA (1913–1915), gegründet. Mit dieser wollten sie zunächst das von der ersten »Voce« angesprochene Problem der Distanz zwischen Kultur und Politik neu erörtern; faktisch aber wurde »Lacerba« alsbald ein rein literarisches Organ, das vor allem der Verbreitung futuristischer Ideen und der theoretischen Diskussion der Kunstavantgarde diente. Als sich dann die Möglichkeit des Kriegs ergab, plädierte das Blatt sofort für den Kriegseintritt Italiens und wandelte sich in kürzester Zeit von einem literarischen zu einem politischen Organ der Kriegspartei.

So führten die meisten Versuche der Intellektuellen, durch kulturelle Initiativen bzw. durch die Zusammenführung von Kultur und Politik auf diese einen mitbestimmenden Einfluß zu nehmen, entweder zum Verstummen oder zur Flucht in die Kunst oder aber zur Gleichschaltung mit den dominierenden politischen und gesellschaftlichen Machtgruppierungen. Zurück blieb bei vielen von ihnen das Bewußtsein der Überflüssigkeit von Literatur und der Unwirksamkeit eines politischen Engagements der Kunst – Einsichten, die durch den inzwischen ausgebrochenen Weltkrieg auf das brutalste bestätigt zu werden schienen.

3. Die Lyrik: Giovanni Pascoli und andere

Die Entwicklung der italienischen Gesellschaft am Jahrhundertbeginn bot wenig Anlaß zu lyrischen Empfindungen. Die meisten gesellschaftlich engagierten Schriftsteller schrieben erzählende Prosa, Essays und journalistische Beiträge. Dies gilt auch für die Autoren der »Voce«: Der Maler Ardengho Soffici (1879–1964) artikulierte sich als Kritiker, Journalist und Romanschreiber (*Giornale di bordo*, 1915); der bis zum Ende des Ersten Weltkriegs als Nationalist, dann als entschiedener Antifaschist agierende Giorgio Amendola (1882–1926) in journalistischen Beiträgen; der mit ihm befreundete Triester Scipio Slataper (1888–1915) als Kritiker, Essayist und Erzähler (*Il mio Carso*, 1912); und der theologisch interessierte Giovanni Boine (1887–1917) als Kritiker und Verfasser eigenwilliger, psychologisierender Prosa (*Il peccato*, 1914; *Frantumi*, 1915). Auch der von religiöser Unruhe getriebene Genueser Protestant Piero Jahier (1884–1966), einer der typischsten Exponenten der »Voce«, schrieb vor allem Prosa (*Resultanze in merito alla vita e al carattere di Gino Bianchi*, 1915; *Ragazzo*, 1919), mischte in seinen Kriegserinnerungen *Con me e con gli alpini* (1919) Prosa und Verse und gab schließlich ein Jahr vor seinem Tode einen Band *Poesie* heraus. Der nur locker zu den »Voceani« gehörende, von diesen jedoch stark beachtete Carlo Michelstaedter (1887–1910), der früh durch Selbstmord endete, schrieb neben wenigen Gedichten (*Poesie*, 1910) schwermütige philosophische, vielfach an Schopenhauer anklingende Abhandlungen (*Scritti*, 2 Bände, 1912/13). Lediglich Clemente Rebora (1885 bis 1957), Camillo Sbarbaro (1888–1967) und Arturo Onofri (1885–1928) traten unter den »Voceani« als Lyriker hervor. Von diesen sowie von dem

637

ebenfalls mit der »Voce« in Verbindung stehenden »poète maudit« Dino Campana (1885–1932) soll später die Rede sein (vgl. S. 745 ff.).

In den Jahren zwischen Jahrhundertwende und Erstem Weltkrieg gab es, nach Carducci und neben dem auch als Lyriker unermüdlichen D'Annunzio (vgl. S. 623 ff.), einen herausragenden Lyriker, der seine Konflikte mit der Gesellschaft auf eine höchst individuelle Weise löste und zugleich eine einzigartige, ebenso naive wie kunstvolle Variante lyrischen Ausdrucks entwickelte: GIOVANNI PASCOLI (1855–1912). In San Mauro di Romagna geboren, verbrachte er dort zunächst glückliche Kinderjahre, bevor 1867 die (nie aufgeklärte) Ermordung seines Vaters und ein Jahr später der frühe Tod der älteren Schwester und der Mutter einen tiefen Schatten auf sein Leben warfen. Im September 1879 wurde der junge Pascoli während seines Studiums in Bologna wegen anarchistischer Neigungen für ein paar Monate eingekerkert, bevor er 1882 in Griechisch seine »Laurea« machte und sodann ein ziemlich bürgerliches und wenig ereignisreiches Leben führte. Zunächst Lehrer für Griechisch und Latein in Matera, Massa und Livorno, erhielt er 1897 den Lehrstuhl für lateinische Literatur in Messina, bevor er 1903 an die Universität von Pisa überwechselte und schließlich 1907 die Nachfolge Carduccis auf den Lehrstuhl für italienische Literatur der Universität Bologna antrat. Hinter der zurückgezogenen, in vielen Zügen kleinbürgerlichen Lebensweise Pascolis, der am liebsten zusammen mit seiner Schwester Maria in der ländlichen Stille seines Hauses in Castelvecchio (bei Barga) lebte, verbarg sich sein tiefgreifendes Unbehagen an der Gesellschaft seiner Zeit und das schmerzliche Gefühl einer zunehmenden Marginalisierung der Intellektuellen. Aber diese mit vielen Zeitgenossen geteilten Zweifel an den politischen und moralischen Prinzipien seiner Epoche, seinen Pessimismus in bezug auf die gesellschafliche Entwicklung, die wachsende Einsicht in die dezidierte Boshaftigkeit menschlichen Handelns in Politik und Gesellschaft und die Suche nach der eigenen Identität und dem eigenen Standort veranlaßten den Dichter Pascoli im Unterschied zu vielen anderen Autoren weder zu »engagierter«, gesellschaftsbezogener Literatur, noch zu patriotischem Pathos oder zu nationalistischer, zukunftsoptimistischer Rhetorik. Sein Weg als Künstler führte von alldem hinweg gleichsam nach innen: zurück zur Anschauung der guten, ursprünglichen Natur und zu einer unmittelbaren, unverstellten, »kindlichen« Wahrnehmung der einfachen Dinge.

Schon mit dem ersten Lyrikband *Myricae*, in einer ersten Ausgabe 1891 mit 22 und dann in der definitiven dritten Ausgabe von 1903 mit 156 Gedichten unter dem Titel *Canti di Castelvecchio* vorgelegt, hatte Pascoli diesen Weg nach innen beschritten. Thema der *Myricae* (lat. Myrica bedeutet

Tamariske) sind die Bilder und Erscheinungen des Landlebens, ein »demütiges Thema, das im Dunkel und im Schweigen heranwächst«, wie ihr Autor sagte. Die einzelnen Gedichte dieser Sammlung – Madrigale, Strambotti, Sizilianische Oktaven, Balladen, Sapphische Strophen und andere Formen – behandeln meist idyllische Szenen des rustikalen Lebens: die Natur und ihre Wandlungen im Zyklus der Jahreszeiten, bäuerliche Arbeiten wie Pflügen, Säen und Ernten, das Wachsen und Blühen der Pflanzen, das Reifen der Früchte, Vogelflug und Vogelgesang, die Stimmungen der einzelnen Stunden des Tages und anderes mehr. So entstand ein überwiegend idyllisches Gedichtbuch voll konkret beobachteter, höchst realistischer Bilder und Szenen, unter die sich dann im Laufe der Jahre noch einige elegische Erinnerungsgedichte an die verstorbenen Familienangehörigen mischten. Ein Buch, das sich mit seinen sanften, unpathetischen, oft melancholischen oder weltschmerzlichen Texten zunächst wie ein intimes Tagebuch des Landlebens darbietet. So etwa in Gedichten über die Wäscherinnen (Lavandaie), über den Gesang der Ernterin (Ultimo Canto), das Pflügen der Felder (Arano), den Flug der Lerche (Di lassù), den nächtlichen Ruf der Ohreule (L'assiuolo), oder über die Trauerstimmung des Herbstes (Novembre). Eine besondere Bedeutung in dieser Welt der kleinen Dinge hat übrigens das Nest, das u. a. in dem Gedicht Il nido geradezu zum Mythos einer ursprünglichen Geborgenheit, die allerdings auch dem Zyklus der Natur unterworfen ist, avanciert. Bei alledem aber darf nicht übersehen werden, daß diese »Flucht« in die Welt des Kleinen und Naturhaften, in Idylle und Intimität, die bewußte Reaktion des Intellektuellen Pascoli darstellt, der mit dieser Rückwendung zur »guten«, alles nährenden Natur und zur Unschuld des naturhaften Lebens eine leise artikulierte, doch entschiedene Replik auf die Perversionen seiner Zeit gab. Hierin liegt die eigentliche tiefere, letztendlich in Verzweiflung und Pessimismus wurzelnde Motivation dieser ländlichen Idyllen, deren reflektierter Charakter auch in ihren extrem kunstfertigen, sorgfältig gefeilten metrischen und stilistischen Formen erfahrbar wird. Zum Kunstcharakter dieser Lyrik gehört nicht zuletzt ihre ständige, meist unauffällige Bezugnahme auf die großen Vorbilder der griechischen und lateinischen Lyrik, und insbesondere eine freie und elegante Neuinterpretation der bukolischen Texte Vergils. Nicht ohne Grund waren Titel und Motto der Myricae (»arbusta iuvant humilesque myricae«) aus dem Beginn der vierten Ekloge des Mantuaners übernommen worden, und auch für die nachfolgenden Gedichtbände wählte Pascoli, um diese als einheitliches Gesamtwerk zu kennzeichnen, motti aus dem gleichen ersten Distichon dieser Ekloge. In diesem Sinne muß Pascolis Lyrik stets mit doppeltem Register gelesen werden: als einfache Lieder der ländlichen Idylle und der alltäglichen Dinge, und zugleich als eine klassisch bzw. humanistisch elaborierte Dichtung, in deren demütigen Versen die Bilder, Motive und Sentenzen der antiken Kultur zu neuem Leben erblühen.

Die theoretischen Grundlagen seiner Dichtkunst hat Pascoli am systematischsten in den 20 Kapiteln seiner Schrift *Il fanciullino* vorgetragen, die zuerst 1897 in der Florentiner Revue »Il Marzocco« erschien. Pascoli polemisiert hier gegen die »pseudopoesia« und die Kritiker Italiens, die die Dichtung nach Epochen, Schulen und Richtungen be- und verurteilen, und betont demgegenüber den einheitlichen, unteilbaren und zeitlosen Charakter der wahren Dichtung: »In Wahrheit ist die Dichtung ein solches Wunder, daß eine jetzt geschaffene echte Dichtung die gleiche Beschaffenheit aufweist wie eine echte Dichtung vor viertausend Jahren.« So kannte Pascoli folgerichtig nur eine sinnvolle Unterscheidung, nämlich die in »poesia« und »non poesia« – und nahm mit dieser ahistorischen Konzeption Teile der Ästhetik Croces vorweg, der als Kritiker indes Pascolis Dichtungen scharf ablehnte. Diejenige Sehweise aber, die am ehesten das Dichterische in den Dingen, und insbesondere in den kleinen, alltäglichen Dingen wahrnimmt und daher echte Dichtung hervorbringen kann, ist die des Kindes, das wir alle einmal waren, das aber weiterhin in uns lebendig ist: »Jeder beliebige Gegenstand kann mit den tiefen Augen des inneren Knäbleins betrachtet werden; irgendein beliebiges, winziges Ding kann diesen Augen ungeheuer bedeutungsvoll erscheinen.« Auch die »psychische Substanz« dieses Kindes in uns, aus dessen unbefangener und unverstellter Wahrnehmung alle Dichtung hervorgehe, ist nach Pascoli in allen Völkern und zu allen Zeiten die gleiche.

Diese intimistische, statische und ahistorische Dichtungstheorie lag nicht nur den *Myricae* zugrunde, die lange Zeit Pascolis bekanntestes Buch blieben. Bukolische Motive und die Poesie der kleinen, mit (scheinbar) naivem Kinderblick gesehenen Dinge beherrschen vor allem auch die Sammlungen der *Primi poemetti* (definitive Ausgabe 1904) und der *Nuovi poemetti* von 1909. In beiden Bänden hält Pascoli das »georgische« Modell des friedlichen Landlebens den Bosheiten und sozialen Spannungen seiner Zeit entgegen. In einem Brief an den Maler A. De Witt schrieb er: »Es ist viel Schmerz und viel Dunkles in der Welt; aber in dem einfachen und familiären Leben und in der Betrachtung der Natur, vor allem auf dem Lande, liegt ein großer Trost, der allerdings nicht ausreicht, uns von dem unabwendbaren Schicksal zu befreien.« In dieser Perspektive entfalten die Terzinengedichte der *Poemetti* (eine erste schmale Ausgabe davon hatte es schon 1894 gegeben) das Gemälde des bescheidenen ländlichen Lebens einer Bauernfamilie, in das dann und wann philosophisch-meditierende

640

Gedichte auf allgemein Menschliches oder vaterländische Texte auf Ruhm und Elend Italiens eingeflochten sind. Demgegenüber rücken die 17 zum Teil umfangreichen Dichtungen der *Poemi conviviali* (1904/05), mit deutlich humanistischen, elitären und ästhetisierenden Akzenten und in souveräner Anwendung der vielfältigen Formen der griechisch-lateinischen Metrik, die Kultur der klassischen Antike bis zum Anbruch der christlichen Ära in den Mittelpunkt: Die großen Gestalten der Antike, Achilles »Held des Schmerzes«, Odysseus »Held der Pflicht«, Alexander »Held der Desillusion« usw. bis hin zum Römer Tiberius (in dessen Lebenszeit die Geburt Christi fiel) werden in Texten von ungewöhnlicher formaler Eleganz und ornamentaler Klarheit vergegenwärtigt. Einige dieser Gedichte waren bereits zuvor in der von Adolfo De Bosis herausgegebenen Zeitschrift »Il Convito« veröffentlicht worden, der vielleicht typischsten Zeitschrift des italienischen »Decadentismo«, um die sich eine Gruppe von elitären, das reine Kunstschöne anstrebenden Ästheten, darunter auch D'Annunzio, scharte. Der letztere war es denn auch, der am klassizistisch-parnassianischen Charakter und den hohen Formqualitäten der *Poemi conviviali* besonderen Gefallen fand; durch D'Annunzio und auch durch die positive Beurteilung Fogazzaros wurde die recht gute Aufnahme der Sammlung Pascolis auch bei einem breiteren Publikum vorbereitet.

Die der Jugend Italiens gewidmeten *Odi e inni* (1906) sind der Band, mit dem sich Pascoli, in der demütigen und doch erhabenen Pose des Sängers und Sehers, am stärksten vaterländischer Themen angenommen hat. In den 34 Oden und 20 Hymnen unterschiedlicher Länge und Bauweise besingt er vor allem den Ruhm Italiens, der sich in großen Gestalten wie Dante, Garibaldi und Mazzini verkörpert (welch letzterem das besonders feierliche Gedicht *Inno secolare a Mazzini* gewidmet ist), und wendet sich darüber hinaus auch Personen und Ereignissen des Zeitgeschehens (Bismarck, Ermordung der österreichischen Kaiserin, Afrikafeldzug u. a. m.) zu. Nach den *Canzoni di Re Enzio* (1909), die Schicksal und Untergang des Suebenkönigs Enzio gestalteten, entstanden in späten Jahren noch die wiederum vaterländischen, jetzt deutliche nationalistische Akzente aufweisenden, künstlerisch weniger bedeutenden *Poemi italici* (1911) und die postum veröffentlichten *Poemi del Risorgimento* (1913), die als Glorifizierung der Helden der italienischen Freiheitsbewegung gedacht waren: Beide Bände veranschaulichen das rasche Versiegen der Inspiration des Dichters.

Vor allem nach seiner Ernennung zum Hochschullehrer verspürte Pascoli das Bedürfnis, sich in Reden und Aufsätzen zu den aktuellen Problemen Italiens zu äußern (sich verschärfende Klassenkämpfe, Vordringen des Proletariats, Konzentration des Kapitals, Emigration, Kolonialkriege usw.). In diesen Beiträgen, die zuerst in den *Pensieri di varia umanità* (1903) gesammelt und dann erweitert als *Pensieri e discorsi* (1907) erschienen, wies sich Pascoli immer wieder die Rolle des nationalen Sehers und Friedensstifters und der Dichtung die Funktion der Vermenschlichung des gesellschaftlichen Lebens zu. Diese Einlassungen spiegeln indes aufs deutlichste den mystischen, vage humanitären Charakter seines Sozialismus und die ideologischen Schwächen und Ungereimtheiten im Denken des Dichters der kleinen Dinge, dem es an keiner Stelle gelang, Konkretes oder Programmatisches für die Gesellschaft seiner Zeit vorzuschlagen. Im Gegenteil belegen die Schriften in ihrer Gesamtheit die zunehmende Tendenz Pascolis, sich mit den Ängsten und Ambitionen seiner Klasse, des kleinen und mittleren Bürgertums, zu identifizieren und dessen nationalistische und imperialistische Zielsetzungen zu übernehmen. In diesem Sinne dehnt er schließlich in der Rede *La grande proletaria si è mossa* (1911) den Begriff des Proletariats auf die gesamte Nation aus und plädiert, um dieser Lebensraum zuzuweisen und sie vor fremden Aggressoren zu schützen, für die koloniale Expansion Italiens.

Als Literaturkritiker hat Pascoli vor allem über Dante geschrieben: *Minerva oscura* (1898), *Sotto il velame* (1900), *La mirabile visione* (1902); doch sind auch diese und einige weitere Studien durch eine mystifizierende Grundtendenz gekennzeichnet. Pascoli trat auch als Herausgeber von Anthologien, als Übersetzer (er übertrug u. a. die *Chanson de Roland*) und vor allem als Verfasser formvollendeter lateinischer *Carmina* auf, die meist die Themen seiner italienischen Dichtungen aufgriffen und die ihm Auszeichnungen und Goldmedaillen einbrachten.

Als Mensch und als Dichter wie auch als Kritiker und Lehrer konnte Pascoli nie über seinen kleinbürgerlichen Schatten springen. Abgesehen von seiner zunehmenden Neigung zum Nationalismus, die im wesentlichen eine von Angst bestimmte Anpassung war, hat es in seinem Leben keine aufregenden geistigen Entwicklungen gegeben. Seine eigenartige Lyrik, die vor allem von der italienischen Kritik (nach Croce) durchweg hoch eingestuft wurde, erscheint frei von ausländischen Einflüssen gleichsam aus sich selbst hervorgewachsen zu sein. Mit ihren intimistischen, niedlichen und preziösen Motiven, mit ihrem Fragmentarismus und »Impressionismus«, nicht zuletzt mit ihrer formalen und technischen Perfektion ordnet sie sich dennoch ein in die europäischen Tendenzen des Symbolismus, der Dekadenz und teilweise auch des ornamentalen Jugendstils. Mit ihrer merkwürdigen, gleichsam unter der Schwelle der normalen Wahrnehmung operierenden Sehweise, mit der kunstvollen Verwendung verschiedener Sprachen (von archaisch-latinisierenden Elementen über schrift- und um-

642

gangssprachliche Schichten sowie dialektale Varianten bis hin zu natur-nachahmenden onomatopoetischen Formen), und in ihrer Verbindung gegenwärtiger, alltäglichster Dinge mit gelehrtesten Formen und Inhalten einer fernen, glanzvollen Kultur hat Pascolis Dichtung gleichwohl, vor allem mit ihrem Höhepunkt der *Myricae*, eine große Nachwirkung gezeitigt, welche über die Lyriker der »Voce«, die »Crepuscolari« und die »poesia ermetica« bis in die zweite Hälfte unseres Jahrhunderts reicht.

4. Die Prosa: Vom Übermenschen zum »Uomo finito« und zum Anti-Helden

Für die Entwicklung der Prosa hatte noch vor der Jahrhundertwende Gabriele D'Annunzio stilistisch und thematisch wichtige neue Akzente gesetzt (vgl. S. 625 ff.). In den Aufsätzen des Bandes *Arte letteraria in Italia nel 1892* hatte er heftige Kritik an den zeitgenössischen Prosaautoren geübt und ihnen mangelnde Kenntnis der italienischen Grammatik, kunstlose Verwendung eines beschränkten und banalen Vokabulars und eintönigen Satz- und Periodenbau vorgeworfen. Seine in diesen Jahren vielfach und wortreich bekundete Forderung war es, die Schönheiten, Reichtümer und Tiefen der italienischen Sprache voll auszuschöpfen in einer geschliffenen Kunstprosa, die höchsten ästhetischen Ansprüchen genügen sollte – Zielsetzungen, die D'Annunzio vor allem in den Romanen *Trionfo della morte* (1894) und *Le vergini delle rocce* (1895/96) zu verwirklichen suchte. Einleitend zum erstgenannten Roman formulierte er: »...das Ziel ist vor allem, ein Werk der Schönheit und der Poesie zu machen, eine plastische und symphonische Prosa, reich an Bildern und musikalischen Elementen. Wirksam dazu beitragen, in Italien die moderne erzählende und beschreibende Prosa aufzubauen: das ist mein größter Ehrgeiz.« Stand einerseits dieses Stilideal einer lyrisch-musikalischen, symphonisch orchestrierten Kunstprosa ersichtlich unter dem Einfluß Wagners, so war es auf der inhaltlichen Seite ein oberflächlich rezipierter Nietzsche, aus dem D'Annunzio das Motiv des Übermenschen bzw. des heroischen Überhelden schöpfte, das ebenfalls in den beiden zitierten Romanen zur literarischen Entfaltung gelangte. Dabei legte allerdings der *Triumph des Todes* den Schwerpunkt auf die sexuelle Problematik des Superhelden, der nach D'Annunzio im Weib (und deren sinnlicher Umgarnung) seinen Hauptwidersacher hat, den es zu vernichten gilt. Doch tötet der Superheld Giorgio Aurispa nicht nur die verführerische Ippolita Sanzio, sondern auch sich selbst und gesteht damit das Scheitern seines Versuchs ein, sich von der

643

Herrschaft der Sinne zu befreien. Der Roman *Le vergini delle rocce,* im Aufbau noch inkohärenter als der vorhergehende, verzichtete fast ganz auf Handlung, entfaltete dafür aber, vor allem in seinem ersten Teil, die »Ideologie« des Ausnahmemenschen in expliziter und rhetorisch aufwendiger Rede. Hier begegnet auch zum ersten Mal ein wirklich positiver Held, der allerdings merkwürdig untätig bleibt: Claudio Cantelmo denkt darüber nach, mit welcher der drei Jungfrauen aus adligem, doch herabgekommenem Geschlecht er den Übermenschen zeugen könnte – aber selbst auf der letzten Seite hat er seine Wahl noch nicht getroffen. Auch in dem autobiographischen Roman *Il fuoco* (1900) gestaltete D'Annunzio das Thema des Übermenschen in der Figur des überragenden und vitalen Intellektuellen Stelio Effrena, der im todgeweihten Venedig mit einer Welt des morbiden Zerfalls und des lustbetonten Niedergangs konfrontiert ist. *Il fuoco* war der Roman, der noch am klarsten und kohärentesten die Theorie des D'Annunzianischen Übermenschen artikulierte und daher am ehesten als ein Roman-Manifest oder ein Thesenroman gelten konnte; zugleich aber stand er mit seiner erzählerisch lockeren, musikalisch-orchestrierenden, von lyrischen Stilmitteln, Leitmotiven und rekurrenten Figuren geprägten Struktur am deutlichsten unter dem Einfluß Wagners. Ebenso wie in den beiden vorangehenden Romanen trat auch in *Il fuoco* das Motiv des Übermenschen nie allein auf, sondern stets eingebunden in die Themen des Niedergangs, der Lebensmüdigkeit und des überfeinerten Ästhetentums, die das Idealbild des einzigartigen Individuums vielfältig modifizieren. D'Annunzios Übermensch war in erster Linie ein Künstler, der kein anderes Gesetz über sich anerkannte als das der Schönheit und des vollendeten Stils und der versuchte, sein oberstes Ideal einer Symbiose von Kunst und Leben wenigstens bei sich selbst zu verwirklichen, wohl wissend, daß es in der Realität des zeitgenössischen Lebens eine Illusion bleiben mußte. Alle Romane D'Annunzios, die den Höhenflug des italienischen »superuomo« sprachgewaltig thematisierten, waren daher zugleich, in einer ebenso auffallenden wie zwangsläufigen Dialektik, zutiefst geprägt von den Denkbildern der Dekadenz und einer Negativität, die im zwanzigsten Jahrhundert als erfahrungsgesättigte literarische Grundstruktur eine unerhörte Entfaltung finden sollte.

Eine tiefgreifende, ausweglose und daher »existenzielle« Negativität, ohne den Modergeruch der Dekadenz, doch wiederum verbunden mit den Motiven individuellen Größenwahns, durchwaltet auch die bekenntnisartige Autobiographie, die GIOVANNI PAPINI (1881–1956) 1912 unter dem Titel *Un uomo finito (Ein Mann ist am Ende)* veröffentlichte; das vielleicht einzige noch interessierende Werk eines Vielschreibers, dessen Schriften

644

heute zum größten Teil unlesbar geworden sind. Papini, aktiver und quirliger Gründer, Redakteur oder Mitarbeiter zahlreicher literarischer Zeitschriften (»Leonardo«, »Il Regno«, »La Voce« und andere), Literaturkritiker und Promotor kultureller Initiativen, ideologisch mit vielen Wassern gewaschen und stets disponibel, war in den Jahren vor dem Ersten Weltkrieg einer der lautstärksten Verkünder der antipositivistischen Reaktion und der irrationalistischen und anarchistischen Strömungen in Italien. Sein gegen die Logik und jede rational begründete Gewißheit gerichtetes, teils anarchisch-destruktives, teils auch mystisch getöntes Denken nahm schon in den Jahren des »Regno« schärfere politische Konturen an und entwickelte sich zu einer dezidiert antidemokratischen, antisozialistischen und nationalistischen Ideologie, die ihn u. a. bedenkenlos für den Kriegseintritt Italiens plädieren ließ. Nach dem Krieg vollzog er eine religiöse Wende und wurde zu einem ungewöhnlich orthodoxen, ja unerbittlichen Katholiken, der in den zwanziger Jahren eine Anzahl frommer Werke schrieb, bevor er dann, vor allem nach den Lateranverträgen (1929), zu einem überzeugten, ja begeisterten Nachfolger Mussolinis wurde.

Un uomo finito ist das Dokument eines solipsistischen Größenwahns, dessen einzelne Komponenten teils ästhetischer, teils philosophischer Natur sind. Papini, der sich in jenen Jahren gerne als Zerstörer etablierter Mythen und Wahrheiten und als »guerrigliero« des kulturellen Lebens stilisierte, nannte seine Autobiographie »die dramatische Geschichte meines Geistes« und ein »Bekenntnis vor mir selbst und vor den anderen« und handelt demzufolge weniger von den äußeren Fakten als vielmehr von den »inneren Ereignissen« seines Lebens. In rhetorisch hochtönendem, oft lyrisch bewegtem Stil berichtet Papini von den einzelnen Stadien seiner inneren Entwicklung, die von hochgesteckten Idealen und Zielsetzungen zu einer radikalen Verneinung von allem und zur völligen Erschöpfung des eigenen Ichs führte. In dem Kapitel *Chi sono?* liest man: »Ich bin immer der Mensch geblieben, der die Welt nicht akzeptiert und in dieser meiner hartnäckigen Einstellung liegt die Einheit und Harmonie meiner widersprüchlichen Seelen. Ich will die Welt so wie sie ist nicht akzeptieren, und daher versuche ich, sie mit der Phantasie neu zu machen oder sie durch Zerstörung zu verändern.« Und am Schluß der selbstbewußten Konfession steht, halb entschuldigend, halb trotzig, das Eingeständnis, »daß ich am Ende bin, weil ich zu viele Dinge beginnen wollte, und daß ich nichts mehr bin, weil ich alles sein wollte«.

Auf Nietzsche, Schopenhauer und Darwin sowie auf eigener Erfahrung und Selbstbeobachtung gründet der skeptische Pessimismus des Kaufmanns und Schriftstellers ITALO SVEVO (1861–1928), der in seinem Werk im wesentlichen eine Frage umkreiste, nämlich die nach der Befindlichkeit und den Möglichkeiten des Individuums in der modernen, kapitalistisch organisierten Gesellschaft. In drei großen Romanen hat Svevo diese Grundfrage seines Lebens negativ beantwortet und dabei die negativen und pathologischen Grundkategorien seiner Weltanschauung literarisch umgesetzt: Untauglichkeit, Willensschwäche, Neurose, Krankheit und Tod (bzw. Selbstmord) konditionieren als Leitmotive die Lebensgeschichte von drei unheldischen Helden und finden im Schlußbild des dritten Romans, in der Vision des gewaltsam vernichteten, weil durch und durch von Krankheit verseuchten Erdballs ihren extrem gesteigerten, dramatischen Ausdruck. »Von Desillusion zu Desillusion schreitend, altern wir«, schreibt Svevo um 1890, und in seinem *Diario per la fidanzata* von 1896 formuliert er lakonisch: »Gleichgültigkeit gegenüber dem Leben ist die Essenz meines intellektuellen Daseins.«

Der erst in den letzten Jahren seines Lebens zu literarischem Ruhm gekommene, heute weltweit berühmte Aron Schmitz (genannt Hector), der als Schriftsteller das auf seine Mittelstellung zwischen italienischer und deutscher Kultur anspielende Pseudonym Italo Svevo wählte, wurde 1861 in Triest als Sohn des deutschstämmigen Juden Franz Schmitz und der italienischen Jüdin Allegra Moravia geboren. Seine Heimatstadt war damals Grenzstadt der österreichisch-ungarischen Monarchie, ein Schmelztiegel der Rassen, Sprachen und Kulturen am Schnittpunkt der romanischen, germanischen und slawischen Welt, eine Stadt, die sich weniger mit der zeitgenössischen italienischen Kultur, als vielmehr mit den großen Strömungen des mitteleuropäischen Geisteslebens identifizierte, was für Bildung und Ideologie unseres Autors folgenreich war. Nachdem er mit seinen beiden Brüdern eine Schule in Segnitz (Main) besucht hatte, um Deutsch und Kaufmannswissenschaften zu erlernen, studierte er an einer Handelsschule seiner Vaterstadt. 1880, als der Betrieb seines Vaters in Konkurs ging, brach er seine Studien ab und arbeitete als Angestellter bei einer Triester Bank, der er 18 Jahre lang treu blieb. Etwa vom gleichen Jahr 1880 an begann Italo Svevo zu schreiben, und zwar zunächst Beiträge verschiedenen Inhalts für Lokalzeitungen wie den Triester »Indipendente«, die er mit dem Pseudonym E. Samigli unterzeichnete.

Etwa von Ende 1887 bis 1889 schrieb der junge Svevo an einem Roman, den er 1889 unter dem Titel *Un inetto (Ein Unfähiger)* dem Verleger Treves anbot, der jedoch ablehnte. Als 1892 sein Vater starb, veröffentlichte er auf eigene Kosten sein Erstlingswerk, jetzt mit dem Titel *Una vita* und unter dem Pseudonym Italo Svevo, bei dem kleinen Verleger Vram in einer Auflage von tausend Exemplaren. *Una vita* handelt vom Leben des aus provin-

646

ziellen, kleinbürgerlichen Verhältnissen stammenden Alfonso Nitti, der nach Triest kam, um dort als Angestellter der Bank Maller & C. zu arbeiten. Alfonsos Leben verläuft in der banalen Beschränktheit eines Zimmers im Hause seiner armen Vermieter, der Familie Lanucci, und der nicht minder öden und beschränkten Atmosphäre seines Büros in der Bank. Dabei schwankt der sensible und reflektierte, doch willensschwache junge Mann ständig zwischen dem drängenden Wunsch, sich gesellschaftlich zu etablieren und dem quälenden Bewußtsein, hierzu nicht tauglich zu sein. Immerhin gelingt es Nitti dank seiner literarischen Kenntnisse und Interessen, die Aufmerksamkeit der launischen Annetta, der Tochter des Bankiers, auf sich zu ziehen, die gemeinsam mit ihm einen Roman schreiben möchte. Ihre Zusammenkünfte werden bald intim, und Annetta läßt sich schließlich verführen. Doch genau hier zeigt sich die Unfähigkeit Nittis, die günstige Konstellation zu nutzen und sein Schicksal in die Hand zu nehmen. Anstatt seine Beziehung mit einem vorteilhaften Eheschluß gesellschaftsfähig zu machen, zieht er sich mit dem Hinweis auf die schlechte Gesundheit seiner Mutter in die Provinz zurück und kommt damit zugleich dem Ansinnen der verschlagenen Annetta entgegen, er möge sich für einige Zeit aus der Stadt entfernen. Als er nach längerer Abwesenheit in die Stadt zurückkehrt, findet er seine Annetta als Verlobte des etablierten Rechtsanwalts Macario wieder und entschlossen, diesen in Kürze zu ehelichen. Von der Familie Maller wird Nitti nun zurückgesetzt, erhält einen unbedeutenden Arbeitsbereich und ein reduziertes Gehalt. Schließlich trachtet man ihm sogar nach dem Leben: Das erbetene letzte Gespräch mit Annetta wird ihm nicht gewährt, statt dessen wird er zum Duell mit Annettas Bruder, Federico Maller, vorgeladen. In dieser Situation entscheidet sich Nitti zum Selbstmord, den er »nicht resigniert, sondern froh« und als »Befreiung« akzeptiert, wie der Leser in einem letzten langen »Inneren Monolog« des Protagonisten erfährt: »Er hingegen fühlte sich untauglich zum Leben. Irgend etwas, was er immer wieder vergeblich zu verstehen versucht hatte, machte es ihm schmerzlich, unerträglich. Er war unfähig zu lieben und zu genießen; in den schönsten Augenblicken hatte er mehr gelitten als andere in den schmerzlichsten. Er gab das Leben auf ohne Bedauern...«

Der Roman, der viele Jahre lang nicht die geringste Beachtung fand, zeigt deutliche Einflüsse des französischen realistischen Romans, insbesondere aus Balzac und Stendhal, aber auch den Einfluß des traditionellen Bildungs- bzw. Entwicklungsromans, vor allem von Goethes *Wilhelm Meister* und Flauberts *Éducation sentimentale* (deren lebensuntauglicher und willensschwacher Held Frédéric Moreau in Alfonso Nitti einen direkten Nachfolger gefunden hat). Allerdings findet im Unterschied zum klassi-

647

schen Bildungsroman eines Goethe, Keller und anderer und in Übereinstimmung mit den *Lehrjahren des Herzens* des Pessimisten Flaubert bei Alfonso Nitti wie auch bei den Helden der späteren Romane Svevos so gut wie keine Persönlichkeitsentwicklung statt. Svevos Helden sind zwanghaft und darwinistisch unausweichlich determiniert, in einer unerbittlichen Stringenz den eingeborenen, negativen Anlagen ihres Ichs unterworfen; sie sind unfähig, Anregungen von außen aufzunehmen, werden durch äußere Ereignisse nicht verändert und finden sich daher am Ende ihrer Lebensgeschichte so vor, wie sie an deren Anfang waren. Sie sind wirkliche Gehemmte und Verhinderte; nicht entfaltete Individuen, sondern nur »abbozzi«, nur Skizzen bzw. Schemen von Individuen, die als solche von der Gesellschaft ausgestoßen werden. Wichtigstes erzählerisches Mittel von *Una vita* ist der sogenannte »Innere Monolog«, die Wiedergabe des »Stream of consciousness«, in dem der neurotische Held seine Situation reflektiert und sein Unvermögen und seine Willensschwäche ventiliert. Weite Passagen des Romans sind auf diese Weise aus der verengten Perspektive des unheldischen Helden heraus gestaltet und auch so zu interpretieren. Diesen im Verlauf des Romangeschehens immer stärker hervortretenden subjektiven Passagen steht allerdings ein überlegener, von außen betrachtender Erzähler (bzw. eine Erzählstimme) gegenüber, der vor allem zu Beginn das Geschehen nüchtern erzählt, dann im weiteren Verlauf der Handlung sich immer wieder mit kritischen und polemischen Einlassungen über die Ansichten und Haltungen des Protagonisten in den Text einschaltet und damit so etwas wie eine dialektische Kontrapunktik, eine kritische und manchmal auch inquisitorische, doch stets von Sympathie getragene Gegeninstanz zu der subjektiven und verengten Sehweise des Helden aufbaut.

Ein zutiefst und unverbesserlich Lebensuntauglicher war dann auch Emilio Brentani, der Protagonist von Svevos zweitem Roman *Senilità*, der Mitte 1898 zunächst als Fortsetzungsroman im »Indipendente« und kurz darauf als Buch wiederum auf Kosten des Autors bei Vram erschien. Der Roman, der mit seinen Triester Handlungsorten und mit seinen schichtenspezifischen, nämlich wiederum kleinbürgerlichen Ambienti stark an *Una vita* erinnert, unterscheidet sich dennoch von diesem Werk durch eine starke Konzentration des psychoanalytischen Interesses des Autors auf die Hauptfigur: Der Angestellte Emilio, in engsten kleinbürgerlichen Verhältnissen mit seiner kränklichen Schwester Amalia lebend, hatte in jungen Jahren mit einem Roman ein gewisses Ansehen in Triest erworben, dann jedoch in der Routine seines öden Alltags jeden literarischen Ehrgeiz aufgegeben und sich in eine grübelnde, neurotische Passivität zurückgezogen. Der Zufall läßt ihn eines Tages in den Straßen von Triest der blonden, kat-

648

zenhaft geschmeidigen Angiolina Zarri begegnen, einem leichtfertigen Mädchen von fast animalischer Sinnlichkeit und mit undurchsichtiger Vergangenheit. Die von Brentani zunächst als flüchtiges Liebesabenteuer eingegangene Beziehung entwickelt sich für ihn nach und nach zu einer quälenden Bindung mit fast masochistischen Zügen: Je mehr Brentani vom Vorleben seiner Geliebten erfährt, je mehr Seitensprünge und Gemeinheiten der Angiolina er aufdeckt, desto stärker fühlt er sich an sie gebunden. Daß er in dieser Situation seinen Freund, den Bildhauer und Schürzenjäger Stefano Balli zu Rate zieht, hat für alle dramatische Folgen: Beide Frauen, die Geliebte Angiolina und die Schwester Amalia, verlieben sich in diesen; Angiolina, die Brentani vergeblich von seinem Freund fernzuhalten sucht, gelingt es, die Rivalin zu verdrängen. Die nun vollends resignierende Amalia betäubt ihren Kummer mit Äther und stirbt schließlich an einer Überdosis dieser Droge. Erst kurz vor dem Tod der Schwester gibt Brentani, nach erneuten Entdeckungen weiterer Affären seiner Angiolina und nach letzten dramatischen Auseinandersetzungen mit ihr, das Verhältnis zu dieser Frau auf. Aus dem Gleichgewicht gebracht, voller Ekel und Trauer, »mit dem Gefühl eines, dem ein wichtiger Teil seines Körpers amputiert wurde«, zieht sich auch Brentani aus dem Leben zurück – aber nicht wie Nitti durch Selbstmord, sondern, wie der verschleiernde Schluß des Romans andeutet, indem er sich in eine trostlose und totale, nur dann und wann von Erinnerungen an eine verklärte Angiolina durchleuchtete Apathie zurücksinken läßt. *Senilità* ist noch schwerer zusammenzufassen als der vorhergehende Roman, denn noch deutlicher als in *Una vita* tritt jetzt statt einer Romanhandlung die zwanghafte und schmerzliche Selbstanalyse des neurotischen Protagonisten in den Mittelpunkt und dahinter das leidenschaftliche psychoanalytische Interesse und der unwiderstehliche Selbstbeobachtungsdrang des Neurotikers Svevo.

1896 hatte Svevo Livia Veneziani, die Tochter eines Lackfabrikanten geheiratet, 1899 gab er seine Stelle bei der Bank auf und trat in das Unternehmen der Veneziani ein, die in Murano bei Venedig eine Farbenfabrik betrieben und ihre Lacke und Rostschutzmittel in alle Welt, insbesondere auch an die englische Flotte verkauften, weshalb man eine Filiale in Charlton bei London unterhielt. Svevo vertrat das Unternehmen nach außen und begann ab 1901, als Industrieller durch Europa und vor allem nach England zu reisen, wo er sich auch jährlich mehrere Monate aufhielt. Er, der sich in fast vierzig Jahren – abgesehen von dem frühen Deutschlandaufenthalt und ein paar Reisen in die Hauptstadt Wien – nicht von Triest wegbewegt hatte, wurde nun zu einem Europareisenden, zu einem Kenner der internationalen Fahrpläne, der Schlafwagen und der Luxusherbergen. Svevo hatte bis dahin ein recht zurückgezogenes Leben geführt, dabei allerdings stets ein reges Interesse für die großen geistigen Strömungen seiner Zeit entwickelt. Zu seinen philosophischen Lektüren gehörte Nietzsche, aus dem er anders als D'Annunzio keine Motive für die Mystifizierung heroischer Übermenschen, sondern lediglich eine Bestätigung seines illusionslosen Pessimismus gewann, und vor allem Schopenhauer (Svevo war Mitglied der Schopenhauer-Gesellschaft zu Frankfurt am Main), den er als Verneiner der Willensfreiheit, als den großen Apostel der reinen Erkenntnis und der interesselosen Meditation sowie als Befürworter der Selbsttötung (als Befreiung des Individuums) verstand. Eine andere wichtige Lektüre war Darwin, dessen evolutionstheoretische Thesen von einer natürlichen, gesetzmäßigen Selektion er wie viele seiner Zeitgenossen auf das gesellschaftliche Feld übertrug: Die schwachen Individuen werden demzufolge gesetzmäßig von der Gesellschaft ausgestoßen. Svevo, der vom Primat der Wissenschaften über die Kunst überzeugt war, hatte sich ab 1895 auch mit sozialistischen Theorien befaßt, hatte Kenntnis von der deutschen sozialdemokratischen Bewegung (August Bebel), las Marx und publizierte 1897 einige einschlägige Beiträge in der Zeitschrift »La critica sociale«.

Der soziale Aufstieg in die großbürgerliche Welt der Industriellen und Kaufleute änderte dann nicht nur seinen Lebensstil grundlegend, sondern erweiterte auch erheblich sein Wahrnehmungsfeld. 1907 nimmt er Privatstunden in Englisch bei dem jungen Lektor James Joyce; beide schließen Freundschaft und bleiben in regem literarischem Austausch verbunden. Joyce war es, der Svevo an englische Autoren wie Sterne, Swift, Dickens, James, Conrad und andere heranführte, die er in langen Mußestunden in Charlton und anderswo las und teilweise übersetzte. Joyce war es auch, der vom ersten Augenblick an die beiden unbeachteten Romane des Freundes, insbesondere *Senilità*, lobte und gegen die Kurzsichtigkeit der Kritik und des Publikums verteidigte. Obwohl Svevo in seinem neuen gesellschaftlichen Status zumindest nach außen seine literarischen Interessen zurückstellen mußte, blieb er ihnen dennoch insgeheim treu und schrieb weiter. »Außerhalb der Feder ist kein Heil«, notierte er 1899 ironisch in sein Tagebuch. In diesen Jahren entstanden immerhin zwei Komödien, etwa zehn Erzählungen sowie einige zum Teil unvollendete, oft schwer datierbare Aufsätze wie etwa *L'uomo e la teoria darwiniana* (nach 1900). 1910 wurde der an einer schweren Neurose leidende Bruno Veneziani, der Schwager Svevos, nach Wien zu Dr. Freud geschickt. Damit begann eine intensive Beschäftigung Svevos mit Freud und dessen psychoanalytischen Studien. Sie erreichte einen Höhepunkt in der Übersetzung der Schrift *Über den Traum* (eine von Freud selbst redigierte Kurzfassung der *Traumdeutung*),

650

die Svevo in den Kriegsjahren gemeinsam mit einem Arzt verfaßte. Obwohl man nicht genau weiß, welche Werke Freuds Svevo darüber hinaus kannte und welche nicht, so steht doch fest, daß die Beschäftigung mit der Psychoanalyse die große Leidenschaft seiner reifen Jahre war, aus der dann auch sein dritter und wichtigster Roman hervorging.

La coscienza di Zeno wurde 1919, kurz nach Einmarsch der italienischen Truppen in Triest, begonnen, im Sommer 1922 abgeschlossen und im folgenden Jahr, wieder auf Kosten des Autors, veröffentlicht. Es ist die Selbstdarstellung eines seelisch Kranken, des reichen Triester Kaufmanns Zeno Cosini, der im Alter von knapp sechzig Jahren, auf Anregung seines Arztes, sein Leben rückblickend in der Ich-Form erzählt. Auch Zeno ist wieder ein lebensuntüchtiger Held, in dessen apathischer Unentschlossenheit jede Willensregung versandet, und der sein Leben in einer unbeweglichen Gleichgültigkeit zubringt. Er ist ein unheilbarer Psychopath, der sein untätiges Dasein als »Kranker« aus ironischer Distanz, mit luzidem Bewußtsein und großer analytischer Neugier beobachtet und genießt und der schon deshalb und wegen der Erfolglosigkeit der Behandlung in Konflikt mit seinem Arzt, einem Doktor S. gerät, der seinerseits aus Rache an dem Patienten dessen Lebensbericht veröffentlicht. Die in acht Teile gegliederte Autobiographie enthält nach Vorwort und Präambel fünf unterschiedlich lange erzählende Kapitel und einen mit *Psico-analisi* überschriebenen, resümierenden Schluß. In der Perspektive einer scharfen, wenn auch sterilen (weil folgenlosen) Selbstanalyse, mit beinahe heiterer Indifferenz und gelassener Selbstironie und mit vielen komischen, oft geradezu clownhaften Zügen berichtet Zeno darin von den wichtigsten Episoden seines Lebens. Beispielhaft für die Willensschwäche des Helden ist bereits das Kapitel *Il fumo,* in dem Zeno von seinen Versuchen berichtet, das Laster des Rauchens aufzugeben und dabei einer immer wieder angekündigten »vorletzten« oder »letzten Zigarette« stets unzählige weitere folgen läßt. Besonders heiter und voll von subtiler Komik sind die Kapitel *Die Geschichte meiner Ehe* und *Die Ehefrau und die Geliebte,* in denen Zeno von seinem vergeblichen Werben um Ada, die Schönste der vier Schwestern Malfenti, berichtet, von seinem zögerlichen, in Unentschlossenheit und im Qualm vieler Zigaretten beinahe versäumten Eheschluß mit der viel weniger schönen und schielenden Augusta, bei der er unverhofft ein ruhiges Familienglück findet. Dieses glaubt er jedoch mit einer Beziehung zu dem unbedeutenden Mädchen Carla konterkarieren zu müssen, welche indes für den stets Unentschiedenen alsbald nur noch die Funktion hat, die Liebe zu Augusta aufzufrischen: »Dort, neben Carla, wurde meine Leidenschaft für Augusta in ihrem ganzen Umfang wiedergeboren.« Und so geht es weiter in einer

651

ununterbrochenen Folge von Gefühlen und Anwandlungen, von Zufällen und Versäumnissen, alles eingetaucht in eine merkwürdig fließende, inkonsistente Welt, die nur Vorsätze, aber keinen gestaltenden Willen und keine Entscheidungen kennt. Wichtig ist, daß die auf diese Weise von Zeno (und seinem Autor) betriebene Psychoanalyse lediglich als Erkenntnisinstrument, keineswegs aber (wie der Arzt möchte) als Heilverfahren praktiziert wird. Im Verlauf seiner Krankheitsgeschichte entdeckt der luzide und neugierige Patient eine beunruhigende Austauschbarkeit von Krankheit und Gesundheit bzw. die Unmöglichkeit, beides voneinander zu trennen. Mit Blick auf seine gesunde Augusta konstatiert er: »Ich analysiere ihre Gesundheit, aber es gelingt mir nicht, weil ich bemerke, daß ich sie, indem ich sie analysiere, in Krankheit verwandle. Und indem ich darüber schreibe, regen sich in mir Zweifel, ob jene Gesundheit nicht der Behandlung oder Untersuchung bedürfte, um geheilt zu werden.« Dieses Zentralmotiv des Romans, die Relativität und Austauschbarkeit der Kategorien »krank« und »gesund«, wird dann im Schlußkapitel dramatisch vertieft, wo der von der Unwirksamkeit der Psychoanalyse als Heilmethode überzeugte Patient zu der Auffassung gelangt, daß die ganze dicht bevölkerte Welt unheilbar von Krankheit befallen sei: »Das gegenwärtige Leben ist von den Wurzeln an vergiftet. Der Mensch hat sich an die Stelle der Bäume und der Tiere gesetzt und hat die Luft vergiftet, hat den freien Raum eingeschränkt.« Es sind, so die letzten Einsichten Zenos, einerseits die vom Menschen entwickelte Technik, andererseits die durch den Wegfall der natürlichen Selektion entstandene Überbevölkerung, die eine weltweite Verbreitung der Krankheit verursachten. Und nur »eine unerhörte Katastrophe«, die den Erdball sprengen und wieder gasförmig in das Weltall schleudern würde, könnte allem hinfälligen Schmarotzertum und allen Krankheiten ein Ende setzen.

Auch die Veröffentlichung dieses dritten Romans blieb unbeachtet. 1924 schickte Svevo ihn an Joyce nach Paris, der das Werk lobte und den Freund ermutigte, es auch französischen Literaten, u. a. Valéry Larbaud und Benjamin Crémieux, zu senden. Im Dezember 1925 veröffentlichte Eugenio Montale seinen Aufsatz *Omaggio a Italo Svevo* in der Mailänder Zeitschrift »L'esame«, und wenige Monate später widmete die Pariser Zeitschrift »Le navire d'argent« Svevo eine ausführliche Darstellung. Damit war der Bann gebrochen und der »Fall Svevo« nahm seinen Lauf, eine verspätete und teilweise emotional betriebene »Ehrenrettung« und Würdigung des Triester Autors, der schon bald darauf an den Folgen eines Autounfalls verstarb.

Neben seinen Romanen verfaßte Svevo zwischen 1880 und seinem Tod dreizehn meist schwer datierbare Komödien, darunter *Il ladro in casa, Una commedia inedita, La verità, Terzetto spezzato* (das einzige zu Svevos Lebzeiten aufgeführte Stück), *Atto unico, Un marito* von 1903 und *Inferiorità* von 1921/25 (vgl. dazu S. 698 f.). Er hinterließ ungefähr dreißig Erzähltexte, davon jedoch nur ungefähr zehn vollendete, und nur drei davon wurden vom Autor selbst veröffentlicht: *Una lotta* (1888), *L'assassinio di via Belpoggio* (1890) und *La tribù* (1897). Einige der Erzähltexte waren wahrscheinlich Vorarbeiten zu einem in den letzten Jahren geplanten Roman *Il vecchione* oder *Le confessioni del vegliardo*, eine Fortsetzung von *La coscienza di Zeno*, von der jedoch nur wenige unzusammenhängende Bruchstücke vorliegen. Schließlich verfaßte Svevo, außer dem bereits erwähnten Traktat über Darwin, einige weitere theoretische bzw. autobiographische Schriften, so etwa die Essays *La corruzione dell'anima, Ottimismo e pessimismo* (ein Dokument seines abgründigen Kulturpessimismus), die späte autobiographische Schrift *Soggiorno londinese* (1926?), das für die Kenntnis von Person und Werk wichtige *Profilo autobiografico* von 1927 und der aus dem gleichen Jahr stammende Vortrag *James Joyce*, Zeugnis der einfühlsamen Literaturkritik Svevos und seiner freundschaftlichen Beziehung zu dem Iren.

Die literarisch relevante Hinterlassenschaft Svevos besteht aus seinen drei großen Romanen. Daß sie und ihr Verfasser so zögerlich entdeckt wurden, war vielleicht das Werk des von diesem so gern thematisierten Zufalls, hatte vielleicht aber auch konkrete Gründe. Svevo war zu seinen Lebzeiten nie ein etablierter Literat und Intellektueller gewesen; er stand stets abseits der offiziellen kulturellen und literarischen Institutionen und nahm nicht teil an den Diskussionen der Intellektuellen der Ära Giolitti. Er war kein Literat, sondern ein Bürger und Kaufmann, der zu seiner Entspannung und als Kompensation schrieb und Literatur als private Analyseübung betrieb, getragen allerdings von einer sehr beständigen Neugierde auf die Erkenntnis des eigenen Ichs. Er schrieb ein unbekümmertes, oft unkorrektes, stark vom Deutschen und vom Triester Dialekt beeinflußtes, stilistisch ungepflegtes Italienisch. Seine Reisen durch Europa und seine internationalen Kontakte machten ihn zum Kosmopoliten und entfernten ihn von dem zunehmend nationalistisch gefärbten Denken seiner Generation. Seine Werke, und in besonderem Maße seine Romane, spiegeln mehr mitteleuropäisches als italienisches Bewußtsein. In unabhängiger und übernationaler Perspektive gelang ihm vor allem mit dem Bericht des Zeno Cosini ein der italienischen Literatur vorauseilender Durchbruch in die Moderne: Zeno ist ein Prototyp des modernen, neurotischen Individuums, das, auf sich selbst zurückgeworfen, seine von Zustand zu Zustand schwankende Unausgeglichenheit, seine Standortlosigkeit und die Futilität

653

bzw. Zufälligkeit seiner Haltungen wahrnimmt und sich daher nur als pathologischen Fall, eben als einen »Kranken« konzipieren kann. Damit wird letztlich die Perspektive der Krankheit zur einzigen authentischen Seinsweise des Ichs, und das sich analysierende Ich findet in der Beschreibung von Krankheitszuständen die einzige authentische Möglichkeit, seine reduzierte, schwankende und schemenhafte Individualität darzustellen. Mit Zeno Cosini gelang die literarische Gestaltung des neurotischen, pathologischen, willensschwachen und oft eigenschaftslosen Individuums, des modernen Anti-Helden, der bei Proust, Joyce, Kafka, Musil, bei den Autoren des »Nouveau roman« und vielen anderen zu einer Zentralfigur der literarischen Moderne geworden ist.

Mit Svevo vergleichbar ist die literarische Karriere des in Siena geborenen Toskaners FEDERIGO TOZZI (1883–1920), der mit seinen Romanen und Prosawerken zu Lebzeiten kaum Beachtung fand und später noch als Svevo, nämlich (trotz einer monographischen Vorstellung in der »Solaria« von 1930) erst von den sechziger Jahren an durch die Kritik wirklich beachtet und gewürdigt wurde. Tozzi verarbeitete wie Svevo in hohem Maße autobiographische Elemente und eigene, leidvolle Erfahrungen und stellte ebenso wie der Triester lebensuntaugliche, psychologisch komplizierte und gestörte »Helden« in den Mittelpunkt, die als Verfremdete und Gefangene in einem grauen Alltag einer feindseligen und tückischen Umwelt gegenüberstehen und denen es nicht gelingt, sich durch konsequentes Handeln zu befreien, ihr Leben zu ordnen und sich als Persönlichkeit zu konstituieren. Dabei werden die Grundstrukturen der Negativität und der Verfremdung nicht wie bei Svevo durch eine Öffnung zu europäischen und kosmopolitischen Perspektiven gedämpft; vielmehr verbleibt Tozzi bis an sein Lebensende ideologisch der provinziellen, rückständigen und sich nach außen abkapselnden Welt seiner Heimat verhaftet und beschränkt sich thematisch auf die Darstellung der Landbevölkerung und des Kleinbürgertums. In seinen Romanen wird nicht nur wie bei Svevo durch statische Helden das Prinzip des Entwicklungsromans verneint; vielmehr stellen Tozzis unheldische Helden die Struktur dieses Romantyps gleichsam auf den Kopf, indem sie nach anfänglichen Hoffnungen und Illusionen schließlich in einen Zustand der Verzweiflung, des Identitätsverlusts und der Selbstzerstörung absinken.

Tozzis Kindheit und Jugend war geprägt durch das schwierige Verhältnis zu seinem autoritären und gewalttätigen Vater bäuerlicher Herkunft, dem er nach dem frühen Tod der Mutter (1895) schutzlos preisgegeben war. Der Vater betrieb eine Trattoria in einem kleinen Provinzort und bewirtschaftete ein in der Nähe gelegenes Landgut; an diesen beiden Orten wuchs Federigo auf. Der durch dauernde Reibereien mit dem Vater aggressiv und streitsüchtig gewordene Heranwachsende erwarb sich autodidaktisch eine lückenhafte Bildung, studierte zeitweise Technik, ohne das Studium abzuschließen, und ging vor allem seinen literarischen Interessen nach. Zeitweise anarchischen und sozialistischen Richtungen nahestehend, wandte er sich ab 1906 dem Katholizismus zu; 1907 begegnete er in Rom der jungen Emma Palagi; 1908 fand er endlich nach langem, ungeregeltem und ärmlichem Leben eine Anstellung bei der staatlichen Eisenbahn. Im gleichen Jahr starb der Vater und hinterließ ihm ein ansehnliches Vermögen, das ihm erlaubte, seine geliebte Emma zu heiraten. 1913 gründete er mit dem Freund Domenico Giuliotti die Zeitschrift »La Torre«, in der er u. a. spiritualistische und reaktionär katholische Thesen vertrat. 1914 begab er sich nach Rom, um Anschluß an literarische Kreise zu finden. Hier war er als Mitarbeiter am »Messagero della domenica« tätig und trat u. a. mit G. A. Borgese und Pirandello in Verbindung. Zu Kriegsbeginn wurde er zum Dienst beim Roten Kreuz eingezogen. Nebenbei muß sich Tozzi auch mit den Grundzügen der Psychologie seiner Zeit vertraut gemacht haben; zu seinen wichtigsten Lektüren zählte jedenfalls die des amerikanischen Pragmatikers William James, der die Theorie des »stream of consciousness« entwickelt und mit seinen empirischen Untersuchungen die Struktur des Bewußtseins und der (subjektiven) Wahrnehmung analysiert hatte. Weitere wichtige Lektüren Tozzis waren slawische Erzähler wie Tschechow, Tolstoi und Dostojewskij; doch sind die Bildungserlebnisse des Senesen in vielen Punkten noch nicht näher erforscht. Nach Jahren eines schwierigen Ehelebens, wiederholter wirtschaftlicher Not und religiöser Konflikte starb er inmitten intensivster literarischer Tätigkeit schon im März 1920 in Rom am Spanischen Fieber.

Nach der frühen, wenig bedeutenden Gedichtsammlung *La zampogna verde* (1911), die ebenso wie der nachfolgende Lyrikband *La città della Vergine* (1912) noch stark von Motiven und Tonlagen aus dem Fin-desiècle und aus D'Annunzio beeinflußt war, begann Tozzi 1913 den Roman *Con gli occhi chiusi (Mit geschlossenen Augen)*, den er 1919 nach intensiven Überarbeitungen veröffentlichte. Der Roman spielt in der Provinz um Siena und erzählt die Geschichte Pieros, eines kränklichen, kraft- und willenlosen Heranwachsenden, der in seiner Schwäche darum kämpft, sich dem unerbittlichen Willen eines despotischen Vaters zu entziehen, der durch die Bewirtschaftung einer Trattoria zu Geld gekommen ist und in der Nähe ein Landgut betreibt. Der unheldische Held dieser autobiographisch durchsichtigen Geschichte einer gestörten Jugend bewegt sich in einer feindseligen und abstoßenden Umwelt und erfährt eine zusätzliche Bestätigung seines Scheiterns durch eine verfehlte Liebesbeziehung zu dem Bauernmädchen Ghisola, die den jungen Mann zunächst schamlos betrügt, bevor dieser sie schließlich in einem Bordell der untersten Klasse in geschwängertem Zustand auffindet.

Seinen zweiten Roman *Il podere (Das Landgut)* begann Tozzi 1914, ließ ihn dann einige Zeit liegen und schrieb ihn 1918 zu Ende; er erschien ein Jahr nach seinem Tode. Er spielt in dem gleichen provinziellen Ambiente, nämlich auf einem Bauernhof bei Siena und erzählt wiederum mit deutlichen autobiographischen Zügen die Geschichte des Remigio Selmi, der zunächst seine Heimat verläßt, um den Streitereien mit dem heftigen und ausschweifenden Vater aus dem Weg zu gehen. Als er nach dem Tod des Vaters das Anwesen erbt und zurückkehrt, stellt sich das Gesinde des Hofes, darunter auch Giulia, die Konkubine des Vaters, sowie Luigia, dessen zweite Frau, und die ganze Nachbarschaft in offenem Haß gegen ihn. In einem aussichtslosen Kampf mit seiner rohen, boshaften und verschlagenen Umgebung reibt sich der naive, schutzlose und in landwirtschaftlichen Angelegenheiten unerfahrene Remigio auf, ohne den wirtschaftlichen Ruin des Landguts verhindern zu können. Eines Tages wird er von Berto, einem seiner Landarbeiter, im Streit mit der Axt erschlagen.

Noch 1914, genau zwischen dem 25. Oktober und dem 9. November, also in sehr kurzer Zeit, verfaßte Tozzi seinen dritten Roman *Tre croci (Drei Kreuze),* den er 1920, kurz vor seinem Tod, zum Druck herrichtete und mit einer Widmung an Pirandello veröffentlichte. Er spielt wieder in der Toskana, diesmal in der Geburtsstadt des Verfassers, und erzählt die Geschichte von drei kleinbürgerlichen, trägen und gichtleidenden Brüdern, die in Siena ein bescheidenes Antiquariat betreiben. Unfähig und geschäftsuntüchtig, versuchen sie, dem drohenden Bankrott durch einen gefälschten Wechsel zu entgehen und schlittern schließlich, nach Aufdeckung des Betrugs entehrt und hilflos ihrem Schicksal preisgegeben, in den wirtschaftlichen und gesellschaftlichen Ruin. Giulio, der Älteste, hängt sich auf; die beiden anderen Brüder enden kläglich in Armut und Krankheit.

Ein weiterer Roman mit dem Titel *Gli egoisti,* der 1917 begonnen wurde und der in Rom spielen sollte, blieb dagegen unvollendet. Postum erschien neben anderem noch der Briefroman *Novale* (1925) mit Briefen an seine künftige Frau Emma Palagi sowie das Romanfragment *Adele,* das den Wahnsinn einer Frau zu analysieren wagte.

Neben den 1910 entstandenen *Ricordi di un impiegato,* in denen Tozzi in Tagebuchform von seinen Erfahrungen als Eisenbahnangestellter berichtet (von Borgese 1920 in der »Rivista letteraria« veröffentlicht) und neben den weniger bedeutenden, erst 1970 herausgegebenen Theaterversuchen hat

Tozzi ab 1908 eine große Zahl von Novellen verfaßt, die allerdings in der Regel nicht das darstellerische Profil und die Überzeugungskraft seiner Romane erreichen. Die meisten davon wurden in den zwei Novellensammlungen *Giovani* und *L'amore* kurz nach dem Tod des Autors veröffentlicht. Eine Sonderstellung in Tozzis Prosa nimmt der ein wenig inkohärente Band *Bestie* ein mit seinen ab 1915 geschriebenen und 1917 in einem Band veröffentlichten Texten. Die einzelnen Prosaskizzen des Buches wenden sich in fragmentarischer Darstellungsweise den verschiedensten Aspekten des Lebens in der ländlichen Toskana, der Beschreibung von Personen, Dingen, Örtlichkeiten oder auch persönlichen und philosophischen Reflexionen zu und bringen dabei jeweils eine Analogie zur Tierwelt ins Spiel. Auf diese Weise entsteht ein modernes Bestiarium, das allerdings nicht mehr wie seine mittelalterlichen Vorbilder die Erscheinungen symbolhaft und moralisierend einordnet, sondern ganz der Konfrontation eines verunsicherten, isolierten Ichs mit der beunruhigenden und undurchdringlichen Umwelt gewidmet ist.

Als Literaturkritiker war Tozzi vor allem an der mittelalterlichen (und späteren) Tradition der Toskana und insbesondere Sienas interessiert, aus welchen Bereichen er drei einschlägige Anthologien besorgte, nämlich die *Antologia di antichi scrittori senesi* (1913), die *Mascherate e strambotti della Congrega dei Rozzi di Siena* (1915) und *Le cose più belle di Santa Caterina da Siena* (1918). Weitere Arbeiten seiner Literaturkritik, die bei allem Scharfsinn auch sein unkonformes Denken und seinen singulären, in bezug auf die großen Strömungen seiner Zeit marginalen Standort verraten, wurden in dem Band *Realtà di ieri e di oggi* (1928) herausgegeben. Tozzi hat insgesamt ein umfangreiches Material an Manuskripten, Fragmenten und Entwürfen hinterlassen, das nur zu einem kleinen Teil in den zwanziger Jahren veröffentlicht, in seiner Hauptmasse jedoch erst durch neuere Ausgaben, darunter auch die der *Opere* von 1987, nach und nach zugänglich gemacht wurde. Im einzelnen wirft das Gesamtwerk zahlreiche textkritische und chronologische Fragen auf.

Ihre Höhepunkte erreicht Tozzis Erzählkunst in den großen Romanen. Deren spannungsreiche, nervige und in gewisser Weise fragmentarische Prosa, die an den »Fragmentarismus« der »Voce« erinnern kann, verzichtet auf logische und chronologische Kontinuität und schreitet in lockeren, visionären und teilweise halluzinatorischen Szenen und Bildern voran. Mit ihrem ungedämpften, detailreichen Realismus und ihrer aus nächster Nähe operierenden darstellerischen Optik nähert sich Tozzis Erzählweise deutlich dem Beschreibungsverfahren des Naturalismus an. Dennoch bleibt seine Prosa im Vergleich zur naturalistischen gleichsam dumpfer und unre-

657

flektierter, indem die äußere Wirklichkeit nicht wie etwa bei Zola beschreibend durchdrungen und erklärt wird, sondern wie eine rätselhafte, undurchsichtige und unheilvolle Gewalt in das Leben der Protagonisten (und in den Roman) eindringt. Im Hinblick auf die von Tozzi bevorzugte »veristische« Darstellung ländlicher und kleinbürgerlicher Ambienti ergibt sich eine unübersehbare Parallele zum Urheber des Verismus, mit dem er daher wiederholt verglichen wurde. Doch im Unterschied zum distanzierten Großbürger Verga gestaltete Tozzi seine provinziellen Helden und ihre Umgebungen stets aus einer engsten, autobiographisch-existenziellen Bindung und aus der gequälten Unmittelbarkeit des persönlich Betroffenen heraus. In seiner bohrenden und zerstörerischen Negativität und in seinen spiritualistischen Neigungen schließlich könnte man Tozzi mit Pirandello vergleichen, doch bleibt festzuhalten, daß im Unterschied zu diesem Tozzi jeder avantgardistischen, innovativen Perspektive fernstand und im Kreis seiner aggressiv antiidealistischen, reaktionär katholischen und spiritualistischen Anschauungen verharrte. Aus einem sehr eigenen, sozusagen provinziellen Blickwinkel heraus gelangte er dennoch nach Überwindung spätsymbolistischer und D'Annunzianischer Anfänge und in der Verschmelzung naturalistischer und veristischer Strukturen zu einer unverwechselbar eigenen Prosa von gespannter und beunruhigender Aktualität, die ihn nach und neben Svevo und Pirandello zum wichtigsten italienischen Erzähler des Jahrhundertbeginns erhebt.

II. CREPUSCOLARI, FUTURISTEN UND DIE »RONDA«

1. Die Dichter der Dämmerung

Wegen der intimistischen Futilität ihrer Themen, ihrer in trüben Gefühlen hindämmernden, melancholischen und dekadenten Stimmungen sowie ihrer Geschichtslosigkeit oft belächelt oder verurteilt, von der Kritik ziemlich spät gewürdigt und bis heute sowohl in ihren sprachlich-lexikalischen als auch in ihren inhaltlichen Strukturen nicht hinreichend untersucht, können die »Crepuscolari«, die Dichter der Dämmerung, dennoch schon jetzt als eine kohärente Strömung lyrischen Ausdrucks eingegrenzt werden, die literaturgeschichtlich ihren Platz zwischen D'Annunzio und dem Futurismus oder, wenn man will, zwischen Govonis Gedichtsammlung *Le fiale* (1903) und Gozzanos berühmten *Colloqui* (1911) hat. Ein kurzlebiges literarisches Phänomen also, dessen Umrisse auch deswegen relativ schwer zu konkretisieren sind, weil die »Crepuscolari«, im Unterschied zu den zeitlich rasch nachfolgenden, lautstarken Futuristen, keine Neigung verspürten, sich programmatisch, poetologisch oder ideologisch zu artikulieren und ihre Position zu bestimmen. Zu dem Zeitpunkt, als Giuseppe Antonio Borgese wohl zum ersten Mal das Adjektiv »crepuscolare« für diese Richtung verwendete, nämlich in dem Artikel *Poesia crepuscolare* in der »Stampa« vom 10.9.1910 (einer Rezension der Lyrikbände *Poesie scritte col lapis* von Moretti, *Poesie provinciali* von Martini und *Sogno e ironia* von Chiaves), neigte die Zeitspanne der »Crepuscolari« bereits ihrem Ende zu. Borgese gelangte zu einem negativen Urteil über die ihm vorliegenden Dichtungen, die er als hohle Phantastereien ohne Realitätsbezug und von nur geringer lyrischer Qualität einstufte und deren Grundton einer gefühlstrüben, scheinbar nichtssagenden Melancholie er tadelte; eben im Blick auf diese Merkmale verwendete er den Ausdruck »crepuscolare«, »dämmrig«.

Was die »Crepuscolari« trotz fehlender Programmatik zwar nicht als konkrete Schule, so doch als lyrische Strömung hervorhebt und abgrenzbar macht, sind gemeinsame Vorbilder, eine negative Haltung zur Geschichte und zur aktuellen politischen Gegenwart, weithin übereinstimmende Themen und Motive und ein eklektischer, oft verspielter Umgang mit der Sprache. Die wichtigsten literarischen Vorbilder waren die französischen und belgischen Lyriker des Symbolismus, der Décadence und verwandter intimistischer Strömungen; angefangen mit Baudelaire, der das Thema der Abend- und Morgendämmerung literarisch erneuert hatte, über Paul Verlaine, Georges Rodenbach, Jules Laforgue und andere bis hin zu Albert Samain, Francis Jammes und Maurice Maeterlinck. Aus der italienischen Literatur war das überragende und alle prägende Vorbild D'Annunzio, und zwar der D'Annunzio des Dekadenzromans *Il piacere* (1889) und der schmachtenden Gedichte des *Poema paradisiaco* (1893). Politisch war die Haltung der »Crepuscolari« gekennzeichnet durch eine resignierende Abwendung von der Geschichte und vom aktuellen Zeitgeschehen. Überwiegend kleinbürgerlicher Herkunft, waren sie nicht bereit, die politischen Phrasen und die nationalistischen Mythen des reich gewordenen Großbürgertums mitzutragen. Enttäuscht und durch die anstehenden gesellschaftlichen und ökomomischen Probleme dieser Jahre (vgl. S. 629 ff.) zutiefst beunruhigt, glaubten sie nicht mehr an die große Zukunft des »Neuen Italiens« und weigerten sich auch, ihre Kunst zur Analyse oder gar zur Veränderung der Realität einzusetzen. Sie flüchteten aus der Wirklichkeit in eine Literatur, die wegen ihres mangelnden Realitätsbezugs immer in Gefahr war, in ein Spiel mit Versen, Reimen, Kadenzen und Stimmungen abzugleiten. Die thematischen »Fluchtwege« der Autoren waren immer wieder die gleichen: Im allgemeinen führt die Flucht aus der aktuellen Gegenwart heraus in die zeitlich und räumlich entrückte Provinz, in die Idylle der kleinen Dinge oder die Intimität des Ländlichen; weitere wichtige Sujets waren der Traum, die Erinnerung an die Kindheit (der vielleicht wichtigste Fluchtmythos), der Gedanke an den Tod oder die Stimmungen der grauen, unentschiedenen und zwielichtigen Melancholie.

Einer der ersten Autoren dieser Richtung war der bei Ferrara geborene, später oft in Rom lebende Bauernsohn und Autodidakt CORRADO GOVONI (1884–1965), der in seinen frühen Jahren einige bemerkenswerte, für den »Crepuscolarismo« prototypische Lyrikbände vorlegte, bevor er dann ab 1911 dem Futurismus angehörte und hier u. a. durch seine *Poesie elettriche* (1911) Aufmerksamkeit erregte. Schon 1903 veröffentlichte Govoni in Florenz auf eigene Kosten *Le fiale* und *Armonia in grigio ed in silenzio,* zwei Bände, die den neuen lyrischen Ausdruck beispielhaft vor Augen führten. Der erste, gänzlich aus Sonetten bestehende Band weist schon mit seinem preziösen Titel (etwa: *Die Vasen*) auf den symbolistisch-dekadenten Kern seiner Inspiration hin. Voll von Bildern, Tonlagen und Motiven D'Annunzios und mit zahlreichen Anklängen an Baudelaire, Verlaine und andere mutet er fast wie eine Sammlung der bekannten Motive aus Symbolismus, Dekadenz, aus den Präraffeliten und dem Jugendstil an. Geschlossene Gärten, vergessene Villen, kostbare, meist welkende Blumen, seltene, exotische Düfte, verlassene Friedhöfe, Morgen- und Abenddämmerungen, Todesmelancholie, luxuriöse Interieurs, schluchzende Drehorgeln, und immer wieder schmachtende, bisweilen auch erotisch-laszive Gefühlszustände prägen die Atmosphäre dieser zwischen Einfalt und Raffinement schwankenden Dichtungen. Zu den *Fiale* gehörte ursprünglich auch eine mit *Vas luxuriae* betitelte Reihe von sehr freizügigen Sonetten, die der Verleger während des Druckes entfernte und die seither unauffindbar sind.

Ähnlich in der Wahl seiner literarischen Vorbilder und doch mit eigenen, innovativen und nun typisch crepuscolaristischen Akzenten präsentiert sich der zweite Band mit dem fast programmatischen Titel *Armonia in grigio e in silenzio.* Neu sind vor allem die Motive der kleinen, alltäglichen und ärmlichen Dinge, der begrenzten und engsten Räumlichkeiten sowie der Krankheit und der Armut. In Verbindung mit diesen Themen hält die alltägliche Umgangssprache auch in ihren untersten und einfachsten Schichten ihren Einzug in diese Gedichte. Seine thematischen Präferenzen hat Govoni selbst 1904 so charakterisiert: »Ich habe immer die traurigen

Dinge geliebt, die wehmütige Musik, die Liebeslieder, die von den Alten in den Kneipen gesungen werden…, die malerisch zerlumpten und kranken Bettler…, all die traurigen Dinge der Religion, die traurigen Dinge der Liebe, die traurigen Dinge der Arbeit, die traurigen Dinge des Elends.« In die gleiche thematische Richtung bewegen sich auch die *Feuerwerke,* die *Fuochi d'artifizio* von 1905, die eine breite »realistische« Öffnung zu alltäglichen, häuslichen oder ländlichen Motiven vollziehen, zugleich aber auch den Themen des Baudelairschen »spleens« und des Makabren nachgehen und sich mit einigen Texten in halluzinatorische und surreale Bereiche hineinsteigern. Der schon in diesem und den früheren Werken ungewöhnliche Reichtum Govonis an Bildern und Metaphern steigert sich in dem Band *Gli aborti* von 1907 zu einer wahren Orgie bildlichen Ausdrucks. Zugleich gibt Govoni mit den *Fehlgeburten* die eigentlichen Motive des »Crepuscolarismo« auf zugunsten einer nun unermüdlich und manieristisch betriebenen Anhäufung von Bildern, eine Technik, der er als »seminatore d'immagini« über die nun anschließende futuristische Phase hinaus bis zu seinen letzten lyrischen Kreationen in den fünfziger Jahren weiterverfolgt.

Der aus armer bürgerlicher Familie stammende, früh an Tuberkulose verstorbene Römer SERGIO CORAZZINI (1886–1907) stellte sein kurzes, von Krankheit und dem nahen Tod gezeichnetes Dasein in den Dienst der Literatur. Er war wie Govoni im wesentlichen Autodidakt, hatte natürlich D'Annunzio und dieses und jenes aus den Symbolisten und den Décadents gelesen, verfügte aber im übrigen über keine ausgedehnte oder vertiefte Bildung. Innerhalb weniger Jahre veröffentlichte Corazzini mehrere schmale Lyrikbändchen: 1904 *Dolcezze* und *L'amaro calice,* 1905 *Le aureole,* und im folgenden Jahr *Piccolo libro inutile* (zusammen mit seinem Freund Alberto Tarchiani), *L'elegia* und *Libro per la sera della domenica;* kurz vor seinem Tod schrieb er noch das Gedicht *La morte di Tantalo.* Ergreifender noch als Govoni gelingt Corazzini ein unmittelbarer, authentischer, weil von luzidem Todesbewußtsein geprägter Ausdruck des Schmerzes, des Weltverzichts und der Melancholie. Die Poetik seines Dichtens ließe sich am besten, wie E. Sanguineti vorgeschlagen hat, mit dem Titel eines Gedichts aus dem *Piccolo libro inutile* zusammenfassen: »Verzweiflung eines armen, sentimentalen Dichters«. Darin liest man u. a. die Verse: »Oh, ich bin ein wirklich Kranker!/ Und ich sterbe jeden Tag ein wenig./ Sieh: wie die übrigen Dinge./ Ich bin also kein Dichter:/ ich weiß, um Dichter genannt zu werden/ muß man fürwahr ein anderes Leben führen!/ Ich vermag nur, mein Gott, zu sterben./ Amen.«

Aus dem römischen Freundeskreis um Corazzini sei noch FAUSTO MARIA MARTINI (1886–1931) genannt, der Lyrik im Stil des »Crepuscolarismo«

661

schrieb (das beste davon wohl die *Poesie provinciali* von 1910) sowie der aus einfachen provinziellen Verhältnissen stammende MARINO MORETTI (1885–1979), der, anfänglich stark von Pascoli beeinflußt, vor allem in seinen *Poesie scritte col lapis* (1910) Themen und Stimmungen anderer »Crepuscolari« wie Govoni, Corazzini und Gozzano nicht ohne formales Geschick nachvollzog. Weitere Gedichtsammlungen Morettis waren u. a. *Fraternità* (1905) mit einer für den frühen Moretti typischen Mischung aus Tonlagen Pascolis und Crepuscolare-Motiven, *Poesie di tutti i giorni* (1911) und *Il giardino dei frutti* (1915); eine Auswahl der nach seiner Meinung besten Dichtungen aus diesen Sammlungen gab Moretti in dem Band *Poesie 1905–1914* (1919) heraus. In späteren Jahren machte der überaus rege Journalist und Schriftsteller, der jahrzehntelang Mitarbeiter am »Corriere della Sera« war, sich vor allem als Prosaautor einen Namen. In seinen zahlreichen Romanen, angefangen mit *Il sole del sabato* (1916) über *La voce di Dio* (1921), *I due fanciulli* (1922), *I puri di cuore* (1923), *Mia madre* (1923), *L'Andreana* (1935) und andere bis hin zu *La vedova Fioravanti* (1941), seinem besten Roman, *I coniugi Allori* (1946) und weiteren Werken beschrieb er, bisweilen mit verhaltener Ironie, meist enge, kleinbürgerliche und provinzielle Milieus mit unscheinbaren, aber aufrechten Heldinnen und Helden (darunter auch die Gestalt der Mutter), die sich in ihrem schwierigen Alltag bewähren. Dazu verfaßte er eine große Zahl von Novellen mit ähnlicher Thematik, die in dem Band *Tutte le novelle* (1959) gesammelt wurden. Im hohen Alter von über achtzig Jahren wandte sich der Schriftsteller dann noch einmal der Lyrik zu und veröffentlichte vier Gedichtsammlungen: *L'ultima estate* (1969), *Tre anni e un giorno* (1971), *Le poverazze. Diario a due voci* (1973) und *Diario senza le date* (1974). In diesen Dichtungen kehrt Moretti noch einmal zu den grauen, unscheinbaren und intimistischen Motiven des »Crepuscolarismo« und seiner frühen Texte zurück; doch ist sein lyrischer Stil jetzt gefiltert durch das gelassene Selbstbewußtsein des Alters und geläutert durch eine heitere und überlegene Alterssicht, die um die Zeitlichkeit und letztliche Futilität der Ideologien und Programme weiß und die daher ohne theoretische oder stilistische Zwänge nur noch sich selbst zum Ausdruck bringen will. Mit dieser unideologischen, »inaktuellen« und höchst persönlichen Lyrik, die in einer Zeit heftigster ideologischer und politischer Diskussionen, nämlich in den sechziger und angehenden siebziger Jahren entstand, ist Moretti eine bemerkenswert authentische Dichtung gelungen, die zugleich in einzelnen Aspekten auch als eines der bedeutendsten Zeugnisse für das jahrzehntelange heimliche Überleben des »Crepuscolarismo« bis in unsere Gegenwart hinein gelten kann.

Zum Freundeskreis der römischen »Crepuscolari« gehörte ebenfalls der eng mit Moretti befreundete ALDO PALAZZESCHI (eigentlich Aldo Giurlani; 1885–1974), der mit seiner frühen Lyrik: *I cavalli bianchi* (1905), *Lanterna* (1907) und *Poemi* (1909) den »Crepuscolari« zugerechnet werden kann, obwohl diese Gedichte ebenso wie seine späteren Werke ein sehr eigenwilliges Profil aufweisen. In seinen *Poemi* zitiert und variiert er Corazzini mit den Versen: »Bin ich vielleicht ein Dichter?/ Nein, gewiß nicht.../ Wer bin ich?/ Der Gaukler meiner Seele.« In der Tat war die frühe Lyrik Palazzeschis geprägt von ironischer Distanz zum Hergebrachten und einem halb verspielten, halb rebellierenden, oft geradezu clownhaft parodierenden Umgang mit den inhaltlichen und formalen Strukturen der traditionellen Lyrik und der ihm vorliegenden Texte der »Crepuscolari«. Deren typische Themen, Strukturen und Stimmungen bereitete Palazzeschi respektlos auf und modifizierte sie durch ein groteskes und provozierendes Spiel mit metrischen und sprachlichen Formen. Vor allem der Sprache gelten seine schelmischen und zersetzenden Manipulationen: Er verändert den Zeichencharakter des vertrauten Idioms, indem er die Signifikanten (die klanglichen Substrate der Wörter) von ihren Signifikaten (den Bedeutungen) löst, er spielt mit »bedeutungslosen«, wenn auch keineswegs sinnlosen Lauten und Lautgruppierungen und bedient sich dabei in reichem Maße kindersprachlicher, liedhafter oder onomatopoetischer Elemente. So ahmt er etwa in dem Gedicht *La fontana malata* (aus *Poesie*) sowohl formal durch eine lange Folge extrem kurzer, untereinandergestellter Verse als auch durch Kombinationen von Lauten und Klängen den Strahl der herabfallenden Fontäne nach, die nun aber, in ironischer Umkehrung eines typischen Crepuscolare-Motivs, eine kranke Fontäne ist (die schließlich an Tuberkulose stirbt): »Clof, clop, cloch,/ cloffete,/ cloppete,/ clocchete,/ chchch.../ Und hinunter/ in den Hof,/ die arme/ kranke/ Fontäne...« Aber mit solchen Verfahren hatte sich der lyrische Schelm eigentlich schon in den Kreis der Futuristen eingereiht. 1909 schloß sich der Florentiner, der lange Zeit in Paris und später überwiegend in Rom lebte, den Futuristen an, deren Programmatik dann auch sein nächster Gedichtband *Incendiario* gewidmet ist, der in einer ersten, von Marinetti eingeleiteten Ausgabe 1910 und drei Jahre später in einer um Gedichte aus den früheren Sammlungen sowie um einige neue Texte erweiterten Fassung im Verlag der futuristischen »Poesia« erschien. In diesem Werk befreite sich Palazzeschi endgültig von allen Einflüssen Pascolis und D'Annunzios sowie von allen Zwängen und Vorgaben der literarischen Tradition und destruierte ironisch und clownhaft Sprache und Realität in grotesken, surrealen oder bizarren Texten, deren oberste Maxime die ungezügelte Freiheit der Phantasie und des Ausdrucks ist. Auch das Prosawerk *Il codice di Perelà*, das 1911 mit dem

Untertitel »romanzo futurista« ebenfalls im Verlag der »Poesia« erschien, war dem Futurismus verpflichtet und griff vor allem die Motive des Antitraditionalismus und der »befreiten« Sprache und Phantasie auf (zum futuristischen Programm vgl. S. 667 ff.) Der eigenartige Roman, eine Art surreales Märchen, handelt von Perelà, einem »Mann aus Rauch«, intendiert als Parodie des Messias und des Dichters zugleich, dem aufgetragen wird, ein Gesetz zu verfassen, das den Staat reformieren und die Menschheit von falscher Rationalität und gesellschaftlichen Zwängen befreien soll; der aber, nachdem er an dieser Aufgabe scheiterte, als Rauch zum Himmel aufsteigt und sich in Nichts auflöst. Nach seinem Bruch mit den Futuristen (1914), deren Kriegstreiberei er sich nicht anschließen mochte, schrieb Palazzeschi noch eine große Zahl von Prosawerken, die im Unterschied zu seinen experimentierenden und avantgardistischen Texten durch traditionelle Stilsprachen und konventionelle Themen gekennzeichnet sind, so die Novellenbände *Il Re bello* (1921), *Il palio dei buffi* (1937), *Bestie del 900* (1951) sowie die Romane *Le sorelle Materassi* (1934), *I fratelli Cuccoli* (1948) und *Roma* (1953). Palazzeschi hatte das Glück, in den sechziger Jahren, im Zuge des »Sperimentalismo« und der »Neoavanguardia«, sein Jugendwerk erneut stark beachtet zu sehen. In seinen späten Jahren schrieb er neben Novellen noch einige Romane und einige Gedichtsammlungen, in denen sich experimentierende Tendenzen seiner Jugend mit den ruhigeren Tonlagen und Motiven seiner reifen Phase verbinden.

Auch in Turin, einer Stadt, die im ersten Jahrzehnt des 20. Jahrhunderts einen besonders dynamischen industriellen und kulturellen Aufschwung vollzog, gab es einen Kreis junger Lyriker, die sich mehr oder weniger den Themen der Gefühlsdämmerung, des »Crepuscolarismo«, verschrieben hatten. Erwähnt seien GIULIO GIANELLI (1879–1914) mit *Intimi vangeli* (1908), CARLO CHIAVES (1883–1919) mit dem bereits erwähnten Band *Sogno e ironia* (1910), CARLO VALLINI (1885–1920) mit *Un giorno* (1907) und NINO OXILIA (1889–1917) mit *Canti brevi* (1909). Aus diesen eher mittelmäßigen Produktionen ragen die Werke von GUIDO GOZZANO (1883–1916) heraus, der nicht nur als der wichtigste Lyriker des Turiner Kreises, sondern als bedeutendster Repräsentant des »Crepuscolarismo« überhaupt gilt. Der junge Gozzano, der in Turin Jura studierte, aber lieber mit Gianelli, Vallini und anderen Freunden Vorlesungen über Literatur (bei Arturo Graf) und über Philosophie hörte, stand literarisch unter dem Einfluß Carduccis und vor allem D'Annunzios, dem er geradezu verfallen war, bevor er sich ab 1907 langsam aus dessen Umklammerung lösen konnte. Dabei halfen ihm u. a. die Lektüre von Emile Verhaeren, Francis Jammes, Maurice Maeterlinck und Albert Samain. Bekannt wurde der 1907 begon-

nene Briefwechsel des jungen Dichters mit der Lyrikerin AMALIA GUGLIEL-
MINETTI, die im gleichen Jahr ihre Gedichtsammlung *Le vergini folli* herausbrachte. Gozzanos Leben war wie das Corazzinis von Krankheit
(Tuberkulose) überschattet, die auch ihn früh dahinraffte. Eine 1912 unter-
nommene Indienreise, die Linderung schaffen sollte, blieb ohne Erfolg.
Dieses einzige äußerlich herausragende Ereignis in Gozzanos Biographie
fand zwar in der postum herausgegebenen Briefsammlung *Verso la cuna
del mondo* (1917) seinen Widerhall, hinterließ aber in seiner Lyrik nur wenige Spuren. Der erste, 1907 veröffentlichte Gedichtband, der auch einige
seiner im Zeichen D'Annunzios verfaßten Jugendgedichte enthielt, trägt
den programmatischen Titel *La via del rifugio* und umkreist in negativen,
resignierenden Stimmungen des Seelenschmerzes und in ständiger Präsenz
des Todesgedankens die Möglichkeit von »Fluchtwegen« aus dem Leben,
die auch hier meist in die philosophische Reflexion (u. a. Gedanken aus
Nietzsche und aus dem Buddhismus) oder in den Traum führen.

Der wichtigste Fluchtweg für Gozzano blieb so immer die Literatur
selbst, die ihm zugleich die einzige Möglichkeit der Befreiung von der
Krankheit bot. 1911 publizierte Gozzano *I colloqui*, ein Gedichtband, der
die jugendliche Entwicklung und das dramatische Seelenleben des Verfassers widerspiegeln sollte. Vor allem in dieser Sammlung mit überwiegend
längeren Gedichten unterschiedlicher metrischer Form gelingt es Gozzano, teils in dialogisch-kontrapunktisch aufgebauten Gesprächsszenen,
teils in erzählenden oder nacherinnernden Texten von oft epischem Fluß,
das übliche Grau-in-Grau der »Crepuscolari« zu überwinden und zu lebendigen, menschlich bedeutsamen und realitätsnahen Gestaltungen vorzudringen. Unvergeßlich sind vor allem seine meist aus schmachtender Distanz oder erzwungenem Verzicht gesehenen und doch aus nächster Nähe
unerhört scharf gezeichneten, betörenden Frauengestalten, wie etwa Grazia in dem über das Petrarca-Motiv vom Zerrinnen der Zeit und den Gegensatz von Jugend und Alter nachsinnenden und zugleich die Piemontesische Landschaft atmosphärisch dicht evozierenden Dialoggedicht *Le due
strade*, oder wie Felicita in dem zart und gefühlstief Vergangenheit aufar-
beitenden, bewegliche Dialogpartien kunstvoll alternierenden Gedicht *La
signorina Felicita ovvero la felicità*, oder wie die junge, gertenschlanke Carlotta in dem Goethes *Werther*, Foscolos *Jacopo Ortis* und den eigenen Verzicht beschwörenden Gedicht *L'amica di Nonna Speranza*. Herausragend
auch das ironische und zutiefst schmerzliche Selbstporträt *Totò Merúmeni
(Der Mann, der sich selbst bestraft)*, dessen Titel auf die Komödie *Heau-
tontimorumenos* des Terenz Bezug nimmt (allerdings vermittelt durch Baudelaires *L'Héautontimorouménos* aus den *Blumen des Bösen*); tiefsinnig

auch ein Gedicht wie *Invernale*, das aus einer mondän-galanten Winterpartie heraus Überlebensinstinkt und Todesangst als unüberwindliche Kräfte im Menschen freilegt und damit zugleich das Übermenschentum Nietzsches und D'Annunzios parodiert. In beziehungsreichen und menschlich wahren Texten wie diesen überwindet Gozzano zugleich den für die meisten »Crepuscolari« typischen intimistischen Provinzialismus der Motive und Stimmungen und gelangt zu zeitlos gültigen Aussagen von tiefer menschlicher Relevanz. Er blieb allerdings wie die übrigen »Crepuscolari« ein Dichter der Negativität, der kein Vertrauen in die Geschichte hatte, in der heraufziehenden, von Industrie und Kapitalismus beherrschten Welt keinen Platz für sich erkannte, sich daher vom Leben absonderte und in die Kunst flüchtete. Auch die wiederum zahlreiche literarische Vorbilder verarbeitenden unvollendeten *Epistole ontomologiche,* von denen zwischen 1914 und 1916 einige Fragmente erschienen, waren letztlich ein erneuter Ausdruck der Verneinung und der Lebensmüdigkeit.

Gozzano wurde schon zu Lebzeiten, vor allem mit den *Colloqui,* berühmt und war zeitweise so bekannt wie Pascoli oder D'Annunzio. Sein schmales lyrisches Werk weist mit seinen Grundstrukturen in die Moderne und hat doch unverkennbar eigene Konturen, wozu vor allem seine originellen, beweglichen Ausdrucksformen, die ausgeklügelte Verwendung freier oder gereimter Verse und der auffallende Realismus seiner Beobachtungsgabe beitrugen. Gozzano war neuen Darstellungsformen wie Photographie und Film gegenüber aufgeschlossen und bereitete noch in seinen letzten Lebensmonaten einen Film über Franz von Assisi vor. Im Bereich der Lyrik war er, wie Montale klargestellt hat, der erste italienische Autor, der das übermächtige Vorbild D'Annunzios überwand und sich auf eigene Grundlagen stellte.

2. Der Futurismus

Der Futurismus wird gemeinhin als literarische Avantgarde oder als Kunstavantgarde bezeichnet und darüber hinaus von einigen Kritikern als Prototyp der europäischen Kunstavantgarde angesehen. Zu Beginn des vorigen Jahrhunderts entwickelten in Paris der Frühsozialist Graf Henri de Saint-Simon (1760–1825) und seine Schüler die Vorstellung, daß die Künstler die Führung der Gesellschaft auf ihrem Weg in die angestrebte, von Wohlstand und Harmonie gekennzeichnete Zukunft übernehmen sollten. Beeinflußt von sozialistischen, liberalen, antibürgerlichen und, was die Kunst anging, romantischen Ideen befand man, daß der Künstler aufgrund seiner unge-

666

wöhnlichen Eigenschaften in besonderem Maße fähig sei, die Gesellschaft in eine glückliche Zukunft, in einen Zustand universaler Prosperität zu führen. Es waren vor allem vier Eigenschaften, die die Pariser Frühsozialisten auf der Grundlage ihres romantischen Credos dem Künstler unterstellten: 1. Der Künstler ist ein Seher, der in die Zukunft schaut. Dadurch ist er in höchstem Maße zur Erkenntnis befähigt. 2. Der Künstler verfügt über schöpferische Einbildungskraft, mittels derer er auch nicht bestehende, künftige Dinge entwerfen kann. 3. Der Künstler ist der große Propagator. Durch eine Vielfalt wirkungsvoller Kunstmittel ist er in der Lage, Ideen zu verbreiten und insbesondere die Massen hinzureißen. 4. Durch seine Vision einer großen Zukunft spornt er die Massen zum aktiven Kampf für den Fortschritt der Menschheit an.

Aufgrund dieser Eigenschaften hatte der Künstler nach der Theorie des fortschrittsgläubigen, stark von religiösen Konnotationen durchsetzten utopischen Frühsozialismus der Gesellschaft gegenüber eine »wahre priesterliche Funktion«, nämlich die »Mission«, der gesellschaftlichen Entwicklung den Weg zu weisen. So findet sich denn auch der erste Beleg für frz. »avantgarde« in der konkreten Bedeutung »künstlerische Vorhut der Gesellschaft« in einer Schrift des Saint-Simonisten Olinde Rodrigues von 1825, in der die programmatischen Sätze stehen: »Wir, die Künstler, dienen euch als Avantgarde; denn die Wirkungsmacht der Künste ist in der Tat die unmittelbarste und schnellste. Wir verfügen über Waffen jeglicher Art...«. Ähnliche Vorstellungen von der Führungsrolle der Künstler entwickelte wenig später auch der Frühsozialist Charles Fourier (1772–1837) und seine Schule. Doch gelang es weder den Saint-Simonisten noch den Fourieristen, eine geschlossene und künstlerisch wie ideologisch überzeugende »Vorhut« zusammenzustellen, die dem von ihnen geforderten globalen gesellschaftlichen Anspruch hätte gerecht werden können.

Der erste, der diese dem utopischen Sozialismus und letztlich der Dichtungstheorie der Romantik entsprungene Idee der gesamtgesellschaftlichen Führungsrolle der Kunst in allen wesentlichen Punkten zu verwirklichen suchte, war der im ägyptischen Alexandria geborene Italiener FILIPPO TOMMASO MARINETTI (1876–1944). Mit einer kohärenten, ideologisch scharf konturierten Gruppe von Künstlern aus allen wichtigen Kunstrichtungen erhob er vom Gründungsjahr seiner Avantgarde (1909) an den Führungsanspruch nicht nur für die Kunst, sondern für alle gesellschaftlichen Bereiche wie Politik, Familie, Erziehung, Bildung, Wissenschaft, Wirtschaft, Außenhandel und koloniale Expansion. Daß er dabei nicht mehr im ideologischen Kontext des christlich und übernational orientierten, von dem Gedanken einer allwirksamen kosmischen Harmonie geprägten Früh-

667

sozialismus stand, sondern auf den ideologischen Grundlagen einer aggressiven Wissenschafts- und Technikgläubigkeit, einer sich vitalistisch gebenden, doch im Grunde menschenverachtenden Verherrlichung von Kraft, Geschwindigkeit und Gewalt sowie eines frenetischen Nationalismus, ändert nichts an der Tatsache, daß er für Italien und für Westeuropa der erste war, der die alte Idee der Kunstavantgarde in ihrem vollen Umfang zu realisieren suchte.

Marinetti war zunächst in Alexandria in einem strengen französischen Jesuitenkolleg erzogen worden und machte 1893 in Paris sein »baccalauréat ès lettres«. Nachdem seine Eltern nach Mailand in die Via Senato 2 umgezogen waren, wo auch er später lange Zeit wohnte, studierte er zunächst in Pavia Jurisprudenz, um dann 1899 in Genf in diesem Fach seine Doktorprüfung abzulegen. 1898 schrieb er in französischer Sprache ein Gedicht in freien Versen, *Les vieux marins,* mit dem er einen von den berühmten »Samedis populaires« ausgeschriebenen Wettbewerb gewann und das dann von Sarah Bernhardt rezitiert wurde. Schon zu Beginn des neuen Jahrhunderts steht Marinettis Entschluß fest, sich ganz der Literatur zu widmen. Er tritt als Rezitator an italienischen und französischen Theatern auf, schreibt für verschiedene Zeitschriften (»La Vogue«, »La Plume«, »La Revue Blanche«), und ist bestrebt, mit Vorträgen und Rezitationen die große romantische und symbolistische Dichtung französischer Sprache (Hugo, Baudelaire, Verlaine, Rimbaud, Mallarmé, Verhaeren) in Italien bekannt zu machen. 1905 schreibt der inzwischen in Literatenkreisen bekannte junge Schriftsteller die Komödie *Le Roi Bombance* und gründet mit Sem Benelli und Vitaliano Ponti die Zeitschrift »Poesia«, die er vom nächsten Jahr an allein leitet. Es erscheinen weitere Dichtungen in französischer Sprache, so 1904 *Destruction* und *La Momie sanglante,* 1908 *La ville charnelle* und *Les dieux s'en vont, D'Annunzio reste,* im folgenden Jahr die *Poupées électriques* und der Roman *Mafarka le futuriste.* Ebenfalls 1909 erscheinen bereits die ersten programmatischen Schriften: das Gründungsmanifest des Futurismus *Fondazione e Manifesto del Futurismo* (im Februar im Pariser »Figaro« in französischer Sprache, kurz darauf in der italienischen Fassung) sowie die ebenfalls zuerst auf französisch vorgelegte Programmschrift *Uccidiamo il Chiaro di Luna.* Noch im gleichen Jahr, am Vorabend der italienischen Wahlen, meldet Marinetti, was besonders wichtig ist, mit dem *Primo manifesto politico futurista* seinen Führungsanspruch auf dem Feld der Politik an.

In dem explosiven Elfpunkte-Programm des Gründungsmanifests wird zunächst der Gegenstand der Dichtung neu definiert: »Wir wollen den Mut zur Gefahr, die Gewöhnung an Energie und Waghalsigkeit besingen. Mut,

668

Kühnheit und Rebellion werden die wesentlichen Elemente unserer Dichtung sein.« Die Literatur, die bis jetzt »grübelnde Unbeweglichkeit« dargestellt habe, soll nun »die aggressive Bewegung, den Sturmschritt, den Salto mortale, die Ohrfeige und den Faustschlag« verherrlichen. Die neue futuristische Dichtung besingt die Errungenschaften der Technik und alle Erscheinungsformen der Kraft und der Geschwindigkeit, die Rennautos, Lokomotiven, Dampfschiffe, Flugzeuge und die großen, Flüsse überspannenden Brücken. Hand in Hand damit geht die Zerstörung der Vergangenheit und der darauf gründenden kulturellen oder moralischen Inhalte und Werte (»Antipassatismus«): »Wir wollen die Museen zerstören, die Bibliotheken, die Akademien aller Art, und gegen den Moralismus kämpfen, gegen den Feminismus, und gegen jede opportunistische oder utilitaristische Gemeinheit.« Der dritte programmatische Hauptpunkt fordert von den neuen Dichtern, nicht nur Aggression oder Faustschlag zu besingen, sondern ausdrücklich den Krieg als die einzige Läuterungsmöglichkeit der Menschheit zu verherrlichen: »Wir wollen den Krieg rühmen – die einzige Hygiene der Welt – den Militarismus, den Patriotismus, die zerstörerische Geste der Anarchisten, die schönen Ideen für die man stirbt und die Verachtung der Frau.« Abgesehen von den hier bereits sichtbar werdenden politischen und innenpolitischen Implikationen war dieser Programmpunkt für Marinetti zwangsläufig mit einer Neudefinition der künstlerischen Ästhetik verbunden. Schönheit konnte fortan nur noch im Kampf sein: »Es gibt keine Schönheit mehr außer im Kampf«, formuliert er lakonisch und: »Kein Kunstwerk ohne aggressiven Charakter kann ein Meisterwerk sein«.

Mit diesen radikalen, nicht nur die Frau, sondern den Menschen schlechthin verachtenden Thesen, die er selbst als »Manifest der umstürzenden und zündelnden Gewalt« einordnete und die er in den folgenden Jahren immer wieder paraphrasierte, gelang es dem propagandistisch wendigen und oft wie besessen agierenden Marinetti rasch, eine stattliche Zahl junger Anhänger um sich zu scharen. Bekanntheit und weiteren Zulauf erbrachten ihm auch die 1910 begonnenen »serate futuriste«, groteske Abendveranstaltungen, auf denen Marinetti und seine Freunde mit der Deklamation ihrer Werke und Thesen die Bürger provozierten; oder spektakuläre Aktionen wie die Verlesung des Manifests *Contro Venezia passatista* vom Glockenturm in San Marco herab (Juli 1910). Zu verschiedenen Zeiten und mit unterschiedlicher Dauer gehörten dem Futurismus an: Giovanni Papini, Aldo Soffici, Corrado Govoni, Aldo Palazzeschi, Paolo Buzzi, Enrico Cavacchioli, Luciano Folgore, Francesco Cangiullo, Bruno Corra, Mario Carli, Gian Pietro Lucini, der Musiker Balilla Pratella, der Architekt Antonio Sant'Elia, eine Anzahl von Autorinnen (die Rolle der

Frau im Futurismus ist jedoch bis heute kaum erforscht) sowie weitere Künstler und Intellektuelle aus verschiedenen Bereichen, darunter auch aus dem der Filmkunst (Bruno Corra, Emilio Settimelli, Arnaldo Ginna, Remo Chiti und Giacomo Balla lancierten am 11. 9. 1916 das Manifest *La cinematografia futurista*). Freunde der ersten Stunde und besonders wichtige für die Avantgarde Marinettis waren die Maler Umberto Boccioni, Carlo Carrà, Luigi Russolo, der schon erwähnte Balla und Gino Severini, die im Februar 1910 ihr *Manifest der futuristischen Maler* veröffentlichten. Darin wird die Pflege von Tradition und Vergangenheit verdammt, jede Art der Nachahmung sowie die alte Ästhetik mit ihren Hauptkriterien der Harmonie und des guten Geschmacks. Gepriesen wird jede Form der Originalität, auch der kühnen und gewaltsamen, und die Hauptforderung lautet: »Darstellung und Verherrlichung des heutigen Lebens, das unaufhörlich und tumultartig von der siegreichen Wissenschaft umgeformt wird.« In *La pittura futurista* vom April 1910 bezeichneten sich die gleichen Maler als »Primitive einer neuen, völlig verwandelten Sensibilität«, wiederholten ihren Grundsatz, »wieder in das Leben einzutreten« und gaben dann technische Hinweise für den neuen futuristischen Malstil: Gefordert wird die Technik des »Divisionismus« bzw. des »Komplementarismus«, eine »universale Dynamik« und die Aufhebung der Stofflichkeit der Körper durch Licht und Bewegung. Auch Marinetti beeilte sich, für die futuristische Literatur konkrete technische Anweisungen zu geben. In dem *Manifesto tecnico della letteratura futurista* (Mai 1912) und expliziter in *Distruzione della sintassi – Imaginazione senza fili – Parole in libertà* vom Mai 1913 formulierte er die Kriterien seiner Poetik: Auflösung der Syntax, Gebrauch des Verbs im Infinitiv, Abschaffung von Adjektiv, Adverb und Interpunktion, Bevorzugung des Substantivs und der Substantivdoppelung als »parole essenziali in libertà«, Verwendung von lautnachahmenden Wörtern, mathematischen Zeichen sowie neuen typographischen und orthographischen Techniken, generelle Beseitigung des »Ichs« in der Literatur, »absolute Freiheit der Bilder und Analogien, ausgedrückt in unverbundenen Wörtern« (»immaginazione senza fili«), sowie einen simultanen, viellinigen lyrischen Ausdruck (»lirismo multilineo«). Kurz darauf gab Marinetti mit dem paroliberistischen Gedicht *Zang Tumb Tumb* (1914), der Darstellung der Belagerung von Adrianopolis, an der Marinetti als Beobachter im russisch-türkischen Krieg im Oktober 1913 teilgenommen hatte, ein Paradebeispiel für diesen neuen lyrischen Stil.

Die für eine technisch-dynamische und von »wahrer Maschinensensibilität« erfüllte Zukunft geforderte engste Verschmelzung von Kunst und Leben stellte Marinetti und seine Gruppe vor die Notwendigkeit, nicht nur

670

für die verschiedenen Künste, sondern auch für den sozialen und politischen Bereich neue Programme zu entwickeln. Die hierfür wichtigsten programmatischen Schriften Marinettis waren: *Guerra sola igiene del mondo* (1915), *Manifesto del partito futurista italiano* (1918), *Democrazia futurista* (1919), und *Al di là del Comunismo* von 1920; weniger bedeutend weil der Wiederholung alter Ideen sowie der glorifizierenden Selbstdarstellung gewidmet sind *Futurismo e fascismo* (1924) und *Marinetti e il futurismo* von 1929. Zu den politischen Aktivitäten des Futurismus gehörten neben den Programmen auch zahlreiche Demonstrationen und Aktionen sowie die freiwillige Teilnahme am Krieg als Beobachter oder als aktiver Kämpfer (einige Futuristen, darunter auch Marinetti, wurden im Ersten Weltkrieg verwundet, andere fanden den Tod).

Betrachtet man die Entwicklung des Futurismus im Kontext der Zeitgeschichte, so lassen sich drei Phasen dieser Kunstavantgarde unterscheiden: Eine erste reichte von ihrer Gründung bis zum Kriegseintritt Italiens (1915); eine zweite vom Ende des Krieges bis zum zweiten Kongreß der »Fasci« in Mailand im Mai 1920 und dem dort vollzogenen Bruch Marinettis mit den Faschisten; die dritte Phase schließlich begann 1923/24 nach einer Zeit politischer Abstinenz mit der Wiederannäherung Marinettis an die Faschisten und endete mit seinem Tod. In der ersten Phase (1909–15) entwickelte Marinetti wenig konkrete politische oder gesellschaftspolitische Vorstellungen. Die zweite Phase (1918–20) ist gekennzeichnet durch eine relativ konkrete Hinwendung zu den Bedürfnissen und Problemen der italienischen Gesellschaft in den Jahren nach dem Ersten Weltkrieg. Vor allem im Gründungsmanifest seiner Partei von 1918 entwickelte Marinetti, unter Verzicht auf die sonst übliche hochtrabende Rhetorik, eine Anzahl sozial engagierter, fortschrittlicher und teilweise auch populärer Forderungen, wie Kampf gegen den Analphabetismus, Reform des Beamtentums und der Polizei, Recht auf Scheidung, Pressefreiheit, Streik- und Versammlungsrecht. In *Democrazia futurista* aus dem folgenden Jahr erhebt Marinetti noch die bemerkenswerte Forderung nach Mitbestimmung und Gewinnbeteiligung der Arbeitnehmer in den Betrieben, neigt jedoch bereits wieder elitären und utopischen Vorstellungen zu, die u. a. in der Forderung gipfeln, aus der Regierung des Staates eine »uneigennützige Kunst« zu machen, d. h. sie den Künstlern zu übertragen – eine Idee wie aus Saint-Simon. Gleichzeitig übersieht bzw. überspringt er alle Klassenprobleme und tut den Kommunismus als alte »formula mediocrista« ab. Die dritte Phase (1923/24–44) bringt die Unterwerfung Marinettis und seiner Freunde unter die inzwischen an die Macht gekommene faschistische Partei. Der gesamte politische Bereich mußte bedingungslos aufgegeben wer-

671

den und mit ihm liebgewordene Zielsetzungen wie Kampf gegen Kirche, Papst, Monarchie, Tradition, Familie usw. Die Schriften von 1924 und 1929 enthalten nur noch angepaßte und entschärfte Reproduktionen früherer Gedanken, womit zugleich gesagt ist, daß der politische Futurismus praktisch seit 1920 tot war. Darüber hinaus belegen einzelne Beiträge aus *Marinetti e il futurismo* mit aller Deutlichkeit, daß Marinettis Avantgarde jetzt von Vergessen und Untergang, die Schar der ihr angehörenden Künstler von wirtschaftlicher Not bedroht ist. Marinettis oft demütigende Wiederannäherungsversuche an den Faschismus führten trotz gewisser Vorteile, die er aufgrund seiner Beziehung zu Mussolini hatte (1929 wurde Marinetti zum Mitglied der »Accademia d'Italia« ernannt und damit zugleich als offizieller Dichter des Regimes anerkannt), im Laufe der Jahre zu immer stärkerer Anpassung und schließlich zu völliger Gleichschaltung. Letztere wird auch durch die Weiterentwicklung der futuristischen bildenden Kunst dokumentiert, die als sogenannter zweiter Futurismus den politischen Futurismus um mehr als zwei Jahrzehnte überlebte. Vor allem die Maler sicherten sich mit der Entwicklung der »aeropittura« bzw. der »aeropittura di guerra« einige Anerkennung und durften ab 1926 bis zur »Kriegsbiennale« von 1942 an der Biennale in Venedig teilnehmen, waren damit aber zu reinen Vollzugsgehilfen faschistischer Politik herabgesunken.

Müde und ausgelaugt kehrte Marinetti 1943 von einem Besuch bei den italienischen Truppen in Rußland zurück, verfaßte noch *La grande Milano tradizionale e futurista* und *Una sensibilità nata in Egitto* (beide postum veröffentlicht) und starb am 2. August 1944 in Bellagio am Comer See. Seine große Idee, einer Kunstavantgarde die führende Rolle im Staat zu übertragen, alle seine Pläne von einer neuen futuristischen Gesellschaft und einem modernen futuristischen Staatswesen waren gescheitert. Allerdings blieb er mit der von ihm perfekt praktizierten Verbindung von intellektuellem Terror, Einschüchterung und aggressiver politischer Propaganda in einem traurigen Sinne zukunftweisend, da seine Praktiken in faschistischen und diktatorischen Regimen Schule machten. Literarisch waren die Ergebnisse seiner Avantgarde eher bescheiden, was auch für das futuristische Theater gilt (dazu S. 699 ff.). Das künstlerisch Bedeutsamste ging sicher aus dem Kreis der futuristischen Maler hervor, und auch auf dem Gebiet der Architektur und der Musik gab die Avantgarde einige wichtige Anregungen. Eine freundliche Aufnahme fanden Marinettis Ideen bei den deutschen Expressionisten um Herwarth Walden, der ab 1912 futuristische Manifeste in seiner Zeitschrift »Der Sturm« veröffentlichte und Ausstellungen der futuristischen Maler organisierte; und wenig später auch bei den Intellektuellen der russischen Oktoberrevolution, deren Künstler (A. Kru-

672

cenych, V. Chlebnikow, V. Majakowskij und andere) allerdings weitaus bedeutendere Werke hinterließen als die Futuristen selbst. Insgesamt hatte der Futurismus einen beachtlichen, zeitweise tiefgreifenden Einfluß auf nahezu alle nachfolgenden europäischen Kunstavantgarden, so auf Dadaismus, Expressionismus, Kubismus, Surrealismus sowie auf den russischen Kubofuturismus und verwandte Strömungen. Politisch endete Marinettis Avantgarde in völliger Unterwerfung unter die faschistische Staatsmacht, und dies vor allem, weil der elitäre Bürgersohn, im Unterschied zu den Faschisten, sich zu keinem Zeitpunkt des Rückhalts der breiten Massen zu versichern wußte. So wurde seine Avantgarde zur Retrogarde und erlag der Gewalt, die sie verherrlicht hatte.

3. Die Autoren der »Ronda« (1919–23)

Die Monatsschrift LA RONDA wurde im April 1919 in Florenz gegründet und erschien vier Jahre lang bis zu einer letzten Sondernummer im Dezember 1923. Im ersten Jahr gehörten zur Redaktion der »Ronda« R. Bacchelli, E. Baldini, B. Barilli, V. Cardarelli, E. Cecchi, L. Montano und E. A. Saffi, womit zugleich alle wichtigen »Rondisti« genannt wären; später wurde die Zeitschrift von Cardarelli und Saffi weitergeführt. Das rein literarisch orientierte Organ, dessen Redakteure sämtlich zuvor »Voce«-Mitarbeiter gewesen waren, verstand sich als Ort der Begegnung für alle Schriftsteller, die der revoluzzernden Avantgarden, der riskanten Experimente und der Einmischung ins Leben überdrüssig, wieder in die vertrauten Bahnen der Tradition und zur Pflege von Form, und Stil zurückkehren wollten. Obwohl der Name »Ronda« ein militärischer Terminus ist (er bedeutet soviel wie »Streife, Wachrunde«), richtete sich die Kritik der Gruppe in erster Linie gegen die militanten Avantgarden und insbesondere gegen den Futurismus; daneben auch gegen einige von der »Voce« propagierte Konzepte wie Wahrheit der Literatur, Bevorzugung des psychologischen Romans (Dostojewskij) als einer besonders »wahren« Gattung, Freiheit des Schriftstellers und anderes mehr. Während die Futuristen in spontanen und gewaltsamen Experimenten die Verschmelzung von Kunst und Leben zu erreichen suchten, predigten die »Rondisti«, jeder Art von Experiment abhold, die strikte Trennung des literarischen Bereichs vom Leben und die Rückkehr zu den großen Themen der Tradition, die formvollendet und mit größter sprachlicher und stilistischer Reinheit abzuhandeln seien. Dies auch in der Absicht, die Literatur damit von psychologisierendem Dilettantismus, sentimentalen Gefühlsergüssen oder intimistischer Kleinmalerei (etwa im Stile

Pascolis und dessen Nachahmer) zu befreien. Die Lyrik hatte für die »Rondisti« ohnehin ausgedient; alle möglichen Erfahrungen auf diesem Gebiet waren für sie ausgeschöpft. Ihr Ideal war die Prosa, aber nicht die Manzonis und der Romantiker, auch nicht die der Naturalisten oder die veristische Vergas und seiner Nachahmer, sondern eine rhythmisch und syntaktisch periodisierte und durchstrukturierte Kunstprosa, die sprachlich wie stilistisch puristischen, traditionsbestimmten Maßstäben zu unterwerfen war. In sprachlicher Hinsicht erschien ihnen, wie vor allem Cardarelli hervorhob, Leopardi mit seinen *Operette morali* als das große Vorbild. Die von den Rondisten geforderte strikte Aussonderung der Kunst aus dem Leben, die der Literatur einen beliebigen Raum selbstgenügsamer Form- und Stilpflege zuwies, gipfelte etwa in einem Satz aus der »Ronda« vom Mai 1919: »Die Kunst ist unabhängig, unnütz, unwirksam und unzerstörbar«. Eine solche puristische Konzeption autarker Kunst mußte zwangsläufig mit der Literaturkritik etwa eines De Sanctis (vgl. S. 541) kollidieren, dem man – auch hier war Cardarelli wortführend – die Einbindung der literarischen Produktion in die gesellschaftlichen und politischen Entwicklungen Italiens sowie eine angeblich zu großzügige Beurteilung der Autoren in sprachlicher Hinsicht ankreidete. Anzumerken bleibt, daß trotz ihres programmatischen Rückzugs aus dem aktuellen Zeitgeschehen die »Ronda«, teils durch Fremdbeiträge, teils durch Einlassungen ihrer Mitarbeiter, sich politisch stärker engagierte als es auf den ersten Blick scheinen konnte: Die meisten Rondisten plädierten gegen die parlamentarische Demokratie und für eine volksnahe Monarchie und bewunderten aus diesem Grund die autoritäre, das Parlament austaktierende Regierungsform Giolittis.

Kunstprosa war also die bevorzugte Domäne der Rondisten. Bedeutend in dieser Hinsicht und zugleich einer der typischsten Schriftsteller der »Ronda« war der Römer ANTONIO BALDINI (1889–1962), der, aus dem Weltkrieg zurückgekehrt, zunächst seine teilweise etwas erbaulich geratenen Kriegserinnerungen *Nostro Purgatorio* (1918) veröffentlichte und dann von 1919 an bei der »Ronda« mitmachte. Baldini brillierte vor allem in der Kunst der humorvollen, in stilistisch anspruchsvoller, oft virtuoser Prosa geschriebenen Kleinporträts, in denen er, meist gütig und um Objektivität bemüht, bisweilen auch mit stechender Ironie, Persönlichkeiten und Künstler seiner Zeit konterfeite (darunter Papini, Simoni, Croce, Ungaretti und andere). Diese zwischen Literatur und Essayistik sich bewegenden Zeitprofile erschienen 1932 in dem Sammelband *Amici allo spiedo* und mit einigen Ergänzungen erneut 1942 unter dem Titel *Buoni incontri di Italia*. Im gleichen Jahr legte Baldini mit *Rugantino* eine Sammlung von zwischen 1915 und 1940 entstandenen Essays und Prosaskizzen vor, die der Betrachtung der Heimatstadt Rom und ihrer Umgebung gewidmet waren. Baldinis Neigung, die Helden seiner Prosa der Welt der italienischen Sprichwörter und Redensarten zu entlehnen, trat besonders in dem Prosaband *Italia di Bonincontro* (1940) hervor, dessen einzelne, meist literarisch getönte Episoden in der Gestalt des »Bonincontro« eine relative Einheit finden. Der bekannteste der Helden Baldinis war indes der ebenso volkstümliche wie hochliterarische »Michelaccio«, halb Picaro, halb Dorftölpel, Protagonist der gleichnamigen, bereits 1924 erschienenen Erzählung, die stilistisch elegant und unterhaltsam in Form eines Volksmärchens von den denkwürdigen, literarischen Begegnungen und Abenteuern Michelaccios in einer zeitenthobenen Phantasiewelt berichtet.

Ein bedeutender Literatur- und Kunstkritiker, der überdies die Gattung des Essays in der Tradition Montaignes und der englischen Essayisten in souveräner Weise fortführte, war der Florentiner EMILIO CECCHI (1884–1966), der zunächst in mehreren Florentiner Zeitschriften, darunter auch in der »Voce« literaturkritische Beiträge schrieb, die in Büchern wie *L'Arte di Rudyard Kipling* (1911), *La Poesia di Giovanni Pascoli* (1911) und *Studi critici* (1912) gesammelt wurden; 1915 veröffentlichte er den ersten Band seiner *Storia della letteratura inglese nel secolo XIX* (der auch der einzige blieb). Die wichtigste, zu seiner Zeit recht bedeutsame literarische »Erfindung« Cecchis aber war der Kurzessay, d. h. knappe, meist auf der »terza pagina« der Zeitschriften abgedruckte Beiträge zum aktuellen Tagesgeschehen, von denen 1920 eine erste Sammlung unter dem Titel *Pesci rossi* erschien. Diese Form der Prosaskizze, die nach der erwähnten Sammlung für geraume Zeit den Namen »pesce rosso« erhielt, wandte sich den verschiedensten gesellschaftlichen Bereichen zu, ging aber fast stets von einem aktuellen Ereignis aus, das dann in vertiefender Betrachtung auf seine Hintergründe oder »Geheimnisse« abgeklopft wurde. Oft sind es bei Cecchi auch Tiere, die ihm Anlaß bieten, über die zeitgenössische Gesellschaft und ihre Absonderlichkeiten zu räsonnieren. In den folgenden Jahren bis zu seinem Tode hat Cecchi eine große Zahl weiterer kritischer Schriften verfaßt, dazu Übersetzungen von Leibniz und Shakespeare. Zu seinen Lebzeiten war er einer der besten italienischen Kenner der englischen Literatur.

Weniger bedeutend und weniger repräsentativ für die »Ronda« war dagegen der exzentrische und reiselustige Bohemien und Weltenbummler BRUNO BARILLI (1880–1952), der sich zwar auch journalistisch engagierte, sich aber vor allem als Musiker, Komponist und Musikkritiker berufen fühlte. Seine lebendige, meist impressionistisch beschreibende, oft im parataktischen Nominalstil verfahrende Prosa entsprach nur teilweise den puristischen Ansprüchen der »Rondisti«.

Zu den Gründern der »Ronda« gehörte auch der vielseitige RICCARDO BACCHELLI (1891–1985), einer der fruchtbarsten und vielseitigsten italienischen Autoren unseres Jahrhunderts, dessen umfangreiches und vielfältiges Prosawerk allerdings weit über die Ära der »Ronda« hinaus bis in die achtziger Jahre reicht. Bacchelli, der sich in allen literarischen Bereichen einschließlich Essayistik, Literatur- Musik- und Theaterkritik, in Übersetzungen, Kommentaren und Reisebeschreibungen versuchte, hatte zunächst der »Voce« nahegestanden und auch deren große Vorbilder (Baudelaire, Rimbaud, die Symbolisten, Whitman, Nietzsche, Bergson, Kierkegaard usw.) bewundert und rezipiert. Bereits 1911 publizierte er einen ersten Roman *Il filo meraviglioso di Ludovico Clò*, dem 1914 *Poemi lirici* folgten. Aus dem Krieg heimgekehrt, gründete er mit anderen die »Ronda« und publizierte darin u. a. die an der Front verfaßten *Memorie del tempo presente* (1919/20). In dieser Zeit identifizierte er sich mit der Programmatik der »Ronda« und deren Forderung, den Schriftstellern ein autarkes Feld der experimentierenden, kombinierenden und stilpflegenden literarischen Produktion – eben das der Kunstprosa – zuzuweisen. Später wurde Bacchelli, der bis zu seinem Tod unermüdlich schrieb, u. a. durch seinen historischen Roman *Il diavolo al Pontelungo* (1927) bekannt, die tragikomische Darstellung eines anarchistischen Umsturzversuchs in seiner Heimatstadt Bologna im Jahre 1874, und dann vor allem durch seine Romantrilogie *Il mulino del Po* (1938–40), die episch angelegte, von 1812 bis 1918 spielende Familienchronik einer Dynastie von Müllersleuten, die unangefochten als Hauptwerk Bacchellis gilt und auch durch Film und Fernsehen berühmt wurde.

III. PIRANDELLO UND DIE ENTWICKLUNG DES ITALIENISCHEN THEATERS

1. *Luigi Pirandello: Lyrik, Essays und Prosa*

Die magische und unergründliche Gestalt des LUIGI PIRANDELLO (1867–1936), des großen Erschütterers individueller, gesellschaftlicher und kultureller Gewißheiten, stellt literarisch für Italien die wohl bedeutsamste Verbindung zwischen dem 19. und dem 20. Jahrhundert, zugleich aber auch den bedeutendsten, bis in unsere Gegenwart hinein nachwirkenden Innovationsschub dar. Pirandellos Lebenszeit, die sich zu fast gleichen Teilen über das 19. und 20. Jahrhundert erstreckt, reicht politisch von der Spätphase des Risorgimento und der nationalen Einigung über die Spannungen und Desillusionen des neuen Nationalstaats, über anarchistische und antiparlamentarische Bewegungen, über den entstehenden und dann an die Macht gelangenden Faschismus bis an den Vorabend des Zweiten Weltkriegs. Literarisch reichen seine Erfahrungen von Spätsymbolismus und Dekadenz über die letzten Regungen des sich auflösenden Verismus, über die Gruppierungen und Programme der Jahrhundertwende und die nachfolgenden Avantgarden hinweg bis hin zu den existenzialistischen Themen der sogenannten Moderne. Während der »erste« Pirandello nach lyrischen Anfängen sich überwiegend in Essays und erzählender Prosa artikulierte, durchbricht der zu luzidem kritischen Bewußtsein gelangte Künstler in seiner um 1916 einsetzenden »zweiten« Phase die relative Abgeschiedenheit und gesellschaftliche Isolierung des Buchautors, um nun als Bühnenautor, Regisseur, Schauspieler und Theaterdirektor mit einer alles Bisherige überbietenden, durch wachsenden, zuletzt weltweiten Erfolg anerkannten Theaterkunst in direkten Kontakt mit dem Publikum zu treten. Seine auf dem dialektischen Grundgedanken des »umorismo« und in dem Gefühl eines unausweichlichen Gespaltenseins gründende, auf kompromißloses Erkennen und Durchdringen der individuellen, familiären und gesellschaftlichen Bedingungen des Lebens gerichtete, 1934 durch den Nobelpreis gekrönte Kunst führte nach vielen, rasch (und außerhalb der sogenannten Avantgarden) durchlaufenen Etappen erzählerischen und dramaturgischen Experimentierens zu einer beunruhigenden Reduktion des Menschen auf einen gesellschaftlichen und kulturellen Nullpunkt, die in wesentlichen Zügen und Motiven bereits die literarische Epoche der zweiten Nachkriegszeit vorwegnahm.

Der in einer ländlichen, »Caos« genannten Gegend in der Nähe von Girgenti (dem heutigen Agrigento) als Sohn patriotisch gesonnener Eltern geborene Luigi begann nach dem Schulbesuch in Girgenti und Palermo 1880 an der dortigen Universität Jura und Literatur zu studieren. Schon in dieser Zeit schrieb er zum Teil von Linuccia, seiner ersten großen Liebe und späteren Verlobten, inspirierte Gedichte und, im Alter von siebzehn Jahren, die Novelle *La capannetta*. 1887 geht er nach Rom, um dort sein Studium fortzusetzen. 1889 publiziert er den Gedichtband *Mal giocondo* und begibt sich noch im gleichen Jahr nach Bonn, wo er u. a. bei G. I. Ascoli Romanistik studiert. 1891 promoviert er mit einer Dissertation über *Laute und Lautentwicklung der Mundart von Girgenti*. 1891 erscheint eine weitere Gedichtsammlung, *Pasqua di Gea;* im folgenden Jahr kehrt er nach Rom zurück. Er heiratet 1894 Maria Antonietta Portulano, die Tochter eines Geschäftspartners des Vaters, die ihm drei Kinder, Stefano, Lietta und

677

Fausto, schenkt (Stefano wird später unter dem Pseudonym Stefano Laudi als Komödienschreiber und Erzähler, Fausto als Maler hervortreten). 1895 veröffentlicht er seine 1889/90 in Bonn geschriebenen *Elegie renane*, 1896 erscheint seine Übersetzung der *Römischen Elegien* Goethes (*Wolfgang von Goethe: Elegie romane*). 1897 lehrt er am Römischen »Istituto superiore di Magistero« – eine Beschäftigung, die er wider Willen beibehalten muß, da die Familie 1903 durch den Einsturz der von ihr finanzierten Schwefelminen in schwere wirtschaftliche Bedrängnis gerät. Das Jahr 1901 beschließt eine erste Etappe der künstlerischen Laufbahn Pirandellos, der jetzt mit dem Gedichtband *Zampogna* seine frühen lyrischen Versuche beendet und zugleich mit dem Erscheinen von *L'esclusa* (und im folgenden Jahr von *Il turno*) die Reihe seiner Romane eröffnet.

Die frühe Lyrik Pirandellos trägt weithin den Charakter einer ersten literarischen Stilübung und bleibt, selbst wenn man den späteren Band der *Fiori di chiave* (1912) hinzunimmt, neben dem erzählerischen und dramaturgischen Werk einfach unbedeutend. In *Mal giocondo* zeigt sich vor allem der Einfluß Carduccis, der für den jungen Pirandello der wichtigste sprachliche und metrische Lehrmeister war; daneben derjenige Leopardis, dessen pessimistische Themen von der Nichtigkeit und der »noia« des Lebens Pirandello aufgreift. Nicht zuletzt war es, neben weiteren Lyrikern des 19. Jahrhunderts, der Spätromantiker Arturo Graf, dessen Lektüre Themen und Stimmungen zu diesem insgesamt inkohärenten Band beisteuerte. Auch *Pasqua di Gea* trägt noch, trotz gewisser Fortschritte, den Charakter einer Stilübung und belegt erneut den Einfluß Leopardis; *Zampogna* entwickelt das Motiv der Natur als Gegenwelt der Zivilisation und das der Tierwelt als Paradigma der menschlich-gesellschaftlichen Welt, beides Motive, die im Werk Pirandellos eine ungewöhnliche Entfaltung finden werden. In den späten *Fuori di chiave* sind dann – neben deutlichen sprachlich-stilistischen Fortschritten – bereits viele der Themen und Motive enthalten (darunter auch das Motiv der Rollenverdopplung bzw. der Bewußtseinsspaltung), die später in den erzählerischen oder dramaturgischen Werken ihre vollkommene und unvergeßliche Gestaltung finden werden.

Zu den frühen Prosaversuchen Pirandellos gehören die zwei Romane *L'esclusa* und *Il turno*. Der erstere, 1901 als Fortsetzungsroman in der römischen »Tribuna« und 1908 als Buch veröffentlicht, zeigt in der zentralen Stellung der Heldin, in der schicksalhaften Zwangsläufigkeit der negativen, streng kausal hergeleiteten Handlungsfolge sowie in aufmerksam beschriebenen Ambienti den Einfluß veristischer Prosa und insbesondere der Romane Luigi Capuanas (dem das Werk auch gewidmet ist), kündet jedoch mit seiner kontrast- und dissonanzreichen, unausgewogenen Handlung,

678

seinen ironischen und teilweise grotesken Personenporträts und seinem merkwürdigen, fast paradoxen Schluß gänzlich andere Zielsetzungen an als die einer veristischen Dokumentation. Marta Ajala, die passive, schwankende, psychologisch unscharf gezeichnete Heldin (nach der die Erstfassung des Romans betitelt war) führt einen platonischen Briefwechsel mit dem angehenden Abgeordneten Gregorio Alvignani und wird aus diesem Grund, das heißt grundlos, von Ehemann, Vater und der Verwandtschaft verdächtigt, ihre Ehe gebrochen zu haben. Vom Ehemann aus dem Haus gejagt, flüchtet sie vor dem Klatsch der Leute schließlich nach Palermo, wo sie als Lehrerin arbeitet. Dort begegnet sie dem inzwischen zum Abgeordneten avancierten Avignani und vollzieht mit diesem den Ehebruch, den man ihr zuvor unterstellt hatte. Die nunmehr – zumindest nach gängigem gesellschaftlichen Vorurteil – wirklich Schuldige wird von dem Ehemann wieder aufgenommen, der sich mit ihr am Sterbebett ihrer Mutter, die ein ähnliches Erlebnis hatte wie die Tochter, aussöhnt. Im Mittelpunkt des unorganischen und dissonanten Werks steht somit weniger die Heldin als vielmehr deren Konfrontation mit der Gesellschaft, mit dem Hauptmotiv der Entwicklung Martas zu einer Persönlichkeit, die schließlich, wie viele spätere Helden Pirandellos, sich dadurch in ihre Umwelt integriert, daß sie diese mehr oder weniger ignoriert.

Ähnlich wie die Geschichte der »ausgeschlossenen«, als Sache behandelten Frau experimentiert auch der folgende, 1895 zusammen mit der Novelle *Lontano* geschriebene und 1902 veröffentlichte Roman *Il turno*, der eigentlich als längere Erzählung in die Novellistik des Autors einzuordnen wäre, nochmals mit veristischen Darstellungsmustern, die jedoch vor allem durch das starke Hervortreten der Dialogszenen auf Kosten der beschreibenden Passagen durchbrochen werden. Die wiederum in Sizilien spielende Handlung thematisiert erneut die Ehe als fragwürdige gesellschaftliche Einrichtung: Die junge Stellina heiratet einen steinreichen Alten, um dessen Vermögen zu ergattern und dann den wartenden Liebhaber Pepè zu heiraten. Doch der kerngesunde Alte will und will nicht sterben, statt dessen stirbt (nach Annullierung der ersten Ehe) noch ein zweiter Ehemann der Stellina, und so führt ein ausgeklügelter, wechselvoller Handlungsverlauf, der dem Zufall die beherrschende Rolle einräumt, zu einer ironischen Umkehr aller Erwartungen und zu dem Ergebnis, daß der wartende Pepè lange Zeit nicht und dann erst ganz am Schluß an die »Reihe« kommt (der Titel bedeutet soviel wie »Turnus, Reihenfolge«). Das unberechenbare Spiel des Lebens denunziert und parodiert auf diese Weise bürgerliches Besitzdenken ebenso wie die Fragwürdigkeit der Ehe als einer Grundform gesellschaftlichen Lebens.

Zentrale Motive und Haltungen Pirandellos werden exemplarisch vorgeführt in einem weiteren Roman, mit dem der immer noch junge Autor einen entscheidenden ideologischen und künstlerisch-stilistischen Entwicklungsschritt vollzieht. Der unterbrochene oder gestörte Bezug zum Vater als dem Erzeuger, der finanzielle Ruin, die Zerbrechlichkeit bzw. Beliebigkeit der Ehe, das Unvermögen zu zeugen oder die mangelnde Lebensfähigkeit des gezeugten Kindes, die Problematik des Sehens, des Auges und der Optik und viele weitere Motive dieses Romans werden später immer wieder als Leitmotive bzw. Mosaiksteine seiner künstlerischen Aussage Anwendung finden. Deutlicher als in allen früheren Werken bricht hier seine Tendenz durch, den allgemeinen, normalen und gewohnten Lebensbezügen mit einem »sentimento del contrario« entgegenzutreten, sie mit dem Instrument einer bohrenden, oft abgründigen Seelenanalyse zu durchdringen, sie umzukehren und in Frage zu stellen. *Il fu Mattia Pascal*, 1904 in einer für den Dichter auch materiell schwierigen Zeit zuerst als Zeitschriftenroman, dann als Buch veröffentlicht, ist derjenige Roman, der am radikalsten mit der Erzähltechnik des Verismus bricht, ja sie in gewisser Weise parodiert. Hinter einer Fassade vordergründig objektiver Personen- und Milieubeschreibungen verbergen sich aufregende, weil den Leser verunsichernde Grundstrukturen, die diesen Roman weniger der realistischen als vielmehr der phantastischen Literatur zuzuweisen scheinen und die zugleich die Ideologie des »umorismo« romanhaft umsetzen. Der im Mittelpunkt stehende Held, ein Opfertyp, verdoppelt nicht nur, sondern verdreifacht gar seine Persönlichkeit; der normale, lineare und chronologische Ablauf der Handlung wird in teils kontrapunktische, teils stagnierende, teils parallele bzw. repetierende Phasen zerlegt, die durch zufällige und ungewöhnliche, an die übernatürlichen Szenen des phantastischen Romans erinnernde Ereignisse eingeleitet und bedingt werden (in seinem Essay *L'umorismo* zitiert Pirandello eine Anzahl phantastischer Romane, neben solchen von Poe, Dostojewskij und Zola auch den *Peter Schlemihl* von A. von Chamisso und die *Prinzessin Brambilla* von E. T. A. Hoffmann). Der alle Gewißheiten, auch die der Person, in Frage stellende und damit zugleich positivistischen Determinismus parodierende Roman beginnt mit der berühmt gewordenen Feststellung der einzigen Gewißheit des Helden: »Eines der wenigen Dinge, ja vielleicht das einzige, das ich mit Sicherheit wußte, war dieses: daß ich Mattia Pascal hieß.« Mattia, nach dem frühen Tod des Vaters in einer rasch verarmenden, weil von einem Wirtschaftsverwalter hintergangenen Familie an einem beliebigen kleinen Ort Liguriens aufgewachsen (dahinter verbirgt sich jedoch eher das sizilianische Ambiente der Heimat Pirandellos), findet sich eines Tages in einer Ehe mit der

680

jungen Romilda Pescatore wieder, die ihm eine Tochter schenkt, die jedoch nach dem wirtschaftlichen Ruin, den auch er erleidet, alsbald stirbt. Nur mühsam hält er sich als kläglich bezahlter Bibliothekar über Wasser, ständig gequält von seiner eintönigen und aussichtslosen Lebenssituation und einer unerträglichen Schwiegermutter. Verzweifelt und erschöpft flieht er eines Tages mit dem Zug Richtung Marseille, steigt jedoch, einer zufälligen Eingebung folgend, bereits in Montecarlo aus und gewinnt, durch glücklichen Zufall, im dortigen Casino eine beträchtliche Summe Geld. Wieder auf dem Heimweg, liest Mattia per Zufall die Zeitungsnotiz von seinem Selbstmord: Eine in der Nähe seines Wohnorts aufgefundene Leiche wurde von seiner Frau und der Schwiegermutter als Mattia Pascal identifiziert. Hier beginnt der zweite Teil der Romanhandlung. Nach nur kurzer Entrüstung genießt Mattia in vollen Zügen die neue Freiheit und führt eine Zeitlang unter dem Namen Adriano Meis in Rom ein freies und ungebundenes Leben, ohne jedoch dieses mit den üblichen Dokumenten legalisieren zu können. Dies wird ihm schmerzlich bewußt, als er die junge Adriana, ein weibliches Ebenbild seiner selbst, heiraten möchte: Er muß feststellen, daß er kein neues Leben führen kann, sondern zu einer Schattenexistenz verurteilt ist. Hier beginnt der dritte Teil der Handlung. Erneut verzweifelt, beschließt Adriano, den Zufall seiner vermeintlichen Selbsttötung nachzuahmen und einen Selbstmord zu simulieren. Damit realisiert er die Doppelung des Doppelgängers, sozusagen die dritte Persönlichkeitsstufe des Protagonisten: nach der Doppelung Mattia Pascals in Adriano Meis nun dessen Doppelung in der Reinkarnation des Ersteren. Unter seinem alten Namen Mattia Pascal kehrt er, voller Sehnsucht nach einem erfüllten Leben, in seine Heimat zurück, um wieder in seine alte Existenz hineinzuschlüpfen. Mit Erbitterung stellt er fest, daß dies nicht möglich ist: Das Leben ist inzwischen weitergegangen, seine Frau hat seinen einzigen Freund Pomino geheiratet und von diesem ein Kind, und für alle ist Mattia ein Fremder geworden. So bleibt ihm nichts anderes übrig, als sich zurückzuziehen und, aus überlegener und »humoristischer« Perspektive, die Memoiren seines denkwürdigen Lebens zu schreiben, gleichsam außerhalb des Lebens stehend und nur noch als Künstler existierend.

Die phantastische Geschichte eines Lebensuntüchtigen, eines Mannes ohne Eigenschaften, ganz aus dem »Gefühl des Konträren« heraus geschrieben, stellt sich als eine systematische Zerstörung aller gewohnten und akzeptierten Lebensbezüge dar, die in der Auflösung der traditionell fraglos vorausgesetzten Einheit der Person ihren sinnfälligsten Ausdruck findet. Der Roman entwickelt darüber hinaus eine Anzahl von philosophischen und insbesondere erkenntnistheoretischen Motiven. Dazu gehört auch die merkwürdige Philosophie des »lanternino« aus dem Munde des Theosophen und Spiritisten Anselmo Paleari, auf die Pirandello später des öfteren zurückkommt: Im Unterschied zu den anderen Kreaturen hat der Mensch »das traurige Privileg«, ein Lichtlein in sich zu tragen, das ihn Gut und Böse erkennen läßt, den Lichtkreis um sich herum, aber auch die dunklen, drohenden Schatten dahinter. Die erkenntnistheoretischen Reflexionen des jungen Pirandello haben später in dem Essay *L'umorismo* (1908) ihren systematischsten Ausdruck gefunden, einer Studie über Humor und Komik in der Literatur, die anläßlich seiner Bewerbung um eine Professur am Magistero von Rom entstand. Der erste Teil erörtert Definitionen und historische Beispiele komischer Kunst, der zweite Teil, Erkenntnistheorie und Poetik zugleich, behandelt die persönliche, auf eklektischer Verschmelzung unterschiedlichster Elemente aus Positivismus, Idealismus und der Ästhetik Croces aufbauende Konzeption des »umorismo« (die u. a. durch zwei frühere Studien über Cecco Angiolieri vorbereitet worden war). Danach gründet die selten anzutreffende, doch zeitlose humoristische Kunst auf einer besonderen reflexiven Veranlagung des Künstlers. Während die Komik auf der Wahrnehmung eines Kontrastes beruhe, rufe die Reflexion über diesen Gegensatz das Gefühl des Gegensätzlichen, »il sentimento del contrario«, hervor. Eben dies aber sei der Unterschied zwischen dem Komischen und dem Humoristischen. So wirke der Anblick einer jugendlich geschminkten und gekleideten alten Dame komisch, weil man den Kontrast zwischen ihrer Aufmachung und ihrem Alter bemerke; träte jedoch die Reflexion hinzu mit dem Gedanken, daß die alte Dame dies alles vielleicht wohlüberlegt tue, um sich die Liebe ihres jüngeren Gatten zu erhalten, dann entstünde das »Gefühl des Gegensätzlichen«, das die Grundlage des »umorismo« darstelle. Diese vielfach unklare, mancherlei Fragen aufwerfende Darlegung darf nicht als philosophisch-ästhetischer Traktat, sondern nur als persönliche Theorie und als Poetik Pirandellos gelesen werden; als Analyseinstrument für die Interpretation seiner Werke ist diese Schrift indes von unbestreitbarem Nutzen. Der »umorismo« ist offensichtlich eine auf einer besonderen Wahrnehmung und Reflexivität beruhende Haltung, die sich in einer spezifischen Form des künstlerischen Ausdrucks konkretisiert, die in der Spannung ständiger Grenzüberschreitungen, einem dramatischen Wechsel zwischen Schein und Sein, zwischen Fassade und Wesen, zwischen Maske und Gesicht ihr eindringliches darstellerisches Profil gewinnt. In der Perspektive dieses »umorismo« vollzogen Pirandellos Prosa und Theater nach und nach eine revolutionäre, an die kubistische Auflösung der Gegenständlichkeit erinnernde Zerstörung und Deregulierung der gesamten erfahrbaren Welt. Gegen die Theorie des »umorismo«

polemisierte Croce, der das darin enthaltene reflexive Element des künstlerischen Schaffensakts nicht akzeptierte; der Dichter reagierte darauf in den neun Essays des Bandes *Arte e scienza* (1908) und vor allem im Vorwort der zweiten Auflage von *L'umorismo* (1920).

Lange Zeit, zumindest bis zu seinen internationalen Theatererfolgen der zwanziger Jahre, galt Pirandello vor allem als Novellendichter. In der Tat hat er von den neunziger Jahren bis zu seinem Tod Novellen in großer Zahl geschrieben, von dem ersten Novellenband *Amori senza amore* (1894) bis zu der postumen Sammlung *Una giornata* (1937). 1922 faßte der Dichter den Plan, die schon damals zahlreich vorliegenden Novellen und die noch zu schreibenden in einem Gesamtwerk zu vereinen, das 24 Bücher mit je 15 Novellen enthalten sollte, also eine Novelle für jeden Tag des Jahres: die *Novelle per un anno.* Nur 15 Bücher dieses Werkes wurden aufgelegt; 1937 erschien eine neue Ausgabe, deren erster Band die Bücher 1–8 und deren zweiter die Bücher 9–15 der früheren Planung enthielt, dazu einen Anhang von weiteren 25 Novellen. Nach und nach entstand so ein ungeheures Kompendium von Erzählungen, eine Art »Comédie humaine«, ein imponierendes Gesamtgemälde des gesellschaftlichen Lebens jener Jahre. Für den Dichter war es darüber hinaus ein erzählerisches Tagebuch seiner Ideen, Eindrücke und Beobachtungen und vor allem ein höchst nützlicher Vorrat an Stoffen, Themen, Motiven, an denkwürdigen Fällen und ungewöhnlichen Gestalten, aus dem er immer wieder für sein Theater und seine Romane schöpfte. So werden die Novellen *La giara* und *Lumìe di Sicilia* umgestaltet zu gleichnamigen Komödien, die Novellen *Tirocinio, La verità,* und *Non è una cosa seria* dienen als Vorlage für die Theaterstücke *Il piacere dell'onestà, Il berretto a sonagli* und *Ma non è una cosa seria,* die Novelle *Quand'ero matto* präfiguriert wesentliche Züge des Romans *Uno, nessuno e centomila,* usw. Alle Novellen, Romane und Essays sind untereinander durch thematische Entsprechungen und Ideenfiliationen verbunden. Viele der Novellen tragen paradigmatische Titel, die wichtige Blickrichtungen des Autors erkennen lassen, wie z.B. *La verità, La maschera dimenticata, Pena di vivere così, La realtà del sogno* und andere. In ihren inhaltlichen und ideologischen Strukturen reicht der Reigen der Erzähltexte von frühen veristischen Schilderungen meist ländlich-sizilianischer Charaktere und Ambienti über eine in den folgenden Jahren immer stärkere Zergliederung der vertrauten Welt aus der Perspektive des »umorismo« bis hin zu den späteren psychoanalytischen Themen des Traums und des Unbewußten und den existenzialistischen Motiven der monologisierenden Innenschau, der gesellschaftlichen Verfremdung und der Identitätsproblematik des Individuums.

Beispielhaft für die frühe darstellerische Etappe ist etwa die Novelle *La giara* (1909), die vor dem noch veristisch gesehenen Hintergrund der sizilianischen Provinz einen durch ein zufälliges Ereignis herbeigeführten Zusammenprall zweier bäuerlicher Charaktere gestaltet: Der große neue Ölkrug des geizigen Don Lolò fällt in zwei Hälften auseinander; so ruft dieser Zí Dima zu Hilfe, der mit einem besonderen Leim den Krug wieder reparieren soll. Zí Dima verleimt die zusammengefügten Hälften des Krugs, vergißt jedoch, rechtzeitig herauszusteigen, so daß er als Gefangener im Krug zurückbleibt. In kunstvoll gesteigerter Spannung inszeniert die kurze Erzählung eine ausgesprochen dramatische und darum auch bühnenwirksame Handlung, die beide Charaktere und ihre Verformungen im Streit offenlegt und die zielstrebig auf den halb komischen, halb unheimlichen Höhepunkt hinführt: In einem extremen Wutanfall versetzt Don Lolò dem Krug einen Stoß, der daraufhin davonrollt und an einem Olivenbaum zerschellt.

Viele Novellen Pirandellos haben ein inneres dramatisches Gefüge und bieten sich in ihrem szenisch-dialogischen Aufbau als bühnenwirksame Theatervorlagen an. Erst die Novellen der monologisierenden und introspektiven Spätphase verlieren diese szenische Struktur. Beispielhaft dafür ist etwa die (1937 im »Corriere della Sera« erschienene) Titelnovelle der postumen Sammlung *Una giornata*: Ein wohlsituierter Mann in reifen Jahren steigt schlaftrunken aus dem Zug und erfährt dann, an dem Ort seiner bisherigen Existenz, das Gefühl einer lähmenden, totalen Entfremdung von allem, was bis dahin zu seinem Leben gehörte, einer Entfremdung, die schließlich im Zweifel an der eigenen Existenz gipfelt: »Schon zu Ende – mein Leben?«, lautet seine betroffene Frage. Bisweilen konkretisiert sich die abgründige, Grenzüberschreitungen zwanghaft unterworfene Phantasie des Autors in surrealistisch-dämonischen Skizzen wie z. B. in der Novelle *Soffio*: Erschüttert und zunächst ungläubig entdeckt das erzählende Ich eines Tages seine übernatürliche Fähigkeit, mit einem Hauch (»soffio«) seines Atems jede beliebige Person töten zu können, verbreitet sodann mit dem Versuch, sich Gewißheit zu verschaffen, in seiner Stadt Furcht und Schrecken, tötet in einer Nacht Hunderte von Personen, um schließlich, nach Tagen extremen, seine Persönlichkeit sprengenden Deliriums und extremer Isolierung von allem Lebendigen, eine merkwürdige Ruhe zu finden. Fast immer ist es in den Novellen ein ungewöhnliches, plötzliches Ereignis oder Erlebnis, das die vertraute Alltagswelt verändert, das Bewußtsein des Opfers bzw. Helden modifiziert und ihn in zunehmende Entfremdung und Isolierung drängt mit der Folge, daß die anfangs scheinbar harmonische Welt und die scheinbar normale Persönlichkeit des Helden in »humoristischer« Perspektive mit wenigen raschen Erzählschritten zersetzt und schließlich in ihr disharmonisches, aber der Wahrheit näher kommendes Gegenteil verkehrt werden.

Die Reihe seiner Romane hat Pirandello zunächst mit *Suo marito* (1911) und *I vecchi e i giovani* (1909/1913) fortgesetzt. Nach dem inhaltlich-ideologischen und darstellungstechnischen Höhepunkt des *Mattia Pascal* hinterlassen beide Romane keinen starken Eindruck und wirken eher rückschrittlich, indem sie u. a. wieder veristische Schemata verwenden. Beide, ungefähr gleichzeitig entstanden, haben als Schauplatz das postunitäre, intrigante und korrupte Rom um die Jahrhundertwende; beide sind in auffallender Weise bipolar aufgebaut. *Suo marito* ist praktisch ein doppelter Roman. Er entrollt einerseits die Geschichte von Giustino Roncella, dem unbedeutenden Ehemann der erfolgreichen Schriftstellerin Silvia Roncella, der, eine Schattenexistenz und ein wahrer »Mann ohne Eigenschaften«, als Gehilfe und Faktotum die literarische Karriere seiner Frau begleitet, die ihn dann, nach dem Tod des gemeinsamen Kindes (ein weiteres Leitmotiv Pirandellos) verläßt. Dem wird die Geschichte der mäßig begabten, aber ehrgeizigen Schriftstellerin gegenübergestellt, die durch Beziehungen, Salonstrategien und Skandale die Aufmerksamkeit auf sich und ihre Werke zu lenken sucht. Auch sie ist in der Perspektive des »umorismo« gesehen und vielleicht sogar die eigentliche tragische Gestalt, da die in der Scheinwelt der Pseudoliteraten und Pseudointellektuellen erkämpften Erfolge ihre Existenz als Frau zerstören.

Ein historischer und politischer Roman ist demgegenüber *I vecchi e i giovani* (1909 in der »Rassegna contemporanea« als Fortsetzungsroman, 1913 als Buch erschienen), der die politischen Verhältnisse nach der Jahrhundertwende (und damit auch den imperialistisch getönten Optimismus der Ära Giolitti, in der er geschrieben wurde) kritisch in Frage stellt, obwohl seine Handlung auf das Jahr 1893, in die Zeit der Aufstände der ersten »Fasci Siciliani« (und damit in die Ära Crispi) zurückdatiert wurde. Der erste Teil des Romans würdigt die älteren Generationen, die in aufrechter, patriotischer und heroischer Gesinnung die Einheit Italiens erkämpften (und für die, gemäß seiner patriotischen Erziehung, auch das Herz des Autors schlägt). Die glorreiche Vergangenheit des Risorgimento wird durch positive Helden verkörpert, allen voran durch die heroische Gestalt des Garibaldinen Mauro Mortara, dessen tragischer Tod den Roman abschließt. Dem stellt der zweite Teil den politischen und moralischen Niedergang nach der Einigung gegenüber, und insbesondere die Verhältnisse in Rom als einem Zentrum des politischen Chaos und der Korruption. Das Ganze wiederum verkörpert in einer Reihe von Gestalten, die nunmehr negative Züge tragen. Mit seinen fast überscharfen Kontrastierungen entfaltet der Roman neben der Kritik an der politischen Entwicklung des vereinten Italiens zugleich das Bekenntnis des Dichters zu den (ein wenig vagen, weil mythisch-verklärten) Idealen und Motivationen der untergegangenen Ära des Risorgimento.

Ein höchst denkwürdiger Roman und zugleich ein flammender Protest gegen die gerade in Mode gekommene futuristische Ideologie, gegen Maschinengläubigkeit und die Entfremdung des Einzelnen in der Industriegesellschaft und insbesondere in den industrialisierten Städten ist das in der Ichform erzählende und in einzelne »Hefte« gegliederte Tagebuch eines weiteren Mannes ohne Eigenschaften, die *Quaderni di Serafino Gubbio operatore*, die 1915 als Fortsetzungsroman und ein Jahr später als Buch jeweils unter dem Titel *Si gira...*, dann 1925 stark überarbeitet unter dem endgültigen Titel erschienen. Serafino ist ein Filmvorführer, genannt *Si gira* (*Man dreht*), weil er mit den Drehungen seiner Handkurbel Filme vorführt und dabei nach und nach zu einem Teil der Maschine wird: »Aber meine Seele, die nützt mir nichts dabei; was nützlich ist, ist meine Hand, nützlich für die Maschine...«. Die Polemik gegen die moderne Industriestadt und ihre vielseitigen Verfremdungen konkretisiert sich vor allem in den Beschreibungen des »Kosmograph«, einer römischen Filmproduktionsstätte, die mit ihren Maschinen, Kameras und technischem Gerät, mit dem hektischen Wirbel von Regisseuren, Schauspielern, Filmbossen und Komparsen, mit ihrer seriellen Produktion künstlicher und nichtauthentischer Abenteuer, mit der Vermarktung von Sex und Erotik und nicht zuletzt mit den internen Kämpfen und Intrigen aller Mitarbeiter zu einem traumatischen Abbild der Industriestadt wird, einem symbolhaften Mikrokosmos industrieller Entfremdung. Dem wird als eine Art Gegenwelt das mit seinen beklemmenden Stimmungen und seinen Szenen aus dem gesellschaftlichen Untergrund an Kafka und Dostojewskij erinnernde römische Armenasyl entgegengesetzt, in dem Serafino für einige Zeit unterkommt: die häßliche Kehrseite und Unterseite des städtischen Lebens, wo Künstlichkeit, falscher Glanz und Entfremdung keinen Platz haben, wo sich Menschliches und Allzumenschliches eng und unverhüllt, in beklemmender Nacktheit und Armut, offenbaren. Serafinos nüchterner, doch bisweilen von aggressiven Leserapostrophen durchbrochener Bericht gipfelt in einer reißerischen, romanhaften Schlußszene, in der die Scheinwelt des Filmstudios jäh in grausige Realität umschlägt: Serafino, inzwischen Kameramann im »Kosmograph«, filmt eine nachgestellte Jagdszene im indischen Dschungel, als plötzlich der Schauspieler Aldo Nuti aus Eifersucht statt des Tigers die schöne Schauspielerin Varia Nestoroff (eine Art Sexsymbol des Romans)

686

erschießt und darauf seinerseits von dem aufgeschreckten Tiger zerfleischt wird. Obwohl zutiefst geschockt, filmt Serafino die gesamte Szene, verliert dabei jedoch für immer die Sprache, so daß er sich nur noch schriftlich, nämlich mit seinen Tagebüchern, an der Maschinenwelt rächen kann. Die Polemik gegen die Maschine verbindet sich auf diese Weise immer wieder mit der gegen den Film (d. h. den Stummfilm jener Zeit), der dem Autor zufolge im Unterschied zum Theater Wirklichkeit lediglich unschöpferisch, weil durch Maschinen (Aufnahme- und Wiedergabekamera) reproduziere und eine nur abbildliche, nichtauthentische und verfremdete Welt dem Publikum vorführe. Dem stellt Pirandello das Theater gegenüber, auf dessen Bühne lebende Schauspieler echtes Leben in größter Unmittelbarkeit zur Darstellung bringen; und in der Tat hat sich der Dichter nach 1916 entschieden der Bühne als seiner eigentlichen Kunstform zugewandt.

Für Vitangelo Moscarda, den Protagonisten von *Uno, nessuno e centomila* (*Einer, keiner und Hunderttausend*), Pirandellos letztem Roman, der 1926 zunächst als Fortsetzungsroman, dann als Buch erschien, beginnt wie für die meisten Romanhelden Pirandellos alles mit einem zufälligen und futilen Ereignis. Eines Tages sagt ihm seine Frau Dida im Scherz, daß seine Nase sich ein wenig nach rechts neige. Mit dieser banalen Bemerkung beginnt für den Helden ein Leidensweg, der ihn durch alle Höllen des Zweifels und der Entfremdung hindurch bis zu seiner völligen Eliminierung aus der Gesellschaft und zur Selbstauflösung seiner Persönlichkeit führt. Es ist ein Roman, der in der Form eines bohrenden, nur noch von Scheindialogen unterbrochenen Monologs noch einmal alle bis dahin in Prosa und Theater entwickelten Motive Pirandellos in extremer und kompromißloser Steigerung vorführt und damit eine Summe der bis dahin erreichten künstlerischen und ideologischen Entwicklung des Künstlers darstellt. Weniger Roman als vielmehr Manifest einer anarchischen und rebellierenden Ideologie, variiert das Werk erneut die großen Themen Pirandellos, angefangen vom Selbstzweifel eines sich im Spiegel betrachtenden Ichs über dessen zunehmende Entfremdung von der Gesellschaft und von sich selbst, über die Spielarten der Verweigerung gegenüber Herkunft, Vater, Familie, Beruf, Sexualität, Zeugung und Leben, die verschiedenen Stufen der bewußtseinsmäßigen Verdoppelung und Vervielfältigung der eigenen Person bis hin zur völligen Auflösung der Identität in einem konturlos und namenlos monologisierenden Ich. Schon bald nach der scherzhaften Bemerkung seiner Frau gelangt der grübelnde Protagonist zu so zersetzenden Schlußfolgerungen wie diesen, »daß ich für andere nicht der gewesen war, der ich bisher für mich zu sein glaubte;... daß ich, da ich mich nicht leben sehen konnte, mir selbst fremd blieb als einer, den die anderen, ein jeder auf seine

Weise, sehen und erkennen konnten, aber ich nicht;... daß dieser mein Körper, so wie ich ihn empfand, von Augenblick zu Augenblick so sein konnte, wie es meinem jeweiligen Willen und Gefühl entsprach, und daß ebenso jeder beliebige andere ihm eine Realität nach seinem Geschmack zuordnen konnte...«. So ist Vitangelo (von seiner Frau »Gengè« genannt) zwar irgendwie »einer«, aber in seinen Augen »keiner«, und in den Augen der anderen vervielfältigt er sich zu »Hunderttausenden«. Diese erkenntniskritischen, Identität und Existenz in Frage stellenden Bewußtseinsschritte werden in einer beklemmenden Klimax dargestellt, indem das in acht kleine »Bücher« (mit jeweils mehreren kleinen Kapiteln) eingeteilte, mit hartnäckigem, rebellischem Elan voranschreitende Werk zunehmend die wenigen eingangs gegebenen Konkretisierungen (der Bankier Moscarda, seine Ehe und Familie, der Vater und dessen Bank, usw.) dem Leser entzieht und ihn mit Ungewißheiten konfrontiert. Selbst die letzte Gewißheit, derer sich Mattia Pascal noch erfreuen durfte, nämlich die des eigenen Namens, ist für »Gengè« unwiederbringlich dahin: »Kein Name. Keine Erinnerung heute an den Namen von gestern; keine Erinnerung morgen an den Namen von heute.« Das verbleibende inkonsistente, sich in einer sprechenden Stimme artikulierende Ich kann nur von Augenblick zu Augenblick, und nur außerhalb seiner Selbst existieren: »Nur so kann ich jetzt noch leben: von Augenblick zu Augenblick wiedergeboren werden«, und: »ich sterbe in jedem Augenblick und erstehe wieder neu und ohne Erinnerung, nicht mehr in mir, sondern in jedem Ding außerhalb von mir.« In dieser Selbstentäußerung vollzieht sich ein letzter dramatischer Schritt dieses Psychoprotokolls, das am Ende keinen Schluß kennt (»Non conclude«), wohl aber eine Projektion auf die Zukunft entwickelt: Daß der moderne Held (und mit ihm der moderne Mensch) unter dem Zwang der Entfremdung neue Dimensionen einer subjektiven Zeit- und Raumwahrnehmung entwickelt. Mit *Einer, keiner und Hunderttausend* hat Pirandello in einem aggressiven und provozierenden Entwurf wichtige Motive der literarischen Moderne vorweggenommen. Identitätszweifel, Entfremdung von sich und der Welt, Verweigerung und Lebensüberdruß, schemenhafte Helden ohne Eigenschaften und ohne Namen, Reduktion der Personen auf sprechende Stimmen, existentielles Geworfensein und die Rolle des Zufalls, Reaktionen und Reduktionen des Ichs unter dem Blick der anderen (Sartres »regard d'autrui«), Neugewichtung der dinglichen Welt und die Aufhebung der »normalen« Kategorien von Raum und Zeit – das alles sind Themen und Strukturen, die nicht nur die Werke Kafkas, Musils, Sartres, Camus und anderer Autoren des Existenzialismus beherrschen, sondern auch bei den meisten Autoren des »Nouveau roman«, allen voran bei Beckett,

Robbe-Grillet und Nathalie Sarraute, eine entscheidende Rolle spielen werden.

2. Pirandello als Erneuerer des Theaters

Pirandellos entschiedene Hinwendung zum Theater begann im Jahre 1916 mit den großen Aufführungserfolgen der Komödien *Pensaci Giacomino* und *Liolà* in Rom, die beide in den Titelrollen von Angelo Musco interpretiert wurden. Von nun an bis zu seinem Tode wird Pirandello den größeren Teil seiner Aktivitäten dem Theater widmen. Im Mittelpunkt der Stücke aus der ersten Phase seines Theaterschaffens, die bis etwa 1918 anhält, stehen im Sinne des »umorismo« entfremdete und problematisierte Helden, die einerseits Objekt und Opfer der inszenierten Handlung sind, zugleich aber durch ihr luzides kritisches Bewußtsein über die Handlung hinausragen und meist ein Aufbrechen der dargestellten gesellschaftlichen Scheinwelt bewirken. So akzeptieren zunächst etwa Ciampa aus *Il berretto a sonagli* (1917/18), Baldovino aus *Il piacere dell'onestà* (1917/18) und Leone Gala aus *Il giuoco delle parti* (1918/19) die ihnen von der gesellschaftlichen Konvention auferlegte Rolle des vorgeschobenen Ehemanns, legen jedoch andererseits durch ihre kritische Einsicht in das Rollenspiel die Verlogenheit einer Gesellschaft frei, die keine authentischen Wertmaßstäbe mehr kennt. Sie alle erleiden den Grundkonflikt der pirandellianischen Helden zwischen dem Sichaufbauen im Sinne einer gesellschaftlichen Rolle, dem berühmten »costruirsi«, und dem, was sie wirklich sind, oder in Baldovinos Worten: »unseren innersten Gefühlen, dem, was wir für uns sind, außerhalb der Beziehungen, die wir aufrecht erhalten wollen«. Gesellschaftliches Rollenspiel und familiäre Beziehungen, oder wenn man will, Rollenspiel auf familiärer und gesellschaftlicher Ebene sind die Grundmuster dieser Stücke, die vielfach Themen und Dialogpartien aus den vorhandenen Novellen und Romanen dramatisieren. Die ersten dieser Stücke wenden noch veristische bzw. naturalistische Darstellungsprinzipien an und stellen Personen und Handlungen in ländliche, insbesondere sizilianische Umgebungen. Einige von ihnen wurden in sizilianischem Dialekt verfaßt, wie etwa die Komödie *Liolà*, die noch einmal die Szenarien und Techniken des rustikalen Verismus aufgreift, um jedoch deren Sinn und Funktion parodierend und »humoristisch« ins Gegenteil zu verkehren. Andere Stücke werden nachträglich vom Autor ins Sizilianische übersetzt, wie z. B. *Pensaci Giacomino* (1917), *La patente* (1917/18), *Il berretto a sonagli* (1917/18) oder die Bühnenfassung der erwähnten Novelle *La giara* (1917/25). In all diesen

Stücken aus den Jahren um den Ersten Weltkrieg, die teilweise im rustikalen, überwiegend jedoch im bürgerlichen Ambiente spielen, entwickelt Pirandello, ausgehend von konventionellen Darstellungsmustern, Schritt für Schritt seine neue Dramaturgie des »umorismo«. Diese stellt einen neuen Heldentyp in den Mittelpunkt, eine seiner Umgebung entfremdete Persönlichkeit, die das ihr auferlegte Rollenspiel akzeptiert und schließlich so perfekt inszeniert, daß dadurch der Verhaltenskodex und die Konventionen der Gesellschaft ad absurdum geführt werden. Zu dieser, gesellschaftlichen Schein und konventionelle Beziehungen in gleicher Weise denunzierenden Dramaturgie gehört auch die Aufgabe der traditionellen linearen Handlungszeit zugunsten einer disartikulierten und fragmentarisierten Zeit, die Früheres und Späteres vermischt und dramatisch kontrapunktiert.

Als einer der Höhepunkte und zugleich als Abschluß dieser ersten Phase kann das Stück *Il giuoco delle parti* gelten, dessen paradigmatischer Titel unverblümt auf die Dramatik des Rollenspiels verweist. Der extrem konzentrierte Dreiakter, der »in einer beliebigen Stadt« und »heute« spielt, führt am Beispiel einer klassischen Dreieckskonstellation »das Spiel der Parteien«, das an der gesellschaftlichen Scheinwelt orientierte Rollenspiel dreier Personen vor. Im Mittelpunkt steht der Intellektuelle Leone Gala, Prototyp des sich äußerlich anpassenden, im Grunde seiner Seele jedoch unangepaßten Pirandellianischen Helden, der alle Gefühle in sich erstickt hat und das Leben aus der kalten Distanz des Verstandes betrachtet. Sein Motto ist, »sich damit zu begnügen, nicht etwa für sich dahinzuleben, sondern die anderen und auch uns selbst von außen zu betrachten« – und er fühlt sich in seiner Rolle durch »einen wunderbaren Genuß« entschädigt, nämlich »eben durch das Spiel des Intellekts, das dir alle Trübungen der Gefühle ins Klare hebt und dir in ruhigen und präzisen Umrissen all das vor Augen führt, was sich da drinnen so tumultartig bewegt«. Mit eiskalter Berechnung beobachtet Leone, wie ihn seine sinnliche Fau Silia mit Guido Venanzi betrügt und läßt die beiden Ehebrecher mit einer an Sadismus grenzenden Gelassenheit gewähren. Der den Freuden des Lebens zugetanen Silia wird jedoch dieser Zustand unerträglich; sie möchte daher ihren Ehemann töten. Unter dem Vorwand, von einem betrunkenen Marchese in ihrer Ehre gekränkt worden zu sein, möchte sie den Ehemann – gemäß traditionellem Ehrenkodex – zu einem Duell mit ihrem Beleidiger verpflichten. In kühler Berechnung läßt sich Leone auch auf dieses Spiel ein, akzeptiert sogar harte Bedingungen für das Duell, weigert sich aber dann, zur vereinbarten Stunde anzutreten. Er schickt vielmehr Silias Liebhaber Guido vor, der doch in erster Linie verpflichtet sei, für die gekränkte Frau einzutreten. Guido akzeptiert und wird im Duell getötet, verliert also sein

Leben für eine geheuchelte Beleidigung, für ein Nichts: Aber so sind nun einmal die Regeln in diesem »Spiel der Parteien«.

In dieser bestechend einfachen und zugleich raffinierten tragischen Farce, die u. a. das Dreiecksverhältnis traditioneller Bühnenliebschaften sowie das Prinzip der Stellvertretung tragisch parodiert, spielen alle Parteien doppelte Rollen und spielen zudem alle gleich schlecht: Silia, die zum Schein die Wiederherstellung ihrer Ehre betreibt, in Wirklichkeit aber die Tötung des Ehemanns; Leone, der zum Schein die Rolle des Ehemanns spielt und sich auf ein Duell einläßt, das eine angebliche Kränkung der Frau sühnen soll, in Wirklichkeit aber zynisch den Tod des Liebhabers betreibt; und schließlich der Liebhaber, der einerseits die Ehre der Eheleute im konventionellen Sinne zerstört hatte, andererseits paradoxerweise bereit ist, eine nur fingierte Ehrverletzung zu sühnen und dabei sein Leben verliert. So spielen die drei Figuren ihr Spiel im Spiel und sind dabei alle drei, unter der fadenscheinigen Hülle inauthentischer Konventionen, in ein bestürzend brutales Verhältnis zueinander gesetzt, nämlich in ein solches auf Leben und Tod.

Als Denunziator und aufwühlender Beschwörer gestörter menschlicher Beziehungen in Familie und Gesellschaft gewinnt der Theaterautor Pirandello vor allem in seiner zweiten Schaffensphase Profil und Renommee. Sie wird eingeleitet durch das berühmte *Sei personaggi in cerca d'autore,* das ihm als erstes Stück auch internationale Anerkennung als Dramaturg einbringt. Mit diesem vielleicht bekanntesten seiner Stücke, das er seit 1911 zunächst als Roman gedanklich vorbereitete, 1921 in Rom jedoch als »Commedia« ohne Akt- und Szeneneinteilung zur Aufführung brachte, leitete Pirandello die Phase seines »Metatheaters« ein, das nunmehr das schon in früheren Stücken wie z. B. in *Il gioco delle parti* entwickelte »Spiel im Spiel« auf hohem kritischem Niveau und unter Verwendung innovativer dramaturgischer Techniken zum Hauptmotiv und Strukturmuster erhebt: das Theaterspielen über das Theaterspielen. Zu der von ihm so benannten »trilogia del teatro nel teatro« zählte Pirandello neben dem erwähnten Stück noch *Ciascuno a suo modo* (1924) und *Questa sera si recita a soggetto,* das im Februar 1930 in deutscher Übersetzung in Königsberg uraufgeführt wurde. Abgesehen von ihren unterschiedlichen Stoffvorlagen beruht die Eigenart und spezifische Aussage der drei Stücke, wie der Autor im Vorwort der ersten Gesamtausgabe seines Theaters (*Maschere nude,* 1933) erläuterte, »auf der Art und Beschaffenheit der Konflikte zwischen den einzelnen Theaterelementen«: »Im ersten Stück besteht der Konflikt zwischen Personen, Schauspielern und Regisseur; im zweiten zwischen Zuschauern, Autor und Schauspielern; und im dritten zwischen den Schauspielern, die zu Personen geworden sind, und ihrem Regisseur.«

Mitten in die Vorbereitungen zu einer Probe von *Il gioco delle parti* platzen sechs Personen herein, die nach und nach auf die Bühne treten und neben den Schauspielern Stellung beziehen: der von Reuegefühlen geplagte Vater, blaß, mit einem vagen und unsicheren Lächeln auf den Lippen; die Mutter, die, vor Schmerz und Scham zusammensinkend, sich unter einem dichten Witwenschleier versteckt; die freche und schamlose Stieftochter, eine achtzehnjährige Schöne, die als erste keck auf die Bühne springt und sich den Schauspielern anbiedert; der eheliche Sohn, zweiundzwanzig Jahre alt, den Vater mit kalter Verachtung und die Mutter mit betonter Gleichgültigkeit strafend; und zwei jüngere Geschwister, einen Jungen von vierzehn und ein Mädchen von vier Jahren, die im Stück stumm bleiben. Sechs Personen sind es, die nach ihrem Autor suchen: keine normalen Personen, sondern unfertige, von ihrem Autor aufgegebene Bühnenfiguren, die als solche durch Masken gekennzeichnet sind. Sie alle tragen ein »schmerzliches Drama« in sich, das sie erlebt haben und nun auf der Bühne darstellen und zu Ende spielen möchten, um sich davon zu befreien. In einem chaotischen, immer wieder von Streitereien, spöttischen oder anklagenden Einlassungen der vier sprechenden Masken sowie von den Zwischenrufen und Fragen des Regisseurs und der Schauspieler unterbrochenen Bericht tragen die Personen ihre Geschichte vor und versuchen, Regisseur und Schauspieler zum Spielen dieser Geschichte zu bewegen. Das »Drama« der sechs Personen, auf eine knappe, lineare Formel gebracht, ist folgendes: Nach einigen Jahren Ehe und nach der Geburt eines ehelichen Sohnes zog die Mutter mit Einverständnis des Ehemanns zu dessen Sekretär, mit dem sie als eine simple und geistig anspruchslose Person eine tiefe Affinität verband. Mit ihm setzte sie drei Kinder in die Welt: die Stieftochter, einen kleinen Sohn und ein kleines Mädchen (la figliastra, il giovinetto, la bambina). Nach dem Tod des Sekretärs verarmen Mutter und Kinder: um der Mutter zu helfen, verdingt sich die Stieftochter als Dirne im Boudoir der Madama Pace. Dort begegnet ihr eines Tages der ältliche, gleichwohl noch liebeshungrige Vater; die hereinstürzende Mutter kann gerade noch den Inzest verhindern. Damit ist die Familientragödie vollkommen: Vater und Mutter gesellschaftlich vernichtet, der Sohn stumm vor Verachtung und Empörung, die Stieftochter herabgekommen, das kleine Mädchen ertrinkt in einem Gartenteich, und ihr dabei ungerührt zuschauender Bruder erschießt sich mit einer Pistole. Die sechs Personen sind »für die Bühne geboren«, sie wollen ihr Spiel machen und ihre »Wahrheit« finden. Es gelingt ihnen, das Interesse des Regisseurs zu wecken, der nun versucht, mit seinen Schauspielern das Drama in Szene zu setzen. Dabei zeigt sich jedoch, daß die Schauspieler, denen die unmittelbare Betroffenheit fehlt, nicht imstande sind, das Erlebnis der Personen nachzuspielen. Immer wieder wird ihr Spiel von Kritik und Protest der Personen unterbrochen, bis schließlich der »herzzerreißende Schrei« der Mutter allen Darstellungsversuchen ein Ende setzt und Bühne und Zuschauerraum in einem unentwirrbaren, Realität und Fiktion vermischenden Chaos und in einem symbolhaften Dunkel versinken, aus dem ein erschöpfter Regisseur nach Licht schreit. Nach den Schauspielern verschwinden auch die sechs Personen, die noch einmal als grünliche Schatten über eine Leinwand gleiten, um dann das Theater als fragwürdigen Ort der Aufarbeitung des Lebens und der Wahrheitsfindung hinter sich zu lassen.

Leben und Kunst, »movimento vitale« und statische Theaterstruktur, werden in diesem Stück in einer extremen Weise kurzgeschlossen und damit zugleich das bürgerliche Theater mit seiner vorgefertigten Handlung und starren Theatermaschinerie ad absurdum geführt. Pirandellos Spiel hat nichts Vorgefaßtes und Fertiges, sondern, wie er selbst hervorhob: »alles wird gemacht, alles bewegt sich, alles ist improvisierter Versuch«. Mit dieser Spontaneität, die Bühne, Kulissen und Zuschauerraum zu einem totalen Theater aktualisieren, entwickelt sich das Spiel auf verschiedenen, sich kontrapunktisch steigernden Ebenen und vollzieht ständig frappierende und groteske Übergänge vom Tragischen ins Komische, vom Realistischen ins Phantastische, vom Rationalen ins Emotionale – Übergänge, die den Handlungsstrang zu einer Abfolge kleiner Segmente fragmentarisieren und ihn damit einer logischen Entwicklung berauben, gleichzeitig aber auch eine intellektuelle und kritische Durchdringung des Geschehens bewirken. Dank seiner Innovationen wurde gerade dieses Stück, das erklärtermaßen die Untauglichkeit des (traditionellen) Theaters zu demonstrieren suchte, ein unerhörter Theatererfolg: Es war eines der meistgespielten Stücke der zwanziger Jahre, beeindruckte große Theaterdichter wie G. B. Shaw und Antonin Artaud, regte große Regisseure wie Georges Pitoëff in Paris und Max Reinhardt in Berlin zu neuen Regieschöpfungen an und sorgte dafür, daß der »Pirandellismo« zur Mode wurde.

Waren die *Sei personaggi* das Spiel von einem nicht machbaren Bühnenstück, so ist der zweite Teil der Trilogie, der Dreiakter *Ciascuno a suo modo,* das Spiel von einer zwar gemachten, aber nicht aufführbaren »Commedia«. Vor der Folie einer recht komplizierten, aber vollständig vorliegenden Handlung wird jetzt der Konflikt zwischen Publikum einerseits und Autor und Schauspielern andererseits problematisiert, der dazu führt, daß im dritten Akt die Aufführung abgebrochen wird. Das Stück, sicherlich das schwächste und künstlichste der Trilogie, löste von seiner erfolgreichen Uraufführung an eine heftige Polemik aus; wurde aber insgesamt, nicht zuletzt wegen der erforderlichen rund fünfzig Schauspieler, seltener aufgeführt. Erfolgreicher und auch bedeutender war wieder der Schlußteil der Trilogie, der Dreiakter *Questa sera si recita a soggetto,* der das schwierige Verhältnis zwischen den zu Bühnenfiguren gewordenen Schauspielern und ihrem Regisseur thematisiert, das wie schon im ersten Teil der Trilogie – wenn auch auf entgegengesetzte Weise – dazu führt, daß das Schauspiel nicht »gemacht« und zu keinem Schluß gebracht werden kann. Das Max Reinhardt gewidmete, wiederum extrem bewegte, hochkomplizierte und theatertechnisch kühne Stück geht von der Novelle *Leonora addio* aus, deren Stoff nach dem Willen des Regisseurs Dr. Hinkfuß in einer lockeren Szenenfolge »aus dem Stegreif« aufgeführt werden soll, um so den in einer künstlerischen Form erstarrten Stoff durch das Bühnenspiel zum echtem Leben zu erwecken. Doch verweigern die Schauspieler ihm dabei die Gefolgschaft, und der Faden der Handlung geht zunehmend in heftigen Diskussionen verloren. Bei dem Versuch, Kunst auf der Bühne zum Leben zu erwecken, versagt auch in diesem Fall das Theater: Sobald sich das Leben auf der Bühne zeigt, sprengt es jede Form und artikuliert sich in seinem ursprünglichen, chaotischen Rohzustand; statt mit dramaturgischen Instrumenten spielt es sozusagen mit seinem eigenen Inventar. Auch dieses Spiel vollzieht den Schritt zu einem totalen Theater. Die Schauspieler mischen sich unter das Publikum, und neben Bühne und Kulisse werden Zuschauerraum, Gänge und Theaterfoyer in das Geschehen einbezogen, ebenso wie eine Anzahl von Nebenhandlungen, Arien und Gesangsdarbietungen, ja sogar eine Aufführung von Verdis Oper *Die Macht des Schicksals* wird optisch und akustisch integriert.

Von den großen, das Theater revolutionierenden Stücken Pirandellos sei wenigstens noch der Dreiakter *Enrico IV* (1921/22) erwähnt, der nach den *Sei personaggi* als eines der bedeutendsten und erfolgreichsten Stücke Pirandellos rangiert. Es ist das Spiel von einem jungen Aristokraten, der als deutscher Kaiser Heinrich IV. verkleidet, an einem Maskenritt teilnimmt, vom Pferd stürzt und aus tiefer Ohnmacht in dem Wahn erwacht, wirklich Heinrich IV. zu sein. Von da an verlangt er von seiner Umwelt, ihn als Kaiser anzuerkennen, und ihm mit historischen Kostümen und Umgangsformen entgegenzutreten. In der zunächst echten, dann (nach seiner Genesung) gespielten, schließlich aber (nach der Tötung seines Rivalen) erzwungenen Rolle eines Wahnsinnigen diktiert der unechte Kaiser seiner gesamten Umgebung Rollen, Schauplätze und Aktionen in einer künstlichen Rekonstruktion mittelalterlicher Zeiten, in der er einerseits selbst mitspielt und die er andererseits zugleich von außen als Zuschauer betrachtet und dirigiert. Das dramaturgisch Aufregende an diesem Stück ist die auf

694

diese Weise vollzogene Kumulation der Funktionen des Protagonisten, des Autors, des Regisseurs, des Szenographen und des Zuschauers in ein und derselben Person – also ein weiterer Versuch über Möglichkeiten und Grenzen des Theaters, der sich diesmal des Wahnsinns als eines dramaturgischen Kunstgriffs für ein »Theater im Theater« bedient.

In seiner späten Theaterproduktion mit meist in bürgerlichem Ambiente spielenden Stücken wie *Diana e la Tuda* (1926), *L'amica delle mogli* (1926), *O di uno o di nessuno* (1929), *Come tu mi vuoi* (1930), *Trovarsi* (1932), *Quando si è qualcuno* (1933), *Non si sa come* (1935) und anderen verfolgte Pirandello seine bevorzugten Themen weiter und vertiefte insbesondere seine psychologischen Fragestellungen in einer unermüdlichen und bohrenden Analyse der Beziehungen zwischen dem rationalen Bewußtsein und dem undurchdringlichen Unbewußten bzw. dem Traum. Andererseits operieren viele dieser Stücke mit überzogen komplizierten Handlungs- und Personenkonstellationen, künstlichen oder äußerlichen Effekten und gewundenen, oft geradezu maniert anmutenden Argumentationen, die mit dem Anschein logischer Schärfe und intellektuellen Tiefgangs kaum ihre innere Hohlheit überdecken können. In solchen Bühnenwerken gelangte der »Pirandellismo« an seine Grenzen und verflachte vielfach zu einem artifiziösen, intellektualistischen Spiel, das dennoch beim bürgerlichen Publikum zum Teil erhebliche Beachtung fand.

Vor allem mit dem Metatheater seiner reifen Schaffensperiode hat Pirandello in erregender und bühnenwirksamer Weise konventionelle Strukturen und Requisiten des realistischen bzw. naturalistischen Theaters außer Kraft gesetzt oder revolutioniert, so die Linearität und kausale Abfolge des Geschehens, die Trennung von Bühne und Zuschauerraum, den Gebrauch des Vorhangs, der Beleuchtung und anderes mehr. In immer neuer experimentierender Zusammenführung von Kunst und Leben hat er radikal wie kein anderer die Grenzen des Theaters aufgewiesen und zugleich erweitert. Ziel seiner Demontagen und Rekonstruktionen war es stets, durch die verschiedenen Schichten der dramaturgischen Techniken und der Theaterformen hindurch vorzustoßen zu dem Punkt, an dem das authentische Leben, seine »Wahrheit«, dem Zuschauer im Erleiden einer elementaren Erschütterung erfahrbar wird. Vor allem hierauf dürfte letztlich die große Wirkung des Sizilianers beruhen. Die Personen und Szenenfolgen seines Metatheaters erproben bereits alle wesentlichen Ausdrucksformen der modernen Bühne: das Demonstrationstheater, das totale Theater, das absurde Theater und das Anti-Theater. Antonin Artaud, Samuel Beckett, Eugène Ionesco, Max Frisch, Harold Pinter und viele andere sind in die Breschen getreten, die er schlug. Für die auf ihn folgenden italienischen Autoren wurde er zum alles überragenden Standard und Prototyp des Theaterschaffens schlechthin. Interessant ist, daß, wie neuere Forschungen ans Licht brachten, die Erschütterungen, die von Pirandellos Werk gerade für die Bereiche Ehe und Familie ausgingen, auch die katholische Kirche stark beunruhigten. Noch in den späten dreißiger Jahren prüfte eine Kommission des Santo Uffizio, ob seine Werke auf den Index gesetzt werden sollten; wahrscheinlich war es vor allem dem späteren Papst Paul VI. zu verdanken, daß dem Künstler diese postume Ächtung erspart blieb.

3. Entwicklungen des italienischen Theaters bis zur Gegenwart

»Das 19. Jahrhundert konnte erst 1914 enden. Das 20. Jahrhundert beginnt erst kurz nach dem Krieg.« Diese Feststellung Massimo Bontempellis gilt auch für die Geschichte des italienischen Theaters: Erst während des Ersten Weltkriegs erfolgt der entscheidende Paradigmenwechsel, indem jetzt an die Stelle des heroischen, prunkvoll-klassizistischen und mythischen Theaters D'Annunzios (dem weiterhin eine lange Nachwirkung beschieden blieb) die analytische, gesellschaftskritische und zerstörerische Dramaturgie Pirandellos als das neue maßgebende Orientierungsschema der Bühnenkunst tritt. Pirandello ragt ab 1916 »wie ein einsamer Riese« (G. Ferroni) aus dem Theaterschaffen jener Zeit heraus, das zwar vielfältig und um neue Ideen bemüht war, jedoch durchweg von mittelmäßigen Autoren geprägt wurde, denen kaum überzeugende Werke gelangen. Dieser Befund veranlaßte den Kritiker P. Gobetti 1926 zu der polemischen Feststellung: »Das italienische Theater existiert nicht.« Um die Gunst des Publikums und eine Erneuerung des Theaters bemühten sich indes neben Pirandello das »Groteske Theater«, das futuristische Avantgardetheater, später, in der faschistischen Ära (1924–44), Autoren und Theoretiker wie Massimo Bontempelli und Anton Giulio Bragaglia, sowie das Dialekttheater eines Raffaele Viviani, das alsbald durch Eduardo De Filippo fortgesetzt wurde. Fast wichtiger als die mittelmäßigen Stücke selbst war für die Theaterentwicklung die Entstehung einer professionellen Theaterkritik in Italien zwischen den beiden Kriegen, die mit herausragenden Persönlichkeiten wie Antonio Gramsci (1891–1937) und Piero Gobetti (1901–26) sogleich ein hohes Niveau erreichte. In diese Zeit fällt auch die Einführung des »Regisseurs« auf der italienischen Bühne, der den alten »capocomico« bzw. »drammaturgo« nach und nach ersetzt, und gleichzeitig damit die Übernahme der Bezeichnungen »regista« und »regia« entsprechend frz. »régisseur« und »régie«. Viele Jahre hindurch ist das italienische Theater mehr durch Experimente mit Bühnen- und Darstellungsformen gekennzeichnet als durch wichtige Werke. Dies gilt auch für das Theater der zweiten Nachkriegszeit, die neben Ugo Betti, Diego Fabbri und Dario Fo bis heute nur wenige bedeutende Autoren kennt.

Relativ erfolgreiche Bühnenautoren der beiden ersten Jahrzehnte des Jahrhunderts waren SEM BENELLI (1877–1949) mit *La cena delle beffe* (1909), NINO BERRINI (1880–1962) mit »Il beffardo« (1919), und ERCOLE SILVIO MORSELLI (1882–1921) mit »Orione« (1910) und »Glauco« (1919), die alle mehr oder weniger im Fahrwasser D'Annunzios schrieben, dabei allerdings den Meister oft unfreiwillig karikierten. Daneben florierte eine mehr intimistische, in Motiven und Stimmungen dem »Crepuscolarismo« (vgl. S. 658 ff.) verwandte Theaterproduktion, die mit *Addio giovinezza!* (1911), einer Gemeinschaftsproduktion von SANDRO CAMASIO (1884–1913) und NINO OXILIA (1899–1917) ihr bedeutendstes und erfolgreichstes Stück hervorbrachte. In die gleiche Richtung gingen weitere Stücke von Sem Benelli sowie die recht publikumswirksamen Werke des RENATO SIMONI (1875–1952), des sozialkritisch sensiblen und wie Simoni auch Stücke in venezianischer Mundart schreibenden GINO ROCCA (1891–1941), des CESARE VICO LODOVICI (1885–1968) und des FAUSTO MARIA MARTINI (1886 bis 1931). Unter starkem Einfluß des zeitgenössischen französischen Theaters (Henri Bataille, Henry Bernstein) stand der lange Zeit in Paris lebende DARIO NICCODEMI (1874–1934), der zunächst französische, dann italienische Bühnenstücke schrieb und vor allem mit den 1916 aufgeführten *La nemica, Scampolo* und *La maestrina* große Erfolge feierte. Großen Anklang beim Publikum fanden auch die »Grotteschi«, die während und nach dem Ersten Weltkrieg schreibenden Autoren des »Grotesken Theaters«, zu denen Luigi Chiarelli, Luigi Antonelli, Pier Maria Rosso di San Secondo und Enrico Cavacchioli gehörten; auch den frühen Pirandello und den frühen Bontempelli kann man in diese Gruppe einbeziehen. Sie alle empfanden den Verschleiß der bürgerlichen Theaterformen und das Bedürfnis, neue zu entwickeln, waren jedoch mit Ausnahme Pirandellos nicht imstande, etwas wirklich Neues an die Stelle des Alten zu setzen.

Die Geburtsstunde des »Grotesken Theaters« schlug 1916 mit der Aufführung des Stücks *La maschera e il volto* von LUIGI CHIARELLI (1880 bis 1947), in dem Jahr also, in dem Pirandello *Il berretto a sonagli* und *Pensaci Giacomino* auf die Bühne brachte. Der Dreiakter, von seinem Autor selbst als »grottesco« eingestuft, hat als wesentlichen Inhalt die satirische Demontage der alten Dreiecksbeziehung und deren Wiederaufbereitung zu einer neuen, paradoxen und grotesken Dreierkonstellation, dargeboten in einer leicht konsumierbaren Handlung, die in rascher Szenenfolge prätentiöse Diskussionen, flotte Bonmots, sentimentale Motive und überraschende Einfälle mischt. Eine Handlung, die überwiegend im Verbalen verbleibt, die nicht den Mut hat, den anklingenden gesellschaftskritischen Motiven nachzugehen und schließlich in einem versöhnlichen Schluß, nämlich im Zusammenfall der gesellschaftlich aufgezwungenen »Maske« und dem wahren »Gesicht« der Protagonisten endet. Eine gleiche gefällige Verbindlichkeit gegenüber dem Publikum sowie der Charakter des Konstruierten und Künstlichen kennzeichnen die meisten Hervorbringungen dieser Richtung und markieren zugleich den großen Abstand zu den »grotesken« Stücken Pirandellos. Ein wichtiger Strukturzug dieser meist philosophisch angetönten Grotesken war die (auch bei Pirandello vorkommende) Einführung einer unbeteiligten, epischen Person, die aus distanziertem Überblick das Bühnengeschehen betrachtet und dann und wann kommentiert. Beispiele für derartige abstrakte und irreale Figuren, die das Unbewußte, das Schicksal, eine philosophische Richtung oder wissenschaftliche bzw. magische Fähigkeiten u. ä. personifizieren, sind etwa der Doktor Climt aus dem Stück *L'uomo che incontrò se stesso* (1918) des LUIGI ANTONELLI (1882–1942) oder die mit »Lui« bezeichnete Gestalt in dem im gleichen Jahr aufgeführten Stück *L'uccello del paradiso* des ENRICO CAVACCHIOLI (1885–1954). Im Zusammenhang mit der Figur des epischen Betrachters stand auch eine weitere Neuerung des grotesken Theaters, nämlich die Verwendung von abstrakten, namenlosen und marionettenhaften Figuren (ein Herr in Grau, eine Dame mit Schal, usw.) auf der Bühne, wie sie 1918 beispielhaft in *Marionette, che passione!* von dem mit Pirandello befreundeten PIER MARIA ROSSO DI SAN SECONDO (1887–1956) vorgeführt wurde. Das gleiche Stück ist auch dadurch bemerkenswert, daß es als Handlungsschauplatz geschlossene Räume benutzt und damit auf Sartres *Huis clos (Geschlossene Gesellschaft)* und bestimmte Strukturen des existenzialistischen Theaters vorausweist. In noch stärkerem Maße gilt dies allerdings von seinem zwischen drei Personen spielenden Stück *Canicola* von 1927. Symbolistische, expressionistische und surrealistische Motive mischen sich in der aus sieben Bildern bestehenden Groteske *Guardia alla luna* (1916) des jungen Bontempelli, während ein weiteres, an Pirandello gemahnendes Motiv des grotesken Theaters, das der Bewußtseinsspaltung bzw. der Personendoppelung, in Antonellis *L'uomo che incontrò se stesso* oder etwa in Rosso di San Secondos *La bella addormentata* (1919) zur Darstellung gelangte.

Eine Sonderstellung nimmt das Theater Italo Svevos (zu Svevo S. 645 ff.) ein. Zwischen 1880 und seinem Todesjahr 1928 arbeitete er an insgesamt dreizehn Komödien, von denen einige abgeschlossen, andere unvollendet

698

mit Materialien, Skizzen und Entwürfen überliefert wurden. Nur eines dieser Stücke, nämlich *Terzetto spezzato,* wurde von Anton Giulio Bragaglia (vgl. S. 702) 1927 aufgeführt; es parodiert die bürgerliche Dreieckskonstellation, die in diesem Fall durch den Tod der Ehefrau »zerbrochen« wird, die nach ihrem Tod als Geist erscheint, und läßt sich so in ähnliche Versuche des grotesken Theaters jener Jahre einreihen. Alle anderen Komödien blieben nahezu unbeachtet und erregten erst nach Erscheinen der Gesamtausgabe der Werke Svevos (1960) ein mäßiges Interesse. Zu den frühesten Stücken zählen *Le ire di Giuliano, Le teorie del conte Alberto, Il ladro in casa, Una commedia inedita* und *Prima del ballo.* Es folgten *La parola* (1901; mit einer zweiten 1925 vollendeten Fassung *La verità*), *Un marito* (1903), *L'avventura di Maria* (zwischen 1910 und 1920) und das Dialektstück *Atto unico* (vielleicht 1913/14). In die späteren Jahre gehören *Inferiorità* (1921–25) und der unvollendete Vierakter *Con la penna d'oro* (1926; der Titel stammt von dem Verleger U. Apollonio), die beide die psychologische Beziehung zwischen Herr und Diener analysieren, sowie der ebenfalls unvollendete Dreiakter *La rigenerazione,* an dem Svevo bis zu seinem Tode arbeitete. Diese letzte Komödie, zugleich eine der besten Svevos (und dennoch wie alle anderen bis heute wenig beachtet), entwickelte noch einmal in der Gestalt des alten Giovanni Chierici die Thematik des Alterns, der verlorenen und zurückersehnten Jugend und Energie, den Traum von einem unmöglichen Dasein als puer-senex mit kritischen Reflexen auf den konsumistischen Jungendkult der modernen bürgerlichen Gesellschaft.

Unter dem Schock von Alfred Jarrys *Ubu roi* (1896) war das europäische Theater in eine experimentierende Phase eingetreten, die ab 1916 vor allem durch den von Hugo Ball und Tristan Tzara in Zürich gegründeten Dadaismus und von den zwanziger Jahren an durch die Surrealisten revolutionierende Anstöße empfing. Ein wichtiger innovatorischer Impuls für das italienische Theater ging von den avantgardistischen Ideen des Futurismus (vgl. S. 666 ff.), und hier wiederum in erster Linie von Marinetti aus. Dieser hatte unter dem Eindruck des *Ubu roi* 1905 seinen *Roi bombance* geschrieben (italienische Übersetzung *Re baldoria,* 1910) und 1909 mit dem Dreiakter *Les poupées électriques* eine erste Probe seines sich an Formen des Varieté-Theaters anlehnenden, »synthetischen« Theaters gegeben, ein Stück, dessen spätere italienische Fassung *La donna è mobile* er auf nur drei Szenen verkürzte. In seinem *Manifesto del teatro di varietà* von 1913 hob er die Bedeutung des auf knappen, improvisierten Szenen beruhenden Varieté-Theaters hervor, in welchem er ein Modell des futuristischen und des künftigen Theaters überhaupt zu erkennen glaubte. Das von ihm gemeinsam mit Emilio Settimelli und Bruno Corra verfaßte Manifest *Il teatro fu-*

turista sintetico (Das synthetische futuristische Theater) von 1915 stellte dann klar, daß »synthetisch« vor allem »brevissimo« bedeutete: »In wenige Minuten, in wenige Worte, in wenige Gesten unzählige Situationen, Gemütslagen, Ideen, Empfindungen, Tatsachen und Symbole zusammenpressen.« Das futuristische Theater sollte auf die alten dramaturgischen Techniken verzichten, es sollte »dynamisch, autonom, unlogisch und irreal« sein, was vor allem besagte, daß es ein Simultantheater war, das in souveränem Zugriff verschiedene Zeiten und Ambienti mischte und auf die Bühne brachte. Wichtige Programmpunkte waren auch die Sensibilisierung des Publikums (»sinfonizzare la sensibilità del pubblico«) sowie die räumliche und emotionale Einbindung des Publikums in das Bühnengeschehen: »die Bühnenhandlung dringt in den Zuschauerraum und ins Publikum vor«. Die futuristische Theatertheorie, die auch die von Luigi Russolo in *L'arte dei rumori* (1913) und anderen entwickelten neuen Techniken der Musik bzw. der Geräusche einschloß, fand eine wichtige Ergänzung in der *Scenografia e coreografia futurista* (1915) von Enrico Prampolini (der auch als Erfinder der Simultanszene und der Drehbühne gilt) sowie später in der Schrift *Teatro e sorpresa* (1921) von Marinetti und F. Cangiullo. In der Praxis orientierten sich die futuristischen Versuche vor allem am Varieté-Theater unter starker Betonung des Fragmentarischen, Unvorhersehbaren, Paradoxen und Absurden, der Geschwindigkeit und des provozierenden Schocks und produzierten auf diese Weise Spiele oder besser Sketche, deren anfänglich ruhige Zuschauer im Lauf der »Handlung« zu wütenden, aggressiven und schreienden Mitspielern umfunktioniert wurden. Eine erste, noch ungeschriebene Form dieses futuristischen Theaters waren ja die »Serate futuriste« gewesen, improvisierte Spektakel, die in Schock und Provokation, mit dissonanten Geräuschen, absurden Gesten und unsinnigen Pointen die Zuschauer in aggressive politische Diskussionen verwickelten und damit Grundelemente des futuristischen Theaters verwirklicht hatten. Auch die späteren schriftlich fixierten Stücke Marinettis entsprangen, wie hervorzuheben ist, einer politischen Motivation, nämlich dem Gedanken, daß das Theater das wichtigste Mittel sei, um die »italienische Seele« kriegerisch zu stimmen; und dieses Grundmotiv bleibt lange durch alle technischen bzw. szenographischen Experimente der neuen Theaterform hindurch wirksam. In ihrer Gefühlskälte, Paradoxie und Verfremdung können Marinettis »synthetische« Szenarien insgesamt als ein Vorläufer des »Absurden Theaters« gelten. Bemerkenswert ist, daß Marinetti auch ein Auge für die Bühnenfähigkeit von Objekten hatte. So dramatisiert er in seinem Stück *Vengono. Dramma d'oggetti* das geheimnisvolle und Angst einflößende Eigenleben von neun Protagonisten, nämlich acht Stühlen und einem

700

Sessel, und präludiert damit die Dingkonstellationen des »Absurden Theaters« und konkret Stücke wie *Die Stühle* von Eugène Ionesco.

Für die Ära des Faschismus in Italien (1922–44) war kennzeichnend, daß einerseits das gesamte politische Leben in öffentlichen Reden, Aktionen und Massenspektakeln aller Art weitgehend theatralisiert wurde, andererseits aber die Entwicklung des Kunsttheaters weithin stagnierte und über die Themen, Techniken und Perspektiven Pirandellos kaum hinauskam. Für die äußere Entwicklung des Theaterbetriebs waren wichtig der Beginn der staatlichen Beteiligung an der Ausstattung der Theater (ab 1921), die Einführung einer staatlichen Zensur (1928) und die Gründung einer »Accademia d'arte drammatica« (1935/36) sowie einiger weiterer Institute zur Förderung der Schauspielkunst und der Regie. Auch der politisch so wichtige Film erfuhr eine regimegerechte Förderung durch die Gründung einer »Scuola nazionale di cinematografia« (1930), einer großen »Cinecittà« im Süden von Rom (1937) und ähnlicher Einrichtungen.

Zu den wenigen Persönlichkeiten, die im Schatten des Regimes als Bühnenautor, Regisseur oder Kritiker eine relativ anspruchsvolle und kreative Theaterarbeit leisteten, zählten Bontempelli und Bragaglia. MASSIMO BONTEMPELLI (1878–1960) hatte sich mit mehreren Prosawerken einen Namen gemacht und sich als Kritiker auf der »Terza pagina« wichtiger römischer Zeitungen etabliert, bevor er 1926 gemeinsam mit Curzio Malaparte, die Zeitschrift »900« herausgab (zur Prosa Bontempellis und zu »900« vgl. S. 714 f.). Mit seiner Prosa hatte er die neue Richtung eines »magischen Realismus« eingeschlagen, der magische, traumhafte und surrealistische Motive zu einer eigenen Synthese verband. Auch sein Theater, 1947 in zwei Sammelbänden erschienen, ist dem Phantastischen und Irrealen verpflichtet, steht aber zugleich auch im Bannkreis des mit ihm befreundeten Pirandello: Bontempelli war einer der Mitarbeiter am »Teatro degli Undici«, das 1924 von Pirandellos Sohn Stefano gegründet wurde, und manche seiner Stücke, so z. B. *Minnie la candida* (1928), wurden auf Anregung oder Betreiben Pirandellos geschrieben. Pirandellianisch ist auch das Grundmotiv des 1925 von der »Compagnia Pirandello« aufgeführten Stückes *Nostra Dea*, in dem die Inkonsistenz und Verformbarkeit der Persönlichkeit am Beispiel einer marionettenhaften Zentralfigur vorgeführt wird, deren Charakter und Erscheinung sich ändert, je nachdem welche Kleidung sie trägt (und die Kleidung steht hier symbolisch für eine je andere Umwelt). Auch in *Siepe a nordovest* (1919), 1923 am experimentellen Theater der »Indipendenti« von Bragaglia inszeniert, spielen marionettenhafte und verfremdete Figuren eine wichtige Rolle. Nach dem bizarren, lunarischen Stück *Guardia alla luna* (1920) wurde 1928 der Dreiakter *Minnie la candida* publiziert und in

Turin aufgeführt, in dessen Mittelpunkt Minnie steht, ein naives, unwissendes Mädchen, eine Art glückliche Wilde, die angibt, aus Sibirien zu stammen. Ihr wird von ihrem Verlobten Skagerrak und dessen Freund Tirreno scherzhaft vorgeschwindelt, es gäbe künstliche, im Laboratorium hergestellte Tiere und Menschen. Dieser Gedanke stürzt die naive Minnie in eine Psychose und dann in den nicht mehr heilbaren Wahn, alle Menschen um sie herum seien künstliche Wesen – eine Vorstellung, die Minnie ins Delirium und in den Selbstmord treibt. Zu den späteren Stücken Bontempellis zählen u. a. *Cenerentola* (1942) und *Venezia salva* (1947). Neben diesen Bühnenversuchen waren auch die in dem Band *L'avventura novecentesca* (1938) gesammelten Essays Bontempellis bedeutsam, in denen er über künftige Theaterformen, über ein (von Wagner inspiriertes) totales Theater oder über eine Volksbühne, ein Theater für die Massen, nachdachte.

Vor allem als Organisator des Theaterlebens, als Bühnenregisseur und als Gründer wichtiger Einrichtungen sicherte sich ANTON GIULIO BRAGAGLIA (1890–1960) einen Platz in der Geschichte des italienischen Theaters. Die weitaus wichtigste seiner Initiativen war 1922 die Gründung des »Teatro sperimentale degli Indipendenti« in Rom, das er selbst bis 1936 leitete; später gründete er weitere Theater in Rom, Neapel und Bari. Bragaglia bemühte sich um eine Reform der Szenographie im Sinne einer Visualisierung der Bühne und um eine Erneuerung des Theaterrepertoires. Er führte Teile des modernen europäischen und amerikanischen Theaters in Italien ein und inszenierte kubistische, dadaistische, expressionistische und aus Italien natürlich futuristische und groteske Stücke. So wurden am Theater der »Indipendenti« neben klassischen und neoklassischen Autoren Jarry und Apollinaire, Büchner, Wedekind und Brecht, Shaw, Tschechow und Strindberg, Pirandello, Svevo, Bontempelli, Soffici und andere aufgeführt – eine erfreuliche Bereicherung des ansonsten weithin stagnierenden, von der Zensur des Regimes in engen Grenzen gehaltenen Theaterrepertoires.

Der insgesamt ziemlich matte Betrieb der Kunstbühnen in der faschistischen Zeit erfuhr eine weitere Belebung durch ein erstaunlich aktives und vielfältiges Varieté-Theater, dessen Erfolge allerdings gattungsgemäß hauptsächlich auf spontanen Improvisationen, auf der Darstellungs- und Variationskunst der Schauspieler sowie auf der spontanen Interaktion von Schauspielern und Zuschauern beruht, was zugleich besagt, daß diese Theaterform weithin einer schriftlichen Fixierung entbehrt und daher auch historisch nur schwer aufzuarbeiten ist. In jenen Jahren übte das volkstümliche Varieté (stärker als das anspruchsvollere Kabarett) einen erheblichen Einfluß auf das experimentierende innovative Kunsttheater aus; einige Autoren, allen voran Marinetti, sahen diese kurzen, in lockeren Szenen ohne eigentliche Handlung improvisierten Stücke geradezu als Prototypen eines künftigen Theaters an (vgl. S. 700). Zugleich war das auf Spontaneität und Einfallsreichtum angewiesene Varieté, das mit seinen lockeren Improvisationen auch als eine moderne Variante der traditionsreichen »Commedia dell'arte« gelten kann, eine hohe Schule der Schauspielkunst und erlebte daher immer dann Höhepunkte, wenn sich große Schauspieler und Komiker seiner annahmen. In der faschistischen Ära waren Rom und Neapel die wichtigsten Zentren des Varietés; in Rom waren es vor allem Leopoldo Fregoli (1867–1936) und Ettore Pretolini (1886–1936), in Neapel Nicola Maldacea (1870–1945) und Raffaele Viviani (1888–1950), die mit volkstümlicher, meist durch Dialektwendungen und Regionalismen gewürzter Komik ihr Publikum zum Lachen brachten. Auch der unvergeßliche Totò (1898–1967) war ein Neapolitaner, der u. a. mit Anna Magnani lange Jahre Varieté spielte, bevor diese wie bald darauf auch er (und viele andere seiner Branche) zum Film überwechselten. In Neapel wurde auch der Schauspieler, Bühnenautor und Regisseur EDUARDO DE FILIPPO (1900–1984) geboren, dessen Lehrjahre ebenfalls im Zeichen der Stegreifkunst, der Farce und des Varietés standen. Nachdem er in frühestem Alter als Darsteller kurzer Szenen und Sketche aufgetreten war, begann er etwa ab 1920 eigene Komödien zu schreiben (*Farmacia di turno*, 1920; *Uomo e galantuomo*, 1922 und andere). Den ersten großen Erfolg errang er mit dem einaktigen Sketch *Sik-Sik, l'artefice magico*, den er 1929 aufführte. Im gleichen Jahr gründete er seine eigene Theatertruppe, der auch die Schwester Titina und der Bruder Peppino angehörten und die 1931 in Neapel mit dem Stück *Natale in casa Cupiello* erfolgreich debütierte. Von großer Bedeutung für die Entwicklung des jungen Künstlers war die Begegnung mit Pirandello, mit dem er 1935 gemeinsam an einer Theaterfassung von dessen Novelle *L'abito nuovo* arbeitete; er spielte den Ciampa in Pirandellos *Berretto a sonagli* und fand als Neapolitaner besonderes Gefallen an den Dialektstücken des Sizilianers, z. B. an *Liolà*, welche Komödie er im gleichen Jahr aufführte. Nach seinen Anfängen in der volkstümlichen Farce und im Varieté-Genre entwickelte sich De Filippo immer stärker zum Interpreten des mittleren und insbesondere kleinen Bürgertums, dessen Lebensformen und Alltagsprobleme er komisch-kritisch und oft tragikomisch auf die Bühne brachte. Der häusliche Alltag, die zwischen Liebe und Haß pendelnden Beziehungen der Familienmitglieder, die Ehekrisen und die wirtschaftlichen Nöte wurden zu typischen Motiven seines Theaters. Eine Bühnenkunst, die sich in dem Maße ihrer Ausrichtung auf das bürgerliche Publikum konsequenterweise von ihren anfänglich volksnahen, durch den neapolitanischen Dialekt geprägten Formen hinwegentwickelte zu einem thematisch wie sprachlich angepaßten bürgerlichen Theater, in dem nun nicht mehr der Dialekt, sondern eine reflektierte und effektvolle Mischung von Dialekt und Umgangssprache vorherrschte. In dieser Entwicklung spiegelt sich eine bis in die Gegenwart anhaltende generelle Tendenz des italienischen Theaters zu bürgerlichen Strukturen. Das erste Meisterwerk De Filippos war das schon erwähnte *Natale in casa Cupiello*, das eine prototypische Handlung aufweist und zugleich in seiner Textgeschichte die auch formal vollzogene Anpassung an das »normale« bürgerliche Theater belegt: 1931 wurde das Stück in zwei Akten gespielt, 1943 dann zur üblichen dreiaktigen Komödie mit dem Titel *Cantata dei giorni pari* umgearbeitet. Das tragikomische, mit starken Rühreffekten aufwartende Stück führt Szenen aus dem Leben des naiven Kleinbürgers Luca Cupiello vor, der unter seiner hochnäsigen Frau Concetta ebenso leidet wie unter seinem nichtsnutzigen Sohn Nennillo und der Tochter Ninuccia, die in einer schrecklichen Ehe mit Niccola lebt, insgeheim aber den Freund des Sohnes, Vittorio, liebt. Weihnachten naht heran und der brave und einfältige Luca möchte die Familie beim Festmahl an der Weihnachtskrippe zusammenführen und versöhnen. Statt dessen tritt bei diesem Mahl Ninuccias Leidenschaft für Vittorio zutage, und es kommt zu einem wilden Streit zwischen den Rivalen, der alles zerstört und Luca den Todesstoß versetzt. Nach tragikomischen und untauglichen Versuchen des armen, schon delirierenden Luca, eine Versöhnung herbeizuführen, stirbt er in vermeintlichem Frieden, den Blick auf die Weihnachtskrippe gerichtet.

Daran schlossen sich eine große Zahl von publikumswirksamen Komödien an, deren Erfolge immer wieder auf der überragenden schauspielerischen Leistung ihres Autors beruhten, darunter *Napoli milionaria!* (1945) mit Szenen aus dem Leben einer Familie des Subproletariats im zerbombten Neapel von 1942, fast ausschließlich in neapolitanischem Dialekt geschrieben und später von De Filippo selbst verfilmt, *Questi fantasmi!* und *Filumena Marturano* (beide 1946), *Le voci di dentro* (1948), Beispiel für eine sehr wirkungsvolle Mischung von Umgangssprache und Dialekt, *Mia famiglia* (1955), *Il figlio di Pulcinella* (1958), *Sabato, domenica e lunedì* (1959), *Il sindaco del Rione Sanità* (1960) und viele andere. Sein letztes Stück war der tiefsinnige, die Zeitlichkeit des Lebens und die Hoffnungen und Enttäuschungen des Autors und seiner Generation reflektierende Dreiakter *Gli esami non finiscono mai* (1973), dessen vom Autor gespielter »Held«, der vor allem zum Publikum sprechende Guglielmo Speranza, als »Prototyp von uns allen« auftritt.

Seine vielfältigen Erfahrungen als Schauspieler, Komödiant und Regisseur und seine Ansichten zum Theater hat De Filippo in dem Band *L'arte della commedia* (1964) festgehalten.

704

Die Nachkriegszeit in Italien war ähnlich wie in Deutschland durch den Wiederaufbau und die Neuorganisation des Kulturbetriebs und ein großes kulturelles Nachholbedürfnis gekennzeichnet, was in Italien u. a. zu einer beträchtlichen Anzahl von Theaterneugründungen führte, so daß schließlich jede größere und mittlere Stadt über ihr eigenes festes Theater verfügte. Die kommunalen Neugründungen wurden wirkungsvoll flankiert durch einzelne Initiativen, so etwa durch das 1947 von Giorgio Strehler gegründete »Piccolo teatro di Milano«, das sich als Kunsttheater allen bürgerlichen Schichten anbot, oder das von Vittorio Gassman ins Leben gerufene »Teatro popolare italiano«, das seinem Namen entsprechend vor allem fürs einfache Volk und die Provinzbevölkerung Theater machen wollte. Mit einer ganz erheblichen Erweiterung und Aktualisierung künstlerisch meist anspruchsvoller Spielpläne sowie durch organisatorisch-ökonomische Maßnahmen wie Einrichtung von Abonnements, Preisnachlässen für bestimmte Bevölkerungsgruppen und dergleichen behaupteten sich die Theater relativ gut gegenüber dem wirtschaftlich einträglicheren Kino und dem in Italien sich seit etwa 1953 ausbreitenden Fernsehen. Gespielt wurden die großen Stücke der italienischen Tradition, von der »Commedia dell'arte« über Goldoni bis Pirandello; einzelne klassische Stoffe wurden in herausragenden, innovativen Inszenierungen dargeboten wie etwa der *Orlando furioso* in der Inszenierung von Luca Ronconi und Edoardo Sanguineti 1968 in Spoleto. Gleichzeitig aber mußte der Neugier des Publikums auf das neuere europäische Theater Rechnung getragen werden, und so hielten denn (mit einer gewissen Verspätung) das »Absurde Theater« Samuel Becketts, das »Antitheater« Eugène Ionescos, das »Grausame Theater« Antonin Artauds und viele weitere Autoren der europäischen, insbesondere der angelsächsischen und deutschen Avantgarde (John James Osborne, Harold Pinter, Edward Albee, Max Frisch, Peter Weiss und andere) ihren Einzug auf italienischen Bühnen, und dazu natürlich auch weitere experimentierende Theaterformen wie etwa »happening«, »underground-theatre« und »living-theatre«.

Was jedoch die hier darzustellenden Neuschöpfungen italienischer Theaterautoren in dieser Zeit angeht, so sind neben dem unermüdlich schreibenden und spielenden De Filippo nur wenige Namen von Rang zu nennen. Einer der erfolgreichen Bühnenautoren der unmittelbaren Nachkriegszeit war der Richter, Verwaltungsjurist und Magistrat UGO BETTI (1892–1953), der bereits 1927 mit dem Drama *La padrona* debütierte, einem symbolhaften und mystifizierenden Stück um Marina, Symbol des Lebens, Anna, Symbol des Todes, und Pietro, Vater von Anna und Ehemann von Marina. In den dreißiger und vierziger Jahren schrieb Betti eine

Reihe von thematisch und qualitativ recht unterschiedlichen Stücken, so etwa die surrealistische Farce *Il diluvio* (1934), das romantisch-kleinbürgerliche Stück *Una bella domenica di settembre* (1937), das an Ibsen erinnernde *Il cacciatore d'anitre* (1940), und das wiederum romantisch-geheimnisvolle *Notte in casa del ricco* (1942). Aber schon 1932 hatte Betti mit *Frana allo Scalo Nord* sein Lieblingsthema entdeckt, nämlich das der gerichtlichen Untersuchung menschlichen Fehlverhaltens und der Gewissensprüfung und Verantwortlichkeit der Beteiligten – ein Thema, das ihm dann nach dem Kriege, in einer Zeit allgemeiner gerichtlicher und moralischer Aufarbeitung der Kriegsgreuel, seinen größten Bühnenerfolg bescherte: Nach *Ispezione* von 1947 brachte er Kritik und Publikum auf seine Seite mit dem 1944/45 geschriebenen, 1949 uraufgeführten Dreiakter *Corruzione al Palazzo di Giustizia,* der 1974 auch verfilmt wurde. Das Stück spielt ausschließlich in einem Saal des Justizpalastes und inszeniert die Bemühungen eines Untersuchungsrichters, einen schwerwiegenden Korruptionsverdacht aufzuklären, der mehrere Richter und auch den Präsidenten der Justizbehörde belastet; in seinem weiteren Verlauf entwickelt sich das Bühnengeschehen jedoch in einer für Betti typischen und motivbildenden Weise immer stärker zu einer philosophischen und schließlich auch versöhnlichen Betrachtung des Bösen schlechthin, seiner verheerenden Auswirkungen im Menschen und der Möglichkeit einer Befreiung durch das aufrichtige, uneingeschränkte Geständnis. Im folgenden Jahr brachte Betti *Spiritismo nell'antica casa,* die Geschichte einer über den Tod hinweg andauernden und in den Tod führenden Gattenliebe, und *Delitto all'isola delle capre* auf die Bühne, ein Spiel um drei auf einer einsamen Insel lebenden Frauen, die sich von der obsessionellen Präsenz eines Mannes befreien, indem sie diesen umbringen. 1951 folgten noch das die guten Seiten im Menschen idealistisch (und ein wenig kitschig) verherrlichende *La regina e gli insorti* und *Il giocatore,* Darstellung der seelischen Wandlungen eines des Mordes an seiner Frau Angeklagten; doch konnten diese und einige postume Stücke nicht an den Erfolg der *Korruption im Justizpalast* anknüpfen.

Um Prozesse, Schuld und Urteile geht es auch meist bei dem Dramatiker DIEGO FABBRI (1911–1980), der diese Motive allerdings stärker als Betti mit dem damals aktuellen Thema der Kriegsverbrechen bzw. der rassistischen Vergehen und ihrer Bestrafung verband und zugleich der religiösen Thematik ein noch größeres Gewicht verlieh. Über die bevorzugten Themen Fabbris geben bereits die Titel seiner Stücke Auskunft: *Inquisizione* (1950), *Il seduttore* (1951), *Processo di famiglia* (1953), *Veglia d'armi* (1956), *La bugiarda* (1956), *Figli d'arte* (1959) und andere. Das wahrscheinlich beste,

706

zumindest bekannteste Stück Fabbris war *Processo a Gesù,* ein pirandellianisches »Stegreifspiel« und Metatheater in zwei Teilen (»tempi«) und einem Intermezzo, das 1955 am »Piccolo teatro« in Mailand aufgeführt wurde. Mit einigen Schauspielern wird zunächst der in der Bibel berichtete Prozeß des Jesus von Nazareth nachgespielt mit dem Ziel, zu überprüfen, ob jener Jesus wirklich der erhoffte Messias und ob seine Verurteilung damals rechtens war. Im Laufe dieses Spiels findet jedoch eine »prise de conscience« bei den Schauspielern und bei dem (von weiteren Schauspielern dargestellten) Publikum statt, die dazu führt, daß nun eigene, im Krieg erworbene Schuld zur Sprache kommt und der Glaube an Christus schließlich als die einzige Hoffnung der Welt gepriesen wird. Die Thematisierung der Kriegsschuld und ähnlicher Fragen in italienischen Bühnenstücken ist ansonsten – anders als im neorealistischen Film – kaum über Mittelmäßiges hinausgekommen.

Nach einer ersten Welle des Wiederaufbaus und der Neuorientierung des italienischen Theaters in der unmittelbaren Nachkriegszeit stellten die nachfolgenden sechziger Jahre für die damals jungen italienischen Bühnenautoren eine recht schwierige Zeit dar. Viele Intellektuelle hegten grundsätzliche Zweifel und Mißtrauen an der Eignung und Effizienz der Gattung Theater als Aussage-, Analyse- oder Bildungsinstrument der modernen Industriegesellschaft, während gleichzeitig weite Kreise des Publikums unter ständiger Berieselung durch die Medien und durch ein immer stärkeres Unterhaltungsangebot des Fernsehens ihr Interesse am Theater verloren. Erschwerend war für die angehenden Theaterautoren auch die Tatsache, daß die italienischen Bühnen jener Jahre zum einen wieder die italienischen Theaterklassiker, zum anderen aber verstärkt die erfolgreichen ausländischen Bühnenstücke in ihr Repertoire aufnahmen. Soweit neue und experimentierende Stücke aufgeführt wurden, vollzog sich eine grundlegende strukturelle Entwicklung, die sich immer stärker vom herkömmlichen gesprochenen Theater, dem Worttheater, entfernte und statt dessen gestenreiches, oft sprachloses Spiel, Bühneneffekte wie Licht, Raum oder Geräusche, die stumme Präsenz der Dinge und ähnliche Ausdrucksmittel bevorzugte. Hand in Hand hiermit vollzog sich eine ständige Aufwertung des Regisseurs, der zum eigentlichen Schöpfer des inszenierten Stückes avancierte und die Bewegungsfreiheit des Autors zunehmend einengte. Trotz solcher Schwierigkeiten war es keine geringe Anzahl von Autoren, die ihr Glück auf der Bühne versuchten.

Neben De Filippo und Fabbri, die weiterhin die italienische Bühne beherrschten (während der frühverstorbene Betti rasch der Vergessenheit anheimfiel), und neben Bene und Fo, von denen sogleich (vgl. S. 712 ff.) die Rede sein wird, waren es vor allem Patroni Griffi, Brusati und Testori, die sich in den sechziger und siebziger Jahren mit überdurchschnittlichen Erfolgen auf der italienischen Bühne durchsetzten. GIUSEPPE PATRONI GRIFFI (geb. 1921), der eng mit Schauspielern und Regisseuren zusammenarbeitete, debütierte 1958 mit dem Stück *D'amore si muove,* das, im Ambiente des Kinos und der Filmproduktion, von der Liebe des jungen angehenden Regisseurs Renato zur skrupellosen und kalten Helena handelt und sogleich ein großer Bühnenerfolg war. *Anima nera* (1960) brachte demgegenüber die schwierige Beziehung des Strichjungen Adriano zur bürgerlichen Marcella auf die Bühne, nicht ohne dem Ganzen einen konventionellen und beruhigenden Schluß zu verleihen. Nach dem lyrisch-autobiographischen *In memoria di una signora amica* (1963) erreichte Patroni Griffi mit *Metti una sera a cena* (1967) seinen vielleicht größten Erfolg, einer bürgerlichen, doch moralfreien Komödie, die ganz im Geist jener Jahre die neue, alle Beziehungen erlaubende sexuelle Freizügigkeit in den Mittelpunkt stellt. Weitaus weniger gelungen waren demgegenüber das nachfolgende *Persone naturali e strafottenti* (1974) mit dem Thema der Homosexualität und des Transvestitentums, sowie auch die späteren Stücke *Prima del silenzio* (1979) und *Gli amanti dei miei amanti sono i miei amanti* (1982).

FRANCO BRUSATI (geb. 1922), ein erfolgreicher Bühnen- und Filmregisseur, schrieb in langen zeitlichen Intervallen auch einige wenige Bühnenstücke, darunter zwei, die zu den besten der sechziger Jahre gehören. Nach dem weniger geglückten Erstling *Il benessere* (1959), der als Kritik an der unmoralischen, orientierungslosen Konsumgesellschaft intendiert war, legte Brusati vier Jahre später eine inhaltlich, strukturell und stilistisch ausgewogene Komödie mit moralischem Anspruch vor, die zu den besten ihrer Zeit gehörte: *La fastidiosa* (1963). Zentralfigur ist die vom Glauben an die echten Werte des Lebens beseelte Frau und Mutter Lidia, die sowohl von dem Ehemann, einem unverbesserlichen Don Giovanni, als auch von dem nur scheinbar moralischen Sohn als »lästig«, eben als »la fastidiosa«, empfunden wird, weil sie beide zur Offenbarung ihres wahren Wesens zwingt. Nicht die Welt der Familie, sondern das aktuelle Zeitgeschehen lieferte dagegen den Stoff für das ehrgeizige Stück *Pietà di novembre* (1966), das ebenfalls beim Publikum großen Anklang fand. In einem ausgewogenen Verhältnis von historischen Fakten und freier Erfindung und in kühner Überlagerung zeitlicher und räumlicher Ebenen verbindet das Stück die Geschicke des jungen Italieners Luca mit denen von L. H. Oswald, des mutmaßlichen Mörders des Präsidenten Kennedy, und mit den Ereignissen von Dallas im November 1963. Mit späteren Stücken wie *Le rose del lago* (1974) und *Una donna sul letto* (1984) vermochte Brusati jedoch nicht an seine großen Erfolge anzuknüpfen.

GIOVANNI TESTORI (1923–1993), ein Schüler Roberto Longhis, Maler, Kunstkritiker und Erzähler, debütierte unter offensichtlichem Einfluß des Neorealismus mit dem Roman *Il Dio di Roserio* (1954) und den Erzählbänden *Il ponte della Ghisolfa* (1958) und *La Gilda del Mac Mahon* (1959), die vorzugsweise der Beschreibung einfacher, gedemütigter Menschen und ihrer Probleme gewidmet sind. Auch in seinen frühen Stücken *Maria Brasca* (1960) und *Arialda* (1960) wandte sich Testori der dokumentarischen Schilderung des Lebens der niederen Bevölkerungsschichten in der rauhen gesellschaftlichen Wirklichkeit der Peripherie Mailands zu. Mit *La monaca di Monza* (1967) und *Erodiade* (1969) gab er jedoch diese dokumentarische Tendenz auf und versuchte, mit der Dramatisierung der durch die Gesellschaft behinderten Liebe von Marianna und Paolo im ersten und der dunklen, vehementen Leidenschaft der biblischen Heldin im zweiten Stück Konzepte für eine neue, zeitgemäße Tragödie zu entwickeln. Den Höhepunkt seiner Bühnenkunst erreichte Testori jedoch erst in den siebziger Jahren mit der Trilogie *Ambleto* (1973), *Macbetto* (1974) und *Edipus* (1977), deren drei Teile ihre klassischen Stoffe in eine extreme und dekadente Modernität hineinsteigern und, vor dem Hintergrund des damals vieldiskutierten Endes der Tragödie, erneut den ernsthaften, wenngleich »unmöglichen« Versuch unternehmen, eine moderne Form der Tragödie zu kreieren. In ihren vorherrschenden Monologpartien spiegeln diese Stücke zugleich die Unfähigkeit des Künstlers, mit seiner Gesellschaft zu kommunizieren und belegen darüber hinaus in vielen Einzelmotiven den tiefen Pessimismus des Autors und seine Verzweiflung am Leben und an der Macht des Bösen. Vor allem in *Edipus* überprüft und bestätigt Testori die Unmöglichkeit der Tragödie in der modernen Gesellschaft, die keine absoluten Wertmaßstäbe und keine allgemeinverbindlichen Prinzipien mehr kennt. Nach seiner Trilogie, die für ihn das Ende eines Weges bedeutete, fand Testori eine neue Orientierung für sein Theater in der Rückkehr zum christlichen Glauben, die u. a. durch den Tod der Mutter ausgelöst wurde. *Conversazione con la morte* (1979), *Interrogatorio a Maria* (1979) und *Factum est* (1981) thematisieren in feierlichen und rhetorischen Tonlagen die neue religiöse Gewißheit des Autors und wenden sich exklusiv an ein gläubiges Publikum, während in *Post-Hamlet* (1983) und *I promessi sposi alla prova* (1984) im Rahmen der neuen religiösen Thematik wieder das Bemühen um eine sorgfältigere stilistische Gestaltung spürbar wird

Zur Theaterproduktion der zweiten Hälfte des 20. Jahrhunderts gehören freilich auch die Stücke solcher Autoren, die sich in erster Linie bzw. mit den besseren Erfolgen in anderen literarischen Gattungen betätigten und die daher in dieser Literaturgeschichte an einer anderen Stelle eingeordnet und besprochen wurden. Dazu gehören die Theaterkreationen von Pasolini, Ginzburg, Moravia, Gadda, Silone, Sciascia, Arpino, Parise und vielen anderen. Wirft man einen vergleichenden Blick auf diese Autoren, so kann auffallen, daß gerade diejenigen Schriftsteller, die sich einigermaßen engagiert oder gar mit programmatischem Ehrgeiz um das Theater bemühten, eher bescheidene praktische Ergebnisse auf diesem Gebiet erzielten, während Autoren, die sich nur sporadisch der Bühne zuwandten, oft recht bedeutende und erfolgreiche Stücke gelangen. Zu den Autoren der ersten Gruppe gehört neben anderen Pier Paolo Pasolini (vgl. S. 848 ff.), der in seinem *Manifesto per un nuovo teatro* (1968) ein neues, dem Wort verpflichtetes Theater (»teatro di parola«) forderte, das sich als antibürgerliche Institution und als Antithese zum damaligen, von Bühneneffekten, Gestik und Geräuschen beherrschten Modetheater direkt am klassischen griechischen Theater orientieren sollte. Doch blieben seine Versuche in dieser Richtung mit *Orgia* (1968), *Pilade* (1969), *Affabulazione* (1977) und *Calderón* (1978) ziemlich blaß, theoretisch und weithin ohne Poesie. Ähnliches gilt auch für Alberto Moravia (vgl. S. 809 ff.), der sich mit großen ideologischen Ambitionen dem Theater näherte, in seinen Stücken *La mascherata* (1954), *Beatrice Cenci* (1955) und anderen jedoch über Mittelmäßiges nicht hinauskam. Auch sein relativ bestes Stück, *Il Dio Kurt* (1969), fand nicht wegen seiner dramaturgischen Qualitäten, sondern wegen seines ungewöhnlichen Protagonisten einigen Anklang. Auch Natalia Ginzburg (vgl. S. 910 ff.), die in ihrem Bemühen um die Erhaltung der traditionellen bürgerlichen und familiären Werte an die Erneuerung des Theaters im Sinne eines Sittengemäldes (»teatro di costume«) dachte, gelangen keine nennenswerten eigenen Schöpfungen; die beste ihrer Komödien blieb *Ti ho sposato per allegria* (1966).

Zu der anderen Gruppe von Autoren, die nur gelegentlich für das Theater schrieben, dabei aber paradoxerweise bemerkenswerte Stücke hervorbrachten, zählt etwa Ignazio Silone (vgl. S. 815), der mit seinem einzigen Bühnenstück *L'avventura di un povero cristiano* (1969) ein Drama von ungewöhnlichem historischem Profil und moralischem Anspruch vorlegte, dessen Held, Coelestin V., zu den unvergeßlichen Gestalten der neueren italienischen Dramaturgie zählt. Auch Gadda (vgl. S. 834 ff.) schrieb neben zahlreichen Prosawerken nur einen einzigen, doch höchst effektvollen Einakter *Il guerriero, l'amazzone, lo spirito della poesia nel verso immortale del Foscolo* (1967). Giovanni Arpino (vgl. S. 889) zeigte ebenfalls bemerkenswertes dramaturgisches Können in seinen beiden (einzigen) Theaterstücken *L'uomo del bluff* (1968) und *Donna amata dolcissima* (1969). Zu den gelegentlichen Theaterschreibern gehörten auch Leonardo Sciascia (vgl. S. 856 ff.), der mit *L'onorevole* (1966) und mehr noch mit *Recitazione della controversia lipa-*

ritana dedicata ad A. D. (1970), der leidenschaftlichen Darstellung eines Konflikts zwischen Staat und Kirche, zwei Bühnenstücke von hohem Niveau vorlegte; Goffredo Parise (S. 827 ff.), der einen einzigen, aber überdurchschnittlichen Theatertext, L'assoluto naturale (1969) verfaßte; BENIAMINO JOPPOLO (1908–1965), der neben Erzählwerken einige bedeutende, postum aufgeführte Stücke schrieb (*I carabinieri*, 1949; *Le acque*, 1971; *La tana*, 1972); und neben anderen der vor allem durch seinen Roman *Il cielo è rosso* (1947) bekannt gewordene GIUSEPPE BERTO (1914–1978), der seine religiöse Problematik in zwei bemerkenswerte Dramen: *L'uomo e la sua morte* (1962) und *La passione secondo noi stessi* (1976) einbrachte.

Trotz der oben angedeuteten Schwierigkeiten des Theaters, das im Laufe der Zeit immer deutlicher in den Schatten des dominierenden Romans und der Erzählprosa zu treten schien, trotz tiefer Verunsicherung bei vielen Regisseuren und Schauspielern und verbreiteter Gleichgültigkeit bei Kritik und Publikum entschlossen sich auch in den sechziger und siebziger Jahren nicht wenige Autoren und einige Autorinnen dazu, für die Bühne zu arbeiten. So schrieben über die verschiedensten Themen und mit unterschiedlichem Erfolg MASSIMO DURSI (1902–1982), GIORGIO PROSPERI (geb. 1911), FRANCA VALERI (geb. 1920), ALFREDO BALDUCCI (geb. 1920), GENNARO PISTILLI (geb. 1920), GENNARO ACETO (geb. 1921), LUIGI CANDONI (1921–1974), ENZO MAURRI (geb. 1921), CARLO MARIA PENSA (geb. 1921), MASSIMO BINAZZI (1922–1983), GUIDO FINN (geb. 1923), CARLO TRITTO (geb. 1925), BENEDETTO BERTOLI (geb. 1926), MARIO MORETTI (geb. 1929), PAOLO POLI (geb. 1926), ROBERTO MAZZUCCO (geb. 1927), LUIGI DE FILIPPO (geb. 1930, Sohn von Peppino), MARIO ANGELO PONCHIA (geb. 1930), ROBERTO LERICI (geb. 1931), RENATO MAINARDI (1931–1977), VINCENZO DI MATTIA (geb. 1932), CORRADO AUGIAS (geb. 1935), MINO BELLEI (geb. 1936), FABIO DOPLICHER (geb. 1938), MANLIO SANTANELLI (geb. 1938) und viele andere. Und auch in den achtziger Jahren wendet sich eine weitere Schar von jüngeren Autorinnen und Autoren dem schwierigen Terrain des Theaters zu, darunter Maria Antonini, Claudia Poggiani, Stefania Porrino, Rosario Galli, Maurizio Garuti, Giuseppe Manfridi, Gian Marco Montesano, Annibale Ruccello, Marco Tesei und Roberto Tiraboschi, um nur einige zu nennen. Wirft man einen Blick zurück auf die letzten drei Jahrzehnte des italienischen Theaters, so erweist es sich bei den meisten Autoren als nahezu unmöglich, diese in näher umrissene thematische oder ideologische Richtungen bzw. in bestimmte programmatische Gruppierungen einzuordnen, da sie überwiegend sehr individuelle Lösungen suchen. Und es ist auch nicht zu übersehen, daß die meisten ihrer Versuche sich qualitativ in einem durchschnittlichen Rahmen bewegen. Viele der genannten Theaterautoren sind bereits jetzt vergessen, weitere werden es in Kürze sein. Aus dem weithin vorherrschenden Mittelmaß ragen – und dies ist ein erstaunliches Faktum – eigentlich nur zwei Autoren heraus, die inzwischen seit Jahrzehnten auf der italienischen Bühne überleben und deren Renommee bis in die jüngste Gegenwart dem raschen Vergessen von Kritik und Publikum widerstehen konnte: Es handelt sich um Carmelo Bene und Dario Fo, zwei Theaterschaffende, die zwar unterschiedliche Wege gingen, die aber beide die Qualitäten und Funktionen des Autors, Schauspielers und Regisseurs auf sich vereinen.

In einer seltenen Mischung von Provokation, experimentierendem Innovationsdrang und unerschöpflichem Einfallsreichtum wandte sich CARMELO BENE (geb. 1937) vom geschriebenen Theater traditioneller Prägung ab und legte seit den sechziger Jahren eine große Zahl von Theaterexperimenten und Szenarien vor. Bekannt wurde er vor allem durch seine ebenso schwungvollen wie respektlosen Bühnenbearbeitungen bekannter Roman- und Dramenstoffe wie *Lo strano caso del Dottor Jekyll e del Signor Hyde* (1961), *Pinocchio* (1962), *Amleto* (1962), *Edoardo II.* (1963), *Salomè* (1963), *Manon* (1965), *Il rosa e il nero* (1966), *Don Chisciotte* (1968) und weitere ähnliche Stücke. Große und anhaltende Erfolge erntete er auch mit dem Stück *Nostra signora dei Turchi* (1966), das er gleichzeitig in Romanform vorlegte und später auch als Film gestaltete – ein überaus originelles Spiel, das in seiner barocken Fülle exzessiver, parodierender und provokatorischer Motive und in seiner Verbindung von Destruktion, Ironie, Scharlatanerie und Magie wie eine Synthese seiner Theaterkonzeption erscheinen kann.

DARIO FO, 1926 in Sangiano (Varese) geboren, Kabarettist, Stückeschreiber, Dramaturg, Regisseur und begnadeter Mime und Clown, der mit seinem Spiel selbst dem schwächsten seiner Stücke noch zum Erfolg verhelfen kann, ist der auch in Deutschland und international weitaus bekannteste unter den neueren italienischen Theaterautoren. Nach Anfängen im Kabarett kam Fo Ende der fünfziger Jahre dazu, für sich, seine Frau FRANCA RAME und die gemeinsame Schauspieltruppe eine Serie von überaus publikumswirksamen, schwungvollen bis reißerischen Farcen zu schreiben, in denen sich ein clownartiger Humor mit grotesken und surrealen Motiven verbindet. Auf diese Weise entstanden *Comica finale*, *Non tutti i ladri vengono per nuocere*, *L'uomo nudo e l'uomo nel frac*, *Gli imbianchini non hanno ricordi*, *I cadaveri si spediscono e le donne si spogliano* (alle 1958); *Gli arcangeli non giocano al flipper* (1959); *Aveva due pistole con gli occhi bianchi e neri* (1960), *Chi ruba un piede è fortunato in amore* (1961) und weitere Stücke dieser Machart. Obwohl bereits diese frühen Szenarien sozialkritische Ansätze und ideologische Motive enthielten, waren sie in ihrer Mischung aus Kabarett, »Commedia dell'arte«, Zirkus und Wanderbühne in erster Linie Spiel und Amüsement. Erst mit *Isabella, tre caravelle e un cacciaballe* (1963) vollzog Fo eine entschiedenere Hinwendung zum politischen Theater. So diente in dem genannten Stück die Satire auf die Entdekkung Amerikas dem Autor als Vorwand, seine radikal antiamerikanischen und antikapitalistischen Einstellungen kundzutun. Darauf folgten weitere, sich mehr oder weniger radikalisierende ideologische oder politische Stücke wie *Settimo ruba un po' meno* (1964), *La colpa è sempre del diavolo* (1965) und *La signora è da buttare* (1967). Nach dem Mai 1968 verstärkte sich Fos politisches Engagement und seine Wendung nach links; er arbeitete zeitweise mit dem PCI zusammen, in dessen Räumlichkeiten er militante Stücke aufführte, und gab später seiner Sympathie mit der revolutionären Linken in politischen Stücken wie *Morte accidentale di un anarchico* (1970), *Ordine per Dio.000.000* (1972), *Pum Pum chi è? La polizia!* (1972) und *Il Fanfani rapito* (1975) Ausdruck; Stücke, die mit dem Gedanken der gesellschaftlichen Revolution spielen und zum Teil auch terroristische Motivationen durchblicken lassen. Nach der Krise der Linken (vgl. S. 792) wandte sich Fo dem Thema der Stellung der Frau in der Gesellschaft zu und schrieb hierüber Ende der siebziger Jahre gemeinsam mit Franca Rame einige Stücke. Alle späteren Produktionen des unermüdlich weiterschreibenden Fo tragen jedoch den Stempel des Niedergangs. Sein bestes Theaterstück, das wohl am längsten dem Vergessen widerstehen wird, ist das »volkstümliche Possenspiel« (»giullarata popolare«) mit dem Titel *Mistero buffo,* das in volkstümlichem Ausdruck und in kritischer, respektloser und denunzierender Perspektive die Inhalte der biblischen Lehre und des Christentums aufrollt mit dem Ziel, die Mystifikationen freizulegen und aufzubrechen, mit denen im Laufe der Jahrhunderte die elementaren menschlichen und biblischen Wahrheiten zugedeckt wurden. Die Szenenfolge des ersten Teils wurde 1969 allein durch Dario Fo in der Casa del Popolo von Cusano Milanino, die des zweiten Teils 1974 in Mailand durch Dario Fo und Franca Rame aufgeführt. Das beeindruckende Szenarium, dessen einheitstiftende Mitte stets der Spielmann (»giullare«) bleibt, gewinnt einen großen Teil seiner Überzeugungskraft durch die kunstvolle und doch volkstümliche Synthese unterschiedlicher sprachlicher und kultureller Bereiche. So verwenden einige Szenen Dialektformen der Poebene aus dem 15. Jahrhundert, andere basieren auf alten venezianischen Chroniken, wieder andere orientieren sich an mittelalterlichen Gauklerpossen oder sakralen Mysterienspielen; auch mittelalterliche tschechoslowakische und polnische Spiele mit ihren unheiligen, erdnahen Christus- und Mariengestalten dienten teilweise als Vorlage. Das Stück, das gegen die offizielle Kultur rebelliert, ist ein Plädoyer für das Volk und insbesondere für dessen arme und marginalisierte Schichten, möchte aber zugleich als ein Manifest für die Priorität eines volkstümlichen Theaters verstanden werden. Das Bühnenspiel wurde 1977 auch in einer Fernsehfassung verbreitet, die in der erweiterten, von Franca Rame besorgten Neuausgabe des Werks von 1977 (eine erste Ausgabe erschien bereits 1973) mitveröffentlicht wurde.

IV. DIE ÄRA DES NEOREALISMUS

1. Die zwanziger Jahre, die Zeitschrift »Solaria« (1926–34) und die Rückkehr zum Roman

Die zwanziger Jahre bescherten Italien eine Reihe wichtiger, wenn auch ideologisch divergierender literarischer und kultureller Anstöße. Einer davon war die Gründung der Zeitschrift »900« (NOVECENTO) im Jahr 1926, die zunächst in französischer Sprache mit dem Untertitel »Cahiers d'Italie et d'Europe« viermal jährlich, dann ab Juli 1928 bis zum letzten Faszikel im Juni 1929 monatlich in italienischer Sprache erschien. Die Gründer der Zeitschrift waren MASSIMO BONTEMPELLI (1878–1960) und Curzio Malaparte (zu diesem Autor S. 736 f.), die sich eine Erneuerung und Entprovinzialisierung der italienischen Kultur zum Ziel gesetzt hatten: »900« sollte Italien mit den modernen europäischen und internationalen Kunstrichtungen und Kunstavantgarden vertraut machen und in der Auseinandersetzung mit diesen neue zukunftsorientierte Formen der Literatur entwickeln. Dabei wurde auch der Faschismus als mögliche Zukunftsperspektive mit einbezogen. Zu diesem Zeitpunkt unterhielt Bontempelli ambivalente Beziehungen zum faschistischen Regime, von dem er sich jedoch später distanzierte mit der Folge, daß er 1938 ein Berufsverbot erhielt. Eines der Hauptverdienste der kurzlebigen Revue war, daß sie Texte und Beiträge bedeutender ausländischer Autoren veröffentlichte, darunter solche von Rilke, A. Malraux, M. Jacob, D. H. Lawrence und Virginia Woolf. Treibende Kraft der Initiative war Bontempelli, der auch außerhalb der Zeitschrift »900« in theoretischen Beiträgen (gesammelt in dem Band L'avventura novecentista, 1938) und in literarischen Werken für eine moderne Orientierung von Literatur und Kunst, den sogenannten »novecentismo«, plädierte. Als Schriftsteller gelangte Bontempelli, nach lyrischen Anfängen im Stil Carduccis und nach einer kurzen futuristischen Phase, von neoklassizistischer Grundlage aus zur Betonung der kreativen Phantasie und der souverän waltenden Einbildungskraft und damit zur Entwicklung eines neuen Darstellungsstils, den er »realismo magico« nannte. Den Prinzipien seines »magischen Realismus«, der die italienische Prosa der Zwischenkriegszeit nicht unwesentlich beeinflußte, blieb Bontempelli in seinem gesamten Prosawerk, d. h. bis in die fünfziger Jahre hinein, im wesentlichen treu: So etwa in *La scacchiera davanti allo specchio*, 1922; *Eva ultima*, 1923; *Il figlio di due madri*, 1929; *Vita e morte di Adria e dei suoi figli*, 1930; *Gente nel tempo*, 1937; *L'amante fedele*, 1953 und in anderen Werken, die mit ihren luziden, scharfkonturierten Objektbeschreibungen und ihrer »metaphysischen« Atmosphäre an die »pittura metafisica« des frühen De Chirico erinnern. Ähnliche Motive und Stilelemente beherrschen auch die Theaterstücke Bontempellis (vgl. S. 701 f.). Bontempelli, dessen literaturkritische Beiträge postum in dem Band *Introduzioni e discorsi* (1964) erschienen, eröffnete interessante Perspektiven und prägte eine Anzahl suggestiver Formeln; doch blieben die meisten seiner Vorschläge, darunter auch das Programm der Europäisierung der italienischen Intellektuellen, das er unter der Formel »Stracittà« zusammenfaßte, ziemlich abstrakt und hatten zum Teil elitären und aristokratischen Charakter. Das war auch einer der Gründe dafür, daß Malaparte schon 1927 die Redaktion von »900« verließ und mit M. Maccari und anderen in die Reihen der »Strapaese«-Bewegung überwechselte, die das entgegengesetzte Programm verfolgte und das provinzielle Volkstum als Ursprung und Mitte der italienischen Kultur anpries.

Ein Sympathisant von »Strapaese« war auch der Journalist Leo Longanesi (1905–1957), der im gleichen Jahr 1926, als Bontempelli »900« ins Leben rief, sein faschistisches (wenn auch durchaus regimekritisches) Monatsblatt L'ITALIANO (bis 1942) herausbrachte. Der wichtigste kulturelle Impuls der zwanziger Jahre war jedoch die Gründung der Monatszeitschrift SOLARIA, deren erste Nummer ebenfalls 1926 in Florenz erschien. Das Organ wurde von Alberto Carocci gegründet und – zeitweise gemeinsam mit Giansiro Ferrata und Alessandro Bonsanti – herausgegeben. Obwohl nicht sehr langlebig (das Erscheinen der Zeitschrift wurde weniger wegen der faschistischen Zensur als vielmehr wegen Krisen in der Redaktion im Mai 1934 eingestellt) und obwohl in seiner Programmatik keineswegs kohärent, markiert das Blatt eine Etappe der kulturellen und ideologischen Neuorientierung und einen wichtigen Erneuerungsimpuls der italienischen Literatur, insbesondere der Prosa, um 1930. Die »Solaria«, die Tendenzen und Beiträger der »Ronda« (vgl. S. 673 ff.) sowie der von Piero Gobetti in Turin gegründeten Monatszeitschrift »Il Baretti« (1924–28) in sich aufnahm, leitete ihren Namen von der Utopie einer idealen Sonnenstadt her (vgl. dazu Campanellas *Città del sole,* S. 391 f.) und verstand sich dementsprechend nicht als programmatische Schule, sondern als ein autonomes literarisches Gemeinwesen, als eine unabhängige Plattform. Als solche wurde sie zum Ort der Begegnung der nichtfaschistischen Intellektuellen und Schriftsteller der jungen und der älteren Generation, und nur in diesem passiven Sinn kann die »Solaria« auch als »antifaschistisches« Organ gelten. Zu ihren Mitarbeitern zählten Autoren wie Eugenio Montale, Umberto Saba, Gianna Manzini, Carlo Emilio Gadda, Giovanni Comisso, Guido Piovene, Giani Stuparich, Giacomo Debenedetti, Aldo Capasso, Alberto Consiglio, Arturo Loria, Leo Ferrero, Giansiro Ferrata und andere. Auch der noch junge Philologe Gianfranco Contini gab in der »Solaria« erste Proben seiner modernen, methodisch grundlegenden Textkritik; und zu den jungen Autoren, die in der Zeitschrift literarisch debütierten, gehörten neben den weniger bekannten Pier Antonio Quarantotti Gambini und Sandro Penna auch Natalia Ginzburg, Salvatore Quasimodo und Elio Vittorini.

Die »Solaria« verfolgte vor allem eine zweifache Absicht: einmal die generelle Erneuerung des geistigen und gesellschaftlichen Lebens und zum anderen die bereits von Bontempelli, Gobetti und anderen geforderte Öffnung zur europäischen Literatur mit dem Ziel, die italienische zu entprovinzialisieren und zu entkrampfen. In bezug auf den ersten Punkt blieb die »Solaria« stets in Allgemeinheiten stecken, um so mehr, als insgesamt kein klares Programm vorlag; hinsichtlich der zweiten Forderung jedoch hat das literarische Forum der »Solaria« Bahnbrechendes geleistet. Obwohl die »Solariani« vielfach einer verklärten, realitätsfernen Sicht der europäischen Literatur nachhingen und eben aus diesem Grund auch weiterhin der provinziellen italienischen Literatur huldigten, erwarb die Zeitschrift dennoch im Laufe ihres Erscheinens das unbestreitbare Verdienst, weite Teile der europäischen Literatur in Italien vorgestellt und damit zugleich einem neuen Literaturverständnis den Weg gebahnt zu haben. In der Wahl der »Solaria« stand die zeitgenössische französische Literatur an erster Stelle, allen voran Marcel Proust, André Gide und Paul Valéry, gefolgt von Alain Fournier, André Malraux, François Mauriac und anderen. Aus dem Deutschen wurden übersetzt und rezensiert Thomas Mann (vor allem *Tonio Kröger* und *Tod in Venedig*), Rainer Maria Rilke, Franz Kafka und Stefan Zweig. Breite Zuwendung fanden angelsächsische Autoren wie Thomas Stearns Eliot (teilweise von Montale übersetzt), James Joyce, Ernest Hemingway, William Faulkner, Virginia Woolf und Katherine Mansfield. Daneben galt das Interesse auch einigen russischen Autoren (u. a. Majakowskij, Esenin, Pasternak und Anna Achmatowa) sowie den Schriften Sigmund Freuds.

Schon diese Autorenauswahl läßt erahnen, daß das Hauptaugenmerk der »Solariani« auf die Prosa, und zwar auf den Roman gerichtet war, und in der Tat erhofften sich viele von ihnen in der Hinwendung zur europäischen Literatur vor allem das Auffinden einer großen europäischen Romantradition, die den abgeklapperten historisch-manzonianischen Romantyp ebenso ablösen sollte wie die neoklassizistische Kunstprosa der »Ronda«-Autoren. Dabei dachten die Prosaautoren der »Solaria« einerseits an realistische Romanformen, die imstande wären, gesellschaftliche Wirklichkeiten widerzuspiegeln; andererseits galt ihr Interesse jedoch auch einer lyrisch-subjektiven, introspektiven und seelenanalytischen Romankunst, für die sie in der ausländischen Literatur vor allem in den Vergangenheitsrekonstruktionen Prousts, in den inneren Monologen von Joyce und in den intimistischen Darstellungsweisen eines Tschechow oder einer Mansfield geeignete Vorbilder fanden. In diese zweite Richtung tendierten etwa die frühen Prosaversuche von Gianna Manzini (*Tempo innamorato*, 1928) und Elio Vittorini (*Piccola borghesia*, 1931 und *Garofano rosso*, 1933/34), von denen, ebenso wie von anderen »Solariani«, in den nächsten Kapiteln die Rede sein wird.

Ein eher atypischer Prosaschriftsteller aus dem Umkreis der »Solaria« war der aus Treviso stammende Journalist, Kaufmann, Rechtsanwalt und Kunsthändler GIOVANNI COMISSO (1895–1969), dessen ausgeprägte Neigung zu Reisen und Abenteuern sich mit einer ungewöhnlichen Fähigkeit der konkreten, sinnlichen Wahrnehmung unmittelbar erlebter Begegnungen, Ereignisse und Landschaften verband, die er in einer anschaulichen, vitalen und von ideologischen oder literarischen Konzepten ungetrübten Wiedergabe zu beschreiben verstand. Trotz einiger Versuche, literarisch anspruchsvolle Romane zu schreiben, lagen Comissos Fähigkeiten vor allem im Bereich der direkten, unkomplizierten Nacherzählung von Reisen, Erlebnissen oder Abenteuern. Von seinen zahlreichen Büchern seien hier wenigstens die mit ihren farbigen und frischen Beschreibungen beispielhaften Erzählbände *Il porto dell'amore* (1925), *Gente di mare* (1929) und *Giorni di guerra* (1930) genannt. Dem Rückblick auf sein Leben und autobiographischen Motiven waren *Le mie stagioni* (1951) und *La mia casa di campagna* (1958) gewidmet.

2. Was heißt »Neorealismus« in der Prosa?

»Der Neorealismus war keine Schule, er war ein Zusammenklang von Stimmen.« Die scheinbar unbefriedigende Definition Italo Calvinos stellt sich als brauchbar, ja vielleicht als die bestmögliche heraus, sobald man sich die konfuse Verwendung dieses in vielen Bedeutungen und Konnotationen schillernden Terminus vor Augen hält, der sich vielleicht gerade wegen seiner begrifflichen Dehnbarkeit in der italienischen Literaturkritik seit etwa 1930 und in der Filmkritik seit Anfang der vierziger Jahre einer ungebrochenen Beliebtheit erfreut. Zur Bezeichnung neuerer künstlerischer und literarischer Tendenzen wurde der Terminus »neorealismo« wohl schon Ende der zwanziger Jahre in Analogie zu dem deutschen Begriff »Neue Sachlichkeit« gebildet; 1942 verwendete ihn der Filmcutter Mario Serandrei für Luchino Viscontis Film *Ossessione*. Von da an erfuhr der Begriff eine rasche Verbreitung, wobei man mit ihm bald mehr auf das innovative Moment einer neuen Realitätsbewältigung, bald mehr auf das negative Moment einer zu partikulären Wiedergabe von Wirklichkeit abstellte. Ebenso schwankend wie die Bedeutungen des Begriffs sind auch die von der Kritik vorgeschlagenen zeitlichen Begrenzungen des literarischen Phänomens. Beginnt etwa der »neorealismo« bereits mit Moravias *Indifferenti* (1929) und Alvaros *Gente in Aspromonte* (1930) oder erst in der Zeit des Kriegs und des Widerstands? Gilt der Terminus für alle Erneuerungstendenzen innerhalb der realistischen Prosa, d. h. auch für Werke der Gegenwart, oder findet der Neorealismus bereits in den fünfziger Jahren sein Ende? Wer demgegenüber versucht, das Phänomen an einem »Erfinder« oder an bestimmten Prototypen festzumachen, wird ebenfalls verunsichert, weil selbst »exemplarische« Autoren wie etwa Vittorini oder Pavese nie auf Dauer, sondern nur zeitweise, d. h. mit einem oder einigen wenigen Werken der neuen Richtung angehören. Nach langem Hin und Her in der Kritik dürfte jedoch heute feststehen, daß Vittorini und Pavese, mit ihnen auch Fenoglio, im Zentrum der neorealistischen Prosa stehen, und daß es sich empfiehlt, diese auf »Resistenza« und erste Nachkriegszeit, also auf eine Phase von Anfang der vierziger bis Mitte der fünfziger Jahre einzuschränken. So eingegrenzt, lassen sich als übereinstimmende Merkmale einer neorealistischen Erzählweise folgende Kriterien herausschälen: 1. Volkstümlichkeit und Volksnähe in der Thematik, in der Wahl der Helden, ihren Verhaltensweisen und ihrer Sprache. 2. Die Perspektive des Autors ist bestimmt durch Liebe zum Volk, durch Vertrauen in die Werte und die Aufrichtigkeit des Kollektivs. 3. Bevorzugung von Themen und Ereignissen des kollektiven Widerstandes aus Krieg, »Resistenza« und Partisanenkampf. 4. Möglichst unmittelbare und konkrete Wiedergabe der aus nächster Nähe gesehenen Ereignisse, die sich gleichsam wie von selbst darstellen. 5. Häufige Verwendung des Dialogs und der gesprochenen Rede, um Unmittelbarkeit und Lebensnähe zu konnotieren. 6. Verwendung der Sprache in den mittleren Lagen der Umgangs- und der Alltagssprache, die auch (oft vereinfachte) regionale und dialektale Elemente aufnehmen, um ihre Volksnähe zu dokumentieren, ohne jedoch Regionalsprachen und Dialekte kohärent oder experimentierend zu gebrauchen.

Diese Kriterien können allerdings nur aus den Texten selbst abgeleitet werden, am besten vielleicht aus den Prosatexten der drei allgemein als prototypisch angesehenen Verteter des Neorealismus, nämlich Vittorini, Pavese und Fenoglio. Der Neorealismus war eben, um auf Calvino zurückzukommen, keine Schule, die sich in konkreten Programmen und Manifesten erklärt hätte, vielmehr eine in wesentlichen Merkmalen übereinstimmende Erzählhaltung, die in einer bestimmten historischen Situation aus ungefähr gleichgerichteten politischen, sozialen und moralischen Motivationen heraus entstand. Wobei aber, was den einzelnen Autor bzw. das einzelne Erzählwerk angeht, in der Regel nur einige der genannten Kriterien, und zwar in einer je individuellen Verbindung mit weiteren Merkmalen, verwirklicht werden. Welchen Sachverhalt Vittorini schon 1950 in einem Radiointerview im Hinblick auf den italienischen Neorealismus so umschrieb: »Im Prinzip gibt es ebenso viele Neorealismen wie bedeutende Erzähler, wobei das unübersehbare Bestreben der jüngsten Autoren, aus dem Neorealismus eine einheitliche Sache zu machen, noch nicht zu solchen Ergebnissen geführt hat, die es erlauben würden, das Werk der Älteren im Licht der Werke der Jüngeren zu würdigen.«

3. Drei Modelle neorealistischen Erzählens: Elio Vittorini, Cesare Pavese und Beppe Fenoglio

Politik und Kultur, Mythos und Geschichte, Ideologie und humanitäres Engagement gehen spontane und denkwürdige Synthesen im Werk eines Autodidakten ein, der seine schriftstellerische Karriere mit der felsenfesten Überzeugung von der Macht des dichterischen Wortes begann und mit der illusionslosen Gewißheit von der Wirkungslosigkeit der Kunst in der modernen Gesellschaft beendete. Die Rede ist von ELIO VITTORINI (1908–1966), in Syrakus als Sohn eines Eisenbahners geboren, der als Heranwachsender mehrfach aus dem Elternhaus flüchtete, bereits 1924 die ungeliebte technische Ausbildung abbrach und nach Norditalien ging, um sich der Literatur und der Politik zu widmen. Schon 1926 veröffentlichte er einen Aufsatz in der von Malaparte herausgegebenen faschistischen Zeitschrift »La conquista dello stato«, in dem er den Standpunkt eines linksgerichteten Faschismus einnimmt. Nach seiner frühen Heirat (aus der Ehe gehen zwei Kinder hervor, doch trennte sich Vittorini bald von seiner Frau) ging er 1927 nach Venezia Giulia, wo er in verschiedenen Bereichen, u.a. als Brückenbauer tätig war; im folgenden Jahr korrigierte er die Druckfahnen der Tageszeitung »La Nazione« in Florenz. Er verfaßt in diesen Jahren Beiträge für verschiedene Zeitschriften, darunter bereits ab 1927 solche für die »Solaria«; ab 1930 ist er deren Redaktionsmitglied. 1931 erscheint sein erster Erzählband *Piccola borghesia* in Florenz, und etwa um die gleiche Zeit eröffnet Vittorini mit der Übertragung von D. H. Lawrence eine ausgedehnte Tätigkeit als Übersetzer aus dem Englischen und Amerikanischen. 1933/34 beginnt der Abdruck seines ersten Romans *Il garofano rosso* in der »Solaria«, doch wird sein vollständiges Erscheinen von der faschistischen Zensur unterbunden. 1936 publiziert er das Reisetagebuch *Nei Morlacchi. Viaggio in Sardegna* (das 1952 bei Mondadori unter dem Titel *Sardegna come un'infanzia* neu aufgelegt wird) und beginnt die Niederschrift des Romans *Erica e i suoi fratelli*, die jedoch unter dem Eindruck des spanischen Bürgerkriegs abgebrochen wird.

Die Entwicklung des jungen Intellektuellen vollzieht sich in einem auffallenden ideologischen Zwiespalt zwischen künstlerisch-ästhetischen Interessen einerseits und politisch-faschistischen Neigungen andererseits. Obwohl in frühen Jahren der unpolitischen und konservativen »Ronda« und ihren Autoren (insbesondere Cecchi) nahestehend, schreibt er gleichzeitig in Malapartes linksfaschistischer Zeitschrift »La conquista dello stato« und nähert sich auch dem 1924 von M. Maccari gegründeten »Selvaggio« an, einem ebenfalls dem Faschismus nahestehenden (wenngleich keineswegs linientreuen) Blatt, das auch als halboffizielles Organ der nationalen »Strapaese«-Bewegung fungierte. Die Dialektik seiner Standpunkte setzt sich in den folgenden Jahren fort, indem Vittorini sich zum einen als Redakteur der »Solaria« literarisch und übernational orientiert, zum anderen mit der Wochenzeitschrift der Florentiner Faschisten, »Il Bargello«, kooperiert. In diesen divergierenden ideologischen Tendenzen hat man indes keinen opportunistischen Kompromiß, sondern eine lebenslang anhaltende und das heterogene Werk Vittorinis und seine divergierenden Stillagen begründende und erklärende Spannung zu sehen, die sich für den Schriftsteller zwischen Mythos und Geschichte auftut, d. h. zwischen dem Versuch einer die Geschichte transzendierenden, unveränderliche »Wahrheiten« suchenden Kunst und dem einer unmittelbaren Einlassung in die

720

konkrete politische Realität. Alle Spannungen und Polarisierungen finden indes ihren gemeinsamen Ort in Vittorinis Überzeugung von der gesellschaftlichen Funktion des Schriftstellers. Diese Überzeugung ließ ihn reagieren, als 1936 die italienischen Faschisten den Kampf Francos gegen die Republikaner unterstützten. Er bricht seine Arbeit an *Erica e i suoi fratelli* ab, stellt sich auf die Seite der Republikaner und wird noch im gleichen Jahr als Verdächtiger aus der faschistischen Partei ausgestoßen.

In diesem Augenblick größter Betroffenheit durch die Ereignisse der Geschichte und wachsender Wut auf die Faschisten schreibt er sein bedeutendstes Werk, die *Conversazione in Sicilia,* dessen Zentralmotiv die »astratti furori« eines sich verdeckt, aber entschlossen gegen das Regime auflehnenden Intellektuellen sind. 1941 verhindern die Faschisten das Erscheinen seiner »Americana«, einer Anthologie amerikanischer Literatur. Neben intensiver verlegerischer Tätigkeit arbeitet er heimlich mit kommunistischen Gruppierungen zusammen, kommt 1943 ins Gefängnis, engagiert sich nach seiner Befreiung für die geheime Presse des Widerstands und nimmt auch an einigen Aktionen der »Resistenza« teil. Nach Kriegsende bemüht er sich in Mailand um die kommunistische Presse und bringt im November 1945 im Verlag Einaudi die Zeitschrift »Il Politecnico« heraus, die jedoch alsbald den Unmut kommunistischer Funktionäre und eine Polemik auslöst und nur bis Ende 1947 erscheint. In den folgenden Jahren distanziert sich Vittorini zunehmend von den Kommunisten, deren Partei er 1951 verläßt (er rechtfertigt diesen Schritt in einem Artikel in der »Stampa«, was wiederum eine polemische Einlassung Togliattis nach sich zog). Ab 1951 bringt er die Erzähltextreihe »I Gettoni« auf den Weg, und 1959 gründet er mit dem befreundeten Italo Calvino die Zeitschrift »Il Menabò«. In diesen Jahren nähert er sich politisch linksliberalen Positionen an und kandidiert zeitweise auf den Listen des PSI. Kritisch und zunehmend resigniert betrachtet er die Entwicklung der Gesellschaft und die von ihm nun immer geringer eingeschätzten Möglichkeiten der Literatur. Nach dem Roman *Le città del mondo,* den er 1959 abbricht, schreibt er, abgesehen von einer Überarbeitung des schon 1949 vorgelegten Romans *Le donne di Messina,* keine literarischen Texte mehr, sondern widmet sich ganz herausgeberischen Initiativen, u. a. der Gründung der »Medusa«, einer Zeitschrift für ausländische Schriftsteller bei Mondadori (ab 1964) und der Revue »Nuovo Politecnico« bei Einaudi (1965).

Die zentrale bewegende Kraft des Erzählers Vittorini war eine experimentierende Unruhe, fast immer gepaart mit persönlichen, lyrisch getönten Stimmungen und einer im eigenen Erleben wurzelnden Mythenbildung. Besonders deutlich wird letzteres in dem frühen, von nostalgischen Erinnerungen an die Schulzeit durchsetzten Roman *Il garofano rosso*, dessen Held, der Syrakusaner Schüler Alessio Mainardi, in der ersten Person von seinen Jugendlieben zur Mitschülerin Giovanna (die ihm als Pfand ihrer Zuneigung die titelbildende rote Nelke schenkt) und zur geheimnisvollen Dirne Zobeida erzählt, das Ganze eingebettet in die ambivalente Faszination jener Jugendlichen durch den aufstrebenden, waffenklirrenden Faschismus. Einen Fortsetzungsversuch des Werks unternahm Vittorini mit dem Roman *Giochi da ragazzi*, der 1936 abgebrochen (und 1954 als Fragment publiziert) wurde. Der Mythos der Jugend und der Vitalität wird erneut motivbildend in dem im gleichen Jahr entstandenen Romanfragment *Erica e i suoi fratelli*, das erzähltechnisch zum Bindeglied zwischen *Il garofano* und der *Conversazione* wird. Es ist die Geschichte vom Überlebenskampf einer armen Arbeiterfamilie, für deren sich selbst überlassene Kinder Erica, die älteste Tochter, sorgt, indem sie als Prostituierte den Unterhalt verdient, und trotzdem ihren Lebensmut, ihr vitales Glücksgefühl und ihre kindliche Unschuld bewahrt; mit den Worten des Autors: »die vitale Fröhlichkeit, die aus dem Leben kommt, trotz allem«.

Ein unerhörter Qualitätssprung, der die von Vittorini bis dahin gebrauchten Stillagen der realistisch-naturalistischen Darstellung hinter sich zurückläßt und eine neue, unverwechselbare Kunstsprache der Prosa kreiert, war die *Conversazione in Sicilia*, Vittorinis bestes und bekanntestes Prosawerk, das 1938/39 in der Zeitschrift »Letteratura«, 1941 als Buch zunächst mit dem Titel *Nome e lagrime* und dann mit dem endgültigen Titel erschien. Das Werk dokumentiert in herausragender Weise den experimentierenden Charakter der Erzählkunst Vittorinis und zugleich die starken lyrisch-emotionalen Spannungsfelder, aus denen seine Darstellung offensichtlich schöpft. Während es ihm zuvor darauf ankam, Wirklichkeiten nachzuerzählen, richtet sich jetzt sein Kunstwille kompromißlos darauf, die geschichtliche Welt durch die Kraft einer Kunstsprache in toto umzugestalten und eine neue Totalität herzustellen, die beides, Geschichte und Mythos, Personen und Symbole, Wirklichkeit und Transzendenz in sich aufnehmen kann. So entstanden – mit einem gewaltigen Aufwand an sprachlichen, stilistischen und rhetorischen Mitteln, an Bildern, Mythen, Emblemen, rituellen und liturgischen Elementen, an symbolischen Gestalten und Zahlen sowie nicht zuletzt an musikalischen, auf Rhythmus, Wiederkehr und Kadenz beruhenden Strukturierungen – die *Gespräche in Sizilien*, die Geschichte des dreißigjährigen Silvestro, eines Mannes aus dem Volk, der mitten im Propagandalärm der verhaßten, sich für den Krieg rüstenden Faschisten zu einem Besuch seiner Mutter an seinen Heimatort in Sizilien zurückkehrt, von dem er vor fünfzehn Jahren nach Norditalien aufgebrochen war. Die hochgespannte, lyrisch-dramatisch orchestrierende Kunstsprache des mit seinen fünf Teilen und anderen Elementen auch an Theater- oder Opernstrukturen erinnernden Werkes inszeniert nicht nur die stumme, mühsam unterdrückte Wut des leidenden Volkes gegen den Faschismus, sondern überhöht die einzelnen Stationen und Begegnungen der Reise ebenso wie die realistischen Beschreibungen und volkstümlichen Gesprächspassagen zum mythischen Gesamttableau eines bedrohten »genere umano perduto«, eines verlorenen Menschengeschlechts, das gegen brutale und verlogene Mächte für die Wiederkehr der Wahrheit und die Entstehung eines »uomo nuovo« kämpfen muß. Vittorinis ungebrochenes Vertrauen in die Macht des Wortes kommt immer wieder in einer prophetischen Sprache zum Ausdruck, die Vergangenes und Zukünftiges in einer gesamtmenschheitlichen und optimistischen Perspektive geheimnisvoll deutend zusammenfaßt. Die einzelnen Personen des Romans sind in der Regel entindividualisiert, tragen keine persönlichen Namen und stehen symbolisch bzw. typisch für einzelne Haltungen oder Ideologien, so z. B. die Faschistenkarikaturen Senza Baffi und Coi Baffi oder der Aufrichtigkeit und Menschlichkeit repräsentierende Gran Lombardo. Am Ende kehrt Silvestro nach Norditalien zurück. Der Epilog vermeldet: »Dies war meine Unterhaltung in Sizilien, sie dauerte drei Tage und ebensoviele Nächte, und endete wie sie begann.« Die thematische Grundformel des Werkes ist somit humanitäres Engagement durch die Kunst, die formale ist die der Zirkularität, also die Struktur des Mythos.

Wie man sieht, kann die *Conversazione in Sicilia* kaum als typisch neorealistisches Werk gelten, da wichtige neorealistische Motive wie etwa volksnahe Thematik, antifaschistische Ideologie, kollektive Haltungen, Volkstümlichkeit der Dialoge, und nicht zuletzt detailgetreue Darstellung der Wirklichkeit, die im Werk durchaus vorhanden sind, mehr oder weniger verformt bzw. überdeckt werden durch eine fast gewaltsame, ständig unter Hochspannung stehende Kunstsprache, die Geschichte und Ideologie zu einem mythischen und humanitären Ritual überhöht. Genau den umgekehrten Weg schlug Vittorini ein mit *Uomini e no*, einem in der letzten Phase des Widerstands ziemlich rasch verfaßten, im Juli 1945 veröffentlichten Roman, in dem Sprachkunst und literarische Gestaltung von Geschichte und Ideologie sozusagen aufgesogen werden. An die Stelle der reich orchestrierenden Erzählsprache der *Conversazione* tritt in den 136 kurzen Kapiteln von *Uomini e no* ein an amerikanischer Erzählprosa und am realistischen Film sich orientierender, skelettartig abgemagerter Bericht, der emotionslos und lakonisch Szenen aus dem Mailänder Widerstand von 1944 schildert. Protagonist ist ein Intellektueller, der als Führer eines kommunistischen »gruppo d'azione patriottica« (GAP) gegen die deutsche Besatzungsmacht kämpft und als Partisan den Decknamen »Enne 2« trägt, der aber sowohl an der scheinbaren Aussichtslosigkeit seines Kampfes als auch an der Hoffnungslosigkeit seiner Liebe zu Berta, einer verheirateten Frau, scheitert und sich schließlich verzweifelt in einem selbstmörderischen Anschlag auf den faschistischen Kommandanten »Cane nero« opfert. Zwischen die in der dritten Person und mit ausgedehnten (nach dem Vorbild W. Saroyans konstruierten) Dialogpartien berichtenden Kapitel sind dann und wann solche in Kursivschrift eingeschoben, in denen der Autor in der ersten Person das Geschehen kommentiert oder mit dem Protagonisten dialogisiert (mit nur schwachen psychologisierenden Ansätzen); alles vollzieht sich aber in der gleichen nüchternen und kunstlosen Sprache. Die Geschichte und die Ideologie haben sozusagen das Wort vor dem Autor, der hinter beide zurücktritt. Dabei sind allerdings sowohl Geschichte als auch Ideologie in diesem Roman reduzierte Größen: Die Romanhandlung beschränkt sich auf einige wenige Szenen des Mailänder Widerstands, und die Ideologie im wesentlichen auf die im Titel angedeutete Unterscheidung zwischen Nichtfaschisten (»uomini«) und Faschisten (»non uomini«); wozu noch aus menschlicher Sicht angedeutet wird, daß die Antifaschisten schließlich im Verlauf der Kampfhandlungen ebenso verrohen wie die Faschisten. Der große Erfolg des Buches in der unmittelbaren Nachkriegszeit (in kurzer Folge erschienen mehrere Auflagen) erklärt sich einerseits aus dem dokumentarischen Charakter des Romans, der ein brandaktuelles Zeugnis einer soeben erfahrenen und erlittenen Realität darstellte, sodann aber auch aus seiner inhaltlichen und ideologischen Eingängigkeit. Mit *Uomini e no* erschloß Vittorini zugleich ein neues literarisches Thema: Der Roman eröffnete einen breiten Strom von Erzählliteratur über Krieg und Widerstand, für die er bis in die Mitte der fünfziger Jahre das große, häufig imitierte Vorbild blieb. Eine große Mehrheit von Kritikern sieht in diesem Roman trotz seiner evidenten formalen und inhaltlichen Schwächen das typischste Beispiel einer neorealistischen Prosa.

Schon mit dem 1946 geschriebenen, im folgenden Jahr publizierten Kurzroman *Il Sempione strizza l'occhio al Frejus* kehrte Vittorini zum symbolisch-metaphorischen Erzählstil der *Conversazione* zurück. Thema ist die allgemeine Not und Arbeitslosigkeit der Nachkriegszeit, dargestellt am tragischen Beispiel einer Mailänder Arbeiterfamilie. Ein namenlos bleibendes Mitglied der Familie berichtet in der ersten Person und aus größter Nähe über das Geschehen, das sich teils realistisch, teils symbolisch-geheimnisvoll um die Zentralgestalt des »nonno-elefante« rankt, den dicken Großvater, der mit seiner Gefräßigkeit die Not der Familie vergrößert und

724

dennoch von seiner Tochter, der Mutter der Kinder, verklärend bewundert wird und der eines Tages einen rätselhaften Tod findet – eine auffallend ambivalente Erzählung mit offenem Schluß, die ihre Effekte aus einer Balance zwischen dem Realismus der topographischen und gesellschaftlichen Beschreibungen und dem irrealen, magischen und mythischen Charakter der Personen und ihrer Beziehungen untereinander gewinnt. 1950 erschien in »Il Ponte« (und 1956 in einem Band zusammen mit *Erica e i suoi fratelli*) die Erzählung *La Garibaldina*, in der die Titelfigur, eine Baronin, auf ihrer Reise durch Sizilien von ihren Abenteuern und Liebschaften im Gefolge Garibaldis berichtet, und dies in einem fatalistisch-heiteren Ton und mit vielen ironischen Hieben auf die korrupte und morbide menschliche Gesellschaft. Ehrgeiziger war das Romanprojekt *Le donne di Messina*, das Vittorini 1947/48 (unter dem Titel *Lo zio Agrippa passa in treno*) in einer Zeitschrift, 1949 in Buchform publizierte, sodann mehrfach überarbeitete und schließlich in einer definitiven Fassung 1964 herausbrachte. Der strukturell höchst komplizierte, in seinen ursprünglichen Intentionen durch die nachfolgenden tiefgreifenden Überarbeitungen vielfach gebrochene Roman gestaltet, wiederum vor der Folie eines archaischen Siziliens, den Versuch einer gesellschaftlichen Randgruppe, nämlich einer Schar von aus verschiedenen Gründen Verbannten oder Geflüchteten, darunter auch Frauen aus Syrakus und Messina, nach Kriegsende in einem verlassenen Dorf sozusagen von Null an eine neue Existenz aufzubauen. Der Roman geriet zunächst zur Utopie einer primitiven, auf Ackerbau gegründeten Gesellschaftsform, zum Entwurf eines idealen und primitiven Kommunismus; doch hat der Autor in Anbetracht der neuen Realitäten einer sich rasch entwickelnden Industriegesellschaft dieses ursprüngliche Motiv in den späteren Fassungen modifiziert. Dafür traten andere Motive stärker hervor, so zum Beispiel das der Zugreise (ein stehendes Motiv des Eisenbahnersohns), die hier zum Emblem des Lebens selbst, seines ewigen Getriebenseins und seiner unstillbaren Sehnsucht wird. Ein weiteres problematisches Projekt war der Roman *Le città del mondo* (zeitweise war auch der Titel *I diritti dell'uomo* vorgesehen), an dem Vittorini von 1951 bis 1955 arbeitete, und von dem er einzelne Kapitel in Zeitschriften publizierte. Später plante er, das Werk zu drei selbständigen Romanen umzuarbeiten, gestaltete es 1959 als Szenarium eines Films, der nie gedreht wurde, und ließ schließlich das komplizierte Werk, dessen Idee ihm fremd geworden war, unvollendet liegen. Das literarisch wiederum sehr ehrgeizige Fragment, das 1969 mit Entwürfen veröffentlicht wurde, geht erneut von sizilianischen Ambienti und Städten aus, entwickelt wieder das Motiv des Reisens bzw. Wanderns, rückt das Geschehen jedoch in einen mythischen und überzeitlichen Rahmen.

Das Werk kennt keinen köhärenten Handlungsverlauf sondern zerfällt in mindestens sechs Haupterzählstränge, deren Personen und Geschehnisse in einer märchenhaften, phantastischen Dimension miteinander verwoben werden.

Das Scheitern der späten Projekte Vittorinis ist nicht zuletzt Ausdruck eines wachsenden Zweifels an den Möglichkeiten der Literatur und einer zunehmenden Resignation, die einen starken schriftstellerischen Impuls nach und nach zum Stillstand brachte. Vittorinis ideologischer und künstlerischer Weg läßt sich auch anhand der theoretischen und literaturkritischen Stellungnahmen nachvollziehen, die in den Bänden *Diario in pubblico* (1957) und *Le due tensioni* (postum 1967) gesammelt vorliegen. Sie dokumentieren die unermüdliche Suche eines ungewöhnlich engagierten, wenngleich nicht immer mit luzidem Durchblick operierenden Denkens, das der Literatur im Zeitalter der Industriegesellschaft schließlich keine Funktion mehr zuzuweisen wagte. Die Literaturgläubigkeit, von der er ausging, kam u. a. im Vorwort von *Il Garofano rosso* zum Ausdruck: »In jedem Menschen ist die Erwartung, daß vielleicht das Wort, ein Wort, die Substanz einer Sache verändern könne. Und es gehört zum Schriftsteller, dies mit Beständigkeit und Festigkeit zu glauben... Es ist der Glaube an eine Magie...«. In einem Beitrag aus den *Due tensioni* hingegen wird deutlich, daß solcher Glaube später geschwunden war. Zwar habe die Literatur, so heißt es dort, in vergangenen Zeiten sicher ihre Bedeutung gehabt, »aber in dem Kontext immer präziserer Wissenschaften und immer effizienterer und determinierender Techniken... ist dieses alte Spiel der Künste... ein Spiel, das schließlich keinen Sinn mehr hat«.

Nicht mehr schreiben können und wollen war auch der Endpunkt der schriftstellerischen Karriere des CESARE PAVESE (1908–1950), wobei in seinem Fall die künstlerische Resignation mit existenzieller Verzweiflung verbunden war, die ihn in den Freitod trieb. »All das macht Ekel. Nicht Worte. Eine Geste. Ich werde nicht mehr schreiben«, lautet die letzte Eintragung vom August 1950 in sein intimes Tagebuch *Il mestiere di vivere* (1952), und kurz darauf nahm sich der knapp Zweiundvierzigjährige in einem Turiner Hotel das Leben. Eine bohrende Selbstanalyse, die mühsame Kunst des Reifwerdens (»L'arte di maturare«; so der Titel eines Aufsatzes von 1949), des Sichaufbauens zum Menschen und zum Schriftsteller, das schwierige, überreflektierte Verhältnis zu den anderen und insbesondere zu den Frauen, die Erfahrung einer zunehmend quälenden Vereinsamung, und dies alles im Spannungsfeld einer kaum bewältigten Dialektik zwischen Kindheit und Erwachsensein sowie zwischen Land- und Stadtleben, machen die wesentlichen, Leben und Werk Paveses prägenden Motive aus. In

Santo Stefano Belbo, einem Ort der Langhe (Provinz Cuneo) geboren, dem er zeitlebens als Schauplatz seiner Kindheit verbunden blieb, verbrachte Cesare, der mit sechs Jahren seinen Vater verlor, den größeren Teil seiner Jugend in Turin, wo er 1926 am Liceo Massimo d'Azeglio sein Abitur machte. Dort begegnete er dem antifaschistisch gesonnenen Lehrer Augusto Monti, seinem späteren Freund, der mit Piero Gobetti und Antonio Gramsci befreundet war und einen großen Einfluß auf den jungen Pavese ausübte. Durch die Vermittlung Montis gewinnt er früh Kontakte zu weiteren antifaschistischen Intellektuellen, darunter auch zu Leone Ginzburg. 1927 beginnt er sein Studium an der Universität Turin und promoviert dort 1932 mit einer Arbeit über die Lyrik Walt Whitmans, die einen starken Einfluß Croces erkennen läßt. Für Pavese, der nach dem Tod der Mutter (1930) bei seiner Schwester Maria lebt, beginnt nun eine Phase intensiver schriftstellerischer und übersetzerischer Tätigkeit. Nach und nach überträgt er Werke von Melville, Defoe, Dickens, Faulkner, Joyce und anderen. 1933 unterstützt er gemeinsam mit Freunden die Initiative Giulio Einaudis, ein Verlagshaus zu gründen. Als Anfang 1934 Leone Ginzburg und weitere Antifaschisten der Gruppe »Giustizia e libertà« verhaftet werden, übernimmt Pavese an der Stelle von Ginzburg die Redaktion der Zeitschrift »La Cultura«. Im Mai 1935 wird er selbst, zusammen mit Giulio Einaudi und anderen Mitarbeitern, verhaftet, und, nach einigen Monaten Gefängnishaft, zu drei Jahren Exil in Kalabrien verurteilt, die ihm jedoch auf ein Gnadengesuch hin verkürzt werden. Als er 1936 nach Turin zurückkehrt, erfährt er, daß die von ihm geliebte Frau geheiratet hat, was eine tiefe Krise in ihm auslöst. Von nun an erscheinen in ununterbrochener jährlicher Folge seine literarischen Werke. Ab 1940 führt seine unglückliche Liebe zu Fernanda Pivano zu einer weiteren tiefen Erschütterung. 1943 wird er Leiter der römischen Filiale von Einaudi, 1945 Mitglied der Kommunistischen Partei und arbeitet an deren Organ »L'Unità« mit, wo er Davide Lajolo und Italo Calvino kennenlernt. Unaufhörlich schreibend, erlebt er eine letzte tiefe Enttäuschung 1949/50 in seiner Beziehung zur amerikanischen Schauspielerin Constance Dowling, die ihn verläßt.

Das erste literarische Werk Paveses war *Lavorare stanca*, eine Sammlung von 45 seit 1930 verfaßten Gedichten, die er 1936 in der »Solaria« veröffentlichte. Die in sechs Abteilungen gegliederte Sammlung, die zunächst nahezu unbeachtet blieb, wurde 1940 vom Verfasser zu einer zweiten Ausgabe mit 70 Gedichten erweitert, die erst 1943 erschien. Die Texte sind in ungereimten, rhythmisch strukturierten Langversen verfaßt, die anstelle des klassischen »endecasillabo« Verse mit 13 bis 16 Silben, später vorzugsweise Zwölfsilbler verwenden. Die meist längeren Gedichte sind mit ihrem episch-narrativen Fluß kaum von einem Kurzepos zu unterscheiden und verfolgen offensichtlich das Ideal einer neuen Lyrik, der von Pavese so benannten »poesia-racconto«. Dieses neue Konzept einer offenen, erzählenden Lyrik, die sich bewußt von der damals aufkommenden elitären Tendenz der hermetischen Dichtung distanzierte, hat Pavese vor allem in dem Traktat *Il mestiere del poeta* vom November 1934 erläutert, der zusammen mit dem Aufsatz *A proposito di certe poesie non ancora scritte* von 1940 der zweiten Auflage von *Lavorare stanca* beigegeben war. Formal inspirierte sich der lyrische Stil Paveses vor allem an den kraftvoll strömenden Langversen der *Leaves of Grass* von Walt Whitman. Inhaltlich präludiert die »poesia-racconto« Paveses so gut wie alle Motive, die später zu den tragenden Themen seiner Prosa werden: Die Heimat als angeborene, ursprüngliche Identität, der Gegensatz zwischen naturnahem Landleben und der angsterregenden und verfremdenden Stadt, die Dissonanzen zwischen Kindheit und Erwachsenenalter, die Frau als ein fernes, unerreichbares oder böses Wesen oder als Prostituierte, die Unmöglichkeit, Liebe zu geben und zu empfangen, Bilder und Symbole aus der archaischen und mythischen Welt und immer wieder die Qualen einer schicksalhaften Einsamkeit. Vor allem in den späteren Gedichten tritt das konkrete erzählerische Element zurück zugunsten von bildhaften, mythischen und imaginären Strukturen, die Phantasiewelten mit kindheitlichen und archetypischen Bildern verschmelzen: insofern wird jetzt die »poesia-racconto« durch das Konzept der »immagine-racconto« ersetzt. Die wenigen späteren Gedichte Paveses wurden in den Sammlungen *La terra e la morte* (1947) und in *Verrà la morte e avrà i tuoi occhi* (1951) veröffentlicht. In nunmehr meist kürzeren Versen umkreisen sie obsessiv das Bild einer bedrohlichen und todbringenden Frauengestalt und, vor allem im Titelzyklus der zweiten Sammlung, den Gedanken des nahenden Todes.

Beim Erscheinen der Zweitauflage von *Lavorare stanca* hatte sich Paveses Interesse längst der Prosa als der ihm wesensgemäßen Ausdrucksform zugewandt. Nach dem Kurzroman *Ciau Masino* (postum 1968) und einigen Erzählungen, beides aus den dreißiger Jahren, die den Einfluß Vergas und der realistischen amerikanischen Autoren verrieten, war *Paesi tuoi* (1941) das erste bedeutende Erzählwerk Paveses. Der Roman fand auch als erstes seiner Werke die Aufmerksamkeit der Kritik und wurde in den folgenden Jahren zu einem wichtigen, frühen Modell des Neorealismus. Es ist die Geschichte von dem rohen und gewalttätigen Bauernsohn Talino Vinverra und dem aus Turin stammenden sensiblen Berto, die beide nach einer wegen unterschiedlicher Delikte verbüßten Strafe aus dem Kerker entlassen werden. Talino bietet dem jungen Städter an, bei ihm auf dem väterli-

728

chen Bauernhof in den Langhe zu wohnen. Berto akzeptiert und lernt nun eine ihm neue, von rohen Instinkten, ungezügelter Triebhaftigkeit und blutiger Eifersucht gekennzeichnete bäuerliche Welt kennen, deren kruder Realismus teilweise rituelle und mythische Züge gewinnt. Berto begegnet auch den Schwestern Talinos und verliebt sich in die am wenigsten rohe und bäuerliche von ihnen, in die scheue und maliziöse Gisella, von der er auch erfährt, daß zwischen ihr und dem Bruder in frühen Jahren inzestuöse Kontakte bestanden. Am Ende tritt ein, was Berto befürchtet: An einem heißen, arbeitsreichen Erntetag sticht Talino, von Hitze und Eifersucht verwirrt, mit einer Erntegabel seiner Schwester in den Hals, die bald darauf ihrer Verletzung erliegt, während Talino sich schließlich freiwillig den Gendarmen stellt.

Ein weiterer, ungefähr zeitgleich (1938/39) entstandener Kurzroman, 1948 in dem Band *Prima che il gallo canti* zusammen mit *La casa in collina* veröffentlicht, verarbeitete Erfahrungen des Exils in Brancaleone Calabro in den Erlebnissen des aus dem Norden stammenden, aus politischen Gründen verbannten Ingenieurs Stefano, der im südlichen Exil mit seiner obsessiven Angst und Einsamkeit konfrontiert ist, in einer fremden, ländlich-archaischen Umwelt, die ihm verschlossen bleibt. 1940 schreibt Pavese zwei weitere Kurzromane, nämlich *La bella estate*, die Geschichte der jungen Gina, die durch die erfahrene (und lesbisch veranlagte) Amelia in Liebe und Leben eingeführt wird (1949 in dem gleichnamigen Band zusammen mit *Il diavolo sulle colline* und *Tra donne sole* erschienen) und *La spiaggia*, 1941 in einer Zeitschrift veröffentlicht, mit ebenfalls psychologisierender Tendenz.

Inzwischen hatte sich Pavese, angeregt durch die Forschungen von Freud, Jung, Kerényi und nicht zuletzt durch die Geschichtsphilosophie Vicos, intensiver mit dem Problem des Mythos (der Pavese als ein das individuelle wie das kollektive Dasein bedingendes »Konzentrat an Lebenskraft« erschien) auseinandergesetzt. Hierfür gab es auch eine künstlerische Notwendigkeit, denn der Mythos war für ihn zugleich »das ekstatische, embryonale, den Keim aller möglichen Entwicklungen in sich tragende Bild in unserem Inneren..., das am Anfang jedes dichterischen Werkes steht«, wie er in *Il mito*, seinem letzten, zusammenfassenden Aufsatz zu diesem Thema (erschienen in *Cultura e realtà*, 1950) formulierte; oder »die formal unverwechselbare, zentrale Inspiration, zu der die Phantasie jedes Künstlers unbewußt immer wieder zurückstrebt«, wie es in *Del mito, del simbolo e d'altro* heißt. Pavese war diesen Fragen zunächst in dem letztgenannten Aufsatz und einigen weiteren, wie etwa *Stato di grazia, Adolescenza* und *Mal di mestiere* nachgegangen, die 1945 in dem Kurzerzählungen, beschreibende und theoretische Prosa aus den Jahren 1937–44 mischenden Band *Feria d'agosto* veröffentlicht wurden. Als denkwürdiges Ergebnis seiner Untersuchungen zum Mythos erschienen bald darauf die ehrgeizigen und inhaltlich fast überladenen *Dialoghi con Leucò* (1947), 27 kurze, zwischen Kunstprosa und spontaner Reflexion schwankende Dialoge, die Entstehung und Seinsweise der griechischen Götter und Heroen erkunden und durch die Vergegenwärtigung der Mythen hindurch die geheimen, schicksalhaften Grundlagen des menschlichen Daseins, und nicht zuletzt die untergründigen und obsessiven Themen des eigenen Dichtens zu ergründen suchen. Sechs der Dialoge sind dem Geschick mythischer Frauengestalten (Ariadne, Eurydike, Medea u. a.) gewidmet. Das für eine intime Kenntnis Paveses und seines irrationalen Denkens aufschlußreiche, jedoch schwer zugängliche Werk war dem Verfasser besonders lieb und hat ihn bis in den Tod begleitet (ein Exemplar wurde in seinem Sterbezimmer neben den Schlaftabletten gefunden). Ungefähr gleichzeitig mit den mythologischen Dialogen enstand ein ganz anders geartetes Werk, und zwar der politische Kurzroman *Il compagno* (1947), der als neorealistisches Werk erhebliche Beachtung fand. Er handelt vom allmählichen Reifwerden eines Turiner Taugenichts, der nach Jahren des Schlendrians und nach (bei Pavese unvermeidlichen) schlechten Erfahrungen in der Liebe zu einem höchst engagierten, mit den Kommunisten kooperierenden Antifaschisten wird. Dieser schwierige, von einem einzelnen oder einer Gruppe von Jugendlichen zu durchlaufende Werdegang von der Jugend zur Erwachsenenreife, der an traditionelle Strukturen des Entwicklungsromans erinnert, liegt auch den nachfolgenden Romanen Paveses als variables Schema zugrunde, so z. B. dem ab September 1947 geschriebenen und im folgenden Jahr zusammen mit *Il carcere* in dem Band *Prima che il gallo canti* veröffentlichten Kurzroman *La casa in collina*, der von vielen Kritikern als das beste Werk Paveses angesehen wird. Die viele autobiographische Elemente gestaltende Handlung spielt 1943 in dem bombardierten Turin: Der Turiner Lehrer Corrado lebt wie viele andere Evakuierte in einer provisorischen Unterkunft auf einem Hügel in der Umgebung Turins und begegnet dort eines Tages seiner Ex-Geliebten Cate und deren Sohn Dino, der auch sein Sohn sein könnte. Cate ist inzwischen eine reife Frau geworden, die als entschlossene Antifaschistin Waffen sammelt und sich zum Widerstand rüstet. Sie wird schließlich mit vielen anderen ihrer Gruppe verhaftet. Während ringsum der Partisanenkampf immer heftiger entbrennt und viele Tote kostet, beschließt der Lehrer, sich in seine Heimat in den Langhe zurückzuziehen. Auf dem Weg dorthin, der durch die Greuel des Partisanenkriegs führt, durchläuft Corrado den entscheidenden Bewußtseinsprozeß und begreift, daß er sein

730

Schicksal nicht von dem des Kollektivs, von den Lebenden oder den Toten, abtrennen kann, und daß »jeder Gefallene dem, der am Leben bleibt, ähnelt und dafür Rechenschaft von ihm fordert«. Der in der Ichform erzählende Roman gestaltet somit die Entwicklung eines Intellektuellen von anfänglicher solipsistischer Isolierung zur Reife eines geschichtlichen und politischen Bewußtseins und zur Integration in eine kollektive (und damit letztlich mythische) Struktur. Letzteres hat auch zur Folge, daß die starken neorealistischen Motive des Romans durch zahlreiche psychologisierende, lyrische oder symbolische Passagen überspielt werden.

Entwicklungen junger Menschen stehen auch im Mittelpunkt der 1949 publizierten Trilogie *La bella estate*. Sie enthält, neben der schon erwähnten gleichnamigen Geschichte von dem Mädchen Amelia, zwei weitere Kurzromane, und zwar *Il diavolo sulle colline* und *Tra donne sole*, die 1948 bzw. 1949 entstanden. *Il diavolo sulle colline* entrollt den mühsamen Reifungsprozeß dreier Jugendlicher, Pierrettos, Orestes und des Icherzählers, in Milieus und Landschaften in und um Turin, wobei erneut der Kontrast zwischen Stadt- und Landleben eine wichtige Rolle spielt. *Tra donne sole* gestaltet die noch stärker verinnerlichten und psychologisierten Entwicklungsphasen der Clelia, die nach Jahren in Rom in ihre Heimat Turin zurückkehrt und dort nach ihrer verlorenen Kindheit sucht. Äußerlich mit der Gründung einer Modeboutique beschäftigt, sieht sich die selbstbewußte, wieder in der Ichform erzählende Protagonistin im Kreis ihrer labilen oder lebensüberdrüssigen Feundinnen vor allem mit dem Ekel vor einem wohlhabenden, aber dekadenten, von Drogen und Zivilisationskrankheiten unterminierten Bürgertum konfrontiert, das nach dem Verlust aller Wertvorstellungen sich nur noch oberflächlichem Lebensgenuß und seichten Liebesabenteuern hinzugeben vermag. Ein weiterer Höhepunkt – nach *La casa in collina* – war der letzte Roman Paveses, *La luna e i falò*, Ende 1949 geschrieben und im April des folgenden Jahres erschienen, der noch einmal die Motive der Rückkehr in die Kindheit und der Suche nach der eigenen Identität entfaltet und mit dem Geschehen der Partisanenkämpfe in der »Resistenza« verbindet. Anguilla ist ein irgendwo in den Langhe geborener Findling, der von armen Bauersleuten der Gegend großgezogen wird, dann nach Amerika auswandert, dort Fortune macht und eines Tages in seine Heimat zurückkehrt, um seine Kindheit und ein Stück seiner Identität wiederzufinden. Der in der ersten Person erzählende Protagonist ruft sich in immer neuen Rückerinnerungen (in der Form von flashbacks) seine frühen Jahre ins Gedächtnis zurück, seine Zeit bei den Stiefeltern und die danach auf dem Gehöft »La mora«, an die ländlichen Arbeiten dort und an die Freudenfeuer (»i falò«), die nach archaischem

731

Brauch im August zur Herbeiführung einer guten Ernte angezündet wurden. Anguilla begegnet auch alten Freunden wie z. B. dem Clarinospieler Nuto, der ihm aus der Zeit des Krieges und des Widerstands erzählt und berichtet, wie viele mörderische Feuer der Kampf auf den vormals so friedlichen Hügeln entfachte. Eine wichtige Rolle in dieser Vergangenheitsbeschwörung spielt die Erinnerung an die Töchter des Gutsbesitzers, Silvia, Irene und Santa, denen allen ein unglückliches Los zuteil wird. Der Tod Santas bildet schließlich das traurige, das Titelmotiv vertiefende Schlußfanal des Romans: Von den Partisanen des Kontakts mit Faschisten verdächtigt und hingerichtet, wird sie mit Benzin übergossen und verbrannt. Das Gefühl einer unüberwindbaren Entwurzelung und Verfremdung, die Gewißheit eines schicksalhaften Andersseins und einer nun endgültigen Überflüssigkeit der eigenen Existenz sind die untergründigen Motive dieses schwermütigen Romans, der keine Geborgenheit kennt, sondern eine bedrückende Vergangenheit mit einer dunklen Gegenwart in dem mythischen Grundmuster einer zwischen Geburt und Tod unerbittlich kreisenden Natur zusammenschließt. *Mond und Freudenfeuer*, mit dem »Premio Strega« ausgezeichnet, markierte als eine weitere wichtige Variante neorealistischen Erzählens den endgültigen Erfolg des Schriftstellers Pavese, zugleich aber auch das Ende seines Denkens, für das es keine Zukunft gab.

Einem engeren Kreis neorealistischer Schriftsteller ordnen die meisten Kritiker auch den ebenfalls aus den Langhe stammende BEPPE FENOGLIO (1922–1963) zu, dessen trockene, aktionsgesättigte Prosa neben vielen typisch neorealistischen Zügen ebenso wie die Vittorinis oder Paveses ein unverwechselbar eigenes, markantes Profil trägt. Die Interpretation seiner Werke und ihre Gesamtwürdigung werden behindert durch den Umstand, daß die meisten Manuskripte Fenoglios eine komplizierte, bis heute nicht völlig geklärte Textgeschichte aufweisen und daß einige seiner wichtigsten Werke bei seinem frühen Ableben noch keine endgültige Form gefunden hatten. In Alba (Provinz Cuneo) als Sohn eines Metzgers geboren, studierte er Philologie an der Universität Turin und interessierte sich leidenschaftlich für englische und amerikanische Literatur. Seine Studien wurden durch die Einberufung zum Kriegsdienst unterbrochen; nach dem 8. September 1943 kehrte er nach Alba zurück und kämpfte als Partisan zunächst in einem kommunistischen, dann in einem monarchistischen Verband. In den letzten Kriegsmonaten fungierte er als Verbindungsoffizier zur englischen Armee. Nach dem Krieg arbeitete er als Angestellter in einer Weinexportfirma und widmete sich der Schriftstellerei. Nicht lange nach seiner Heirat (1960) erkrankte er an Lungenkrebs, der bald darauf seinem Leben und seinen literarischen Projekten ein Ende setzte. Auf der Grundlage der zahlreichen, heute in seiner Geburtsstadt aufbewahrten Manuskripte und Aufzeichnungen gab Maria Corti 1978 eine kritische Ausgabe seiner Werke heraus. Sie belegt nicht nur die schriftstellerischen Ambitionen Fenoglios (er verfaßte neben Prosa u. a. Epigramme und Theatertexte), sondern auch seine intensive Beschäftigung mit der englischen Literatur, insbesondere mit der des romantischen Zeitalters. Er übersetzte zahlreiche Texte aus dem Englischen, darunter die Ballade *The Rime of the Ancient Mariner* von Coleridge; von dem Roman *Wuthering Heights* der Emily Brontë fertigte er eine Bühnenfassung mit dem Titel *La voce della tempesta* (postum 1974) an.

Fenoglio begann mit Erzählungen und bot 1949 seinen ersten Erzählband *Racconti della guerra civile* dem Verlag Einaudi an, der jedoch ablehnte; der Band erschien überarbeitet und um einige Erzählungen erweitert 1952 in den »Gettoni« Vittorinis unter dem Titel *I ventitre giorni della città di Alba*. Das bekannteste der nunmehr zwölf Prosastücke des Bandes ist die Titelgeschichte: Sie erzählt von der Befreiung Albas durch die Partisanen und ihrer dreiundzwanzigtägigen Regierung der Stadt (vom 10. Oktober bis 2. November 1944). Auch die übrigen Texte erzählen von Begebenheiten des Partisanenkriegs oder des ärmlichen Landlebens in den Langhe, und dies in einem überaus trockenen, ungerührt, ja grausam zur Sache gehenden umgangssprachlichen Stil, der von Rhetorik, Ideologien oder psychologischen Reflexionen gleich weit entfernt ist und seine ungewöhnliche Spannung und fast quälende Unmittelbarkeit nicht zuletzt aus den treffsicheren, prägnanten, Dialekt und »gergo« verwendenden Dialog- und Redepartien gewinnt. Ähnliche Stillagen begegnen in dem Kurzroman *La paga del sabato*, den Fenoglio 1950 erfolglos Einaudi angeboten hatte und der erst 1969 publiziert wurde; in neun Kapiteln handelt er von der Wiedereingliederung eines Expartisanen in das zivile Leben Albas. Ein weiterer Kurzroman, *La malora*, konnte 1954 in den »Gettoni« erscheinen. Er weist neben veristischen Elementen auch den Einfluß von Paveses *Paesi tuoi* auf und verarbeitet erneut persönliche Erinnerungen des Verfassers, und zwar die an einen kleinen Ort der Langhe, San Benedetto, wo Fenoglio in jungen Jahren seine Ferien verbrachte. Protagonist des in zwei gleich großen Teilen aufgebauten Romans ist Agostino, der in der ersten Person von dem Leben an diesem verlassenen und traurigen Ort und vom kläglichen Schicksal seiner Eltern und seiner beiden Brüder erzählt. Zentrales Thema ist eben die »malora«, das »Unglück« dieses Ortes, dessen Bewohner von Armut, Hunger und Krankheit heimgesucht werden und nur dann und wann in der Liebe ein wenig Lebensmut und Hoffnung finden. Ein weiterer Prosaband erschien postum 1963 (zusammen mit dem Roman *Una questione privata*) unter dem Titel *Un giorno di fuoco*; er enthält zwölf Erzählungen mit neuen

Geschichten aus den Langhe, wiederum mit vielen autobiographischen Elementen. Geplant waren ferner *Racconti del parentado,* ein Band mit Erzählungen von den Schicksalen einzelner Mitglieder der Familie Fenoglio in der Vergangenheit; eine Leseprobe davon bietet die postum separat veröffentlichte Erzählung *Un Fenoglio alla prima guerra mondiale* (1973).

Die in mehreren Fassungen vorliegenden Romane *Primavera di bellezza* und *Il partigiano Johnny* erzählen von den Geschicken des gleichen italienischen Widerstandskämpfers mit dem englischen Namen Johnny in den Jahren 1943 bis 1945, stehen jedoch in chronologischer und textkritischer Hinsicht in einem komplizierten, bis heute umstrittenen Verhältnis zueinander. Eine älteste Fassung des Stoffes und vielleicht der Archetyp beider Romane dürfte das von Maria Corti entdeckte, ganz in Englisch verfaßte Manuskript sein, das von ihr »Ur-Partigiano Johnny« genannt wurde. Nach Corti soll der *Partigiano Johnny* in einer ersten italienischen Fassung schon 1949 vorgelegen haben und das ältere Werk sein, das später in anderen Werken und vor allem in *Primavera di bellezza* eine Weiterverarbeitung fand. Andere Forscher halten demgegenüber eine erste Fassung des letztgenannten Werkes für die Grundlage, aus der dann in den Jahren 1956–58 der *Partigiano Johnny* entstanden sei. Für diese Meinung sprechen chronologische Einzelheiten des in beiden Romanen erzählten Handlungsstrangs und wahrscheinlich auch die auffallenden stilistischen und sprachlichen Unterschiede beider Werke: *Primavera di bellezza* erzählt in einem direkten, ungerührten und packenden Stil und in einem normtreuen Italienisch von fast klassischem Maß; während *Il partigiano Johnny* in einer literarisierten Mischsprache geschrieben ist, die zahlreiche Begriffe, Wendungen, ja ganze Sätze eines teilweise ungebräuchlichen, veralteten oder literarischen Englisch integriert, zugleich aber auch das Italienische durch ungewöhnliche Wortbildungen und dialektale Elemente verformt. Vor allem in diesem wahrscheinlich späteren Werk gewinnt die Geschichte des Partisanen Johnny, der mit seinen Freunden Pierre, Michele und Kyra einen mörderischen und aussichtslosen Kampf führt, bis auch ihn schließlich der immer näher rückende Tod einholt, zeitlose, die spezifisch neorealistischen Erzählhaltungen überschreitende Konturen: Seine Geschichte wird zu einem Epos des Schreckens und der Negativität schlechthin, zu einem quälenden Szenarium absurden, weil sinnlosen menschlichen Handelns in einem extremen geschichtlichen Augenblick ohne Hoffnung und ohne Zukunft. Als negativer Held und als moderner Nachfahre des Sisyphos ordnet sich Fenoglios Johnny zugleich ein in den breiten Strang der Thematik des Absurden in der modernen Erzählliteratur.

Unvollendet blieb auch ein weiterer, in drei Fassungen vorliegender

Kurzroman Fenoglios, sein vielleicht schönstes Werk: *Una questione privata*, dessen dritte Fassung 1963 bei Garzanti erschien, wo kurz zuvor deren zweites Kapitel gesondert unter dem Titel *Gli amici di Fulvia* herausgekommen war. Die aus Fenoglios übrigen Werken bekannten harten Motive des Partisanenkampfs in den verwüsteten Gefilden der Langhe werden hier, wie schon der Titel andeutet, verflochten mit »einer privaten Affäre«, d. h. mit einer intimen Liebesbeziehung zwischen drei jungen Menschen, was dem Roman etwas Weiches und ergreifend Menschliches verleiht. Der Held, ein Student und begeisterter Liebhaber der englischen Literatur, kämpft unter dem Namen Milton als Partisan auf den Hügeln um Alba gegen die Faschisten. In den langen Tagen und Stunden zwischen Überfällen, Rückzügen und immer neuen Kämpfen gedenkt Milton in ausgedehnten Rückblenden seiner vergangenen Liebe zu Fulvia, die dereinst in Alba wohnte. Getrieben von der Sehnsucht, Vergangenes gegenwärtig werden zu lassen, schlägt er sich eines Tages zum Hause Fulvias durch. Dort hört er andeutungsweise von Begegnungen seiner Ex-Geliebten mit seinem Freund Giorgio, der in einer anderen Brigade der Partisanen kämpft. Von diesem Augenblick an ist Milton besessen von dem einzigen Wunsch, von Giorgio die volle »Wahrheit« zu erfahren. Da dieser inzwischen von Faschisten gefangengenommen wurde, überwältigt er selbst einen Gegner, um ihn gegen den Freund auszutauschen, muß jedoch seinen Gefangenen wegen Fluchtversuchs erschießen. Resigniert kehrt er noch einmal zum Haus der Fulvia zurück, sieht sich jedoch unversehens mit Faschisten konfrontiert und findet den Tod. Damit aber wird auch Milton zu einem verzweifelten, einem absurden Helden, der in mörderischer Realität und unter extremen inneren Spannungen seinen persönlichen Willen absolut setzt und obsessionell um etwas in jeder Hinsicht Sinnloses kämpft. Der Roman hatte einen unmittelbaren großen Erfolg, wozu auch das Lob Italo Calvinos beitrug, der ihn mit Begeisterung und Bewunderung aufnahm. 1965 entstand eine Bühnenfassung des Romanstoffes durch M. Sartarelli.

4. Weitere Erzähler des Neorealismus

Aufstieg und Niedergang des Faschismus, Krieg, Gefangenschaft und erste Nachkriegszeit brachten auch in Italien eine Unzahl von Tagebüchern, Memoiren oder chronikartigen Dokumentationen von literarisch oft belangloser Machart hervor. Aus der Vielzahl dieser Nachkriegspublikationen seien hier wenigstens einige der Erinnerungsbücher genannt, die im engeren Sinn dem Neorealismus zugerechnet werden können. Dazu gehören z. B. die

1946 unter dem Titel *Banditi* veröffentlichten Erinnerungen des Philosophen PIETRO CHIODI (1915–1970), die vom Partisanenkampf im Piemont berichten, oder etwa das Tagebuch *Il mondo è una prigione* (1949), in dem GUGLIELMO PETRONI (geb. 1911) seine Gefängnishaft als Antifaschist dokumentierte. Daneben fanden romanhafte Darstellungen der Kriegserlebnisse in der Nachkriegszeit großen Widerhall, so z. B. der literarisch eher bescheidene Roman *Agnese va a morire* der aus Bologna stammenden RENATA VIGANÒ (1900–1976), die rührende und heroisierende Geschichte einer einfachen Landfrau, die am Partisanenkampf teilnimmt und mit ihren Gefährten umkommt, noch im Jahr ihres Erscheinens (1949) mit dem »Premio Viareggio« ausgezeichnet und später auch verfilmt. Neorealistische, volksnahe und spontane Prosa schrieben einige neapolitanische Autoren, von denen hier GIUSEPPE MAROTTA (1902–1963) mit *L'oro di Napoli* (1947), LUIGI INCORONATO (1920–1966) mit *Scala a San Potito* (1950) und vor allem DOMENICO REA (geb. 1921) genannt seien, der mit seinen Erzählbänden *Spaccanapoli* (1947) und *Gesù fate luce* (1950) ein farbiges, auch sprachlich nuancenreiches Tableau der Nachkriegszeit in und um Neapel zeichnet, in dessen Mittelpunkt das Stadtproletariat steht. Eine Sonderstellung in der Literatur der Kriegs- und Nachkriegszeit nehmen die reportageartigen und provozierenden Dokumentationen des deutschstämmigen CURZIO MALAPARTE (Pseudonym für Kurt Erich Suckert, 1898–1957) ein. Malaparte, ein außerordentlich wendiger und vielseitiger Journalist, der wiederholt in Frankreich lebte und weite Reisen unternahm, schrieb seit seiner Jugend für eine große Zahl von Blättern und gründete selbst einige Zeitschriften, darunter, gemeinsam mit Bontempelli, auch die Revue »900« (vgl. S. 714). Zunächst Vertreter eines aggressiven und revolutionär ausgerichteten Faschismus und Mitstreiter am »Strapaese«, wurde er bereits in den dreißiger Jahren von einigen faschistischen Führern verdächtigt und 1933 ins Exil nach Forte dei Marmi verbannt. Im Krieg arbeitete er als Korrespondent und als Kriegsberichterstatter an verschiedenen Frontabschnitten und dann als Verbindungsoffizier zu den alliierten Truppen, die von Süden her die Halbinsel eroberten. Malaparte wurde vor allem durch zwei unerhört realistische Prosareportagen bekannt, nämlich durch *Kaputt* (1944) und *La pelle* (1949). In dem in der Ukraine, Polen, Finnland und Capri geschriebenen, nur locker zusammengefügten und daher nur vage romanartigen Bericht *Kaputt* erzählte Malaparte in nüchterner Prosa von seinen Erlebnissen an den einzelnen Frontabschnitten des Zweiten Weltkriegs, von der Erschöpfung ausgemergelter Frontsoldaten, der Massakrierung der Zivilbevölkerung, von der Zwangsprostituierung rumänischer Mädchen durch deutsche Soldaten, von der Verfolgung der Juden, und nicht zuletzt von

736

zahlreichen Begegnungen mit Nazigrößen in den verschiedenen Gegenden des besetzten Europas. Erneut in krudestem Realismus, der immer wieder die Grenzen des guten Geschmacks überschreitet, berichtet auch *La pelle* von zahlreichen grausamen, abstoßenden und obszönen Ereignissen der zu Ende gehenden Kriegszeit, insbesondere von den Vorfällen des Jahres 1943 im zerbombten und demoralisierten Neapel, mit unerhört schonungslosen, schockierenden Episoden, in denen »man kämpft und leidet, nur noch um die eigene Haut zu retten, nur die eigene Haut. Der Rest zählt nicht«. Malaparte legte neben Lyrik, Essays auch einige Theatertexte vor, darunter *Du coté de chez Proust, Das Kapital* (beide 1951) und *Anche le donne hanno perso la guerra* (1954).

Eines der schönsten Erinnerungsbücher aus der Kriegszeit war demgegenüber die Chronik eines Exils, die der Turiner Arzt, Maler und Antifaschist CARLO LEVI (1902–1975) 1943/44 im von deutschen Truppen besetzten Florenz schrieb und 1945 unter dem Titel *Cristo si è fermato a Eboli* publizierte. Der mit Piero Gobetti befreundete Intellektuelle Levi, der im Widerstand mit der Turiner Gruppe »Giustizia e libertà« zusammenarbeitete und vom faschistischen Regime an einen entlegenen Ort der Basilicata verbannt wurde, erzählt darin in klassischer Sprache und gewandtem, detailfreudigem Stil von seinem Leben in der Verbannung. Im Mittelpunkt steht die menschlich kluge und warme Anteilnahme des Autors am Schicksal der dortigen Bevölkerung, die in einer völlig abgeschlossenen, archaischen, von Ignoranz, Aberglauben, Hunger und Krankheit heimgesuchten Welt dahinvegetiert. Nach einer unter dem dortigen Landvolk verbreiteten Redewendung kam Christus (d. h. Menschlichkeit, Kultur und Zivilisation) eben nur »bis Eboli«, erreichte also nie das von allen guten Geistern verlassene Land der Basilicata. Gerade durch die sanfte, aber eindringliche Schilderung dieser Rückstände und Mißstände gewann das Buch, das einen sofortigen großen Erfolg hatte, auch denunziatorischen Charakter und trug dazu bei, nach der faschistischen Ära die Probleme des Südens erneut ins Bewußtsein der Italiener zu rufen. Einem explizit politischen Thema wandte sich Levi später in dem weniger ausgewogenen, intellektualistisch-verspielt anmutenden Band *L'orologio* (1950) zu, der, halb der Vergangenheit, halb der Gegenwart zugewandt, Erinnerungen aus der »Resistenza« mit der aktuellen Krise der Regierung Parri (Ende 1945) in Verbindung brachte. Danach hat Levi, der den Kommunisten und linksgerichteten Parteien nahe stand, noch politische und gesellschaftskritische Bücher über Sizilien (*Le parole sono pietre*, 1955), über die Sowjetunion (*Il futuro ha un cuore antico*, 1956), über Deutschland (*La doppia notte dei tigli*, 1959) und über Sardinien (*Tutto il miele è finito*, 1964) veröffentlicht.

737

Der schon durch seine Herkunft und später durch ein ausgeprägtes Klassenbewußtsein der Arbeiterbewegung und der Linken verbundene Florentiner VASCO PRATOLINI (1913–1991), sentimentaler Prosabarde und Chronist des Stadtproletariats seiner Heimatstadt, gehört zu den engagiertesten und zugleich eigentümlichsten Vertretern des Neorealismus. Aus einfacher Arbeiterfamilie stammend, durchlief der Autodidakt verschiedene berufliche Tätigkeiten und begeisterte sich früh für Literatur. Er lernte u. a. Vittorini kennen, stand vorübergehend als Mitarbeiter am »Bargello« dem linken Faschismus nahe, bevor er ebenso wie der Syrakusaner Antifaschist wurde und sich den Kommunisten annäherte. Er pflegte enge Kontakte zu den Dichtern des Florentiner Hermetismus und gab zusammen mit dem Lyriker Alfonso Gatto ab 1938 die einschlägige Zeitschrift »Campo di Marte« heraus. Später nahm er aktiv am Widerstand teil und lehrte dann ab 1945 am Staatlichen Kunstinstitut in Neapel. Nach den frühen Prosabändchen *Il tappeto verde* (1941), *Via de' Magazzini* (1942) und *Le amiche* (1943), die Erinnerungen an Kindheit und Jugend aufarbeiten (und die der Verfasser 1956 zusammen mit anderen Texten in dem Band *Diario sentimentale* erneut vorlegte), veröffentlichte Pratolini 1943 sein erstes bedeutendes Werk, *Il quartiere*. Es schildert das Leben des einfachen Volkes in dem Stadtviertel Santa Croce von der Mitte der dreißiger Jahre bis zum Ende des Zweiten Weltkriegs. Protagonisten sind eine Schar Jugendlicher, allen voran Valerio, der in der Ichform erzählt und viele autobiographische Züge trägt, seine Freundin Marisa, die Freunde Giorgio, Gino, Carlo und andere, deren unterschiedliche Entwicklungen vor dem Hintergrund des ärmlichen, teilweise elenden Lebens des Volkes im Viertel nachgezeichnet werden. Eine besondere Rolle spielen dabei die Liebesbeziehungen der Heranwachsenden; sie bilden die einzigen lichtvollen Elemente in einem ansonsten recht düsteren gesellschaftlichen Umfeld. Den eigentlichen Mittelpunkt des Romans bildet jedoch stets »il quartiere«, das Viertel, und die solidarische Gemeinschaft seiner Bewohner, die es als ihren angestammten, authentischen Lebensraum gegen alle heraufziehenden Bedrohungen, gegen Zerstörung und Bauspekulation, verteidigen. Ebenfalls eine gefühlvolle Chronik vergangener Zeiten, doch diesmal mit verfeinerter psychologischer Analyse auf die eigene Familie bezogen, war die *Cronaca familiare* (1947). Darin stellt Pratolini die eigene Entwicklung als Kind und Jugendlicher der des jüngeren Bruders Ferruccio gegenüber, der nach dem Tod der Mutter (sie stirbt bei der Geburt Ferruccios) von einer wohlhabenden Aristokratenfamilie verzärtelt und verwöhnt wird, während er selbst bei der Großmutter in ärmlichen, aber freien Verhältnissen aufwächst. Dies ist der schicksalhafte Ausgangspunkt für die unterschiedlichen, sich immer weiter entfernenden

Lebensparabeln der beiden Brüder, die nur noch im Gedenken an die gemeinsame, unbekannte Mutter und in einem immer mühsamer werdenden »Du« etwas Verbindendes finden. Noch im gleichen Jahr erschienen die *Cronache di poveri amanti* mit Geschichten aus einem Arbeiterviertel um die Via del Corno (zwischen Palazzo Vecchio und Santa Croce), doch sind die einzelnen in den Jahren 1925/26 spielenden Episoden und ihre meist positiven, antifaschistisch eingestellten Charaktere ziemlich grob und oberflächlich gezeichnet. Nach dem ebenfalls weniger bedeutenden, schematisch darstellenden und moralisierenden *Un eroe del nostro tempo* (1949) erschien 1951 der schon 1948 verfaßte, ziemlich flache Roman *Le ragazze di Sanfrediano,* dessen wenig aufregende, populistische Geschichten aus dem gleichnamigen Stadtviertel von Florenz sich um den Vorstadtcasanova Aldo Sarnesi und die ihn anhimmelnden Mädchen drehen.

Nachdem Pratolini wiederholt als Chronist einzelner Stadtviertel hervorgetreten war, empfand er das Bedürfnis, sich weitergespannten, historischen und nationalen Themen zuzuwenden. Aus solchen Überlegungen entstand das ehrgeizigste Projekt des Florentiners, die Trilogie *Una storia italiana,* die die nationale Geschichte Italiens vom Ende des 19. Jahrhunderts bis 1945 nachzeichnen sollte. Der erste, 1955 erschienene Roman der Trilogie, *Metello,* rollte am Beispiel eines positiven Helden, des florentinischen Handwerkers Metello die Geschichte der Klassenkämpfe von 1875 bis 1902 auf. Der Roman, der von den meisten Kritikern als das beste Werk Pratolinis eingestuft wird, gestaltet den Werdegang des frühverwaisten Anarchistensohns Metello Salani in der Stadt Florenz, der sich nach schwierigen Jugendjahren zu einem Vorkämpfer der Arbeiterklasse entwickelt und ein immer klareres, auf den Werten des Kollektivs und der Solidarität gründendes Klassenbewußtsein gewinnt, das ihn zu einer exemplarischen Pflichterfüllung in Familie und Arbeiterbewegung befähigt; Höhepunkt seines Engagements ist schließlich der langanhaltende, kräftezehrende Streik von 1902. Die offenkundigen Schwächen dieses wiederum gefühlvoll und teilweise lyrisch und idyllisch schildernden Romans mit seiner ideologisch einfältigen und strikt positiven Programmatik riefen lebhafte Diskussionen hervor. Die meisten Kritiker sehen aber heute in diesem Werk das letzte exemplarische Beispiel eines engagierten neorealistischen Romans, der in seinem linksorientierten klassenkämpferischen Optimismus zugleich noch einmal viele Stimmungen und Hoffnungen der Nachkriegszeit zusammenfaßte. Insofern kennzeichnet der *Metello* und die von ihm ausgelöste Polemik der Jahre 1955/56 die Krise bzw. das Ende des volksnahen Neorealismus und eine Wende in der Entwicklung des Romans, der sich von nun an in neue, experimentierende oder neoavantgardistische Richtungen bewegt. Bereits die beiden folgenden Romane der Trilogie bestätigen die zu diesem Zeitpunkt wohl überfällige Aufgabe des alten neorealistischen Konzepts: Der umfangreiche zweite Roman *Lo scialo* (1960) entfaltet in sieben figuren- und episodenreichen Büchern ein imponierendes Gesamtgemälde des fortschrittsfeindlichen, genußsüchtigen und dekadenten italienischen Bürgertums zwischen 1910 und 1930; während der blassere dritte und letzte Teil *Allegoria e derisione* (1966) am Beispiel eines sich vom Faschisten zum Kommunisten wandelnden, frustrierten Intellektuellen den zeitlichen Rahmen bis in die Nachkriegszeit auszieht und dabei, neben zahlreichen Wiederholungen früherer Themen, schüchtern einige strukturelle Neuerungen versucht. Einen erzählerischen Neuanfang versuchte auch ein weiterer, nicht zur Trilogie gehörender Roman mit dem sprechenden Titel *La costanza della ragione* (1963), der die sentimentalen und idyllischen Momente früherer Romane überwinden möchte mit der im Florenz der fünfziger Jahre spielenden Geschichte des früh desillusionierten Arbeiters Bruno, der einen vernunftorientierten, skeptischen und teilweise zynischen Realismus zum obersten Prinzip seiner Lebensgestaltung erhebt. Von Erneuerungsbedürfnissen getrieben, arbeitete Pratolini noch in seinen letzten schwierigen, von Krankheit gezeichneten Jahren an einem vierten, unvollendeten Teil seines Geschichtsepos *Una storia italiana*, der unter dem Titel *Malattia infantile* die Geschicke der Linken, deren Ideologie Pratolini treu verbunden blieb, in den sechziger Jahren schildern sollte.

Zu den neorealistischen Erzählern kann man auch zwei weitere toskanische Schriftsteller, Tobino und Cassola, zählen, deren Prosawerk einerseits wie das Pratolinis in einer von Pratesi und Tozzi (vgl. S. 654 ff.) herkommenden toskanischen Erzähltradition steht, andererseits in einigen Phasen vom Neorealismus beeinflußt wurde, ohne dabei sein eigenes Profil aufzugeben. Der in Viareggio geborene MARIO TOBINO (1910–1991) hatte Medizin studiert und war an verschiedenen Orten als Arzt tätig, bevor er 1940/41 an der libyschen Front kämpfte und sich dann am Widerstand in der Versilia (nahe seiner Heimatstadt) beteiligte; nach dem Krieg war er lange Zeit leitender Arzt in einer psychiatrischen Klinik in Magliano bei Lucca. Seine literarische Karriere eröffnete Tobino mit drei Lyrikbänden: *Poesie* (1934), *Amicizia* (1939) und *Veleno e amore* (1942); später legte Tobino nochmals eine Anthologie seiner Lyrik unter dem Titel *L'asso di picche* (1955) vor. Deutlicher noch als die lyrischen Anfänge belegt die nachfolgende Prosa die unverwechselbare Eigenständigkeit Tobinos, der sich trotz zahlreicher literarischer Kontakte keinen modischen Richtungen unterordnete, sondern unbeirrt einer höchst persönlichen, zentralen Motivation folgte, nämlich der einer tiefen, ergriffenen Liebe zum Leben und einer teil-

nehmenden und verstehenden Menschlichkeit, gepaart mit einer freiheit-
lich-demokratischen Gesinnung. Auf einen ersten, seine Prosa noch mit
Gedichten mischenden, autobiographischen Band *Il figlio del farmacista*
(1942) folgten neben anderen Erzählungen *L'angelo del Liponard* (1947 in
»Letteratura«, 1951 in Buchform veröffentlicht), mit merkwürdigen Vorfällen um die exzentrische und laszive Kapitänsfrau Fernanda, und der
Kurzroman *Bandiera nera* (1950), eine amüsante Satire auf das Medizinstu-
dium und den Prüfungsbetrieb in faschistischer Zeit. 1952 erscheint in den
»Gettoni« eines seiner bedeutendsten Werke, das neorealistische Kriegstagebuch *Il deserto della Libia*, in dem Tobino in klassischem, doch bisweilen
unter dem Druck der Emotionen eigenwillig verformtem Toskanisch, und
ohne sich selbst als Protagonist in das Geschehen einzubeziehen, von seinen Erlebnissen als Sanitäter im Libyenkrieg berichtet. Das Besondere dieser sich zwischen Roman und Chronik bewegenden Prosa besteht in den
wohlkalkulierten Übergängen von friedlichen, idyllischen und menschlich
warmen Szenen in einer unberührt scheinenden Wüsten- und Oasenland-
schaft zu den Bildern der abrupt hereinbrechenden Kriegsmaschinerie mit
den blutigsten Szenen eines absurden, aufgezwungenen Kampfes. Grund-
tenor auch dieses Werkes sind der Respekt vor dem Leben und die solidarische Anteilnahme an dem Leiden und Sterben der einfachen Soldaten, die
ihre Pflicht tun in einem Krieg, der nicht der ihre ist. Ebenfalls neorealistisches Gepräge trägt auch der Roman *Il clandestino* (1962), der wiederum
mit moralischem und humanitärem Engagement vom Partisanenkampf um
Viareggio (im Roman »Medusa« genannt) erzählt. Aus seinen Erfahrungen
als Arzt und Psychiater schöpfte Tobino dagegen in dem Band *Le libere
donne di Magliano* (1953), der einzelnen Formen von Geisteskrankheit am
Beispiel von Patientinnen der Klinik von Magliano nachgeht; während er in
La brace dei Biassoli (1956) persönlichen Erinnerungen an die Mutter Maria Biassoli und deren Familie freien Lauf ließ. Die Geschichte Viareggios
und der Versilia, dargestellt in der Optik persönlicher Erlebnisse des Autors, bildet den wesentlichen Inhalt des vierteiligen Romans *Sulla spiaggia e
di là dal molo* (1966); darauf folgte 1968 ein weiterer autobiographischer
Erinnerungsroman, *Una giornata con Dufenne*, in dem der arrivierte Mediziner Dr. Giustiniani, Chefarzt einer psychiatrischen Klinik, und sein früherer Mitschüler Dufenne gemeinsame, in einem Internat verbrachte Jugendjahre heraufbeschwören. In späteren Jahren veröffentlichte Tobino
weitere Romane (darunter *La bella degli specchi*, 1976; *Un perduto amore*,
1979), eine gut nachempfundene Dante-Vita mit dem Titel *Biondo era e
bello* (1974) sowie einige Bücher zu Problemen der Psychiatrie.
Einen sehr eigenen Weg außerhalb der offiziellen Literaturszene ging

741

auch CARLO CASSOLA (1917–1987), dessen recht umfangreiches Erzählwerk indes ähnlich wie das Tobinos phasenweise deutliche Kongruenzen mit dem Neorealismus aufweist. Im Unterschied zum akademischen und emanzipierten Habitus Tobinos repräsentiert Cassolas Werk die elementare und begrenzte Welt des einfachen, volkstümlichen Landlebens, das er in immer neuen lyrischen und idyllischen Bildern zum Refugium einer als bedroht angesehenen natürlichen und menschlichen Lebensform stilisierte. In Rom geboren, wurde Cassola später der Norden der toskanischen Maremma (bei Volterra) zur Heimat, wo er in den letzten Kriegsmonaten auch im Widerstand kämpfte. Nach dem Krieg war er zeitweise in der sozialistischen Partei aktiv, wandte sich jedoch mehr und mehr seinen literarischen Interessen zu. Bis 1962 lehrte er Philosophie an einem Liceo in Grosseto. Cassola, der mit Erzählungen debütierte, die 1942 in den Bänden *Alla periferia* und *La visita* erschienen, entwickelte früh eine elementarische (an Pascoli erinnernde) Poetik, derzufolge seine Prosa die verborgenen, vom normalen Bewußtsein nicht registrierten Erscheinungen und Werte in Natur, Landschaft und den kleinen unscheinbaren Dingen aufzudecken habe. Diese Prinzipien fanden eine erste Umsetzung in der 1948 geschriebenen, 1954 von Anna Banti im »Paragone« veröffentlichten Erzählung *Il taglio del bosco,* der einfältigen Geschichte eines durch den frühen Tod der Frau aus dem Gleichgewicht geratenen Holzfällers, der einige Monate zusammen mit anderen Holzfällern im Wald lebt und arbeitet und in der Natur Trost und neuen Lebensmut sucht. Ähnlichen Prinzipien folgen auch die Texte des gleichnamigen, 1959 veröffentlichten Bandes, der neben der Titelgeschichte acht weitere, stets auf elementar Menschliches konzentrierte Erzählungen enthält, deren bescheidene, aus dem alltäglichen Leben gegriffene Protagonisten sich gerne in einfacher gesprochener Rede bzw. in Dialogpartien charakterisieren. Das Werk bescherte dem Autor großen Erfolg: Für die Erzählung *Il soldato,* die Montale als »das schönste und reifste Werk Cassolas« einstufte, erhielt er den »Premio Salento«, für den ganzen Erzählband den »Premio Selezione Marzotto«. In einigen seiner Romane versuchte Cassola, die einfachen Welten seiner ersten Erzählungen durch konkrete gesellschaftliche, geschichtliche oder politische Bezüge zu erweitern und zu vertiefen. So brachte bereits die detailreich und liebevoll ausgemalte, schwierige Liebesbeziehung von *Fausto e Anna* (1952; Neufassung 1958) eine deutliche psychologische Verfeinerung und ließ zugleich die sentimentale Geschichte der jungen Protagonisten aus dem persönlich-intimistischen Bereich hinübergleiten in das Geschehen des Partisanenkampfes bei Volterra, an dem Fausto als Kommandant einer Abteilung teilnimmt. Nach *Fausto e Anna* entwickelte auch *La ragazza di Bube* neorealistische

742

Themen und Motive, doch markiert das 1960 erschienene, im In- und Ausland erfolgreiche, mit dem »Premio Strega« ausgezeichnete Werk vor allem die Endphase des Neorealismus. Seine Handlung setzt bezeichnenderweise nach Kriegsende und nach Auflösung der Partisanenformationen ein und schildert den schwierigen Prozeß der Wiedereingliederung des Ex-Partisanen Bube (eine der Lieblingsgestalten Cassolas, die auch in anderen Werken vorkommt), der wegen verschiedener Vergehen im Gefängnis einsitzen muß und auf dessen Entlassung in erst vierzehn Jahren geduldig das Mädchen Mara wartet. Schon mit dem folgenden Roman mit dem sprechenden Titel *Un cuore arido* (1961) zog sich Cassola aus Politik und Zeitgeschehen zurück und wandte sich dem Innenleben meist alltäglicher Gestalten aus dem Volk und dem Bürgertum zu, mit einer gewissen Vorliebe für weibliche Figuren. Die in der Geschichte von Anna, dem Mädchen mit dem »trockenen Herzen« modellhaft verwirklichte Tendenz zum feinfühligen Intimismus beherrschte zunehmend die vielen späteren Romane Cassolas, von denen hier *Storia di Ada* (1967), *Ferrovia locale* (1968), *Una relazione* (1969), *Paura e tristezza* (1970) und *Monte Mario* (1973) wenigstens genannt seien. In manchen Romanen, wie z. B. in *Il cacciatore* (1964), werden lediglich frühere Erzählstoffe aufgegriffen und erweitert. Cassola, der sich in seinem Alter intensiv für pazifistische und ökologische Ziele einsetze, veröffentlichte eine Auswahl seiner Aufsätze und autobiographischen Schriften unter dem Titel *Fogli di diario* (1974) und danach noch mehrere Bände mit Essays.

Mit den vorstehend besprochenen Autoren sind nun freilich bei weitem nicht alle Schriftsteller aufgeführt, die der umfangreichen, im einzelnen schwer abzugrenzenden Prosa des Neorealismus zuzuordnen wären. Wie aber gerade die Beispiele Tobinos und Cassolas zeigen, hat bei den meisten Autoren, die neorealistische Prosa hervorgebracht haben, nur für einzelne Phasen ihres Schaffens das Etikett »neorealistisch« eine gewisse Gültigkeit, während sie in anderen Abschnitten ihrer schriftstellerischen Karriere abweichenden Richtungen und Interessen nachgingen. Umgekehrt gilt, daß es nur wenige Prosaautoren in der frühen Nachkriegszeit gab, die nicht in irgendeiner Weise, d. h. thematisch, strukturell oder stilistisch, dem Einfluß des Neorealismus ausgesetzt gewesen wären. Dabei konnte die Phase der intensivsten Ausstrahlung des Neorealismus, die wie oben dargelegt von der Mitte der vierziger bis Mitte der fünfziger Jahre reichte, je nach Alter der betroffenen Schriftsteller in deren frühen, mittleren oder späten Schaffensabschnitt fallen. Von vielen weiteren Autoren, die in diesem Sinne zeitweise und mit unterschiedlicher Intensität neorealistischen Perspektiven folgten, wird im VI. Kapitel (S. 807 ff.) zu handeln sein.

V. WEGE DER LYRIK

1. Die moderne italienische Lyrik. Entstehung und Strukturen

In den ersten beiden Jahrzehnten unseres Jahrhunderts setzt sich in Italien langsam und in vielfältigen, breit gestreuten Ausprägungen eine dennoch durch übereinstimmende Grundstrukturen als Gesamtphänomen begrenzbare, unübersehbar neue Weise lyrischen Dichtens durch, die von italienischen Kritikern meist schlicht als »poesia nuova« bzw. »lirica del Novecento«, von anderen Kritikern mit Blick auf die europäische Entwicklung gern als »moderne Lyrik« bezeichnet wird. In der Tat ist die in diesen Jahren entstehende neue italienische Lyrik zum einen Ergebnis autochthoner Entwicklungen, zum anderen jedoch Teil einer übernationalen, die meisten europäischen Literaturen erfassenden Erneuerung des lyrischen Ausdrucks. Wesentliche Bestandteile des neuen lyrischen Credos sind: Bruch mit den Themen, Formen und Stillagen der Tradition, sowohl der klassischen als auch der romantischen, und, damit verbunden, Aufhebung der Kommunikation der Dichtung mit Gesellschaft und Geschichte. An die Stelle des romantischen, die Gesellschaft anführenden »poeta-vates« (vgl. S. 532, 666 ff.) tritt ein sich absolut setzendes, unpersönliches, »enthumanisiertes« Ich mit allenfalls latenten, fragmentarischen oder »gestörten« Bezügen zur Umwelt. Hand in Hand mit der Ächtung traditioneller Themen geht der Verzicht auf deskriptive, Wirklichkeit reproduzierende Elemente; statt dessen kreiert das sich absolut setzende, in freiem Spiel assoziierende lyrische Ich neue »unmögliche« und alogische Beziehungen zwischen Gedanken und Dingen und bedient sich dabei ungewöhnlicher, ja ausgefallener Bilder, kühner Metaphern und einer freien, entregelten Syntax. Das verfremdete und sich nur mühsam erkennende Ich artikuliert sich vorzugsweise in einer sinndunklen, hermetischen Kunstsprache, stößt dabei allerdings unter dem Druck der frei schaltenden, diktatorischen Phantasie immer wieder an die Grenzen der Möglichkeiten der natürlichen Sprache, derer es sich bedient. Durch Abstreifen einer als unrein empfundenen Realität und durch Sublimierung des dichterischen Ausdrucks in einem freien, abstrakten Raum von oft leerer Idealität versucht der Dichter, sein Ziel einer »reinen Dichtung« (Mallarmés »poésie pure«) zu erreichen, deren wichtigste stilistische Register Unbestimmtheit und Negation, Abnormität und Dissonanz, Dunkelheit und Sprachmagie sind.

Es versteht sich von selbst, daß diese hier resümierten Grundstrukturen einer negativen und anarchischen Poetik von den nach der Jahrhundertwende in Italien schreibenden Lyrikern in unterschiedlicher Weise verwirklicht wurden und ebenso, daß es neben den »modernen« weiterhin konservative Lyriker gab und gibt, die – wie etwa die Dialektdichter – in einem mehr oder weniger konventionellen, klassizistischen oder romantischen Stil oder aber auf eine gänzlich eigene, untypische Weise schreiben. Und es darf nicht übersehen werden, daß auch einige der bedeutendsten Lyriker unseres Jahrhunderts wie etwa Umberto Saba und Pier Paolo Pasolini sich nicht oder nur bedingt in die Poetik der sogenannten modernen Lyrik einordnen lassen. Dennoch gilt, daß diese Strukturen eines abstrakten und schwer entzifferbaren Dichtens die Lyrik des gesamten Jahrhunderts maßgeblich geprägt haben und bis in die neunziger Jahre hinein eine ungebrochene Aktualität zu besitzen scheinen.

Der neue lyrische Stil hatte in den Dichtungen Baudelaires, Rimbauds und Mallarmés seine wichtigsten Vorbilder, und fand darüber hinaus einzelne Vorläufer in Autoren früherer Epochen wie Góngora, Marino und weiteren Lyrikern vor allem manieristischer Richtungen. Abgesehen von der mehr oder weniger direkten Einwirkung der französischen Lyrik des 19. Jahrhunderts und weiterer ausländischer Lyriker auf einzelne italienische Autoren waren es in Italien jedoch drei nationale Gruppierungen, die, ihrerseits von ausländischer Lyrik beeinflußt, in den ersten beiden Jahrzehnten die Wende zur »Modernität« in der Lyrik herbeiführten, nämlich die »Crepuscolari«, die Futuristen und einige Lyriker im Einzugsbereich der »Voce«. Die »Crepuscolari« (vgl. S. 658 ff.) hatten unter maßgeblichem Einfluß französischer und belgischer Lyriker des Symbolismus, der Décadence und des Intimismus in ihren Dichtungen den Bezug zur Realität weitgehend gelockert und dem freien Spiel der Phantasie Tür und Tor geöffnet, wobei sie die Wahrnehmung der Dinge ebenso problematisierten wie die Verwendung der Sprache, die sie in einer halb spielerischen, halb experimentierenden Weise einsetzten. Die Futuristen (vgl. S. 666 ff.) hatten mit unerhörtem propagandistischen Aufwand den radikalen Bruch mit der Tradition, die »Zerstörung der Syntax«, die frei assoziierende Phantasie und die »absolute Freiheit der Bilder und Analogien« zu obersten Prinzipien einer modernen dichterischen Sensibilität erhoben und in kühnen Texten verwirklicht. Nicht zuletzt waren es einige jüngere Lyriker aus dem Umfeld der ansonsten überwiegend moralisierende oder autobiographische Prosa publizierenden »Voce« (vgl. S. 636), die mit einer Reihe innovativer Werke die Ära der modernen Lyrik in Italien einläuteten. Zu denken ist an Dino Campana, Clemente Rèbora, Camillo Sbarbaro und Arturo Onofrio, die alle der gleichen, um 1885 geborenen Generation angehören.

DINO CAMPANA (1885–1932), ein »maudit« wie Baudelaire und ein

»voyant« wie Rimbaud, begann seine kurze, qualvolle und später von Mythenbildung umrankte Existenz in Marredi bei Faenza, wo er als Sohn eines Grundschullehrers geboren wurde. Schon als Kind unter schweren psychischen Störungen leidend, studierte er mit Mühe und ohne großes Interesse Chemie in Bologna und Florenz, mußte jedoch schon 1906 in das Irrenhaus von Imola eingeliefert werden. Danach vagabundierte er durch die Welt, schlug sich durch die Schweiz, Frankreich, weite Teile Südamerikas und die Ukraine und kehrte 1908 nach einem weiteren Aufenthalt in einem belgischen Irrenhaus nach Italien zurück. In Florenz trat er in Kontakt mit der »Voce« und mit anderen kulturellen Kreisen der Stadt. Er versuchte sich nicht nur als Dichter, sondern auch als Maler. 1911/12 nahm er in Bologna sein Chemiestudium noch einmal auf und publizierte nebenbei Gedichte in einer Lokalzeitschrift. In diese Zeit fällt auch der Beginn der Arbeit an seinem Hauptwerk, den *Canti orfici*, die er im Dezember 1913 unter dem Titel *Il più lungo giorno* Papini und Soffici, den Herausgebern der »Lacerba«, vorlegte. Da Soffici bei einem Umzug das Manuskript verlor, sah sich der enttäuschte Dichter genötigt, das Werk aus dem Gedächtnis zu rekonstruieren. Diese rekonstruierte Fassung läßt er 1914 in Marredi mit dem Titel *Canti orfici* auf eigene Kosten drucken und bemüht sich auch selbst um den Verkauf des Buchs. 1916 macht Campana durch eine dramatische Liebesbeziehung zu Sibilla Aleramo von sich reden, die bis Anfang 1917 dauert und in einem umfangreichen Briefwechsel dokumentiert ist; 1918 bereits wird der zunehmend geistesgestörte Dichter in die psychiatrische Klinik von Castel Pulci bei Florenz eingeliefert, wo er bis zu seinem Tod bleibt.

Erst 1971 wird im Hause Sofficis das verlorene Manuskript wiedergefunden und 1973 in Florenz unter dem ursprünglichen Titel *Il più lungo giorno* veröffentlicht; die Fassung weist erhebliche Abweichungen von den *Canti orfici* auf. Deren erste Ausgabe mit zweiundzwanzig Dichtungen wurde in späteren Ausgaben von 1928 und 1941 um sechs und dann um insgesamt zehn Dichtungen erweitert. Die *Canti orfici* präsentieren sich als literarisches Werk mit historischen und moralischen Ansprüchen, dargeboten in einem feierlich-getragenen, überhöhten Stil. Der Trend zur Sublimierung kommt bereits in dem Adjektiv »orphisch« zum Ausdruck, das auf den Orpheusmythos und damit auf die Kraft und die Magie des künstlerischen Ausdrucks in Wort oder Musik verweist. Der Band ist dem deutschen Kaiser Wilhelm II. gewidmet und trägt den deutschsprachigen Untertitel »Die Tragödie des letzten Germanen in Italien«. Damit stellte Campana seine *Canti* in eine von Nietzsche suggerierte tragische Spannung zwischen dem nordischen, negativen Element der deutschen und dem lebensbejahenden,

746

mediterranen Wesen der italienischen Kultur. Obwohl um literarische Ausgewogenheit und stilistisches Gleichgewicht bemüht, erweisen sich die
Canti in ihrem Wechsel von Gedichten und lyrischen Prosatexten (»novelle
poetiche«) dennoch als beklemmendes Itinerarium einer aus den Fugen geratenden, halluzinatorischen Phantasie, die in langen rhythmischen Fügungen, in rekurrenten Motiven und obsessiven Visionen einzelne Schichten
des Bewußtseins wachruft und dabei die entgegentretenden Wirklichkeiten
in kühnen, oft gewaltsamen und aggressiven Analogien und Bildern verfremdet. Die Sammlung wird eröffnet mit den dunklen, elegischen Tönen
und traumatischen Impressionen des Prosagedichts *La notte,* das »die lange
Nacht mit den trügerischen Erscheinungen ihrer vielen Bilder« beschwört,
und endet mit dem fiebrig erregten Gedicht *Genova,* in dem der Dichter
die chaotisch quirlende und lärmende Stadt zum Sinnbild der eigenen zerrissenen Seele erhebt. Die Nacht und die Dunkelheit, die Stadt mit ihren
lärmenden, dunklen oder verkommenen Vierteln, Reiseerlebnisse, flüchtige
Begegnungen, tiefe Augenblicke und nicht zuletzt mythische, rätselhafte
Wesen wie die »Chimera« sind die Vorzugsmotive dieser Dichtungen, die
ihre chaotische Energie und zerstörerische Aggressivität nur mühsam unter
dem Faltenwurf einer noch klassizistisch gebändigten, an Carducci und
D'Annunzio erinnernden Sprache verbergen.

Aggressivität und Chaos, Negation und Verfremdung, Halluzination
und Bewußtseinsspaltung zeigen sich allerdings noch deutlicher in einigen
der Texte, die später in den Sammlungen *Versi sparsi* und *Quaderno* sowie
aus den Tagebüchern und Entwürfen Campanas veröffentlicht wurden. In
ihnen ist auch die Sprache in den Sog der Zerstörung und der Auflösung
geraten: Durch obsessive, rhythmische und inhaltliche Wiederholungen,
durch jähe Einschübe oder hereinbrechende Visionen werden hier die normalen Fügungen der Sprache aufgebrochen, die nun in ihrer traumatischen
Zirkularität zum Spiegel der mit sich und der Welt verfremdeten, ausweglosen Dichterseele wird.

Der von hohen moralischen und religiösen Idealen beseelte Mailänder
CLEMENTE REBORA (1885–1957) schloß nach einem abgebrochenen Medi-
zinstudium seine literarischen und philosophischen Studien 1910 mit einer
Arbeit über den Juristen und Philosophen Gian Domenico Romagnosi ab
und lehrte dann an verschiedenen Instituten in Mailand und Umgebung. Er
schrieb einige Beiträge für die »Voce« und andere Zeitschriften, darunter
auch einen Essay über Leopardis Beziehung zur Musik für die »Rivista
d'Italia« (1910). Schon 1913 erschien im Verlag der »Voce« sein Hauptwerk, die *Frammenti lirici.* Von 1914 bis 1919 lebt er mit der russischen
Pianistin Lydia Natus zusammen. 1915 erleidet er als Frontsoldat durch

747

eine Explosion einen traumatischen Schock, der ihn kriegsuntauglich macht. Nach dem Krieg lehrt er an Privatschulen, hält Vorträge, arbeitet als Herausgeber; 1922 veröffentlicht er die *Canti anonimi raccolti da C. Rèbora*. Langanhaltende religiöse Zweifel und Lebensängste führen 1929 zu einer tiefen psychischen Krise, aus der er zum katholischen Glauben findet. Er gibt das Dichten auf, tritt 1930 in den Orden der Rosminianer ein, wo er 1936 sein Gelübde ablegt und Priester wird.

Wichtigste Dichtung Rèboras sind die als Gesamtarchitektur konzipierten *Frammenti lirici*. Sie enthalten zweiundsiebzig aus heterometrischen Versen (doch überwiegend aus Elf- und Siebensilblern) gebildete meist kanzonenartige Texte, die zunächst nur numeriert waren und zu Lebzeiten des Autors für die Ausgabe von 1947 von dessen Bruder Piero mit Titeln versehen wurden. In ihnen artikuliert sich in einer unerhört verdichteten, expressionistisch gesteigerten Sprache ein lyrisches Ich, das sich aus den Fesseln einer qualvollen Isolierung befreien und wieder Zugang zu einem kollektiven, von Wahrheit und Liebe bestimmten Dasein gewinnen möchte, dabei jedoch ständig mit einer schwierigen, häßlichen oder hinterhältigen Realität konfrontiert wird. »Das gleichförmige und vielfältige Leben regt sich ringsum / ich suche und finde nicht und mache mich auf den Weg in seine unablässige Bewegung: / ihr zu folgen scheint Gewohnheit oder Schicksal / aber in ihr habe ich Angst...«, lauten die ersten Verse. Daraus entwickelt sich das eigentliche Leitmotiv dieser Texte, die Diskrepanz zwischen einem optimistischen, guten Wollen und einer negativen, depressiven Tatenlosigkeit und Indolenz. Weitere Oppositionen treten hinzu und strukturieren den Inhalt dieser Gedichte; Dissonanzen, die sich in einer dichten Folge sinnschwerer Bilder konkretisieren und oft durch sprachlich-stilistische Verwerfungen oder durch kühne, eigenwillige Wortverwendungen, vor allem im Bereich der Verben, verschärft werden: so die Gegensätze zwischen Natur und Geschichte, zwischen Stadt und Land, zwischen Natürlichem und Künstlichem, zwischen Alt und Neu, nicht zuletzt zwischen den Klassen der Gesellschaft. Diese Spannungen verschärfen sich in dem schmalen Band der *Canti anonimi* von 1922, in die auch das Grauen des Ersten Weltkriegs eingegangen ist und die um so entschiedener, etwa in Gedichten wie *Se Dio cresce* oder *Dall'imagine tesa,* um Befreiung und religiöse Gewißheit ringen. Der ersehnten Glaubenszuversicht konnte Rebora erst in seinen späteren lyrischen Werken Ausdruck geben, so in seinen *Poesie religiose* (1947), in der lyrischen Autobiographie *Curriculum vitae* (1955) und den *Canti dell'infermità* (1956/57), die allerdings von geringerem literarischem Interesse sind.

Strukturen moderner Lyrik wie Reduktion, Negativität, Verfremdung

748

und Kommunikationslosigkeit treten beispielhaft hervor in dem schmalen, hochkonzentrierten lyrischen Werk des Ligurers CAMILLO SBARBARO (1888–1967), dem die Welt wie eine Wüste erschien und der in seinen Gedichten Sprache und Wirklichkeit skelettartig austrocknet. Zugleich sind seine Dichtungen, wie ein anderer Ligurer, der Prosaautor und Kritiker Giovanni Boine (1887–1917) treffend gesagt hat, Dokument einer »bleiernen Verzweiflung, ... karger Ausdruck eines unheilbaren Unbehagens«. Im Titelgedicht seiner Gedichtsammlung *Pianissimo* von 1914 liest man: »Wir aber gehen daher, / ich und du (meine Seele) wir gehen daher wie Schlafwandler. / Und die Bäume sind die Bäume, die Häuser sind die Häuser, ... und alles ist das / was es ist, nur das was es ist. / Freude und Schmerz / berühren uns nicht... und die Welt ist eine große / Wüste. / In der Wüste / schaue ich mit trockenen Augen auf mich selbst.« Der in Santa Margherita Ligure (bei Genua) geborene Dichter, der am Ersten Weltkrieg teilnahm und in der Industrie, als Übersetzer französischer und griechischer Literatur und als Griechischlehrer tätig war, führte allzeit ein bescheidenes und zurückgezogenes Leben in einem auch geographisch begrenzten Raum zwischen Genua, wo er zeitweise lebte, und der Riviera del Ponente. In den zwanziger Jahren stand er in enger Verbindung mit der »Voce« und der »Riviera ligure«. Sbarbaro, der sich auch als sachkundiger Sammler und Erforscher von Moosen und Moosflechten hervortat, ließ sich ab 1951 bei seiner Schwester in Spotorno nieder, wo er auch starb. Sein Leben stand unter dem Trauma der Einsamkeit, der Entfremdung von Menschen und Dingen und der Ohnmacht und Sprachlosigkeit des Künstlers. Dem offiziellen Literaturbetrieb hielt er sich fern; er war nach einem Wort Montales »ein Mann weniger, aber treuer Freundschaften«, von denen die mit den Dichtern Montale und Angelo Barile (1888–1967) die wichtigsten waren.

Sbarbaro debütierte mit der Gedichtsammlung *Resine* (1911), die bereits seine Entfernung von D'Annunzio und der Tradition dokumentiert, die er aber später verwarf. 1914 erschien dann das Hauptwerk *Pianissimo* im Verlag der »Voce«: journal intime eines depressiven, indifferenten Ichs, das sich »wie aus dem Leben herausgesetzt« fühlt und, mit der Welt und sich selbst entfremdet, die Erfahrung Rimbauds (»moi c'est un autre«) ausdrücklich für sich geltend macht: »Ich bin nicht mehr ich, ich bin ein anderer. Ich bin von mir selbst befreit.« Neben der Ausstrahlung Rimbauds, der eine der wichtigsten Jugendlektüren Sbarbaros war, ist u. a. auch der Einfluß der Stadtpoesie Baudelaires in dem Band spürbar. Auch für Sbarbaro ist die vor allem in ihren dunklen Winkeln wahrgenommene moderne Stadt ein Ort der Einsamkeit, der Verfremdung und der steinernen Irrealität. Nur dann und wann durchzucken emotionale Regungen wie »kurze

Blitze« (Montale) den müden und resignierenden Rhythmus seiner Verse, denen der rebellische und heroische Ton Rimbauds völlig fremd bleibt. Daseinsangst und die Erfahrung einer unerträglichen Leere in allem und hinter allem ist die beklemmende Botschaft dieser einzigartigen Sammlung. Die wenigen übrigen Dichtungen Sbarbaros, wie *Lettera dall'osteria, Versi a Dina* und andere, die später in dem Band *Rimanenze* (1955) veröffentlicht wurden, fügen dieser Aussage nichts Wesentliches hinzu. In späteren Jahren wandte sich Sbarbaro dem bei den Autoren der »Voce« beliebten Prosafragment zu und schrieb mehrere Bände mit teilweise tagebuchartigen Prosaskizzen, so etwa *Liquidazione* (1928), *Fuochi fatui* (1956), *Scampoli* (1960), *Gocce* (1963) und die in mehreren Folgen veröffentlichten *Trucioli (Holzspäne)*, in denen der Dichter persönliche Erfahrungen und Reflexionen aus den Jahren 1914 bis 1940 aufzeichnete. Auch in seiner Prosa entfaltet Sbarbaro eine im wesentlichen negative Sicht auf die Welt, die erst in den Texten der letzten Jahre durch einen ruhigeren Stil und versöhnlichere Betrachtungen gedämpft wird.

Zu den Wegbereitern der modernen Lyrik in Italien wird von den meisten Kritikern auch der Römer ARTURO ONOFRI (1885–1928) gezählt, obwohl dieser einerseits stark der Tradition, und insbesondere Pascoli, verpflichtet blieb, andererseits in einer unermüdlich betriebenen ästhetischen Theoriebildung unter dem Einfluß Bergsons, Wagners und Rudolf Steiners eigene, ja ausgefallene Ideen entwickelte. Onofri, lange Zeit Angestellter beim Roten Kreuz in Rom, hatte ab 1907 erste Lyrikbände vorgelegt (darunter *Poemi tragici*, 1908, und *Canti delle oasi,* 1909) die neben traditionellen Elementen vor allem den Einfluß der in jenen Jahren schreibenden »Crepuscolari« aufweisen. 1912 gründete Onofri mit anderen die Revue »Lirica« und schrieb in den folgenden Jahren für die »Voce« von De Robertis und andere Zeitschriften. In dieser Zeit huldigte Onofri auch dem Fragmentarismus der »Voceani« und schrieb kurze Stücke in rhythmischer Kunstprosa, die in den Bänden *Orchestrine* (1917) und *Arioso* (1921) gesammelt wurden. Sie kennzeichnen einen der Höhepunkte der poetischen Karriere Onofris. Ungefähr mit *Arioso* tritt Onofri indes in eine zweite wichtige Phase ein, in der er durch ein vertieftes Studium Rimbauds, Mallarmés und der Symbolisten (zu deren besten Kennern in Italien er zählte) die Strukturen der Moderne besser verstehen lernt und sich das Ziel einer absoluten, orphischen und reinen Dichtung zu eigen macht. Gleichzeitig entwickelt er unter dem Einfluß der Wagnerschen Ästhetik und der Anthroposophie Rudolf Steiners das Konzept einer universalen, magischen und erkennenden Dichtkunst, die imstande wäre, die geheimen Beziehungen und Korrespondenzen zwischen Mensch und Kosmos, zwischen geistiger und materieller Welt freizulegen und so das Ich des Dichters (und damit den Menschen insgesamt) in eine mystische, allumfassende kosmische Harmonie einzubinden. Diese neuen Orientierungen, die auch mit Gedanken über eine generelle Reform der Kultur verknüpft waren, fanden ihren Ausdruck in dem Band *Nuovo rinascimento come arte dell'io* (1925). In einer beeindruckenden Folge lyrischer Dichtungen versuchte Onofri in den anschließenden Jahren, dieses universale, von christlichem Pantheismus geprägte Dichtungskonzept umzusetzen. Zuerst in dem Gedichtband *Le trombe d'argento* (1924); darauf folgten *Terrestrità del sole* (1927), *Vincere il drago!* (1928) und weitere, postum erscheinende Gedichtsammlungen. Allerdings verlor Onofri später seine ursprünglichen Orientierungen in der Masse einer ungegliederten und teilweise verflachenden lyrischen Produktion zunehmend aus den Augen. Über die Qualität der Lyrik Onofris, den G. Contini als »poeta pregevole« einstufte, kann man streiten – als literaturgeschichtliches Faktum verbleibt in jedem Fall die Tatsache, daß seine Dichtungen, insbesondere *Terrestrità del sole,* von Montale, den florentinischen Hermetikern und einzelnen Neosurrealisten stark beachtet wurden.

2. Ungaretti und die hermetische Dichtung

Die Strukturen der modernen Lyrik fanden in Italien einen besonders profilierten Ausdruck in der »poesia ermetica«, einer Richtung von Lyrik, die sich einer traditionsabgewandten, schwer zugänglichen Schreibweise bediente mit dem Ziel, die »Wahrheit« des ursprünglichen, seherischen Dichterwortes in seiner magischen und evokativen Sinnfülle wiederherzustellen und damit das Ideal einer absoluten, »reinen« Lyrik zu verwirklichen. Der Begründer und zugleich die überragende Orientierungsfigur des hermetischen Dichtens in Italien war GIUSEPPE UNGARETTI (1888–1970), der über Italien hinaus zu einem Prototyp des modernen Lyrikers schlechthin wurde. Ungaretti konstatierte die Erschöpfung traditioneller lyrischer Stilmittel und die »Sprachlosigkeit« des modernen Menschen in einer verfremdeten Umwelt und versuchte, ausgehend von einer untersten, elementarsten Ebene des »Schweigens« und des unsagbaren »Geheimnisses«, das Dichterwort mit dem vollen Gewicht seiner suggestiven und mystischen, ja »göttlichen« Inhalte wieder in Kraft zu setzen. Ungarettis dichterischer Weg begann in einem übernationalen, durch ausländische Einflüsse geprägten Umfeld: Wie Marinetti in der turbulenten Weltstadt Alexandria in Ägypten geboren, waren wie bei diesem seine ersten Bildungserlebnisse als Schüler stark von französischer Kultur und Kunst des Fin-de-siècle bestimmt. Der Einfluß Frankreichs intensivierte sich, als der durch den Tod des Vaters früh verwaiste Sohn von Emigranten aus Lucca, der wegen ständiger finanzieller Engpässe der Familie verschiedene Tätigkeiten verrichten mußte, 1912 nach Paris ging, um an der Sorbonne und am Collège de France bei Joseph Bédier, Gustave Lanson, Henri Bergson und anderen seine in Alexandria begonnenen Studien fortzusetzen. Er blieb zwei Jahre in der Seinestadt und lernte neben verschiedenen Künstlern und Intellektuellen Vertreter der französischen Avantgarde wie Guillaume Apollinaire, Max Jacob und Picasso kennen, dazu auch italienische Intellektuelle wie Papini, Soffici und Palazzeschi, die ihn einluden, an der Zeitschrift »Lacerba« mitzuwirken. In dieser erschienen dann auch 1915 die ersten Gedichte des bei Kriegsbeginn nach Mailand zurückgekehrten Lyrikers, der entschlossen für den Kriegseintritt plädierte und sogleich als einfacher Soldat in einem Infanterieregiment im jugoslawischen Karst kämpfte. In den Schützengräben und aus den Erfahrungen des Krieges heraus entstand als eine Art lyrisches Tagebuch sein erster schmaler Gedichtband *Il porto sepolto,* der 1916 von dem Freund Ettore Serra in Udine publiziert wurde. Im Frühjahr 1918 wurde Ungarettis Regiment in die Champagne verlegt; er selbst blieb nach dem Waffenstillstand in Paris als Korrespondent der faschistischen Zeitung »Il popolo d'Italia« und dann als Presseattaché der italienischen Botschaft. 1919 erscheint eine erste größere Gedichtsammlung *Allegria di naufragi;* 1920 heiratet er die Französin Jeanne Dubois, die ihm zwei Kinder, 1925 die Tochter Ninon und 1930 den Sohn Antonietto schenkt. Ab 1921 lebt Ungaretti in Rom als Mitarbeiter des Außenministeriums, schreibt nebenbei für italienische und französische Zeitschriften und hält Vorträge in Italien und im Ausland. Nach der Unruhe der Jugendzeit und des Kriegs bringen die zwanziger Jahre für den Dichter neben wirtschaftlicher Sicherheit auch eine ideologische Stabilisierung: Er lebt als überzeugter Faschist, ohne unter den für viele faschismusfreundliche Intellektuelle typischen Gewissensbissen zu leiden, und vollzieht um 1928 eine religiöse Wende vom orthodoxen Glauben (seiner Eltern) zum Katholizismus. Den Höhepunkt seines dichterischen Ruhms erreicht er bereits 1933 mit der Publikation von *Il sentimento del tempo.* Von 1936 bis 1942 lebt er mit seiner Familie in São Paulo (Brasilien), wo er italienische Literatur lehrte. In dieser Zeit verliert er neben seinem Bruder auch den Sohn Antonietto; Todesfälle, die in der Gedichtsammlung *Il dolore* (1947) ein bedeutsames Echo fanden (schon zuvor hatte er dem 1913 durch Selbstmord aus dem Leben geschiedenen alexandrinischen Jugendfreund Moammed Sceab im Eröffnungsgedicht von *Il porto sepolto* ein ergreifendes Denkmal gesetzt).

752

Nach seiner Rückkehr aus Brasilien wurde er zum »Accademico d'Italia« ernannt und lehrte als Professor für moderne Literatur an der Universität Rom. Den Zusammenbruch des Faschismus überlebte Ungarettis Ruf unbeschadet. In den Jahren nach dem Krieg publizierte der vitale Dichter weitere Gedichtsammlungen und Aufsätze, hielt Vorträge und Lesungen in Europa und Übersee und wurde so nach und nach, durch viele öffentliche Ehrungen ausgezeichnet, zum weithin gefeierten Vorbild des modernen Dichters und zum großen alten Mann der italienischen Literatur, der auch das Glück hatte, noch ein Jahr vor seinem Tod eine vollständige Ausgabe seiner Dichtungen mit dem Titel *Vita d'un uomo* (1969) veröffentlichen zu können.

Ungarettis erste Schaffensphase findet ihren Ausdruck in den Gedichten der Jahre 1914–19, die in dem Band *L'allegria* gesammelt wurden. Die Sammlung, die 1923 in einer ersten Ausgabe unter dem Titel *Il porto sepolto* mit einem Vorwort Mussolinis erschien, bekam nach verschiedenen Korrekturen und Ergänzungen in der Ausgabe von 1931 ihren endgültigen Titel, aber erst in einer weiteren Fassung von 1942 ihre definitive Form mit den fünf Teilsammlungen *Ultime, Il porto sepolto, Naufragi, Girovago* und *Prime.* Der lyrische Ausdruck Ungarettis ist insgesamt gekennzeichnet durch eine vorherrschende Tendenz zur Analogie, die geheimnisvoll Verwandtes in wahrheitsstiftende Beziehungen setzen soll, durch die Suche nach dem ursprünglichen, wesentlichen Dichterwort und das Streben nach Musikalität der Wörter und Verse, deren durch suggestive Klangeffekte erzeugte Konnotationen ähnlich wie bei Mallarmé oft wichtiger sind als die denotierten Bedeutungen. Für die frühen Dichtungen von *Allegria* ist typisch das durch Rückgang in die Tiefen des lyrischen Ichs mühsam dem Schweigen entrungene, hochkonzentrierte, weil elementare Wahrheit enthüllende Wort (»parola«), in Verbindung mit einer extremen, durch den Wegfall der Interpunktion gesteigerten Konzentration des sprachlichen Ausdrucks, der Verse oft bis auf ein Wort und Gedichte bis auf einige wenige Wörter reduziert. In einer der poetologischen Dichtungen dieser Sammlung, in dem 1916 an Ettore Serra gerichteten Briefgedicht *Commiato,* hat der junge Ungaretti selbst definiert, was er unter »poesia« versteht: »Lieber / Ettore Serra / Dichtung / ist die Welt die Menschheit / das eigene Leben / emporgeblüht aus dem Wort / das strahlende Wunder / einer rauschhaften Intuition / Wenn ich finde / in diesem meinem Schweigen / ein Wort / dann ist es aus meinem Leben/ wie aus einem Abgrund herausgegraben.« Ein sich absolut setzendes, lyrisches Ich bringt aus dem Schweigen ein Wort hervor, das für das eigene Leben, aber auch für die Menschheit und die ganze Welt Gültigkeit besitzt. Dichtung ist die Kunst der

Schöpfung von Urwörtern, verbleibt aber als solche stets an der Grenze zum Schweigen und zum Nichts, so daß Schweigen und unerschöpfliches Geheimnis dicht nebeneinander treten, wie wir in dem Gedicht *Il porto sepolto* aus dem gleichen Jahr lesen: »Von dieser Dichtung / bleibt mir jenes Nichts / an unerschöpflichem Geheimnis.« Zur Sammlung *L'allegria* gehören viele der schönsten und in ihrer Mischung von Musikalität, Nostalgie und lebensphilosophischem Anspruch unvergeßlichen Gedichte Ungarettis, wie *Levante, Sono una creatura, I fiumi* und andere, die seinen Ruhm als Dichter dauerhaft begründeten.

Inhaltliche und formale Strukturen ändern sich in der zweiten, »hermetischen« Phase Ungarettis, die im wesentlichen durch die Sammlung *Sentimento del tempo* repräsentiert wird, die zuerst 1933, in erweiterter Form 1936, und schließlich 1943 in der endgültigen Fassung mit Gedichten von 1919–35 erscheint, eingeteilt in die Kapitel *Prime, La fine di Crono, Sogni e accordi, Leggende, Inni, La morte meditata* und *L'amore*. In diesen Texten weicht Ungaretti von der sprachlichen Reduktion und der lakonischen Kürze früherer Dichtungen ab. Sich auf die Tradition und hier vorzugsweise auf die stilistische Perfektion Petrarcas und Leopardis besinnend, verwendet er wieder längere Verse, darunter auch klassische Versmaße wie den Elfsilbler, und schreibt neben gewohnt kurzen auch wieder längere, meist heterostrophisch gegliederte Gedichte mit weit ausladenden, teilweise komplizierten syntaktischen Konstruktionen. Zusammen mit der Majuskel am Versanfang wird dabei auch die Interpunktion wieder eingeführt. Diese formale Rückorientierung an der italienischen Tradition, für die wahrscheinlich auch der Einfluß der »Ronda« verantwortlich war, ist allerdings inhaltlich gesehen keineswegs mit klassischer Klarheit verbunden, sondern geht einher mit einem dunklen, verschlüsselten Stil, der sich in kaum nachvollziehbaren Analogien, in dunklen Bildern und kühnen Metaphern verwirklicht, die alle etwas Geheimnisvolles und Sakrales umkreisen, ohne dies jedoch aussprechen zu können. Vorbilder für diese Form esoterischen Dichtens waren neben dem späten Mallarmé, an den besonders viele Texte dieser Sammlung erinnern, und neben weiteren Lyrikern des 19. Jahrhunderts vor allem die Lyrik des Barock und des Manierismus, insbesondere die Góngoras, den Ungaretti ebenso wie Shakespeare, Racine, Blake und Mallarmé selbst übersetzt hatte. Mit dem Einfluß barocker Strukturen, insbesondere mit der unbegrenzten, die gesamte Lebenswelt verflechtenden Kreation und Kombination von Analogien, Bildern und Metaphern sowie mit dem ebenfalls barocken Motiv der Zeitlichkeit des Daseins verbindet sich ein weiteres Hauptmotiv dieser schwierigen Lyrik, nämlich das einer Religiosität, die vor allem in den Hymnen des fünften

Teils zum Ausdruck kommt und die wohl mit der vom Dichter in diesen Jahren vollzogenen inneren Wende zusammenhängt. Alle die schwer verständlichen und schwer übersetzbaren Dichtungen dieses Bandes, darunter auch die berühmtesten, wie *O notte, Le stagioni, L'isola, Leda* und *Di sera* (um nur einige zu nennen), sind so etwas wie geheime, magische und sakrale Erkundungen am Rande des Wißbaren und Sagbaren, die mit dem bewegten Spiel der Analogien, der Wörter, Klänge und Bilder auf eine tiefere, in normaler Sehweise nicht wahrnehmbare, unveränderliche Realität hinweisen möchten. Die Dichtungen dieses Bandes sind kühle, unnahbare Schönheiten, die dem verstehenden Zugriff große Widerstände entgegensetzen, in welchem Umstand wiederum ein Teil des ästhetischen Vergnügens liegt, das sie bereiten können. Andererseits gilt, daß das barock-symbolistische Spiel mit Analogien zwischen sinnlichen und übersinnlichen Welten nur allzu leicht zu einer Manier ausarten kann, die nicht mehr sakrale Geheimnisse und Seinsgründe, sondern nur noch selbstgeschaffene Abstraktionen umkreist. Hier liegen die Grenzen Ungarettis, und in noch stärkerem Maße die seiner Nachahmer, für die *Sentimento del tempo* das wichtigste Modell hermetischen Dichtens war. Mit der Dunkelheit und Eigenwilligkeit des Stils hängt auch zusammen, daß in diesem Band wie schon in *L'allegria* Ungaretti immer dann zu seinen ergreifendsten (und daher vielleicht besten) Dichtungen findet, wenn er Analogien und Seinsgeheimnisse einmal vergißt und statt dessen elementare menschliche Beziehungen oder Betroffenheiten in den Mittelpunkt stellt, wie dies zum Beispiel in dem Gedicht *La madre* der Fall ist, oder in *La pietà*, das mit den Worten beginnt: »Sono un uomo ferito.«

Ungarettis spätere Dichtungen wiederholen im wesentlichen die in *Sentimento del tempo* entfalteten Strukturen in einem formal vollendeten Stil, der seine Dunkelheit weiterhin aus kühnen Analogien und Bildern gewinnt, dabei allerdings, ohne grundsätzlich Neues zu bieten, bisweilen nicht frei von Übertreibungen ist. Besonders ehrgeizig war das Vorhaben von *La terra promessa*, das gesamte menschliche Dasein durch Analogien in einen mythischen und symbolischen Gesamtzusammenhang einzuordnen, in ein »versprochenes Land«, das dem Menschen als eine zeitlose Bleibe im Universum in Aussicht gestellt sei. Da das Projekt nicht realisierbar war, wurden die einzelnen, als »frammenti« bezeichneten Gedichte, unter denen das *Recitativo di Palinuro* als ein glänzendes Beispiel geschliffenen hermetischen Stils herausragt, 1950 in einem Band veröffentlicht. 1947 erschien *Il dolore* mit persönlicheren Texten, die sich u. a. auf den Tod des Bruders und des Sohnes beziehen; darauf folgten *Un grido e paesaggio* (1952) mit Gedichten von 1939–52 und *Il taccuino del vecchio* (1960) mit

755

solchen von 1952–60. 1968 erschien *Dialogo*, ein lyrischer Dialog mit der jungen Dichterin Bruna Bianco; weitere einzelne Gedichte wurden in der Gesamtausgabe *Vita d'un uomo* (1969), vor allem in der Abteilung *Poesie disperse* zusammengefaßt. Bereits 1919 hatte Ungaretti in Paris eine kleine Sammlung französischer Gedichte mit Übersetzungen, Varianten und Motiven einzelner Texte aus *L'allegria* unter dem Titel *La guerre* veröffentlicht. Das letzte Gedicht des bis ins hohe Alter rüstigen Dichters war *L'impietrito e il velluto,* das er zum Jahreswechsel 1969/70 schrieb. Zum Gesamtwerk des Lyrikers und Literaturprofessors Ungaretti gehören neben Gedichten und neben den schon erwähnten Übersetzungen, von denen einige in dem Band *Traduzioni* (1933) erschienen, auch zahlreiche Vorträge, Reisebeschreibungen und literaturkritische Aufsätze, die zum Teil in *Il deserto e dopo* (1963) gesammelt wurden. Die Essenz seiner dichtungstheoretischen Ansichten ist in dem Essay *Ragioni d'una poesia* enthalten, den er der Gesamtausgabe seiner Lyrik vorangestellt hat.

Die Lyrik Ungarettis und in anderer Weise auch Teile der Dichtung Montales, von dem im nächsten Kapitel (vgl. S. 767 ff.) die Rede sein wird, wurden so zum Vorbild einer neuen Generation von Lyrikern, die sich von der Kommunikation mit der Gesellschaft und der Realität der Gegenwart abwandten, um in dunkler, monologisierender Sprache in den Tiefen des eigenen Ichs verborgenen kosmischen Zusammenhängen und dem geheimnisvollen Dasein der Dinge nachzuspüren. Dabei darf nicht übersehen werden, daß bei einem Teil dieser Dichter die Verweigerung der Anteilnahme an Gesellschaft und Politik Ausdruck einer mehr oder weniger verdeckten Protesthaltung gegenüber dem Faschismus, und ihr Rückzug in eine stille, sinndunkle und gänzlich »andere« Sprache ein Protest gegen den lauttönenden Mißbrauch der offiziellen Sprache durch die faschistische Propaganda war. Nachdem der Croce nahestehende Kritiker Francesco Flora die neue Stilrichtung in einer polemischen Schrift mit dem Titel *La poesia ermetica* (1936) kritisiert hatte, wurde es üblich, den von Flora eher negativ verstandenen Terminus »ermetismo« bzw. »ermetico« auf die neue, dunkle Lyrik anzuwenden. Dabei wurde der Terminus allerdings teilweise recht großzügig gehandhabt, indem einige Kritiker nicht nur den Sonderfall Saba und weitere, mit dem »ermetismo« allenfalls flüchtig in Kontakt getretene Autoren, sondern sogar die gesamte italienische Lyrik des 20. Jahrhunderts pauschal mit dem neuen Etikett versahen. Demgegenüber ist ein behutsamer, restriktiver Gebrauch des Begriffs angesagt, der die zahlreichen Eigenarten der einzelnen Autoren und ihre oft phasenweise wechselnden Orientierungen nicht aus den Augen verliert. Zu einem harten Kern hermetischen Dichtens zählt – nach dem »zweiten« Ungaretti und nach Montale – vor allem Quasimodo und die sich Ende der dreißiger Jahre konstituierende Gruppe der florentinischen Hermetiker (darunter Gatto, Fallacara, Parronchi und Bigongiari) sowie etwas später Teile der Lyrik von Luzi und von Sereni. Zu den vielen, die sich eher an der Peripherie des »ermetismo« bewegten, gehören Autoren wie SERGIO SOLMI (1899–1981), Freund Montales, bedeutender Literaturkritiker und Kenner Leopardis, der ab 1933 mit mehreren, 1974 in *Poesie complete* gesammelten Lyrikbänden hervortrat; der zeitweise von Ungaretti beeinflußte, später auch Cardarelli und den Surrealisten nahestehende Elektroingenieur LEONARDO SINISGALLI (1908–1981) mit einer hermetische, realistische und naturwissenschaftlich-mathematische Motive mischenden Lyrik, deren wichtige, 1931 einsetzende erste Phase in dem Band *Vidi le Muse* (1943) zusammengefaßt wurde; oder die frühverstorbene, von Montale geschätzte Mailänder Dichterin ANTONIA POZZI (1912–38), deren Gedichte in dem postumen Band *Parole* (1939) erschienen. Eine vom Hermetismus und seinen Randerscheinungen deutlich distanzierte, den konkreten Fragen des menschlichen Lebens sich öffnende Richtung »existenzialistischen« Dichtens ging dagegen von dem monumentalen Werk Sabas aus, worüber das nächste Kapitel (S. 763 ff.) Auskunft gibt.

Ein renommiertes Beispiel hermetischen Dichtens mit zugleich unverwechselbar eigenem Profil stellt die stark landschaftsbezogene Lyrik des Sizilianers SALVATORE QUASIMODO (1901–1968) dar, der 1959 mit dem Nobelpreis für Literatur ausgezeichnet wurde. Quasimodo, Sohn eines italienischen Bahnhofsvorstehers und einer Mutter griechischer Herkunft, lebte in verschiedenen Städten Siziliens und Italiens, studierte 1919 am Polytechnikum in Rom, lernte Latein und Griechisch, mußte jedoch wegen wirtschaftlicher Engpässe verschiedene Arbeiten annehmen. Später war er Lehrer an einer Mittelschule in Mailand und entfaltete, vor allem in der Zeit nach dem Krieg, eine intensive publizistische Tätigkeit. 1929 hatte ihn sein Schwager Elio Vittorini in den Kreis um die »Solaria« eingeführt, wo auch 1930 sein erster Lyrikband *Acque e terre* erscheint; in Florenz lernt er Montale kennen. Es folgten die Gedichtsammlungen *Oboe sommerso* (1932), *Erato e Apòllion* (1936) und *Nuove poesie* aus den Jahren 1936–42, die gemeinsam mit *Acque e terre* in dem Band *Ed è subito sera* (1942) zusammengefaßt wurden. Dieser wird eröffnet mit dem berühmten dreizeiligen Titelgedicht: »Jeder steht allein auf dem Herzen der Erde / durchbohrt von einem Strahl der Sonne: / und plötzlich ist es Abend.« Der Band stellt das eigentliche lyrische Vermächtnis Quasimodos dar. In seinen Texten (darunter herausragende Dichtungen wie *Vento a Tindari, Isola di Ulisse, Del mio odore di uomo, Nel senso di morte, Parola* und andere) ersteht noch einmal aus dem Repertoire der Themen und Gefühlslagen des französischen Symbolismus eine neue lyrische Symbiose in einer ausdrucksstarken, durch komplizierte Syntax und ungewöhnliche Wortstellung verdunkelten Sprache. Wichtige Motive dieser musikalischen, formal geschliffenen, bisweilen ästhetizistische bzw. dekadentistische Züge aufweisenden Lyrik sind die intim erfühlte Natur, in deren schwer faßbare Geheimnisse und Stimmungen sich das lyrische Ich versenkt, Gestalten und Erscheinungen einer rätselhaften archaischen Vergangenheit und die sakralen Gehalte des griechischen Mythos, dessen Spuren der Dichter in Sizilien nachgeht. Weit weniger bedeutend waren die späteren Lyriksammlungen *Giorno dopo giorno* (1946), *La vita non è sogno* (1949) und *La terra impareggiabile* (1956), in denen der Dichter mit nur mäßigem Erfolg versuchte, in neorealistischer Perspektive seinen abstrakten hermetischen Diskurs in den Dienst konkreter gesellschaftlicher und moralischer Zielsetzungen zu stellen. Sein Formgefühl und seine ungewöhnliche Sensibilität kam ihm dagegen bei seinen Übersetzungen griechischer Lyriker zustatten, die in den Band *Lirici greci* (1940) eingingen. Daneben übersetzte er eine Auswahl aus Vergils *Georgica*, Catulls Liebesgedichte, Dichtungen von Pablo Neruda, und einiges aus C. P. Aiken und E. E. Cummings.

Die Gruppe des »ermetismo fiorentino«, der Florentiner Hermetiker, entstand in der zweiten Hälfte der dreißiger Jahre im Umfeld der katholisch und gesellschaftskritisch orientierten Monatszeitschrift »Il Frontespizio« (1929–40). Unter den Beiträgern dieser Zeitschrift bildete sich ein Kreis von Lyrikern heraus, der, unter dem Einfluß der von der »Solaria« ausgehenden modernen Impulse und nach dem Vorbild Ungarettis, Onofris und Quasimodos, sich einem dunklen, introvertierten Dichtungsstil verschrieb, welcher einerseits religiöse und moralische Motivationen der Zeitschrift »Frontespizio« aufgriff, andererseits in der Verweigerung jedes direkten gesellschaftlichen Engagements seine entschiedene Distanzierung vom faschistischen Regime markierte. 1938 veröffentlichte der Kritiker Carlo Bo im »Frontespizio« den Essay *Letteratura come vita*, der der Literatur die Funktion einer deskriptiven oder analysierenden Begleitung gesellschaftlicher Zustände absprach und statt dessen Literatur als geheimnisvolle Suche nach Wahrheit, als »ewige Konfrontation unserer Seele mit dem allumfassenden Wahrheitsbedürfnis« definierte. Dieser Beitrag, der als ideologisches Manifest des Hermetismus gelten kann, war für die Gruppe der Florentiner Hermetiker der Anlaß, »Il Frontespizio« zu verlassen und bei anderen Zeitschriften eine geistige Heimat zu suchen, so vor allem bei der 1938 von E. Valecchi gegründeten und von Gatto und Pratolini geleiteten Revue »Campo di marte«, die nun zum offiziellen Organ der hermetischen Schule wird.

758

Zu den überzeugtesten und profiliertesten Vertretern dieses florentinischen Hermetismus gehören die Lyriker LUIGI FALLACARA (1890–1963), ALESSANDRO PARRONCHI (geb. 1914) und PIERO BIGONGIARI (geb. 1914), während CARLO BETOCCHI (1899–1986), der von 1929–38 »Il Frontespizio« leitete und zeitweise den Hermetikern nahestand, andere Wege einschlug und zudem den bedeutenderen Teil seines umfangreichen lyrischen Werkes erst in den fünfziger und sechziger Jahren hervorbrachte (zu Betocchis Lyrik vgl. S. 775). Die literarische Karriere des Antifaschisten und Widerstandskämpfers ALFONSO GATTO (1909–1976) dokumentiert einmal mehr die Schwierigkeiten literaturgeschichtlicher Zuordnungen. Mit seinen ersten Lyrikbänden *Isola* (1931) und *Morto ai paesi* (1937), die 1939 in den *Poesie* vereint wurden, findet er auf spontane Weise zu einem musikalischen, von Analogien und Bildern geprägten, bisweilen an Surrealistisches anklingenden hermetischen Stil, der dem Dichterwort weite Räume öffnet und zugleich sakrale Würde verleiht. Demgegenüber folgt seine reiche spätere Lyrik von *L'allodola* (1943) bis *Poesie d'amore* (1973) und den postumen *Desinenze* (1977) vielfältigen und divergierenden Eingebungen.

Im »Campo di Marte« publizierten neben den genannten und weiteren Autoren auch Luzi, Sereni und Sinisgalli. MARIO LUZI, 1914 in Castello bei Florenz geboren, ein überzeugter Katholik, Mitarbeiter des »Frontespizio« und der »Letteratura«, danach des »Campo di Marte«, ist ohne Zweifel der profilierteste unter den Hermetikern der jüngeren Generation. Er schloß in Florenz sein Studium der französischen Literatur mit einer Arbeit über François Mauriac ab, knüpfte Beziehungen zu vielen Intellektuellen der Stadt, u. a. zu Pratolini, Bilenchi, Bo und Betocchi, lehrte ab 1938 an Mittelschulen in verschiedenen Städten und ab 1965 an den Universitäten von Rom und Urbino. Als Kenner der französischen und italienischen Literatur und als sensibler Kritiker legte er eine Reihe von literaturkritischen Studien vor, darunter *L'inferno e il limbo* (1946), *Tutto in questione* (1965), *Vicissitudine e forma* (1974) und *Discorso naturale* (1984), die in der Überzeugung von der Erkenntnisfunktion der Dichtung ihre gemeinsame Grundlage haben. Dementsprechend ist seine immer anspruchsvolle, schwierige Lyrik von einer starken intellektuellen Spannung erfüllt, die sich in den frühen Sammlungen mit einer hohen Sensibilität für die Welt der Dinge und mit weiteren hermetischen Motiven verbindet, in den späteren Sammlungen sich jedoch zunehmend der Wahrnehmung gesellschaftlicher, moralischer und religiöser Probleme der Gegenwart öffnet. Eine erste hermetische Phase Luzis wird mit der Sammlung *La barca* (1935) eingeleitet und mit *Avvento notturno* (1940), *Un brindisi* (1946) und *Quaderno gotico* (1947) fortgesetzt. Den Dichtungen dieser Bände eignet trotz sinndunkler

Sprache, schwieriger Syntax und verwobener Bilder- und Metaphernkombinationen etwas merkwürdig Leuchtendes, ja Strahlendes, worin ihre irrationale und gleichwohl luzide geistige Spannkraft zum Ausdruck kommt. Viele von ihnen beginnen mit einem dynamisch einsetzenden, rhythmisch akzentuierten Auftakt und mit eindringlichen, die Phantasie fesselnden Bildern, wie etwa das schöne *Croce di sentieri* (aus *Un brindisi*):

> Sfuma l'acqua precipite i pendii,
> più le siepi non ronzano e le more
> si coprono di bruma. Tu devii
> dalla tua ombra, a poco a poco è sera.

Und die Spannung, sich emporzuheben und »rein zu leben« verbindet sich immer wieder mit den Leitmotiven des allgegenwärtigen Mallarmé (Spiegel, Lächeln, leise Klänge, Erschaudern usw.), wie etwa in *Diana, risveglio* (aus der gleichen Sammlung), dessen zweite Strophe lautet:

> È tempo di levarsi su, di vivere
> puramente. Ecco vola negli specchi
> un sorriso, sui vetri aperti un brivido,
> torna un suono a confondere gli orecchi.

Ähnlich präzise metrische Strukturen und die häufige Verwendung des Elfsilblers in meist strophischen Gedichten kennzeichnen auch die zweite hermetische Phase Luzis, die schon in den Sammlungen von 1946 und 1947 anklingt und sich dann in *Primizie del deserto* (1952) und in *Onore del vero* (1957) entfaltet. In diesen Dichtungen versucht Luzi, das weiterhin als rein und absolut konzipierte dichterische Wort den neuen Realitäten der Nachkriegszeit anzunähern, ohne ihm dabei allerdings eine konkrete gesellschaftsbezogene Aufgabe zuzuweisen: Die Funktion des reinen Wortes bleibt nach wie vor die Suche nach absoluter Wahrheit. Nach *Il gusto della vita* (1960), einer Zusammenfassung der bis dahin publizierten Lyrik, erscheint 1963 der Gedichtband *Nel magma*, der den Beginn einer dritten Phase Luzis markiert. Entschiedener noch als zuvor versucht nun der Autor, sein lyrisches Ich an die Realität, an die politischen und geistigen Auseinandersetzungen der sechziger Jahre und an die Schicksale einzelner Menschen heranzuführen. Bezeichnend für diese Versuche einer »Kommunikation« ist die dialogische Struktur vieler Gedichte, in die nun auch zunehmend Aspekte des städtischen und industriellen Lebens sowie der Massen- und Medienkultur eindringen. Zugleich geht in der jetzt insgesamt diskursiven, argumentativen Struktur der Verse deren frühere Musikalität verloren. Die hier angebahnte Thematik wird (nachdem 1965 in *Dal fondo delle campagne* noch einmal Texte aus den fünfziger Jahren erschienen) in der Sammlung *Su fondamenti invisibili* (1971) fortgesetzt, nimmt jedoch zugleich eine problematische, von Zweifeln und Vorbehalten bestimmte Wendung, indem, wie der Titel bereits andeutet, vor allem das Unsichtbare und Unerklärliche im menschlichen Leben angesprochen wird. Der unter Zweifeln und Skepsis vollzogene weitere Abstieg ins menschliche »Magma« prägt auch die folgenden Gedichtbücher Luzis, so den Band *Al fuoco della controversia* (1978), der sich mit der »kontroversen«, den Menschen bedrohenden, chaotischen Gegenwart auseinandersetzt, und den Zyklus *Per il battesimo dei nostri frammenti* (1985), in dem sich der Dichter erneut mit einer düsteren, undurchschaubaren Welt konfrontiert sieht, deren Wirrwarr jetzt auch typographisch durch versetzt gedruckte Verse angedeutet wird, und der er allein den Trost des dichterischen Wortes entgegensetzen kann. Die bisher letzte Lyrikpublikation Luzis war *Frasi e incisi di un canto salutare* (1990), deren gegenüber dem Vorband noch gesteigerte typographische Techniken an Mallarmé und die Futuristen erinnern können. Die teils schwer verständlichen, durch akrobatische Spiele mit Wörtern und Bildern verschlüsselten, teils auch sentenzhaft prägnanten Verse, die wieder stärker um Rhythmus und Musikalität bemüht sind, umkreisen allgemeine philosophische Themen wie den Wechsel von Werden und Vergehen, die ewige Wiederkehr als Bestand eines immerwährenden Gleichen und eines ununterbrochenen Fließens, in Verbindung mit religiösen und mystischen Motiven und einigen tagebuchartigen Reiseimpressionen.

Für seine Lyrik erhielt Luzi mehrere Auszeichnungen, angefangen mit dem »Premio Carducci« von 1952 bis hin zum »Premio Viareggio« von 1978. Luzi trat auch als Übersetzer von Shakespeare, Coleridge, Racine, Du Bos und Jorge Guillén hervor und schrieb in späten Jahren Theatertexte in Versen, darunter *Libro di Ipazia* (1972), *Rosales* (1983), *Hystrio* (1987) und *Corale della città di Palermo per Santa Rosalia* (1989), die später in dem Band *Teatro* (1993) gesammelt wurden.

Im Unterschied zu Luzis relativ kohärenter Dichtung kann die beachtliche, phänomenologisch orientierte, doch von längeren Intervallen unterbrochene Lyrik von VITTORIO SERENI (1913–1983) nur zu einem Teil, nämlich mit den beiden frühen Gedichtbänden *Frontiera* (1941) und *Diario d'Algeria* (1947), der hermetischen Schule zugerechnet werden. Der in Luino am Lago Maggiore geborene Dichter hörte in Mailand mit besonderem Interesse die Vorlesungen des Philosophen Antonio Banfi zur Phänomenologie und schloß sein Studium mit einer Arbeit über Gozzano ab.

761

1938/39 war er Redakteur der Zeitschrift »Corrente di vita giovanile«, in deren Verlag auch seine erste Gedichtsammlung erschien. Er war als Soldat auf verschiedenen Kriegsschauplätzen im Einsatz, geriet Mitte 1943 in amerikanische Gefangenschaft und verblieb bis 1945 in Lagern bei Oran und Casablanca. 1952 gibt er eine kurze Lehrtätigkeit auf und arbeitet im Pressebüro der Firma Pirelli, ab 1958 als Verlagsdirektor bei Mondadori. Der Band *Frontiera* wird beherrscht von den Bildern der Landschaft um Luino nahe der Schweizer Grenze und damit von einer im Titel angedeuteten Grenzsituation, die in den Gedichten der Sammlung auch als symbolische Grenzsituation, als Suche nach etwas Fremden und Anderem, auch als Sehnsucht aus dem noch faschistischen Italien heraus nach dem so fernen und so nahen Europa thematisiert wird. Viele der unter dem sichtlichen Einfluß Montales stehenden, in der Technik der freien Verse an den frühen Ungaretti erinnernden, insgesamt pessimistisch getönten Gedichte wenden sich mit einem »Du« an einen Partner, was auf ihre überwiegend diskursiven, auf Kommunikation abzielende Strukturen verweist, so daß die Sammlung nur bedingt der hermetischen Schule zuzuordnen ist. *Diario d'Algeria* setzt die stilistischen Tendenzen des früheren Bandes fort, erschließt jedoch thematisch neue Bereiche, nämlich die Erlebnisse als Soldat und als Kriegsgefangener. Viele Gedichte entstanden während der Gefangenschaft und behandeln die Spannung zwischen der erzwungenen Passivität des Gefangenen und dem Bewußtsein eines in eine neue Zukunft aufbrechenden, fernen Europas; andere denunzieren die durch den Faschismus ausgeübte Gewalt und Unterdrückung. Gegenüber *Frontiera* nehmen die gesprächartigen und kommunikativen Tendenzen des Stils weiter zu; Urworte einer absoluten Dichtung im Sinne Ungarettis sind nur noch selten anzutreffen. Nach der Publikation eines kleinen Tagebuchs *Gli immediati dintorni* (1962) und der Erzählung *L'opzione* (1964) setzte Sereni erst nach langer Pause die Reihe seiner lyrischen Werke fort mit den Bänden *Gli strumenti umani* (1965) und *Stella variabile* (1979 und 1982), die sich konkret den Problemen und Bewußtseinslagen der Nachkriegszeit und der Industriegesellschaft stellen. 1981 veröffentlichte Sereni einen Band mit Übersetzungen vor allem aus Apollinaire, René Char, Ezra Pound und W. C. Williams; eine Gesamtausgabe seiner Lyrik erschien 1986. Seiner Geburt nach gehört Sereni in die von L. Anceschi so benannte »linea lombarda« der italienischen Dichtung, die durch eine traditionelle Neigung zu den konkreten Dingen, zu den Realitäten des Alltags und des gesellschaftlichen Lebens gekennzeichnet ist. Wie man sieht, kann Sereni mit seiner zweiten Schaffensphase durchaus als Repräsentant dieser Linie gelten, zu deren jüngeren Vertetern neben anderen auch die Lyriker GIOR-

GIO ORELLI (geb. 1921), NELO RISI (geb. 1920) und LUCIANO ERBA (geb. 1922) zu zählen wären.

3. Existenzielle Lyrik: Saba, Montale und andere

In diesem Kapitel ist von einer weiteren umfangreichen, ebenfalls bis in die Gegenwart lebendigen Strömung der italienischen Lyrik des 20. Jahrhunderts die Rede, die im Unterschied zur hermetischen Dichtung weder in dunkler Sprache die Tiefen des »reinen« Wortes auslotet noch von den geheimnisvollen, symbolischen Beziehungen zwischen den Erscheinungen prophetisch kündet, sondern in verständlicher, traditioneller Sprache und mit vielen erzählerischen, familiären oder intimistischen Einlassungen sich den Problemen und Erscheinungen des eigenen Lebens, der Familie und der Gesellschaft mit engagierter Anteilnahme zuwendet, ohne dabei ihren Anspruch auf formale Vollendung aufzugeben. »Die Kunst ist Form – damit sind wir vollkommen einverstanden –, aber diese Form muß auch etwas aussagen«, heißt es kategorisch bei Umberto Saba, und er ist es auch, der mit einem menschlich warmen, in höchstem Maße engagierten und konkreten Werk das große, bis heute wirksame Vorbild für diesen Strang konkreter, lebensnaher Lyrik darstellt. Aus diesem Grunde hat man auch für die hier zu behandelnde Richtung u. a. die Bezeichnung »Saba-Linie« (»linea sabiana«) gebraucht und sie als solche der durch Ungaretti initiierten »linea ermetica« gegenübergestellt. Da sich aber nicht alle hier in Frage kommenden Autoren in gleicher Weise auf Saba beziehen, andererseits ein gemeinsamer Nenner eher in der Thematisierung der persönlichen, familiären und gesellschaftlichen Aspekte und Probleme der menschlichen Existenz zu finden ist, spricht viel dafür, den realistischen, lebensnahen Strang der modernen italienischen Lyrik unter der Bezeichnung »existenzielle Lyrik« zusammenzufassen.

Die ungewöhnliche Lyrik von UMBERTO SABA (1883–1957) stellte zu ihrer Zeit einen absoluten Sonderfall dar, der sich in keine der damals bestehenden Tendenzen oder Schulen einordnen ließ. Saba selbst verblieb mit seinem Leben und Dichten – von wenigen leichten Fremdeinflüssen abgesehen – in einer selbstgewählten Distanz und Unabhängigkeit von literarischen Zirkeln und Programmen, so daß er noch in dem späten Gedicht *Ultima* zu Recht von sich sagen konnte: »Niemals gehörte ich einer Sache oder einem Menschen./ ... ich war immer ein armer herumstreunender Hund.« Aus dieser Haltung entstand eine zarte, unprätenziöse, ganz im »Herzen« zentrierte Dichtung, die gerade in ihrer Demut (»umiltà«) und in ihrer literarischen Aufrichtigkeit (»onestà letteraria«) zum Leitbild vieler nachfolgender Lyriker werden sollte. Umberto Poli wurde in Triest, dem Schmelztiegel romanischer, germanischer und slawischer Völker und Kulturen geboren, in der Stadt, die auch Svevo und Slataper hervorbrachte. Sein Vater Ugo Edoardo Poli war zum jüdischen Glauben konvertiert, um Umbertos Mutter, eine Jüdin, heiraten zu können, verließ jedoch schon vor der Geburt des Kindes seine Frau, die den kleinen Umberto daraufhin bei der Amme Giuseppina Sabaz (der »Peppa«) und einigen Tanten in Pflege gab. 1910 nahm Poli das Pseudonym »Saba« an (was auf hebräisch soviel bedeutet wie »Brot«), das aber wahrscheinlich auch mit Bezug auf den Namen der Amme gewählt ist, in deren Haus Umberto unbeschwerte Kinderjahre zubrachte, die der Dichter rückblickend wiederholt als paradiesischen Glückszustand in seinen Gedichten besang. Später kehrte Umberto ins Haus der strengen und spröden Mutter zurück, wo er einen Teil seiner Kindheit und Jugend in einer gespannten Atmosphäre und in ständiger wirtschaftlicher Not verbrachte. Solcherlei frühe Erfahrungen waren wohl der Grund dafür, daß der Erwachsene später unter ständigen, sein Leben und Dichten verdunkelnden Neurosen und Ängsten litt, die sich schon 1903 in einer ersten schweren Krise äußerten.

Saba arbeitete vorübergehend in einer Triester Handelsfirma, studierte zeitweise in Pisa, widmete sich jedoch schon sehr früh seinen literarischen Interessen. 1905/06 ist er in Florenz, um sich über neuere literarische Entwicklungen zu informieren, verspürt jedoch eine tiefe Abneigung gegen das literarische Establishment. 1909 heiratet er Carolina Wölfler (»Lina«), mit der ihn eine ebenso leidenschaftliche wie komplizierte, an Spannungen und Krisen reiche Beziehung verbindet. 1910 wird die Tochter Linuccia geboren. Im gleichen Jahr publiziert er auf eigene Kosten seinen ersten Lyrikband *Poesie* in Florenz, der jedoch, in der damaligen, von der »Voce« beherrschten Literaturszene, als etwas Unzeitgemäßes empfunden wird und keine Resonanz findet. Nach dem Ersten Weltkrieg eröffnet Saba in Triest eine Antiquariatsbuchhandlung, die zum Treffpunkt der Literaten und Intellektuellen wird. 1921 erscheint nach verschiedenen Teilsammlungen eine erste Fassung seines *Canzoniere*. In der faschistischen Ära ist Saba wegen seiner jüdischen Abstammung gezwungen, sich zurückzuziehen; er muß vorübergehend sogar nach Paris flüchten und hält sich später bis zum Kriegsende in Florenz versteckt. Danach lebt er kurze Zeit in Rom und Mailand und kehrt im Mai 1948 in seine Stadt zurück, muß sich jedoch schon ab 1950 wiederholt in klinische Behandlung begeben. Sabas Denken und Dichten war einerseits in zärtlicher und herzlicher Weise den einfachen Dingen des Lebens zugetan, andererseits zunehmend von tiefen traumatischen Ängsten um sich selbst und die Entwicklung der Gesellschaft erfüllt. Von maßgeblichem Einfluß auf den Triester Dichter waren der Pessimismus Nietzsches sowie die Psychoanalyse Freuds und die Theorien des Psychologen Otto Weininger (*Geschlecht und Charakter*, 1903; italienische Übersetzung 1912), die er früh durch seine psychotherapeutischen Behandlungen kennenlernte. Literarisch waren seine Vorbilder die großen italienischen Autoren des 18. und 19. Jahrhunderts wie Parini, Foscolo und vor allem Leopardi, sowie das italienische Melodrama, dessen konventionelle Sprache ihm in besonderer Weise Gefühl, Echtheit und Volkstümlichkeit zu vereinen schien. Aus solchen Überlegungen heraus wählte er für sein opus magnum den Titel *Il canzoniere* und bezog sich dabei auf die von ihm hochgeschätzten volksliedhaften Lieder Heinrich Heines, die ihm in einer Übersetzung von 1866 mit eben diesem Titel vorlagen – während er andererseits mit dieser Wahl zugleich seine Distanz von der elitären, klassisch-puristischen Dichtung des eitlen Petrarca (und seiner Nachahmer) andeuten wollte. Saba erstrebte keine reine, sondern eine gleichsam durchwachsene Dichtung, die das gesamte Leben mit seinem Gemisch aus Erhabenem und Alltäglichem umfassen und ihre Schönheit nicht aus künstlichen intellektuellen Spannungen und sublimierten Stillagen, sondern aus den gewöhnlichen Gestalten, Dingen und Gefühlen eines »demütigen« Lebens gewinnen sollte. Sabas Dichtung verweigerte sich klassischem Purismus ebenso wie der vieldiskutierten »Modernität« seiner Gegenwart; seine Gedichte sind gleich weit entfernt von der auf Veränderung der Gesellschaft zielenden Aggressivität der Avantgarden wie von dem prophetischen, wahrheitschürfenden Gestus der Hermetiker. Diese seine dichterischen Positionen und Antinomien hatte Saba bereits 1911 in dem Aufsatz *Quello che resta da fare ai poeti*, der von der »Voce« abgelehnt wurde, mit großer Klarsicht dargelegt. Aus einer ungewöhnlich weichen und zarten Haltung dem Leben gegenüber und in einfacher, familiärer, alltäglicher Sprache, doch in stets reflektierten kunstvollen Formen, entstand so nach und nach der große lyrische Roman seines Lebens, *Il canzoniere*.

Saba hat bis zu seinem Tod unermüdlich durch ständige Korrekturen, durch Einfügen neuer Texte und durch Umstrukturierungen des Aufbaus und der inneren Chronologie an dem *Canzoniere* gearbeitet, dessen Gedichte zum großen Teil auch in Einzeleditionen erschienen, angefangen von *Poesie* (1910) bis hin zu *Uccelli. Quasi un racconto* (1951). Gegenüber der Erstausgabe des »Liederbuchs« von 1921 zeigte die zweite Fassung des Werkes, die 1945 bei Einaudi erschien, erhebliche Abweichungen, und mit weiteren wichtigen inhaltlichen und strukturellen Veränderungen präsentierte sich schließlich die endgültige, postum erschienene Fassung des Werkes (1961). In seiner endgültigen Gestalt umfaßt das Werk drei Bücher mit jeweils neun, acht und wieder neun Gedichtzyklen; dazu zählt im dritten Buch auch der kurze Zyklus *Epigrafe (1947–1948)*, der nach dem Wunsch des Autors erst postum erscheinen sollte. Zu den schönsten und bedeutendsten Zyklen des ersten Buchs gehören *Casa e campagna (1909–1910)* und *Trieste e una donna (1910–1912)*. In der ersten Sammlung evoziert Saba Szenen aus dem ländlichen Leben seiner Familie in einem Dorf bei Triest und besingt in dem Gedicht *A mia moglie* in rührender Zuneigung und immer neuen liebevollen Metaphern aus der Tierwelt seine Frau Lina (zahlreiche spätere Gedichte legen von den erheblichen Spannungen dieser Beziehung Zeugnis ab). Der zweite Zyklus entfaltet das inbrünstige Bekenntnis des Dichters zu Triest als dem Ort seiner äußeren und inneren Heimat: »Meine Stadt, die überall voller Leben ist, / hat für mich den geeigneten Winkel, für mein Leben / das so gedankenschwer und scheu ist« (aus dem Gedicht *Trieste*). Und mit dem Gefühl, in dieser Stadt zu Hause zu sein, verbindet sich oft das Bekenntnis zum einfachen Leben wie etwa in dem Gedicht *Città vecchia*.

> Qui tra la gente che viene che va
> dall'osteria alla casa o al lupanare,
> dove son merci ed uomini il detritto
> di un gran porto di mare,
> io ritrovo, passando, l'infinito
> nell'umiltà. (...)

Die für Saba typische, erzählerische Grundhaltung sowie die bisweilen auch zu stilistischen Unausgewogenheiten führende Sprachmischung aus literarischen und familiären oder umgangssprachlichen Elementen setzt sich im zweiten Buch fort, das indes auch einige formale Neuerungen einführt, wie z. B. die durch Chiabrera gegen Ende des 16. Jahrhunderts in Italien bekannt gewordene »canzonetta« mit kurzen fünf- und sechssilbigen Versen. Abgesehen von dem stets gegenwärtigen Vorbild des Freundes Montale ist im zweiten Buch auch die Einwirkung Ungarettis spürbar, an dessen »poetica della parola« sich Saba jetzt anlehnt und dabei dessen sprachliche Konzentrationen, Kurzverse und typographische Techniken imitiert. Die letzten Sammlungen des Buches weisen den Einfluß der Psychoanalyse auf (Freud und Weininger). Auch das dritte Buch steht unter dem Einfluß Montales und Ungarettis und beschreitet stilistisch neue Wege. In dem für das Verständnis des Werkes unentbehrlichen Selbstkommentar *Storia e cronistoria del Canzoniere* (1948) weist Saba darauf hin, daß

766

er den früheren narrativen und diskursiven Stil aufgeben und nun mit einer »neuen Stimme« sprechen möchte, die sich nur noch der reinen, wesentlichen Wörter – oder Worte – bedient. Dieses neue Konzept wird vor allem in den teilweise poetologischen Gedichten des Zyklus *Parole (1933–1934)* reflektiert, der zu den wichtigsten des Buches gehört. Beispielhaft thematisiert das Titelgedicht das neue Konzept des »reinen« Wortes, der »Wörter, in denen sich an den Ursprüngen nackt und unverstellt das Herz des Menschen spiegelte«, und das Bemühen des Dichters, von »einem geeigneten Winkel in der Welt« aus die Menschen seiner Zeit von der Lüge zu befreien und ihre Sprache zu läutern. Trotz gewisser Einflüsse der »poetica della parola« bleiben jedoch auch die Gedichte des dritten Buches weit von einem konsequenten hermetischen Stil entfernt und wahren, wie auch der zuletzt zitierte Text zeigt, ihren konkreten Lebensbezug. Neben vielen weiteren Themen und Motiven, darunter auch solchen aus Militärdienst, Faschismus und Nachkriegszeit, haben vor allem die Erlebnisse der Kindheit und die Utopie eines kindlich-paradiesischen Zustands, zu denen Saba bis in seine letzten Sammlungen hinein sich immer wieder zurückwendet, für das Gesamtwerk eine prägende, kaum auslotbare Bedeutung gehabt. Insofern ist das lyrische Epos des *Canzoniere* nicht nur eine gesungene Autobiographie, sondern zugleich auch eine sublimierte Form von »poesia infantile«.

Die Prosaschriften Sabas, darunter der Band *Scorciatoie e raccontini* und der wichtige Aufsatz *Poesia, filosofia e psicanalisi*, beide von 1946, erschienen 1964 in dem von Linuccia Saba herausgegebenen Sammelband *Prose*. Eine vom Dichter seit langem geplante *Antologia del ›Canzoniere‹* wurde 1963 von C. Muscetta herausgegeben. Erst 1975 erschien der unvollendete Roman *Ernesto*, in welchem der redliche Saba, in erneuter Rückwendung auf die Jugend, auch seine frühen homosexuellen Erfahrungen offenlegen wollte, die er selbst als »skandalös« einstufte. Saba erhielt öffentliche Ehrungen, darunter den Preis der »Accademia dei Lincei« (1951) und den Ehrendoktor der Universität Rom (1953), die jedoch das Leiden seiner letzten Jahre nicht mildern konnten.

Konkrete, engagierte Auseinandersetzungen mit der eigenen Lebenssituation und der der Zeitgenossen sind auch das dominierende Motiv des Genueser EUGENIO MONTALE (1896–1981), dessen Lyrik allerdings die existenzielle Fragestellung in einer vertieften und zugleich komplizierteren Weise aufgreift. In den Dichtungen Montales werden die Gefühle und Erfahrungen des persönlichen Erlebens umgesetzt, in eine Analyse des zeitgenössischen Lebens eingebracht und von der als unbedeutend eingestuften eigenen Existenz aus Folgerungen für das Leben der Zeitgenossen und die Situation des modernen Menschen überhaupt abgeleitet. Der Bezug zwischen Dichtung und Leben erfährt eine weitere Brechung dadurch, daß Dichtung nach Montale nicht teilhat am eigentlichen Leben in Natur und Geschichte, dafür aber ihr eigenes Leben hervorbringt, nämlich eine »Lebensform von jemand, der nicht wirklich lebt«. Montales gesamtes Werk ist geprägt von der Skepsis gegenüber dem dichterischen Wort und von der Tendenz, das eigene Leben abzuwerten und zu verhüllen. Gern verbirgt er das lyrische Ich unter Decknamen (der häufigste davon ist Eusebio), gern verweilt er bei kleinen Dingen und Gegenständen; in dem letzten Gedicht seines *Diario del '72* mit dem Titel *Per finire* empfiehlt Montale sogar seinen literarischen Nachfahren, alles, was mit seinem Leben und Wirken zusammenhängt, zu verbrennen, und bekennt beiläufig, nur »zu fünf Prozent« gelebt zu haben. Aus einer wohlhabenden Bürgerfamilie stammend, empfing der junge Montale erste und bleibende Eindrücke durch die Landschaft Liguriens, insbesondere der Cinque Terre, der malerischen Steilküste der Riviera, wo die Familie in Monterosso ihren Feriensitz hatte. Von schwächlicher Gesundheit, ging Eugenio nur unregelmäßigen Studien nach. Er nahm zeitweise auch Gesangsunterricht (bis 1916), lernte 1917 in einer Offiziersschule Sergio Solmi kennen, war kurze Zeit an der Front und etablierte sich ab 1919 in der ligurischen und Turiner Literaturszene.

Montale schreibt literaturkritische Aufsätze für verschiedene Zeitschriften, darunter »L'esame«, »Il Quindicinale«, »Il Baretti« und die »Riviera ligure«, von deren Mitarbeitern er den ligurischen Dichtern Ceccardo Roccatagliata Ceccardi und Camillo Sbarbaro, ferner Piero Jahier, Giovanni Boine und dem Crepuscolare-Lyriker Guido Gozzano besonderes Interesse entgegenbringt. Nach der Publikation einer ersten Dichtung mit dem Titel *Accordi* in der Zeitschrift »Primo tempo« (1922) erscheint 1925 sein erster Gedichtband, die *Ossi di seppia*. Im gleichen Jahr unterzeichnet Montale das antifaschistische Manifest Croces; auch in der Folgezeit bleibt er ein entschiedener Gegner des Regimes. Als emsig schreibender Literaturkritiker lernt er Svevo und Saba kennen, mit denen er Freundschaft schließt, sowie den amerikanischen Dichter Ezra Pound, der in ihm ein nachhaltiges Interesse für die angelsächsische Literatur weckt. An der literarischen Entdeckung des Freundes Svevo ist er maßgeblich beteiligt. 1927 arbeitet er als Verlagsangestellter in Florenz, wo er Drusilla Tanzi, seine spätere Lebensgefährtin kennenlernt, die er 1962 heiratet. Als Stammgast des Cafés Giubbe Rosse begegnet er dort neben vielen Schriftstellern auch den Philologen Gianfranco Contini (der bald darauf als einer der ersten seine Werke würdigt), Giuseppe De Robertis und Mario Praz, der ihn mit Eliot bekannt macht. 1929 wird er zum Direktor des »Gabinetto Vieusseux« ernannt und fördert nun aktiv das kulturelle Leben der Stadt, insbesondere über die Zeitschriften »Solaria« und »Letteratura«. Wegen seiner Weigerung, in die Partei einzutreten, wird der liberal gesonnene Montale 1938 von den Faschisten seiner Direktorenstelle enthoben, worauf er sich verstärkt der Kritik und der Übersetzungstätigkeit widmet. In Florenz verbringt er auch die dunklen Tage des Krieges und der deutschen Besatzung.

Ein neuer Lebensabschnitt Montales begann 1948, als er sich als Journalist in Mailand niederließ, um für den »Corriere della sera« und den »Corriere d'informazione« zu schreiben; neben aktuellen kulturellen und literarischen Beiträgen entstehen in dieser Zeit auch Kurzerzählungen (die meisten davon gesammelt in dem Band *Farfalla di Dinard*, 1958), Reisereportagen und Musikrezensionen. 1948 erschien ein *Quaderno di traduzioni*, eine Sammlung seiner Übersetzungen. Nach der Publikation mehrerer Lyrikbände war Montale bereits in den fünfziger und sechziger Jahren ein renommierter Autor, der von vielen als der größte lebende Dichter Italiens angesehen wurde. 1967 wurde er zum Senator auf Lebenszeit ernannt, 1975 erhielt er den Nobelpreis für Literatur. Schon ein Jahr vor seinem Tod erschien eine kritische Gesamtausgabe seiner *Opera in versi*.

Ein wesentliches Moment der Persönlichkeit Montales lag in seinem stets wachen Interesse für die europäische und die internationale Kultur. Aus einer tiefverwurzelten, liberalen und zugleich modernen Gesinnung heraus empfand der Dichter schon früh das Bedürfnis, sich Europa und der Welt zu öffnen, und konnte aus dem gleichen Grund nur bedingt den die italienische Kulturszene beherrschenden Idealismus Croces mit seinen deutlich nationalen und traditionellen Implikationen akzeptieren. Ihm kam es darauf an, vom Ausland zu lernen und, wie er in seinem Aufsatz *Stile e tradizione* bereits 1925 darlegte, abseits der offiziellen Kulturdiskussionen in geduldiger Hingabe und mit einer »unnützen und unbeachteten Arbeit« moderne Strukturen zu entwickeln. Montale rezipierte nicht nur die französische Lyrik von Baudelaire bis zur jüngsten Gegenwart, sondern auch die Werke von Robert Browning, Thomas Stearns Eliot und Ezra Pound. Er übersetzte unter anderem Lyrik von Shakespeare, William Butler Yeats, Eliot und Pound sowie den Spanier Jorge Guillén; daneben auch ganze Prosabände wie etwa den *Billy Budd* von Melville. Auch als Rezensent des »Corriere della sera« hat Montale viel ausländische Literatur besprochen, darunter vor allem englische und französische Autoren. Nicht zuletzt in seiner Lyrik finden sich an mehr als einer Stelle die Reminiszenzen seiner ausländischen Lektüren. Das Streben nach Öffnung und Modernität verbindet sich in der Dichtung Montales mit einem ungewöhnlich starken Erkenntnisstreben und mit einer kritischen und analytischen Erkenntnisfähigkeit ihres Autors, der sehr früh die Grenzen und die

Ohnmacht des dichterischen Wortes in bezug auf eine sich rasch und negativ zur Massen- und Medienkultur entwickelnde Gesellschaft erkennt und diese Einsicht hartnäckig thematisiert. Mit seinen Zweifeln an der Aussagekraft des poetischen Wortes steht Montale geradezu an den Antipoden des hermetischen Credos vom allmächtigen Dichterwort, und dies, obgleich sein Werk einige Annäherungen an den hermetischen Stil aufweist. Bei Montale trifft eine im wesentlichen negative Sicht der Geschichte auf eine starke Verunsicherung in der dichterischen Konzeption: daraus ist in seinen Gedichten etwas Schönes und Aufregendes hervorgegangen.

Die erste Gedichtsammlung Montales, die 1925 bei Gobetti in Turin und dann in erweiterter definitiver Fassung 1928 erschien, trug den Titel *Ossi di seppia (Knochen des Tintenfischs)* und wies schon damit auf den für den Band charakteristischen Aspekt des Verfallens und des Vergehens hin. Ein ursprünglich vorgesehener Titel lautete *Rottami (Trümmer)* und betonte damit noch stärker das Motiv des Zerstörerischen und Zersetzenden. Daß die Natur und das gesamte Leben dem Zerfall und dem Niedergang preisgegeben sind, macht in der Tat das Leitmotiv dieser Dichtungen aus, die von der ersten Zeile an in einem profilierten, unverwechselbaren Stil geschrieben sind, der sich vor allem am Vorbild ligurischer Dichter wie Roccatagliata Ceccardi und Sbarbaro inspiriert. In einer kargen, wesentlichen Sprache, die radikale Brüche mit der Tradition vermeidet, durchaus konventionelle Elemente, wie z. B. den Reim und den Elfsilbler verwendet und in der Regel auch eine normale Syntax beibehält, wenden sie sich in auffallend unheroischem, trockenem Ton und mit erstaunlich präziser Terminologie den konkreten, kleinen Dingen der Küstenlandschaft und der Natur zu. Schon der auf den Vorspann folgende erste Text der Sammlung, *I limoni*, setzt in diesem Sinne klare Akzente und distanziert sich von dem sublimen Stil lorbeergekrönter Dichter:

> Ascoltami, i poeti laureati
> si muovono soltanto fra le piante
> dai nomi poco usati: bossi ligustri o accanti.
> Io, per me, amo le strade che riescono agli erbosi
> fossi dove in pozzanghere
> mezzo seccate agguantano i ragazzi
> qualche sparuta anguilla: (...)

Die nachfolgenden Dichtungen vermeiden jede gespannte, heroische oder feierliche Gangart, rekurrieren statt dessen bisweilen auf die ironischen und intimistischen Tonlagen der »Crepuscolari« (vor allem Gozzanos), und verwirklichen in ihrer Gesamtheit eine ungewöhnliche Synthese aus konkret gesehenen Landschaften und Dingen und einer negativ getönten, existenzbezogenen Meditation. Alle Ansprüche und Erwartungen an die Macht des dichterischen Wortes werden abgewehrt, am kategorischsten in den folgenden, gern zitierten Versen:

> Non chiederci la parola che squadri da ogni lato
> l'animo nostro informe, e a lettere di fuoco
> lo dichiari e risplenda come un croco
> perduto in mezzo a un polveroso prato. (...)
>
> Non domandarci la formula che mondi possa aprirti,
> si qualche storta sillaba e secca come un ramo.
> Codesto solo oggi possiamo dirti,
> ciò che *non* siamo, ciò che *non* vogliamo.

Nur das kann die Dichtung sagen: was wir nicht sind und was wir nicht wollen. Diese negative Poetik oder Poetik der Negation findet ihr Pendant in einer immer wieder anklingenden negativen Sicht auf das Leben, die neben dem unaufhaltsamen Zerfall vor allem die Enge der menschlichen Existenz wahrnimmt, die wie von einer unüberwindlichen Mauer (ein Leitmotiv der Sammlung) eingegrenzt erscheint, am deutlichsten in dem berühmten Gedicht *Meriggiare pallido e assorto*, dessen letzte Strophe lautet:

> E andando nel sole che abbaglia
> sentire con triste meraviglia
> com'è tutta la vita e il suo travaglio
> in questo seguitare una muraglia
> che ha in cima cocci aguzzi di bottiglia.

Die 1939 erschienene, in der Ausgabe von 1940 um vier Titel erweiterte Sammlung *Le occasioni* enthält von wenigen Ausnahmen abgesehen Gedichte aus den Jahren 1928 bis 1939, die, wie der Titel andeutet, meistens von »Gelegenheiten«, von Reiseeindrücken, Begegnungen mit Personen oder Orten oder irgendwelchen Erlebnissen ausgehen. In ihnen tritt die existenzielle Reflexion zurück zugunsten einer stärkeren Zuwendung zu den Dingen, die jetzt zu einer eigenen, signifikanten Gegenständlichkeit erhoben werden, deren Aufgabe es ist, menschliche Gefühle und Emotionen

»objektiviert« darzustellen. Funktionen also, die gemäß der Sprachskepsis Montales nicht dem Wort zuzutrauen sind, werden hier gleichsam den Dingen zugewiesen in einem Stil, der seine Aussage durch dingliche Korrelationen und Korrespondenzen bewerkstelligt. In seiner *Intervista immaginaria* von 1946 hatte Montale von dieser Technik des »correlativo oggettivo«, des Ausdrucks von Gefühlen durch dingliche Entsprechungen, gehandelt und dabei auf Eliot verwiesen, der in einem Essay von 1920 die von ihm so benannte »objective correlative« als die einzige Möglichkeit herausgestellt hatte, Emotionen in künstlerischer Form darzustellen. In den »Gelegenheitsgedichten« des Bandes, etwa in *Bagni di Lucca, Nel parco di Caserta, La rana, prima a ritentar la corda* oder in *Tempi di Bellosguardo* und vielen anderen Gedichten werden dingliche Konstellationen in einer raschen Folge konkreter Bilder und Objekte und in klanglicher, lexikalischer und syntaktischer Verdichtung aufgebaut, die alle den unerwünschten direkten Ausdruck menschlicher Gefühle unterlaufen sollen. Durch solche Konzentrationen kommt es auch zu einer gewissen Dunkelheit des Stils, der sich damit äußerlich hermetischen Strukturen annähert, ohne jedoch etwas mit der »poetica della parola« der Hermetiker zu tun zu haben. Denn zum einen glaubt Montale eben nicht an die magische und seherische Kraft des dichterischen Wortes, zum anderen sind seine Dinggedichte weit entfernt von einem abgründigen Spiel mit geheimnisvollen Analogien, sondern im Gegenteil darauf aus, möglichst scharf gezeichnete Dinge und Erscheinungen durch einen rationalen Kalkül zu Signifikanten menschlicher Inhalte zu machen. In vielen Gedichten des Bandes wird der Leser mit einem »Du« konfrontiert, hinter dem eine nicht näher bestimmte weibliche Figur steht, die in einigen Texten wie eine mythische, heilsbringende und errettende Gestalt, in anderen wie die Muse oder der Inspirationsquell des Dichters erscheint und damit an die Beatrice Dantes, an die Laura Petrarcas und an ähnliche stilnovistische Motive erinnern kann. Mit diesem »Du« bricht Montale in vielen Fällen die dunkle, spröde Dinglichkeit der Texte auf und gelangt so zu einem ausbalancierten Gleichgewicht zwischen der Präsenz der »Objekte« und dem durch sie angedeuteten anthropomorphen Gehalt, wie etwa in dem schönen, wiederum schwermütig der Vergänglichkeit zugewandten Erinnerungsgedicht *La casa dei doganieri:*

Tu non ricordi la casa dei doganieri
sul rialzo a strapiombo sulla scogliera:
desolata t'attende dalla sera
in cui v'entrò lo sciame dei tuoi pensieri
e vi sostò irrequieto. (...)

772

Der Gedichtband *La bufera e altro* (1956), der in sieben Teilen die zwischen 1940 und 1954 geschriebenen Gedichte zusammenfaßt, suggeriert mit seinem Titel den Höllensturm von Dantes *Inferno*, deutet aber zugleich an, daß der Band eine lockere und offene Struktur haben soll. Viele der früheren Gedichte beschwören die Greuel des Krieges und des Faschismus herauf und sind voll von Bildern des Grauens, des Unheimlichen und Schrecklichen. Die späteren Texte versuchen, zu den schwierigen Problemen der Nachkriegszeit Stellung zu beziehen und sich für ideologische und gesellschaftliche Ziele zu engagieren. Der damit zwangsläufig verbundene perspektivische und sprachstilistische Wandel wird an drei geheimnisvollen Frauengestalten sichtbar, die den Band durchgeistern. Die bisherige Muse Montales, die aus den *Occasioni* bekannte vage Frauengestalt, die jetzt den Namen Clizia erhält (im Mythos eine Geliebte des Sonnengotts, die in eine Sonnenblume verwandelt wird; in Wirklichkeit die amerikanische Studentin Irma Brandeis, der Montale 1933 begegnete) tritt zurück und macht einer konkreteren und näherstehenden »Mosca« (Montales Frau Drusilla) Platz. In den beiden letzten Teilen des Buches tritt dann als eine Art Anti-Clizia bzw. Anti-Beatrice die »Volpe«, die neue Muse des Dichters in Erscheinung, zum ersten Mal in dem Gedicht *Se t'hanno assomigliato….* Dahinter verbirgt sich die Turiner Dichterin Maria Luisa Spaziani (geb. 1924), die Montale 1949 kennenlernte. »La Volpe« (»Der Fuchs«) steht für die neue Lyrik Montales, die wieder einen direkten Zugang zum Leben sucht, die sich engagiert und nach Kriegsende gegen jede Form von Totalitarismus, sei es klerikaler, kommunistischer oder sozialistischer Provenienz ankämpft. Auffallend ist der prosaische, teilweise narrative Charakter vieler Texte des Bandes, für den Montale zunächst den Titel *Romanzo* vorgesehen hatte; offensichtlich kam es ihm darauf an, einen Teil seiner persönlichen Geschichte zu erzählen und wieder zu kommunikativeren und verständlicheren Strukturen zurückzufinden.

Nach längerem Schweigen tritt Montale 1971 noch einmal als Lyriker hervor mit der Sammlung *Satura*, die aus den vier Teilen *Xenia I* und *Xenia II* sowie *Satura I* und *Satura II* besteht und Gedichte aus der Zeit von 1961–70 vereint. In diesen Gedichten entfernt sich Montale weit von der anspruchsvollen und konzentrierten Darstellungsweise früherer Werke und schreibt in einem neuen prosaischen, kommunikativen, oft geradezu lässigen Stil, der allerdings unter seiner einfachen und glatten Oberfläche viele ironische und parodierende Elemente, polemisch-zeitkritische Spitzen und Anspielungen enthält. Der Band dokumentiert eine zuvor nie dagewesene Desillusion und Resignation des Dichters, der dem dichterischen Wort in der modernen Konsumgesellschaft keinerlei Möglichkeiten mehr einzuräumen scheint. Bereits in *Xenia* umkreist der Autor in vieldeutigen Zwiegesprächen mit »Mosca« seine Auffassung, daß die Inspiration versiegt und die Dichtung gestorben sei. Noch deutlicher artikulieren die Texte aus *Satura* Montales Gewißheit vom Ende der Dichtung, am deutlichsten vielleicht die Gedichte *La poesia* und *Le parole*, die sich wie Karikaturen früherer poetologischer Gedichte lesen: Dichtung entsteht nicht mehr aus Inspiration, sondern wird in aller Eile aus dem Backofen oder der Kühltruhe hervorgeholt, und kaum draußen, muß sie sich fragen: »Was tue ich hier«? Und, so fügt *Le parole* hinzu, die Worte der Dichtung wünschen nichts sehnlicher herbei, als zu Kügelchen geformt in den Papierkorb geworfen zu werden. Verständlich, daß Montale aus solchen Haltungen heraus auch dazu gelangte, einzelne Texte der hohen, lorbeerbekränzten Poesie zu verspotten; so verfaßt er z. B. mit dem Gedicht *Piove* eine Parodie auf D'Annunzios *La pioggia nel pineto*. Eine wichtige Rolle spielt in diesem Band das Gedächtnis des Autors, das durch den ständigen Vergleich mit früheren Zuständen bewirkt, daß die negative und sinnlose Gegenwart und die Bedeutungslosigkeit der Dichtung in ihr um so schärfer diagnostiziert und verurteilt werden.

Nach *Satura* publizierte Montale 1973 ein *Diario del '71 e del '72* sowie 1977 ein *Quaderno di quattro anni* mit Versen aus den Jahren 1973 bis 1977; beides chronologisch angeordnete lyrische Tagebücher, die thematisch und poetologisch kaum Neues bieten und den Niedergang seiner Muse besiegeln. Eine letzte Sammlung *Altri versi* mit Dichtungen aus den sechziger Jahren wurde 1980 von den Herausgebern in die kritische Ausgabe *Opera in versi* eingebracht. Zur Prosa Montales gehören neben dem schon erwähnten Erzählband *Farfalla di Dinard* (1956) und dem Bändchen *Trentadue variazioni* (1973) vor allem Essays, Vorträge, Interviews und Besprechungen. Besonders wichtig sind seine in *Sulla poesia* (1976) vereinten dichtungstheoretischen Aufsätze. Seine Reisebeschreibungen wurden unter dem Titel *Fuori di casa* (1969), seine Musikrezensionen in dem Buch *Prime alla Scala* (1981) veröffentlicht. Von großem Interesse sind nicht zuletzt die kulturkritischen Essays des Bandes *Auto da fé* (1966). Zweifel und Pessimismus des alternden Dichters in bezug auf die Entwicklung der Geschichte und die Möglichkeiten der Dichtung in der Massen- und Industriegesellschaft kamen unüberhörbar zum Ausdruck in seiner anläßlich der Verleihung des Nobelpreises gehaltenen Rede über das Thema: *È ancora possibile la poesia?* Montales existenznahes, um Erkenntnis ringendes Dichten endet so mit der betroffenen Konstatierung einer Negativität, in die es sich selbst resignierend einordnet, ohne einen Entwurf neuer möglicher Welten auch nur anzudeuten.

Konkreten und quälenden Fragen nach dem Sinn der eigenen Existenz entsprang die Lyrik des CESARE PAVESE (vgl. S. 726 ff.), dessen »poesia-racconto« zugleich eine bewußte Absage an die aufkommenden hermetischen Stiltendenzen war. Eine Abkehr von den subjektivistischen Tendenzen der Hermetiker vollzog auch der in Turin geborene, von jung an in Florenz lebende Lyriker CARLO BETOCCHI (1899–1986), dessen florentinische Freunde maßgeblich die »poesia ermetica« auf den Weg brachten (vgl. S. 759). Nach zeitweiligen Kontakten mit der hermetischen Schule wendet sich Betocchi in seiner Lyrik in traditionell katholischer Perspektive und mit moralischem Anspruch den Dingen der äußeren Welt zu, die in ihrem schlichten körperlichen Dasein als Kreaturen der göttlichen Schöpfung und als Teile eines göttlichen Weltplans verstanden werden. Auch in Sprache, Metrik und Reim bleiben Betocchis Dichtungen traditionell, die vor allem den Einfluß Pascolis, Reboras und Sabas aufweisen. Das umfangreiche, insgesamt der »linea sabiana« zuzuordnende lyrische Werk Betocchis kann in zwei Phasen eingeteilt werden. Die Gedichte der ersten, mit dem Band *Realtà vince il sogno* (1932) eröffneten Phase wurden im wesentlichen in der späteren Sammlung *Poesie* (1955) zusammengefaßt. Eine zweite Phase wurde mit *L'estate di San Martino* (1961) eröffnet und umfaßt weitere Sammlungen wie *Un passo, un altro passo* (1967), *Prime e ultimissime* (1974; der erste Teil *Prime* enthält die Dichtungen von 1930–1954) und *Poesie del sabato* (1980; ebenfalls mit einigen früheren Dichtungen). Die gesamte Lyrik Betocchis erschien in dem Band *Tutte le poesie* (1984). Die schönsten und relevantesten Dichtungen Betocchis gehören dem zweiten Schaffensabschnitt an. An die Stelle des christlich konzipierten »kreatürlichen Realismus« und der Motive des ländlichen Lebens in toskanischer Landschaft, die für die früheren Dichtungen kennzeichnend sind, tritt nun leitmotivisch die christlich und moralisch motivierte Meditation über die sich wandelnde gesellschaftliche Realität der sechziger und siebziger Jahre; dies in Verbindung mit dem Nachsinnen über das eigene, unerbittlich fortschreitende Altern und mit der von gelegentlichen Glaubenszweifeln durchsetzten, doch bis in die letzten Gedichte hinein aufrechterhaltenen Frage nach der Wahrheit und der Bestimmung der menschlichen Existenz.

Die Lyrik des lange zurückgezogen lebenden und erst spät beachteten SANDRO PENNA (1906–1977) ist eine einzige, leidenschaftliche Hymne auf die Schönheit und das Glück des Lebens. Penna versteht seine Dichtung als Ausdruck einer Leidenschaft und war daher in seiner unsteten Jugend den Werken exzentrischer Dichter wie Jack London und Arthur Rimbaud zugetan, die zeitweise zu seinen literarischen Idolen zählten; daneben ist in seinem Werk der Einfluß Petrarcas und Leopardis spürbar. Mit ihrer unmittelbaren Hinwendung zum Leben und mit ihrem sprachlich unkomplizierten Ausdruck eines elementaren, lebensbejahenden Glücksgefühls ordnen sich seine Gedichte in die von Saba ausgehende Richtung der neueren italienischen Lyrik ein; Saba war es auch, der in den dreißiger Jahren als einer der ersten die Lyrik Pennas beachtete und seitdem mit ihm freundschaftlich verbunden blieb. Später war es dann vor allem Pier Paolo Pasolini, der in Aufsätzen von 1956 und 1958 auf die Qualitäten der Lyrik Pennas hinwies und so den befreundeten Dichter bekannt machte. Nach einer unregelmäßigen Ausbildung und einem Diplomabschluß in Buchhaltung führte der in Perugia geborene Penna ein unstetes, wirtschaftlich ungesichertes Leben mit gelegentlichen Tätigkeiten, u. a. als Buch- und Gemäldehändler. 1929 zieht er zu seiner Mutter nach Rom, die ihn finanziell unterstützt. Nach deren Tod (1966) lebt er in ärmsten Verhältnissen in einem Zimmer in Rom.

Die erste Gedichtsammlung Pennas mit dem Titel *Poesie* erschien 1939; darauf folgten die Sammlungen *Appunti* (1950), *Una strana gioia di vivere* (1956), *Croce e delizia* (1958), *Stranezze* (1976), *Il viaggiatore insonne* (1977) und der postume Band *Confuso sogno* (1980) – allesamt Werke, die inhaltlich wie formal keine wesentlichen Unterschiede und auch kaum ausgeprägte chronologische Entwicklungslinien aufweisen. Penna schreibt überwiegend kurze, epigrammartige Gedichte von zwei bis sechs Zeilen, deren Versform meist der klassische Elf- oder Siebensilbler ist. Seine Sprache ist einfach und direkt und mischt klassische Klarheit und Eleganz mit einer sublimierten Volkstümlichkeit. »Es schien, daß ich stets trunken von einem intimen und geheimnisvollen Glück war, das stets von den anderen behindert wurde«, lautet eine Feststellung des Dichters, die die ausschließlich dem persönlichen Erfahrungsbereich angehörenden Grundmotive seiner Lyrik zusammenfaßt: Ein überquellendes, spontanes Glücksgefühl und die Erfahrung seines Andersseins, seiner unüberwindlichen Marginalisierung als Homosexueller. »Il problema sessuale / prende tutta la mia vita«, liest man in einem Gedicht, und in einem anderen Text verschmilzt Penna in der lyrischen Grundsituation des Fensterblicks auf engstem Raum die Leitmotive des Verliebtseins ins Leben und der gleichzeitigen Distanz vom Leben mit dem Bewußtsein seiner dichterischen Berufung: »Immer stehe ich am Fenster / ich der ich so ins Leben verliebt bin / Wörter auf Menschen anzuwenden war die Gabe / die beschränkte und diskrete, die mir der Himmel verlieh.« Pennas Lebensglück konkretisiert sich im Anblick und in der Nähe der »ragazzi«, »fanciulli« und »adolescenti«, die in seinen Gedichten immer wieder als schönster Ausdruck des Lebens und als Epiphanie des Göttlichen besungen werden. Freimütig bekennt er: »Immer

776

Knaben in meinen Gedichten! / Aber ich weiß von nichts anderem zu reden. / Die anderen Dinge sind alle langweilig.« Das egozentrische, sich vital, oft exaltiert gebende Glücksgefühl Pennas, das antike und heidnische Züge trägt, geht indes unübersehbar mit Indifferenz und Verantwortungslosigkeit in bezug auf das gesellschaftliche Leben einher und kann zu keinem Zeitpunkt eine geheime Angst und Bitterkeit überdecken, die aus dem Bewußtsein einer letztlich unüberbrückbaren Marginalisierung hervorgeht. Vielleicht liegt im Ausdruck dieser Spannungen das bedeutsamste Moment der Lyrik Pennas, die mehrfach ausgezeichnet wurde. Der Band *Poesie* (1957), in dem Penna seine ersten drei Sammlungen und unveröffentlichte Gedichte zusammenfaßte, wurde mit dem »Premio Viareggio« ausgezeichnet (zusammen mit den *Ceneri di Gramsci* von Pasolini), die Gesamtausgabe *Tutte le poesie* (1970) erhielt den »Premio Fiuggi« und der Zyklus *Stranezze* (1976) den »Premio Bagutta«.

Szenen des familiären, häuslichen und intimen Lebens, eingebunden in die Bilder der Heimatstadt Parma und der umliegenden Landschaften der Poebene und des Apenninvorlandes, bilden die wesentliche Inspirationsquelle des aus San Lazzaro bei Parma stammenden ATTILIO BERTOLUCCI (geb. 1911), dessen Lyrik ähnlich wie die Paveses einen starken erzählerischen Einschlag aufweist und wohl auch unter dem Einfluß der *Leaves of Grass* Walt Whitmans stand. Bertolucci studierte Kunstgeschichte in Bologna, wo er vor allem den renommierten Kunstkritiker Roberto Longhi hörte, und lehrte nach der »Laurea« lange Jahre das Fach Kunstgeschichte in Parma. Ab 1939 gab Bertolucci bei dem Verleger Guanda die der ausländischen Lyrik gewidmete Textreihe »La Fenice« heraus; gleichzeitig übersetzte er vorzugsweise englische Autoren wie Dickens, Wordsworth, Lawrence und Hemingway, daneben auch einige französische wie Balzac und Proust, für dessen *Auf der Suche nach der verlorenen Zeit* er ein besonderes Interesse entwickelte. Jahre später wird er in seiner *Antologia della poesia straniera del Novecento* (1958) die von ihm übersetzten Gedichte ausländischer Autoren publizieren. In den Kriegsjahren 1943/44 lebte er zurückgezogen mit seiner Familie im Apennin. Nach Kriegsende ging er nach Rom, wo er in verschiedenen kulturellen Bereichen, u. a. bei der RAI und im Verlagswesen tätig war und sich auch mit dem Film beschäftigte. (Seine Söhne Bernardo und Giuseppe erlangten als Regisseure großen Ruhm; Bernardo legte 1988 auch einen Gedichtband mit dem Titel *In cerca del mistero* vor). Bertolucci debütierte 1929 mit dem Zyklus *Sirio*; darauf folgte 1934 der Band *Fuochi in novembre*. Nach einer langen Pause erscheinen in den fünfziger Jahren drei weitere, ebenfalls recht schmale Gedichtbücher, *Lettera da casa* (1951), *La capanna indiana* (1951) und *In un tempo incerto* (1955), die dann 1973 zusammen mit *Sirio* und *Fuochi in novembre* in einer Gesamtausgabe mit dem Titel *La capanna indiana* erscheinen. Die Gedichte Bertoluccis sind gekennzeichnet durch eine liebevolle, konkrete Zuwendung zur sinnlichen Welt, die der Liebhaber der Malerei vorrangig visuell erfährt, zur Schönheit der Natur und der ländlichen oder häuslichen Dinge, die mit pastosen und leuchtenden Farben in einer bisweilen an impressionistische Techniken erinnernden Wiedergabe zu einer plastischen, sinnlich greifbaren Präsenz aufgerufen werden. In anderen Texten scheint Bertolucci eine eher kubistische Technik anzuwenden, die versucht, einzelne dingliche Fragmente zu einer neuen Gesamtkomposition zusammenzufügen.

Wichtige Motive der ersten Zyklen, die bisweilen auch an die Detailfreude Pascolis und der »Crepuscolari« erinnern, sind die Bilder aus Stadt und Provinz, die Freuden des naturnahen Landlebens, der Rhythmus der Jahreszeiten, der paradiesische Glückszustand der Kindheit in einer heilen Welt und der Stillstand der Zeit in der Zurückgezogenheit und Geborgenheit ländlicher Winkel. Dabei wird das Heraustreten aus der Zeit immer wieder im Bild der Hütte sinnfällig, in deren Raum der Autor sozusagen eine Zeit außerhalb der geschichtlichen Zeit faßbar zu machen sucht. Doch dringen auch in die geschichtsferne Idylle der Lyrik Bertoluccis mit den späteren, in Rom entstandenen Texten zunehmend das Tosen der Zeitgeschichte und die Spannungen der Gegenwart ein. Vielfältige innere Unsicherheiten und Angstgefühle werden nun angesprochen, die Angst vor dem raschen Fließen der Zeit, Angst davor, daß die Kinder das Haus verlassen werden, Angst vor einer ungewissen Zukunft und ähnliche Gefühle steigern sich bisweilen zur Obsession. Vor allem der Zyklus *Viaggio d'inverno*, der nach wiederum langem Intervall 1971 mit Gedichten aus den Jahren 1955 bis 1970 erscheint, thematisiert solche Spannungen und entfaltet aus diesen heraus im Schatten Prousts das Motiv der Suche nach der Vergangenheit, um wenigstens in der Rückerinnerung der glücklichen, aber verlorenen Zeit ein neues, zeitloses Glück zu finden. Auch stilistisch bringt *Viaggio d'inverno* einige Neuerungen. Die Sätze dehnen sich mit zahlreichen Gerundial- und Partizipialkonstruktionen zu langen Perioden von oft komplizierter, labyrinthischer Struktur; es entsteht, gefördert auch durch die Reduktion der Interpunktion, ein breiter erzählerischer Fluß, so daß man die insgesamt sechs Teile des Zyklus schon fast als Kapitel eines fortlaufenden Versromans lesen könnte.

Der erzählerische und prosaische Duktus verstärkte sich in dem umfangreichen Versroman *La camera da letto*, dessen Verse freier und gelöster fließen und auch syntaktisch weniger kompliziert sind als die von *Viaggio d'inverno.* Das in unregelmäßigen metrischen Formen und insgesamt 46 Abschnitten verfaßte Werk, an dem Bertolucci seit 1955 arbeitete und dessen beide Bücher erst 1984 und 1988 erschienen, stellt eine Art Chronik der Familie Bertolucci dar, die zeitlich bis zum erwähnten Umzug Attilios nach Rom reicht; in ihr findet der Autor erneut Gelegenheit, vergangene Zeiten, Landschaften, Ereignisse, Feste, Begegnungen und nicht zuletzt die eigene Kindheit zu vergegenwärtigen. Erinnerungen an die Kindheit und an die verlorene Welt von einst sind auch der wesentliche Gegenstand der bisher letzten Sammlung Bertoluccis, *Verso le sorgenti del Cinghio* (1993), die thematisch und formal in vielen Punkten an *Viaggio d'inverno* anknüpft. Für seine Lyrik, die mit Ausnahme von *La camera da letto* in dem Band *Poesie* (1990) vereint wurde, erhielt Bertolucci 1951 und 1989 den »Premio Viareggio« und 1991 den »Premio Montale«. Montale urteilte schon 1934: »Bertolucci hat das, was man ein Gemüt nennt; er hat Erfindungsgabe, Phantasie und einen langen Atem.«

Eine einfache und klare, dem Alltäglichen zugewandte Sprache, kommunikative Offenheit und Herzlichkeit, ein leichter, rhythmisch und oft musikalisch strukturierter Stil ohne künstliches Pathos und ohne intellektuelle Spielereien und eine wache Aufmerksamkeit für die Entwicklungen und Probleme der zeitgenössischen italienischen Gesellschaft sind einige der Züge, die dem imponierenden lyrischen Werk von GIORGIO CAPRONI (1912–1990) nachgesagt werden, der aus diesem Grund ziemlich eindeutig der »linea sabiana« oder, nach seinen eigenen Worten, einer »linea della vita« zugehört. Seine offene, der konkreten und alltäglichen Wirklichkeit zugewandte Lyrik ähnelt in der Tat in vielen Punkten derjenigen Sabas, mit dem Hauptunterschied, daß Caproni die für Saba typische, offen dargelegte psychologische bzw. psychopathologische Thematik vermeidet und eigene Betroffenheit eher mit einer immer präsenten, subtilen Ironie verdeckt. Caproni fühlt sich zugleich allerdings auch der »linea ligustica«, d.h. der ligurischen Dichtungstradition verpflichtet, wobei er vor allem den Einfluß von Camillo Sbarbaro und von dessen Zyklus *Pianissimo* (1914) auf das eigene Werk hervorhob. In Livorno geboren, wuchs Caproni vom zehnten Lebensjahr an in Genua auf, das somit seine eigentliche Heimatstadt wird, die in seinen Dichtungen einen wichtigen Platz einnimmt. Er lernte Geige spielen und interessierte sich sehr für Musik, was sich ebenfalls in seinen Dichtungen niederschlägt. Nachfolgende unregelmäßige Studien und wechselnde Beschäftigungen waren auch bei ihm Ausdruck einer eher musischen Begabung. 1939 zog er nach Rom, kämpfte im Krieg an der Westfront, nahm während der deutschen Besatzung am Partisanenkampf in Alta Val Trebbia teil. Nach dem Krieg ging er nach Rom zurück, war als

Grundschulleher und Mitarbeiter verschiedener Zeitschriften wie »Corrente«, »Letteratura«, »La Nazione«, »La Fiera letteraria« und »L'Unità« tätig; dennoch lebte er mit seiner Frau und seinen beiden Kindern meistens in ärmlichen Verhältnissen. Caproni tat sich als Übersetzer hervor mit Übertragungen von Maupassant, Proust, Céline, Genet, von Baudelaires *Blumen des Bösen*, von Apollinaire, Char, Frénaud und anderen. Capronis erste Gedichtbände waren *Come un'allegoria* (1936), *Ballo a Fontanigorda* (1938) und *Finzioni* (1941). In diesen Sammlungen mit Gedichten aus den Jahren 1932 bis 1939 gestaltet Caproni in einem einfachen, oft umgangssprachlichen, doch zugleich rhythmisch und musikalisch strukturierten Diskurs nicht ohne Eleganz vor allem Impressionen und Bilder aus der Natur und aus den Jahres- und Tageszeiten, wie etwa *Alba, Vespro, Spiaggia di sera, Fine di giorno, Marzo, Maggio* oder Begegnungen mit Personen wie etwa *A una giovane sposa, A Rina, A mio padre* und andere. Schon diese frühen Texte belegen die Vorliebe Capronis für die auch von Saba geschätzte Gedichtform der »canzonetta« mit Kurzstrophen und kurzen Versen von sechs, sieben oder acht Silben, und dokumentieren zugleich das besondere Gewicht, das er auf klare, klingende Reime legt, auf »rime chiare,... / Rime non crepuscolari, / ma verdi, elementari«, wie es in dem späteren Gedicht *Per lei* (aus *Il seme del piangere*) heißt. Darüber hinaus orientiert sich Caproni an klassischen metrischen Strukturen vor allem Tassos und Metastasios. Eine zweite Schaffensphase Capronis wird markiert durch die Sammlungen *Cronistoria* (1943) und *Il passaggio d'Enea* (1956). In diesen Gedichten aus den Jahren 1938 bis 1955 treten die leuchtenden Farben und die jugendliche Frische der früheren Dichtungen zurück zugunsten einer neuen lyrischen Aussage, die von den Erfahrungen der Kriegsjahre geprägt ist. Die Zerstörungen des Krieges, das sinnlose Morden und das Leiden hilfloser, vereinsamter Menschen werden nun in einer neuen, von Bildern der Dunkelheit, Einsamkeit und Verzweiflung sowie von einem weithin negativen Wortschatz beherrschten Sprache thematisiert. Es sind vor allem die beiden Sonettgruppen *Sonetti dell'anniversario* (aus *Cronistoria*) und *Gli anni tedeschi* (aus *Il passaggio d'Enea*), in denen die Klage auf Tod und Zerstörung ergreifenden Ausdruck gewinnt; wobei hier Caproni zugleich das traditionelle Sonett durch Verzicht auf Stropheninvervalle und durch kunstvolle Verwendung des Enjambements zu einer überaus geschlossenen, ausdrucksstarken Gedichtform erneuert. Zu den besten Dichtungen des letztgenannten Zyklus gehört auch das lange Stanzengedicht *Stanze della funicolare*, in denen das lyrische Ich eine symbolhafte, halluzinative, wie eine Reise ins Jenseits anmutende Fahrt auf der Seilbahn durch Genua unternimmt, die nachts beginnt und in Nacht und

Nebel endet, wobei der Nebel (»nebbia«) als Symbol für die Öde und Leere der menschlichen Existenz überhaupt erscheint. In die gleiche Sammlung gehört auch das berühmte Gedicht *Litania*, das mit dem Vers »Genova mia città intera« einsetzt und in langen litaneiartigen Apostrophen die verschiedenen für den Dichter wichtigen Aspekte der geliebten Stadt evoziert. Auch das Titelgedicht der Sammlung, *Il passaggio d'Enea*, hat einen negativen Inhalt, indem sich der Dichter als ein neuer Aeneas sieht, der mit Vater und Kind fliehend eine neue Heimat sucht, diese aber im Unterschied zum Helden Vergils nie findet (das Gedicht ist angeregt von dem Aeneas-Denkmal auf der Piazza Bandiera in Genua). Negative Themen, die Motive der Nacht, der Öde, des Nichts, der ins Leere führenden Lebensreise usw. beherrschen alle nachfolgenden Gedichtbände Capronis, so *Il seme di piangere* (1959), worin die schöne Würdigung der 1950 verstorbenen Mutter Anna Picchi in der Sektion der *Versi livornesi* eine gewisse Ausnahme bildet, obwohl auch diese Verse in die Gedanken an Tod und Vergänglichkeit eingebettet sind. In dem Titelgedicht des Zyklus *Congedo del viaggiatore cerimonioso & altre prosopopee* (1965) wird das Motiv der Lebensreise gestaltet, die ins Dunkle und ins Nichts führt. In der nachfolgenden Sammlung *Il muro della terra* (1975; der Titel inspiriert sich an Dantes *Inferno* X, 1–3) verdichten sich negative Begriffe und Aussagen, so daß hier »vuoto« (»leer«) zu einem Schlüsselwort wird. Leere und Negation umfassen nicht nur alle Lebensbereiche, sondern auch die Religion, wie z. B. das Gedicht *Deus absconditus* vermeldet: »Gott hat sich nicht vesteckt. / Gott hat sich umgebracht«; oder noch deutlicher das Gedicht *Furto* aus den wegen ihres persönlichen Charakters erst 1983 in der Gesamtausgabe veröffentlichten *Versicoli del controcaproni*: »Sie haben Gott gestohlen. Der Himmel ist leer. / Der Dieb ist noch nicht verhaftet (und wird es auch nie sein).« Die Themen der Leere, des Nichts, der chaotischen Unordnung spiegeln sich in vielen Texten des späten Caproni auch in einer typographischen Zerstückelung wider, die einzelne Verse oder sogar Wörter durch Zwischenräume trennt und gegeneinander versetzt. Dies gilt vor allem für die späten Sammlungen *Il franco cacciatore* (1982; Titel nach dem *Freischütz* von Carl Maria von Weber) und *Il conte di Kevenhüller* (1986), die die Negativität vertiefen und nun auch auf die Dichtung ausdehnen: Auch das dichterische Wort erscheint jetzt, wie etwa das Gedicht *La porta* aus der letztgenannten Sammlung suggeriert, als machtlos und als ein Irrweg. Das gesamte lyrische Werk Capronis, das seinem Verfasser 1952 und 1959 den »Premio Viareggio« und 1984 die Ehrendoktorwürde der Universität Urbino einbrachte, wurde in dem Band *Tutte le poesie* (1983) veröffentlicht, dessen erweiterte Ausgabe von 1986 auch *Il conte di*

Kevenhüller und den Zyklus *Erba francese* (mit lyrischen Impressionen eines Parisaufenthalts im Sommer 1978) enthielt. Außerdem verfaßte Caproni ein Kriegstagebuch *Giorni aperti* (1942) und die Erzählung *Il gelo della mattina* (1954), die später in dem Band *Il labirinto* (1984) vereint wurden. Aus dem Nachlaß herausgegeben wurde die unvollendete Gedichtsammlung *Res amissa*, an der Caproni seit 1986 arbeitete. In ihr liest man die Verse: »Werft auch weg / jegliches Werk in Versen oder in Prosa. / Niemandem ist es jemals gelungen zu sagen / was, seinem Wesen nach, eine Rose ist«.

Eben von dieser Blume dichtete nach und neben vielen anderen auch der Kritiker, Essayist und Lyriker FRANCO FORTINI (eigentlich Franco Lattes, geb. 1917), der in seinem Zyklus *La poesia delle rose* aus dem Band *Una volta per sempre* (1963) die Rose als traditionelles Sinnbild der Schönheit besang, freilich vor dem kontrastierenden Hintergrund der allem Schönen verfremdeten, degenerierten Welt des Nachkriegskapitalismus. Fortinis Leben und Werk sind gekennzeichnet durch eine große intellektuelle und moralische Wachsamkeit, die die kulturellen und politischen Entwicklungen seiner Zeit aus nächster Nähe verfolgte und insbesondere die Beziehungen zwischen Literatur und Geschichte immer neu auszuloten versuchte. In Florenz als Sohn eines jüdischen Vaters und der Mutter Emma Fortini geboren, legte Fortini an der dortigen Universität 1939 seine »Laurea« in Rechtsphilosophie ab und ließ sich im gleichen Jahr zum Waldenser taufen. Er interessierte sich früh für Literatur und hatte zeitweise Kontakte zu den Florentiner Hermetikern. Später nahm er den Namen seiner Mutter an, auch um rassistischen Nachstellungen zu entgehen. Als Frontsoldat 1941 eingezogen, flüchtete er 1943 in die Schweiz und nahm Ende 1944 am Partisanenkampf in Valdossola teil. Nach dem Krieg war Fortini u. a. als Verlagsmitarbeiter, Herausgeber, Redakteur und Kritiker tätig, lehrte zeitweise Literatur an verschiedenen Instituten und zuletzt das Fach Geschichte der Kritik an der Universität Siena. Nach seinem Austritt aus der Sozialistischen Partei (1957) entwickelte sich Fortini zum exponierten Vertreter eines kritischen Marxismus, der der neuen Linken nahestand. Seine Unzufriedenheit mit den politischen und kulturellen Entwicklungen ließen ihn einen Umsturz der gesellschaftlichen Verhältnisse mit dem Ziel einer friedvolleren Zukunft dringend herbeisehnen. In diesem Sinne ist auch sein Essayband *Verifica dei poteri* (1965) im Vorfeld der Ereignisse von 1968 zu sehen, an denen er leidenschaftlich Anteil nahm und die ihm teilweise wie eine Realisierung seiner eigenen Vorstellungen erschienen. Fortini war ein aufmerksamer Beobachter der chinesischen Kulturrevolution und unternahm mehrere Reisen nach China.

Im Spannungsfeld der politischen Zielsetzungen Fortinis stand auch seine (bisher relativ wenig beachtete) Lyrik, die im Unterschied zu der der Vertreter des »Gruppo 63« extreme sprachliche und formale Deformierungen vermeidet und sich statt dessen an klassischer und traditioneller Literatur ausrichtet. Eine wichtige Orientierung war für ihn u. a. die lebenskluge, moralisierende Lyrik des venezianischen Dialektdichters GIACOMO NOVENTA (Pseudonym für Giacomo Ca' Zorzi, 1898–1960). Maßgeblichen Einfluß übte die deutsche Kultur auf ihn aus, vor allem Goethe, Kafka und Brecht, dazu die Literaturästhetik von Lukácz und die Theorien der Frankfurter Schule. Auch die Lektüre der französischen Surrealisten, insbesondere Paul Eluards, ist in seinem Werk spürbar. Der erste Gedichtband *Foglio di via e altri versi* erschien 1946 und zeigte noch deutlich den Einfluß der Hermetiker sowie Giacomo Noventas; der zweite, mehrere kleine Sammlungen vereinende Band *Poesia ed errore* (1959) stellt in formal ausgewogenen Texten bereits deutlicher die Frage nach dem Wahrheitsgehalt der Dichtung und nach ihren Beziehungen zur Geschichte. Die Sammlung *Una volta per sempre* (1963), die ebenso wie die vorherige eine intensive Beschäftigung mit Brecht dokumentiert (vor allem in den Zyklen *Traducendo Brecht* I und II), vertieft diese Thematik und artikuliert in vielen Facetten den Abscheu des Dichters vor der kapitalistischen Konsumwelt und das Nachdenken über Möglichkeiten und Grenzen der Dichtung. In dem Band *Questo muro* (1973; der Titel spielt wohl auf die Barriere zwischen Wort und Realität an) wendet sich Fortini der neuen, nach 1968 entstandenen Wirklichkeit zu, die er in einzelnen Teilen als Bestätigung seiner Analysen und Forderungen empfindet. Der Band strahlt eine gewisse Genugtuung darüber aus, daß sich marxistisches Denken in Praxis umsetzen ließ und nun aus einer überschaubareren Gegenwart heraus wieder der Blick in eine hoffnungsvolle Zukunft gerichtet werden kann. Doch setzen diesem verhaltenen Optimismus bereits die Dichtungen des nächsten Bandes *Paesaggio con serpente* (1984) ein Ende, in denen die Undurchdringlichkeit der Geschichte wieder stärker in den Vordergrund tritt und die Wege in die Zukunft verstellt erscheinen. Neben zeitkritischen und politischen Essays hat Fortini zahlreiche literaturkritische Arbeiten (u. a. über die neuere italienische Lyrik) vorgelegt, die in den Bänden *Saggi italiani* (1974) und *Nuovi saggi italiani* (1987) gesammelt wurden; eine Auswahl seiner zahlreichen Übersetzungen aus Goethe, Brecht, Döblin, Kierkegaard, Proust, Eluard und anderen bietet der Band *Il ladro di ciliege e altre versioni* (1982). 1990 veröffentlichte Fortini die bisher letzte Anthologie seiner Lyrik mit dem Titel *Versi scelti 1939–1989*.

In die Lyrik der »linea sabiana« bzw. der »linea della vita« gehört ohne

Zweifel auch die in gleichem Maße von Liebe zum Leben und von hohem künstlerischem und ideologischem Engagement beseelte Lyrik Pier Paolo Pasolinis, die indes in mehrfacher Hinsicht eine Sonderstellung in der modernen italienischen Lyrik einnimmt. Von ihr soll daher im Zusammenhang mit seinen übrigen Werken die Rede sein (vgl. S. 851 ff.).

4. Von der »Neoavanguardia« bis zur Gegenwart

Die in den zurückliegenden Kapiteln des öfteren hervorgetretenen negativen Erfahrungen der italienischen Schriftsteller und Intellektuellen in einer von Massenmedien und hemmungslosem Konsum zunehmend beherrschten, sich rasch und orientierungslos, oft geradezu chaotisch entwickelnden Industriegesellschaft, die wachsenden Zweifel an dem Sinn der Literatur bzw. an der ordnenden Kraft des dichterischen Wortes, die durch Pratolinis *Metello* (1955) eingeleitete Diskussion um den niedergehenden »Neorealismo«, die seit dem Ungarnaufstand von 1956 verschärfte Krise der intellektuellen Linken sowie verbreitete antibürgerliche Tendenzen waren die Hauptgründe dafür, daß es zu zwei bedeutsamen innovativen Bewegungen in der italienischen Literaturszene kam: zu dem sogenannten Sperimentalismo am Ausgang der fünfziger und der »Neoavanguardia« am Beginn der sechziger Jahre. Auch war es kein Zufall, daß sich beide Richtungen, »Sperimentalismo« und »Neoavanguardia«, im industrialisierten, Europa zugewandten Oberitalien, im »industriellen Dreieck« Genua – Mailand – Turin und auf der Schiene Mailand – Bologna herausbildeten. Der »sperimentalismo« versuchte durch experimentierenden Umgang mit literarischen Formen und Sprachen zu einer schärferen Analyse und Erkenntnis der gesellschaftlichen Verhältnisse zu gelangen, wahrte jedoch bei seinen Versuchen durchaus eine gewisse Kontinuität mit der literarischen Tradition, insbesondere mit der der Linken; während die »neoavanguardia« sich kompromißlos von der Tradition distanzierte und die literarische und gesellschaftliche Revolte auf ihre Fahnen geschrieben hatte. Die experimentierende Richtung gruppierte sich im wesentlichen um die Zeitschriften »Officina« (Bologna 1953–58, neue Serie 1959) und »Il Menabò« (Turin 1959–67). Zu den Redakteuren der ersteren zählten neben Francesco Leonetti, Pier Paolo Pasolini und Roberto Roversi auch Franco Fortini, Angelo Romanò und Gianni Scalia. Sie alle stimmten überein in der Unzufriedenheit mit der kulturellen und politischen Situation der Gegenwart, mit der aktuellen Literatur und mit dem Neorealismus und plädierten u. a. für eine Erneuerung der Literatur durch Rückgriff auf den großen Realismus des 19. Jahrhun-

784

derts. Doch waren die Standpunkte im einzelnen kontrovers und oft unklar. Das galt noch am wenigsten für Pasolini, der in einem Aufsatz von 1956 sein Konzept eines »Neo-sperimentalismo« vortrug und den jungen Autoren eine besondere Beachtung der sprachlichen und stilistischen Aspekte unter Berücksichtigung der Tradition empfahl – eine letztlich historisierende Neuorientierung, von der sich vor allem Sanguineti polemisch distanzierte. Die Zeitschrift »Il Menabò« erschien im genannten Zeitraum ohne feste Folge in insgesamt zehn Faszikeln. Nachdem der vierte Band (1961) das Thema *Industria e letteratura* diskutiert hatte, erschien im fünften Band des folgenden Jahres neben Beiträgen von Leonetti, Eco, Sanguineti und anderen der Aufsatz von Italo Calvino mit dem Titel *La sfida al labirinto*, der von der Frage ausgeht: »Welches ist die Situation der Literatur in der zweiten industriellen Revolution?« Für die Analyse der komplexen Welt der Industriegesellschaft, verstanden als »labirinto gnoseologico-culturale«, fordert Calvino die Entwicklung einer neuen, erkenntnisfähigen Literatur, die für alle möglichen Sprachen, Stile und Interpretationsverfahren offen sein sollte. In das Umfeld der Theorien und Versuche des »sperimentalismo« gehörten auch die Beiträge Umberto Ecos und sein Buch *Opera aperta* (1962), das den Leser als Mitschöpfer des Kunstwerks und letzteres als eine offene Struktur mit einer unendlichen Folge möglicher Interpretationen beschreiben.

Das wichtigste, die Entstehung der »Neoavanguardia« vorbereitende Ereignis war ohne Zweifel die Gründung der (mit Unterbrechungen bis heute erscheinenden) Vierteljahresschrift »Il Verri« durch Luciano Anceschi im Jahre 1956. Das der Literatur und den Geisteswissenschaften gewidmete Organ wurde zu einem Forum fortschrittlichster Tendenzen in Italien und öffnete sich in besonderem Maße modernen europäischen Theorien und Entwicklungen, so der Phänomenologie Edmund Husserls (ab 1950 ins Italienische übersetzt), der Psychoanalyse Sigmund Freuds (der vor allem durch die 1955 gegründete »Rivista italiana di psicanalisi« in Italien bekannt wurde), den strukturalistischen Theorien von Ferdinand de Saussure, Roman Jakobson und Claude Lévi-Strauss, sowie einzelnen Philosophen der »Frankfurter Schule« wie Walter Benjamin und Theodor W. Adorno. Von großem Gewicht waren auch die zahlreichen monographischen Beihefte der Zeitschrift, in denen aktuellste Themen behandelt wurden, so etwa *Il ›Nuovo romanzo‹ francese* (1959), *La fenomenologia* (1960), *La nuova poesia* (1961), *La condizione atomica* (1962), *Avanguardia e impegno* 1963), *Lo strutturalismo linguistico* (1967) und andere, die alle das Bedürfnis nach Aufbruch und Neuorientierung widerspiegeln.

Aus solchen Bestrebungen heraus entstand auch die schmale, doch bedeutsame Anthologie *I Novissimi. Poesie per gli anni '60* (1961), in der fünf führende Köpfe des »Verri«, nämlich Elio Pagliarani, Alfredo Giuliani, Edoardo Sanguineti, Nanni Balestrini und Antonio Porta in Dichtungen und theoretischen Texten ihre neuen Konzepte vorstellten. In seinem Vorwort der Anthologie, die großen literarischen Ruhm erlangen sollte, schrieb Giuliani: »Zwischen den neuen und den ganz neuen Dichtern (»novissimi«) gibt es keine Kontinuität, sondern nur Bruch. Der Zusammenhang besteht darin, rechtzeitig von den nunmehr veralteten Stilübungen zu einer unpersönlicheren und ausdrucksstärkeren Schreibweise gelangt zu sein…. Wenige Jahre und alles ist verändert: das Vokabular, die Syntax, der Vers, die Struktur der Komposition… Es schien, daß die Möglichkeiten, »in Versen zu sprechen«, sich verringert hätten: wir haben sie im Gegenteil erweitert…« Hauptziele der neuen Dichtung waren die Reduktion des lyrischen Ichs und die Gestaltung eines neuen, aktiven Bezugs zu den Dingen; in diesem Sinne hatte auch Anceschi über eine phänomenologisch konzipierte »poetica del oggetto« nachgedacht. Die neue Lyrik sollte vor allem entpersönlichte Arbeit an der sprachlichen Form sein und die traditionellen Inhalte und Bedeutungen auflösen zugunsten einer expressiven Neukombination des Wortmaterials durch Verfahren, die zum Teil den Techniken der »Assemblage« und der »Konkreten Poesie« ähnlich waren. Balestrini ging noch einen Schritt weiter und forderte »eine poesia come opposizione … al dogma e al conformismo« und damit eine Ästhetik der chaotischen Unordnung, die dem labyrinthischen Wirrwarr der Realität entsprechen sollte. Damit war *Novissimi* das erste explizite Manifest der sich wenig später im »Gruppo 63« konstituierenden neuen Avantgarde. Zuvor noch, 1962, ging »Il Verri« in die Obhut des Verlegers Giangiacomo Feltrinelli über (der bis 1972 für die Zeitschrift sorgte), und gleichzeitig traten Eco, Sanguineti und andere in die Redaktion ein, die nun ganz von Exponenten des künftigen »Gruppo 63« besetzt war. Das erklärt auch, warum von nun an die Beiträge des »Verri« polemischer wurden und ziemlich harte Attacken gegen anders gesinnte Intellektuelle, vor allem gegen Pasolini, Fortini, Volponi und weitere Autoren der Zeitschrift »Officina« geritten wurden. Die neue dichterische Schule konstituierte sich als »Gruppo 63« im Oktober 1963 auf einem Kongreß in Palermo, der auch die Bezeichnung »Neoavanguardia« prägte, um die neue Richtung von älteren Avantgarden abzugrenzen. Anwesend waren neben den Autoren von »Novissimi« u. a. Anceschi, Eco, Luigi Malerba und Fausto Curi. Die Gründung erfolgte im Hinblick auf die deutsche, von Hans Werner Richter ins Leben gerufene »Gruppe 47« (mit Böll, Grass, Bachmann, Enzensberger, Johnson, Weiss und anderen), von deren Berliner Jahrestagung 1962 Enrico Fil-

786

ippini seinen italienischen Kollegen einen überaus positiven Bericht geliefert hatte, so daß man beschloß, eine ähnliche Gruppe zu bilden. Weitere Sitzungen des »Gruppo 63« fanden dann von 1964 bis 1967 an verschiedenen Orten statt.

Im Unterschied zu den alten Avantgarden hatte die »Neoavanguardia« keine einheitliche und definierte Programmatik, sondern fungierte in erster Linie als Integrationsorgan vor allem der jüngeren Intellektuellen, die in der Kritik an den damaligen gesellschaftlichen und kulturellen Zuständen übereinstimmten, darüber hinaus allerdings kaum über konkrete Ideen für die Neugestaltung der Zukunft verfügten. Einig war man sich in der Ablehnung veralteter realistischer und naturalistischer Schreibweisen sowie des Hermetismus und des Neorealismus, in dem Bedürfnis, die Beziehungen zwischen Literatur und Gesellschaft neu zu definieren, in einer gesteigerten Aufmerksamkeit für die neuen Strukturen der Industrie- und Massengesellschaft und in der Verweigerung jeder Form von kulturellem Konsum. In bezug auf die neue Literatur, die einer komplexeren Welt gerecht werden sollte, dachte man an komplizierte, antitraditionelle und antinarrative Schreibweisen von destruktiver, dunkler und schwer entzifferbarer Kombinatorik, für die man Beispiele vor allem im »Nouveau roman« Frankreichs zu erkennen glaubte. Der neue Stil sollte unpersönlich und unpathetisch sein; Destruktion und Parodie waren gefordert – Tendenzen, die bei einigen Vertretern der Gruppe zu Zweifeln am Sinn der Literatur überhaupt führten. Einig war man sich auch in der Ablehnung konventionell schreibender Erfolgsautoren wie Cassola, Bassani und Moravia; später mußte selbst Pasolini heftige Kritik einstecken. Abgesehen von diesen gemeinsamen negativen Positionen traten in den langen Diskussionen der Gruppe vielfältige und weit divergierende Meinungen hervor, aus denen sich nach und nach zwei Hauptrichtungen herauskristallisierten: eine phänomenologische Orientierung, die u. a. von Renato Barilli und Angelo Guglielmi (in je kontroverser Weise) vertreten wurde, und eine ideologische, deren Exponent vor allem Sanguineti war, der im Rückgriff auf marxistische Theorie einen neuen antibürgerlichen, Ideologie und Sprache integrierenden Realismus propagierte. Zu beachten ist, daß nicht wenige Intellektuelle sich zwar dem »Gruppo 63« annäherten, aber dennoch die Unabhängigkeit der eigenen Standpunkte bewahrten, so etwa Umberto Eco, Giorgio Manganelli, Luigi Malerba und Alberto Arbasino. Als Organ der Gruppe wurde 1967 die Monatszeitschrift »Quindici« gegründet, doch konnte auch sie den Zusammenhalt der immer stärker auseinanderdriftenden Gruppe nicht gewährleisten: Wegen unüberbrückbarer Meinungsverschiedenheiten zwischen den Redakteuren im Gefolge des Mai 1968 wurde ihr Erscheinen schon 1969 eingestellt, womit auch der »Gruppo 63« am Ende war. Trotz des frühen Niedergangs der »Neoavanguardia« haben ihre Ideen bzw. Diskussionen nachgewirkt, insbesondere über die Zeitschriften »Quaderni di critica« (gegr. 1973), »Alfabeta« (1979–88) und »L'ombra d'Argo« (gegr. 1983). Manifestcharakter hatte die 1981 in den »Quaderni di critica« erschienene Schrift *Per un' ipotesi di scrittura materialistica*, die noch einmal die unpersönliche, in der Arbeit am Material der Sprache zentrierte Schreibweise einforderte, für die neben Sanguineti auch Francesco Leonetti, Romano Luperini und andere plädierten.

Ein in seinen intellektuellen Umrissen wie auch als Lyriker und Literat exemplarischer Vertreter der »Neoavanguardia« war der in den Diskussionen der sechziger Jahre (und noch lange danach) stets in erster Linie stehende EDOARDO SANGUINETI (geb. 1930), dessen zähes und von hohen rationalen und kritischen Fähigkeiten geprägtes Engagement der Herstellung einer Synthese zwischen einem vor allem an Lukács und Benjamin orientierten dialektischen Materialismus und der Kultur und Dichtung der Gegenwart galt. In Genua geboren, nach einem Literaturstudium in Turin unter Giovanni Getto promoviert, war Sanguineti Ordinarius für italienische Literatur in Salerno und dann in Genua, wo er auch heute noch lebt. Von den fünfziger Jahren an entfaltete Sanguineti eine intensive publizistische Aktivität, die die Mitarbeit an zahlreichen Zeitschriften wie »Lettere italiane«, »Menabò«, »Il Caffè«, »Tel Quel« und an Tageszeitungen wie »Paese sera« und »L'Unità« einschloß. Er legte zahlreiche kritische Publikationen vor, darunter solche über Dante, die »Crepuscolari«, die Futuristen, und über die zeitgenössische Lyrik. Für sein kämpferisches Engagement besonders kennzeichnend war der Band *Ideologia e linguaggio* (1965) der im Prinzip eine Replik auf Pasolinis *Poesia e ideologia* (1960) darstellte; für seine kritischen Zielsetzungen war es der Band *La missione del critico* (1987). Seine stets aktuellen journalistischen Einlassungen wurden gesammelt in den Bänden *Giornalino 1973–1976* (1976), *Giornalino secondo 1976–1977* (1979) und *Scribilli* (1985). Sanguineti schrieb neben höchst eigenwilligen »materialistischen« Theatertexten (darunter *Storie naturali* von 1971; weitere Stücke in dem Band *Teatro*, 1969) auch einige Libretti für den Komponisten Luciano Berio sowie Theaterfassungen verschiedener Werke, u. a. des *Orlando furioso* für die Inszenierung Luca Ronconis. 1969 legte Sanguineti eine zweibändige Anthologie der modernen italienischen Lyrik mit dem Titel *Poesia italiana del Novecento* vor, die neue Maßstäbe setzte. Bedeutsam waren nicht zuletzt drei schwer lesbare, avantgardistische Romane, in denen ähnlich wie in seiner Lyrik der Einfluß Benjamins, Adornos, C. G. Jungs und Brechts wirksam ist und die sich in ihren abstrakten,

788

entpersönlichten und komplizierten Schreibweisen vor allem am »Nouveau roman« anlehnten, nämlich *Capriccio italiano* (1968), *Il giuoco dell'oca* (1967) und *Il giuoco del Satyricon* (1970). Ab 1979 war Sanguineti unabhängiger Abgeordneter auf den Listen des PCI im römischen Parlament.

Der erste Lyrikband Sanguinetis erschien 1956 unter dem Titel *Laborintus*. Das vorangestellte Motto »Titulus est Laborintus quasi laborem habens intus« verweist auf die zentralen Motive der Sammlung: die Welt wird als chaotisches Labyrinth gesehen, der die neue Dichtung nur durch Arbeit (»labor«) am Sprachmaterial gerecht werden kann. Diese Arbeit wird in 27 formal unregelmäßigen Texten mit meist langen Versen und Ansätzen einer strophischen Gliederung vorgeführt. In einem abstrakten, intellektuell höchst anspruchsvollen Monolog werden Satzfetzen, Bilder, Begriffe sowie Namen und Gestalten der gesamten Kulturgeschichte von der Antike bis zur Gegenwart interpunktionslos und in unlogischer, frei assoziierender und oft lautmalender Folge aneinandergereiht. »Sinn« der weithin sinnlosen Texte ist es, die traditionellen, bürgerlich-konformen Schreibweisen und die vertrauten Rezeptionsformen zu destruieren bzw. zu desavouieren und die gegenwärtige gesellschaftliche und kulturelle Welt als ein totales Chaos zu demaskieren, als einen »faulrigen Sumpf«, wie das Bild »Palus Putredinis« gleich im ersten Vers der Sammlung andeutet. Zwar gibt es noch ein »Ich«, doch geht dieses im Strudel des wirbelnden Sprachmaterials unter, und auch die bisweilen angesprochene »Ellie« bleibt völlig anonym, so daß die Texte in kommunikationsloser Unpersönlichkeit verharren. Zur chaotischen Verfremdung dieser Dichtungen, die sich an Joyce, Pound und Eliot inspirieren, trägt auch ein auffallender Plurilinguismus bei, der in dichter Folge fremdsprachliche Segmente aus einer Vielzahl von Idiomen, die vom Griechischen über Latein und Küchenlatein bis zu den modernen Sprachen reicht, einstreut. Der nachfolgende schmale Gedichtband *Erotopaegnia* (1961) – der Titel bedeutet soviel wie *Liebespfänder* – setzt die Schreibweise von *Laborintus* fort, führt jedoch in die verworrenen Textkonstruktionen das Motiv der Erotik ein, das im Text in fortlaufenden Anspielungen auf Szenen einer Liebe und auf sexuelle Erlebnisse durchbricht und eine gewisse Psychologisierung und Konkretisierung herbeiführt. Ein dritter Band mit dem Titel *Purgatorio dell'Inferno* vollzieht eine leichte Rückwendung zu regelmäßigeren und verständlicheren Ausdrucksformen und umkreist in vagen gedanklichen Entwürfen die Möglichkeit eines Herausfindens aus dem Labyrinth und die einer neuen positiven Teilhabe an der Geschichte, welche sich Sanguineti nur als eine kommunistische Initiative auf der Basis des dialektischen Materialismus

789

vorstellen kann. Alle drei Bände wurden 1964 als Trilogie mit dem (auf ein verschollenes Werk von Giordano Bruno verweisenden) Titel *Triperuno* veröffentlicht. Nach längerer Pause meldete sich der Lyriker Sanguineti zurück mit der Sammlung *Wirrwarr* (1972), deren erster Zyklus *T.A.T.* noch einmal sieben überaus dunkle Texte vereint und sich damit in die frühe Phase seiner Lyrik einordnet. Der zweite Zyklus des Bandes mit dem Titel *Reisebilder* vollzieht dagegen eine deutliche Wende in Wahrnehmung und Ausdruck, die sich auch in den folgenden Gedichtbänden *Postkarten* (1978), *Stracciafoglio* (1980) und *Scartabello* (1981) fortsetzt: Der Autor wendet sich wieder der individuellen und gesellschaftlichen Realität zu, betrachtet die Sprache nicht mehr als Selbstzweck und Material, sondern als Instrument der Kommunikation und des ideologischen Kampfes, zu welcher Wende der Mai 1968 (und seine Folgen) den entscheidenden Anstoß gab. Mit den 13 in *Cataletto* gesammelten Gedichten aus dem Jahr 1981 setzt schließlich ein dritter Abschnitt der Lyrik Sanguinetis ein, zu dem auch die Bände *Quintine* (1985), *Novissimum testamentum* (1986) und *Bisbidis* (1987) zu rechnen sind. Die Gedichte dieser Phase spiegeln alles in allem den resignierenden Rückzug des desillusionierten Autors aus dem inzwischen verlorenen ideologischen Kampf. Sanguineti tritt nun als Witzbold, Clown und Possenreißer auf, der in seinen ironischen, spöttischen oder höhnischen Hieben auf die Zeitgenossen eine letzte Möglichkeit zu sehen scheint, in der trägen und selbstzufriedenen Gesellschaft etwas in Bewegung zu bringen. Zugleich liefert der Autor in diesen Texten so etwas wie eine selbstironische und teilweise auch karikierende Bilanz des eigenen Lebens. Sanguinetis Gedichte bis zum Jahre 1981 wurden 1982 in dem Band *Segnalibro* zusammengefaßt; 1992 erschien der bisher letzte Gedichtband *Senzatitolo*. In seiner Gesamtheit spiegelt das lyrische Opus Sanguinetis die Entwicklung eines Autors wider, der sich von den extrem akademischen und elitären Attitüden des *Laborintus* in eine anspruchslose, sich selbst und die Welt parodierende Haltung zurücknimmt, und zugleich den Weg eines marxistischen Ideologen, der von militantem politischem Engagement in eine resignierende Distanz zur Gesellschaft zu führen scheint.

Eine ähnliche Kurve wie die Dichtungen Sanguinetis von anfänglichem semantischem »Wirrwarr« und sprachlichen Destruktionen zu einer relativ geordneten, kommunikativen Sprache durchläuft auch die Lyrik des Mailänders ANTONIO PORTA (eigentlich Leo Paolazzi; 1935–1989). Porta faßte die bis zum Jahre 1975 vefaßten Gedichte der Bände *I rapporti* (1966), *Cara* (1969), *Metropolis* (1971), *Week-end* (1974) und einige einzelne Texte in dem Band *Quanto ho da dirvi* (1977) zusammen, von dessen zwei Teilen der eine die Dichtungen von 1958 bis 1968, der andere die von 1969 bis 1975 umfaßt. Es sind zwangsläufig die bis 1968 entstandenen Gedichte, die am deutlichsten den Prinzipien der »Neoavanguardia« folgen und die ähnlich wie die frühe Lyrik Sanguinetis auf eine als chaotisch und hohl empfundene Wirklichkeit mit dem Gestus der semantischen und syntaktischen Destruktion antworten. Wie bei Sanguineti kommt es danach auch bei Porta durch die Ereignisse des Mai 1968 (und des heißen römischen Herbsts von 1969) zu einer Neuorientierung, die ihn in seinem 1969 einsetzenden zweiten Schaffensabschnitt, zu der auch die Sammlungen *Passi passaggi* (1980), *Invasioni* (1984) und *Il giardiniere contro il becchino* (1988) gehören, zu einer kommunikativen Sprache zurückfinden läßt, die die Verbindung zu den Menschen und zur Realität wieder aufnimmt. Neben seiner Lyrik, für die er 1984 den »Premio Viareggio« erhielt, und neben vielseitiger publizistischer Tätigkeit, u. a. als Redakteur der Zeitschriften »Il Verri« und »Malebolge«, als Mitbegründer von »Quindici« sowie als Herausgeber der Anthologie *Poesia degli anni Settanta* (1979), schrieb Porta auch die Romane *Partita* (1967) und *Il re del magazzino* (1978).

Ein weiteres Mitglied des »Gruppo 63« war ALFREDO GIULIANI (geb. 1924), Herausgeber und Mitautor von *Novissimi*, der neben zahlreichen kritischen Schriften und dem Roman *Il giovane Marx* (1972) von den fünfziger Jahren an auch Lyrik schrieb, die außer destruierenden und deformierenden Tendenzen auch den Einfluß der »poetica degli oggetti« aufweist; seine Dichtungen wurden 1986 in dem Band *Versi e non versi* gesammelt. NANNI BALESTRINI (geb. 1935), ebenfalls Mitautor der Anthologie *Novissimi*, machte seine programmatische Lyrik (*Il sasso appeso*, 1961; *Come si agisce*, 1963; *Altri procedimenti*, 1966; *Ma noi facciamone un'altra*, 1968) zum Vehikel extremer nihilistischer Experimentierwut und extremer Sprachdestruktion. Gleiche Tendenzen zeigt auch seine frühe, avantgardistische Prosa (*Tristano*, 1966; *Vogliamo tutto*, 1971), während er später in *La violenza illustrata* (1976) die revolutionären Kämpfe aus dem Anfang der siebziger Jahre und das Entstehen des Terrorismus auf der Grundlage der öffentlichen und geheimen Presse jener Zeit nachzeichnete und in dem Roman *Gli invisibili* (1987) das Scheitern der revolutionären Generation thematisierte. Über das Schicksal des Verlegers Giangiacomo Feltrinelli schrieb Balestrini das lesenswerte Buch *L'editore* (1989).

Wie nicht anders zu erwarten, konnte die ideologisch und ästhetisch gleichermaßen radikale und einseitige, auf Destruktion und Negation von Sprache, Inhalt und Form abzielende Programmatik des »Gruppo 63« nur eine geteilte, und meist auch nur eine vorübergehende Zustimmung finden. Einer der Hauptgründe dafür lag in der unübersehbaren Schwierigkeit, die negativen Konzepte der »Neoavanguardia« in Texte umzusetzen, die ein Leserpublikum erreichen und als Literatur rezipiert werden konnten. Mit diesen Problemen wurden zuerst die Mitglieder des »Gruppo 63« selbst konfrontiert, allen vorweg Sanguineti, der wie oben angedeutet ziemlich bald wieder zu kommunikativeren Textstrukturen zurückkehrte. Bemerkenswert ist in jedem Fall die Tatsache, daß viele Autoren der älteren Generation wie Sereni, Luzi, Bertolucci, und selbst so aufgeschlossene Geister wie Caproni und Fortini den Vorschlägen von *Novissimi* nicht folgten und die »Neoavanguardia« kaum beachteten, sondern weiterhin auf ihre Weise dichteten. Die durch den Mai 1968 geweckten hohen Erwartungen weichen in den siebziger Jahren einer zunehmenden politischen und kulturellen Ernüchterung, die mit einem wachsenden Mißtrauen gegenüber Ideologien und Doktrinen einhergeht; diese Haltungen setzen sich in den achtziger Jahren fort und führen schließlich in Italien zur Abkehr vieler Intellektueller von der bis dahin favorisierten Kommunistischen Partei oder von der Politik überhaupt. Nach dem Enthusiasmus der sechziger Jahre empfanden viele Autoren schon zu Beginn des nächsten Jahrzehnts eine künstlerische und literarische Leere um sich, so etwa Pasolini, der in einem Aufsatz von 1971 ein »vuoto letterario« diagnostizierte und als Gründe dafür das Negativprogramm der »Neoavanguardia« und die totale Politisierung der Literatur im Gefolge der Studentenrevolte anführte. Viele sprachen damals von der Nutzlosigkeit der schönen Künste, vom Ende der Literatur und insbesondere der Lyrik. Für diejenigen, die dennoch Gedichte machen wollten, gab es in dieser Situation die beiden Hauptmöglichkeiten, entweder neue, originelle Ausdrucksformen zu entwickeln oder sich an die Tradition zu halten. So kommt es in den siebziger Jahren zu einem Nebeneinander von einzelnen experimentierenden, teilweise auch die Vorschläge der »Neoavanguardia« aufgreifenden Versuchen mit einer Vielfalt von weiteren, mehr oder weniger an der Tradition orientierten Richtungen, die bald klassizistischen, bald romantischen oder symbolistischen, bald hermetischen oder realistischen Vorbildern folgen. Die relative und ein wenig orientierungslose, weil durch keine verbindlichen Vorgaben mehr regulierte Vielfalt möglicher lyrischer Sprachen entwickelte sich Hand in Hand mit einer resignierenden oder trotzigen Abkehr vieler Autoren vom politischen und gesellschaftlichen Engagement und mit ihrem Rückzug ins Private und Persönliche. Die damals entstandene Grundsituation, die die Lyrik, in einem zunehmend ideologiefreien Raum und in ziemlicher gesellschaftlicher Unverbindlichkeit, wieder in die ihr angestammte Domäne der Subjektivität und der Gefühlswelten des lyrischen Ichs zurücktreten ließ, ist in wesentlichen Punkten bis heute unverändert geblieben.

Zu den bedeutendsten Lyrikern der letzten Jahrzehnte zählt der 1921 in Pieve di Soligo in der Provinz Treviso geborene ANDREA ZANZOTTO, der von seinem ersten Gedichtband *Dietro il paesaggio* (1951) an die fast einmütige Zustimmung der Kritik erfuhr (der Band erhielt bereits 1950 in Mailand den »Premio San Babila«). Auch viele Lyrikerkollegen, darunter Ungaretti, Betocchi, Quasimodo, Caproni und Fortini bedachten ihn mit hohem Lob, und Montale charakterisierte 1968 seine Lyrik als »eine auf das Aufspüren und Erfassen von Zusammenhängen ausgerichtete Dichtung, die mächtige Suggestionen entfaltet und auf den interpretierenden Intellekt des Lesers wie eine Droge wirkt«. Zanzotto, ein Mann von umfassendem europäischen Bildungshorizont, dem die eigene Tradition ebenso vertraut ist wie Teile der französischen, spanischen und deutschen Literatur (hier insbesondere Hölderlin und Goethe), fühlte sich besonders den Hermetikern Ungaretti, Quasimodo und Gatto verbunden, war andererseits aber auch stark beeindruckt von den Experimenten des »Gruppo 63«, die in seinem Werk eine deutliche Spur hinterlassen. Von Bedeutung war für ihn auch die Psychoanalyse, inbesondere die Jacques Lacans und seiner Schule, die ästhetischen Theorien von Maurice Blanchot und Georges Bataille sowie die anthropologischen Forschungen von Claude Lévi-Strauss. Zanzotto hatte an der Universität Padua Literatur studiert und war schon vor seiner »Laurea« (1942) als Lehrer tätig. In den letzten Kriegsjahren nahm er in der Gruppe »Giustizia e libertà« am Widerstand teil, ging dann für einige Zeit nach Frankreich und in die Schweiz und lehrte nach seiner Rückkehr Latein und Italienisch an der Mittelschule seines Heimatortes, wo er auch heute noch in großer Zurückgezogenheit lebt. Seit der Kindheit auftretende Neurosen führten dazu, daß der hochsensible Dichter ein gebrochenes, distanziertes Verhältnis zum Leben entwickelte und sich diesem gegenüber »mehr als Zuschauer denn als Protagonist« und mehr als »Überlebender« denn als »Lebender« empfand.

In seiner sehr konzentrierten Dichtung, der man zu Recht »religiöse Strenge« und »seltene Authentizität« (Franco Fortini) nachgesagt hat, kam es Zanzotto nach eigenen Aussagen vor allem darauf an, etwas Neues und Originelles zu entwickeln. Dies erreichte er durch eine einzigartige kreative Synthese vielfältiger Elemente, die in gleichem Maße aus persönlicher Lebenserfahrung wie aus einem reichen kulturellen Fundus schöpft: Reales mischt sich mit Imaginärem, Natur mit Phantasie, Beschreibung mit Meditation, Physisches mit Metaphysischem, Sprachliches mit Metasprachlichem, Rationales mit Irrationalem, Bewußtes mit Unbewußtem, Abstraktes mit Bildhaftem. Intertextualität, Beweglichkeit und eine starke metasprachliche und auch sprachmagische Tendenz sind daher wichtige

Züge der Lyrik Zanzottos, von der Montale 1968 feststellte: »Zanzotto beschreibt nicht, er umschreibt, umringt, nimmt und läßt wieder los. Keineswegs sucht er sich selbst, versucht aber auch nicht, aus seiner Realität zu flüchten; vielmehr ist seine Beweglichkeit (›mobilità‹) physisch und metaphysisch zugleich, und das Sicheinfügen des Dichters in die Welt bleibt in hohem Maße problematisch...«. Schon in der erwähnten ersten Sammlung mit dem symptomatischen Titel *Hinter der Landschaft* läßt sich Zanzotto einerseits von der venetischen Landschaft inspirieren, versucht jedoch andererseits, in dunklen, schwer verständlichen Bilderfolgen hinter die Erscheinungen der Natur vorzudringen. Auch das für Zanzotto charakteristische metasprachliche bzw. poetologische Moment, die Reflexion über Sprache und Dichtung, kündigt sich in diesem Band bereits an. Eine ähnliche Thematik der Wahrnehmung und Durchdringung der Landschaft beherrscht auch die Sammlung *Elegia e altri versi* (1954), während im nachfolgenden Band *Vocativo* (1957) ein verändertes, nunmehr sehr problematisches, neurotisches Ich spricht, das seine Zerrissenheit und seinen Dissens mit der Natur in vielen sensiblen Abschattierungen artikuliert, zum Teil in ergreifenden, rhythmisch aufgewölbten Einsätzen wie etwa in dem Auftakt des Gedichts *Da un'altezza nuova*:

> Ancora, madre, a te mi volgo,
> non chiedermi del vero,
> non di questo precluso
> estremo verde ch'io ignorai
> per tanti anni e che maggio mi tende
> ora sfuggendo; alla mia inquinata
> mente, alla mia disfatta pace.

Auch in den *IX Ecloghe* von 1962 agiert ein aufgewühltes, neurotisches Ich, das zwar hin und wieder bukolische und arkadische Motive der antiken Dichtung anklingen läßt, doch vor allem seine inneren Spannungen in eine intensive Arbeit an der Sprache umsetzt. Bereits einige poetologische Verse aus der ersten Ekloge *(I lamenti dei poeti lirici)* weisen den Leser darauf hin, daß der Dichter sowohl am Lautmaterial der Sprache (den Signifikanten) wie auch an ihren Bedeutungen (den Signifikaten) zu arbeiten gedenkt:

> Significati allungano le dita,
> sensi le antenne filiformi.
> Sillabe labbra clausole

794

unisono con l'ima terra.
Perfettissimo pianto, perfettissimo.

Die folgenden Gedichte veranschaulichen dieses sinnauflösende, sinnstif-
tende und sinnbetörende Spiel Zanzottos mit Signifikanten und Signifikaten, wie etwa der Text *13 settembre 1959 (Variante)*:

> Luna puella pallidula,
> Luna flora eremitica,
> Luna unica selenitica,
> distonia vita traviata,
> atonia vita evitata,
> mataia, matta, morula (...)

Solche Verse sollte man nicht übersetzen, sondern einfach nachsprechen,
um die von Wort zu Wort sich fortrankenden Assoziationen des Dichters
nachzuvollziehen, die sich vor allem auf phonische, aber auch auf semantische und graphische Elemente stützen.

Das »freie« Spiel mit Wörtern und Bedeutungen steigert sich in der
Sammlung *La beltà* (1968), die Zanzotto in weitesten Kreisen bekannt
macht und sicherlich sein bisher wichtigster Zyklus ist. Das nach wie vor
neurotische, zerrissene lyrische Ich steigert sich jetzt zu einem »Ego, mi-
serrimo al centro del mondo tondo«, und der Prozeß des Dichtens zu einem »Gebrauch des Unendlichen« (»l'uso dell'infinito«), einer Unendlichkeit freilich, die eine rein sprachliche ist. Unter Anwendung aller nur
denkbaren Klang- und Wortkombinationen, durch den Gebrauch von Alliterationen, Anaphern, Paranomasien und Wiederholungen aller Art sowie
nicht zuletzt durch fremdsprachliche, auch lateinische Einschübe entsteht
ein spezifischer dichterischer Ausdruck, der die Zweiseitigkeit der in normaler Sprache verwendeten Zeichen aufzuheben scheint zugunsten eines
sekundären, subjektiv elaborierten Ausdruckssystems, dessen Zeichen hinter einer vordergründig sinnlosen Struktur einen tieferen, globalen Sinn
entfalten (den Zanzotto bisweilen im Titel andeutet).

Sprachkreativität und Sprachmagie erstellen hier einen neuen, unverwechselbaren Idiolekt, eine originelle Ausdrucksweise, deren klangliche
und semantische Musikalität auch als »Danza orale«, d. h. in der »tanzen-
den« Bewegung des nachsprechenden, artikulierenden Mundes erfahren
werden kann, wie der Dichter selbst in dem Gedicht *V* aus der Sektion *Pro-
fezie o memorie o giornali murali* andeutet:

> Danza orale danza
> del muscolìo di tutta la bocca
> come quella che intona intempora la fonetica poetica,
> compensi prelievi e doseggiare,
> mille linguine e a-lingue a-labbra
> argento neve nulla e anche meno
> oppure neve e poi a-neve a-nulla

Die folgenden Sammlungen *Gli sguardi i fatti e senhal* (1969) und *Pasque* (1973) setzen die Tendenzen von *Beltà* fort, wobei jetzt teilweise auch typographische und kalligraphische Techniken verwendet werden. Mit *Filò* (1976) legte Zanzotto eine Sammlung von Gedichten in venezianischem Dialekt vor. Die Mundart seiner Heimat, die Zanzotto im Rahmen seiner plurilinguistischen Konzeption auch in anderen Zyklen verwendet, erlaubt dem Dichter in dieser Sammlung, und insbesondere in deren langem Titelgedicht (»Filò« bedeutet u. a. soviel wie »nicht enden wollendes Gespräch«), von seinen sprachlichen Abstraktionen zu einer konkreteren Meditation und Kommunikation zurückzufinden. Eine Trilogie bilden die späteren Zyklen *Il Galateo in bosco* (1978), *Fosfeni* (1983) und *Idioma* (1986), die erneut ähnliche poetische und sprachstilistische Prinzipien verfolgen wie *Beltà*. Im Mittelpunkt des ersten Zyklus (mit »bosco« ist hier ein Wald auf dem Hügel Montello in der Nähe des Piave gemeint, wo einst Della Casa seinen *Galateo* verfaßte) steht die Sonettfolge *Ipersonetto*, mit der Zanzotto einerseits im Wettstreit mit den alten Dichtern eine Hommage an die Lyriker des Cinquecento darbringen möchte, die im Wald des Montello petrarkistische Gedichte verfaßten, mit der er aber andererseits die klassischen Dichtungsprinzipien und Reimschemata konterkariert. Auch das Leitmotiv der Zweifel an Sprache und Dichtung klingt in diesen Sonetten erneut an. Während im zweiten Teil der Trilogie, *Fosfeni*, die Arbeit am Sprachmaterial etwas zurücktritt zugunsten einer größeren Zahl von relativ verständlichen, landschaftsbezogenen Texten, versucht Zanzotto in *Idioma* erneut, in abstraktem Stil und mit ungewöhnlich leuchtenden, gleichsam aufblitzenden Bildern und kühn assoziierten Begriffen seelische Befindlichkeiten einzufangen, die auch hier negativ gestimmt sind (»Schnee«, »Tod« und »Kälte« kehren leitmotivisch wieder). Zugleich unternimmt Zanzotto in dieser Sammlung, die auch zahlreiche Gedichte in venezianischer Mundart enthält, so etwas wie die Quadratur des Zirkels, nämlich den paradoxen Versuch, einerseits mit Sprache zu konstruieren, gleichzeitig aber mit diesen Konstrukten aus der Sprache herauszutreten, zu einem außerhalb der Sprache liegenden Bereich, wie es etwa das poetologisch-programmatische Gedicht *Altro, altro linguaggio, fuori idioma?* artikuliert:

> E là mi trascino, all'intraducibile perché
> fuori-idioma, al qui, al sùbito,
> al circuito chiuso che pulsa,
> al grumo, al giro di guizzi in un monitor
> Non vi siano idiomi, né traduzioni ...

Vieles spricht dafür, daß der mehrfach preisgekrönte Lyriker mit diesen Balanceakten an der Grenze der Sprache die meisten seiner dichterischen Möglichkeiten ausgeschöpft hat. Zanzotto, der auch als Übersetzer vor allem französischer Literatur hervortrat und bei verschiedenen Zeitschriften wie »Letteratura«, »Nuovi Argomenti«, »Paragone« und »La fiera letteraria« mitarbeitete, verfaßte neben seinen Gedichten eine große Zahl von Aufsätzen und Essays, die seine breit gestreuten politischen, philosophischen und psychologischen Interessen dokumentieren; einige davon wurden jüngst in dem Band *Fantasie di avvicinamento* (1991) veröffentlicht. Seine erzählerische, deskriptive und autobiographische Prosa wurde in dem Band *Racconti e prosa* (1990) gesammelt, in den auch die frühere Prosaauswahl *Sull'altopiano* (1964; mit den Texten von 1942–54) eingegangen ist.

In der italienischen Lyrik der Gegenwart nimmt die Dichtung der 1930 in Paris geborenen AMELIA ROSSELLI eine Sonderstellung ein, insofern die mehrsprachig aufgewachsene, heimatlose Autorin sich nicht nur wie andere Lyriker vor die Aufgabe gestellt sah, einen ihr gemäßen sprachkünstlerischen Ausdruck zu entwickeln, sondern auch die schwierige Wahl der geeigneten natürlichen Sprache zu treffen hatte. Rosselli war die Tochter von Carlo Rosselli, Antifaschist und Professor für Politische Wissenschaften, der seit 1929 im Ausland lebte und 1937 zusammen mit seinem Bruder auf Betreiben Mussolinis in Paris umgebracht wurde. Nach Jahren in Frankreich lebte die junge Amelia einige Zeit in England, dann in der Nähe von New York, hielt sich 1946 kurzfristig in Florenz auf, um dann wieder nach England zu gehen und Musik zu studieren. Erst 1948 kehrte sie endgültig nach Italien zurück. Seit 1950 lebt sie in Rom. Ihre Studien in Literaturwissenschaft, Philosophie und Mathematik blieben ohne Abschluß. Rosselli beschäftigte sich zeitweise intensiv mit Musik und komponierte auch eigene Stücke; ihren Lebensunterhalt verdiente sie mit Verlagsarbeit und Übersetzungen. Die Dichterin, die zunächst in französischer und englischer und erst später in italienischer Sprache schreibt, ist naturgemäß stark der angelsächsischen und französischen Literatur (hier insbesondere Rim-

797

baud und den Surrealisten) verbunden. Zu ihren wichtigsten Vorbildern aus der italienischen Literatur zählt sie Campana, Montale, Penna und Pavese. In literarischen Kreisen wird sie 1963 bekannt, als Pasolini 24 ihrer Gedichte in der Zeitschrift »Menabò« (Nr. 6, 1963) vorstellte.

Die Gedichte, die sie bis zu diesem Zeitpunkt geschrieben hatte, wurden 1980 unter dem Titel *Primi scritti 1952–1963* veröffentlicht und dokumentieren im Wechsel englischer, französischer und italienischer Texte die Suche nach der ihr gemäßen, für die Schöpfung eines persönlichen künstlerischen Ausdrucks am besten geeigneten Sprache. Die Sektion *Palermo '63* zeugt zudem von einer intensiven Beschäftigung mit der »Neoavanguardia« und insbesondere mit Antonio Porta. In dem Aufsatz *Spazi metrici* von 1962 hat die Autorin ihre poetologischen Überlegungen dargelegt. Darin betont sie die Bedeutung von Klang und Rhythmus in Silbe, Wort, Satz und Periode sowie den Gedanken, daß die Verse in der Lyrik ein eigenes autonomes zeit-räumliches Gefüge haben; besondere Aufmerksamkeit schenkt Rosselli der Struktur des von ihr bevorzugten Langverses sowie dem kompositorischen Umgang mit der vorgegebenen Einheit des Blattes bzw. der Buchseite. Das Echo dieser Überlegungen findet sich in allen nachfolgenden Gedichtsammlungen, so auch in den *Variazioni belliche* (1964), ihrem ersten künstlerisch bedeutsamen Werk. Viele Gedichte breiten sich in den erwähnten Langversen von meist gleicher Silbenzahl blockartig über die Seite aus; die einzelnen Verse sind durch zahlreiche rhythmische und rekurrente Elemente sowie durch eine originelle Verwendung des Enjambements miteinander verbunden, so daß Texte von großer Geschlossenheit entstehen. Zahlreiche Wiederholungen, Paranomasien und von Wort zu Wort rankende, bisweilen an Zanzotto erinnernde Assoziationen führen zu einer wirbelnden lexikalischen Dichte, die Giudici treffend »spontane Redundanz« nannte. Ein anderes formales Kennzeichen dieser Gedichte sind die häufigen, schon von Pasolini in der genannten Nummer des »Menabò« bemerkten sprachlichen Lapsus der Autorin, die entweder durch Kontamination von italienischen mit anderssprachlichen Formen oder auch aus spontaner Unachtsamkeit entstehen. Thema der Gedichte ist die nach Rossellis Aussage vor allem von Kafka inspirierte Darstellung des Krieges und der Gewalt, in die auch das Trauma der Ermordung des Vaters und weitere autobiographische Motive des Exils und der Heimatlosigkeit hineinwirken. Auch die ersehnte Begegnung mit dem Du bleibt der einsam Umherirrenden vorenthalten, der »die ganze Welt verwaist« vorkommt (»Tutto il mondo è vedovo«). Die negativen Züge verstärken sich in dem Band *Serie ospedaliera* (1969), der bereits unter dem Eindruck der beginnenden Parkinsonschen Krankheit geschrieben wird, und der die Bedrohung des Le-

798

bens durch Krankheit und den zerfallenden Körper thematisiert sowie als Kompensation dazu die Schönheiten der Natur und der Landschaft in einer letztlich hoffnungslosen Perspektive zu evozieren sucht. Gleiche, nur durch vordergründige Hoffnungen überdeckte Lebensängste beherrschen auch den Band *Documento* (1976), in dem schließlich mit dem Sinn der eigenen Existenz auch der Sinn des Reimens und Dichtens in Zweifel gezogen wird, wie etwa in dem Gedicht *La passione mi divorò giustamente.* 1979 schrieb Rosselli den an Pasolini gerichteten Zyklus *Impromptu* (1981), in dem sie ihre Solidarität mit der Arbeiterklasse bekundete und das Dichten selbst als Teil des Klassenkampfes konzipierte. Abgesehen von dem 1983 erschienenen schmalen Band *Appunti sparsi e persi 1966–1977* mit einer Nachlese unveröffentlichter oder überarbeiteter Gedichte, ist es nach 1979 um Amelia Rosselli still geworden. Unveröffentlichte englische Gedichte aus den Jahren 1952 bis 1966 erschienen 1992 mit italienischer Übertragung in dem Band *Sleep. Poesie in inglese.* Eine Auswahl aus ihrem lyrischen Werk liegt unter dem Titel *Antologia poetica* (1987) vor.

Daß auch nach den kühnen und destruktiven Versuchen des »Gruppo 63« und neben und nach Zanzottos sprachtranszendierender Lyrik ein Strang unbefangenen Dichtens in einfacher und verständlicher Sprache weiterläuft, belegen die Werke des 1924 bei La Spezia geborenen GIOVANNI GIUDICI, die von einer vergleichsweise bescheidenen und wohl auch kleinbürgerlichen Muse inspiriert sind. Während bei Zanzotto das Leben im Strudel sprachlicher Abstraktionen untergeht oder in schwer faßbaren Konstrukten zerrinnt, hält es in den Versen Giudicis in alltäglicher Sprache, in frischer Unmittelbarkeit und in unverstellter Konkretheit seinen durch keine theoretischen oder programmatischen Überlegungen behinderten Einzug. In seiner einfachen, direkten Sprache und in seiner Zuwendung zu den alltäglichen Szenen und Ereignissen des Lebens wiederholt seine Dichtung auf bescheidenem Niveau die Haltung Sabas, mit dem ihn auch eine gewisse Vorliebe für liedhafte Formen und konventionelle metrische Schemata verbindet. Mit neun Jahren war Giudici nach Rom gekommen, wo er später studierte und mit einem Thema über Anatole France promovierte. Danach war er Angestellter bei verschiedenen Firmen und lebte vor allem in Mailand, knüpfte intensive Kontakte zur dortigen Literatur- und Verlagsszene und arbeitete u. a. als Journalist und als Übersetzer von englischsprachiger, tschechischer und russischer Literatur (u. a. von Pound und Puschkin). Der streng katholisch erzogene Giudici trat später dem linksliberalen »Partito d'Azione« bei und näherte sich auch den Sozialisten und Kommunisten an, ohne seinen katholischen Standpunkt aufzugeben. Bereits die erste Sammlung *La vita in versi* (1965) veranschaulicht die Tendenz Giudicis, sein Leben in der Großstadt mit seinen alltäglichen Ereignissen, Freuden und Sorgen in einfachen, umgangssprachlichen Versen und in gedämpftem Plauderton nachzuerzählen. Typisch für seine meist autobiographisch motivierte Lyrik ist etwa das Gedicht *Una casa a Milano*, das in drei langen Teilen ausführlich von den Nöten der Wohnungssuche in dieser Stadt berichtet; ein anderes Gedicht reflektiert in vertraulichem Ton die Frage, ob es angebracht wäre, aufs Land zu ziehen *(Se sia opportuno trasferirsi in campagna)*; nicht weniger als fünfzehn lange Stanzen erzählen detailfreudig von den Nöten eines Hundelebens in Mailand *(Quindici stanze per un setter)*, usw. Andere Texte thematisieren auch die durch Industrialisierung und Wirtschaftswunder entstandenen Probleme der Großstadt. Bei alledem folgt der Autor unbefangen dem Vorsatz des Titelgedichts, das fordert:

> Metti in versi la vita, trascrivi
> fedelmente, senza tacere
> particolare alcuno, l'evidenza dei vivi.

Bei solchem Unterfangen kommt freilich der Autor nicht umhin, festzustellen, daß die Fülle des Lebens sich kaum in Worte fassen läßt (»in ogni caso l'essere è più del dire«); dennoch soll und muß geschrieben werden, denn ohne Sprache gäbe es kein Sein: »non dire è talvolta anche non essere.« In einer anderen Sektion des Bandes mit dem Titel *L'educazione cattolica* thematisiert der Autor seine katholische Erziehung und sein Bemühen, katholisches und marxistisch-sozialistisches Denken zu versöhnen (»ich liebe zwei Kirchen, die verschieden sind«, bekennt er in dem Gedicht *Come un errore)*. Mit seinem zweiten Gedichtband *Autobiologia* (1969) versuchte Giudici den autobiographischen Bezug zwischen Dichtung und Leben noch zu vertiefen. Hier geht es ihm nicht mehr um eine lyrische Autobiographie, sondern, wie das von ihm erfundene Titelwort andeutet, um eine lyrische Ergründung der biologischen Grundlagen des Lebens, um eine »genaue« Beschreibung der biologischen Komponenten der einzelnen Erscheinungen und des eigenen Ichs, wie u.a. das Gedicht *Biologia* verkündet. Zum Zweck der Selbstanalyse versetzt sich der Autor auch in verschiedene Rollen, so z. B. in die Rolle der Emma Bovary in der Sektion *La Bovary c'est moi*, um sich dann wieder zu demaskieren. Ein zentrales Motiv dieser Gedichte, die sich im Vergleich zur früheren Sammlung durch eine höhere Musikalität auszeichnen, ist der »autobiologisch« begründete Gedanke an den Tod. Dagegen wird in der *Ballata della lingua* die Unerschöpflichkeit der italienischen Sprache besungen.

Die Thematik des Todes und der biologischen und körperlichen Gegebenheiten findet eine Fortsetzung in dem Band *O beatrice* (1972), der zugleich durch eine degradierende und zersetzende Ironie und durch Resignation geprägt ist. So wird etwa in dem Titelgedicht die Gestalt der Danteschen Beatrice in litaneiartigen, platt reimenden Versen zu einer Art Alltagsmuse entdivinisiert und in *Alla beatrice* in spröden Versen auf die Umrisse einer banalen, nur noch körperlich wahrgenommenen Frauengestalt reduziert. In einem anderen Gedicht, *Ciao, Sublime*, reflektiert das lyrische Ich die Beziehungen zwischen dem Erhabenen und dem Alltäglichen.

Nachdem Giudicis Lyrik in den nachfolgenden Sammlungen *Il male dei creditori* (1977), *Il ristorante dei morti* (1981) und *Lume dei tuoi misteri* (1984) in eine gewisse Eintönigkeit abzusinken drohte, gelang ihm formal und inhaltlich ein Neuansatz mit dem Gedichtband *Salutz* (1986), in dem viele Kritiker sein bestes Werk sehen. Der Titel spielt auf »salutz d'amor«, eine Form des provenzalischen Minnesangs an (eine Art Liebesbrief in Versen), und dementsprechend versucht der Band eine Erneuerung der provenzalischen und stilnovistischen Liebesdichtung. Der Autor versetzt sich in die Rolle eines mittelalterlichen Troubadours und singt in gehobenem Stil und mit erlesenem Vokabular, das auch die Terminologie der höfischen Minne einschließt, von einer schwierigen und wechselvollen Liebesbeziehung zu seiner geheimnisvollen und launischen Herrin, bis er dann im Schlußtext *Lais* den Gedanken des Abschieds vom Leben thematisiert. Der Band ist nach exaktem Zahlenmaß aufgebaut. Seine sieben Sektionen mit je zehn Gedichten von jeweils vierzehn Zeilen umfassen insgesamt 980 Verse; hinzu treten die zwanzig Verse des Schlußgedichts, so daß die Sammlung einen »Canzoniere« von genau 1000 Versen bildet. In dem Zyklus *Fortezza* (1990) hat Giudici einerseits Motive von *Salutz* weiterentwickelt, andererseits vor allem in der Sektion *Memoria* auch wieder persönliche Erinnerungen verbalisiert. Vor kurzem erschien als vorläufig letzter der Zyklus *Quanto spera di campare Giovanni* (1993). Eine Auswahl der Übersetzungen Giudicis wurde in dem Band *Addio, proibito piangere e altri versi tradotti* (1982), seine Aufsätze und poetologischen Arbeiten in den Bänden *La letteratura verso Hiroshima e altri scritti 1959–1975* (1975) und *La dama non cercata. Poetica e letteratura 1968–1984* (1985) veröffentlicht.

In ihrer Gesamtheit repräsentieren die oft etwas eintönigen, von gedanklichen und formalen Plattitüden nicht freien Verse Giudicis eine leicht verständliche, zugängliche Variante von Lyrik, die sich neben komplizierteren Formen behauptet und ihre Leser findet. Zwischen einfacher und vertraulicher, im umgangssprachlichen Plauderton betulich Alltägliches und Persönliches behandelnder Lyrik und den gespannten, experimentierenden Formen einer komplizierten Sinnsuche und Realitätsbewältigung durch das lyrische Wort entfaltet sich auch gegen Ende unseres Jahrhunderts ein weites, aktives Feld zahlreicher, sich vielfältig abschattierender Ausdrucksweisen, die das Gerede vom Ende der Lyrik Lügen strafen. Einen Einblick in die Vielfalt gegenwärtig praktizierter Schreibweisen vermitteln neben anderen auch drei junge Autoren, die sich (wie übrigens nicht wenige ihrer Schriftstellerkollegen) mit Lesungen auch in Deutschland vorstellten, nämlich Cesare Viviani, Milo De Angelis und Valerio Magrelli. Abkehr von der Alltäglichkeit, die Betonung des Lebens in seinen schönen und festlichen Erscheinungsformen ist die zentrale Blickrichtung des 1947 in Siena geborenen und in Mailand als Psychoanalytiker lebenden CESARE VIVIANI, der heute bereits eine kleine Karriere als Lyriker hinter sich hat. Schon 1971 veröffentlichte er in den *Nuovi quaderni* seine erste Gedichtsammlung *Confidenza e parole*, der bisher die Bände *L'ostrabismo cara* (1973), *Piumana* (1977), *L'amore delle parti* (1981), *Merisi* (1986) und *Preghiera del nome* (1990) folgten. Zum Relevantesten, was Viviani vorgelegt hat, gehört das Gedichtbuch mit dem rätselhaften Titel *Merisi*. Obwohl es Motive und Haltungen der früheren Bände, insbesondere aus *L'amore delle parti*, aufgreift, bietet es in thematischer wie formaler Hinsicht eine deutliche Weiterentwicklung früherer Werke. »Festa« (Fest) ist die Zentralmetapher und zugleich das Leitmotiv dieser Gedichte, die sich in einem breiten semantischen Feld entfalten, dessen wichtigste Isotopien Schönheit der Natur, höfische Lebenswelt und aristokratische Gesellschaft, nicht zuletzt aber die Liebe sind. Im Mittelpunkt des Werkes steht die Thematik von Schönheit und Harmonie, der im formalen Bereich verstärkte Versuche einer Reintegration und Refunktionalisierung traditioneller Kunstmittel und metrischer Schemata entsprechen. Die sehr dynamische phonische bzw. euphonische Struktur der meist einstrophigen, titellosen Gedichte wird vertieft und bereichert durch die Einführung zahlreicher wohlklingender Eigennamen (Vornamen) sowie durch geheimnisvolle anagrammatische Klangstrukturen, die das Lautmaterial der Namen umspielen und der beziehungsreichen Konnotationsdichte der Texte weitere persönliche, geheimnisvolle, intim-psychische, oft auch historisch-mythologische Dimensionen hinzufügen.

MILO DE ANGELIS, 1951 in Mailand geboren und dort lebend, begann seinen Weg als Lyriker mit der Publikation einzelner Gedichte in den Zeitschriften »Galleria« und »Altri termini«. Eine Sammlung seiner Gedichte erschien 1975 unter dem Titel *L'idea centrale* in der vierten Nummer des

»Almanacco dello Specchio«. Das eigentliche Debüt von De Angelis war jedoch der 1976 erschienene Gedichtband *Le somiglianze*, dem die weiteren Sammlungen *Millimetri* (1983), *Terra del viso* (1985) und *Distante un padre* (1989) folgten. De Angelis steht mit seiner gesamten bisherigen Produktion im Zeichen einer Rückkehr zum lyrischen Wort, das als authentischer Ausdruck von Subjektivität, als Sprache der Innerlichkeit, als Möglichkeit der subjektiven Lebensanalyse und Lebensbewältigung verstanden wird. Die Ideen des Mai 1968 sind für De Angelis unwirksam; politische oder ideologische Themen finden keinen Raum in seiner »orphisch« orientierten Poetik, deren Grundzüge er auch in der von ihm gegründeten Zeitschrift »Niebo« darlegte. Die wichtigste Inspirationsquelle seiner sinnschweren, oft feierlich daherkommenden Verse, die der Autor eindrucksvoll und mit geradezu biblischem Pathos vorzutragen weiß, ist der religiöse bzw. seherische Bereich. Seine Dichtungen, die vor allem auf symbolistische und hermetische Strukturen zurückgreifen, lassen De Angelis als Repräsentanten eines neuen, postmodernen, allerdings unscharf konturierten Neosymbolismus erscheinen.

VALERIO MAGRELLI, 1957 in Rom geboren, wo er auch heute noch lebt, ist Dozent für französische Literatur an der Universität Pisa und daneben auch als Übersetzer und Essayist tätig. Als Lyriker trat er ab 1977 mit verstreuten Texten an die Öffentlichkeit und debütierte mit dem Band *Ora serrata retinae*, der 1980 mit einem Vorwort von Enzo Siciliano erschien und den »Premio Mondello 1980 opera prima« erhielt; darauf folgten die Gedichtsammlungen *Nature e venature* (1987; mit dem »Premio Viareggio« ausgezeichnet) und *Esercizi di tiptologia* (1992). Seine dichtungstheoretischen Vorstellungen hat der Lyriker in dem Aufsatz *Scrittura e percezione: appunti per un itinerario poetico* (in: *Il Verri*, 1990) dargelegt. Magrelli, der ein Philosophiestudium mit der Promotion abschloß, orientierte sich vor allem an den erkenntnistheoretischen Thesen von George Berkeley und David Hume und entwickelte früh eine selbständige, kohärente und philosophisch begründete Sehweise, die ihre Umsetzung in einem sprachlichen Korrelat von stilstarker Originalität und beunruhigender Neuartigkeit fand. Hierfür kann bereits der ungewöhnliche lateinische Titel des Bandes *Ora serrata retinae* (etwa: *Der gezackte Saum der Netzhaut*) ein Indiz sein. Das gut 100 Seiten umfassende Bändchen mit kurzen ungereimten Gedichten von 6 bis 22 Versen zerfällt in zwei Teile: einen ersten mit dem Untertitel *Rima palpebralis* (etwa: *Augenlidreim*) und einen zweiten mit dem wiederum lateinischen Titel *Äquator lentis* (*Äquator der Linse*). Die Mehrzahl der Texte des Bandes sind poetologischen Inhalts und thematisieren in immer neuen Variationen den Vorgang des Schreibens als

Funktion des Auges, als produktives Sehen, perspektivische Formung und visuelle Ordnung. Die Motive des Optischen und Visuellen gehen in diesen Dichtungen einher mit den Themen der Rationalität, der gedanklichen Klarheit, der mathematischen Exaktheit und der strengen geometrischen Ordnung, hinter denen sich u. a. der Einfluß der genannten Philosophen verbirgt. Insofern ist die »Vernunft«, verstanden als rationale Ausdrucksform, eines der Hauptmotive dieser Lyrik, wie es schlagend in einem Gedicht heißt: »Für mich ist die Vernunft / des dichterischen Ausdrucks / immer auch der dichterische Ausdruck / der Vernunft«. Demgegenüber weisen die späteren *Esercizi di tiptologia* (etwa: *Übungen in der Klopfzeichenlehre*) zwar eine rationale, symmetrische, insgesamt neunteilige Gesamtstruktur auf, verbergen aber darunter eine große formale wie inhaltliche Heterogenität. Prosa wechselt mit Gedichten, reportageähnliche Skizzen oder Reiseerinnerungen (auch aus Deutschland und der ehemaligen DDR) mit zeitgeschichtlichen oder poetologischen Motiven; das alles in meist rätselhaften, kryptographischen und zum Teil anagrammatisch strukturierten Texten, mit denen der Autor es unternimmt, sich und seine Zeit gleichsam auf »Klopfzeichen« abzuhören.

Wie es scheint, ist die italienische Lyrik gegen Ende unseres Jahrhunderts – von einzelnen Gegenbeispielen abgesehen – negativ gekennzeichnet durch eine auf breiter Front vollzogene Abkehr von avantgardistischen, ideologischen und auch akademisch-theoretischen Zielsetzungen oder Programmen, durch Einstellungen, die oft mit Desinteresse an der Gegenwart und mit der Rückwendung zur Vergangenheit einhergehen, oder positiv formuliert mit einer von vielen Kritikern konstatierten Rückkehr ins Private. Diese indes bedeutet gerade bei den relevantesten Autoren der Gegenwart weniger einen Rückzug in die Innerlichkeit, die ja in ihren unzähligen Varianten schon immer die Dömane des lyrischen Ichs war, als vielmehr in erster Linie den Versuch, aus einem abgegrenzten, unabhängigen und verteidigten Bereich, aus einer Art »diaspora individuale« heraus, authentische, dem gegenwärtigen Mischmasch offizieller und kommerzialisierter Sprachen und der ständigen Überflutung mit Informationen entgegenwirkende Sprech- und Sehweisen zu entwickeln, mit denen das Individuum in der global vernetzten Massengesellschaft sein Überleben als Persönlichkeit abzusichern vermag.

Zu den zahlreichen lyrischen Stimmen in der postavantgardistischen, postideologischen und postmodernen Epoche zählen zunächst eine Anzahl älterer Autoren, die ihre zu unterschiedlichen Zeitpunkten einsetzende Produktion bis in die jüngste Gegenwart hinein fortgesetzt haben. Zu nennen wäre hier neben den bereits besprochenen Autoren etwa EDOARDO

804

CACCIATORE (geb. 1912 in Rom) mit den Gedichtbänden *La restituzione* (1955), *Lo specchio e la trottola* (1960), *La puntura dell'assillo* (1986) und *Graduali* (1986); SEBASTIANO ADDAMO (geb. 1925 in Catania) mit *Significati e parabole* (1979), *La metafora dietro a noi* (1980), *Il giro della vite* (1983) und *Le linee della mano* (1990); und mit Einschränkungen auch die frühverstorbene Bologneserin CRISTINA CAMPO (Vittoria Guerrini; 1923–1977) mit *Passo d'addio* (1956) und dem postumen Band *La Tigre Assenza* (1990). Eine große Zahl weiterer, bis heute oder bis vor kurzem schreibender Lyriker gehören den Generationen der dreißiger Jahre an, so etwa ROSSANA OMBRES (geb. 1931 in Turin) mit *Le ciminiere di Casale* (1962), *L'ipotesi di Agar* (1968), *Bestiario d'amore* (1974), und *Orfeo che amò Orfeo* (fiaba teatrale, 1977); ALDA MERINI (geb. 1931 in Mailand) mit *La presenza di Orfeo* (1953), *Paura di Dio* und *Nozze romane* (1955), *Tu sei Pietro* (1961), *Destinati a morire* (1980), *La Terra Santa e altre poesie* (1984) und *Vuoto d'amore* (1991); GIOVANNI RABONI (geb. 1932 in Mailand) mit dem frühere Zyklen vereinenden Sammelband *A tanto caro sangue. Poesie 1953–1987* (1988), *Versi guerrieri e amorosi* (1990), und *Ogni terzo pensiero* (1993); FABIO DOPLICHER (geb. 1938 in Triest) mit *Il girochiuso* (1970), *I giorni dell'esilio* (1975), und *La rappresentazione* (1984); der 1938 in Fiume (Kroatien) geborene VALENTINO ZEICHEN mit *Area di rigore* (1974), *Ricreazione* (1979), *Pagine di gloria* (1983), *Museo interiore* (1987) und *Gibilterra* (1991); und der in Budapest 1939 geborene TOMASO KEMENY mit *Il guanto del sicario* (1976), *Qualità di tempo* (1981) und seinen *Recitativi in rosso porpora* von 1989. Zu den jüngsten italienischen Lyrikern unserer Zeit zählen DARIO BELLEZZA (geb. 1944 in Rom) mit *Invettive e licenze* (1971), *Morte secreta* (1976), *Libro d'amore* (1982), *Io* (1983), *Serpenta* (1987) und *Libro di poesia* (1990); MAURIZIO CUCCHI (geb. 1945 in Mailand) mit *Il disperso* (1976), *Le meraviglie dell'acqua* (1980), *Glenn* (1982), mit *Il figurante* (1985), einer kommentierten Anthologie der eigenen Lyrik von 1971 bis 1985, und mit den weiteren Zyklen *Donna del gioco* (1987) und *Poesia della fonte* (1993); GIUSEPPE CONTE (geb. 1945 in Porto Maurizio) mit *L'ultimo aprile bianco* (1979), *L'oceano e il ragazzo* (1983), *Le stagioni* (1988) und seinem *Dialogo del poeta e del messagero* von 1992; EUGENIO DE SIGNORIBUS (geb. 1947 in den Marche) mit *Case perdute* (1989) und *Altre educazioni* (1991); ROBERTO MUSSAPI (geb. 1952 in Cuneo) mit *La gravità del cielo* (1964), *Luce frontale* (1987) und *Gita meridiana* (1990); GIANNI D'ELIA (geb. 1953 in Pesaro) mit *Non per chi va* (1980), *Febbraio* (1985), *Segreta* (1989) und *Notte privata* (1993); und PLINIO PERILLI (geb. 1955 in Rom) mit *L'amore visto dall'alto* (1989), *Ragazze italiane* (1990) und *Il corpo dell'umano* (1992).

Das aber sind noch lange nicht alle, die im postideologischen und postmodernen Italien von heute die lyrische Feder schwingen. Auch einige Erneuerungsversuche der »Neoavanguardia« hat es in den letzten Jahren gegeben, deren Ideen vor allem von den Zeitschriften »Quaderni di critica«, »Alfabeta« und »L'ombra d'Argo« weiterpropagiert wurden. Die Programmatik der »scrittura materialistica« und des Experimentierens mit der Sprache wurde 1987 auf einem Kongreß in Lecce in den sogenannten Thesen von Lecce neu formuliert und insbesondere von den Autorengruppen »K.B.« um Lorenzo Durante, Tommaso Ottonieri, Marcello Frixione und Gabriele Frasca und dem von Mariano Baino, Lello Voce und Biagio Cepollaro gegründeten »Baldus« weiterverfolgt. Als weitere späte Nachwirkung der »Neoavanguardia« wurde auf dem Festival »Milanopoesia 1989« die literarische Vereinigung »Gruppo 93« gegründet, die sich ähnlichen sprachexperimentierenden Zielsetzungen verschrieb. Auf diesem Festival wurde auch die von Franco Cavallo und Mario Lunetta zusammengestellte Anthologie *Poesia italiana della contraddizione* mit Beispielen einer »scrittura materialistica« vorgestellt. Doch war diesen späten Wiederbelebungsversuchen der Ideen des »Gruppo 63« bisher nur eine geringe Resonanz beschieden.

Überschaut man die letzten drei Jahrzehnte der italienischen Lyrik, so kann man feststellen, daß auf eine erste, von etwa 1960 bis 1967 reichende experimentelle und neoavantgardistische Phase etwa ab 1968 die Phase einer explosiven und radikalen Politisierung der Lyrik (und der Literatur insgesamt) folgt, die Pasolini als literarische »Leere« (»vuoto letterario«) und andere, wie Bàrberi Squarotti, als den »Tod der Literatur« schlechthin diagnostizierten. Eine dritte Phase setzt noch in den siebziger Jahren ein mit einer relativ rasch wachsenden Anzahl lyrischer Stimmen, von denen viele die neoavantgardistischen Experimente und den Mai 1968 bewußt ignorieren und die in einem Klima verbreiteter Gleichgültigkeit gegenüber Politik und Ideologie mit einer Neugewichtung der kreativen Phantasie und nicht zuletzt mit einer maßvollen Weiterentwicklung der formalen und sprachstilistischen Möglichkeiten versuchen, eine dezidiert subjektive, eigene Sprache zu finden. Dabei richtet sich allerdings die »Rückkehr zur Lyrik« im heutigen Italien nur zum Teil innovativ auf die Verbalisierung neuer Bewußtseinslagen in einer veränderten und sich rasch weiter wandelnden Gesellschaft, zu einem anderen, nicht geringen Teil auch, wie nicht anders zu erwarten, lediglich auf eine Wiederbesetzung alter Strukturen und Bedürfnisse. Die gegenwärtige Situation der italienischen Lyrik ist nicht zuletzt dadurch gekennzeichnet, daß nach dem »Gruppo 63«, dem bis heute letzten bedeutenden literarischen Innovationsschub in Italien, profilierte, integrationsfähige literarische Schulen oder definierte Programme, die diesen Namen verdienen, ausgeblieben sind. Dies muß allerdings weder für die Qualität der heutigen Lyrik noch für die Intensität der von ihr betriebenen Sondierungen ausschlaggebend sein. Von entscheidender Bedeutung ist dagegen die Tatsache, daß der Lyrik neben der traditionellen Analyse des Ichs und seiner Befindlichkeiten in der Lebenswelt gerade in den letzten beiden Jahrzehnten eine wichtige neue Aufgabe zugefallen ist, nämlich die, den künstlichen, oberflächlichen und reproduzierenden Kommunikationsformen der postmodernen Gesellschaft und insbesondere der von Klischees, Lügen und kommerziellen Interessen geprägten Sprache der Medien eine menschlich wahre, unverwechselbare, auf authentischen Erfahrungen gegründete Aussage entgegenzusetzen. Dies dürfte, in Italien wie in der übrigen Welt, heute wohl die wichtigste Perspektive der Lyrik in einer verkabelten und vernetzten Massen- und Kommunikationsgesellschaft sein.

VI. WEGE DER PROSA

1. Vom Neorealismus in die achtziger Jahre

Wie bereits dargelegt (vgl. S. 718 f.), stellt der Neorealismus eine in Ausdehnung und Wirkung schwer einzugrenzende literarische Strömung dar, die nicht nur in einer Reihe typischer Vertreter wie Vittorini, Pavese und Fenoglio ihren Ausdruck fand, sondern darüber hinaus eine große Anzahl von Schriftstellern in unterschiedlichen Etappen ihrer jeweiligen Entwicklung und in unterschiedlichem Maße beeinflußte. Trotz einer sich deutlich abzeichnenden Phase maximaler Ausstrahlung von der Mitte der vierziger bis Mitte der fünfziger Jahre ist das Phänomen des Neorealismus auch zeitlich schwer abzugrenzen, da man einerseits erste Formen einer neorealistischen Schreibweise bereits lange vor der genannten Hauptphase des Neorealismus, nämlich in Moravias *Gli indifferenti* (1929) oder etwa in Alvaros *Gente di Aspromonte* (1930) verwirklicht sah, andererseits Nachwirkungen des Neorealismus bis in die sechziger Jahre und darüber hinaus nachweisbar sind. Insgesamt gab es in der Nachkriegszeit nur wenige Autoren, die nicht zumindest vorübergehend in thematischer, struktureller oder stilistischer Hinsicht dem Einfluß des Neorealismus ausgesetzt waren, auch wenn sie in anderen Abschnitten ihrer Karriere abweichenden Orientierungen folgten. Dieser Befund führte nicht wenige Kritiker dazu, die gesamte realistische Literatur ab etwa 1943 mit dem Etikett »neorealistisch« zu behaften. Tatsache ist, daß die außerordentlich reiche und vielschichtige Entwicklung der italienischen Prosa vom Niedergang des Neorealismus bis zur Gegenwart, der dieses Kapitel gewidmet ist, mangels brauchbarer Differenzierungskriterien und tragfähiger literaturgeschichtlicher Begriffe, vor allem aber wegen ihrer verwirrenden Fülle, in ihrer Gesamtheit nur schwer abzugrenzen und zu gliedern ist. Dies auch deshalb, weil sich hinter der Vielfalt der Prosa der letzten Jahrzehnte nicht nur scharfe Kontraste und zum Teil kühne Experimente, sondern auch eine große Zahl von literarischen Sonderfällen und singulären Phänomenen verbergen (Gadda, Lampedusa, Morselli, Satta, um nur einige davon zu nennen), die sich nur schwer einordnen lassen. Der Terminus »Kritischer Realismus«, der als eine Art Minimaldefinition dieses Prosabereichs vorgeschlagen wurde, erweist sich trotz oder wegen seiner Allgemeinheit als untauglich, alle Tendenzen der neueren Prosa, etwa den experimentierenden Bereich oder den der »Fantascienza«, abzudecken. Derartige Schwierigkeiten brachten einen Historiographen der italienischen Literatur dazu, das hier zu beschreibende Feld der neueren italienischen Prosa mangels Konkreterem als »eine große nebelhafte Erzählliteratur« (G. Ferroni) zu charakterisieren. Immerhin erscheinen mir zumindest zwei wichtige Bereiche aus dem bewegten »mare magnum« gegenwärtiger Erzählliteratur auszusondern zu sein: zum einen der Strang experimentierender, die Möglichkeiten des Romans auslotender bzw. in Frage stellender·Prosa und zum anderen die seit den dreißiger Jahren immer stärker expandierende »prosa femminile«, die erzählende Prosa italienischer Schriftstellerinnen. Wir möchten daher in dem ersten Teil dieses Kapitels über die Prosa zunächst einen Querschnitt durch die wichtigsten Profile der italienischen Prosa vom Neoralismus bis zur Gegenwart zeichnen, sodann im zweiten Teil die experimentierenden Tendenzen näher darstellen, um dann in einem dritten Teil einen Überblick über die Prosa der jüngsten Gegenwart zu geben und schließlich den vierten und letzten Abschnitt dieses Kapitels der weiblichen Erzählliteratur zu widmen.

So unübersichtlich die hier darzustellende Prosalandschaft erscheint, so erhält sie doch einige markante Fluchtlinien und Umrisse durch die oft jahrzehntelangen Aktivitäten herausragender, oft konträrer Schriftstellerpersönlichkeiten, von denen einige als Prosaautoren und Intellektuelle in breiter, umkomplizierter Rezeption durch Kritik und Publikum rasch eine kulturprägende Modellfunktion gewannen, während andere sich in bedeutenden, doch singulären Positionen und Werken als schwer zugänglich und verstehbar erwiesen und auch in ihren aktuellen bzw. innovativen Merkmalen schwer erkennbar blieben. Eine für viele modellhafte, wenngleich keineswegs unangefochtene Orientierungsfigur war der Römer ALBERTO MORAVIA (Alberto Pincherle, 1907–1990), der vom Ende der zwanziger Jahre bis zu seinem Tod sowohl durch sein unerschöpfliches Erzähltalent als auch durch seine unermüdlichen Einlassungen als Journalist und Kritiker einen maßgeblichen Einfluß auf die literarische und kulturelle Szene Italiens ausübte. Der aus wohlhabender Bürgerfamilie stammende Alberto erkrankte bereits mit neun Jahren an einer Knochentuberkulose, die lange Klinikaufenthalte notwendig machte und regelmäßige Studien vereitelte. Erst 1925 konnte er, nach einem zweijährigen Aufenthalt in einem Sanatorium von Cortina d'Ampezzo, entlassen werden. Noch während seiner Konvaleszenz schrieb er zwischen 1925 und 1928 seinen ersten Roman *Gli indifferenti*, den er 1929 auf eigene Kosten in einem Mailänder Verlag veröffentlichte (sein literarisches Debüt war das bereits 1920 erschienene Gedichtbändchen der *Diciotto liriche* gewesen). Der große Erfolg des Romans ermutigte ihn, weitere Romane und Erzählungen zu schreiben und sich gleichzeitig im literarischen Milieu und als Journalist zu etablieren. Ab 1930 war er Mitarbeiter von »La Stampa«, ab 1935 bei der »Gazzetta del popolo«; in der Folge schrieb er für viele Zeitschriften, u.a. für »Il Mondo«, »L'Europeo« und den »Corriere della sera«, dessen Beiträger er bis zu seinem Tod blieb. 1953 gründete er mit Alberto Carocci die Revue »Nuovi Argomenti«, die er bis zuletzt leitete. Ab 1957 schrieb er für den »Espresso«, ebenfalls bis in seine letzten Jahre, Beiträge zur Filmkritik.

Meist im Zusammenhang mit seinen journalistischen Aktivitäten unternahm Moravia im Laufe seines Lebens zahlreiche ausgedehnte Reisen, nach England, Frankreich, Griechenland, New York (wo er eine Zeitlang bei Prezzolini in der Casa Italiana der Columbia University zu Gast war), nach Mexiko, Indien und China und ab 1975 auch mehrere Reisen nach Afrika. 1941 erregte sein satirischer Roman *La mascherata* wegen seiner politischen Anspielungen den Argwohn des faschistischen Regimes, das dem Schriftsteller die Auflage erteilte, künftig in der Presse nur noch unter einem Pseudonym zu publizieren; Moravia zeichnete daraufhin seine Beiträge mit »Pseudo«. Im gleichen Jahr heiratete er Elsa Morante, mit der er lange auf Capri lebte, wo auch sein Roman *Agostino* entstand, der ebenso wie *L'amante infelice* 1943 erschien. Der 8. September 1943 überraschte den Schriftsteller, der daraufhin nach Fondi flüchtete, dessen Ambiente der Hintergrund seines späteren Romans *La ciociara* (1957) wurde. Nach der Befreiung kehrte Moravia nach Rom zurück, wo er bis zuletzt lebte. 1962, nach einer Indienreise mit Pasolini und Elsa Morante, trennte sich Moravia von dieser und lebte einige Jahre mit der jungen Dacia Maraini zusammen.

In diesen Jahren stand Moravia, der vor allem durch den Erfolg seines u. a. mit dem »Premio Viareggio« ausgezeichneten, doch wegen seiner sexuellen Freizügigkeiten zugleich skandalumwitterten Romans *La noia* (1960) breitesten Publikumskreisen bekannt geworden war, bereits im Mittelpunkt der römischen und italienischen Literaturszene, aber auch im Brennpunkt der Aufmerksamkeit der Medien, die alle seine Schritte aufmerksam verfolgten. Große Bekanntheit erreichte Moravia auch durch die Verfilmung der meisten seiner Romane, darunter *Gli indifferenti, Agostino, La ciociara* und *La noia*. In den folgenden Jahren schrieb Moravia neben einigen Theatertexten unermüdlich weitere Prosawerke, die fast alle mit einer gewissen Einseitigkeit das Thema der Sexualität und der Beziehungen der Geschlechter behandeln, was ihm zunehmend den Ruf eines mondänen und morbiden Beobachters sexueller Beziehungen und natürlich die Kritik und die Feindschaft konservativer Kreise einbrachte. Andererseits blieb Moravia als Journalist, trotz einiger enttäuschender Erfahrungen im Zusammenhang mit dem Mai 1968, bis ins hohe Alter mit großer Neugier den aktuellen Entwicklungen des gesellschaftlichen Lebens zugewandt, in die er sich immer wieder kritisierend und kommentierend einschaltete, weshalb er vor allem unter linksgerichteten Intellektuellen hohes Ansehen als engagierter Schriftsteller und Vordenker genoß. In späten Lebensjahren wurde Moravia noch zum Abgeordneten des Europäischen Parlaments (als Unabhängiger auf den Listen des PCI) gewählt. Er, der gerne die Aufmerksamkeit des Publikums auf sich zog, stand 1986, als er die Spanierin Carmen Llera heiratete, noch einmal im Mittelpunkt der Medien, und ein Jahr später wurde mit nicht minder großer Publizität sein achtzigster Geburtstag gefeiert.

Die Karriere des Schriftstellers Moravia begann mit einem Höhepunkt, mit dem vor aller Theorie und abseits aller literarischen Programmatik aus sicherem Erzählinstinkt geschriebenen Roman *Gli indifferenti,* einer ebenso kühnen wie desillusionierenden Analyse des Bürgertums im Zeitalter des Faschismus. Die Handlung spielt in römischen Salons der späten zwanziger Jahre und ist auf einen Zeitraum von etwa zwei Tagen und auf fünf Personen konzentriert, deren durch Gleichgültigkeit, Apathie, Unfähigkeit und Egoismus geprägtes Leben nur noch durch primitive und schamlose sexuelle und materielle Instinkte Bewegung erfährt: Leo Merumeci, ein Geschäftemacher, ist seit dreizehn Jahren der Gefährte der verwitweten Mariagrazia Ardengo und lebt auf Kosten der Witwe und deren Kinder Carla und Michele. Seit langem der alternden Geliebten überdrüssig, versucht er, schließlich mit Erfolg, die junge Carla zu verführen. Der teilnahmslos dahinlebende Michele wird von Lisa, einer von Mariagrazia

810

mit absurder Eifersucht verfolgten Ex-Geliebten Leos, angehimmelt, doch weist er deren zudringliche Offerten gleichgültig und angewidert zurück. Als Michele von der Verführung seiner Schwester durch Leo erfährt, versucht er in einer kurz aufflackernden Willensregung diesen zu töten; doch obsiegt auch hier einmal mehr seine Unfähigkeit, denn die Pistole, die er auf Leo richtet, erweist sich als nicht geladen. Leo heiratet schließlich Carla und manipuliert weiter das Vermögen der Familie Ardengo – und so sinken alle in die Apathie und Gleichgültigkeit zurück, die als einzige mögliche Lebensform des korrupten Bürgertums jener Zeit erscheint. Ein insgesamt bedrückendes Szenarium bürgerlichen Lebens, dessen sich selbst und aller Welt entfremdete, zutiefst »gleichgültige« und egoistische Protagonisten von der Triebfeder roher Instinkte wie Marionetten in einer leeren, sinnlosen Welt umgetrieben werden.

Neben und nach den *Indifferenti* schrieb Moravia zahlreiche Erzählungen, die in ersten Sammlungen wie *La bella vita* (1935), *L'imbroglio* (1937) und *I sogni del pigro* (1940) publiziert wurden. Vor allem in *I sogni del pigro*, aber auch in späteren Bänden finden sich nicht wenige Erzählungen, die surrealistische Motive, allerdings in oberflächlicher und schematischer Weise, aufgreifen. 1935 erschien der wenig überzeugende, weil künstlich und gezwungen wirkende Roman *Le ambizioni sbagliate* mit moralisierenden Zielsetzungen, und 1941 die kurze, verdeckt regimekritische Romangroteske *La mascherata*, von der Moravia nach dem Krieg noch eine Theaterfassung erstellte. Aus den zahlreichen Produktionen der vierziger Jahre, zu denen auch der bürgerliche Roman *L'ufficiale inglese* (1946) und die Kurzromane *La disubbidienza* (1948) und *L'amore coniugale* (1949 in dem Band *L'amore coniugale e altri racconti* erschienen) gehören, ragt der Kurzroman *Agostino* (1943) hervor, der, wie die meisten frühen Prosawerke Moravias, in der dritten Person von den Erfahrungen und Verwirrungen eines dreizehnjährigen Bürgersohns erzählt, der in einem gemeinsam mit der Mutter verbrachten Strandurlaub die Welt der Sexualität entdeckt, seine kindliche Unschuld verliert und in ein schwieriges Jünglingsalter eintritt, indem er Sexualität als etwas Unreines, Gewaltsames und Fremdes erfährt. Der Roman, sicherlich einer der besten Moravias und auch sein erstes preisgekröntes Werk, macht deutlich, daß der Autor die geschlechtliche Liebe, wie u. a. Saba bemerkte, als eine von Haß und Ekel geprägte Bindung konzipiert, die zwischen den Partnern eine Beziehung der Verfremdung und der Feindschaft stiftet. Zwischen 1943 und 1946 schrieb Moravia neben vielem anderen den Roman *La romana* (1947), in dem Adriana in der Ichform ihre Geschichte erzählt, eine Frau aus dem Volk, die in einer verdorbenen Umwelt als Prostituierte überlebt und bei allen schlechten

Erfahrungen dennoch etwas Distanziertes und »Reines« behält, bevor sie schließlich in einen Strudel gewaltsamer und blutiger Ereignisse hineingerissen wird. Die teilweise gekünstelt anmutende Geschichte der Adriana hatte einen großen Publikumserfolg und war ob ihrer volksnahen Motive Anlaß für die Kritik, Moravia dem Neorealismus zuzuordnen.

Neben zahlreichen Erzählungen, die in den Bänden *I racconti 1927–1951* (1952), *Racconti romani* (1954), *Nuovi racconti romani* (1959) und anderen gesammelt wurden, erscheinen in den fünfziger Jahren der politische Roman *Il conformista* (1951), der (in der dritten Person erzählend) am Beispiel des Protagonisten Marcello das Verhalten des Bürgertums unter dem Faschismus offenlegt; der wiederum moralisierende Roman *Il disprezzo* (1954), in welchem der desillusionierte Intellektuelle Riccardo als Icherzähler den Niedergang seiner Ehe analysiert; und *La ciociara* (1957), der (ebenfalls in der ersten Person) vom Schicksal zweier Frauen aus dem Volk, der Witwe Cesira und ihrer Tochter Rosetta in den Kriegswirren von 1943/44 in den Bergen der Ciociaria (bei Fondi) berichtet. Dieser Roman markiert zugleich den Augenblick der größten Annäherung Moravias an die Tendenzen des Neorealismus zu einem Zeitpunkt, in dem er auch dem Kommunismus besonders nahe stand.

Das bedeutendste Werk Moravias nach den *Indifferenti* ist der 1960 veröffentlichte Roman *La noia*, dessen unheldischer Held, der aus wohlhabender römischer Bürgerfamilie stammende Maler und Intellektuelle Dino, als Icherzähler mit großer Ausführlichkeit seinen moralischen und psychischen Zustand analysiert. Dinos Lebenskrise ist gekennzeichnet durch ein unabweisbares Gefühl der Öde, der Gleichgültigkeit und des Überdrusses, eben der »noia«, die er im Prolog des Romans als »eine Art Unzulänglichkeit oder Unangemessenheit oder Dürftigkeit der Realität« definiert, auch als »eine Krankheit der Dinge, die in einem fast plötzlichen Erschlaffen oder Vitalitätsverlust besteht«; ein Gefühl, das Dino den Menschen ebenso wie den Dingen entfremdet und von dem ihn auch eine obsessive sexuelle Praxis nicht befreien kann. Moravias großes Leitmotiv der »indifferenza« geht in diesem Roman eine Verbindung mit simplifizierten Thesen und Konzepten des Existenzialismus, des Marxismus und der Psychoanalyse der fünfziger Jahre ein: So wird die »noia« aus der damals vieldiskutierten Erfahrung der »Absurdität« des Daseins abgeleitet (»Das Gefühl der Öde entsteht in mir aus dem der Absurdität«, bekennt Dino u. a.), bürgerliche Strukturen werden marxistisch durch die Eckwerte des Eigentums und des Besitzes gekennzeichnet, die auch auf den sexuellen Bereich ausgedehnt werden, und der ganze Roman plaziert sich geschickt und mit Aufnahme vieler damals geläufiger Vorstellungen unter dem vieldiskutierten psychologischen und philosophischen Grundkonzept der Entfremdung des Menschen in der modernen Gesellschaft. Immer wieder hat sich Moravia in seinen Büchern aktueller Themen und Anschauungen bedient. So griff er etwa in dem ehrgeizigen Romanprojekt *L'attenzione* (1965) die damals verbreiteten experimentierenden, formalistischen und strukturalistischen Tendenzen auf und versuchte, auf der Grundlage eines fiktiven Tagebuchs eine Art Meta-Roman zu gestalten, in dem sich die Ebenen der Realität und die der Romanniederschrift in einer komplizierten, oft auch künstlichen Anordnung überlagern. Grundthema auch dieses Buchs ist die Erfahrung der Inauthentizität der Wirklichkeit. Stets den aktuellen Diskussionen und Denkmodellen des jeweiligen geschichtlichen und gesellschaftlichen Augenblicks zugewandt, bleibt Moravia auch in seinen späteren Jahren der große Verbreiter und Verwerter gängiger intellektueller Formeln, die er geschickt in seinen Büchern aufarbeitet und mit seinen alten Leitmotiven (»indifferenza«, »noia«, »sesso« usw.) sowie mit autobiographischen Elementen kombiniert. Neben weiteren Erzählungen entstehen noch mehrere Romane: *Io e lui* (1971), der um den sexuell besessenen Protagonisten Rico unbefangen psychologisierend Motive der Ich-Problematik und der Bewußtseinsspaltung entrollt; *La vita interiore* (1978), der zeitgerecht das Thema des Terrorismus aufgreift; *1934* (1982), der den italienischen Intellektuellen und Germanisten Lucio mit den deutschen Schwestern Beate und Trude zusammenführt, die Moravia als konträre Komponenten des deutschen Wesens verstanden wissen möchte; *L'uomo che guarda* (1985), der alte Leitmotive und Autobiographisches in die Thematik des »voyeur« verpackt; und der wiederum autobiographische Roman *Il viaggio a Roma* (1988). Bei seinem Tod erschien der in Zusammenarbeit mit Alain Elkann entstandene autobiographische Interview-Band *Vita di Alberto Moravia*.

Eine Auswahl aus den zahlreichen Essays Moravias über literarische, philosophische und politische Fragen, die nicht immer ihren anspruchsvollen Themenstellungen gerecht werden, erschien in dem Band *L'uomo come fine e altri saggi* (1963); von seinen Reiseerlebnissen in Afrika berichten die Bände *A quale tribú appartieni?* (1972) und *Lettere dal Sahara* (1982). Seine insgesamt wenig beachtlichen Theaterversuche liegen vor in *Teatro* (1976) und in *L'angelo dell'informazione e altri testi teatrali* (1986; vgl. S. 710).

Der auffallendste Zug des Prosaautors Moravia ist sein ungemein spontanes, lockeres, unerschöpflich fabulierendes Erzähltalent, das Wiederholungen, Plattitüden und Klischees überspielt und sich andererseits auch nicht durch Bemühungen um Sprache, Stil oder Form behindern läßt. Diese »Natürlichkeit« des Erzählens war einer der Hauptgründe für seine leichte Konsumierbarkeit und damit für seine großen Publikumserfolge, die durch Verfilmungen von den vierziger Jahren an noch gesteigert wurden. Was Moravia einmal geschrieben hatte, war für ihn endgültig; Varianten, Korrekturen oder Neufassungen kannte er nicht. Immer dem Augenblick verschrieben, hat er trotz seiner oft störenden Publizitätssucht seine Rolle als akklamierter und repräsentativer Großschriftsteller zeitweise gut gespielt und auch bisweilen Verantwortung gezeigt: So hat er sich in Manifesten und offenen Briefen für eingekerkerte russische Schriftsteller eingesetzt, gegen amerikanische Raketenbasen in Italien und gegen den Vietnamkrieg protestiert und schon sehr früh das Regime Fidel Castros kritisiert. Insgesamt kann sein erzählerisches Werk gerade in seinen banalen und dekadenten Motiven als ein treuer Spiegel der Schwächen und Krankheiten unseres Jahrhunderts gelten.

Zu den älteren Prosaautoren unserer Epoche, die wie Moravia schon von den zwanziger Jahren an auf der literarischen Bühne vertreten waren, gehört auch der Kalabrese CORRADO ALVARO (1895–1956), der zudem ähnlich wie der römische Schriftsteller mit einem relativ frühen Romanwerk, nämlich mit dem Kurzroman *Gente in Aspromonte* (1930), als Wegbereiter bzw. als Mitbegründer des Neorealismus gilt. In San Lucca d'Aspromonte geboren, in einem Jesuitenseminar bei Rom ausgebildet, kämpfte Alvaro als Offizier im Ersten Weltkrieg und ging danach in Mailand und in Rom journalistischen und verlegerischen Tätigkeiten nach. Zeitweise Redakteur von »Il Mondo«, verließ er 1926 nach der Unterdrückung der Zeitung durch die Faschisten Italien und unternahm ausgedehnte Reisen durch Europa, besonders nach Paris und Berlin. Der mit dem alternden Pirandello befreundete Schriftsteller war zeitweise Sekretär der Zeitschrift »900« und auch nach dem Zweiten Weltkrieg als Journalist und Intellektueller aktiv, u. a. als Sekretär des nationalen Schriftstellerverbandes. Wie viele hatte auch Alvaro ein ambivalentes Verhältnis zum Faschismus, mit dem er sich zunächst teilweise arrangierte, bevor er im Lauf der Jahre immer deutlicher von ihm abrückte. Ein weiterer innerer Konflikt Alvaros lag in der Spannung zwischen seinem südlichen, durch die archaische und abgeschlossene Agrargesellschaft Kalabriens geprägten Lebensgefühl und dem durch das Leben in der Großstadt geförderten Bedürfnis nach kultureller und kosmopolitischer Offenheit für moderne Strukturen, ein Grundkonflikt, der auch seine literarischen Werke leitmotivisch durchzieht.

Die Gegensätze von Land- und Stadtleben gingen bereits in Alvaros Erzählband *L'amata alla finestra* (1929) ein und noch deutlicher in seinen ersten Roman mit dem bezeichnenden Titel *L'uomo nel labirinto* (1926), der von den Schwierigkeiten Babes, eines aus dem Süden stammenden Ex-Soldaten erzählt, sich in die labyrinthischen Strukturen der modernen Großstadt einzufügen. Alvaros bestes und bekanntestes Werk ist der Band *Gente in Aspromonte* (1930), der neben zwölf weiteren Erzählungen die längere Titelgeschichte enthält, die von der extremen Not der Landbevölkerung in der rückständigen, feudalistisch geprägten Provinzwelt Kalabriens erzählt und dem untauglichen Versuch des Bauernsohns Antoniello, durch eine Revolte der Ausbeutung der Bauern ein Ende zu machen. Die volksnah und detailreich beschreibende, neorealistische Erzählweise des Bandes orientiert sich unübersehbar am großen Vorbild Vergas und entfaltet zugleich nicht wenige lyrische Stimmungen und Motive, die dem Ganzen einen emotionalen, zeitlosen und mythischen Hintergrund verleihen. Eine ganz andere Thematik verfolgte der Roman *L'uomo è forte* (1938), in dem Alvaro nach einer Rußlandreise das Tableau eines totalitären, alle freiheitlichen und individuellen Initiativen unterbindenden Staatsgebildes entwarf. Später schrieb Alvaro an einer autobiographischen Romantrilogie *Memorie del mondo sommerso*, von der nur ein erster Teil, *L'età breve* (1946), abgeschlossen wurde; während der zweite Teil *Mastrangelina* 1960 und der dritte Teil *Tutto è accaduto* 1961 postum veröffentlicht wurden. Der Tod unterbrach auch die Arbeiten an dem Roman *Belmoro* (postum 1957), der auf den Spuren allegorisch-philosophischer und moralisierender Satiren wie etwa Swifts *Gullivers Reisen* oder Voltaires *Candide* die Geschichte des wunderschönen Jünglings Belmoro erzählt, der von einem fernen Planeten auf unsere Erde kommt, um hier vor allem beim schwachen Geschlecht Anklang zu finden. Der Roman, der wunderbare Ereignisse und Verwandlungen mit kosmischen, märchenhaften und futuristischen Motiven mischt, der u. a. von neuen Menschenarten ohne Seele und Gefühl und von neuen, aus einer Kreuzung von Menschen und Pferden entstandenen Wesen berichtet, weist viele Ähnlichkeiten mit der Prosa der »fantascienza« auf. Ähnlich wie Alvaro in *Gente in Aspromonte* beschrieb auch IGNAZIO SILONE (Pseudonym für Secondo Tranquilli; 1900–1978) in seinem reportageartigen Roman *Fontamara* (1933/34 in italienischer und deutscher Fassung) in nüchterner Darstellung die verzweifelte Armut und den Überlebenskampf des südlichen Landproletariats, nämlich der Bewohner eines Dorfs in den Abruzzen; ein durch Übersetzungen in viele Sprachen dokumentierter Erfolg, an den spätere Romane Silones wie *Pane e vino* (1937) und *Il segreto di Luca* (1956) nicht anknüpfen konnten.

Unter den Prosaautoren des hier behandelten Zeitraums ist die Generation Moravias mit einer besonders großen Schar von um 1907 geborenen Schriftstellern vertreten. Bei dem aus adliger Familie Vicenzas stammenden GUIDO PIOVENE (1907–1974) ging wie bei den meisten anderen Autoren die schriftstellerische Tätigkeit Hand in Hand mit der journalistischen. Ab

1935 war er Mitarbeiter am »Corriere della sera« und ab 1953 an der »Stampa«; er verbrachte lange Jahre als Korrespondent im Ausland und insbesondere in Paris. Seiner eleganten und sensiblen journalistischen Feder entsprangen u. a. eine Reihe von Reisebüchern wie *De America* (1953), *Viaggio in Italia* (1957) und *Madame la France* (1967). Literarisch kam Piovene von der »Solaria« und veröffentlichte einen ersten psychologisierenden und moralisierenden Erzählband 1931 unter dem Titel *La vedova allegra*. Ein moralisierendes Anliegen lag wohl auch Piovenes bekanntestem Werk, den *Lettere di una novizia* (1941) zugrunde, das die Geschichte der Novizin Margherita Passi und ihres Kampfes um Befreiung aus dem Kloster in 42 Briefen erzählt, die zum größten Teil von ihr und ihrem geistlichen Beistand Don Paolo stammen. Der moralkritische Briefroman, dessen Intentionen allerdings im einzelnen ziemlich unklar bleiben, erregte zu seiner Zeit großes Aufsehen in katholischen Kreisen und wurde auch wegen seiner Form beachtet, die an Briefromane wie die *Gefährlichen Liebschaften* von Choderlos de Laclos erinnern kann. Außer dem Essayband *La coda di paglia* (1963) veröffentlichte Piovene weitere Prosa, darunter die autobiographischen Romane *Le furie* (1963) und *Le stelle fredde* (1970).

Auch der Turiner Schriftsteller und Filmregisseur MARIO SOLDATI (geb. 1906) war in seinen literarischen Anfängen von der »Solaria« beeinflußt, verband jedoch psychologisierende Zielsetzungen mit einer Vorliebe zu realitätsnahen (und filmwirksamen) Stoffen, in deren Behandlung er allerdings keinen bestimmten literarischen oder stilistischen Vorgaben folgt. Von seinen zahlreichen, durchaus einfallsreichen, doch in sich sehr heterogenen Prosawerken seien erwähnt die nostalgische Reisebeschreibung *America, primo amore* (1935) und der Roman *La verità sul caso Motta* (1941). Zu den bekanntesten Büchern Soldatis gehören der drei »ungewöhnliche Geschichten« vereinende Erzählband *A cena col commendatore* (1950) und der autobiographische Roman *Le due città* (1964) mit Motiven aus seinem Leben und Wirken in Turin und Rom.

Der launische und eigenwillige, aus reicher Grundbesitzerfamilie Modenas stammende Autodidakt ANTONIO DELFINI (1907–1963) trat mit einem schmalen, aber ungewöhnlichen Erzählwerk hervor, das unter dem Einfluß des französischen Surrealismus die Beziehungen zwischen dem Ich und den umgebenden Personen, zwischen Gegenwärtigem und Vergangenem, zwischen Erlebtem und Erfundenem, zwischen Normalem und Abnormem in originellen und komplizierten Überlagerungen zu bald ruhig-bildhaften, bald grotesk-lächerlichen, bald leidenschaftlich bewegten Erzählsequenzen verformt und verfremdet. Wie viele Intellektuelle seiner Generation hatte Delfini als Jüngling vorübergehend dem Faschismus angehört, sich jedoch alsbald mit scharfer Kritik von diesem abgewandt. Schon früh publizierte er erste Erzählungen und Gedichte (*Ritorno in città*, 1931 und *Poesie del Quaderno n. 1*, 1932). Er unternahm einige Reisen, u. a. nach Paris, wo er Gelegenheit hatte, Programm und Schreibweisen des Surrealismus näher kennenzulernen. In den dreißiger Jahren zog er mit Mutter und Schwester nach Florenz, wo er zu den Kreisen um die »Solaria« und die »Letteratura« sowie zu einigen Intellektuellen der Stadt Kontakt aufnahm; doch blieb er Zeit seines Lebens eigensinnig auf Distanz von etablierten Gruppen und literarischen Schulen bedacht. Nach dem Krieg engagierte er sich politisch für die liberale Partei und für die Monarchie, doch in einer wiederum eigenwilligen antikapitalistischen Perspektive, aus der 1951 sein *Manifesto per un Partito comunista e conservatore* hervorging. Seine letzten Jahre verbrachte er zwischen Rom, Mailand und Modena, wo er auch starb. Das erste wichtige seiner insgesamt beim Publikum wenig erfolgreichen Werke war der Erzählband *Il ricordo della Basca* (1938), der 1956 in neuer Auflage mit dem Untertitel *Dieci racconti e una storia* und mit einer wichtigen Einführung erschien, in der der Autor die Entstehung seines Buches (und insbesondere der Titelerzählung) erklärte. 1957 folgte der Erzählband *La Rosina perduta*, der auch den bereits 1940 veröffentlichten Kurzroman *Il fanalino della Battimonda* enthielt, welcher sich besonders deutlich an die »écriture automatique« der Surrealisten anlehnte. Die Erzählungen Delfinis wurden später in dem Sammelband *I racconti* (1963) zusammengefaßt; ein Teil seiner weniger bedeutenden Lyrik erschien in dem Band *Poesie della fine del mondo* (1961). Zuletzt schrieb Delfini an einem Romanprojekt mit dem Titel *Storia d'amore intorno a un quaderno smarrito*, von dem jedoch nur das Fragment *Il 10 giugno 1918* vorliegt. Für eine vertiefte Kenntnis des bis heute wenig beachteten Delfini ist der postume Band *Diari* (1982) mit verschiedenen Texten, Anmerkungen und Notizen des Autors wichtig, die Auskunft über die Gestaltungsprinzipien seiner Erlebtes und Erträumtes so eigenartig verquickenden Prosa geben.

Im Unterschied zur komplizierten Schreibweise Delfinis kombinierte der bei Belluno geborene Erfolgsautor und Journalist DINO BUZZATI (1906 bis 1972) die phantastischen und grotesken Motive seiner Stoffe in einer inhaltlich und sprachlich leicht konsumierbaren Prosa, die ihrem Verfasser große Publikumserfolge bescherte. Bei Buzzati gibt es keine Brechungen der Realität in vielschichtigen Bewußtseinslagen, keine komplizierten Überlagerungen von Konkretem und Imaginärem, vielmehr wahrt seine Prosa stets die normalen und vertrauten Relationen zwischen den Dingen und erzählt ohne Umschweife in einer einfachen, linearen, journalistisch nüchternen Sprache. Darum hat Buzzatis Prosa auch trotz ihrer phantastischen, geheimnisvollen, abnormen oder grotesken Motive keinerlei Bezug zum Surrealismus, sondern stellt im Gegenteil eine leicht lesbare, vom Autor nicht weiter reflektierte, vereinfachte Variante dieser in der modernen Literatur häufig vorkommenden Motive dar. Buzzati verbrachte fast sein ganzes Leben in Mailand. Nach seiner Laurea im Fach Jurisprudenz wandte er sich sogleich dem Journalismus zu und arbeitete bereits als Einundzwanzigjähriger für den »Corriere della sera«; im Zweiten Weltkrieg unternahm er als Kriegsberichterstatter und später als Sondergesandter weite Reisen durch Europa, Afrika, Asien und Amerika. Nebenbei schrieb er Erzählungen, Romane und Theatertexte; in späten Jahren versuchte er sich auch in der Malerei. Buzzati debütierte mit Erzählungen und mit dem Roman *Bàrnabo delle montagne* (1933); darauf folgte nach zwei Jahren ein weiterer Roman *Il segreto del bosco vecchio* und dann sein bekanntestes Werk, *Il deserto dei Tartari* (*Die Tartarenwüste*, 1940), das ihm im In- und Ausland einen großen Erfolg bescherte. Der Roman erzählt in einfachem Bericht die Geschichte des Leutnants Giovanni Drago, der beauftragt wird, die Festung Bastiani am Rande einer großen Wüste gegen mögliche Überfälle mysteriöser Aggressoren zu verteidigen, auf die er dann jedoch jahrelang vergeblich wartet. Der sofortige große Erfolg des anspruchslos geschriebenen Romans hing sicher auch damit zusammen, daß das im Roman entwickelte Motiv des ungewissen Wartens auf ein bevorstehendes kriegerisches Ereignis vom Publikum auf die aktuelle Situation Italiens am Beginn des Zweiten Weltkriegs bezogen wurde. Außer weiteren Romanen wie *Il grande ritratto* (1960) und *Un amore* (1963) veröffentlichte Buzzati mehrere Bücher mit Erzählungen, die schließlich in dem mit dem »Premio Strega« ausgezeichneten Band *Sessanta racconti* (1958) zusammengefaßt wurden. Neben verschiedenen Prosatexten und dem Kinderbuch *La famosa invasione degli orsi in Sicilia* (1945) schrieb Buzzati auch einige Theaterstücke, so das aus der Erzählung *Sette piani* abgeleitete Drama *Un caso clinico* (1953), den Dreiakter *Un verme al ministero* (1960), sowie die Zweiakter *L'uomo che andrà in America* und *La colonna infame,* beide von 1962. Eine Auswahl aus seinen journalistischen Beiträgen erschien kurz nach seinem Tod unter dem Titel *Cronache terrestri* (1972).

Das städtische Bürgertum Ostsiziliens zur Zeit des Faschismus ist das zentrale Thema des in Pachino in der Provinz Siracusa geborenen VITALIANO BRANCATI (1907–1954), dessen Beschreibungen sizilianischer Zustände allerdings in vielen Punkten auch für die Situation im gesamten Italien Gültigkeit haben. Der in einem eigenartig realistischen, rationalen und zugleich komischen und humorvollen Stil mit persönlichen und moralisierenden Akzenten schreibende Brancati hat in seiner kurzen schriftstellerischen Laufbahn einige unvergeßliche männliche Typen geschaffen, die in ihrer Passivität, ihrer Untüchtigkeit und in ihrem verträumten Schlendrian an die »inetti«, die untauglichen Helden Svevos, Tozzis, Moravias und anderer erinnern können, diese allerdings in ihrem südländischen Phlegma wohl noch übertreffen. Zudem lieferte Brancati in seiner Prosa eine amüsante und treffende Studie des sizilianischen »dongiovannismo«, eines für die sizilianische Männerwelt spezifischen Verhaltens, das nach Sciascia in der träumenden und schwärmerischen Vorwegnahme einer erotischen Beziehung besteht, die bewirkt, daß der Liebende die konkrete Gegenwart der ersehnten Frau nicht ertragen und bewältigen kann.

Einen großen Teil seiner Jugend verbrachte Brancati in Catania, wo er sich zunächst den Faschisten anschloß und eine Reihe patriotischer Texte verfaßte, von denen er sich später distanzierte. Nachdem er sein literaturwissenschaftliches Studium mit einer Doktorarbeit über De Roberto abgeschlossen hatte, arbeitete er als Journalist für verschiedene faschistische Zeitschriften. Später ging er nach Rom, wo er zeitweise Chefredakteur der Zeitschrift »Quadrivio« war. Schon die erotische Thematik seines Kurzromans *Singolare avventura di viaggio* (1934) und seine Freundschaft zu Borgese sowie zu einigen nichtkonformen Faschisten machten ihn dem Regime verdächtig, von dem er sich dann völlig distanzierte. Ab 1937 war Brancati vorübergehend Lehrer in Catania; danach lebte er in Rom und Sizilien. Auch nach dem Krieg arbeitete er als entschiedener Anhänger des Liberalismus weiter als Journalist, u. a. für den »Corriere della sera« und für »Il mondo«; außerdem schrieb er Theatertexte und wirkte an zahlreichen Verfilmungen mit. Seine letzten Lebensjahre waren überschattet von persönlichen Schwierigkeiten (u. a. Scheidung von der Schauspielerin Anne Proclemer, seiner großen Liebe, die er 1946 geheiratet hatte) und einer schweren Krankheit; der frühe Tod unterbrach eine vielfältige und aussichtsreiche Karriere.

Das wesentliche literarische Vermächtnis Brancatis besteht in vier Romanen, die in seiner postfaschistischen Phase entstanden und jeweils männliche Helden in den Mittelpunkt stellen. Der erste Roman, *Gli anni perduti*, zwischen 1934 und 1936 geschrieben und 1941 veröffentlicht, erzählt von einer Schar junger Männer in der Stadt Natàca (dahinter steht Catania), die, wie der Titel andeutet, in einem unglaublichen Schlendrian und mit Träumen von illusorischen, nie realisierten Projekten ihre Jugend vergeuden – eine mit ihren vielen komischen Motiven und grotesken Gestalten oder Situationen amüsante Geschichte und zugleich eine Parodie auf die faschistische Propaganda um Jugend, Vitalität und Aktionismus. Bemerkenswert an dem Roman ist auch, daß Brancati im Unterschied zu Vittorini in seiner

Distanzierung vom Faschismus auf keinerlei mythische oder volkstümliche Kräfte Siziliens zurückgreift, sondern im Gegenteil in seiner Heimat nur Müßiggang und Zeitvergeudung erkennen kann. Der zweite, bedeutendere Roman *Don Giovanni in Sicilia* (1941) ist eine kritische Satire auf das Bürgertum Catanias und wendet sich insbesondere dem erwähnten Phänomen des sizilianischen »dongiovannismo« zu. Held ist der vierzigjährige Giovanni Percolla, der, von seinen drei Schwestern verhätschelt, den besten Teil seines Lebens im Müßiggang, mit Gerede über die Frauen und mit Träumereien von der Liebe vergeudet hat. Aber auch die endliche Heirat mit der Aristokratin Ninetta und der Umzug nach Mailand ändern den Charakter des untätigen und jeder Initiative unfähigen Percolla nicht, der Frauen gegenüber ängstlich bleibt, sich nicht in den aktiven Rhythmus der Großstadt einfinden kann und daher nach Sizilien zurückkehrt, um sich in die alte Apathie zurücksinken zu lassen, womit die Geschichte von Giovanni zugleich als eine komische Umkehrung des Don Giovanni-Mythos erscheint. Ähnliche Motive der Trägheit und der sexuellen Unfähigkeit gingen auch in den späteren Roman *Il bell'Antonio* (1949) ein, dessen überaus schöner, die Frauen magisch anziehender Protagonist Antonio Magnano unter Impotenz leidet, was ihn in seiner Umwelt, dem faschistischen, von Virilitätsmythen beherrschten Bürgertums Catanias der Zeit zwischen 1934 und 1943, zum Gegenstand der Neugierde und des Gespöttes macht. Der letzte, unvollendete und 1955 postum veröffentlichte Roman Brancatis *Paolo il caldo* greift, insgesamt weniger humorvoll und stärker moralisierend als die früheren Werke, mit zahlreichen autobiographischen Zügen noch einmal die bekannten Motive der »sicilianità« auf: Der aus Catania stammende Intellektuelle Paolo Castorini lebt zunächst in seiner Heimatstadt und wird dann in das Ambiente des römischen Bürgertums verpflanzt, von dem der Roman ein sarkastisches Bild des Sittenverfalls und der Korruption entwirft.

Auch die meisten Theaterstücke Brancatis bewegen sich moralisierend im sizilianischen Bürgertum. Erwähnt seien wenigstens *Questo matrimonio si deve fare* (1938); *Le trombe d'Eustachio* (1942); *Don Giovanni involontario* (1943), eine Wiederaufnahme des Themas von *Don Giovanni in Sicilia*; *Raffaele* (1948) und *La governante* (1952; erst 1966 aufgeführt), gegen dessen Unterdrückung durch die Theaterzensur Brancati in der Schrift *Ritorno alla censura* protestierte.

In die zweite Hälfte der fünfziger Jahre, in der die meisten Schriftsteller der Generation Moravias den Höhepunkt ihrer Karriere erreichten, fiel auch das Erscheinen eines Buches, das sogleich engagierte Diskussionen auslöste und zu einem weiteren »caso« der neueren italienischen Literaturgeschichte wurde. Gemeint ist der Roman *Il Gattopardo,* der 1958 erschien, ein Jahr nach dem Tod seines bis dahin literarisch unbekannten Verfassers, des in Palermo geborenen Fürsten GIUSEPPE TOMASI DI LAMPEDUSA (1896–1957). Dieser hatte vor seinem Tod das 1955/56 entstandene Manuskript einem Verlag angeboten, in dessen Auftrag jedoch kein anderer als Elio Vittorini eine Veröffentlichung ablehnte. Erst später konnte dann auf Betreiben Giorgio Bassanis das Werk in einem anderen Verlag erscheinen. Der autobiographische und historische Roman, der aus der persönlichen und resignierenden Perspektive eines Aristokraten den schwierigen Übergang Siziliens aus der Bourbonenherrschaft in den neuen nationalen Einheitsstaat schildert, wurde von den einen sogleich als erzählerisches Meisterwerk gefeiert, von anderen, vor allem von der Linken, wegen seiner aristokratischen Einstellungen als unzeitgemäß, dekadent und reaktionär verworfen. Doch setzte sich rasch eine positive Bewertung des Werkes durch, das ein Jahr nach seiner Veröffentlichung mit dem »Premio Strega« ausgezeichnet wurde und inzwischen unangefochten als herausragender historischer Roman der Nachkriegszeit gilt. Im Mittelpunkt der in Sizilien ab 1860 spielenden, achtteiligen Romanhandlung steht der Fürst Fabrizio (in den Züge des Verfassers und dessen Urgroßvater eingegangen sind) aus dem Patriziergeschlecht der Salina, deren Wappentier der Leopard (»gattopardo«) ist. Illusionslos und resignierend, doch mit hellem Bewußtsein verfolgt der Fürst den Untergang der feudalen und aristokratischen Strukturen und das Aufkommen einer neuen führenden Klasse von Großgrundbesitzern und reichen Bürgerlichen, denen jetzt die alten, trotz aller äußeren Veränderungen unangetasteten Privilegien zufallen. Wehmütig und mit gemischten Gefühlen beobachtet er die Liebe zwischen seinem Enkel Tancredi und Angelica, der Tochter eines bürgerlichen Parvenus. Die Darstellung der geschichtlichen Wandlungen vollzieht sich in einem kunstvollen Filigran sensibler Evokationen von Personen und ihrer erotischen Beziehungen, von Interieurs und Umgebungen, unter denen die in Teil VI beschriebene Ballszene mit ihren starken sinnlichen Akzenten als einer der Höhepunkte herausragt. Die Liebe scheint über den Gang der Geschichte zu siegen – und doch endet der Roman schließlich unwiderruflich in Niedergang und Auflösung: Teil VII schildert den Tod des Fürsten im Jahr 1883, und der letzte, zeitlich bis 1910 reichende Teil den endgültigen Untergang des Hauses, der zugleich das Ende einer Epoche besiegelt.

Der große Erfolg des Romans, der durch die berühmte, in Cannes 1963 preisgekrönte Verfilmung L. Viscontis noch untermauert wurde, war (wie in solchen Fällen üblich) Anlaß für die Kritik, weitere Schriften des Verfassers auszugraben. Der Fürst Lampedusa war ein vielseitig gebildeter, sensibler und kenntnisreicher Literat, der sich vor allem in der europäischen Literatur des 19. und 20. Jahrhunderts auskannte. 1961 erschien aus seinem Nachlaß ein Band *Racconti*. Seine literaturkritischen Fähigkeiten dokumentieren die postum veröffentlichten Essays *Lezioni su Stendhal*, 1977; *Invito alle lettere francesi del Cinquecento*, 1979; und *Letteratura inglese*, 1990/91.

Im Anschluß an Lampedusa seien noch zwei weitere Schriftsteller gewürdigt, die wie der Palermitanische Fürst erst nach ihrem Tod Beachtung fanden, nämlich Satta und Morselli. Der in Nuoro auf Sardinien geborene SALVATORE SATTA (1902–1975), nicht zu verwechseln mit dem ebendort geborenen Lyriker Sebastiano Satta (1867–1914), war Professor für Zivilrecht und einer der angesehensten Juristen Italiens, der u. a. einen wichtigen Kommentar zum Zivilprozeßrecht vorlegte. Satta hatte zunächst nur zwei Tagebücher, nämlich *De profundis* (1948) mit Reflexionen über den Krieg und *Soliloqui e colloqui di un giurista* (1968) vorgelegt, bevor er nach seiner Emeritierung einen Roman schrieb, der mit dem Titel *Il giorno del giudizio* postum 1977 erschien und eine literarische Sensation auslöste. In eindrucksvollen, teilweise choralen Schilderungen beschreibt der Roman die vom Niedergang betroffene Entwicklung der Stadt Nuoro und ihrer Bevölkerung, der Hirten, Bauern, der Honoratioren und Reichen, und erzählt, eingebettet in die Chronik der Stadt, die Geschichte der angesehenen Familie der Sanna Carboni vom Ende des vergangenen bis in die ersten Jahrzehnte dieses Jahrhunderts nach. Die mit vielen farbigen und unvergeßlichen Szenen aus dem Provinzleben und aus konkreten persönlichen Erinnerungen geschmückte Familien-Saga wurde in ihren autobiographischen, nostalgischen und dekadenten Motiven wiederholt mit der Familienchronik Lampedusas verglichen und erlebte einen großen Publikumserfolg, an den ein weiterer, 1925 geschriebener, postum veröffentlichter Roman Sattas, *La veranda* (1981), nicht anknüpfen konnte.

Wie vielen Schriftstellern gelang es auch GUIDO MORSELLI (1912–1973) nicht, zu Lebzeiten einen Verleger für seine Werke zu finden. In Bologna geboren, promovierte er in Mailand in Rechtswissenschaft, unternahm danach einige Reisen, vor allem nach Nordeuropa, und nahm als Offizier am Zweiten Weltkrieg teil. Nach dem Krieg führte er ein äußerst zurückgezogenes Leben zunächst in Varese, dann in einem einsamen Landhaus in der Umgebung der Stadt. Sensibel und naturliebend, philosophisch und religiös interessiert, gut bewandert in der europäischen Literatur, führte Morselli das Leben eines exzentrischen, schwierigen Individualisten, dem er dann durch Selbstmord ein Ende setzte; das gesamte literarische Werk erschien nach seinem Tode. Neben verschiedenen journalistischen Tätigkeiten, u. a. als Korrespondent von »Il Mondo« in Bonn, schrieb Morselli einige religiös-philosophische Essays, darunter 1955/56 den Aufsatz *Fede e critica* (1977) und ein *Diario* mit Reflexionen über Philosophie, Literatur und Leben, das 1988 veröffentlicht wurde. Aus den fünfziger Jahren stammt auch die Erzählung *Incontro con il comunista* (1980). 1961/62 entstand der Roman *Un dramma borghese* (1978), und 1964/65 ein weiterer Roman *Il comunista* (1976), der die innere Krise eines kommunistischen Abgeordneten thematisiert. Der postume Ruhm Morsellis stellte sich aber erst ein mit dem 1966 geschriebenen, 1974 veröffentlichten *Roma senza Papa*, einer Art Zukunftsroman, der aus der Perspektive eines katholischen Priesters die Zustände der Kirche und der Kurie in den letzten Jahren unseres Jahrhunderts beschreibt als einer Zeit, die trotz technologischen Fortschritts durch eine Erniedrigung des gesellschaftlichen Lebens und durch einen Verlust der alten Werte aus Glauben und Tradition gekennzeichnet ist. Demgegenüber entwickelte *Contropassato prossimo*, 1969/70 geschrieben und 1975 veröffentlicht, eine Art Geschichtsutopie im Rückgriff auf die jüngere Vergangenheit. In diesem Roman läßt Morselli den Ersten Weltkrieg anders ausgehen und modifiziert als Folge davon in virtuosen Kombinationen und unter Verwendung realer Gestalten aus der Politik den Geschichtsverlauf der letzten Jahrzehnte, um so zu einem kritischen Gegenentwurf zu dem tatsächlich Geschehenen zu gelangen. Auch *Divertimento 1889*, 1970/71 entstanden und 1975 veröffentlicht, blickte geschichtlich zurück, und zwar auf die »Belle Epoque«: Der Roman erzählt von dem italienischen König Umberto I., der an seinem Urlaubsort in der Schweiz für kurze Zeit seinem offiziellen Status als König entfliehen kann. Der letzte vollständige, 1972/73 geschriebene und 1977 erschienene Roman Morsellis trug den merkwürdigen Titel *Dissipatio H. G.* (darin stehen »H. G.« für »Humani Generis«, so daß der Titel *Die Auflösung des Menschengeschlechts* lautet). Der Erzähler des Romans, ein einsamer Schweizer Intellektueller, der in den Bergen in der Nähe von Crisopoli (Zürich) lebt, präsentiert sich als einziger Überlebender der Welt, nachdem zuvor auf unerklärliche Weise die gesamte Menschheit verschwunden ist. In einer apokalyptischen, halluzinativen Welt von beklemmender Leere reflektiert und kritisiert der einsame Menschenhasser (»fobantropo«), der immer wieder an Selbstmord denkt, das Handeln und Denken und die unerträglichen Gewohnheiten der Menschen.

Ähnlich wie Tomasi Di Lampedusa fand auch ein weiterer Palermitaner erst spät zu seiner literarischen Berufung, nämlich der bis heute wenig beachtete ANGELO FIORE (1906–1986), der lange ein zurückgezogenes und einsames Leben als Angestellter und Englischlehrer führte, bevor er 1963 erste Erzählungen unter dem Titel *Un caso di coscienza* vorlegte. In den

823

nachfolgenden Werken gestaltete er, mit Motiven, die an Pirandello, Kafka und Genet erinnern können, vor allem Erfahrungen, die er als marginalisierter Angestellter in der Öde dumpfer Büros und ihrer stumpfsinnigen, verfremdenden Arbeitswelt gemacht hatte, so etwa in den Romanen *Il supplente* (1964), *Il lavoratore* (1967), *L'incarico* (1970) und *Domanda di prestito* (1976); während er sich in dem späteren *L'erede del Beato* (1981) der Form des historischen Romans annäherte. Ein gänzlich anderes und weitaus komplexeres Bild von Sizilien zeichnet der 1924 in Mineo geborene, seit 1956 als Herzspezialist in Frosinone lebende Arzt GIUSEPPE BONAVIRI, der in seiner barocken, vielgestaltigen und vielstimmigen Prosa kosmische und mythologische, geschichtliche und gegenwärtige, phantastisch-komische und realistisch-ambientale Motive und Erscheinungen zu einem überaus lebendigen, figuren- und nuancenreichen Gesamtgemälde seiner Heimatinsel vereint. Elio Vittorini war es, der den ersten, noch neorealistisch orientierten Roman *Il sarto della stradalunga* 1954 in seiner Reihe »I Gettoni« publizierte und an ihm »den feinen Sinn für das Kosmische, mit dem der Autor die kleine ländliche Welt darstellt«, lobte. Die bereits im Erstlingswerk vorhandenen autobiographischen Motive gewannen ein größeres Gewicht in dem nachfolgenden Roman *Il fiume di pietra* (1964), der die Jugendzeit des Autors evoziert und mit vielen ernsten, humorvollen und grotesken Akzenten die Ereignisse in der Heimatstadt Mineo nach der Landung der Alliierten im Juli 1943 schildert: In einem Augenblick, da Kämpfe zwischen den Faschisten und den Alliierten bevorstehen, weiß niemand so recht, auf welche Seite er sich schlagen soll, ob das Bild des Duce zu schmücken oder zu entfernen ist – und die Jugendlichen imitieren in ihren Spielen das hektische Treiben der faschistischen Truppen und der Mussolinianhänger. Calvino schrieb zu diesem Buch: »Es herrscht darin eine außergewöhnliche sprachliche Heiterkeit, eine unermeßliche Erfindungsgabe und Freiheit.« Eine besondere Stellung unter den zahlreichen Prosapublikationen Bonaviris nimmt die aus den Bänden *La divina foresta* (1969), *Notti sull'altura* (1971) und *L'isola amorosa* (1973) bestehende Romantrilogie ein, die seine originelle und phantasiereiche Erzählweise unter Beweis stellt, indem sie die Faszination der Landschaften mit der Evokation der großen griechischen und sarazenischen Vergangenheit Siziliens und mit dem Blick in die Weite des Kosmos auf oft traumhafte und magische Weise verbindet. Außer dem Roman *Dolcissimo* (1978), der in einer Art »descensus ad inferos« ein phantastisches Bild wiederum von Mineo (hier »Zebulonia« genannt) entwirft und weiteren Werken schrieb Bonaviri auch eine Anzahl phantastischer oder abenteuerlicher Erzählungen, von denen einige in die *Novelle saracene* (1980) eingingen. Auch einige Lyrikbände stammen

824

aus der Feder Bonaviris, darunter *Il dire celeste* (1976), *O corpo sospiroso* (1982), *Dormiveglia* (1988) und *Ghigò* (1990).

Die Darstellung der bürgerlichen und familiären Welt der toskanischen Provinz und die Aufarbeitung schwieriger und komplexer Entwicklungen in Kindheit und Jugend sind die wichtigsten Motive des in Colle Val d'Elsa geborenen ROMANO BILENCHI (1909–1989), der seine Ausbildung und prägende Orientierungen in Florenz empfing, wo er später als Schriftsteller und Journalist wirkte. Im Einflußbereich der in seinem Geburtsort gegründeten faschismusfreundlichen »Strapaese«-Zeitschrift *Il selvaggio* (die ab 1927 ihren Sitz in Florenz hatte) stand der junge Bilenchi einige Zeit dem linken Faschismus nahe. Für seine kulturelle Orientierung waren für ihn in seiner Jugend die Beziehungen zur »Solaria«, zu Elio Vittorini, zu dem Maler Ottone Rosai und zu den florentinischen Hermetikern wichtig. Später trat Bilenchi in Kontakt mit geheimen antifaschistischen Organisationen, insbesondere mit kommunistischen Gruppen. Nach Kriegsende engagierte er sich politisch für die Zielsetzungen der Kommunistischen Partei, war maßgeblich an der Gründung und Leitung der linksgerichteten Zeitschriften »Società« und »Il Contemporaneo« beteiligt und gründete 1948 in Florenz die Tageszeitung »Il Nuovo Corriere«, die er bis zum Ungarnaufstand 1956 als wichtiges Informationsorgan der Linken leitete. Bis zu seinem Lebensende blieb Bilenchi der Haltung eines toleranten und liberalen Kommunismus verpflichtet. In einfacher, stilistisch anspruchsloser Sprache und in einer nüchternen, auf das Wesentliche konzentrierten Darstellung, die sich in der realistischen Wiedergabe ländlicher Milieus u. a. am Vorbild des Toskaners Tozzi inspiriert, gestaltet Bilenchi in seiner Erzählprosa immer wieder das große Motiv seines Lebens, nämlich die Suche nach der verlorenen Jugend (ein damals vielbehandeltes literarisches Thema), die er in der naturhaften Frische der toskanischen Landschaft verbrachte. Dabei akzentuiert Bilenchi in auffallender Weise die vielfältigen Schwierigkeiten, die sich dem Heranwachsenden sowohl in der Familie wie auch in der gesellschaftlichen Umgebung entgegenstellen. Neben verschiedenen Erzählungen, die in *Il capofabbrica* (1935), *Mio cugino Andrea* (1943) und weiteren Bänden veröffentlicht wurden, gestaltet bereits der frühe Roman *Conservatorio di Santa Teresa* (1940; eine erste Fassung wurde 1939 von der Zensur zurückgewiesen, eine dritte leicht veränderte erschien 1973) die zentralen Themen Bilenchis. Der Roman schildert die Jugend des Knaben Sergio, der in schöner ländlicher Umgebung, aber in spannungsreichen familiären Verhältnissen aufwächst. Mutter und Schwester schwärmen dem Jungen von dem im Titel genannten Schulinstitut vor, in das schließlich Sergio auch eintritt; doch sieht dieser sich dort ebenso wie in der Stadt in seinen hohen

Erwartungen herb enttäuscht und muß die Wirklichkeit als etwas Feindliches erfahren. Bilenchis bedeutendstes Werk ist wohl das wiederum autobiographische Triptychon *Gli anni impossibili* (1984), das in den Teilen *La siccità* und *La miseria,* beide von 1941, und in dem dritten 1982 publizierten Teil *Il gelo* die Erfahrungen eines Knaben auf dem Landgut des Großvaters erzählt, das schließlich durch eine große Dürre ruiniert wird. Auch der Held dieses Romans erfährt die Welt als etwas Abweisendes und Verständnisloses und stößt immer wieder auf »eine Mauer aus Kälte und Ablehnung«. Beachtung fand auch der Roman *Il bottone di Stalingrado* (1972), in dem Bilenchi die einzelnen Phasen des politischen Kampfes der Kommunisten nach dem Krieg und ihre vielfachen Enttäuschungen aufzuarbeiten versuchte. Bemerkenswerte Porträts enthalten die der Erinnerung an seine Freunde und an andere Begegnungen seines Lebens gewidmeten Bände *Amici. Vittorini, Rosai e altri incontri* (1976; erweiterte Fassung 1988) und *Due ucraini e altri amici* (postum 1990).

Relativ wenig Zeit für die Verfolgung seiner literarischen Pläne fand der Journalist, Schriftsteller und Drehbuchautor ENNIO FLAIANO (1910–1972), der sich einerseits an dem massenorientierten, sich rasch industrialisierenden Kulturbetrieb der Nachkriegszeit vielseitig und engagiert beteiligte, diesem jedoch andererseits als intimer Kenner der Kulturproduktion und des Kulturkonsums mit wachsender kritischer und ironischer Distanz gegenüberstand. Der aus einer kleinbürgerlichen Familie Pescaras stammende Flaiano war nach dem Studium in Rom und ersten Arbeiten im Theaterbereich und im Journalismus 1933 Offizier geworden und nahm als solcher am Abessinienkrieg teil. Vom Ende der dreißiger Jahre an schrieb er als Journalist für verschiedene Zeitschriften Beiträge zur Kunst-, Theater- und Filmkritik; bereits ab 1942 arbeitete er als Drehbuchautor und Berater in der Filmproduktion, wo er später vor allem durch seine Mitarbeit an den erfolgreichen Filmen Fellinis bekannt wurde. Nach dem Krieg intensivierte sich Flaianos journalistisches Engagement; ab 1949 war er Chefredakteur von »Il Mondo« und schrieb u. a. für Tageszeitungen und Zeitschriften wie »Corriere della sera«, »L'Europeo« und »L'Espresso«. Das wichtigste literarische Werk Flaianos ist der mit dem »Premio Strega« ausgezeichnete Roman *Tempo di uccidere* (1947), der teilweise auf Erfahrungen des Autors im Abessinienkrieg zurückgreift. Der Protagonist, ein Leutnant der italienischen Armee, erzählt in der Ichform von seinen Erlebnissen in dem okkupierten Land und insbesondere von seiner Begegnung mit einem eingeborenen Mädchen, das seine Geliebte wird, die er aber schließlich unter tragischen Umständen tötet. Zu seinen Schuldgefühlen tritt verzweifelte Angst, als er erfährt, daß die Eingeborene eine Leprakranke war, und daß

826

er nun selbst infiziert sein muß – eine Angst, die sich zur Panik steigert und ihn in weitere Delikte treibt. Der Roman, der zugleich auch das Fremde, Geheimnisvolle und Faszinierende der afrikanischen Welt evoziert, erzählt seine Geschichte in einer raschen, spannenden Abfolge von Situationen und Ereignissen und in einem spontanen und nüchternen Stil, der sich von dem neorealistischer Romane oder Kriegserinnerungen deutlich unterscheidet. Zum Schluß kehrt der Protagonist in die Normalität zurück und alle Ereignisse scheinen in einer ungewissen Ferne zu versinken, doch bleibt ein tiefes Gefühl des Absurden zurück, das über die Absurdität des Kolonialkrieges hinaus auch die der Geschichte insgesamt einzuschließen scheint. Weniger gelungen sind die Erzählungen Flaianos, die in den Bänden *Una e una notte* (1959) und *Il gioco e il massacro* (1970) gesammelt wurden. Von seinen Erfahrungen als Drehbuchautor her und aus dem Bedürfnis, eine persönliche und freiere Aussageform zu finden, gelangte Flaiano auch zum Theater. Seine phantasiereichen und paradoxen Farcen bzw. Satiren auf die zeitgenössische Gesellschaft gehören zu den besseren Stücken des an bedeutenden Werken nicht allzu reichen italienischen Nachkriegstheaters (vgl. dazu S. 696 ff.). Sie wurden in dem Band *Un marziano a Roma e altre farse* (1971) veröffentlicht, der neben dem Titelstück von 1960 vier weitere zeitkritische Farcen enthält: das schon 1946 veröffentlichte Antikriegsstück *La guerra spiegata ai poveri, La donna nell'armadio, Il caso Papaleo* und *La conversazione continuamente interrotta,* seine letzte, 1971 geschriebene Satire, die auch seine enttäuschenden Erfahrungen mit der inauthentischen Welt des Films verarbeitet. Viele kritische, satirische und ironische Elemente der luziden, von einem vernunftorientierten Liberalismus geprägten Zeitkritik Flaianos gingen in seine journalistischen Beiträge ein, die in den Bänden *Diario notturno* (1956) und *Le ombre bianche* (1972) sowie postum in den auch weiteres autobiographisches Material und eine Anzahl Gedichte enthaltenden *Scritti postumi* (1988) publiziert wurden.

Aus kritischer und pessimistischer Distanz beobachtete auch der Journalist und Erzähler GOFFREDO PARISE (1922–1986) die Entwicklungen der italienischen Nachkriegsgesellschaft, insbesondere in den Jahren nach 1968. Theoretischen und poetischen Programmen sowie politischen Ideologien abgeneigt, dokumentierte er von seinem Standpunkt eines anarchischen und aufmüpfigen Individualismus aus in seinen journalistischen Beiträgen ebenso wie in seiner unabhängigen, stets persönlichen Erfahrungen und Blickrichtungen folgenden Erzählprosa wichtige Aspekte des italienischen Lebens seiner Zeit. Goffredo kam in Vincenza als Sohn der Ida Wanda Bertoli und eines unbekannten Vaters zur Welt und nahm nach einer schwierigen Kindheit 1943 den Familiennamen des Journalisten Osvaldo Parise an, den seine Mutter 1937 geheiratet hatte. Nach abgebrochenen Philosophie-, Medizin- und Mathematikstudien begann der junge Parise bereits 1950 als Journalist zu arbeiten; ab 1953 war er Mitarbeiter des Verlags Garzanti; ab 1955 schrieb er für die Zeitschrift »Il resto del Carlino« und ab 1963 für den »Corriere della sera«. In den sechziger Jahren schrieb er auch einige Filmdrehbücher. Wie die meisten seiner Journalistenkollegen unternahm er weite Reisen in verschiedene Weltgegenden; seine Reiseberichte wurden in *Cara Cina* (1966), *Guerre politiche* (1976; über Vietnam, Laos, Biafra und Chile), *New York* (1977) und in dem Japan gewidmeten Band *L'eleganza è frigida* (1982) veröffentlicht. Schwer erkrankt, verbrachte er seine letzten Jahre in Ponte Piave im Veneto.

In seinem Erstlingswerk *Il ragazzo morto e le comete* (1951) greift Parise auf Erfahrungen zurück, die er als junger Mann in der schwierigen Nachkriegszeit machte. Der Roman schildert das Leben einer Schar von Jugendlichen in den Elendsvierteln einer nicht namentlich genannten Stadt, die noch alle Spuren der Kriegseinwirkungen zeigt, und mischt in auffallender Weise realistische Beschreibungen mit phantastischen, traumhaften und überwirklichen Motiven. Auch der folgende Roman *La grande vacanza* (1953) verbindet in seinen Beschreibungen des Provinzlebens noch einmal Traum und Wirklichkeit und verwendet phantastische, mysteriöse und symbolische Motive. Erst danach wendet sich Parise einer realistischen, oft satirisch gewürzten Darstellungsweise zu, so in seinem ersten erfolgreichen Werk mit dem Titel *Il prete bello* (1954). Die Handlung des Romans spielt Ende der dreißiger Jahre in einem kleinen Provinzort. Schauplatz des ereignisreichen und verschlungenen Geschehens ist ein großer Wohnblock oder besser der allen Wohnungen dieses Gebäudes gemeinsame Flur, auf dem sich das Leben der buntgewürfelten Hausgemeinschaft abspielt. In die muffige, von Armut, Krankheit und Langeweile geprägte Atmosphäre dieses Hauses bricht unversehens Don Gastone Caoduro ein, »ein sehr großer, junger und schöner Priester«, der von der Eigentümerin, der alten Jungfer Immaculata, aufgenommen wird und sogleich bei allen Frauen und Gevatterinnen des Hauses größtes Interesse weckt. Aus dem nun einsetzenden Intrigenspiel um den Priester und verschiedene Mitbewohnerinnen versucht vor allem der in der Ichform erzählende Held des Romans, der listenreiche Knabe Sergio, Nutzen zu ziehen, der seine neugierigen Auftraggeberinnen notfalls auch mit falschen Nachrichten versorgt, um eine Belohnung einzuheimsen. Die ebenso erheiternde wie nachdenklich stimmende Satire auf das Bürgertum der dreißiger Jahre, die auch eine ironische Darstellung des aufstrebenden Faschismus einschließt, findet einen ihrer Höhepunkte im Besuch des Duce; worauf dann das Leben im Haus wieder in seinen grauen Trott zurücksinkt.

Nach *Il fidanzamento* (1956) und *Amore e fervore* (1959; 1973 mit dem Titel *Atti impari* neu aufgelegt) erschien 1964 *Il padrone*, der zweite große Publikumserfolg Parises. In dem Roman greift Parise auf die allegorischen und märchenhaften Motive seiner frühen Werke zurück und überträgt sie auf die Arbeitswelt der industrialisierten Unternehmen und das Leben in den großen Büros. Held ist ein ahnungsloser, gefügiger junger Mann aus der Provinz, der von seinem Vorgesetzten, dem wie ein Gott schaltenden und waltenden »padrone«, nach und nach in die Geheimnisse des Betriebes eingeweiht wird. Er muß sich inmitten einer Schar entpersönlichter und zu Automaten herabgesunkener, schemenhafter Mitarbeiter, die abnorme, abstrakte oder lächerliche Namen tragen, zurechtfinden und wird, nach vergeblichen Befreiungsversuchen, schließlich selbst zum gleichgeschalteten Teil eines automatisierten, unmenschlichen Produktionssystems, zu einer Marionette unter vielen anderen. Vor allem in seinen verfremdenden und grotesken Motiven kann der Roman an Kafka erinnern, ebenso wie viele Erzählungen aus dem nachfolgenden Band *Il crematorio di Vienna* (1969). Neben einem ebenfalls pessimistischen Theatertext *L'assoluto naturale* (1967) veröffentlichte Parise noch in *Sillabario n. 1* (1972) und *Sillabario n. 2* (1982) kurze, zuvor bereits im »Corriere della sera« erschienene Prosaskizzen, die in alphabetischer Reihenfolge wichtige Begriffe, Reizworte und Phänomene des gesellschaftlichen Lebens (wie etwa Amore, Amicizia, Anima, Antipatia, Bacio, Bellezza, Cuore usw.) in launischen, ironischen, polemischen oder auch widerborstigen Kurzerzählungen auf ihre menschlich relevanten Merkmale hin zu analysieren und zu umschreiben versuchen.

Der 1916 in Bologna geborene, aus einer jüdischen Familie Ferraras stammende GIORGIO BASSANI gehört mit Primo Levi und Natalia Ginzburg (von der S. 910 ff. die Rede sein wird) zu den großen Chronisten des oberitalienischen Judentums unter dem Faschismus. In dem breitausladenden Gemälde seines *Romanzo di Ferrara* schrieb Bassani, auf der Grundlage persönlicher Erinnerungen und Erfahrungen und in bedächtiger, langsam fortschreitender Aufarbeitung der schmerzlichen Vergangenheit, die Geschichte der jüdischen Bürger Ferraras von den Anfängen des Faschismus über die Rassenverfolgungen bis zur Nachkriegszeit und gestaltete so aus persönlicher Betroffenheit und tiefer menschlicher Anteilnahme die Tragödie des Ferraresischen Judentums, das vom Faschismus verfolgt und aus seiner Lebenswelt herausgerissen wurde, ohne recht zu verstehen, was ihm geschah. Der Autor verbrachte Kindheit und Jugend in Ferrara, promovierte dort 1939 in Literaturwissenschaft und war später aktiver Antifaschist und Widerstandskämpfer; 1943, noch kurz vor dem Fall des Faschismus, wurde er wegen seiner regimefeindlichen Aktivitäten verhaftet. Später lebte er in Rom, lehrte in verschiedenen Instituten, u. a. das Fach Theatergeschichte an der Römischen Akademie für dramatische Kunst, war Redakteur verschiedener Zeitschriften wie »Paragone« und »Botteghe oscure«. Zeitweise war er Herausgeber einer Prosareihe bei Feltrinelli und setzte als solcher die Publikation des *Gattopardo* durch. Bassani debütierte mit den Lyrikbänden *Storie dei poveri amanti* (1945) und *Un'altra libertà* (1952), die später in dem Band *In rima e senza* (1982) vereint wurden. Zahlreiche Essays und autobiographische Schriften Bassanis wurden gesammelt in *Le parole preparate e altri scritti di letteratura* (1966) und *Di là dal cuore* (1984).

Das weitaus Relevanteste aus Bassanis Feder ist das große zeitgeschichtliche Epos *Il romanzo di Ferrara*, die Chronik des Judentums der Heimatstadt Ferrara, die über einen längeren Zeitraum hinweg aus mehreren, schließlich in sechs Teilen zusammengefaßten Erzähltexten entstand. Den ersten Teil des Werkes bilden die 1956 veröffentlichten, mit dem »Premio Strega« ausgezeichneten *Cinque storie ferraresi*, die in nüchterner, detaillierter Erzählweise sowie in einer äußerst reflektierten, kollektive Entwicklungen stets integrierenden Perspektive vielfältige Schicksale und Ereignisse aus dem Bürgertum und Judentum Ferraras von der Vorkriegszeit bis zum Jahre 1943 beschreiben. Tritt in diesen Geschichten der Erzähler noch hinter den Ereignissen und Personen zurück, so steht er im zweiten Teil des *Romanzo di Ferrara*, dem 1958 erschienenen Kurzroman *Gli occhiali d'oro*, als ein die Ereignisse reflektierender Icherzähler im Vordergrund. Der Roman gestaltet die tragische Geschichte des erfolgreichen Arztes Athos Fadigati aus dem Ferrara der Zwischenkriegszeit, der als Homosexueller unter dem Druck seiner Vereinsamung und Marginalisierung Selbstmord begeht. Den dritten Teil des Gesamtwerkes bildet der 1962 publizierte Roman *Il giardino dei Finzi-Contini* mit vier von Prolog und Epilog eingerahmten Abschnitten, dessen Icherzähler aus der Erinnerung die Geschichte der Finzi-Contini, einer jüdischen Familie Ferraras, erzählt, mit der er in seiner Jugend befreundet war. Im Mittelpunkt dieser ergreifenden, aus warmer Anteilnahme geschriebenen Familienchronik, die mit der Verkündung der Rassengesetze von 1938 einsetzt, stehen die beiden Kinder der Familie, der schwächliche und introvertierte Alberto und vor allem die schöne und unbeständige Micol, in die sich der Erzähler unglücklich verliebt. Schließlich wird Micol mitsamt Eltern und Großmutter in ein Konzentrationslager deportiert, aus dem niemand zurückkehrt. So besiegelt der Tod die Geschichte aller Gestalten des Romans, welcher durch seine ausgewogene Verbindung von fein gezeichneten Porträts ungewöhnlicher oder geheimnisvoller Personen mit gelungenen Milieu- und Landschaftsbeschreibungen und mit seinen durch die Erinnerung gefilterten, melancholischen Stimmungen einen tiefen Eindruck beim Leser hinterläßt. Der Roman, das erfolgreichste Werk Bassanis, wurde mit dem »Premio Viareggio« bedacht und später vor allem durch die Verfilmung von Vittorio de Sica (1970) einem größeren Publikum bekannt.

Eine deutliche Verengung der Perspektive kennzeichnet dagegen den wiederum autobiographischen vierten Teil, den Roman *Dietro la porta* (1964), dessen Icherzähler Erinnerungen an seine Schulzeit in Ferrara in den Jahren 1929/30 und an seine Erlebnisse mit den Schulfreunden wachruft. Der Roman *L'airone* (1968), der als fünfter Teil in den *Romanzo di Ferrara* einging, erzählt die Geschichte eines weiteren Juden aus Ferrara, des Großgrundbesitzers Edgardo Limentani, der 1947, in einer schwierigen Phase der Nachkriegszeit, durch äußere Umstände, religiöse Probleme und familiäre Schwierigkeiten bedrängt, seines Lebens überdrüssig wird und schließlich, nachdem er auf der Jagd den Todeskampf eines Reihers (»airone«) beobachtet hat, Hand an sich selbst legt. Der sechste und letzte Teil des *Romanzo di Ferrara* mit dem Titel *L'odore del fieno* (1972) greift schließlich in verschiedenen Erzählsequenzen einige der bereits behandelten Themen und Situationen erneut auf, resümiert gleichsam wichtige Erfahrungen des Autors und vertieft den Blick in eine Vergangenheit, die sich seinem Zugriff zu entziehen scheint.

Eine weitere Dokumentation der Geschichte des Judentums unter dem Faschismus stammt aus der Feder des der Literatur zunächst fernstehenden Chemikers und Ingenieurs PRIMO LEVI (1919–1987), der nach furchtbaren Erfahrungen in deutschen Konzentrationslagern die Notwendigkeit verspürte, die Ereignisse eines der dunkelsten Kapitel der europäischen Geschichte dem Gedächtnis der Zeitgenossen zu überliefern. In Turin als Sohn einer jüdischen Familie geboren, erwarb er dort nach Schulzeit und Studium 1941 den Doktortitel im Fach Chemie und begann sogleich zu arbeiten, da die Familie durch den Tod des Vaters und durch die Rassengesetze in Schwierigkeiten geriet. Später kämpfte er mit anderen Partisanen in Val d'Aosta im Widerstand, wurde gefangengenommen und nach einem Aufenthalt in dem italienischen Konzentrationslager Fòssoli (bei Modena) Anfang 1944 in das Lager Buna-Monowitz bei Auschwitz deportiert, wo er als einer der wenigen überlebenden Juden im Januar 1945 von den sowjetischen Truppen befreit wurde. Für die Rückkehr in die Heimat wählte er einen weiten Umweg über Polen, Weißrußland, die Ukraine, Rumänien, Un-

831

garn und Österreich und kam im Oktober 1945 in Turin an. In der Zeit danach, in der schwierigen Phase der Wiedereingliederung in das Nachkriegsleben, entstand das Erinnerungsbuch *Se questo è un uomo*, das 1947 in einem kleinen Verlag erschien, 1956 dann von Einaudi, der das Manuskript zunächst abgelehnt hatte, in einer Neuauflage herausgebracht wurde, die sehr erfolgreich war. Nach seiner Heirat 1947 arbeitete Levi als Chemiker in einer Lackfabrik bei Turin, dessen Direktor er später wurde. Erst 1975 gab Levi seinen Beruf als Chemiker auf und widmete sich nun regelmäßiger seinen literarischen Projekten. Neben journalistischen Beiträgen, vor allem für die »Stampa«, und neben seiner Teilnahme an öffentlichen Diskussionen übersetzte Levi ausländische Literatur ins Italienische, darunter auch Kafkas *Prozeß* (1983). Levi, der stets versuchte, mit aufklärerischer Nüchternheit und jüdischer Weisheit und im Vertrauen auf die menschliche Vernunft die Vergangenheit zu bewältigen, mußte in der Nachkriegszeit erleben, wie eben diese Vergangenheit verdrängt, verfälscht oder in ihren schrecklichsten Fakten sogar geleugnet wurde. Nach einer Operation hat er schließlich selbst in seinem Turiner Haus seinem Leben ein Ende gesetzt.

Levis Erstlingswerk *Se questo è un uomo* ist vor allem deshalb ein erschütterndes Dokument, weil es mit den Möglichkeiten der Vernunft etwas zu erkennen und zu verstehen versucht, das sich in seiner grauenvollen Absurdität jeder Rationalität entzieht. Das tagebuchartige Erzählwerk, das mit neorealistischen, volkstümlichen Kriegserinnerungen nichts gemein hat, möchte, wie der Autor einleitend erklärt, keine Anklagen erheben, sondern eine Dokumentation des Geschehenen sein für »die anderen«, die diese Ereignisse nicht miterlebt hatten. In einem trockenen und ausgeglichenen Stil ohne Zugeständnisse an Rhetorik, an erzählerische Effekte oder romanhafte Elemente erzählt das Werk, das sich auch als Versuch einer inneren Befreiung versteht, in einer chronologischen, doch durch die Erinnerung gefilterten Abfolge der Ereignisse die Zeit im Lager, angefangen von den furchtbaren Aufnahmeritualen (Entkleiden, Rasur, Anlegen der Häftlingskleidung usw.) über die Degradation der Häftlinge zu einer Nummer (die genannt werden muß, um Brot und Suppe zu bekommen), über die gräßlichen Leiden der Lagerinsassen und die wöchentlichen Selektionen für die Gaskammer bis hin zur endlichen Befreiung. In dem nachfolgenden Erinnerungsbuch *La tregua* (1963), das sich als Fortsetzung des vorhergehenden Werkes präsentiert, berichtet Levi von den letzten Tagen im Lager bis zu dessen Befreiung, von der langen Reise durch Osteuropa und von seiner Heimkehr nach Turin; das alles wiederum in einem trockenen, auf literarisches Beiwerk verzichtenden Stil. Einen breiten Raum nehmen in dem Bericht die einzelnen Etappen der langen Rückreise ein, die mit ihren buntgemischten Szenen und Erlebnissen und mit der Beobachtung fremder Kulturen und Völkerschaften in Osteuropa dem Buch etwas Abenteuerliches und Pikareskes verleihen.

Nach *La tregua* veröffentlichte Levi mehrere Bände mit Erzählungen, den ersten davon, die *Storie naturali* (1967), unter dem Pseudonym Damiano Malabaila. Es folgten *Vizio di forma* (1971), *Lilít e altri racconti* (1981) und ein weiterer Band *Racconti e saggi* (1986). Viele dieser Erzählungen beziehen sich realistisch auf Kriegserlebnisse oder auf das zeitgenössische Leben im Nachkriegsitalien. Andere behandeln auch phantastische Themen, nähern sich einzelnen Motiven der »fantascienza« an und kombinieren spielerisch oder verfremdend Möglichkeiten des Erzählens, worin vielleicht der Einfluß des befreundeten Calvino zu sehen ist (zu Calvinos Kombinatorik vgl. S. 862 ff.). Ein ungewöhnlicher Versuch erzählender wissenschaftlicher Literatur war *Il sistema periodico* (1975), das erzählerische und autobiographische Elemente mit wissenschaftlicher Theorie und chemischen Begriffen kombinierte: Ein jeder der einundzwanzig Texte des Bandes hat als Titel einen Begriff aus der Mendelejewschen Tafel (ein von dem russischen Forscher Mendelejew aufgestelltes periodisches System chemischer Elemente), und die in den Texten erzählten Ereignisse werden mit diesen chemischen Elementen in Verbindung gebracht. Nach dem Roman *La chiave a stella* (1978), der am Beispiel des piemontesischen Arbeiters Faussone Aspekte der industrialisierten Arbeitswelt thematisiert und dabei auch der neuen Sprache des Fabrikarbeiters Aufmerksamkeit schenkt, erschien 1982 *Se non ora, quando?*, die denkwürdige Odyssee einer Schar jüdischer Partisanen, die zwischen Juli 1943 und August 1945 bewaffnet weite Teile Osteuropas durchstreifen, um irgendwann ihre Heimat und ihre Identität wiederzufinden. Der Roman, der erneut auf die Erlebnisse des Autors in Osteuropa rekurriert, bietet wieder ein buntes Gemisch von Abenteuern und Begegnungen mit Menschen unterschiedlichster Herkunft, erzählt jedoch seine Geschichte in einer gegenüber früheren Berichten etwas beweglicheren Darstellung, die neben epischen auch pikareske, neben realistischen auch phantastische und sentimentale Tonlagen kennt. Daß die Erlebnisse des Lagers, der Befreiung und der Rückkehr die zentralen, unvergeßlichen Erfahrungen im Leben Levis waren, belegt noch einmal der späte Band *I sommersi e i salvati* (1986), der erneut das Phänomen des Völkermords, die Notwendigkeit eines kollektiven Gedenkens an den Holocaust und die Schwierigkeiten, ein solches Bewußtsein in einer schnellebigen Zeit wachzuhalten, in rationaler Perspektive, doch mit resignierenden Untertönen erörtert. Von Levi liegen auch einige Gedichte vor in dem Band *Ad ora incerta* (1984); ein Teil seiner Aufsätze und Vorträge (darunter auch solche zu Problemen der Sprache) erschien in dem Band *L'altrui mestiere* (1985).

2. An den Grenzen des Romans: Prosaexperimente und Metaromane

Der Vater der innovativen, experimentierenden Tendenzen in der neueren italienischen Prosa ist CARLO EMILIO GADDA (1893–1973). Schwer zugänglich, in Sprache, Blickrichtungen und Strukturierungen singulär und eigenwillig und damit auch keiner landläufigen literarischen Gruppierung zuzuordnen – so stellt sich das literarische Schaffen des Mailänders dar, der 1931 mit dem vielschichtigen Erzählband *La Madonna dei filosofi* debütierte und den Höhepunkt seiner Karriere 1957 mit dem polyglotten und verwirrenden Prosawerk *Quer pasticciaccio brutto de via Merulana* erreichte, das Grenzmöglichkeiten der Romanform erkundete und diese zugleich in Frage stellte. Gaddas Werk wirkt unter den gängigen Schreibweisen seiner Zeit wie ein erratischer Block und verbirgt seine spannungsgeladene Aktualität unter atypischen und die Lektüre erschwerenden Strategien, die bis zum Erscheinen seines Hauptwerks sogar eine bescheidene Popularität des Schriftstellers verhinderten. Auch in seinem Privatleben nahm Gadda eine atypische, unprofessionelle Entwicklung, die ihn erst auf Umwegen vom Elektroingenieur zum Schriftsteller führte. Als Sohn einer mäßig begüterten lombardischen Bürgerfamilie wurde Gadda schon früh nach dem vorzeitigen Tod des Vaters (1909) mit wirtschaftlicher Not konfrontiert, die vor allem durch eine kostspielige Villa verursacht wurde, die der ehrgeizige Vater in der Brianza, im »Garten der Lombardei«, errichtet hatte. Notgedrungen mußte der junge Gadda auf das gewünschte Literaturstudium verzichten und sich statt dessen, dem Willen der Mutter folgend, 1912 am Mailänder Polytechnikum für das Studium der Ingenieurwissenschaften einschreiben. Als Verfechter des Kriegseintritts Italiens nahm er freiwillig am Ersten Weltkrieg teil, kämpfte als Offizier der Alpini, wurde gefangengenommen und verbrachte seine Gefangenschaft in deutschen Lagern bei Rastatt und Celle (wo er u. a. mit dem Leidensgefährten Ugo Betti Freundschaft schloß). Nach seiner Rückkehr aus der Gefangenschaft erfuhr er 1919, daß sein Bruder Enrico gefallen war; ein Ereignis, das ihn, der sein Leben lang Junggeselle blieb, ebenso schwer traf wie 1936 der Tod seiner Mutter, der in ihm lang nachwirkende Schuldgefühle hervorrief, die er sich u. a. in dem Roman *La cognizione del dolore* von der Seele schreiben wollte.

Krieg und Gefangenschaft blieben die einschneidenden Erfahrungen in dem ansonsten an äußeren Ereignissen armen Leben Gaddas, der seine Erlebnisse von 1915 bis 1919 in Tagebüchern aufzeichnete, die 1950 und in erweiterter Form 1965 unter dem Titel *Giornali di guerra e prigionia* veröffentlicht wurden. 1920 machte er seine »Laurea« als Elektroingenieur und arbeitete als solcher in der Lombardei, in Sardinien und von 1922 bis 1924 auch in Argentinien. Nach einer kurzen Berufstätigkeit als Lehrer für Mathematik und Physik am Mailänder Liceo Parini nahm er seinen Ingenieurberuf wieder auf und bereiste zwischen 1925 und 1931 im Auftrag einer Mailänder Ammoniakfirma verschiedene Regionen Italiens und Europas, vor allem Lothringen und das Ruhrgebiet. Nach seiner Rückkehr aus Argentinien hatte sich Gadda an der Mailänder Philosophischen Fakultät eingeschrieben und in den folgenden Jahren mit der Arbeit an literarischen Projekten begonnen. Nachdem eine erste, unveröffentlichte Erzählung *La passeggiata autunnale* 1918, noch in der Gefangenschaft entstanden war, widmete sich Gadda 1924/25 einem anspruchsvollen Romanprojekt, das unter dem Titel *Racconto di ignoto italiano del Novecento* die Nachkriegsverhältnisse in der Lombardei, die dortigen Klassenkämpfe und das Aufkommen des Faschismus analysieren sollte. Die Materialien, Entwürfe und Reflexionen zu diesem Projekt sammelte Gadda in zwei Heften, die er zusammenfassend *Cahier d'études* nannte und die erst 1983 veröffentlicht wurden. Dank seiner Beziehungen zu dem Schriftsteller und Professor für deutsche Literatur Bonaventura Tecchi (1896–1968) kam er in Kontakt mit der »Solaria«, für die er ab 1926 Erzählungen und Essays schrieb. 1928/29 arbeitete er an weiteren nicht abgeschlossenen Projekten, so an dem philosophischen Traktat *Meditazione milanese* und dem Roman *La meccanica* mit an Zola orientierten Dokumentationen des Mailänder Lebens am Vorabend des Ersten Weltkriegs. Einige der in der »Solaria« publizierten Prosastücke gingen in den ersten Erzählband ein, der 1931 unter dem Titel *La Madonna dei filosofi* im Verlag der »Solaria« erschien. Die abgesehen von der Titelerzählung meist kurzen Texte weisen bereits Gaddas reflektierten, schwierigen Erzählstil auf, seine Tendenz zur Instrumentalisierung der Inhalte, die den Erzählfluß unterbricht, um in immer neuen Abschweifungen und Reflexionen Wesentliches über die Dinge und ihre geheimnisvollen Beziehungen aufzuspüren; ebenso wie seine Neigung zur Komplizierung des sprachlichen Ausdrucks, der literarische Elemente mit dialektalen, umgangssprachlichen und fremdsprachlichen mischt und meist in verschränkten syntaktischen Fügungen voranschreitet. Vor allem durch die »Solaria« kann er seine Kontakte zu literarischen Kreisen in Rom und dann auch verstärkt in Florenz weiter ausbauen, so daß er 1931 den Versuch unternimmt,

835

nur noch von seinen literarischen und journalistischen Beiträgen (zum Teil auch technischen Inhalts) zu leben; doch muß er bereits im folgenden Jahr in Rom seinen Lebensunterhalt wieder als Ingenieur verdienen. Der konservative Schriftsteller sah zunächst mit einer gewissen Sympathie dem Aufkommen des Faschismus entgegen, bemerkte jedoch früh dessen hohle Rhetorik und Verlogenheit und distanzierte sich in späteren Jahren mit Entschiedenheit von diesem Regime. 1940 ging er nach Florenz, wo er mit Eugenio Montale, Alessandro Bonsanti, Carlo Bo und Roberto Longhi in enger Verbindung stand; die dunkelsten Kriegsjahre 1943/44 verbrachte er in der Umgebung der Arnostadt. 1945 zog er nach Rom und begann dort mit der Arbeit an seinen Hauptwerk *Quer pasticciaccio brutto de via Merulana* – woraus schon im nächsten Jahr erste Auszüge erschienen. Seine anhaltend drückende wirtschaftliche Not, aus der er sich durch seine journalistische Tätigkeit nicht befreien konnte, milderte von 1953 bis 1955 eine Anstellung im dritten Programm der RAI. Nach dem großen Erfolg des *Pasticciaccio* zog sich der nunmehr renommierte und preisgekrönte, mit fortschreitendem Alter von tiefen Ressentiments, neurotischen Zwangsvorstellungen und Verfolgungsängsten besessene Schriftsteller noch stärker in die Abgeschiedenheit seiner kleinen Wohnung in Monte Mario zurück, die er kaum noch verließ, jeder Publizität und Akklamation durch die Masse und die Medien zutiefst abgeneigt.

Das Prosawerk des Erzählers Gadda trägt sein wichtigstes Merkmal in einer vom Schriftsteller nie ausgeglichenen und wohl auch nicht aufhebbaren Grundspannung zwischen der Neigung zum Detail, zur konzentrierten, meditierenden Versenkung in einzelne Dinge, Erscheinungen und Situationen, und einer nicht minder starken Tendenz zu einem Zusammenfügen komplexer Erzählsegmente, zu einer Ganzheitlichkeit, die imstande wäre, vielschichtige und schwer durchdringliche Wirklichkeiten adäquat wiederzugeben. In der Neigung Gaddas zum geschliffenen Fragment kann man eine Nachwirkung des Fragmentarismus der »Voce« oder auch der Kunstprosatendenzen der »Ronda« sehen, während sich seine Erzählkunst in ihren ganzheitlichen, realitätszugewandten Texten als eine der zahlreichen, seit dem Ende der zwanziger Jahre hervortretenden Spielarten von Realismus darstellt, welche allerdings bei Gadda in jeder ihrer Entwicklungsphasen unverwechselbare Konturen behält. Typisch für die Erzählweise Gaddas ist das Voranschreiten in sprachlich wie inhaltlich gewundenen Figuren, in einem ständigen Wechsel von Beschreibungen, Reflexionen und Abschweifungen, von Einzelperspektiven oder Gesamtansichten, die in eine sich immer komplexer darbietende Wirklichkeit einzudringen versuchen, welche sich in dem Maße des Eindringens als immer unergründlicher und unfaßbarer erweist. Dem entspricht auch die Kompositionsweise Gaddas: Die meisten seiner Prosabücher entstehen durch Zusammenfügen einzelner, teils vorabgedruckter, teils unabgeschlossener Prosastücke, von denen nicht wenige mehrfach in verschiedenen Kombinationen oder Fassungen in unterschiedlichen Kontexten publiziert werden. Damit stellt sich auch die Textgeschichte einzelner Prosaarbeiten als recht kompliziert dar. Typisch für Gadda ist vor allem, daß er nicht schließen kann, daß es ihm nicht gelingt, seine Erzählsequenzen zu einem Abschluß, zu einer »Lösung« zu führen, wie es am deutlichsten der offene Ausgang des *Pasticciaccio* veranschaulicht. Schon das erste Prosawerk, *La Madonna dei filosofi,* enthält typische Grundstrukturen. Aus mehreren Einzeltexten zusammengesetzt, erweist sich der Band als heterogenes, ein wenig irritierendes Gebilde, das dem Leser immer neue Einstellungen und Aufmerksamkeiten abverlangt. In dem Reichtum seiner Inhalte, Bilder und Ausdrucksformen aber, die von krass naturalistischen Szenen zu zarten lyrischen Tableaus, von ernsten, akademischen oder pedantischen Motiven zu frecher Komik reichen und alle nur erdenklichen Haltungen wie Zartheit, Vulgarität, Gebrechlichkeit und Gewalt einfangen und umfassen, zeigt sich der chaotische, bizarre, von der Kritik vielfach als »barock« hervorgehobene Grundcharakter der Prosa Gaddas.

Auch der zweite Erzählband *Il castello di Udine* (1934) verzichtet auf eine geschlossene romanartige Form und setzt sich wieder aus autobiographischen, deskriptiven oder lyrischen Prosaskizzen zusammen, die eine Fülle von Situationen aus dem privaten und kollektiven Leben evozieren. Die einzelnen, vom Autor mit Anmerkungen und Erläuterungen versehenen Texte sind in vier Gruppen zusammengefaßt: *Il castello di Udine* mit Erinnerungen an Krieg und Gefangenschaft; *Crociera mediterranea* mit Aufzeichnungen von einer Kreuzfahrt im Mittelmeer; *Polemiche e pace* sowie *Polemiche e pace nel direttissimo* mit Erlebnissen und Eindrücken aus der Nachkriegszeit. Besonders aufschlußreich ist der den Band einleitende Text *Tendo al mio fine,* der unverhüllt eine zutiefst negative Haltung des Autors zu seinem Leben und seinem Werk zum Ausdruck bringt, die Verzweiflung über seine marginalisierte, freudlose Existenz, über seine »scheußliche Einsamkeit«: »Gedemütigt vom Schicksal, hingeopfert der Nutzlosigkeit... und dennoch erschüttert ob der nichtigen Nichtigkeit des Nichts...« Und dazu der verzweifelte, programmatische Satz: »Ich strebe nach einer brutalen Deformation der Themen, die das Schicksal mir als wohlgestaltete Dinge und Objekte vorzusetzen glaubte...« In diesem Sinne malt der Autor in illusionsloser und unpathetischer Perspektive »ein schmutziges Gemälde der Menschenherde«, vollzieht eine verzweifelte, detaillierte und obsessionelle Analyse der als kleinlich und verlogen erfahrenen menschlichen Gesellschaft. Die gewaltige, letztlich den eigenen neurotischen Spannungen entstammende, deformierende Energie Gaddas wirkt auch auf seine Erzählsprache ein und zerklittert diese zu einer chaotischen und barocken Vielsprachigkeit, Vielschichtigkeit und Vielstimmigkeit, deren formale und semantische Vielfalt und Ausdruckskraft G. Contini als »expressionistischen Manierismus« und G. Ferroni als »naturalistischen Expressionismus« kennzeichnete. Der schon im *Castello di Udine* entfaltete sprachliche »Karneval« wird sich in den Texten der folgenden Jahre steigern zu einem Maße und Normen sprengenden Gemisch aus den verschiedensten Sprachen, Stilebenen und lexikalischen Materialien. So entsteht eine einzigartige Koine, die literarische Sprachen mit Umgangssprachen, dialektale Elemente verschiedener Regionen (insbesondere aus dem Mailändischen, Römischen und Neapolitanischen) mit Gauner- und Gruppensprachen, Archaismen mit Wortneubildungen (darunter viele Onomatopöien), volkstümliche Formen mit akademischen oder pedantischen, lyrisch-intime Ausdrucksweisen mit den Formeln der modernen Massenkommunikation, präzise termini technici mit Klischees oder Banalitäten, Ernsthaftes mit Komischem und Groteskem vermischt und zu einem in verschlungenen syntaktischen Fügungen üppig wuchernden Idiolekt verbindet, dessen Hauptkriterien Deformation, barocke Fülle und semantische Verdichtung sind.

1934 dachte Gadda an ein Romanprojekt mit dem Titel *Un fulmine sul 220*, das er jedoch schnell aufgab und wieder zu seiner fragmentarischen Kompositionsweise zurückkehrte: 1939 erschien der aus verschiedenen Prosastücken zusammengestellte Band *Le meraviglie d'Italia* mit ungemein farbigen Tableaus des kollektiven Lebens in und um Mailand, viele davon eingebettet in zauberhaft leuchtende, stimmungsgeladene Natur- und Landschaftsbeschreibungen wie etwa in *Notte di luna, Terra lombarda, Dalle mondine, in risaia* oder in *Il viaggio delle acque*. Später erscheinen noch die ebenfalls aus verschiedenen Teilstücken zusammengesetzten Bände *Gli anni* (1943) und *Verso la Certosa* (1961). Aus verschiedenen Zeitschriftenbeiträgen entstand auch der wiederum dem Mailänder Leben gewidmete Erzählband *L'Adalgisa. Disegni milanesi* (1944; 1955 in einem Band mit *La Madonna dei filosofi* und *Il castello di Udine* unter dem Titel *I sogni e la folgore* veröffentlicht). Von den zehn wiederum vom Autor in Anmerkungen kommentierten Prosastücken beschreiben sechs das mittlere und kleine Bürgertum Mailands. Erzählsprache ist das Toskanische, das jedoch vor allem in den Dialogpartien durch Einschübe in Mailänder Mundart ersetzt wird, womit Gadda in die Fußstapfen des lombardischen

838

Dialektdichters Carlo Porta tritt. In einer dichten Folge von Ereignissen, Figuren und Milieus analysiert Gadda das bürgerliche Treiben, hinter dessen biederer Fassade vorgehaltener Strebsamkeit und Ehrbarkeit er nichts anderes als moralische Verlogenheit, Dummheit, banale Riten und körperliche, animalische Triebhaftigkeit ausmachen kann. Das Ganze wird wieder dargeboten in einer barocken und polyphonen Darstellung, die zwischen detaillierter Beschreibung und parodierender Groteske, zwischen affektgeladener Aggressivität und spöttischer Gelassenheit schwankt.

Eine unmittelbar autobiographische, aus dem durch frühe traumatische Erlebnisse verursachten neurotischen Leiden herzuleitende Motivation lag dem Roman *La cognizione del dolore* zugrunde, an dem Gadda seit 1937 arbeitete und dessen sieben erste Folgen zwischen 1938 und 1941 in der Zeitschrift »Letteratura« erschienen. Nach einer komplizierten Entstehungsgeschichte erschien 1963 auf Drängen des Verlegers Einaudi eine erste, nicht abgeschlossene Fassung (die den »Prix Internationale de Litérature« erhielt), der 1970 eine um zwei Teile erweiterte, »endgültige« Fassung folgte, die ebenfalls vom Verfasser nicht abgeschlossen wurde. Der in zwei Teile und insgesamt neun Kapitel gegliederte Roman überträgt persönliche Erlebnisse und gesellschaftliche Entwicklungen der faschistischen und postfaschistischen Ära Italiens nach Maradagàl, ein fiktives südamerikanisches Land (das Gadda wahrscheinlich durch seinen Argentinienaufenthalt suggeriert wurde). In dem Phantasieort Lukones wohnt in einer vom Vater erbauten kostspieligen Villa der Protagonist des Romans, der herabgekommene Adlige Gonzalo Pirobutirro d'Eltino, ein neurotischer und melancholischer Ingenieur, der mit der alten Mutter zusammenlebt, einen Bruder im Krieg verloren hat und literarischen Projekten nachgeht... Don Gonzalo lebt in schrecklicher Einsamkeit, voller Haß gegenüber der ihn umgebenden ländlichen und bürgerlichen Welt, und auch die Beziehungen zur Mutter sind spannungsreich. Die von zahlreichen Abschweifungen unterbrochene, in vielfältigen Stillagen und in dem für Gadda typischen, jetzt auch spanische Elemente integrierenden Sprachgemisch vorgetragene Handlung findet ihren Höhepunkt in einem gewaltsamen Ereignis, mit dem der Roman abbricht: Eines Nachts, als Gonzalo auf Reisen ist, wird die Mutter ermordet in ihrem Bett aufgefunden, ohne daß die Umstände ihres Todes geklärt werden können. Das dem »Erkennen des Schmerzes«, d. h. der Analyse und Bewältigung persönlicher Ängste und Neurosen gewidmete Werk entstand zu einer Zeit, in der Gadda sich intensiv mit der Psychoanalyse beschäftigte, wovon u. a. sein späterer Vortrag *Psicanalisi e letteratura* (1946) Zeugnis ablegt. Den vielschichtigen Roman, der dem Leser politisch-gesellschaftliche Zustände Italiens und persönliche Erfahrungen des Autors deformierend und karikierend im Zerrspiegel der imaginären Welt Maradagàls vor Augen führt, konnte Gadda mit innerer Konsequenz nicht abschließen, so wenig wie er zeit seines Lebens sein neurotisches Leiden überwinden konnte. In der Misanthropie, Einsamkeit und dem Haß Gonzalos gegenüber seiner Umwelt spiegeln sich wie in einer grotesken Kontrafaktur unerlöst und unbewältigt die Besessenheiten Gaddas, seine Zweifel am Sinn des eigenen und des gesellschaftlichen Lebens und am Sinn der Geschichte überhaupt. Auch *La cognizione del dolore* erweist sich als ein schwer lesbares Erzählwerk, das jedoch wie andere Werke Gaddas vor allem durch seine Innovationen im stilistischen und erzählsprachlichen Bereich großen Einfluß auf experimentierende Richtungen der neueren italienischen Prosa ausgeübt hat.

Ähnlichen Tendenzen der Verformung von Wirklichkeiten und der intensiven, aufwühlenden Arbeit am Material der Sprache entsprang auch der Roman *Quer pasticciaccio brutto de via Merulana* (etwa: *Jene gräßliche Bescherung in der Via Merulana*), dessen extrem verschlungene, nicht zum Schluß kommende Handlung auf autobiographische Motive verzichtet und nicht in Mailand oder der Lombardei, sondern im faschistischen Rom der zwanziger Jahre spielt. Die Idee zu dem Roman kam Gadda 1945; 1946 wurden in der Zeitschrift »Letteratura« die ersten fünf Folgen abgedruckt. Erst nach langen und intensiven Arbeiten, die sich auch wegen der Zweifel des Autors in Bezug auf den Ausgang des Werkes hinzögerten, erschien 1957 der Roman mit insgesamt zehn Kapiteln. Von seinem Beginn her und in seiner äußeren Form präsentiert sich das Werk als ein Kriminalroman: In einem von wohlhabenden Bürgern bewohnten Palazzo der Via Merulana sind zwei Delikte verübt worden. Nachdem kurz zuvor der Schmuck der Contessa Menegazzi gestohlen wurde, findet man eine Mitbewohnerin des gleichen Hauses, Liliana Balducci, auf brutale Weise ermordet vor. Der aus der Provinz Molise stammende, aktive, aber auch gedankenreiche Inspektor Ciccio Ingravallo, Freund der Familie Balducci und Bewunderer der schönen Liliana, nimmt mit Energie und Umsicht die Ermittlungen auf, die jedoch auch nach Verfolgung zahlreicher Spuren, nach vielen Verhören, einigen Teilerfolgen (wie zum Beispiel das Auffinden des Schmucks der Contessa) und immer neuen Erkundungen nicht zur Aufklärung des Verbrechens führen. Schließlich bricht der Roman ohne Lösung und ohne Schluß mitten in einem Verhör ab, zu dem Ingravallo eine weitere tatverdächtige Person, ein ehemaliges Zimmermädchen der Balduccis, vorgeladen hat.

Erst nach und nach merkt der verunsicherte Leser während seiner durch viele sprachliche und inhaltliche Erschwernisse gehemmten Lektüre, daß das Werk kein Kriminalroman ist, der durch die Lösung eines komplizierten Falles glänzen möchte, sondern daß der Kriminalfall lediglich als Vorwand dient, um in einem inhaltlich wie sprachlich chaotischen Text das verwirrende, vielschichtige und unauflösbare Durcheinander, eben den »pasticcio« menschlicher Beziehungen und menschlicher Lebenswelten sinnfällig zu machen. Damit wird deutlich, warum das Werk nicht nur keinen Abschluß findet, sondern als offene Form keinen solchen finden darf; und auch, daß sein eigentlicher Protagonist weder im Inspektor noch im Opfer noch in einem möglichen Täter zu suchen ist, sondern in der eigenmächtig und expressiv schaltenden Kunstsprache des Werkes, die ein beeindruckendes, und doch letztlich negatives und beunruhigendes Bild undurchdringlicher Welten vor uns aufbaut. Gaddas Prosaversuch bewegt sich am Rande der Möglichkeiten des Romans, ja er scheint insgesamt eher ein Antiroman als ein Roman zu sein: Inhaltlich bietet der *Pasticciaccio* keinen thematischen Mittelpunkt, keine rationalen Orientierungen, keine überschaubaren Handlungsstränge und keinen eigentlichen Protagonisten mehr; sprachlich konfrontiert er den Leser mit einem babylonischen – weil semantische, syntaktische, stilistische oder lexikalische Einstimmigkeit systematisch sprengenden – Sprachgewirr. Noch dichter, polyphoner und facettenreicher als in früheren Werken ist der sprachliche Karneval, den Gadda jetzt aus den unterschiedlichsten Elementen aufbaut und zu einer ausdrucksstarken Kunstsprache seines Werkes erhebt: Literarische, klassisch-toskanische oder archaische Elemente wechseln mit solchen aus der Umgangssprache, aus Sonder- oder Gruppensprachen, mischen sich mit fremdsprachlichen, fachsprachlichen, philosophischen oder wissenschaftlichen Wendungen und Ausdrücken. Dazu tritt eine starke und vielstimmige Präsenz zahlreicher Mundarten, so der des römischen Volkes (dahinter steht das Vorbild Giuseppe Gioacchino Bellis), des Neapolitanischen, das von Polizisten und anderen gesprochen wird, des Molisischen, der Mundart von Ingravallos Heimat, des Venezianischen der Contessa Menegazzi und vieler weiterer dialektaler, familiärer und nicht zuletzt auch vulgärer Sprechweisen, die nicht nur die Dialogpartien beherrschen, sondern auch in die erzählenden Passagen des Textes eindringen. In seiner Gesamtheit zeichnet der Text mit seiner Polyphonie von Sprachen, Stimmen und Figuren und mit einer dichten Folge bizarrer Verwicklungen, zwielichtiger Milieus und ambivalenter, komischer oder pikaresker Geschehnisse nicht nur einen Querschnitt durch die römische Gesellschaft unter dem Faschismus, sondern zugleich ein Bild der menschlichen Gesellschaft und der Geschichte schlechthin, in welchem gemäß der Optik seines Autors die dunklen Farben der Vulgarität, der Dummheit, der Korruption und der niederen

Instinkte überwiegen. Mit dieser chaotischen Textstruktur läßt sich Gadda, wie die Kritik vielfach dargelegt hat, in eine lange, von Rabelais bis Joyce reichende europäische Tradition manieristischer, sprachmischender und polyphoner (bzw. nach M. Bachtin »karnevalesker«) Literatur einreihen, zu der man auch die makkaronischen Dichtungen Teofilo Folengos rechnen kann. Ebenso bedeutsam ist, daß Gadda mit seiner Prosa und am deutlichsten mit seinem *Pasticciaccio* zum wichtigsten italienischen Vorbild der experimentierenden Richtungen innerhalb der neueren Prosa Italiens wurde. Gaddas bekanntestes und dennoch unübersehbar schwieriges Werk erschien in der Zeit des niedergehenden Neorealismus und wurde in einer ersten Rezeptionsphase als neorealistische Prosa verstanden. In Wirklichkeit lag die Bedeutung des Werkes gerade in der Überwindung des Neorealismus und in der experimentierenden Eröffnung neuer Perspektiven der Prosa, und hat eben damit auf spätere Autoren einen beträchtlichen Einfluß ausgeübt.

Nach und neben seinen in zögernden und tastenden Anläufen erkämpften innovatorischen Prosawerken schrieb Gadda zwischen 1945 und 1946 an einem eigenartigen, wiederum vielschichtigen, Autobiographie, Satire und Invektive mischenden Text mit dem Titel *Eros e Priapo*, eine Art Abrechnung mit den zwanzig Jahren Faschismus in Italien, in der er in expliziter Form sein Urteil über den Faschismus artikulierte, das implizit bereits seinem großen Antiroman zugrunde lag. Auch dieser Band erfuhr keine inhaltliche und formale Abrundung. Nach ersten Teilveröffentlichungen in der Zeitschrift »Officina« von 1955 erschien 1967 eine Buchausgabe dieses Projekts mit dem signifikanten Untertitel *Da furore a cenere*.

Eine Auswahl aus den nicht veröffentlichten Vorarbeiten und Fragmenten Gaddas erschien 1953 in dem mit dem »Premio Viareggio« ausgezeichneten Band *Novelle dal ducato in fiamme*, dessen Titel auf den durch die Faschisten verursachten Niedergang Italiens anspielt, und in einer erweiterten Ausgabe 1963 mit dem Titel *Accoppiamenti giudiziosi*. Für eine vertiefte Kenntnis Gaddas ist wichtig die Essaysammlung *I viaggi la morte* (1958), gefolgt von der postumen Sammlung *Il tempo e le opere* (1982). Neben der frühen Schrift *Il primo libro delle favole* (1952) und einem umfangreichen Briefkorpus (u. a. mit Briefen an Ugo Betti) hinterließ Gadda in stilistischer Hinsicht interessante, unter dem Titel *I Luigi di Francia* 1964 publizierte Rundfunktexte sowie ein ungewöhnliches Bühnenstück in der Form eines dreistimmigen Wechselgesprächs mit dem Titel *Il guerriero, l'amazzone, lo spirito della poesia nel verso immortale del Foscolo* (1967), das gegen Foscolo und die nationalistische Deutung seiner Dichtung polemisiert.

Vielfalt, kosmopolitische Offenheit und ständige Suche nach neuen Aus-

842

drucksformen kennzeichnen das künstlerische Schaffen des zur Generation Gaddas gehörenden ALBERTO SAVINIO (1891–1952), der auf seinen experimentierenden Wegen als Maler, Musiker und Schriftsteller weniger von italienischen als vielmehr von europäischen Entwicklungen und insbesondere von den Malern und Autoren des französischen Kubismus und Surrealismus geprägt wurde. Der in Athen geborene Grieche Andrea De Chirico, Bruder des bekannten Malers Giorgio De Chirico (1888–1978) studierte zunächst in Athen, dann nach dem Tod des Vaters (1905) in München Musik in den Fächern Klavier und Komposition. Schon in frühen Jahren nahm er den Namen Alberto Savinio an. Nach Aufenthalten in Mailand und Florenz ging er 1910 gemeinsam mit seinem Bruder nach Paris, wo er in engen Kontakt mit den Vertretern der Kunstavantgarde trat, mit Picasso, Apollinaire, Francis Picabia, Max Jacob und anderen, und sich vor allem als Komponist avantgardistischer Musikstücke betätigte. Gemeinsam mit dem Bruder leistete er seinen Militärdienst in Ferrara ab; dort entstand aus Begegnungen der beiden Brüder mit Govoni, Carrà und anderen Künstlern das Programm der »pittura metafisica«. 1918 erschien ein erster Band mit Versen und Prosa (teilweise auch in französischer Sprache) aus früheren Jahren. Neben vielfältigen journalistischen Tätigkeiten, darunter Mitarbeit an der »Voce«, der »Ronda« und der Revue »Valori plastici«, widmete sich Savinio in der Nachkriegszeit besonders dem Theater und verfolgte mit großem Interesse die Aufführungen des Teatro d'Arte di Roma. Nach seiner Heirat mit der Schauspielerin Maria Morino (1926) zog er nach Paris, wo er mit Unterbrechungen bis 1934 blieb, und widmete sich intensiv der Malerei, wobei er sich nun vor allem an Breton und dem inzwischen gegründeten Surrealismus orientierte. Nach Italien zurückgekehrt, entfaltete Savinio, stets außerhalb des offiziellen Kulturbetriebs stehend, rege Aktivitäten als unabhängiger und scharfsinniger Journalist, Kunstkritiker und Schriftsteller. Die Hauptphase seines literarischen Schaffens fiel in die zweite Hälfte der dreißiger und in die vierziger Jahre; allerdings fanden seine anspruchsvollen und teilweise fremdartigen Werke damals beim Publikum nur ein zögerliches Echo. Nach dem Zweiten Weltkrieg wandte sich der Kosmopolit Savinio noch stärker grundlegenden Fragen der Kultur und der gemeinsamen europäischen Zukunft zu; einen großen Teil seiner Zeit verwandte er als Bühnenautor auf die Abfassung von Texten und musikalischen Kompositionen für das Theater.

Das literarische Debüt Savinios war der französische Text *Les chants de la mi-mort*, den er 1914 in Apollinaires *Soirées de Paris* veröffentlichte. Das eigentümliche Gemisch aus Prosa und Versen zielt auf eine spielerische Evokation der damals gängigen kulturellen Themen, Bilder und Motive, die in einem merkwürdigen, »surrealistischen« Schwebezustand zwischen Traum und Wirklichkeit (»mi-mort« steht für den Schwebezustand zwischen Wachen und Schlafen) assoziiert werden. An der phantastischen Prosa Apollinaires orientiert sich auch der Band *Hermaphrodito* (1918), der mythische und autobiographische Motive mit komisch-grotesken Verformungen der Realität und rätselhaften, irrealen Bildern mischt und alles in ein bizarres, im Titel angedeutetes Zwitterdasein überführt, das als interferierender Schwebezustand zwischen entgegengesetzten Positionen gedacht ist. Die Tendenz zum Surrealen, zur satirischen und respektlosen Dekomposition vertrauter Wirklichkeiten beherrscht auch den nachfolgenden Text *La casa ispirata* (1925; bereits 1920 in einer Zeitschrift veröffentlicht) und vor allem *Angelica o la notte di maggio* (1927), eine Art surrealistischer Antiroman, der in teils erzählten, teils dialogisierten Passagen mit vielen irrationalen und rätselhaften Motiven die antike Fabel von Amor und Psyche launisch in die moderne Zeitgeschichte und das Leben des heutigen griechischen Volkes hineinprojiziert. Die Nähe zum Surrealismus dokumentieren auch die meisten Erzählungen des Bandes *Achille innamorato* (1938), der die Gestalten des klassischen Mythos phantasiereich in den modernen Alltag verpflanzt und sie hier in ihrer Schemenhaftigkeit entblößt. Ein weiteres großes Thema der Prosa Savinios war das der Kindheit, genauer gesagt der Kontrast zwischen der Welt des Kindes mit seiner sich frei und unbeschwert entfaltenden Phantasie und der umgebenden feindlichen, weil starren und reglementierten Welt der Erwachsenen. Dieser Konflikt war das Hauptmotiv des Romans *Tragedia dell'infanzia,* an dem der Verfasser seit 1919 gearbeitet hatte und der erst 1937 veröffentlicht wurde: Darstellung der Kindheit mit ihrer unbegrenzten, frei assoziierenden Phantasie, die als eine gänzlich eigene und andere Welt von den Erwachsenen nicht verstanden und daher unterdrückt wird. Das gleiche Thema, erweitert durch konkrete autobiographische Motive und Bezüge zur griechischen Heimat, behandelt der nachfolgende Roman *Infanzia di Nivasio Dolcemare* (1941), der die Perspektive zeitlich aus der Kindheit bis in die Gegenwart des Erwachsenen durchzieht: Unverstanden wie das Kind fühlt sich auch der Autor in der ihn umgebenden feindseligen Welt, der auf diese Weise die Erfahrungen der Kindheit wiederholt.

Von daher war es nicht weit bis zum Gedanken an den Tod, der als zweites großes Thema die späteren Texte Savinios beherrscht. Dazu gehört an erster Stelle ein dreigliedriger Zyklus, den der Autor *Il ciclo della vita* nannte. Deutlicher noch als dessen erster Teil, der Roman *Narrate uomini la vostra storia* (1942), der das Schicksal von vierzehn Persönlichkeiten bis zu ihrem Ableben verfolgt, greift der zweite Teil mit dem Titel *Casa ›La vita‹* die Thematik des Todes als des zentralen Problems des menschlichen Lebens auf. Die einzelnen Erzählungen des (mit Handzeichnungen des Autors geschmückten) Bandes, die von kurzen scherzhaften Texteinschüben im Geschmack der Surrealisten unterbrochen werden, entfalten in phantasievollen Sujets zwischen Traum und Wirklichkeit und in einer Abfolge surrealistischer Bilder und Erscheinungen immer konkreter den Gedanken an den Tod als den Punkt, der allen Problemen des Lebens ein Ende setzt und die menschliche Existenz wieder an den Ausgangspunkt der Geburt zurückführt. Am deutlichsten ist diese Thematik in der Titelgeschichte entwickelt und in der Erzählung *Il signor Münster,* deren Protagonist gleichsam seinem eigenen Tod beiwohnt. Ähnliche Themen zusammen mit solchen aus früheren Bänden wie Kindheit und Erwachsenenwelt und die Motive der Verfremdung und Verformung vertrauter Welten in traumhaften, surrealistischen und komischen Bildern geben auch dem dritten Teil des Zyklus mit dem bezeichnenden Titel *Tutta la vita* (1945) sein eigentümliches Gepräge. Von den drei Teilen des *Zyklus des Lebens* ist sicherlich der zweite der bis heute bekannteste Prosaband Savinios geblieben. Weitere Erzählungen und Prosatexte, von denen einige in dem postumen Band *Il signor Dido* (1978) publiziert wurden, verfolgen u. a. die Frage nach der Entstehung des Ichs und die Identitätsproblematik, welche Themen indes zwangsläufig den Autor wieder auf die großen Motive der Kindheit und des Todes zurückführen. Neben seinen journalistischen Arbeiten, die in mehreren Bänden gesammelt wurden, u. a. in *Sorte dell'Europa* (1945) und in dem Band *Souvenirs* aus dem gleichen Jahr mit Erinnerungen an Paris, verfaßte Savinio zahlreiche kritische Arbeiten zu Musik, Malerei, Theater und Literatur; für seine Literaturkritik kann der Essay *Maupassant e l'altro* (1944) als beispielhaft gelten. Aus Savinios gewandter Feder stammen auch einige Theatertexte, die sich an Stoffen des klassischen Mythos, an Pirandello und dem französischen Theater seiner Zeit orientieren, darunter *La morte di Niobe* (1925), *Capitano Ulisse* (1925/34), *Emma B. vedova Giocasta* (1949), sowie *Alcesti di Samuele* und *Orfeo vedovo,* beide von 1950.

Mit seiner beschwingten, phantasievollen und verfremdenden Prosa, die philosophische Tiefe und systematische Strenge ablehnte und ihre lebensnahen Erkenntnisse und Wahrheiten in »dilettantischen« Denkformen, in einem frei assoziierenden Spiel heterogener, vielschichtiger und überwirklicher Elemente zu gewinnen suchte, kann Savinio, der erst von den siebziger Jahren an in Italien stärker beachtet wurde, als einer der wenigen surrealistischen Autoren der italienischen Literatur gelten. Der 1924 als Kunstavantgarde gegründete französische Surrealismus hatte ja, wie an die-

845

ser Stelle angemerkt sei, vor allem in seinen programmatischen und avantgardistischen Aspekten in der italienischen Literatur (im Unterschied zur Malerei) nur ein schwaches und zögerliches Echo ausgelöst. Zusammen mit dem späten Pirandello, mit Palazzeschi, Delfini und Landolfi, von dem sogleich die Rede sein wird, ist Savinio einer der wenigen Italiener, die die surrealistischen Motive des Irrationalen, der Trauminhalte und des Bewußtseinsprotokolls in einer konkreteren Weise rezipierten und in literarischen Werken umzusetzen versuchten.

Eine absolut singuläre Erscheinung mit einzigartigen menschlichen und literarischen Zügen war der aus der Provinz Frosinone stammende TOMMASO LANDOLFI (1908–1979), der in einem zurückgezogenen Leben abseits der etablierten Literaturszene seine Vorliebe für literarisches Experimentieren und für die Kombinatorik des Erzähltextes mit der Leidenschaft für das Glücksspiel verband. Landolfi lebte lange Zeit in Florenz, wo er in russischer Literatur sein Abschlußexamen machte. In den dreißiger Jahren hatte er Kontakte mit der florentinischen Kulturwelt, den dortigen Zeitschriften und insbesondere mit den jungen hermetischen Dichtern. Kurze Zeit war er wegen seiner antifaschistischen Haltung eingekerkert. Abgesehen von einigen Reisen war sein weiteres Leben arm an äußeren Ereignissen. Seine letzten Jahre verbrachte er zwischen Florenz, Rom, einem Haus an der Riviera del Ponente und seinem Geburtsort Pico Farnese.

Landolfi war beeindruckt von der großen europäischen Erzählliteratur des 19. Jahrhunderts und den Autoren der Romantik, von E. T. A. Hoffmann bis E. A. Poe, die vor allem mit ihren geheimnishaften, phantastischen oder verfremdenden Motiven sowie mit den Tonlagen des »Schwarzen Humors« eine große Anziehung auf ihn ausübten. Wichtige Orientierungen waren für ihn neben der romantischen Literatur, den großen französischen Romanen und der Prosa Dostojewskijs und Kafkas die Texte der Surrealisten und der Hermetiker. Inspiriert von solchen Lektüren und unter dem Zwang einer großen inneren Spannung, ja Zerrissenheit versuchte Landolfi mit seiner reflektiert kombinierenden Prosa in disziplinierter, geschliffener und eleganter Sprache eine phantastische, überwirkliche und wunderbare Welt zu entwerfen, die auf die Herstellung eines absoluten Glückszustands zielte und in strahlenden, überwirklichen Frauengestalten ihre faszinierenden und betörenden Höhepunkte haben sollte. Bereits die sechs Erzählungen des ersten Prosabandes Landolfis, *Dialogo dei massimi sistemi* (1937) vermitteln in ihrer Mischung von phantastischen, humorvollen und grotesk-verzerrten Motiven und nicht zuletzt mit ihren teils banal gezeichneten, teils in magischem und überwirklichem Glanz erstrahlenden Frauengestalten einen Eindruck von den zentralen

846

Absichten des Verfassers. In dem wiederum sechs Erzählungen vereinenden Band *Il mar delle Blatte e altre storie* (1939) verstärken sich die surrealistischen Motive in einer Abfolge phantastischer, überwirklicher und bizarrer Situationen und Erscheinungen. So erzählt etwa die lange Titelgeschichte des Bandes von der Seereise eines Notars, seines nichtsnutzigen Sohns und eines mitgeschleppten Mädchens zum geheimnisumwitterten *Mar delle Blatte,* die auf einem Schiff stattfindet, das ebenso wie dessen Besatzung aus dem Nichts hervorgegangen ist. Während der Seereise findet ein heftiger Liebesstreit zwischen dem Sohn, der jetzt als eine Fürstengestalt der Vergangenheit mit Namen Variago auftritt, und dem Mädchen Lucrezia statt, die das Werben Viaragos zurückweist, weil sie in einen Wurm verliebt ist. Schließlich gibt Lucrezia doch noch nach, und die Reise endet auf einer glücklichen Insel. Ebenfalls 1939 erschien der Roman *La pietra lunare* mit der Geschichte des Studenten Giovancarlo, der an seinem Geburtsort auf dem Land seine Ferien verbringt. Dort begegnet er eines Tages einem ungewöhnlichen Mädchen mit großen wilden Augen, Gurù, das sich zu seinem Erstaunen statt auf normalen Beinen auf zwei Ziegenbeinen bewegt. Von der alten Betschwester Filomena erfährt er, daß Gurù ein lunarisches Wesen sei. Eines Nachts führt Gurù, die Giovancarlos Liebe erwidert, diesen auf einen Berg, und dort erlebt der Student mit Schrecken und Entsetzen, wie sich Gurù im Mondschein und umgeben von einem wahren Hexensabbat aus verformten, halb menschlichen, halb tierischen Wesen und umringt von furchterregenden Geistern und Phantasmen als eine eiskalte lunarische Kreatur entpuppt. Nach dem Erzählband *La spada* (1942) tendierte die Phantasie Landolfis in dem Roman *Le due zitelle* (1946) und in weiteren Erzählungen des Bandes *Ombre* (1954) noch stärker zur Verfremdung und komisch-grotesken Verformung der Realität und zu einer immer dichteren Verschleierung der Grenzen zwischen Traum und Wirklichkeit. Auch romantische Motive wie Einsamkeit, kosmische Schauder und Wahnsinn kommen in der Prosa Landolfis vor und verbinden sich teilweise mit Aspekten des Zukunftsromans bzw. der »fantascienza«, wie etwa in dem Roman *Cancroregina* (1950), in dem ein von einem Wahnsinnigen konstruiertes Raumschiff zum Mond fliegen soll, statt dessen aber in der Weite des Weltraums untergeht. Etwa von *Cancroregina* an hat Landolfi das mehr oder weniger traditionelle Genre des Romans aufgegeben und versucht, den Reichtum seiner ungestümen Phantasie in einer neuen Prosaform, nämlich in fiktiven Tagebüchern bzw. Tagebuch-Romanen unterzubringen. Der erste und wohl auch wichtigste dieser Tagebuchbände erschien 1953 unter dem ambivalenten Titel *La bière du pécheur* (was sowohl *Die Bahre des Fischers* als auch *Das Bier des*

Fischers bedeuten kann). Das »Tagebuch« handelt mit vielen autobiographischen Details von einem jungen Mann, der im Spiel sein Vermögen vergeudet und sich in eine Reihe von Frauen verliebt. Nach und nach löst sich die narrative Grundstruktur des Textes auf und macht einer verzweifelten Verfälschung bzw. Verschmelzung der Grenzen zwischen Tatsächlichem und Erfundenem, zwischen Traum und Wirklichkeit, zwischen Fiktion und Wahrheit Platz, hinter der sich extreme Spannungen zwischen dem Kunstwillen und der Lebenserfahrung des Autors und letztlich das Eingeständnis seines existenziellen Scheiterns offenbaren. Ein ähnlich auswegloser Pessimismus prägte auch die weiteren fiktiven Tagebücher *Rien va* (1963) und *Des mois* (1967). Daneben publizierte Landolfi in *Ottavio di Saint Vincent* (1958), *Tre racconti* (1964) und anderen Bänden weitere Erzählungen bis hin zu den virtuos kombinierten *Racconti impossibili* (1966) und den fast kalt und maniert wirkenden letzten »Erzählungen« *Le labrene* (1974) und *A caso* (1975). Neben Essays schrieb Landolfi auch einige Theaterstücke in Versen wie *Landolfo VI. di Benevento* (1959) und *Faust '67* (1969). Auch zwei Lyrikbände aus den späten Jahren, *Viola di morte* (1972) und *Il tradimento* (1977) mit Gedichten in hermetischen und archaisierenden Stillagen gehören zum Oeuvre des eigenwilligen Künstlers, in dem sich wie bei Savinio autobiographische, surrealistische und experimentierende Tendenzen überlagern.

Als wichtigster Exponent eines in praktischen Versuchen und programmatischen Kundgaben sich artikulierenden literarischen »sperimentalismo« kann von den fünfziger Jahren an PIER PAOLO PASOLINI (1922–1975) gelten, der in einer einmaligen Verbindung von künstlerischem und politisch-ideologischem Engagement seine ruhelose Aufmerksamkeit nicht nur auf die Erneuerung der literarischen Sprachen und Formen, sondern stets auch auf ein angemessenes Verhältnis zwischen literarischem Ausdruck und der sich rasch ändernden kulturellen, gesellschaftlichen und politischen Situation richtete, mit dem übergeordneten Ziel, der Literatur in jedem historischen Augenblick eine in Inhalt und Form aktuelle und effiziente Präsenz zu verleihen. Mit all seinen experimentierenden und provozierenden Tendenzen bleibt Pasolini indes der Tradition verbunden, deren Formenreichtum und inhaltliche Vielfalt in seinem Werk weiterwirken; aus einem tiefen Gefühl für literarische Kontinuität heraus distanzierte er sich von den Kunstavantgarden, die den Bruch mit der Tradition forderten. Bei alledem ging Pasolinis Leidenschaft stets über die Literatur hinaus und richtete sich in immer neuen Einlassungen letztlich auf die Herstellung einer gerechten menschlichen Gesellschaft, was manchen seiner literarischen Werke den Charakter einer vorläufigen, nicht abgeschlossenen oder auch allzu direkten, ideologischen Stellungnahme verleiht. Pasolini wurde in Bologna als Sohn eines Artillerieoffiziers und einer aus dem ländlichen Casarsa im Friaul stammenden Grundschullehrerin geboren. Wegen des Berufs des Vaters lebte die Familie an verschiedenen Orten Italiens, verbrachte jedoch in der Regel die Sommermonate in Casarsa; und dort, in der unverfälschten Friaulischen Landschaft und in den Szenen und Abenteuern des einfachen, naturnahen Landlebens erfuhr der junge Pier Paolo tiefe und bleibende Eindrücke. 1939 schrieb sich Pasolini in Bologna an der »Facoltà di Lettere« ein und hörte u. a. die kunstgeschichtlichen Vorlesungen Roberto Longhis. Gemeinsam mit den Freunden Luciano Serra, Roberto Roversi und Francesco Leonetti ging er literarischen Plänen nach und dachte auch an die Gründung einer literarischen Zeitschrift mit dem Titel »Eredi«. Schon 1942 veröffentlichte er einen schmalen Band mit Gedichten in Friaulischem Dialekt, die *Poesie a Casarsa,* denen G. Contini im »Corriere del Ticino« eine wohlwollende Besprechung widmete. Nachdem der Vater in Ostafrika in englische Gefangenschaft geraten war, zog die Mutter noch im gleichen Jahr mit ihren zwei Söhnen nach Casarsa, von wo aus Pier Paolo seine Studien in Bologna bis zum Waffenstillstand vom 8. September 1943 fortsetzt; die anschließenden Monate der deutschen Okkupation verbringt er in Casarsa, wo er sich mit dem Dialekt der Gegend beschäftigt und gemeinsam mit Freunden im Februar 1945 eine »Accademiuta di lengua furlana« gründet. In diese Zeit fallen auch eine Reihe homosexueller Beziehungen; gleichzeitig intensivieren sich seine Bindungen an die Mutter, während das Verhältnis zum Vater schwierig bleibt. Der Tod des Bruders Guido, der in einer Partisanenorganisation ums Leben kommt, wovon die Familie erst lange nach Kriegsende erfährt, löst in Pier Paolo tiefen Schmerz und Schuldgefühle aus.

Im November 1945 schließt Pasolini sein Literaturstudium mit einer Arbeit über Pascoli ab, der ihm unter den neueren traditionellen Autoren nahe steht, und erweitert in den nächsten Jahren, vor allem durch häufige Reisen nach Rom, ganz erheblich seine Kontakte zur kulturellen und literarischen Welt. 1947 schreibt er sich in die Kommunistische Partei ein und engagiert sich in den sozialen Auseinandersetzungen für die Arbeiterklasse. Im gleichen Jahr beginnt er in einer Mittelschule in Valvasone bei Casarsa zu unterrichten, wird jedoch bereits im September 1949 im Gefolge homosexueller Beziehungen wegen Verführung Minderjähriger angezeigt, erregt öffentlichen Skandal und sieht bald darauf, nach dem Verlust der Anstellung und nach Ausstoßung aus dem PCI, dem ersten von insgesamt über dreißig Prozessen entgegen, die er in seinem Leben durchstehen mußte. Zusammen mit der verzweifelten Mutter zieht er im Januar 1950 nach Rom, wo diese eine Anstellung als Gouvernante findet und Pier Paolo zunächst in bescheidensten Verhältnissen lebt. In dieser Zeit intensiver Studien und Arbeiten lernt Pasolini Rom näher kennen, insbesondere auch die Vorstädte mit ihrem Subproletariat und ihren »ragazzi« (unter seinen zahlreichen Bekanntschaften mit Vorstadtjungen werden vor allem Sergio Citti und Ninetto Davoli in seinem Leben eine wichtige Rolle spielen). Er bekommt wieder eine Anstellung als Mittelschullehrer, knüpft Kontakte zu römischen Künstlern und Schriftstellern, darunter auch zu Gadda, Caproni, Bassani und Bertolucci und erweist sich als profunder Kenner der italienischen Dialektdichtung.

Neben journalistischen, literarischen, literaturkritischen und herausgeberischen Aktivitäten wandte sich Pasolini in jenen Jahren auch dem Film zu und begann, bei verschiedenen Dreharbeiten mitzuwirken. Nach dem Band *La meglio gioventú* (1954), einer Sammlung von Gedichten in friaulischem Dialekt, setzte im folgenden Jahr mit der Publikation der *Ragazzi di vita* der literarische Ruhm des Verfassers ein, der noch im gleichen Jahr gemeinsam mit Francesco Leonetti und Roberto Roversi; die literaturkritische und programmatische Zeitschrift »Officina« gründete, die bis 1958 und in einer neuen Serie noch einmal 1959 (in nur zwei Faszikeln) erschien. Unter den unterschiedlich orientierten Redakteuren der Zeitschrift vertrat Pasolini am klarsten den Standpunkt eines traditionsverbundenen »sperimentalismo«, den er in einem späteren Artikel vom Februar 1956 noch einmal differenzierend als »neo-sperimentalismo« umriß. Nach weiteren erfolgreichen Werken wie den mit dem »Premio Viareggio« ausgezeichneten Gedichtband *Le ceneri di Gramsci* (1957) und dem Roman *Una vita violenta* (1959) engagierte sich der inzwischen zum Vorbild der Linksintellektuellen avancierte, aber nach wie vor als Homosexueller angefeindete Pasolini in den sechziger Jahren verstärkt im Film und eröffnete mit *Accattone* (1961) eine langjährige, des öfteren polemische Auseinandersetzungen und Skandale provozierende, doch schließlich überaus erfolgreiche Tätigkeit als Regisseur, die ihn jetzt auch international bekannt macht und die Übersetzung seiner Werke in andere Sprachen fördert. Zu seinen Freunden gehören nun Moravia und Elsa Morante, die Schauspielerin Laura Betti und die Sängerin Maria Callas. In die sechziger Jahre fällt auch seine Polemik mit Sanguineti und seine Distanzierung von den radikalen Zielsetzungen der »Neoavanguardia«.

Während der revolutionären Ereignisse von 1968 stellte er sich etwas überraschend gegen die neue Linke der Studenten, die er als bürgerliche Muttersöhnchen einstufte, auf die Seite des Proletariats, dem aber auch ein Teil der Polizisten angehörte. Ab 1966 leitete er mit Moravia und Carocci eine neue Serie der »Nuovi Argomenti«; in den siebziger Jahren steigerte sich sein politisches und ideologisches Engagement und artikulierte sich in zahlreichen Pressebeiträgen, vor allem im »Corriere della sera«, wo er wiederholt seine Auffassungen zu Politik und Gesellschaft darlegte. Nach Abschluß der Dreharbeiten an dem provozierenden Film *Salò e le 120 giornate di Sodoma,* der wiederum einen Skandal auslöste, wurde Pasolini in der Nacht vom 1. auf den 2. November 1975 von einem Siebzehnjährigen bei Ostia ermordet – ein tragischer Tod, der das ganze Leben und Schaffen Pasolinis in ein eigentümliches Licht tauchte und nicht wenig zu einer bald um den Schriftsteller einsetzenden Mythenbildung beitrug.

Pasolinis Lyrik steht ganz im Zeichen der experimentierenden Suche nach einer neuen, authentischen Dichtungssprache, die sich auch der traditionellen Ausdrucksmittel, insbesondere der der Lyriker des 19. Jahrhunderts, bedienen sollte. Sein erster Zyklus *Poesie di Casarsa* (1942) mit ab 1939 geschriebenen Gedichten im friaulischen Dialekt wurde zum großen Teil überarbeitet und ging mit weiteren nach 1943 verfaßten Dichtungen in den Band *La meglio gioventú* (1954) ein, der die Jugendzeit in der »patria ideale« des Friaul gleichsam als ein verlorenes Paradies besingt und die Schönheit der Natur und der Landschaft in all ihrer Ursprünglichkeit und Unschuld erstehen läßt. In sprachlicher Hinsicht versuchten diese Dichtungen, den in Casarsa gesprochenen Dialekt zu einer poetischen Sprache zu entwickeln, ein Unterfangen, das sich auch die »Accademiuta di lengua furlana« zum Ziel gesetzt hatte. Dabei orientierte sich Pasolini u. a. an den provenzalischen Dichtungen Peire Vidals und an den Erneuerungsversuchen des Provenzalischen als einer Literatursprache durch Frédéric Mistral. Über seine Gedanken zur Dialektliteratur äußerte sich Pasolini vor allem in den Aufsätzen *La poesia dialettale del Novecento* (1952) und *La poesia popolare italiana* (1955), wo er u. a. die Ansicht vertrat, daß der unter dem Faschismus erstarkte linguistische Zentralismus zugunsten eines sprachlichen Regionalismus abgebaut werden müsse, da nur im Dialekt der Mensch sich in authentischer Weise mitteilen könne. In die nach 1947 entstandenen Dialektgedichte ist das ideologische und klassenkämpferische Engagement Pasolinis eingegangen, so zum Beispiel in das (im venezianischen Dialekt von Pordenone) verfaßte Gedicht *Vegnerà el vero Cristo,* das einem jungen Arbeiter den wahren kommenden Christus ankündigt.

Parallel zu seiner Dialektlyrik schrieb Pasolini etwa von den vierziger Jahren an auch Gedichte in der italienischen Hochsprache. Eine Anzahl von zwischen 1943 und 1949 entstandenen Dichtungen erschien 1958 in dem Band *L'usignolo della Chiesa Cattolica,* der in einer ungewöhnlichen Vielfalt von metrischen Formen und stilistischen Tonlagen und in einer offenen, kommunikativen Grundhaltung die Wertvorstellungen und Orientierungen der katholischen Gesellschaft problematisiert. Im Mittelpunkt steht die religiöse Thematik, durchsetzt von Zweifeln an der Existenz Gottes und von sexuellen Bildern, mit denen auch Maria und Christus in Verbindung gebracht werden. Nach vielen Texten, in denen sich christliche, religiös-mystische und erotisch-sexuelle Motive mischen, schließt die Sammlung mit den zehn Gedichten des Abschnitts *La scoperta di Marx*, worin sich die Hinwendung zum Marxismus als Möglichkeit einer diesseitigen Erlösung des Menschen und damit bereits die nächste Entwicklungsphase des Autors ankündigt. Diese wird innerhalb der Lyrik Pasolinis repräsentiert durch die Bände *Le ceneri di Gramsci* (1957) und *La religione del mio tempo* (1961), die die Welt der römischen Vorstädte und Slums, die Pasolini inzwischen kennengelernt hatte, mit ihren Arbeitslosen, Kriminellen, Prostituierten und ihrem Elend thematisieren und zugleich sprachlich neue Wege zu gehen versuchen.

Was der Autor der *Ceneri di Gramsci* in der erregten poetologischen Diskussion der fünfziger Jahre unter »sperimentalismo« versteht, hat er in mehreren Beiträgen in der Zeitschrift »Officina« und insbesondere in den Essays *Il neo-sperimentalismo* (1956) und *La libertà stilistica* (1957) sowie in dem späteren Aufsatz *Nuove questioni linguistiche* (1964) erläutert, wobei er vor allem die Entwicklung einer neuen, expressiven lyrischen Sprache fordert, die »rational, logisch und historisch« sein und sich an Foscolo, Carducci und, in erster Linie, an Pascoli orientieren solle. Das Titelgedicht der Sammlung, *Le ceneri di Gramsci*, handelt von dem in faschistischen Gefängnissen zu Tode gemarterten Antonio Gramsci (1891–1937), in dem der Autor einen »Bruder« und ideologischen Lehrmeister sieht. Andere Texte wie *L'Appennino* thematisieren Elend und Armut des heutigen Italiens vor dem Hintergrund seiner vergangenen Größe, fordern wie *L'umile Italia* eine Wendung zum Besseren oder denunzieren in vielfältigen Bildern und Motiven die gesellschaftlichen Mißstände und das Elend des Subproletariats. Formal greifen viele Texte der *Ceneri* traditionelle Strophenformen auf, darunter vor allem die Terzine; auch bei den Versmaßen dominiert der klassische Elfsilbler.

In der nachfolgenden Gedichtsammlung *La religione del mio tempo* (1961) zeichnet sich eine innere Wende Pasolinis ab, der jetzt, nach Bekanntwerden der Greuel des Stalinismus auf dem 20. Parteitag der KPdSU (1956) und nach der Niederschlagung des Ungarnaufstands im Herbst des gleichen Jahres, wie viele andere Intellektuelle der Kommunistischen Partei keine Erneuerung Italiens mehr zutraut und generell an der Möglichkeit einer gesellschaftlichen Wende zu zweifeln beginnt. Seine Zweifel erstrecken sich jetzt auch auf die Möglichkeiten des Dichters, der nach seiner Meinung in der hektischen, modernen Welt zu wenig kreative Muße findet. In diesem Sinn wird etwa in dem Epigramm *Al principe* Anklage erhoben gegen »diese unsere Menschenwelt/ die den Armen das Brot, dem Dichter die Muße nimmt.« Zutiefst enttäuscht von der aussichtslosen Situation des damaligen Italiens beginnt der Dichter, sich fernen, vermeintlich besseren Welten zuzuwenden; so besingt er etwa in dem Franco Fortini gewidmeten Gedicht *Frammento alla morte* die Sonne Afrikas, »die die Welt erleuchtet«, und schließt mit den Worten »Africa! Unica mia / alternativa.« In dem Band *Poesia in forma di rosa* (1964) mit Gedichten aus der Zeit von 1961 bis 1964 vertiefen sich die Desillusionen des Dichters. Viele Texte schmähen mit bitterer Ironie die feist etablierte, profitsüchtige bürgerliche Gesellschaft und polemisieren gegen die menschenverachtende und naturzerstörende Macht der kapitalistischen Wirtschaft. Da der Dichter keine Möglichkeiten mehr sieht, diese Verhältnisse zu ändern, versucht er in Gedichten wie *La Guinea* oder *La profezia*, seinen Zeitgenossen erneut Afrika und die Négritude als Ideal eines ursprünglichen Lebens vor Augen zu stellen, mit dem die Geschichte wieder zu ihren authentischen Ursprüngen, und damit zu einer »nuova preistoria« zurückkehren solle. In dem letztgenannten, Verse und Prosa mischenden Gedicht, das Sartre gewidmet ist, läßt er sogar Afrikaner nach Italien kommen, um den dortigen Spießern zu zeigen, was die wahre Freude eines freiheitlichen Lebens ist: »per insegnare ai borghesi/ la gioia della libertà.« Die nachfolgende Sammlung *Trasumanar e organizzar* (1971) erscheint in einer Zeit, in der der in seinen ideologischen und dichterischen Überzeugungen zutiefst verunsicherte Dichter sich bereits mit großem Erfolg in der Welt des Films engagierte. Das Verb »trasumanar« des Titels stammt aus Dantes *Paradiso* (I, 70) und bedeutet soviel wie »die Menscheit über ihren irdischen Zustand hinaus in höhere, göttliche Sphären emporheben«, und »organizzar« meint in diesem Zusammenhang die Umsetzung dieses reformerischen Zieles in einer sozialistisch strukturierten Gesellschaft. Doch ist der Band von tiefer Resignation, Trauer um die versunkenen Ideale und Hoffnungslosigkeit geprägt. Das Titelgedicht wendet sich an die Funktionäre der Kommunistischen Partei Italiens, thematisiert den Zustand der Partei und spricht sich gegen eine Mitgliedschaft aus, da die Partei zu einer starren, dogmatischen Institution verkommen sei. In dem Gedicht *Dutschke* sieht er sich resignierend als Vater des deutschen Studentenführers, seien doch dessen ideologische Ziele bereits lange zuvor von ihm entwickelt und verkündet worden, und daher inzwischen schon längst wieder veraltet. In nicht wenigen Texten, wie z. B. in *Comunicatio all'Ansa (Propositi)* konstatiert der Autor bitter die Nutzlosigkeit seines Tuns in einer ihm nunmehr öde und leer erscheinenden Welt. Gleiche resignierende und negative Haltungen prägen auch die 1974 abgeschlossene Neufassung seiner Gedichte in friaulischem Dialekt, die 1975 unter dem Titel *Seconda forma de ›La meglio gioventú‹* in dem Band *La nuova gioventú* erschien. Die umgeschriebenen Texte dieser zweiten Fassung spiegeln die Hoffnungslosigkeit des Autors und die Zerstörung der idyllischen Welt der Kindheit und ihrer Mythen wider – ein erregender Beleg dafür, wie konsequent Pasolini seine Lyrik in jeder Phase seines Lebens als jeweils adäquaten Ausdruck seiner Einstellungen instrumentalisierte.

Diente die Lyrik Pasolini als authentischer Ausdruck persönlicher Befindlichkeiten und Perspektiven, so war seine erzählende Prosa in erster Linie darauf ausgerichtet, einzelne Bereiche der äußeren gesellschaftlichen Welt zu erschließen, um aus tiefer, erkennender Zuneigung und in einer meist totalen Identifikation des Autors mit seinen Figuren diese Welt mit ihren fremden, ungeschriebenen Gesetzen und ihren verschlungenen Beziehungen in unverfälschter Unmittelbarkeit darstellen zu können. Dabei schlägt sich die hohe menschliche Anteilnahme des Autors oft in zärtlichen und lyrischen Motiven nieder, während er stilistischen und erzähltechnischen Feinheiten weniger Aufmerksamkeit schenkt. Von einer großen menschlichen Wärme zeugen bereits die ersten Prosatexte Pasolinis, die beide die homosexuellen Erlebnisse des Autors aus seiner Jugendzeit im Friaul thematisieren: Der tagebuchartige Kurzroman *Atti impuri*, der von seinen Männerfreundschaften in den Jahren 1946/47 erzählt, und die in vier Kapitel eingeteilte und in der dritten Person vorgetragene längere Erzählung *Amado mio*, deren Titel auf ein von Rita Hayworth gesungenes Lied aus dem Film *Gilda* (1946) anspielt. Beide Werke, »zwei Idyllen und zugleich zwei Elegien der Jugend« (Bertolucci), wurden postum unter dem Titel *Amado mio* (1982) veröffentlicht. Autobiographische Elemente, das Leben der Jugendlichen im Friaul, die verworrene politische und ideologische Lage nach Kriegsende und die gesellschaftlichen Konflikte dieser Jahre sind der Hauptgegenstand von Pasolinis erstem Roman, der 1948/49 entstand und zunächst den Titel *La meglio gioventú* tragen sollte, dann aber 1962 mit dem Marx abgelauschten Titel *Il sogno di una cosa* erschien. Mit seinen Motiven aus dem einfachen Leben des Volkes, seinen lyrischen Stimmungen und seinen noch vagen Idealen einer besseren, sozialistischen Gesellschaft ist es derjenige Band Pasolinis, der sich aus spontanen Bedürfnissen heraus am stärksten an neorealistische Vorbilder anlehnt.

Die relevantesten Erzähltexte Pasolinis sind jedoch zweifellos die, in denen er das Leben in den Vorstädten und Slums der Hauptstadt beschreibt.

Dies geschah in den Erzählungen aus den fünfziger und sechziger Jahren, die 1965 in dem Band *Alí dagli occhi azzurri* erschienen, vor allem jedoch in den beiden Milieustudien *Ragazzi di vita* (1955) und *Una vita violenta* (1959), in denen Pasolini traditionelle Formen des Romans hinter sich läßt, um mit neuen, provozierenden Mitteln und wiederum mit größter menschlicher Anteilnahme das Leben in den römischen Slums zu schildern. In den *Ragazzi di vita* beschreibt Pasolini aus größter Nähe und in größter Unmittelbarkeit eine Schar von Halbstarken und »Strichjungen« aus dem Subproletariat eines römischen Vorstadtviertels, die ihr marginalisiertes, elendes und animalisches Leben buchstäblich auf der Straße zubringen. Auch wenn der frühreife, verschlagene und entschlossene Riccetto zeitweise im Mittelpunkt des Geschehens steht, hat der Roman keinen eigentlichen Helden, sondern zielt auf die Dokumentation des gesamten Lumpenproletariats schlechthin, in dessen verkommenen und barbarischen Lebensformen der Autor immer noch einen Rest von Menschlichkeit und Schönheit entdeckt. In *Una vita violenta* gruppiert sich dagegen die Handlung exemplarisch um Tommasino Puzzilli herum, einen Jungen aus »Piccola Shangai«, einem Barackenviertel in der Borgata von Pietralata, der nach vielen Abenteuern und Gaunerstreichen schließlich ein politisches Bewußtsein entwickelt, zum aktiven Kommunisten wird und zum Schluß in einem heroischen Akt eine Prostituierte aus den Fluten des die Barackenstadt überschwemmenden Aniene rettet und dafür mit seinem Leben bezahlt. Beide Werke sind weniger Romane als Anti-Romane: sie verzichten auf eine feinere erzähltechnische Strukturierung, auf den Aufbau gegliederter Handlungsgefüge und Personenkonstellationen und vor allem auf stilistische oder rhetorische Sublimierungen. In einem ziemlich schematischen, elementaren Italienisch und in fragmentarischen Erzählsequenzen trägt der Erzähler das Geschehen vor, während die Personen im herabgekommenen und verformten römischen Dialekt der Borgate sprechen und sich auf dieser untersten Sprachebene mit ihren abnormen, kruden und obszönen Wendungen darstellen.

Pasolinis Aufmerksamkeit gilt in erster Linie den dialektalen und vulgären Sprechweisen der Slumbewohner, in deren sorgfältiger Reproduktion er die Hauptgarantie für die Echtheit und die rauhe Vitalität seiner Milieustudien sieht. Eben dieses Streben nach Unmittelbarkeit und Authentizität war es auch, das Pasolini veranlaßte, als Erzähler aufzuhören und sich statt dessen dem Film zuzuwenden, der ihm unter allen künstlerischen Formen als das am besten geeignete Ausdrucksmittel erschien, um Wirklichkeit direkt und unverfälscht darzustellen. Konsequenterweise knüpfen denn auch seine ersten Filme wie *Accattone* (1961) und *Mamma Roma* (1962) thematisch wieder an seine in einzelnen Erzählungen vorgestalteten Schilderungen des Subproletariats und des Kleinbürgertums an.

Zu erwähnen bleibt noch, daß Pasolini in seiner unermüdlichen Suche nach Erneuerung des künstlerischen Ausdrucks sich zeitweise auch dem Theater zuwandte. Abgesehen von einigen früheren Texten entstanden ab 1965 sechs ehrgeizige, doch dramaturgisch schwache Theaterstücke: *Affabulazione, Pilade, Calderón, Orgia, Porcile* (im Zusammenhang mit dem gleichnamigen Film) und *Bestia di stile,* in denen Pasolini das Konzept eines »teatro di parola« vertrat, das in der bedeutungsschweren und symbolhaften Sprache der klassischen Tragödie die bürgerliche Kultur provozieren und konterkarieren sollte. Über seine Ansichten dazu äußerte sich Pasolini in seinem *Manifesto per un nuovo teatro* von 1968 (zum Theater Pasolinis vgl. auch S. 710) Die zahlreichen Essays Pasolinis, in denen sich seine künstlerische und ideologische Entwicklung dokumentiert, wurden in den Bänden *Passione e ideologia* (1960), *Empirismo eretico* (1972) und *Descrizioni di descrizioni* (postum 1979) herausgegeben; seine wichtigen journalistischen Beiträge, die wie wenige andere mit einem breiten Spektrum von Analysen und Argumenten dem Pulsschlag der Zeit folgen, erschienen in den Sammlungen *Le belle bandiere* (1977), *Il caos* (1979), sowie in den beiden Bänden der *Scritti corsari* (1975) und den postumen *Lettere luterane* (1976).

In dem umfangreichen Prosawerk des Sizilianers LEONARDO SCIASCIA (1921–1989) gehen schriftstellerische und gesellschaftlich-staatsbürgerliche Beweggründe eine enge Verbindung ein: Ein unerhört kritisches und wachsames staatsbürgerliches Engagement und ein experimentierender, neue Erzählformen kreierender schriftstellerischer Impetus richten sich unermüdlich auf das eine große Ziel der Herstellung und Erhaltung von Wahrheit und Gerechtigkeit in der Gesellschaft. Aus einer zutiefst weltlichen, der Vernunft verpflichteten aufklärerischen Grundhaltung heraus, in erkämpfter Unabhängigkeit und ohne Zugeständnisse an politische Theorien oder Ideologien, entwickelte Sciascia seine Prosa zu einem Instrument, das Unrecht, Machtmißbrauch und Kriminalität in Gesellschaft und Politik denunzieren und für Wahrheit, Gerechtigkeit und Freiheit wirken sollte. Da es ihm stets darauf ankam, nicht lediglich zu erzählen, sondern zugleich gegen oder für etwas zu plädieren und zu argumentieren, mußten die Strukturen des Essays zwangsläufig in seine Prosa eingehen; da er die verschlungenen Wege des Verbrechens, der Mafia und des politischen Ränkespiels nachzeichnen und bloßstellen wollte, war es naheliegend, sich hierzu der Strukturen des Kriminalromans, des »giallo«, zu bedienen; und da ihm auf seinen schwierigen inquisitorischen Wegen die großen Autoren der vernunftorientierten, aufklärerischen Literatur Europas wichtige Stützen und

856

Wegweiser waren, mußten ihre Ideen und Argumente einen angemessenen Platz in seinen Werken finden. So gewinnt die stets in rationaler, »klassischer« Klarheit und mit großer Genauigkeit schildernde Prosa Sciascias ihre unverwechselbaren Züge aus der Integration dreier heterogener Elemente, nämlich des Essays, des »giallo« und der literarischen Tradition, in die jeweils thematisierten Erzählstoffe.

Der in Racalmuto bei Agrigent geborene, aus kleinbürgerlicher Familie stammende Sciascia erhielt nach Besuch eines Lehrerseminars 1941 sein Diplom als Grundschullehrer, heiratete 1944 und war, nach verschiedenen früheren Beschäftigungen, ab 1949 als Grundschullehrer an seinem Geburtsort tätig. Vom Ende der vierziger Jahre an entfaltete Sciascia rege literarische und kritische Aktivitäten und veröffentlichte erste literarische Arbeiten, darunter sein erstes Buch mit dem Titel *Le favole della dittatura* (1950). Sciascia schrieb für verschiedene Zeitschriften und arbeitete insbesondere mit dem Verleger Salvatore Sciascia zusammen, dessen Zeitschrift »Galleria« er herausgab. Politisch fühlte sich der junge Schriftsteller von den Linken und den Kommunisten angezogen, zu welchen er jedoch stets eine kritische, von Mißtrauen geprägte Distanz wahrte. 1957/58 arbeitete er vorübergehend im »Ministero della Pubblica Istruzione« in Rom; nach Sizilien zurückgekehrt, gab er sein Lehramt auf und arbeitete in Caltanisetta in einer schulischen Fürsorgeeinrichtung. Sein erstes, von einem größeren Publikum beachtetes Buch, *Le parrocchie di Regalpetra*, erschien 1956; 1961 folgte *Il giorno della civetta*, das ihn berühmt machte und zugleich das Problem der Mafia in das Bewußtsein einer breiten Öffentlichkeit rückte. Von da an war Sciascia der bekannteste unter den sizilianischen Intellektuellen und spielte eine wichtige Rolle in der kulturellen und politischen Debatte Italiens, in die er mit vielen Veröffentlichungen, Vorträgen und Presseartikeln eingriff. Seit 1967 lebte er in Palermo, die Sommermonate verbrachte er meistens in Racalmuto. 1970 gab er seine staatliche Anstellung auf und erregte dann mit *Il contesto* (1971) und zahlreichen nachfolgenden, kürzeren Büchern, die sich meist an den Grenzen zwischen Literatur, Essay und Recherche bewegten, immer größeres Aufsehen, das ihn bald auch international bekannt machte. 1975 wurde er als unabhängiger Abgeordneter auf den Listen des PCI ins Parlament von Palermo gewählt, doch legte er bereits 1977, enttäuscht wegen der geringen Wirkungsmöglichkeiten im Stadtrat, sein Mandat nieder. Bekannt wurde Sciascia auch durch sein Engagement bei der Aufklärung der Hintergründe der Entführung und Ermordung des Ex-Ministerpräsidenten Aldo Moro, wozu er in der Schrift *L'affare Moro* (1978) Stellung nahm, die eine heftige Polemik auslöste. In vielen Reden und Publikationen hat Sciascia, der sich zum Gewissen seiner Nation entwickelte, auch in den folgenden Jahren mit großer Leidenschaft gegen Mafia und Terrorismus und für die Erhaltung der bürgerlichen Rechte und der Rechtssicherheit gekämpft. Zeitweise der radikalen Partei nahestehend, war er von Juni 1979 bis Juni 1983 Abgeordneter im römischen Parlament und auch Mitglied der Untersuchungskommission zum Fall Moro. Vor allem seine längeren Aufenthalte in Paris, in dessen aufgeklärter, kosmopolitischer Atmosphäre er sich wohlfühlte, gaben ihm die Kraft, unermüdlich, wenn auch langsam resignierend, gegen die weitverstrickte Macht der Mafia und gegen die in Politik und Gesellschaft sich ausbreitende allgemeine Korruption anzuschreiben.

Le parrocchie di Regalpetra (1956) war die erste in einer langen Reihe von Untersuchungen zum sizilianischen Leben, das sich nach den Worten des Verfassers darstellt als »die Geschichte einer ununterbrochenen Niederlage der Vernunft und derer, die in dieser Niederlage persönlich betroffen und vernichtet wurden«. Das Buch, hinter dessen erfundenen Handlungsorten die Realität von Racalmuto durchschimmert, lehnte sich zum einen an die Verfahren der neorealistischen Dokumentation an, mischte aber zum anderen realistische mit fiktiven Elementen, um mit Hilfe der Fiktion kompliziertere und verborgene Züge der Wirklichkeit deutlicher hervortreten zu lassen. Sizilianische Studien sind auch der Gegenstand des Bandes *Gli zii di Sicilia*, der 1956 mit drei und 1960 mit den vier Erzählungen *La zia d'America*, *La morte di Stalin*, *Il quarantotto* und *L'antimonio* erschien. Die Erzählungen behandeln aus tiefer Kenntnis Siziliens und der Sizilianer die eigentümliche Mentalität der Inselbewohner und ihre Haltung gegenüber Institutionen oder Ereignissen aus Politik und Zeitgeschehen. So beschreibt etwa *La morte di Stalin* ironisch die Illusionen und Hoffnungen, die der Stalin-Mythos der Nachkriegszeit im Kopf eines Sizilianers hervorruft, und die letzte Erzählung des Bandes berichtet von einem sizilianischen Bergarbeiter, der aus Not und Verzweiflung als Freiwilliger auf der Seite Francos im Spanischen Bürgerkrieg kämpft und dabei Gelegenheit hat, den Faschismus näher kennenzulernen. In dem Kurzroman *Il giorno della civetta* (1961) bedient sich Sciascia der Strukturen des Kriminalromans und erzählt von den Ermittlungen, die der aus Parma stammende, von den Werten einer freiheitlichen demokratischen Gesellschaft überzeugte Polizeioffizier Bellodi zur Aufklärung einer Reihe von Mafiaverbrechen führt, und der sich dabei einer Mauer aus Schweigen, etablierten Interessen und organisierter Kriminalität gegenübersieht – ein Buch, das eine spannende Handlung mit einer eindringenden und schonungslosen Analyse des Mafia-Problems und seiner historischen, gesellschaftlichen und politischen Ursprünge verbindet.

858

Zu einer aufrichtigen und wahrhaften Bestimmung des Standorts in der Gegenwart gehört auch die Beschäftigung mit den Lügen und Heucheleien der Geschichte, was Sciascia in unregelmäßigen Abständen veranlaßte, sich einzelnen Epochen und Persönlichkeiten der Vergangenheit zuzuwenden. Dies geschah zum Beispiel mit dem in der zweiten Hälfte des 17. Jahrhunderts in Palermo spielenden dreiteiligen historischen Roman *Il Consiglio d'Egitto* (1963), der die Genußsucht und Verlogenheit der adligen Gesellschaft der Zeit anprangert und von einem gefälschten historischen Dokument, eben dem *Consiglio d'Egitto* berichtet, mit dem das Königtum, im Augenblick der sich anbahnenden jakobinischen Verschwörung, die Barone entmachten und die alleinige Regierungsgewalt in Sizilien an sich reißen wollte – ein überaus lebendiges und farbiges Tableau, das erzählerische Spannung mit historischen Analysen verbindet. Eine historische Untersuchung der Vergangenheit Siziliens in narrativer Form war auch der zwischen Essay und Erzählung angesiedelte Kurzroman *Morte dell'inquisitore* (1967), der am Beispiel der Verbrennung des aufklärerisch gesonnenen Sizilianers Diego La Matina die Irrtümer der Inquisition denunziert. *A ciascuno il suo* (1966) greift erneut auf Strukturen des Kriminalromans zurück und handelt von dem einsamen, gesellschaftlich einflußlosen Intellektuellen Lauretana, Lehrer an einem Liceo irgendwo in Sizilien, der auf eigene Faust, sozusagen aus intellektuellem Vergnügen versucht, eine Serie geheimnisvoller Morde aufzuklären, dabei weitverzweigte Netze der Kriminalität und der Komplizenschaft entdeckt und schließlich selbst Opfer des organisierten Verbrechens wird – wiederum eine bittere und ironische Mischung aus Erzählprosa und denunzierender Recherche. Ironische und parodierende Tendenzen verstärken sich in *Il contesto* (1971), einem weiteren, kurzen Kriminalroman mit dem Untertitel *Una parodia*, der an einem unbestimmten imaginären Ort spielt, dessen Merkmale indes auf das Italien der Gegenwart zutreffen. Hier ist es der Inspektor Rogas, der die Ermittlungen in bezug auf mehrere, in fast mechanischer Folge verübte Meuchelmorde führt und dabei die unglaubliche kriminelle Verfilzung aufdeckt, die private Interessengruppen mit politischen und staatlichen Organisationen, mit Regierung und Opposition verbindet, Seilschaften, denen der Inspektor als Vorkämpfer für Gerechtigkeit und Vernunft machtlos gegenübersteht; während gleichzeitig die korrupten und korrumpierenden Vertreter offizieller Stellen im Namen der »Staatsräson« oder der Parteidisziplin alles tun, um Täter, Komplizen und Verantwortliche bedeckt zu halten. In seinem Nachwort charakterisierte der Autor dieses Werk als »eine Lehrfabel auf die Staatsgewalt in der Welt, eine Staatsgewalt, die immer mehr in die undurchdringlichen Formen von Verflechtungen herabsinkt, die man annäherungsweise als mafiös bezeichnen kann«.

Der nachfolgende Kurzroman *Todo modo* (1974) führt die Themen der Verfilzung von Politik und Kriminalität in denunzierender Absicht fort, lenkt aber die Aufmerksamkeit des Lesers vor allem auf die Verflechtungen zwischen organisiertem Verbrechen und den Machtkonstellationen der Democrazia Cristiana mitsamt ihrem Hintergrund katholischer und jesuitischer Praktiken und Traditionen (der Titel des Werks ist von einem Satz aus den Exerzitien des Ignatius von Loyola abgeleitet). Protagonist des Kriminalromans ist ein arrivierter Maler, der in der ersten Person von seinen Erlebnissen in einer einsamen Luxusherberge Siziliens erzählt, auf die er bei einer Autofahrt zufällig stieß: Das merkwürdige Hotel wird von einem Priester geleitet, dem veschlagenen und geheimnisumwitterten Don Gaetano, der mit den Mächtigen unter einer Decke steckt. Alljährlich finden in dieser Herberge unter dem Deckmantel geistlicher Exerzitien Zusammenkünfte statt, in denen angesehene Minister, Abgeordnete, Industrielle, Bankdirektoren und nicht zuletzt Bischöfe und Kardinäle ihre verdeckten mafiösen Strategien in Politik und Wirtschaft entwerfen und koordinieren. Der Roman, dessen kriminalistischer Handlungsstrang (eine Reihe mysteriöser Morde) wie meist bei Sciascia ohne Aufklärung bleibt, ist ein erneuter mutiger, in trockenem und schneidendem Stil voll beißender Ironie vorgetragener Protest gegen die Arroganz und die unglaubliche Korruption der etablierten Machtgruppierungen in Italien und in der Welt.

Abseits von den Motiven und Schemata des »giallo«, aber wiederum mit denunziatorischen Spitzen gegen die italienische Gesellschaft der Zeit bewegt sich die Prosa eines weiteren Kurzromans, der einen gelungenen Mittelweg zwischen philosophischem Roman, zeitkritischem Essay und geistiger Autobiographie einschlägt und in literarischer Hinsicht zum Besten gehört, was Sciascia hervorgebracht hat. Die Rede ist von *Candido ovvero Un sogno fatto in Sicilia* (1977), einer Art »réécriture« von Voltaires philosophischem Roman *Candide* (1759), welch letzterer sich zu seiner Zeit als zynische, zeitkritische Satire vor allem gegen den Geschichtsoptimismus eines Leibniz und eines Rousseau richtete. In sechsundzwanzig kurzen, in der Art des *Candide* mit Überschriften versehenen Kapiteln und in einem ebenfalls Voltaire nachempfundenen, flinken und schlagfertigen Stil zeichnet Sciascia in *Candido* einzelne Etappen seines geistigen Weges als unabhängiger Intellektueller nach und rechnet scharf und zynisch vor allem mit der katholischen Kirche und der Kommunistischen Partei ab, die ihn gleichermaßen enttäuschten. Vor allem ist dieser ungewöhnliche Text, der sich an den Grenzen des Romans bewegt, mit seiner beschwingt und bisweilen in zarten lyrischen Tönen erzählten Lebensgeschichte des Candido Munafò ein erneutes Bekenntnis zu einem undogmatischen, antikirchlichen und ideologieunabhängigen Glauben an Vernunft, Toleranz und Gerechtigkeit als den tragenden Säulen eines freiheitlichen menschlichen Lebens. Ein Leben freilich, das nach Meinung des Verfassers in Italien bereits nicht mehr möglich ist, weshalb Candido sich schließlich in Paris niederläßt, das ihm als Heimat der Vernunft und der Freizügigkeit erscheint.

Neben den bisher besprochenen Romanen hat Sciascia noch einige weitere, meist kürzere Prosawerke verfaßt, die – wiederum zwischen Essay und Erzählung – gleiche und ähnliche Themen aus Geschichte und Gegenwart aufgreifen, dabei jedoch zum Teil weniger erfindungsreich und innovativ vorgehen und auch stilistisch vielfach ein weniger markantes Profil zeigen. Dazu gehören Werke wie die *Atti relativi alla morte di Raymond Roussel* (1971), *La scomparsa di Majorana* (1975), *I pugnalatori* (1976), *Dalle parti degli infedeli* (1979), *Il teatro della memoria* (1981), *La sentenza memorabile* (1982), *Storia della povera Rosetta* (1983), *La strega e il capitano* (1986), *1912+1* (1986) und andere. In diesen Werken scheint sich der Pessimismus des Autors zu vertiefen, der in seinen letzten Jahren Italien von einem immer dichter werdenden Netz mafiöser und krimineller Organisationen überzogen und die Staatsgewalt durch Korruption und Komplizenschaft auf allen Ebenen ausgehöhlt sah. Neben seinen Romanen und zeitkritischen Studien schrieb Sciascia eine Anzahl von Erzählungen über ähnliche Themen, die in dem Band *Il mare colore del vino* (1973) gesammelt wurden, und in den letzten Jahren noch einige Kurzerzählungen wie *Porte aperte* (1987), *Il cavaliere e la morte* (1988) und *Una storia semplice* (1989), in denen sich die alten Motive des (aussichtslosen) Kampfes gegen Verbrechen und Ungerechtigkeit mit autobiographischen Elementen mischen.

Einen beachtlichen Platz im Schaffen Sciascias nehmen seine Presseartikel und kritischen Essays ein. Seine Aufsätze zu verschiedenen Aspekten Siziliens, von den Merkmalen der Sizilianität über die Mafia, Verga, Pirandello und die Schwefelgruben bis hin zu den religiösen Festen der Insel und zur Darstellung Siziliens im Film wurden in dem Band *La corda pazza. Scrittori e cose della Sicilia* (1970) zusammengefaßt. Einige seiner zeitkritischen Pressebeiträge gingen in lockerer Folge in das Tagebuch *Nero su nero* (1979) ein, dessen Titel als eine ironische Replik Sciascias auf den des öfteren gegen ihn erhobenen Vorwurf des Pessimismus zu verstehen ist. Ein Dialog mit dem Schriftsteller und Journalisten Davide Lajolo über Fragen der Politik, der Literatur und der Lebensphilosophie wurde 1981 unter dem Titel *Conversazione in una stanza chiusa* veröffentlicht. Viele weitere Arbeiten vor allem über literarische Themen, über Goethe, Manzoni, Stendhal,

861

Flaubert, Verga, Borgese, Savinio und andere Autoren erschienen in *Cruciverba* (1983), dem 1989 ein letzter Essay-Band *Fatti diversi di storia letteraria e civile* folgte. Von seiner großen, in Werken und Aufsätzen wiederholt dokumentierten Vorliebe für Pirandello legte im gleichen Jahr noch einmal die Schrift *Alfabeto pirandelliano* Zeugnis ab. Dem sizilianischen Dialekt war das wörterbuchartige Bändchen *Kermesse* (1982) gewidmet, das liebevoll einzelne Wörter und Redewendungen erklärt; gleiche Absichten verfolgte auch der Band *Occhio di capra* (1984). Zu erwähnen wären noch einige Theaterversuche Sciascias aus früheren Jahren, darunter *L'onorevole* (1965) und die *Recitazione della controversia liparitana* von 1969 (vgl. S. 710 f.).

Die ungewöhnliche Leistung des Menschen und Schriftstellers Leonardo Sciascia wird sichtbar, sobald man ihm andere bekannte Schriftsteller seiner Zeit zur Seite stellt. Im Unterschied etwa zu Moravia hat er nie durch gefällige Modethemen im Trend der Zeit die Aufmerksamkeit der Medien und des breiten Publikums gesucht. Auf sich selbst zurückgezogen, unternahm er, ausgehend von den ihm am besten bekannten sizilianischen Verhältnissen, mühsame und gefährliche Recherchen über unbekannte oder gern ignorierte Untergründe der Gesellschaft. Gleichzeitig entwickelte er neue Sonderformen erzählender Prosa und schmiedete sich damit das geeignete künstlerische Instrument, um die Ergebnisse seiner vielfältigen Analysen und Forschungen effizient und denunziatorisch vortragen zu können. Sciascia wollte weniger unterhalten als vielmehr erschüttern und aufklären. Moravia und viele andere waren der modische und angepaßte Ausdruck ihrer Zeit, Sciascia das unangepaßte Gewissen seiner Nation. Vereinfachungen und Mystifikationen, die selbst bei so engagierten Autoren wie Pasolini nicht selten sind, hat er in seinen Werken nie geduldet, sondern stets in kompromißlosem, nüchternem Stil bekämpft. Die Botschaft, die alle seine Werke letztendlich verkünden, lautet auf eine kurze Formel gebracht, daß Vernunft, Gerechtigkeit und Freiheit die unverzichtbaren Grundlagen einer demokratischen Gesellschaft sind.

In seinem grundsätzlichen Bekenntnis zur Vernunft, seiner laizistischen, unreligiösen Gesinnung, seiner Vorliebe für Frankreich und die französische Aufklärung und in seinem Bedürfnis, die Entwicklungen des zeitgenössischen Lebens aufmerksam und kritisch zu beobachten, steht der Ligurer ITALO CALVINO (1923–1985) dem Sizilianer Sciascia nahe. Wie dieser schuf sich auch Calvino für seine zeitkritischen Perspektiven und spezifischen künstlerischen Aussagen geeignete originelle Prosainstrumente, und wie bei Sciascia endete auch Calvinos in etwa vier Jahrzehnten zurückgelegter Weg als Schriftsteller und Journalist in einer von Zweifeln und Pessimismus durchsetzten Resignation. In dem wichtigen Vortrag *Il midollo del leone* hatte Calvino 1955 den seine frühen Jahre bestimmenden optimistischen Glauben an die Literatur wie folgt umschrieben: »Wir gehören zu denen, die an eine Literatur glauben, die sich aktiv in die Geschichte einmischt, an eine Literatur als Erziehungsinstrument ... Und wir denken dabei ... an die aktiven Vorkämpfer der Geschichte, an die neuen Führungsschichten ... Die Literatur muß sich an diese Menschen wenden ... und ihnen helfen, immer intelligenter, sensibler und moralisch stärker zu werden.« Der resignierende Rückblick auf diesen jugendlichen Optimismus lautet im März 1980 so: »Der jugendliche Ehrgeiz, von dem ich ausging, bestand in dem Vorhaben, eine neue Literatur aufzubauen, die ihrerseits dem Aufbau einer neuen Gesellschaft dienen sollte ... Die Welt, die ich heute vor Augen habe, könnte gewiß dem Zukunftsbild jener guten konstruktiven Ansichten nicht entgegengesetzter sein. Die Gesellschaft offenbart sich heute wie ein Kollaps, wie ein Erdrutsch, wie ein Krebsgeschwür ... und die Literatur überlebt zerstreut in den Ritzen und Bruchstellen als Bewußtsein davon, daß kein Zusammenbruch so definitiv sein kann, daß er weitere Zusammenbrüche auszuschließen vermöchte« (aus dem Vorwort zu dem Band *Una pietra sopra*). In seiner Suche nach einer Neubestimmung der Funktionen der Literatur in der modernen kapitalistischen Gesellschaft, in seinen enttäuschenden Erfahrungen mit Ideologien, insbesondere mit dem Kommunismus, und in seiner letztendlichen Ratlosigkeit in bezug auf die Möglichkeiten der Literatur beim Aufbau einer humanen Gesellschaft stellt Calvinos Karriere geradezu prototypisch den Weg zahlreicher italienischer (und europäischer) Schriftsteller der Nachkriegszeit dar.

Calvino wurde in Santiago de las Vegas auf Kuba geboren, wo sein aus San Remo stammender Vater als Agronom tätig war. 1925 kehrte die Familie nach San Remo zurück, wo Italo gemeinsam mit dem vier Jahre jüngeren Bruder Floriano seine Jugend verbrachte. Die beiden erhielten eine gute Ausbildung, jedoch keinerlei religiöse Erziehung, da Vater und Mutter Freidenker waren. 1941 schrieb sich Italo an der Agrarwissenschaftlichen Fakultät der Universität Turin ein, wo der Vater einen Lehrauftrag für tropische Landwirtschaft hatte. Ab 1943 studierte er in Florenz; zu diesem Zeitpunkt hatte er bereits einige Erzählungen und einige filmkritische Beiträge für den »Giornale di Genova« geschrieben. Nach dem 8. September 1943 entzog er sich der faschistischen Rekrutierung durch Flucht in die Seealpen und nahm in der kommunistischen Gruppe »Garibaldi« am Widerstand teil. Nach Kriegsende engagierte er sich für die Kommunistische Partei sowie für kommunistische Zeitschriften und begann ein Literatur-

studium in Turin, das er 1947 mit einer Arbeit über Joseph Conrad abschloß. Im gleichen Jahr erschien sein erster kleiner Roman *Il sentiero dei
nidi di ragno*, der ebenso wie einige Erzählungen aus dieser Zeit Erfahrungen des Partisanenlebens in neorealistischem Stil verarbeitet. Später war
Calvino Redakteur der »terza pagina«, der piemontesischen Ausgabe der
»Unità«, für die er Erzählungen und kulturelle Beiträge verfaßte, ab 1950
Redaktionsmitglied des Verlags Einaudi, und von 1955 bis 1961 Verlagsdirektor des gleichen Hauses, dem er auch später noch als Berater angehörte.
    In den fünfziger Jahren entstanden zahlreiche Erzählungen und die Ro-
mantrilogie *I nostri antenati* (1960), mit der er sich als einer der originellsten unter den jüngeren Erzählern Italiens etablierte. 1956 erschien seine
sorgfältig recherchierte Märchensammlung, die *Fiabe italiane* mit Geschichten aus den verschiedenen Regionen Italiens. In den gleichen Zeitraum fielen Kooperationen mit Musikern, aus denen Lieder und Libretti
für musikalische Partituren hervorgingen. 1952 unternahm er als Gesandter
der »Unità« eine Reise in die Sowjetunion; 1956 distanzierte er sich nach
dem Ungarnaufstand mit zahlreichen anderen Intellektuellen von der
Kommunistischen Partei, aus der er im folgenden Jahr austrat. Mit Blick
auf die gesellschaftliche Entwicklung beschäftigte er sich in den folgenden
Jahren vor allem mit den Problemen der Industrialisierung, wobei sein politischer Standpunkt insgesamt linksorientiert blieb. Aus solchen Perspektiven heraus leitetete er gemeinsam mit Vittorini die Zeitschrift »Il Menabò«
(1959–67). Nach einer längeren Reise durch die USA (1960) und einer Zeit
in Rom hielt er sich immer häufiger in Paris auf. Die Ereignisse der sechziger Jahre verfolgte er aufmerksam, blieb jedoch sowohl zur neuen Linken
als auch zur »Neoavanguardia« auf Distanz, während er gleichzeitig ein
immer stärkeres Interesse für die Naturwissenschaften entwickelte, ein Interesse, das sich dann phantasievoll und komisch in den Bänden *Cosmicomiche* (*Kosmikomische Geschichten*, 1965) und *Ti con zero* (1967) nieder-
schlug. 1964 heiratete Calvino (aus der Ehe ging eine Tochter hervor) und
ließ sich in Paris nieder, von wo aus er weiter für Einaudi arbeitete. Hier
lernte er den französischen Strukturalismus und seine Vertreter (vor allem
Roland Barthes) kennen, dazu wichtige Schriftsteller wie Raymond
Queneau und die experimentierende Gruppe »Oulipo« (Ouvroir de Lit-
térature Potentielle); ebenso beschäftigte er sich mit den Theorien der modernen Semiotik. Zeugnis seiner strukturalistischen und semiotischen Lektüren und Versuche in dieser experimentellen Phase sind vor allem drei in
Aufbau und Inhalt innovative Bücher: *Le città invisibili* (*Die unsichtbaren
Städte*, 1972), *Il castello dei destini incrociati* (*Das Schloß, wo sich die
Schicksale kreuzen*, 1973) und *Se una notte d'inverno un viaggiatore* (*Wenn*

864

ein Reisender in einer Winternacht, 1979), die ihm weiteren literarischen Ruhm einbringen. 1980 zieht Calvino nach Rom; im gleichen Jahr erscheint die Essaysammlung *Una pietra sopra*, die seine wichtigsten Beiträge zur Literatur und Gesellschaft aus der Zeit von 1955 bis 1978 vereint. Enttäuschungen und eine gewisse Verbitterung beherrschen die letzten Jahre Calvinos und verstärken sich noch, als 1983 »sein« Verlagshaus Einaudi Konkurs macht. Die kulturelle und gesellschaftliche Entwicklung Italiens betrachtet er mit zunehmendem Befremden, was sich u. a. in dem Prosabändchen *Palomar* (1983) niederschlägt. Zuletzt schreibt er an einer Reihe von Vorträgen, die er 1985/86 an der Harvard University in Cambridge (USA) halten sollte, stirbt jedoch im September 1985 an einer Gehirnblutung.

Der Kurzroman *Il sentiero dei nidi di ragno* (1947) besticht vor allem durch seinen frischen, jugendlichen Schwung, der ihn zu einem der schönsten Dokumente des frühen Neorealismus und eines eindeutigen, von Zweifeln ungetrübten politischen Engagements macht. Es ist die Geschichte von dem armen und verwilderten Knaben Pin, der die Pistole eines deutschen Soldaten raubt, sie an einem geheimen Ort versteckt und sich später einer Partisanengruppe anschließt, deren Erwachsenentreiben er jedoch fremd bleibt. Durch die kindliche Perspektive des Protagonisten und durch abenteuerliche, oft sogar märchenhafte Motive vor dem Hintergrund der ligurischen Landschaft werden die Grausamkeiten des Kämpfens und Mordens gefühlvoll abgedämpft.

In einem ebenfalls an Vittorini, Pavese und amerikanischen Erzählern orientierten neorealistischen Stil und meistens über Erfahrungen aus Krieg und Widerstand schrieb Calvino in der Nachkriegszeit eine Anzahl von Erzählungen, von denen dreißig bereits 1949 in dem Band *Ultimo viene il corvo* erschienen. Zahlreiche weitere neorealistische Erzählungen entstanden in den fünfziger Jahren, die zusammen mit einigen komischen oder märchenhaften Prosatexten und mit einigen Stücken aus *Ultimo viene il corvo* in dem Band *Racconti* (1958) veröffentlicht wurden, in den auch zuvor in Zeitschriften publizierte Texte sowie drei Erzählungen des Bandes *L'entrata in guerra* (1954) eingingen. Die *Racconti* umfassen vier Teile: *Gli idilli difficili*, *Le memorie difficili*, *Gli amori difficili* und *La vita difficile*; davon wurden später der dritte Teil in erweiterter und der vierte in gekürzter Form in dem Band *Gli amori difficili* (1970) neu herausgegeben. Zwanzig humorvolle und phantasiereiche Geschichten um die vom Lande stammende Arbeiterfamilie Marcovaldi und deren Erlebnisse in der Industriestadt erschienen unter dem Titel *Marcovaldi ovvero le stagioni in città* (1963) in einem illustrierten Band, der sich auch an Kinder wendet. Das textgeschichtlich unübersichtliche Erzählwerk Calvinos veranschaulicht in seiner Gesamtheit die Entwicklung des Schriftstellers von frühen neorealistischen Strukturen über die Darstellung aktueller Aspekte der Industriegesellschaft zur Entfaltung eines phantastischen bzw. komisch-märchenhaften Stils, dem er seine schönsten Erfolge und sein eigentliches Profil als Künstler verdankt. In diesem Stil schrieb Calvino sein vor allem an Ariosto und an der Märchenliteratur inspiriertes Opus Magnum, die aus den drei Kurzromanen *Il visconte dimezzato* (*Der geteilte Visconte*, 1952), *Il barone rampante* (*Der Baron auf den Bäumen*, 1957) und *Il cavaliere inestistente* (*Der Ritter, den es nie gab*, 1959) bestehende Trilogie, die 1960 unter dem Titel *I nostri antenati* erschien und in einmaliger und faszinierender Weise historische Hintergründe mit phantasiegeschaffenen Welten mischt.

Il visconte dimezzato ist die Geschichte des in den Türkenkriegen kämpfenden Visconte Medardo di Terralba, der von einer Kanonenkugel in zwei gleiche Hälften gespalten wird, die beide, die eine als die gute, die andere als die schlechte Hälfte des Visconte überleben, sich in die gleiche Schäferin Pamela verlieben, eine Menge sonderbarer Dinge tun, sich zum Schluß duellieren und von einem wundertätigen Arzt wieder zusammengefügt werden. Die in Ort und Zeit märchenhaft, fern und unbestimmt gehaltene Geschichte vereint neben realistischen Elementen vor allem phantastische und groteske Motive mit kombinatorisch-geometrischen Strukturen zu einer Handlung, die sich in erster Linie als eine spielerische Erzählkombinatorik darbietet. Es liegt nahe, in dem gespaltenen Visconte eine Darstellung der Spaltung bzw. der Widersprüchlichkeit des modernen Menschen zu sehen, der erst durch die Vereinigung seiner Widersprüche zu einem vollkommenen Menschen werden kann – doch wichtiger als solche moralischen oder anthropologischen Perspektiven scheint für den Autor die ungetrübte Fabulierfreude gewesen zu sein, mit der er in spielerischen Kombinationen eine heiter-groteske Phantasiewelt entfaltet, die mit ihren vielen überraschenden und surrealen Episoden den Leser entzückt.

Demgegenüber scheint in dem zweiten und umfangreichsten Teil der Trilogie der moralisierenden und zeitkritischen Perspektive ein größeres Gewicht zuzukommen. Mit einer ungewöhnlichen Leichtigkeit des Stils und der Handlungsabläufe (»leggerezza« wird Calvino später in seinen *Lezioni americane* als oberstes ästhetisches Prinzip anführen) erzählt *Il barone rampante* die Geschichte des ligurischen Barons Cosimo Piovasco di Rondò aus dem 18. Jahrhundert, der 1767, mit zwölf Jahren, aus dem strengen und konservativen Elternhaus auf einen Baum flüchtet und dann sein gesamtes Leben auf den Bäumen der Wälder Liguriens zubringt. Gleichsam in den Lüften schwebend und in gewollter Distanz vom normalen, ge-

866

sellschaftlichen Leben nimmt Cosimo dennoch an allen Vorgängen des Lebens, Liebe und galante Abenteuer eingeschlossen, aktiven Anteil, kümmert sich fürsorglich um bedürftige Menschen und tritt in aufklärerischer Gesinnung engagiert für eine Verbesserung der Lebensbedingungen, der Verwaltung und des politischen Lebens ein. Konkretes gesellschaftliches Wirken ist nur aus überschauendem Abstand für Cosimo möglich, dessen Maxime lautet: »Der einzige Weg, um wirklich mit den andern zu sein, ist der, sich von ihnen abzusondern.« So gesehen stellt *Der Baron auf den Bäumen* eine Art Selbstporträt des Autors dar, der in seinem an den großen Denkern der Aufklärung, vor allem an Diderot und an Voltaire orientierten gesellschaftlichen Reformwillen sich freiwillig Distanz und Beschränkung auferlegt, um besser wirken zu können. Nach dem halbierten Visconte ist Cosimo offensichtlich das Idealbild eines »uomo completo«, eines voll ausgebildeten Menschen, dessen oberstes Merkmal der »Optimismus des Willens« ist. Doch versagt selbst der optimistische Wille Cosimos vor dem Gang der Zeit und der Geschichte: Auf die Aufklärung folgt »die Finsternis der Restauration«, die alle Reformideen und Hoffnungen zunichte macht. »Tutto è cenere« – »alles ist Asche«, lautet einer der resignierenden Sätze des letzten Kapitels, und am Ende entschwebt Cosimo auf einer Montgolfière in den Himmel.

Nach dem geteilten und nach dem vollständigen Menschen erzählt der dritte Teil *Il cavaliere inesistente* die Allegorie eines nicht existierenden Menschen. Held des Romans, der in seinen Personen, Motiven und Bewegungsabläufen starke Anklänge an den *Rasenden Roland* enthält, ist der Ritter Agilulfo, der perfekteste unter den Paladinen Karls des Großen, tatkräftig, willensstark und pflichtbewußt bis zur Pedanterie. Als Kaiser Karl ihn bei der Parade bittet, sein Visier zu öffnen, zeigt sich in der strahlend weißen Rüstung gähnende Leere und eine Stimme antwortet: »Sire, es gibt mich gar nicht« – »io non esisto.« Bradamante indes, eine Amazone unter den Paladinen Karls, liebt ihn, und daraus ergibt sich eine lebhafte Handlung mit grotesken Abenteuern, amüsanten Liebesaffären und Motiven der Verwechslungskomödie. Agilulfo verkörpert Aspekte des »uomo artificiale«, des künstlichen Menschen, womit Calvino den heutigen Menschen meint, der nur noch eine Funktion von Produkten und vorgegebenen Situationen ist, auf Natur und Geschichte nicht mehr gestaltend einwirken kann und damit zu einer hohlen Abstraktion verkommen ist. Die trotz des ernsten moralisierenden Untergrunds heitere Groteske zeigt wieder eine ungewöhnliche Schnelligkeit und Leichtigkeit des Stils und der Handlung in einer ausgewogenen Mischung aus realistischen, märchenhaften und satirischen Elementen. Zentrale Motive des Autors waren auch hier die Erprobung er-

867

zählerischer Möglichkeiten und Kombinationen sowie das Ausmessen der Entfernungen zwischen Literatur und Wirklichkeit. Diese Distanzen werden vor allem durch die den Roman schreibende Nonne Teodora reflektiert (die sich später als Bradamante entpuppt), die an mehr als einer Stelle über die komplexen Beziehungen zwischen Schreiben und Leben nachsinnt.

Seinen neuen naturwissenschaftlichen Interessen und einem ungebrochenen Bedürfnis nach Erprobung neuer erzählerischer Möglichkeiten folgend schrieb Calvino in den sechziger Jahren eine Anzahl kürzerer Prosatexte, die in komischem und märchenhaftem Stil einen erzählerischen Zugriff auf naturwissenschaftliche Themen und Theorien wie Enstehung der Welt, Entstehung und Entwicklung der Lebewesen von den Einzellern an, Beschaffenheit des Kosmos usw. versuchen oder, zu einem geringeren Teil, abstrakte Denkübungen oder Kombinationen von Möglichkeiten durchspielen. Diese Geschichten erschienen in den Bänden *Cosmicomiche* (1965) und *Ti con zero* (1967), deren Inhalt mit einigen Streichungen und Ergänzungen und in veränderter Anordnung in den späteren Band *Cosmicomiche vecchie e nuove* (1984) einging, der seine Prosatexte in vier Teile aufgliedert: »La memoria dei mondi«, »Inseguendo le galassie«, »Le biocomiche« und »Racconti deduttivi« (dieser vierte Teil entspricht dem dritten Abschnitt des Bandes *Ti con zero*). Der Titelbegriff *Cosmicomiche* nimmt nicht nur auf die Wörter »cosmo« und »comico«, sondern auch auf die Erzählvariante der »comics«, der gezeichneten Bildergeschichten, Bezug. Dementsprechend erzählen die Geschichten des Bandes von kosmischen Themen in einem komischem, sich rasch von Szene zu Szene bewegenden Stil, der den Leser mit überraschenden Entwicklungen und ungeahnten Zusammenhängen konfrontiert. Die meisten Texte handeln von der Entstehung der Erde und des Lebens auf ihr. Im Mittelpunkt steht der Erzähler und Held »Qfwfq«, eine »unmögliche« Person mit einem unaussprechlichen Namen, der vom Urknall an dabei war und der von allen Stadien der Weltentwicklung und allen Mutationen des Kosmos zu berichten weiß. So spielt etwa die erste Geschichte des Bandes mit dem schönen Titel *Der Onkel im Wasser* im Karbon, also in einem Zeitalter, als die ersten Wirbeltiere aus dem Meer aufs Land zogen. Qfwfq erinnert sich daran, daß auch seine Familie das Meer verließ, um auf dem Land zu leben. Nur der eigensinnige alte Onkel N'ba N'ga wollte als Fisch im Wasser weiterleben, und zu seinem Entsetzen muß der junge Qfwfq mit ansehen, wie auch seine Verlobte Lll plötzlich zu dem Onkel ins Wasser springt … Es ist immer wieder erstaunlich, in welchem Maße dem Autor die erzählerisch-parodierende Öffnung abstrakter wissenschaftlicher Welten gelingt in Texten, die unentwegt auf das Anthropomorphisieren und Vorstellbarmachen des

868

Unvorstellbaren ausgerichtet sind. Calvino bewegt sich hier an den äußersten Grenzen des Erzählbaren mit einer extrem phantasiereichen Kombinatorik, die entfernteste Zeitalter, Räume und Erscheinungen verbindet, fortlaufend neue mögliche Beziehungen aufdeckt und auch das menschliche Leben in seiner heutigen Gestalt als nur eine unter vielen Möglichkeiten erscheinen läßt. Selbst die Leere des Weltraums und die Abstraktion mathematischer Formeln werden in dieser leichten und heiteren Prosa zu erzählbarem Leben erweckt. Komik entsteht dabei vor allem aus der parodierenden, sich naiv gebenden Vermenschlichung wissenschaftlicher Phänomene und der Übertragung der banalsten Dinge des menschlichen Alltags auf das Leben der Einzeller oder auf die graue Vorzeit der Erde. Auf diese Weise bekommt Calvino selbst das formlose Chaos des Weltalls oder den unfaßbaren Urknall erzählerisch in den Griff und ist imstande, fernste astrale Welten von menschlichen Leidenschaften und erotischen Spannungen erbeben zu lassen.

Während so in den Texten der *Cosmicosmiche* ein insgesamt einheitliches, fiktives Erzählgefüge gewahrt bleibt, innerhalb dessen der Erzähler unter mehreren Darstellungsmöglichkeiten eine bestimmte auswählt, gehen die folgenden Texte Calvinos experimentierend einen Schritt weiter und versuchen, die Kombinatorik des Erzähltextes als eine Vielfalt koexistierender Möglichkeiten in direkter, systematischer Weise sozusagen simultan offenzulegen, womit sich die Kombinatorik zugleich stärker auf den formalen Bereich verlagert. Als erster dieser Versuche entstand *Il castello dei destini incrociati* (1969) und bald darauf *La taverna dei destini incrociati;* beide Texte wurden unter dem Titel des ersteren 1973 in einem Band veröffentlicht. Inspiriert von seinen strukturalistischen und semiotischen Studien und den erzähltexttheoretischen Studien von Vladimir Propp, Claude Lévi-Strauss und anderen verfolgt Calvino hier das Ziel, eine Erzählstruktur auf der Grundlage der Karten des Tarockspiels als eines vorgegebenen Zeichensystems aufzubauen (der erste Text benutzt dabei italienische Tarockkarten aus dem 15., der zweite Karten aus Marseille aus dem 18. Jahrhundert). Das Generieren von Erzähltexten wird vorgeführt durch eine Schar von Reisenden, die an einem irrealen und unbestimmten Ort (in einem Schloß bzw. im zweiten Text in einer Taverne) zusammenkommen und sich durch bestimmte Anordnungen der bebilderten Tarockkarten »Geschichten« erzählen, die sich mit ihren archetypischen, überindividuellen und umkehrbaren Inhalten mittels einer offenen Kombinatorik in endloser Zahl hervorbringen lassen.

Ein zweiter kombinatorischer Versuch war der ebenfalls systematisch Erzählstrukturen generierende Band *Le città invisibili* (1972), der sich jetzt wieder stärker der Beziehung zwischen dem Erzählen und dem Erkennen äußerer Welten zuwendet. Das fast mathematisch exakt gegliederte, in einem abstrakten, irrealen Raum spielende Buch enthält eine Folge von fünfundfünfzig Stadtbeschreibungen, die, wie man aus den Rahmentexten des Bandes erfährt, der Reisende Marco Polo für den Tartarenkaiser Kublai Kan angefertigt hat, der die Städte seines unüberschaubaren Riesenreiches kennenlernen möchte. Auch Marco Polo hat die Städte nie gesehen, die er hypothetisch, nur aus der Phantasie darstellt. Beide Gestalten, die mit achtzehn Dialogen die beschreibenden Passagen unterbrechen, stehen als abstrakte Funktionen menschlichen Wahrnehmens und Erkennens in der Spannung zwischen beschreibendem Entwerfen fiktiver und dem Erkennen tatsächlicher, realer Welten. Jede Stadtbeschreibung enthält den Entwurf einer fiktiven Stadt als eines möglichen Lebensraums mit seinen spezifischen Einrichtungen und Formen; Entwürfe, die sich indes nie mit der Realität decken. Obwohl der Kaiser in einem Atlas alle Stadtbeschreibungen vereint, sieht er keine Möglichkeit, die komplexe und sich rasch wandelnde Realität seines Reichs kennenzulernen. Trotz des hohen Abstraktionsgrades des in seinen Anspielungen und utopischen Zukunftsperspektiven enigmatischen Bandes schimmert dennoch bei einigen Stadtbeschreibungen das negative Bild moderner Industriemonopolen durch, und die letzten Sätze des Buchs sprechen in pessimistischer Sicht von dem »Inferno« der dort Lebenden.

Sein letztes und vielleicht kühnstes Prosaexperiment unternahm Calvino mit dem Buch *Se una notte d'inverno un viaggiatore* (1979), das geradezu als ein semiotischer Roman bzw. als ein Roman über die Theorie des Romans gelten kann, der die bis dahin bekannten Meta-Romane in seiner virtuosen Kombinatorik übersteigt. Dieser »Roman« sollte einerseits, wie es scheint, Calvinos formalistische, strukturalistische und semiotische Aspirationen zusammenfassen und wiederholt daher auch einzelne Elemente früherer Werke. Andererseits produziert der Text mit einer ausgeklügelten Erzählmaschinerie neue, überraschende Einfälle und amüsante Episoden, die dem Buch einen beträchtlichen Publikumserfolg bescherten. Der von der ersten Seite an mit »Du« angesprochene Leser, dem ein besonderes Gewicht zukommt, wird zum Mitautor des Buches, dessen Hauptpersonen der Autor, der Leser und eine Leserin sind. Der Leser gerät in den Besitz eines Exemplars von Italo Calvinos *Se una notte d'inverno un viaggiatore*, in dem jedoch nur die ersten sechzehn Seiten des Werks viele Male zusammengebunden sind. Auf der Suche nach dem vollständigen Roman findet er neun weitere unvollständige Fassungen mit jeweils verschiedenen Romananfängen, die in großer stilistischer Vielfalt das gleiche Thema behandeln und dabei unterschiedliche Erzählmodelle der zeitgenössischen Literatur reproduzieren. In der Buchhandlung, wo der Leser sein fehlerhaftes Exemplar umtauschen möchte, begegnet er der Leserin, die mit dem gleichen Problem konfrontiert ist. Beide verlieben sich und heiraten, doch auch danach stehen einer vollständigen Lektüre des Romans noch mancherlei merkwürdige Umstände im Wege ... Ein Roman also, der in Umsetzung der rezeptionsästhetischen Theorien der siebziger Jahre das Verhältnis Autor-Leser thematisiert und hieraus gleichzeitig eine gefällige und phantasiereiche Lektüre macht, die allerdings indirekt auch eine gewisse literarische Übersättigung bei Autor und Leserpublikum sinnfällig macht.

Nach intensiven theoretischen Erkundungen und zahlreichen Experimenten mit den Möglichkeiten der Literatur zeigten sich bei Calvino in den achtziger Jahren Zweifel an der Wirksamkeit der Literatur und ihrer Fähigkeit, die sich planetarisch ausweitenden komplexen Wirklichkeiten angemessen wiederzugeben. Voller Skepsis sowohl hinsichtlich der politischen als auch der gesellschaftlichen Entwicklung der italienischen Gesellschaft nahm er sein Engagement als Intellektueller und Schriftsteller deutlich zurück und widmete sich in den letzten Jahren eher Randerscheinungen und einzelnen interessanten Episoden des öffentlichen und kulturellen Lebens. Das belegen auch die meisten seiner journalistischen Beiträge, die in dem Band *Collezione di sabbia* (1984) veröffentlicht wurden. 1983 erschien noch das Bändchen *Palomar* mit einer Auswahl kurzer Prosatexte, die Calvino ab 1975 im »Corriere della sera« und später in der »Repubblica« veröffentlicht hatte. In diesen Erzählskizzen, die in die Kapitel *Herrn Palomars Ferien, Herr Palomar in der Stadt* und *Herrn Palomars Schweigen* gegliedert wurden, betrachtet Herr Palomar aus abgehobener, überschauender Distanz (der Name Palomar spielt in diesem Sinne auf das gleichnamige astronomische Observatorium an) einzelne Phänomene des privaten und gesellschaftlichen Lebens. Ähnlich wie der fliegende Baron bewegt sich der philosophische Palomar am Rande der Gesellschaft, um sie erkennen zu können; mit seinen abstrakten, intellektuellen und ironischen Umrissen ähnelt er Foscolos Didimo Chierico oder Valérys Monsieur Teste. In seinem Erkenntnisdrang und seinen nüchternen, in klarer Sprache formulierten Wahrnehmungen erscheint Palomar wie eine letzte Verkörperung einer Rationalität, die in Anbetracht einer immer komplexeren, labyrinthischen Wirklichkeit zu scheitern droht. Die letzten Überlegungen Palomars gelten dem »Versuch, das Totsein zu lernen«; in dem Augenblick, in dem er diesen Versuch unternimmt, stirbt er.

In seinen letzten Jahren arbeitete Calvino an einem Buch, das der sinnlichen Wahrnehmung des Menschen bzw. dessen fünf Sinnen gewidmet sein sollte; drei der hierfür geplanten Erzählungen waren bei seinem Tod fertig und wurden 1986 in dem Band *Sotto il sole giaguaro* veröffentlicht. Postum erschienen auch die *Lezioni americane. Sei proposte per il prossimo milennio* (1988) mit den fünf fertiggestellten Vorträgen über »Leggereza«, »Rapidità«, »Esattezza«, »Visibilità« und »Molteplicità«, während ein geplanter sechster Vortrag über »Consistenza« nicht mehr geschrieben wurde. Ein Teil der Briefe Calvinos erschien 1991 unter dem Titel *I libri degli altri. Lettere 1947–1981*. Die sehr wünschenswerte kritische Gesamtausgabe des textgeschichtlich komplizierten Werks von Calvino steht dagegen bis heute aus. Das vielleicht beeindruckendste Merkmal von Calvinos schriftstellerischer Karriere, die generationstypisch aus dem Optimismus der neorealistischen Ära in die Zweifel und die Orientierungslosigkeit der achtziger Jahre hinüberführte, ist die ununterbrochene, um Erkenntnis ringende, kritisch-reflektierende Aufmerksamkeit, die sich ebenso auf die Diagnose gesellschaftlicher Zustände wie auf die Entwicklung komplizierter, innovativer Erzählstrukturen richtete. Sein ganzes, stets um ein rationales Gleichgewicht bemühtes Werk steht dabei im Zeichen einer scheuen, ironischen, oft auch etwas zögerlichen Zurückhaltung und Reserviertheit, die ihn stets davor bewahrte, sich einer Sache dogmatisch zu verschreiben oder mit einer gefundenen Lösung ganz zufrieden zu sein. Von daher wird auch verständlich, daß Calvino kein großes abschließendes Werk schrieb; sein bester Zug war das Bedürfnis, ständig voranzuschreiten und Neuland zu betreten.

»Total vieldeutig, in allen Richtungen lesbar … unerschöpflich und unsinnig« – das ist eine der Forderungen, die der eigenwillige, sich gesellschaftlich bewußt marginalisierende und sich literarisch als »Randphänomen« einordnende GIORGIO MANGANELLI (1922–1990) in seinem Essay *La letteratura come menzogna* (1967) an das literarische Werk richtete. Weiter liest man dort: »Die Literatur ist wie eine Pseudotheologie aufgebaut, mit der ein ganzes Universum, sein Ende und sein Anfang, seine Riten und seine Hierarchien, seine sterblichen und seine unsterblichen Wesen gefeiert werden: alles ist richtig, und alles ist erlogen«. »Literatur als Lüge«, als asoziales, provozierendes und mystifizierendes Instrument – auf der Grundlage dieser Konzepte vollzog Manganelli schon zu Beginn seiner schriftstellerischen Laufbahn einen radikalen Bruch mit traditionellen Themen, Schreibweisen und Gattungsformen, der ihn dazu brachte, statt Erzählungen barock anmutende, manierierte Prosatraktate und statt Romane allenfalls kurze Hypothesen möglicher Romantexte zu verfassen. Befragt, warum er nie einen Roman geschrieben habe, antwortete der Schriftsteller, der eine ungewöhnlich schlechte Meinung von der neueren italienischen Literatur hatte, daß er dies weder könne noch wolle.

Manganelli wurde in Mailand geboren, studierte englische Philologie und lebte später in Rom, wo er einige Jahre als Professor für englische Literatur lehrte. Seine Abkehr von traditionellen und realistischen Formen der Literatur und sein Protest gegen politische und kulturelle Tendenzen der italienischen Gesellschaft, gegen Wissenschafts- und Fortschrittsgläubigkeit brachten ihn der Bewegung der »Neoavanguardia« nahe, wo u. a. sein Aufsatz über Literatur als Lüge Beachtung fand und an deren Zeitschriften »Grammatica« und »Quindici« er mitarbeitete. Auch in den Jahren danach schrieb Manganelli eine große Anzahl von Pressebeiträgen und Essays, die in den Bänden *Lunario dell'orfano sannita* (1973), *Cina e altri orienti* (1974), *Angoscie di stile* (1981), *Laboriose inezie* (1986), *Salons* (1987) und *Improvvisi per macchina da scrivere* (1989) gesammelt wurden. Auch als Übersetzer englischer Literatur, u. a. der Erzählungen von Poe, ist er hervorgetreten.

Hilarotragedia von 1964 war Manganellis erstes Buch und ein Antiroman, der provozierend vertraute Formen und Inhalte traditioneller Romanformen parodierte. Der Titel des vom Autor selbst als »trattatello« definierten Werkes heißt soviel wie *Heitere Tragödie* und deutet bereits die extremen thematischen und stilistischen Spannungen dieses in vielen kleinen Kapiteln pseudogelehrt und pedantisch-konfus voranschreitenden Traktats an. In extrem manieriertem Sprach- und Gedankenstil und in einer barocken Fülle von Bildern und Motiven rafft das Werk sozusagen Himmel und Hölle mit allem, was dazwischen ist, in ein anthropomorphes, aber menschenfeindliches und nihilistisches Chaos zusammen, das in einem apokalyptischen Wirbel neben den Themen des Todes und des Jenseits vor allem die abgründigen, körperlichen und niederen Aspekte des Menschlichen, und dabei insbesondere die fäkalischen und skatologischen Motive ironisch oder grotesk durchspielt. Zwar ist als lockerer Handlungsfaden ein Gang zum Hades angedeutet, doch dieser höllische Ort wird nie erreicht; vielmehr verbleibt alles in der Schwebe einer unentzifferbaren chaotischen Leere, die menschliches Handeln, Fragen und Antworten als absurd erscheinen läßt. Das Konkreteste in diesem Text, der nicht einmal die Möglichkeit von Wirklichkeiten erkennen läßt, ist die Sprache, die Manganelli im eingangs zitierten Essay als die »einzige Realität, die wir kennen« konzipiert. Da alle anderen Werte und Strukturen fehlen, bleibt es der rhetorisch-virtuos und manieriert gehandhabten Sprache vorbehalten, die absurden, verfänglichen und abgründigen Gedankenspiele zu inszenieren, die alle die Bedeutungslosigkeit der menschlichen Existenz und des Kosmos bloßstellen sollen.

Seinen extremen, u. a. aus einer neurotischen Persönlichkeitsstruktur erklärbaren Neigungen zur Negation aller Werte und zur menschenfeindlichen Groteske hat Manganelli auch in weiteren provozierenden und eigenwilligen Prosabänden nachgegeben, so in *Nuovo commento* (1969), *Agli dèi ulteriori* (1972), *A e B* (1975), *Sconclusione* (1976), *Amore* (1981; ebenfalls eine Hadesfahrt ohne Anfang und Ende durch das Labyrinth der unerreichbaren Liebe), *Dall'inferno* (1985), *Tutti gli errori* (1986), *Rumori o voci* (1987), *Encomio del tiranno* (1990) und anderen Bänden, die alle nur einen begrenzten Leserkreis von Manganelli-Liebhabern fanden und finden und bis heute kaum über die erste Auflage hinauskamen. Eine gewisse Ausnahme davon bildet der weniger misanthropische und leichter lesbare Band *Centuria* (1979), der in hundert abgründig-humorvollen und ironisch-pessimistischen Prosaskizzen Episoden aus allen Lebenslagen erzählt, die zwar mit ihren negativen Perspektiven nachdenklich stimmen, aber dennoch eine abwechslungsreiche und amüsante Lektüre darstellen. Seit dem Erscheinen dieses Buches wurde Manganelli bekannter und auch öfter in ausländische Sprachen übersetzt. Zeit seines Lebens war Manganelli ein einzelgängerischer Beobachter und zynischer Kritiker der zeitgenössischen Gesellschaft, besonders ihrer vulgären und dekadenten Erscheinungsformen und ihrer falschen Wahrheiten und Hoffnungen. Seine negativen Erfahrungen und Perspektiven setzte er in einem singulären, schwer zugänglichen Prosawerk um, das von allem Anfang an Annäherungen und Zugeständnisse an bestehende Realitäten verschmähte und statt dessen eine persönliche Schreibweise mit einer extrem eigenwilligen, verneinenden und verformenden Kombinatorik als einzig erträgliche Alternative zur umgebenden Wirklichkeit aufbaute. Er, der stets die Trennung von Lebenden und Toten als etwas Willkürliches ablehnte, hält offensichtlich auch nach seinem Ableben noch manche interessante Lektüre und manche Überraschung für seine Leser bereit. Seit seinem Todesjahr erschienen bei einem Mailänder Verlag mehrere bedeutende Werke, die zum Teil bereits bei seinem Tod druckfertig vorlagen. Dazu gehört neben dem wichtigen romanartigen Werk *La palude definitiva* (postum 1991) und anderem auch die für Manganellis Lebensgefühl ungemein symptomatische Reisebeschreibung *L'esperimento con l'India* (postum 1993) mit Eindrücken aus einem Land, in dem er in der Blickrichtung seiner Optik »den fundamentalen Schmutz des Daseins, dessen finstere Seite als Exkrement« wahrnahm. 1995 erschien unter dem Titel *Il rumore sottile della prosa* eine aufschlußreiche Sammlung von sechzig in verschiedenen Zeitungen und Zeitschriften zwischen 1966 und 1990 veröffentlichten Artikeln, in denen Manganelli zu wichtigen Aspekten des Schreibens, Lesens und Rezensierens Stellung bezog.

Auf den vorangehenden Seiten wurde eine Auswahl der wichtigsten Prosaautoren vorgestellt, die, von unterschiedlichen Voraussetzungen ausgehend, auf individuelle Weise Versuche unternahmen, der eigenen künstlerischen Wahrnehmung neue Ausdrucksmöglichkeiten zu eröffnen, und die damit zugleich der Prosa neue Wege wiesen. Wie man sah, entsprangen die hier geschilderten Experimente mit erzählender Prosa der Erfahrung der Unzulänglichkeit älterer Formen ebenso wie dem elementaren künstlerischen Bedürfnis, innovative Perspektiven und spezifische Inhalte in neue Formen zu gießen. In nicht wenigen, wenn nicht in den meisten Fällen führte der experimentierende Umgang mit narrativen Strukturen allerdings zu Lösungen, die sich an den Grenzen der Ausdrucksmöglichkeiten von Prosa überhaupt zu bewegen scheinen und die sich zugleich, etwa in den hier besprochenen Formen des Antiromans, des Metaromans oder des Essay-Romans, als mehr oder weniger radikale Verneinungen bisher gängiger Prosaformen und Erzählsprachen darstellen. Nicht ohne Grund ist seit den siebziger Jahren und insbesondere mit Blick auf die kühnen Entwürfe Calvinos oder Manganellis die Rede vom »Ende des Romans« gewesen. Dieser Gedanke ist auch in einige Darstellungen der italienischen Literatur eingegangen, so zum Beispiel in die neuere von Ugo Dotti, der seine Ausführungen zu den literarischen Entwicklungen der letzten drei Jahrzehnte mit dieser Hypothese ausklingen läßt. Wenn wir im folgenden den Blick auf die jüngste Gegenwart richten, werden wir allerdings feststellen, daß trotz vielfacher Versuche der letzten Jahrzehnte, hergebrachte Prosaformen und Erzählstile innovativ in Frage zu stellen, gerade der Prosabereich weithin durch eine ungehemmte und konforme Produktion gekennzeichnet ist, die sich überwiegend traditioneller, konkreter und verständlicher Themen und Stilsprachen bedient und die in der rasanten Folge ihrer Publikationen gar keine Zeit mehr zu finden scheint, über tiefergreifende thematische, strukturelle oder sprachliche Erneuerungsversuche kreativ nachzudenken.

3. Ein Blick auf die jüngste Gegenwart

Wesentliche Merkmale des Kulturbetriebs im ausgehenden 20. Jahrhundert sind eine industrialisierte, serielle bzw. massengerechte Produktion, eine nie dagewesene Simultaneität unterschiedlichster Medien, Ausdrucksformen und Themenfelder und ein weitgehender Stillstand im innovatorischen und künstlerischen Bereich, in dem auch die letzten avantgardistischen Anstöße aus früheren Jahrzehnten längst absorbiert und zu reproduzierbaren Ausdrucksformen neben anderen geworden sind. In globaler Kommunikation werden kulturelle Inhalte aus allen Kunstbereichen und allen Weltgegenden pausenlos und simultan durch eine Vielzahl von Fernsehkanälen, Filmen, Videos, durch Presse, Rundfunk und Computernetze angeboten in Werken und Beiträgen, die alle nur erdenklichen Themen, Formen und Stilarten der Vergangenheit und Gegenwart reproduzieren und deren oberste Perspektive die der kommerziellen Verwertbarkeit durch massenhaften Konsum ist. Diese kulturelle Recycling-Industrie, die ständig Neuigkeiten, aber kaum wirklich Neues produziert, verwischt zunehmend die Grenzen zwischen Original und Kopie und läßt selbst jahrhundertelang gültige, grundlegende Unterscheidungen wie die zwischen Tradition und Innovation immer entbehrlicher erscheinen. In einem Klima allgemeiner kultureller Übersättigung drohen die wenigen künstlerisch bemerkenswerten Leistungen, die es auch heute noch gibt, in einer Flut von mittelmäßigen oder platten »remakes« und Aufbereitungen aller Art unterzugehen. In diesem hektischen, von Einschaltquoten und Umsatzstatistiken diktierten Kulturbetrieb kommt dem visuellen als dem am bequemsten rezipierbaren Element in Film, Fernsehen, Video, Computerprogrammen und anderswo eine vorrangige Stellung zu. Der sich nach wie vor auf bedruckten und (im Regelfall) unbebilderten Seiten anbietenden Literatur fällt es unter diesen Umständen schwerer als zuvor, ihre Leser zu finden; viele ihrer Inhalte gelangen nur durch visuelle Vermittlung an ein breiteres Publikum; in anderen Fällen ist es eine visuelle Darbietung des Stoffes, die einen Konsumenten doch noch zum Buch greifen läßt.

In der schematischen und entindividualisierten Kulturindustrie der Postmoderne bzw. des Spätkapitalismus, die hauptsächlich von der Reproduktion bzw. der Mehrfachverwertung ihrer Stoffe lebt und die sich am Geschmack der Massen und der obersten Maxime einer leichten und schnellen Rezipierbarkeit orientiert, scheint sich indes von allen traditionellen literarischen Gattungen die erzählende Prosa am besten behaupten zu können. Entgegen allen Vorhersagen vom Ende der Literatur oder vom Tod des Romans, trotz vieler experimenteller Vorstöße in Grenzbereiche der Prosa, trotz zahlreicher Anti- und Metaromane beweist die italienische Prosa und vor allem die Untergattung des Romans auch in der gegenwärtigen Epoche der kulturellen Überproduktion eine unerhörte Vitalität, die sie als führende literarische Gattung des Jahrhundertendes erscheinen läßt. Der gegenwärtige Boom der Prosa in Italien und in anderen Ländern Europas und der Welt hängt auch damit zusammen, daß sie vor Bühnendichtung und Lyrik in kommerzieller Perspektive als diejenige literarische Gattung erscheint, die sich am leichtesten in den verschiedenen kulturellen Medien und Produktionsformen umsetzen und vermarkten läßt, vor allem natürlich im dominanten Medium des Fernsehens. Andererseits bestätigt der

Blick auf die italienische Prosa der Gegenwart, daß es der Erzählliteratur besonders leicht fällt, mit einem außerordentlich breiten Fächer verschiedenartigster, auch ausgefallener und provozierender Themen die Bedürfnisse des postmodernen Konsumenten zu erfüllen.

Daß die Prosa als besonders konsumnah und konsumfreundlich gelten kann, wird ebenfalls in besonderem Maße durch Italien bestätigt, dessen gegenwärtige reiche Prosaproduktion sich überwiegend in konkreten, realitätsnahen und konsumierbaren Themenbereichen und in verständlichen, zugänglichen Formen und Sprachen (oder geradezu in thematischer und formal-stilistischer Anspruchslosigkeit) bewegt. Wichtigste Stoffe sind dabei Geschichte und Politik in Vergangenheit und Gegenwart, Autobiographie und private Erlebnisse, Arbeitswelt und Berufsleben, fiktive Themen und »fantascienza«, komische oder satirische Darstellungen der Zeit und der Zeitgenossen, und natürlich die Liebe mit ihrer unerschöpflichen Kasuistik. Über die in rascher Folge in Italien (und neuerdings meist auch unmittelbar darauf übersetzt in Deutschland) erscheinenden Prosawerke, über ihren literarischen Wert und ihre eventuelle literaturgeschichtliche Einordnung werden spätere Generationen abschließend zu befinden haben. Der nachfolgende Ausblick auf die jüngste Gegenwart beschränkt sich darauf, aus dem weiten Feld der Prosa einige Schriftsteller und Werke auszuwählen und vorzustellen, deren Arbeiten zum gegenwärtigen Zeitpunkt als relevant erscheinen können.

Zu den derzeit erfolgreichsten Prosaautoren gehört der überaus kreative und vielseitige Schriftsteller, Publizist und Drehbuchautor LUIGI MALERBA, eines der größten Erzähltalente der italienischen Gegenwartsliteratur, der sich vor allem als abgründiger zeitkritischer Komiker profilierte und seit den achtziger Jahren auch in Deutschland einem größeren Publikum bekannt wurde. In seinen stets einfallsreichen Erzählungen oder Romanen voll überraschender Ideen, skurriler oder absurder Motive und kauziger, undefinierbarer oder schemenhafter Gestalten scheint der 1927 in Berceto bei Parma geborene Autor Komik und Ironie als sezierende Instrumente zu benutzen, um die Absurdität, Klischeehaftigkeit und Leere heutiger Lebensformen und Sprachverwendungen bloßzustellen.

Malerba, der seit 1950 in Rom lebt, interessierte sich seit seiner Jugend für das Kino; er verfaßte mehrere Drehbücher und drehte 1953 gemeinsam mit Antonio Marchi den im 15. Jahrhundert in der Provinz von Parma spielenden Dialektfilm *Donne e soldati*. Neben zahlreichen Beiträgen für Presse, Rundfunk und Fernsehen verfaßte Malerba auch einige Theatertexte und die von A. Zannino illustrierte Kinderbuchserie *Millemosche*, die 1977 gesammelt in dem Band *Storie dell'anno Mille* erschien; außerdem

877

schrieb er eine Neufassung des Pinocchio-Stoffes und eine Studie über in Vergessenheit geratene Wörter des emilianischen Dialekts: *Le parole abbandonate. Un repertorio dialettale emiliano* (1977). Obwohl Luigi Malerba an den Debatten des »Gruppo 63« teilnahm, hat er sich dennoch der radikalen Programmatik der »Neoavanguardia« und deren komplizierten sprachlichen Versuchen nicht angeschlossen, sondern statt dessen versucht, in kommunikativen Textstrukturen den Dialog mit dem Leser aufrecht zu erhalten.

Malerbas literarisches Debüt war *La scoperta dell'alfabeto* (1963), eine Sammlung von zweiundzwanzig geradlinig und mit trockenem Humor erzählten Geschichten aus der ländlichen Umgebung Parmas, in denen eigensinnige oder bizarre Menschen in ungeschminkten Dialogen vertraute Zusammenhänge oder die Beziehungen zwischen Wörtern und Dingen in Frage stellen. Der nachfolgende Roman *Il serpente* (1966) spielt dagegen im römischen Kleinbürgertum und wird in der Ichform von der Stimme eines merkwürdig konturlosen, kaum identifizierbaren Briefmarkenhändlers erzählt, der von seinem Laden und seiner Wohnung aus die ihn umgebende Alltagswelt kritisch und ablehnend beobachtet, merkwürdige, meist unglückliche oder feindselige Beziehungen zu anderen Personen eingeht, in der Phantasiegestalt der Miriam ein erotisches Abenteuer sucht und schließlich seinen Rivalen auffrißt, weil »es besser ist, einen Feind zu fressen, als ihn verderben zu lassen«. Der Roman, der mit Komik und zynischer Satire den modernen Alltag, aber auch philosophische Theoreme und Maximen konterkariert, polemisiert untergründig gegen den Massenbetrieb und die Reizüberflutung der Großstädte und schließt mit den Worten: »Keinen Wunsch mehr haben, niemand der spricht, niemand der zuhört, so, im Dunkel, mit geschlossenen Augen.«

Im kleinbürgerlichen Ambiente Roms spielt auch der Roman *Salto mortale* (1968), dessen Inhalt von der monologisierenden Stimme eines schemenhaften »Giuseppe, genannt Giuseppe« in achtunddreißig kurzen Kapiteln vorgetragen wird, wobei die Stimme bald den Leser, bald andere kaum identifizierbare Personen in wirrem Durcheinander anspricht. Die chaotische, inkonsistente »Handlung« greift einzelne Motive des Kriminalromans auf und umkreist vage eine Reihe geheimnisvoller Delikte und Morde vor dem Hintergrund des römischen Alltags, was an Gadda erinnern kann, ohne daß jedoch wie bei diesem vielsprachige Strukturen entfaltet würden. In seiner absurden, enthemmten Komik spiegelt der Text die Absurdität und Undurchdringlichkeit der modernen Wirklichkeit und die Unmöglichkeit eines konventionellen Erzählens wider. Ein weiterer chaotischer Monolog war *Il protagonista* (1973), diesmal vorgetragen von der Stimme

878

eines Geschlechtsorgans, die sich jeder Identifizierung und Einordnung entzieht. 1975 erschien der Band *Mozziconi* mit amüsanten Episoden um den gleichnamigen pikaresken Helden, der am Tiber in einer Baracke wohnt und sich gegen Unrecht und Zerstörung der Umwelt auflehnt. Eine amüsante Lektüre war auch das Buch *Le galline pensierose* (1980) mit 131 sehr kurzen, humorvollen Skizzen über Menschliches und Allzumenschliches in Hühnergestalt. Malerba legte in den siebziger und achtziger Jahren mehrere Bände mit Erzählungen vor, zuerst *Le rose imperiali* (1974), dessen Geschichten am Beispiel des chinesischen Kaisers und seiner mit dem Blut der Untertanen getränkten Rosen Strukturen und Gesetze des Machtbesitzes thematisieren, später die Sammlungen *Dopo il pescecane* (1979) und *Testa d'argento* (1988), deren meist kurze Geschichten überwiegend von alltäglichen Begebenheiten ausgehen.

Vielleicht angeregt von den Studien Michail Bachtins zum Mittelalter und zum »karnevalistischen« Aspekt der Literatur, in jedem Fall vor Umberto Eco, entdeckte der Erzähler Malerba das Mittelalter als Stoffquelle und Domäne publikumswirksamer Prosa. Dies geschah in dem tragikomischen Roman *Pataffio* (1978; das Titelwort ist eine Ableitung von »epitaffio« und bedeutet soviel wie »konfuses und rhetorisch gekünsteltes Schriftstück«). Vor dem Hintergrund eines vagen und obskuren mittelalterlichen Ambientes voller Gewalttaten, Grausamkeiten und Verleumdungen erzählt der Roman detailfreudig mit zahlreichen paradoxen, farcenhaften Motiven und bald komischen, bald tragischen Wechselfällen die Erlebnisse Berlocchios, Markgraf von Cagalanza, und seiner Frau Bernarda, Tochter des Königs von Montecacchione. Berlocchio, umgeben von einer Schar kauziger und schrulliger Gestalten, möchte mit seiner Frischvermählten in das als deren Mitgift erworbene Schloß Tripallo einziehen, muß jedoch bei seiner Ankunft vor Ort feststellen, daß es sich dabei um ein vollkommen verwahrlostes Bauwerk handelt, das die hungernden Bauern der Gegend als Stall benutzen. Der Roman reproduziert eine Vielfalt von Sprachen, darunter neben verschiedenen Stillagen des Italienischen und neben Dialektformen auch das makkaronische Latein des in erotischen Träumen schwelgenden Mönchs Capuccio, und läßt durch seine farcenhaften mittelalterlichen Episoden hindurch eine Anzahl von Parallelen zur Realität der Gegenwart erkennen.

Nach *Diario del sognatore* (1981), einer Aufzeichnung der Träume, die der Verfasser im Laufe des Jahres 1979 hatte, nach dem Reisebericht *Cina Cina* (1985) und anderem erschien 1986 *Il pianeta azzurro*, eine recht komplizierte, verschiedene Ebenen und Stimmen mischende Erzählmaschinerie, die sich in einem verschlungenen, virtuos geführten Handlungsfaden um geheime Machenschaften mafiöser Machtgruppierungen und Freimaurerlogen, um einen politischen Mord und dessen inkongruente Darstellungen in den Medien bewegt. Auch dieser Roman, der sich fiktiv als Tagebuch des um Aufklärung bemühten Ingenieurs Demetrio F. ausgibt, ist eine »unmögliche«, mit gewohnten Mitteln nicht mehr erzählbare Geschichte, in der die moderne Wirklichkeit erneut als ein undurchdringliches, tückisches und bisweilen mörderisches Labyrinth erscheint, dessen untergründige, schwer rekonstruierbare Ereignisse von den Medien verdeckt oder entstellt werden. Ähnliche Themen behandelt auch der in manchen Punkten künstlich wirkende Roman *Il fuoco greco* (1990), der allerdings die Merkmale und Aspekte des modernen Lebens in die Welt des byzantinischen Kaiserreichs zurückverlegt.

1992 erschien ein weiterer Roman mit dem Titel *Le pietre volanti*, der sich an Gemälden des zeitgenössischen surrealistischen Malers Fabrizio Clerici inspiriert und erneut den für Malerba typischen Versuch der »Erforschung von Strukturen im Chaos« unternimmt. In dem Roman erzählt der (fiktive) Maler Ovidio Romer in der ersten Person und in der Form eines persönlichen Erinnerungsbuches von seinem bewegten Leben und seinen vielfältigen Begegnungen, Gesprächen und Reflexionen an verschiedenen Handlungsorten, in der Schweiz, Kanada, Ägypten und Italien. Einmal befragt, was er denn male, antwortet er: »Ich male die Vergangenheit und die Zukunft, ohne Fenster.« Dem unerschöpflichen Erzähltalent Malerbas entsprangen zuletzt *Il viaggiatore sedentario* (1993) und der an der päpstlichen Kurie im 16. Jahrhundert spielende Roman *Le maschere nude* (1995).

In dem Themenfächer der italienischen Prosa der achtziger und neunziger Jahre nimmt die Dokumentation einzelner Episoden und Gestalten des Zeitgeschehens in Vergangenheit und Gegenwart einen breiten Raum ein. Die Geschichte spielt eine bedeutungsvolle Rolle in dem umfangreichen Erzählwerk des in Materada (Kroatien) geborenen, in Triest lebenden FULVIO TOMIZZA (geb. 1935), der mit einfühlsamen Romanen zunächst über seine Jugend und seine istrische Heimat und später vor allem über historische Themen die große Erzähltradition Triests fortzusetzen scheint. Tomizza studierte Film- und Theaterwissenschaften in Belgrad und Ljubljana und ist seit 1955 Mitarbeiter bei der italienischen Rundfunkanstalt RAI. Nach dem sehr frühen, dem Geburtsort gewidmeten Erstlingswerk *Materada* (1960) brachte Tomizza in rascher Folge drei weitere Romane mit Bildern und Erinnerungen aus seiner Heimat heraus, die 1967 in der *Trilogia istriana* zusammengefaßt wurden. In dem nachfolgenden *L'albero dei sogni* (1969) gestaltete Tomizza in dem Protagonisten Stefano Markowicz Träume, Hoffnungen und Erfahrungen seiner Jugend in der Nachkriegszeit und beschrieb das Schicksal der in Istrien lebenden Italiener, deren Heimat nach langen Grenzstreitigkeiten Jugoslawien zugeteilt wurde. Der Roman fand breiten Anklang bei Kritik und Publikum und wurde mit dem »Premio Viareggio« ausgezeichnet.

Nach weiteren schnell aufeinanderfolgenden Erzählbänden wie *La torre capovolta* (1971), *La città di Miriam* (1972), *Dove tornare* (1974) und *La miglior vita* (1977) rekonstruierte Tomizza in dem zwischen Chronik und Roman sich bewegenden, sorgfältig recherchierten Erzählwerk *La finzione di Maria* (1981) das ungewöhnliche Schicksal der ehrgeizigen Maria Janis, deren Selbstverwirklichungsversuche im Zeitalter der Gegenreformation mißlingen und die 1663 zusammen mit einem Priester von der Inquisition zu Kerkerhaft verurteilt wurde. Ebenfalls mit fließenden Übergängen zwischen Roman und Chronik erzählte Tomizza in *Il mal viene dal Nord* (1984) die Geschichte des ketzerischen Bischofs von Capodistria, Pier Paolo Vergerio, der päpstlicher Nuntius in Wien war und im Auftrag Roms während der Reformation Deutschland bereiste, selbst zum Reformator und Ketzer wurde und schließlich, vom Papst verstoßen, als Rat des evangelischen Herzogs Christoph von Württemberg in Tübingen 1565 verstarb. Vergerio ist damit nicht nur eine Grenzerscheinung zwischen römischem Katholizismus und deutschem Protestantismus, sondern zugleich in einer für Tomizza typischen Weise ein Grenzgänger zwischen der slowenischen, deutschen und italienischen Kultur.

Nach den beiden letztgenannten Romanen mit Stoffen aus dem 17. und 16. Jahrhundert und nach *Gli sposi di via Rossetti* (1986) versetzt der Chronikroman *L'ereditiera veneziana* (1989) den Leser ins 18. Jahrhundert und erzählt gewohnt anekdotenreich, doch mit stärkeren ironischen Akzenten, die Geschichte wiederum eines Istriers, des aus Capodistria stammenden Gianrinaldo Carli, der mit den Aufklärern Ludovico Antonio Muratori und Francesco Scipione Maffei verkehrte und ein treuer Untertan der Kaiserin Maria Theresia war. Weitere Romane des unerhört rührigen, mit dem Ehrendoktor der Universität Triest und mehreren literarischen Preisen ausgezeichneten Schriftstellers waren *Fughe incrociate* (1990) und *I rapporti colpevoli* (1993).

Im Unterschied zu Tomizza betrat der 1920 in Comiso geborene Sizilianer GESUALDO BUFALINO (1920 –1996) erst sehr spät, nämlich erst in den achtziger Jahren, die literarische Bühne. Bufalino, der Soldat im Zweiten Weltkrieg war, führte danach ein ziemlich zurückgezogenes Leben an seinem Geburtsort, wo er lange Zeit als Lehrer in den Fächern Italienisch und Latein unterrichtete. Erst der Sechzigjährige brachte, ermutigt von seinem Freund Leonardo Sciascia, neben dem schmalen Gedichtband *L'amaro miele* (1982), einigen Essays und einem *Dizionario dei personaggi di romanzo* (1982) eine Reihe von eigenwilligen Prosawerken heraus, die mit dem Band *Diceria dell'untore* (1981) eröffnet wurde. Der Icherzähler des Bandes berichtet rückblickend von seinen Erlebnissen in einem Lungensanatorium im Sommer 1946, von seinen Begegnungen und Gesprächen mit den todgeweihten Patienten, deren einziger Überlebender er ist. Im Rahmen der fast irrealen Welt des Sanatoriums beschreibt das Buch einzelne menschliche Beziehungen, von denen die des Erzählers zu dem Chefarzt »Gran Magro« und zu der todkranken Patientin Marta besonders hervortreten. Das Buch fand, vor allem wegen seiner stilistischen Qualitäten, eine gute Aufnahme durch die Kritik und erhielt im Jahr nach seinem Erscheinen den »Premio Campiello«.

Ein Erinnerungsbuch war auch *Museo d'ombre* (1982), in dem Bufalino nach dem Motto »memini ergo sum« und ausgehend von sizilianischen Wörtern oder Wendungen (hierin an Sciascias *Kermesse* erinnernd) in kleinen Prosaskizzen von dem Sizilien seiner Jugend erzählt und in dem Abschnitt *Facce lontane* Erinnerungen an einzelne Gestalten wachruft. Ein weiteres autobiographisches Buch mit Erinnerungen, diesmal an Augenblicke des Glücks im Sommer 1951, war *Argo il cieco ovvero i sogni della memoria* (1984). Außer *L'uomo invaso* (1986), *Calende greche* (1992) und anderem veröffentlichte Bufalino auch den Roman *Le menzogne della notte* (1988), der vor dem historischen Hintergrund des Risorgimento von vier zum Tode verurteilten antibourbonischen Freiheitskämpfern berichtet, die ihre letzte Nacht in einer Strafanstalt auf einer unwirtlichen Mittelmeerinsel zubringen und sich dort die schönsten und wichtigsten Augenblicke aus ihrem Leben erzählen, um den Gedanken an den Tod zu vertreiben – Geschichten, die jedoch nicht in allen Punkten mit der Realität ihres Lebens koinzidieren... *Die Lügen der Nacht* sind ein Buch voll intensiver Spannungen und großer menschlicher Augenblicke, das beim Publikum eine gute Aufnahme fand und mit dem »Premio Strega« ausgezeichnet wurde. 1993 erschienen Bufalinos *Opere complete*.

Ähnlich wie Bufalino hatte auch der in Palermo geborene CARMELO SAMONÀ (1926–1990) ein sehr spätes literarisches Debüt. Im Alter von über fünfzig Jahren legte der angesehene Hispanist, der an der Universität Rom spanische Sprache und Literatur lehrte und durch zahlreiche Publikationen zur spanischen Literatur bekannt geworden war, einen ersten, von der Kritik positiv aufgenommenen Roman mit dem Titel *Fratelli* (1978) vor, der in einem sensiblen und konzentrierten Stil und in der Ichform von einem Mann berichtet, der mit seinem geisteskranken Bruder zusammenlebt und versucht, die entstehende »komplizierte Hierarchie des Schweigens« und die »schleichende Tyrannei des Zusammenlebens« zu durchbrechen, indem er mit dem Bruder eine körperliche Kommunikation in Form von Zeichen und Gesten aufnimmt. Voll feiner und abgründiger Psychologie war auch der auf *Fratelli* folgende zweite Roman *Il custode* (1983), der von einer weiteren »unmöglichen« Kommunikation handelt, nämlich von den Kontakten, die ein Gefangener zu seinem Aufseher herstellt, um überleben zu können. Bei der Niederschrift eines dritten Romans mit dem Titel *Casa Landau* wurde Samonà vom Tod überrascht; doch war das Werk zum größten Teil fertiggestellt und zog nach seinem Erscheinen 1990 ebenso wie die beiden vorhergehenden Romane großes Lob der Kritik auf sich. Der Roman beschreibt mit wiederum feinsinniger Einfühlung die Beobachtungen und Erlebnisse eines dreizehnjährigen Heranwachsenden in der geheimnisvollen, von einem riesigen verwilderten Garten umgebenen Villa seines Nachhilfelehrers, des Professors Landau. Alle Romane Samonàs wurden in Italien vom Publikum gut aufgenommen und auch sogleich ins Deutsche übersetzt.

VINCENZO CONSOLO, ein weiterer sizilianischer Schriftsteller und in vielen Punkten Bufalino verwandt, stellte wie dieser Sizilien und seine Geschichte in den Mittelpunkt seines Werkes, in dem allerdings autobiographische und persönliche Elemente etwas zurücktreten zugunsten einer Meditation über das rätselhafte Wesen der Geschichte überhaupt und zugunsten einer stärkeren Beachtung sprachlicher Schichten und Ausdrucksmöglichkeiten, von den anspruchsvollen Stilebenen der literarischen Tradition bis hin zu den ursprünglichsten oder vulgärsten Formen der sizilianischen Dialekte. In seinem rationalen Engagement erinnert sein Werk an Sciascia, in seiner Vielsprachigkeit an Gadda. Consolo wurde 1933 in Sant'Agata di Militello in der Provinz Messina geboren, schloß sein Jurastudium mit der Laurea ab und lebt seit 1968 in Mailand, wo er als Herausgeber, Journalist und Mitarbeiter der RAI tätig ist. Er debütierte mit dem Kurzroman *La ferita dell'aprile* (1963), der vom Leben in einem kleinen Ort an der Nordküste Siziliens in der Nachkriegszeit erzählt und der kaum Beachtung fand. Der literarische Durchbruch gelang Consolo, wenn auch weniger deutlich als Bufalino mit seiner *Diceria dell'untore*, mit *Il sorriso dell'ignoto marinaio* (1976), einer eigenartigen Rekonstruktion eines Kapitels der sizilianischen Geschichte. Der strukturell komplizierte Roman behandelt die Ereignisse in Nordsizilien während des Übergangs von der Bourbonenherrschaft zum italienischen Einheitsstaat, der den Bauern keine Befreiung brachte, und evoziert in eigenwilligen Perspektiven u. a. den blutigen Bauernaufstand von Alcarà li Fusi 1860 und die nachfolgenden Prozesse. Der Baron Mandralisca di Cefalù und der Advokat Giovanni

Interdonato, aber auch die Kollektive der Landbevölkerung stehen im Mittelpunkt des vielschichtigen Erzählwerks, das in verschlungener Anordnung Romanhaftes mit Geschichtlichem, Fiktion mit Chronik oder historischer Dokumentation mischt. Wichtigste Leitmotive des Romans sind, neben dem Lächeln des unbekannten, von Antonello da Messina porträtierten Matrosen, die Schnecke, die als Symbol der Geschichte verstanden wird. Das Motto des Romans könnte man dem Ende des wichtigen achten Kapitels entnehmen: »erkennen, wie die Geschichte ist, die aus dem Strudel der zeitlichen Tiefe hervorbricht; sich auch jene Geschichte vorstellen, die in Zukunft geschehen wird«. Nach *Lunaria* (1985), einem im 18. Jahrhundert spielenden phantasievollen, den Mythos vom Herabfallen des Mondes aufgreifenden Dialogtext um einen melancholischen Vizekönig von Palermo, erschien 1987 der Roman *Retablo*, der wiederum in einer kunstvollen Verschränkung der Erzählebenen die Reise zweier Protagonisten, eines Mailänder Malers und eines sizilianischen Mönches, durch das Sizilien des 18. Jahrhunderts erzählt. Nicht zuletzt dank ihrer Liebe zu fernen, unerreichbaren Frauen gelingt es den beiden, die farbige und vielgestaltige Realität Siziliens jener Zeit zu durchdringen. Der nachfolgende Roman *Nottetempo, casa per casa* (1992), spielt mit vielen geheimnisvollen und esoterischen Motiven erneut in Sizilien, diesmal in den frühen zwanziger Jahren, zur Zeit des aufkommenden Faschismus. Ähnliche Themen wie in seinen Romanen behandelte Consolo auch in seinen Erzählungen, die in dem Band *Le pietre di Pantalica* (1988) gesammelt wurden. 1991 erschien der lesenswerte Essay-Band *Il barocco in Sicilia*.

Der größte Bucherfolg der letzten Jahrzehnte und ein beispielloser literarischer »Fall« war der Roman *Il nome della rosa*, der 1980 erschien und in kürzester Zeit zum Bestseller nicht nur in den europäischen Ländern, sondern auch in Übersee, vor allem in den USA wurde. Sein Verfasser, der 1932 in Alexandria geborene UMBERTO ECO, hatte in Turin mit einer Dissertation über die Ästhetik des heiligen Thomas promoviert, war dann Mitbegründer der Zeitschriften »Marcatré« und »Quindici« und eines der aktivsten Mitglieder des »Gruppo 63«; er lehrt als Professor für Semiotik an der Universität Bologna. Bereits vor der Veröffentlichung seines Erfolgsromans war Eco durch sein *Diario minimo* (1963; 1992 gefolgt von einem *Secondo diario minimo*) sowie durch eine große Anzahl von Publikationen zur Literaturtheorie, zum Mittelalter, zur Semiotik und zur Massenkultur hervorgetreten, von denen wenigstens die Bände *Opera aperta* (1963), *La struttura assente* (1968), *Trattato di semiotica generale* (1975), *Il superuomo di massa* (1976) und *Lector in fabula* (1979) genannt seien. Nach seinem Bestseller publizierte Eco weitere Essaybände wie *Sette anni di desiderio*

884

(1983), *Arte e bellezza nell'estetica medievale* (1987), *I limiti dell'interpretazione* (1990) und vieles andere mehr.

Mit seinem umfangreichen, sich als Roman präsentierenden Werk *Der Name der Rose*, dessen Handlung im 14. Jahrhundert in einer Benediktinerabtei Oberitaliens spielt und um mehrere geheimnisvolle Morde und deren Aufklärung kreist, legte Eco ein ungewöhnliches literarisches Pastiche vor, das Kriminalfall mit Historie, Traktat mit Erzählung, Mittelalter, Theologie und Philosophie mit Abenteuer, Parodie, Picaro-Genre und Provokation mischte und mit einer großen Zahl von Überraschungseffekten aller Art erfrischend würzte. Hauptziel dieses mittelalterliche Stillagen und Denkformen kenntnisreich nachahmenden Werkes, das sich zugleich wie ein privates Divertissement seines gelehrten Verfassers darbietet, ist es, durch eine geschickte Manipulation des Lesers die komplexe geschichtliche Realität des Mittelalters auf ein für den Massenkonsum geeignetes Erscheinungsbild zu vereinfachen und herzurichten. In diesem Sinne werden in rascher Folge Erbauliches und Banales, kulturell Anspruchsvolles und Kitschiges dargeboten, so daß jeder Leser das Seinige findet.

Auf den Wogen des Publikumserfolgs schrieb Eco einen weiteren Roman mit dem Titel *Il pendolo di Foucault* (*Das Foucaultsche Pendel*, 1988), der wiederum mit einer virtuosen Kombinatorik historischer und zeitgenössischer Motive und mit zahlreichen Lesereffekten arbeitet, aber wegen seiner enzyklopädischen Anhäufung disparater Details und seines künstlichen Spiels mit hermetischen, okkultistischen und esoterischen Symbolen und Bezügen bei weitem nicht so viele Leser auf sich vereinen konnte wie der frühere Roman. Beide Romane, am deutlichsten der zweite, zeigen eine im Grunde kalte und konstruierte, weil an menschlichen Problemen und deren Darstellung, Bewußtmachung oder Bewältigung nicht interessierte Kombinatorik, eine exhibitionistische und übersteigerte Anhäufung von Materialien, die weder durch eine innere, engagierte und kreative Perspektive noch durch eine kohärente Psychologie und ebensowenig durch einen stilistisch konsequenten sprachlichen Ausdruck zu einer authentisch darstellenden oder erkenntnisfördernden Gesamtstruktur vereint werden. Vielmehr erscheinen Geschichte, Kultur, Sprachen und Traditionen des Abendlandes als ein unbegrenztes Spielfeld, in dem sich die (computergestützte) Kombinationslust eines Intellektuellen beliebig austoben kann. Aber vielleicht liegen ja gerade darin wesentliche Züge einer neuen Unterhaltungsliteratur in der postmodernen Informationsgesellschaft.

Angemerkt sei, daß Ecos Publikumsthriller auf den italienisch-deutschen Literaturaustausch eine positive Wirkung ausgeübt hat. Der sogenannte »Eco-Effekt« bestand darin, daß unter dem Eindruck des sensationellen

Markterfolges, der auch der deutschen Ausgabe von *Der Name der Rose* beschieden war, Verleger und Herausgeber den italienischen Buchmarkt genauer als zuvor beobachteten und schneller als bisher (allerdings bisweilen auch ziemlich unkritisch) italienische Neuerscheinungen in deutschen Übersetzungen herausbrachten; mit der weiteren Folge, daß das deutsche Leserpublikum insgesamt stärker auf die italienische Literatur aufmerksam wurde. Vor kurzem erschien ein weiterer Unterhaltungsroman Ecos mit dem Titel *L'isola del giorno prima* (1994), der wieder farbig und detailreich mit den bekannten Pastiche- und Collagetechniken von einem Schiffbruch in der Südsee zu Beginn des 17. Jahrhunderts erzählt und auf der Stelle ins Deutsche übertragen wurde (*Die Insel des vorigen Tages*, 1995).

Ähnliche Publikumserfolge wie Eco erzielte in Italien und im Ausland auch die literarische »Firma« von »Fruttero & Lucentini«, deren »Teilhaber« CARLO FRUTTERO (geb. 1926) und FRANCO LUCENTINI (geb. 1920) beide als Journalisten, Verlagslektoren und Übersetzer tätig waren, bevor sie sich zu einer Koproduktion anspruchsvoller Unterhaltungsliteratur zusammenfanden. Lucentini war zudem Mitglied des »Gruppo 63« gewesen und hatte eine Zeitlang auch an den experimentierenden Literaturtendenzen jener Jahre partizipiert. In einer sehr erfolgreichen, darstellerisch und stilistisch perfekten Zusammenarbeit legte das pfiffige Autorenduo eine große Zahl von überaus geschickt zubereiteten, in allen ihren Zutaten (Klatsch, Chronik, Feuilleton, Kriminalfall, Reisebeschreibung, Abenteuer, Historie etc.) sensibel dosierten und auf den modernen Publikumsgeschmack abgestimmten Prosawerken vor, hinter deren scheinbarer Lässigkeit sich stets kluge, den Leser manipulierende (und verkaufsfördernde) Strategien verbergen. Einer ihrer größten Publikumserfolge war der in viele Sprachen übersetzte Unterhaltungsroman *La donna della domenica* (1972; *Die Sonntagsfrau*); es folgten weitere unterschiedlich gelungene, doch meist erfolgreiche Unterhaltungsbücher wie *A che punto è la notte* (1979), *Il Palio delle contrade morte* (1983), *L'Amante senza fissa dimora* (1986), *Enigma in luogo di mare* (1991) und viele andere, darunter auch die amüsanten, die Zeit und die Zeitgenossen parodierenden Essaysammlungen *La prevalenza del cretino* und *La manutenzione del sorriso*, beide von 1988.

Ein in Deutschland weniger bekanntes, doch aufschlußreiches, weil wichtige gesellschaftliche Erwartungen und Entwicklungen Italiens authentisch widerspiegelndes Prosawerk stammt aus der Feder des 1924 in Urbino geborenen PAOLO VOLPONI, der sich aus alter humanistischer Tradition und mit großem konstruktivem Engagement in seinen Werken ebenso wie in seiner beruflichen Praxis für eine Verbesserung der gesell-

886

schaftlichen Verhältnisse, insbesondere in der Industrie und in der Arbeitswelt einsetzte. Parteipolitisch linksstehend, geprägt von dem humanistischen Erbe seiner Heimatstadt und einem aufklärerischen Optimismus, entwarf Volponi in seinen Romanen der sechziger Jahre positive, ja utopische Bilder eines möglichen gesellschaftlichen Fortschritts, bevor er, nach anhaltenden enttäuschenden Erfahrungen und nach den krisenhaften Entwicklungen der Linken, in Prosawerken der jüngsten Gegenwart eine ungeschminkte und schonungslose Analyse der gegenwärtigen Industriegesellschaft lieferte. Volponi hatte sein Jurastudium in Urbino mit der »Laurea« abgeschlossen und war danach in gehobenen Positionen bei Olivetti, Fiat und anderen Betrieben tätig. Die Mechanismen und Hintergründe unternehmerischer Entscheidungen waren ihm ebenso vertraut wie die Probleme und Sorgen der Arbeiterschaft. Volponi hat sich stets für die Kommunistische Partei Italiens engagiert; 1983 wurde er als Unabhängiger auf deren Listen zum Senator gewählt und entfaltete eine rege parlamentarische Aktivität. Auch während der allgemeinen Krise der Linken in den achtziger Jahren blieb Volponi seiner Partei treu und versuchte 1991, deren Auflösung zu verhindern.

Literarisch war Volponi zunächst mit dem Gedichtband *Il ramarro* (1948) hervorgetreten, dem weitere Lyrik folgte (*L'antica moneta*, 1955; *Le porte dell'Appennino*, 1960; *Foglia mortale*, 1974); eine Auswahl seiner Gedichte erschien 1980 unter dem Titel *Poesie e poemetti 1946–66*. Die Wende zur Prosa vollzog Volponi in den fünfziger Jahren mit den Arbeiten an dem Roman *Memoriale*, der 1962 erschien. Der Roman spielt zwischen 1945 und 1956 in einer nicht genannten piemontesischen Industriestadt, die indes mit Ivrea, dem Sitz von Olivetti, identifizierbar ist. Held des Romans ist der in der ersten Person erzählende Arbeiter Albino Saluggia, der krank aus deutscher Kriegsgefangenschaft zurückkehrt und durch Vermittlung einer Hilfsorganisation eine Stelle bei Olivetti erhält. Berichtet wird nun von der Eingliederung des Protagonisten in den Arbeitsprozeß, von seinen Begegnungen mit den Menschen in der Fabrik und von den Vorzügen, Mängeln und Ungerechtigkeiten der innerbetrieblichen Organisation. Dabei wird die teils naive, teils deformierende Optik des kranken und neurotischen Helden geschickt als Analyseinstrument der Arbeitswelt eingesetzt.

Optimistischere Akzente setzte der zweite Roman *La macchina mondiale* (1965), der wiederum aus einer einseitigen und verengten Perspektive, nämlich aus der Sicht des in der Ichform erzählenden Landarbeiters Anteo Crocioni vorgetragen wird. Der naive, aber philosophisch ambitionierte Protagonist sinnt nicht nur über die Möglichkeiten seines eigenen Lebens nach, sondern verfaßt gleichzeitig auch einen pseudowissenschaftlichen

Traktat, der in einem utopischen Entwurf nichts weniger als die Erneuerung der Menschheit ins Auge faßt. Danach ist die Welt eine große Maschine, die sich durch Verbesserung ihrer Funktionen weiter vervollkommnen läßt; auch der Mensch wird als Maschine gesehen, die sich durch Weiterentwicklung ihrer Arbeitsbedingungen perfektioniert und so zu einem neuen Gleichgewicht zwischen Natur und Technik und zu einer Optimierung aller gesellschaftlichen Kräfte führt. Mit diesen Visionen von der Weltenmaschine und einer besseren Zukunft stößt der Protagonist allerdings auf Ablehnung und Feindschaft von allen Seiten, so daß er schließlich an seinen Zeitgenossen verzweifelt und Selbstmord verübt.

Nach längerer Pause und in langer Arbeit entstand der Roman *Corporale* (1974), dessen Held der Intellektuelle Gerolamo Aspri ist, der jedoch in seiner Tickhaftigkeit und neurotischen Zerissenheit den Protagonisten der beiden früheren Romane ähnelt. Das umfangreiche, erzählerisch ausschweifende und strukturell offene Werk stellt die Identitätssuche Aspris in den Mittelpunkt, der als Sohn eines unbekannten Vaters, als gesellschaftlich Marginalisierter und nach schwierigen Erfahrungen in der Fabrik und der Kommunistischen Partei u. a. in Stalin einen geistigen Vater finden möchte. Die komplexe, extrem widersprüchliche Gestalt Aspris schwankt zwischen revolutionären und utopischen Entwürfen und der Angst vor großen Katastrophen wie etwa der Atombombe und leidet unter einem unerträglichen Verlust an Realität. Diese möchte sich Aspri (wie der Titel andeutet) in körperlicher Unmittelbarkeit aneignen, und aus diesem Bedürfnis heraus stürzt er sich in eine lange Serie von Reisen, Abenteuern und Begegnungen mit Männern, Frauen und Prostituierten; er durchläuft ein Itinerarium ohne Ziel und ohne Wiederkehr, dessen einzelne Stationen seine Identität immer neu aufsplittern und neu zusammensetzen. Vor allem mit dieser originellen Variante der Identitätsproblematik stellt sich der Roman als ein Spiegel des zeitgenössischen Lebens dar. Nach dem einfacher strukturierten, in Urbino spielenden Roman *Il sipario ducale* (1975) um einen alten, anarchischen Professor erschien mit *Il pianeta irritabile* (1978) eine Art Zukunftsroman, der von den Abenteuern erzählt, die ein Affe, ein Elefant, eine Gans und ein Zwerg im Jahre 2293 in einer von Atomexplosionen zerstörten Welt haben.

Etwa Ende der siebziger Jahre verlor der Autor seinen gesellschaftlichen Optimismus, den er durch die Helden seiner frühen Romane dargestellt hatte, und begann nun, aus vielfältigen Enttäuschungen und aus konkreter Kenntnis der Entscheidungsprozesse und Mechanismen der Industriegesellschaft ein desillusioniertes Bild der Gegenwart zu entwerfen. Pessimistische Züge enthielt bereits der Roman *Il lanciatore di giavellotto* (1981),

888

der von der Jugenderziehung in der Ära des Faschismus handelte. Die Industriegesellschaft in ihrer gegenwärtigen Verfassung beschrieb sodann schonungslos der beachtenswerte letzte Roman Volponis, *Le mosche del capitale* (1989), der zugleich eine Art Panorama und Resümee der industriellen, politischen und literarischen Erfahrungen seines Verfassers darstellt. Der in zwei Teile gegliederte, in der dritten Person erzählte Roman stellt den aufgeklärten und demokratisch gesonnenen Professor Bruto Saraccini in den Mittelpunkt, dessen Vorschläge und Initiativen indes von den Machtinteressen der Unternehmer und den Zwängen des Marktes bzw. der Logik des kapitalistischen Gewinnspiels unterlaufen werden. Als »die Fliegen des Kapitals« erscheinen im Roman die Manager und Unternehmer, die allerorts herumschwirren und Gewinn suchen, sich wie die Fliegen überall niederlassen und alles beschmutzen. Aufbauend auf einer intimen Kenntnis unternehmerischer Strategien und betrieblicher Strukturen entwirft der Roman unter Verwendung zahlreicher autobiographischer Motive das bedrückende Tableau einer gescheiterten, weil fehlgesteuerten postmodernen Industriewelt, in der die Natur zerstört und durch künstliche Landschaften aus Beton, Metall oder Plastik ersetzt wird und in der Menschen und Dinge nur noch als durch Computer registriertes und gesteuertes Material Bedeutung haben – ein beunruhigendes, aber realitätsnahes Szenarium einer absurden und aggressiven wirtschaftlichen Expansion. 1991 veröffentlichte Volponi einen weiteren Roman, *La strada per Roma,* der auf ein in den fünfziger Jahren begonnenes Romanfragment zurückgeht, das zunächst den Titel *Repubblica borghese* haben sollte. 1986 erschien der Gedichtband *Con testo a fronte* mit Gedichten aus den Jahren 1967 bis 1985, gefolgt von einem weiteren Lyrikbändchen *Nel silenzio campale* (1990); auch die späten Gedichte Volponis spiegeln wie die Prosa des gleichen Zeitraums seine Resignation und seine Zweifel an den Möglichkeiten des Schriftstellers, auf den Gang der gesellschaftlichen Entwicklung einzuwirken.

Fast unüberschaubar groß ist die Zahl der Prosaschriftsteller, die mit vielfältigen Themen, Erzählformen und vor allem mit sehr unterschiedlichen Ergebnissen auf den literarischen Markt drängen. Nur einige von ihnen können an dieser Stelle noch kurz charakterisiert werden. Der Journalist GIOVANNI ARPINO (1927–1987) trat mit psychologisch engagierten Romanen wie *La suora giovane* (1959), *L'ombra delle colline* (1964), *Un'anima persa* (1966) und *La sposa segreta* (1983) hervor. Ähnlich wie bei Volponi spiegeln sich gesellschaftliche Entwicklungen auch im Werk des 1935 in der Provinz Padua geborenen und heute in Padua lebenden FERDINANDO CAMON, der in seinen ersten wichtigen Romanen *Il quinto stato* (1970) und *La vita eterna* (1972) vor allem von der im Zuge der Industrialisierung langsam zerfallenden bäuerlichen Lebenswelt erzählte, der sich aber nach weiteren Prosawerken (*Occidente,* 1975 und *Un altare per la madre,* 1978) mit seinen späteren Romanen *La malattia chiamata uomo* (1980), *La donna dei fili* (1986), *Il canto delle balene* (1989) und *Il Super Baby* (1991) überwiegend psychologisierenden Themen zuwandte. – Der 1937 in Sondrio geborene, weitgereiste GIANNI CELATI, Dozent für angloamerikanische Literatur an der Universität Bologna, debütierte in den siebziger Jahren mit drei komischen Kurzromanen *Comiche* (1971), *Le avventure di Guizzardi* (1973) und *La banda dei sospiri* (1976), die 1989 unter dem Titel *Parlamenti buffi* zusammengefaßt wurden. Nach weiteren weniger glücklichen Versuchen wurde Celati vor allem durch die Kurzerzählungen der *Narratori delle pianure* (1985), durch die *Quattro novelle sulle apparenze* (1987) und durch *Verso la foce* (1989), Tagebuch einer Reise durch die Poebene, bekannt. – Die Poebene ist auch der Schauplatz vieler Romane des 1934 in Parma geborenen, als Schriftsteller, Journalist sowie Film- und Fernsehregisseur bekannt gewordenen ALBERTO BEVILACQUA, der von den sechziger Jahren an bis zur jüngsten Gegenwart neben einigen Lyrik- und Essaybänden eine beeindruckende Reihe von Prosawerken vorlegte, in denen sich meist autobiographische Motive mit Charakterstudien und psychoanalytischen Themen verbinden. Genannt seien *La califfa* (1964), *Questa specie d'amore* (1966), *L'occhio del gatto* (1968), *Una città in amore* (1970), *Il viaggio misterioso* (1972), *Umana avventura* (1974), *Una scandalosa giovinezza* (1978), *Il curioso delle donne* (1983), *La donna delle meraviglie* (1984), *La grande Giò* (1986), *Una misteriosa felicità* (1988), *I sensi incantati* (1992) und *Un cuore magico* (1993).

Zu den aktivsten Autoren der Gegenwart zählt auch der 1943 in Pisa geborene ANTONIO TABUCCHI, Dozent für Portugiesisch an der Universität Florenz, dessen Prosa in einem an literarischen Zitaten und Bezügen reichen, oft manieriert anmutenden Stil vor allem geheimnisvolle psychologische Motive aufgreift. In rasanter Folge erschienen die Romane *Piazza d'Italia* (1975), *Il piccolo naviglio* (1978), *Notturno indiano* (1984) und *Il filo dell'orizzonte* (1986) sowie die Erzählbände *Il gioco del rovescio* (1981), *Donna di Porto Pim e altre storie* (1983), *Piccoli equivoci senza importanza* (1985), *I volatili del Beato Angelico* (1987) und *L'angelo nero* (1991); 1993 erschien ein weiterer Roman mit dem Titel *Sostiene Pereira.*

Die in der Gegenwart beliebte Mischform des Essay-Romans erreichte ein intellektuell anspruchsvolles Niveau in der Prosa des Mailänder Verlegers ROBERTO CALASSO (geb. 1941 in Florenz), der sich bisher mit den Bänden *L'impuro folle* (1974), *La rovina di Kash* (1983), *Le nozze di Cadmo e Armonia* (1988) und *I quarantanove gradini* (1991) einen Namen machte.

890

Der aus Correggio stammende frühverstorbene PIER VITTORIO TONDELLI (1955–1991) beschrieb in den sechs Geschichten des Bandes *Altri libertini* (1980) in der ersten Pluralis und in schonungslosem, realistischem Stil das vagabundierende Leben drogenabhängiger, homosexueller und marginalisierter Jugendlicher und in dem Roman *Pao Pao* (»Pao« steht für die militärische Bezeichnung »Picchetto Armato Ordinario«) das Leben der jungen Rekruten in italienischen Kasernen; in dem romanartigen Prosawerk *Rimini* (1985) erzählte er von »einem Ort meiner Phantasie, wo die Träume ins Meer fallen, wo die Leute sich mit Tabletten töten, wo man liebt, triumphiert oder krepiert« – das Ganze gedacht als eine Art Spiegel des italienischen Lebens. Nach dem Roman *Camere separate* (1989) erschien postum eine Sammlung mit Erzählungen Tondellis aus den achtziger Jahren: *L'abbandono. Racconti degli anni Ottanta* (1993). – Der humorvolle STEFANO BENNI (geb. 1947 in Bologna) schrieb neben dem amüsanten Gedichtband *Prima o poi l'amore arriva* (1981) eine Reihe heiterer, publikumswirksamer Bücher wie *Bar Sport* (1976), *La tribù di Moro Seduto* (1977), *Spettacoloso* (1981) und anderes, darunter auch den ebenso humorvollen wie phantasiereichen, im Jahr 2156 spielenden Zukunftsroman *Terra!* (1983).

Der süditalienische Bauernsohn TOMMASO DI CIAULA (geb. 1941 in Adelfia), der dreißig Jahre in der Fabrik als Dreher arbeitete, veröffentlichte einige Bände mit Gedichten und erzählte in anspruchsloser, aber überaus frischer und eindrucksvoller Prosa in dem von Paolo Volponi eingeleiteten Band *Tuta Blu* (1978) von seinen Erlebnissen und Träumen als Arbeiter, und danach in *Prima l'amaro, poi il dolce. Amori e altri mestieri* (1981) vom Leben des einfachen Volkes und den bäuerlichen und handwerklichen Traditionen in seiner Heimat.

Der 1950 in Adì-Cahieh in Abessinien geborene, doch seit seiner Kindheit in Italien lebende ALFREDO ANTONAROS legte 1984 mit dem aus der Geschichte seiner Familie in Ostafrika erzählenden Roman *Tornare a Carobel* ein sehr beachtliches Erstlingswerk vor, dem 1987 mit *Mahò. Storia di cinema e petrolio* ein weiterer, überwiegend in Afrika spielender Roman folgte. Zahlreiche, nicht immer geglückte Prosaversuche, die sich stark an augenblicklichen Geschmacksrichtungen orientieren, stammen aus der Feder von ANDREA DE CARLO (geb. 1952), angefangen mit *Treno di panna* (1981), *Uccelli da gabbia e da voliera* (1982) und *Macno* (1984) über *Yucatan* (1986), *Due di due* (1989) und andere Romane bis hin zum kürzlich erschienen *Arcodamore* (1994).

Wie auch die in diesem Kapitel vorgestellten Autoren und Werke belegen, bewegt sich der Hauptstrom der gegenwärtig erscheinenden Prosa im Themenbereich der Autobiographie und der zeitgeschichtlichen Dokumentationen, wobei in der Regel beide Motivstränge miteinander verbunden werden. Etwas von sich und seinen Erlebnissen zu erzählen, ist ja eines der ältesten und elementarsten Bedürfnisse des Menschen überhaupt, und es zeigt sich, daß dieses Urmotiv auch in der Erzählliteratur der Gegenwart ungebrochen weiterwirkt. Den überwiegend realistischen Themen entsprechen in der Regel realistische Sprachen und Stilformen, ohne daß man einen »neuen Realismus« konstatieren könnte, der sich von den Schreibweisen der Nachkriegszeit in einer profiliert innovativen, tendenziell kohärenten Weise abhöbe. Immer wieder erstaunlich ist die große Zahl von Prosawerken, die Jahr für Jahr von blutjungen Anfängern, von etablierten Schriftstellern oder von seit Jahrzehnten schreibenden Insidern vorgelegt werden. Eine Auswahl der Autoren, die nicht mehr besprochen werden können, sollen am Ende dieses Ausblicks auf die italienische Prosa der Gegenwart wenigstens noch mit Namen, Geburtsjahr und einigen neueren Publikationen vorgestellt werden: FERRUCCIO ULIVI (1912; *Storie bibliche d'amore e di morte*, 1990; *La straniera*, 1991; *Tempesta di marzo*, 1993), ALBERTO VIGEVANI (1918; *Un'educazione borghese*, 1987; *La casa perduta*, 1989; *L'abbandono*, 1991; *La breve passeggiata*, 1993; *Due nomi per Charlie*, 1995), STELIO MATTIONI (1921; *Il corpo*, 1986; *Sisina e il Lupo*, 1993), EMILIO TADINI (1927; *La lunga notte*, 1987; *La tempesta*, 1993), CARLO SGORLON (1930; *La fontana di Lorena*, 1990; *La foiba grande*, 1992; *Il regno dell'uomo*, 1994), GIUSEPPE PONTICCIA (1934; *La grande sera*, 1989; *Vite di uomini non illustri*, 1993), FERRUCIO PARAZZOLI (1935; *Il pianista è sempre pallido*, 1991; *La strega e il presidente*, 1992), FRANCO FERUCCI (1936; *Il mondo creato*, 1986; *Fuochi*, 1993), SEBASTANO VASSALLI (1941; *La chimera*, 1990; *Marco e Mattio*, 1992; *Il cigno*, 1993), GIORGIO MONTEFOSCHI (1946; *La terza donna*, 1984; *Lo sguardo del cacciatore*, 1987; *La porta di Damasco*, 1992), ROBERTO PAZZI (1946; *La malattia del tempo*, 1986; *Vangelo di Giuda*, 1989; *La stanza sull'acqua*, 1991), RAFFAELE NIGRO (1947; *La baronessa dell'Olivento*, 1990; *Ombre sull'Ofanto*, 1992), UMBERTO LACATENA (1947; *Le spose del marinaio*, 1986), ERMANNO CAVAZZONI (1947; *Il poema dei lunatici*, 1987; *Le tentazioni di Girolamo*, 1991), ALDO BUSI (1948; *La Delfina Bizantina*, 1986; *Altri abusi*, 1989). VINCENZO PARDINI (1950; *Jodo Cartamigli*, 1989; *La mappa delle asce*, 1990), LUCIANO ALLAMPRESE (1954; *Strane conversazioni con le donne*, 1989), MARCO BACCI (1954; *Il pattinatore*, 1986; *Il settimo cielo*, 1988), GAETANO CAPPELLI (1954; *Floppy disk*, 1988; *Febbre*, 1989), CLAUDIO PIERSANTI (1954; *L'amore degli adulti*, 1989), GIORGIO VAN STRATEN (1955; *Generazione*, 1987; *Hai sbagliato foresta*, 1989), LUCA DOMINELLI (1956; *I due fratelli*, 1990), EDOARDO ALBINATI (1956; *Arabeschi della vita morale*, 1988), MARCO LODOLI (1956;

Diario di un millennio che fugge, 1986; *Grande raccordo,* 1989; *I fannulloni,* 1990), ENRICO PALANDRI (1956; *Le pietre e il sale,* 1986; *La via del ritorno,* 1990), MARIO FORTUNATO (1958; *Luoghi naturali,* 1988; *Il primo cielo,* 1990), SANDRO VERONESI (1959; *Per dove parte questo treno allegro,* 1988; *Gli sfiorati,* 1990), ANDREA CANOBBIO (1962; *Vasi cinesi,* 1989).

4. »Prosa femminile«: Die Erzählliteratur italienischer Frauen

Prosaschriftstellerinnen haben es in Italien lange Zeit schwer gehabt. Blickt man auf die Geschichte der italienischen Literatur zurück, so kann man leicht feststellen, daß die Zahl der Frauen, die sich mit künstlerischer oder erzählender Prosa zu Wort meldeten, vom Beginn der italienischen Literatur an bis in die dreißiger Jahre unseres Jahrhunderts hinein eine sehr bescheidene gewesen ist. Zwar gab es in allen Epochen der italienischen Geschichte Frauen, die sich als Schriftstellerinnen zu ihrer Zeit Gehör zu verschaffen wußten. So erschütterte die Mystikerin Caterina da Siena (vgl. S. 194 ff.) mit ihren Briefen das Gewissen der Mächtigen ihrer Zeit; in der nachfolgenden humanistischen Ära kämpften Humanistinnen wie Isotta Nogarola und Costanza Varano um ihre Anerkennung als Gelehrte; später fanden die Frauen vor allem im Zeitalter der Aufklärung Beachtung, als ihre Beteiligung an der Erziehung gefragt war; und zu Beginn unseres Jahrhunderts spielten etwa im Futurismus Frauen eine viel wichtigere Rolle als bisher angenommen. Die vielleicht bedeutendste Ausnahme von der durchgehenden Marginalisierung der Frau im Literaturbetrieb früherer Zeiten war das 16. Jahrhundert, als es im Rahmen des Petrarkismus Vittoria Colonna, Gaspara Stampa und anderen Lyrikerinnen aufgrund ihrer emanzipierten Stellung in der höfischen Gesellschaft gelang, die männliche Vorherrschaft in der höfischen Literaturszene zu durchbrechen; gleichzeitig schrieben engagierte Frauen wie Moderata Fontes und Lucrezia Marinella Traktate, die die Tugenden und Verdienste der Frauen in der Gesellschaft hervorhoben, mehr Rechte und mehr Selbstbestimmung für sie einforderten und die bis dahin unangefochtene Dominanz des männlichen Geschlechts in Frage stellten. Trotz der bekannten literarischen Pioniertaten von Frauen vergangener Jahrhunderte und obwohl die zur Zeit laufende intensive Forschung mit Sicherheit noch weitere Schriftstellerinnen und deren Werke ans Licht bringen und unser Wissen über bekannte Autorinnen vertiefen wird, dürfte aufs Ganze gesehen schon jetzt feststehen, daß vor allem aufgrund der lange Zeit fortbestehenden gesellschaftlichen Strukturen, die der Frau im wesentlichen die Rollen der Gattin, der Mutter und der Geliebten zuwiesen, die li-

893

terarische Entwicklung in Italien bis zum Zweiten Weltkrieg in dominanter Weise von Männern geprägt wurde und der Frau im Literaturbetrieb eine Randstellung und Außenseiterrolle vorbehalten war.

Noch zu Beginn unseres Jahrhunderts waren es nur wenige Schriftstelle-rinnen, denen es mit künstlerisch und thematisch sehr unterschiedlichen Prosawerken gelang, literarisch beachtet zu werden und die Aufmerksam-keit der Zeitgenossen auf sich und auf die Stellung der Frau in der Gesell-schaft zu lenken. Eine sehr erfolgreiche Autorin war zu ihrer Zeit die früh vewaiste Mailänderin NEERA (Pseudonym für Anna Radius Zuccari; 1846– 1918), die in einem zurückgezogenen Leben neben einigen Gedichtsamm-lungen und Erinnerungsbüchern bis zu ihrem Tode unermüdlich sentimen-tale Novellen und Romane schrieb, in denen Frauen im Konflikt zwischen Leidenschaft und moralisch-gesellschaftlichen Verpflichtungen Verzicht üben, sich selbst opfern oder sich mit einem mediokren Dasein zufrieden geben. Zu den bekanntesten ihrer Romane zählen *Il castigo* (1881), *Teresa* (1986) und *La vecchia casa* (1900). Etwa zur gleichen Zeit schrieb auch MATILDE SERAO (1857–1927), von der bereits (S. 607 ff.) die Rede war, ihre besten und bekanntesten Romane wie *Il ventre di Napoli* (1984), *La virtù di Checchina* (1884) und *Il paese di Cucagna* (1890); auch sie produzierte bis zu ihrem Tod eine ununterbrochene Reihe von Prosawerken, die jedoch ab 1900 deutlich verflachen und unkonzentrierter werden. Die vielleicht erfolgreichste Prosaschriftstellerin um die Jahrhundertwende war die in Nuoro auf Sardinien geborene GRAZIA DELEDDA (1871–1936), die, obwohl aus wohlhabender Familie stammend, in einem zurückgezogenen, engen provinziellen Ambiente aufwuchs, außer der Grundschule keine weitere abgeschlossene Ausbildung hatte und sich ihr literarisches Wissen auto-didaktisch in wahllosen Lektüren, auch aus der ererbten Bibliothek ihres Onkels, aneignete. Frühe, ungeordnete Lektüreeinflüsse von De Amicis, Heine, Chateaubriand, Balzac, Hugo, A. Dumas Vater, Eugène Sue, Georges Ohnet, Paul Bourget, auch von Byron, Tolstoi, Dostojewskij und anderen, vor allem aber die genannte volkstümliche Unterhaltungs- und Feuilleton-literatur Frankreichs erzeugten in der jungen Deledda eine Vorliebe für sentimentale, romantische und triviale Themen, aus der heraus sie schon im Alter von kaum dreizehn Jahren zu schreiben begann. 1890 erschien bereits ein erster Novellenband *Nell'azzurro*, und im gleichen Jahr auch der erste, mit einem Pseudonym gezeichnete Roman *Stella d'oriente*. 1896 fand ihr Roman *La via del male* das Gefallen Luigi Capuanas, der Deledda im Blick auf ihre Beschreibungen regionaler, vor allem sardischer Landschaften und Familieninterieurs literarisch dem Verismus zuzuordnen geneigt war, indes auch bereits die Schwächen der Autorin konstatierte: Mangel an Objektivität, ungeregelter Aufbau, Inkohärenz der Charaktere und das fast völliges Fehlen einer psychologischen Analyse. Die kreative Phase Deleddas wurde mit dem Roman *Elias Portolu* (1900) eröffnet und reichte über weitere Prosawerke wie *Cenere* (1904), *L'edera* (1906), *Canne al vento* (*Schilf im Wind*, 1913), *Marianna Sirca* (1915), *L'incendio nell' oliveto* (1918) und andere bis zu dem Roman *La madre* (*Die Mutter*, 1920), der die Problematik des Priesterzölibats behandelt und zu den besten Büchern der Sardin gehört. Aber auch danach legte die Schriftstellerin, die 1900 ihrem Mann nach Rom gefolgt war und dort bis zu ihrem Tod lebte, in zunehmend monotoner, verflachender Produktion jährlich mindestens einen Prosaband vor, bis hin zu dem unvollendeten, postum erschienenen autobiographischen Roman *Cosima* (1937). Insgesamt werden ihr über dreißig Romane und etwa fünfzehn Novellensammlungen zugeschrieben. 1927 erhielt sie den Nobelpreis für Literatur (der zweite Nobelpreis für Italien nach dem Carduccis von 1906), was ihr neben anderen vor allem die enttäuschte Matilde Serao mißgönnte. Deledda schrieb aus einer emotionalen und autobiographischen Inspiration, die auf die Darstellung großer Affekte und Leidenschaften zielte. Das, was sie in ihren Romanen an Handlungen, Situationen und Personenkonstellationen erfindet, dient in erster Linie dazu, intensive, leidenschaftliche Gefühlswelten mit ihren Kontrasten und Konflikten aufzubauen. In diesem Sinne ist Deleddas Prosa auf Erzeugung atmosphärischer Spannungen gerichtet, aber nicht auf eine detailbemühte veristische Dokumentation; und so erweisen sich auch die gewiß zahlreichen regionalen Landschaften und Milieus ihrer Romane bei näherer Betrachtung in den meisten Fällen als ziemlich unscharf und blaß. Grundelement der Poetik Deleddas war ein eher dumpfes, vortheoretisches und fast mehr im Aberglauben als in der Religion verankertes Moralempfinden, das den Menschen in zwangsläufigen tragischen Verstrickungen und das Böse als unvermeidlichen Bestandteil seines Lebens sieht: ein unreflektierter, instinkthafter Pessimismus und Fatalismus, der alles Handeln in eine unausweichliche Verstrickung von Schuld und Sühne einordnete. In ihren Romanen dominieren bipolare, archaisch anmutende Grundstrukturen: Sünde steht gegen Heil, Schuld gegen Erlösung, Gut gegen Böse, Reinheit gegen Schmutz, Tag gegen Nacht, Hell gegen Dunkel. Alle Bewußtseins- und Gefühlsinhalte werden mit einfachsten Mitteln und fließenden Übergängen wiedergegeben. Es ist vor allem die instinktnahe, ideologisch und psychologisch unverbrämte Unmittelbarkeit der Gefühle und die ungebremste Wucht elementarer Leidenschaften, die in ihren besten Werken auch den modernen Leser noch zu fesseln vermag.

Ungleich reflektierter und aufgeschlossener präsentiert sich die ungefähr gleichaltrige, mondäne SIBILLA ALERAMO (Pseudonym für Rina Faccio; 1876–1960), die mit ihrem Leben und ihren Werken auf die problematische gesellschaftliche Stellung der Frau in ihrer Zeit aufmerksam machte. Nach einer leidvollen Jugend und einer schrecklichen ersten Ehe führte sie ein emanzipiertes »zweites Leben« voll erotischer Abenteuer und stürmischer Liebschaften, darunter auch viele Verbindungen mit Schriftstellern und Intellektuellen ihrer Zeit. Sie engagierte sich zeitweise in sozialistischen und feministischen Initiativen, wandte sich gegen den Faschismus und stand in späteren Jahren dem Kommunismus nahe. Neben einigen Bänden Lyrik und dem Theatertext *Endimione* (1923) schrieb sie zahlreiche Romane mit autobiographischer und erotischer Thematik, die zugleich die prekäre Lage der Frauen analysieren und ihre Marginalisierung und Ungleichbehandlung in der Gesellschaft denunzieren. Zu ihren interessantesten Romanen gehören neben dem gelungenen Erstling *Una donna* (1906), *Amo dunque sono* (1927) und *Il frustino* (1932).

Nur kurze Zeit nach *Una donna* erschienen die ersten literarischen Werke einer jungen Palermitanerin, die erst vor kurzem nach über fünfzigjährigem Vergessen wiederentdeckt wurde und deren Leben und Werke, literarische Vorbilder, Weltanschauung und Stil noch weitgehend unerforscht sind. Gemeint ist MARIA MESSINA, die nach Sciascia »am 14. März eines Jahres um 1887«, in Palermo geboren wurde, spätestens seit den dreißiger Jahren in Pistoia lebte und 1944 in einem Bauernhaus in der Nähe der bombardierten Stadt starb. Sie lebte zurückgezogen und unverheiratet bei ihren Eltern, zunächst in sehr engen und unglücklichen Verhältnissen, folgte dem Vater, der zum Schulinspektor ernannt wurde, auf dessen berufsbedingten Umzügen und wohnte so in verschiedenen Gegenden Italiens, am liebsten in der Toskana, blieb aber stets ihrer sizilianischen Heimat verbunden. Sie erkrankte früh an multipler Sklerose, die sie schon gegen Ende der zwanziger Jahre literarisch verstummen ließ und auch ihren frühen Tod herbeiführte. Das literarische Debüt Messinas war der schmale Erzählband *Pettini fini* (was soviel bedeutet wie *Feine Kämme*), der 1909 in Palermo erschien. Ihm folgten 1911 ebendort die *Piccoli gorghi* (*Kleine Rinnsale*). Beide Bücher wurden von Verga gelobt, mit dem die junge Frau einige Jahre hindurch eine ehrerbietige Korrespondenz führte, die 1979 in Catania unter dem Titel *Un idillio letterario inedito verghiano. Lettere inedite di Maria Messina a Giovanni Verga* veröffentlicht wurde. 1912 erschienen *I racconti di Cismé*, 1918 der Novellenband *Le briciole del destino* mit einem Vorwort von ADA NEGRI (1870–1945), die durch Lyrik und Prosa mit autobiographischen und feministischen Themen bekannt geworden war. Während des Ersten Weltkriegs lebte Messina in Neapel, wo sie auch für Kinder schrieb: Im »Corriere dei piccoli« publizierte sie in Folgen *Cenerella,* Kindergeschichten, die 1918 in Florenz als Buch aufgelegt wurden. 1920 erschienen die Romane *Primavera senza sole* und *Alla deriva (In der Abtrift);* ein Jahr später *La casa nel vicolo (Das Haus in der Gasse)* und die Novellenbände *Personcine, Il guinzaglio* und *Ragazze siciliane;* darauf folgten *I racconti dell'Avemaria* (1922), der Roman *Un fiore che non fiorì* (1923), *Storia di buoni zoccoli e cattive scarpe* (1926), sowie die Romane *Le pause della vita* (1926) und *L'amore negato* (1928). Etwa ab 1928 wurde es still um Maria Messina, deren Werke dann einem jahrzehntelangen Vergessen anheimfielen. Ab 1981 begann ein palermitanischer Verleger, ihre Werke neu aufzulegen: 1981 erschien *Casa paterna* mit zwei Erzählungen aus den *Piccoli gorghi* und einer aus *Le briciole del destino;* darauf folgten weitere Bände bis hin zu ihrem letzten Roman *L'amore negato* (1993). Einige ihrer Bücher liegen inzwischen auch in deutscher Übersetzung vor. Zentrales Motiv der Prosa Messinas ist das Schicksal verheirateter oder unverheirateter Frauen, die, alleinstehend oder alleingelassen, unter widrigen Umständen und fast immer von wirtschaftlichen Nöten bedrängt, meist vergeblich um ihre Verwirklichung oder ihr Überleben als Frau, ihre persönliche Würde und ihre innere und äußere Freiheit kämpfen. Hinter den von ihr entworfenen Figuren und Handlungsabläufen steht fast immer als Grundkonflikt eine subtile, oft bedeckt gehaltene und dennoch dramatische Auseinandersetzung zwischen Mann und Frau, die mit beachtlicher analytischer Feinarbeit dargestellt wird. Das den Frauen zustehende »Recht auf Glück« durchzieht als Leitmotiv die meisten Seiten Messinas, ein Glück, das entweder wie von Severa in *L'amore negato* trotzig (aber erfolglos) eingefordert oder wie von ihrer Schwester Miriam resignierend herbeigesehnt wird: »Was soll man machen? Jeder von uns glaubt, ein Recht auf ein Glück zu haben.« Hintergrund und Darstellungsfolie dieser Entwicklungen sind stets scharf gezeichnete kleinbürgerliche, häusliche, oft geradezu muffig-enge Milieus aus der Provinz, vorzugsweise aus Sizilien. Mit ihren detailgetreuen Schilderungen und ihrer Bevorzugung kleinbürgerlicher, ärmlicher Welten erinnert Messina stark an die veristische Prosa Vergas, und so war es nicht überraschend, daß der erste Kritiker, der die Prosa Messinas beachtete, nämlich der (ebenfalls lange vergessene, vor allem duch Sciascia wiederentdeckte) Sizilianer Giuseppe Antonio Borgese, die junge Autorin als »Schülerin Vergas« einordnete. Tatsächlich aber hat die Prosa Messinas ein eigenes Profil und übertrifft diejenige Vergas in der verfeinerten Psychologie ihrer Figuren, vor allem ihrer Frauengestalten. Mit einer behutsamen, sorgfältig graduierenden Handlungsführung, einer ausgewogenen Verwendung von Dialog, in-

897

nerem Monolog und erlebter Rede, durch eine subtile Anordnung unscheinbarer, doch »sprechender« Details sowie mit der ihr eigenen Funktionalisierung der alltäglichen Dinge, der flüchtigen Gesten und Gebärden und der scheinbar unbedeutenden Ereignisse gelingt es ihr immer wieder, das Seelenleben ihrer Personen zu öffnen und ein Licht auf ihre innersten Regungen zu werfen. Damit erreicht sie eine bei Verga weithin fehlende innere Dynamik, Tiefe und Glaubwürdigkeit der Charaktere, mit der sie selbst neben den großen (ungefähr gleichzeitig schreibenden) »Psychologen« Pirandello und Svevo bestehen kann. Mit ihrem feinziselierten psychologischen Filigran ist Messina wohl am ehesten mit der zarten Miniaturkunst einer Katherine Mansfield vergleichbar (worauf zuerst Sciascia hinwies), oder auch mit der Prosa von deren Vorbild A. P. Tschechow, dem in der Evokation von Stimmungen und Milieus unübertroffenen Meister der Kurzgeschichte.

Trotz einzelner Erfolge insgesamt weniger Schriftstellerinnen blieb es weiterhin schwer, die Mauer der Nichtbeachtung der Frauenliteratur in einer nach wie vor männlich geprägten Kultur- und Literaturszene zu durchbrechen. Zu der bis weit in unser Jahrhundert hinein anhaltenden traditionellen Ausgrenzung bzw. Zurücksetzung der Frauen im Bereich der gehobenen Literatur gehörte konsequenterweise ihre Akzeptanz in der kitschigen oder sentimentalen Familien-, Unterhaltungs- und Erbauungsliteratur, die als unbestrittene Domäne der Frau galt. Auch in Italien las man um und nach der Jahrhundertwende Schriftstellerinnen, die mit Kitschromanen (»romanzi rosa«) und -novellen dieses Feld der anspruchslosen Konsumliteratur besetzten; die meistgelesenen und bekanntesten dieser trivialen Werke stammten aus der Feder von Carolina Invernizio, Delly und Liala. Die Piemontesin CAROLINA INVERNIZIO (1858–1916) erschütterte die Gemüter anspruchsloser Zeitgenossen mit etwa sechzig der französischen Feuilletonliteratur nachempfundenen, in grobem Stil geschriebenen Trivialromanen, deren schaurige, kitschige oder sentimentale Themen sich bereits in schreienden Titeln wie *Il bacio di una morta* (1889) oder *La sepolta viva* (1896) kundtun. Hinter dem Pseudonym DELLY verbargen sich die Französin Jeanne Marie Petit-Jean de la Rosière (1875–1949) und ihr Bruder Frédéric (1876–1947), die gemeinsam Dutzende von überaus erfolgreichen »romanzi rosa« verfaßten, die in mehrere Sprachen, darunter auch ins Italienische, übersetzt wurden; in Italien fanden u. a. ihre Romane *Magali* (1910) und *L'infedele* (*L'infidèle*, 1921) eine breite Leserschaft. LIALA (von D'Annunzio angeregtes Pseudonym für Amalia Negretti Cambiasi bzw. Liana Negretti), geboren 1897 oder 1902 bei Como, verfaßte insgesamt etwa vierzig Kitschromane, darunter den zu seiner Zeit Furore machenden

898

Lalla-Zyklus, und dazu Hunderte von kitschigen Novellen. Sie wurde vor allem durch den Roman *Signorsí* (1931) bekannt, feierte größte Erfolge beim Publikum und schrieb bis in die achtziger Jahre; zu ihren letzten Unterhaltungswerken gehören *Ombre di fiori sul mio cammino* (1981) und *Frammenti di arcobaleno* (1985).

Der Durchbruch der Frauen in der Literatur auf einer thematisch, formal und künstlerisch relevanten Ebene vollzog sich in Italien erst in den dreißiger und vierziger Jahren. Mitursächlich für diesen relativ späten Durchbruch war das Fehlen einer Tradition von Prosaschriftstellerinnen, an der sich die modernen italienischen Autorinnen hätten orientieren können, so wie dies z. B. für ihre Kolleginnen in Frankreich oder England möglich war. Frankreich hatte bereits im 17. Jahrhundert herausragende Prosaschriftstellerinnen wie Madeleine de Scudéry (1607–1701), Madame de Sévigné (1626–1696), Madame de Villedieu (1638–1683), Madame de Lafayette (1634–1693) und Madame Guyon (1648–1717); und später Madame de Staël (1766–1817), George Sand (1804–1886) und andere. Auch im angelsächsischen Bereich gab es große Prosavorbilder wie Jane Austen (1775–1817), Virginia Woolf (1882–1941) und die erwähnte Katherine Mansfield (1888–1923). Das Fehlen ähnlich bedeutender Vorbilder in Italien war also einer der Gründe dafür, daß sich die »prosa femminile« hier erst spät durchsetzen konnte. Der sich dann vollziehende Durchbruch der Frauenliteratur in Italien war in erster Linie gebunden an die Namen von Gianna Manzini, Anna Banti, Anna Maria Ortese und vor allem an den Namen der überragenden Elsa Morante.

Erinnerungen, traumhafte und autobiographische Motive waren der Hauptgegenstand der in Pistoia geborenen GIANNA MANZINI (1896–1974), Frau des Kritikers Enrico Falqui, die ihr Studium in Florenz mit einer Arbeit über Aretino abschloß, für die »Solaria« und andere Zeitschriften schrieb und seit 1943 in Rom lebte. 1928 trat sie mit ihrem ersten Roman *Tempo innamorato* hervor. Vor dem Hintergrund der toskanischen Landschaft entfaltet das Buch mit fein abgestimmten lyrischen Tonlagen und in ganz verinnerlichter Analyse geheimnisvoller Symmetrien und Entsprechungen das seelische Spannungsfeld zwischen zwei weiblichen Hauptfiguren, der häßlichen, kurzsichtigen Clementina und der lebhaften, sinnlichen und egoistischen Malersfrau Rita. Nach dem gut aufgenommenen Erstling publizierte Manzini in rascher Folge und mit wachsendem Erfolg weitere Romane und Erzählungen, darunter *Incontro col falco* (1929), *Boscovivo* (1932), *Un filo di brezza* (1936), *Rive remote* (1940), *Venti racconti* (1943), *Forte come un leone* (1944) und *Carta d'identità* (1945). Noch im gleichen Jahr erschien der ungewöhnliche Text *Lettera all'editore*, eine Art

Metaroman bzw. Roman über einen zu schreibenden Roman, der sich auf zwei interferierenden Ebenen bewegt: auf der »objektiven« Ebene der erzählten Handlung und auf der subjektiv-autobiographischen Ebene der Autorin, ihrer Bewußtseinsinhalte und Erinnerungen. Eines der besten Werke Manzinis unter ihren zahlreichen Prosapublikationen der Nachkriegszeit und ihr bekanntestes überhaupt ist der Roman *La sparviera*, der Mitte 1956 erschien und noch im gleichen Jahr drei Neuauflagen hatte. Mit feinfühliger Psychologie und in sorgfältig kontrolliertem Stil erzählt hier Manzini die Lebensgeschichte des kranken Protagonisten Giovanni Sermonti, oder besser die Geschichte von dessen progressiver Identifizierung mit seiner Krankheit, von der Kindheit bis zu seinem frühen, durch eben diese Krankheit herbeigeführten Tod: Der Protagonist leidet unter einem lebensbedrohenden Husten, den er »sparviera«, Sperber, nennt, weil er sein Leben wie ein Raubvogel aufzehrt. Wichtige Kapitel des Romans werden den Beziehungen Giovannis zu seiner Jugendgefährtin Marisa Graziadei und zur erfolgreichen Schauspielerin Stella gewidmet. Das mit seinen psychologischen und stilistischen Qualitäten überzeugende Buch wurde auch von der Kritik positiv aufgenommen, u. a. von Ungaretti mit Lob bedacht und mit dem »Premio Viareggio« ausgezeichnet. Nach *La sparviera* und nach *Allegro con disperazione* (1965), der Darstellung einer schwierigen ehelichen Beziehung, fand unter den weiteren Werken Manzinis vor allem ihr Roman *Ritratto in piedi* (1971) große Resonanz, ein Erinnerungsbuch um die Gestalt des Vaters und die eigene Kindheit in Pistoia und zugleich eine sensible Aufarbeitung der Vater-Tochter-Beziehung. Zuletzt erschien der ebenfalls sehr beachtliche Erzählband *Sulla soglia* (1973). Manzini war eine Schriftstellerin mit einem weiten Bildungshorizont, die neben den verschiedensten Autoren der modernen und der älteren Literatur sich in ihrem Hauptanliegen der psychologischen Vertiefung und der autobiographischen Rückerinnerung u. a. an Proust und Virginia Woolf orientierte. Neben der Feinfühligkeit und der erfahrungsgesättigten Wahrhaftigkeit ihrer psychologischen Erkundungen zeichnet sich ihre Prosa in der Regel auch durch einen bewußt poetischen und elaborierten, um sprachliche Perfektion bemühten Stil aus – Eigenschaften, die ihr neben dem genannten viele weitere Literaturpreise und große Anerkennung bei Kritik und Publikum einbrachten.

Neben FAUSTA TERNI CIALENTE (1898–1994), MARIA BELLONCI (1902–74), der Stifterin des »Premio Strega«, und anderen Frauen der um 1900 geborenen Generation kämpfte auch die in Florenz geborene, doch aus kalabresischer Familie stammende ANNA BANTI (Pseudonym für Lucia Lopresti; 1895–1985) um ihre Anerkennung als Schriftstellerin. Sie erwarb ihren Doktortitel im Fach Kunstgeschichte an der Universität Rom mit einer Arbeit über Marco Boschini (unter der Leitung von Adolfo Venturi) und heiratete später den Kunstkritiker Roberto Longhi, mit dem sie 1950 die Zeitschrift »Paragone« gründete, deren literarische Abteilung sie leitete; später widmete sie sich auch der Filmkritik. Anna Banti, die auch einiges aus dem Englischen übersetzte (darunter 1948 Thackeray's *Jahrmarkt der Eitelkeit* und 1950 Woolf's *Jacob's room*) fand ihre Vorbilder vor allem in den großen Prosaautoren des 19. Jahrhunderts wie Stendhal und Balzac, Verga und Manzoni; über diesen schrieb sie auch einige kritische Essays wie z. B. *Ermengarda e Gertrude* (1954) und *Manzoni e noi* (1956). Stilistisch kam Banti wie Gianna Manzini von der »Solaria« her und schrieb ähnlich wie diese in einem elaborierten, der Kunstprosa nahekommenden Stil. Viel entschiedener als Manzini konzentrierte sie sich thematisch auf das Schicksal von Frauen, die, als Benachteiligte, Marginalisierte oder gar als Opfer der Gesellschaft, mutig um ihre Selbstverwirklichung kämpfen. Schon der Titel ihres ersten Erzählbandes *Il coraggio delle donne* (1940) ist symptomatisch für diesen Themenkreis. Nach *Itinerario di Paolina* (1937), *Sette lune* (1941) und *Le monache cantano* (1942) erreichte Anna Banti bereits mit dem Roman *Artemisia* einen Höhepunkt ihrer Erzählkunst. Das schon fast fertige Manuskript des Romans wurde im Frühjahr 1944 bei einem Bombenangriff auf Florenz zerstört; darauf schrieb Banti aus dem Gedächtnis eine zweite Fassung, die 1947 veröffentlicht wurde. Der Roman gestaltet, in ständigem Dialog zwischen Autorin und Protagonistin, die Lebensgeschichte der 1597 geborenen Artemisia Gentileschi, Tochter des berühmten Orazio Gentileschi. Artemisia wird nach glücklicher und freier Kindheit in frühem jugendlichen Alter verführt, muß zwangsweise eine Ehe eingehen, die die gesellschaftlich geforderte Ehrbarkeit wiederherstellen soll, erleidet eine nicht gewollte Mutterschaft, die sie nicht ausleben kann, und setzt sich schließlich unter Aufgabe aller weiblichen Eigenschaften und Affekte und in großer Einsamkeit dank ihrer Charakterstärke und ihrer großen künstlerischen Begabung als Malerin durch: Einer ihrer größten Erfolge ist das Gemälde von Judith und Holofernes, in dem die Künstlerin sich in Gestalt der den Tyrannen enthauptenden Jüdin darstellt und sich so mit den Mitteln der Kunst für frühere Schmach und Zurücksetzung rächt. Einleitend charakterisiert Banti ihre Heldin als »eine der ersten Frauen, die mit Worten und mit Werken das Recht auf kongeniale Arbeit und auf geistige Parität zwischen den Geschlechtern einforderten«, ein Engagement, mit dem sich die dialogisierende Autorin mit Blick auf die Situation der Frauen in der Gegenwart identifiziert. Zu den besten und bekanntesten Werken Bantis gehört auch ihr nächster Band *Le donne muoiono*

901

(1951) mit vier Erzählungen aus den Jahren 1938 bis 1950, die erneut historische Perspektiven mit subtilen psychoanalytischen Studien einsamer Frauengestalten oder Künstlerinnen vereinen, wie etwa die der begabten aber unglücklichen Komponistin Lavinia in der Erzählung *Lavinia fuggita*. Auch die nachfolgenden unterschiedlich gelungenen Prosabände *Il bastardo* (1953; eine zweite Fassung 1961 mit dem Titel *La casa piccola*), *La monaca di Sciangai* (1957), *Le mosche d'oro* (1962), *Campi elisi* (1962; Sammelband, der auch die Erzählungen aus *Il coraggio delle donne, Le donne muoiono* und *La monaca di Sciangai* einschloß) und *Je vous écris d'un pays lointain* (1971) stellen in Romanen oder Erzählungen in der Regel die Analyse weiblicher Gestalten in den Mittelpunkt oder räumen ihr großes Gewicht ein. Eine Ausnahme davon bildet lediglich *Allarme sul lago* (1954), das vielleicht am wenigsten »feministische« Buch von Banti, und der historische Roman *Noi credevamo* (1967), dessen Held der Patriot Domenico Lopresti (ein Vorfahr der Verfasserin) ist, der am Ende seines Lebens resümierend über seine von wechselndem Glück begleitete Beteiligung am Risorgimento nachsinnt. Aber in dem Roman *La camicia bruciata* (1973) ist es dann doch wieder ein Doppelporträt zweier unglücklich verheirateter Frauen des 17. Jahrhunderts, an deren Beispiel erneut mit ungebrochenem Engagement und mit Durchblick auf die Gegenwart die Benachteiligung von Frauen bewußt gemacht wird. Letzte Prosabände der Banti waren *Da un paese vicino* (1975) und *Un grido lacerante* (1981).

Eine weniger zentrale Rolle spielt die Problematik der gesellschaftlichen Stellung der Frau dagegen im Denken und Schreiben der 1915 in Rom geborenen ANNA MARIA ORTESE, die in ihren Romanen und Erzählungen unterschiedlichen Themen und Erfahrungen nachgeht. Ortese wuchs in Libyen und Italien auf und lebte nach dem Krieg vor allem in Neapel. Sie hatte keine abgeschlossene Ausbildung, zeigte sich ideologischen oder literarischen Programmen abgeneigt und schwankte zwischen einer journalistischen und schriftstellerischen Berufung. In der Nachkriegszeit stand sie dem Neorealismus und Elio Vittorini nahe, der sie ermuntert hatte, sich mit den Problemen des Südens auseinanderzusetzen. Ein erstes Ergebnis dieser Bemühungen war der Band *Il mare non bagna Napoli*, der 1953 in den »Gettoni« Vittorinis erschien und dessen Geschichten eine Mittelstellung zwischen journalistischer Recherche und literarischer Prosa einnehmen. In neorealistischer Perspektive und mit denunzierender Absicht beschreiben die Erzählungen des Bandes Schmutz, Armut und Verfall Neapels als einer durch jahrhundertelange Fehlentwicklungen degradierten Stadt und das Elend des in schmutzigen Gassen und Hinterhöfen hausenden, arbeitslosen und hungernden Volkes. Nach den weniger beachteten früheren Bänden *Angelici dolori* (1937) und *L'infanta sepolta* (1948) zog Ortese mit diesen Erzählungen zum ersten Mal die Aufmerksamkeit der offiziellen Kritik auf sich und wurde mit dem »Premio Viareggio« ausgezeichnet. Eine ganz andere Thematik entfaltete nach *Silenzio a Milano* (1958) der Roman *L'iguana* (1965), der in einer märchenhaften Handlung mit vielen grotesken und surrealen Zügen von einem jungen Mailänder Aristokraten erzählt, der auf einer imaginären Insel mit dem Phantasienamen Ocana einer kleinen Dienerin begegnet, die ihm wie ein Reptil in Frauenkleidern (der Titel bedeutet soviel wie »weiblicher Leguan«) vorkommt: Daddo, so der Name des Mailänders, verliebt sich in dieses Wesen und opfert schließlich sogar sein Leben dafür. Nach dem weniger bedeutenden, gleichwohl mit dem »Premio Strega« ausgezeichneten Band *Poveri e semplici* (1967), nach *La luna sul muro* (1968) und *L'alone grigio* (1969) erschien 1975 die umfangreiche und komplizierte Romanmaschine *Il porto di Toledo* (Neufassung 1985), die, wie der Untertitel *Ricordi della vita surreale* bereits andeutet, in einem kühnen Entwurf divergierende, ja widersprüchliche Zeit- und Raumebenen in Gegenwart und Vergangenheit mischt. Durch vielfältige irreale räumliche und zeitliche Brüche und Verschiebungen hindurch (Neapel wird zur fremden Hafenstadt Toledo, die Piazza del Municipio zur Plaza del Quiosco usw.) geht die Autorin ihren Erinnerungen an das alte Neapel nach und versucht sozusagen neben oder über der Zeitgeschichte ihre persönliche Geschichte zu rekonstruieren. Das in Struktur und Inhalt sich als Anti-Roman präsentierende Werk ist vor allem gegen die Akzeptanz vordergründiger, dem Augenschein nach erkennbarer Wirklichkeiten geschrieben, denen die Autorin mit immer größerem Mißtrauen begegnete. Ortese ist bis in die jüngste Gegenwart als Schriftstellerin aktiv geblieben. Nach *Il cappello piumato* (1979) und weiteren Werken erschien 1993 der Roman *Il cardillo addolorato (Die Klage des Distelfinken)*, der mit der Geschichte von drei Reisenden, die während der Französischen Revolution Neapel besuchen, in einfacheren Erzählstrukturen, doch wiederum mit einer Mischung von irrealen, abenteuerlichen und widersprüchlichen Motiven erneut die Problematik von Wirklichkeit und falschem Schein, von Wahrheit und Lüge aufgreift.

ELSA MORANTE (1918–1985), die vielleicht bedeutendste italienische Schriftstellerin der Gegenwart, war diejenige, die mit einem ganz der Literatur gewidmeten Leben und mit wenigen, aber herausragenden Werken maßgeblich dazu beitrug, die traditionelle Nichtbeachtung der Frauen zu durchbrechen und die Schriftstellerinnen als gleichgestellte Literaturschaffende im Kulturbetrieb Italiens endgültig zu etablieren. Elsa war aus einer komplizierten Familiensituation hervorgegangen: Tochter der Grundschullehrerin Irma Poggibonsi jüdischer Herkunft und eines Francesco Lo Monaco, wuchs sie im Hause ihres standesamtlichen Vaters Augusto Morante auf, der Lehrer in einer Erziehungsanstalt für Minderjährige war. Früh, nach Beendigung ihrer Schulzeit, verließ sie ihre Familie, um ein unabhängiges Leben zu führen, wohnte lange Jahre allein in möblierten Zimmern und verdiente sich ihren Lebensunterhalt mit Privatunterricht, dem Verfassen von Examensarbeiten und mit Zeitschriftenbeiträgen, darunter auch solchen für den »Corriere dei piccoli«; zwischen 1939 und 1941 schrieb sie vor allem für die Wochenzeitschrift »Oggi«. 1936 hatte sie Moravia kennengelernt und war mit ihm eine Beziehung eingegangen, die sie als gläubige Katholikin 1941 durch eine Ehe nach katholischem Ritus legalisierte. In einem wechselvollen, immer schwierigen Verhältnis lebte sie lange Zeit mit Moravia in Anacapri, später hauptsächlich in verschiedenen Wohnungen in Rom, wo sie auch 1944 das Ende des Krieges miterlebte. Einen tiefen Einblick in die Gefühlswelt und die persönlichen und familiären Probleme der jungen, sehr komplizierten Schriftstellerin in den dreißiger Jahren gibt ein vom 10. Januar bis zum 30. Juli 1938 geführtes, postum veröffentlichtes Tagebuch (*Diario*, 1990), das auch ein aufschlußreiches Licht auf manche ihrer in den späteren Erzählwerken entfalteten Motive wirft. Nach zahlreichen frühen Zeitschriftenbeiträgen, nach Märchen und Gedichten für Kinder (eines der Märchen erschien 1942 unter dem Titel *Le bellissime avventure di Caterí dalla trecciolina*), und nach dem 1935/36 in einer Zeitung publizierten Fortsetzungsroman *Qualcuno ha bussato alla porta* legte Elsa Morante 1941 mit dem Erzählband *Il gioco secreto* ihr erstes literarisch relevantes Werk vor; dieses erschien damit zu einem Zeitpunkt, in dem Vittorini mit seinem Roman-Manifest *Conversazione in Sicilia* Grundzüge der neorealistischen Schreibweise entwarf, von der sich Morante im Lauf der nächsten Jahre kritisch distanzierte. Die Vorbilder ihrer Prosakunst fand sie in der großen europäischen Erzähltradition; nach den für sie wichtigsten Autoren befragt, nannte sie 1959 Homer, Cervantes, Stendhal, Melville, Tschechow und Verga.

Schon mit den Erzählungen von *Il gioco secreto* (*Das geheime Spiel*) stellte die junge Autorin ihre künstlerische Eigenständigkeit, die Originalität ihrer Weltsicht und ihre neue Darstellungsweise eines »magischen Realismus« unter Beweis, der die Wirklichkeit nach geheimnisvollen Anziehungen und Entsprechungen durchleuchtet. Ihr eigentliches literarisches Vermächtnis hat Morante jedoch vier großen Romanen anvertraut, deren erster, *Menzogna e sortilegio* (*Lüge und Zauberei*), 1948 erschien und mit dem »Premio Viareggio« ausgezeichnet wurde. Das umfangreiche, eine Einführung und sechs Teile umfassende Werk, für das zunächst der Titel

Vita di mia nonna vorgesehen war, gestaltet auf vielen hundert figuren- und ereignisreichen Seiten die Geschichte einer Familie aus dem Süden Italiens. Protagonistin ist Elisa, eine zurückgezogen lebende Frau, die in der ersten Person und aus allwissendem Überblick, der auch die Ereignisse vor ihrer Geburt umfaßt, die Familiengeschichte erzählt. Abgesehen von einigen Episoden um die Großeltern steht die Mutter Anna und deren Beziehungen im Mittelpunkt des Romans: Anna liebt den reichen Cousin Edoardo, der sie indes mit einer Prostituierten, Rosaria, betrügt, worauf sie schließlich die Frau Francescos wird. Nach vielen tragischen Ereignissen und dem Tod mehrerer Personen überlebt schließlich allein Rosaria, die großzügig die kleine Elisa in ihr Haus aufnimmt, welche dann später, nach dem Tod Rosarias, rückblickend das Romangeschehen erzählt. Der Roman hat seine Besonderheit darin, daß dieses an sich alltägliche und kleinbürgerliche Geschehen in einer heroisch-tragischen Sublimierung und in einem auffallenden Streben nach Totalität auf die Ebene einer absoluten und mythischen Gültigkeit gehoben wird, auf die Vergangenheit, Gegenwart und Zukunft verschmelzende Ebene einer überwirklichen, von Fiktionen, Träumen und Täuschungen durchsetzten, ganz und gar »romanhaften« Welt, die von den handelnden Figuren als etwas Magisches und Verhextes, eben als »Lüge und Zauberei« erlebt wird. Rückblickend sagte Morante in einem Interview des Jahres 1968, daß sie bei der Niederschrift ihres Romans vor allem an Don Quijote und Ariosto gedacht habe; mit ihrem Werk habe sie das tun wollen, was Ariosto mit seinem *Orlando furioso* für das Ritterepos getan habe, nämlich ein letztes, totales und absolutes Werk schreiben, das der ganzen Gattung ein Ende setzt: »Ich wollte den letzten möglichen Roman schreiben, den letzten Roman der Welt, und natürlich auch meinen letzten Roman.«

Nach diesem Werk schrieb Morante zunächst weitere Erzählungen, die zusammen mit einigen bereits in *Il gioco secreto* publizierten in dem Band *Lo scialle andaluso* (1963) eingingen. Einzelne Texte dieser Sammlung, wie etwa die abgründige Erzählung *La nonna*, veranschaulichen beispielhaft den neuen magischen Realismus der Prosa Morantes, der einfache mimetische oder neorealistische Darstellungsweisen verschmäht und statt dessen mit einer souverän waltenden Phantasie verborgene archaische und mythische Zusammenhänge zwischen den Erscheinungen und zwischen Mensch und Natur sichtbar macht, und zugleich in einer ständigen Anspannung auf die Erkenntnis der Geheimnisse und der inneren Beweggründe menschlicher Schicksale gerichtet ist. Das Hauptinteresse Morantes galt indes nach wie vor dem Roman. Bereits 1950 hatte sie einen Liebesroman begonnen, der den Titel *Nerina* tragen sollte, jedoch nie fertiggestellt wurde. Ab 1952 arbeitet sie an einem neuen Werk, das 1957 erschien: *L'isola di Arturo. Memorie di un fanciullo*. Der Erzähler des mit dem »Premio Strega« ausgezeichneten Bandes ist der Knabe Arturo, der in acht Kapiteln in der ersten Person von seiner Kindheit und Jugend auf der Insel Procida erzählt. Von Geburt an ohne Mutter aufgewachsen, führt der junge Arturo, dessen Vater Wilhelm Gerace häufig auf geheimnisvollen Reisen zum Festland unterwegs ist, auf der Insel ein einsames, vagabundierendes und glückliches Dasein. Eines Tages kommt der von Arturo bewunderte Vater mit einer neuen Frau nach Hause, der sechzehnjährigen Nunziatina, einem Mädchen aus dem neapolitanischen Proletariat, in das der Heranwachsende sich nach und nach verliebt; doch kann Nunziatina, die inzwischen einen Sohn von Wilhelm hat, nicht umhin, ihren Stiefsohn abzuweisen. So ist es dann schließlich die junge Witwe Assunta, die ihn in die Geheimnisse der Liebe einführt. In einem langsamen und mühsamen Prozeß des Reifwerdens und der Initiation ins Leben gelangt Arturo auch zu einer schmerzlichen Korrektur des idealisierten Bildes seines Vaters, der, wie er eines Tages erfährt, während seiner Abwesenheiten banale homosexuelle Bedürfnisse befriedigte. Mit dem Mythos des Vaters und der Familie stürzen weitere jugendliche Ideale und Träume zusammen; so bleibt dem inzwischen zum jungen Mann Herangewachsenen nichts anderes übrig, als das traumhafte, zeitenthobene Paradies seiner Kindheit für immer zu verlassen und sich am Festland als Soldat einzuschreiben. Wie es scheint, wollte die Autorin schon mit der Wahl des Namens Arturo Bezüge zu astronomischen, sagenhaften und abenteuerlichen Welten herstellen: Der Name des Protagonisten ist der des größten Sternes in der Konstellation des Bootes und zugleich der des sagenhaften Königs der Tafelrunde. Aber auch die Insel selbst mit ihren Häusern und Läden, dem Hafen, den Küstenstrichen und mit dem Zuchthaus auf dem Felsen wird unter der Feder der Autorin zu einem magischen, geheimnisvollen, zugleich solaren und dunklen Ort, an dem sich Wirkliches, Märchenhaftes, Phantastisches und Unheimliches durchdringt und überlagert; und die Personen des Romans, insbesondere Arturo, bewegen sich in vollkommener Harmonie mit den verzauberten Landschaften und Örtlichkeiten. Der Roman ist voll geheimnisumwitterter Ereignisse und Erscheinungen und voll versteckter Symbole und Bilder, die die einzelnen Stationen der ungewöhnlich verschlungenen und komplizierten Entwicklung des Helden markieren.

Die sechziger Jahre brachten für Elsa Morante in privater wie in intellektueller Hinsicht krisenhafte und schwierige Erfahrungen. Der junge Maler Bill Morrow, den sie 1959 auf einer Reise in die USA kennengelernt hatte und mit dem sie eine intensive Beziehung führte, starb 1962; im gleichen

Jahr trennte sie sich endgültig von Moravia, mit dem sie ein Jahr zuvor gemeinsam mit Pasolini nach Indien gereist war. In den folgenden Jahren knüpfte sie eine Reihe von meist schwierigen und kurzfristigen Beziehungen zu jungen Intellektuellen an und unternahm weitere Reisen, u. a. nach Mexiko, Andalusien und Wales. Zunehmend beschäftigte sie der Gedanke an das herannahende Alter; aber auch die Erscheinungen der Massengesellschaft, die politische Entwicklung und die Bedrohung der Menschheit durch die Atombombe beunruhigten sie. Aus solcher Anteilnahme entstand 1965 der Vortrag *Pro e contra la bomba atomica*, der mit einem Aufsatz über den Roman und anderen Essays 1987 in dem Band *Pro e contra la bomba atomica e altri scritti (Für oder wider die Atombombe und andere Essays)* veröffentlicht wurde. 1968 erschien der Gedichtband *Il mondo salvato dai ragazzini e altri poemi*, dessen Texte ebenfalls auf die Zerstörung des Lebens in der Industrie- und Massengesellschaft reagieren und mit dem für Morante typischen, unideologischen und spontanen Engagement für den Erhalt der Schönheit und der ursprünglichen Lebensfreude plädieren. Aus einer stärkeren Beachtung des politischen Geschehens und einer wacheren Anteilnahme am Leben einfacher Bevölkerungsschichten entstand, in der Gewißheit, daß das alte geheimnisvolle Italien, das sie in ihrem letzten Roman noch einmal heraufbeschworen hatte, für immer entschwunden war, ihr dritter Roman *La storia* (1974), der sich an ein breiteres Publikum richtet und »dem Analphabeten, für den ich schreibe« gewidmet ist. Der Roman versteht sich als ein globaler Protest gegen die Geschichte, verstanden als zerstörende und schicksalhafte Gewalt, die vor allem das Leben der schutz- und hilflosen kleinen Leute, denen die ganze Sympathie der Autorin gilt, zermalmt. Dies wird verdeutlicht an der in der dritten Person und mit allwissendem Überblick erzählten, von 1941 bis 1947 spielenden Geschichte einer Frau aus dem Volk, der Ida Ramundo, die mit ihrem Sohn Nino in Rom lebt, und dort von einem deutschen Soldaten einen zweiten Sohn Giuseppe, genannt »Useppe«, bekommt. Durch kriegerische Ereignisse und durch Krankheit kommen schließlich alle Personen um, ausgenommen Ida, die in einem Irrenhaus überlebt. Diese von der Autorin mit wärmster, oft pathetischer und sentimentaler Anteilnahme erzählte Geschichte wird von zahlreichen zeitgeschichtlichen, chronikartigen Dokumentationen und Berichten aus dem genannten Zeitraum unterbrochen, die den Gang der Geschichte darstellen sollen, jedoch nicht zu einer ganzheitlichen, abgerundeten Romanstruktur verbunden werden. Das ebenso pessimistische wie ehrgeizige Buch, das neben starkem Pathos auch religiöse Motive bemüht (Ida und Useppe erscheinen als Spiegelungen von Maria und Jesus, usw.) leidet einerseits an strukturellen Mängeln und an seiner inadäquaten, konventionellen Erzählform, andererseits vor allem an dem Fehlen einer theoretischen und ideologischen Grundkonzeption, worauf u. a. Pasolini hinwies. Dennoch ist das Werk als spontaner, unprogrammatischer Protest mit seiner »weiblichen«, extrem gefühlsbetonten und fast körperlichen Anteilnahme an den »Besiegten« der Geschichte eine ungewöhnliche, unvergeßliche Lektüre, was sich auch in einem ungewöhnlichen Publikumserfolg widerspiegelte.

Im weiteren Verlauf der siebziger Jahre vertiefte sich das Unbehagen und der Pessimismus der Schriftstellerin, zum einen verursacht durch persönliche Umstände wie Krankheit und das Gefühl des nahenden körperlichen Zerfalls, zum anderen auch hervorgerufen durch negative Entwicklungen in Gesellschaft und Politik, durch die Greuel des Terrorismus und die zutiefst desillusionierte Orientierungslosigkeit jener Jahre, aber auch durch einzelne deprimierende Ereignisse wie etwa das ideologische Scheitern Pasolinis und sein tragisches Ende. Wie es scheint, hat Elsa Morante in diesen Jahren ziemlich rasch ihre Hoffnung auf eine mögliche Verbesserung der gesellschaftlichen Zustände, aber auch ihre Illusionen von einer positiven Einwirkung als Schriftstellerin auf das Leben ihrer Zeitgenossen aufgegeben. Mit großer Anstrengung konzentrierte sie sich jetzt auf ihren letzten großen Roman *Aracoeli*, den sie 1976 begann und 1982 veröffentlichte. Wie in ihrem zweiten Roman läßt sie wieder einen männlichen Protagonisten erzählen, der aber nicht wie der mythische Arturo von einem Kindheitsparadies und einer Initiation ins Leben berichtet. Der in der Ichform erzählende Emanuele ist vielmehr ein in Jahren bereits vorgerückter, trauriger und einsamer Verlagsangestellter, der im Jahre 1975 eine Reise nach Andalusien, der Heimat seiner Mutter unternimmt, um eine verlorene glückliche Kindheit und das Bild der geliebten, längst verstorbenen Mutter wiederzufinden; dies zugleich in der Hoffnung, sich damit auch von einer als traumatisch empfundenen Homosexualität zu befreien. In einer vielschichtigen, Zeiten und Räume überlagernden Handlung rekonstruiert der Roman die Geschichte der schönen und sinnlichen Andalusierin Aracoeli Muñoz, aus deren Verbindung mit einem piemontesischen Marineoffizier Emanuele hervorgeht. Vier Jahre lang lebt der Knabe in engstem, ausschließlichen Kontakt mit der Mutter; doch eine zweite, schwierige Schwangerschaft setzt der zärtlichen Mutter-Sohn-Idylle alsbald ein Ende. Das Neugeborene stirbt nach einem Monat an einem angeborenen Leiden, und die Mutter verfällt durch eine schwere Hirnerkrankung in eine totale Willenlosigkeit und in eine zügellose Erotomanie, die sie in den Untergang treibt. Ihr Mann gibt sich dem Alkohol hin, und der Sohn Emanuele überführt die Gefühle seiner intensiven Mutterbeziehung nach mehreren gescheiterten

908

Verhältnissen mit Frauen in homosexuelle Bindungen. Diese erneute, doch diesmal weitaus pessimistischere Geschichte von der Auflösung einer Familie setzt wieder die zentralen seelischen Spannungen der Autorin frei: ihr problematisches Verhältnis zur Ehe, zur Familie, zur Eltern-Kind-Beziehung und insbesondere zur Mutterschaft, die hier stärker verneint wird als je zuvor. Der wiederum komplexe und schwierige Roman baut mit seinen vielschichtigen zeitlich-räumlichen Verflechtungen eine undurchdringliche, in ständiger Bewegung zwischen Vergangenheit und Gegenwart befindliche Wirklichkeit auf, die als ein Gewirr zufälliger und blinder Ereignisse, Fakten und Fiktionen erscheint und sich damit einer erkennenden und einordnenden menschlichen Erfahrung widersetzt – so wie es auch Emanuele nicht gelingt, verlorene Zeiten wiederzufinden und für eine bessere Gegenwart aufzuarbeiten. *Aracoeli* signalisiert somit zwar nicht das Ende des Romans, aber doch das Ende einer sinnorientierten und konstruktiven menschlichen Erfahrung. So endet Morantes Werk, wie das so vieler Künstler ihrer Zeit, in tiefem Pessimismus und in einer entschiedenen Negativität. Auch ihr Leben nahm in den letzten Jahren einen unglücklichen Verlauf. 1980 stürzte sie in einem römischen Restaurant und brach sich einen Oberschenkel; nach Operationen und langer ärztlicher Behandlung, zeitweise in einer Schweizer Klinik, kehrte sie nach Hause zurück, konnte jedoch nicht mehr laufen. Im April 1983 unternimmt sie einen Selbstmordversuch, der von einer Haushaltshilfe vereitelt wird. Im November 1985 stirbt sie schließlich in einer römischen Klinik an einem Infarkt.

Eingeleitet durch die bedeutenden Leistungen von Manzini, Banti, Ortese, Morante und anderen vollzog sich in Italien in den vierziger Jahren auf breiter Ebene der Durchbruch der Schriftstellerinnen zu gesellschaftlicher Akzeptanz und Beachtung. Äußere Voraussetzung dafür waren die grundlegenden gesellschaftlichen Veränderungen, die der Frau neue, im Prinzip gleichberechtigte, wenngleich immer noch vielfältig angefochtene und eingeschränkte Rollen in Politik, Gesellschaft und Kultur zuwiesen. Nach Kriegsende entwickelte sich innerhalb einer relativ kurzen Zeit eine dynamische, vielstimmige »prosa femminile«, die heute als ein breites Spektrum erzählender Prosa eine gewichtige Rolle im Literaturbetrieb der Gegenwart spielt und diesem relevante neue Akzente verleiht. Dieser literaturgeschichtliche Befund ist allerdings nicht dahingehend mißzuverstehen, daß die Frauen nach 1944 ihre eigene Literatur geschaffen hätten, die als eine eigene weibliche Spezies gesondert neben der männlichen Literatur existierte. Vielmehr erweist sich die rasch anwachsende Schar von Prosaschriftstellerinnen als eine ziemlich heterogene, durch disparate Haltungen gekennzeichnete Gruppe, deren Prosawerke ähnlich vielfältig oder konträr sind wie die ihrer männlichen Kollegen. Es kann also, wie auf den vorangehenden Seiten bereits deutlich wurde, in diesem Kapitel nicht darum gehen, ein eigenständiges Konzept weiblichen Schreibens oder gar einen neuen weiblichen Diskurstyp nachzuweisen und zu beschreiben, sondern nur darum, die Prosawerke der Schriftstellerinnen im Kontext der gesellschaftlichen und kulturellen Gegebenheiten ihrer Zeit zu würdigen. Wenn so einerseits von einer autochthon weiblichen Literatur nicht die Rede sein kann, so läßt sich andererseits nicht bestreiten, daß die Prosa der Frauen sich durch eine Anzahl typischer, signifikanter und rekurrenter Merkmale von derjenigen der Männer unterscheidet. Das wichtigste davon ist eine eigentümliche Perspektive, eine spezifische Art der Zuwendung und der Beobachtung, die sich hauptsächlich auf die Probleme der Frau richtet, auf den Aufbau bzw. die Verteidigung einer weiblichen Identität, auf die Stellung der Frau in der Familie, das Problem der Mutterschaft, die Beziehung zu Mann und Kindern, auf die Erziehung und das Aufwachsen der Kinder und ähnliche Themen aus dem familiären und häuslichen Bereich. Dies gilt grundsätzlich auch für die neuere und neueste Frauenliteratur, die, wie es scheint, inhaltlich weiterhin hauptsächlich dem Themenkreis der Frau und der Familie zugewandt bleibt, gleichzeitig aber dabei ist, sich auf oft hohem Niveau neue, originelle und immer anspruchsvollere Ausdrucksformen zu erschließen.

Eine Schriftstellerin von großem menschlichen und künstlerischen Profil und maßgeblich am Durchbruch der Fauenliteratur beteiligt war NATALIA GINZBURG (1916–1991), die ihr Engagement als Prosaautorin, ausgehend von eigenen Erfahrungen, auf eine ebenso feine wie konkrete Beobachtung der Familie, ihrer einzelnen Mitglieder, ihrer intimen Beziehungen und Probleme konzentrierte. Dabei galt ihre Aufmerksamkeit vor allem dem Erhalt der Familie und der bürgerlichen Werte in einer Welt, die ihr im Laufe ihres Lebens immer unheilvoller und verwahrloster erschien. Die in ihren Augen unüberschaubare und undurchdringliche gesellschaftliche Umwelt war für sie auch der Grund, die Ich-Form als für sie einzig authentische Darstellungsform ihrer Prosa zu wählen: »Heute ist es schwierig, die Wirklichkeit zu erzählen, weil sie nebelhaft, wirr, chaotisch, unentzifferbar geworden ist. Jeder kann nur einen sehr kleinen Ausschnitt aus ihr kennen. Darum glaube ich, daß man heute nur noch erzählen kann, wenn man ›ich‹ sagt«, schrieb sie in einem Essay aus dem Jahre 1951. Zur Unmittelbarkeit der Ich-Erzählform tritt ein gedämpfter, warmer, später zunehmend lakonischer Stil, der unter Verzicht auf Kunsteffekte oder rhetorische Elemente auf die unverstellte Wiedergabe konkreter Personen und Personenkonstellationen und ihrer »Wahrheit« ausgerichtet ist.

910

Die aus jüdischer Familie stammende Natalia Levi wurde in Palermo geboren und wuchs in Turin auf, wo ihr Vater als Professor für Anatomie lehrte und wo sie 1938 den Slawisten und Literaturhistoriker Leone Ginzburg heiratete, der später eine führende Rolle im Widerstand spielte. Gemeinsam mit ihm durchlebte sie die Schrecken der faschistischen Verfolgung und eine dreijährige Verbannung in einem Dorf der Abruzzen. 1944 starb ihr Mann in dem römischen Gefängnis Regina Coeli an den Folgen der Folterungen durch die Gestapo. Nach dem Krieg war sie lange Zeit – u. a. zusammen mit Cesare Pavese – als Lektorin für den Verlag Einaudi tätig. Paveses Begeisterung für die jetzt zugängliche amerikanische Literatur und für den modernen amerikanischen Roman hat auch in ihrem Werk Spuren hinterlassen. Nach einer zweiten Ehe mit dem Kritiker Gabriele Baldini (1919–1969) lebte sie in Rom, wo sie weiterhin für Einaudi arbeitete; 1983 wurde sie als Abgeordnete auf den Listen der Kommunistischen Partei ins Parlament gewählt. 1942 publizierte die Schriftstellerin ihren ersten Erzählband *La strada che va in città* (unter dem Pseudonym Alessandra Tornimparte), der von der Kritik wohlwollend aufgenommen wurde. Darauf folgten der Kurzroman *È stato così*, der Roman *Tutti i nostri ieri* (1952) und der Prosaband *Valentino* (1957), der mit seinen drei Familiengeschichten *La madre*, *Sagittario (Schütze)* und vor allem mit der Titelgeschichte um den genußsüchtigen Schmarotzer und Familienschreck Valentino das Erzähltalent der Autorin unter Beweis stellte. Nach dieser frühen, noch vom Neorealismus beeinflußten Prosa setzte in den sechziger Jahren eine zweite, reife Schaffensphase Ginzburgs ein. 1961 erschien der Kurzroman *Le voci della sera (Die Stimmen des Abends)*, in dem ein Mädchen in der ersten Person aus dem Alltagsleben der Familie erzählt. Bekannter wurde sie durch ihr *Lessico famigliare (Familienlexikon*, 1963), eine liebevolle und detaillierte Aufarbeitung der Geschichte ihrer Familie von etwa 1918 bis in die Zeit nach dem Zweiten Weltkrieg, wofür sie den »Premio Strega« erhielt. Der Band *Le piccole virtù (Die kleinen Tugenden*, 1962) enthielt neben kurzen Prosaskizzen, darunter *Inverno in Abruzzo* mit Erlebnissen aus der Verbannung, eine Anzahl von theoretischen Essays zur Literatur und den »menschlichen Beziehungen«.

In den sechziger Jahren schrieb Natalia Ginzburg auch einige Theaterstücke, deren bekanntestes, die dreiaktige Komödie *Ti ho sposato per allegria* (1966), zwei Jahre später verfilmt wurde. Auf *Mai devi domandarmi (Nie sollst du mich befragen*, 1970) folgte 1973 der Roman *Caro Michele*, der mit anderen Mitteln und mit größerem Pessimismus erneut das Bild einer Familie entwirft. Der Roman besteht aus den zwischen Dezember 1970 und September 1971 datierten Briefen, mit denen ein aus politischen Gründen nach England geflüchteter, gescheiterter Homosexueller versucht, zu den einzelnen Mitgliedern seiner Familie, zur Ex-Freundin und zum homosexuellen Freund Verbindung aufzunehmen; in den Briefen und Antworten zeigt sich, daß die bürgerliche Familie und ihr Freundeskreis völlig zerrissen ist und die beteiligten Personen keine gemeinsame Sprache mehr sprechen. Es folgten *Vita immaginaria* (*Das imaginäre Leben*, 1974), die Erzählung *Famiglia* (1977) und der Roman *La casa e la città* (1984), der formal und thematisch die Linie von *Caro Michele* fortsetzt, dabei allerdings ein äußerst deprimierendes Gesamtbild zwischenmenschlicher Beziehungen der Gegenwart entwirft. In dem Roman werden wieder Briefe zwischen Familienmitgliedern und Freunden gewechselt, ohne daß dabei eine wirkliche Verbindung und Verständigung unter den Beteiligten entstünde. Vielmehr geht jeder Briefschreiber egoistisch und kalt seinen eigenen Interessen nach und frönt, ungerührt durch das Unglück oder den Tod anderer, seinen egozentrischen Leidenschaften. Das Buch ist eine Chronik der kaputten Familien, der zerstörten Beziehungen und einer orientierungslosen, chaotischen Gesellschaft; eine Abrechnung mit dem zeitgenössischen Leben, die jetzt in einem sehr harten, lakonischen Alterstil vorgetragen wird. Auch in historischer Perspektive ist Ginzburg dem Thema der Familie nachgegangen, so in der historischen Rekonstruktion *La famiglia Manzoni* (1985), die vor allem von den Frauengestalten her konzipiert ist; auch in dem historischen Roman *Serena Cruz o la vera giustizia* (1990) stand wieder, wie meist bei Ginzburg, eine Frau im Mittelpunkt. Neben einigen Übersetzungen, vor allem aus dem Französischen, verfaßte Natalia Ginzburg auch eine einfühlsame Biographie des russischen Schriftstellers Anton Tschechow, die 1989 erschien.

Eine Pionierin der weiblichen Prosakunst war auch die 1909 in Demonte bei Cuneo geborene LALLA ROMANO, die ein zurückgezogenes bürgerliches Leben führte und sich in ihrer Prosa ähnlich wie Ginzburg mit geduldigen und präzisen Analysen den zwischenmenschlichen Beziehungen, vorzugsweise in ihren alltäglichen Erscheinungsformen in Familie und Verwandtschaft, widmete. Ähnlich wie Natalia Ginzburg waren auch ihr rhetorischer Aufwand, Selbstbespiegelung und sentimentale Anwandlungen fremd: So entwickelte sie nach und nach einen ausgewogenen, frischen und realitätsnahen Erzählstil, der durch seine kurzen, markanten Sätze, durch zahlreiche Dialogpartien und durch einen geschickten, suggestiven Gebrauch der Parenthese gekennzeichnet ist. Graziella Romano hatte in Turin Literatur studiert und die Malerschule von Felice Casorati besucht, bevor sie in Cuneo als Bibliothekarin und dann in Turin und Mailand als Mittelschullehrerin tätig war. Sie heiratete den Bankier Innocenzo Monti und führte danach in ihrem Privatleben den Namen Graziella Monti, als Schriftstellerin dagegen den Namen Lalla Romano (»Lalla« war ihr Kindername). Als Autorin debütierte sie mit dem Gedichtband *Fiore* (1941), dem später die Lyrikbände *L'autunno* (1955) und *Giovane è il tempo* (1974) folgten. Ihr erstes literarisch relevantes Werk war jedoch der Prosaband *Le metamorfosi* (1951) mit kurzen Texten, die in einer neuen, auch sprachlich autonomen Weise und unabhängig von der Traumdeutung Freuds oder den Bewußtseinsprotokollen der Surrealisten eine Beschreibung von Träumen und Trauminhalten unternahmen. In der Regel waren es aber autobiographische Motive, denen die Autorin nachging. Noch dem Neorealismus verpflichtet sind die in der piemontesischen Heimat spielende Bände *Maria* (1953), ein an Flauberts *Un coeur simple* erinnerndes Porträt einer einfachen Frau, und *Tetto murato* (1957), die Beziehungsgeschichte zweier Flüchtlingsehepaare aus der Kriegszeit. 1960 erschien ein feinsinniges, von Montale gelobtes Tagebuch einer Griechenlandreise *(Diario di Grecia)*. Nach dem weniger gelungenen, wiederum autobiographisch motivierten Roman *L'uomo che parlava solo* (1961) war *La penombra che abbiamo attraversato* (1964) der bis dahin bedeutendste Band, eine Rückerinnerung an die Kindheit in der Provinz von Cuneo und den Tod der Mutter. Ihren größten Erfolg hatte Romano mit dem Roman *Le parole tra noi leggere* (1969), der mit dem »Premio Strega« bedacht wurde. In dem Buch rekonstruiert die Autorin die schwierige und zugleich faszinierende Beziehung zu ihrem Sohn, wobei sie für die weiter zurückliegenden Jahre auf ihr Gedächtnis rekurriert, während sie die zeitlich näher liegenden Entwicklungen der Mutter-Sohn-Beziehung in einer tagebuchartigen Form festhält. Zentrale Themen sind die Mutterschaft, das Aufwachsen des Kindes, seine Entwicklung von der Mutter weg zu einer eigenen, »fremden« Persönlichkeit, die Einheirat des Sohnes in eine andere Familie und Ähnliches. Nach *L'ospite* (1973), *Pralève* (1975), *La villeggiante* (1975), *Lettura di immagini* (1975, eine Beschreibung alter Familienfotos) und anderen Prosabänden erschien 1979 als eines der besten Werke von Romano *Una giovinezza inventata (Eine erfundene Jugend)*, die nüchterne Analyse der eigenen jugendlichen Entwicklung in den zwanziger Jahren, dargeboten aus dem Überblick einer alternden Autorin und mit einer besonderen Aufmerksamkeit für die spezifisch weiblichen Probleme und Komplikationen des Heranwachsens. 1981 erschien der ebenfalls ungewöhnliche Roman *Inseparabile (Unzertrennlich)*, eine detaillierte kinderpsychologische Studie, die versucht, die Welt aus der Sicht eines kleinen Jungen, eines Enkels der Autorin, darzustellen; und einer gleich nüchternen, tief schürfenden Analyse unterzog sie in dem Roman *Nei mari estremi* (1987) die Vorgänge um

Krankheit und Ableben ihres Mannes. 1989 erschien ein weiterer Prosaband *Un sogno del Nord;* 1993 eine Gesamtausgabe von Lalla Romanos Prosa *Opere complete. Romanzi e racconti.*

Daß indes nicht alle Schriftstellerinnen in gleich dezidierter Weise wie Lalla Romano oder andere einer spezifischen Frauen- und Familienthematik nachgehen, belegen etwa die Werke der Literaturprofessorin und Kritikerin MARIA CORTI (geb. 1915), die neben zahlreichen wissenschaftlichen und kritischen Arbeiten auch erzählende Prosa schrieb: Zunächst den historischen Roman *L'ora di tutti* (1962), der zur Zeit der Türkenkriege in Süditalien spielt, sowie *Il ballo dei sapienti* (1966), einen satirischen Roman über die der Autorin bestens bekannte Welt der Universitäten und ihrer Professoren; darauf folgte später *Voci del Nord Est* (1986) mit Reisebeschreibungen und der Band *Canto delle sirene* (1989). Auch LAURA MANCINELLI (geboren 1934), Professorin für Germanistik an der Universität Turin, die u. a. das *Nibelungenlied* und Gottfried von Straßburgs *Tristan* ins Italienische übertrug, verfolgte in ihren Prosawerken eigenwillige, teilweise historisch ausgerichtete Themen. Auf ihren ersten Roman *I dodici abati di Challant* (1981) folgte 1986 der Kurzroman *Il fantasma di Mozart*, eine verschlungen und spannend aufgebaute Geschichte um die Liebe, den Zufall und die Haffner-Serenade Mozarts. Stark beachtet wurde auch ihr nachfolgender Roman *Amadé* (1990), der phantasiereich und einfühlsam die Erlebnisse des jungen Mozart während seines (historisch belegten) Aufenthalts im winterlichen Turin des Jahres 1771 beschreibt.

Demgegenüber treten erneut Motive der persönlichen Rückerinnerung und der Familienpsychologie in den Vordergrund bei der in Deutschland kaum bekannten, 1921 in Pisa geborenen LUISA ADORNO (Pseudonym für Stella Mila Curradi), die Literatur studierte und nach der Laurea als Mittelschullehrerin tätig war. Sie legte im Lauf der Jahre mehrere beachtliche Romane vor, darunter den aus frühen Zeitschriftenbeiträgen entstandenen Roman *L'ultima provincia* (1962, Neuauflage 1983), der aus kritischer und nüchterner Distanz die Geschicke einer Familie aus dem Süden in deutender, emblematischer Perspektive darstellt. Aus ihrer Feder stammen auch die *Stanze dorate* (1985), eine Rückerinnerung an die Jugend in Pisa mit einer gelungenen Verschmelzung privater und gesellschaftlicher Sphären, sowie *Arco di Luminara* mit einer kritisch-ironischen Analyse der Stellung der Frau im Geflecht der Familien- und Verwandtschaftsbeziehungen.

GINA LAGORIO, 1922 in Bra bei Cuneo geboren, die nach einem Literaturstudium in Turin lange Zeit in Ligurien, später in Mailand lebte, schrieb neben Kinderbüchern (*Le novelle di Simonetta*, 1950; *Attila re degli Unni*, 1964), einigen Theatertexten (*Raccontami quella di Flic*, 1983) und litera-

914

turkritischen Essays über Fenoglio, Sbarbaro, die neuere ligurische Literatur und anderes auch eine stattliche Zahl von Romanen mit realistischer und zugleich introspektiver und analytischer Tendenz, die hauptsächlich der Erforschung der menschlichen Existenz in ihren elementaren Grunderfahrungen wie Liebe, Einsamkeit und Tod gewidmet sind. Ihr erstes bedeutendes Werk war, nach *Il polline* (1965) und *Un ciclone chiamato Titi* (1969), der Roman *Approssimato per difetto* (1971); darauf folgten *Qualcosa nell'aria* (1975), *La spiaggia del lupo* (1977), *Fuori scena* (1979), *Tosca dei gatti* (1984), *Il golfo del paradiso* (1987), und neuerdings *Tra le mura stellate* (1991) und *Il silenzio* (1993). In diesen Romanen behandelt Lagorio mit unterschiedlichem literarischem Erfolg, doch in meist tiefschürfender Analyse, die Frage nach der »Wahrheit« existenzieller Befindlichkeiten und Bewußtseinszustände, wobei sie in aller Regel in der Darstellung weiblicher Gestalten zu ihren besten Ergebnissen und schönsten Seiten gelangt.

Auch ALICE CERESA, 1923 in Basel geboren und seit 1950 in Rom lebend, behandelte neben ihrer Tätigkeit als Journalistin, Lehrerin und Übersetzerin in ihrer literarischen Prosa das Thema der Frau bzw. der Familie, zunächst in ihrem ersten Roman *La figlia prodiga* (1967), der von Publikum und Kritik positiv aufgenommen wurde und den »Premio Viareggio Opera Prima« erhielt; darauf in der Erzählung *La morte del padre* (1979) und schließlich in einem zweiten, insgesamt pessimistischen Roman *Bambine* (1990), der in halb satirischer, halb analytischer Perspektive, doch mit sehr kritischen und pessimistischen Akzenten das Beziehungsgefüge einer durchschnittlichen Familie in einer namenlosen Kleinstadt beschreibt und dabei der schwierigen Pubertät der beiden heranwachsenden Schwestern besondere Aufmerksamkeit schenkt. Zu der großen Zahl der Frauen, die sich neben ihren beruflichen Tätigkeiten mit dem favorisierten Thema der Ehe und Familie in einer literarisch mehr oder weniger relevanten Weise auseinandersetzten, gehörte auch die Fotografin CARLA CERATI (geboren 1926 in Bergamo), die neben mehreren Fotobänden auch einige einschlägige Romane veröffentlichte, darunter *Un amore fraterno* (1973), *Un matrimonio perfetto* (1975), *La condizione sentimentale* (1975) und *Uno e l'altro* (1983). Zu ihren besten literarischen Werken zählt der 1990 erschienene, die Mutter-Tochter-Problematik behandelnde Roman *La cattiva figlia*.

Ein recht bedeutender literarischer Versuch zum gleichem Thema war der Roman *Madre e figlia*, den FRANCESCA SANVITALE (geboren 1928 in Mailand), Journalistin und Mitarbeiterin bei der RAI, 1980 vorlegte; aus ihrer Feder stammen neben einigen Erzählungen auch die Romane *Il cuore borghese* (1972) und *L'uomo del parco* (1984). In einer weniger kritisch-analytischen als vielmehr mütterlich-warmen, oft betulichen Zuwendung hat sich ROSETTA LOY (geboren 1931 in Rom) der Familie und der Familienchronik in Erzählungen und Romanen angenommen, von denen die meisten bereits in deutscher Übersetzung vorliegen. Erwähnt seien die Romane *L'estate di Letuchè* (1982), *Strade di polvere* (*Straßen aus Staub*, 1987; mit dem »Premio Viareggio« bedacht), *Sogni d'inverno* (*Winterträume*, 1992) und der Erzählband *All'insaputa della notte* (*Im Ungewissen der Nacht*, 1984).

Demgegenüber hat sich DACIA MARAINI in einer nunmehr jahrzehntelangen, vielseitigen literarischen Aktivität immer wieder kritisch mit den Lebensbedingungen der Frau in der modernen Gesellschaft auseinandergesetzt und trat gleichzeitig auch in einem ideologisch-feministischen, linksorientierten Engagement für eine Verbesserung ihrer gesellschaftlichen Stellung ein. Als Tochter des bekannten Ethnologen Fosco Maraini 1936 in Florenz geboren, verbrachte sie einen Teil ihrer Kindheit (bis 1946) in Japan; später lebte sie in Palermo und schließlich in Rom. Lange Zeit war sie die Gefährtin Moravias. Sie arbeitete als Journalistin in den Redaktionen verschiedener Zeitschriften, bevor sie 1962 ihren ersten Roman *La vacanza* veröffentlichte, der dem Leben der italienischen Frauen ihrer Generation und dem Thema der für diese Zeit typischen sexuellen Freizügigkeit gewidmet ist. Eine ähnliche Thematik beherrscht auch ihren zweiten Roman *L'età del malessere* (1963), wobei jetzt das Motiv der Bewußtseinsbildung bzw. der Emanzipation der Frau eine größere Rolle spielt. Unheldische Heldin des Romans ist Enrica, ein siebzehnjähriges Mädchen aus einem Elendsviertel Roms, das, nachdem es sich lange Zeit von Cesare, Carlo und anderen Männern mißbrauchen ließ, endlich aufgrund ihrer Erfahrungen ein neues Bewußtsein entwickelt, das sie zu dem Entschluß bringt, einen Beruf zu ergreifen und ein unabhängiges Leben zu führen. Das Thema der Emanzipation der Frau durchzieht leitmotivisch das Gesamtwerk der Maraini, so auch, mit wechselnden Perspektiven und in teilweise humorvollen oder satirischen Tonlagen, die nachfolgenden Prosawerke *A memoria* (1967), *Mio marito* (1968), *Memorie di una ladra* (*Erinnerungen einer Diebin*, 1972), *Storia di Piera* (1980), *Il treno per Helsinki* (*Zug nach Helsinki*, 1984), *Isolina, la donna tagliata a pezzi* (1985) und *La bionda, la bruna e l'asino* (1987). Neben Prosa veröffentlichte Maraini auch Essays, Interviews und Lyrik (*Crudeltà all'aria aperta*, 1966; *Donne mie*, 1974; *Mangiami pure*, 1978; *Dimenticato di dimenticare*, 1982) sowie einige Komödien, die in dem Band *Il ricatto a teatro e altre commedie* (1970) erschienen. Einen beachtlichen Publikumserfolg errang Dacia

916

Maraini mit dem Roman *La lunga vita di Marianna Ucrìa,* der farbig erzählten Geschichte einer großen palermitanischen Familie des 18. Jahrhunderts, in deren Mittelpunkt die taubstumme Marianna Ucrìa steht; ein Werk, das nach seinem Erscheinen im Februar 1990 innerhalb eines Jahres nicht weniger als elfmal aufgelegt wurde. Nach diesem Bestseller erschienen zuletzt *Bagheria* (1992) und *Cercando Emma* (1993).

Das 1936 in Neapel geborene Erzähltalent FABRIZIA RAMONDINO machte ihre Erinnerungen an die in der Heimatstadt und deren Umgebung verbrachten Kinder- und Jugendjahre mitsamt den damit verbundenen Familienbeziehungen und häuslichen Örtlichkeiten und Interieurs zum wichtigsten Gegenstand ungewöhnlich suggestiver, atmosphärisch verdichteter Romane und Erzählungen, die, zum großen Teil bereits ins Deutsche übertragen, auch hierzulande ein breites Leserpublikum fanden. Ramondino wuchs nicht nur in Neapel, sondern auch in Palma de Mallorca und in Frankreich auf; später war sie einige Zeit in Deutschland, wo sie in einem Frankfurter Verlag arbeitete und an der Münchener Berlitz School Sprachunterricht erteilte. 1957 nach Italien zurückgekehrt, ging sie 1960 erneut nach Neapel, wo sie ab 1966 an einem Gymnasium lehrte. Seit 1983 ist sie als freie Schriftstellerin, Übersetzerin und Kritikerin tätig; zuletzt lebte sie in der Nähe ihrer Geburtsstadt. Schon mit ihrem ersten, 1981 erschienenen Roman mit dem Titel *Althénopis* (eine dem antiken Namen der Stadt, Parthénopis, »Jungfrauenauge«, nachempfundene Benennung der Stadt durch die deutschen Besatzer; zu übersetzen etwa mit »Altenauge«) erregte sie in Italien Aufsehen. Natalia Ginzburg, die diesen Roman ebenso wie die späteren *Storie del patio* (1983) im Verlag Einaudi lektorierte, erkannte sogleich die ungewöhnlichen Qualitäten dieser Autorin, und Elsa Morante nannte *Althénopis* das beste Buch des Jahres 1981. In ihrem Erstlingswerk versuchte Ramondino, deren Erzählstil manches mit dem ihrer beiden »Entdeckerinnen« gemein hat, sich ihre Kindheit zu vergegenwärtigen, vor allem jene Zeit, die sie im Haus ihrer Großmutter bei Neapel verbrachte. Die Gestalten der geheimnisvollen und sinnlichen Großmutter und der eher kühlen und rationalen Mutter stehen im Mittelpunkt des Romans, der wie das große Werk Marcel Prousts auf der Suche nach der verlorenen Zeit ist, jedoch mit der sinnlich-weiblichen Wärme und Konkretheit seiner Ding- und Detailbeschreibungen, seinen magisch und verzaubert wirkenden Personen und Räumlichkeiten und nicht zuletzt mit seinen leuchtenden, archaische Welten und Gesetze heraufbeschwörenden Bildern und Symbolen eine völlig eigenständige künstlerische Lösung findet. War *Althénopis* der Wiederaufarbeitung der Kindheit, so der zweite Roman *Un giorno e mezzo* (*Ein Tag und ein halber,* 1988) der Erinnerung an die ideo-

917

logisch bewegte Zeit nach dem Mai 1968 gewidmet. Die Welt linksgerichteter Studenten, Intellektueller und Arbeiter, ihre Diskussionen und Initiativen, aber auch ihre persönliche Einsamkeit und Hilflosigkeit außerhalb der Gruppe sind der Gegenstand dieses sich in vielen Gruppen- und Einzelszenen entfaltenden Romans, dessen äußere, Einheit stiftende Klammer der Handlungsort ist: die herabgekommene Villa d'Amore, die sich als ein Symbol der alten, für immer versunkenen parthenopeischen Stadt über dem Golf von Neapel erhebt. Doch findet das Werk seine eigentliche innere Kohärenz in dem für Ramondino typischen Motiv kosmischer Zusammenhänge, die am Schluß des Bandes die Stadt Neapel, die Villa d'Amore und die einzelnen Figuren in geheimnisvolle astrologische Bezüge einordnen. Neben diesen beiden Romanen publizierte Ramondino bisher zwei Prosabände, *Storie di patio* (1983) und *Star di casa* (1991), mit Erzählungen, die zur besten italienischen Prosa der Gegenwart gehören. Ähnlich wie die Romane sind sie in einer ungewöhnlich subtilen Wahrnehmung dem Aufbau einzelner Figuren, ihrer Psychologie und der um sie herum entstehenden Beziehungsfelder gewidmet oder unternehmen in einer magischen Einbindung aller Erscheinungen, Dinge und Räumlichkeiten in eine letztlich kosmische, mythische und zirkuläre Struktur den Versuch, sich vergangener Zeiten zu einem unverlierbaren Besitz zu vergewissern.

Anerkennung als Schriftstellerin fand in den achtziger Jahren auch die 1935 in Genua geborene FRANCESCA DURANTI, Tochter des Politikers und zeitweisen Bildungsministers Paolo Rossi, die nach zwei erfolglosen autobiographischen Prosawerken (*La bambina,* 1976 und *Piazza mia bella piazza,* 1978) mit ihrem Roman *La casa sul lago della luna* (*Das Haus am Mondsee,* 1984) einen beachtlichen Erfolg bei Publikum und Kritik Italiens errang. Der Roman, der mit seinen deutlich auf literarische Traditionen Bezug nehmenden psychologischen und phantastisch-märchenhaften Motiven eine Abkehr von den lange Zeit vorherrschenden Themen der realistischen Gesellschaftsanalyse und des (linksorientierten) politischen Engagements markierte, wurde von einigen Kritikern sogar als »Wiedergeburt« des italienischen Romans gefeiert – eine überzogene Bewertung, die von der deutschen Kritik nicht übernommen wurde. Auf das in Italien mit mehreren Preisen bedachte Erzählwerk folgten 1987 *Lieto fine* und 1988 der ebenfalls erfolgreiche, u. a. mit dem »Premio Campiello« ausgezeichnete Roman *Effetti personali,* sodann in den neunziger Jahren der autobiographisch-metaliterarische Band *Ultima stesura* (1991), der den Konflikt zwischen Leben und Schreiben thematisiert, und zuletzt der Roman *Progetto Burlamacchi* (1994). Viele aktive Schriftstellerinnen der Gegenwart bewegen sich an den Grenzen des literarischen Bereichs, schreiben weniger aus literarischen als vielmehr feministischen oder journalistischen Motivationen und gehören damit kaum in eine Literaturgeschichte. Zu ihnen zählt auch die um 1940 geborene MARISA RUSCONI, die nach vielen journalistischen und gesellschaftskritischen Publikationen und nach *Amati amanti* (1981) in ihrer vielbeachteten, romanartig aufgebauten Recherche *Amore plurale maschile* (1990) auf der Grundlage von Befragungen und persönlichen Berichten eine Analyse des Liebeslebens italienischer Männer und ihrer Beziehungen zu den Frauen unternahm. Mit spezifischer Frauenthematik befaßte sich neben vielen anderen auch die Römerin ELISABETTA RASY (geboren 1947). Nach Studien über die Sprache der Ammen (*La lingua della nutrice*, 1978) und über das Verhältnis der Frauen zur Literatur (*Le donne e la letteratura*, 1981) veröffentlichte sie 1985 den Roman *Prima estasi*, der eine freundliche Aufnahme fand und mehrere kleinere Literaturpreise erhielt. Darauf folgten *Il finale della battaglia* (1988) und *L'altro amante* (1990), die zusammen mit *Prima estasi* als Teile einer Trilogie konzipiert sind; 1993 erschien ihr Erzählband *Mezzi di trasporto*.

ISABELLA BOSSI FEDRIGOTTI, 1948 in Rovereto bei Trient als Tochter eines Italieners und einer Österreicherin geboren und zweisprachig aufgewachsen, veröffentlichte 1980 ihr Erstlingswerk, den autobiographischen Roman *Amore mio uccidi Garibaldi (Liebling erschieß Garibaldi)*, der auf der Grundlage von Briefen ihres österreichischen Urgroßvaters einzelne Kapitel der Familiengeschichte aufarbeitet. Nach den Romanen *Casa di guerra* (1983) und *Diario di una dama di corte* (1984) sowie dem Kinderbuch *Natale è...* (1985) gelang ihr 1991 ein großer Publikumserfolg mit dem Roman *Di buona famiglia*, der mit dem »Premio Campiello« ausgezeichnet wurde und zum Bestseller avancierte. Der Roman, der seit 1994 auch in deutscher Übersetzung vorliegt, entwickelt in geschicktem Wechsel der Erzählperspektiven die Charakterstudie und Lebensgeschichte der ungleichen Schwestern Clara und Virginia, die in häuslich-familiärer Enge und bürgerlicher Heuchelei aufwachsen und die trotz unterschiedlicher Veranlagungen in gleichem Maße unfähig sind, ihr Leben zu gestalten. GABRIELLA SICA (geboren 1950) wagte sich mit Romanen wie *Scuola di ballo* (1988) und *Ho avuto un bimbo* (1990) auf die literarische Bühne, SANDRA PETRIGNANI (geb. 1952) mit *Navigazioni di Circe* (1987) und *Come cadono i fulmini* (1991), die in Rom geborene ROMANA PETRI mit *Il gambero blu e altri racconti* (1990) und dem psychologischen Roman *Il ritratto del disarmo* (1991), VALERIA VIGANÒ (geboren 1936) mit dem Erzählband *Il tennis nel bosco* (1989); neben ihnen schreiben mit mehr oder minder großem Engagement und Erfolg viele weitere Frauen.

Zu den begabtesten und literarisch motiviertesten unter den jüngeren italienischen Schriftstellerinnen zählen Susanna Tamaro und Paola Capriolo. SUSANNA TAMARO wurde 1957 in Trieste geboren und verbrachte dort ihre Jugend. Trotz ihrer Herkunft aus diesem mitteleuropäischen Schmelztiegel der Rassen und Kulturen kennt die junge Schriftstellerin, eine Großnichte des deutschstämmigen Italo Svevo im Unterschied zu anderen Künstlerinnen und Künstlern aus diesem Raum keine Identitätsprobleme in kultureller und sprachlicher Hinsicht. Obwohl sie Deutsch und einige andere Sprachen versteht und ihre Brüder, wie sie selbst berichtet, besser Deutsch als Italienisch sprechen, identifiziert sie sich voll mit der letzteren Sprache. 1976 ging sie nach Rom, um am dortigen Zentrum für experimentelle Filmkunst ihr Diplom als Filmregisseurin zu erwerben; danach drehte sie mehrere wissenschaftliche Dokumentarfilme für das italienische Fernsehen. Heute lebt sie als freie Schriftstellerin in Rom und in der Nähe von Orvieto.

Nach vier unveröffentlichten Romanversuchen erschien 1988 ihr erster Roman mit dem Titel *La testa fra le nuvole (Kopf in den Wolken)*, der, stark von Kafka und dessen Karl Rossmann inspiriert, die Geschichte des jungen Ruben und seiner schwierigen Erfahrungen in einer überwiegend feindseligen Welt erzählt. In die Darstellung des Erwachsenwerdens von Ruben und seiner mühsamen Selbstverwirklichung sind in auffallendem Maße kosmische, metaphysische, biblische und – Ausdruck der persönlichen Interessen der Autorin – naturwissenschaftliche Themen eingebunden: die Beschaffenheit und Evolution des Universums und seine bedrohliche Instabilität (sinnfällig gemacht u. a. am Motiv der fallenden Sterne), Infinitesimalrechnung, Zahlentheorie und Zahlensymbolik, biblische oder christliche Themen wie etwa die Frage nach der Entstehung der menschlichen Sprache, nach dem ersten von Menschen gesprochenen Wort, und nicht zuletzt detaillierte Beschreibungen von Blumen und Pflanzen. So entstand ein Romanwerk, das wegen seines gedanklichen Anspruchs, seiner komplexen Inhalte und nicht zuletzt wegen seiner meist langen und komplizierten Sätze nicht als gefällige Unterhaltungsliteratur gelten kann. Der Roman, der den »Premio Rapallo per la donna scrittrice« und den »Premio Elsa Morante, Opera prima« erhielt, machte zugleich deutlich, daß Tamaro keine typische Vertreterin ihrer Generation ist: Sie verschmäht politische ebenso wie feministische oder nur unterhaltsame Themen, über die so viele Frauen ihrer Generation schrieben und schreiben. Sie, die nach eigenem Bekenntnis das Schweigen liebt und das Fernsehen haßt, versteht sich als eine »Einzelgängerin« und sucht ihre Themen und Formen einzelgängerisch und außerhalb der ausgetretenen Pfade der Konsumliteratur. Davon legt auch ihr zweites, 1991 erschienenes und ebenfalls mit Literaturpreisen

920

bedachtes Prosawerk *Per voce sola* ein beeindruckendes Zeugnis ab, dessen fünf denkwürdige »Erzählungen« allesamt keine gewöhnlichen Erzählungen mehr sind, sondern monologisierende Prosastücke, in denen mühsam sprechende, ganz nach innen gerichtete Stimmen dem »inneren Monolog« ähnelnde Selbstgespräche führen und auf diese Weise dem Leser ihre Erlebnisse kundtun. Sowohl in seiner monologischen Struktur als auch mit der Thematik des bedrohten, geschädigten Kindes ist das erste Prosastück des Bandes als Prolog der vier nachfolgenden zu verstehen, in denen stets durch eine einzelne Stimme, eben »per voce sola«, ein Kinderschicksal artikuliert wird. Die Thematik des von der gefühllosen Erwachsenenwelt mißhandelten Kindes wird erst in dem letzten Text, der Titelgeschichte des Bandes, modifiziert, die das Susanna Tamaro ebenfalls bewegende Thema der Judenverfolgung und der Euthanasie aufgreift: Die Stimme einer Jüdin berichtet rückblickend, wie ihre geisteskranke Mutter zur Vernichtung abtransportiert wurde, ihr Mann, durch faschistische Haft gebrochen, Selbstmord begeht und schließlich auch ihre Tochter (und damit taucht das Motiv des schutzlosen Kindes auch hier wieder auf) an den Spätfolgen des faschistischen Terrors zugrunde geht. Nach dem Kinderbuch *Cuore di ciccia* (1992) mit der tragikomischen Geschichte des kugelrunden Roberto veröffentlichte Tamaro 1994 den Roman *Va' dove ti porta il cuore*, ein Werk, das viele Zugeständnisse an den Geschmack des breiten Publikums macht, in Italien prompt zum Bestseller avancierte und inzwischen auch in deutscher Übersetzung (*Geh, wohin dein Herz dich trägt*, 1995) viele Leser findet. In dem Essay *L'umiltà dello sguardo* (1992) hat die Autorin über ihren Weg zur Literatur Auskunft gegeben.

PAOLA CAPRIOLO, 1962 in Mailand geboren, ist trotz ihres jugendlichen Alters literarisch kein unbeschriebenes Blatt mehr. Ihr Erstlingswerk war ein schmaler Band mit vier Erzählungen, der 1988 unter dem Titel *La grande Eulalia* erschien und von den italienischen Lesern und Kritikern freundlich aufgenommen wurde. Schon 1989 folgte der Kurzroman *Il nocchiero (Der Steuermann);* beide Werke erhielten Literaturpreise und wurden in einige Sprachen übersetzt. Bereits zwei Jahre später erschien ihr zweiter Roman *Il doppio regno*. Die Autorin, die eine gewisse Neigung zum Märchenhaften hat, brachte 1991 auch ein Märchenbuch für Kinder heraus, *La ragazza della stella d'oro*. In ihren Erzählungen und Romanen entführt uns Paola Capriolo gerne in fremde, geheimnisvolle oder geradezu märchenhafte Welten. Ein gutes Beispiel dafür ist die Titelerzählung ihres ersten Buchs, die Geschichte von der großen Eulalia: Ein junges, unscheinbares Bauernmädchen schließt sich einer Truppe fahrender Schauspieler an. In einem Spiegel im Inneren des Wohnwagens, den sie mit ihrer Herrin, einer Schauspielerin, bewohnt, erblickt sie eines Tages auf wunderbare Weise einen schönen jungen Mann, dem sich alsbald eine nicht minder schöne Dame zugesellt. Auf ebenfalls wunderbare Weise verwandelt sich nun das häßliche Bauerngänschen und nimmt nach und nach die strahlende Schönheit der Dame in dem Spiegel an: Aus dem Bauernmädchen wird so eine im ganzen Land gefeierte Schauspielerin, eben die große Eulalia, deren Leben schließlich ein wiederum märchenhaftes Ende nimmt. Selbst wenn die Handlung, wie etwa in der Geschichte von dem Fährmann Walter und seiner Linda in dem Roman *Il nocchiero,* in vertrauten Milieus spielt, sind es fast immer geheimnisumwitterte Personen oder Ereignisse, mit denen die Autorin ihre Leser zu fesseln sucht.

Paola Capriolo, die sich journalistisch betätigt und u. a. für die »Terza pagina« des »Corriere della sera« schreibt, hat auch einige Übersetzungen vorgelegt, darunter eine Übertragung von Thomas Manns *Tod in Venedig.* Zum besten, was sie bisher als Prosaschriftstellerin hervorgebracht hat, gehört ihre Erzählung *Il Dio narrante,* 1987 entstanden und zwei Jahre später in der Zeitschrift »Leggere« veröffentlicht. Der in Stil und Sujet ungewöhnliche Text ist weniger eine Erzählung als vielmehr eine spritzig und amüsant geschriebene, zugleich tiefschürfende und suggestive Reflexion über das Erzählen. In der Fiktion eines »Erzähler-Gottes«, dem Identität, Kausalität und zeitlich-räumliche Ordnung unbekannt sind und dessen entrücktem, synoptischem Blick sich alle Dinge und Erscheinungen, zu welcher Zeit und an welchem Ort auch immer, als gleich relevant und miteinander verwoben darbieten, stellt dieser Prosaversuch in frecher Provokation vertraute Erzählinstanzen in Abrede: die Gewißheit eines Erzählers, Kohärenz und Struktur der Handlung, die Schlüssigkeit der handelnden Figuren und darüber hinaus Zeit, Raum und Kausalität als Grundkategorien des Gestaltens und Verstehens. *Il Dio narrante* umspielt ironisch und aus einer entrückten, gleichsam »göttlichen« Synopsis die Möglichkeiten des Erzählens und ist, Text und Metatext zugleich, in jedem Augenblick spielerisch über sich selbst erhaben. 1992 erschien der Roman *Vissi d'amore* (deutsche Übersetzung *Ich lebte für die Liebe,* 1995), dessen Titel auf Puccinis Oper »Tosca« Bezug nimmt: Es handelt sich um die Geschichte einer Liebe zwischen dem finsteren Polizeipräfekten, dem Baron Scarpia, und der Primadonna Floria Tosca, die wieder mit vielen geheimnisvollen und, vor allem was die Gefühlswelt des Barons betrifft, auch abgründigen und abartigen Motiven gestaltet wird. Vor wenigen Monaten erschien der bisher letzte Roman von Paola Capriolo mit dem Titel *La Spettatrice* (1995).

Vom *Sonnengesang* des heiligen Franziskus bis zu *Vissi d'amore,* von den

922

ersten Anfängen der italienischen Literatur bis zur unmittelbaren Gegenwart führte dieses Buch. Es fällt dem Autor schwer, von seiner Darstellung hier und heute Abschied zu nehmen. Doch wird der Abschied leichter in dem Bewußtsein, daß auch künftige Zeiten ihre Literatur hervorbringen werden.

BIBLIOGRAPHISCHE HINWEISE

(Die nachfolgenden Hinweise beschränken sich auf einige ausgewählte Nachschlagewerke und Darstellungen zur Geschichte der italienischen Literatur. Soweit die italienischen Titel in deutscher Übersetzung vorliegen, wird nur diese zitiert. Die meisten der aufgeführten Werke enthalten detaillierte weiterführende Bibliographien.)

A.A.V.V. (1979) Letteratura italiana: Le correnti – i maggiori – i critici – i minori – i contemporanei. 19 Bände. Milano: Marzorati

A.A.V.V. (1979) La Letteratura italiana: Novecento. (Ideazione e direzione di Gianni Grana). 10 Bände. Milano: Marzorati

Barberi Squarotti, G. (^{3}1975) La Narrativa italiana del Dopoguerra. Bologna: Cappelli

Battaglia, S./Consoli, S./Petrocchi, G. u. a. (1973) La Letteratura italiana. 4 Bände. Milano: Marzorati

Binni, W./Sapegno, N. (1968) Storia letteraria delle regioni d'Italia. Firenze: Sansoni

Bonora, E. (1977) Dizionario della letteratura italiana. 2 Bände. Milano: Rizzoli

Branca, V. (Hrsg.) (1973) Dizionario critico della letteratura italiana. 3 Bände. Torino: UTET

Brioschi, F./Di Girolamo, C. (1993–95) Manuale di letteratura italiana. Storia per generi e problemi; Bd. I: Dalle origini alla fine del Quattrocento, Bd. II: Dal Cinquecento alla metà del Settecento, Bd. III: Dalla metà del Settecento all'Unità d'Italia., Band IV (erscheint) Torino: Bollati Boringhieri

Bronzini, G.B. (1994) La letteratura popolare italiana dell'Otto-Novecento, Profilo storico-geografico. Firenze: Le Monnier

Carsaniga, G. (1970) Geschichte der italienischen Literatur. Von der Renaissance bis zur Gegenwart. Stuttgart: Kohlhammer

Cecchi, E./Sapegno, N. (^{2}1976) Storia della letteratura italiana. 9 Bände. Milano: Garzanti

Contini, G. (1968) Letteratura dell'Italia unita, 1861–1968. Firenze: Sansoni

Contini, G. (1970) Letteratura italiana delle origini. Firenze: Sansoni

De Sanctis, F. (1968) Storia della letteratura italiana, (a cura di G. Contini) Torino: Unione Tipografico-Editrice Torinese

Dizionario della letteratura italiana. (1989) Le opere, TEA, Milano

Dotti, U. (1991) Storia della letteratura italiana. Roma, Bari: Laterza

Elwert, W. (1980) Italienische Literatur des Mittelalters. München: Francke

Ferroni, G. (1991) Storia della letteratura italiana. 4 Bände. Torino: Einaudi

Flora, F. (^{18}1974) Storia della Letteratura italiana. 5 Bände. Milano: Mondadori

Friedrich, H. (1964) Epochen der italienischen Lyrik. Frankfurt: Klostermann

Galletti, A. (1973) Storia letteraria d'Italia. – Il Novecento. Milano: Vallardi

Grisi, F./Martini C. (^{3}1971) Incontri con i contemporanei. Pagine di autori italiani contemporanei con datario 1902–1965. Verona: Mondadori

Hardt, M. (Hrsg.) (1989) Literarische Avantgarden. Darmstadt: Wiss. Buchgesellschaft

Hardt, M. (Hrsg.) (1994) »Auch Botticelli war eine gute Partie«. Italienerinnen erzählen. Hamburg: Arche

Hinterhäuser, H. (1956) Italien zwischen Schwarz und Rot. Stuttgart

Hinterhäuser, H. (^{2}1990) Italienische Lyrik im 20. Jahrhundert. Essays. München, Zürich

Hirdt, W. (1979) Italienischer Bänkelsang. Frankfurt/M.: Klostermann

Hösle, J. (1995) Kleine Geschichte der italienischen Literatur. München: Beck

Hösle, J. (1979) Grundzüge der italienischen Literatur im 19. und 20. Jahrhundert. Darmstadt: Wiss. Buchgesellschaft

Kapp, V. (Hrsg.) (^{2}1994) Italienische Literaturgeschichte. Stuttgart/Weimar: Metzler

Lentzen, M. (1994) Italienische Lyrik des 20. Jahrhunderts. Von den Avantgarden der ersten Jahrzehnte zu einer »neuen Innerlichkeit«. Frankfurt/M.: Klostermann

Manacorda, G. (^{4}1981) Storia della letteratura italiana contemporanea (1940–1975). Roma: Editori Riuniti

Manacorda, G. (1980) Storia della letteratura italiana tra le due guerre (1919–1943). Roma: Editori Riuniti

Mariani, G. (^{2}1971) Storia della Scapigliatura. Caltanisetta-Roma: S. Sciascia Editore

Mazzoni, G. (1973) Storia letteraria d'Italia – L'Ottocento. Milano: Vallardi

Momigliano, A. (^{8}1977) Storia della Letteratura italiana. Messina/Milano: Principato

Montano, R. (1971) Lo spirito e le lettere. Disegno storico della Letteratura italiana. 4 Bände. Milano: Marzorati

Muscetta, C.L. (a cura di) (1970–1980) La Letteratura italiana: Storia e testi. 10 Bände. Roma, Bari: Laterza

Pandolfi, V. (1964) La Commedia dell'Arte. Storia e testo. 6 Bände. Firenze: Sansoni

Petronio, G. (Hrsg.) (1979) Dizionario enciclopedico della letteratura italiana. 6 Bände. Roma, Bari: Laterza-Unedi

Petronio, G. (1993) Geschichte der italienischen Literatur. 3 Bände. Bern: Francke

Pompeati, A. (^{4}1977) Storia della letteratura italiana. 4 Bände. Torino: UTET

Pullini, G. (^{2}1971) Teatro italiano del Novecento. Bologna: Cappelli

Pullini, G. (^{5}1976) Il romanzo italiano del dopoguerra (1940–1960). Padova: Marsilio Editori

Ronconi, E. (Hrsg.) (1973) Dizionario della letteratura italiana contemporanea (con un saggio introduttivo di L. Baldacci). 2 Bände. Firenze: Valecchi

Rossi, V. (1973) Storia letteraria d'Italia – Il Quattrocento. Milano: Vallardi

Sapegno, N. (1973) Storia letteraria d'Italia – Il Trecento. Milano: Vallardi

Stiller, K. (1990) Die Klassiker der italienischen Literatur. Vom 13. Jahrhundert bis zur Gegenwart. Düsseldorf: Econ

Stussi, A. (1973) Letteratura italiana e culture regionali. Bologna: Zanichelli

Toffanin, G. (1973) Storia letteraria d'Italia – Il Cinquecento. Milano: Vallardi

Vallone, A. (1971) Storia letteraria d'Italia: Dante. Milano: Vallardi

Vetterli, W.A. (1950) Geschichte der italienischen Literatur im 19. Jahrhundert. Bern: Francke

Viscardi, A. (1973) Storia letteraria d'Italia – Le origini. Milano: Vallardi

Voßler, K. (1914) Italienische Literatur der Gegenwart. Von der Romantik zum Futurismus. Heidelberg: Winter Verlag

Voßler, K. (^{4}1927) Italienische Literaturgeschichte. Berlin, Leipzig: Göschen

Wilkins, E.H. (^{2}1978) A History of Italian Literature (Rev. by Th. G. Bergin). Cambridge: Harvard Univ. Press

Wittschier, H. W. (^{3}1985) Die italienische Literatur. Einführung und Studienführer. Von den Anfängen bis zur Gegenwart. Tübingen: Niemeyer

VERZEICHNIS
DER NAMEN UND INSTITUTIONEN

(Akademien und Institutionen in Kursivdruck)

Castiglione, Baldassarre 257, 272, 298, 304, 316ff., 330, 338, 350, 358f., 365
Castiglioni Litta, Paola 496
Castro, Diego de 334
Castro, Fidel 814
Caterina (Mutter von Leonardo da Vinci) 221
Caterina da Siena *siehe* Benincasa, Caterina
Caterina von Savoyen 403
Cato 109
Cattaneo, Carlo 527, 540, 549, 580ff.
Cattaneo, Simonetta 239, 242
Catull, Gajus Valerius 214, 239, 286, 304, 324, 380, 409, 529, 758
Cavacchioli, Enrico 669, 697, 698
Cavalca, Domenico 192f.
Cavalcanti, Guido 43, 45–54, 79f., 83f., 89, 96f., 99, 200
Cavallini, Pietro 78
Cavallo, Franco 806
Cavazzoni, Ermanno 892
Caviceo, Iacopo 268f., 356
Cavour, Camillo Benso 511, 580f.
Cecchi, Emilio 673, 675, 720, 923
Cecchi, Giovan Maria 337f., 339
Cecchini, Pier Maria 398f.
Ceffi, Filippo 154
Celati, Gianni 890
Céline, Louis-Ferdinand 780
Cellini, Benvenuto 357, 364, 465, 494
Centorio, Ascanio 356
Cepollaro, Biagio 806
Cerati, Carla 915
Ceresa, Alice 915
Cervantes Saavedra, Miguel de 183, 351, 375, 403, 415, 419
Cesarini, Virginio 411
Cesarotti, Melchiorre 426, 475, 502, 514, 521, 525, 533
Ceva, Tommaso 428, 450
Chamisso, Adalbert von 680
Chapelain, Jean 310
Char, René 762, 780
Chateaubriand, Francois René de 894
Chaucer, Geoffrey 155, 183, 190
Chauvet, Victor 560
Chelli, Gaetano Carlo 611
Chénier, André 502, 519
Chénier, Joseph Marie 502
Cherubini, Luigi 549
Chiabrera, Gabriello 407, 409f., 467, 766
Chiarelli, Luigi 697
Chiari, Pietro 426, 467, 469, 481
Chiarini, Giuseppe 613f., 622

Chiaves, Carlo 659, 664
Chigi, Agostino 357
Chiodi, Pietro 736
Chiti, Remo 670
Chlebnikov, Victor Wladimirovic 673
Chrétien de Troyes 151, 165, 515
Ciampoli, Domenico 611
Ciampoli, Giovanni 411
Cibo, Francesco 234
Cicero, Marcus Tullius 57, 60, 62, 82f., 109, 132f., 136f., 172, 205, 206, 209, 211, 213, 304, 313, 318, 351, 493
Cicognini, Giacinto Andrea 400
Cino da Pistoia 43, 51, 53f., 58, 102, 149, 172, 176
Ciolo de la Barba 32
Citti, Sergio 850
Clemens V. 23
Clemens VI. 76
Clerici, Fabrizio 880
Coccio, Angelo 356
Codemo, Luigia 597
Cola di Rienzo 76, 133f., 197
Coleridge, Samuel Taylor 733, 761
Collalto, Collatino di 332
Colletta, Pietro 519
Collins, William 310
Collodi, Carlo 612
Colombini, Giovanni 193, 194
Colonna, Camillo 444
Colonna, Fabrizio 279
Colonna, Francesca 322
Colonna, Francesco 258, 267ff.
Colonna, Giacomo 132
Colonna, Giovanni 132
Colonna, Vittoria 327, 329, 330f., 893
Colpani, Giuseppe 455, 475
Columbus, Christopher 391, 394
Columella, Lucio Giunio Moderato 211
Comisso, Giovanni 716f.
Compagni, Dino 198ff.
Compagnia della Calza 397
Compiuta Donzella 33, 39
Condillac, Étienne Bonnot de 454, 457, 492
Condorcet, Antoine-Nicolas Caritat de 458
Confidenti 398
Connio, Nicoletta 479
Conrad, Joseph 650, 864
Conradus 362
Consiglio, Alberto 716
Consoli, Domenico 923
Consolo, Vincenzo 883f.
Conte, Giuseppe 805

932

938

940

944

947

VERZEICHNIS
DER SACHBEGRIFFE UND DER ZEITSCHRIFTEN

(Zeitschriften in Kursivdruck)

Caccia 77, 186
Campo di Marte 738, 758f.
canovaccio (canevas) 396, 399ff.
cantari 246ff.
canti carnaleschi *siehe* Karnevalslieder
canzone montaniana 102
canzonetta 27, 28, 30, 241f., 437, 766, 780
canzone a ballo 241
capitoli 287, 333, 361
Carbonari 541
Carboneria 511, 542, 546
Cartesianer, Cartesianismus 429f., 437, 444f.
chiastische Ziffernfolge *siehe* Ziffernchiasmus
chorale Darstellung (coralità) 601, 617
ciceronianischer Stil 57, 213, 312
Ciceronianismus 213, 241
cicisbeismo 498
città del sole *siehe* Sonnenstadt
civiltà comunale 77
comédie humaine 551, 602, 683
comédie larmoyante 441
commedia all'improvviso *siehe* commedia dell'arte
commedia alla spagnolesca 400
commedia dell'arte 334, 340, 374, 396–399, 442f., 467, 480–482, 484–487, 703, 705, 713
commedia erudita 400–403
commedia giocosa 480
commedia sostenuta *siehe* commedia erudita
commedie ridiculose (commedie mimiche) 401
communitas christiana 195
Compagnie di ventura 75
concetti, concettismo 384–386
Congiura dei Pazzi 233, 507
contrappasso 113–115
Conventuali 23
copia 314
copula mundi 224
coralità *siehe* chorale Darstellung
correlativo oggettivo 772
crepuscolae, Crepuscolari (Dichter der Dämmerung) 624, 643, 658–666, 745, 778, 788
crepuscolarismo, crepuscolaristisch 658–666, 697
Curia Magna 31
cursus, cursus-Typen 58, 173, 197
cursus ecclesiasticus 58
cursus planus 58, 173
cursus tardus 58

cursus trispondaicus 58
cursus velox 58, 173

Dadaismus, dadaistisch 673, 699, 702
Décadence, Décadents 659, 745
Decadentismo 626, 641
declinazione 132
Deismus, deistisch 448, 453, 459, 531
dekadent, dekadentistisch 346, 468, 476, 578, 596, 610, 626, 635, 658, 740, 814, 822
Dekadenz 214, 374, 584, 586, 608, 626, 642, 644, 659f., 677
demonstratio 49
Demonstrationstheater 695
Der Sturm 672
descensus ad inferos 109, 294, 307, 564, 824, 873
Diachronie 567
Dialekt, dialektal 23, 26, 56, 68, 69 103, 197, 245f., 252, 309, 314f., 337, 349, 362ff., 402, 414–418, 476, 485, 493f., 561f., 610, 617, 643, 653, 689f., 713, 719, 733f., 835, 838f., 841, 849, 851, 855, 877, 883
Dialektdichter 476, 547ff., 783
Dialektliteratur 340, 547–554, 703f., 851
Dialektik 206
dialektischer Materialismus 788, 790
Dialekttheater 485, 610
dialogo puttanesco 359
Dichter-Seher *siehe* poeta-vates
dicitore 95
diktatorische Phantasie 744
Distichon 264, 363
dithyrambisch 410
docta varietas 241
dolce stil novo 33, 40–55, 80, 96, 238, 256
Dominikaner, dominikanisch 19, 80, 156, 192ff., 196, 349, 393, 478
Dominikanerorden 191, 229, 390
dongiovannismo 819f.
Doppelgänger, Verdoppelung der Person 680f., 687
dramma onesto 560
dramma spagnolo 301
Drehbühne 700
Dreieckskonstellation 308, 697, 699

écriture automatique 817
edonismo linguistico *siehe* Hedonismus
Ekloge 82, 95, 133, 176, 179f., 234, 244, 252, 265f., 287, 362, 416, 639
Elegia giudeo-italiana 20
Elegiae 267
Elegie, elegisch 153, 240, 264, 265ff., 285,

953

957

959